清葉九升◎輯

北京學易齋刊行

鄭同◎校閱

華齡出版社

地理大成五種

［上］

影印四庫存目子部善本匯刊〔二十四〕

謝路軍◎主編

责任编辑：薛　治
责任印制：李未圻

图书在版编目（CIP）数据

影印四库存目子部善本汇刊. 24／（清）叶九升辑.
—— 北京 ：华龄出版社，2021. 2
ISBN 978－7－5169－1829－6

Ⅰ. ①影… Ⅱ. ①叶… Ⅲ. ①哲学－古籍－善本－汇编－中国 Ⅳ. ①B2

中国版本图书馆 CIP 数据核字（2021）第 000706 号

本书影印，概依底本。凡古本有旧残及漫漶之处，一律保持原貌，特此说明。

ISBN 978-7-5169-1829-6

9 787516 918296 >

书　　名：影印四库存目子部善本汇刊（二十四）：地理大成五种
作　　者：（清）叶九升辑　郑同校

出版发行：华龄出版社
地　　址：北京市东城区安定门外大街甲 57 号　**邮　　编**：100011
电　　话：（010）58122246　**传　　真**：（010）84049572
网　　址：http://www.hualingpress.com

印　　刷：廊坊市长岭印务有限公司
版　　次：2021 年 4 月第 1 版　2021 年 4 月第 1 次印刷
开　　本：889×1194　1/16　**印　　张**：58.25
字　　数：680 千字　**印　　数**：600
定　　价：760.00 元(全二册)

序

天垂象地呈形而言天地者不僅曰天象地形必曰天文地理者蓋大道所在皆直文至理而無有奇秘之術存乎其中也但習之明之若寡似

奇秘耳天文之學有二一曰推曆一曰步象推曆所以敬授民時使民無先時後時之失而上有興作必於三農之隙也步象者觀七政之順逆陵犯以占災祲而禽壽祿命

之學隸於地理之學有二一曰地利一曰地脈地利者審山川之險易設關梁以立國察道里之遠近以出入而乃歸度於地之高卑以跡鑿而灌溉若地脈之學則於

其陰陽觀其流泉大而建都立郡小而卜宅營壟以召吉迎祥也是推曆地利二者皆所以厚民生而步象地脈二者則所以趨吉避凶也余嘗言地學難天學易何也天學

思知則不知一了則百了如指掌也知歲實而二十四分之則節氣中氣在是矣知太陰之入躔疾而朔可定矣知其出入兩交而薄蝕可驗矣知五緯之合伏而躔留伏逆不紊矣知則知三垣二十八舍之定體五星之宮躔而為躔為度為野之星可別矣推則案上之勞步則不半年而垣宿晝現夜夜可觀舉頭在望故學之易也若地脈之

學則山川之高低無窮而平陽水鄉山谷各方之性情殊異足跡不偏天下則不得實見以思不細如毛髮則不得精微故學之難也余斬平陽金書以平陽向無專集因裒集古人著作擇之而已不能提綱列目一線貫串無令脊中亂然令之山書雖條裒集而龍穴砂水依次序列各部種之法無不備其雖有千頁而無重複之病雖首尾二十

八卷而救乎龍法之星辰經乎造故之作用一貫到底而無淺雜之患余懷亦而無根矣世之學者能以聖賢誅正之學立人事之基則乎仰觀俯察孰非大道之所在也歟

旹

康熙丙子八月之望古婺蔡

泰題于東海之萍居

序

堪輿家所當言者。先賢言之。其未備者後賢補之。有言而旨深辭奧者。訓之詁之。積之久而卷帙繁矣。今之有志于此者。每蹙額于地理家之書。不曰書多而難讀。則曰此一說。彼又一說。余將焉從。夫以書多而難讀則誠然。若以爲說多而無適從則非也。道一而已。寧有兩說哉。地理家之衆說。乃各明道中之一事。以共明此一道者也。如吾儒之道。一道也。分言之則有格致誠正修齊治平八者。既有八者之分。便有八者之說。而一者之中。更有種種細目。自有種種細說矣。夫一事一物之不知。儒者以爲深耻。寧得不遍盡諸說乎。則學儒者。寧得曰儒說之多。吾無所適從乎。蓋天下無有無學問之道術。必無有一簡便之捷徑。欲不從博以返約。無是事也。地理之龍法。有星辰枝幹格局化氣四者。故有撼龍疑龍玉髓望龍四說。一說不了。則不知龍。龍之結作。有枝幹之常法。有五氣之變法。知陰陽之結作。始知穴塲。知九星之變穴。始知正結。此結作之四法。故有道法雙談。五大乘氣。寓形論。九星穴法四說也。至三十六穴。五星穴法。天機穴法。以明穴之常。怪穴賦。破惑歌。怪穴圖。以盡穴之怪。既得穴矣。不明葬法。無益有凶。于是有倒杖之說。以明剛柔緩急之理。總索之說。以察胍息窩突之形。而此理精微闡發者衆。故有倒杖總索之傳。則家寶。至寶。三寶。神寶諸經是也。有天成之穴。即有裁成之穴。故有金剛鑽。二十九法等說。龍穴之後。則有砂水。砂有龍虎朝座官鬼禽曜。水有來源去口。明堂水城。有一事則有一說。若諸說有一未晰。不得爲此事已了者也。但諸家之說。微有不同。則因其人之學有精粗。而論說有淺深耳。非別樹一幟也。惟張子微玉髓經。專以形象立論另闢一門。而吳景鸞已謂其不明理氣正經矣。舍此之外。則莫非郭丘楊曾之正傳也。余編集此書。明列眉目。此爲言龍。此爲言穴。此爲砂水。一開卷而了然無適從者。可有的從矣。且不滿千頁。則卷帙亦甚不繁也。寧有對是書而復蹙額者歟。丙子桂月東海萍翁再題

序

余家九升先生。嘗論古人書。謂有徵事者。司馬氏之史班范之前後漢是也。謂有寄意者。南華之離奇。六朝辭賦。唐人應制是也。若地理諸家言。諸見其當然。而因著其所以然。雖一家術藝。要如五經四子書。有實意實事在。非徒供人滋游談爲也。旨哉斯言。故業是道者。學不可不博。不博則拘墟。不足爲用。而東剽西獵。蕩然無復所見。非博也。荒也。學又不可不約。不約則窮大終失其歸。而守樞拒戶。悍然不知有他。非約也。陋也。陋與荒同病。夸父絶足奔馳。渴且死。田父守拙以坐株。不交譏乎。九升具什伯庸衆之才之識。出架上地理諸名家書。廣覽徧搜。日閱數千言。無不爛熟胸臆。吐之若懸河。且觀書自有特解。不肯循襲傳會。洞微抉奥。務得其要而止。于是登山陟巘。若何爲龍之枝幹。若何爲穴之奇正。若何爲砂水之旋繞背嚮。古人事事存其意于書者。九升如數家珍。如言粟帛而已。總其所得。往往多著于簡端六經註。撥霧羅經。理氣三訣。平陽書諸刻。不脛而走四方。巳戸絃而家籥者數年。復狥海昌諸先生請。從役于

山法全書曰今日山法不患無書患書多而眞僞雜出眩耳目惑心志也即正書亦何嘗不多又患讀書者不解其旨不明其用畔道離經用書而書適爲用禍豈書咎耶余惟是序述漢唐宋元以來地理眞脉分晝指點毋戾前人勿悞後學足矣若一得自詡妄或撰造創說于其間烏乎敢書成紙僅千帙法無不備彙百家之絕勝成一代之總編博矣約矣精矣粹矣而今而後業是道者事事得所依歸古仙昔哲亦快是書之明其意于從未得明之日則述者之功寧遽出作聖之下哉

叙

至不可易者理而地理之家書不一書法不一法言人人殊余蓋嘗疑之及讀先生山法書輯古聖賢遺編言龍言穴言砂言水鱗集指歸若聚古人于几席而議論疊翻從勿扞格不入也噫余知之矣譬一身然上則頭顱下則肩背胸腹而其中耳若目手若足節節而縷計之至不同也要皆各司一用以為身用而身乃全而身之用乃不缺夫人

之身見聞必至持行時有倘缺其端則痺癱殘疾便不可以成人假若守乎耳而詆目為不類執乎手而排足為甚殊至全矣或瞽乱顛錯耳目易其處手足易其位而曰人乃是也有如是人乎哉先生講地理法非古聖賢至精至粹者绝不敢出口先生纂山法書非古聖賢至精至粹者絕不敢垂世龍法若干篇穴法若干篇砂水法若干篇不啻于身指而别之曰上則頭顱下則肩背胸腹也一

法中每多數法奇正怪常無不完足不啻于身之頭顱而指之曰有耳有目於身之肩背胸腹間而指之曰有手有足也其以某書為龍法用某書為穴法用某書為砂水法用不啻于身而各各指之曰耳司聞目司見手足司手持行也天下後世讀是編而融徹條貫因書以得法因法以得所謂龍穴得所謂砂水左宜右有鑒晰燭照猶遇一人為觀其耳目手足已然遇數人為觀其耳目手足又然即不遇一人不遇數人吾懸而想天下之有耳目具手足者莫不可作如是觀也則痺癱殘疾非全人矣若夫説之疵者理之不中正者小家岐術地理書之痂癥也不則贅疣駢指也拾其餘而竊竊以為秘計徒苦跌躄耳又安足多

海昌秋嵋黃諧書

凡例

一山巒之法。世所共知。先賢著作。汗牛充棟。則其道可大白於天下矣。顧葬者千百。發福二三。凶禍十九。其故何也。蓋由讀書者不得其解。而不能明其用。故徒讀也。今所輯諸書。明集其爲某部某用。以便究索。

一古今地理大部。其集法厥有兩種。一者出自一人之心裁。如人子須知地理玄珠之類是也。一者裒集古人之著作。如天機會元地理統一之類是也。出自一人者。龍穴砂水之序次頭緒固清。但學問膚淺。不得先賢之妙義。其弊流爲庸陋。裒集古人者。雖備具先賢之妙義。而龍穴砂水之序次不清。其弊使人無從入門。今明列龍穴砂水之序次。而以古人之書。依次鱗列於下。取諸賢之所長。合而共成一集。不啻聚諸賢於一堂。共撰一書也。學之既無庸陋之病。讀之實有觀火之妙。

一古人之書。有專論一法者。有備具諸法者。專論一法之書。其精粹者。全書集入各部之下。其備具之書。各節纂其某法之精粹者。以補諸書之不備。如龍法格局部纂玉髓經是也。

一集諸書。雖收入某部。但其本書有論及他部之法者亦不割刪。以割刪則失其本來面目也。其從割截者則係其書繁重。如泄天機玉髓經也。

一先賢之書。楊最廣大。吳極精深。天地精蘊。惟二公能發泄。得出諸法之下。有二公之書。則收二公之書。若二公無書。方收他賢之著作。以備其用。

一龍穴砂水。固分四法。然一法之中。又有細法。如龍法有星辰法。枝幹法。格局法。化氣法。穴法之中。有倒影

法。落頭法。倒影之中。有正形正穴法。奇形怪穴法。落頭之中。有形氣葬法。開鑿葬法。今悉分晰清楚。各係專書。毫不混淆。以便觀覽。

一穴法之中。有正形正象奇形怪穴二種。山法傳流既久。其正形正象者。俱葬去無遺。即有遺者。皆已葬之失穴也。故曰有遺穴無遺龍。若言遺龍。惟奇形怪穴人所不能識。人所不敢下者耳。於今日而言山穴。舍奇怪無從也。故余輯穴法。於此法特爲詳備。

一集中龍法。論九星不收五星者。蓋論九星。則五星已在內。論五星。則不能包舉九星也。貪狼即木星。巨門即土星。文曲即水星。廉貞即火星。武曲即金星。此論九星而五星在內也。若土金兼體之祿存。金火兼體之破軍。眠體之左輔。平伏之右弼。乃山體之最多者。論五星則不能及此矣。

一巒頭陰陽遵楊不遵廖。蓋楊得地理陰陽之真。雄峙爲陰。平仰爲陽。其理精妙。廖公反是。未免見近庸俗矣。其或收廖氏家書。則仍廖氏之舊。以先賢之書。不便輕改故也。

一書中訛錯字句。有諸書可查者。悉爲改正。若諸書悉訛。則亦仍舊不改。不敢擅改也。上下文。在善讀者自能得之。

一山法諸經傳。余原意俱欲註釋。不意疑龍撼龍二經。草草一註。便有一百四十餘頁。則諸書註完。當有四千紙張矣。不特刻貲難措。即買者亦覺繁重也。故二經之後。但刻白文。畧序數語於前。清其肯目而已。然已將盈千紙矣。

一諸書之或評或註。出於余一人之意見。不知果合先

賢否。倘有誤錯。則天下讀書之人。聰明誰不如我。於先賢經傳中。自得其精義可也。

一海昌諸友。以余刻內無山法之書。蓋地理之書。以山法為主腦。有諸刻而無山書。是無主腦也。故陳子道榮。黃子秋帽。沈子治矦。鄭子振扆。張子以疇。郭子穎川。咸從臾余輯集山書。故勉為此舉。諸書刪輯。雖出鄙意。其鈔錄書圖定式。則出鄭子振扆一心一手。勛不建焉

一鄭儀操先生。手輯理氣備考。最為詳備。誠理氣書之大觀也。但雖輯成。猶未詮次。振扆昆玉。久欲余訂正付梓。奈予以山書之役。未克考正。俟山書刻成。隨當定此行世也。

一儀操先生。又集古今名墓圖一冊。諸書之圖。無不畢輯無遺。約千餘式。刻則繁重難舉。倘有好古者。欲流行是圖。到寧來商鄭氏。不珍秘也。

山法全書目

第九冊

山法全書卷之首上

古婺葉　泰九升父集
同懷弟樵雲客父叅
海昌鄒　宮振扆父訂

龍穴砂水釋名總說

堪輿之說。槩而言之、不過龍穴砂水四法而已。然言龍則有祖宗父母、枝幹主從、退卸博換、過峽穿田、等法。言穴則有穴星穴形、穴情太極圓暈、羅紋土宿、等法。言砂則有前朝後座、左龍右虎、官鬼禽曜、捍門華表、等法。言

水則有來源水口、水城明堂、等法。使不一一釋明于前。則不特不能入道。且不解讀古人書矣。余于龍法則括之以星辰枝幹、形格化氣四種。于穴法則括之以正形正象奇形怪穴二種。于葬法則括之以正葬開鑿堆培、二種。于砂法則括之以結作砂用砂秀砂、三種。于水法則括之以配龍水明堂水城、三種。四法各爲專部、並不自立議論。但取古仙炁精炁妙。真知實見之說。疏明于下。使人由此而了明山川之真性情、真結作。其人久久得悟、自能豁然于心。了然于目。覔龍求穴、探囊取物。始信地理之果有一真道也。今將諸部名目、先釋于下。以便讀後之諸書云。

星辰

未入山而先見者、山之星辰也。故先言星辰。星辰不一。有五星、有老九星、有天機九星、有六府星。五星者、金木水火土也。金頭圓而足濶。木頭圓而身直。水頭平而生浪。平行則如生蛇過水。火頭尖而足濶。土頭平而體方。五星歌曰、金似覆釜兼仄月。木星頓笏無差別。水似生蛇腰帶同。火星菱角犁頭鐵。土如屏几或覆盆。此是九

星正體結。五星高大者。曰衝天木、燄天火、奏天土、獻天金、漲天水。其矮小者、更有種種名色。如梭子金、戥脊金、倒地木、交枝木等類。不過因形立名。不必過求。但要認得是某星便可也。老九星者、貪狼巨門祿存文曲廉貞武曲破軍左輔右弼。貪狼即正木星。巨門即正土星。祿存乃土金兼體、形如頓鼓。脚如瓜瓞。文曲卽水星、如疋練生蛇。廉貞乃數火連座、頭尖而帶石稜層。武曲卽金星。破軍形如走旗、頭高尾下。金頭火脚、火脚飛揚如劍戟。左輔形如幞頭、乃賦體作護之星。右弼爲隱曜無

形象乃來龍過峽串田平坦無脊處及平地是也老九星歌曰貪狼頓笏筍初生巨門天馬屏風列文曲排來似柳枝惟有祿存豬屎節廉貞梳齒挂破衣武曲饅頭圓更突破軍破傘拍板同左輔幞頭無別法天機九星者太陽太陰金水紫氣天財天罡孤曜燥火掃蕩太陽乃高金太陰乃扁金金水乃金水兼體一頭兩肩紫氣即木星天財即土星有平腦雙腦凹腦三體天罡乃金頭火腳頑惡高大之金孤曜不方不圓土金兼體頑飽肥蠢之星燥火即火星掃蕩乃多紋多浪凹凹凸凸多

曲多蕩之水星也天機九星歌曰金星高扁別陰陽紫氣即是木星詳頭圓肩聳名金水天財土體三樣裝天罡頑金腳拖火孤曜頑飽不圓方燥火火星掃蕩水九星楊廖各分張六府者太陰太陽紫氣月孛計羅是也又名六曜又名三台此星非尋常易得乃高清之氣所生生于大山頂上乃大山平處生起小星峰是也小扁金曰太陰小高金曰太陽小木星曰紫氣小水星曰月孛小火星曰羅小土星曰計或一個或二個三個大貴一個亦大貴凡遙見此星便可決此龍有大地此星古

今人識者罕論者亦甚少惟楊公論于撼龍破軍篇只公望龍經亦論及他書不見也

五星圖

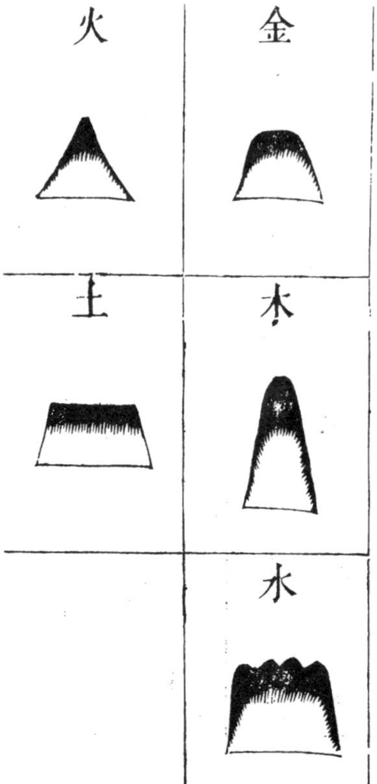

老九星圖

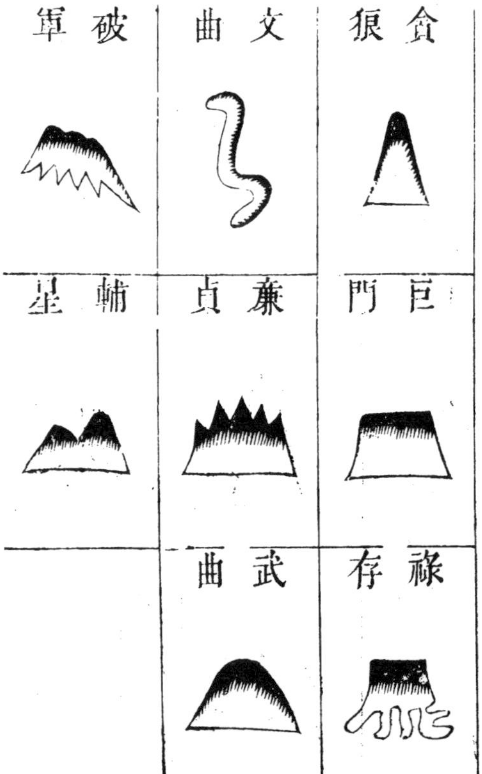

天機九星圖

太陽

平腦天財

孤曜

太陰

凹腦天財

燥火

紫氣

雙腦天財

掃蕩

金水

天罡

六府星圖

大山上另生一小山者是

世人以老九星天機九星各各相配謂貪狼即紫氣之類變名而實同非然也其中有可配不可配者以貪狼即紫氣巨門即天財此可配者也然巨門只一體而天財有平腦凹腦雙腦之三式且雙腦又兼水矣其不可配者謂祿存即孤曜不知祿存乃多生手脚之頑土孤

曜乃不生手脚之飽金甚相遠也謂文曲即掃蕩然文曲乃過脉之星掃蕩乃山之多小泡及多屈曲流蕩者皆是也謂廉貞即燥火不知廉貞乃連氣談天之火星而燥火則正體火星也以武曲配金水不知武曲係正體金星而屬金若金水則係二星之兼體而屬水也以破軍配天罡破軍如旗乃連氣金星而手脚飛揚天罡則頭圓身聳金頭火脚之頑金也至于太陽太陰皆高扁正體金星而左輔形如幞頭邊高邊低爲帳爲護之星爲可配太陽右弼平坦無形太陰娥眉有象何可配乎又世人謂天機九星乃廖公以楊公九星配象不確故改此九星不知天機九星原出天機素書乃丘公之說非廖公創出之說也

夫九星之有不同何也楊公九星乃不敢論三垣而論垣外之九星蓋都城禁地上合三垣其餘富貴之氣俱禀于北斗九星惟此九星可以辨龍神而定結作故老九星單爲辨龍用也若天機九星則龍穴砂水之形象皆可以此辨凶吉者自與老九星之用不同又謂楊公九星專論龍廖公九星專論穴此亦非也老五星固專

論龍至天機九星。廖公于龍穴砂水明堂五部。俱用九星辨別。曷嘗專論穴乎。正道式微。臆說亂起。即一九星已殺訛如此矣。

六府星係望龍第一玅竅。一見龍生六府。便可決此下有一二大地。即小枝龍有此。亦大貴地。蓋此星乃龍藏氣清氣貴之氣所發現故也。今人皆置之不談。焉能望龍知地乎。

今世有一種眼目不明亮者。不能辨別九星。惡聞九星之名。强爲說曰。論星只以五星論之足矣。何必九星之多端乎。玉髓經何嘗言九星乎。抑知玉髓不論九星。乃洞玄欲另立一門戶之說。九星既爲古人論過。故我不取九星也。若五星足以盡龍法。則古人豈好此多端哉。惟五星不足以辨龍。故推出九星耳。不信。試出門觀山。萬山之中。有幾座正體五星耶。

今人不知辨星者。走入山鄉。只見羣山亂亂雜雜。不土不金。非木非火。不特不見一正體五星。即以九星湊之。亦湊不出。竟不知此一片山是何星也。蓋辨星有法。凡一方羣山合成。大象則一水星也。于中有特起尊嚴高峻星體。則成七星。秀麗巧玅星體。則成五星。其餘爲垣帳護從眼長之星。皆左輔也。不知此法。焉能辨星。

問。凡一羣山。遠而望之。如波如浪。皆成水星。何也。曰。兩間之中。惟水氣大。其氣氣盛。故山川皆成水星。天一生水。水爲五行之始氣。萬物皆稟于水。水者山之本氣也。分而觀之。則其中之圓者爲金。方者爲土。長直爲木。尖鋭爲火。合而觀之。則共成一水星也。

應星變星間星

應星者。祖上分落第一節星也。與前面結穴星相應。故曰應星。應星爲行龍之主。如應星是貪狼。謂貪狼行龍也。前面作穴。必是乳頭。若行度中間變得某星。而某星獨多。則穴又不從應星出。又從變星出也。故曰貪狼不變生乳頭云云。

變星者。應星行度中剝換出某星。曰變星也。行度中間此星獨多者。名真變星。穴星必從此星出。如貪狼行龍中間變出輔星多。則出燕窩穴。故曰變作輔星燕窠仰。落在高山挂燈樣。

間星者。行龍中間相間之星也。凡行龍必不是一星行到頭。其中必有間星。如貪狼行龍。中間間一座祿存是也。三吉行龍。必要間四凶。其龍始能分牙布爪。四凶行龍。必要間三吉。始能成胎結穴。三吉不間四凶。則無威權。即作穴不出顯貴。四凶不間三吉。則無化氣。作穴決犯刑凶。至于低平之山。多是祿存文曲左輔三星間雜。其平崗蔓引曲屈者是文曲。其起頂圓秀者是左輔。其起頂頑飽者是祿存。或一枝如瓜藤蔓延。起罡飽圓泡。其過度如鶴頸者。散布之祿存也。祿存不變吉星不作穴。若左輔則多結美穴。其穴必開口開窩。今人不識星體。遇人問他。並不分祿存左輔。但答曰此金水行龍也呵呵。

正體變體兼體貼體襯體

正體者。五星也。變體者。九星也。兼體者。一山而兼數星也。如望之而不土不金。此土金兼體也。東望是金。西望是木。此金木兼體也。頭圓腳尖。此金火兼體也。九星中之祿存。是土金兼體。破軍是金火兼體。天機之太陰天財金水天罡孤曜。實皆兼體星辰也。看兼體要心靈目巧。看得活潑。貼體者。穴星正面上。微起一星形。略有分界者是以與主星不相刑尅為吉。襯體者。穴星正面後襯出一星形。明有分界者是。亦要與主星不刑尅為吉。大抵穴星正面大。要看貼體。正面小。要看襯體。此二體只看穴星用。二體與穴最近。其生克凶吉與穴最緊。最宜仔細審察者也。凡此五體。俱要了明于心。方可去看星辰。不則目眩心亂。不能辨別矣。

太祖少祖祖宗父母

太祖者。最高之山。為一方發脈之祖。群龍之所從出者是也。大者為一郡之主。或數邑之主。兩傍必有兩大水夾之。其兩水中之諸龍。皆其所分布者也。其星大抵是廉貞火。不則漲天水。非水火二星。不能作祖。其星遠望聳秀可觀。近則岩石崚嶒。可驚可怕。蓋是一片罡殺之氣所成。若非罡殺之氣。焉能兀立空中。受八風之吹射耶。太祖之氣。亦有厚薄貴賤。欲知其厚薄。看其分布。若分布諸龍行得長遠濶大。則其氣強而厚。若局促短狹則其氣薄而弱矣。欲知其貴賤。看其局勢。若太祖之傍羣蜂簇擁。太祖之星。成格成局者貴也。若孤高無輔則賤矣。太祖之星。端嚴方正。則其所生人物。多正人君子。

若偏斜歪側則此方之人多奸邪小人矣。

少祖者自太祖分落之後再起大山作此方諸幹枝之祖是也其星不同太祖要端正秀麗精神光彩方能結作山若聳秀多成貴穴若肥厚多發丁財也。

祖宗父母者自己一龍之山也祖宗者從少祖分落之後再起一尊星此星必要得吉星開屏列帳成格成局方能結得美穴若此星無力必不能成美地矣父母者穴星後蓋穴星之山是也要合得一吉星張得兩翅方能結作若無此便不能穴矣太祖少祖是辨大地之用

祖宗山是辨中地之用父母山則小地之用也若無父母山止有一主星結穴者則是傍落小結微而又微者矣。

太祖少祖祖宗父母之說一步緊一步凡擇地以自己之祖宗父母爲重中下之地少祖太祖可置之不問者此常說也然山川變化難以拘定有等純陽行龍一路平坦直至到頭頓起一星穴便結在此星之上不特不見祖宗之山即父母之山亦無此等結作又不得以祖宗父母言也。

龍法枝幹脫卸剝換格局胎伏

枝幹者辨龍之第一義也從太祖上辨枝幹則知大幹大枝從少祖上辨枝幹則知此一枝之幹之枝也幹龍力大福厚枝龍自然不及地之大小幹枝一辨立決也幹龍多從中行枝龍如左右手兩邊護送兩水夾盡爲幹亦有幹從一邊走而枝龍俱分在一邊其一邊幹則愈行愈有力而一邊之諸枝俱短縮不能長遠此等幹龍出此一方有兩個祖山其幹靠在兩界上走故如是也枝是幹之傍分邊輕邊重止收得一邊水觀收水而

幹枝分矣又有枝中幹枝中枝枝中幹者雖止收得一邊大水而自己祖宗另起一帳帳下之水齊合于面前而兩傍之砂皆護水入局枝中枝者不過小分一枝止收得一邊小水上堂一賓一主有情之小結而已大幹如人身之臍腹枝中幹如人手之中指枝中枝如人手之大小指也大幹爲郡縣將相之龍枝中幹有格者亦可至二三品須看其格之高下而分之也小枝則不過財丁耳。

枝幹圖

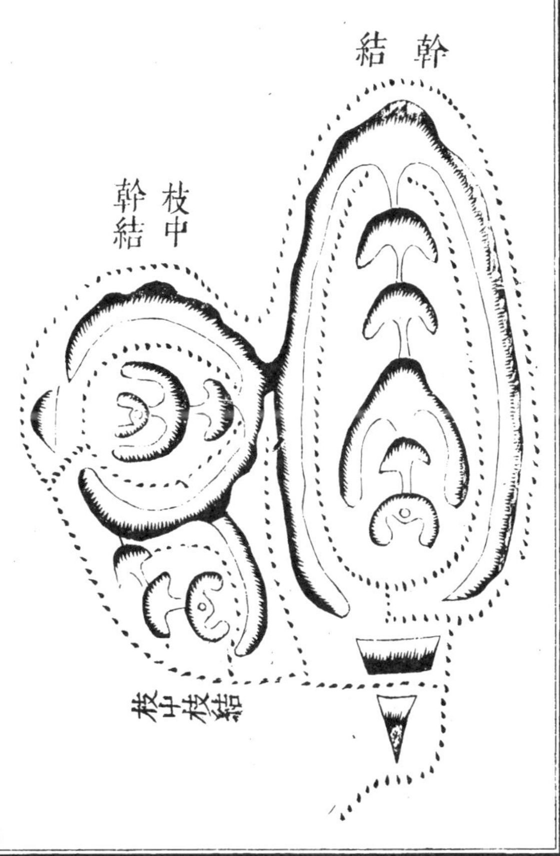

脫卸剝換者。乃脫去粗老再換細嫩也。不論枝幹俱要看蓋發龍之初。必是粗惡頑蠢。須一跌一斷脫去兇頑。改換秀美。方能結作。故看龍必要看脫換也。凡龍皆從老博嫩而穴始成。又有一等龍旣博嫩後反換出老來。此有兩法。一則于嫩處結美穴。而博出之顛星去作水口。一則博老成祖於下再剝出嫩枝成穴也有等㓙龍迢迢而走。並不跌斷博換。直至穴場氣勢雄强護從周密。大爲俗人所喜。不知不經脫卸。殺氣未除乃草菀滅族之大㓙地也。

格局者。所以辨龍之貴賤者也龍經博換之後須看其有格無格。有格者則爲貴龍若無格雖體勢强旺終不過發富發丁。不能發貴顧有幹龍而反不發貴有係枝龍而反發清貴有格無格之故也龍格之備莫備于玉髓經泄天機二書。然百千難遇者。識之可。不識亦無不可故余取其尋常必用者于左。

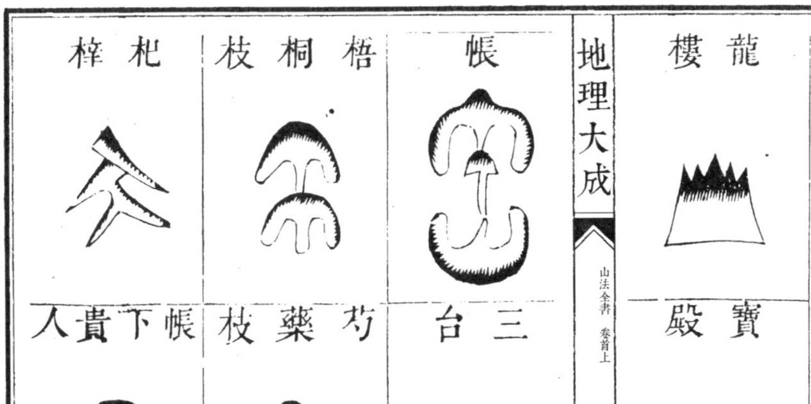

芦花三臬

捲簾殿試

馬跡

王字龍

串珠

蜂腰

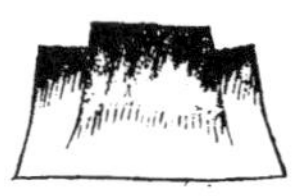
御座

珠絲

鶴膝

金牛轉車

玉尺

胎伏者。龍背上雌雄相顧之星。有此星則雌雄交媾成胎。前途方好成穴。其形乃一星之面向前。而一星開面向後。兩星之面相向。其後星爲雄曰伏。前星爲雌曰胎。其龍脉則從胎星背後落去也。金函云。伏胎三十六傳伏有十八格。胎有十八格也。此乃龍上辨結作之玅義。而世人多不識。有等盲術。乃于此星及金牛轉車中點天穴奈之何哉。

伏胎

此圖係伏胎大象。共三十六格詳金函經。茲不贅

世人論龍。多喜起伏。不知多起伏。非龍之美也。起伏是枝龍之體度。若大幹龍。不論高山平崗。能挺腰直行。不起星峰。竝無起伏。故曰正龍頭上。不生峰。若能平行數里。貴不可言。里許亦大貴。半里數箭。亦結上貴之穴。人以起伏爲玅。不知其玅處正不在此。在一平直也。世人

論龍。喜直長。不知直長。非龍之貴也。直長是賤龍之體度。若貴龍。不論高山平崗。能張翅橫濶。惟橫濶始能大迎大送。成出許多美格。惟橫濶之龍。不論枝幹。俱出大貴。人以延長爲玅。不知玅處正不在此。在一橫濶也。凡天下玅道。必與庸論相反。一反庸論。便是玅道耳。附認枝幹要訣于後。

認枝幹要訣　幹龍之行。平硬長嶺。多不生峰。體度尊嚴。巍峩綿遠。或數千里。數百里。剝換纏度。若障天之水。若延山之火。若延雲之金。若倒勢之木。若御屏

之土。徑行徑往而不顧人。兩傍護衛。定然繁盛。如鎗旗之映日。君父之出入。其結穴多居峯巔之上。以高山爲局。其勢多順。用盡數千里數百里山川。或合聚講垣局。力量甚重。多產淸貴上品人物。或王侯公相或禁地。其隨龍大界水。定是長江大河。源流甚遠。入山之時。當細查此山祖宗始來自何方。行從何方。盡從何方。左右兩水。從何處交會。交會之內。定有眞龍正穴。當登絕頂遠望諸山何處起頂。何處過峽。何處團聚之處。何處散漫。其團聚之處。實有融結。散漫處。

定是行龍。初落中落末落。要知三個陰陽。或居起伏或居平岡。或居平洋。惟在山水聚會處求之耳。枝龍之體。變換無常。形體低小。多生峯巒。左右枝脚多偏生。形勢多短縮。出脉多偷閃。或脊背。星體如欄棲之木。如櫃庫之土。如滾浪之金。如流珠之水。如爐中之火。行度多透迤屈曲灣環爲人。結穴多廻龍局。垣多偏小。此言枝龍之大槩耳。若夫枝中之幹。幹中之枝自已成了星辰。博換。合了格局。力量可以自主。或傍祖而成家者。或挺然自立門戶而成家者。行度與幹

龍無殊。但分遠近之勢。别力量之大小耳。大幹則大聚。小幹則小聚。大枝則小聚。而小枝亦有聚焉。然聚雖有大小。而其理皆同。或陰盛陽衰而結陰。陽盛陰衰而結陽。要察枝幹之分。當究體勢之落。葉盛枝蕃須尋腰落。葉疎枝則。盡處堪裁。幹脊大勢若回。曲中有眞。枝亦堪作。若有雌雄兩枝並出。雄者爲主。雌者爲護。若兩分無雌雄之别者。二者俱結。老幹生嫩枝結穴必近嫩枝。博老幹。其行必遠。前低後低。中節高聳。情性而左。左邊尋穴。右亦如之。形勢奇特。定是一

局之尊。粗頑獨嶺。必是他山之垣。翻身回顧。局中有結。盡頭砂飛水走。腰間定有堪遷。又有平地行龍格遺蹤失跡。最玄微。要知原脉是何。施兩水夾來是眞機。不然橫絕是東西。更有草蛇灰線。堆蘆鞭玉尺多平地。似有似無。令人疑。要識中間線穿線。須明平地墩復墩。大而衆者小爲迹。小而衆者大爲特。如居高阜。穴復平。直而復直。灣中得平。中一突最爲奇。石穴傍水人莫識。更有蓋內浮酥酪。池溯堅墩氣甚益。以上諸訣。乃龍穴之眞髓。若夫九星博換。四星察脉。非

時師所能知也。淵源之旨。珍之味之。

洩天機以生死强弱順逆進退。辨龍美惡。其言曰生是昂首多節目。死是無起伏。强是奔走勢力弘。弱是瘦稜蝟。順是開脖向前徃。逆是望後去。進是龍神節節高。退是漸蕭條。生强順進皆爲好。富貴兼壽考。死弱逆退㒺爲凶。夭折受貧窮。以此辨龍。未嘗不是。然是庸淺之論。龍法之妙。在辨枝幹以分大小。別星辰以定吉凶。惟疑龍撼龍望龍三經。始得山川之真性情。真結法。方見天造地設一定之妙理。然其理精深。難與不知者道也。

陰陽

陰陽者。地理家之神髓。了得此二字。則觸目便通。無餘事矣。蓋地理之道。不過陰中求陽。陽中覓陰而已。凡龍穴砂水四者。俱要辨其陰陽。而論峽論穴尤緊。將次論峽與穴。故于此先辨明焉。但陰陽有楊廖二說。兩家相反。楊以龍之高峻起脊瘦勁爲陰。以穴之覆掌乳突爲陰。以砂之突背邊爲陰。以水之長狹急流處爲陰。陰者剛而雄也。以龍之低平坦夷肥濶爲陽。以穴之仰掌窩鉗爲陽。以砂之凹面邊爲陽。以水之圓濶澄聚處爲陽。陽者柔而雌也。龍要陰陽間行。陽龍要陰穴。陰龍要陽穴。穴要陰內含陽。乳突上開凹。陽內生陰。窩鉗內生突。砂要陽面向穴。陰背當風。水要陽聚面前。陰作來源去口。此則爲陰陽相生。牝牡交媾。始爲生氣也。大低陰剛則帶罡殺。陽柔則恐散漫。故不宜偏勝。但作穴之場則喜陽多陰少。主星宜開面舒陽。不宜頑罡。四砂俱宜陽面向穴。不宜反背。明堂宜平圓忌直狹。水宜澄聚忌直射。立在穴中。滿目俱見陽氣爲吉。若一處見陰便是刑殺宜避也。廖公以剛雄爲陽。柔雌爲陰。故與楊公之論

反。而用法實不相遠也。讀二公書者。宜分辨觀之。

楊以柔夷爲陽爲雌。剛急爲陰爲雄。廖以剛雄宜爲陽。柔雌宜爲陰。故反楊說。廖說不爲無理。但其所見膚淺耳。朱文公曰。天之道陽剛而陰柔。故陽雄而陰雌。地之道陰剛而陽柔。故陰雄而陽雌。天地二道相反者也。廖公不知天道地道之不同。將地理俱以天道陰陽論。故云爾也。楊說是萬世不易正論。如天下平地曰平陽。豈曰平陰乎。

廖公以凸起爲陽。凹下爲陰。其論四象。取脈息窟突四

者爲老陰老陽少陰少陽窟者窩凹也爲老陰突者壅泡也爲老陽胍者突上之微凹爲少陰息者窟內之微突爲少陽其胍字音孤乃腹上之臍是也與脈字大不同後人不明字義誤認做脈字更寫作此脉字而訛以傳訛竟說不明矣若是脉字則是落穴之總名焉可取爲四象乎兼之爲廖作傳註者演出許多脉字之說而廖公之玅義埋沒盡矣

生氣

生氣者地理之主宰不過乘生氣而已生氣者從陰陽交媾水火既濟中出者也一有偏枯生氣便索愈偏愈索偏至純陰純火則成尖利之殺氣偏至純陽純木則成散漫之死氣純陰純水則爲壅腫之病氣純陽純火則爲枯燥之敗氣四種惡氣俱不可犯故察生氣爲第一義也生氣不可言傳止可目識識得生氣則不必能認星辰分枝幹察穴情辨砂水而爲人下穴決無不當何也蓋種種等法不過爲求生氣而設既得生氣則諸法原可不論矣吾嘗言生氣一門猶釋氏之有禪单刀直入便得佛頂三昧更不必置片言隻字者也但生氣

二字古經罕言惟郭氏發之司馬頭陀論之餘仙俱不說及非不欲言難言也雖然生氣不可言傳今既言生氣吾且姑言之生氣之所在其形色土石亦有可見者其形則生動而不痿死其色則光彩而不暗晦其土則堅潤而不鬆散其石則細膩而不燥黴此其可言者也其不可言者亦可從此而漸明凡龍有生氣則吉穴有生氣則真砂有生氣則有情水有生氣則澄聚故生氣爲要也堪輿者能認生氣則地理無餘事矣

過峽穿田

過峽穿田即龍法之大博換也然龍之大小貴賤穴之正側順逆高低其情俱露于峽中故另立一法講也過峽穿田兩者雖俱是龍之大斷處而串田是陽氣過峽是陰氣陽氣喜舒故串田宜平坦長濶展舒一邊有護則一邊不必有護不畏風吹惟大幹龍真貴龍始有此蓋山係陰體而能兼陽氣以行自然好也陰氣喜斂故峽宜短宜緊兩邊俱要緊夾尤忌風射不論枝幹龍俱有之蓋不過峽則不能大博換也大龍之峽尤關大帳大迎大送兩邊天乙太乙吉星拱夾峽中前後多結好

穴所謂峽前峽後好尋龍也此等之峽前去必結上等貴穴若大勢長狹而不開張護從单薄而不重疊夾拱空缺而不周密則漸殺而漸下矣凡峽中測龍來大去小者其作穴必近來小去大者其作穴尚遠峽中測氣陽峽平坦而坦中有珠絲馬跡之形陰峽緊細而細中有蜂腰鶴膝之格此爲清秀之氣發現其結穴必貴若庸庸無奇則爲平常之氣也峽中測穴凡高過者結穴必低低過者結穴必高正過者結穴必正側過者結穴必側一邊過而迴顧必結迴龍顧祖之穴也峽法諸家議論紛紛顧大要亦不出此。

來低小而去高大

來高大而去低小

正過

側過

迴過

四落五結騎龍斬關三勢四殺

四落者大龍之結穴有四種落法也初落者于近祖處即結此處氣勢雄猛大忌粗頑以秀嫩爲妙主發福速而不久耐中落者大龍之腰結古云大地多從腰裏落回轉餘枝作城郭是也此處氣旺勢聚只忌四勢逼窄以寛展爲妙主發福厚大末落者盡龍之結也山龍近陽恐氣零散要局勢强旺羅城周密方爲大龍盡結方量極大發福極久也若于脉盡氣散之處誤認盡龍必敗絶矣分落者枝結也枝結亦有高下以氣勢龍格辨之。

五結者直横回飛潛也四落之脉各自有龍從龍正頭結者曰直結側身向一邊結者曰横結翻身逆轉向祖宗者曰回結在山巔結者曰飛結落平田結者曰潛結又有結騎龍者在山脊上結有結斬關者在龍界停處結騎龍有三皆在龍脊上若來大去小去山開面向轉坐來朝去曰順騎龍若來小去大去山開面成星結穴以來龍爲案曰倒騎龍若龍脊側向一邊成星結穴前有堂氣朝堂立向曰横騎龍斬關亦象騎龍作法相同但騎龍係山川原自結作斬關則出于人巧也斬關者龍腰中間有團聚局面可穴則斬其氣而用其局或來

龍秀美前頭曲去變作粗頑其秀美盡處有堂氣龍虎可以攧作則宜掘出水竇斬其秀氣而攧斬闗無有定法存乎人之目明心巧而已以上諸法結作之常也至于變怪則有閃結偷結孤結露結變變化化難以言盡備具于後云

三勢者結穴之山有坐立眠三勢也立者如人挺身而立其氣上浮則結天穴作仰高凭高騎龍等穴坐者如人曲身而坐其氣中藏則結人穴作壓殺藏殺等穴眠者如人平臥其氣下行結地穴作脫殺懸乳藏龜等穴

因附四殺穴法

四殺者攧穴乘生避殺之法也殺者尖利直硬是也穴中垂乳尖硬或龍虎頭尖硬則向高處坦中點穴壓殺氣于下曰壓殺穴也左右二砂外邊有殺氣則于中停不見殺處點穴穴不見殺曰藏殺也穴星硬而脉氣尖利宜于下邊裀褥平中下穴脫離殺氣曰脫殺穴也穴星一邊硬直或龍虎一邊尖硬則舍殺一邊于一邊秀嫩處立穴閃過其殺曰閃殺也亦是蓋粘倚撞之意

胎息孕育

主星後一頂曰胎胎下束咽曰息主星頂曰孕成穴處曰育此四者乃葬法之緊關于此辨陰陽察生氣之所也

主星入首束氣脉氣

主星者作穴之星也要成星開面陰陽相合成一結穴之局方爲有結作其結作之大局有九曰正體開面曰開口曰垂乳曰雙臂曰单提曰弓脚曰側腦曰没骨曰平面約而言之則窩鉗乳突是也此爲大象穴形不如此則不結矣主星旣成星開面乃于此星面之上察其

垂下之脉曰入首龍此脉再細一細曰束氣乃微起一突曰化生腦腦下爲穴場也說雖如此然有陰陽兩樣陰曰脉則起脊分明而易見陽曰氣則平坦隱微而難明而陰脉却不如陽氣之美今人不分皂白槩曰脉氣其粗甚矣

穴暈毬簷胍息窩突牛角蟬翼蝦鬚蟹眼金魚

龍旣結穴必有一暈如太極圈也此暈上下左右分真龍真穴真砂真水四者何爲真龍毬是也即化生腦腦上若微微有蓋下之紋半月之形曰天輪更刻穴若無

毬則無上分。爲無真龍。何爲真穴。即暈心之微凹凸是也。凹深而明曰窟。窟中復起小突曰息。凸高而顯曰突。突上復生小凹曰脈。脈窟曰羅紋。突息曰土宿。穴無羅紋土宿。則陰陽不交。爲無真穴。何爲真砂。兩傍夾穴之微砂。曰牛角砂。以其甚薄。又曰蟬翼砂也。若無牛角蟬翼。爲無真砂。何爲真水。砂內界穴之微水曰蝦鬚水。兩水分處曰蟹眼。兩水合處曰金魚。穴無蟹眼則無上分。無金魚則無下合。爲無真水也。金魚之內曰簷。即唇氣也。穴果真。則四真畢具。其砂水兩者。必有一邊明。一邊

暗。謂之股明股暗。曰陰陽相交。若有一不具。則陰陽不交。而非真穴矣。

穴暈四真。并有顯顯明白之象。乃似有如無。非有非無。隱隱隆隆。氣難察識者。宜細心求之。有近看而見者。有遠看方見者。有對面而見者。有橫看方見者。仔細看蹤方能了然。

脈息窟突四象。是廖公所取。以此論穴情。氣爲精妙。但其論陰陽與楊相反。廖以窟爲老陰。實老陽也。以突爲老陽。實老陰也。以脈爲少陰。實少陽也。以息爲少陽。實

少陰也。陽氣浮。陰氣沉。陽氣緩。陰氣急。塟法之吞吐浮沉。出于陰陽。故不得不講明。

穴法蓋粘倚撞

蓋粘倚撞四字。乃穴法之精妙。大勢細情。俱要用此四法者也。以大勢言之。凡高穴曰蓋。中停曰撞。低穴曰粘。偏穴曰倚。以細情言之。于圓暈中靠上曰蓋。正中曰撞。近下曰粘。靠一邊曰倚。以脉氣言。則氣緩用蓋。不緩不急用撞。脉急用粘。下無肉地用倚。以避殺言。則壓殺是蓋。藏殺是撞。脫殺是粘。閃殺是倚。以倒杖言。則順縮截

沒是蓋。開逆是倚。離綴是粘。穿對是撞。此四字原出十二落頭。共有十二字。此四字可活用。餘八字則是硬定之法云。

倒影落頭倒杖

十二倒影。曰天穴。地穴。人穴。仙宮穴。紐絲穴。单提穴。水穴。三停穴。曲池二停穴。通容穴。釜盤荷葉穴。鬬斧穴。其後楊公從倒影推演爲三十六穴。十二倒影者。論穴之大形局也。十二落頭。曰蓋粘倚撞。挨併斜插。斬截鈎墜。楊公以落頭作十二倒杖。十二落頭者。論穴之細性情

也至倒杖則發出用法之玅理矣。倒影落頭詳金函經註中。三十六穴詳立錐賦。十二倒杖有專書。

龍有高低斜正曲直之形，故有十二倒影、三十六穴之法。倒影者，因形求穴之關竅也。龍有剛柔緩急之性，故有十二倒杖落頭之法。倒杖者，察性定穴之玅理也。先以倒影定其大槩，後以倒杖盡其精微，則形得而理亦得，氣和而性亦宜，兩法去一不可，此古人之玅所以不可及也。

葬法吞吐浮沉

陽落性緩而氣浮，故葬宜急而吞，淺而浮，方乘得其氣；若吐而沉，則失生氣矣。陰落性急而氣沉，故葬宜緩而吐，深而沉，方得乘其氣；若吞而浮，則失生氣矣。然此吞吐浮沉，須依穴情之大小秀頑而用，不得草草也。

奇形怪穴

奇形怪穴者，穴星變怪，不作正形正象也。如物如器，氣脉奇巧而不常；或水走砂飛，形局醜拙而可駭；或結于疑險之處，如高嶺水底，其駐處非人情；或結于頑惡之星，如天罡孤曜，其結處用開鑿，皆爲奇形怪穴也。大幹貴龍之結作，七分是奇怪，三分是正形。枝中幹龍及富厚之龍，則決結正形正象。蓋穴庸則出人亦庸，穴奇則出人亦奇，故欲求上等之地，不可不知奇形怪穴也。至于今日更有一說，其正形正象之地，前人俱已葬過，留至今日者多奇形怪穴耳，烏可不急講乎。

作法

作法者，開鑿堆培也。穴星頑飽，氣歛于內，則用開鑿；兩砂缺短，形欠于外，則用堆培。開鑿者，一曰騎刑，乃穴結天罡，金頭火脚，宜于金下大開水竇以制火脚也。二曰

開孤，乃穴結孤曜，飽面無竅，宜于正面大開水竇以化孤金也。三曰剪火，乃金星脚出火星，斜飛如曜，宜于金火交處大開水竇以制火也。四曰截蕩，穴星成形開面而下垂掃蕩，水星斜蕩而去，宜于掃蕩之處點穴，截去蕩星以作餘氣也。此四者不用作法則不可葬，不知法葬則大凶。至堆培龍虎之法，人人能知，不必細說。

開鑿之法，非于其山亂開妄鑿也。氣藏于中，必形于外，其當開鑿之處，亦必有微情現出，爲微凹微凸之形，立于此處則砂水自然有情妥當，乃于此開鑿之者也。葬

乘生氣必要鑿中生氣方是若不中生氣鑿固鑿矣有何益乎中去聲

局法

局者合龍穴砂水而言顧其實則山水一交雌雄交會爲合成一局矣山水者雌雄也凡發龍之處必有兩水夾來謂之隨龍水經所謂來水與龍一般遠其祖其宗來作伴此水與龍至結穴處必相交會龍若左旋水必右旋龍若右旋水必左旋兩相交抱則穴始結若兩相背離則不交而不結矣局法有四曰順曰斜曰横曰回

龍之行度直來則順漸而斜向一邊則斜竟向一邊則横由横而逆轉則成回龍順局者穴向龍虎兩砂左右兩水之中水合之後其水從穴前之玄而去斜局者穴不向兩砂兩水之中或架龍或架虎一水過堂兩水合于一側而去横局者穴只向一邊之砂只一邊之水過堂兩水合于下手横去回局者龍身逆上穴對祖山隨龍水順來穴向來水而收之亦只一邊水上堂回抱穴後合那一邊之水而去然惟大幹龍方能收兩水結得順局其大枝龍枝中幹龍枝中枝龍只能收得一邊水皆不能結順局止有斜横逆三局而已一山兩水猶人有妻有妾非富貴人不能一水一山猶人一夫一妻尋常皆有然大順局雖兩水俱收亦與那一邊水更覺有情此正配也

大幹龍行度其體硬硬者不生峰起伏也其行折折者如北來南向之龍投東一程又投西一程作大之玄而走不直行也其砂齊齊者左右二砂齊到排衙也其水出出者從面來交織而去也其局順順者收左右兩水也次者曰大枝龍大枝行度其體强强者大起大伏也

其行側側者面向一邊也其砂蓋蓋者順水而下也其水朝朝者之玄朝穴也其局逆逆者收一邊大水也再次曰枝中幹羣枝之幹也此龍行度其體動動者多起伏也其行正正者直行向前也其砂或蓋或收蓋者上砂蓋過穴主貴收者下砂逆過穴主富其水抱抱者前水横過穴前如帶抱身也其局横横者收一邊水過堂也枝中枝龍之行度其體弱弱者不能起峰偶起伏也其行斜斜者斜趨于一邊也其砂配配者止得一砂爲用自相配合也其水短短者收一小水也其局雜雜者

或順或逆或橫也此乃山川之性情結作之定例有是龍則有是局有是局則有是龍雖山川變化人面不同而規矩所在不能大踰越者也人能熟此則見局知龍步龍知局矣

上下砂

夫砂者所以護龍身衛區穴布局勢者也龍無砂護則孤單穴無砂護則飄散局若無砂則將何物作布置耶砂法多端以上下二砂爲最緊上砂者隨龍順水蓋穴之砂也其道主舒放內護生氣外張大勢下砂者逆水

而上護穴之砂也其道主收斂所以阻遏山水之行勢而使之駐足也二砂之中上砂尤緊觀上砂可以測穴氣之貴賤氣貴則上砂蓋來重數多上砂俱來護氣也若氣賤則蓋來者少而單薄矣蓋山水一夫婦也凡山見水俱要去收水無奈氣貴只得背水來護氣耳氣貴則其局開張上砂蓋來得多則局勢濶大若上砂薄則水逼城腳沖龍割穴矣尤要能蓋過穴前爲美蓋上砂過穴則能間隔客水不使上堂而內氣完固也凡貴龍必不收客水只收自巳之水客水者係他龍食殘之水他自然不敢到貴穴之前而貴穴自然不食他人之殘食者也若夫下砂只要有一股逆轉不論長短大小便能成穴矣只有貴穴少下砂者必無少上砂而能結貴穴者故廖公曰上砂作案大地多有之也下砂一轉之外其餘下砂若順水飄去世人之所最惡不知此係貴微富丁之地不能有也楊公曰或如刀或如劍順水斜流飛冉冉時師到此斷離鄉不知內有真龍佔又云雖然有袖穴不見官不離鄉任何受此是看下砂訣非庸淺之夫所知

世人言龍開口便說起伏抑知大幹硬腰不起伏言局開口便說逆局抑知大幹龍必結順局言砂便言逆砂抑知富局出逆砂貴局不出逆砂言水開口便說來朝抑知賤地見水朝貴地只說暗拱庸師之所習說衆人之所習聞以爲妙者種種與真道相背謬此道之所以日流日下而不返也

凡係龍結不論枝幹俱不肯收客水蓋一龍必有一水相配惟此水來朝龍而龍亦只去食此水所謂雌雄相食牝牡相交也客水係衆人之水或他人食餘之水龍

是貴物豈肯食此水乎若大龍自有大砂關隔客水不使入局用客水作外纏枝龍不能放出大砂到結穴處或見客水此龍必轉面向內或橫或回結作與已水相交必不去向客水者也惟奴砂之結作因自無隨龍水只得開面去收客水猶之大家之掌錢奴此其所以賤也此係龍結砂結一定之性情必無踰此範圍者

前案遠朝

案者近穴之對山朝者案外之遠山也朝山亦曰應星取其與穴相應之故也穴有有案無朝者有有朝無案者有朝案俱足者有朝案俱無者無者只以明堂為主此不具論今且論有朝案者朝案二者以案為緊朝次之案者主山之賓也既有好主必有賢賓要開面有情端正可愛為上若反背臃腫粗頑醜陋則不吉矣縱穴結果正不能出貴且必有不足也若遠朝但要尖挺秀麗便為貴徵方圓次之破碎歪斜則不足也

後樂蓋座

樂者近穴之坐山蓋座者穴後之大山也擁背之龍穴後即係來龍不復論樂座若斜落橫結之穴穴與來龍

不正串故要論樂座也橫龍必要後樂無樂則背後空虛而無靠矣樂山不論本龍帶來與他山來湊巧者只要端嚴有情便吉蓋座亦曰照星取其從後照穴之義蓋座大地方有而尋常之地不能有如有蓋座則貴矣蓋座以土星御屏為上大金星次之尖聳之山為下尖聳則勢單也

朝坐二星坐之星力大于朝好地必要有好座若有好座即小枝龍亦出近君之貴然穴中作用則以朝為先務若兩者不能兼收寧舍坐而取朝以朝在前而急坐在後而可緩也後座美而不正不能作正印之官穴後若有御屏之星必出侍從之貴此其可決者

左龍右虎

龍虎二砂乃衛穴緊要之砂與他砂可緩者不同最要開面掬抱有情不宜硬面臃飽以肩高頭伏為合格大忌折腰昂頭昂頭則欺主折腰則風入射穴也然此二砂正變不同有兩砂齊到者有兩砂齊無者有邊有邊無作單提者有一長一短作仙宮者有兩砂交抱過穴作紐繪者有主星無砂而父母山分砂抱穴星為龍虎

者有本身無龍虎而借客山來作龍虎者有一邊是自巳的而一邊借客山來湊者種種不同不必拘泥只要來龍氣到成得局起便自結穴不必以此爲慮也

夾砂

夾砂者龍虎之外穴星兩傍有特起挺秀之山拱夾主穴俗云夾耳山是也若在龍身兩傍謂之太乙天乙此乃大貴之砂非貴龍貴穴則不能有之

官鬼禽曜

官者案外拖出之砂有明暗二格明者再起一峰穴上

見者曰現面官星暗則長拖而出穴上不見者也鬼者穴後餘出之砂擁于穴後者也曜者龍虎拖出之砂亦有明暗兩格明者從龍虎觜頭發出横于穴前者曰明曜從龍虎肘後拖出者曰暗曜此三者皆貴龍發現之秀氣非三台八座魁元鼎甲之結則不能有也龍局俱好若無三種秀砂甲第卑下作官不過守令若中下龍局不過富厚發丁而已禽星者乃小圓墩在下手水邊皆是在水口者曰羅星也若在明堂内曰患眼山在穴前曰墮胎山在龍虎内曰抱養山皆爲不吉論詳羅星

兹不贅

此四星官宜秀麗亦忌直去太長鬼要抱身最忌一去不轉惟曜星愈長愈奇愈行愈妙人不易識者也四星形格甚多俱詳玉髓真經好博者自可去讀也

曜星玉髓有四十種可云博矣然吾以爲亦未盡曜星之奥木火之曜人人共知土金之曜另成巨大星體世人不識此爲何物至于水星之曜恍若一枝龍去亦能開帳出脉起伏頓跌與行龍無異轉折活動更玅于龍最爲難識辨之之法龍則有陰有陽曜則精緊純陰龍

則愈行愈張曜則愈行愈促到頭飄散無穴無局世人到此皆以爲好龍共肶腕其穴之難點那能辨得是曜耶

龍體

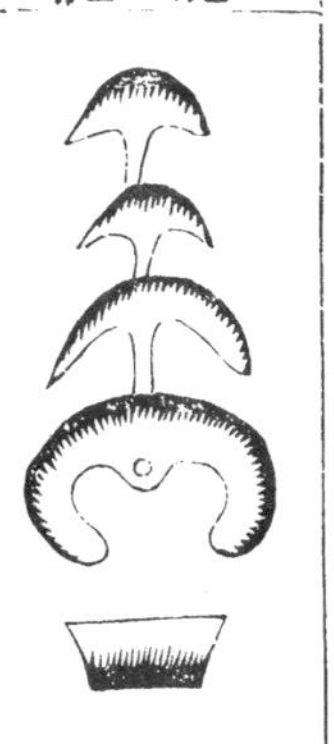

曜體

龍則愈行愈大到頭成星結穴曜則愈行愈促到頭不成穴星

筆砂

筆山者尖利之山也有立眠二體立者如狀元筆宰相筆之類眠者如進田筆退田筆之類筆砂中惟退田筆最難識識不清者多誤認蓋穴順砂顯永明曜爲退田筆使貴地當前而狐疑不用良可歎也今辨明于下

順水蓋砂

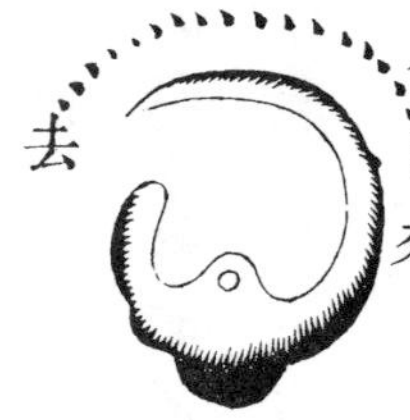

龍虎明曜 執笏

退田筆

附筆山斷　進田筆逆水出退田筆順水出斷頭筆耳背出爲官筆案上出學士筆雲霄出狀元筆纖纖出秀才筆架上出畫師筆長短亂雜出天師筆乾坤巽艮出筆頭若帶石常與人交易案前若見筆頭開十遭赴舉九空回名曰罵天筆　筆山須要識口訣不易得

餘氣

餘氣有二種有大餘氣乃大龍大結之後其餘氣行去再去結小地者是也有小餘氣乃穴星下之唇氣平坦之裀褥是也大餘氣惟大龍方有或極旺之龍亦有然無亦可也若小餘氣乃必不可少者若無餘氣係龍氣

薄弱決少人丁

羅城

羅城者乃穴之前後左右周圍環繞之山是也極大幹龍方能將自巳從砂列出羅城餘則俱客山湊成者只要成一羅城之象不空不缺便爲佳也

羅星禽星獸星華表捍門北辰

羅星者水口之小石山墩或一或二三阻截去水以關內氣之物也此星與祖龍相應必火星起祖水口方生此星以爲火之餘氣故曰羅星也凡龍必火星作祖始出大貴顯故見羅星卽知龍貴穴貴也其星亦有五星九星之變若成龜蛇等形者曰禽星也

獸星者亦水口之山也禽星低小獸星高大此星以相配爲妙如一邊山成獅一邊山成象曰獅象把水口若单獅单象則力薄矣獸星之形變態不一或如虎如麟但獅象爲多也

捍門者兩山峙立拱夾水口也以其有捍禦水口之義故曰捍門捍門多是九星惟太陰太陽相對曰日月捍門爲至尊之地兩木曰華表捍門清貴之職若只一木

星亦曰華表也。北辰者乃水口大山。係廉貞破軍祿存三星。遠而望之。若一方之太祖。近而察之。則生近水口。枝脚不能遠布。故曰北辰也。此星氣貴。非帝王之地。不能有也。

水法來水水城去口

來源者。水之來處。水城者。水之形局。水口者。水之去處也。水來長短看來源。明堂看水城。去口看關鎖。水法第一要看明堂若方圓平正。有澄凝團聚之形。無歪斜傾泄之患。則水法便是七八分好了。再觀來源去口。若來

水綿長而之玄。去水交織而關鎖。便是十全水法。若明堂不好。來去雖好。無所取用。明堂若好。來去不好。不過美中不足耳。來源宜朝抱有情。不宜直射反背。去口宜關閉緊密。最怕直去無收。水以明堂爲緊。蓋明堂乃本穴之所用。而來源去口。則衆穴之所共用者也。水乃龍穴之用神。氣宜恬善有情。有情者。來則之玄抱遶團聚澄凝。去則盤桓是也。若不如此。則生剋殺。不特不爲我用。反爲我害矣。殺有八。曰仰返牽潛激割冲射。仰者。穴低水高。瀑面而來。也。返者。反弓向外。牽者。穴前直去無關也。潛者。明堂低深。水流于中。從底滲去也。激者。水口相激。穴聞惡聲也。割者。水割龍穴之脚也。冲者。大水面前直冲至穴也。射者。直狹之水冲射穴星也。水雖有八殺。然真龍結穴。必有上砂蓋來。不使客水入堂。其八殺者。大抵非好龍結也。

明堂三陽三分三合

明堂有四。曰小明堂。內明堂。中明堂。外明堂。小明堂者。金魚水合處。畧有平坦是也。此係穴之有無真假。最爲要緊。龍虎內曰內明堂。曰內陽。案內曰中明堂。曰中陽。

案外曰外明堂。曰外陽。三堂者。乃穴前之正面。合砂水二者。而共成者也。一圈是砂。中央之平是水。故總論于砂水二者之後。內堂宜緊。而聚氣藏風。外堂宜寬。而收朝取勢。中堂宜平正圓淨。大小與龍穴相稱。龍穴大而明堂小則規模狹隘。龍穴小而明堂大。則散漫不收。大畧宜正不宜斜。宜圓不宜缺。宜橫不宜直。宜平不宜偏。宜坦不宜嶮。宜窩不宜突。使諸水聚會。二砂關顧爲善。古云明堂容側臥者。言小明堂也。明堂宜緊不宜寬者。言內明堂也。明堂氣宜聚蓄者。言中明堂也。明堂容萬

馬者。言外明堂也。地有四堂俱足者。有無外堂者。有內中一堂合一者。須活法看之。又有好龍好穴。而明堂不合法者。亦不爲大害也。若溪澗之水。最不喜穿中明堂。宜以案外爲善。澗水穿堂。必非貴穴。

三三合者。第一化生腦分水。下合于小明堂。第二穴是後小八字分水。下合于中明堂。第三祖宗山大八字之水。下或合于中明堂。或合于外明堂。此謂三分三合也。小明堂之合。必合于穴前。若大小八字之水。則穴有直斜橫冋之不同。或合于前。或合于後。或合于左。或合于右。不必執定在穴前者也。

望氣

望氣者。望山川所升之氣。以辨其龍之結作也。太祖之上。于夏秋之交雨霽之後。丑寅之時。必有上升之氣。宜于此時望之。氣之發。從山巔直起沖上。下小上大。如傘。此爲眞氣。若橫于山腰者。乃雲霧之氣。非眞氣之發也。氣清奇者貴。肥濁者富。端正者出文。偏斜者出武。要赤黃爲上。青白黑次之。其詳具天機素書。

嘗水

水味可以知地脉之美惡。故有嘗水之法。平陽平崗。不出澗水。須嘗其井泉。高山則嘗其溪澗。須于多晴後嘗之。老山之中。難以登臨。須逐澗嘗其水。其水香甜。則此上有好穴。若水淡無味。其中不結穴也。凡水以香爲貴。甜爲富厚人丁。若甜而帶辣。則出武貴。若味帶酸苦。皆不爲吉之所也。又水喜清忌濁。冬宜溫。夏宜冷。爲妙。論詳于後。昔吳公嘗朱夫子祖地有翰墨香。爲朱氏扦此地。斷曰。當出一賢人。聰明如孔子。

辨土石

天機素書曰。夫腰耳腦乘氣有異。而水土石。結穴亦殊。穴結水中。用土築成而葬。古來只有無錫華氏祖地。地名鵝肫蕩。此外無聞。則亦不得言水中無穴也。至石穴在在有之。不可勝紀。何今人言石非穴也。土石砂三者氣到俱能成穴。石穴最清貴。有力量。土穴次之。砂土爲下。凡石要細膩可鑿。土要堅實難鋤。石而剛燥。土而鬆散。皆不爲吉。色要紅黃白爲上。青次之。黑爲下。然以質爲主。色次之。質若堅實細膩光澤。卽青色亦是好土。若鬆散虛浮。卽紅黃亦不吉矣。

古人點穴。不論土石。今人大以石爲忌。凡見石穴。不必指明。以其招謗多是非也。但可以土穴與之。今言石穴者。爲明理自求地者說。一可以得美地。二可以省財物。三可以易圖謀。石穴乃福貧人之玅物也。

氣之流行。入水火。貫金石。何堅不入。何處不存。豈以砂石而氣不敢入也。氣既入。則有何不可葬。今人往往厭棄。皆由不明生氣流行之故也。石穴廖公撥砂經說得甚明。宜細玩。今附數段于後。

廖金精曰。葬經謂石之不可葬者。謂其堅確磽薄。若

分片段然者。生氣不存。不可葬也。此特䃜礴嵯峨嵰于燥倓。凶魂利刺。真可懼矣。若渾淪成質。五吉現形。誠吉葬也。蓋生氣潛藏。何堅不存。況石乃地之骨。豈有有骨而無髓者哉。又曰。環會之山。多是石體。而中有一枝具土成星作穴。亦不廢其貴。貴亦清也。環會之山。多是土體。而中有一枝土石參錯成星作穴。亦不廢其貴。貴而富也。蓋石乃肋骨之類。土爲血肉之用。肋骨之類。性情清逸。血肉之用。性情重濁。又曰。山之質。土石二者而已。非石不立。非土不具。但其出面有偏全耳。星體既吉。生氣潛藏。造化揫斂。雖純石皆吉葬也。又曰。土山石穴。後龍穴星皆土體。而成穴處乃純石。固爲石穴。或穴星土石參半。則穴掘循其石。以石成暈。石具氣亦具。亦爲土山石穴。非迎合其石也。玉彈子云。亦有穴結石中。鑿出無土。旺方取土謂之併葬。師口訣曰。凡頑石塊石觜。青黑無縫。不受鋤鑿。則不可葬。若可鋤可鑿。石體細膩。紅黃潤澤。此穴土之剛者。不得以爲石而棄之也。觀諸賢之言。則石之可葬如此。今人一槩棄之。而時師只點于石盡氣

絕之所。以致敗絕。良可歎也。

論土色。葬書以細而堅。潤而不澤。又五土四備爲美。然地理以形爲主。形吉而土美。則爲上吉。形若不吉。不必論土。形吉而土不美。亦無害。其爲富貴也。欲知穴中土色。可于峽中看之。峽中土何色。則穴中亦是此土此色。所謂來龍不脫來龍氣也。

凡世不知地理之人。專好言土色。蓋以星辰龍穴之法不容妄言。而他又要說自明地理。故止言土色。下下庸術。亦不知星辰龍穴之法。口無可言。而只言土色以土

色可動人。又不須學問也。況諸求地之人子。多不知地理。亦好土色之美。凡嫩小枝龍。山色潤澤者。土色必好。大龍大幹。皮色老者。土色多不好。看此等形穴。不必與無知之人指以其招謗惹議論也。附廖公土色于下。

廖公云。錦囊經謂欲細而堅。潤而不澤不澤謂不濕也截肪切玉。備具五色。又曰乾如聚粟。濕如封肉。水泉沙礫皆爲凶宅。又曰陰陽冲和。五土四備。四備原本作兼言四者黑不與也註云。得勢與形。而土色不佳。亦不貴也。今按九州土壤不同。而燥濕亦異。難以槩拘。多見形勢不吉。而土

色俱備。用之者禍不旋日。形勢自吉。而土色不備。用之者常臻富貴。此土色之不必拘也。水泉沙礫。龍真穴正。自然無之。有則非吉地矣。按此論最爲確當。九州土壤不同。如孔林天下至美之地。無以加矣。乃是黑土。稱曰黑墳。此其證也。但人子厝親。必得土色之美。此心乃安耳。

穴之淺深。土色可定。其上浮散之土爲土皮。漸掘至堅細之土。方爲藏棺之所。其堅細之下。必變爲剛硬粗濁之土。乃穴底也。不可掘。此天定之淺深也。附土色說于下。

盡筴圖。有金銀爐底之說。張仙云。此穴中淺深一定不易也。動脈稟來龍之氣。融灌穴內。輕清者凝結于上。土肉細嫩。堅實溫和。丸之卽合。散之若粉。得天體之淸。此藏棺之正穴也。重濁者凝結于下。土肉堅硬如石。得地體之濁。此盛棺萬年板也。土色必兼有五方。但貴純正不雜。以赤白黃爲上。兼得真正青色尤佳。黑屬水。不宜多。要色如漆。有光耀。只數點在內。亦足以備一方之氣。金銀入爐煎熬。金精銀髓居上。渣

滓居下。爲之爐底。江東不欲洩天機。故借以名。

凡卜陽基。要辨土壤輕重旺衰。辨土卜基。古有成憲。掘地方深一尺二寸。粉土羅之。復還原窟內。勿用按抑。來早看之。若氣旺則土墳。氣衰則土陷。或用寶斗。量土平口。秤其輕重。驗其土之厚薄。每斗。七斤爲下。十斤爲首。如其中平。厥斤爲九。或用土四方一寸一塊。秤之重三四兩者凶。五兩七兩居之自如。九兩已上大吉。

已上自星辰至龍穴砂水。所有名色。挨次逐件釋明。其或有未盡者。則一物三四其名。如一化生腦。又曰孩兒

頭曰毬曰上分之類也釋名之下或附論數則者以流俗相傳之訛說與山川之真性情相反先賢之真經論相背故爲之提明于前以便觀山玩水讀經解論使求道者入真法眼藏也

俯察提綱賦

余讀古今地理之書其論巒頭者則謂巒頭重而理氣輕論理氣者則謂理氣精而巒頭淺聚訟紛紛幾成矛戟不知有巒頭而無理氣則乘真截僞收水配向之功廢執理氣而背巒頭則真龍真穴真砂真水

之情以違殊失青囊之本旨矣蓋有形斯有氣有氣斯有理因形以察氣因氣以論理二體一用不得偏廢者也但古集雖多而二者不串論以致一本兩岐而真道不明于世矣余故集巒頭理氣并取作法星期合爲一篇體用兼舉本末一貫庶無偏而不舉之患云

天包地外地處天中陰陽升降以成形牝牡媾交而融結因地形以乘天氣蔭死骨而福生人欲辨巒頭先明星體爲正爲變正五星而變九星有貼有兼貼一分而兼數合既識星形當明垣局山圍水抱方成生氣之融水走砂飛已現虛無之象窊凸凹風之射劫尤防凶氣之凌侵故聚則成而散則敗靜則死而變則生已辨垣城進詳龍法辭樓下殿顯宗祖之尊卑剝帳開屏別龍砂之貴賤砂結龍結輕重以分枝龍幹龍變化不一大略喜其生強旺進惡其死弱退衰砂礫破流凶哉病態峻嶒瘦削惡矣克形至于結作之山必異奴從之狀衆大則小羣小則大頓中變軟夷內成昂聳而出秀者乃清氣內含瘦而變肥者係精神具足若夫飛潛側直爲

高卑斜正之分橫閃正回是隱顯順逆之異氣來脈伏偷結誰知脈任氣行離結要識騎龍有順倒三般斬關分直橫兩様結作之場穴形先見木窩木乳火尾土鉗金圓滿而起突水側出而邊窩半尾麒麟理宜剪火支枝雙乳法要挨生入首之處脈法在斯緩急之性不同粗秀之形殊異明則露脊起突隱則灰線艸蛇認得剛柔方堪倒杖柔脈臨平夷軟頓縮可作剛氣昂強直急開逆而收爲綴爲離乃虛氈實氈之法或穿或截乃降煞制急之方乳肥面滿沒杖開金上急下剛對撞緩處

杖法既明穴情可據窩尋乳突突覓窩鉗鉗尾會處高擺乳頭節間深打顯有窟突之形隱為脈息之象此陰陽之媾處乃二氣之中和已得穴情要精鑿法察毬簷之起止觀界水之分合仰掌緩浮而吞乘淺鑿覆掌沉急而吐受深擺後龍入首硬直而法用息棺面前餘氣太長而理宜鋤截斯猶鑿脈之常當明取氣之妙道始臻乎玄奧術乃通乎鬼神但取融結之精神不為形局之拘束故或沉而鑿深數丈或浮而壘土增培形急氣緩何妨急到急擺脈緩氣剛莫怕緩來緩受氣來脈止

而空中之氣可求脈現氣藏而山腹之中須鑿脈秀氣清雖緩來而吐下氣剛形惡反高黏而騎刑無分有合那知氣伏之情畧現唇氈誰識微情之露至于局完勢聚氣真形醜故有鏟木剪火之法截蕩壓煞之權須金剖腹以見水須土琢角以成金更有氣凝穴怪駭俗驚庸天秘結于空中無土無石地秘潛于山腹不窩不鉗水巧沒于波中還宜封土石巧盤于大石切忌鑿鋤龍口之穴何妨界水淋頭龍鼻之藏須識兩邊兩穴合結則後坐深槽孤結則脫離龍虎龍漏之穴泉瀝常流露

結之龍八風吹射又有龍真氣任穴顯情明奈垣城之缺陷實天地之秘機或獨立而無從無衛或直流而無案無朝或坐空而缺樂或半缺而無砂總之無怪龍而有怪穴有怪穴而無怪砂故穴怪龍真扦之何害穴奇砂拱下之莫疑或取應于明堂龍虎或得證于鬼曜官禽或因迎潮而知其斜側或因風入而決其閃偏細察隱情難逃法鑒外有假穴花形最易悞人或世花形者局好而實無情細觀則背假穴者形具而內無氣詳察則虛故有棄窩取乳棄乳扦窩有突而不下突有鉗而

不鑿鉗只因生氣不凝縱有假形無用若乃平地之結不異于山最要開窩還宜起突無窩無口縱水交而亦虛不泡不突雖砂會而是假面目反要分明切忌糢糊亂下龍穴之後砂法為先遠砂觀勢近護取情先觀龍虎朝案急先務也次求官鬼禽曜以遙舉焉觀水有衛來喜之玄盈科而進去宜關鎖內堂只宜沉注大怕泄奔外堂則喜寬容以收氣勢乃有天地無全砂或缺而或逼鬼神有秘水或反而或牽鬪有餘而培不足以相大工鑿池沼以蓄反牽則由人力總之俯察之道小地

收水夫地觀龍玄微莫過于穴情緊切無渝于堂氣更識裁成無餘藴矣巒頭既吉理氣當知倘如地吉塟凶空有山形無益葢因形以氣成氣以理察砂明水秀合三垣而崇貴甚期穴的龍真得六秀而催官立驗先要局完氣聚莫泥陽賤陰尊是以開屏列帳之龍雖辰戌而公卿並發水刼風吹之地縱亥艮而絕滅可憂豈容執理氣以範山川葢是得山川而推理氣于是千里來龍先察八尺入首左旋右旋而陰陽之兩片以分左落右落而乘氣之一毫莫差是以真行變僞當知截僞之方駁雜雙行須明鑿駁之道夫乘氣固陰陽之至要而立向爲理氣之大端陰陽相見福以永貞陰陽相乘禍來旋踵倘局與龍而不純則內異外而兩向夫地則以配龍爲主小結則以納水爲先差之毫釐吉凶頓別至于砂法簡而易明生旺之方不宜缺陷死絕之位尤忌欺凌爾乃納水則有玄微論雙山之龍法理之常也從向家之三合勢使然歟玄空取生入尅入之情奇貴求八千四維之格理固自然之玅勢有易命之功情取顧復之玄良哉秘術格合輕秀之氣確矣貴徵至于精奧

宜求細盤天盤主動透素書渾天之龍地盤主靜坐寶鏡穿山之穴遁九宮而知三奇四吉演六爻以推祿馬財官考納音而分金忌剋來龍論宿度而來求防侵坐下起壬午之六十以比而定冲和起壬初之甲子帶解而分爻象分金之用究卦與音音宜生旺比和卦喜五親具足莫拘泥于旺相宜配合夫來龍及于細度亦要詳明空亾乃虛廢之神關煞係戰爭之地大差錯乃惡煞之冲小空亾亦無氣之地不冲不殺地支正位見凶殃不空不破于維中線招蕭索理氣不訛星期須吉下吉地而逆天和初年禍發得佳城而反氣運目下旋凶故宜推五氣之旺衰遁九宮之墓運取陽氣而求升降之金精用陰形而考在泉之玉兎二德三奇宜照方而照穴貴人祿馬喜葢向而葢山至于四柱格局則以本命推詳或用財官印福或造遙會合冲一氣雙飛宜于大局三合雜局利于小攙更有用干用支玅用來龍山向干龍喜地支之祿馬支山喜天干之貴祿四維之卦納甲爲先故乾忻六甲亥喜丁壬壬求亥祿却怕子爲羊刃亥宜寅合次須卯未三方若夫山向凶煞當分重

輕歲破三煞爲占方至惡之神戊己金神係五遁爲凶之物陰府廣箭切忌當頭羅睺浮天也須莫犯月建應小口之災炙退爲休廢之位用之有道雖犯之以何妨不得其宜恐觸之而禍見不可拘泥要知通變毋因此而悞失天時得真傳而自能神化天時已得作法莫虧穿井宜遵地母淺深得乘蓋塋要合五星方圓有法壙中汪氣忌陰陽之駁雜塋外放水喜干維之輕清汪氣步坐山九星折水量天父八卦正五行以汪氣遇生則行用玄空以放水進神則折俱要生旺活動同忌曲尺硬冲局或有凶左吉神以抵制水如失法放吉位以旋回有改天易命之功實坤轉乾旋之術提清俯察之次序發明體用之一原備具于斯庶無偏廢

辨别地師法

或曰地理者人子之事也子之山法全書皆爲地師謀而不爲人子謀無乃失本乎余曰余全爲人子謀也人子自能學道者可從此以入道矣人子不能學道則地師之精妙即人子之大利也無奈地師不能精妙且善局騙耳余有辨地師之法明列于左使人子不受其局騙則爲人子謀者至矣盡矣

夫天下盡皆人子則無一人無厝塟之事是此事也須人人知之能之矣然四民各業勢不得也其中乃有嗜好其道精專是事者人乃厚禮而延之爲地師于是有專家之學焉爲地師則有利于是漸變爲射利之途焉自爲射利之途而變僞百出黎丘貌似真道大喪而孝子仁人反受其害矣世人雖知其弊而勢又不得不延師勢必延師則地之得不得在師是得師更急于得地也然不能識師焉能得師余于此中久矣見師多矣師非不可辨别之物能知辨之之道自無不得之師也故著相師之法爲人子告焉或曰審若是則世之射利者窘而怨多矣余曰天下人子多地師少射利者究非地師乃奸僞之徒也塟親事大射利事小利人子之利溥害地師之害微況所害者乃孝子仁人而所害者不過奸僞之徒哉

一畵圖獻地

世有有人品而無學問者有無人品而無學問者有有學問而無人品者有有學問而有人品者師以學問爲

重無學問者不必言矣然道以器載故有學問者大多有人品也而地師之氣無人品者莫如畫圖而沿門獻地夫彼求地則彼自能延師而地師者既非其子孫眷屬也顧爲人子者乃高坐于家而地師反勞勞奔走而代爲覓地乎。況暴露之過與地師無涉者也彼人子且視爲閒着而地師反兼愛如墨子。而代爲之皇皇不安到處搜求使之得安其親乎。沿門奔走是無人品也昔熊道軒人言其傲軒曰吾何傲哉不過不沿門獻地耳。有學問者決不如此。

一稱得鉗記

鉗記者昔明師所見之地而時勢不能做或其師與此方不合而不得做故留鉗記以待後人使後世知我也。非必美地盡有鉗記亦非必鉗記俱係大地世人不察。一聞鉗記則喜故地師稱鉗記以餌之以爲我之學問或卑淺而古之明師決無錯誤也抑知古以得鉗記而大發者惟朱夫子地徐中山王地係郭璞記淶西平地係吳廖二公鉗他亦寥寥矣而發福之地不可以千萬計何嘗俱係鉗記也況鉗記又有真假其真者如吳賴之記非歌行則律詩文采陸離學問淵博入目可辨若其辭句不曰代代做三公則曰代代掛朱衣者此叫街乞聲皆庸惡僞造也奉勸世人且莫信之若好稱如此鉗記者必非明師。

一口口亥艮

亥艮者係天星氣貫之龍然必其地融結得大而後亥艮始驗也若砂頭小結亥艮何益試看古今名墓亥艮者幾家哉而師之好稱亥艮者蓋因儒士多讀催官且多執着催官屋下能談理氣山上不知巒頭故稱亥艮

以欣動之也且其所稱之亥艮豈果亥艮哉戌乾壬子盡扯作亥子癸寅甲。則牽爲艮耳。彼豈真心必覓亥艮耶故口口稱道亥艮者必非明師已上三者俱心存不滅爲無人品。

一喝形

一楊廖二公喝形原因妙理難通庸衆故借形以曉俗然山頭亦有真成形者故玉髓論之但無形者多有形者寡美地原不必成形也而今之好論形者則由星辰不辨枝幹不分生氣不識穴法不諳天星理氣又不理

會于是無一可開口。而道又不可不行。故只得論形也。獅子形毬上穴。長蛇形王字穴。鄙俚可厭。故好喝形者。必非明師。

上山便用盤

針盤者。點穴既定。于是向穴中格其係某龍入首。某水上堂。當立某向。所謂卦向穴中作也。若其上山。不問有穴無穴。是龍非龍。便取出羅盤格者。則其人既不知巒頭。又不識用理氣者也。二者無一。何爲明師。

講土色

龍穴既真。土色又好。固爲全美。然有龍穴真而土色不美者。有土色美而地不融結者。廖公曰。嘗見地吉而土色不美者。塟之發福。土色好而地不結者。塟之凶。則土色關係甚輕也。不談巒頭。不論理氣。只言土色。其人無見識學問可知。

講逆水砂

上砂者。收氣之砂。逆砂者。收水之砂。無收氣之砂。決不融結。故地之有無。在上砂而不在下砂也。學問精妙者。必知上砂。若淺陋者。必不知上砂。但言逆砂矣。其闢口必曰水不上堂休點穴。下砂不轉莫尋龍。抑知即此二句。他便解錯了。吳公曰。有收氣之下砂。有收水之下砂。收氣之下砂。乃順水蓋來。與龍穴星面相逆。有此砂方結作。故曰收氣下砂。即時俗之上砂也。惟有此砂蓋來而水乃夾得上堂。二句原是一氣。此下砂指收氣之下砂言。本不言逆水下砂也。而取以爲逆水砂之證。大非矣。又此二句。原係一事。彼卻認作二事。上一句。認作特朝水。下一句。認作收水砂。大謬矣。其人決無精細學問可知也。

石中土穴

石中土穴。廖公論之甚詳。而今之土穴。皆錯指大石縫中無氣之土。非結成之土穴也。此等穴。若穴後斬斷如墻壁者大凶。石中土穴。庸俗最喜。故地師口口稱道天成。抑知天地結穴。乃其靈氣所凝。原不爲塟骨而設。而塟法乃盜竊天地靈氣之法也。焉有生成如壙之石穴哉。其好言此。亦由無可開口故也。

秘訣

有種地師。並不開口講論巒頭理氣。有人扣之。則曰我有秘訣在夫曰秘訣是不可輕與人言之物也不可輕言則人問可不必對又另一家之妙也又另一家則古書可不必通只此二字可以省酧酢廢誦讀而又勝于讀盡諸書而始堪應答者又可靜坐養神以謀利抑何妙也然天下之道除妖術之外無一事有秘訣者作聖作賢成仙成佛皆無有秘訣者何獨地理有秘訣乎顧即以有秘訣論則其訣亦無用之物也何也吾見巍科高甲富商大賈其子弟未必如父兄彼非不訓誨也蓋神明在人無訣可傳故也若曰吾得一訣即可以了明

天地之道夫多讀精思者尚不能而一訣何客如此哉吾不能信矣故言秘訣者非明師

亂念書

明道在讀書讀書者好學深思以求其得也若讀而不解即多讀何益而世有一種好念書者王家非掌師彼又不來課背先生之書只管背誦何為也其意以為人前顯吾書熟熟則熟矣卻決解不來不則杜撰之亂話吾抑過多人個個如此所以決其背得出解不來也而所背之書非催官玉尺則雪心賦入式歌此又其必然者故知亂念書者非明師已上七者文飾淺陋犯者決無學問

做惡狀

奸險之徒做出多般惡狀以籠絡人此亦相法之所宜知者一種沉默者會客之際多不開口人問之則曰妙道難言富貴者問之則曰爾富貴人要識他何為夫有一事必有一事之理而古人又必有此理之書不問則不言既問則談之亦甚無害也若曰彼不能曉焉能必求通曉之人而後開言也正惟不曉而後來問為師者

又不肯言則其人焉能通曉也亦必言而後可責其不通曉也一味沉默似有道而實無學問一種高傲者高視濶步傍若無人以為天下惟我一人無有一人可與言者所以者何不過怕人窮究其學問也若有人窮問或微笑不答或高聲怒罵不曰你那里曉得則曰妙道豈輕與人言此一種惡狀其妙用在怒以其聲音顏色拒人而掩其寡陋一種謙遜者千人意旨惟命是從見人論道下風求教做盡謙受益光景人以其易與而彼言亦可通行此一種醜態其妙用在喜以其卑聲下氣

入人而固其交與。蓋自知不識而立意要騙人。故用此籠絡人法也。更有自以爲高明。而不知已之不識者。夫騙人者。係光棍。不自知者係迂腐人。凡人子能知上十者。已能辨別地師之人品學問。更知此三種籠絡法術。則彼無術以欺我矣。

擇主

主固當擇師。而師亦當擇主。不則不可久與矣。蓋主有不可與言葬者。有不可與相交者。主之不可與言葬者有四。一曰談房分。一曰責速效。一曰好假局。一曰無主意。何言談房分之不可與遷葬也。凡人子之葬親。當以葬事爲重。盡人子之終事也。次則求子孫之福蔭。蓋子孫之福吉。固祖宗父母之所望者。不則親心其能慰乎。福蔭固所當求。然乃後焉之事也。若有衆房之家。而其人開口不論葬親。但言房分。則忘本逐末。私心錮蔽極矣。可與之葬乎。況天下古今之人家。必無房分一樣均齊者。焉能此一穴葬下。迥出天下古今。獨能房分均齊乎。諺云五指有長短也。房分之說。古雖有之。其爲害由于行道之奸術。每日某房與我錢。則令其房福利。于是

此說甚行。兄弟疑忌。兄葬弟阻。弟葬兄阻。而親骸不能入土矣。喜談房分之家。儻葬後不均。必致多事。不可與葬。責速效。地理之說。固著應驗。但地乃厚重之物。其爲驗也遲。大象要十二年太歲一週。填實各方砂水吉凶始驗。或有六年而驗者。乃所葬之年。適在來山來水一邊所要填之辰。而六年之歲適填其位。故驗也。不則焉能速效乎。故責望速者。不可與葬。好假局。古云誤葬多因求正面。神仙俱是下偏頗。蓋好穴多無好局也。有等自以爲知地。而實不知所貴者。係好看之假局。使順之而遷。則爲師者喪良心。逆之又賓主不合。則何必廢許多唇舌也。此不必與議葬。無主意。葬係重滯之事。移動俱屬繁難。無主意之人。今日一人說好。便認爲好。明日一人說不好。便以爲不好。忽喜忽怒無常。夫他事易于移改。此事移改不易。故不與之下葬。則彼之無常與我無涉也。故不可與下葬。若夫不可與相交之人。則奸險愚頑驕傲兇惡。亦有四也。此四者。天地之所厭惡。必無得地之理。況與往來。有損無益。故不必交與也。

終

山法全書卷之首下

古婺葉　泰九升氏集

海昌陳鴻寶道榮氏叅

入門部黑囊經 范越鳳著

凡所謂道者必有一高妙之境在但高妙之境其理必深奧而難明其言多精深而離俗使驟言高妙則不特世人不信且駭而怪之矣況天下事理固由淺而入深使不先言其常焉能知變不先言其庸焉能明奇耶故吾先取最近情之書與世人言近情之書

何則黑囊經是矣黑囊經句句近人情並無半言隻字驚人駭聽者而其理却不甚膚庸且簡要而不支離顯白而不費解說允爲入門第一書也開卷一讀龍穴砂水之法盡在眼前令人無畏難心由此可以漸進於高妙則此書益人多多矣

論卦例

細說前賢地理歌教君口訣不須多撥砂斷水文千卷点穴尋龍術不多一以貫之能曉會從今論此盡搜羅黑囊經裏分明說龍看左右托穴看左右落砂看左右湫水看左右約明堂看四角三陽看城郭六者無猜疑入穴方裁度用卦不用卦卦向穴中作時師專用卦用卦還是錯若能審究之便是眞郭璞

擇地十要

龍要有夾從夾從龍身重穴要有包裹包裹穴無破砂要有情意有意則尊貴水要有灣曲灣曲大發福龍要有正星穴要有正名砂要有正形水要有正城龍要有宗祖然後看子孫穴要有情意然後看來去

論四正

龍無正星不覲穴無正形不安水無正情不灣砂無正名不關

二十二好

龍好飛鸞舞鳳穴好星辰尊重砂好屯軍擁從水好生蛇出洞龍好不換正星穴好凶山藏屏砂好有朝有應水好如蛇過徑龍好防送重重穴好遮藏八風砂好頓起千峯水好形如眠弓龍好卓筆頭鎗穴好四正明堂水好朝陽秀江龍好僧道坐禪砂好如人卓拳水好如弓上弦龍好有蓋有座穴好有包有裹砂好有堆有梁

水好有關有鎖。

論富地

富龍帶倉帶庫。富穴左朝右顧。富砂厨櫃倉庫。富水朝灣覆土。

論貴地

官龍行印誥排來。官穴坐華蓋三台。官砂朝筆架樓臺。官水去三折御街。

論文貴

文官龍陽心過峽。文官穴金盤荷葉。文官砂尖峰似塔。

文官水長流東甲。文官龍帶旗帶鼓。文官穴峯尖爲主。文官砂進貢翔舞。文官水天一幹步。

論武貴

武官穴出身閃側。武官砂旌旗排列。武官水兩邊斜直。武官穴或斜或全。武官砂排衙頓旗。武官水長流地玄。武官穴頓旗出陣。武官水交劍長流。武官砂羅列爲城。武官龍輔弼俱全。武官穴雄落天庭。武官砂捍門坐鎮。武官水紅旗印信。武官龍廉貞退破

二十六怕

龍怕入穴無主。穴怕無砂朝顧。砂怕孤峰獨樹。穴怕壁上掛燈。砂怕如傘破崩。水怕坟前潺聲。龍怕過峽無扛。穴怕臨墳水裝。砂怕硬直如鎗。水怕衝破明堂。龍怕帶鬼砂。穴怕斜口叉。砂怕石露牙。水怕如死蛇。龍怕孤峯獨嶺。穴怕如鍋覆釜。砂怕鵞頭鴨頸。水怕凶神交并。龍怕麄雄惡石。穴怕出身尖爪。砂怕左右山反。水怕坟前斜直。龍怕深坑斷塹。穴怕鬼神穢厭。砂怕寺觀坐占。水怕火城交劍。

論宜忌

神壇廟後莫安坟。久後少兒孫。龍急者怕短。穴虛者怕淺。砂朝者怕偃。水去者怕捲。龍如死鱔者孤絕。穴如箭箕者虛結。砂如角爪者肥凸。水如落燈者轉跌。龍來短者富不堅。穴落虛者不可扞。砂朝淺者退田園。水行捲者損少年。龍雖好不結穴。謂之有若無。穴雖好無來龍。謂之寔若虛。砂雖橫隨水去。謂之有情無顧。水雖屈無砂城。謂之金鷩箭。國師親傳此卷經說出陰陽地理名下手若能依此法救貧立見有光榮。時師不用施閒說有眼分明兩目盲。熟讀黑囊經一卷任君天下去橫行

黒囊經之言句。入情入理。極淺極易。然其中亦有難解句。如卦向穴中作。穴看左右落。三折御街。亷貞退破。紅旗印信等句。非有學問則不能解。可以知天下必無無學問之學業也。

今人于明窗之下。將雪心賦囊金管見泄天機一讀。不滿數日閉卷一想。不覺山川之理。了然胸中。天地靈秘。一目可盡。自信可以並駕曾楊齊驅吳廖矣。一日乘興入山。舉目一望。只見山巒撩亂。砂水飛攛。此一枝是中抽那一枝又開帳。何條是幹。何條是枝。那

是龍神。那是護砂。龍無從央其行駐。穴無從覓其止結。止見一盤山水亂紛紛。平日所得學問至此俱一毫用不着而技窮矣。此際又有二種人境地。其一等剛愎自用之夫。至此無可奈何。竟武斷起來。不管山川是否。自以爲是。此種人無論矣。有一種好學之人。至此自悔從前之妄。欲求進步者。則會楊諸公。自有疑龍撼龍諸經上上法味在。但不可以其難明而生厭心。研窮苦索。久久精熟。自然漸入光明法藏也。

問何爲卦向穴中作。曰。卦者。即諸般羅經理氣也。用理氣之法。于穴既點定之後。于是從穴中格其係某龍。入首宜立某向。配合水倒左倒右。宜立某向消納。于二者之中。斟酌一向。或龍脉不吉。則進退數尺以趨避。或一向不能配龍收水。則立內向配龍。外向收水。此所謂卦向穴中作也。若不預點定穴。先去用盤格龍。不管是非。只于乘得三吉六秀處定穴。此所謂用卦還是錯也。何爲三折御街。曰。御街者。乾坤艮巽四大神也。小神者。乙辛丁癸也。中神者。甲丙寅壬也。水要小神入中神。中神入大神。長流。曰三折。祿馬上

御街。何爲亷貞退破。曰。亷貞作祖。退落破軍行龍。破軍手脚帶戈矛劍戟。所以出武。何爲紅旗印信。曰。大五行臨官武曲水曰紅旗。病方亷貞水曰符印。皆主武貴榮顯。

要先約矩　德興董蒂甫德彰父著

九升氏曰。地理之學。以巒頭爲體。理氣爲用。二者不容偏廢。奈先賢著書。言其一者不言其二。後之學者。又從其性之所喜而入。或專好巒頭。或尚好理氣。于是世無體用兼該之學矣。余久欲覓一兼備之書。以

爲此學法式。久不能得。惟青囊奧語爲兼備。而又語句淵奧。先余曾刻入六經註矣。近得董公妥先約矩一書。明列巒頭龍穴砂水四法。理氣龍穴砂水四法。且語句顯白。一讀了然。學者能從此以入。則自無偏頗之病也。故附于黑囊之後。使入門者知地理之全學如是。

巒頭駐雲飛四闋

龍

龍法難言。蓋帳台屏四字先。無問枝和幹。俱要成剝換。

○過峽要遮攔。護從莫孤單。正側逆順同。五勢須詳辨个字成形玄又玄。入首何殊得道仙。

穴

穴法難言。只在陰陽動靜間。股翌分明暗。兩片三叉辨

○定穴枕尖圓。十字莫教偏。正奇隱怪都在太極圈中見。一點靈光合自然。造化生生氣自全。

砂

砂法難言。只要遮攔四水全。拱向情留戀。屏使相參皆。

○龍虎與前山。聚會一堂看。合觀成妙精神健。務使無

風穴不寒。水火抽添煉汞鉛。

水

水法難言。總把雌雄慶會看。內氣何由辨。水上分明見。

○來去要之玄。橫過角頭巒。澄凝清靜斯爲善。水口重開氣自還。得水何殊得道仙。

理氣駐雲飛四闋

龍

龍法天星。亥艮江南第一眞。丁兌連辛巽。巳丙兼庚震

○地曜與天星。富貴此中尋。亢婁牛鬼休相近。離坎陽

龍要辨眞。何必拘拘只在陰

穴

穴法天星。只把龍神與向親。納甲催官定。三合聯珠應。

○首要陰陽淨。切莫犯雙金。貫耳腰腧。只把繩牽定。挨放挨加妙入神。頃刻能回萬象春。

砂

砂法天星。但把龍神論五行。形與位相稱。位與龍相應。

○生旺最爲眞。三陽六秀親。五親四吉。換骨移龍性。道在人。弘弘道人。輔相乾坤宇宙心。

水

水法天星只在龍神局內尋。局變無窮盡。三合聯珠定

○來去要知根鬼。沒與神存。天根月窟雌雄慶。消息神

功一掌輪。不負當年師授恩

九升氏曰。董公此八關最妙。初學者要知此八關之

八法。既學者要明此八關之八法。及其成功。不過精

透此八關之八法而已。即至入神入化。亦未嘗有越

出于此八關之外者也。天下之學。有出于規矩準繩

之外者乎。其命名曰約矩也。允安。

山法全書卷之一

古婺葉　泰九升氏集

海昌黃　晉秋帽氏參

龍法星辰部　撼龍經　楊筠松著　葉九升註

一部地理書在案頭。人觀之以爲皆地理書也。不知內中之書有三種。一種是地仙做者。一種是文儒做者。一種是俗巫做者。俗巫之書。鄙俚淺陋。內多禍福之句。此人一見而知其庸下者也。地仙之書。從閱歷得。目有實見。心有實悟。了明山川之真情性結作之真關竅。其語句皆從真知確見中流出。寫山水難寫之性情。描巒頭難描之形態者。以此未免文辭深奧而難解。義理高妙而不近情。讀之難得其味。極能令人生厭。若發憤去讀。數頁之後。呵欠頻頻來矣。文儒之書。從想當然得。想得天地大理。當是如此。龍必是中抽。穴必是包藏。土必是五色。砂必是環抱。水必是彎弓朝對。必是端莊。如此者爲真龍真穴。于是明窗之下。伸手疾書。其理條鬯。其言明暢。句句合讀者之心。且無難解之辭。深晦之義。令人讀之不能去手。傾

妙則妙矣。但用此入山尋龍。步龍點穴。則山川却不如彼議論毫不相像。一無可用也。若欲人前顯學識高坐于大堂廣厦之下。高談堪輿。侃侃議論。則此書甚宜。不必更讀難讀之書。若眞欲入山尋龍點穴。認眞去做。則此種書當置之高閣。請去讀無味易厭之書。然後始得眞眼目。眞見地也。余故書是于撼龍經之前。以爲欲讀地理書者告。

統論

須彌山是天地骨。中鎮天地爲巨物。如人背脊與項梁

生出四肢龍突兀。四肢分出四世界。南北東西爲四派。西北崆峒數萬程。東入三韓隔杳冥。惟有南龍入中國。胎宗孕祖來奇特。黃河九曲爲大腸。川江屈曲爲膀胱。分肢劈脈縱橫去。氣血勾連逢水住。大爲都邑帝王州。小爲郡縣君公侯。其次偏方小鎮市。亦有富貴居其地。

此言天下大龍脉也。須彌山從香水海起。其巔爲忉利天。日月環其腰爲出沒。其四方爲四大部州。說出釋典。味楊公此經下文。是言地脉之祖。當是崑崙。非是須彌。或傳寫之誤。未可知也。天下輿地如傘。崑崙如傘頂。如一身之脊梁。四肢分行。南北東西爲四世界。其西北一枝歷崆峒。入沙漠。東盡于三韓。遼東朝鮮。其分者入中國。爲山西幽燕。其南行一枝。由西番入四川。左分爲關中。中行爲河南。盡于山東。此龍左界爲黃河。如人之大腸。右界爲長江。如人膀光。其中幹龍分枝劈脉。山氣水血。兩相勾連。逢小水關鎖則爲住結。大爲帝都王州。其小者爲郡縣市鎮。并陰基也。地理家學大而幷都立郡。故不可不明天下之大勢。

[illegible]眞星峰磊落是龍身。高山須認星峰起。平地龍行[illegible]各取其類。星辰下照山成形。龍神二字尋山脉。神是精神龍是質。

此言山龍之行度也。山龍之行。星峰磊落。而山峰曰星辰者。以山峰之成衆形。由各星之下照。故有五星九星之形。以是曰星辰也。山脉曰龍。神者。山峰之精神曰神。如旺衰生死之類。山峰之形質曰龍。乃大小幹枝是也。

莫道高山方有龍。却來平地失眞蹤。平地龍從高脉發

高起星峯低落穴。高山既認星峯起。平地兩旁尋水勢。
兩水夾處是真龍。枝葉周回中者是。莫令山反枝葉散。
山若反兮水散漫。外山百里作羅城。此是平洋龍局段。
星峯頓伏落平去。外山隔水來相顧。平中仰掌似回窠。
隱隱微微立丘阜。便從丘阜覓回窠。或有勾夾如旋螺。
勾夾是案螺是穴。水去明堂聚氣多。四傍遶護如城郭。
水遶山環聚一窩。霜降水涸尋不見。春夏秋高龍背現。
此是平洋看龍法。過處如絲或如線。高水一寸即是山。
低土一寸水回環。水纏便是山纏樣。纏得真龍如仰掌。

窠心掌裏或乳頭。端然有穴明天象。水遶山纏在平坡。
遠有岡山近有河。只愛山來抱身體。不愛水返去從他。
水抱應知山來抱。水不抱兮山不到。莫道高山龍易識。
行到平洋失蹤跡。藕斷絲連正好尋。退卸愈多愈有力。
高龍多下低處藏。四沒神機便尋得。祖宗父母數程遥。
誤得時師皆不識。凡到平地莫問蹤。只觀水遶是真龍。
念得龍經無眼力。萬卷藏真也是空。

此言平地龍之行度結作也。平地之龍。其脉從高山落在高山則認星峯。在平地則尋水勢。若有兩水夾來衆枝回遶。則其中是龍也。平地結作。必仰掌如回窠。歌曰平地亦必隱隱微微起丘阜。當從丘阜中覓其細小之回窠。即穴情也。或有逆勢勾轉如旋螺者。則螺是穴。其微起之勾夾是案也。平地之龍。多盤旋曲轉成地。其穴必盤在中央。成盤龍形。非若高山之結作。種種不同。奇奇怪怪。變化不可測也。其穴外必四傍回護。山還水遶。遶多者爲大地。少者爲小地。得其竅者反比高山爲易識。但要眼目明亮耳。平地龍穴之法。其實平直。不過隱微難認。若知水勢之妙

亦易尋求者也。故後右弼篇亦不過再言水勢而已。

垣局

北辰一星天中尊。上相上將居四垣。天乙太乙明堂照。
華蓋三台相後先。此星萬里不得一。此龍不許時人識。
識得之時不用藏。留與皇朝鎮家國。

此言紫薇帝垣也。帝星一星。爲諸星之最尊。居紫薇垣中。其兩垣共十五星。爲文武將相。前門左右二星日天乙太乙。華蓋并杠十六星在後門內。地形合紫垣者。其勢圓而微長。如雞子模樣。四山環遶無空缺

其大而落平陽者爲帝都小而居山中者爲禁地皆世所罕有故曰此星萬里不得一也其太薇天市二垣次之俱詳泄天機此經不論三垣專論九星不過借此爲引子也

請從垣外論九星北斗星宫係幾名貪巨武星并輔弼祿文廉破地中行九星人言有三吉三吉之餘有輔弼不知星曜定錙銖禍福之門教君識

此言九星也九星者北斗七星并輔弼二星也天下山川陰合三垣之外俱九星所司管三垣係皇朝之

用與臣民無涉故言地理者止論九星不必論三垣也公因北斗在紫薇垣外故從紫薇說起以引出九星所以太薇天市二垣俱不論及九星一曰貪狼二曰巨門三曰祿存四曰文曲五曰廉貞六曰武曲七曰破軍八曰左輔九曰右弼此星有名無形隱而不見九星以貪巨武爲三吉輔弼爲次吉破祿文廉爲四凶在天成象在地成形一切巒頭皆禀九星之氣以成形觀其形便知其爲凶爲吉者也但一星之中又有吉凶辨在錙銖不容粗畧詳論于後

貪狼星第一

貪狼頓起筍生峯若是斜枝便不同斜枝側頂爲破面尖而有脚號乘龍脚下横拖爲帶劍文武功名從此辨横看是頂側是峯此是貪狼出陣龍側面成峯身直去不是爲朝便不任

貪狼屬木其形頭圓身聳如筍爲正形正象若生枝而斜起頂面側爲貪狼破面非爲吉也身挺而尖兩邊乖脚號曰乘龍若脚下横拖尖曜爲貪狼帶劍主

文掌兵權若數峯相連横看是頂旁看是峯一邊開面而身直去此名出陣龍多爲大地作朝山秀氣非貪狼正龍也

莫來此處認高峯道是玄武在其中亦有高峯是玄武玄武落處四獸聚聚處方爲龍聚星四獸不顧只成空空亾龍上莫尋穴縱然有穴易歇滅

此承上出陣龍言因示人以辨龍之法也玄武者結穴之主山也言此龍只作他人秀氣不能結作若認是貪狼高峯內有玄武欲于此中求穴則錯甚矣因

言吾非謂高峯不結穴也。固有高峯有玄武者。但有玄武。則青龍白虎朱雀四獸必聚而成局。若四獸不聚。則爲空亾龍而不結作矣。出陣之龍數節貪狼貫串而來。人人所喜。抑知愈出愈弱。必不能團聚成局。此龍之所以難辨也。

或爲關峽似龍形。正身潛在峽中行。時師多向峽中覓。不識真龍斷續情。

星峯有去作他人朝者。又有去作守峽山者。大龍過峽之處。兩邊或有天乙太乙兩貴人拱夾。其天乙太

乙皆貪狼木也。關峽星峯亦秀麗可觀。而大龍正身却在中央過度。時師不知此是關峽貴人。多向此中覓穴。由其不識真龍斷續過峽。有此性情。故皆錯認夾峽貴人爲龍也。上段明作朝之貪狼。此段明扛峽之貪狼。世人一見貪狼便認爲龍。不知此等貪狼皆非真龍。最易誤人。故公先爲指出。使世人不致誤錯。此救世明道之苦心也。已下方言貪狼行龍之凶吉。

貪狼自有十二樣。尖圓平直小爲上。欹斜側巖倒破空。禍福輕重自不同。欹側似斜斜似側。平似乘龍側似直。貪狼似巨倒似空。空似有巖巉似石。問君來此如何觀。莫道貪狼總一般。欹是崩崖破是折。斜是邊有邊不同。側是面尖身直去。空是巖穴多玲瓏。倒是飛峯偏不正。七者未是貪狼龍。平地卓然頓起筭。此是尖貪本然性。圓無欹側四面同。平若臥蠶在高頂。直如決脊引繩來。小似筆頭插高塔。五者方爲貪正形。吉凶禍福要詳明。

此言貪狼行龍也。上二種假形。固非真龍。而貪狼真龍。却又吉凶不同。有十二樣。十二樣者。尖圓平直小欹斜側岩倒破空是也。尖者。平地卓起如筭。圓者端

正不欹。四面看來皆同。平者。橫在山巔如橫木然。故曰若臥蠶。直者。中心出脉。正直行去。不開面向一邊也。小者。一小尖峯在山頂也。此五者爲吉龍。欹者。山帶岩石。邊高邊低。四面不均。斜者。邊有邊無。側者。側面向一邊。面出脉處反尖狹。崖者。露石巉岩。倒者。一峯斜側。如將傾倒。破者。水路流破。望如折裂。空者。山多岩洞而中空也。此七者爲不吉之星。前去多不能結作好穴。欹斜側倒。必生奸邪不正之人。若破多遭凶禍。空則爲僧道孤高之人也。

火星要起廉貞位生此貪狼由此勢若見火星動歘時
看他踪跡落何處此龍不是尋常貴生出貪狼向亦奇
火星若起廉貞位落處須尋一百里中有貪狼小小峯
有時回顧火星宮世人只道貪狼好不識廉貞是祖宗
貪狼若非廉作祖爲官也不到三公

此言貪狼須要廉貞作祖也尖峯爲火一峯爲火星
衆火連座則爲廉貞故曰火星要起廉貞位一火孤
单勢力不大廉貞則勢大力雄而尊貴也山廉貞之
下生出貪狼廉貞作祖貪狼行龍其貴最顯若非廉

貞作祖則祖宗先已不貴僅有貪狼不過清貴焉能
至三公耶

高山頂上平如掌中分細脉如蛇樣貴龍多是穿心出
富龍只從傍生上高山如帳後面遮帳裏微微似帶斜
帶舞下來如鼠尾此是貪狼上嶺蛇帶舞下來鶴伸頸
此是貪狼下嶺蛇上嶺解生朱紫客下嶺須爲朽腐家

此言辨脉法也脉有兩有頂上之脉有卸落過峽之
脉頂上之脉于龍身平坦處看平坦之上人皆以爲
山脊也不知其上更有微現微微起脊如蛇發貴之

脉其脉中行而兩邊亦有微砂夾護若富脉則從一
邊走止一邊有護于山頂上走可以預知前地之富
貴也過峽之脉必從大山卸落大山後列如帳帳中
落脉其象如帶其脉亦有兩樣若上大下細尖如鼠
尾則名上嶺蛇前去結地必貴若上大中細而下又
畧大如鶴之伸頸則名下嶺蛇前去結地但富也善
觀地者觀龍觀脉解目皆通故能使龍穴無遁情今
之言地理者焉知論龍辨脉止識到頭一局而已

大山特起小爲貴小山忽起大爲勢高低大小斷續行

此是貪狼真骨氣大抵九星有種類生子生孫巧相似
剝換方知骨氣真剝換不真皆不是一剝一換大生小
從大剝小最奇異剝換退卸見真龍小峯依舊貪狼起
剝換如人換好裳如蟬退殼蠶退筐或從大山落低小
或從高峯落平陽

此言剝換退卸法也大山行龍變出小山則小山爲
貴秀之氣龍于此處露其貴也小山行龍忽起大山
張布氣勢龍于此處現其勢也九星行度皆如是剝
換于剝換中生子生孫必不脫本龍星之骨氣惟仍

舊剝出本星方是本星之真龍也。如貪狼行龍剝換一番。必竟依舊剝出貪狼來龍之有剝換者乃剝去粗老之氣換出秀嫩之氣也。故或從大山落低小。或從高峯落平陽脫盡粗老之氣。方能融結。

退卸剝換或幾段。十條九條亂了亂中有一條却是真

若是真時斷了斷。亂山回抱在面前不許一條出外邊

只有真龍成大內。亂山在外却為纏此龍多從腰裏落

回轉餘枝作城廓城廓彎壞生捍門門外羅星當腰着。

此言真龍結作之法也。一番剝換則一番分出枝龍從山許多條山來其中只一條是龍其餘多是奴從龍則居中結穴其奴從俱在外面抱也貪狼行龍多不在大盡處結地大抵從腰裏結作而餘枝從外面回轉作穴星之羅城而出水之處必有兩山捍門以鎖內氣又有羅星當門以塞水口也羅城捍門羅星三者幹龍大地方有枝龍小結則無是矣。

羅星要在羅城外此與火星常作對火星龍始有羅星。

若是羅星不居內居內名為抱養瘵又為病眼墮胎山。

羅星若生羅城口。城口皆為王笋班羅城却似城墻勢。

龍在城中聚真氣。羅星若在城闕間時師喚作水口山。

欲識羅星真妙訣。一邊枕水一邊田田中有骨脉相連

或為頑石焦土堅。此是羅星有餘氣。卓立為星在水邊

貪巨羅星方與尖。輔弼武曲圓區眠。祿存廉貞多破碎

破軍尖破最為害。只有尖圓方區星。此是羅星得正形

忽然四面皆是水。兩山環合鬱然青。羅星亦自有種類

浪說羅星在水邊

此是上文論及羅星故附論羅星法也羅星在天為火之餘氣。火星作祖方有羅星以其為火之餘氣故亦名羅星也羅星者小石墩也不宜居羅城裏宜在羅城外塞水口則吉。然羅星之形亦有九星之分。有凶有吉不得一例看者也。

貪狼圖

正體

乘龍

帶劍

出陣

巨門星第二

巨門尊星性端莊纔離祖宗即高昂星峯自與衆星别不尖不圓其體方高處定爲頓笏樣但是無脚生兩傍如此星峯止一二方圓之下如驅羊方圓或如四角帳帳中出帶於飛揚飛揚要得穿帳去帳中兩角隨身張枝葉不多關峽少亦有護衛隨身傍帶旌帶節來擁護旌節之峯多是雙更有刀劍同護送刀劍送後前圓圓離蹤斷處多失脉抛梭馬跡路終長梭中自有絲不斷蜂腰過處多趨蹌自是此星性尊貴護送此星來就體每逢跌斷過處時兩傍定有衣冠吏衣冠之吏似圓峯兩邊有脚衛真龍若是獨行無護衛定作神祠佛道宫

巨門屬土其頭平身方爲正形正象此星其性端莊其形高昂兩邊不生枝脚多起方圓如四角帳從帳中出脉此龍行處枝葉手脚不多跌斷關峽亦少已身固少枝葉而外護之擁從反多行龍固少關峽而一斷則離蹤失脉如梭中拖絲隱隱微微略有脊脉者也此星尊貴過峽之時兩邊必有好峯夾從若無夾從則尊星失體不能成穴多作淸高佛老道場而已

平行穿珠行數里忽然又作方峰起方峰直去如橋扛背長頗類平尖貪平尖貪狼如一字生在山頂如臥蠶武曲横從身中出貪狼直去如僧叅夾輔護龍次第轉真龍在内左右兩此龍住處無高壠開生窩穴隱深潭獨在山峽中間去穴落高岡似草菴四圍若高來朝護前案朝迎亦高舞却作高穴似人形按劍端嚴似真武

此言巨門結作法也承上方峯跌落則串珠而平行數里之後忽又頓起方峯此本星不失本星氣也此方峯平頂直行横望之如橋扛頗類横臥之平貪狼蓋貪巨二星之兼體也此方峯直行却不向直頭落脉直頭是煞氣從横腰落脉變出武曲脉既横落故夾輔之護從亦回轉而護龍矣此種龍神結穴必不在高壠多在低平處開窩穴而近水也然亦有在高山中行左右前山俱高者則亦結高穴其穴多結人形如真武大座勢也九星結作各有定體此巨門結穴法也

此龍若行二三十里内起方峯止三四峯峯端正方與長

不肯欹斜失尊體。峯上忽然生摺痕。此與廉貞何以異

凡起星辰不許斜。更嫌生脚照他家。

此言辨巨門凶吉也。巨門行龍長至三十里。其中起方峯不過三四座。不多起也。每座端正方長。必無欹斜之形。此巨門行度之正體也。若方峯之上。亦生摺痕折裂。則失體而近廉貞。亦爲凶龍。欹斜失體生脚護人。則爲賤龍矣。大凡九星行龍。皆不宜斜側生脚照顧他人。蓋照顧他人。則本身是奴從而不貴也。

端峯若生四花穴。花穴端嚴要君别。真龍直去向前行。

四向邊成龍虎穴。此是武曲鉗峽來。間氣來此偶生峽

此龍誤了几多人。定來此處說真形。要說四花穿心過

但看護衛不曾停。

此辨巨門假穴法也。巨門行度。中間必再起方峯。而方峯之上。或有假穴。不可不知。方峯四傍似有脉落下結假穴。其形端嚴。反令人愛。不知龍自直去。此係假穴。並無龍氣。乃前落峽中。有武曲星鉗峽。本龍帶得間星之氣。故來此處結假穴。假穴乃間星之雜氣所成。無本龍之真氣。故爲假穴也。穴亦似真。何以辨其爲假。蓋穴真則護衛俱在而結局。惟穴假。故護衛飛走而不停。觀其護從。而真假自辨矣。

尊星自有尊星體。方正爲屏將相位。巨門行龍少鬼刼

蓋緣兩傍多羅列。水界分處夾龍行。不肯单行走空缺

水界分處亂生枝。枝葉雖多夾水隨。護龍亦自有背面

背後如壁面平夷。平夷便是貼龍體。龍過之時形怪異

不起尖圓即馬旗。攢劍繙龍歸此地。護衛纏遶如打圍

重重包裹外山歸。至令巨門少關峽。護送無容左右離

明堂斷定無斜瀉。横案重重拜舞低。平貪覆巨圓武曲。

尖圓方整不能齊。三星尖圓方整處。向此辨别無狐疑

識龍須識辨疑處。識得真龍是聖師。

此雜論巨門行度結作也。巨門之星。方正尊貴。其行龍少鬼刼。多護從。凡巨門過峽之時。其兩邊護衛必起尖圓。或爲旗。爲馬。拱護兩傍。重重包裹。及其到頭結穴。明堂必瀦聚。而不傾泄。横案必重重而拜舞。此巨門結作之局也。貪狼巨門武曲。其體爲尖爲方爲圓。三星雖曰三吉。然亦要尖圓方齊整。方能結作。若三星整齊開面則向此尋求。不必疑也。若帶欹斜偏

側則不成地寧曰三吉而亂抃乎哉。

巨門圖

正體　展誥　低體

方峯橫落武曲圖

祿存星第三

祿存上形如頓鼓，下生有脚如爪瓠，爪瓠前頭有好峯，此是祿存帶祿處。小圓帶祿圓本身，將相公侯出方虎。大如螃蟹小蜘蛛，此是祿存帶殺處。殺中若有橫磨劍，此是權星先出武。

祿存屬土，其體頭平身圓如鼓，下生枝脚屈曲透迤，如爪瓠之狀，此祿存之形象也。頭平身圓足曲，實兼上金水三氣，其氣駁雜，故爲凶星。然此星能舒轉張勢，故三吉行龍亦要祿存作間星，以其能分牙布爪開張局勢也。祿存若出吉形，亦能結作。如枝脚前去再起好峯，此名祿存帶祿。小圓好峯在前，而本星從後擁衛之，其勢尊貴，故主將相公侯之貴。若枝脚尖利如螃蟹蜘蛛，此爲祿存帶殺，帶殺則凶。然殺中若有如人橫磨劍者，又爲權星，主出武貴之龍也。祿存固是凶星，能凶能吉，亦有凶有吉，須活潑看去也。

大龍大峽百十程，寶殿龍樓去無數。忽逢此等入長垣，萬仞打圍君莫顧。癡師偷眼傍睥睨，曉者黙然佯不睹。若然尖脚亂如茅，真作蚩尤旗爪距。大低星辰嫌破碎，不抱本身多作怪。端正龍神須無破，醜惡龍神多破敗。怪形異穴出凶豪，殺戮平民終大壞。草頭作亂因此山，赤族誅夷償命債。只緣龍上有攙搶，賊旗倒仄非旌幢。旌幢對對端正立，獨立欹側名攙搶。

此論帶殺祿存結作之凶也。帶殺祿存亦出大龍大峽，寶殿龍樓，至入局處長垣圍繞，甚似大龍結局，而明師則不顧。蓋此等龍其枝脚必亂茅奔擴，其星辰必破碎醜惡，結出怪形異穴，主出反賊草頭，明師早已看破耳。其所以凶惡如此者，以其龍帶攙搶妖星。

故不貴顯而凶惡也。攙搶蚩尤。皆長尾妖星。其形如旗。祿存枝脚尖利。頂頭斜側。其形似之。故有草冠之應也。

頓鼓微方似武曲。武曲端正下無足。有足周圓真祿存。圓盡方爲武曲尊。

〈此言祿存吉形也。祿存端正則形如武曲。但武曲無脚。祿存多脚。此不同耳。然亦爲吉星矣。

龍家最要仔細辨。疑似亂真分背面。背似面非豈有真。[illegible]大移轉。凹處是面凸是背。作穴分金過如線。

凡看星辰看轉移。轉移須要母顧兒。枝分派別有真種。忽作瓜蔓無東西。十里半程無崗嶺。平陽砂磧烟塵遠。到處君須看水勢。水勢莫問江與溪。只要兩源相夾出。交鎖外結重重圍。祿存好處落平洋。大作方州小鎮縣。坪中時復亂石生。或起橫山或梭面。此處或有輔弼形。輔弼無枝祿生辨。祿是帝車第二星。也主爲文也主兵。

此言祿存落平也。移轉者。剝換也。母顧兒者。剝換不脫母氣也。不脫母氣。謂之真種。祿存移轉。卸落低平。形如瓜蔓。並無崗嶺。再行而爲平陽矣。既到平陽。但要看其水勢。水交鎖處。則真龍結作處也。但祿存落坪。亦自有祿存之景象。多生亂石。或起小山如梭。其山形如左輔低金。但輔星不生枝脚。而祿存生枝脚爲異耳。觀乎其坪。即可以知其爲祿存行龍者矣。大凡星辰有定形。其行龍有定勢。其結作有定局。所以觀龍可以知穴。觀穴可以知龍。故觀龍而有疑。則步前而證諸穴。觀穴而有疑。則步後而證諸龍。此明師之所以有確見也。今人于龍法束之高閣。止從局中尋求。焉得而不錯哉。公于祿存落平。必指出祿存坪

中之景象。正是爲此。不則龍既落平。但言認水勢定局。亦已足矣。又何必更指其生亂石。起橫山。種種議論也耶。

九星行龍俱要祿。最要夾貪兼巨軸。或從武曲左右起。此等貴龍看不足。若逢此星遠尋穴。莫向高山尋促局。若遇九星相夾行。只分有足並無足。燕雲嶺下出九關。中帶祿存三吉山。高山峽裏多尖秀。也有圓祿生巉岩。君看山須分種類。亂指橫山作正班。祿破二星形無數。也有正形落低處。也有低形上壠頭。雜亂分形君莫誤

形在高嶺爲高形。山頂上生祿存星。形在平洋山卓亦頂矮。腳手亦横平。頂上生形頂必正。平地生形腳亂行。請君看我細排列。禍福皆從龍上生。

此言間星法也。凡星行龍。皆要間出祿存。方能張形布勢。亦必間出貪巨三吉。方成貴龍。此等貴龍看不足者。言此龍喜之好之。看得一條二條。不滿其願。其心猶以爲不足也。祿與吉星相間則星辰端麗。形勢開張。其行龍必遠。不在高山結作。故曰莫向高山尋促局也。三吉與祿間行則祿存亦或出端麗之體。假乎三吉。但祿存必生手足。三吉則不放出手足。須認得真也。以上引諸方行龍以爲証。燕雲者燕山雲中也。諸方行龍。祿破甚多。也有祿存在山頂。也有祿存落平洋。即一祿存形又不一。禍福皆由于龍。故爲之細辨于下。

第一祿存如頓鼓。腳手對對隨身去。平行有腳如劍鋒。旌節幡幢排次序。此等星辰出大江中有小貪並小巨輔弼侍從左右生。關峽山河遠相顧。此是神龍作州縣。雄據十州並一路。忽然諸山作垣局。更求吉水爲門戶。

若得吉水爲門戶。萬水千山不須做。

第一祿存。手腳勻對。間出貪巨。又有輔弼侍從。遠山朝顧。此最美之龍。故結府州縣鎮。諸山作垣局。吉水爲門戶也。吉水者。水口關鎖有情也。萬水千山不須做者。言此等結作。則幹龍已結于是。其餘不過奴從山。不必尋求矣。公重幹龍。故云然。

第二祿存如覆釜。腳尖如戟周圍布。有腳方爲真祿存。無腳方爲祿推巨。此星定是有威權。白手成家積巨富。

第二祿存形如覆釜金星。但有腳周布。故非金也。凡祿存必有腳手。若如覆釜而無腳手。則面係巨門。背係祿存。爲祿推巨也。此等星皆主威權。白手致富。

第三祿存鶴爪布。兩短中長龍出露。出露定爲低小形。隱隱前行忽蹲踞。有穴必生龍虎巧。醜陋穴形龍不住。

第三祿存其腳兩短中長。形如鶴爪。前去必剝出低平之山。再起星成穴。若穴形端正。龍虎秀巧。則爲結作。若穴形醜陋則不結作矣。

第四祿存肋扇具。腳手又似扛絲勢。此龍只好結神壇廟。有星峯主秀氣。

第四祿存其身多摺疊如肋扇其脚手又硬直似扛
絲不能結穴可爲神壇。

第五祿存如懸鶉破碎箕箒摺無數此星便是行龍星
星平生枝自項分此龍只去平中作橈棹回來斬關做
高山大峽開三門。

第五祿存形如鶉結破衣破碎摺疊枝脚平蔓多落
坪結作若橈棹回顧則其腰間可尋關斬穴也。

第六祿存落平洋勢如巨浪橫開張他星亦有落平者
此星平地亦飛揚脚擺時復生巨石石色只是黑與黃
兩傍請看隨龍峽長短大小宜消詳護龍轉時看他落
落處當隨水斟酌右轉皆右不參差左轉皆左無剝雜
朝迎指正真穴形左右高低君莫錯祿存鬼形如披髮
雖曰衆多勢如掠。

第六祿存其星鋪落平陽如巨浪橫疊此星落平與
他星落平有異他星手脚不飛揚不生巨石也此星
落平手脚飛揚巨石黃黑不失祿存之性觀于平中
即可以知其爲祿存落平矣此星落平必結好穴若
生鬼星必成披髮鬼形也。

第七祿存如長蛇左右無護無攔遮此龍自作貴龍從
枕在水邊自橫斜。

第七祿存形如長蛇左右無護乃貴龍之護從也。

第八祿存在高項如戴兜鍪有肩領漸低漸小去作穴
定作窩鉗極端正此龍號爲八貴龍捉穴真時最昌盛

第八祿存在高山頂上另起其形頭平身圓亦生微
足望之如肩領也此星在山頂上如人戴兜鍪亦六
府星之類此龍最貴發福悠長。

第九祿存如落花片片段段水夾砂不作蛟潭爲鬼穴
定作羅星水口遮。

第九祿存個墩散布片片段段不成垣局止可爲羅
星塞水口或爲貴龍護砂而已。

天下山山有祿存或凶或吉要君分莫道祿存全不善
大爲將相公侯門要知五嶽真龍落半是祿破相參錯
大行頂上馬耳峰祿存身上貪狼龍泰山頂上有石觀
上有月亭高一半此是祿存上有貪如此星峰孰能判
海中洲渚亦有山君如論脈應難言不知地脈連中國
遠出山形在海間東出青齊爲東嶽過盡平陽大江壑

地絡連延隨勢生。澗水止龍君莫錯。我觀破祿滿天下。
九星分變無識者。君如識得祿存星。璃寶連城貴無價
此總論祿存星也。人言祿存凶惡。不知其有凶有吉。
將相公侯多從祿存出也。試看五嶽大龍。皆是破祿
三吉參錯而行。如大行山之馬耳峰。泰山之日觀峰。
俱係祿存身上貪狼峰也。祿存帶三吉行龍。必結至
大至貴之地。故曰識得祿存星。珍寶連城貴無價也。
寧得槩以祿存作凶星論乎。

祿存圖

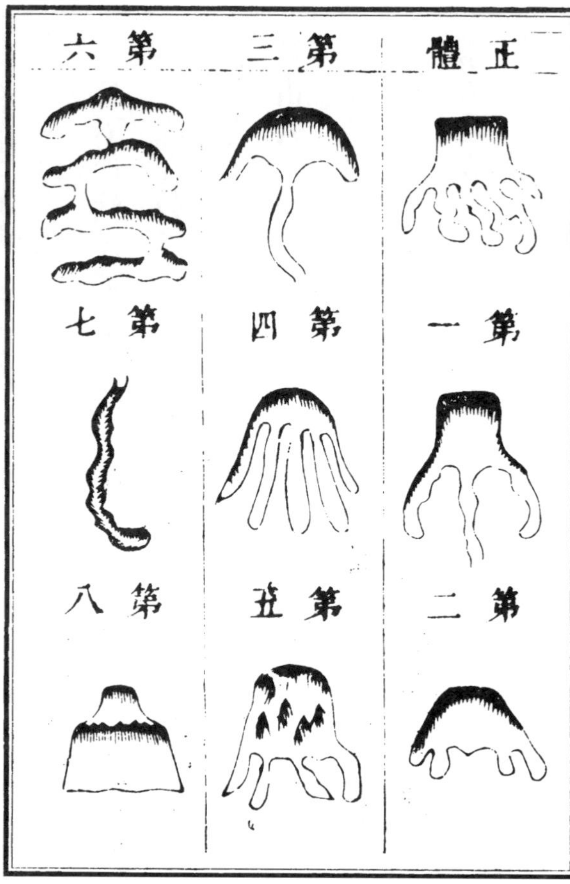

第九

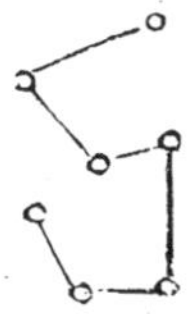

文曲星第四

文曲正形蛇行樣。若作滘邪如撒網。此星柔順最高情
形神恰似生鱔樣。問君如何生此山。定出廉貞絕體上。
問君如何尋絕體。本宮山上敗絕氣。問君如何尋本宮
寶殿之下初出龍。

文曲星屬水。其形如蛇如鱔。如鵝頸延蚰。此其正形

正象也。變體則如撒網。廖氏曰。掃蕩水星。此星係祖
龍敗氣所生。不能頓起峰巒。但從祖山上垂下一枝
如蛇如鱔乎。行前去者也。本宮者。廉貞寶殿下。初出
龍處是。

認得星峰初出面。看得何星細推辨。九星皆挾文曲行
若無文曲星無變。變星便看何星多。多者爲主分惡善

此承上文初出龍之言而辨明之也。凡九星行龍。俱
從寶殿分落。其分落之脈。多是如蛇如鱔。豈盡是文
曲行龍乎。又將何以辨其爲諸星爲文曲乎。然出脈

之後其脉過去必再起星峯察此星峯是何星則爲何星行龍也故曰看得何星細推辨蓋九星行龍必挾文曲其過脉細處皆是文曲若無文曲焉得脫卸剝換乎故曰若無文曲星無變一度過脉則一度起星看是何星行度獨多則以多者爲主辨其龍之吉凶善惡故曰多者爲主分善惡祖山分落後第一節星辰爲應星乃是行龍之主成局結穴多出此星行度中間變出他星爲之間星也間星之後必再變主龍之星謂本龍不脫本龍氣若行度長遠間星之下

竟不復出本星迢迢竟是間星行去則前頭成局結穴又從間星不從初佈應星也讀本經者當知此

文曲星柔最易見每過脉方生側面側面成峯身直行直去多如絲綿線此星山骨少星峯若有星峯輔弼同平地蛇行最爲吉平頂蛾眉最得力若有此星連接生女作宮嬪后妃職男家因婦得官班又得貲財並美色凡起星峯必有情自然連接左右生若是無峯如鱔樣此龍散漫空縱橫饒任處有穴形社壇神廟血食腥若是作墳並建宅女插花枝逐客行男人破家因酒色

女人因亂公訟與變出瘵癆鬼怪病令人冷退絕人丁此正言文曲星也文曲行龍則平軟不能起峯與他星過脉起星峯者異直行至旺處一側或起小峯而本身仍平直行去本身若能多起數節低峯則其力量亦與左輔等也文曲行龍低平如蛇中間畧起低小蛾眉星峯其前頭結穴必出女貴若一味平軟如鱔散漫縱橫則是淫蕩敗絕之氣縱有形穴不可扦甚者矣

困龍坪下數十里忽然卓立星峯起左右前後忽逢迎

貪巨武輔取次生只得一峯龍便活蛾眉也變輔弼形平行雖云變輔弼只是低平少威力若得尊星生一峯便使柔星爲長雄男人端貌取科第女人主家權勝翁

文曲行龍平行數十里忽能卓起星峯變出貪巨輔武只此一峯龍便旺相有力能結好穴其平行諸蛾眉亦能變作輔弼之用也但不能如輔弼有威力耳特起一峯則柔星變出雄氣故有科第女人持家之應

大抵尋龍少全格雜出星峯多變易弼星似巨輔似文

長短高低細辨識莫道凶龍不可裁也有凶龍起家國
蓋緣未識間星龍貪中有廉文有弼武有破軍鬬斷生
祿存或有巨武力十里之中卓一峰小者成大弱成雄
此是龍家間星法大頓小伏爲眞踪一山便斷爲一代
看在何代生間斷便向此星定富貴困弱生旺隨星峰
困弱之龍無氣力死鱔烟包入砂礫千里百里無從山
獨自单行少收拾君如識得間星龍到處鄉村可尋覓
龍非久遠少全氣易盛易衰非人力

此言間星法也九星行龍豈有一星行到底之理故

必變出間星高低相參吉凶相錯吉星藉凶星爲威武凶星藉吉星而結作故行度之中有大小高低之不等也九起一星峰則王一代看其星峰之善惡以斷其代之出文出武爲凶爲吉也若一片低平不能高起則爲困弱之龍無藉無從不能結作也

文曲圖

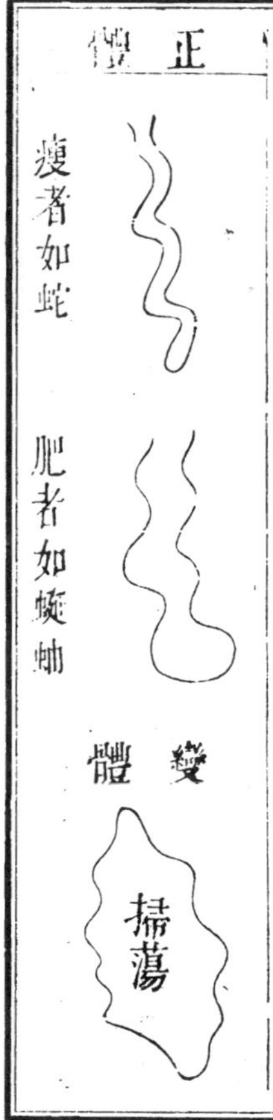

廉貞星第五

廉貞如何號獨火此星得形最高大高山頂上石嵯峨
傘摺犂頭裂絲破只緣尖欲聳天庭其性炎炎號火星
起作龍樓竝寶殿貪巨武曲因此生古人深識廉貞體
喚作紅旗竝曜氣此星威烈屬陽精高欲赤黑峰頭起

廉貞屬火其體最高大醜惡怪石稜層尖欲破碎峰頭必是赤黑嵯峨之石爲一方之祖山一尖居中獨高曰龍樓衆尖平列曰寶殿此祖山之大體也此星最有權力故非廉貞不能作祖而祖山不是廉貞亦

非大幹龍也廉貞既起于是劈脉分枝變生九星爲各方之行龍

高尖是樓平是殿請君來此細推辨亂峰頂上亂石間
此處名爲聚講山聚講既成卽分去分宗拜祖迢迢路
尋踪尋跡更尋兒龍來此處最堪疑卻來此處橫生嶂
形如帳幕開張樣一重入帳一重出四重五重如巨浪
嶂中有線穿心行帳不穿心不入相帳幕多時貴亦多
一重只是富豪樣[illegible]延眞龍帳裏貴人最爲上
帳中隱隱[illegible]旺天關地軸兩邊迎

具石龜蛇過處徃

此言廉貞分龍出脉也樓殿之上怪石嵯峨名曰聚講講罷而分龍也其所分之龍以開帳串心爲貴帳多則貴重而帳中頓起貴人最爲龍格之上也帳中垂脉過峽峽中天關地軸兩邊護衛更得異怪之石生成龜蛇之形名曰龜蛇守峽則此枝爲上上龍矣

高山頂上有池水兩邊夾得真龍行問君高山何生水此是真龍樓上氣樓殿之上水泉生水還落處兩邊迎真龍卻在池中過也有单池在傍抱单池終不及兩池

池若傾崩反生禍池平兩水夾又清此處名爲天漢星天漢天潢入閣道此星入相居天庭更有衛龍在高頂水貼龍身入深井更無水出可追尋或有蒙泉如小鏡

此言天池衛龍二體也天池生高山頂上兩邊二池龍從中過最大最貴之龍方有此若止有一池龍從傍過則減福力矣如有兩池夾龍水色清潔則合天漢入閣道之象爲入相八座之龍也天漢天潢即天河閣道三星在紫微垣後門衛龍者亦在高山頂上有泉水流出仍流入天生石井歸于山腹之中者天池之水不流不涸衛龍之水流而不出二者不同而美惡之論則同但天池兩邊俱有而衛龍多止一邊有也

看他辭樓並下殿出帳聳起生何形應星生處别立形此是分枝劈脉認祖宗分了分兄弟來此分貪識真性分貪之處莫令差差謬一毫千里迥笋峰貪狼從此出鍾釜枕梭武輔形方峰是爲巨門程最要來辨嫡庶行嫡庶不失出帳形便是龍家五吉星

此言分枝之貴賤也龍從祖山分落再起一星名曰

應星此分龍之第一節也一祖必分數枝或貪或巨最宜細辨而首言分貪者以貪爲九星之首也應星如笋是貪狼如鍾釜枕梭是武曲左輔方峰是巨門或是破祿文廉然亦執不得某星行龍吉某星行龍凶但須辨其嫡庶幹龍爲嫡而貴枝龍爲庶而賤也嫡庶行龍固有貴賤然各條自行俱要不失出帳應星之氣前途必要仍舊變出應星方美如五吉行龍龍上須要再見五吉方是真五吉龍也

廉貞惡石衆所畏不曉陰陽火裏精此龍多向南方落

北上衆山驚錯愕。低頭斂衽出朝來。莫向他方妄參錯。

凡是星峯皆有石。若是土山全無力。廉貞獨火氣衝天。石骨稜層平處覓。

此明廉貞之貴也。此星稜嶒惡石。衆所畏惡。不知此乃真陽火精。其大力量爲萬物生生之根本。非此星則作不得祖。行不得龍也。世人以其石而惡之。不知凡是星峯俱要帶石。方能顯貴。蓋石乃天地之清氣也。若是土山則氣濁力薄。雖有好星。不過發丁發財。不能發貴矣。世人何得以石爲畏乎。

廉星不生吉星峯。定隔江河作應龍。朝迎必應數百里。遠望鼓角聲鼕鼕。

此言廉貞亦有不作祖。而作大龍之朝應者。作祖廉貞必分枝劈脉。剝出吉星行龍。若兀然高起。不分枝脉。則非作祖之星。乃朝應他龍之星也。大幹結地。必有尊貴之朝山。故有此種廉貞也。作祖則爲龍樓寶殿。作應則爲鼓角梅花。

凡見廉貞高聳石。便上頂頭看遠跡。細認真龍此處生。華蓋穿心正龍出。此龍最貴難尋覓。五吉要聳華蓋出。此等真龍不易逢。華蓋三峯品字立。兩肩分作兩護龍。此是兄弟同祖宗。兄弟便爲纏護龍。前迎後送生雌雄。雌若爲龍雄作應。雄若爲龍雌聽命。問君如何辨雌雄。高低肥瘠瘦不同。低肥爲雌雄高瘠。只求此處識踪跡。

此言祖山下辨龍貴賤法也。一祖分龍。諸龍並出。將認何枝爲真龍乎。抑知真龍行度。必起華蓋三台。兩肩分作護龍。夾龍中行者也。其兩護龍。乃真龍共祖共宗之兄弟。即爲真龍之纏護。然兄弟行龍。內中必有雌雄剛柔之分。真龍是雌。必生雄龍來護。真龍是

雄。必生雌龍來纏也。雌體低肥。雄星高瘠。

真龍身上有正峯。特作星峯拜祖宗。但看護送侶龍盤。又有迎龍如虎踞。隨龍山水皆朝揖。狐疑來處失踪跡。水口重重生異石。定有羅星當水立。羅星外面有三關。上生下生細尋覓。蓋緣羅星有真假。真假天然非人力。羅星傍水便生石。羅星端正最高職。

此言廉貞結作回龍穴也。龍上必有正峯向前而行。或作一峯向後顧祖。而背後閃落正脉再行。此龍法也。若有星峯顧祖。而護送俱回頭盤轉。而前迎龍之

山如虎踞而不行。隨龍之水俱供揖而成局。則龍住而結回龍矣。再證之于水口。若水口有羅星則果係眞龍結作。不必疑也。

廉貞多生顧祖龍。祖龍遠遠是朝峰。更有鬼脚回護處。
護送須生十數重。送龍之山短在後。抱山不抱左右手。
纏龍纏過龍虎前。三重五重福延綿。纏多不許外山走。
那堪長遠作水口。護送托龍若十全。富貴雙全眞罕有。
尋龍千萬看纏山。一重纏是一重關。關門若有千重鎖。
定有王侯居此間。

此申言回龍法也。廉貞多好結回龍。以祖山爲朝應。凡要結回龍則護送之山必一邊短縮于後。爲正龍開明堂作朝案。一邊長抱隨龍抱龍之外。短邊爲面前之蓋山。長邊爲背後之托山。蓋托兩山交鎖處乃水口也。蓋托多則力量大。關鎖深則發福厚。故曰關門若有千重鎖。定有王侯居此間。

廉貞巳具貪狼內。更述此篇爲詳載。有人曉得紅旗星。
遠有威權近凶怪。權星斫砍得自由。不績兵權不肯休。
若遇廉貞不起石。脚下也須生石壁。石壁是背面是平。
平處尋龍出踪跡。貪巨武輔弼星行。出身生處是眞星。
傳龍換骨若九段。此是公侯將相庭。

此總論廉貞也。廉貞乃威權之星。宜作遠祖。不宜近穴。近穴則凶。作祖則貴。掌兵權也。廉貞作祖。變貪巨五吉行龍。而剝換之中。九星俱備。乃封侯拜相之局。

紅旗氣燄威靈在。愚妄時師駭妖怪。權星威福得自專。
縱入文堦亦武威。廉貞一變貪巨武。文武全才登宰輔。
廉身不作變換星。于身亂倫弑君父。

此再申前説也。愚妄時師以廉貞爲凶星。不知惟此

權星得專威福。即在文堦。亦掌兵權。但要剝出三吉行龍耳。若剝出三吉則出文武全才將相之貴。不剝三吉竟以本氣行龍。則巉岩凶惡。而出亂倫反叛之人矣。豈得竟指爲凶哉。

武曲星第六

武曲星峰覆鍾釜。鍾釜之形有何故。鍾高釜矮事不同。
高即爲武矮爲輔。二者雖然皆吉星。大小不容有差互。
武曲端嚴富貴牢。輔弼隨龍厚薄取。眞龍若行五六程。
臨落之時剝輔星。如梭如印如皎月。三三兩兩牽聯行

前關後峽相引從。峽若多時龍猛勇。博到輔星三四重。仔細來此認龍踪。貪巨若無輔弼落。高嶺如何任得龍。雖然輔弼是入穴。作穴隨形又不同。穴隨主峰作鉗乳。形神大小隨龍宗。

武曲星屬金。其體頭圓腳闊。如覆釜覆鍾。高而端嚴爲武曲。低者即左輔也。二星雖同體而俱吉。但武曲尊貴。左輔多爲護衛矣。高山行龍。及將結穴。九星俱必剝出左輔方能作穴。不則高峻難任也。凡龍俱剝輔星入穴。而作穴則隨主龍之星。如貪狠行龍而剝輔。則穴出乳。巨門行龍而剝輔。則穴開窩。仍依龍星。不逐輔變者也。

圓龍忽脫長拖腳。恐是鬼龍如覆杓。覆其仰掌是鬼龍。莫來此處失真踪。請君細認前頭穴。莫從參前失後穴。

此言辨鬼法也。星峰圓者是武輔之龍也。若見圓峰拖一長腳。如覆杓之狀。須防其是鬼而非龍。蓋覆杓覆其仰掌。皆鬼龍之形格也。此等之處。似鬼似龍。最當細認若前頭結穴。則此圓峰是鬼。前頭無穴。則此仍是行龍。故須前後仔細檢點。莫使參前失後。空而

無得也。

問君何以知我落。看他尾後圓峰作。問君知我如何行。尾星搖動不曾停。前官後鬼須細辨。鬼尅我身居後面。官星尅我在前朝。此是龍家官鬼現。真龍落處陰陽亂。五行官鬼無相戰。水龍剝到火。龍出鬼在後頭官出面。坎山來龍作午丁。却把地經差使轉。此是陰陽雜五行。不是龍家官鬼辨。龍家不要論五行。且從龍上看分曉。龍奪脉時是鬼氣。鬼氣不歸龍尚行。

此承上言鬼也。落者。落頭結穴也。尾後圓峰。鬼也。何以知落有鬼撐于背後。則知其前面結穴也。何以知龍尚行以背後之尾星搖動而不任也。蓋真氣住而結作。則官鬼皆住。若真氣尚行。則諸砂皆隨走而不肯住。故觀乎背後之山。即可以定前面之結不結矣。真有餘之秀氣。則發而爲官鬼。以其皆分我之氣。故稱以官鬼之名。官鬼者。五行尅我之物也。真龍行度忽東忽西。或南或北。故曰陰陽亂。五行無戰何也。如北方水龍剝到南方入首。以北龍言。則南是官。而北是鬼。以南龍言。又南是鬼而北是官矣。故曰鬼在後

頭官出面云云也然此是以陰陽雜五行之說不是龍家辨官鬼之正法龍家看官鬼不論五行但從龍上看其分脉以奪我龍氣者爲鬼也看鬼可以知龍之行止若鬼住則知龍住而結穴若鬼不回頭則龍行而未住矣

大抵正龍無鬼山有鬼不出半里間横龍出穴必有鬼送跳翻身穴後環鬼星若長奪我氣鬼短貼身如抱攔問君如何謂之鬼主山背後撑者是分枝劈脉不廻頭奪我正身少全氣真龍穴後如有鬼山短枝多爲雉尾

此是真龍穴後星星辰亦有尖圓體正龍穴後若有鬼隻隻回頭來護衛若不回頭衛本身此是空亾歇滅地問君何者是空亾穴後捲空仰瓦勢便從鬼上細尋覓鬼山星峯少收拾真龍身上護衛多山山多情來拱揖護衛貼體不敢離中有泉池塘流入要識真龍鬼山短緣有纏龍在後段既有纏龍貼護身不許鬼山空散漫鬼山直去投江海此龍氣纏散亂多如戈如矛亂走去包裹無由奈他何

此申明鬼法也正龍無鬼若見鬼山不出半里之間必横斜落脉有穴結也鬼山另有一種景狀與護砂不同横龍必要有鬼環抱穴後方好然鬼不宜長而去宜短而抱也鬼係奪氣之物最宜回頭護穴則爲有用若不回頭顧穴則爲鬼劫之凶矣鬼星之形與砂不同好象一枝龍去卻宜細辨但真龍則包裹多而鬼山則無收拾耳凡真龍有鬼其鬼必不能長去蓋真龍護衛多累抱身後不許鬼山散漫走也若見鬼山如矛如戟一直走去無砂包裹得住則此龍散而前行不能結作矣

龍若無纏又無送縱有真龍不堪用護纏多愛到穴前三重五重福綿延一重護衛一代富護衛十里宰相地兩重亦作典傳城一重只出承簿尉

此因上文言護纏而隨論之也龍以傳送重叠爲美若無纏送即係真龍亦孤单無用止出高僧仙客也富貴福澤以護從重數多少爲定

鬼山亦自有真形形隨三吉輔弼類九星皆有鬼形様不類本身不入相貪狼鬼星必尖小武曲鬼星枝葉多多少圓峯覆杓形撑住在後最爲妙巨門墜珠玉枕形

貪作天梯背後生。一層一級漸低小。雖肰有脚無橫行。
巨門多爲小橫嶺。托後如屏玉几正。弼星作鬼如圖屏。
或從龍尾後橫生。橫生爪甑抱穴後。金斗玉印盤龍形
輔星多爲獨節鬼。三對平如寫王字。三對兩對相並行
曲轉護身皆有意。廉文破祿總是鬼。不必問他穴後居

此言鬼星之形亦隨九星之龍也。貪巨五吉之龍。其鬼形各異。其形雖不甚類本星。而必隨本星而變。非是星。無是鬼也。廉文四凶其本身原係鬼形。更不必問其背後鬼星之美惡矣。

破祿廉文多作關。近關太闊爲散關。關門是局有大小。
破祿三星多外攔。祿星無祿作神壇。破星不破爲近關
善論大地論關局。關局大小水口山。

此因上文四凶不必問鬼。而隨論其作關也。破祿四星多爲水口關鎖之山。故曰破祿三星多外攔。三星者去文而言也。祿存帶祿破軍帶破。則行龍結穴。不則一爲神壇。一爲水口山耳。帶祿者帶破者。二星出脉。再起秀嫩小星峰也。

鬼山多向橫龍作。正龍多是平地落。平地勢如蜈蚣行

脚長便如橈棹形。停棹向前穴卽近。發棹向後龍未停。
橈棹向後忽峰起。定有真龍居此地。只看護托回轉時。
朝揖在前拜真氣。

此言鬼山多作于橫龍。而因論正龍不論鬼山論橈棹也。武曲落平。勢如蜈蚣。其兩邊脚長。便是橈棹。橈棹向前。其結穴將近。橈棹向後。其龍尚行而未停也。然此亦不可執。若橈棹向後。而其中間頓起一峰。則龍又住而結穴矣。

大抵九星皆有鬼相類相如各有四。四九三十六鬼形。
巖鬼便是識真精。問君如何謂之官。朝山背後逆拖山
此是朝山有餘氣。與我穴後鬼一般。官星在前鬼在後。
官要回頭鬼要就。官不回頭鬼不就。只是虛抱無落首。
龍虎背後有衣裙。此是關闌拜舞袖。雖然有袖穴不見
官不離鄉任何變

此論鬼星及官曜也。九星皆有鬼星。各有方圓曲直四樣則共有三十六鬼形也。穴後之星爲鬼。穴前之星爲官。二星皆要有情顧穴則吉。故官要回頭向穴。鬼要回頭就身也。若官不回頭。鬼不就身則局散而

而龍不住矣、龍虎背𢆶 有拖出之山、名曰曜星。順水拖出穴中不見最為貴。氣主離鄉作官。若無此星則不能離鄉。世無不離鄉之官。故無此星不能出貴也。

世人惡其為離鄉砂、試思官不離鄉。任何受乎。

真氣聚處看明堂。明堂裏面要平闊。明堂裏面停豬水。第一寬平始為貴。側裂傾推撞射身。急瀉崩騰非吉地。請君未斷左右山。先向明堂觀水勢。明堂亦有如鍋底。橫號金船龍虎裏。直號天心曲御堦。馬蹄直分有曲勢。明堂要似蓮花水。瀦歸左位長公起。瀦歸右處小公興。

若居中心諸位貴。大抵明堂橫為貴。其次之玄關鎖是。蕩蕩直去不回頭。雖似御堦非吉地。明堂要如衣領會。左細右積方為貴。或是田壠與山腳。如此關闌真可喜。忽然面前無關鎖。人刼風吹非吉利。請君來此細消詳。更分前官並後鬼。左脅生來揞笏樣。右脇生來魚袋形。方長為象短為木。小巧是金肥是銀。看此樣形臨局勢。中間乳穴是為真。

此附明堂法也。官鬼曜星俱為証穴之用。而明堂尤緊。明堂要寬平團聚。水口關鎖為吉。若面前太寬。一望無山。謂之人刼。客風射穴。不為吉也。既詳明堂。再看官鬼曜星。得金銀魚袋、象笏等形。則中間之乳穴真美穴。此段論明堂法。本文甚明。故不贅說。

賜帶鬼形如瓜瓠。二條連移左轉去。回頭貼來侍從官。前案橫交金玉盤。玉盤賜將金盤相。左右在人心眼上。重數如多賜亦多。一重未許金犀帶。二重是犀三金帶。橫轉穴前官轉大。子孫三代垂魚袋。右上三魚虎身外。三代子孫賜金帶。三重橫盤龍外生。四重即是賜金玉。重數如多福最深。此是龍家賜帶鬼。莫將龍向左邊臨。

玉几方屏武曲形。身後是几几外屏。几屏須要問先後。未有屏先几後生。几屏如在後頭托。此是公侯將相庭。

此取最吉之鬼星論之也。賜帶鬼。如帶抱身。重數若多。其福最厚。本文甚明。玉几方屏鬼。玉几抱穴。屏列几後。此鬼更貴。非封拜之地。不能出此鬼也。

武曲圖

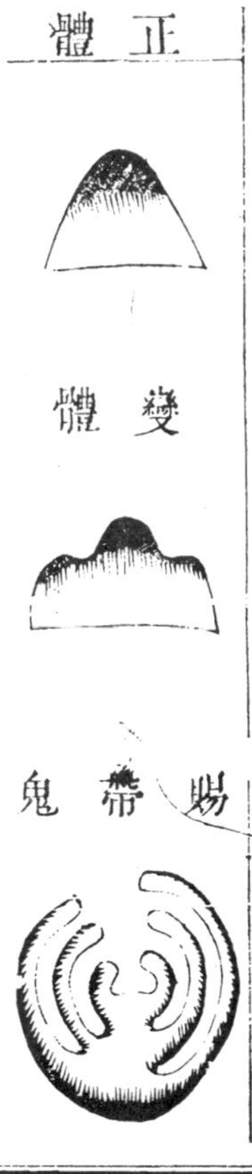

破軍星第七

破軍星峰如走旗，前頭高卓尾後低，兩傍失險落坑陷，壁立反裂形傾欹。不知此星出六府，上有三台遠爲祖，然後生出六雖星，貪巨祿文廉武輔。三台星辰號三階，六星兩兩魚眼挨，雙夾雙圓如貪巨，都在絕頂雙雙排。

雙夾定出貪狼去，雙圓生出武曲來，上台中台下台出，行到六府文昌墓。文昌六星如偃月，穿星六星俱環聚，平頂上頭生六星，大處微堆作門凸，凹中微起但六星，生出九星若排列。

破軍星屬金，其體頭圓身聳，尾拖而漸低，望之欹側如走旗，其下枝脚尖利，如戈如矛，此星形態凶惡，人所厭惡，不知此星實掌威武，與祿存皆爲張勢布爪牙之星也。此星由天星尊貴之氣所生，不得輕視，惟龍上先有三台六府貴星，後方有此。三台六星，在天兩兩成對，相排在地成形，則于高山平頂上，另起小星，號曰六府星。六府星者，禀三台之氣而成者也。六府雖禀三台文昌之氣，亦分五行之形，圓者屬金，曰太陽；圓而帶匾屬金，曰太陰；頭圓身聳屬木，曰紫氣；屈曲生動屬水，曰月孛；方屬土，曰計；尖屬火，曰羅。大貴之龍，方有此星，尋常之龍不能有也。此星雖曰六星，然亦不必執，或多或少，得一個便是貴龍，有二個如魚目，則成一台，已一二品貴矣。凡見山頂有此山，便知前頭結好地，卽形局不美，亦非尋常小貴也。此

星今人不論久矣。

破軍皆受九星變，逐位生峰形象現，山形在地星在天，真氣下感禍福驗。尊星頓起真形了，枝葉皆是祿存占，尊星雖云有三吉，三吉之餘有輔弼。不知三吉不常生，有處觀來無一實，蓋緣不識破軍星，只說走旗拖尾出。走旗拖尾是真形，若出尊星形變生，與君細論破軍體，逐一隨星種類名。

此明破軍之變態也。破軍之形，皆受九星之氣而變，故其形不一也。世之說星者，亦喜說三吉尊星，不知

尊星頓起真形之後其枝脚多是祿存非三吉獨自成星故即有三吉在前不能識也三吉之星不能常有百處觀來無一是實則何處是三吉乎蓋由不識破軍之三吉故見三吉而不識也破軍之星非止欹斜如旗之正體其隨九星之變而異形者乃各各不同者也詳論于下

貪狼破軍如頓起一層一級名天梯頂尖衝前有巖穴
伸頸猶如雞作啼頭有帶下巖去引到平處如蛛絲
欲斷不斷馬跡過東西有顯梭中絲三吉之星總如此

此處名爲吉破地過坪過水皆如是定有泉塘兩夾隨
貪下破軍巨門去去爲垣局不須疑

貪狼破軍從低而高一層一層而上直至最高之頂如雞伸頸而啼其頂尖必斜衝于前而成岩穴乃從岩下落脉脉形如帶直至平處馬跡蛛絲欲斷不斷而過峽于是再起破軍巨門成垣局而結作也

巨門破軍裂十字頂上微圓欹側取勢如豕木上高枝
直上高崖石嘴露此星出龍生鼎足爪甲巉岩若雞距
此龍富貴生王侯五換六移出宰輔

巨門破軍亦從低而高不生層級但一起一伏如豕木鳥之上枝其最高之頂必生高崖而露石嘴也此星落脉行龍必出个字三枝巉岩尖利如雞距然前去必結美地再剝換得好則王封侯拜相也

祿存破軍在平頂兩脇蛇行肋微露前如大木倒平洋
生幹生枝葉無數葉中生出嫩枝條又作高峰下平地
當知爲穴亦不遠護送不來作神宇

祿存破軍其形頭圓身肥兩脅露肋前如大木倒地枝脚繁冗于中抽出嫩枝再起高峰然後卸下平地結穴但要看他護送有無有則結穴無則不能結穴也

武曲破如破厨櫃身形臃脹崩形勢前頭走出雞伸頸
嶺上下來如象鼻一高一下脚不尖作穴乳頭出富貴

武曲破軍其形圓而帶方臃腫破碎前亦起峰如雞伸頸乃從頂上落脉形如象鼻垂下其所帶枝脚不甚尖利行去必結富貴之地也

破軍廉貞高崔巍水流關峽碎如雷

廉貞破軍即老祖之山崔巍破碎故曰破軍廉貞也

由表水高故有聲如雷。

輔星破軍如幞頭兩傍有脚如拋毬。

輔星破軍其形如幞頭幞頭者左輔之本形也但兩傍有脚畧斷而起其脚圓淨形如拋毬與本形不同故為輔星破軍也前行成局則結作也

弼星破軍如鯉躍行到平中一時卓三三兩兩平中行直出身來橫布脚為神為廟為富貴只看纏護細斟酌纏多便是富貴龍纏少只為鍾鼓閣

弼星破軍乃平中卓起小山其身圓長其脚橫布有護有送前去必結富貴之穴若孤单無輔則不能成地矣故曰只看纏護細斟酌輔星亦然

九星皆有破祿文三吉之形輔弼尊平行穿珠巨門祿關掉尖拖是破軍吉星之下無不吉凶星之下凶所存況是凶龍不為穴只是閑行引過身縱然有穴必是假假穴如何保久存時師只來尋龍脉來此峽內空低蹲便指纏護為真氣或有遠秀出他村便說朝山朝水好下了凶事自入門只緣不識真龍出前面必出星辰尊尊星活了死龍骨換了破軍廉祿文破軍忽肰橫開張帳裏戈旗出生旺此龍出作將軍形前遇溪流為甲杖

此言九星兼帶剝換也三吉必帶四凶而後能行龍四凶必換三吉而後能成穴九星皆有破祿文者凡行龍之過脉必係文曲其開張手脚橈棹圓者是祿尖者是破也故曰九星皆有破祿文若無三星則何以過脉開局張勢乎故曰三吉之形輔弼尊又平行之穿珠微突方者是巨圓者是祿串珠之墩不方則圓則九星又俱帶巨祿也此九星之兼帶以行龍也若夫作穴則凶星必換出吉星其凶星但作閑行引過之物不為穴星即有穴形亦是假穴不可下下之則凶其下凶星假穴者由其不識真龍之行度前頭必然換出三吉尊星也蓋一換三吉尊星開局結穴則將後面行過之凶星俱變為吉故曰尊星活了死龍骨換了破軍廉祿文此九星之剝換以成穴也如破軍橫開大帳兩邊戈戟而中間變出生旺之龍則前途結穴必作將軍之形出武貴也

破祿形象最為多枝蔓懸延氣少和不為尖刀即劍戟不作蛇行即擲梭出逢六秀方位上上與六氣橫天河

六氣變而生六秀凶星到此亦消磨凶氣消磨生吉氣
定有星辰巨浪波此是神仙絶妙法不比尋常格地羅
上言凶星剝出吉星而神作此言凶星行入吉方而
變氣也山川行龍破祿爲多枝蔓延布氣不平和多
爲尖刀劍戟之狀變而秀軟則或作蛇行或如擲梭
之形如此行去若逢六秀方位則凶氣消磨而生吉
氣前途却結美穴也
與君畧舉大形勢舉目一望皆江河天下江山幾萬重
我見破軍到處是祿存文曲輔弼星低小山形總相類

此舉大勢以論破軍也世人皆惡破祿凶星試即天
下大勢觀之則到處皆破軍也至于低小之山非祿
則文非文即輔貪巨武曲百難希一尋常必二吉而
後行龍結穴乎低小之山祿文輔二星相類甚難分
辨祿存圓而飽文曲如蛾眉初月左輔體亦圓但半
飽半儀儀邊開面于祿存不同也不中忽起如旗乃
是右弼之動又與二星不同此等山形體狀甚似性
情不同結作殊局吉凶異應最當細識不容草草者
此段與下文本不當分段因此段要甚不段之則太
長故分之
只有高山形象殊畧舉大綱與君議崑崙山脚出闐顏
雙雙脚是破軍山連綿走出瀚海北風俗强悍人麄頑
生兒三歲學騎射骨鯁剛方是此間山來龍石尖如削
盡是狼峰更高卓此處如何不出文只爲峰多反成濁
高山大隴峰多尖不似平原一錐卓行行退卸大散關
百二山河在彼間大纏大護到函谷水出黃河如關環
低平漸漸出熊耳萬里平陽漸漸低大梁形勢亦無山
到此尋龍何處是識得星峰是等閑平處尋龍最是難

若無江流與淮水渺渺茫茫不見山河流沖決山斷絶
又無石骨又無脉君若到彼說星峰一句不容三寸舌
黃河在北大江南兩水夾行勢不絶行到背脊忽起峰
兖州東嶽插天雄分枝劈脉鍾靈氣聖賢多在魯邦中
自古英雄出西北西北龍神少人識紫微垣局太微宮
天市天苑太行東南龍高枝過總頂巢鐵二山雪峰盛
分出秦川及漢川五嶺分星入桂連山行有斷脉不斷
血至江陰大海邊海門旺氣連閩越南水兩夾相交纏
此是海門南脉絡貨財文武相交錯何處是貪何處文

何處認辨武曲尊尋龍望氣先尋脈雲霧多生是龍春
春夏之交與二分夜望雲霓生處覓雲霓先生絕高頂
此是龍樓寶殿定大脊微微雲自生霧氣如多反難證
生尋霧氣識正龍却是枝龍觀遠應此是神仙尋地法
百里羅城不爲遠知此然後論九星要識九星觀正形
因就正龍行脚處認取破祿中間行

低山相類高山之形則形象顯明各有其形不相同
也高山大勢何如天下龍脈以崑崙爲祖其向北一
枝山多破軍出人强悍界在黃河之北其中行一枝
爲隴西關中出爲河南盡于山東其南行一枝由四
川過楚粵盡于南浙此三大枝皆破祿星多三吉星
少何處是貪何處是武則真龍之求亦甚不易矣然
尋龍有術必先望氣望氣之法于春夏之交二分之
日丑寅之時望雲氣從何起雲氣起處乃幹龍之祖
山龍樓寶殿之所也其下必有真龍矣知有真龍然
後論其九星而九星須要識其真形方不差誤夫九
星真形之所以難識者何也以九星必在破祿二星
中間走故不易識也蓋九星之張勢布局非破祿則

不能故九星必挾破祿而走破祿之所以多也
天下山山有破祿破祿交横有地軸祿存無祿只爲關
破軍不破只爲關闌闌之山作水口必有羅星在水間
大河之中有砥柱四川之口生灔澦大姑小姑彭蠡前
採石金山作門戶更有焦山羅刹石雖是羅星門不固
此是大尋羅星法識者便知愚未悟吾若論及破軍星
多是引龍兼作護大龍雖要大破軍小龍夾亂破祿交
廉貞多是作龍祖輔弼隨龍富貴生廉貞若高龍不出
只是爲應兼爲門請君看此州縣間何處不生水口山
水口關闌皆破祿無脚交牙如骨聚或有横山如卧虎
或作重重如瓜瓠禹鑿龍門透大河便是當時開水處
大行走出河中府河北河南關兩所大河北來曲射東
西山作木如眠龍馬耳山枕大江口絕無脚手爲神妙
靈璧山來截淮河更無一脚如横過海門二山鎖二浙
兩山相合如襲玦又兼牛渚鎖溜流横在水中爲兩截
大關大鎖數千里定有羅星横截氣截住江河不許流
關住不知多少地小羅小鎖及小關一州一縣須有關
千關千鎖百千里定有王侯居此間鄉落羅星小關鎖

枕水如戈石横臥但看無脚是關闌重數多少分將佐

君如能識水口山便識天戈並祿破

天下山山必帶破祿其必帶破祿者蓋惟二星能枝脚蔓布舒張得開以成垣局也惟破祿枝脚交横方能圍繞關欄結成水口地軸者水口也祿存無祿破軍不破則不能結作但爲關闌水口山而水口之中又必有羅星也再論九星大體破軍多爲行龍作護之用惟大幹用之廉武故也若小龍之護則破祿文曲二星兼雜而用無甚氣勢故枝脚亦不能尖利也廉貞多作祖山若不出龍則爲他龍之朝應或爲大龍水口之北辰若輔弼二星爲隨龍之用爲穴邊之左右砂也又破祿二星多作水口其爲水口不生枝脚入水但聳作水邊此大地水口法也詳望龍經廖公解義甚不贅凡水口大關大鎖中有羅星守門則爲大結作之所小關小鎖則小結之塲也小關小鎖則羅星不圓如戈戟横臥尖頭入水或兩邊水口山亦生尖脚入水若兩邊水口山不生脚入水羅星方圓不生尖脚此上上大地之關鎖也故曰但看無脚

是關闌但重數多而深長則益吉矣天戈一星在破軍之前亦水口山之稱人能辨水口山之形則可識破祿之體也

破軍正體

巨門破軍

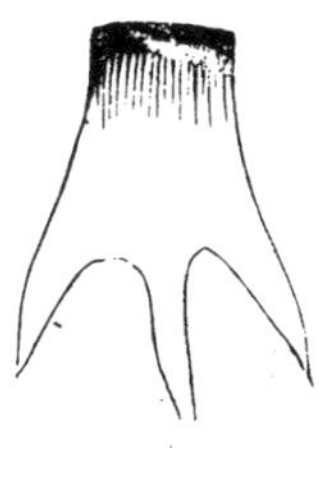

貪狼破軍

祿存破軍

廉貞破軍

武曲破軍

右弼破軍

廉貞破軍即廉貞本體遠望之則爲龍樓寶殿近看之則巉岩破裂爲破軍廉貞也

左輔破軍

左輔星第八

左輔正形如幞頭，前高後低大小毬，伸舒腰長如杖鼓，後六前小駝峰倴。下有兩脚平行去，或在武曲左右遊。此龍如何近武曲，自是分宗爲伯叔。分宗定作兩貴龍，此與他星事不同。武曲兩傍必生輔，不似他星變形去。左輔自有左輔形，方峰之下如卓斧。此是武曲輔星形，若是真輔不如此。真龍自作貴龍身，幞頭橫脚高低去。高頂高峰圓落肩，忽然堆起如螺卵。又如梨栗堆簇繁，項上纍纍山結頂。斷定前頭深入垣，

左輔星屬金，其體起兩個圓頂。一高一低，形如幞頭。高者爲天馬也。變體則兩頂相去畧遠，其間腰長，形如杖鼓。杖鼓者，細腰小鼓也。此星多近武曲，蓋同是金體。高峻則爲武曲，低矮則爲左輔矣。然近武之左輔，其左輔自有左輔之形。高金之下，矮金如月斧便是。若不近武曲之左輔，自已行龍，則左輔自有左輔之真體。幞頭中峙，兩邊分脚，高低行去，或頂頭磈纍，如堆卵堆梨，此爲左輔行龍前去結作也。

要知此星名侍衞，入到垣中 此爲貴。東華西華門水橫，衣外四圍列峰位。此是垣前執法星，分左輔爲兵衞。方正之垣號太微，垣有四門號天市。紫微垣外前後門，華蓋三台前後衞。中有過水名御溝，抱城屈曲中間流。紫微垣內星辰足，天市太微少全局。朝迎未必皆真形，朝海拱辰勢如簇。千山萬水皆入朝，入到懷中九回曲。入垣輔弼形微細，隱隱微微在平地。右衞左衞星傍羅，輔在垣中爲近侍。

此言左輔體段也。左輔之星不能自作主龍，多爲大龍之侍衞。大龍成垣，則輔爲之近侍也。三垣者，紫微、天市、太微也。紫微體圓，太微體方，天市開四門。三者之垣，紫微最吉，其局全完，不有缺陷。太微天市不能完全，朝迎有缺。三垣之局，諸星外衞，垣內近侍，皆係輔弼二星，近帝座，所以其氣貴也。但入垣之輔弼，多在平地，隱隱微微，爲難見耳。

右弼一星本無形，是以名爲隱曜星。隨龍博換隱跡去，爪跡便是隱曜行。只緣飛宮有九曜，因此强名右弼星。

此因輔弼同稱，因輔而論弼也。右弼無形，凡龍剝換，跌斷其串，坪平坦處便是，及平地皆是也。論詳本星

篇。

天下尋輔知幾處。河北河南只三四。更有終南泰華龍。

出沒爲垣盡如此。南來莫錯認南岳。雖有弼星垣氣弱

却有回龍輔大江。水口三峰卓如削。北龍俗云多輔星。

又隨塞垣入沙漠。兩京嵩山最難尋。已被前人曾妄作

東西垣局並長江。中有黄河入水長。後山屏帳如負扆

下瞰泰淮枕水鄉。輔弼隱曜入大梁。却是英雄古戰場。

大河九曲曲中有。輔弼九曲分入首。夫人識得左輔星。

識得之時莫開口。

此以太勢論輔星也。輔星必成垣之處始多。河北之冀州。河南之洛陽。終南之咸陽。皆是帝垣。故多輔星。南岳無垣。雖有右弼。平陽亦多輔星。北龍俗云多輔。又入沙漠而不可見。大梁之所亦成帝垣。亦有輔弼也。輔弼之星必近帝垣。最爲貴氣。不得亂指。故曰莫開口也。

如何識得左輔星。次第生峰無雜形。天門上頭生寶殿

寶殿引出龍樓橫。樓上千萬尋池水。水是眞龍樓上氣

兩池夾出龍夵高。池中崩傾非大地。地中實是輔弼星

只分有迹與無形。有形便是眞左輔。無迹便是隱曜行

縱然不大也節鉞。巨浪重重不堪說。巨浪有帳帳有扛

扛曲星峰巧如玦。扛星便是華蓋。橫曲處星峰只作證

證出貪巨祿文廉武破。周而復始。定天門直指破軍路

此是天門龍出序。若出天門是正龍。不出天門形不眞

一形不具便減力。次第排來君莫誤。自貪至破爲次第

顛倒亂行龍失序。一剝一換尋斷處。斷處兩傍生擁護

旌幢行有蓋天旗。旗似破軍或斜去。看他橫帶如巨浪

浪滚一峰名出帳。帳中過去中央行。不出中央不入相

星形備具入垣行。怪怪奇奇入天象。

此言成垣之大龍而輔弼侍衛此龍而行也。天門者龍起處也。龍起之處。大龍必起龍樓寶殿。龍樓之上必生天池。及行至大斷之處。一坦平地。多是輔弼。弼星平坦無迹。若有高低行動。則係左輔也。此間左輔若有結作。係分得大龍之氣。即結局不大。亦出節鉞之貴也。然大龍斷處之左輔。非左輔自爲龍。實爲護衛大龍之侍衛。故動如巨浪。橫列爲帳。內作華蓋扛星等形。以爲平地大龍之證據。直至再起高峰而成

貪巨七星之體也。要明大龍之體，其星辰剝換自有次序。從天門起龍，一路星辰必先起貪，次巨次武，順至破軍。若此者是貪大龍。若起處無樓殿之天門，行度而九星不能俱備，或九星雜亂不順次序，皆不成帝垣之龍也。惟從貪狼變起，一路巨祿文廉武破至輔而變低山，至弼而成獨大平陽者，是真帝垣也。此等龍行度，一剝一換則一跌一斷，斷處看其擁衛。擁衛必有旌旗旛幢之星，起處必橫開大帳，帳中穿心頓起貴峰，出帳身形備具，怪怪奇奇，以成垣局，而上合三垣天象也。

我到京師驗前說，帝如果有星雜列南北。雖短東西長，
東華水遶西華出，水從關口復來朝。九曲九回朝帝闕，
前星儼若在南上，南名到此觀天象。上了南岡望北岡，
聖人下宅分陰陽。北岡峙立天門上，分作長垣在兩傍。
垣上兩邊分九個，兩垣夾帝中央坐。要識垣中有帝星，
皇都坐定甚分明。未若更識左輔宿，凡入皇城辨垣局。
重重圍遶八九重，九重之外尤重復。重出復嶺看輔星，
高山頂上幞頭橫。低處恰如千官入，戴弁橫班如覆笠。
停細觀來真不同，應是爲垣皆富局。

此承上言帝垣，而舉京師以驗之，又于京師之垣局以論左輔也。帝垣上合天象，驗之京師，則北岡起天門，兩傍列長垣，中央夾帝座，果上合天象而成帝垣也。輔星多近帝垣，故于此處觀輔星，則遶垣之星多是左輔。高者如幞頭，低者如戴笠也。遶環帝垣之左輔至八九重之多，其近內者固近帝而大貴，卽在外而遠帝者，若有結作，卽不能貴，亦成富局者也。左輔之妙如是。

輔爲上相弼次相，破祿宿衛廉次將。文曲分明是後宮，
武曲貪狼帝星樣。更有巨門最尊貴，與作極星事非誑。
三垣各有垣內星，九是星峰皆內向。垣星本不許人知，
若不明言恐世迷。只到京師君便識，重重外衛內垣平。
此龍不許時人識，留與皇家鎮家國。請從九曜尋剝龍，
剝盡粗龍尋細跡。

此論左輔而並論九星三垣也。左輔爲帝垣之上相，然九星皆帝垣之侍衛也，各有所主。弼爲次相，破祿爲宿衛武臣，廉爲次將，文曲爲後宮女官，貪武貴近

帝星巨門最爲尊貴。爲垣中之極星帝座也。紫微三垣各有垣內近侍之星。星皆輔弼。其星皆開面向內。以護帝座。此垣局之定格也。凡是帝垣。必外衛重重圍遶。垣中開出大平。爲建都立國之所。此等垣局只爲帝都之用。與臣民無涉。若欲尋地。但當從九曜尋龍。于其剝出秀嫩處求之也。

要識真龍真輔相。只看高低幞頭樣。若是輔星自作龍。隱行不識真氣象。若還三吉去作龍。隨龍變形却不同。貪狼多尖品字立。武巨圓方三個峰。三峰節節隨身轉。

中有一峰是正面。兩傍夾者是輔星。大小尖圓要君辨。此龍初發在高山。高處生峰亦生瓣。肩瓣須明侶幞頭。滾滾低來是龍毬。不行鯉鰤露背脊。有脚橫排如覆笠。若是降樓並下殿。節節如梯下剝換。貪下換剝如拋毬。尖處帶脚如龜浮。此是下嶺方如此。上嶺逆行推覆舟。尖圓若是品字立。世人誤作三台求。祿存剝換蜈蚣節。微微短脚身邊立。文曲梭中帶線行。曲曲飛梭草藏跡。廉下變爲梭齒形。梭齒中央引龍出。武曲幞頭如改換。行當平中斷復斷。破軍之下夾兩搶。若作天戈如走電。

龍行失序出頭來。又似虎狼行帶箭。纏多便作吉龍斷。若是無纏爲道院。

此正論左輔也。左輔行龍亦如破軍。必挾九星而行。左輔真相是高低幞頭之形。若真輔一星行龍。其形隱藏不顯。若挾諸星之氣而行龍。則形隨他星而變易也。貪狼多尖而出品字。三尖武曲左輔則出三圓頂。巨門左輔則起三方峰。凡三者之中。以中一峰爲三吉之正。于其兩邊夾者。是輔星也。左輔行龍。其體雖低。初出祖處亦是高山。然必生肩生瓣。侶幞頭

漸漸低平。多作圓頂而去。直落平陽。微露形跡。然小墩小阜。亦必兩邊生脚。此其所以爲左輔也。若挾他星行龍。則與上異。如挾貪狼。則辭樓下殿。剝出星峰如貪。于貪下剝出纍纍圓小低峰而去。其圓峰必生小脚如龜浮水面。脚必出也。此從貪下剝出。其體如此。若貪狼之後要起貪。時其形又如覆舟逆上。其體又不圓而帶長。且既起貪狼。又不是一峰。必起三峰如品字。人多誤認爲三台。不知輔星挾貪之體也。輔星挾貪之行度如此。非精于星體者不易識也。平中小

堆阜共有四種。或祿或文。或輔或弼。世不能辨若是祿則圓而無脚。輔則圓而有脚有面若是文則如半月而狹長。弼則如半月而匾濶也。此最易錯誤者。祿凶輔吉。其可不細辨乎。左輔挾祿存則出蜈蚣節。兩邊必生短脚挾文曲則堆阜中必有細脉相連。如梭中掩絲。挾廉則變爲撲蔺于中出龍挾武曲則幞頭之形落平多斷。倂挾破軍則手脚尖利如鎗。或如走電細長尖利。又如虎狠之形。生脚細長。如帶箭走。此左輔挾帶九星不同之體狀也。然辨其吉凶結作。總

以看其纏護爲主。若有纏有護則爲吉龍前行。必有結作。若無護從則孤单而不結矣。

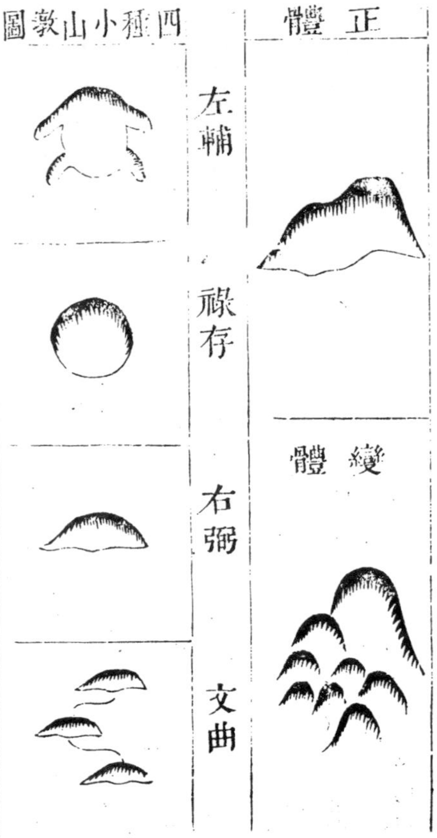

右弼星第九

弼星本來無正形。形隨八曜高低生。要識弼星正形處。八星斷處隱藏行。隱藏是形名隱曜。此是弼星最要妙。拋梭馬跡線如絲。蜘蛛過水上灘魚。驚蛇入草失行跡。斷脉斷跡尋來無脉是尊名右弼星左右隨龍身上行。行龍之時有輔弼。斷處隨龍看踪跡。君如識得右弼星須到垣中多失蹤。撲龍失脉失跡時地上朱絃琴背覓若識弼星隱曜宮。處處觀來皆是吉。此星多吉少傷凶。蓋爲藏形本無實。

右弼屬水。其體平坦。凡星峰跌斷處。其平地皆是。山盡而平。凡平洋大地皆右弼所主也。以其不起高形。故名隱曜。或有微形細脉。如上灘魚。入草蛇。馬跡。蛛絲。琴絃。隱微難見。似有似無者也。此星脫盡罡煞若有結作。有吉無凶。

藏形之時形殺藏。却是地中暗來脉。此地平陽千百程。不然彼處却是弼。坪中還有水流坡高水一寸即是阿只爲時師眼力淺。到彼茫然無奈何。便云無處尋踪跡直到有山方認得。如此之人豈可言。有穴在坪原自失。

只來山上覓龍虎。又要乳頭始云吉。不知山窮落平去。穴在坪中貴無敵。癡師悞了幾多人。又道塟埋畏卑濕。不知穴在水中者。更是難悲怕泉濕。盪緣中漲在中央。水退卽同乾地力。且如兩淮平似掌。也有州軍落巢瀝。也有英雄在彼中。豈無墳墓與宮室。只將水汪與水流。兩水夾流是龍脊。

此言右弼之結作也。此星藏形。暗中行脈。凡千里平陽。皆弼星也。右弼結作。旣無高形。欲尋其龍。但看界水爲主。得其界水之情。而右弼之龍不難識矣。但眼力低下之夫。不能識右弼結法。只識觀山。不能察平。故有穴皆不識也。抑知山盡落陽。脈盡罡氣。平陽有結。倍勝于山。力量太。承載厚故也。今人多言平陽多不結穴。試觀兩淮。皆是平地。其發福之陰基陽宅。到處有之。豈平陽少結作乎。觀平之法。不必觀地。但去看水。兩水夾者是龍。水流處是龍行。水汪聚交鎖處是龍止。知此而求右弼之結。不難識矣。

非惟弼曜在其中。八曜入坪皆有蹤。前篇有時說平處。平裏貪狼皆一同。時師識盡眞龍脈。方知富貴與豐隆。

此言平陽是弼。而八星之氣。俱有落平者。亦當細辨也。八曜落坪。必起微星。其形亦不脫本星之體。如祿存落平。生石生瓣是也。若貪狼落。亦必起小尖峰。央現出本星之氣。自與右弼不同。然必以右弼爲主。若是獨弼之平。則一平如紙。惟看水神爲界。與八曜不同者也。觀平陽者須知此。

九星變穴第十

貪狼作穴是乳頭。巨門作穴窩中求。武曲作穴釵鉗覓。祿廉梳齒犁鐴頭。文曲穴來坪裏作。高處亦是掌心落。破軍作穴似戈矛。兩傍左右手皆收。定有兩山皆護衞。不然一水過橫流。輔星正穴燕巢仰。若在高山掛燈様。落在低平是雞巢。縱有圓頭亦凹象。此是博換尋星穴。尋穴隨龍細辨別。龍若眞兮穴亦眞。龍不眞兮少眞穴。尋龍雖易哉穴難。只爲時人昧剝山。剝龍換骨星變易。識得疑龍穴不難。古人望龍知正穴。蓋將失龍尋換節。識得龍家換骨星。富貴令人無歇滅。

穴從龍結。故隨龍尋穴。古人所以望龍而知穴也。然穴之從龍。亦有兩種。有從應星結者。穴之正也。有因間星多。而隨間星結者。穴之變也。詳疑龍變星篇。

九星吉凶第十一

尋龍且用依經訣。好把星峰細辨別。龍行上應三吉星。兒孫世代產賢哲。次第發出有尊卑。初龍小巧真龍拙。一起一伏各差殊。變換之中分骨節。有乳有節足安境。氣候潛藏尋取穴。吉星之下節目奇。凶星之下節目劣。崩洪節目最爲強。氣脉相連無斷絕。

崩洪者龍從水中過所露石跡是也。有十種。詳廖公圖。

龍星自有真峰應。雌山低弱雄山勝。行龍雖貴骨節奇。入穴須教骨節稱。不欲反曲如反弓。不欲山直如伸頸。吉星吉兮凶星凶。不由人使由天定。時師未識七星形。爲作歌兮切須聽。

高峻之山爲雄。平坦之山爲雌。七星之形體。經中俱已細備。此之再作歌者。簡括使人易識

貪狼一木勢尖強。鬼星秀麗足文章。或然丫角野丫起明經魁選細推詳。七峰八峰磊落去。龍圖學士富文章。左穿右博列筆陣。行龍旌節如旗槍。其間定有仙靈應

或然世代生王侯。若作天馬騰躍起。富雖萬斛盈千倉。若作牙笋攢地面。文武官顯居朝堂。不惟富貴馳聲譽。更兼福祿壽而昌。

丫角兩峰也。野丫三峰也。牙笋攢地面者。倒地木星也。

巨門之星號一土。卓圭立笏高千尋。定主兵權富韜畧。登壇既拜夷狄欽。稜層高聳立屏障。文華秀發稱儒林。簇簇樓臺高且壯。危岩古怪當天地。此地葬之勿猶豫。世代榮貴輝古今。便似方冠清且巧。三五相連羅碧岑。子孫聰明復秀麗。芝蘭庭砌何森森。

巨門之體方正秀美。然亦有危岩古怪者。只要其體方正。便是巨門。不必疑也。

武曲一金少人知。端正秀麗如蛾眉。有時覆月出天外。有時隱隱生平夷。挺生英傑事明主。忠良正直如皐夔。懸鐘頓起高聳起富貴兼全聲聞美。牛奔象舞勢勇猛。按鉞閫外無復疑。忽然壘壘凌空碧。小更良兮高更奇。斯地勿論富與貴。神仙出世同安期。肥厚遙長子孫遠。勢若短尖多虧盈。

武曲頭圓故為蛾眉覆鐘等像。

祿存一土君切忌醜惡崩攲不綿娟高峰孤起如撚拳
低山卑濕如牛鼻或若棺材隨水流或若死屍臥平地
自然虧缺不足看疾病顛狂遭劓刖兒孫傭懶走他州
淫慾奸偷總連累。

牛鼻者濕而不乾也。

文曲一水何孤单生枝生足如蜒蚰亂花坵壟不接續。
三三五五飛翩翩也似驚蛇初出草也如鵝頸枕流泉
坑溪反背無收拾縱然收拾還攣攣此地基之主遊蕩
男不忠兮女不賢。

文曲體曲長瘦者如蛇肥長者如蚰蜒零散者起小
泡如飛花。

廉貞獨火大凶災高尖醜惡空崔巍生枝發足桃符起
首尾分張兩畔開形似紮甲勢分列質不清兮濁似血
毛髮焦枯氣脉散水流滯急聲如雷瘟癀死盡兼官禍
敗國亡家真可哀。

廉祖只可作祖龍若近穴則凶為祖則吉也。

破軍一金指內惡山猛陰陽各差錯峰巒突兀亂石岡

不然破碎連基盤也作竹篙馬鞭勢也作兵戈與繩索
左崎右嶮舉頭看入穴葫蘆塊然落明堂傾陷水潺潺
龍虎二山伸兩脚若犯此星甚乖張當代兒孫見銷鑠

破軍之體破碎頑惡只可作間星行龍近穴則凶。

輔弼常隨七星轉多在明堂左右見有時脫體離清波
形勢或作關圍面或見龜蛇或見魚迎山連護如絲綫
山厚山肥人多豐山薄山走人奸賤須教閉密不通風
莫令大開水流賤。

輔弼二星常為龍穴之護衛然亦有自為行龍結穴
者此其大槩也詳輔弼本論。

三蓋吉星隱龍入磊落巉岩形卓立或作高峰勢插天
或在明堂皆頓集或在水口相舉連或在輔弼山頂立
或然隱隱在溪坑胎息成龍勢藏聚大成州郡產英豪
小作鄉村兼鎮邑定知世代祿綿綿文韜武略精傳習

三蓋者冠蓋寶蓋華蓋也蓋星之體身起三峰中高
兩邊低金為冠蓋土為寶蓋木為華蓋此星或行龍
作案鎮水口但吉。

七星變化無窮極體樣相同人未識四維八幹十二枝

博換化身百千億本自二源分派殊。不得明師述大訣。但將分受細推尋何用勞心更勞力。凶禍之星凶禍生福德之星招福德造化元來指掌間此是神仙真法則。七星變化其體無窮難以言盡。然其大氣不過從祖上分得吉則吉。分得凶則凶。故曰本自二源分派殊。二源者。吉凶二源也。

雌雄詩斷第十二

雌雄處會值千金。形穴分明似掌心。更得朝對更秀水為官世代與人欽雌雄不會不勞看任爾時師道好山下後令人家退落。朝城不對盡虛閑。

雌雄者俯察之第一義也雌雄之義不一。有山水之雌雄。行龍之雌雄。龍砂之雌雄。龍穴之雌雄。主星朝案之雌雄。水城之雌雄。凡此雌雄俱要處會。若雌雄不會則陰陽不交。而為偏陰偏陽無生氣之所察故欲知地之真假以辨雌雄為急也。何以辨之。山與水一雌雄也。左旋之山。必須右旋之水交之。謂之雌雄交會。不若是則山水背馳。而不融結矣。龍之一節一伏。一雌雄也。龍之行度。一陽一陰相間。謂之雌雄交

會。不若是則龍氣偏枯。而不融結矣。龍與護砂。一雌雄也。雄山行龍雌砂護之。雌山行龍雄砂護之謂之雌雄交會。不若是。則龍砂無情。而不融結矣。龍與穴一雌雄也。雌龍宜雄穴。雄龍宜雌穴。不若是則龍穴偏一而不融結矣。主與朝一雌雄也。主星端嚴。朝山開面謂之雌雄交會。不若是則賓主無意而地薄劣。矣。水之流注一雌雄也。有直狹之流。有團聚之注。謂之雌雄交會。不若是則水氣直急而成殺矣。地之結不結係于雌雄之會不會。故雌雄為地理第一義也。

凡山以平坦委曲者為雌。高昂直急者為雄。水以直狹者為雄。圓潤者為雌。

尋地先須看祖宗。更于山上認雌雄。雌雄若也無人會。何必區區覓後龍。

此言行龍之雌雄也。凡尋地之法。先須辨祖宗之貴賤若何。祖宗貴者方有貴龍貴穴。然祖宗乃衆之所共也。本龍則為我之所獨。故當于山上認雌雄也。本龍雌雄交會則結不則不結。不結則祖宗雖貴無益矣。故重在本龍也。

牛在欄中且要知。雌雄交會最爲奇。明堂寬大容千馬。富貴兒孫着錦衣。

此言穴之雌雄也。凡穴之結作必凹中有突。爲陽中含陰。突上有凹。爲陰內生陽。此謂雌雄交會也。若空窩頑突則雌雄不交矣。牛者土牛穴也。

雌雄交會用比和。莫遣強姦損害多。此訣時人那曉會。仙人緘口待如何。

此言葬穴之雌雄也。凡點穴之法。須于交會之至中處點之。若太高太低。偏左偏右。失其交會之處。胡扞亂掘。謂之強姦。而損害其穴矣。舊註不知此。

先迎穴道後迎龍。穴前流水對雌雄。陰陽順逆能分別。兒孫世代入朝中。

此言山水之雌雄也。凡扞穴之道。先迎其穴之情。後迎其來龍之氣矣。而面前之向。須于山水交會有情處向之。陰陽順逆者。陽龍用陰水。陰龍用陽水。山與水須逆而相抱。忌順而背馳也。

遊龍向內家豪富。若然向外受孤恓。楊公妙旨雌雄法。時師那得曉真機。

此言砂之雌雄也。砂宜抱穴向內則吉。背穴向外爲凶。遊龍護砂也。

穴如仰掌對天心。四畔茫茫何處尋。忽若大生龍一對。誰知此地值千金。來龍形勢似雄雞。鼓翼還須向月西。穀將山高家大富。號聲先向五更啼。

此言朝案之雌雄也。凡有真穴。必有真朝來對。故見朝山可以定穴。雄雞之喻。言雞必向西啼。穴必向案朝也。穀將山。大五行冠帶位是。

城門八國認跡蹤。千個時師無一通。來龍宛轉朝公雞。仙人口訣學難逢。一個山頭下十墳。一墳富貴九墳貧。其山其穴其流水。真機那許俗人論。其山其穴其來岡。磊磊埋來似種薑。後學誰人能辨認。只將十道到明堂。

此總上文必明得雌雄之道。方能得穴而知吉凶也。十道者。前對朝山。後坐托山。左右夾耳山也。此篇舊註不堪之極。

定穴在仙七星經第十三

七星立極居天中。三台輔弼布九宮。起自藏龍天寶殿。太陰太陽別西東。左順右逆分兩路。却與一氣相流通。

中有北辰爲至尊。出沒常爲天地根。成龍若遇此星照。貴顯富隆覃後昆。或與天星相應接。不然鎮鎖三城門。大山大水爲州縣。小山小水爲人村。尋龍不辨七星形。吉凶禍福何由明。或在平陽顯復隱。或爲丘山勢崢嶸。或然怪石叠千仞。或然毛髮奇復清。有夫有婦立夫婦。有父有母應所生。藏牙縮爪龍欲住。分牙布爪龍欲行。天狐天角龍欲度。蜂腰鶴膝龍已成。

天狐星高峻頭昂。如走旗高插天半。爲陰爲雄。天角星頭圓身厚扁大。爲陽爲雌。行龍中間頓起二星爲少祖之山。乃龍整頓精神要走也。故曰龍欲度。蜂腰鶴膝。乃行龍過峽之體。若見此體。則龍已束氣而欲結穴矣。故曰龍已成。

千形萬狀無停留。五嶽四瀆經九州。星峰上與天星照。問君何處覓踪由。基山釜土不識訣。傷龍敗氣焉知休。直山壟之犯天折。曲山藏之犯咽喉。左回右抱如瓜瓠。鬼山瘦直如戈矛。但知前後立主客。不知背戾如仇讎。龍神結穴方可扦。

壟若直山不結。而誤認爲龍盡。則犯煞。而天折。曲山不結。而誤認爲隱藏。則亂截龍氣之咽喉。皆不吉也。若結作之山。則左環右抱而有情。鬼劫之山則瘦直如戈矛而無生意也。前案後坐有情則爲主客。若背戾則如仇讎而生凶作禍。不容妄朝亂向者也。

山之行龍結穴有一定之體格者也。今之言龍頭者莫不曰千變萬化矣。夫龍穴之千變萬化猶人心人面之不同也。然人心固不同而喜富惡貧喜貴惡賤喜逸惡勞喜同惡異。其大較則不甚遠。人面固不同而上眉下目中鼻傍耳額高口低其大體亦不異。故

暗中模索而知足人。千里遠料而知人心也。龍穴之變化亦然。其不同者小節。其大同者大體也。若無一定之體格而逐山尋覓。即地仙亦何能了然而無疑乎。惟九星之行龍有一定之體格。其作穴有一定之形象。故見龍可以知穴。見穴可以知龍。先有一成竹于胸而臨時所以了了者也。撼龍經者講明一定體格之書也。熟此可以知山川一定之體格也。若不于此得山川一定之體格而亂覓山岡妄猜龍穴。吾恐其終身無幾道之一日矣。

山法全書卷之二

古婺葉　泰古民氏輯

海昌郭廷彥穎川氏叅

龍法枝幹部疑龍經　楊筠松著　葉九升註

疑龍撼龍二經皆楊公龍法書也疑龍重在別枝幹撼龍重在辨峰巒皆龍法緊要也但後之讀是兩經者不能無疑焉何則撼龍專言峰巒以別九星而疑龍則曰正龍身上不生峰又曰星峰龍法近虛辭不幾二經自相矛盾乎抑知幹龍行度非無峰巒但龍

要分枝分從然後起頂既分之後只是平行不折腰不跌斷挺挺行去直至枝從將盡不能護龍則龍又起一峰巒再分枝從爲護衛也若枝龍行度則一起一伏一峰之下連接一峰不能平行段段起伏與幹大異也然有平行無起伏而非龍者此乃大砂側面護龍又不及枝龍能起伏者也不知三種行度則不能讀兩種經文故余于疑龍經前急急提清夫可以讀疑龍而不疑疑龍也已

上卷

疑龍何處是難疑尋得星峰却是枝關峽從行并護托蠢蠢槍旗左右隨幹上星峰全不作星峰龍法近虛辭與君少釋狐疑處幹上尋龍真可據幹龍長遠去無窮行到中間陽氣聚面前山水又可愛背後護龍皆反背君如就此問疑龍此是歇龍迎送隊碎如貴須遠千里豈無頓宿分內外

此明幹龍之體也世之言龍者必好言星峰抑知幹龍不起星峰乎凡尋得星峰俱係枝龍或爲幹龍關峽之用從行之用護托之用與之貴人中行其星峰

皆蠢蠢之旗槍左右隨者也若夫正幹必不起峰又幹龍行度于其中間忽有峰巒攢聚而扎世人多以爲山水團聚內必融結美地抑知此非團聚乃幹龍頓宿之處非融結也何以知其不結面前山水雖有環抱之情背後護龍皆反背而不抱故知其不融結矣

龍行長遠去茫茫定有禁隨部位長凡有好山爲幹去枝龍盡處有旗槍旗槍也是星峰作圓淨尖方更高卓此中尋穴穴却無幹去未休枝早落枝龍身上亦可裁

半是虛花半是胎若是虛花無朝應若是結實護送回護纏尙要觀疊數一疊回來龍身顧莫便將爲眞實看此是護龍枝交互三重五重抱回來此就枝龍腰上做幹龍尤自隨水去護送迢迢不回揖

此言星峰旗鎗係枝龍而不結其中亦有結作者其結與不結但看護從若護從重重廻抱則爲結作若止一重回抱其外即反背而去此一重回抱非爲結穴而回乃枝葉之交互耳不得誤認者也

正龍身上不生峰有峰皆是枝葉送君如見此幹龍身

的向幹龍窮處覓君如尋得幹龍窮二水相交穴愛風風吹水劫却非穴君如到處是疑龍請君看水交纏處水外有山來會聚翻身顧母顧祖宗此是回龍轉身處宛轉回龍似掛鈎未作穴時先作朝朝山皆是宗與祖不拘千里遠迢迢穴前諸官皆拜揖千源萬派皆朝入此是尋龍大法門兩水夾來皆轉揖

此言回龍法也尋至龍盡之處水交而風吹則非結穴之所也然龍豈不結乎抑知龍本不到此處先已轉身而顧祖矣若不識回龍之法只于水交處尋其能得穴乎

尋龍何處使人疑尋得星峰却是枝枝葉亂來無正穴眞疑到處又疑非只緣不識兩邊護却愛飛峰到腳隨飛峰斜落是龍腳腳上生峰一邊卓眞龍平處無星峰兩邊生峰至難捉背斜面直號飛峰此是眞龍夾從龍一節生峰一節插兩節雖長號寬峽峽長繞出眞龍前背後星峰又可憐到此狐疑不能識請向正龍尋兩邊兩邊起峰爲護從正龍低平最貴重星峰兩邊轉前揖拱在穴前爲我用問君州縣正身龍大浪橫江那有峰

起峰皆是兩邊腳去爲小穴爲村落如此尋龍看兩邊兩邊生腳未嘗偏正身進却中央去祿破文廉多作關關門是爲有大小破祿二星外爲欄祿存無祿作神壇破軍不破作近關要尋大地尋關局關局大小水口山

此言眞龍中行不起峰兩邊夾從高起峰令人難捉也時人于眞龍平坦則疑爲非龍兩邊飛峰節節起頂又疑爲是龍抑知兩邊之峰乃護從而低平之正龍比貴重也正龍結大地護龍爲小結雖有小結而總來爲正龍之羅城門戶耳祿無祿者祿存之下不

由小圓峰爲龍也。破不破者。破軍之下。不抽好嫩枝行龍也。無祿不破。則頑然一大星。故爲水口山。

大凡尋龍要尋幹。莫道無星又無換。若如不識枝幹龍。每見幹龍多延蔓。不知幹長纏亦長。外州外縣山爲伴。尋龍千里遠迢遞。其次五百三百里。先就輿圖觀水源。兩水夾來皆有氣。水源自是有長短。長作軍州短作縣。枝上節節是鄉村。幹上時時斷復斷。分枝劈脈散亂去。幹中有枝枝有幹。凡是枝龍長百里。百里周圍作一縣。百里各有小幹龍。兩水夾來尋曲岸。曲岸有水抱頭龍。

抱處好尋氣無散。到此先看水口山。水口交牙內局寬。便就寬容平處覓。左右周圍無空闕。斷然有穴在此處。更看朝水與朝山。朝水與龍一般遠。其祖同宗來作伴。客山千里來作朝。朝在面前爲近案。如有朝迎情性真。將相公侯立可斷。

此言枝幹大小結法也。龍以幹爲大。但幹龍千蔓綿長三五百里。非知得水源清楚。不能辨得幹龍也。幹龍中行。兩邊分出小枝。枝又分枝。故枝中有幹。此等龍神。皆小結作。大爲州縣。小爲鄉落也。凡看此種之結與不結。先要看水口。若水口交固。而內局寬平。羅城完密。則結作矣。知是結作。于是更看其朝水朝山。以分別其大小也。凡有一龍。必有一水相配。猶夫婦然。大水配大龍。小水配小龍。此水與龍俱從祖山分落。緊緊隨行。一步不離者也。此龍必靠此水而行。此水必繞此龍而走。至結穴處。[illegible]對交會而後去。此水長遠。則爲大龍大結。短近。則爲小龍小結也。凡有好龍。必有好朝。朝何以爲好。好朝者。乃一枝山特特生來爲我作朝。謂之特朝。非卜龍則無是也。

非得真龍不識穴。不識穴時總空說。識龍識穴始爲真。下得真龍官不絕。真龍隱拙穴難尋。惟有朝山識倖心。朝若高時高處點。朝若低時低處飲。朝山亦自有真假。若是真時特來也。若是假時山不來。縱饒尖圓巧如畫。若有真朝來入懷。不必尖圓如龍馬。但若低昂起伏來。不愛尖傾而去者。直其名爲壁朝山。雖見尖圓也是閒。譬如貴人背面立。與我情意不相關。亦有橫列爲朝者。若是橫朝似爲帳。前山橫過腳分枝。枝上作朝首先下。首不作峰或尖圓。隻隻來朝列我前。大作排牙小作列

如魚騈頭蠶比肩朝餘却去作水口與我後纏兩相湊
交牙護斷水不流不放一山一水走到此尋穴定明堂
明堂橫直細推別橫城寬抱有垣星更以三垣定交結
交結多時垣氣深交結少時垣局淺長垣便是橫朝班
局心便是明堂山鈎鈐垂脚向垣口北面重重尊聖顏
明堂借水如借血穴裏避風如避賊莫令穴缺被風吹
莫使溜牙遭水刼

此言穴與明堂水口朝山也尋得真龍須求真穴而真穴必隱拙而難尋而尋之之法莫過于先認朝山也真穴難尋朝山易見得朝便可得穴也然朝山亦不一須要細辨有真有假有正有橫特朝爲真遇山爲假正則當面直來而拜伏橫則側面向我而有情也前朝之餘氣後纏之餘山相湊則成水口水口之內則爲明堂而明堂則以體橫寬抱爲美水口之山以交結重密爲上也明堂最忌水傾最怕風射風不吹而水不刼則完美矣鈎鈐星名王關閉故借爲水口山名

問君如何辨明堂外山抱裏內平洋也有護關亦如此

君若到此細推詳時師多到關峽裏山水周圍秀且麗
躊躕四顧說明堂妄指橫山作真地不知關峽自周圍
只是護關堂泄氣泄氣之法妙何觀左右雖圍外無闌
此是正龍護關峽莫將堂局此中看與君細論明堂樣
明堂須要之玄放明堂遶曲如蛇纏遶在穴前須內向
內向之水抱身橫對面抱來弓帶象上山下來下山上
中有吉穴隨形向形若真時穴始真形若不真是虛詐

此言明堂法也明堂所以證穴若于明堂識不真則穴亦從而誤錯矣明堂有真有假真者外山包裹而內有寬坦之平洋也假者關峽之間外山包裹亦似有穴有明堂不知此間只有一重山環抱而外面則曠蕩而無關闌莫認爲明堂也明堂之法要遶曲抱穴向穴爲吉而堂外之山要上山包落下山包上緊緊關閉爲美也吉穴隨形向三句詳下篇如龍如虎內

虛詐之山看兩邊兩邊虛穴亦如然外纏不送內托返
此是貴龍形氣散龍虎背後有衣裙此是官關拜舞裙
雖然有裙穴不見官不離鄉任何咎

此論虛詐假局。而因及㬟法也。局之所以假。穴之所以虛者。乃外纏不轉。內托反背故也。內中看之似有情。外面看之便反背。此所以爲虛詐也。然有真龍真穴。龍虎背後有衣裾拖出。假乎反背而去。然此乃貴龍㬟氣爲官關拜舞之袖。乃發官之貴砂。又大不同于虛詐之反背者也。

貴龍行處有氊褥。氊褥之龍富貴局。問君氊褥如何分。龍下有坪如鼈裙。譬如貴人有拜席。又如僧道氊具伸。真龍到穴有裀褥。便是枝龍山富足。此是神仙識貴龍。

莫道肥龍多息肉。瘦龍雖是孤寒山。也有瘦龍出高官。肥龍須作貴龍體。也有肥龍反凌替。問君肥瘦如何分。莫把雌雄妄輕議。大戴亦嘗有此言。溪谷爲牝低伏蹲。岡陵爲牡必雄峙。不如肥瘦有殊分。漢儒以山論夫婦。夫山高峻婦低去。此是儒家論尊卑。便是龍家雌雄語。大抵肥龍要瘦護。瘦龍也要肥龍御。瘦龍若有裀褥形。千里封侯居此地。

此因㬟氣而論氊褥也。氊褥者。山下之坪也。龍有氊褥爲有餘氣。即枝龍亦主富足。然肥龍大抵多氊褥。瘦龍大抵少裀褥。然亦要看其大體段。不得只以氊褥一節爲斷。故瘦龍亦發貴。肥龍亦有凌替者也。然龍之肥瘦。以肉多豐厚爲肥。以石多細勁爲瘦。不得以雌龍爲瘦。雄龍爲肥。雄龍有瘦肥二種。雌龍亦有瘦肥二種者。蓋肥瘦以骨肉言。雌雄以高峻平坦辨。不容混淆者也。若辨肥瘦二龍吉凶之法。則肥龍喜瘦山爲護從。瘦龍喜肥山爲護從。則二氣相感而吉。反此則偏枯而凶。若夫瘦龍之體固瘦。而裀褥廣鋪。則似不足而實有餘。瘦者其清。裀褥是厚。清而且厚。

則係大貴之龍矣。

敢將禹跡來問君。輿圖之上要細論。尋龍論脈尤論勢。地勢如何却屬坤。若以山川分兩界。黃河川江兩源派。其中有枝濟與河。淮漢湘水亦長源。幹中有枝枝有幹。長者入海短入垣。若以幹龍會大盡。太行碣石至海壖。又有高山入帚嶺。又分枝派河流吞。南幹分枝入海內。河北河東皆不背。恩嶺連綿入桂連。又入衡陽到江邊。其間屈曲分臂去。不如多少枝葉繁。又分一派入東海。又登碣石會爲垣。一枝分送入海門。幹龍盡在江陰墳。

若以幹龍爲至貴東南沿海天中尊如何星垣不在彼
多在枝龍身上分到彼枝幹又難辨枝上多爲州與縣
京都多是在中原海畔山窮風蕩散君如要識枝幹龍
更看疑龍中下卷

此言龍以中幹爲尊而穴則以分落而結也尋龍論脉兩句脉者山脊也勢者平原而有山水環抱歸向之所也平原爲坤之正體故平原最得大勢能收大勢也所以帝垣必結于平原龍以幹爲尊然幹龍必行至海而止若言盡龍則當于海邊求大地粲然大

地成垣者不在盡頭之海邊却在腰間之平原處以腰間平原能收大勢而海邊之龍多爲風蕩散也公言此以曉世人之看枝幹者當活動變化又不得執幹而棄枝也大抵幹龍長行其起處太老其盡處則散惟中腰結作爲美看龍之法于中間要知幹尊而枝卑不得舍幹而求枝于盡處當知幹散而不聚又不得執幹而求盡龍也

中卷

雖然已識枝中幹長作京師短作縣枝中有幹幹有枝
心裏能明口能辨只恐尋龍到此窮兩水夾來風蕩散
也有方州並大邑直到水窮山絕畔也有城隍一都會
深在山原隈僻畔今日君尋到水窮砂礫坦然纏護竄
右尋無穴左無形無穴無形却尋轉尋轉分枝上覓穴
惟見縱橫枝葉亂也識轉換也識纏也識護托也識斷
只是狐疑難捉穴若假時無正案到此之時心生疑
若遇高明能剖判爲君決破此疑心枝幹亂時分背面
假如兩水夾龍來便看外纏那邊回纏山纏水回抱處
背底纏山纏水隈護纏亦自有大小大小隨龍長短來

龍長纏護亦長遠龍短纏護亦近挨大抵纏山必回轉
莫把明堂向外截曲轉之形必是面只恐朝山塞不開
尋得纏護分明了更看落頭尋要妙纏山纏水如展屏
向前寬闊看多少纏水纏山作案山只恐明堂狹不寬
山回水抱雖似面浪打風吹巉壁寒請君來此看背面
水割石崖龍背轉若是面時寬且平若是背時多陡峻
面時平坦中立穴局內必定朝水繞縈紆環抱入懷來
不似背邊風蕩散君如識得背面時枝幹尋龍無可疑
寬平大曲處尋穴此爲大地斷無疑詳看朝迎在何處

中有橫過水城聚背後纏水與山回、相合前朝水相隨
後纏抱來結水口。前頭生脚來、相湊、兩山兩水作一關。
更看羅星識先後。羅星亦自有首尾首逆上頭尾拖水。
如此尋穴與尋龍。不落空亾與失蹤。秤定上下左右手。
的有真龍在此中。

此承上文言幹龍盡于海岸。爲風蕩散。而尋常幹龍盡處雖不到海邊。至兩水夾處其地空曠。亦有爲風蕩散者。然有結不結之分。結則爲水窮山岸之州邑是也。大凡尋龍到水夾空曠之處。左右尋求。毫無形

穴則盡處不結矣。逆尋轉去。又枝葉縱橫。難以捉穴。須要分山之背面以求之也。雖然背面不易認矣。分背面法。先看龍之纏山。纏山者。抱龍背之山。纏山之面則向龍。龍之背則靠纏山。此定法也。然從纏山龍身中間看。則纏山抱龍有情。亦似有結穴之局。但必無寬闊之明堂。其朝山必閉塞而不開矣。此龍背之體段也。若龍神開處必寬闊平坦。朝水迂回有情。其寬平大曲處是穴矣。于是朝山下生纏山逆上相湊而成水口、水口之中、又有羅星以塞之。此爲真龍真

穴無疑也。

忽然數山皆逼水。水夾數山來相從。君如看到護送山
上坡下坡事一同。無疑上坡是真穴。看來下坡亦藏風。
二疑更看上下轉山水。轉抱是真龍。夾龍身上亦作穴
此處恐是雙雌雄。雌作兩穴分貴賤。分高分下更分中。

此承上言龍開面處或數龍相會。俱于此處結穴。我亦非主。彼亦非賓。上坡下坡俱有形穴。此乃真龍結穴護龍亦結穴。雙雌雄也。然此二穴亦分高下。其高下之分。只看中間之界也。水抱轉有情多者是貴穴。

水抱情小者是從結也。

也有真形無朝水。只看朝山爲近街朝水案外暗循環
此穴自非中下地。只愛案山水遍轉。不愛順流隨水勢
順流隨水案無力。此處名爲破城裏。若是逆水作案山
關得外垣無走氣。

此承上言以朝水分穴之高下。因而論及有無朝水之穴也。無水之穴必有近朝。而朝水都從案外暗拱乃上吉穴也。然此等地水不入堂。若得逆砂爲朝砂水相逆。其力甚爲大。

也有真形無朝山只要諸水聚其間汪汪萬頃明堂外內局周圍如抱環鈎鈴鍵閉不漏泄內氣無容外氣殘外陽朝海拱辰入內氣端然龍虎安

此承上言有無水有朝之地而論有水無朝之局也有水無朝只要面前水聚四砂抱環水口鈎鈴鍵閉二星關鎖得緊則有水無朝亦爲上吉穴矣內氣無容外氣殘三句有精義非常人所能知內氣有二穴氣爲內氣水神爲外氣配龍之水爲內氣主水他山流來之客水爲外氣外氣殘內氣者主山低小而水神高大龍身薄弱而水神浩蕩此水氣殘山氣也必主人丁稀少久則絶滅配龍之水宜與龍穴相交會者也未交之先不喜客水亂入若客水亂入主水明堂之內主客亂雜龍穴不得的配亦外氣殘內氣也無朝之所不犯此二種病痛爲美若犯客水亂主水之病則配龍之主既已受病而龍穴所靠者只有龍虎內夾穴之水矣此水再病則龍穴爲無用惟龍虎有力不使客水得入內堂則此水可用葬亦可以受福者也至龍氣受水氣之殘終主絶滅無法可救

必須內氣端然始可容主水受傷則龍虎得力尚可爲也故曰內氣端然龍虎安

枝幹之龍識背面位極人臣世襲官總饒已能分背面面得寬平背峭峻假如兩水夾龍來屈曲翻身勢大轉一回頓伏一翻身一回轉換一回斷兩邊皆有山水朝兩邊皆有水抱峻兩邊皆有穴形真兩邊皆有山水案兩邊朝迎皆可觀兩邊明堂皆入選兩邊纏護一邊來兩手下邊皆回轉此山背面未易分心下狐疑又難判不應兩邊皆立穴大小豈容無貴賤只緣花穴使人疑更看護身脚各辨真來此處識真龍兩水夾來龍必轉逆轉之龍有鬼山鬼山拖脚皆後環識得背面更識鬼識鬼之外更識官大凡幹龍行盡處外山隔水來相顧幹龍若是有鬼山回轉向前寬處安凡山大曲水大轉必有王侯居此間也有幹龍夾兩水更不回頭直爲地只是兩護必不同定有護關交結秘幹龍行盡若無鬼須看衆水聚何處衆水聚處是明堂左右交牙鎖真氣如此明堂鎖是真鎖結交牙誠可取

此承上言既以背面辨龍矣又有一等龍神兩邊皆

似開面兩邊皆有朝有水有明堂。倘兩邊皆可穴。不知一邊是真龍真穴。一邊是鬼星花穴也。官鬼禽曜皆有假穴謂之穴星四假龍有四假局有四假共十二花假穴也。識得鬼星則鬼邊是背。而背面不難辨矣若無鬼星者則仍以明堂證穴之真假當仔細去辨明堂也。

問君疑龍何處難兩水之中必有山兩山之中必有水山水相夾是機源。假如十條山同聚。必有十水歸一處其間一水是出門。九山同來作門戶。東行看西西山好。

西上看東東山妙南山望見北上山。山奇水秀疑似間。北上看見南山水。矗矗尖奇秀且麗。君如遇見此處時。兩水夾來何處是與君更爲何分別。先分貴賤星羅列。更須參究龍短長。又看頓伏星善良尊星不肯爲朝見從龍雖來撓掉藏貴龍重重出入帳賤龍無帳空雄强十山九水雖同聚貴龍居中必異常問君如何分貴賤真龍不肯爲朝見。凡有星峰去作朝。此龍骨裏福潛消譬如吏兵與臣僕終朝跪起庭前伏。那有精神立自身。時師只說同關局朝山護送豈無穴。輕重多與貴龍別龍無貴賤只論長纏龍遠出前更强若徒論長不論貴纏龍有穴反爲良只恐尋龍易厭斁雖有眼力無脚力。若不窮源論祖宗。也尋頓伏識真踪古人尋龍尋頓伏。蓋緣頓伏生尖曲曲轉之餘必生枝枝上必爲小關局。譬如人行適千里豈無解鞍并頓宿頓宿之所雖未任亦有從行並部曲頓伏移換址退卸却看山面何方下。移換都須尋回山山回却有迎送還迎送相從識龍面龍身背上是纏山纏山轉來龍抱體此中尋穴又何難古人建都與建邑。先尋頓伏識龍關升虛望楚與陟巘

此是尋頓與山面降觀于桑與降原此是尋伏下平田。度其夕陽揆以日南北東西向無失乃陟南岡景與京。此是望穴識龍形陟彼百泉觀水去陟彼溥原觀水聚。或陟南岡與太原是尋頓伏非苟然古人卜宅貴詳審。經旨分明與後傳。

此言衆山會聚龍砂難分而論辨之之法也。十山十水同來聚會條條似皆結作將何以辨其何條爲正龍乎然辨之則有法也辨之之法一分貴賤次步短長三觀頓伏星體何爲貴貴龍必不肯朝顧他山。堂

堂自走放開手足分布自如若賤龍則手足短縮撓掉背伏藏也貴龍則重重帳蓋賤龍徒雄强而無帳也凡貴龍必不肯作他人朝從他山望此龍則此龍毫無情意于彼者也凡背去作朝山者必非真龍譬之僕隸不能自立身者也即有穴亦不過賤地耳何爲長凡幹龍行度必長然長必須有貴格者方是龍若徒論長短則龍必中藏纏山必長于龍而抱于外則纏山豈反勝于龍耶何爲頓伏凡真龍行度必有頓伏或穿田或渡峽成一體段者又真龍頓伏之處

必分小枝枝上必爲小關局亦有小小結作也真龍行去移換退卸之後乃尋其山面開面之處必有迎送上砂蓋來下砂逆轉自然成一局也面之後係背背之後必有纏山既見前之面又見後之纏則真龍任此從而覓穴無難矣古人一段言古人于地理尋頓尋伏覓山面察水法莫不皆然以證吾言之非虚誑也

下卷

龍已識真無可疑倘有疑穴費心思大抵真龍臨落穴先爲虚穴貼身蹺

此論龍之後論穴也穴有何疑以有真穴假穴故有疑也夫有真穴而無假穴則穴不必疑偶有假穴非每龍必有假穴則穴尚可不必疑惟每龍必有假穴此疑穴之所以費心思也凡龍結真穴必有假穴有似龍四假有似結局四假有似穴情四假三四共十二種假穴善地理者見假即知有真十二假即成十二入不善地理者見假誤認爲真十二假則爲十二錯也惟有假穴故識穴難所以云廿年點穴也此經

論假穴多指官鬼二種言以此二種尤近穴而易錯也

穴有乳頭有鉗口更有平坡無左右亦有高峰下帶垂更有昂頭居龍首也曾見穴在平洋四畔周圍無高陽也曾見穴臨水際俗人見穴無包藏也曾見穴如仄掌却與仰掌無兩樣也曾出穴真如鈴兩水射脅侶難當更有兩山合一氣兩水三水同一場

此論穴之大象也穴有正形正象有奇形怪穴正形正象者乳頭鉗口是也奇形怪穴者平坡垂帶至合

氣是也。穴之奇變，無窮非止此十二種，乃舉一之說
也。
君如識穴不識怪，只愛左右抱者強，此與俗人無以異，
多是葬在虛花裏，虛花左右似有情，仔細辨來無正形，
虛穴假穴更是巧，仔細看來無甚好，怪形異穴人厭看，
如何子孫世襲官，只緣怪形君未識，識得裁穴却無難
穴者天地之所珍秘也，故有好龍多結怪穴，不則人
人皆知矣。左右龍虎中垂乳頭，此世人之所最喜，不
知真穴多不如此，而假穴却每每若是也。假穴入目，

真穴難看，若喜假厭怪，此俗人之見也，焉能裁真穴
乎。
識龍自合當識穴，已在變星篇內說，恐君疑穴難取裁，
好向後龍身上別，龍上生峰是根荄，前頭結穴是花開，
根荄若真穴不假，蓋從種類生出來，若不隨星識根種，
妄隨虛穴鑿山隈，請君孰認變星篇，爲鉗爲乳爲分別，
高低平地穴隨身，豈肯妄下鉗乳穴，穴若不隨龍上星，
斷然是假不是真，請君更將舊墳覆，貪星是乳巨鉗局
此言定穴當認龍也。穴從龍出，貪狼行龍，其作穴是

乳，巨門行龍，其作穴是窩，若穴不從龍出者，虛穴也
認龍定穴之法，詳後變星篇內。
外縣京國多平洋也，有城邑在高岡，淮甸州縣在水尾
夔峽山嶺是城隍，隨他地勢看高下，不可執一拘攣也。
千萬隨山尋穴形，此說斷能辨真假，冀州岱口落低下。
蓋緣輔弼爲垣馬，太原落處尖似槍，無緣廉破龍最長，
建康落在坡平地，蓋緣輔弼星爲體，太原平坦古戰場，
熊川爲龍星可詳，長安帝丙星外峰，巨武行龍生出勢，
京師落在垣局中，狼星夾出巨門龍，太行走入河中府，

入首連生六七存。入首雖然只是山，落處却在回環間，
此與窩鉗無以異，只在大小識形難。
此以天下陽基大局，以明穴法也。平洋高岡，水尾山
嶺，俱能融結，但當隨地尋穴，不辯執一拘攣。冀州建
康落在平地，輔弼成垣，太原似槍，龍行廉破，長安巨
武行龍，圩城周密，河中緣有入首，結處回環，此諸帝
都俱落平地，人以爲龍落平陽，取其勢之闊大也。不
知兩砂回抱，一穴居中，即是窩鉗之局，與山中陰地
小小窩鉗，只有大小之分，並無別異之理，同一法也。

但認得龍真。任他結作。數百里之大窩鉗。則爲帝垣
次爲州縣陽基。最緊小之窩鉗。則爲藏棺之陰宅也。
但能認龍定穴。見貪則覓乳。逢巨則尋窩。而扦陽卜
陰。必不誤落花假穴。

我觀星辰在龍上。預定前頭穴形象。爲鉗爲乳或爲坡。
或險或夷或如掌。歷觀龍穴無不然。大小隨形無兩樣。
此是流星定穴法。不肯向人謾空誑。更有二十八舍間
星穴裁之最爲上。

此申明穴之隨龍也。觀龍上之星辰。便知穴之形象。
歷觀龍穴。莫不皆然。貪必結乳。巨必作窩。武必作鉗。
並無兩樣者。此是流星定穴之法也。流星者。從九星
流來成穴也。九星爲龍穴之主。故穴形必從乎龍。而
二十八宿。各有形象。其精亦下照於地。故地形垣局。
有象二十八宿者。須得其宿之性情而扦之。方爲詳
細也。山法書中。無二十八宿之象。平洋有三十六水
鉗。係郭公所著。可于彼中悟之。

大凡識星方識龍。龍神落穴有真踪。真踪入穴有形勢。
形勢真時尋穴易。若不識形穴難尋。左右高低如何針。

且如龍形有幾樣。近水近山隨物象。如蛇如虎各有穴。
形若真時穴可想。龍有耳角與腹腸。鼻顙如何却福昌。
虎有鼻唇并眼耳。肩背如何却由貴。看他形象宛在中。
最是朝山識正龍。高低只取朝山定。莫言三穴有仙踪。
千里來龍只一穴。正者爲優傍者劣。枝上有穴雖有形。
不若幹龍爲至精。龍從左來穴居右。只爲同來方入首。
龍從右來穴居左。只爲藏形如轉磨。高山萬仞或低藏。
看他左右及外陽。左右低時在低處。左右高時在高岡。
朝山最是龍正穴。不必求他金尺量。正穴當朝必有將。
有將偏宜爲對向。穴在南時北上尋。穴在北時南上望。
朝迎齊齊兩邊遮。向內有如鷄見蛇。對面正來不傾仄。
纔方移步便欹斜。只將對將尋真穴。將若真時穴最佳。
乳頭之穴怕風缺。風若入來人絕滅。必須低下避風吹。
莫道低時髗裙絕。鉗穴如釵掛壁隈。惟嫌頂上有水來。
釵頭不圓多破碎。水傾穴內必生災。仰掌要在掌心裏。
左右挨排恐非是。窩形須要曲如窠。左右不容少偏陂。
偏陂不可名窠穴。倒仄傾攲禍奈何。尖槍之穴要外裹。
外裹不牢反生禍。外山抱裹穴如鉗。左右抱來尖不妨。

山來雄勇勢難竭，便是尖形也作穴。只要前山曲抱轉，針着正形官不絕。

此言大龍結穴必成形象，而從形可以點穴也。龍蛇虎形各有其穴，而以幹結者爲精，枝結雖成形而終劣也。凡一形不止一穴，而欲得真穴，當先看左右之山以定其高低，次觀朝山對將以別其偏正。若得直朝，必是真穴也。穴結乳頭須要藏風，穴結鉗中須宜避水，而窩形須拘抱有情，不宜偏側，尖餘長乳最要外山抱裹。如此等穴，并得其宜，而不犯其所忌，無不發福矣。

穴法至多難具陳，識得龍真穴始真。真形定是有真案，三百餘形穴穴新。大凡葬穴非一樣，降勢隨形合星象。譬如銅人針灸穴，穴的宛然方始當。忽然針灸失真機，一指偏差違命喪。大凡立穴在人心，心眼分明巧處尋。重重包裹蓮花瓣，正穴却在蓮花心。真形定是有真穴，只爲形多難具說。朝迎護從亦有穴，形穴雖成有優劣。朝迎若是有真情，此是真龍斷不疑。朝迎逆轉官星上，小作星形分別枝。雖然有穴非大器，隨形斟酌事隨宜。

大凡有形必有案，大形大穴如何斷。譬如至尊坐明堂，列班排牙不撩亂。出入短小與氣寬，皆是明堂與案山。明堂寬濶氣寬大，案山逼迫人窄頑。案來降我人慈善，我去伏案貴入賤。龍形若有實當案，人善享年亦長遠。龍虎若遇蛤與狸，雖出武權勢易衰。略舉此言以爲例，請君由此細尋推。

此言定穴以案爲最緊也。真龍必有真穴，真穴必有真案。若朝案無真情，雖有形穴，終是枝龍小結下劣之局。惟朝案有情，明堂寬濶，方爲大龍之結作也。雖然真形而得真案，固爲真穴矣，然形又分美惡頑秀也。龍形秀動，盡美無疵，龍虎而遇蛤狸，固爲合局，但此二形必竟兇惡，故出武而易敗，形又不得概視者也。其可粗率以從事乎。

周家農務起后稷，享國享年延八百。秦人關內恃威權，蠶滅諸侯二世絕。此言雖大可喻小，嵩嶽降神甫申伯。大抵人是山川英，天降聖賢爲時生。祖宗必定有山宅，占得山川萬古靈。

此承上文言享年之長遠與短促而易敗者皆由其

祖宗所葬之地而然也。

訣言裁穴出機巧。穴法分毫爭微妙。假穴斬關莫道眞
正穴正形都差了。京國丹徒之後山。常有雲氣在其間
曲阿之中有正穴。却被劉侯斬一關。斬關之穴始于此
只得一代生龍顏。後來子孫卽雕喪。蓋爲正穴尋龍難
孔恭以爲不鑿壞。可以數世王無難。我今覆此舊墳壟
乃知垣局多回環。

此言眞龍正穴。則發福悠久也。斬關之穴。非不發福
終是易敗。丹徒之山。非不悠久之龍也。但不得正穴。

故一代而卽雕喪。今我覆觀其地。果係美龍美穴。但
彼不得其穴故如此耳。

今人裁穴多論向。更不觀星後龍上。觀星裁穴始爲眞
不論星辰是虛誑。

此言定穴須以龍星爲主也。穴與龍不合。雖有向局
終是虛花。惟觀星裁穴。則可以得穴之眞矣。

君知天地人三刼。刼去不回無美利。天刼便是龍身去
地刼乃是穴前背。人刼却是向中求。向上飛來必回視
有人識得三般刼。子子孫孫皆富貴。天刼雖去却回來
回朝面前攔穴也。地刼雖長有水橫。初下有災後又利。
人刼遠朝雖空濶。却要有情無別意。三刼如能辨得時。
便識漏胎並泄氣。龍有漏胎泄氣者。皆從三刼推與秘
問君天刼如何說。天刼又去作他穴。已去又復分脚轉
攔住面來看優劣。水去五六里迂回。悠悠揚揚去轉來
亦要迂回山要轉。便知天刼不爲災。地刼穴下原有嘴
玄武嘴長正謂此。退田筆動上牛走。其實玄武長而已
雖長山水若橫攔。地刼翻然增福壯。人刼當從向上求。
面前空濶要遠朝。隻隻朝來或橫抱。信知人刼不爲妖

葬龍經中究至理。漏胎泄氣從此斷。

此明穴病也。天地人三刼皆能刼穴中之生氣。故曰
三刼。天刼者。本龍又去結穴也。地刼者。穴下玄武吐
長嘴也。人刼者。穴前明堂曠蕩也。地刼曰漏胎。天刼
則泄穴之陰氣。人刼則泄穴之陽氣。皆曰泄氣。蓋龍
去結穴則本穴之氣暗泄。明堂太寬則風來蕩散穴
氣也。此三刼之所以爲病也。然三刼固凶。又不得執
以爲病。若天刼回頭顧穴。地刼前有水攔。人刼朝山
有情。則反不爲凶而爲吉矣。

疑龍十問

一問抱養及僧道嗣續疑龍如何

問君塟者乘生氣骨骸受福蔭遺體此說尚有一可疑抱養之兒非己子僧道嗣續是外來如何却也能承繼與君詳論古人言舉此太畧非徒然骨骸受氣蔭遺體此論昭然不容議却將僧道并抱養辨論如何同己子此說誠然是可疑閒宜窮理細尋推人家生出英豪子便是山川鍾秀氣山川靈氣降爲神神隨王者家生人此山此穴誰爲主即隨香火降人身古人嘗有招魂塟

招魂夫人可爲樣招魂塟了祀事嚴四百年間漢家莊何拘骸骨塟親生只要祀事香火明亦有四五百年祖棺槨骸骨化爲土子孫千百尚榮華人指此山是誰主此山此穴有主者神靈只向此家住山川秀麗來爲嗣豈慮其家無富貴山川日夜在朝迎生出爲人亦如是乃知抱養與親生同受生靈無以異古人接花接菓義與此相參非與是後母却蔭前母兒前母亦蔭後母子只緣受恩與受養不同所生并同氣以此言之在繼承只要香火無衰替乃知招魂與抱子僧道相承皆類此

二問公位疑龍如何

問公如何分公位父母生時無少異間或生時有愛憎死後何由別榮悴譬如一木同根生一枝枯悴一枝榮榮者芳穠日夜長悴者日就枯槁形此後遂有公位議分長分中分少位愛憎之說起于心榮枯之說歸于地心有愛憎死却無地有肥磽此近似東根肥即東枝榮西根磽云西枝瘁要知此說未爲當似是如非當究理左長前中右少位此說當初自誰起請君來此細推詳因別長男中少位震爲長子居左方坎爲中男坐來岡

艮爲少男坐東北乾統三男居坎傍坤爲地母西南位長女東南中午地兌爲少女在西方此是乾坤男女位若以此法論陰陽男居左傍女西廂中子後龍中女向自有次第堪推詳爰自蕭梁爭公位却以玉鷄埋震地震爲長子起春宮遂起爭端謀玉器公位之說起于斯斷以長震中居離少居兌位四同長五與二位分毫釐六與少男無差別七與長男同共說八與五位共消詳九與三男排優劣此是河圖分九宮上元一四七相同中元二五八同位下元三六九連此後來執此爲定議

只就河圖分次第。
河圖二字。當是洛書之錯洛書分九宮。河圖不分九
宮也。

三問公位盛衰疑龍如何

問君公位雖能別或盛或衰是何說。也有先盛後來衰
也有衰盡復萌蘖此理如何合辨明。時師謬以水宮拆
不知年久世成深。豈有長盛無休歇。山川之秀雖盤固
氣盛氣衰有時節。代代長盛者無他後來接續得吉多。
衰老後來無救助。年深氣歇漸消磨。凡言公位勿固執

先看其人數代祖。新墳舊墳皆是真。新者必爲舊者助。
如是之家世世昌。福祿未艾不可量。是真不必問大小。
積小成大最爲妙。是者一墳非者多。縱有大地力分了。
譬如杯水救薪火。水少火多難救禍。是多非少反成吉。
譬如衆水成江河。豈無一穴分公位。不取衆墳參合議
大地難得小易求。積累不已成山址。衆墳合力却成大
人說小地生公侯。那堪大地有數穴。世世公侯不休歇
凡覩巨室著姓家。必有大地福無涯。子孫百世雖分散
內有救地多榮華。一穴大地蔭十世。小地千墳亦如是

騏驥千里但一日。駑馬十駕亦追至。圖大不得且思次
此事當爲智者議。

四問陽宅陰宅疑龍如何

問君陽宅要安居。此與安墳事一如。人家無墳有善宅
宅與陰地力無殊。大凡陽宅怕穴小。穴小只宜安墳妙
小穴若爲輪奐居。氣脉傷殘俱鑿了。況是子孫必衆多
漸次分別少比和。一穴裂而爲四五。正偏前後豈無訛
大凡陽宅要穴大。寬闊連綿又平伏。前頭橫玉面前寬
可爲市井于內外。如是方爲陽宅居。窄小難容君莫愛

五問陽宅陰地大小如何

問君陰陽有兩宅。古人此事要分別。呂才詳論有成書。
論已分明無別說。要知居止只要勢。水抱山朝必有氣。
忽然雖爲朝對傾。破碎斜傾非吉地。下手回環朝揖正。
坐主端嚴無返柄。縱饒小大也安和。任得百年家業盛
葬穴宜小居穴大。葬穴側立居穴寬。

六問主客山疑龍如何

問君主客皆端正。兩亦尖圓兩相映。主是三山品字安
客亦三山形一般。客山上見主山好。主山上見客山端

此處如何辨賓主。只將水抱便爲眞。水城反背處爲客。
多少時師悞殺人。凡觀疑穴看堂局。堂局眞處抱身曲。
忽然平過却如何。卽以從纏分部屬。纏送護托辨假眞。
朝山無從托龍身。朝山直來身少曲。眞龍屈曲不斷分。

七問形眞假疑龍如何

問君龍固有枝幹。識得枝中幹分亂。胡爲幹上忽生枝。
枝上連生數穴隨。此是枝龍閒旺氣。譬如瓜蔓始生枝。
分枝枝上連生子。生子之形必相似。或如人形必數穴。
禽獸之形必同列。凡爲形穴必兩三。蓋緣氣類總如一。
是故流形去結實。連生種類配偶匹。蛇行必定有雌雄。
虎形相配無卵隻。大山峽裏莫尋蛇。恐是高山脚溜斜。
若是眞蛇有鼠蛤。如無鼠蛤是虛花。或是蜈蚣出面來。
亦有蚰蜒爲案砂。大小猛勇莫言虎。恐是朝迎爲主任。
重峰拜舞似虎行。若是眞虎羅網屏。更有肉堆獅子案。
如無此案是朝迎。凡辨眞假易分判。若是假穴無眞案。
若是眞形案必眞。人形人物兩相親。獸形降伏如貪噬。
禽形必有條爲盤。龍形雲雷象。近水。月形星案前陳起。
凡是眞形有眞案。試以類求當識篺。

八問幹作枝裏疑龍如何

問君前經論貴賤。上是侯藩次州縣。幹龍多是生王侯。
枝作幹龍亦藩衍。此說分明尚有疑。試舉一說爲君辨。
前言盛衰固有爲。枝上又生數條枝。節節爲龍自有穴。
已作未作氣自隨。胡爲上作下必歇。亦有下作上必衰。
旣饒氣脈相連接。自有氣脈非相依。如何盛衰尚關屬。
爲君決此一狐疑。蓋小枝龍氣脈短。又出小枝無轉換。
隨龍附氣氣不長。大勢上連枝上幹。幹頭未作枝先興。
枝上未作幹先榮。枝上先作幹後作。幹長枝短力難爭。
恰如一瓶生數嘴。嘴小口大爭水利。不從口出嘴長流。
口若盡傾嘴無水。又如大樹生小枝。小枝易瘦大枝肥。
大枝分奪全氣去。小枝不伐自衰羸。更看新作與舊作。
年深年淺自可知。

九問穴有花假疑龍如何

問君前論穴難尋。惱有朝山識倖心。高低旣以朝爲定。
眞穴自可高低斟。只緣前後有花假。假穴在後亦堪下。
花穴多生連案前。朝山對峙亦如然。若將前相爲證驗。
前後花假便不偏。到此令人心目亂。更有一說與人宗假穴斷然生在後。龍虎雖端涯必溜。穴中看見龍虎回。
外面點檢山醜走。花穴如何生在前。蓋緣連臂使其然。
連臂爲案橫生穴。案外有脚鋪茵氊。其間豈無似穴者。
但見外朝尖與圓。癡師誤認此花穴。不知真穴秘中垣。
前花後假人少識。此法元來秘仙籍。景純雖然不著書。
今日明言不容惜。花穴鈍是使人迷。後龍端妙朝又奇。
如何使人不牢愛。只有一破餘皆非。案山必然向裏是。
花穴無容有回勢。朝山只有頂尖圓。定有手脚醜形隨。
若登正穴試一看。呼吸四圍無不至。又有花穴無人知。
龍虎外抱左右飛。蓋緣正穴多隱秘。或作釵鉗或乳垂。
龍虎數重多外抱。龍上看虎左右歸。虎上見龍左右抱。
或從龍虎上針之。不知正穴何在內。凡是穴邪曲即非。
曲是抱裏非正穴。請君以此決狐疑。

十問博換疑龍如何

問君尋龍莫失蹤。三吉自有三吉峰。前去定作貪狼體。
時時回顧火星宗。及至剝入輔弼去。猶作小峰顧祖宗。
如何變星剝換了。却與前說事不同。蓋緣幹龍行千里。
一剝一換一峰起。由貪入巨入祿文。次第變入廉武裏。

破軍盡變入輔弼。每星十二大盤佃。蛇行飛頂鶴爪分。
失落低平驟馬奔。如此行來又數程。博換變易又前行。
前行直到藩垣裏。四外有山闌水至。低平尚有輔弼形。
此是入垣尋至此。幹龍行不問祖宗。枝上顧祖却不同。
幹上剝換節節去。枝上落穴必顧宗。幹龍一變少亦九。
多者或至十二重。星十二節始變。周而復始換頭面。
貪尖巨方小臥蠶。如此周圍換盡貪。換貪若盡即入巨。
亦如貪狼數節去。多至十二少九變。却變祿星分墓去。
祿存節數如貪巨。換了文廉又至武。博換若周即輔星。
輔星二四崇起程。弼星入手必平漫。輔星入首多曲形。
此是變星變盡處。變盡垣城四外迎。凡觀一變便觀變。
識得變星知遠近。遠從貪起至破軍。換盡龍樓生寶殿。
雖然高聳却不同。還是尖峰高出面。一博一換形不同。
豈可盡言顧祖宗。君如識得變星法。千里百里尋來龍。
誰人識得大龍脊。山正好時無脚力。裹費不惜力不窮。
其家世代腰金紫。凡看變星先看斷。斷處多時星必變。
如此斷絕曲屈行。高入青冥變鶴形。鶴形漸低必斷絕。
斷絕復起是變星。却從變星辨貪巨。或是廉文武祿存。

只以變星逆求程，識得變星節數法，不必論程窮脚力。只從變盡至弼星，豈愁不識得垣城。

撼龍經言貪狼行龍，至百里外，必再起貪狼回頭顧祖，節剝入輔弼低山，亦作小峰回顧。然行龍却有不回顧者，則千里幹龍之行法也。帝垣幹龍之行度，每一變則十二盤屈，少則九盤屈。其剝換之法，如一變起貪，貪剝巨，巨剝祿，祿直剝至弼；二變則起巨，巨剝祿，祿剝文，文直剝至貪；三變則起祿至巨；四變則又起文至祿也。九星變盡，長者十二盤屈，共有一百八變；少者九盤屈，共成八十一變。凡至成垣結局之處，必變成輔弼，布出太平四砂，回遶而成京都也。若小幹龍得九星變盡，或九盤屈，或十二盤屈，或十八盤屈，或廿四盤屈，到頭剝出輔弼結局，便是上上莫大之地矣。

衛龍篇

輔弼入垣星既曉，纏送護托皆明了。如何尚有侍衛星，此星能明最精妙。左侍右衛形如何，此龍生處苦無多。除却天池並夾輔，高山頂生有平波。天池之水滿則溢，侍衛之水隨龍入。深入坎井不聞聲，恰似尾閭沒無跡。道是天池又却非，二山環合使人疑。不知龍自中央過，兩邊侍衛貼身隨。要在前侍並後衛，只有一泉貼身體。正龍高枝侍衛低，前池未滿後池繼。看來彷彿似天池，只有流泉活處低。或由田源水入坎，或有乾窠如環隨。兩池相逐前後衛，兩池相夾左右同。此是貴龍親侍衛，高處是首低是尾。只觀水流與不流，水若深潛是衛氣。龍身若有此真形，一百里外垣城生。分垣遠去似不顧，垣窮盡處面前橫。垣中橫水從中過，遠纏如帶五里生。

垣前外列如打圍，垣氣足時無缺破。垣前水直入垣來，曲轉東西垣亦開。却有隨龍小溪澗，彎環抱體常低佪。

衛龍者，似天池而實非天池。天池在大山頂上，其水不流，若遇雨後水溢，偶亦流出。衛龍亦在大山頂上，其水常流，却不流出溪澗，仍流入山腹中去，故曰深入坎井不聞聲，恰似尾閭後無跡也。此乃貴龍親侍衛。龍若有此，百里外必結帝垣也。此水與龍似不相顧，抑知到結局之所，此水必從泉出，流成小澗小溪，彎環抱體，仍與龍交會，為本龍之第一入口水也。減

龍廉貞篇內論天池之後又論衛龍此篇恐人不識
衛龍將衛龍與天池混作一種看故特著此以明衛
龍也而大全註曰龍身頂上有一池曰天池有兩池
曰侍衛反將二種混雜起來不知天池之水不流若
雨後溢流其水流落明白下入溪澗衛龍之水常流
其流入山腹不知何往至遠處為泉流出天池有一
個者有兩邊俱有夾龍者衛龍有止一邊者有兩邊
俱有者天池衛龍雖俱是水而判然不同者也焉得
以一個兩個別哉此等註文害經害世不淺

橫城水遶太微勢直朝射入紫垣氣自源來聚天市垣
一水抱曲是天園更有天苑內無澗却有大水環三邊
洛陽宛然是紫微河中河曲是天市關中只是天苑垣
伊洛亦合是天市京師華蓋是前星東京三水入中庭
燕山冣高象天市天市碣石轉抱縈太行之東有天市
馬耳峰上有侍衛長江環外有三結三結垣前水中列
中垣已是帝王州只是垣城氣多洩海門環合似天市
天目天池生侍衛萬里飛騰垣外色海外諸峰補垣氣
盛衰長短固有時亦是山川積氣團畧舉諸垣與君說

更有難言誰得知
此因衛龍必有垣局而隨論三垣之象也凡龍結帝
垣而橫水過堂者應太微垣也有直朝水者應紫微
垣也衆水歸聚者應天市垣也一水曲抱合天園星
後與左右三面有水合天苑星也地形上合星象如
此
上相次相既列上上將次將必也兩上衛次衛必居中
所論衛龍合天象山川之氣上為星星辰列次應山形
仰觀星象俯察理衛龍內堅隨龍行只是貼身不關峽

以此可見天地情畧言侍衛貼龍體詳別流星入無底
衛山環合夾龍身此是垣關常緊閉屠龍不如且抵豨
豨多龍少却成癡大言無當下上笑或笑或取吾何辭
此論衛龍之理也衛龍有止一邊者有兩邊俱有者
紫微將相等星所以衛垣星必有兩故一不如兩也
衛龍之水不流出關峽而貼身潛行旣侍衛乃貼身
近臣非外臣也故水不流出也近臣貼身而行外臣
出而閂峽疏近之分判然了此可以悟天地之情矣
屠龍抵豨譬幹龍枝龍幹龍難得而難言如屠龍之

技無所施也雖然不知大幹之用儻一日膺國家之任焉能建都立國哉

變星篇

此篇專爲明結作而説凡九星結穴有變與不變之分不變者如貪作乳巨作窩是也若變者如貪變巨祿而從祿結穴爲鶴爪形貪變文曲而從文曲結穴爲撒網形是也不變者其結穴爲正形正象變者多爲奇形怪穴而九星之中從變結穴者多故奇形怪穴多也而世之論穴者止言窩鉗乳突知正而不知

變故穴法不明于天下而多陷入于花形假穴公于疑龍諸篇諄諄苦告究不能覺醒昏愚至今幾千百年迷執如故噫可慨也

疑龍盡説總無疑真龍藏倖便宜知識得真龍結作處
莫迷真假幹兼枝

疑龍者見龍而疑不能真知其爲龍爲砂也疑龍諸疑已説盡而無可疑矣則真龍藏倖之結作便宜知矣顧于龍無疑却不能于穴無疑也然欲識真龍之結作豈外本經别幹枝辨真假之法哉

貪狼一變巨門星星方磊落如屏形頓笏頓鍾如頓鼓
輔弼隨行變祿存祿存帶祿爲異穴異穴生成鶴爪形
鶴爪之形兩邊短一距天然撑正身此是祿存帶祿處
長股之穴爲正形起頂或成衣冠吏短短低生左右臂
左臂短如插笏形右臂短如佩魚勢時師到此多狐疑
却嫌龍虎不纏衛

穴之有疑者以穴少正形正象而多奇形怪穴也何以有奇形怪穴也以變不從正也從正者如貪作乳巨作窩從變者如貪狼行龍不作乳穴如貪狼變巨

巨又變祿却從祿結穴作鶴爪形中乳直長左右龍虎短縮而庸師疑其龍虎不護衛也

也有龍虎兩頭尖左紐右紐休要嫌也有龍虎生石嶜
時師到此何曾喜也有穴在大石間也有穴在深潭裏
也有左長右枝短也有左短右枝長也有主山似牛軛
也有前案如拖槍世俗庸師多不取那知異穴生賢良

大抵正龍多怪穴故穴之可疑者豈僅鶴爪一形哉有龍虎兩頭尖者有龍虎生石嶜者有穴結大石深潭者有左右龍虎長短不齊者有主山似牛軛而兩

手分飛不抱者有前案似拖槍而尖利如煞者此皆俗夫庸師之所不取。那知此等爲生賢良之真穴也。惟庸俗不識真穴故邪道以媚合主人而易行。正道以真穴駭俗而難合也。

有如貪狼變文曲撒網之形非碌碌撒網之形似牛皮。不着緋衣多食祿有如貪變破軍相。天梯隱隱如旗樣旗山若作蓋天旗旗下能生君與相有如破軍變貪狼貪狼入穴如拖鎗拖鎗之穴人嫌醜只緣纏護兩山長貪變廉貞梳齒樣長枝有穴無人埜人言龍虎不歸隨

形如華蓋生公相變作輔星燕窠仰。落在高山挂燈樣變作破軍如戈矛。兩傍左右手皆收。定有諸山作纏護不然秀水之玄流。

夫從變不從正之結作非止貪變祿也貪變文而爲撒網貪變破而爲旗形破變貪而爲倒地長木直如拖鎗貪變廉而爲梳齒垂條長枝有穴凡變輔者結梁上燕窠變破者作戈矛結穴。種種不同寧得執着正形不知怪狀哉然怪穴亦不難識也有奇穴無奇龍有怪穴無怪砂水上諸怪穴穴形雖怪然定有諸山作纏護定有秀水之玄流可察而識者也

貪狼不變生乳頭巨門不變窩中求武曲不變釵頭覓。祿存不變犂鏵頭文曲不變掌心作破軍不變戈與矛輔弼不變燕窩仰變與不變宜精求。

穴從正龍不從變星結者則貪必乳巨必窩者也。從變者當從變取從正者宜以正求則無不得之穴矣故辨變與不變乃覓穴第一關所宜精求者也。

亦有異穴如劚斧不拘左右生龍虎橫龍却向直中抔。直山却向橫中取。

劚斧穴者橫龍直結直龍橫結龍如斧柄穴如斧頭以腰受氣如以斧頭受斧柄之貫入也。

大抵怪形並異穴諸星退卸無他說主客只求三吉山三吉生枝轉羅列。

怪穴異穴乃諸星退卸剝換而成。固係真龍之氣然奇怪之穴亦有凶吉之分。三吉秀龍而結怪穴則爲盡美若四凶之龍而結怪穴則亦不能爲福也。不得執怪穴之說而槩視之也奇怪之穴要得吉龍吉案方爲美局故要主客三吉。三吉生枝羅列云。

或是真龍生間氣。重岡復嶺驅羊勢。一斷二斷斷了斷。
鶴膝蜂腰真吉地。吉地當有逆流案。有案直須生本幹。
幹上生過我前來。諸山藉此為護捍。捍門之外有羅星。
便作公侯山水斷。案外覆釜更如杯。兩兩三三對面來。
似鼓似鐘兼似笏。當知台輔俺賢才。亦有行立踏節山。
隻隻回頭顧此間。横過面前為水口。不許諸山更出關。
關外若有羅星現。定出安邦事不難。

此言好穴要有好龍好砂也。有好龍行度重岡復嶺。如驅羣羊。一斷一續。蜂腰鶴膝。此為吉穴之好龍也。其案要有逆流之案。及捍門羅星。俱從本幹龍身生來。不藉客山之力。此為吉穴之好砂也。至于案外客山之砂。似鐘鼓牙笏。秀美異常。又踏節山隻隻回頭。以作水口。自然為産英雄豪傑之大地也。踏節山乃聚氣木星。數木相連是也。

案山如笋插天青。對面推來始是真。仄面成峰身直去。
與我無情倡有情。時師見此多求穴。下了乃知悞殺人。

案山為砂中之至緊。最要其真為美。若仄面倡峰。而正面自去。乃無情之峰。非吉砂也。庸俗最喜向峰。故

多蹈此。

大抵諸山來此聚。諸水流來住此處。定有真龍此間作。
只恐不知龍住處。住處多為醜惡形。世俗庸師心裏懼。
君能熟此變星篇。便是陰陽地理仙。凡遇龍神都照破。
只緣心鏡已昭圓。

山水團聚之處。乃龍住結作之處也。此法庸俗亦知。但結作之穴。多為醜惡之形。又庸俗之所駭。此穴法所以難明于天下也。

斷制粹言

凡欲尋地何處先。龍為第一非虛傳。第二更要看水口。
水口關闌氣脉全。大山峽裏關最緊。須是兩邊脚相連。
關闌有情方是好。若是虛反亦徒然。凡入鄉村尋水口。
兩岸有山皆內向。隻隻山如上水魚。或塞江流如巨障。
更有羅星在水涯。巨石覆鐘屏障樣。山形出富是富人。
山形出貴是貴相。武勇之形出將軍。平小之形一代旺。
請君如此晰源流。定有朝揖龍頭上。認取真龍便好求。
與君詳說非虛謊。

覓地之法。一觀龍。二看水口。龍法前已詳言。此言水

口法也。水口之山。宜向內關鎖。不宜反出無情。又觀其水口之山形。可以定其結穴之文武富貴也。水口固好。又須察龍。若得真龍在內。必結美穴。若無真龍水口雖好無益也。

凡入鄉村看山。任龍勢回環非虛做。中有林木是人墳。莫要休心懶回顧。徃徃正穴常在中。前人心眼未曾見。不是在傍即高下。不是低了便傷穴。多年下了不曾發。只緣下處非正穴。此或留與後人傳。緣分未周猶隔絕。此勢名爲活地。神鼠抱金錢不能嚙。他年天緣有分時。

下着穴心又大發。

此言遺穴也。尋龍非易。點穴尤難。故古墳之傍。遺穴甚多。所當細察。

凡欲求地觀大勢。百里周圍作一穴。其次二三十里間。十里五里又其次。大勢落地作一穴。其外有情無空缺。看他外山抱數重。重數多時最妙絕。此說在人心眼明。心目不明皆誑說。

此言羅城包裹大勢也。地之大小。以包裹多小而分。重數多者。必是大龍大地。

源源水朝有情來。朝到面前不散開。只此名爲真朝水。朝水要從生旺來。流于四謝界純決。流破生旺皆絕滅。若是真龍正穴時。朝入自然皆爲吉。惟恐龍虛穴假時。雖合天星也無力。

此言水法也。既有真穴。必有真水。真水者。團聚向穴者是也。然水固宜澄聚。又須合得生旺方吉。若不知消納而流破生旺。仍凶。又水法生旺合宜。而非真穴。終無益也。

問君如何識大勢。左右前後當熟視。若是橫朝非直朝。

橫如盤帶隨身衛。橫朝直朝皆是垣。不識大勢休夢說。前說大勢如屏龍。不如抵貉易爲工。此是抵貉來狗偺。庶免人譏來捕風。凡言大地只一話。下士聞之心已怕。中士聞之心信疑。上士聞之心欲爲。何不觀之富貴家。子孫累世享榮華。蓋緣祖龍勢力遠。子孫食祿名世家。小地雖然亦小發。未及二世亦歇滅。到此方知小易衰。大地富貴世不絕。

求地須觀大勢。而大地要識得真。左右前後要認得確。方不誤認大勢也。識得大勢。方能認得大地。惟大

地則福力厚大富貴不絕也

若觀富貴家祖墳。格上格下在君心。看格多時心易曉。
見多勝耳千回聞。若不看格信人說。俗師不曉能惑人。
求之久而不可得。以此心亂作墳。勸君且去看舊跡。
勝讀千卷撼龍文。最細數人看舊墳。此說始能破疑。
此言欲明地理。當看舊格。不看舊墳。則不得真見。終
爲時師所惑也。

凡人鄉村先問水。四水發源在何始。發源深處有高山
其山隨水出何處。背面兩水去何交。交處斷然龍在彼
却于背面兩水交流去。回觀回觀來龍聳起。環
山隨水曲抱弓灣。明堂平潤四獸護。有穴分明在此間。
回觀來龍却回轉。却有他山來作護。便是纏護看他情
回轉抱來龍。必住住處之所有朝迎。朝迎就藏穴中情。
凡欲知龍。當先問水。水之來處。即龍之起處也。水之
交處。乃龍之住處也。于是于水交之內。尋其山環水
抱明堂寬平之所。則爲結穴之所矣。而水外之山來
作外護。外護環集。則龍之住此無疑也。龍既真住。面
前必有真朝真對。對處。即真穴之所在也。

衆山抱處是真穴。穴真高低未易明。穴若在低高下了。
穴在承漿却下腦。穴若高來裁處低。當針百會却針臍
高低若是差裁了。恰似有髮針下脚。穴隔分寸尚無功。
況是高低針不着。不特針穴醫無功。人命須臾更喪却
此言既得穴場所在。又須點得真確。無失高失低之
病方可也。

余嘗論穴在前篇說。處針裁無不全。今因論穴又有說
要知裁穴無苟然。裁穴要如聚水火。遠近高低皆不可。
聚火若要得正中。火却炎炎木傾墜。鑑取于木月中精。
鑑必門深取月明。其光圓聚方諸上。一點精光似木晶。
火近光時水不滴。火遠光時亦不濕。只要當中取正元。
頃刻之間水盈溢。陽燧取火亦復然。日光聚近即生烟。
莫令太近與大遠。只要當中火即然。爾曾親自取木火。
便識高低皆不可。日月在天幾萬里。陽燧方諸毫髮細。
聚光回射在凹中。水火即復生聚起。要識裁穴亦如斯。
穴聚前朝山水氣。來山既聚衆氣來。下了須臾百祥至。
取水取火須自爲。方識陰陽論氣聚。
此言穴中乘氣。如方諸陽燧之取水火。不容差却分

毫。若分毫有差則不能乘得真氣。如水火之不可取也。

形穴屬星象

問君爲地必有形。不知形自何由生。前篇言形必有種。是此種類必同行。飛禽走獸各有氣。魚蝨水族均情性。車舟器服乃人造。日月雲雷是天精。不知山石無心物。如何降穴却成形。與君訣破此疑綱。天地絪緼萬物生。方其混沌雖未判。萬象渾然已真成。譬如胎卵與濕化。已有飛動走植形。陰陽融結爲山水。品物流形隨寓生。竪形也有隱在石。歇形時復寓于水。山川在下星在上。同此一氣無兩樣。自然形氣融結成。在地有形天有象。凡有形者因氣凝。氣結成形巧于匠。此是形氣自然生。俯當察形仰觀象。形象相感一理通。請以穴法觀星宮。三垣當法衆星拱。四獸分垣到處同。雖然闊狹大小異。還是四圍無賊風。奎星至參元是虎。角宿至箕本是龍。斗星至壁玄武象。井星至軫朱雀宮。凡是龍類龍星結。凡是虎類虎星融。凡是水族玄武內。凡是禽形朱雀宮。今具星形先列右。却以形穴此類從。雖然亦是舉大畧。

妙處在人心眼工。勿以此法爲拘贅。但觀星象無不同。世間有物便有象。君如不曉是凡庸。

此明形穴之理也。混沌之初。天地一氣。其中毫無一物。不知萬物俱備其中。混沌既判。其大者上爲天文。下爲地形。天文諸形畢具。地形亦諸形畢具。三垣諸星環抱。真穴亦諸山環抱。二十八宿。每七星爲一獸。成形于天。故山川亦成諸形于地也。在天成象。在地成形。自然之理也。地理形象之說。其詳備玉髓真經。學者當自求之。

疑龍一經。爲大地說法。故說大幹邊多。若爲下墓之用。得數十里真龍。便爲一方之幹。其富貴已難量矣。幹龍不一。有天下之幹。有一省之幹。有一府一縣之幹。一鄉一方之幹。學者須變通觀之。余有辨幹枝歌訣附後。

本經第十問詳大幹剝換之法。乃建都立國之用。苟不知此。焉能辨大龍覓垣局哉。地理以建都立國爲大務。學道者不可忽過。變星篇說穴法甚精。凡其星行龍至龍住入局處。先以本龍求其本宮。若不見本

穴則從變星爲怪穴也此乃穴法根源宜細玩

龍法枝幹部辨龍歌　葉九升著

龍法以分別枝幹爲最要疑龍分別之法最爲詳細依經辨別自無錯誤但不能入目洞心須多費足力耳然枝幹龍砂熟山法者一見可訣其別認另有捷訣余故于疑龍之後將捷訣韻而爲歌以爲疑龍經翼久行山中自見其妙也其中論假穴花形與疑龍經異經以在穴前者爲花形在穴後者爲假穴此訣以具有穴情而無眞聚形局者爲假穴具有形局而

無眞氣穴情者爲花形經法必如穴而後定花假此則入門便知花假也此訣總以簡捷爲主故有與經微異處至其大意所在總以辨別枝幹則全用疑龍之旨矣

凡觀地理先辨龍大小不同龍不同凡辨龍法先枝幹
枝幹一分龍自辨大幹中龍南北分其詳巳在撼龍經
大作京都小作省或爲禁地莫求尋其餘小幹亦大貴
爲王爲相爲公卿分出大枝亦大結多有王侯此內存
小枝亦自登科甲品職高卑格上分富貴貧賤在龍神
請君龍上覔緣因我今詳言枝幹體令人入眼自分明
大幹迢迢千百里龍樓寶殿侵入雲脊上常有雲氣現
田夫野父占陰晴大幹行度最奇怪下殿辭樓入帳蓋
左右重重砂擁隨好似明堂臨百揆忽然脫却護從走
毫無片砂相衛守或臨大澤或臨江水刼風吹受重傷
此是幹龍何以故譬如大將在疆場斬將搴旗惟疋馬
冲堅挫銳用单鎗此是幹龍强勇處風吹水刼有何妨
有時現出尊貴體帳幕重重中坐是有時現出强勇風
孤行獨自走西東忽起高峰忽平軟爲胎爲伏配雌雄

到頭多作大順局羣砂畢集顯尊崇大幹初分爲大枝
多顯雄强勢若飛行度放砂邊多少必然疎密不整齊
旋掉枝枝在外面靠幹那邊枝不見一者靠幹不必護
二不放砂去犯幹直到龍行將到頭左右兩砂叉密周
龍虎齊來衛區穴格高局貴生公侯此龍多作大逆勢
與幹大順相背求其祖其宗辨枝幹爲幹爲枝也難辨
若是枝龍直串去幹若去時多一閃大枝大幹大地逢
也要脫卸方興隆若然卸氣脫不淨草寇權奸斬祀宗
大枝各出又各分一枝兩枝分叉亂爲正爲從聽人瞞

到此貴賤如何辨。一枝有格去旺強。此則名爲枝中幹。
此龍行度必整齊。左右分砂齊護隨。或頓或夷帳中走。
必無水劫與風吹。看來只有尊貴體。大少大幹維強氣
蓋其行度不遠長行度不遠砂力強。力足自衛故周密。
不近大幹勢可張。譬如府尹州縣宰一方自主勢堂堂。
不能大順與大逆。只有横水過明堂。次此名曰枝中枝。
行度結局雖多岐。或整或偏難一定或逆或順逐勢移。
分得薄弱則疎缺。分得強旺則整齊。局若偏枯因近幹。
局正因與大龍違。收水有順也有逆。或横或斜難測推。

砂水收多力便大。水短砂少力自微。貴秀官可五七品。
必無臺閣之崇巍。有等大枝作回龍。初行正出護重重。
行行將到翻身處。獨行脫盡諸護從。脫盡護從乃逆轉。
羣砂俱伏在前面。時人多訝龍受風。不知正是大回龍。
龍不受風回不轉。大回大逆顯威風。有等大龍分兩枝。
不分主從力均齊。一東一西各自走。此龍結作雖爲奇。
若是一文必一武。忠邪富貴各分馳。大凡大幹分大枝。
大枝名爲兄弟枝。次則子孫枝又出。再小名爲奴僕枝。
奴僕之外爲羣砂。大砂行度可驚訝。恍若分出一枝去。

認作枝龍便假花。砂與枝龍如何辨。龍砂之情枝上現。
大砂生枝向幹龍。獨露一背去當風。若是枝龍枝在外。
背上無枝靠幹龍。枝龍昂昂能背幹。砂只向龍所以賤。
欲辨枝龍與大砂。勸汝目睛須百鍊。枝結砂結終異蹤。
局中收水自不同。枝龍自收隨龍水。不與他人夾水逢。
若是砂時收峽水。只因自已少隨龍。大砂有結爲砂結。
雖有好局力終劣。局好亦只富豪翁。納粟徼名無科甲。
大凡龍行有四格。走閃串田并渡峽。走是堂堂正正行。
閃從偏落討真情。串向平田串過去。渡峽山中跌斷真。

渡峽陰短風怕入。串田陽濶任風行。未見到頭穴局形。
先從峽裏露真情。正出前邊穴亦正。偏出須從側處針。
若向一邊回抱出。必作回龍翻逆身。峽大斷時低處點。
峽如高過上頭尋。龍有走閃少串渡。此是小龍行度處。
長砂反有串渡時。切莫被他串渡誤。大砂能博變成龍。
若變成格亦尊崇。結作亦可出小貴。此砂不與死砂同。
要知砂行雖喜閃。有閃之時穴不遠。若只直行不閃時。
毫無結作終頑賤。凡龍必有砂作護。誰知幹行枝亦助。
枝之護幹人共知。那識枝行幹亦輔。枝龍頓住作穴時。

湊缺補空皆幹助。枝之助幹因幹尊。幹之助枝母子情。幹龍爲母枝爲子。母之愛子同人情。以此大幹最奇特。必盡羣枝俱收拾。枝枝令彼結作成。好如一父分家業。枝龍結穴多偏側。莫向直頭正處覓。有等龍神行到頭。十字落脉爲中抽。左右龍虎皆擁抱。案朝堂局咸備周。誰知中抽爲罡煞。直硬不化無籌球。此是正氣閃左右。不歸左手是右手。勸君覓穴左右求。若墪中抽禍不久。辨幹辨枝辨實難。更有砂曜亂其間。龍砂相混最難辨。辨別龍砂苦萬般。枝與大砂雖難識。更有曜星難辨測。木火兩曜直如刀。庸師觀此咸識得。土金兩曜成方圓。疑是龍神到此間。更有水曜長而曲。恍似飛龍下九天。人人道此龍活動。到頭無穴空虛閒。世人但知作穴難。辨龍辨曜更多端。十年尋龍廿年穴。識曜還須四十年。若也曜龍識不清。曜中求穴枉勞心。官鬼曜星皆有假。誤扞假穴絕人丁。也有曜中結小穴。生氣中凝局可撿。此因正穴氣有餘。以此曜中穴亦結。惟有鬼星穴必虛。不得同曜一例說。鬼星不結官亦然。官前鬼後結作難。地近主星勢不敢。鬼官不結理幽玄。曜星結穴亦有故。

地居側僻情不露。情不露兮穴可成。貴奴多有私門戶。辨幹辨枝辨實難。我有妙訣與君宣。幹龍順逆多轉折。枝龍直去少之玄。大龍串田渡峽後。大開大展向前走。龍行愈長枝愈多。諸山諸水盡包羅。若是枝龍漸尖瘦。所帶諸砂僅護穴。大龍從頓落平夷。夷處復能竪起飛。若是從高漸低下。此是枝龍不必疑。大龍到頭諸用神。近爲龍虎遠羅城。俱是已身帶得者。並無寡薄借他人。若是小龍必不備。借他人勢曰傍城。大龍必與大水迎。大水趨處大龍尋。若是小龍惟小水。以水求龍龍自明。辨得幹分辨得枝。大砂長曜不昏迷。枝幹既知知結作。先知結法術玄微。更也能精倒杖法。便是曾楊復出時。

一辨龍煞行度

問昔登山看大地。砂圍水遶真奇異。乃從穴後步後龍。後龍平軟無正峯。節候多從偏閃落。寡見雄强多瘦弱。又從祖山覓正龍。數枝落下亂分踪。我從亂落得中抽。尊雄可愛追不休。行行直到山盡處。水走砂飛全不收。何以有龍却無穴。何以有穴龍反劣。我曾久蓄此大疑。今乞高明一辨別。行龍之法無異理。去煞留生而已矣

剛急頑直是出煞煞去閃來即生氣看龍行度有真訣
節節皆看出煞法煞直冲去爲護砂閃來生氣則成穴
故從穴後得閃柔不見雄强直硬頭從祖得雄真可悅
無奈到頭地不結只因不識生煞氣順求逆求都不是
覓地須將龍法精龍法之中有奧味

二辨起祖行龍

問昔曾追美地龍嘗見龍起大巒峰如何疑龍經上說
正龍身上不生峰若言有峰經不驗若言無峰峰現見
我曾久蓄此大疑今乞高明一辨之龍身忽起大峰巒

此則名爲宗祖山龍欲分枝方起祖起祖分枝劈脉前
若不分枝祖不起只是平行數十里汝見分枝是祖山
經從分後幹龍言起祖行龍是兩法辨龍莫混祖宗山
辨得行龍與起祖尋山方識真龍度起祖必定有分枝
龍行必定在平夷辨得平夷爲龍度始信經言終不誤
楊公妙悟已通神況曾踏遍九州路

三辨枝結幹結

正龍身上不生峰君言平走是龍蹤曾見幾節星峰去
前頭都有美穴遊仔細看來是龍結不與砂頭賤地同

若言非龍龍穴確若言是龍峰卓卓此龍此穴大可疑
請君爲我一裁度余言平走是正龍若是枝龍便起峰
枝龍直串星數節外見雄强中薄劣到頭局促不展舒
行度短近力易竭大開大展讓幹龍愈行愈潤內氣濃
迢迢只是平行去到頭大會顯尊崇故此論龍論枝幹
枝幹不分龍法亂汝今細將枝幹分萬水千山睛不眩

四辨龍水配合

水主財祿山主人穴前水聚主豐盈曾見穴前大水聚
其家薄弱不足論出人大多近卑賤財祿之言竟不驗

不驗之時甚可疑此個關頭不易辨一龍自有一水隨
其祖其宗緊相依大龍長遠水亦遠小龍止有小水歸
山水合來成一局山譬如人水財祿財祿自有主之者
豈容他人亂爭逐富貴原來只問龍龍長自有水相從
水遠穴高多發貴穴低堂聚富豪翁幹龍何以出富貴
水來盡是我隨龍若是下砂水口地空有洋潮全不是
譬如富貴掌錢奴主此錢者不是渠錢雖在前不得主
其家焉得有盈餘認水還當先認龍認得山真澤自通
切莫亂貪人峽水受他割刼反貧窮

五辨龍穴受風

經言氣乘風則散。詎知此言多不驗。余前步過諸大龍。
嘗見峽上多受風。更有大龍毫無蔭護。獨露一脊去當風
又曾見諸大結地。竟有空缺無障蔽。如何此龍與此穴
反無凶災多發達。此個疑關不易破。請將經旨爲我別。
能散生氣是陰風。凹射直急故爲凶。空闊無蔽是陽氣
陽風吹蕩不爲忌。江海之濱諸大空。長風蕩穴何曾避。
龍過長峽通陽風。陽風能舒鬱氣。龍不通風則太鬱。
如室盡將門窗閉。門窗一開風透來。此人豈卽受風斃
故此凡龍大過處。一邊閉一邊開。或有客山斷一凹
此凹之中風射入。陰風射入能爲害。藝砂退縮不能敵
于是龍神自去當。毫無畏避顯雄強。敵若陰風不怕射
風强何怕凹風傷。看風第一辨陰陽。陰則爲凶陽不妨。
若是陰風亦有辨。大幹受風石骨現。石骨雖現不驚碎。
砂若受風必崩陷。辨風須要辨得精。如風如水衝通神。
若執風來生氣散。空勞白首誦經文。硬腰直長不怕風 軟腰短細忌風刧

六辨花形假穴

凡物有眞必有假。假穴花形古傳也。識得眞兮假不知

假然葬在虛花裏。倘如一穴葬虛花。求吉反凶禍若麻
今日向君爲我別。後可不悞于假穴。龍虎堂案是爲形
形局如眞氣不眞。此局之中作穴處。必然剛急少和平。
側看窩如鎗直下。必無圓暈涵天心。或漏凹風冲射入。
或有一砂現惡形。此是花形現正面。偏處必有眞龍存。
窩鉗乳突是爲穴。假穴如眞中是煞。後面龍必直硬冲。
面前定有惡砂列。如鎗如刀冲入懷。前山豈飽如懷胎
更把地羅一格向。水從死絕惡方來。有局無穴謂之花
有穴無形假可嗟。形穴兩者必缺一。辨花辨假訣無他
大抵花形與假穴。總是龍神之出煞。假穴花形如陷穽
誘入其中禍必發。悞入皆因趕直頭。勸君宜早精龍法 假穴是砂包死氣。花形是砂包煞氣。

七辨土色美惡

問昔經文言土色。欲觀土色必須掘。倘如吉穴掘開時。
土色不美將若之。穴好奈何無土色。土好未必穴卽結。
土色可信不可信。今日對君須而質。土色不必掘開看。
但向扦穴穴場觀。虛浮砂礫總不吉。膩潤不澤上吉言
色忌慘黑無生氣。宜喜紅潤美鮮妍。土穴大忌是鬆散

石穴大忌脆不堅。入目便知生死氣，何用開土與鑿石。

八辨諸龍大小

各祖各宗數枝山，並行並出辨賓難。孰大孰小如何辨，請將妙理爲我宣。或是兩幹相並行，或是兩枝相與鄰。中界一條長峽水，于此界上討真情。大凡分龍如分國，大小皆從分地得。分得廣大爲秦晉，分得小弱爲滕薛。行龍佔得地方多，此爲大龍必不訛。行龍總是掠地法，我將妙理與君歌。假如三條龍並出，中者若强兩受廹，若是中弱兩邊强，中者局促易消歇。强者枝砂横濶放，

弱者廹得龍身直。若看一龍向南行，頭忽投東又西奔。投東投西爲何故，只恐彊界被人侵。我將砂曜逼他人，逼得界水盪彼城。彼龍若强不肯讓，龍自臨水禦冲侵。彼龍一出此砂縮，水亦逼轉向我側。彼龍于是再放砂，另起城垣勢可誇。彼龍若弱不敢爭，受水割脚與盪城。水割城斷不能進，地方盡讓與他人。以此弱龍誠可憐，兩岸强龍齊逼煎。砂曜横行冲我體，受人凌轢不能前。若認逼砂爲拱抱，龍法砂法都差了。若認割水爲環朝，龍法水法都顛倒。辨龍須要登高望，大龍横波與疊帳，

小龍止許直長行。兩邊枝砂不能放，大龍愈行地愈濶，小龍力弱即住結。濶長必定是大龍，小龍必定是短狹。我昔嘗從界裏行，兩强齊出見攻爭。若是一强一弱者，强者横行弱讓人。識得龍家爭地法，更能辨星知龍格。可向楊曾抵掌談，曾楊對汝嘿無說。

九辨枝龍大小

共祖共宗分枝幹，枝幹尊卑固已辨。而今單只問枝龍，枝龍大小如何辨。一幹分數枝龍行，數枝以有用爲尊。枝龍如何爲有用，分疆守土爲邊臣。不是捍風即禦水，

不令邊疆受削侵。大用即爲龍神大，小用便是小龍神。大者一方得專制，地方濶大砂多是。小者砂促地方少，亦受大枝凌侮氣。枝龍以遠幹爲奸，發號施令任我了。若是近幹爲小枝，必竟憚幹不敢施。砂水收斂形局促，焉能行得大施爲。幹必近中大枝外，枝幹中間爲小枝。有人識得枝龍法，方能獨俗來抵犄。

十辨枝龍親疎

前言枝龍宜遠幹，遠幹則尊理已辨。其曾見幹將到頭，分出枝龍更不俗，即是小小一枝落，塋之大貴發洪休。

此是枝龍何以故請將妙理爲余搜。一羣行龍貴在幹餘皆是奴所以賤。大枝遠分如藩鎮。終是幹龍之疎遠幹將到頭分小枝此枝與幹貼身隨。譬之王家之庶子。終與卿士不同揆。蓋幹愈行則愈淸愈淸愈貴氣不羣。到頭寸寸皆金玉。砂中有穴也崇尊況此得分一段落。自與疎枝不等倫辨枝先將大小分。再辨親疎理更精。透得親疎大小理任君天下去橫行。

辨龍歌圖說

幹龍大枝小枝砂結總圖說　幹龍中抽枝龍傍行。此

行龍之大槩也。然亦有幹行一邊。大枝行一邊者。有一邊出大枝。一邊節節分小枝者。大約以幹中枝傍爲式辨龍之法從龍身上步來固可辨。若先得穴。即從穴上亦可辨。大幹必結順局左右砂水齊到齊收。大枝龍必背幹而行其結局必係大逆自收彼一邊之大水枝中幹龍必結橫局自收其兩邊小界水枝中枝龍則或順或逆或橫。自收其小小界水砂結亦或順或逆或橫收枝幹之餘水。但枝龍則背幹而結砂不能背幹其結穴必向幹所以賤也圖具左。

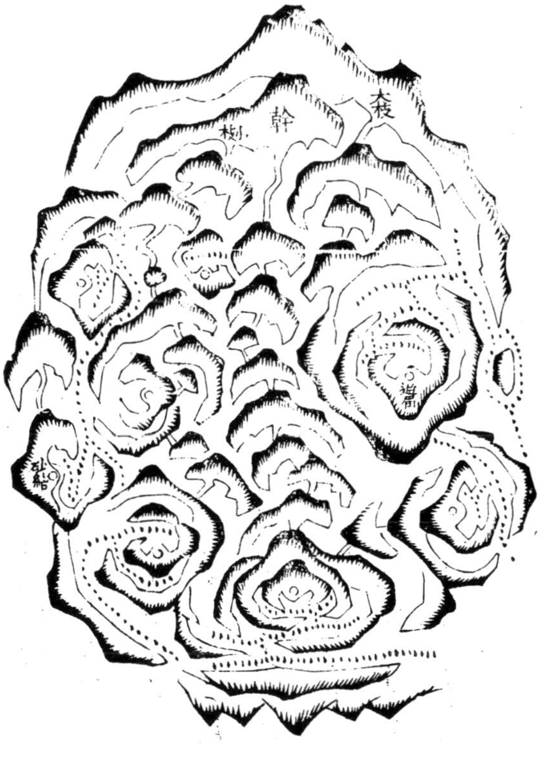

幹龍行度圖說　前圖幹中行而枝傍列。亦圖其大槩耳。圖形狹小。不能肖眞故權畫幹龍從中直行。然枝龍行度則直走幹龍行度必投東投西橫走之玄。必不直走其之玄橫界之中分落枝龍結作此其法也蓋一幹前出如立國然其兩界則其疆界也。兩界之外則他國也故幹龍必親到兩界之上以防他人侵佔凡大龍一到界上則隔水之砂自然退讓不敢冲射故龍投左走以淸左界投右走以淸右界。不得不橫走之玄者。凡步龍而見其橫走即知其是幹也。

走閃串渡圖說　世之言龍者曰開帳中抽星辰傳變。此龍之走法也曰跌斷過峽。兩邊交從此龍之渡法也此兩者固是龍法然亦非龍法之精髓蓋龍有走閃串渡四法惟閃串二法方能脫得殺氣前去必結好穴串者龍伏而串田也閃者龍正直行却從傍偷落脈去也龍有走渡而無閃串多不結穴即結亦不能全吉以其脫殺不淨也惟有串閃之龍前去必結好穴其穴有吉無凶蓋龍之起祖處多是粗雄帶殺之山故龍身亦帶得殺氣來必要串閃方能脫盡。

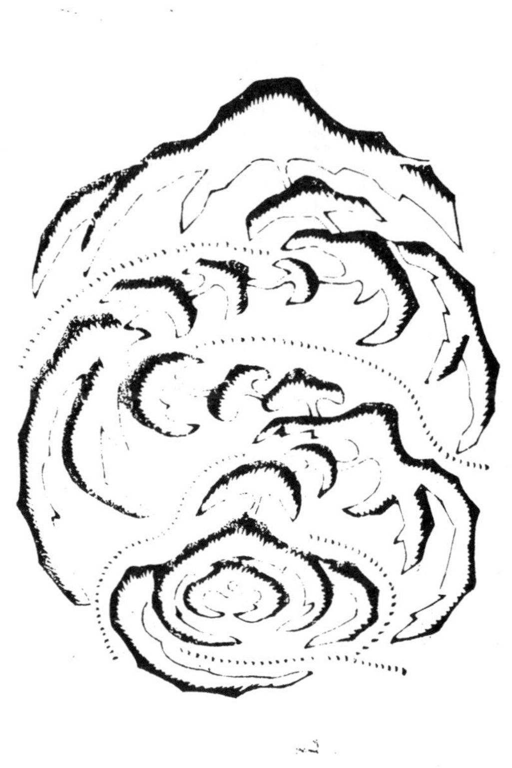

衆枝竝出分强弱圖說　衆枝共祖而出而大小美惡不同欲辨其重輕但觀其大勢而可知也其勢長而濶佔得地方廣大為大龍也若短狹而佔地不多則為小弱之結矣如三枝竝出而中枝强則兩邊兩枝漸漸縮住前面地方盡為中枝所佔若兩邊之枝强則中枝漸漸縮住前面地方盡為邊枝所得世人不識執着中行為尊所以不識地也有三枝竝出者有四五枝竝出者有兩枝竝出者不必管他中抽傍出只以行得廣大者為美也圖具左　附五行曜法

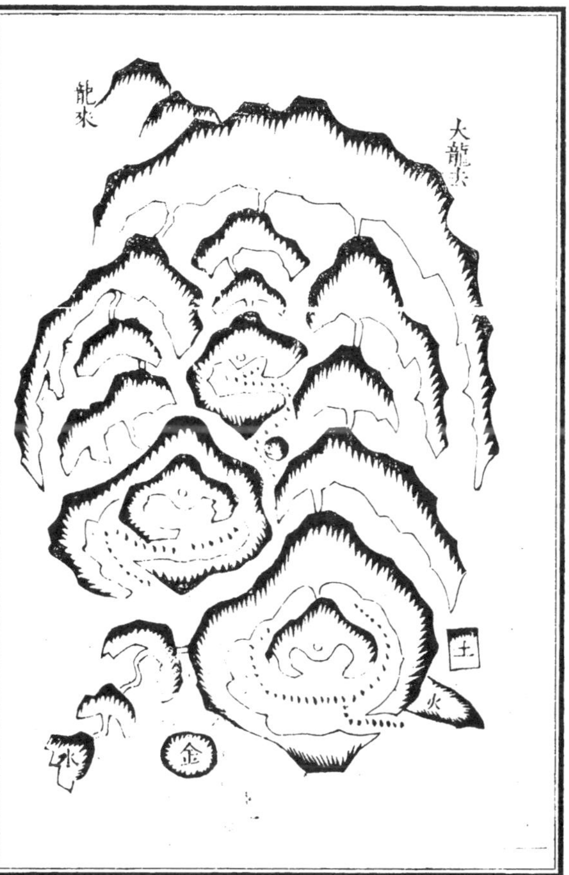

兄弟龍圖說　又有兄弟竝行圖法。其力量相等。其行度必相背而行。一投左收左界水。一投右收右界水。其結作或一橫一逆。或相背而俱橫。或兩鈎而俱逆。兩龍竝無相顧之情。此其常也。亦有變而相向結者。其力量固相等。然亦有强弱之分。以估得地方廣大者爲强。狹小者爲弱也。二龍竝出。其出人決不同。一貴則一富。一文則一武。一忠則一佞。如賈似道地與方正學地分龍。此一忠一佞也。朱文公地與沐西平地分龍。此一文一武也。方賈俱內則祖龍帶殺之故

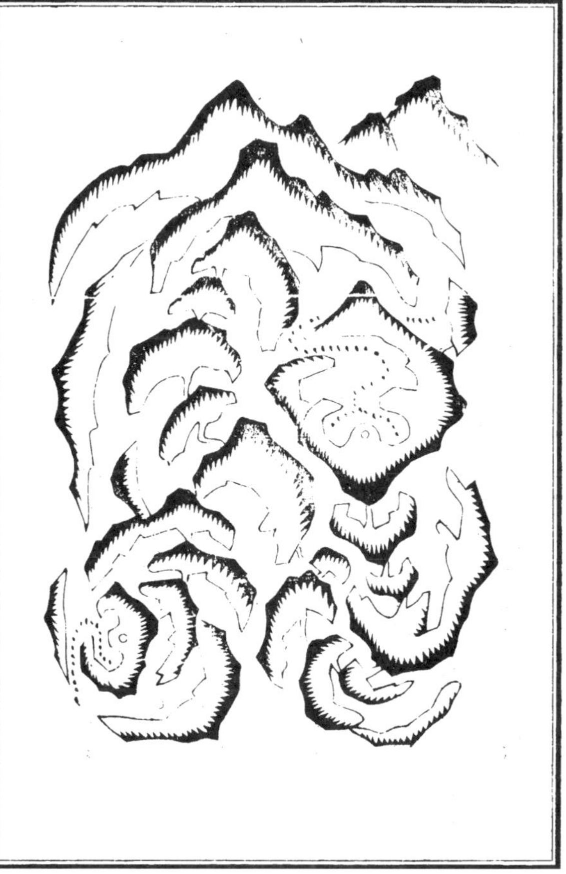

辨枝結砂結圖說　枝結砂結。貴賤不同。枝結則能發貴。砂結縱好。但能發富而已。不能貴也。不識辨法。而但看形局。則砂結形局反有好看過枝結者。鮮不認爲枝結矣。辨之之法。凡枝結必背幹而行。其成局或逆或順。必自開門立戶。內不向幹龍。外不向大界水。只收自己小界水。蓋向大界水。則是爲幹龍鎖水也。不爲人用。所以尊貴。若砂結必向幹龍。收幹龍峽水。不能背幹自立門戶。又爲人收水。此其所以賤也。夫幹結甚少。但得枝龍之結。便能發貴矣。可不辨乎。

諸圖總說　山川變態非圖能傳然枝幹龍砂之結作其性情亦有定式可挸者前圖雖不能悉備若能從此悟入一旦了明于心則一登局便可決其爲幹結枝結龍結砂結者此予一生之苦心見者幸勿草草看過。

儀操氏曰龍法以辨榦枝爲第一務認得幹枝則識尊卑主從輕重大小而龍之美惡已八九在胞中矣于是再辨其星辰格局則清濁頑秀了然在目而爲貴爲富爲丁可斷也然不精穴法則縱得龍亦無益徒知穴法不精龍法則認小爲大認從爲主亦淆亂而不辨矣龍穴二法爲地理根本不容有一不精熟者。

山法全書卷之三

古婺葉　泰九升父集

海昌陳　熹允文氏參

龍法格局部玉髓經　張子微著　劉註

凡地力量之厚薄福蔭之長短。皆由于枝幹。枝則薄而蔭短幹。則厚而福久也。獨貴賤之蔭雖在枝幹。却不全在枝幹有。枝而反貴者有幹而反止出大財丁者。此其故由于龍之有格無格。枝有格亦發貴。但福蔭不久。幹無格亦不貴。但福力綿遠也。余嘗遊建德

山中。見大山分落一小枝其龍甚短。其局亦甚偏。但後坐御屏王山尊嚴。同行者認爲小結構。余曰此龍雖小。但有貴格。恐非民家塚也。必有近御之貴問之果出一御史。則格之係于龍不小也。蓋內有貴氣。方外顯貴格。若內無其氣。豈外有其格哉。故纂玉髓龍格一卷。以備格局之法。雖其中亦有常見格局。不能備盡。可于諸書中求之。然大畧亦不出是卷也。

龍是祖宗本根地。分定五星人識易。只有穿變少人知。

說了精微君須記。穿變之中有名字。此分貧賤與富貴。

玉樓金殿起星辰。火星木星都得地。

初起星辰。稱重層疊。廣袤方圓。縈迴周匝。動輒一山二三十里。而秀尖者。此爲玉樓金殿。

木星變爲冠冕樣。木星變作千絲墜。金鑾瓊閣相間生。

鳳輦龍車陸續至。翔鸞飛鳳相望來。金牛轉車同曲勢。

方如冕形。或倒于地。爲一字文星。帶珠冕。千絲墜言山散下千百絲線。而線頭多有垂珠。金鑾瓊閣。如玉樓寶殿而小狹者。皆是。昂頭開翅帶輦者爲鳳輦。委蛇有曲脚帶車者爲龍車。鸞鳳飛翔者。皆是尖翅。龍

回轉處。有金牛轉車之狀。其力量極大。

五星聚講似商量。金蛇過水穿江裏。

五星盡全聚作一處商量。龍過此。或在此分龍。所以聚講。荒爲吉星。石骨如蛇。穿自江水中過也。

中間忽出千葉蓮。護托迎送出蓮蘂。蓮花中心結房子。

房子生絲穿犢鼻。

護托迎送如蓮花。然蓮房與過龍相接處。如犢鼻出頭來。引過處有絲線如穿犢鼻之狀。

開幛穿心三五重。天馬馬臺旗鼓備。鎗刃劒戟橫竪出。

甲仗兜鍪弁鞍轡。日月捍門水出納。後手纏托百十里。

大龍出帳穿心，不與小龍同。馬臺上馬臺也。或倒地如刀刃等形，平地抽出石筍，尖如頓鎗刀，然甲仗或如田埂層層相壓，雙雙相比，故如堆甲樣。又如乎山淺岡，如脫甲晒灌之類也。江水自日月捍門中去者

此言大纏托也。

此言端是作帝都，大龍千里費推尋。

或作節鉞藩鎮地，東都周陵寢龍行千里，次龍三百四百里節鎮行宮之狀也。

一二百里作郡邑，皆有五星穿變理。小龍不下五十里，三十二十皆好地。分龍定起大星辰，不起星辰不生氣。

星辰高大，龍力長而穿變，衆山方有統攝也。

穿心中出是真龍，龍不穿心力薄細。雖然難可執一論，左右送出交互勢，左有右無過一節，右有左無本非異。此名元是蒹葭樣，但要星辰得地位，星辰得地是真龍，避會生枝不偏廢。多因水火作星辰，蘆葉多尖左右互。

言穿心之節，脚或左或右，偏斜如蘆竹葉，來去有脚。此只要五星不傷陷足矣。避會即是來去之義。以蘆

葉半而尖，故多出水火二星。平者爲水，尖者爲火。

一等名爲芍藥枝，左右相生亦相似，分處光圓有枝葉，此是木星生帶水。

言如蒹葭葉，但蒹葭葉尖長，芍藥枝短小，而枝節多開三叉葉，惟去來生葉相似。

又有蔡芽杞柳枝，半有半無似人字，此龍全是木星傳，只喜星辰無變異。

即變星中人字龍也。

停勻惟有梧桐枝，雙送雙迎兩手勢，對節分生作穿心，

祖宗兒子都皆類。此是木星最貴處，此龍百中無一二。若言執一去尋龍，行遍江河無一地。

言兩傍山脚停勻，如兩手相對坐也，必執對生穿心行龍則難得此地矣。如偏生而係吉龍者，亦不可不取也。

又有偏生楊柳枝，邊有邊無極乖異，此名本是受偏處，半枯半榮無意味。一邊榮處生枝葉，一邊枯處如削壁。枯處定有護龍近，若少護龍山風掃，左邊被風是左癱，右風右瘓如符契，多生婦女少兒男。正爲偏枯非全氣。

左偏長位多生女。右偏小位招女婿。

手足撓棹。全歸一邊皆是回龍轉過處。若是退卸方好。若非回轉過處。則當以榮枯而論。偏處有護龍相近乃吉。無則此向偏受風寒。當出人患風痺癱瘓等病。龍受氣不全而偏。故生女不生男也。

却有偏生極貴龍。名曰捲簾登殿試。此是金星巧傳變。舞蹈横斜大復細。

金星横列二三重狀如捲簾殿試也。舞蹈横斜大細言捲簾引試之狀。

又有名爲玉堦級。偏接九層斜上陞。亦是金星出貴形。變化精微已成器。

亦是金星横斜九重。每重皆是角上邊厭儀非穿心而實貴也。凡是偏龍。但要合此名法。斷是貴氣。不可拘泥。

又有名爲金鎖甲。小山磊砢互相壓蹴。個個金星玄又玄。過處有脉似絲懸。中間貴處說不盡。更有精微入穴遷。

小山磊磊如交互鱗次如金瑣甲形。絲懸甲瑣中。有過脉如絲。看入穴是何星辰或生或剋是禍福。

又有御堦人少知。似築城墻結堦地。山低平頂長百尺。宛轉平洋無特起。此是土星巧過處。似直似斜龍氣貴。

百尺低平之山頂。有平路如結堦可行。

九天飛帛宛曲生。活似飛蛇背上行。此是水星穿過處。貴脉精微氣要明。

龍行如飛帛而出。

更有一樣蜈蚣節。七個八個十個生。個個小山微有脚。不作穿心樣度行。此是土星出金子。漸漸秀異轉見清。却有兩傍迎送護。方見貴氣秀分明。

此龍元是土星中來。從土星中生出金子。漸漸秀異。爲清貴之龍。

又有平洋多沮洳。中有石蛇蜿蜒去。金蛇過水氣精玄。此是木星真骨露。金蛇換出脫蛇形。亦是木星方脫離。退卸出來貴氣清。單單屈曲出低平。却有護纏迎送足。莫作单龍下賤名。此龍傳去作真穴。出人清貴爲公卿。

沮洳之地。中有石蛇方爲佳。如無此而止有沮洳之地。却不佳也。其初水星破碎不秀。來此方變換作蛇形出來。

又有名爲抛玉梭左偏右偏可奈何元來却是火星出變化已成精氣多時師若作偏斜看棄了真龍欠切磋

抛梭之龍左接右右接左皆非穿心正出此火星之變本是真龍人所不識多以偏斜而見棄此欠切磋也

又有點點滴滴落名爲金鸞鳴玉珂乖珠半圓半缺拆此是水星離風波

金鑾殿名玉珂珮名乖珠圓缺皆佩玉形水星先起波浪來此變爲玉珂也

又有一字文星變玉璪珠旒天晃見此中定是出王侯都是木星弄針線

有文星横帶其星圓而小者爲旒缺不圓者爲珮也珮無一字文星仍不圓故爲水所變冕旒一方而聚圓故爲水所變

又有文星從直行三個五個圓珠顆不分兩件不停勻只在一邊排作片此星名爲玉琴徽只出清高精筆硯或爲處士或高士宣詔布衣直上殿正緣龍氣有偏枯乃是木星帶土變

冕旒文星似琴形若文星直而圓珠自排一邊此乃玉琴徽也此星不全是木乃兼土星所變故有偏而不勻生也

又有穿出棕櫚葉木星變火燄燁燁或是火星逢著土火燄奔迸去無數夜叉頭上出尖笋亦是火星傳變處此龍皆是帶秀氣莫聽時師便不取

夜叉頭上本可畏而又有尖笋人必畏之然却是秀耀所生不可不詳

金斗玉印是土傳手送手迎相後先

低而方故爲土

金船出峽隨水落貴氣中間高一著樓船出峽是木星此是朝家萬歲城凡人不許輕尋踏縱無人禍有天刑

峽中有水星形水星中間突起爲船水山平澤中間有土星根脚中起木星連屬尖秀是爲樓船

閣門宣旨土星出貴秉中書內相筆山面壁立如閨閣却有小山從此出內官宣麻如內來此是木星本來質此龍定出上相才更看穴是何星出

高山在後壁立如閨閣然有小山生出者正如閣門

之狀而內官之山。相離稍遠。面前麻詔是也。閤門爲
土。內官爲木宜麻皆木之類。俱屬木。
金雞啣詔火穿木。木變文星火相逐。此是大貴出龍兒
神童大科貴更速。金鍾玉釜是金變。貴極人臣狀元選
雞爲火。詔爲木。雞直木橫是也。高者爲鐘。低者爲釜
也。
又有流星水內來。白芒蚩尤同火變。形骸相似橫直飛
一樣星名須細辨。
水星中來直者爲流星。橫出欹者爲白芒蚩尤。蚩尤

長大白芒短小。流星有吉氣而吉。白芒蚩尤主兵兩
凶。流星爲水。白芒蚩尤水星變也。
又有星名貫天虹。紫赤有生如几硯。垣城樣舒百十丈
橫出後龍相貫串。短者爲几。長者虹。若是虹兮定曲轉
作帶太大作几長。此是木星傳火變。貴極人臣有大凶
貴得大權爲貴公。大凶姦雄生大變。只是此星變化中。
指作帶太大作几又太長。只可名之曰虹也。
寶劍出匣是火氣。却是金剛煉成器。時師錯誤作鎗刀。
貴骨安名作賤地。

言此本是貴龍。俗人反作賤看。
真龍似死形不同。木星天上起高峰。高峰之畔六七個
個個漸低尋木蹤。上天梯名人未識。只道直來非活龍
不知貴氣勢無敵。定有皇都卿與公。
初有一高峰。一高峰之下。七個八個小峰巒。一個粘
一個。一個低一個。愈下而愈正。自高而下。界面前正
看。如梯階之有級。而峻極于天。是謂之天梯也。
推車進寶龍亦直。前大後小來勢力。此名木星傳變生
貴極升朝藩鎮格。

山形如反倒浮瓶。纍纍相貫而來者是也。
玉几隨軒是木星行地生來縱。復橫定有貴星坐地木。
玉山三公并九卿。
木星倒地橫行。成玉几之形也。玉几定有坐地木爲
貴人以應之。
象簡玉圭穿過處。變化元因倒地土。土星變木兩處成
故有此形爲貴社。玉珩蒼璧出中間。亦是土星機巧處
又有圓圭生四邸。土火相生傳變地。牙璋亦是火土生。
將軍發兵應符瑞。惟有簡圭璧珩形。大貴三公同地位。

簡長而方。圭短而頭圓，土星二變而成此形，則爲木星。玉珥蒼璧全是土，不曾變換。圭有四邸，祀天帝之寳。圭爲土，邸爲火，火發四出乎土之中是也。牙璋起兵之符，璋乃土星，牙爲火發，牙璋主武臣之貴，圭璧主文臣之貴是也。

天池不可全作水，亦看形骸圓拙異，方圓爲土長爲木，四面尖生木火濟，水火既濟是眞龍，此龍出人必尊貴。

木火既濟是爲難得。

池中更有石笋生，火發木中特地起，此貴難言君莫泄。

三公向上出天子。盤去池中石笋龍，此地猶出鼎折足。

石笋生于池中，鼎折是言折乎足也。

又有一種赤紫石，石骨生時龍易識，御賜彤弓似几欈，小矮雙圓認要精，小岡邦又横拖脚，此是金火變化成。

金星變雙雙低矮，山岡横出山脚如弓形，又是紫赤石色，故爲彤弓形，岡爲金，脚爲火。

又有石名紫金帶，紅淡則爲紅玉帶，帶似彤弓脚不尖，更有岡巒只平界，此是木星出火生，貴氣皆爲公與卿。

紫色者爲紫金帶，石帶淡紅色則爲紅玉帶。此皆本

星自火星中出來。

直行會見鴛鴦帶，兩脚雙雙同小大，或土或石同此名，福祿功名難止艾，赤石雙拖紫霞帔，命婦生來元頼異，帶帔皆因火木傳，内外婦人出清貴。

直行之帶旁有兩小岡聯帶相對，則爲鴛鴦帶。雙帶出龍首連脚開，而且生兩[illegible][illegible]中間有脉生過，紫霞帔也。

若逢石牝出石帶，赤石異形形小怪，此石帶病多不婦人長病不離牀，養子多因胎中失，更有懨懨一仍生癆瘵傳尸疾，人物清癯壽不長。

山石有竅如牝而石條如帶出乎其下，此主也赤石帶主病。

又有步障分青紫，錦步障因石色紫，土山生出青步障，横因此名，此是土星欲變木，平截後龍幛前定有貴人出。此是木星得土生箇模星，當代成功萬代名。

低小者爲帶，高横者爲幛。

子龍出胎是水生，此去相將變木形，錦鯉化龍亦相似。

遊魚上灘同此類三樣大小雖不同秀氣變傳盡富貴
山低平如龍形出于水山之中爲出胎子龍魚形之
山在後無足者是龍形之山在前無足者是也前高
後低名上灘魚
天駟出廠合天星天馬馳陂變化精此是土星作弄處
變金變木從玆去此龍極貴聲名高要以精微玄妙取
天駟如天駟星一星總四星廠指後面山而言馬形
出高山之中爲天馬馳陂也
又有名爲出山虎此是木星穿得土此龍如虎顧盼行

前去相尋木曜生出穴高雄有威氣定有將軍節使名
水穿土故成虎虎所變再成木木後龍有虎則出穴
必高雄
金牛轉車龍轉處全是土星自爲主此幾玄妙要先明
富貴須從此地生若究貴龍尋覓看前去星辰須變亂
亂後終須金土生生得分明龍始成却有貴人從此出
富貴雙全家厚實
龍轉如牛作勢用力轉車之狀挽回此是土星也
又有金牛臥草形此是土星原質樸此龍只堪作巨富

丞叅簿尉雲仍做或爲進納鬻爵官代筆假借非儒冠
如牛臥草形乃是土星在平地生也雲仍方得小官
可見其遲又非由科第得故也
飛鳳昂霄是火族鸞鳳低頭是啄粟低頭出去變金星
昂霄定是生秀木貴氣原來一樣成定穴出人可占卜
鳳翔有火燄故爲火星族類也肩起而頭低名鸞鳳
啄粟低頭者已有低下之勢故主變金星昂有向高
之勢故主生木星
又有仙鶴垂啄形二翅歛戢高亭亭正緣肩窄不開曠

華蓋三台名不成只得項長過處好貴處只從過處討
此是木星傳變處更要翅稍自廻抱若逢孤立不包纏
只是清高錫師號
鳳翔舞舒展而鶴形多瘦
金鵝趂浴是土星金雞浴塵火變成二者俱爲富貴氣
清濁重輕還有異金鵝浴水木裏生或是池塘泉水平
鵝項精微是過處皆是水星傳變成同轍殊途皆出貴
要皆精神却未明
翅歛而肥者爲鵝趂浴乃土也翅開而尖瘦者雞浴

塵也。是爲火星所變。襯濁而貴輕富重。雜清而富清
貴重。浴水襯。清于趂浴襯
火星有時見精微。名爲飛燕帶遊絲。
燕形尾翅皆帶尖。談故爲火星。遊絲是絲線過處也
木星亦有巧妙處。臥蠶吐絲面前去。此龍玄妙秀而清。
內相中書及藩城。若有星辰高聳起。應副變化盡全美
定出三公宮極穹。子子孫孫傳富貴。
倒地木星如臥蠶。形帶絲過脉在前。
又有一名踏碓龍。亦似臥蠶同此斷。碓傍定有一窠臼。

或是有水或是空。此龍全然非貴氣。只怕退卸別有工。
小者爲蠶。蠶必發。發地大者爲碓。碓直而不活。仍有
窠臼可証。加以頭大。
又有天螺出殼形。此是土星露玄精。玉蟬出蛻又精絕
皆是土星祖宗生。
土星如螺。下出一條如蚰蜒頭者是也。蟬後有形如
蛻者。方合此形
精微要妙談不盡。更看變得是何星。且從生尅論純雜。
然後入穴定功名。單龍有凶亦有吉。鑑辨不精易相失

蘆花鞭與節竹杖。兩個木星同一樣。蘆鞭生活有傍龍
騎馬朝天爲將相。節杖曲節一頭轉。數丈孤单自生强
傍無遮護受風寒。多出師巫及遊蕩。
蘆與節。皆是倒地木星之小者。蘆鞭曲而活。如蘆鞭
之裊裊是也。節竹如節之轉。自是生强無鮮活之意。
玉絲鞭共玉琴絃。鞭裊帶絲龍後穿。玉琴有絃自傍落。
急直微微以手挽。
絲鞭有絲過度。自鞭杪而出。琴絃則別有山送過。如
琴絃縱從傍而出。直而且急也。

絲鞭高貴當正拜。絃琴紫衣師號名。二者相似名各別。
清貴尊卑亦異情。
琴絃不合傍生。一邊有琴爲護。一邊絃露無護。故只
出紫衣也。
別有一等歇滅龍。倒地木星生死同。半有半無半出沒
似是貴龍欲藏蹤。高處纔高一二尺。草木不生名曰壟
低處或爲冷泉地。沙石瓦礫生重重。時師指名龍退卸
誤殺世人論眞假。此龍況是無迎送。便作神祠非靈者
或爲倉庫亦易散。若作人居定孤寡。壯年哭子老哭兒。

無子無孫空弄瓦。若作寺觀無稅錢。專靠香火與結緣。
僧道抄化常不住。住者清晝牀上眠。又有一等变互勢。
似送似迎却非是。名作空亾曲木星。無氣無神非福地。
縱饒作穴亦成空。消散人家財不豐。子孫貧寒作技藝。
新婦寡從鰥處公。更有一等名破敗。木星受地受災害。
掘鑿坑窟左右逢。或是住基曾冷退。或爲窰竈或糞灌。
或是塋埋已遷改。田家取土日夕鋤。或崩或鑿截胷背。
或斬頭尾及手足。僅有瘡瘢痕跡在。或遭國伐煅煉損。
發泄地氣無年代。此龍已死無氣骨。縱有貴穴亦破碎。

穴全龍死亦悞人。下後人家必冷退。又有一等爲崩洪。
此處應須無吉龍。更須退卻千數里。或作半程尋去蹤。
若因崩洪便作穴。葬後人家必有凶。三十年來冷退盡。
朝天孩兒暮哭公。所存壯者有强力。饑寒迫逐去東西。
離鄉失井流不住。正爲崩摧屋下空。伏尸尰尸人易見。
亦要分明仔細辨。亦有流沙龍泛泛。或有冷泉作沙濕。
或有硬石如碎尾。不生草木出乾窠。或溼或乾盡沙礫。
無氣之龍請精鑒。此是敗水與枯木。若道是龍遭下賺。
縱有好穴可安排。家中富足少嬰孩。門可張羅少神氣。

代代死了別兒埋。却有沙堤非此類。水星倒行委蛇勢。
脊土分明一帶沙。兩傍是土山無異。此明拜相築沙堤。
不比流沙總無氣。
沙堤乃帶土山上。自然一帶之沙如沙堤然。亦吉。
又有一等乾溼龍。或乾或溼亂行蹤。五星散亂不可定。
池塘涸濁黃且濃。得雨乍晴盈且涸。不是天池名陷落。
雨晴平地皆泉穴。晴後池中可赤脚。此是假龍假星辰。
縱有穴形不堪作。人家退敗財不聚。子孫下賤女優雜。
辨得五星穿變精。又識真龍方爲吉。方可定龍立墳宅。

精微全在黑囊經

此玉髓第三卷也。專論格局。故劉陵纂此入會元。而歇滅龍後則削而不錄。然本篇豈容删。故錄其全文

龍格圖象

玉髓諸格。非圖不明。而舊所傳諸圖。多不依經文序次。雜于簡閱。今悉改正。一依經文序去。又圖象傳久。亦多失真。其中有不合本經立名之義者。畧爲改定。雖然。山之形象。非紙筆所能逼肖。在讀者心領神悟。而得之于圖象之外可也。

玉樓龍

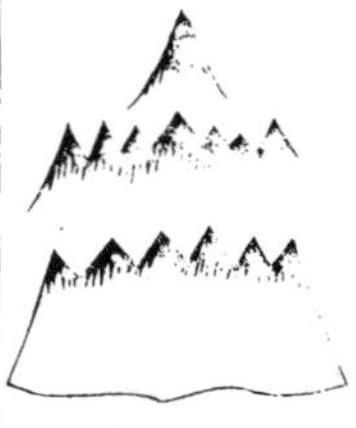

此龍多結京都陵寢藩鎮代代公侯之地

寶殿二

此龍爲卿監爲小郡以尖不尖特故貴而不極品

寶殿四

此龍爲郡王侯伯妃后宰相以寶殿內貴人故也

寶殿一

此龍爲縣鎮爲臺郎以肩甲不勻尖秀少而形勢單狹也

寶殿三

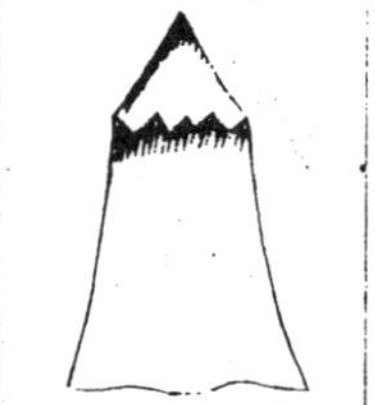

此龍爲五府卿監爲牧伯以龍尖秀力大故也

寶殿五

此龍爲大州爲八座正侍從以殿中無貴人故也

千絲墜一

此龍爲卿監臺郎典郡

千絲墜三

此龍爲帝都爲帝王之祖爲侯王上相之地

金鑾瓊閣二

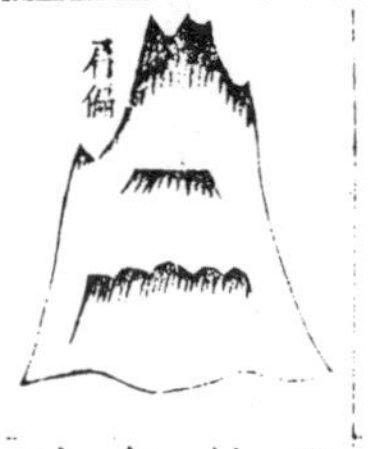

此龍爲宰執侍從嬪妃藩鎮之地

千絲墜二

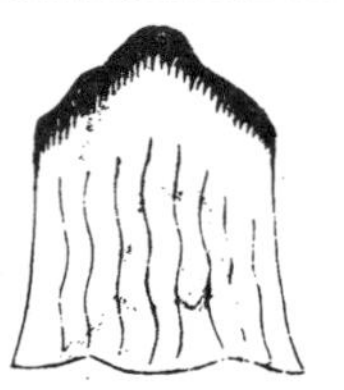

此龍爲真侍從節鎮監司使相遙外過府

金鑾瓊閣一

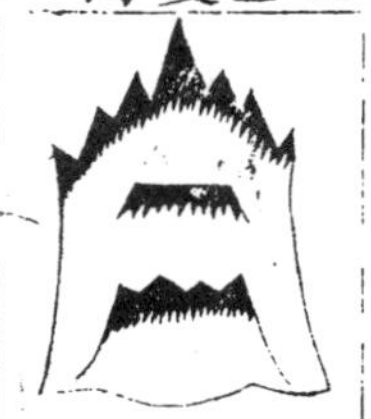

此龍爲帝都大藩鎮爲妃后王侯之地

龍車

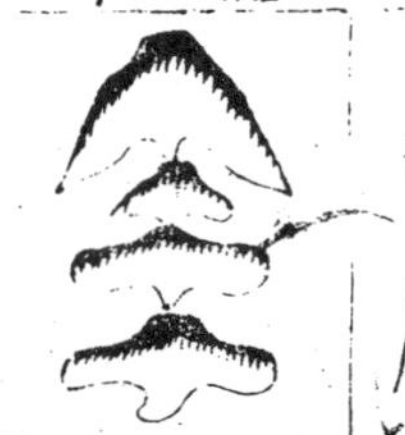

此龍爲帝王后妃之地

鳳輦

此龍爲王侯后妃貴戚之地

翔鸞飛鳳

此龍吉少凶多

金牛轉車二

此龍家數巨富位登相公

翔鸞飛鳳

此龍出清秀高貴

金牛轉車一

此龍富貴兼全

金牛轉車三

此龍出巨富將相

五星聚講一

此龍王一品極貴

金蛇過水

此龍王狀元登第仍出神童

開帳穿心

出三公宰輔狀元及第仍出神童貴妃重臣

五星聚講二

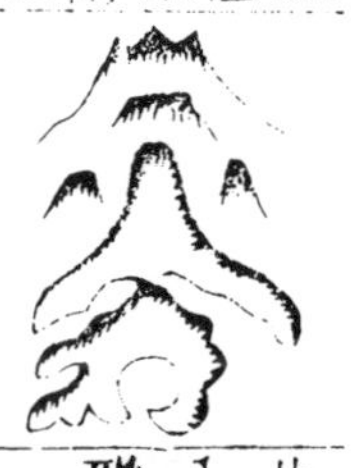

此龍出三公宰輔之職

千葉蓮花

此龍出貴妃神童宰執重臣

天馬圖式

此龍出宰執五府之地

刀鎗劍戟一

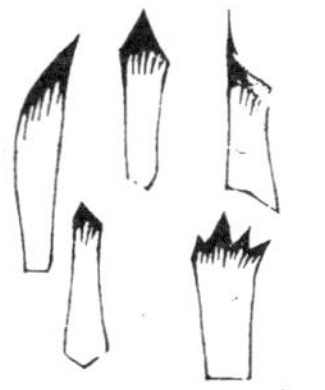

以上皆係石筍此等石筍大秀大貴然看龍星應副如何若取應不好只作神廟卓立平地者是

甲山形

此龍出將軍大將

兜鍪形

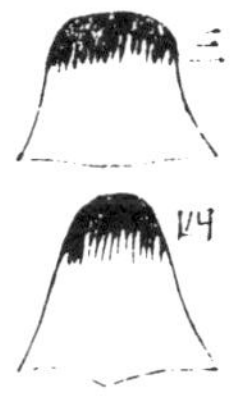

以上四圖主以武成名如鎮邊步為太將軍

刀鎗劍戟二

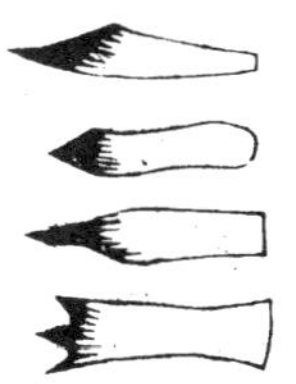

此皆吉曜更看取用

兜鍪形

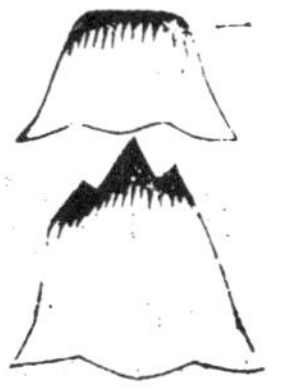

有石尖者最貴

鞍形一

主出小小貴

鞍形二

仝上

日月捍門

仝上

旗鼓捍門

此龍主出宰相元帥

日月捍門

日月捍門為貴之龍出大貴五府

日月捍門

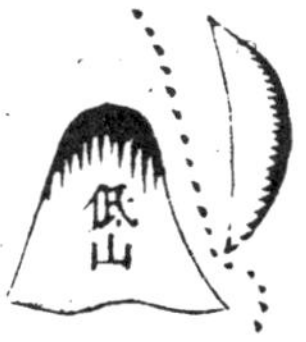

仝上

馬帽捍門

此龍主文武名振當代

蒹葭葉一

此龍本木生火變火大貴變土大富變金大吉變水即凶

蒹葭葉三

此龍金斷木也成器則吉變木亦吉變水小吉變火大吉

竹藥枝一

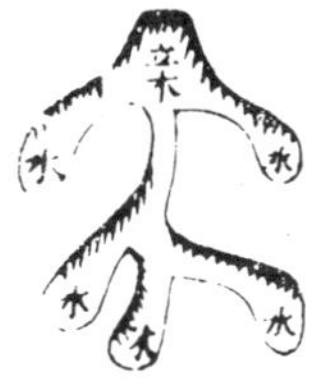

木帶水出世代文章之士聲名超羣貴之上

蒹葭葉二

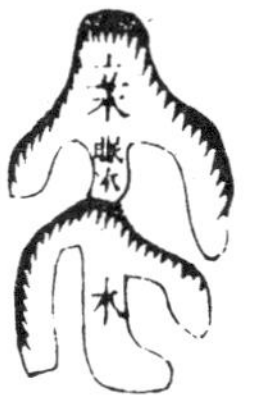

全得木體主出清貴

蒹葭葉四

木星高聳穿心而兩手長短不均止出卿監臺郎

竹藥枝二

木星帶水出人秀麗魁偉而貴顯聲聞

竹藥枝三

金星帶水清秀小貴

杞梓枝二

此龍秀而且貴公位有偏

梧桐枝二

木星發達將相大貴之地

杞梓枝一

出貴升朝入為卿相出為監司都憲

梧桐枝一

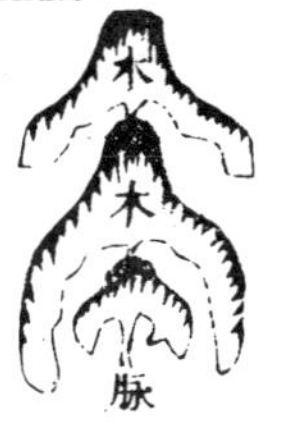

出公侯大貴

楊柳枝二

公位有偏一位富足多子一位貧寒少嗣

地理大成　山法全書　卷三　二三

楊柳枝二

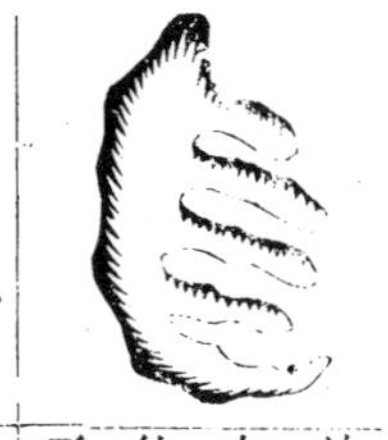

此合柳星龍亦能出貴公位偏少房無子有疾

捲簾殿試

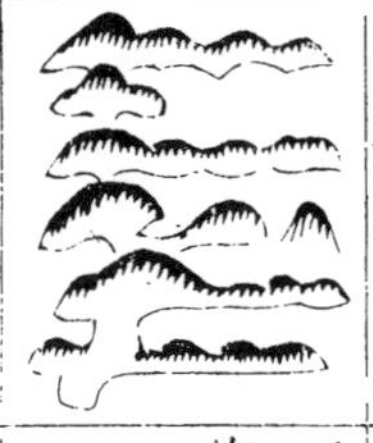

不問偏斜黃甲及第

玉堦級二

相接直出皆爲級此圖起峰正出一順九級上殿聲拜爲國重臣

楊柳枝三

出貴長位養子皆富貴

玉堦級一

主玉殿奏事臺諫過府

黃金鎖子甲

此龍爲金星之奇交互夾持主富貴雙全

御街

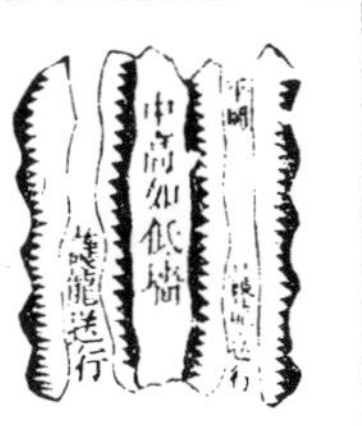

此龍出爲都城大藩鎮爲出將入相之地

蜈蚣節

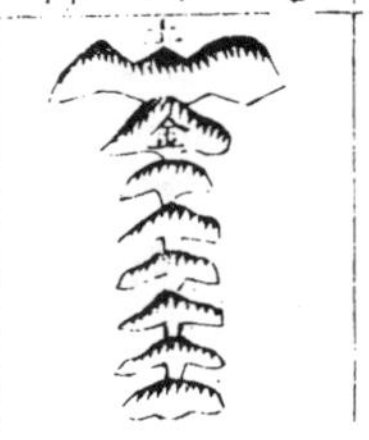

兩傍有護極清極貴

金蛇脫蛻

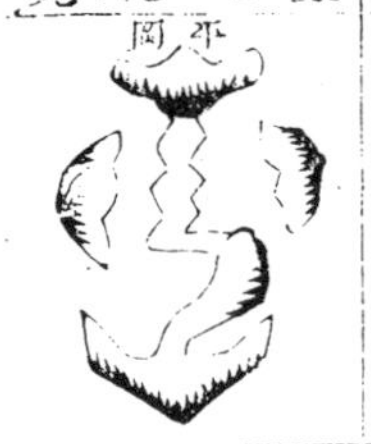

主先出貴妃而后舉家蒙福封侯

九天飛帛

出大貴掌絲綸爲內相須兩傍有護托否則只主面聖天師

石蛇過水

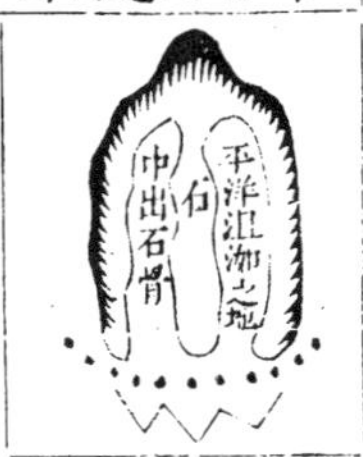

出神童登科清貴

玉梭拋送

先爲玉梭拋出穿心此龍亦貴仍出巧女隨夫貴

地理大成　山法全書　卷三　二四

金鸞鳴玉珂

清名冠朝人臣之首

玉尺工字

玉璪珠旒

封玉世爵大貴不可言

一字文星

玉尺王字

玉琴徽

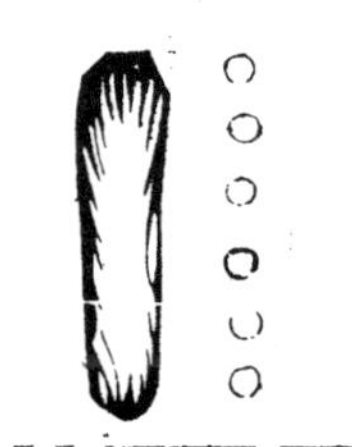

只出清高文名冠世布衣上殿不受官爵得賜道號

棕櫚葉一

此圖火生土乃富貴雙全之地

金斗玉印

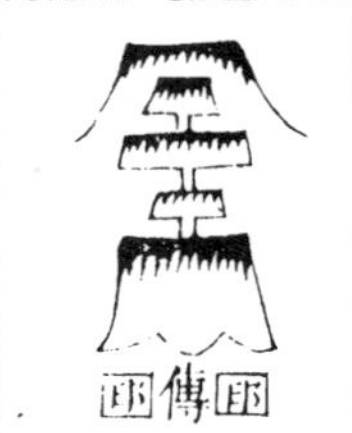

斗與印皆貴氣也故龍帶之爲大富大貴之地

樓船出峽一

此龍土宿卓護得木聳秀故出三公宰執

棕櫚葉二

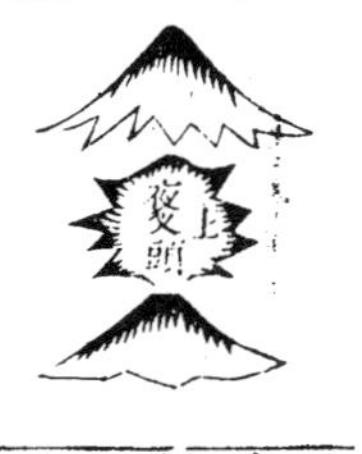

此圖土帶火曜貴氣差重于上主聲名蓋世

金船出峽

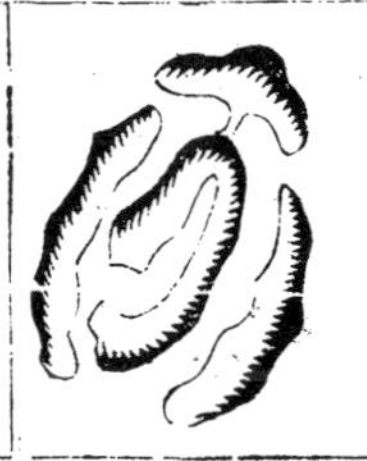

金星落低平而爲船形兩傍起山峽護故主大貴

樓船出峽二

石角嵯峨木星飛貴森羅奇特貴氣甚重故主世代公侯極品

櫓船出峽三

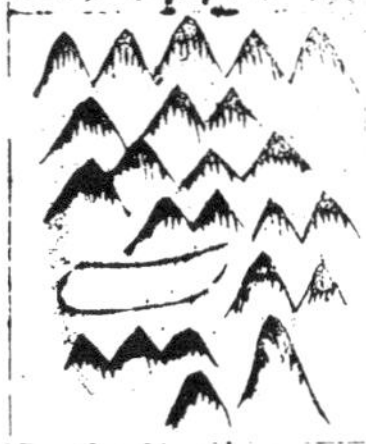

內官宜麻

金鐘玉签

三圖此為極品貴此格出為陵寢帝王之地不可輕用

木星之秀為文星且服行中正故主大貴

出狀元宰相貴極人臣

閣門傳旨

金雞御詔

白笏

此龍出中書內相

出神童異科文章奇士黑頭宰相

不問順逆皆凶直為蚩尤橫為白芒

蚩尤

寶劍出匣

推車進寶

不問順逆皆凶

大頰成金器端正中出兩傍平會翻[illegible]低庫主武將兵權

出升朝典大藩之地

貫天虹

上天梯

玉几臨軒

主貴得大權姦雄拔扈若生草木滋榮則吉

出大貴三公九卿又主出神仙

此龍主出三公九卿

象簡玉圭

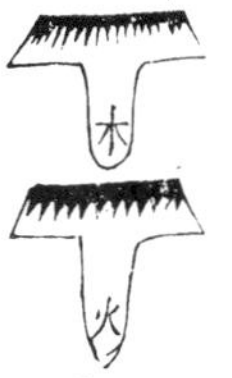

蒼壁

牙璋一

此龍主大富貴

壁圓而上別有一暈如壇墠

此格體全主出大將

玉帽

圭形

牙璋二

瑁圓而面平四環有墻壁廉隅

圭有四觚角乃四邸也三者皆天子朝祭之用故主公相大貴

此格已剖之符故掌兵而有敗

天池一

天池三

天池五

天池二

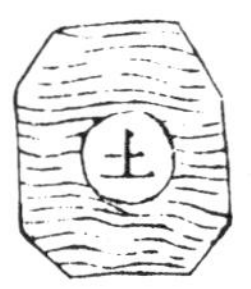

天池四

天池六

土金木三格各有用

二圖為水火既濟主貴而火體生石笋[illegible]龍為奇特主大貴

天池七

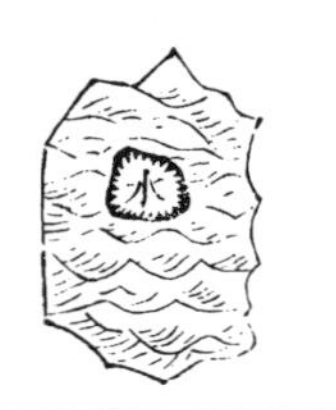

彤弓

御賜彤弓
主出將相

紅玉帶

弓帶皆平
岡木星帶
火主出公
卿侯伯

天池八

水形池凡主
角圓者皆屬
木星主帶秀
氣

紫金帶

魚袋

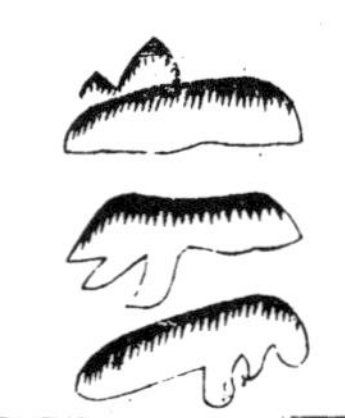

三形皆帶之
有魚袋者俱
是木星帶秀
主藩鎮之位
而有威權

鴛鴦帶

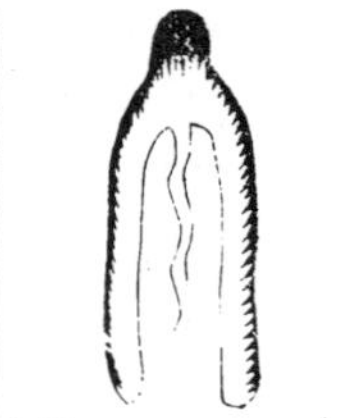

脉帶平地忽出
石脉或小堆護
過然後剔起星
降而前主功名
福壽

石牝石帶

石褒如牝石
條下出如帶
主婦人病

錦鯉化龍一

此格亦是
貴氣胎息

紫霞帔

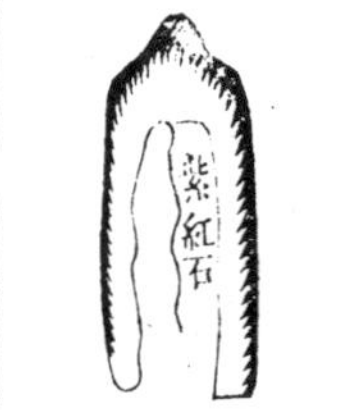

帶與帔皆主
出命婦國封
子封國邑且
膺壽考

步幛

步幛山高而上
平四向環繞紫
石爲錦步障有
林木爲青步障
皆大富貴

錦鯉化龍二

主清秀貴
氣

遊魚上灘

由木星穿變
故主出清貴
俊秀

天馬馳阪

馬在山阪之
上馳驟而下
故主大貴而
速達

金牛臥草

牛乃土星所
化主大富以
下變木故主
小富

天駟山廐

天駟天廐皆天
星之名主大貴
廐馬成羣出土
山落平地爲廐
羣之馬故曰出
廐

出山虎

主貴出節
使

飛鳳朝霄

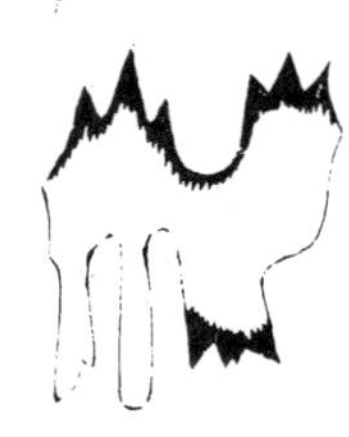

全是火星爲
第一貴主出
高爵封侯

鸞鳳啄粟

反翅逆護
過脉主大
貴金星帶
火爲第二
貴

仙鶴垂啄二

金帶火而
秀主清高
尊貴

仙鶴垂啄四

上濁而曜
軒故主富
而貴不及

仙鶴垂啄一

土帶火而
秀反翅自
逆清高尊
貴

仙鶴垂啄三

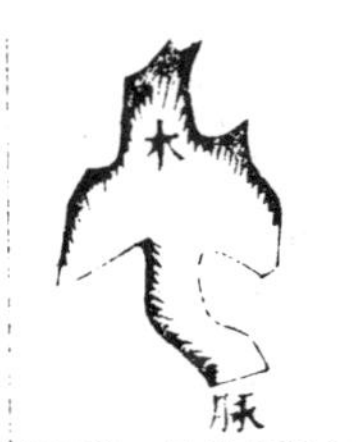

木帶火而
秀主清高
尊貴

金雞趍浴一

上圖土星帶火
故主貴
下圖是純土
故主富

金雞浴塵

全是火曜尖金秀故主貴

飛燕帶遊絲

火曜作弄而清秀絕倫極品尊貴

踏碓龍

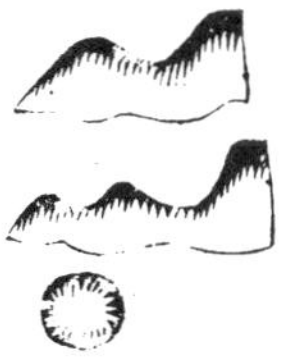

此賤龍也頭高尾低亂脚無護

鵝浴水

土氣重而火曜輕故貴而不顯

臥蠶吐絲

第一土星主富多獲絲綿宜蠶桑因此發財起家二木三金皆秀而貴

天螺出殼

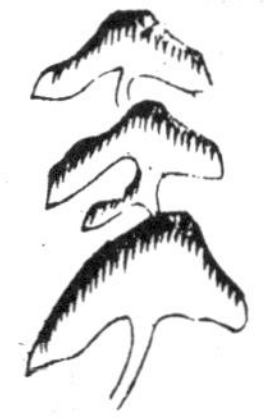

天螺不全是王亦有金皆要前後有好星相應則大富貴

玉蟬出蛻

玉蟬多出土星而巧妙變化主清高貴顯

之玄單獨龍

出侍從過府止拜

蘆花鞭二

天柱鐵鞭格出殿前太尉功名垂竹帛之地

單獨龍

黃龍上天形江湖後面迎前有朝雲案白日定飛昇

蘆花鞭一

特起木星下起鞭出官至卿相更看四畔星辰朝應何如

蘆花鞭三

特科恩授有星辰左右之則改京官以上

蘆花梟一

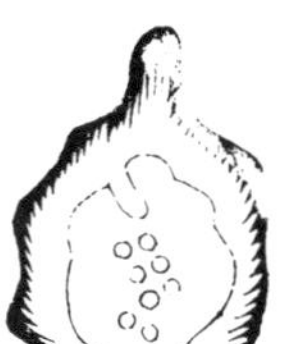

如蘆花之落點點飛花梟梟垂下主清貴

節竹杖

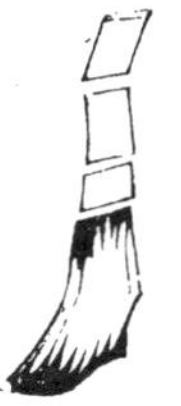

如節竹杖頭無枝柄脚手出師巫遊蕩

玉琴絃

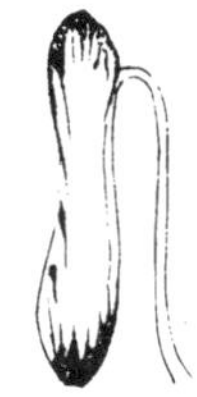

出紫衣道士上殿面聖琴短而大主空門

蘆花梟二

蘆花帶鞭騎馬入迎

玉絲鞭

正拜爲相子孫仕官不絕鞭小而長主顯官

空亾龍

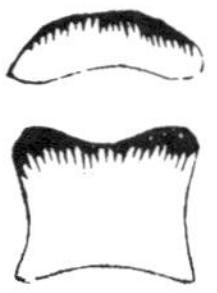

龍無過脉水又流斷五星難定强名無氣之穴

流沙龍

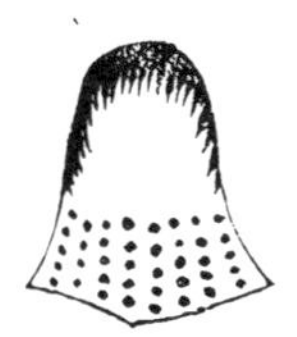

山體皆泛泛海沙踏之不勝步種之不生物望之黄白粉粉此無氣之龍不可用

撲骨龍

貴氣之龍亦出見世神佛

枯骨龍二

枯骨作穴鴉鼠聲集出人孬死鴉豕鼠啮骸骨不保之象

沙堤龍

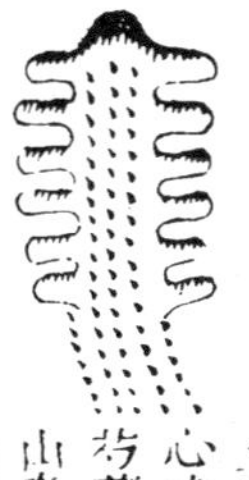

土山或是小穿心或蜈蚣節或芍藥枝等龍俱山脊之中續成沙堤主大拜

枯骨龍一

全石無土如骨生强是童洞無氣之龍絕嗣貧乏之應之

枯骨龍三

此格可吉可凶有土爲蜂腰鶴膝則吉無土爲枯骨則凶若前星辰皆好而中間獨有此脉全石亦吉

山法全書卷之四

古婺葉　泰九升氏集

海昌楊中坦孝直氏叅

龍法陰陽化氣部望龍經　吳景鸞著

論龍之法。至星辰幹枝格局俱備。似于龍法已無餘事矣。然求地者必遍歷山岡。以辨其星辰格局。遍踏一方山水。以分其祖宗枝幹。而後始得一地焉。則覓地者不亦勞乎。況何山無星辰。何山非枝幹。覓得一枝又未必結。乃顧而之他。則亦拙之甚矣。于此有道焉。每登一山。不數節便知其結與不結。不結者則置之。其結者則求之。既得其穴。于是步其後龍。而辨其星辰。以證吾穴之真偽。辨其格局。以定吾龍之貴賤。辨其枝幹。以知吾龍穴之厚薄輕重焉。蓋星辰格局幹枝之外。有一妙道以先之也。得斯道者其求龍得穴。如出弩之射。一發便中。如俊鶻之搏。一擊便獲。巧而甚逸者矣。斯道也。備具斯經。宜精求之。

龍法先觀大祖宗。龍樓寶殿弧角同。聚講星辰合五九。辭樓下殿發成龍。木火金爲起伏。脉伏如蛇渡起天中。木金水土星相間。配化方爲上格龍。龍若無水不能生。無土貴不至三公。水口四凶星出面。交戈砥柱北辰同。合此乃爲大全局。五侯九相出其中。中等貴龍之態度。列屏列帳好尋蹤。或若飛鴉并舞鳳。水星相間是真龍。獅象列捍門。龜蛇見潭洞。此爲中全局。九卿臺省鎮州縣。人材小貴地。支牙水口落河生。入山尋龍體。穿落傳變機。穿者不過并穿帳。自高而下。落者是傳。者子不離其母。出脉過峽。龍相類。變者三五變化。生大山變小。粗生細。那枝虛花。那枝實。只在陰陽化氣見。心腰中出爲陽脉。前去定結真奇穴。貫頂飽面陰死脉。只作聽樂羅城列。先認五星行度。妙訣看陰陽化氣[illegible]陽水土二陰。麗陽龍行度。又化陰。陰化陽不變不融結。純陰純陽定絕滅。又有山頭看九[illegible]天財土屬陰。貪狼紫氣是陽木。金水文蕩陰。木真[illegible]火廉貞陽火是罡。孤武太屬陽金。三五共合一。太極陰陽名。木土星間金木火。高山龍法此爲真。臨江湖海山將盡。行龍多是水星形。中間金木火一間。卸落結穴在低平。如無化氣定不結。這般蕩體不須尋。又有平岡訣。陰

陽法則真覆手飽面劍脊陰。平面仰掌陽脉形。肥厚生
來亦是陽。這個陰陽好玩真。更有陰陽名六府。陰是太
陰字計土太陽紫氣羅。屑陽莫差訛。木火行龍聳卓立。
時師皆言爲上格。若是孤陽無水土。剛水燥火定不結
有等金星磊磊落。若無水開不開陽。時人盡道大博小。
那曉頑金不結作。莫道凶龍不可裁。也有凶龍起家國。
蓋緣未識間星龍。貪中有廉文有弼。武有破軍間斷生。
祿存或有巨門力。此是龍家間星法。到處鄉村可尋覓。
變星只有斷處多。斷處多時星必變。貪狼不變生乳頭

巨門不變窩中求。武曲不變釵鉗覓。祿廉不變犁壁頭。
文曲不變落平地。破軍不變戈與矛。輔弼不變燕窩仰。
變與不變宜精求。木火星多穴尚遠。穴結上聚回龍穴。
但見木多落平地。必結波心變陽局。金土多是橫過結
化氣二字總不脫。火木雖生無化氣。爲官無祿人丁替。
木土雖剋配陰陽。人丁大旺富貴地。若見金變木。一發
絕宗祀。木星變火星拜相總虛名。木星變金星清貴旺
人丁。土星變水星逃亡少餘丁。土星變金星巨富出賢
能。水星變木星翰苑多文名。土星變木星。一甲輔朝廷。

火星變金星孤寒瘋疾盲。火星變土星將相鎮邊聲。此
訣不論生和剋。只觀化氣洩天真。五星之中木極秀。只
宜化動水火金。土星宜化金木火。水土不化却純陰。木
星非一樣。漲天平地形。文曲若擺蕩。過峽曲動真動混
于三級。橫濶擺摺掙。幾般木星體。細玩要分明。龍既有
化氣。穴定有陰陽。陰龍行度陽龍結。陽龍行度陰龍藏
先賢以山名爲龍。以龍變化比相當。龍神得水方昇變
乾坤變化在陰陽。又有太少出脉形。只喜陽生不喜陰
陰脉龍節行到此。子孫退敗見伶仃。又有胎息并孕育。

如同父母之血精。天一生水地六成。二五精華由此續。
橫濶三擺并兩擺。木球鶴膝蜂腰屬。走馬抛鞭并串珠。
之玄人字見動曲。三節中開一點木。此是真龍成胎足。
胎成結穴自分明。弦稜并窩突。証佐詳左右。天機不虛
生。陰陽屬脉分孽口。穴上星辰龍上尋。若能窮得聖龍
理仙師妙用心法傳。

望龍解議一　吳國師女口授
金精山人述

觀龍之法。先看太祖太宗。龍樓寶殿。天狐天角。五九聚
講。龍帶天池重重開帳。節節度峽。穿落傳變。火木冲吞

勢如萬馬自天而下起則豕水飛空伏則生蛇渡水行龍有水土星辰相間無水不生無土不成龍無水星不成變化龍無土星不成上格縱富貴而不至三公土乃五星中之尊星帝座是也故巨門土天財土俱合格局至大會之地衆山至止處諸水朝元或一百里或二三百里大會于此水口關局千數里二三十里百十里山山起頂要四向關鎖天支北辰帝星鎮禁城門並無枝脚落河此是大關局內有王侯卿相一甲三公莫大之貴中會之地來龍或十數里兩水三山開帳列屏飛鸞

舞鳳大頓小伏水口三五里十數里獅象捍門龜蛇鎖洞三五重內有臺省九卿之貴小會之地來龍三五里十數里水口不過一兩三重有枝脚落河交牙此是小關局內結人才州縣小貴但五星變出九星九體十二用九九八十一變化成文昌六府上台中台下台貪巨武太陰是也若高聳須要卓拔飛揚若低伏須要橫欄擺摺是故太祖分龍之處或五星或九星聚講分枝起伏升降穿落傳變要辨枝幹行龍幹龍重重博換誕護不生峯枝龍行度多起峯傳變始祖太祖穿帳後要貫

串中項前出帳要在左右兩邊隱隱偷出陽脉分落下來少祖開帳近穴要在中心出脉方合法度但到府州縣大鄉村先看水口關局遠看諸山行龍三五里一二十里有無穿落傳變間星化氣穿者出帳入帳落者穿田過峽傳者子不離母祖宗父母出脉過峽與穴一樣相似變者陰陽變化陽生隱隱而來此一枝前去城垣結穴或貫頂飽面陰死出脉此一枝只作小應樂羅城而已矣再看巒頭巒腰巒脚俱要開面伶俐腰間曲動水星相間巒脚帶倉帶庫生曜生官金符玉尺金箱玉

印日月串珠八字清奇巒頭變成上格但五星九星要分陰陽明白方可登山金木火三星屬陽水土二星屬陰陽龍行度要陰龍變化陰龍行度要陽龍變化陽龍不變陰不成龍陰龍不變陽不結穴此乃萬古不易之法也陽龍下了陽龍絕陰龍下了陰龍滅乃第一之根本也老九星貪狼木屬陽巨門土屬陰祿存土屬陰文曲木屬陰廉貞火屬陽武曲金屬陽破軍金屬陽輔星金屬陽弼星木屬陰天機九星太陽金屬陽太陰金屬陰紫氣木屬陽金水水屬陰天財土屬陰天罡金屬陽

燥火火屬陽掃蕩水屬陰孤曜金屬陽三個五行共合成名曰太極陰陽也遠望尋龍之法一枝山脊火木金行龍中間要水土二星相間變化成龍前去結穴成天然但到江湖河海地方大盡之處多水星行龍中有金木火或一星相間定結直平低穴如無陰陽變化則成蕩體花假空亡無穴但登山尋龍之法看祖宗降勢行龍又辨元始陰陽如覆手飽面劍脊屬陰變出平面肥厚仰面屬陽但陰龍變出陽脈方成龍前去結穴若陰陽不變前去必不作地陰死陽生理之然也要知六府陰陽太陽紫氣羅睺屬陽太陰土計水孛屬陰辨龍真假要知三個陰陽五行互相變化方成龍格前去定有好穴不知三個五行陰陽根原法度難辨龍穴真假所以吉地秘存今之學者頗有心得之妙目力之巧暗合法度者有之看見一枝聳拔火木龍神勢如萬馬皆言上格及至入首尋穴則無殊不知孤陽無水土變化名曰剛木燥火所以不結真穴有樣金星磊磊落落或三或五中無水星相間又不開陽名曰頑金必作他山之纏護定爲吉神之朝對山脊之龍 逢陽而化平洋之脈遇陰而結山龍純陰一定無穴平陽純陽決然不結若能窮得三個五行顛倒作用如郭李復生地理之機雖云下學上達必須生而知之者方達其理也

望龍解議二

二十四龍應二十四氣七十二龍應七十二候天三生木地八成之逢三則變所以過三擺三摺三動則有變化之功三擺應三候爲一氣一氣變成龍故一字行龍必微微見三擺不然則不結真穴二十四字行龍做此要識太祖少祖主星出脈開面隱微兩邊要有夾勢伏出陽脈從心脥間抽枝開脟展翅似有似無下來起伏成格此一枝龍可尋真穴或貫頂飽面雖有星峰起伏成格只是無陰陽化氣必不結穴或作朝迎羅城而已看其行龍是何星多多者爲尊分優劣前去結穴不離多者龍穴法也如貪狼變乳巨門變窩是也也有凶龍起家國蓋緣不識間星龍貪中有廉文有弼武有破軍間斷生祿存或有巨武力此是龍家間星法到處鄉村可尋覓變星只看斷處多斷處多時星必變近穴斷而復起是欲變星也貪狼不變生乳頭巨門不變窩中求

武曲不變釵鉗覓祿廉不變犁壁頭文曲不變落平地
破軍不變戈與矛輔弼不變燕窠仰變與不變宜精求
凡登山尋龍之法先看遠祖近宗五九變化陰陽分受
成龍結穴觀其間星何星多或十節或二十節若木火
星多結穴遠必升龍上聚多結回龍穴穴變星同前或
木星多定在平地結穴多結横過局五九星皆要水化
五九星十數節看見水土二星相間五九星變出五星
輔弼結穴定耳蓋一土能變九體曲水制化五星平地
龍格或三五十里百十里不見祖只有平田平岡行度

一大一小一灣一曲畧有高低之分便有真龍真穴至
于太祖開帳或五或九同宗出脉或結穴或不結穴看
其出脉處隱隱微微不論起頂不起頂偷出陽脉來就
從此一枝尋穴或有起頂降勢貫頂飽面顯露又無太
極陰陽變化陽出脉者此一枝不必尋穴但到州縣處
龍之發祖粗老看見陽龍多陰龍少便斷甲科貴顯之
地若陽龍少陰龍多乃淫賤之地則不貴也火與木行
龍雖相生純陽無化氣爲官不食祿後來不旺木與土
星雖相尅乃陰陽相配有化氣故能成龍結穴富貴人

才大旺語曰金星變木星一發絶人丁木星變火星拜
相總虛名木星變金星清貴旺人丁土星變水星逃亡
少餘丁土星變金星巨富生賢能水星變木星翰苑多
文名土星變木星一甲輔朝廷火星變金星孤寡痼疾
盲火星變土星將相鎮邊聲不必論相生相尅只論陰
陽變化與諸書議論不同所以爲之秘書惟土星不宜
木星水星化動金木火惟水星不宜見土星大水星者
有漲天水平地水文曲水掃蕩木過峽曲動處起伏曲
動處蜂腰鶴膝動浪三汲横攔擺摺皆是水星一起一

伏腰硬直不曲動者不是水也切莫錯認陰龍行度陽
龍結穴陽龍行度陰龍結穴龍穴俱無化氣孤陰不成
孤陽不生故不結地要合太極陰陽先賢以山爲龍名
之何也龍必陰變陽化陽數九九九八十一變陰數六
六六三十六變魚龍遇水而變化乾坤生成而陰陽變
化地理根本之無窮極也若能熟此望龍經便是曾楊
再復生天下龍神都照破學究天人萬古靈

望龍解議三

識龍似乎當識穴但把變星篇內訣千里來龍只要到

要八尺識得龍真正要看少祖下來數節星峰是何星尊入首尋穴要合變星穴法貪狼變乳巨門變窩是也到頭入首主星起頂降勢尖與圓方正出側出中出左右出只要出脈有精神平面屬陽隱隱偷出脈來從心脥門出者第一。上面有大八字下面有小八字到穴有窩鉗乳突臍唇甆口是也壠龍陰來陽受支龍陽來陰受方是穴若主星出脈貫頂飽面無大小八字分合無窩鉗乳突臍唇甆口又無陰陽分受此是假穴無疑或從兩邊偷脈變木星分陰陽結怪穴或有一邊無一邊

有或有分無合或有合無分玄武吐舌龍虎不抱只要陰陽分受明白伶俐穴星扁而有弦稜龍神化氣明淨到穴曲動生木多是富格點穴法只要看出脈工夫入首要陰陽証佐結穴求三靜一動龍虎靜案靜水靜穴宜一動是也支龍平洋並無分合只要臍唇甆口兩邊開靜展翅便是穴情法度如無証佐若是逆局或左右有股陰砂順水抱穴灣環過宮則是真穴但入首星辰看其粗大細嫩以口訣尋穴八大神仙訣楊公要講明抛毬須認節避刺要離根扁大臨弦出雄粗帶側尋側

毬如把傘平覷似提盆反手粘高骨冲天打顖門此乃祖師口訣千金不可傳人有一等玄武人人不能識結穴大富大貴何也只是純陰起頂降勢入穴平夷爲陽受脈無煞氣分合明白到穴曲動星宿証佐甚吉有一等平受星辰入首不能結穴何也只是純陰如劍脊無陽脈分受有煞氣必不結穴此乃仙師妙用如神。

望龍解議四

望龍之法但到大府州縣先以水口爲主夫水口者乃龍上發來左右之臂龍合上格發出水口亦合上格合

內關中關外關皆要四內破祿廉文出或變出北辰帝星天樞星禽曜羅星落河火星砥柱中流山山起頂如龍如鳳如獅如象如旗如鼓如馬如人如禽如獸彎曲轉身或三五里十數里一二十里面面開陽此爲上上之水口也關內必有上格龍神計都羅睺天弧天角開帳列屏龍樓寶閣九五聚講火木冲天內有帝王陵寢一甲三公封侯拜相之地或水口飽面陰脈減福一半。內結高穴昇龍上聚多出武官或文職亦掌兵權水口左山包右山穴多結在右邊右山包左山穴多結在左

邊上格水口兩山起頂一山獨秀無老雞爪交河插河者此爲大關局大富大貴或有一山起頂一山垂頭有枝脚落河交牙此爲小關局小富小貴龍合上格朝案合上格則水口亦合上格一氣三合龍合中格朝案合中格則水口亦合中格下格亦然初到州府縣未見遠龍先見內中外三關水口便知富貴大小內關好斷城裏諸門富貴中關好斷近縣鄉村富貴外關好主遠鄉村富貴內關不足城市富貴少鄉村富貴多中外亦然太祖出脉要合陽脉如不合陽脉是陰脉者發福行到

此處或數節或十數節此處子孫退敗中祖亦要陽出脉或陰出脉此處人財衰敗少祖乃緊要之祖如人祖父母一般必須隱隱偷出陽脉來或三節五節祖宗父母胎息孕育胎息者如人之父母交感受胎乃天地生成天一生水地六成之二五之精華如同父母精水受胎前一節却是變星貪變乳巨變窩是也自少祖以下或木火金行龍要水土二星爲化氣或水土行龍要木火星爲化氣自少祖以下橫濶三擺或一兩擺或有水珠蜂腰鶴膝走馬串珠拋梭織錦之玄入字彎曲動蕩皆是水也三節四五節中間腰彎一點水便是受胎之處到頭主項自然明淨穴內陰陽自然分受窩鉗乳凸臍唇毬口大小八字毬簷界合入穴有水曲動件件皆備孕育生成太極天然自少祖以下星峰磊磊落落後無水土變化乃父母交感未變二五之精無水也前面結穴並無陰陽分受雖有龍虎抱衛朝山拱秀明堂平正皆是假穴無疑自太祖以下陰陽均平前去結穴大富大貴陽多陰少小富小貴陰陽不分總不結地依此法度萬無一失

附錄

凡峽只在陰陽擬胎伏生來分授受楊葉仙曰細認山川貫串情胎伏要分明峽上若不息氣懷胎即是虛峽所謂峽之虛實生死辨焉峽長忌陰喜陽過峽短陰陽俱不論或如伸足與放爪峽水依然收要巧楊公云真脉旁邊怕刺脇却要有山來偎貼莫令凹缺受風吹切忌瀉牙遭水刼凡審貴龍上格只在起祖分宗出峽上若有層巒聳嶂龍遠力旺收四水于大會則以盡龍之據垣局而正結者爲尊有背祖近宗龍短勢

雄收嶂案而中居。四維拱顧。則以初落之短而秀特者爲貴。凡相地看起祖看分宗。又必看過峽。必看明堂。必看關水成局。

凡大龍行度。身上忽起頂降勢。逆回一枝。不作隨從護送。又占一堂局。能收拾大龍峽水。結成垣城。雖遠不踰十里以外。反背作局。自立門戶。亦是富貴吉地。 凡近府軍州縣得龍勢星俱賍。借依郡縣垣局。能割據一隅者。又坐下尊嚴秀貴。朝對拱向有情。必是吉地。

龍看何星起祖。穴從本體出身。不變爲佳。有情方用。富

貴本從龍上山。輕重如端的。又曰本末要相從。又曰龍之真者。降勢不離宗祖。楊公曰穴若不從龍上星。斷然是假不是真。 胎是龍根本伏爲胎息。宗同根連骨氣步步要相從。

解議發揮

龍無木星不成變化。龍無土星不成上格。

五行之中。動而氣大者木。靜而氣厚者土。凡山巒流動之處。其性皆木也。龍若無木則硬直頑。罡一片殺氣。焉能融結乎。故相龍者先相其有木無木。然此木不在大體上相。在出脉斷伏處相。此處若有曲動泡浪。則爲有木。前去必結真穴。無木則不結作。蓋木者天一之生氣也。龍身中間。起得一座土屏。則力量博大。決結封拜大地。若無土屏。則龍身不厚重。承載大福不起。決不能結大地也。縱火木中大。亦有位至三公者。難免喪身覆家之禍矣。故不識木。則不能辨地之有無。不識土。則不能辨地之大小。木土者龍家之命脉也。蓋大圓之中。木土之爲物最巨。萬物生于土歸于土。而土又藉木而後能養萬物。惟有木而生生

不已。惟有土而負載得起也。龍備木而後能具生氣。具土而後能載萬物。故龍無木星不成變化。無土星不成上格。今之庸俗。所知所喜者。木火星辰耳。烏可與語地理之微妙哉。

水口四凶關鎖。並無枝脚落河。此是大關局。有枝脚落河交牙。此是小關局。

龍無意于水。而水自來朝之者。大局也。有意于水。而後收得水起者。小局也。木者財祿也。譬之人然。其人念念在財祿者。其人品決不高。爵位決不大。試觀聖

賢豪傑公侯將相享大名大位大福者其人營營逐
逐乎。水口四囟屹立並無枝脚落河。此意在收局。而
無意于收水也。氣概大方。故內係大地枝脚落河。則
意全在收水矣。局面小鎖。故僅爲小結也。
幹龍重重博換。延蔓不生峰。枝龍行度多起峰傳變。
枝幹之力量不同。故其行度自異。幹之力大。其起伏
亦大。其起也或行數百里數十里。小幹亦行得數里。
其伏也或行數百里數十里。小幹亦行得里許。其起
其伏皆平平行去。不生頓跌。故見其延蔓不生峰。其

一起一伏大也。枝之力小。其起伏亦小。一起即伏。一
伏即起。其起单寒。其伏短近。故見其多起峰也。
始祖太祖穿帳後要貫串中項。前出帳要左右兩邊隱
隱偷出陽脉。分落下來。少祖開帳近穴。要在中心出脉
方合法度。
山者多陰煞之物也。故行度最要能脫殺氣。龍者尊
貴之物也。故行度先要得其體段。始祖太祖少祖。其
後頭來脉俱要貫串中項。貫串中項。而後其體段尊
貴也。始祖太祖之前。落脉要兩邊偷出陽脉。而後能

脫煞也。至少祖開帳。要中心出脉者。蓋既已近穴。要
成尊貴體段。其陰殺前已脫盡故也。
金木火三星屬陽。水土二星屬陰。陽龍行度。要陰龍變
化。陰龍行度要陽龍變化。陽龍不變陰不成龍。陰龍不
變陽不成穴。
陰陽變化方有生氣。不則孤陰獨陽。不能生育。金木
火三星無水土相間。則陽龍不變陰不成龍。以其盡
係頑罡之氣。不能成龍結穴也。水土二星無木火金
相間則陰龍不變陽不成穴。以其盡緩弱之形。不能

頓聚成穴也。
又辨元始陰陽。如覆手飽面斂脊屬陰。變出平面肥厚
仰掌屬陽。但陰龍變出陽脉。方成龍前去結穴。若陰陽
不變。前去必不作地。陰死陽生。理之然也。
前言星辰之陰陽。此言形體之陰陽。又以五星之形
體分陰陽也。凡星辰開面。出脉肥厚仰掌爲陽。星辰
飽面出脉斂脊覆手爲陰。陰爲煞氣。前去不能結作。
陽爲生氣。前行必定成穴。此陰死陽生之理。結與不
結之分也。

山脊之龍逢陽而化平洋之脈逢陰而結山龍純陰一定無穴平洋純陽決然不結

山脊大抵是陰氣故必要開面開窩發出陽舒之氣方能結穴平洋散漫都是陽氣故必要起脊聳突頓起陰斂之形方能結作此皆陰陽變化之妙陰中用陽陽中用陰之至理也

看其行龍是何星多多者爲尊分優劣前去結穴不離多者龍穴法也如貪變乳巨變窩是也

龍係何龍則穴結何穴看龍之行度係何星多則此星爲結穴之主其穴形從此星出如貪多結乳巨多是窩武釵鉗祿梳齒廉犁鏵文仰掌破戈矛輔弼燕巢雞窠是也此穴從龍出謂之不變故曰貪狼不變生乳頭云云

近穴斷而復起是欲變星也變與不變宜精求

穴從龍出謂之變穴不變星如貪狼行龍變乳作窩巨門行龍變窩作穴是也此爲正法爲不變亦有穴不從龍而從變星者則爲變矣凡欲變星作穴則龍至近穴必斷而復起另變一星而穴即從此星變如

變星是貪則作乳穴是巨則作窩穴也正法則星不變但從星變出穴形變法則星穴俱變故曰變與不變宜精求也

木與火行龍雖相生純陽無化氣爲官不食祿後來不旺木與土星雖相尅乃陰陽相配有化氣故能成龍結穴富貴人丁大旺不必論相生相尅只論陰陽變化與諸書議論不同所以爲之秘書

生生之道從陰陽化氣而出五行非陰陽則不能化生也故山巒之法以陰陽化氣爲主世之論巒頭者競言五行生尅抑知道不在是雖說得甚精反與正道日遠也讀者與書而未曾見此經者烏能辨書之真僞深淺哉

要看少祖下來數節星峰是何星尊入首尋穴要合變星穴法貪狼變乳巨門變窩是也

穴從龍變爲作穴之正法然行龍長遠星辰夾雜將以何星爲主哉其法看少祖下係何星尊嚴則以此星爲主覓穴也若到頭跌斷另起星辰則爲變星其穴却不從龍上出從變星出此爲變法上文已詳

若主星出脉貫頂飽面。無大小八字分合。無窩鉗乳突臍唇氈口。又無陰陽分受。此是假穴無疑。或從兩邊偷脉變水星。分陰陽結怪穴。或一邊有。一邊無。或有分無合。或有合無分。玄武吐舌。龍虎不抱。只要陰陽分受明白伶俐。穴星扁而有弦稜。龍神化氣明淨。到穴曲動生水。多是富格。

貫頂飽面。則是殺氣。無大小八字分合。則不成脉。無窩鉗乳突臍唇氈口。則無穴情。壠不舒陽。支不聚陰。無陰陽分受。則不成結作。縱有龍虎堂局好看。蹤無生氣在內。所以爲假穴也。若此等星辰。從兩邊偷脉變出水星。有水則有生氣。其八字分水。或一邊有而明。一邊無而暗。或有分無合。或有合無分。其作穴也。玄武吐舌。龍虎不抱。但陰陽各得分受。雖形局不入俗眼。謂之奇形怪穴。多出大富貴人。此乃龍穴之變法也。

若是逆局。或左右有股陰砂。順水抱穴。灣環遶宮。則是真穴。

本文固言支龍之法。然壠龍亦然。固言逆局之法。然

斜局橫局亦然。凡結地之緊。順砂主收氣。逆砂主收水。無順砂蓋下。則主星不能關局。而內氣不固。即主星亦露面向水。亦爲他人鎖水之賤物矣。能融結好穴哉。故穴之結不結。好不好。全在順砂上看。惟順局穴向去水。順砂必厚。故重在逆砂逆案。若斜局橫局逆局。穴既與水逆。只怕氣受水之冲刼。不能融聚。故皆以順砂爲生死之命者也。庸俗只知逆砂。烏可與語微妙之道哉。

自少祖以下。橫潤三擺。或一兩擺。或有水珠。蜂腰鶴膝走馬串珠。拋梭織錦。之玄八字。彎曲動蕩。皆是水也。三節四五節中間腰彎一點水。便是受胎之處。

龍之結穴不結穴。要看龍身受胎不受胎。胎者。即水是也。龍身有一點水星。便是受胎。前面必定結穴。若無好形局。則結怪穴。要仔細搜尋。龍身無水。則不受胎。前面必不結穴。縱有好龍虎明堂朝案。只是花形假穴。塟之生凶。此乃辨真假之關鍵。毋容忽畧看過者。

山法全書卷之五

古婺葉　泰九升氏集

海昌張曾祖以疇氏參

結作法枝幹星辰部道法雙譚　吳景鸞著

結作法者。預知結穴之場。所以便尋求也。黃妙應云。得穴步龍。得者十八。步龍得穴。得者十一。蓋言得穴而尋龍則易。步龍以求穴則難也。然一局大山大水。使不識結穴之場。而亂走山岡。遍踏兩界以求結穴之所。望望如瞽者之尋路。焉能得者十八乎。抑知求穴之法。自有一道。在凡一枝龍出。兩邊自有兩大界水。其兩界之中。有幹結枝結劈脈掛結餘氣種種等結。先會其大幹之行度。于是知某係正結。某係分枝某係餘氣。了然于胸。于是向某處得其正結。某處得其枝結。某處得其餘結。如探囊取物。箭無虛發也。奚用如許尋求之苦楚哉。欲知此道。當深悟此書。

龍祖

擇地莫先于龍。論龍尤要在祖。祖者生氣之原變化之本也。或尖如龍樓。平如寶殿。皆以尊特出羣爲貴。蓋龍之有祖。猶木之有根。根大則枝盛。祖尊則勢雄。祖不尊特。則分劈不得其勢。必爲侍從之龍。故龍之貴賤在祖。古人于春夏之霽。夜望雲氣。以觀龍之正從。又于樓殿之上。分別天池。以証龍之大小。蓋起祖之處。旺氣發揚。故氣上升而爲雲。下融而爲水也。雲氣之形。如龍蓋者真。橫擱者假。天池以兩池夾龍者爲上。單池傍抱次之。崩傾易涸。便非古矣。幹龍之祖則然。若枝龍之祖。但取其星辰聳拔。不必以是泥也。

聚講者。在高山絕頂。亂石嵯峨。或尖或方或圓。攢聚一處。若人之相聚而講論也。蓋起祖之處。旺氣所鍾。故五行之氣各見。然大幹則有。枝龍不可槩論。聚講既散之後。分劈降勢。則生應星。應星者。入首之証。聚講既散之星也。應爲何星。則爲何星行龍。或尖如筆。圓如鍾釜。方如几案。皆以中出爲上。傍出次之。審其降勢。孰輕孰重。重爲正龍。輕爲纏從。但以祖峰頂乖處爲正龍。不可以中出泥。蓋龍雖以左右平分爲貴。又有丁字之龍勢。雖似乎偏落。然亦開帳中出。與平分無二。不可不察。若龍大星特。雖枝脚偏盛。而亦貴。如捲簾殿試格是也。若龍勢單弱。雖枝脚平分而亦賤。如假穿心之格是也。

雲氣之圖

應星開星行龍之圖

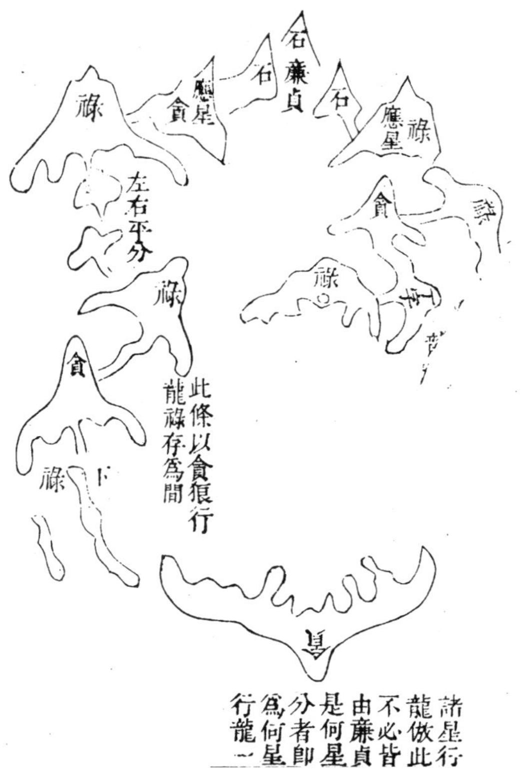

龍法

山川形勢。如大木然。幹上分枝。枝復爲幹。枝幹相因。互依五用。大會則大落。小聚則小止。貴賤在星。正從原勢。正龍必星峰尊特。梳掉開展。重重出入帳幙。其行也若萬馬奔馳。其止也若大君朝會。雄强蒼老。與衆自別。亦有正龍不立星峰。低平如巨浪屈曲如生蛇。左右生峰。隊伍羅列。前迎後送。進退自如。從龍則反是矣。或雄强而梳掉藏縮。或低平而懶緩無從。或起峰而爲夾從朝應。或行度而急廹退避。雖有起伏之勢。而情實走竄顧他。總能結穴。福力亦減。故一龍之身。有分劈大小之結。一關之中。有尊卑正從之殊。猶若朝廷居中。兩掖有百官之府。郡縣之傍。街衢有富貴之宅也。漸分漸小。愈析愈微。儻若山崗臃腫。巉巖凶惡。土石焦枯。流砂破碎。四弱無力。不能起伏。斯爲至賤。不過梳掉之體。非可以言龍也。若夫龍之大綱有四。以形而言。則有尊特低平。以勢而言。則有牽連斷續。衆小則取尊特。衆大則就低平。衆牽連則取斷續。衆斷續則就牽連。如是則正從易識。貴賤易明矣。是故龍不難于望勢。而難于分劈。不難于正從而難于入首龍有分枝劈脉有腰落盡落有有餘氣有無餘氣有頓宿之結有餘氣之結有餘氣之結亦有起伏之勢頓宿之結亦有部曲之隨儻不明此鮮不以頓宿爲腰落餘氣爲盡結也豈知龍之去住各有定理故幹龍多腰落枝龍多盡落來勢牽連者落于峽退卸跌斷者止于盡大勢粗雄一嫩即止全身柔弱峰頓即成廻龍一也而結有鈎乖斛槃之異橫龍一也而砂有反背環抱之殊有逆上而無護有順水而無關有氣盛而上下皆結有分散而四畔成形左右俱反惟審大

勢之環抱近關直去或取曜氣之飛揚臨峽有斬關蟠倒之結背肋有揹脖捲尾之扦劈脉以附幹氣旺分枝以自樹力輕其要在于得局得勢又何論于節長節短

牽連

牽連者龍勢連續不斷或雄强如奔馬或低平如巨浪大者跨州連郡小者接壤連村形勢粗雄未經退卸其特在斷若臨峽而星吉脚轉則氣純而勢住必結于峽後臨峽而星粗脚擺則勢奔而氣行必結于峽前此龍勢雄氣壯餘氣亦多故多腰落經曰大地多從腰裏落回轉餘枝作城郭又曰餘氣不去數十里此間不是王侯地蓋言此也然亦有牽連盡落而無餘者此乃枝龍小結亦爲力輕不可不察

斷續

斷續者龍勢退卸穿田渡水失踪多爲蛛絲馬跡藕斷絲連之形行度雖異于牽連然則博換純粹直至大盡方結故無餘氣所謂退卸愈多愈有力峽若多時龍勇猛是也但要入首成星有面有拱有收證應分明斯爲真的倘突而無面散而無收非爲行龍過脉必是祿存

所帶回祿爲護從之龍非融結也

奮勢

奮勢者峽前之結也龍勢牽連未經退卸跌斷而起博換吉星即結正穴若鷙鳥之擊先斂而後奮也以過峽一節爲真長則恐是分枝而非正結經所謂峽前一節任真龍是也先當審其纏護之回顧砂水之會聚堂局之拱衛事事合法方爲真的倘若鬼劫去來有彼無此斷爲分劈小結非正龍之位也

聚氣

聚氣者峽後之結也龍勢牽連臨峽頓起吉星真氣先聚粗雄之氣未盡過峽再行而爲纏護城郭以餘氣環抱爲真不顧爲假經曰只有真龍坐峽裏亂山在外却爲纏是也倘大勢直奔明堂泄氣雖有星形但爲頓宿之結而已此格當先論入首星辰之尊特次辨餘氣之是非不然恐以正爲從不能無眩目惑心之失也

分枝

一龍之來豈無前後左右分結其長者爲分枝短者爲傍脉分枝者若人身之分四肢也幹上分枝自一二三節

至數十百里皆爲分枝在峽之前後分者爲上他處次之以長遠雄盛爲貴短小囚弱爲賤然亦在尊特低平之形牽連斷續之勢以不爲人用爲佳若星辰特達護衛纏繞亦結大地但其格有二在前後爲捲尾在左右爲舒翼

舒翼

舒翼者即分枝之結也大龍帳角開展如鳥之舒翼也以逆勢爲上順勢爲下要星辰尊特龍體秀嫩砂水聚會自立門戶而結從丁字帳角分者力重个字帳角分者力輕在峽之前後左右分者力重他處分者力輕尤在得局得勢不然雖出丁字不過帳角而已

捲尾

捲尾者前官後鬼之結也逆跳翻身若獸之捲尾然亦有順水而捲者但要成星開面砂水會聚亦能結穴是乃龍身旺盛之氣使然勿以爲賤格而棄之經曰朝山逆轉官星上小作星形分別枝是也此等龍不過數節若或太短又爲傍脉

傍脉

傍脉者若人身之有乳也蓋有峽前峽後或正龍起尊星之處分脉出面而結也以半節一節爲真若長則爲分枝之結矣夫傍脉龍氣雖短緣其附幹龍旺氣之身在轉移頓伏之處截其旺氣力量氣聚自與分枝不同但要得局得勢方稱上地否則但爲掛結而已然傍脉之格有二在龍轉摺處爲摺脬在龍回逆處爲轉身云

摺脬

摺脬者言如手臂之摺脬之處也蓋龍勢直奔至此轉摺成星開面掛脉而結也其落亦有橫順逆三者惟要

星頂端乖下砂收氣爲真。

轉身

轉身者即劈脉之結也行龍摺轉之處翻身逆轉一節半節與斛槩格相似但龍有行住之分雖非正結而逆轉之勢自與順落不同只要星辰開面端乖局勢兼得爲上經曰頓伏轉移與退卸却看山面何方下移轉切須尋回山山回却有迎送還正轉身之謂也若龍勢不回而順轉則必爲摺脌之結。

掛結

掛結之地其力甚輕雖附幹龍之身而實不得局勢也。

過峽

峽者龍之跌斷處也有左右齊送齊迎者有一邊爲送一邊爲迎者有穿田失踪而爲蛛絲馬跡之勢者有牽連不斷而爲鶴膝蜂腰之形者俱以中出過脉爲上傍出次之高山大峽則旺氣分于左右而峽多雄猛之勢解有結作至于出陽則博換純粹而峽中之結常多經曰古人尋龍尋頓伏蓋緣頓伏生尖曲尖曲之所必生

枝枝上必爲小關局蓋龍臨峽則勢必停息過峽則龍必博換而前後左右所以多結作也其名有騎龍斬關蟠倒之異勢旺而作峽則星頓于峽前曰蟠倒氣聚而成峽則峰起于峽後曰騎龍若前後俱起星峰龍雖未停而氣多息于峽中曰斬關皆以穴口親切朝應有情弁堂氣聚蓄爲有地之証但峽脉懶緩則無力峽仄脊是餘氣過峽多護則入首多纏過峽孤露則入首無從峽高則上聚峽低則下融峽寬則穴遠峽緊則穴近峽欲遮護不欲風吹山谷則然平陽在所不論也。

騎龍

騎龍者峽中之結也過峽之處成星開面秀嫩端巧方有結因其形止氣蓄也與他處結穴相同非謂陡然山脊而可裁鑿也有順騎逆騎前有珠泡稜坎証應穴情則逆騎後有珠泡稜坎應証穴情則順騎必要前回後轉事事分明方爲真的以粗雄面突鄉仄爲假然龍盡處亦有騎龍之結如牛項鶴頂之類是也其力量輕重視龍之大小爲差等。

蟠倒

蟠倒者。峽中之結。騎龍之變體也。亦兼順逆。以逆蟠爲上。有星頂端正。有星頂後仰。有氣自頂分。有氣自臂貫但取其同逆之勢。不畏龍去分奪也。然蟠倒附幹龍之身。當過峽初起之際。切其旺氣。發福極能悠久。與諸分劈不同。但峽中之結。多堂氣逼窄。倘有外陽相應。又格之上也。經云。一回頓伏一翻身。一回轉換一回新。蓋言其與同龍相似而力重也。

斬關

斬關者。頓宿之結也。在峽之前後左右。俱以是名。惟峽

後爲上。峽中者。龍勢不住。峽前者。龍勢方行。惟峽後爲大龍之停驛。前迎後送。至此息肩。截其旺氣。尤爲力重。要成星開面。証佐分明。倘無砂水會聚。則峽水傾瀉。而成空亡之地矣。

九升曰。公以尊特低平牽連斷續言形勢。而形勢之變盡矣。以奮勢聚氣言牽連。而牽連之變盡矣。以分枝劈脈言分結。而分枝則盡之以舒翼捲尾。劈脈則盡之以摺身轉身掛結。則分結之變盡矣。至于過峽能背之結。則以騎龍蟠倒斬關盡之焉。何其簡括也。

奮勢之圖

聚氣之圖

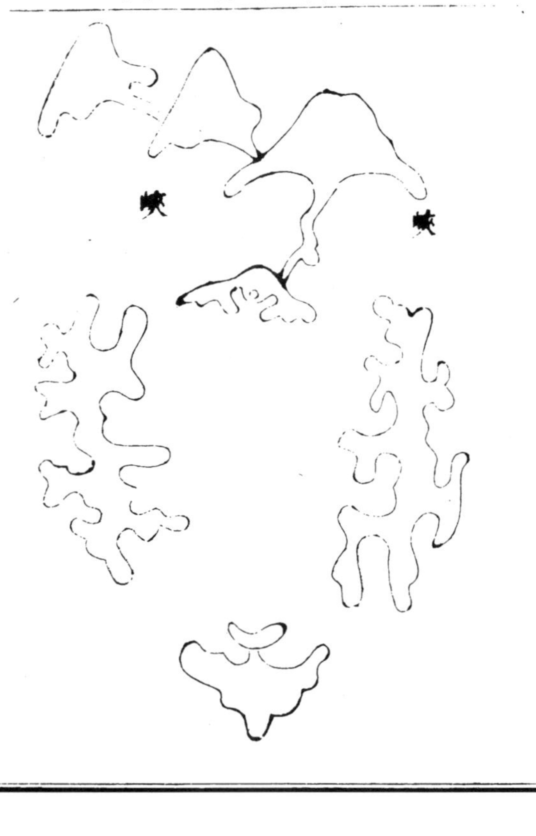

龍穴主脉圖

峽結之圖

龍法回逆

凡地不逆則不結。逆則山回水轉。陰陽交而穴始成。逆愈遠則力愈重。有大逆小逆橫逆。龍逆爲上。星逆次之。脉逆砂逆又次之。龍逆者。非來龍逆水而上也。乃大勢回顧。大曲大轉是也。星逆者。來勢雄勇。不能遽回。腰落一峰。橫來逆水。猶子午來龍而爲卯酉之穴是也。脉逆者。龍星俱順。脉與來勢稍逆。如直來橫受。橫來直受是也。砂逆者。如左來右轉。右來左轉是也。經曰。順龍之結必逆。逆龍之結必順。逆龍順也。順龍逆也。往而必返。冝然之理。反此則有陰無陽。山順水順。必無融結。經云。得水爲上。言貴逆也。

龍逆

龍逆者。回龍顧祖之結也。牽連斷續。俱有是形。有腰有盡。俱有是形。二結形雖不同。其法則一。經所云宛轉回龍。似掛鈎是也。橫龍丁字龍。多作鈎乖。正龍爲斛槩。正龍者。横掉平分之龍也。其體正出不能遽回。當過峽處星辰逆轉。餘氣順拖。兩端對分。如斛槩之狀也。然餘氣有回抱者。有不回抱者。有一邊回者。有兩邊俱回者。但要入首尊特得局得勢縱餘氣散漫不爲害也或一節半節爲上若二三節恐是分枝爲逆轉迎峽之龍其力最輕不可不察也然回龍之結以顧遠祖爲上近祖次之顧遠爲局愈大蓋逆局最喜堂局寬凡山之所拱水之所朝我皆能用故也倘龍小而顧遠則堂氣不收有近關則可龍大而顧近則三門逼窄有外陽則佳惟要適中不可以遠近泥也

星逆

星逆者横轉之結也其勢雄勇不能遠回或峽前峽後横分一節收水收局而結也上下環抱中涵正龍若弩之有機焉但要入首星辰尊特下關逆轉堂局聚會方爲大地否則但爲頓宿小結而已然亦有回龍之結到頭一節翻身亦名星逆惟以龍局大小爲差等

脈逆砂逆

脈逆砂逆者龍勢直奔護從緊夾不能回轉順水而結也或入首脈逆于内或左右砂逆于外則内氣方收外水方得斯爲合法蓋順局最嫌曠蕩惟要近案關砂否則流神傾瀉堂氣不收反爲形穴之病經曰也有幹龍夾兩水更不回龍直爲地是也

中盡二結

古人論龍有少中盡三結深爲有理然非謂一龍必有此三結也有一龍作一穴者有一龍作五六穴者有一龍作數十穴者豈可槩以三穴結爲法哉況初落之龍猶在發祖之處山勢粗老未經退卸鮮有結作即有之亦僅可而已龍之分劈雖多要其大綱惟有腰落盡落之二端但一龍作穴其餘悉爲分劈結于腰則盡處皆餘氣結于盡則中落爲分劈豈有結大地于腰復結大地于盡哉又有一龍分作數穴而發福相等者此乃雌雄兄弟之龍互依互用雖發福相等自有尊卑正從之分非腰落盡落之說也然龍有無分劈有多分劈者何多者乃旺盛之氣使然雖分而正穴之氣不爲少減以龍純而氣全故也

九升曰山與水必相逆而後融結所謂雌雄交度也然其逆不一有龍與水逆者有穴星與水逆者有脈逆水者有龍與水順而案與左右砂與水逆者皆逆也世人只知龍逆一法則焉能識山川之融結哉

四逆圖

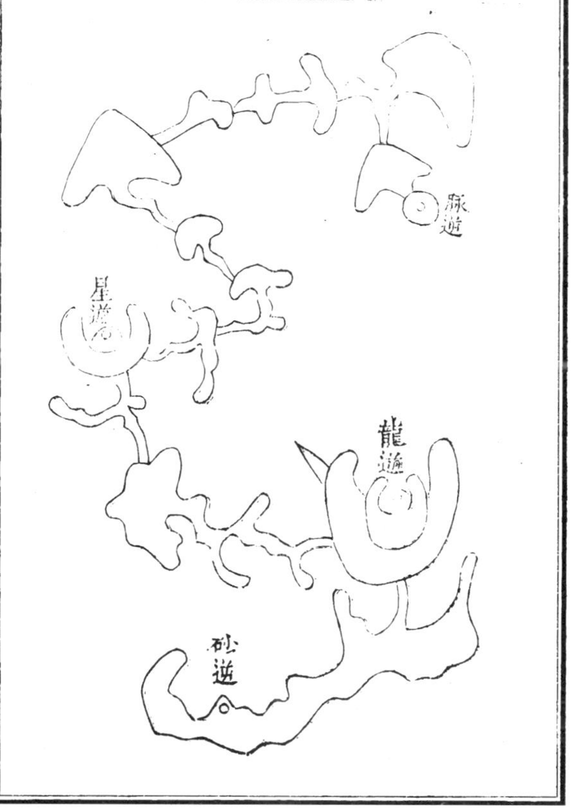

鈎垂之圖

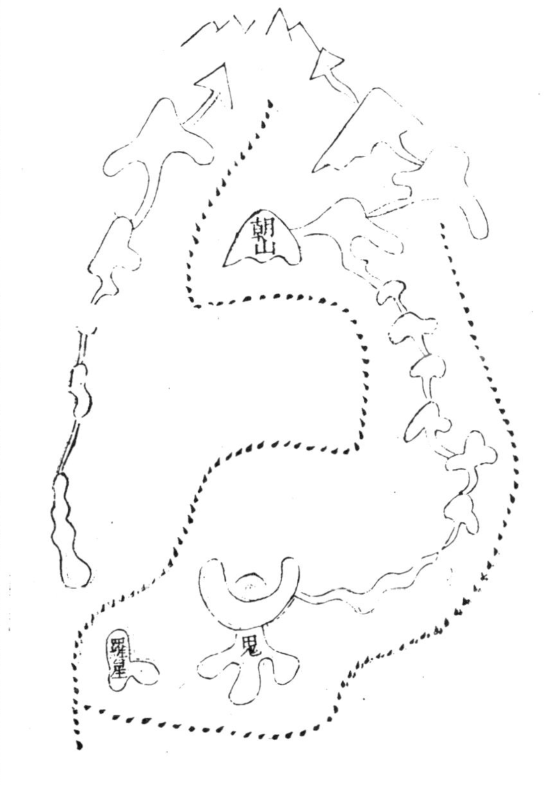

解縶之圖

星逆弩機

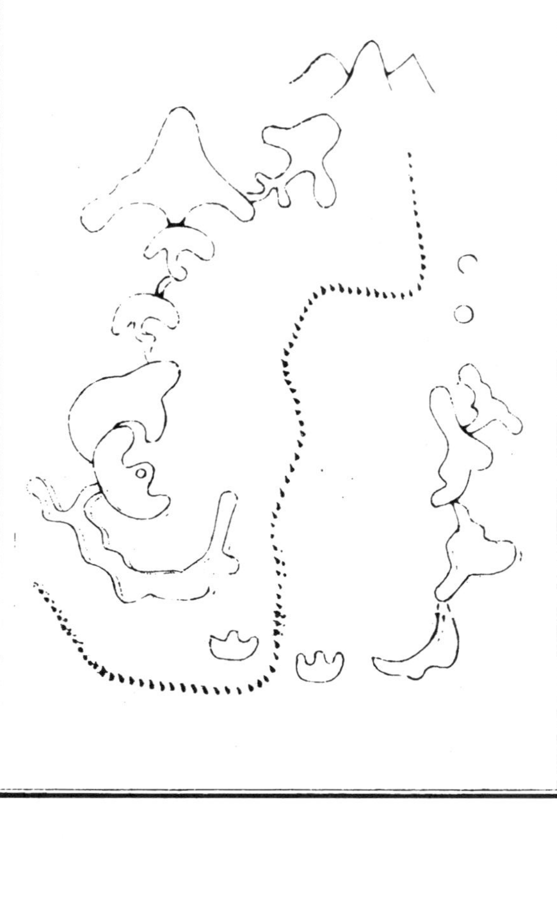

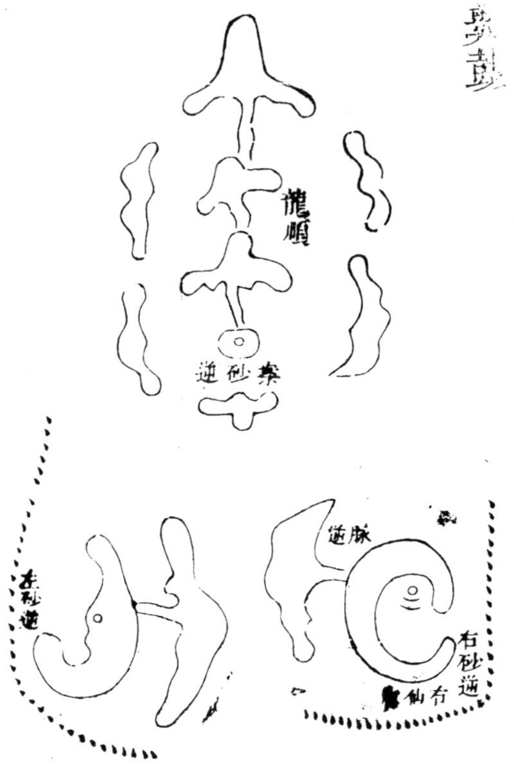

穴星

星者。穴之根荄也。地不成星不結。成星者。言起頂而開面也。星不開面。斷不結穴。星不秀嫩不結。秀嫩者。言博換之純粹也。山勢粗老。必不結穴。譬之植物。老幹必生嫩枝。始能開花垂實。星之結穴。亦猶是也。凡結穴之星有四。尊特。秀嫩。肥厚。端巧。不結穴之星。凡有二十。如破腦。側頂。繃面。縮頭。凸胸。脹腹。尖嘴。坐肚。披髮。漏腮。攊脚。散指。[illegible]拳。伸足。排牙。光背。長頸。粗項。拖腸。濺溺之類。俱為凶惡。必無融結也。凡辨五吉星辰。須知移步換形。當

勢其出脈。方為正星。左右在所不論也。

結穴星圖

尊特者。雄偉超羣。挺然特立。如鶴立雞羣。忌孤露。

肥厚者。體質充腴。端莊厚重。若厚德君子。忌臃腫。

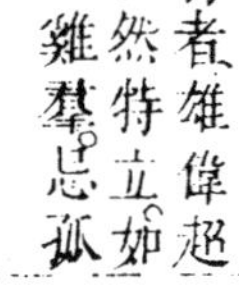

秀嫩者。純粹出衆。瑩淨光潤。如珉中美玉。忌囚弱。

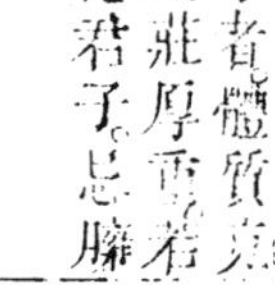

端巧者。體態天然。不假造作。鍾秀伶俐。氣忌瘦側。

不結穴星圖

破腦

縮頭

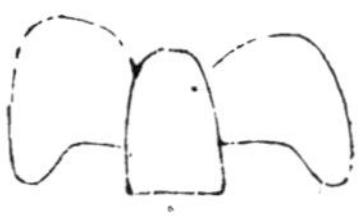

側頂

凸胸

繃面

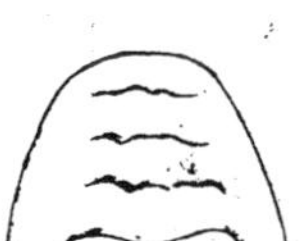

脹腹

尖嘴

漏腮

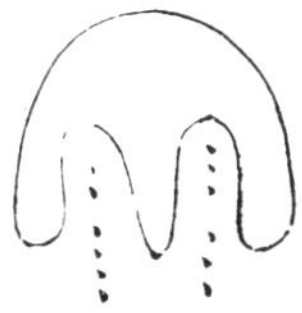

空肚

腫腳

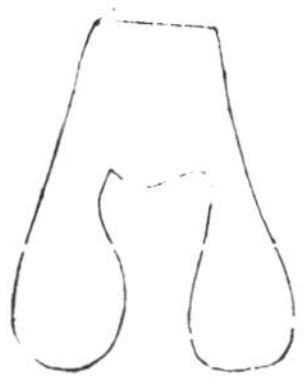

披髮

散指

擎拳

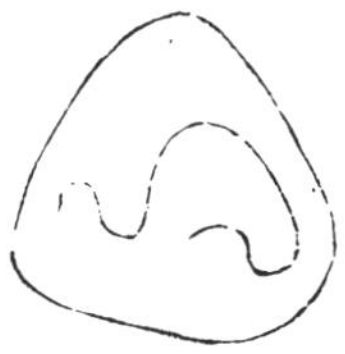

光背

伸足

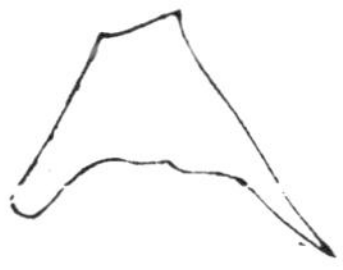

長頸

排脅

粗頂

拖腸

濺溺

穴法

夫穴有一定之理。亦有一定之法。山本靜。勢求其動。山本屬陰。穴求其陽。擬諸形容。外若花開蝶鬚。內若木實鳥卵。達之天下。穴無不然。其所不同者星也。若木之異種。則花亦異形。參攷求穴。先于辨星。識星根種也。大概點穴登入。首星辰之頂。審其來勢。歸于何處。堂局聚于何處。落脈止于何處。是何星辰。結何穴情。必要起頂開面。手足收斂。斯爲的真。辨其脈之孰生孰死。何謂生。活動秀嫩是也。何爲死。直急粗硬是也。孰爲護砂。孰爲正脈。平面爲脈。凡脊爲砂。脈以有脊爲陰。無脊爲陽。乳坡節芽梳齒犁鏵戈盾之類屬陰。穴扦稜脣口而取其陽。窩鉗仰掌燕窠雞窠舖氈動浪之類屬陽。穴扦珠泡弦突而取其陰。陽來陰受。陰來陽受。此一定之法。陽受固要開面。陰受亦要開面。倘突而無面。斷爲虛假。所謂取其陰不犯其陰者此也。凡星辰之結，正面取中，仄面取角，橫落就勢，閃落倚脈，平面埵頂，突面粘唇，鉤取回逆之勢，曲取短巧之頸。脈大扁潤者病于氣散，當扣其弦；脈大勇雄者病于氣急，當閃其煞；脈太褭長者病于氣緩，當湊其急；脈太短縮者病于氣微，當乘其盛；脈太亂雜者病于無蹤，當擇其特；脈太懶坦者病于無收，當奪其總。上下俱尖者非脈，上下齊潤者無氣，稜弦不宜側仄，分戈矛必要頭大，窩之腦薄者水漕，乳之光突者陰殺，釵鉗頭要圓淨，仰掌後要乘金，燕窠取其平淺，梳

齒妙在節坡，平地氣要開窩，平田亦宜開口。形象雖有萬殊，秘術無非一理，穴法之要，特之一字盡之矣。

穴法圖二十有八

陰來陽受

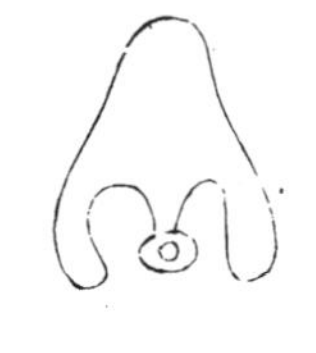

陽來陰受

正面取中

反面取角

橫來就勢

閃落倚脈

平面埵頂

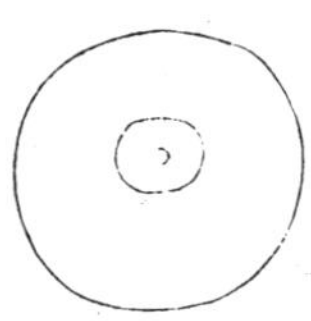

突面粘唇

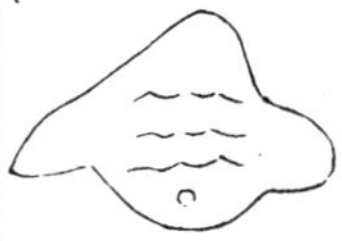

鉤取回逆

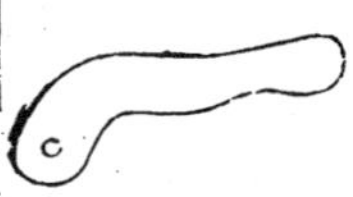

曲取活動

扁大臨弦

粗雄閃殺

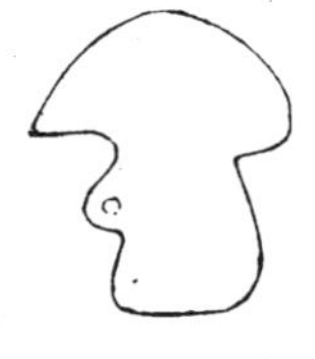

氣緩湊脈

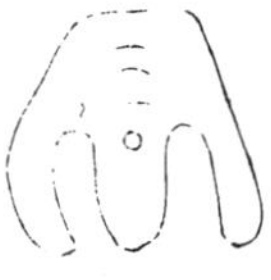

氣微乘盛

金須乘水

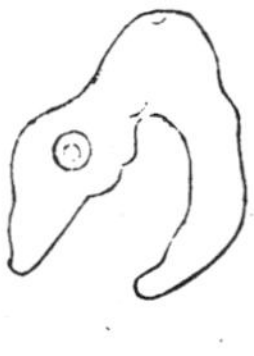

仰掌乘金

亂雜取特

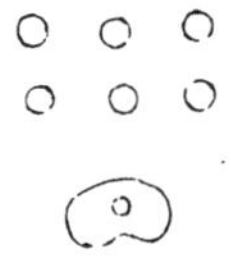

懶坦奪總

俱尖非脈

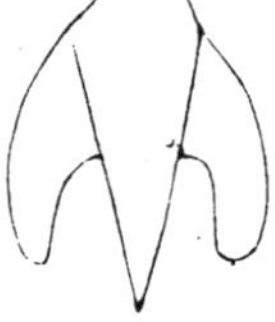

齊潤無氣

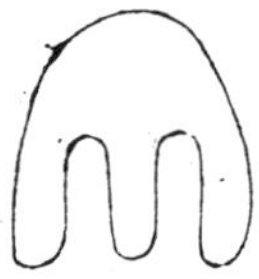

弦稜不分

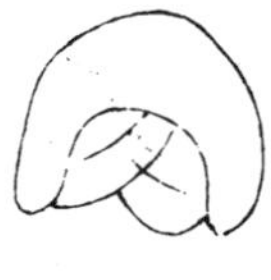

戈矛頭大

窩宜水槽

乳突陰殺

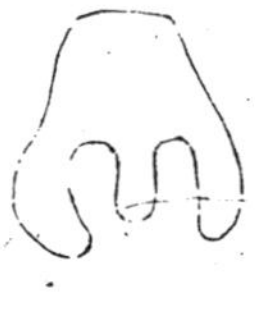

燕窠平淺

梳齒節坡

平地開窩

平田開口

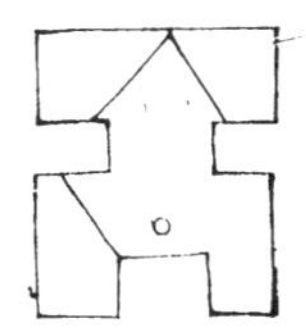

穴信

穴之變有二。有奇怪有隱拙。奇怪之穴。形常有餘。隱拙之穴形常不足。有餘者雖不離窩鉗乳突。然入首多出常態之外。如駢脅之胸。獨骨之臂。無竅之齒。過膝之手。雖怪而實奇。不足者。亦有窩鉗乳突。但入首成形。或此全而彼缺。左有而右無。如半開之英。方成之孕。雖氣完而形不足。故隱而拙也。大抵辨疑穴者。不辨其穴。只辨其脈。穴之有無結作。其精神不在成穴處。而在出脈處。故奇怪隱拙之形不可信。而脈爲可信。論脈不止入首一節。凡出身隆勢抽動處。皆是。其狀如啄木之飛空。如生蛇之渡水。如梭中之抽絲。此皆自然行度。名受脈真水。無此則不融結。附公有言。但認蜂腰鶴膝。一任糊模

不清。大凡穴模糊。要脈不模糊。故曰有怪穴。無怪脈。有是脈。無是形。雖怪而實。真有是形。無是脈。雖真而亦假。此毫釐之辨。曾楊以來授受之心法也。

龍虎

龍虎者。左右護穴之砂也。有皆自本身發出者。有邊有邊無者。有本身全無。借外山而護者。但不若本身生出者爲佳。賦云。無龍要水繞左邊。無虎要水纏右畔。莫把水爲定格。但求穴裏藏風。蓋龍虎所以衛穴。穴不藏風。左右雖有水無益也。龍虎但要顧驟不宜昂頭疾走。以環抱有情。如肘臂者。古直硬無情。反背者凶。此其常法也。若飄如羅帶。擺如舞袖。直如釵鉗。反如袂斂。乃龍虎之變格。實曜之飛揚耳。

羅帶

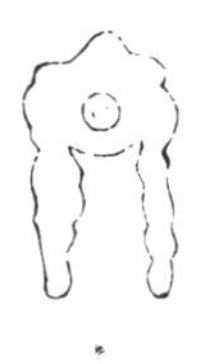

舞袖

直鉗

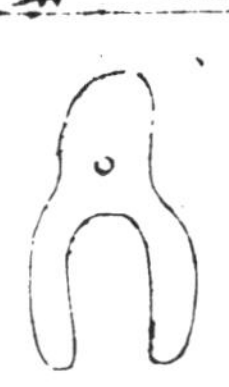

袂斂

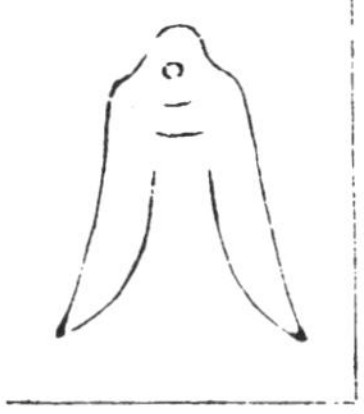

一砂

砂者。下手逆轉之砂也。有收氣收水二端。有一砂收氣一砂收水者。有收氣收水俱在一砂者。如龍從左來則右爲下砂。龍從右來。則左爲下砂。若龍勢直奔入首必閃歸左右。砂亦如之。此所謂收氣者也。如無此砂。斷不結地。若止于收水而言。則逆從之龍。枝葉上抱。皆謂之下砂可乎。經曰逆龍之結必順。言入首必轉。轉則自有收氣收水在矣。豈可以收水之砂而槩爲下砂也。收水之砂。固不可少。而收氣之砂。尤爲要緊。無收水之砂則無財。總是發福。亦不十分富厚。若回龍無下砂者。則入首先得水矣。所以不在此論也。

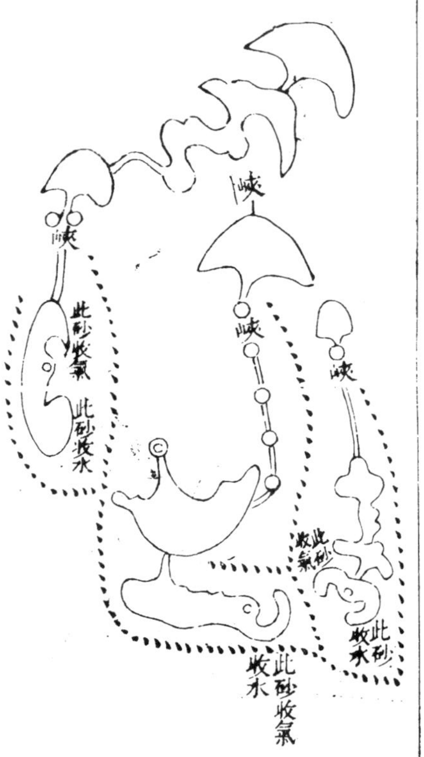

九升曰。下砂有兩。有收水之下砂。有收氣之下砂。收水之下砂者。水從左來。則右爲下砂。水從右來。則左爲下砂。砂與水逆者是也。收氣之下砂。則龍氣向左。以左砂爲下砂。龍氣向右。以右砂爲下砂。砂與龍穴逆者是也。收水之砂。庸俗共知。收氣之砂。非衆所識本文下砂之說。重在收氣。一砂收氣一砂收水者。如水從左來。龍氣逆轉開面向左。則左邊順水之砂。爲收氣之下砂。右邊逆水之砂。爲收水之下砂。此一邊收氣。一邊收水也。收氣收水俱在一砂者。如水從左來。龍穴亦順水開面向右。則右邊逆水之砂。既與水逆。又與龍氣逆。收氣收水俱在右砂。爲收氣收水俱在一砂也。無收水之下砂。多有結作。無收氣之下砂。斷不結穴。地以下砂爲重者。爲收氣之下砂言也。收水之下砂必逆水。收氣之下砂多順水。蓋融結之道。龍與水同行。至結穴之場。龍必回頭與水一逆。龍既與水逆。而收氣之砂。與龍相逆。則與水相順矣。故收氣之下砂。多順水也。本文不得槩以收水之砂爲下砂。說得甚明。庸俗只重收水。反置收氣而不論。悲夫。

明堂

明堂朝案砂水水口。古人論之詳矣。然其闕畧。補之于後。明堂有內明堂中明堂。外明堂。龍虎內爲內堂。龍虎外至案山爲中堂。案山外至朝山爲外堂。內宜緊小而藏風。外宜寬舒而納氣。以平正圓淨寬大適中爲吉。反裂窮傾直長爲凶。龍大則明堂宜大。龍小則明堂宜小。龍小而局太。則堂氣不收。龍大而局小。則規模狹隘。至若龍眞穴的。即明堂不合乎法。亦無害于大體。雖然至尊所居。與衆自別。而明堂乃朝會之所歸。蓋未有不善者也。

朝案

朝案者陰陽之配也。近爲案。遠爲朝。案宜低。朝宜高。高則齊眉。低則應心。以顧祖特朝爲上。他山橫列爲次。眞龍必有特案眞朝。若雌雄牝牡之類。然亦有有近案而無遠朝者。亦有有遠朝而無近案者。無朝則宜水聚外。堂無案則宜水環內局。朝案雖以尖圓方正爲貴。最要察其有情無情。不可以尖秀拘泥。朝案雖有貴賤。而龍身不變其吉凶者也。

官鬼祿曜

橫龍則貴有鬼。橫案則貴有官。橫龍而前後對分則非鬼。橫案而前後對分則非官。退卸失跡。無鬼亦可。番身逆結。無官亦裁。鬼惟有二法。氣盛于前。後必仰尾。朽覆于後。前必偃箕。官鬼俱不宜太長反背。以短小環抱爲上。楊公論鬼。以左轉爲玉盤賜相。右轉爲金盤賜將。祿曜在龍身左右。亦有在龍虎之外者。圓爲祿。尖爲曜。帶此主富貴雙全。

餘氣

龍穴砂案。俱有餘氣。夫枝爲龍之餘氣。稍爲穴之餘氣。官爲朝案之餘氣。鬼爲主山之餘氣。有則氣旺。無則不足。凡龍之餘氣。亦有起峰過峽結穴。但其出身之處。多自八分肩落。或本身少從。自與正龍不同。此龍之餘氣也。

水口

水口者。水去之處也。水口有遠近大小。龍大則大關大鎖而遠。龍小則小關小鎖而近。有自本身餘氣發出作水口者。有本身雖無以外纏之砂作水口者。大抵不若以從山爲佐兩山相會合爲關中有小山爲鎖水口處處有之或兩山環合重疊交牙對峙如旗鼓如日月捍門華表北辰爲都會禁地如獅象臥虎出王侯公卿之尊如金印羅星出翰苑清高魁元之地如龜鶴龍蛇者爲神仙佛道之宮自一里二里以至數十里或百里層數愈多則力量愈重山谷難得者明堂平洋難得者水口水口乃吉地門戶所關利害故曰入山問水口登穴看明堂

水法

水者山之配有山必有水龍長則大江大河相夾而送龍小則小澗小溪相夾而迎水行則龍行水合則龍止所謂隨龍水也入首之水合于明堂蝦鬚蟹眼相于左右此所謂三合水也若局中來去之水則稱夫龍龍大則水宜大龍小則水宜小若龍大水小則宜堂局寬平龍小水大則宜祖宗高厚山水相稱斯爲冲和凡水以來爲逆以去爲順來者之玄去者屈曲而不直橫者環抱而不反聚者停潴而不流蕩有聲不如無聲明拱不如暗拱經曰洋洋悠悠顧我欲留其來無源其去無流

亦之至吉者也然水以聚爲貴若聚而大大則蕩胸而內氣不收必至敗絕故汪洋巨浸宜處外堂以穴中不見爲美水以入口爲得若曲而入口形有似乎反跳惟下砂收水太長故水曲而似乎反也試觀江淮河漢之間郡縣市鎮之結多在水曲之岸抱處反無融結何也蓋緣曲處必有砂回抱處水反裹頭而去無砂轉以收水故也大抵水瀉則財不聚水反則情他顧水割則山無餘氣水斜則下砂寬遠田源之水一級低一級而來者爲倉板水一級低一級而去者爲捲簾水倉板水主粟陳貫朽捲簾水主入舍填房山之應驗術進水之禍福立見愚謂水之禍福皆係乎龍若龍真穴的則砂水自然合法縱有不合不過一房一事之病何必拘泥且假天星卦例以推排則美女精兵之言得之矣

垣局

垣局者前後左右羅列之藩垣也以寬大完密爲上星峯羅列疊疊朝拱至數百千里者帝王之都也數十里者王侯之地也局漸小地亦隨之未有正幹而無大局亦未有小地而有大局反此俱爲失經談數千里之局

似乎虛誕。然以小局而推極之，則千里內外，亦非虛套。

石山

石者，山之骨也。有發于龍身，有起于山頂，有生于穴土，有交于穴下，有分于穴之左右。然則石之所起，乃氣之所凝也。經曰：山勢原骨。又曰：凡起星峰，皆要石。若是土山全無力，則石之不可少也明矣。凡石有陰有陽，陽仰而聳，陰俯而伏。聳者無根，石下皆土；俯者相連，土下皆石。不可不知也。石色以明潤青白為佳，嵯峨破碎焦枯乾燥黑為凶。山谷未經退卸，石山在所不葬。出陽帶石，乃為佳耳。倘出陽而焦枯破碎，嵯峨凶惡，則為關闌水口。雖曰出陽，亦不可葬也。

作法

古人立作用之法，以天地無全功也，不得已而用之。有當以本相葬者，有當掘開并培補而葬者，如祿存開孤，破軍剪殺，臂凹則增高以蔽風，腳直則培曲以收氣。形大者可闢地，小者宜培，順其自然之理，豈可自姿意見，槩用掘鑿，以至傷龍傷穴哉。

淺深

大抵此條附錄之書，姑存此二則

穴之淺深，固有定論。古人以八卦定淺深者，實為迂遠。然以界水定淺深者，實為未當。且如北地平坦，高寸為山，低寸為水，微茫之水氣淺，而穴反深丈餘；吳越平田，培土而葬。雖地勢有厚薄之殊，而淺深將何所據？以愚論之，陽結宜淺，陰結宜深。陽若花之開，而氣發于外；陰若實之垂，而氣蓄于內。淺深亦復如是。故氣自下升者宜益，平田之穴是也，不畏風吹；氣自上降者宜乘，丘隴之穴是也，最畏凹風。經曰：淺深得乘，風水自成。譚敬素以為太深則氣從上過，太淺則氣從下行，言穴之不可淺深是矣。是言氣從上過下行，恐亦未然。蓋穴之氣融凝止聚者也，若上過下行，則氣有流動之意，與葬經乘止之說相左矣。

南北平陽

平陽之龍，有顯而露跡者，如岡阜丘堆是也；有隱而藏形者，如平出平地是也。其源皆高山發來，展開闔闢之勢，博換頓伏，雖有隱顯之分，而體格則一。但地勢有高下之殊，而結亦少異。且如北方之龍，雄強相老，非退卸落平，其勢焉能遽住。世人每愛其起伏之佳，于中打葬多至敗絕不知外氣所以聚內氣過水所以止來龍故欲尋北地之龍當先知水之行止砂之轉收而水不必泥定湖潤但高處爲山低處爲水是也然後原其所來如魚鱗之參差如波浪之重疊或連牽低伏而爲長虹之垂失踪穿珠而爲亂星之落或擺摺如鷲蛇或盤旋如鈎曲下中微突如龜鼈露泥魚晃浴浪就其起處扦之而葬其巔或下吐氣如殼負蝸身肉垂蚌口就其盡處扦之而乘其止或平地隆高而爲衙平弓滿之形或高坪廣布而爲鋪氈展席之勢或如蛛網之隱微或如

雞窠之盤曲取其特大特小察其有拱有收經曰隱隱隆隆吉在其中此之謂也若南方之龍退卸秀嫩結于山者固多落于平者亦不少其來若無可據其止實有可知亦以水行爲行水止爲止行者屈曲之勢止者瀦抱之情大約來脉欲長長則勢旺入首欲巧巧則形佳後欲水纏前欲水聚故曰不洋以得水得局爲上而藏風所不論也然亦有開口吐唇二端開口爲陽宜就轉掬吐唇爲陰宜就發舒口有正仄唇有大小田潤大取動氣于角邊田小巧乘生氣于中心察之于龍審之于穴辨之于峽徵之于水証之以明堂彷彿其象摹想其理以神遇而不以目遇又何難于南北之平陽哉

山谷平陽

山谷平陽形勢不同結作亦異山谷多逼窄貴在開陽平陽多曠蕩貴在攢簇山谷局宜寬平陽砂宜緊山谷局逼則上聚平陽局寬則穴低倘局逼而穴低局寬而穴高皆非合格縱能發福力量亦淺山谷特小平陽特大山谷之龍粗老小則博換秀嫩平陽之龍柔嫩大則雄偉尊特此其大槩也又如平中一突雖似乎小則特

在乎高下有無之間不可以此而槩論也

道法雙譚原爲結作法而收而結作之外本書復有砂水諸論不忍割截因備錄其全書

結作法星辰變體部五大乘氣論　廖金精著

龍之行止有定理故穴之結作有定場道法雙譚已將枝幹結作之常度窮極而無剩義矣但山川融結有常有變或止于石或落于泥或融于水此等變體則末之及也廖公有五大乘氣法以窮其變今附是法于雙譚之後則常變無遺法矣蓋憐穴奇形成從

變化出者也先讀此而後可窮穴法。

總論

五大乘氣者謂山乘秀氣。石乘殺氣。坪乘積氣水乘遺氣泥乘生氣也山之秀氣取端正雅麗脈絡清細方圓突凹成星體曰秀。石之殺氣取入首山盡水合穴之左右前後生石如筍如笏圓淨成象精神發露擺列開口。乘其殺氣扦之名坐殺穴多出功臣名賢血食人品坪之積氣謂五星瀉落平洋無乳無節草蛇灰線陽晦不分脈旺氣聚而起曰積宜乘其陰而扦之水乘遺氣者

山勢雄健來脈峻急。過水另立營寨或氣止水交之處聚一泓清泉澄靜深蓄是陰陽固濟夫婦同行即于泉中立穴淺深以泉水爲度若脈浮水深則用叠石叠土之法。因其精血凝結經絡榮衛主大貴也泥乘生氣者平田中微起墩埠或石泡如龜螺乃山川旺氣偷蹤隱跡渡水臨田而結乃生氣交固不畏八風而孤立成胎也已上皆真氣融會精神超越淨脫凡胎結成妙品無一毫駁雜之氣時師不知妙理忽而棄之可慨也夫

山乘秀氣穴法

挂燈穴

太陽開口上聚下散高而無龍虎口內微突雌雄內結星辰端正就突取開不可太大損傷龍氣主拜相之貴

露脈穴

金星左側曰太陽右側曰太陰氣脈浮露須順脈而粘太陽左太陰右審金魚蔭腮水先到迎之不宜太深恐失脈也。

橫陰穴

金水出橫陰穴脈橫來棺直墊後倚樂星前收堂氣下對合襟取來脈串氣入穴橫受陰陽牝牡相應神交氣融真橫穴也。

走跡穴

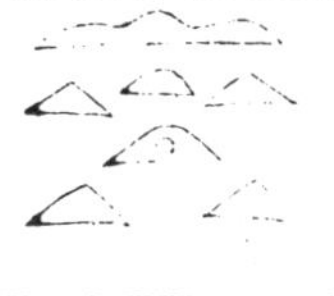

平地金水走跡如龜覆地或田中走竄出沒顯穴簷前顧後取四水結聚處中間堆上窩處扦之若在水邊乃羅星不可下。

過節穴

金水跌斷中出面目兩頭回顧宜斬氣欄截法須打開取後應樂迎前財祿接氣而下棺宜正接不失迎送爲過凹泡節穴

天井低平穴

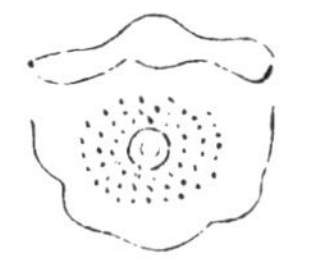

平地金圈低平穴湖弦四畔轉金灣取湖心小聚中處用纂法扦之取前應後樂爲佳穴不可打太深。

穴

燕窠穴

坐殺穴

金水天財倒冲者頭起如鳳飛斜脉直撞
從樂應取穴棺宜深入受氣塟之

石藏殺氣穴法

天罡出太陽面如石獅石虎口開半天宜
就石口塟之四圍俱空對中認匣四邊用
石砌起若有旗鼓四應拱衛主拜相血食
天罡出金面生水窩身廓皆石內外四正
明白牝牡相應隨棺匣濶狹枕之不可掘
傷外用土培起水窩須認大聚處扦之

掃蕩穴

鐵爬穴

馬跡穴

金木出掃蕩形穴如犂嘴宜鑽腌認雌雄
打開取金水穴扦之
孤曜氣脉出如鐵爬直似排鎗取中心下
動處兩邊送水齊到宜就中認交襟扦之
若有先後就先到扦之
天罡或出平地半山圓石成形如馬跡之
散列出七星五斗三台是真氣鍾發宜就
斗口或窩內扦之不可損傷此石主大貴

隔山穿穴

燭心穴

横石穴

金星凹穴就凹脊上雌雄類穴若脉粗大
似有似無宜粘脊枕凹坐後樂扦之經曰
隔山穿星兩凹夾兩金相近妙
金星有脊直來到頂上平正宜就金頂枕
脊脉扦之只要弦稜分明四維山起護衛
高過本體迎財[illegible]祿主出大貴
金水出横石脉似金書玉尺不問兩頭中
間只要棺匣正當審大聚處塟之

流丹穴

金土穴

燥火出石笋石鎗若兩水到堂衆砂大聚
石中有窩突就窩突中扦之經曰赤竃流
丹人不識生則封侯死廟食

坪乘積氣穴法

大坪出脉明堂廣濶龍虎寬平須用天機
訣法中紫氣左太陽右太陰枕脉氣而下
中穴要正收兩邊界水左右須迎一邊水
先到三穴俱要水合上堂方真孤曜罡刑
皆凶犬坪氣寬龍懶須土堆培以收財祿

取脉穴

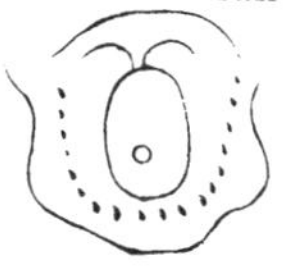

大塊平洋其脉草蛇灰線如針之可穿要看緩急迎接流針灰線勢來急粘氣塟勢來緩奏入塟之遊絲仙掌俱宜奏入

從水穴

大坪金土寄胎不見脉畧從水邊漸漸高去則龍隨水行氣從水轉于水合或逆灣處起微堆為陽中陰就高處迎水扦之

取息穴

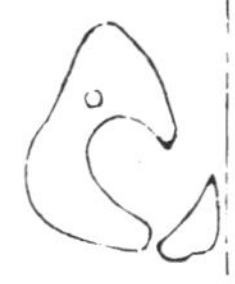

金水無脉無乳失踪看四畔平正取掌心認息扦之要外不見而穴內見者方是

水乘遺氣穴法

遺胎陽聚穴

孤曜出胎水潭內有陽聚水中有石龜石魚石獸生出雌雄棺匣要朝水就獸而扦之用土堆培若有秀山外衛主拜相封侯

陰聚穴

孤曜脫殺陰聚結穴水邊是下水龜或遊魚白鷺形細認棺匣朝迎財祿以湖潭為明堂聚氣水中雌雄相應外圍聳秀大貴

月影寒潭穴

孤曜出平洋落河中如滿月在水謂之小陰牛陽就湖中認棺匣扦之月影穴隨其方圓不可太掘傷氣如水深則用疊草法

汞泉穴

金水結處一泓泉水一名陰陽固濟陰吸陽精棺枕水中塟後水乾大發脉浮用懸棺弔法塟之精血融固主大貴也

泥乘生氣穴法

藏跡穴

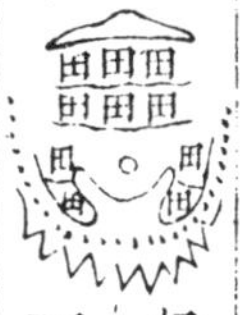

掃蕩穿泥隱在波心取大聚處為貴或有石堆土泡宜就堆泡扦之主大富貴

陽結穴

掃蕩變出脉來隱隱落在平田看界水纏聚處或石或土必成星體宜認定棺匣扦之若明堂端正四圍環繞主出大貴

吸陽穴

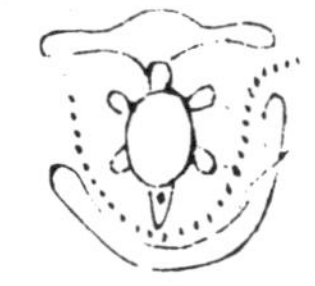

掃蕩穿泥隱在波心作龜螺形穴內有石竅氣突謂之陰吸陽精淺深隨棺匣而扦泥水太深用迭土法氣脉交固主大富貴

馬跡穴

掃蕩變馬跡梅花如梭中之絲出乎地水大聚纏處或石或土布五星七星之體而明堂方正必出富貴

結法餘論

九升曰巳上二書皆言結作之場也而世之言結作者更有種種名色然亦不可不知也有以龍穴言者曰直

結斜結橫結回結閃結偷結也。有单以穴星言者。曰正結側結離結也。有以高低言者。曰飛結潛結也。有以穴場言者。曰騎龍斬關也。龍直來。穴卽結龍之直頭。曰直結。稍斜向一邊。曰斜結。龍直來。穴橫作。曰橫結。龍順來。穴逆轉。曰回結。卽回龍顧祖也。閃結者。龍直去而閃落一脉結穴也。偷結者。龍直去。不見有脉落。而山體却自成一局。有穴有堂。曰偷結。蓋卽閃結之陽落無跡者。正結者。結于穴星之中。側結者。結于穴星之傍也。離結者。穴結穴星之下。裀褥之中。曰綴。曰拖。曰抛。以其離却主星。故曰離結也。飛結者。結于山之巔。潛結者。結于泥田之中也。若騎龍斬關。皆穴居龍脊之上。以龍行未止。截氣而扦。故立是名也。知上二書之法。則可以覓穴知此等結作之名。則可以向世人論說。泄天機。但以直橫回飛潛五者言。不能盡結作之說。故備舉而附載于此。

山法全書卷之六

古婺葉　泰九升氏集
武原李　懋樹嘉氏參

結作法穴星化氣部寓形論

司馬頭陀著

讀道法雙譚。則人人知結作之所矣。雖然使其結作之所皆兩手掬抱。中垂一乳。則人人認得爲真穴。奈天地之融結。若此十一。不若此者十九。則雖尋到穴場。究竟猶疑不決而返也。此其故由于不識穴星之化氣。蓋穴星之化氣有陰陽之不同。而陰陽之中。各有種種結作。豈得槩以兩手掬抱。中垂一乳爲穴乎。穴星化氣寓形論論得詳。學者熟此。則登場自能識穴。庶不虛前日之讀道法雙譚也已。

天元一氣寓形論

盈天地皆氣也。而行乎山。適乎水。有升降變化之機。不同者。非不同也。因流峙之有形。而氣以隨之。亦理之自然也。積而爲尖圓端方聳直湧動之象。降而爲飛騰開展卓拔擺曳出没起伏之勢。大而至于摩空限險。小而至于潛踪匿面。而其氣未嘗有間于中也。氣既囿于形。

形能變其氣形氣感應而吉凶生焉形象萬殊應隨其象故形吉者氣亦吉形凶者氣亦凶形舒者氣亦舒形暴者氣亦暴形一者氣亦一形亂者氣亦亂至于清濁貴賤剛柔邪正可類推矣然以其形察其孰陰孰陽審其孰聚孰散明其孰浮孰沉辨其孰真孰僞非深知者不能也葢以動靜之理言則水動爲陽山靜爲陰以險易之理言則夷坦爲陽崇峻爲陰以情勢之理言則開發爲陽局縮爲陰抽暴爲陽硬直爲陰面豁爲陽背負爲陰其形之止聚也則必立向背之情分闢闔之體何

爲開窩陽是也何爲闔乳陰是也葢形開則陽發于外其氣浮故屬陽形闔則陰蓄于內其氣沉故屬陰陽則淺以乘之闔以固之陰則深以取之闢以通之夫陽結之屬其形爲仰窩爲承掌爲兜凳爲偃箕爲垂坡爲窄鉗爲傾鼎如玦之垂裳如月之抱魄及曆隱偃浮趺盤袂斂脉蘸淺流突臨平盪此皆陽聚之結也陰結之屬其形爲懸囊爲垂乳爲墜鍾豁而肤偃而凸萌如芽疑如節及駝峰鶴頂龍額蛛腹鮎唇馬跡龜肩牛項此皆陰聚之結也若其落平洋經曠野則全屬乎陽矣何以言之葢勢平流緩脉浮氣淺有水以比之無質以累之其爲勢也長若垂虹走若擺蛇橫若衡平彎若弓滿飄如遊絲直如絃拽方如璽鋪圓如荷貼宛如龍蟠回如鈎曲其形之顯也如龜鼈露泥魚鳧浴浪殼負蝸身肉乘蚌口此皆妙聚之形也若其勢趨田疇行無定蹤落無的脉則當察其特大特小或拱或收如魚鱗之參差波瀾之層疊及圓如蛛網轉如象鼻蠏鉗蜈口皆浮陽有氣之聚也然必外流交抱以止之或朝聚以成之心融理會斯可得矣

達僧問答

形以氣凝氣復隨形何也曰凝形之氣一定不動之質也隨形之氣生生不窮之妙也是知形氣未嘗相離所以能成其變化也故葬書曰有土斯有氣又曰土形氣行物因以生世俗多以五星九曜辨其理獨郭氏言氣鮮能用之今論俱不關涉何也曰星曜以其生制觀剝換之所宜以其方向察趨避之所利辨峰巒大小尊卑貴賤可謂詳矣而于內氣之所稟受則理有不同而言故不及葢星曜之理與形氣之理不同形氣之理妙用

之理也妙用之理非深于覺者未易曉也此文分陰陽窩鉗坡乳肤凸脉息之所止定高山平夷淺深浮沉之所聚雖不涉葬書而理實乘生氣也窩屬陽乳屬陰何以知其然也曰天地之氣一闢一闔一發一歛實陰陽出入之機草木花菓抽條布葉者氣之行也開花垂實者氣之止也葬之開花豈非氣發于外乎而窩陽可知菓之垂實豈非氣藏于內乎而乳陰可知萬物之理莫非陰陽相乘以生而地理止聚之氣取其陽不犯其陰是所謂乘生氣也是以陽散于外則淺陰藏于內則深

開之屬俱淺合之屬俱深乎曰開合之體明而淺深之法分鉗坡平仰則其氣全在于浮歛急則其氣未全發于外必乎仰然後淺乘于自然之聚破實就虛陽尤不離乎陰也若夫乳肤節脉當觀其兩畔界流之淺深更以稟形大小而斟酌之急緩隆平而體察之何謂淺以乘闢以闔深以取闢以通曰淺深得宜作用得法所謂目力之巧工力之具是也能明作用之法則淺深自得于心矣乘金相水穴土印木實作用之妙法也乘金者散緩鋪潤大作圓堆是也相水者傾坡取平大開圓口

是也穴土者方穴深取中不培冢是也印木者後接前迎因山績脉是也夫浮陽之穴非乘金不足以聚之半陰半陽非相水不足以發之然相水內又乘金相涵相生也乳脉輕小必印木續微此皆闔以固之獨穴土之法膚乳粗大陽藏于深必深穴其所鍾闢以通之不必培土土厚則氣難發矣既欲其氣發則圓爲相水亦可何待于方乎曰乳圓則氣有動意穴方則氣有靜意羅堂圓開其氣動復乘金以聚之使之不散也方穴大開其氣發必方而使之靜靜則不散也培土太厚靜不動

矣若夫龍真勢特而入首或綳或硬無窩無脉此皆濶聚之結見此穴者大開相水則濶綳之氣從動處發于中淺浮大堆以聚之取氣至巧至妙之法也要識所稟所蓄非虛則可所謂聚之使不散行之使有止觸類而長存乎其人窩乳之形易察而真僞之形難辨敢問其詳曰陽浮之聚必後有隆圓之體前有微歛之勢仰窩偃箕承掌內無稜坎隱然漸低中有肉地者爲真陡而爲坎及窩太深中無肉地者爲虛蓄深而陡者則肘臂重其氣不發于窩而或流行于左右矣若陰聚之結膚

欲豁而有受乳欲墜而有畜凸欲漸隆而足潤何爲有受胸膛隱然歆凳以受之也何爲有畜上小下大則墜而有畜也何爲漸隆而足潤突與節脉隱然而起則氣不促足潤則餘氣多而界水不削凸然而起及界水逼近者恐多爲贅疣之氣也然節脉之穴雖巧而受氣最微要能于大止大聚處勢特局真急中與積氣中求之因微以識其幾之露則得其妙若其勢弱局寬而緩慢者多虚也何謂積氣曰主峰重厚端聳無破漏者爲積氣上地之結三五節内有之則其勢來多稟弱積輕則當爲陽聚節脉之前合流微淺茵蓐平鋪匀搭平緩破實就虚上接下蘸爲借脉以導陽也既有陰變陽豈無陽變陰乎曰鉗坡深而股重取其節氣倚其盛大皆爲陽變于陰也必深以取之如頂脉長則于未分將分處取之面絪勢蕩則觀其微斂上則上聚中則中聚下則下聚偏斂則氣挨于偏均斂則氣合于中真龍口之聚也鉗坡之内旋低就斂則上水淋頭何以不畏曰夫流亦有陰陽其流平淺者陽會之流也其流陰窄者陰射之流也陰射之流可畏陽會之流又何畏乎審形察聚

蒙師罄徹敢問其聚之之的何以觀之曰定穴之的有一定之理無一定之法有一定之理者雌雄以相濟横直以相就無一定之法者高低之不同屈伸之不等有以勢力及與不及而知其的也有以稟形盛與不盛而知其的也有以鬬緩讓急奪總避直而知其的也有以節脉顯然而知其的也有以動息隱微而知其的也有以剛柔相尋而知其的也有以至中至正而知其的也有以形傾勢閃而知其的也有以合流微淺而知其的也有以微斂轉掬而知其的也有以剪交避缺而知其的也有以内流寬緊而知其的也有以護翌照樂影映而知其的也有以彰照證佐而知其的也千變萬化心目精熟自契之矣世俗以方向定的何如曰以方向别外之待應則可以方向定穴之真的則不可真穴之結大而界合朝聚小而交鎖挹抱乃爲相乘之勢亦自然之勢也蓋山欲止不待臨流而勢先殺非勉强能使其止也山川融結實難全美有内氣足而外氣不足者有外氣完而内稟不足者况明堂來去不能不雜乎吉凶大抵龍穴既定方向隨之朝應形體流水字面不能不

符譬如人之貴賤事物各相應矣是以不明龍穴拘一
卦則窒而不通兼衆卦則泛而無主古者支神十二自
漢以來因後天之卦入于維之向乃支神之柔也支神
之向乃干神之剛也故勇猛之勢多樂干神平緩之勢
多樂支神雖陰陽相用亦大槩之法也獨八方之風不
可不辨夫坎爲廣莫風艮爲條風震爲明庶風巽爲清
明風離爲景風坤爲涼風兌爲閶闔風乾爲不周風惟
東南風不散生氣方向値此者不畏高巔空曠西北氣
要周遮艮近于坎緊閉尤佳所謂三門禾開五戶常閉

是也深鍾之穴無妨浮陽之穴尤忌郭氏獨別支壠絕
不論五星而于作用言金木水上何也曰五星之形易
別支壠之體不易別作用之法則借四星之形金以聚
之水以相之土通其深木續其微非以四星之形而能
生此也不言火者火炎燥勿用也作用之法蒙賜教矣
塟書之妙更望指迷何者氣爲切要曰乘風則散界水
則止此乃大較之說其行也因地之勢其聚也因勢之
止塟者原其起乘其止似猶未也葢行勢易辨止勢難
辨勢來形止藏風界水虛而無結者多矣其論形止氣

畜來積止聚方爲切要故吾所論皆止畜積聚之妙也
且岡壠多流行平洋多零散然夷坦亦有流行者固然
涸燥亦有零散者尤妙流行者氣旺而活動零散者氣
盛而有餘岡壠頓伏抽梟鋪茵展蓐開坪放蕩垂髯掩
袂深邃藏風大聚也左右巧如刻削整齊逢水而止小
受也平洋不露必受中氣平夷篤隱隱隆法塟其中
見其意矣然尤在于支之所起氣隨而始支之所終氣
隨而鍾始字鍾字氣有意味起氣在始不在終盡處矣
若終觀其所鍾方可爲穴塟其所會生氣會合以爲穴

也乘其所來急則緩乘緩則急乘也審其所發揆盛就
強偏立以爲穴也擇其所相照樂映應趨情以爲穴也
避其所害凹逼箭割穴宜避也智者推類而廣則奪神
功等差之異何別曰貴龍之爲勢也當觀其横潤擺摺
卓拔飛舞富龍則無此勢矣故疊如帳幙者知其爲臺
司之任也重如鼎鼐者知其爲柱石棟梁之器也方如
金屏横如玉几知其爲左言右史近侍之臣也一字長
横三臺竝列知其爲中書樞要之重也鋸齒排雲知其
爲公侯閫帥將相之兼也筆峰插漢知其爲名魁天下

終掌銓衡也翔如鸞鳳美如圭璧知其爲臺閣絲綸之佐也龍升雨降知其爲叅樞臺部之權也排旗壁節知其爲節度侯藩之寄也擁袍簇蓋知其爲邦侯郎宰之職也豸戟笏正知其爲諫諍輔弼之司也書玄揖帶知其爲賢良翰苑之淸也鉤橫甲露馬馳纛展知其爲方面兵權之勇也庫堆囷列知其爲貫朽粟陳之富也幢旛擁纛知其爲禪宗佛祖之居也雲霞重疊知其爲還丹升舉之仙也蛟奔虎急知其爲𣞥靈血食之祠也以端正而知其忠以傾側而知其佞以柔亂而知其淫以

卑劣而知其賤以粗猛而知其惡以瘦薄而知其貧以粹美而知其慈以威烈而知其斷分窮源大江以知其出身之遠近觀外城內局以知其器量之宏隘況其出沒有偏正卓展有大小詳而等差之其中不遠矣有龍而無結者多其病不知何居曰夫龍之病全無頓伏者病在于形困跌斷過多者病在于力倦出脚不起峰巒者病在于分少而與輕瘦硬如竹節者病在于强直而無活身輕而足重者病在于幹傷氣弱脉短而促縮者病在于氣廹不舒裊長而窈窕者病在于過柔而流泛

貢被而身漏者病在于虛餒而無積形雜而無特者病在于勢亂而無所宗彼降勢之真度脉之妙者如絲之飄如瓕之鋪如雞之鬬如人之揖如橋之接如線之拽如繩之乖如梭之度如星之流如毬之滾如陣之戰劍隨印護峰起池夾如之何不爲上地之融結也哉

司馬公姓劉名潛宋哲宗時南康府人遁世爲僧宜號頭陀達僧問答發揮皆是莖經旨趣僧死竟失其傳前明寺廢遂得此于佛腹中

陽結之穴凡十有六

仰窩 承掌 兜凳 偃箕 乖坡 蟠倒 蟠倒左右

窄鉗 傾斝 玦裳 半月 曆隱 漏浮 跌盤

衹欽 脉蘸

仰窩

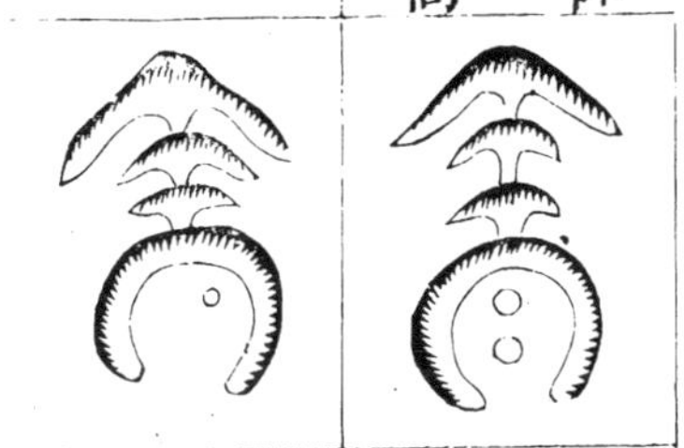

仰窩之穴不問方圓尖聳但要厚重面豁窩淺唇兜背圓爲妙結處愈高力量愈重勢平力均取中正爲的後峰仰則蘸窩爲穴急則中心爲穴勢有偏重則挨盛處爲的腦重窩深皆爲虛也

承掌

兜凳

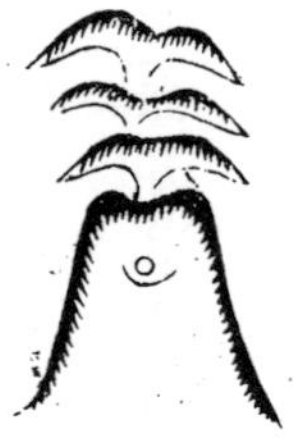

入首不起峰巒作仰坪名爲承掌要垂厚中漸微低而勢圓者爲妙如勢長來豐則蘸低爲穴後促前長則出窩爲穴取及不及爲的。

壁立峰間忽生兜凳以後峰濶厚爲奇凹𡶐落者更妙如屏者主大貴蘸唇下爲是須要背圓唇兜亦取中正爲的又名燈搭穴

假箕

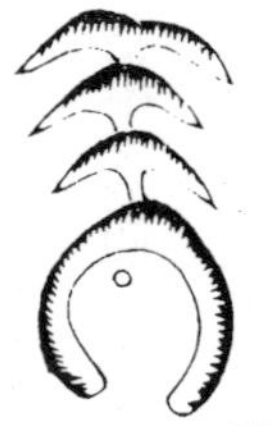

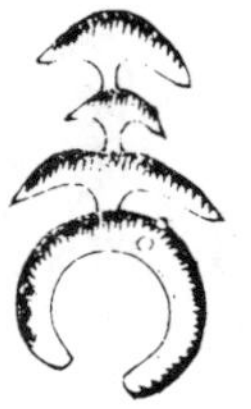

垂坡

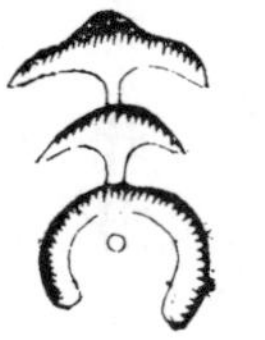

平如箕仰有若掌垂高山平夷皆有此結但勢長口瀉而窩不圓耳均停則蘸窩以爲穴不均則挨其盛處以爲的也。

垂坡之勢勢須面豁左右均齊當取其中氣其股勢不齊當取其盛大及長宛處爲的其或有左無右有右無

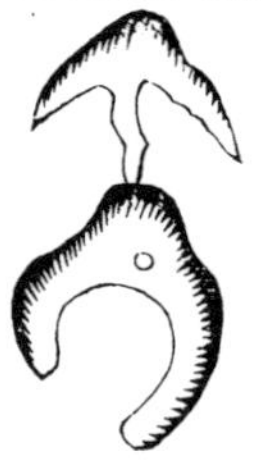

左當以掬轉爲的葢坡結之勢須急中氣切不可犯當讓其急直用破實就虛之法方妙但欲上寬下狹爲真

龍側來者則氣全中頂不分亦取中氣爲的如股直内有肉地者推出就陽亦是妙結

九升曰垂坡者乃主星順披而下垂爲山坡兩邊微高中間如仰掌微低雖非開窩實濶大陽窩之體也

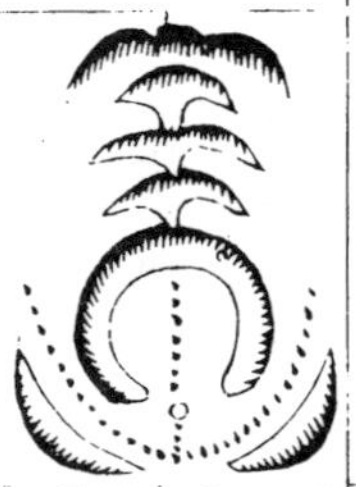

蟠倒

此垂坡面綳足蕩止處微飲勢下聚于合口若口狹名爲玉尺法當懸空浮起立穴接雙脉之氣下作堦溝放玄武水爲連枝穴要穴前有微流闌截爲真。

此垂坡蟠倒取其回受勢自臂來不爲分奪當以中正爲的也。

蟠倒左

蟠倒右

窄鉗

左右蟠倒垂坡其中雖有坪難作窩易之結菭肘臂關過若有流動之勢當以漚爲的無此者多虛耳若主力重而臂力輕當開鑿培植而取其聚也。

垂鉗者以其開槽淺狹力重于坡胸豐股盛者爲真腦弱股輕者無氣若勢均力停當推出槽開處下穴以讓急避直爲的又取中氣爲是。

此皆窄鉗腦勢仰緩當取其將分未分處爲穴以鬭急奪總爲的也股臂不均當挨其盛大處爲的左右皆同若龍勢側來者則取中氣以爲的。

地理大成
山法全書　卷六

傾疊

玦裳

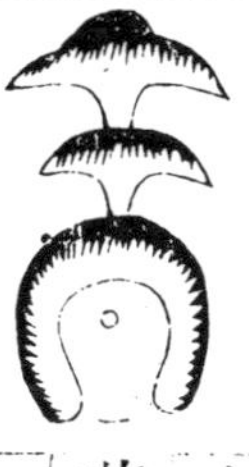

半月

弔脉如垂峰傾下者爲傾疊側脅穴當讓急爲的。

如垂玦之衣裳者取其脫壁之中有茵褥當以讓急爲的。

峰如半月而兩角灣向中有餘氣如抱魄者主峰高重當以坪中至正爲的輕則蘸平爲的。

蟠隱

漚浮

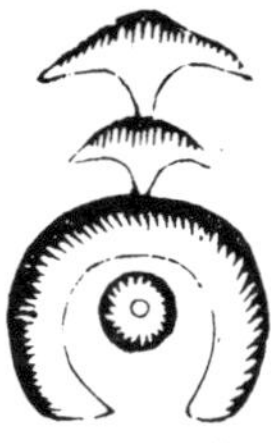

趺盤

蟠隱是有氣息處不問圓峰濶面及肤乳上皆有之爲天然之的絕無而有者真多則恐是虛浪。

漚浮者氣泡也濶面及肤浮上皆有之爲天然之的切不可破傷粘而穴之爲妙。

主峰高圓重厚下有衣裾如跏趺坐者以中正爲的猶仰窩之結也。

袂斂

袂斂之穴。為外散內聚之結。葢入首開坡。而手足流動。外望若散。內觀斂聚。此最為妙處。當就其斂口為穴。偏斂則挨其偏。

九升曰。袂斂者乃兩袖相斂。故其像為內聚外散。然亦有圓抱而斂者。則外望亦聚也。

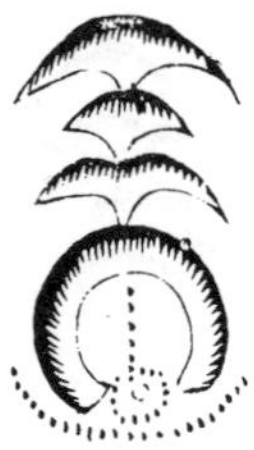

此正斂穴。外有靨腮。復有餘氣而散者。可就斂內為穴。放玄武水兩邊過者為妙。又名含珠穴。

此正斂口。外有餘氣圓結。復有界水者。可于含外立穴。名為吐珠穴也。

脈蘸

脈蘸之穴。與動息相似。而少有不同者。落長而動微。有靨腮木以隨之也。宜頂脈蘸流以為穴。然流暈隱然而不深者為妙也。葢此穴禀氣最微。取其合流相成。變為陽聚。若界流或邪偏深淺不均。皆為虛耳。

陰結之屬凡十有五

突臨　懸囊　墜鍾　谿肤　偃突　萌芽　凝節

駝峰　鶴頂　龍額　蛛腹　鱣唇　馬跡　龜肩 牛項

突臨

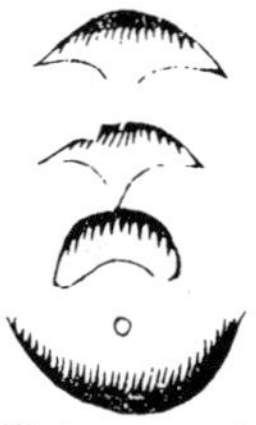

突穴本陰。取其下有茵褥。亦是陰變為陽。宜就茵褥中立穴。

此平來硬突而有茵褥者。穴法與上突臨平蕩同。皆取其讓急避直以為的也。

懸囊

凡陰穴欲其如懸囊垂乳者。有鍾蓄勢也。垂長者為囊。短者為乳。偃濶者為脉。當辨其落脉。分奪得勢。若從正峰上落。其力不能及于垂處。若主峰低弱。則力能及于大處。若在凹處。力卽在于垂處。此以力之及不及

墜　鍾

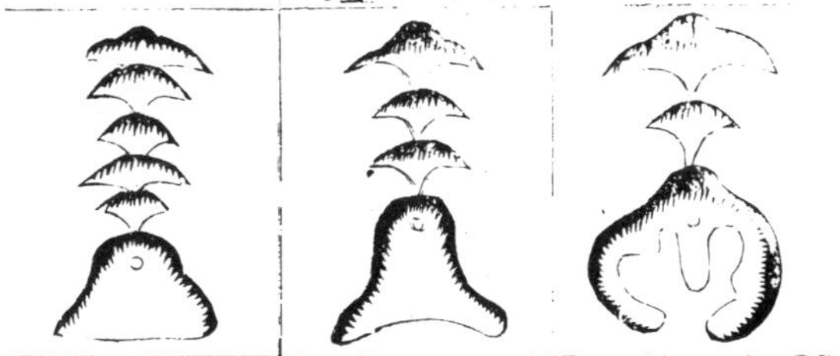

的若垂太重則其勢必及于愈低以三隅反可也大率囊乳以後有仰瓦爲真有撑者恐是橈棹勢分爲虛矣

此穴觀三停脉緩頂小當以鬬緩奪總爲的若上剛急太甚當以剛柔相濟爲的。

谽　肤

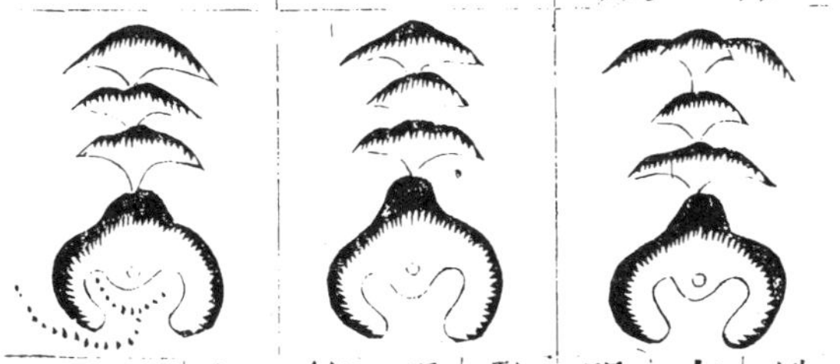

谽肤之結雖形廣勢緲而情勢真者眞氣氘多當取其至正至中處用開闢法取之或以形傾勢閃或以水流緊處偏側爲的若乳肤之穴而內無所蓄者如劍脊如柳葉如垂帶如箭簳如鼠尾或斜或曲及死而無動意活而無靜情皆無氣之形也。

偃　突

肤穴結上有欹凳者以息處爲的長肤穿肩上聚者以護翼樂上爲的。

偃而爲突與動息脉有不同者多出于平坡及低阜隱隱漸隆奪總以爲的。

萌　芽　凝　節

節芽之穴于擺動處有之或柔㒱中有之或硬直中有之此以節脉顯然以爲的也夫節脉之穴最不喜直落蓋所稟微而勝氣分側落則勢大肤囊畜多者不畏然側落者終力太

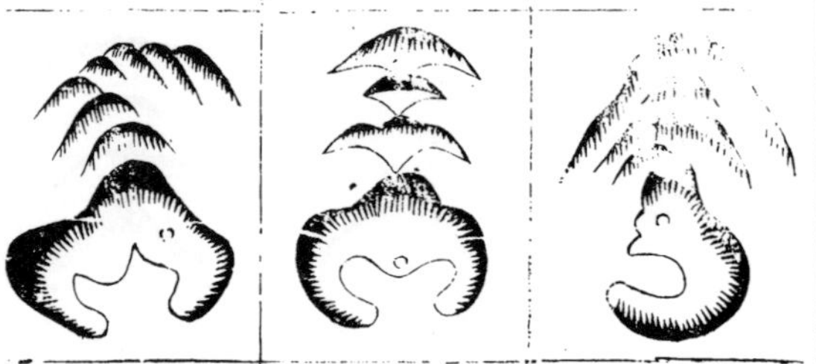

九升日節芽者是穴星上微微吐出小乳如木之萌芽胼節也此係真真生氣發露處宜細心求之

駝峰

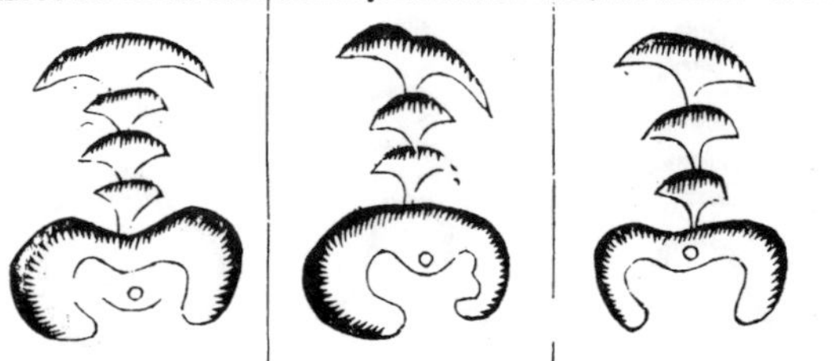

駝峰穴者過凹結也要面豁背拱爲真若是瓠頸爲過山不葬以腰短爲妙此俗所謂天才是也若中微有節脈則就其顯然處爲穴無節芽就二峰均停者取其中氣爲穴兩峰中有坪則變爲陽結脫落就平以受兩峰之氣更妙若背面不分是爲過氣裁之則凶若來高去低則微挨來者爲的來低去高則微挨去者爲的

鶴頂

鶴頂之穴蓋玄武嘴尖長上聚于頂者當取其影翼應護爲的也

龍頷

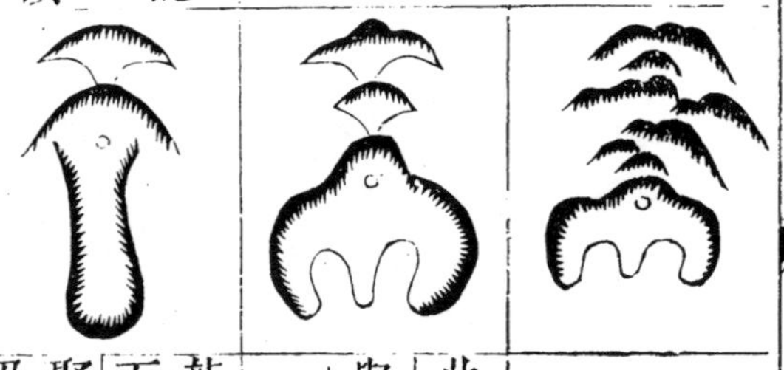

此亦玄武嘴長就上取以肩映爲的與大肰同

龍頷者似囊乳而非囊乳實大肰長面濶而上隱下隆上輕下重氣容蓄聚真鼻頷吉昌之象也當取及與不及以爲的

蟓腹

鮎唇

馬跡

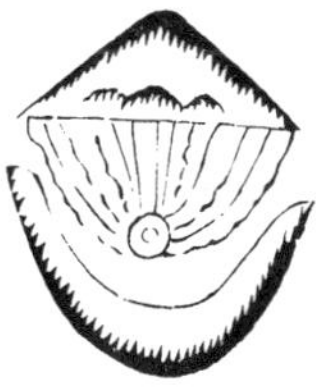

蜘蛛腹者取其圓胞有鍾蓄之形也
此皆以中氣爲的。

鮎唇馬跡取其平緩千止處有圓唇
反收者有蓄聚處也隱中有顯模糊
中忽分明宜以中正爲的也。

龜肩

牛項

龜肩之穴取其頭顧及如鵝頸抱者
取其闊處爲妙或動息處以爲的。

牛項者取兩峰騰踏頸頭濶縮故氣
聚于肩項若頸長而小則流行于前
矣此以力之及與不及爲的。

平洋之結凡十有五.

虹垂　蛇擺　衡平　弓滿　遊絲　拽弦　鋪氈
荷盤　蟠龍　垂鈎　黿鼊　田魚　鳧　蝸　蚌

虹垂

蛇擺

衡平

平洋之結本難以形求。然不言其穴
畧則如捕風捉影矣其勢如虹之長
如蛇之擺不生枝脚實爲全氣但欲
止處隆豐濶大或露蝦鬚或開虎口
或吐微舌或鋪餘茵外氣關截面寬
腰環應樂奇絶氣爲緜遠之上結或
以至中至正或以讓急避直爲的若
微首尾皆瘦硬如鎗頭笋稍蟠頭鮎
尾及不生茵褥者皆不蓄之形也。

橫若衡及瑩者取其氣盛鍾于一頭
或來小止大或如覆舟皆當取其盛
處及微有漚靨爲的如拖茵褥出脉
結穴尤妙若或平洲曠土有水抱以
成圓塘者皆中氣有聚當以意悟而
難以圖取也。

弓滿

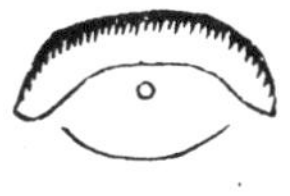

遊絲

拽弦

彎若弓者要彎內有肉地或口吐圓
舌或掬轉一頭背厚者真瘦薄者假
其中茵褥重者爲龍腹穴當浮陽全
中至正以爲的掬則取掬處水緊爲
的出脉結穴尤妙

遊絲弦拽氣爲奇特但要遠勢橫濶
不致是面展而出爲妙或起大堆濶
州平皋而有此脉力量尤重但要關
截處又復開浪而結方妙

鋪甑

濶如鋪甑中隱然若低者佳中隆然隆高者罕得皆鍾至正至中之氣當取中正爲的亦有偏盛于角者當以外局照應證証詳之

荷盤

仰如荷盤欲其圓而方妙若圓而小潤氣斂而乘截脛矣後微高傾前者爲勝圓平者要應樂周旋及微堆映帶方妙最要外氣朝聚或弓抱方美偏側後低必以至中爲的

蟠龍

蟠龍之勢垂鉤之穴取其回受方爲全美以其盛處爲的或以其掬水緊處爲的也

垂鉤

龜鼈

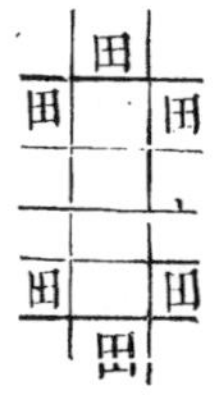

田魚

龜鼈魚鳧蝸蚌此數者皆平洋顯然洲堆之結也欲其分面及首裙開餘氣迦上流者方爲真耳若顯然高露孤硬無面四圍斬截皆爲應樂鬼氣之結也若高濶中而有彎田或小堆而撒坪濶者皆妙

鳧

蝸

蚌

九升日楊公云平洋大地人不識或在沙洲與堆積此數者乃沙洲堆積之結也

平田之結凡十有一

魚鱗 波瀾 蛛網 象鼻 蟹鉗 蜈口 乘金

相水 穴土 印木 開金

魚鱗

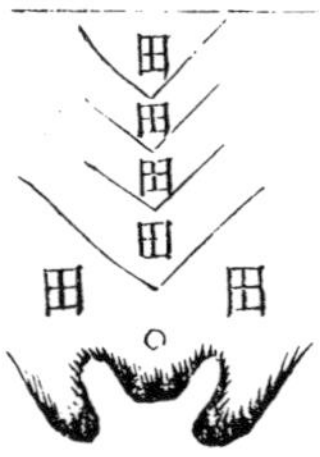

平田之結當看田塍横勢有拱送及有反收圓兜者爲妙如魚鱗處小復開鉗口者漸小而復開圓浪者處至于小不復開大則無氣耳如波瀾層疊而有圓收者皆爲有氣之勢也有拱送而無反收或垂脣脚或開大鉗

波瀾

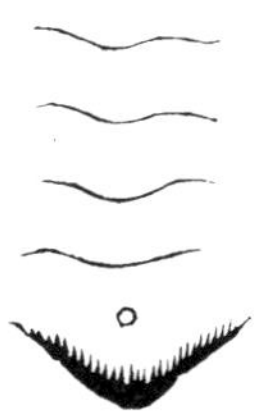

前有闗截朝聚當脫落以乘之若单

有收而無拱于收上至中以乘之以護翼影映爲出入之的也

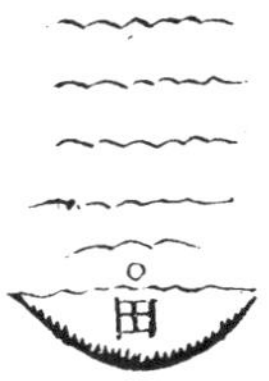

蛛網

有拱而來止處有反收圓唇者真如蛛網之聚于拱收中立穴

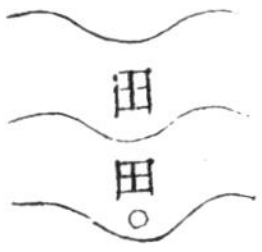

有收無拱送于收上中正處以護翼出入爲的也

象鼻

如象鼻者當取其掬水緊處爲的或盛處爲的

蟹鉗

如蟹鉗者當于側眼處乘氣仍以水緊掬處爲的若其勢均坪停後勢濶大者當取其中正脫落爲噴壁穴

吳口

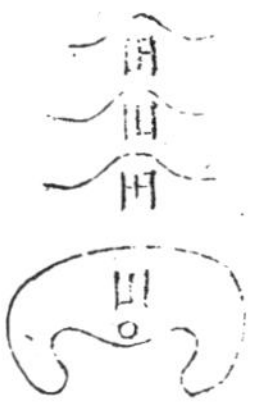

勢如吳口者蘸弦乘氣口濶者脫穴

乘氣

乘金

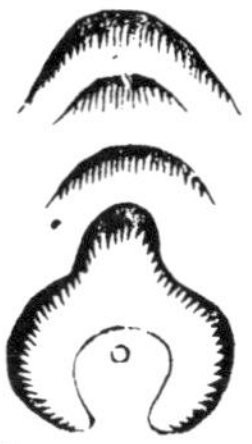

或仰坪或虛處聚者或仰窩宜作大堆爲乘金

相水

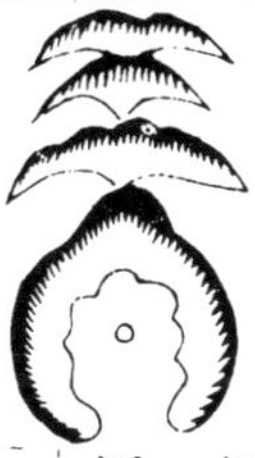

傾波必須平作相水棺與上凸平作圓墳于口爲相水

穴土

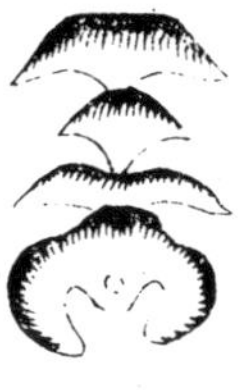

肤乳粗大陽藏于深必深穴其所鍾闗以通之不必培土上厚則氣難發矣

印木

乳木輕小必印木續微後接前迎因山續脉是也

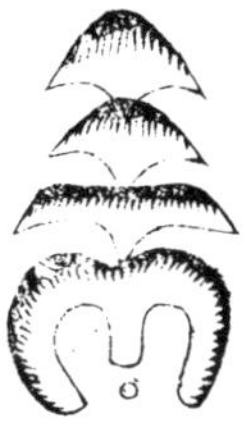

開金

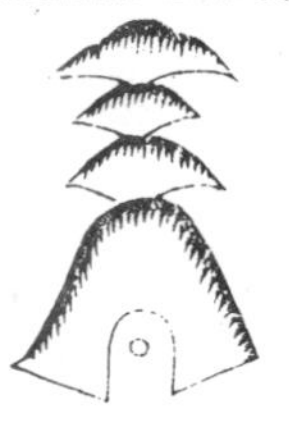

此聚潤勢寬以破實就虛取之穴開圓口于圓內正中浮薹以變陰爲陽妙法作用開鑿有一定之法融結無一定之形可依法不可依形。

陰陽二結發明

或問司馬穴法謝廷桂以爲怪穴而今收爲結作部不收入怪穴者何也曰陰陽二結俱係結作之尋常並非怪穴而彼認爲怪穴者由其未曾細心究其形穴也其種種名色粗看似異究而言之不過窩鉗乳突四者從四者而極其變化耳並無怪異也仰窩者仰開窩也承掌者坪中結穴如掌乃平淺長窩也兜覺者山腰結出仰窩所謂掛燈穴又曰馬踏凳也偃箕者窩之不圓而長者也垂坡者窩勢濶大平淺口開而傾者是也蟠倒者山之逆轉開窩者也窄鉗者鉗穴也傾罍者如酒爵傾酒向下窩之陖而側者也玦裳者如玉玦掛裳乃陖面開窩窩之最陖者也半月者上頭開半個窩也曆隱者微凹也漏浮者微突也趺坐者多裀褥之仰窩也袂衿者開窩而兩手流動者也至含珠吐珠二結則由窩體不仰[illegible]窩[illegible]上動或取口內之微泡或取口外之

裀褥也脈蘸者大窩之內有一脈自上垂下直至臨弦而結上接脈下蘸水故曰脈蘸也突臨者陰突太硬粘突而扦其褥也懸囊者即乳穴也上大下小曰乳上小下漸大曰囊亦曰懸胆也谿肤者粗大之垂乳也偃突者秀嫩之突也節芽者芽乃動處之微乳節乃動處之微泡也駝峰者天才攀鞍穴也鶴頂者垂乳硬直而下尖故壓煞而扦其乳根也龍額者穴垂大乳乳不突起而開仰面者是也蛛腹者肥飽之圓突也鱷唇者脈來平軟至盡處微起下有裀褥兜收馬跡者山鋪裀褥而褥中有突湧起皆陽中化出之少陰至精至妙之結也

已上陰陽三十二結凡屬窩鉗者爲陽屬乳突者爲陰至平洋平田則取其氣之動處其形雖不甚顯然亦不離此四者之形局者也陰陽之結總不離窩鉗乳突之變化但出盡此四者之變化耳又何怪哉

堪輿家最著者曰曾楊吳廖其論巒頭咸從五星九曜蓋其傳派俱從丘公天機素書來也獨郭氏以生氣言其後絕無言及者僅司馬公此書而已矣

[illegible]孫氏[illegible]地理家惟生氣一事最爲難言蓋山將結

穴自然有一種秀嫩生動之氣。然不可以形求。又不得離形以求者也。若以形求。則惟陰中有陽陽中含陰者。大抵有生氣。故先賢多以是言生氣也。然生氣亦不待辨陰陽而後見者。所以不得竟指陰陽。爲生氣。但可謂此近生氣云爾。

山法全書卷之七

古婺葉　泰九升氏集
仁和卓長齡九如氏叅
海昌張　昇方起氏訂

結作法龍星變穴部九星穴法

道法雙譚以龍身之枝幹定結作。寓形論以穴星之陰陽定結作。此皆先得穴之法也。而龍經則以龍上星辰定結作。經曰龍上生峰是根荄。前頭作穴是花開。又曰我觀星辰在龍上。預定前頭穴形象。又曰穴若不隨龍上星。定然是假不是真。是穴必以步龍爲先矣。雖然步龍定穴。固定穴之上上法。然惟幹結則穴與龍應。而分劈則不能也。今幹結甚希。所用者俱屬分劈。則其用在緩。故以此法次于二書之後。以爲決大地者說法。

論九星

古人辨星。有以五星論者。有以九星論者。蓋五星可以語常。而九星方極其變。二者相爲表裏。楊公以老九星立論。廖公以天機九星立論。雖命名不同。而理則合

惟楊公尤極其妙論龍而知穴論穴而識星星備于龍法之中穴根于星辰之內誠萬世不易之法故論星當以楊公爲的

九星總論

九星之形惟破祿寔多但就其易知者言耳大抵星吉則氣吉形凶則氣凶山清人秀山濁人愚自然之理無足怪者不知九星雖以三吉爲貴然不祖廉貞則龍無雄特之勢雖貴而不顯不帶破祿則枝葉不多而無貴曜飛揚不帶文曲則龍勢直急而無委蛇之體不帶輔

弼則龍無夾從而形勢孤单六曜而無三吉爲間則雄粗之龍無博換之吉星三吉而無六曜爲間則囚弱之勢無尊援之救助由此觀之六曜固不可無三吉而三吉亦不可無六曜也凡三吉星辰皆端正無足若突而無面卸屬破祿開面秀麗方爲真體諸星博換遇此卽結經曰吉星之下無不吉凶星之下凶所存是也世人但知破祿廉文皆能結穴而不知所以結者皆博換純粹之吉星也反此必無融結

貪狼

貪狼形如頓筍左右無足經云貪狼自有十二樣尖圓平直小爲上欹斜仄石倒破空福禍輕重自不同平直卽倒地木星貪狼之變體也其行龍多帶祿存祖廉貞方出大貴龍大出聖賢宰輔龍小出神童魁元若無祿存廉貞則無威權出文章淸貴之士作閒星爲貴獨行孤露出神仙衰敗則出巫覡

尖貪爲文筆

圓貪爲圭璧

横貪爲金橋又爲玉尺

直貪爲蘆鞭

小貪在山頂

連貪爲出陣旗

貪狼十二穴法

貪狼穴乳頭乳宜上細下巨前有裀褥左右腸流以微曆節泡爲的真直硬嘴尖爲假平貪穴脖穴芽忌上大下尖直貪穴曆穴節忌面突脚擺高下論穴情藏風聚仄葬勢歸堂局

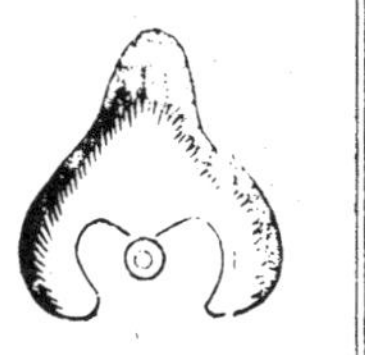

中扦正面。詳辨節脣高低。

仄落偏裁。惟審勢歸左右。

落脉邊背邊面。棄背就面。

界水邊陰邊陽。棄陰取陽。

孤自頂貫。勢多閃落。

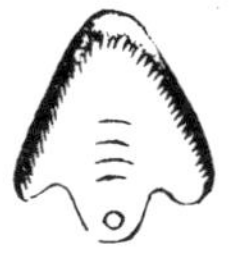

乳如雌峻。穴必粘脣。

一角從鈎。妙居傍曲。

兩頭平直。穴就中藏。

兩股逆直。中扦肉地之弦。

一股重輕。單取有脣之脣。

屈曲必節屏之結。

垂頭喜靨面之開。

巨門

巨門形如頓笏几屏。左右無足其行龍多帶武曲輔弼。兩傍擁衛羅列。破在左右。則帶刀劍。祿在左右帶旌節。體端方尊重。無欹邪之形。龍大則為都會禁地。龍小出公卿大夫。入首粗。出巨富。作閒星為御屏御座。獨行孤寒作梵宇。衰敗出高僧。

巨聳為頓笏為玉簡

巨橫列為御屏御座

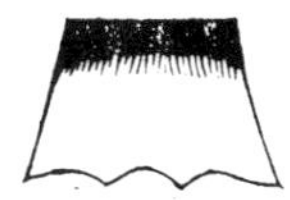

巨低矮為玉几

兩角起峰為金誥

巨門八穴法

巨門穴窩。窩宜平淺。左右陽流。中生䄂稜。以弦稜為的。脚擺頂欹面潤為假。高下論穴情藏風閃仄辨勢歸堂局。

正落取窩中之突。

偏垂穴掛角之弦。

頂生兠鑿藏畜為佳。

平地開窩喻巧為上。

腦凹則穴居于凹眺須奏脊為奇。

臂掬則倚于臂閃必挑泡為的。

腦薄窩深穴居坮口。

星形壁立氣聚乎中。

、祿存

祿存形如頓鼓。下生木脚。小墩圓淨爲祿。碎破爲殺。其星貴賤凡九。第一頓鼓。第二如覆釜。第三如鶴爪。第四如肋扇。第五如懸鶉。第六如巨浪。第七如長蛇。作纏從第八如鼇兜。第九餘氣散漫如落花。作水口。其行龍帶輔弼。若帶圓淨小墩。爲祿存帶祿。不帶小墩。爲無祿也帶貪巨武三吉。則爲都會禁地。出聖賢大貴。龍小則出神童狀元。與文章科甲。作閫星爲威權。若無脚面突。臃腫瓜瓠。則爲神壇水口而已。

祿帶小貪

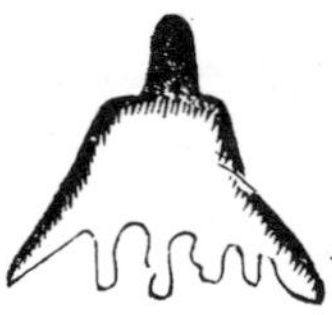

祿帶輔弼

祿帶小巨

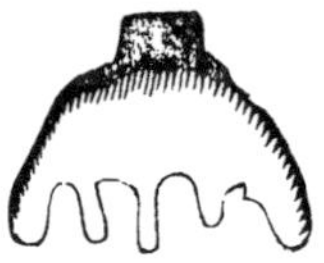

祿帶曲屈爲曲蔭花

祿帶武曲

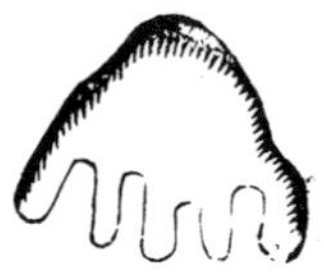

祿存十八穴法

祿存穴梳齒披髮頭。梳齒宜屈曲活動。起脊開面爲真弦稜爲的。以純陰脉不分背面爲假。披頭宜開面釁齊平正稜坎吐唇爲的。如斜歭擺爲假。忌左右陰流。下無襯褥。高下閃仄全前法。

兩短中長取出露之微口。

下脚散而有頭弦坎。

衆長中短扦藏畜之節芽。

上脉散而坪弦可葬。

披垂長短或就弦而就唇。

取中。

臂重一邊勢歸左右。

一星墜穴緣落脉之背長。

面突粘脣或取中而取角。

中出墩阜而無面必爲開乳之竅。

一脉兩分以左右之長護。

前垂乳坡後必捲窩。

亂生漏泡而盛特定作平坡之結。

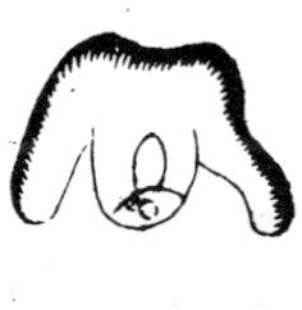

關槽平淺坮臼宜栽。

勢落砂回頭中可容。

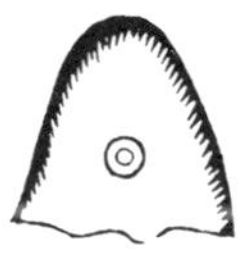

懸鐘無脉就漚曆而有開孤之法。

木腳無唇取稜坎而爲栽截之作。

文曲

文曲形如生蛇。婉蜒蛾眉。屈曲活動。散在諸山之中。爲行龍過脉。若自作龍。常帶輔弼二星。間三吉星而出后妃女貴。并資財美色。若欹斜如死鱔。散漫如撒網。突如炳包。碎如瘡様。則爲壇廟淫邪敗絶之地。

屈曲爲書幺招帶

文曲連挨開面爲重蛾眉

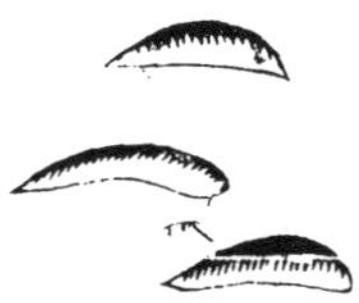

裊長爲九天飛帛飛誥

文曲四穴法

文曲穴坪坡掌心過頸。坪掌宜泡突。平齊圓淨。過頸宜短小而巧。下生裀褥。水不陰流以枕泡就坪倚盛爲的。模糊懶坦。不收爲假。性多閃瓜。中正辨堂局朝山。閃瓜審勢歸逆轉。

坪坡之結須細察乎拱收。

掌心之穴必少挨乎肥厚。

懸圓腳穢窩淺有作。

來勢曲屈穴宜就坪。

勢來屈曲。過頸堪裁。頸長則截脉挨盛頸短則就細取巧。

廉貞

廉貞形如燄火。粗雄高大。爲諸山星之祖。其形有四。尖曰龍樓。平曰寶殿。獨峰腳擺爲紅旗。土頭石腳爲曜氣。

形皆破碎。如傘摺裂絲。石色赤黑爲真。若青白黑黃。俱爲破祿。頂生天池。帶輔弼出龍。次第生峰。則爲禁地。餘各隨星龍貴賤大小爲差等。不變五吉。則爲門戶羅星。

龍樓

寶殿

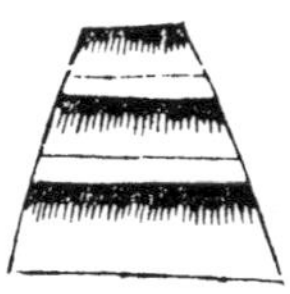

紅旗

曜氣

廉貞連接。又爲鋸齒排雲

廉貞二穴法

廉貞爲祖。本不結穴。若轉博嫩星。身帶黑赤巨石。脉垂和緩。下出尖觜。作犂壁穴。以開面稜弦坐唇壓殺爲的。然閃殺者亦有之。以直硬粗大陰流爲假。經曰。山來雄勇勢難過。便是尖形也。作穴出洋或有之。山谷絕無此也。

脉垂和緩壓殺幷中正之坪。

勢來雄急閃殺倚仄分之脉。

武曲

武曲形如頓鐘。端聳厚重。左右無足。其行龍常帶輔破二星。間巨門。出王侯宰輔。文階武權之貴。龍小亦王節鉞兵政。爲間星。王當代大貴。

端聳爲金鐘

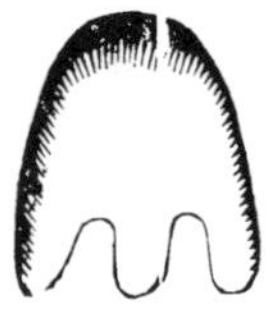

厚重爲鼎鼐

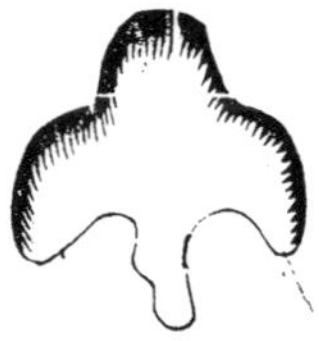

武曲八穴法

武曲穴釵鉗。斜曲股長股短爲釵。正直脉齊爲鉗。要開槽平淺。槽內陽流下。舖裀褥。以圓腦微靨稜弦爲的。腦薄股輕陰流爲假。高下論穴情藏風。正仄辨勢歸常局。

枕頂坐槽取坐氣于中正。

左右均平。開槽緊狹中生裀褥。腦盛股輕就其分股之處。枕脉中正爲的。

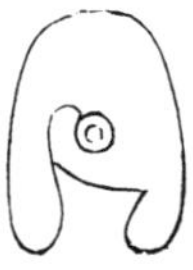

臨槽倚爪放界水于一邊。

星辰端正。左右均平。腦薄股重。槽內稜弦渾厚。穴宜棄頂就弦。坐槽中正爲的。放界水于一邊。

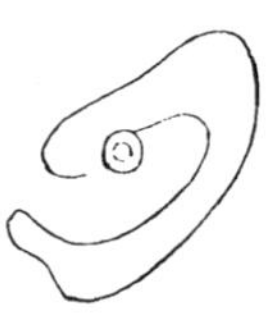

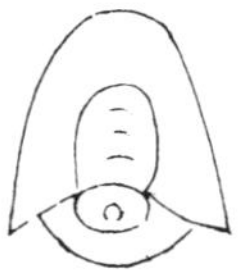

釵形斜曲。有倚脉湊脉之法。開槽緊狹。股重股輕。以勢歸腦圓靨面爲的。

股重股輕重股至盡。開面吐唇宜就面倚脉。

鉗口微開。有穴中穴仄之異。

槽淺稜高弦中可取。即兩筋夾饅頭也。

槽緊腦弱。槽盡漸潤舖坪。穴宜就其放開之處。坐槽取弦稜中正爲的。槽潤放界水兩邊狹則放界水于一邊。

股輕股重脣口宜裁。
卽貼體襯體是辰也。
槽緊脇薄兩股峻直中吐圓脣穴宜就脣
坐櫘取中正爲的突露不收爲假。

破軍

破軍形如走旗。下生火脚如戈矛。其形有六。頭高尾擺曰走旗。左右齊擺曰蓋天帥旗。一高一下曰馬馳。露石曰帶甲。層叠曰天梯。低横爲刀劒。其行龍帶輔弼間貪巨武三吉則爲都會禁地。次産侯王宰輔邊疆武功之人。作間星爲威武。無護無衛則爲水口神廟。

破軍頭高尾擺爲走旗

露石爲帶甲

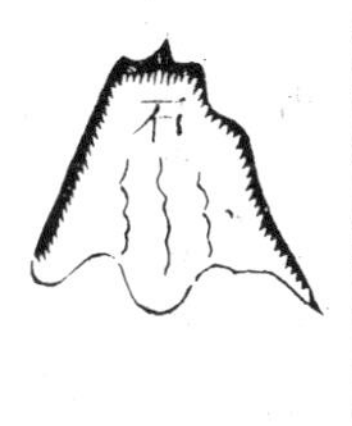

左右齊擺爲蓋天帥旗

層叠爲天梯

一高一下爲馬馳

低横爲刀劒

破軍四穴法

破軍穴戈矛。脉宜上大下細。穴處起脇開面下拖尖嘴左右曲抱包裹。穴宜就面坐脣壓殺爲的。亦有閃殺

火之折。以上粗下尖陰陽不分。直硬直流爲假。

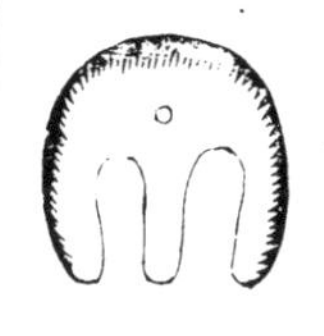

下垂尖嘴以壓殺爲穴

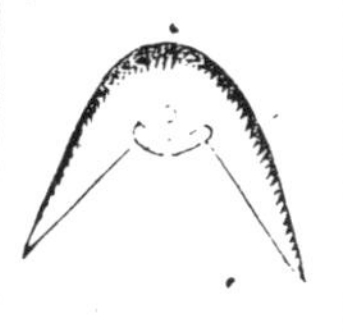

金頭火脚剪火挨金

閃殺立穴

剪火立穴

左輔

左輔形如幞頭後大前小。左右微足在貴龍左右爲輔弼。在山頂天池爲侍衛。在明堂爲天乙太乙。在垣前爲執法。在峽爲金烏玉兎。在水口爲天關地軸。在擁從羅列爲旌節幢幡旗鼓馬馱印劍。貴龍帶此必爲垣局禁大地。非輔星自能作垣局也。如覆釜者。分宗自武。若自作龍行形如駝峯幞頭横甲而行。主出臺諫翰苑清貴。獨行孤露爲道院。衰敗出僧尼宮人。

左輔正形爲幞頭爲駝峯

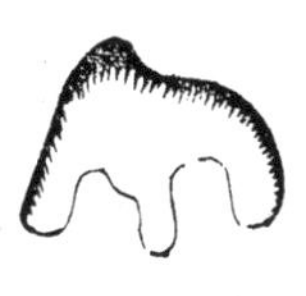

左輔品列爲三臺

平列爲華蓋

高日鳳舞

左輔六穴法

左輔穴燕巢巢宜開窩平淺弦稜端正以珠泡稜弦爲的臍輕稜仄面鋤面蕩窩深陰流爲假高下辨脈形緩急閃仄審勢歸稜坎。

窩淺以弦泡爲的。

平鋪扣鑿下之放

窩容以拾突爲佳。

借主坐窩受橫貫之氣

頂有折開輪之曆。

增門仄結闊勢之歸

右弼

右弼形如仄月梭印經曰右弼本來無正形形隨八曜高低生拋梭馬跡線如絲蜘蛛過水上灘魚鶩蛇入草

失蹤跡斷迹斷脈尋來無數者皆其形也此星在貴龍左右與左輔相對故曰右弼無正形或散在諸山之中作行龍過脈撒落平陽常帶輔星作鋪氈展席之勢穿珠湧浪之形主出高賢大貴并中使妃嬪衰敗出宫人閒散游食。

起頂爲魚袋玉梭蛾眉

方爲金箱玉印

小爲銀瓶玉盞

圓爲穿珠

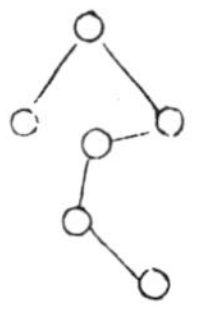

隱顯相間爲蛛絲馬跡

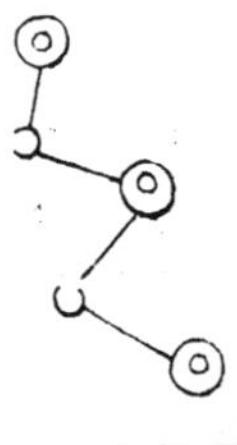

右弼十穴法

右弼穴雞窠窠宜端巧左右均平弦稜端正以臍圓開面爲真微曆輪弦泡突爲的臍輕面濶稜仄窩深爲假高下辨入首情狀閃仄審勢歸重輕。

開窩
取正

吐而抱
脘有穴
角而穴
中。

頂補取
活動于
邊角。

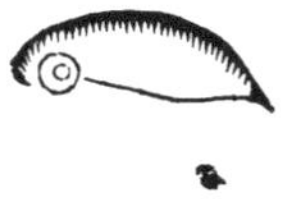

窩有弦
稜有取
正而取
側。

窠形盤
曲肉地
中扦。

荷盤乘
生氣于
中心。

穴角

推卓微
環唇口
易取。

開口

開口吐
唇雖爲
二法平
田平地
其理一
揆。

補破軍穴圖

破軍四穴法。余依舊本刻之矣。後又見卓子九如藏本。
穴圖不同于舊。細閱之大抵舊圖恐非。故補于後。

戈矛取正面之陽

落脉雄勇。下拖尖。中生微突。稜弦開面吐
唇爲的。穴宜就面少閃。

轉側剪番身之曜

反而星辰番身。逆轉取其逆回之勢。不畏
下砂反去。前吐圓唇。宜就撈接脉爲的。

平窩穴頂。不畏脚火之尖。
星辰秀嫩。左右下生火脚。中間微壓微窩
穴宜就腦剪火。取中爲的。

動氣仄垂。獨棄一邊之煞。
星體仄垂。勾脚動浪。一脚尖利。穴宜就動
處弦稜爲的。闊糊無唇爲假。

來勢雄急。至盡處尖削。脉閃左右。穴宜就
勢斜倚。以稜抱吐唇爲的。粗雄寬蕩爲假。

一脚尖拖開面微動。穴宜就動處剪火。以
腦圓弦稜爲的。砂要微拘爲真。飛脚夯轉
爲假。

山法全書卷之八

古婺葉　泰九升氏集

虎林邵九臯翼雲氏叅

海昌王　宮中聲氏訂

穴法倒影正形正象部倒影說三十六穴法五星穴法

九星穴法

或問曰結作之法卽是穴法矣而此復立穴法之名果有二法乎抑複耶曰結作法者未見穴星而預定結穴之所結穴之形之法也如雙譚論幹枝分劈有種種結法寓形論論陰陽二氣有種種結法九星變穴論九星作穴有種種結法雖言穴法然皆從龍氣之陰陽星辰之枝幹以立論論龍而實爲穴論穴而仍兼龍乃龍穴相禪之界未曾離龍而獨言穴故曰結作法也若夫穴法則獨論穴星而不兼及夫龍者矣

倒影者言穴法之鼻祖也郭氏之言穴也曰乘其止穴之爲穴一止字足以盡之矣而無奈止之不易識也于是有倒影之說焉倒影者正形兩字之反言也

止也者確知其止之言也倒影者不能確知其止乃從大勢所止之處審其形勢而想度之之法也後賢昧夫不能如郭氏之知止而以山之形勢求止也故不言正形而反言曰倒影謂之也夫倒影之說固落郭氏之第二義然在今日能真知倒影者幾人哉

倒影者審主星之形而㸃夫穴也然主星之形有正有變有常有怪正者五星也變者九星九變也此皆主星之常也若夫怪者則奇形怪穴是然㸃穴之道知常而後可以語怪故論穴者必以正形正象爲先也今論正形正象首倒影說不忘始也次三十六穴者卽古倒影之細法也再次之以五星九星者舉其全也而正形正象之說備於此矣

古倒影說

山之俯者頂足不同則上聚而下散多在山之巔作天穴

山之仰者頂低而足濶上散而下聚多在山之麓作地穴

山之正者則上下皆散而中聚多在山之腰作中停人

穴。
山之左生而右死，必右止而左行，多在脇之左，作仙宮
穴。右生左死者亦然
山之正行，忽然反側，必後山催而前山背，如蓮花之仰
覆，必頭大頭小，作紐絲穴。
山反斜而穴正結，如旗之張尾，如弓之上弦，必作单提
穴。
山之正平而穴突起，如蓍脊之利，蜈蚣之出土，鼅鼄之
昂頭，作水穴。

山俯而仰者，必生塊如連珠，蘆花之三梟，作三停穴。
山之生，如左右手壓中，如衣襟之合尖，如手掙之垂下。
作三停穴。
山之正行而曲倒，則中聚如轉毬，如草尾之珠，作通容
穴。
山高落于平洋，或浮或沉，如藕斷絲連，必作金盤荷葉
穴。
山來臨穴擺轉，左右開口，兩腌結穴，水分東西，一穴兩
背相挺，是爲鬬斧穴。

三十六穴祖十二穴訣

麒麟　鳳凰　彰光　玉堂　貪狼　紫微　太陰
攀鞍　饒龍　讓龍　天材　太陽

麒麟掃火生珠塊，左右斂襟爲真氣，看他脉路直橫斜，
魚尾稍頭須仔細。
鳳凰一穴少人知，茨菰葉落及棕櫚，蓋粘倚撞看形意，
正求架折一同推。
彰光一穴細消詳，包節薄荷葉短長，穴向劫生無氣破，
金魚相會正明堂。

玉堂一穴號飛鵝，个字分明堂氣隹，看他左右砂先到，
墜影星辰脚帶斜。
木星結穴號貪狼，三十六穴一般詳，乳硬言垂茨菰葉，
貼砂左右到明堂。
紫微一穴號三宮，左右蝦鬚抱在胞，半月半心爲正氣，
草蛇灰線現心攻。
太陰一穴真奇絶，三十六穴一般說，好尋線路認來情，
聚氣如珠是真訣。
攀鞍一穴法多般，來處高兮低處安，氣脉垂垂低處下，

平洋高處一般看。

饒龍一穴人難遇。兩脉生來兩脉處脉斜斜下是真容

兩兩如弓中停任。

讓龍一穴好消詳看他硬擺死生强切認穴中情意抱

饒龍切莫太爲偏

天材一穴有三般上格天材氣乳安中格天材垂脚路。

下格天材破塊鎖。

太陽一穴氣爲作窩心須飽滿二叉點穴必須尋向路

差之毫釐隔天涯

三十六穴以麒麟火鳳凰木仙掌金彰光水四穴爲胚胎穴生二穴連珠其十二穴又變穴生二穴連十二穴爲二十六也三十六穴詳下立錐賦

立錐賦 劉江東著

伏以山水秘訣楊曾俱源尋一脉之有自誓千金而不傳雖穴法之無多非常與妙假圖形而括盡莫不周旋

木星穴

原夫木星直落下三停。

頓起星峰號木星　上中下穴作三停
但看節氣分高下　白虎青龍左右登

此木星穴可正不可側。

曲池穴

水宿曲池八面穴。

水星元來號曲池　通容作穴少人知
或似鈎中毬子轉　或如草尾露垂珠

此曲池穴可側不可正。

紅旗火

紅旗是轉皮名字。

紅旗聳起實如旗　火星尖尖利似錐
節氣低垂方是穴　貴砂文筆要精奇

此紅旗火穴可側不可正。

紫微金

紫微起半月星辰。

半月金星號紫微　彎彎拱起似蛾眉
但從穴上看形出　饑瘦之中些子肥

此紫微金穴可正不可側。

单提兩穴

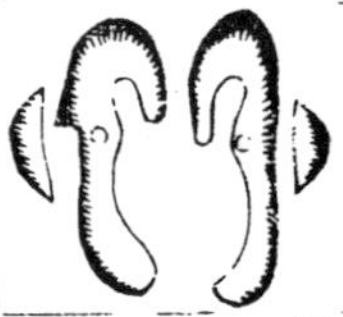

单提兩穴局防水走砂飛。

单提砂直號饒龍　外護團巒始不凶
水走砂飛切須忌　横擔直撞是真龍

此是单提穴如人手節骨皆是穴可側不可正。

北斗七星

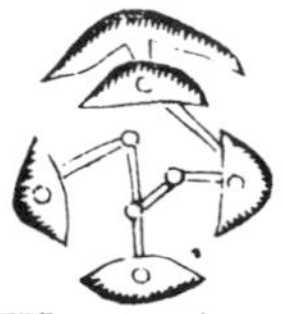

北斗七星莾看水攔氣結。

水上浮漚號七星　藏踪閃跡看龍行
真氣只看名字應　一彎一曲穴皆成

此七星穴可側不可正。

四星穴

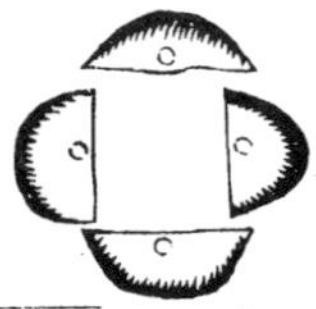

觀夫高是真氣低看合襟三起三横而三伏四木四土而四金。

四土四木并四金　高是真龍低合襟
若是四峰皆有應　端然四穴好搜尋

此四星穴可正不可仄。

玄武嘴

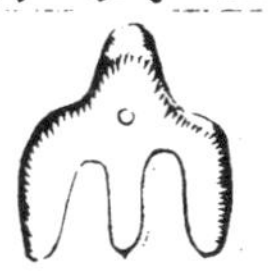

玄武嘴長高處點。

山高玄武嘴尖長　此穴高扦也不妨
放送只宜看順逆　煩君仔細折明堂

此玄武嘴伸穴宜高可正不可仄。

仙人穴

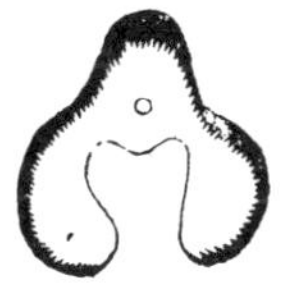

仙人形勢穴中停。

仙人形勢穴中停　或見垂珠脚下生
或在心窩并咽上　謾尋生意問來情

此仙人穴可正不可仄。

太陰金

金號太陰好認三墳垂乳穴形如覆釜不然只作膍臍心。

平腦金星號太陰　垂珠名字好搜尋
左右中間三個穴　不然只作膍臍心

此穴太陰覆釜二金同可正不可仄。

太陽金

但見金有兩般太陰太陽更有一等無龍無虎。

高聳金星號太陽　端端正正氣爲良
若有垂珠珠上取　忽然開口口中藏

此太陽穴可正不可仄。

天材土

天材兩頭一様單凹中遷攀鞍一岸較高垂脟下取。

天材星又號攀鞍　轉皮乳氣任君看
若是天材擔凹下　若是攀鞍脟下安

此穴可正不可仄凹中有外山方是。

鼠肉

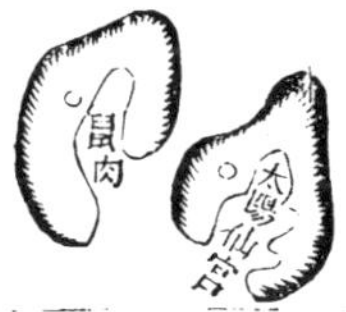

惟有鼠肉肥突宜點側墳。

側正仙宮正太陽　兩墳强弱不相當
側是仙宮終是弱　太陽正出果然强

此穴太陽正出可仄亦可正。

虎口推開

虎口推開飽安正腦。

虎口闊時口內裝　若無偏倚實爲良
細尋窩突看來歷　狹處休看濶處藏

此穴可正不可仄上下同。

挨點鼈

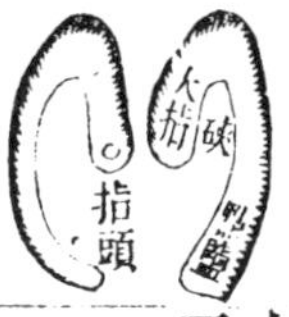

大指挨點鼈狹處休看動手如搯蛇指頭正好。

搯蛇一穴也難裁　毋指頭邊口不開
且認指頭尋骨節　教君左右任挨排

此穴可正不可側。

掃火掃蕩

掃火北連求擺處以作用掃蕩立穴就動中而討尋。

掃火掃蕩一般詳　動靜分明有短長
水火二星分順逆　誰知動處有龍藏

此掃火掃蕩穴可仄。

無脉穴

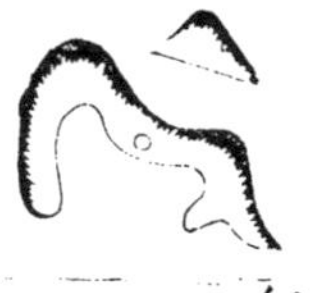

無脉穴居貼脊鉗口平開。

無脉無息穴如何　鉗口分明莫亂歌
休向粗中空費力　却來脊上覓龍窩

此穴可仄不可正。

有氣塊穴

有氣塊則貼蹤蟠龍正側。

蟠龍端的似龍蟠　乳氣分明不等閒
好向當胸扦一穴　也須龍虎要相關

此穴可正可仄。

團鳳木

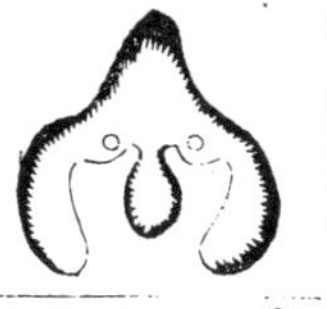

勢如團鳳藝兩腌以分枝。

團鳳真如團鳳形　看他龍虎兩邊迎
細尋節氣分强弱　兩畔分枝兩穴成

此團鳳木穴可仄不可正。

讓龍穴

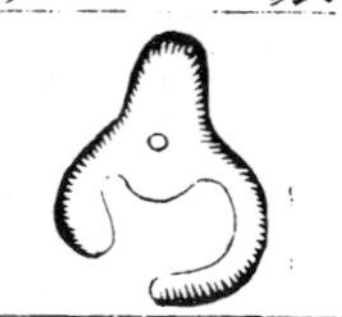

名是讓龍扦當胸之正乳。

饒減難量是讓龍　垂珠垂乳正當胸
若傷龍虎難消息　小小饒龍是的中

此讓龍穴。可仄不可正。

兩翼點穴

兩翼點穴。臺星頭上起三金。

三峰突起是臺星　乳氣垂垂兩畔生
正面不生魚鮑突　好從兩宊問來情

此兩翼穴。可仄不可正。

品乳穴

品乳安墳。天財橫落有一土。

土星元來號天財　只從橫下看龍來
垂珠但看三穴倒　左右中間任巧裁

此天財橫落穴。可正亦可仄。

飛鳳穴

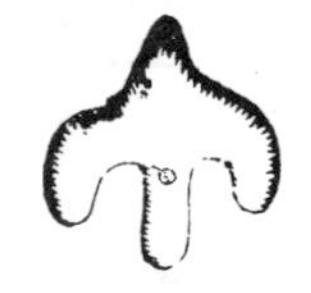

或者飛鳳飛蛾。遷頭遷翅之皆可。

飛蛾飛鳳勢如飛　住處岡山與伏齊
細認節包并乳氣　一邊短處取玄微

此穴可仄可正。

飛鵝穴

詩曰

飛鳳飛蛾兩翼開　勢如飛鳥出林來
側者只宜安翼上　正者還須當面裁

此穴可正可仄。

金星開翼

詩曰

金星開翼號飛鵝　大穴玄微體勢多
鵝頭難安安眼上　太陰測腦是龍窩

此穴可仄不可正。

烏鴉頭穴

詩曰

玉堂一穴是飛鴉　个字分明堂氣佳
看他左右砂先到　墜影分明腳帶斜

此烏鴉頸穴。可仄不可正。

强魚穴

强魚滿月。下臍下尾之不同。

頭高頭落號强魚　金土尊星晝不如
魚尾魚臍皆可下　但看氣脉有垂珠

此强魚滿月穴。可仄不可正。

麒麟穴

麒麟兩腳。穴頭上如品。龍虎口中。裁尾尖似葱。

山高落穴號麒麟　火尾橫斜上出身
任處却如魚尾樣　雖然醜怪却爲真

此穴又不可正。上下同。

彰光穴

轉皮穴子若生鉗。彰光圭背。

圭背來龍號彰光　到頭低軟又平洋
細尋乳氣宜安穴　須開寬大好明堂

此彰光穴。可仄不可正。

左右仙宮

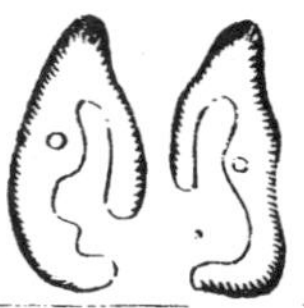

正腦垂珠安側乳。左右仙宮。

左仙宮與右仙宮　左右看來只一同
垂珠穴居垂乳下　轉皮穴在轉皮中

此手股名鼠肉穴。可仄不可正。

天穴局

師曰星辰仰者。天穴定結。

羊頭之上好觀形　多在山巔去處尋
天穴若安多富貴　尖圓聚散盡其情

此穴宜高不宜低。

中停穴

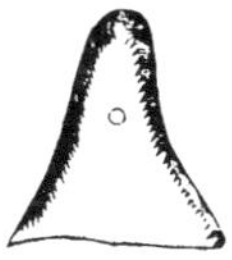

峯巒正者中停必然
不俯不仰勢中平　出在山腰氣漿開
人穴須扦懸珠內　若還高點動瘟生
此穴宜正中

偃仰穴

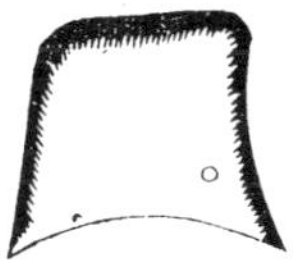

勢如偃仰墳在低下
形如瓦角下懸珠　低處濶乎氣聚時
地穴教君尋取下　認山仰者穴低奇
此穴宜低扦

左右穴

形顧左右穴居兩邊
左生右死勢如何　穴從生處莫多那
右生左死要君識　穴從右伴始爲高
此穴宜仄不宜正

審穴情之何若看証佐之相連認名字要識尖圓放送識玄微不離分寸强弱更分順逆便是神仙經曰看來龍緩急之情定入穴裁剪之術當急以緩則富貴難守當緩以急則瘟疫必興若通穴法之一篇便是楊曾之復出　歌曰欲識陰陽理無如楊救貧親傳師口訣便是地仙人　又曰熟認强和弱更明寂與真節包珠乳氣硬塊轉皮因　又曰一要心功力全憑眼力神莫將輕漏泄天地損吾身

五星穴法

凡金星行龍須要博換水穴發生窩窟爲吉葬後富貴綿延聰明俊美若正面或生小包小突名曰紫氣穴亦利安葬若正面不生小包小突名曰蕩面不然打破大金星取左右開口亦名水穴吉凡金星不開口者龍雖好穴不足縱饒發福亦不免後生災患

金星只宜生小窩無窩宜小凸忽然突窟不分明硬面禍來侵

凡木星行龍須要博換紫氣木開口者名曰泛水木星爲官不絕若橫木作穴只看節目間葬之名曰萌芽穴

如直木作穴或倒地木直來者長十餘丈直射來如鎗頭間微開小口名曰蘆鞭龍出狀元及第拜相入朝

木星行龍須博換重木不須論直木開口便爲奇陰穴不須疑

凡水星行龍須要博換金穴人丁大旺綿綿發福○金穴硬塊是也

水星不宜下水穴下了人丁絕好尋陽頂問根源富貴子孫賢

凡火星行龍惟要見土穴及木穴主文武雙全英雄蓋

世斬斫自由若正火安墳六年之內主瘟㾮徒配絕人。
有一等倒地火星出武職。○土穴平面是也。
火星只宜安取土無土安木乳無土無木不堪扦下後禍連綿。
凡土星行龍須要生出紫氣穴主巨富出人肥大長命。
若土星見開口者爲木穴絕人。○紫氣與前同。
土星不宜重見土黄腫扛屍苦若生紫氣値千金富貴旺兒孫。

五星穴訣

金星　第一金星生水脈隨脚斜來側第二金星取微窩下穴有偏頗若見金星穴開口量金須用斗孤金平面主生離縱發不多時兩邊一土夾一金正穴在窩心若能開口取木穴仍前富貴生大金更下高金穴軍賊屠兒絕先逢羅賴上門來長子見悲哀金木摸妻并殺長金水因之旺金土開庫矮肥人金火瞎眼真

龕蠢肥金濶濶開龍虎內中裁須是前有近身案此穴始可判小巧金星僅穴道左右砂須抱金星露頂現微窩奏撞簷下多叉有金星氣下窩不圓粘處拖側面金星閃角落穴向角中作金星勢急明堂瀉傍城借向下。

側面金星露火脚挨金剪火作木脚與火一般同作穴頂金峰若是金星出土脚正中傍角泊金星雙水抱身流穴坐正金頭若是金頭兩脚火高下方爲妥三脚金星臍頭扦忌槽深兩邊太陰金星看弦稜開口穴情真太陽金星倒地同緩急認來蹤平地之金四面圓砂抱認唇弦四圍團圓面平仄枕實穴合則若是金星兩脚木就金用包護。

木星　木星下取紫氣穴下穴應時發死鍬死鱔竹篙竄當頭穴莫安但歸左右兩邊取登堂要穿土平洋橫取正堂安富貴出高官大木下來扦小木爲官須食祿若然斜仄不爲奇主宿亦低稀木火假官不食祿木木離鄉曲木金接脚人過房木土解登科。

木星須要有節苞節苞木穴道高山木落懸膽樣插木鍬皮莖木星出頂現微窩穴下看兜羅立木有兜勢落急退下三四尺數里蘆鞭直硬長開口好商量尺木開口莖曲角砂收用樂托木星横直如直一對中是秘術横木勢垂鬭斧安下手莫交寬浮水木星三四比主星

要中起交枝木星兩脚直架折要有力。綰藍諸木不盡說。大都莖頸節若然勾轉帶身長節苞更爲良。

水星　水星下取曲池穴。穴內登堂拆鰕鬚氣脉曲池中。萬代說仙蹤。水水出人在路死女人公事起。只緣此水不生金。定出女人淫。水金生得人清貴。水火軍賊起。水土離鄉懶病黃。水木出爲商。

水星山上溜溜見結時露金面。凡水泡起皆可葬。最忌如鈴狀平地水星看唇裀砂轉穴堪覩。水星結窩似盤平。要淺現弦稜行地水頂似天財。唇角可安排。其他水

星多不結。變體何勞說。

火星　惟有火星不可下。此是鬼龍也。火星落穴是神壇瘟火定傷殘。火星尖高太師職。師巫爲斜仄。打刼原來是此星。只爲石頭生。火木爲官提刑位。火水一代止。火金廟社更師人。火土貴無倫。

火星燄動畧堪裁。不動不成胎。火星疊疊降土落。端正靠唇作。燥火倒地出尖來。壓煞穴當裁。廉貞只好作祖山。鐵定出高官。若是到頭落乳穴。福速禍亦捷。

土星　土星莫下太陰穴。兩角宜裁截。土星平洋邊水

穴。一發人丁絕。土星重重如頓鼓。矮人作州主。其家產業轉興隆。定出紫衣公。土木人家豪英傑。土水黃腫絕。土金解典武官郎。土火發尋常。

土星結穴看角邊。角好角上扦。假如兩角俱齊整。窩弦細認審。棋盤土星出大富。端正在砂護。土星蕩似屠刀樣。鋒動處可葬。凹腦天財穴葬凹。背後樂須高。平地土星形若櫃。面平面上取。土星疊降砂抱角。抱圓穴可作。平地土星四脚火。審局當中做。看砂抱護在何邊。却就那邊扦。三面出火一面金。避火就金針。背後發脉兩邊

地理大成
山法全書　卷八
一六

火。頂脉中間作。假如砂護在一邊。枕實扦上弦。莫道火脚便跏趺。藏煞亦無禍。御屏土星看出脉。脊角中心塞重疊土星出木脚。棄土就木作。平地土星若架木。截木架土掘。四面土星上出金。要頂金正心。凡穴不外五星結。一一爲傳說。作穴法度少人知。變體更蹻蹊。木火砂抱觜直尖。壓煞穴當扦。圓金曲水方土結。便立藏煞穴外雙蕩燥或左右。藏煞隨勢就。硬直無堂不可扦。閃煞下兩邊。陽金冲木難安穴。壁立額門結。

以上五星名色如綰籃木屠刀土等類。具九卷怪穴

圖內茲不贅。

五星捉脉正變明圖　空石長老宗旨其論陰陽從廖公法讀者當知

論五星分高山平岡平地三格。○高山之金。如鐘如釜。頭圓不欹光彩肥潤爲吉。平岡之金。如笠如馬。圓融活動。如珠走盤爲吉。平地之金。圓如糖餅。肥滿光淨。有弦有稜爲吉。○高山之木。高聳卓筆。挺然特立。不欹不側爲吉。平岡之木。枝柯宛轉。廻抱袤延。勢若鞭梟爲吉。平地之木。欹圓平直。枝柯橫布。苞節牽連爲吉。○高山之水。土泡曲艷。勢如展帳。橫濶擺列爲吉。平岡之水。手脚

平鋪。勢如行雲。逶迤曲折爲吉。平地之水。展席鋪氊。層波叠浪。有低有昂爲吉。○高山之火。秀麗尖聳。燄燄燒空。爲祖爲宗爲吉。平岡之火。手足袤延。縱橫生燄。得水相連爲吉。平地之火。斜飛閃閃。曲中生躍。水裏石梁爲吉。○高山之土。如庫如屏。重厚雄偉。端正方平爲吉。平岡之土。如几如圭。端厚肥重。不傾不欹爲吉。平地之土。塹削方稜。厚重平齊。有高有低爲吉。

論五星體性　金之體圓而不尖。金之性靜而不動。勢面頂脚。以定靜光圓。肥滿平正則吉。流動欹斜。臃腫破碎則凶。○木之體直而不方。木之性順而條暢。勢面頂脚。以清秀光潤。精彩圓淨則吉。欹崩散漫。破碎臃腫則凶。○水之體動而不靜。水之性沉流就下。勢面頂脚。以層波叠泡。圓曲活動則吉。牽拽嬾坦。散漫傾欹則凶。○火之體銳利而不圓。火之性炎燄而不靜。勢面頂脚。以削峻燄動。明淨秀麗則吉。不經脫卸。破碎惡陋則凶。○土之體方凝而正。土之性鈍靜而遲。勢面頂脚。以渾厚高雅。平正端方則吉。欹斜傾陷。臃腫崩破則凶。

論五星穴形塟法　五星出諸吉體。穴場既定。先須辨

其太極圓暈。若見隱微之間。圓暈分明。則性氣內聚。是爲真穴。無此則非。若已經開鑿過者。須憑目力詳審之。若見二三半暈。如初生月樣。是名天輪。更爲難得。太極既定。次又分其陰陽。暈間凹陷者爲陰穴。暈間凸起者爲陽穴。就身作穴者爲陰龍。宜陽穴。另起星峰作穴者爲陽龍。宜陰穴。反此皆有凶咎。或上截凸起。下截凹陷。或下截凸起。上截凹陷。或左右凹凸相兼。皆爲二氣交感。不問陰陽龍皆可用。凡陰陽之穴皆當饒減。惟二氣交感之穴。則取陰陽之中。乃升降聚會之所。不用饒減

兩儀既分。又當知四象。四象者。脈息窩突之謂也。脈是暈間微有凹。息是暈間微有凸。窩是暈間粗有凹。突是暈間粗有凸。陽龍忌下息突穴。陰龍忌下脈窩穴。四象既明。然後以十六葬法。以消息之。高山陽龍脉緩者用蓋法。當揭高放棺。高山陽龍脉急者用粘法。當就低放棺。高山陽龍脉直者。用倚法。當挨偏放棺。高山陽龍脉不急不緩者。用撞法。當取直放棺。高山陰龍脉緩者。用斬法。當近頂放棺。高山陰龍脉不急不緩者。用截法。當近腰放棺。高山陰龍脉急者。用弔法。當近脚放棺。高山

陰龍體矮者。用墜法。當湊脚放棺。平地陽龍穴狹者。用正法。當中心放棺。平地陽龍穴濶者。用求法。當接氣放棺。平地陽龍穴深者。用架法。當抽氣放棺。平地陽龍穴淺者。用折法。當量脉放棺。平地陰龍单脉者。用挨法。當筭實放棺。平地陰龍雙脉者。用併法。當取短放棺。平地陰龍脉正者。用斜法。當閃仄放棺。平地陰龍脉偏者。用插法。當撥正放棺。十六葬法。須要杭一線生氣。而後裁度。皆重在捉來脉上。使不知捉脉。妄以十六法施之。生氣不到。則能腐棺禍人。所謂 一毫千里。一指萬山也。今

具捉脉明圖于下。學者能循 圖索理。捉脉定穴。則郭氏葬乘生氣之旨。斯復明于天下矣。所謂奪神功改天命。而爲世人福者。只此術焉耳。又何有于奥秘爲哉。

金星捉脉式 計五十五條

大低結穴星辰金爲多。凡入垣局。都是高山卸落平坦。退盡殺氣。一起一伏。斷而復斷。如抛毬滚珠。然後結作。所以多金星也。五星中木土結稍殺于金。水則多爲引龍過氣兼體。火則多爲祖宗。其結作更殺于木土也。金正體有高矮平面。而變體四星任其所兼。

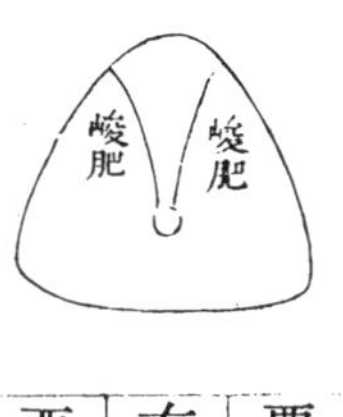

覆鐘金。多結三停之穴。或頂或腹或麓有坦窩處便是穴。急硬陡峻。不可下。又要審四應相等下之。

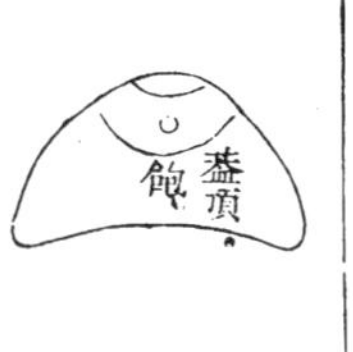

覆釜金。頭上有窩。對脉蓋頂取穴。下則飽面無氣。經曰形如覆釜。其巔可富是也。

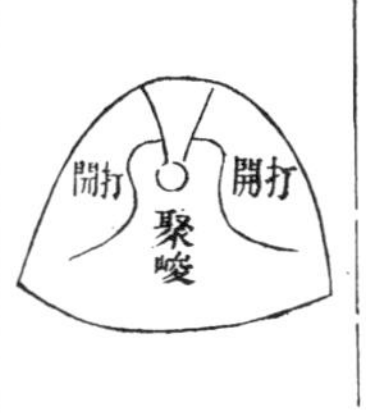

孤金端正肥飽。龍真打開水窩取之。所謂脚濶頭圓。開金取水是也。主巨富。

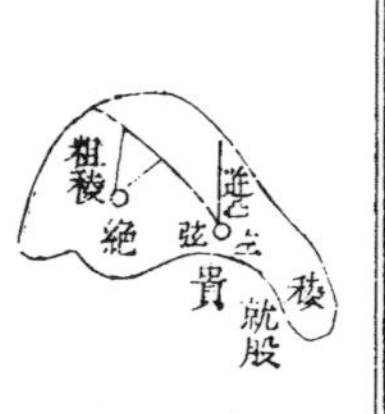

此地多高山閃落平洋。要有餘氣認弦
傍角作穴。取氣之直貫者。中穴氣短緩
主絕。

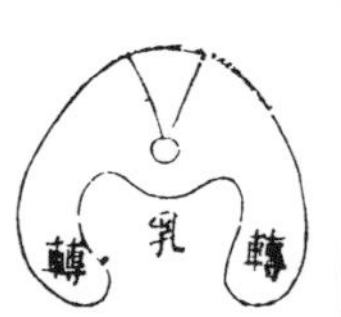

開口蟹鉗金。兩脚回抱灣環。最忌直硬
不弓。穴下無乳漏槽。亦有雙鉗諸格。

突金背穴。凡形勢有背者。若外有坪。則
氣聚。將鋪坪處。

吐氣開鉗口。流于一邊坪上。臨田蘸水
氣易發福。

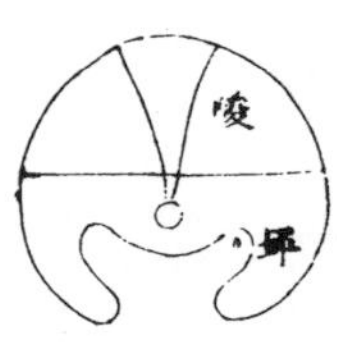

吐氣開鉗口。止出坪上。謂之蟾宮月影
最生富皆吉。不宜深葬。

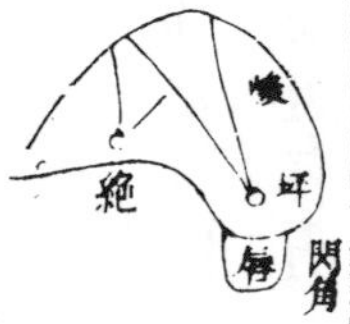

吐氣落坪。謂之吐唇。星辰舌下又有唇
穴扦坪上。無坪處主絕。

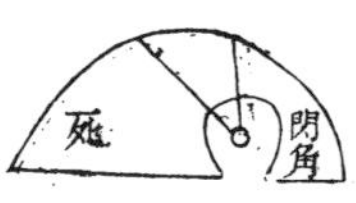

太陰半月。氣貫一邊。微有窩鉗。就角扦
之中央死氣主絕。

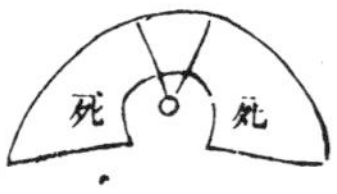

正面弦稜分曉。不滿不突。而有微窩。內
外俱明則葬窩穴。

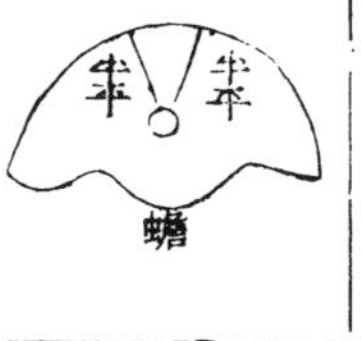

半月金星出自然。兩角無窩就蟾上打
開取水扦之。大吉。若高主絕。低主囚殺

太陰兩脚平開。一脚帶火。上有微窩宜
高就窩扦之。角穴犯火絕。

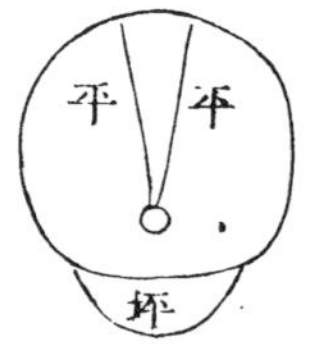

平地仰面星辰有唇。當就唇下。此等多
是平中一突。必是來龍遠脫。卸清結局
主福力悠遠。子孫衆庶。

此平面無唇。四面仰弦而葬窩心者。名
落地金盆金錢之類。

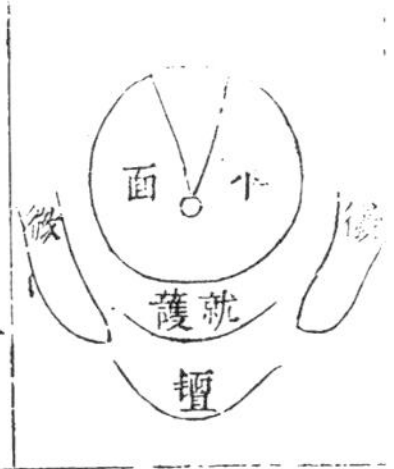

此平面。前有微氈及微砂抱轉者。當就弦立穴。中則氣不止。微砂無力。

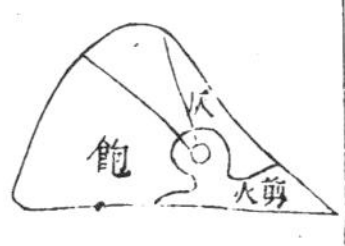

側面金脚帶火。氣流火邊。乃就角微平處打開。挨金剪火以塟。亦取水之法

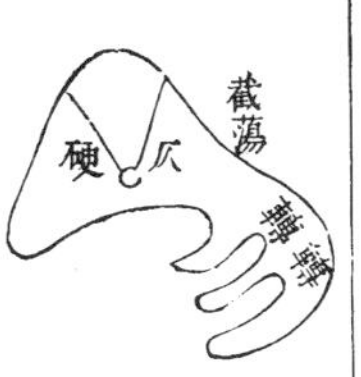

擺脚金。脚動處皆轉氣流動邊。宜裁蕩以塟。

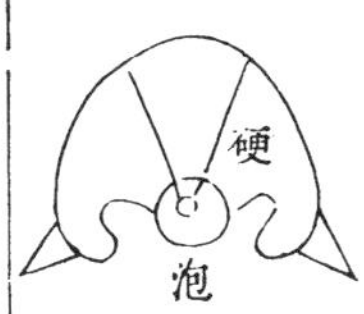

金星作垂泡。兩手回抱。就泡上安穴。泡微勿大打開。

此星出木脚。宜剪去木高扦。所謂玄武舌長高處䵷之類。更作小兜金遮木脚。不見方吉。

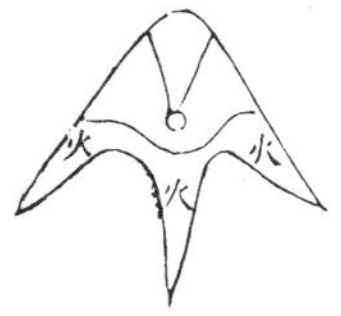

楓葉金。騎刑剪火而塟。所謂三角金星是也。多葢頂穴。審脉以定之。

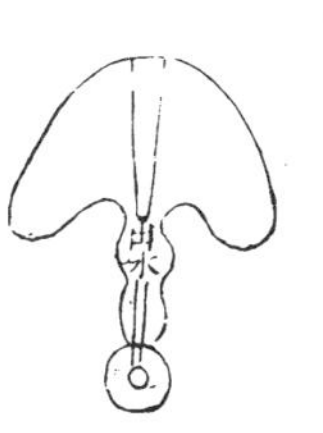

吐水金。透迤曲折。盡處出圓泡。就泡作穴。泡小不宜大打開。

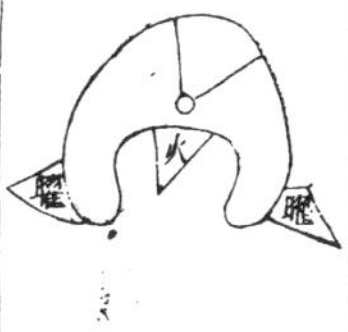

出曜金與剪火塟同。挨金取氣。得法發福極速。

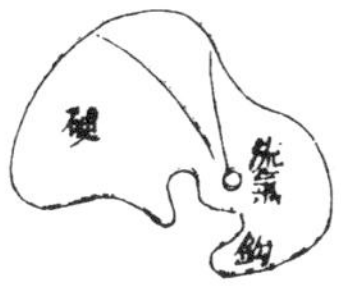

轉鈎金面上微生水脚縮轉作鈎。于鈎內立穴。氣流角上更得鈎轉。故爲有力。

燕窩金。即開口水窩。經云形如燕窠。法塟其凹。脉土分茅。

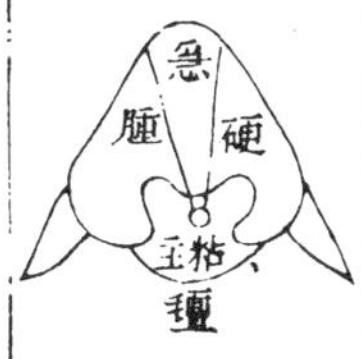

正面硬急。下有微氈。兩鉗明白。氈王就氈以塟。要氈氣不可脫脉。太吐則絕。

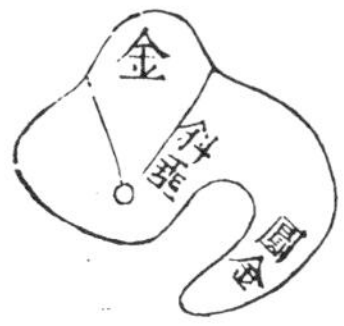

象鼻金。頭圓而一邊弓脚者也。亦謂单股金星。逆水則是。左右一同。

金拖蕩蕩處有應樂則可立穴就子作也與擺脚體大同小異。

閃角金陰砂低護脉乖一角低處就角傍砂扞之露則主絕。

金面中生出土金之角看他掬處捉脉扞之正面破碎無氣。

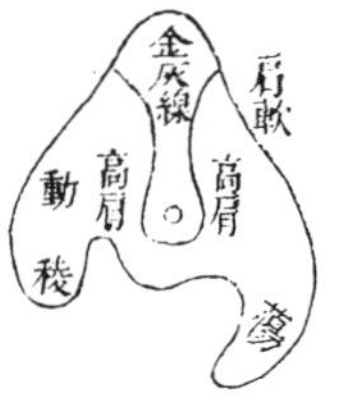

陽金高大粗雄硬面要微脉下有小泡方真。其勢踴躍。必主立郡遷都。

金星墜氣主富貴惧高則絕星辰上高下平。兩脚扯開腰肢圓淨者合格。

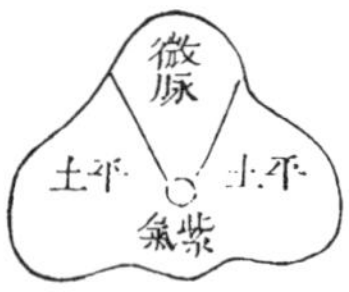

上金下土為泄氣不吉平面下要出紫氣方可。蓋木為財出富龍貴出縣君。

金星粗大貼體復出小金閃角作穴主世代綿遠發福

此地要平面兩脚相竝尋土脉作穴。惧扞主絕瘟火塟得法出刺史。

此格名腰子土。與金相似。不可坐後土近火。當脫脉就龍虎扞之。號曰就氣。富貴綿遠。

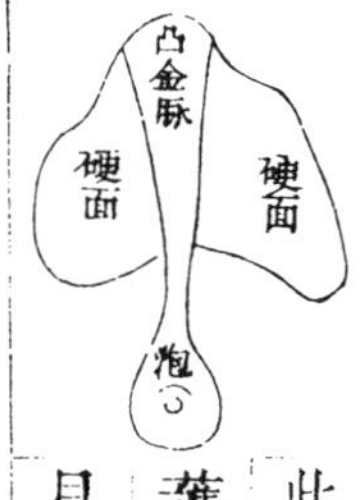

此格面體粗硬。不成地。出小泡方吉。以蔭蔭分貴賤。當可敵國貴出刺史。後愈昌太。

此地二穴皆要微脊分明。上穴宜高。下穴宜低。上軟下硬。形勢不急者合格。一名切穴。閃殺而作。實為上吉。

雙氣合脉結穴名太陽合氣穴左右弓脚。臺頂分明方真。不明者非。

此格得法葬之。旺人聰明。但無大富貴。
若悞高下主敗絕。

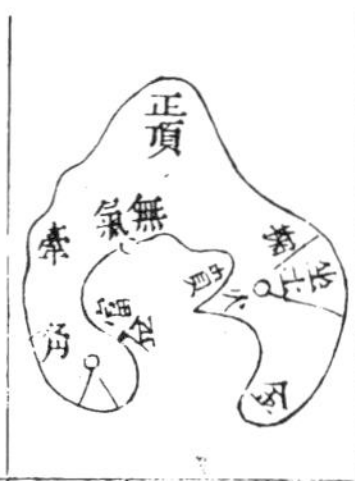

此地要中間起高大金星。氣歸兩邊。只
要拗角明白。主右富左貴。當代卽發。

此地宜向凹中作穴。有外應方真。正面
無氣不可下。出富貴文才佐二之官。要
落脉微細則是。粗大則非。

此地三金橫水。品字金星。宜扦水泡。曰
泛水金星。當代出提刑。富貴不絕。

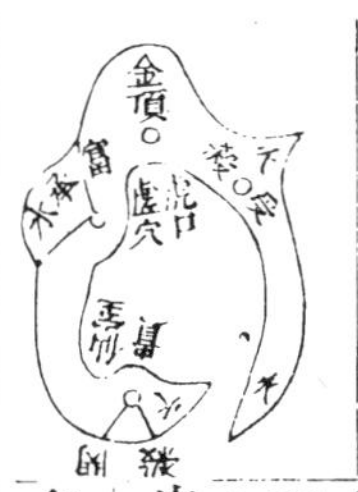

祖星是金。落穴是水。龍虎是火。閃殺主
貴。受殺主絕。承水主富。虎口虛穴不結。
名乖掌金星。與乖掌相似。

正面墜氣。只要上小下大方真。似有似
無為妙。不問金土皆結。發福綿遠。

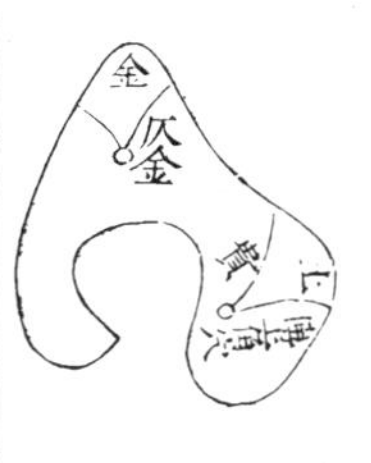

此地二穴。上小富。下主大富貴。名轉皮
土角穴。宜平低作穴。上穴要有應。無應
則非。

此格名木星鬬土。土坡出紫氣。穴方正。
扦之有法。有帳出文。無帳出武。悞扦主
絕。

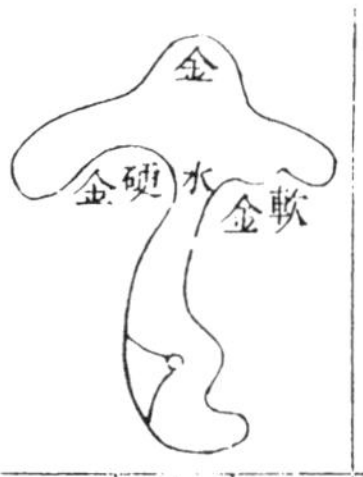

此地名茄花泛水金。要葬節動處。主文
士賢人富貴。失法出人淫。

雙星扛水天財。後有樂應。穴居凹上。腰
長者不取。

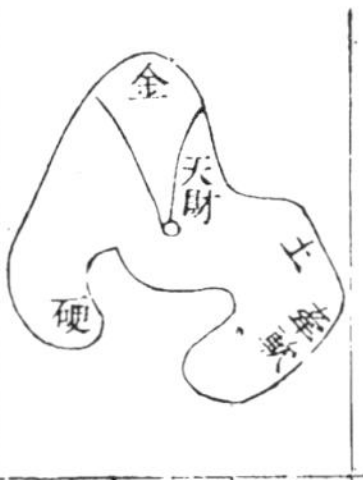

金土天財。斜插入穴。主人財兩旺。典郡
專城。失氣者絕。

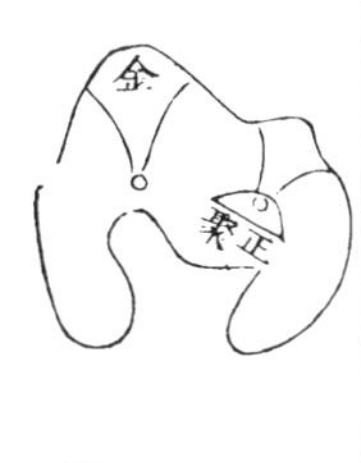

仄口扦者主貴。正頂扦者主富。失法主
絕。要觀後頂明白。方可扦作。

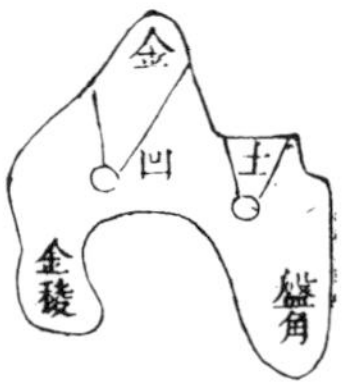

此格高山落平洋者爲真若得四泰聚
富貴綿遠。

此格左穴爲天財右穴爲墜氣俱要低
墊就木扦穴方妙得法富貴失法黃病。

此金星凹下墜氣之穴撑正脉倚縮傍
左而扦。

此金星墜氣穴如懸鐘墜珠于壓背上
扦之。

木星捉脉式計二十五格

木亦尊星結穴少殺于金正體有立垂橫格變體四星
任其所兼多結節泡之穴或爲曲折之狀。

木星愈高愈貴要頂圓身聳急逆爲尚
傍乳氣不到主絕。

正木蓋穴頭圓身直三停皆可穴認窩
坦節苞高下取之氣偏則有倚穴直急
則有粘穴詳其形勢捉脉下之。

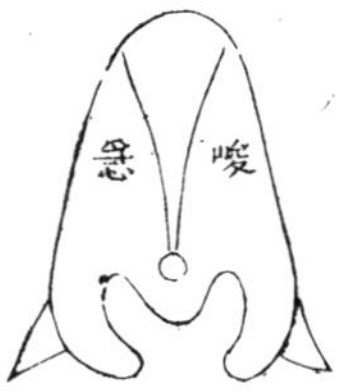

此正體垂乳穴貪狼不變生乳頭是也
主大富貴大抵木星多文貴金星主武
土星主富又當以清濁定之。

直倒木星至盡處無化氣宜退後截來
脉帶骨貼皮處下之。

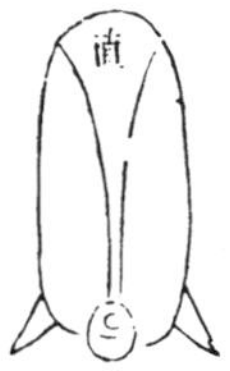

直倒木長數十丈百餘丈至盡頭微開
鉗口就中立穴愈長愈妙。

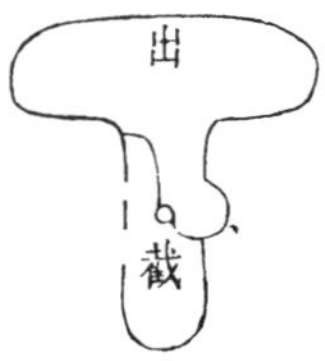

橫直木如下字若本身無化氣宜截氣
開窩以墊。

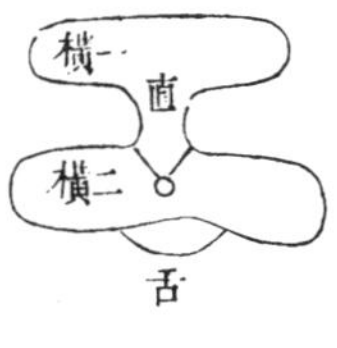

橫山連氣木兩頭一直脉從中出或任
平岡廣坂湖邊就中直上頂脉立穴主
大富貴。

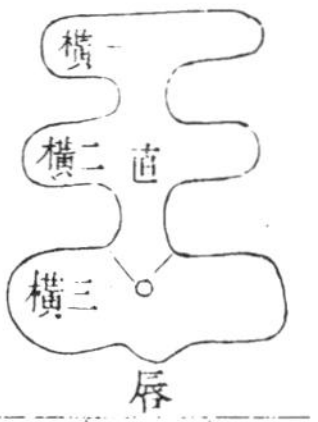

三橫一直均勻如王字大貴封王有在三畫上立穴者有在三畫外立穴者亦有在弦舌上立穴者皆要齊整

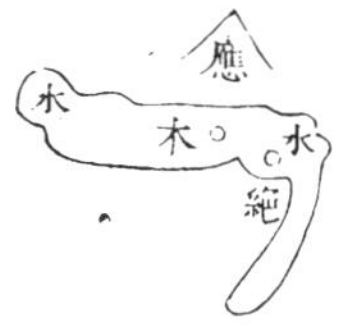

浮水木星從有氣處作穴乘木氣之盡枕應爲之埜乳木氣已絶純水之所必主滛絶

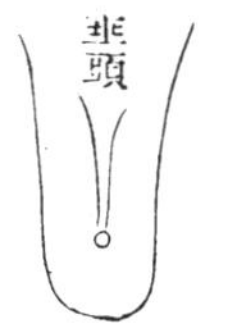

乖頭紫氣就頭上頂脉扦穴此穴至貴名落地文星主狀元宰輔

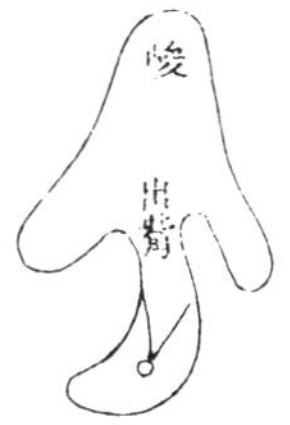

出背木星其盡處起金水泡或微頂插出木背就于頂下詳背動處立穴所謂就化氣也

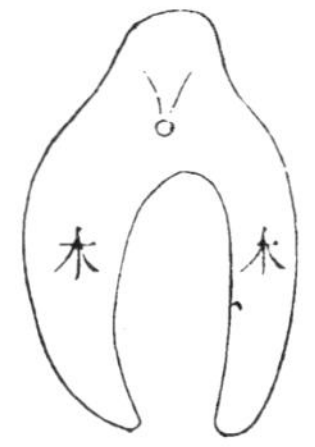

金水嶂下生出兩木直下如金釵股樣名交枝木于椏杈處扦之

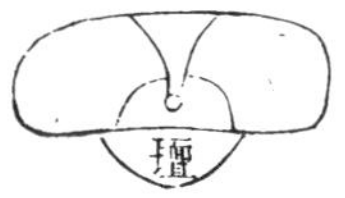

橫木長數百丈中吐舌或圓或方當就舌立穴蓋真氣併于外以舌爲證者也

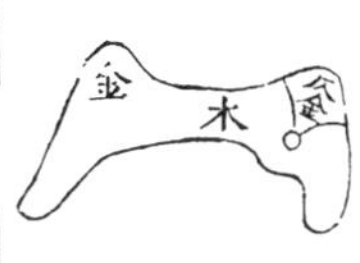

此名推金扯角穴大不入俗眼又名三停穴金水木相扶動處扦穴低者方是高大穴非局勢急圓者是

金水星頭下出木前有一臂掬轉宜挨歸一邊立穴

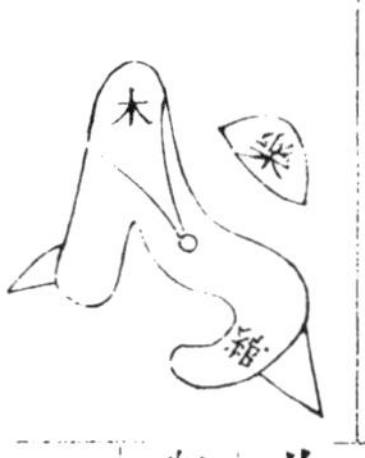

此名縮藍木如手縮藍穴扦將轉動處與没骨天財拳鞍垂韆諸體大同小異

摺掙木三彎三曲或于掬轉處揷肘外乘氣立穴或于盡頭立穴俱承動處審四勢下之

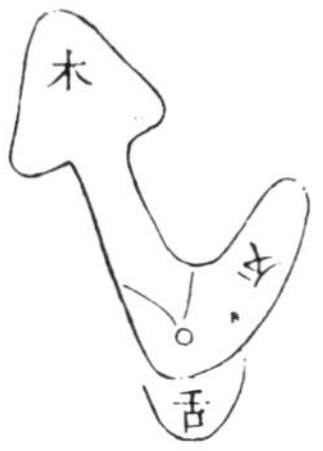

曲木曲處外有裀褥宜插肘外乘氣下之

蘆花梟木曲折擺動到頭掬處下之主神童狀元

木星架火。火焚其木。極爲凶禍。高開木窩深藏下之。不見火爲福。

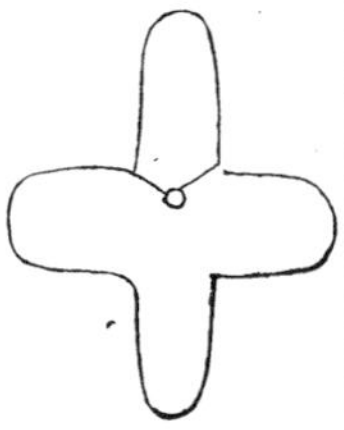

十字木星與柿蒂土相似。但土方而木圓。土濁而木清。宜就中央聚氣處下之。

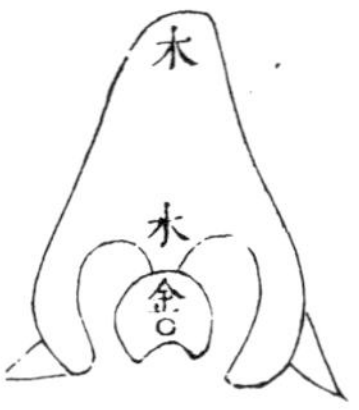

木星出水而生金。開口結穴。宜扦口中。若不生水而出金穴。無窩泡則必凶。

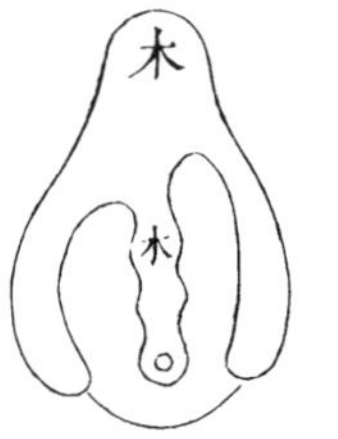

木星出水浪。木形水質。是貴格也。任處結穴。如水之芽。英華秀發之象。

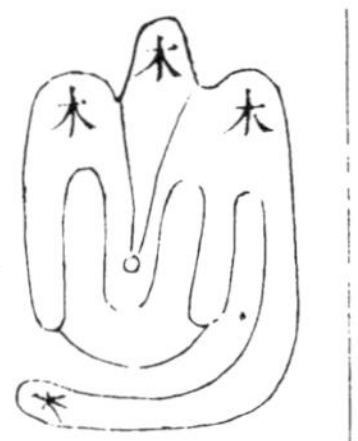

四木齊到下手一木拗轉。取短而有裀褥者爲穴。宜扦木所盡處。

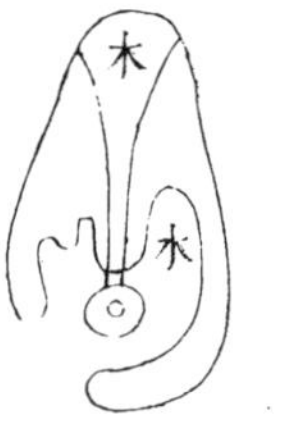

木垂而出水泡。就泡上立穴。勿大打開。以傷其嫩氣。

水星捉脉式 計十二條

水多爲引龍過氣。及爲兼星。必兼金木方結。無純水作穴者。正體有澄波廻瀾流泡之格。變體任其所兼。

流泡出穴。穴在泡。水流必有泡。無泡則爲蕩水不結。

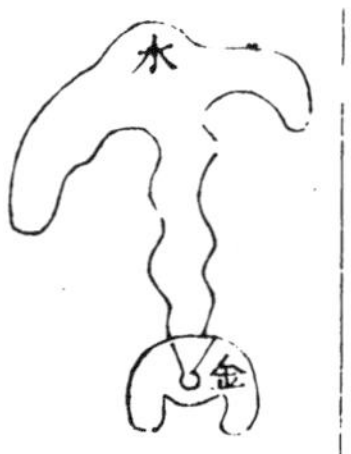

流水出金星。結穴在金星上。就開口處取之。

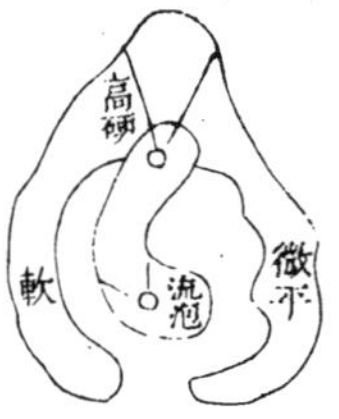

此格上穴爲貴。下穴泡上要就中正下之。下穴不若上穴乘氣急也。

水星開窩。當就窩內扦作。要內平正。四圍有弦如銅鑼樣。方可就窩下之。

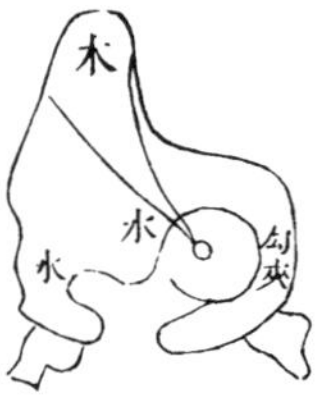

水木相兼。勾夾開窩。就窩下之。不可太深。深則脫氣。

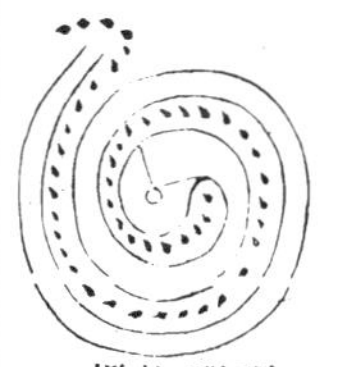
廻瀾旋螺

廻瀾旋螺穴結中間頭上此穴極貴有蟠龍蟠蛇諸格。

平地之水圓融不動名曰澄波弦稜明白當就中立穴。

水木相揉看取掬處若掬處有應便宜立穴與開口無異。

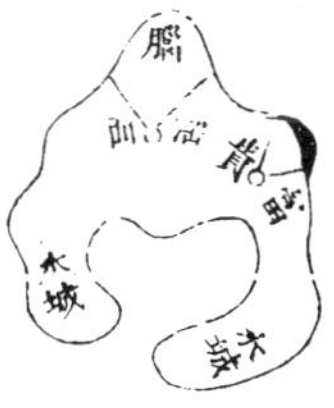

此星號曰淫星折之有訣正面穴主出淫婦絕左一穴主大富貴如死硬則非

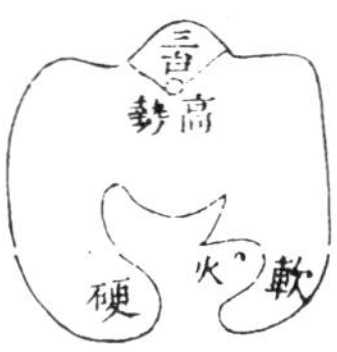

三台結頂邊急邊緩要有窩脊就坡弦上作穴主大富貴高露主絕。

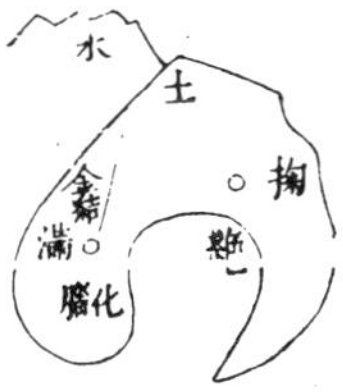

此星粗重模糊微有脊方真但要水低名曰氣穴來雄無抱號曰冲穴主速發人財。

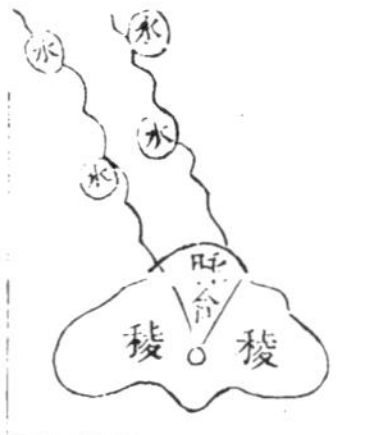

二水橫金形勢如飛蛾又曰墜氣金星主大富貴。

火星提脈式 計六條

火多作祖宗及為羅耀故結穴尤少于水大低多難結穴正體有欹天倒地諸格變體四星任其所兼。

此欹天火盛極而生土出穴主王侯極貧大抵水為秀火為祿不結則已結則極顯。

此倒地平面火生微土于中結穴如火燒盡成土之象一任風吹愈燃愈熾。

此倒地火如紅鸞祿星環抱處作穴主貴卓越顯赫。

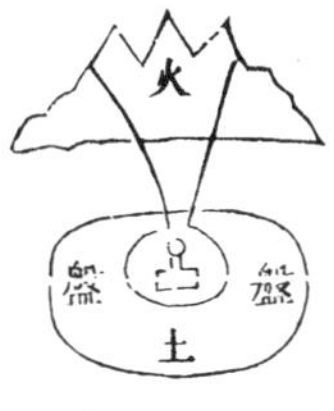

此火生基盤土結穴不可差正中要退後坐龍脈方是如前有三丫文必出三公。

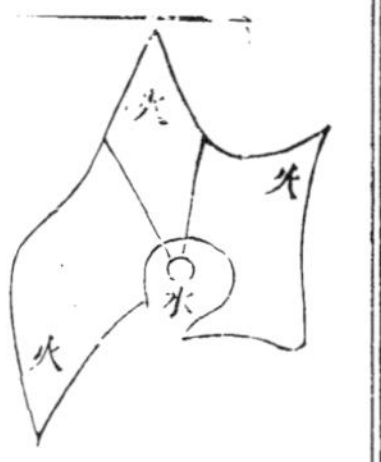

火蘊蒸而成水。開水窩立穴。葬急主絶輩是出刑名清正之官。

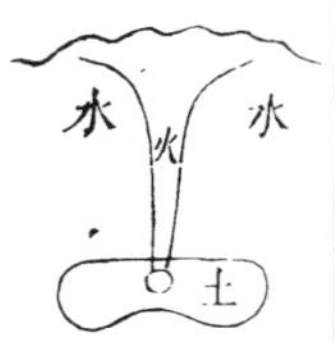

火盛而生土。水不足以潑其勢。宜于土星開口處扦穴。又名腰子土。

土星提脉式 計十八格

土與木星皆尊星。上格出王侯宰職。下格亦巨富。正體有高低平面仄面。變體四星任其所兼。

孱風正土。正面綳削壁立。無處立穴。至脚根處始見吐氣。就墜處下之。

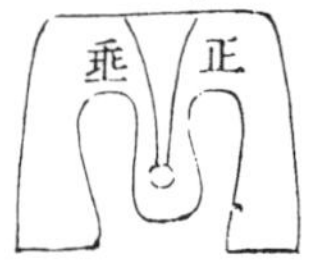

土星懸膽出脉。就膽上扦之。勿大打開以傷其氣。

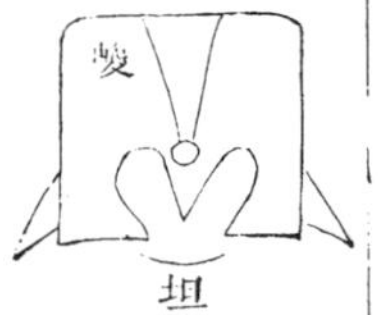

膽與乳大同小異。膽上細下大。乳則下小。乳忌大長硬。微動處是穴。

此格內金水。外火脊。當枕中作穴。脉正出顯貴。角出亦至侍御。無弦稜主絶

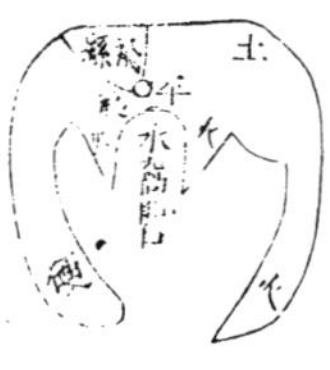

此星多是不高不低。後是土。左右是火。後有微脉。出自土角。當就水窩弦立穴。主兵權富貴。

土角出脉。合氣結穴。于中微起凸。就凸上扦之。無凸非穴。

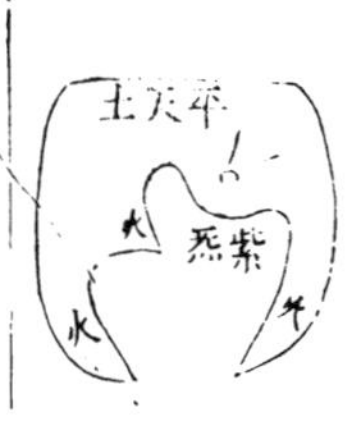

此地名曰刼穴。有火脊在下。要穴高。龍虎低。角上入首。主出郡主。富貴雙全。

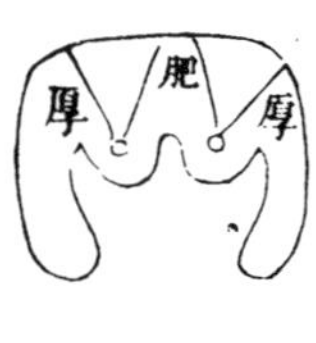

土星面寬大肥厚。而垂兩乳。俱端正圓淨。當立兩穴。

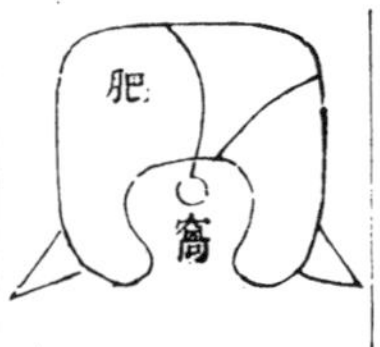

土星開口出窩。弦稜緊固。宜就窩糢弦立穴。

平地棊盤方土。面身正平。不拗不高低邊就中立穴。須要窩凹明白滿突不可下。

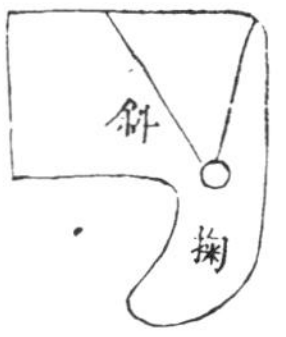

垂鈎土。即于拗轉處立穴。要應樂分明左右有情則發淸要之職

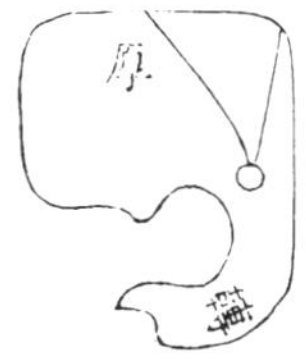

轉角土。則于角拗轉圓活曲動處扦之。就口斜乘來脉則吉。

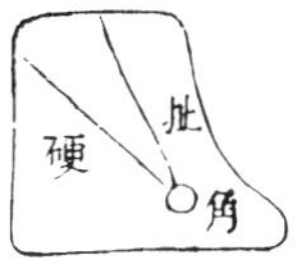

土星整角取細嫩處扦之。所謂老中求嫩靜中求動也。

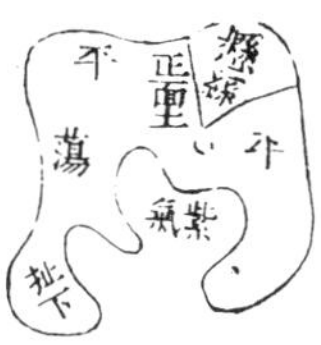

此星要平正有角者方是。懸下合作紫氣穴。動蕩分曉富貴非常。

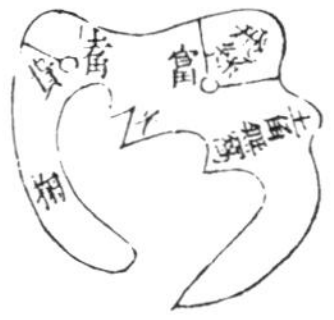

此地宜大打開深取水。穴水土始有制化。左穴主巨富。右穴出太總兵。宜仔細消詳。錯亂主絶。

地理大成

此地名孤落穴。乃土腹藏金。貼體星辰微出角上作穴。主威嚴之職。低平則非。

凹腦之開口者。亦如縮藍。縮得緊處有勢爲佳。就口下之。

凹腦之不出乳不開口者。有應就中扦脉下之。主大富。

五星明圖。其論穴法。雖不能至純無疵。然較之諸家則此爲平妥。故錄此于正形正象。

天機九星九變穴法　廖金精著

前老九星結作穴法。乃步龍辨穴之法也。此九星穴法。乃以穴星之九變定穴。與龍無涉。其分辨在此。

九星正變穴星歌　九個星辰有正形。細說與君聽。太陽端正覆鐘樣。太陰半月象。金水原來似鳳飛。紫氣笏囊垂。天財三體形有異。凹腦展誥是。雙腦貴人立馬容。平腦玉屏風。天罡張蓋形。相並孤曜如覆磬。燥火尖刀罡是凶掃蕩展旗同九個星辰又變化正體皆居首開口第二懸乳三尖極暈中涵四是弓脚五雙臂单股居六位七爲側腦不須疑没骨八爲奇平面原來居第九九變不離母撥砂熟記在心胸開眼便相逢金精親授圖與訣天機皆漏泄

點穴認勢歌

認得星辰既真正點穴宜相稱星辰真正穴爭差咫尺隔天涯一個星辰有三勢立眠坐各异立是身聳氣上浮天穴此中求眠是身仰氣下墜地穴如斯是坐是身

屈氣中藏人穴罡相當一個星辰有六格見穴難求索大小高低與瘦肥穴貴得其宜大要濶開小宜狹作用當依法低怕受濕高怕風消息莫匆匆肥宜浮上瘦沉下反此皆凶也三十六格筆難圖休道盡形無點穴必先分四煞留心莫亂穵惡殺無過直與尖真個得人嫌兩邊圓淨名全吉藏殺爲第一無饒無減穴居中妙用奪神功穴下如生亂直脚壓殺穴宜作騎龍高下自無凶挨金法一同氣脉直來形勢急脫煞穴宜立須知粘穴落平夷休嫌穴水泥一邊尖直來相從閃殺穴宜用

從來倚脉亦如然莫道穴居偏此是穴星篇內訣開端當解說

三勢

三勢者天地人穴也天穴者山勢如立星頭如俯出脉結穴生暈皆高朝應龍虎明堂水城件件應証相等穴前又有平地此是山川結聚于上移下則散其體有三在山頂上者名仰高穴在星頭下者名憑高穴皆用蓋法在山脊者名騎龍穴用撞法天穴乘風而下脉來宜緩也地穴者山勢如臥星頭如仰出脉結穴生暈皆低

朝應龍虎明堂水城件件應証相等此是山水結聚于下移上則散其體有三在山麓上結者名懸乳穴用綴法在星體下結者名脫殺穴用粘法更出前者用接法離星體遠而另起小泡者用拋法在平地平田結者名藏龜穴用撞法地穴就水而下脉來宜急也人穴者山形山勢如坐星頭不俯不仰出脉結穴生暈皆不高不低朝應龍虎明堂水城件件應証相等此是山水結聚于中移上移下則散惟一體在山之腰有壓煞閃殺藏殺三法穴星乳頭及左右脚皆尖直謂之神煞出現宜

高處立穴是爲騎刑破殺用蓋法左右有尖直神殺偪露宜挨過圓淨一邊立穴用倚法若有微疵之砂可畏則深入窩中立穴名藏煞穴用撞法

四煞

脉來中平兩邊圓淨穴居正中名曰藏煞氣脉直急穴居高腦名曰壓煞出脉尖直穴脫平處名曰脫煞邊圓邊尖邊急邊緩認其尖且急邊閃開不用就過圓淨一邊立穴名曰閃殺是也

第一正體

星辰開面不出脚曰正體宜下壓煞穴凡正體星辰包含造化收斂精神故力大而功宏氣完而用博所以謂之吉穴但要面無破碎身不欹斜察動靜于微茫分高低于隱約是爲得之惟嫌水直氣怕身孤水直則牽動土牛身孤則飄散生氣不可不察

圖

太陽

第一太陽名正體好把覆鐘比此星最喜近清光大小立朝綱 太陽一穴自尊崇却有天然穴在中依法得乘生氣脉爲官必定至三公

太陰

第一太陰爲正體低圓真可喜現出天心半月規男貴女爲妃 平腦金星號紫微角邊魄生與心齊案朝堂聚皆真穴依此安扦不用疑

金水

第一金水名正體席帽形可擬此星清貴號官星州縣播聲名 九個金水曲兼圓一項分明開兩肩百子千孫由此出誰知富貴兼雙全

紫氣

第一紫氣名正體秀嫩方可取中間脚手有多般高着眼來看 頓起尖峰號木星上中下穴是三停細看朝應分高下一舉登科顯大名

凹腦天財

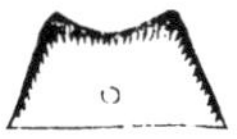

第一天財名正體凹腦斯爲美形如展誥最分明富貴永傳名 土星發用號天財多是橫龍出面來凹腦元來居金土天然正穴請君裁

雙腦天財

第一天財名正體雙腦木金水貴人馬上勢軒昂富貴此中藏 正體天財腦本雙最宜彎聳忌腰長雙子雙妻乘鞍馬禾穀金銀冠一鄉

平腦天財

第一天財名正體真形元在彼乖珠倒氣始堪扦玉枕出魁元 土星無穴古今傳倒氣乖珠始可扦兩角傳金居角上開塋若大營天然

天罡

第一天罡爲正體。車蓋形無二。此星凶毒穴難當。囚死陣中亡。天罡惡曜號天魁。正本言來是禍胎。帶曜太陽穴相似。請君仔細莫輕裁。

孤曜

第一孤曜名正體。覆磬形可擬。少年相繼入泉臺。無板上山埋。

燥火

第一燥火爲正體。尖刀形不美。名爲刼殺穴難當。路死没人扛。燥火形惡莫安扦。重重公事日連綿。田園賣盡兒孫絶。身喪他州穴可憐。

掃蕩

第一掃蕩名正體。形勢如流水。悮扦後代生異鄉。更出少年亡。掃蕩星辰極是凶。兒孫飄蕩走西東。田園賣盡因酒色。做賊爲娼辱祖宗。

第二開口

星辰平開兩脚曰開口。宜下藏煞穴。凡開口星辰靈光合聚于中。餘氣分行于下。雌雄相顧。血脉交通。所以謂之吉穴。但要口中圓淨。窩内冲融。身俯則穴宜就脉揭高。面仰則穴宜蘸弦。坐入是爲得之。穴忌堂捲。尤嫌落槽。堂捲則外氣不收。落槽則吉星自壞。宜細察之。

太陽

第二太陽號開口。生氣口中有。時人喝作燕窠形。下後出公卿。太陽開口穴難尋。案要齊眉底應心。高則犯罡低犯蕩。開塋嫌濶更嫌深。

太陰

第二太陰號開口。真穴如何剖。形爲伏兎穴堪扦。富貴永綿延。太陰開口穴何如。要認中間脉與窩。埋棺開塋忌深廣。兒孫指日便登科。

金水

第二金水爲開口。此穴君知否。形模却似列三台。穴向口中裁。品側圓峰更口開。口中安穴穴奇哉。脉來急緩分高下。識破機關一任裁。

紫氣

第二紫氣號開口。口裏藏金斗。貴人端坐是真形。金榜早傳名。木星水穴自相生。高下安墳切要明。乘得生生真氣脉。何愁位不至公卿。

凹腦天財

第二天財號開口。凹腦樂居後。形如玉几貴人凭。後代看飛騰。凹腦天財見口開。口中高下訣中裁。雙妻雙子兼雙舉。更主爲商進横財。

雙腦天財

第二天財號開口。便是量金斗。形如天馬躡雲飛。撞脉有玄微。雙腦天財開口奇。脉來急緩審高低。作塋深廣須當忌。水重元來發達遲。

平腦天財

第二天財號開口。平腦如覆斗。莫言橫几㐅爲凶吉穴在其中。　天財平腦穴宜扦。開口元來福力全。要識高低分俯仰。兒孫代代出名賢。

天罡

第二天罡號開口。轉水休嫌醜。將軍大坐㐅威風。邊闘立奇功。　名號天罡身可憎。若還開口便堪稱騎刑破煞。君須記。豪覇鄉邦白手興。

孤曜

第二孤曜號開口。誰識無中有。形似金釵㐅好看。下後出高官。　孤曜星辰有吉凶。若還開口穴當中。金槽銀棍無人識。扦着他年富貴隆。

燥火

第二燥火爲開口。好處君知否。令旗形勢㐅分明。一發看飛騰。　燥火尖斜不可扦。若還開口穴天然。必須剪火塋開潤。後代爲官廣置田。

掃蕩

第二掃蕩名開口。形如獅子吼。此星不與俗人看。平步上金鑾。　掃蕩星辰未可嫌。須知妙處好安扦。前賢截蕩留真訣。後代兒孫貴莫言。

第三懸乳

星辰口中有鼻下垂曰懸乳。乳急宜下脫煞穴。乳緩宜下坐煞穴。凡懸乳星辰生。氣凝聚而下垂。靈光發露而外見。兩宮齊到。一乳正中。所以謂吉穴。惟要圈中舒暢。乳上光圓五氣分形。三停立穴。是爲得之。㐅忌堂塞。尤嫌水牽。堂塞則人物兗頑。水牽則土牛退失。不可不察。

太陽

第三太陽是懸乳。看來分八體。人言八體象人形。點穴要分明。　太陽懸乳㐅爲奇。八體分明仔細推。但認中心涵太極。增高益下任君爲。

太陰

第三太陰號懸乳。八體從頭數。低圓形似獸兼虫。真穴在其中。　平腦金星乳氣懸。八般穴法任君扦。男婚公主穿緋紫。女入椒房逞獨專。

金水

第三金水是懸乳。官星真可比。坐看展翼似飛鵝。下後便登科。　懸乳金水㐅好安。三墳二穴有多般。出人相貌清奇絕。兒孫少子作高官。

紫氣

第三紫氣號懸乳。清秀真無比。亭亭盡是美人形。下着出公卿　木星懸乳穴天然。此樣星辰造化全。若得官星爲後王。兒孫策馬去朝天。

凹腦天財

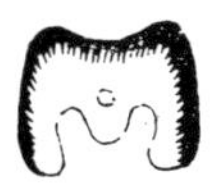

第三天財號懸乳。凹腦尤堪取。形如踞虎聳雙肩。無樂也須扦。　天財腦上自生凹。有乳何須後樂高。依法當中扦正穴。他年富貴產英豪。

雙腦天財

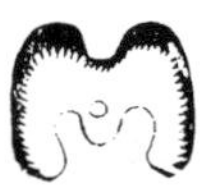

第三天財是懸乳。無樂也堪取。驊騮乘蹬是真情。列位在朝廷。 天財頭腦自成雙。無樂原來要乳長。五氣分形須作用。他年福祿自非常。

平腦天財

第三天財是懸乳。此穴人皆取。看來端的是牛眠。乳上好安扦。 天財平腦是真形。生乳分明穴自成。五體三形宜細認。一門朱紫御街行。

天罡

第三天罡是懸乳。凶中有吉取。從來此體象人形。扦着正光榮。 天罡人道極爲凶。懸乳垂中勢更雄。位鎮邊疆元在此。請君着眼看仙踪。

孤曜

第三孤曜名懸乳。最喜開金水。喝作胡僧禮拜形。一發得人驚。 九個孤曜本非奇。懸乳體嫌兩脚垂。鉗令灣環方是吉。請君作用莫差移。

燥火

第三燥火是懸乳。此穴穿金水。走旗形象莫言凶。下後便興隆。 燥火星辰本不良。若還懸乳福非常。依經剪倒乘生氣。名利他年冠一鄉。

掃蕩

第三掃蕩名懸乳。此穴原可取。形如伏虎最威雄。扦後日興隆。 掃蕩星辰不足看。若然垂乳穴中安。打開蕩體須依法。廣置田庄更出官。

第四弓脚

星辰平身開口。一脚弓轉抱穴。曰弓脚。有左右仙宮交牙二體。迎財接祿立穴。凡弓脚星辰盡光向內而潛藏。餘氣挽先而迴抱。明堂聚面。應樂連枝。所以謂之吉穴。惟要脚頭逆轉。何妨水口無關。欲定高低。當登左右。是爲得之。最忌脚高過眼。尤嫌虎逆擎拳。過眼則人品凡庸。擎拳則子孫凶暴。不可不察。此體有兩樣出脚。有一長一短者爲正格。穿長者下穴。兩脚交牙者爲變格。穿中心下穴。然又當以四煞法消息而用之。

太陽

第四太陽脚先弓。左右本雷同。形似仙人蹻足樣。官職任朝廷。 太陽最喜脚先弓。逆水生來福祿濃。發達此星爲極快。裁穴須當用正中。

太陰

第四太陰脚先弓。穴水出無踪。形似着龍常捲尾。富貴真無比。 太陰左右脚先弓。或作牙刀力更雄。金盛故能生水氣。須知此穴奪神功。

金水

第四金水名弓脚。抱子猿相若。此星發福最爲奇。狹隘不須疑。 金水星辰弓脚奇。逆來弓脚最相宜。雌雄交度尋真穴。莫把羅經妄轉移。

紫氣

第四紫氣號弓脚家業也興隆美女抱兒形穴
似清貴為朝王。木星腦下脚先弓左左弓來
事不同此等星辰人易識須知滅虎與饒龍。

凹腦天財

第四天財是弓脚凹腦當心作恰似蟠龍形體
奇定斷足家貧。出面橫龍腦轉凹。一山弓脚
逆來抱中心一穴天然定。正聚明堂水又交。

雙腦天財

第四天財是弓脚此穴宜斟酌神駒搖尾實相
如玉帶佩金魚。天財撚竹亦奇哉流水何曾
見去來雙妻雙子皆鞍馬更因商賈足資財。

平腦天財

第四天財號弓脚橫來要後托蒼龍頓尾是真
形家富有聲名。弓脚天財腦本平穴居聚處
古今稱明堂虎過何須濡富貴無窮有令名。

天罡

第四天罡號弓脚不須嫌醜惡將軍蹻足穴形
真邊塞立功勳。天罡腦下脚先弓堪笑時師
判作凶只要騎刑高作穴如斯扦後日興隆。

孤曜

第四孤曜脚先弓不可槩言凶老猿抱子真形
狀此穴仍為上。孤神切莫例言凶弓脚先來
穴平逢曲穴水中尋造化坊名富貴在其中。

燥火

第四燥火名弓脚此星吉神落其形個個是旗
形走馬去朝京。燥火須云是四凶穴來却喜
脚先弓若能剪火安扦吉富貴他年比石崇。

掃蕩

第四掃蕩名弓脚此穴原不弱喝為獅子抱毬
形富貴有聲名。掃蕩先弓脚亦奇開肩抱乳
似獅兒請君打蕩須如法後代兒孫衣紫緋

第五雙臂

此星身高面平邊開兩脚曰雙臂有三體有左右俱雙者須要交牙又有左雙右单右雙左单者為變格也皆當以四煞穴法消息而下之凡雙臂星辰靈光自足而舒徐真氣有餘而磅礴東西雙到內外重回所以謂之吉穴惟宜應案臨近明堂聚前立穴必取天心折水要依星步是為得之穴忌內臂尖射尤嫌元辰直長尖射則吉穴亦凶直長則善星反惡宜察之雙臂之格須要彎抱而交牙尤借兩臂圓淨則貴太尖挾刃須鋤圓之

太陽

第五太陽號雙臂二體真奇異鳳凰展翅喝形
真端可救人貧。太陽一腦自端然雙臂彎環
要自然案近水朝纏護密兒孫富貴更綿延。

太陰

第五太陰是雙臂。本性多詭秘。喝作金鷄鼓翼形。爲福亦非輕。　太陰雙臂出天然。叠指出人喜賭錢。但得山朝并木遶。金銀多積更多田。

金水

第五金水名雙臂。脚下多餘氣。恰似翔鸞舞鳳形。官職此中生。　金水雙星兩臂雙。此星入穴氣爲良。男清女潔皆豪富。百子千孫更久長。

紫氣

第五紫氣爲雙臂。不須疑。叠指形似仙人舞袖形。下後得官榮。　木星雙臂要彎環。龍虎交牙在面前。乘得地中生氣者。兒孫代代在朝班。

凹腦天財

第五天財是雙臂。凹腦龍奇異。恰如龍馬飲泉形。氣好救人貧。　天財凹下臂何多。偏旺人家蠶與禾。雙妻雙子有鞍馬。兄弟父子便登科。

雙腦天財

第五天財號雙臂。雙腦巧相比。鳳凰展翅喝形真。福祿子孫身。　雙腦天財雙臂開。狹腰高樂始奇哉。雙星雙舉雙妻妾。更旺田蠶足資財。

平腦天財

第五天財是雙臂。平腦尤難遇。形如伏虎氣威雄。世代自興隆。　平腦天財臂出雙。元辰多是水流長。案山若近斯爲美。人口田庄冠一鄉。

天罡

第五天罡名雙臂。凶神有吉氣。金鷄鼓翼是真形。邊塞仰威名。　天罡雙臂却爲奇。兩臂彎環兩臂飛。須信凶中原有吉。兒孫豪富有嚴威。

孤曜

第五孤曜號雙臂。此星不可棄。蓮花五葉喝形真。氣好救人貧。　孤曜巒頭臂有雙。重重護穴氣爲良。爲官豈是清高職。衣錦還歸自帝鄉。

燥火

第五燥火名雙臂。此穴爲旣濟。形如猛虎出林來。請君依法裁。　燥火元來居惡星。誰知雙臂福非輕。火衰水盛斯爲美。富貴光榮仰盛名。

掃蕩

第五掃蕩名雙臂。好似鰲魚翅。莫言此是四凶星。名譽滿皇京。　掃蕩星辰本不佳。誰知雙臂福無差。安扦打蕩須如法。留作仙踪與世家。

第六单股

此星身高面平。開一脚曰单股。有四體。其脚微弓。如单手提物者正格也。宜腦下穴。有腦下一邊結乳。一邊開脚弓抱有弓過者皆變格也。宜看四應下穴。凡单股星辰靈光本盛而中聚餘氣不足而獨垂左右雖有一戲上下初無二用。所以謂之吉穴。然单股必須逆轉兩宮仿此湊成穴貴腰藏局宜周密是爲得之最忌風吹穴畔尤嫌去水面前風吹則飄散生氣水去則牽動土牛不可不察。

太陽

第六太陽號單股莫問無龍虎喝作行山白象形官職此中生。有龍無虎未爲非有虎無龍亦莫疑但要兩宮當面會湊成依舊合天機。

太陰

第六太陰是單股下後人爭觀恰似金鈎形狀真從此出官人。太陰一腳最奇哉但要彎彎送水來龍虎有無俱莫問定教富貴又多財。

金水

第六金水曰單股此是出官所形如象鼻喜彎彎合湊不爲單。金水星辰一腳垂湊成龍虎乃爲奇。一腳若還來逆水無龍無虎不須疑。

紫氣

第六紫氣名單股有龍便無虎彎彎象鼻喝形真富貴是金銀。木星端正自當中。一足彎環左右同四畔看來須缺一。安扦合法自興隆。

明腦天財

第六天財號單股腦象形可取莫言無虎又無龍扦着便興隆。單股天財不用疑外山湊合更爲奇田蠶大旺多牛馬更生雙子及雙妻。

雙腦天財

第六天財號单股人號蟠虬土此星發越極非常還要湊成雙。雙腦天財股獨单。外山合湊穴堪安高低左右龍依法必定兒孫做大官。

平腦天財

第六天財是单股此是平頭土形如𩑦象最奇哉扦着足田財。天財单股腦圓平。龍虎須還外湊成逆水轉來爲第一。功名富貴此中評。

天罡

第六天罡號单股惡毒如狼虎若還誤認亂安扦凶禍不堪言。

孤曜

第六孤曜名单股此穴不足數腰跎足跛更孤单癆病與瘋癱。

燥火

第六燥火名单股惡毒爲蛇虎若還誤認妄安扦災禍日連連。

掃蕩

第六掃蕩名单股㕵穴原無所若還悞用禍難當淫亂敗家囊。

第七側腦

此星身高頭圓開脚乳生肩下曰側腦有二體其脚均勻名曰仙宮有一長一短弓過者謂之紐會穴出肩傍者又名咬虱宜下倚擁凡側腦星辰真氣不凝于腦下靈氣自注于肩中昔人名爲左右仙宮今號爲偏斜怪穴頭顱雖別力量本同所以謂之吉穴惟要堂氣聚前樂星登後穴宜踏逆面書張朝是爲得之氣忌案前飛走尤嫌穴內空疎飛走則是虛花空疎則是騰漏不可不察

太陽

第七太陽名側腦肩下穴氣好形勢真如虎下山富貴在其中。太陽端正勢來雄急處安扦必定凶但向肩間尋氣脉不宜高作恐傷龍。

太陰

第七太陰爲側腦此穴真難討形如螃蟹自橫行扦後定光榮。太陰側腦即强魚金土星辰盡不如但要面前堂氣聚兒孫衣紫掛緋朱。

金水

第七金水名側腦看來終是好形如龍虎飲泉時穴法氣精微　金水星辰腦忽偏請君腰裏認微玄若是垂珠珠上作轉皮如有亦堪扦。

紫氣

第七紫氣爲側腦駱駝初卸寶莫疑腦下似生窩正穴本偏坡。木星側腦本奇哉腦下安扦必見災肩下好尋真氣穴轉皮到處任君裁。

凹腦天財

第七天財號側腦乍見令人惱渴驥元來奔澗江其穴側邊藏。天財頭腦有高低穴法多應是轉皮須要明堂真氣聚兒孫白手立家基。

雙腦天財

第七天財名側腦定要腰間倒元來此體號攀鞍章光平處看。詩訣同凹腦天財。

平腦天財

第七天財名側腦醜中還有好駱駝飲水是真形乳在側邊生。腦平身側號天財有乳分明穴可裁若得樂星來照後榮華富貴有梯媒。

天罡

第七天罡名側腦凶中還有好從來形狀號紅旗富貴此中推。紅旗元是側天罡火尾尖長本不妨側氣垂珠爲上吉兒孫開閫鎮邊疆。

孤曜

第七孤曜名側腦此穴不爲好茶槽竹梘水斜流生離去外州。

燥火

第七燥火號側腦。曲穴水中討。莫嫌斜仄穴難安。旗尾動中看。　燥火元來身體斜。誰知側腦又甚誇。分明有穴居旗尾。後代爲官坐府衙。

掃蕩

第七掃蕩名側腦。此穴亦難討。形如獅子最稱奇。富貴不須疑。　掃蕩身斜腦更偏。誰知此穴吉中扦。爲官清正由斯出。白手成家廣置田。

第八沒骨

此星身高開口肩下。名曰沒骨。有四體開口有一邊灣巧。一邊粗蠢看軟硬相夾處截氣立穴者。正格也。有張脣吐舌搖拳者。變格也。凡沒骨星辰形勢既有偏斜。氣脈必趨左右。濟蹤難認。開口爲憑。須奇怪之不同。與端正而何異。所以謂之吉穴。必須前迎堂氣。後對樂星。莫嫌穿穴窄薄。最喜夾堅夾軟。是爲得之。最忌後龍失勢。尤嫌前案無情。失勢必定非真。無情決然是假。不可不察也。

太陽

第八太陽名沒骨。肩下開口吉。時人喝作出欄牛。聲價滿皇州。　太陽腦下穴難扦。沒骨元來在兩肩。須要用功高作穴。他年氣應產英賢。

太陰

第八太陰號沒骨。動處安扦吉。要知眠犬是真形。代代有聲名。　太陰腦下穴難尋。沒骨安扦直萬金。高大作墳生氣聚。男清女貴稱人心。

金水

第八金水名沒骨。立穴無乳突。分明飛鳳下田形。穴向動中生。　金水星辰曲更圓。如何腦下穴難扦。元來却在凹中結。高大爲墳福更鮮。

紫氣

第八紫氣名沒骨。尖峰高突兀。形似仙人側臥時。動處合天機。　木星腦下穴難扦。真氣元來聚一邊。動處安扦名沒骨。曾楊此訣實通仙。

凹腦天財

第八天財名沒骨。穴向口中覓。喝作將軍拖馬形。富貴有聲名。　沒骨天財體大奇。時師不識自生疑。誰知蕩處爲真穴。富貴雙全實在斯。

雙腦天財

第八天財名沒骨。奇怪人皆忽。腦似寒牛初出欄。穴向靜中安。　沒骨天財本異形。穴居薄處得斯名。安扦須用天機訣。世代兒孫受寵榮。

平腦天財

第八天財名沒骨。此法休尋突。出林猛虎使人驚。穴向動中生。　平腦沒骨號搖拳。穴法從來背後邊。莫疑穿空斜與側。縱然無樂也堪扦。

天罡

第八天罡名没骨。不必問窩突。原來動處好安墳。形象似牛眠。天罡不可例言凶。没骨元來吉氣鍾。誰識動中爲妙穴。爲官必定立邊功。

孤曜

第八孤曜名没骨。愰扦必主乞。號爲雷脚至爲凶禍害見重重。

燥火

第八燥火名没骨。動中原有穴。形若寒牛出欄形。剪火任君安。燥火星辰本不隹。安扦没骨氣非差。天然穴法人誰識。不怕穿空左右斜。

掃蕩

第八掃蕩名没骨。此穴不可忽。形勢渾如獸出林。富貴稱人心。掃蕩星辰没骨奇。穴居動處少人知。穿空左右從君截。扦後誰知折桂枝。

第九平面

此星身俯面平。中心有突。故曰平面。惟有一體。或出平岡之中。高山要平中有窩。平地要窩中有突。中心立穴。葬經云支葬其巔是也。凡平面星辰。靈光自出于頂中。生氣聚浮于面上。精神收斂。造化完全。故爲吉穴。必須形勢端正。堂氣周密。賓主有情。左右無虧。細推動靜。詳

察浮沉。是爲得之。氣忌胎息孤寒。血脉反背。孤寒則人丁衰替。反背則家業消亡。不可不察。此體多爲仰面金盤形。宜作金堆。忌用石砌。

太陽

第九太陽是平面。只在平地現。人言形狀似金盤。穴向突中安。太陽仰面氣團圓。窩突之中正好扦。朱紫盈門家富盛。從來平處福綿綿。

太陰

第九太陰號平面。過處多如線。形如寶鏡月團圓。正體一般看。太陰平面現真形。四望團圓似鏡平。深下避風爲上吉。家興富貴自光榮。

金水

第九金水爲平面。羅星可分辨。一身圓曲要分明。取類宜稱名。誰把菱花貼地安。山環水繞實堪看。草蛇灰線尋真脉。扦着須教世出官。

紫氣

第九紫氣是平面。清秀人皆羨。形如拜笏更平長。金榜姓名香。倒地貪狼氣吉昌。龍高砂貴作侯王。從來此穴人知少。千古金精永發揚。

凹腦天財

第九天財是平面。低處星辰現。肩晨腰軟似横琴。清貴播聲名。天財平面號瑶琴。穴在凹邊響上尋。横直元來同一法。須知此訣直千金。

倂脉天財

第九天財是平面。圓曲真堪羨。蔛形柹蒂任安扦。福祿氘綿延。　王蔛元來浮釜中。金盤柹蒂氘難逢。須知穴向中心作。妙法還當串後龍。

平腦天財

第九天財是平面。土氣聚須辨。若還四直號方盤。中心氘好安　天財平腦有多般。紫氣同形請細看。依法安扦休犯殺。兒孫享福更爲官。

天罡

第九天罡是平面。乍見令人眩。在地形如鐵蒺藜。埋了更傷妻。

孤曜

第九孤曜爲平面。空說灰中線。形如覆磬得人憎。扦後絕人丁。

燥火

第九燥火爲平面。地上象牙現。此星莫作等閒看。下後出高官。　燥火師傳七吉神。元來平面氘爲真。木星倒地同功用。富貴功名應後人。

掃蕩

第九掃蕩爲平面。屈曲平中見。此星元只作蚍形。富貴著聲名。　掃蕩星辰曲更彎。或居平地或高山。形若生來多活動。窠窟之中正好安。

九升氏曰。廖公九星九變圖。其正體下屬有出金出水出木出火出土。其左右有擺蕩擺燥。單擺雙擺。其開口有轉金轉水轉木轉火轉土。或邊金邊水邊木邊火者曰變格。其懸乳有垂金生水夾木帶火穿土雙星麒麟三台。弓脚有仙宮交牙。雙臂有俱雙邊雙單股有垂金轉水蟠龍單提側腦有仙宮紐會。沒骨有攫拳疊指張胆。雙張胆等圖。此窮其變而然也。然點穴但要識其穴場所在。穴場所在。有不必如此細辨而可得者。故以其瑣碎而不錄。若言學問廣博。則亦不可不知。當于泄天機穴格全書中求之

山法全書卷之九

古婺葉　泰九升父集

武林卓　璠煥若父叅

海昌沈同文治侯父訂

穴法倒影奇形怪穴部上楊公怪穴賦舒南僧怪穴圖

廖公怪穴圖謝子敬寸金賦

九升氏曰奇形者其形奇巧而不常怪穴者其穴醜怪而可駭也道法雙譚曰奇巧者形常有餘隱拙者形多不足或曰奇巧隱拙皆係奇形其結于水底石

盤山巔者則爲怪穴總之奇形怪穴乃天地秘機所以讋貪妄之目昇福善之家者也不則天地何必融此奇怪之形穴哉吾所不解者天地至怪之穴古人皆已扦作如華氏鵝駞蕩地從水底封起傅氏飛猿之地𡹩于石盤張氏白牛坦地扦于高巔夫創作古人未始有之舉常人固不能無疑而至奇至怪之穴古人無不扦過既有成式在前則後人可以無疑矣而奇怪之穴至今不能不疑駭者此不可解也吾知之矣蓋造化留心福善抑美好之穴遇非緣之家亦變出疑端而不就况奇形怪穴乎今集諸家奇怪圖說非望人人盡知此也古人云龍有十分奇穴有十分怪又曰候葬毎因求正面神仙俱是下偏頗但願習斯學者從此而入道而以真龍真穴福天下之良善則此集非小補也

山巔石盤水底之穴談之固若甚怪抑知身親其境則其龍穴砂水之結作亦是至常無奇皆當然之道也世之驚駭怪穴者由其讀書少足跡狹也若遍踏名境則何奇之穴古人不扦遍讀古書則何奇之穴

古書不載古人既言之又行之何後人之不能深求古人耶

怪穴賦　楊筠松著

龍之行度兮如人之身身有百骸九竅兮龍有萬態千形穴有正奇兮如醫之針針有正偏補泄兮穴有損益淺深脉絡循環兮表裏相因能明脉絡兮穴情斯真真僞交錯兮從何而分真雖醜怪兮四應齊賓假則虛花兮五品不親欲分真僞兮察其龍神主山如君兮輔砂如臣坐以五星兮穴以四金内全三形兮外集八門正

穴兮體明而易見。奇穴兮隱拙以難尋。如姚千之女兮。如跣足之人。如照天膩燭兮。如捲地之雲。如截蕩之木兮。如剪火之金。如水中之凝兮。如火燄之盡。如硬面之太陽兮。如飽腹之太陰。如折藕披瓜兮。如擺練鋪裀。如穿花之蝶兮。如宿鳥投林。如風吹羅帶兮。如月下鳴琴。如金口木舌兮。如玉蘊鼉紋。或三龍而一穴兮。或一脉而雙墳。或棄乳而扦肩兮。或拋脉而臨諸。或捨窩而枕臂兮。或取逆而乘順。或架空兮反掐。或離胎兮就脣。或形取于走獸兮。或像指于飛禽。如斯之奇類兮。令人駭

目而驚心。雖億萬之不齊兮。舉一隅以証今。若法度之不謬兮。乃百福之是臻。

怪穴圖

舒南僴著

木

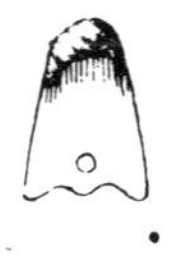

正木星　立木直聳。上無節乳。難以安墳。須尋下畧有微突水泡。此木芽也。宜就芽上扦之。

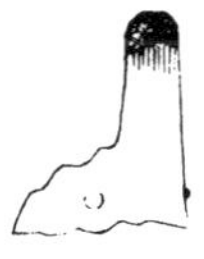

木星擺蕩　立木無芽乳。則穴難安。若左右横出眠木小枝。此木星擺蕩盡處圓如竹筒難栽。當尋出枝根上扦之。

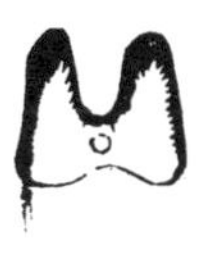

雙木排雲　立木雙聳。硬直無穴。須尋過頸平處扦之。

雙木夾竹　立木雙排齊出。眠木二脚俱直難安。當從陰陽初分處扦之。

朝天舞袖　冲天木擺水蕩頭細而陰袖圓而陽。當就陽處扦之。

獨脚黎春　立木中出眠木。體成蘆鞭盡處突起金水小泡。就泡盡處扦之。

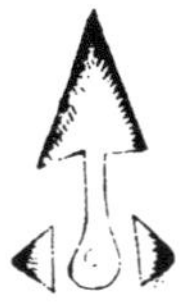

鍾槌抹額　立木中出眠木入首面平。夾耳相應。就平處枕兩耳扦之。

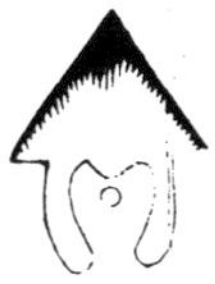

夾木藏芽　立木陡瀉無泡節乳蕩難以安穴。兩脚外灣內直。對頂直下。平地微露脣突。宜就脣扦之。

紫氣冲關　一立木出腳，一臂內體瀉而局逼，臂上軟而嫩，宜就中對樂扦之。

簪笏凌雲　立木中出，復起一星，頭肥圓而尾尖瘦，就圓處頂脉扦之。

臥木横琴　此眠木體，外直瘦內肥厚，宜從厚處扦之。

紫氣藏龜　立木一臂，過處頸小，頭圓微開金水小面，宜就小面扦之。

木火連輝　一立木，一眠木，出火嘴，立木峻急，眠木死硬，火嘴尖利，皆難下手，故剪火立穴，就微動扦之。

雙木齊榮　木星無芽，兩腳長直，對拱中垴淺直難葬，宜就兩腳拱處扦之。

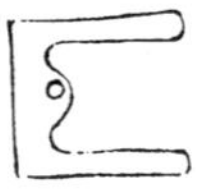

夾木垂鈴　眠木穿水，兩腳俱直，瘦削難安，過處平陽，就穿水横枕扦之。

鳳簫應鼓　平岡眠木如一字，而後應圓金如鼓，脉中出而左右均齊，就頂脉扦之。

迭尺排雲　倒地木三五七條，如迭尺排竿入首，直瘦如筒難扦，當尋其中短圓舒陽吐水處扦之。

曲尺木星　此星多生平地，看後龍何如，要弦稜明白，從轉肘反插扦之，忌尾尖削。

立木像屏　此出平岡，多類曲尺，遺氣肘外，穴從反插，此星氣面腕內，又與土星類，宜就樂扦角穴，無應不扦。

金剪交腋　此星高平，皆有轉折處，有微突陽暈應樂，從角扦，如無，頂脉扦之。

一柳萌春　此楊柳枝木也到頭瘦直無局。水走砂飛難下。須尋回轉節上有陽暈處扦之。收元辰水架龍而下。

流山不節　玄武觜長難下。當尋中腰微陽窩錯扦之。

直木流山　水木行龍無甚頂牕入首如叠指吐氣似窩宜窩內扦之。

滾牌木星　木身帶水妙在抹轉一邊從腰陽窩扦之前去假面也。

彈弓反的　彈弓木平而弦急勢反而肘圓如滿弓施矢而力在靶宜從靶扦之。

節木截枝　立木傍出小枝灣抱正體硬直無節泡乳突難安小枝又弱當于出脉處棄老截嫩扦之。

地理大成

節木剪芽　木直出入首無穴看其中若有分枝狀當就枝節突處扦之。

[illegible]節枝　眠木細小低橫隱伏盡處瘦削如剉竹難安中間小開椏枝湧微突宜就突對欒橫挖扦之。

流木擁節　[illegible]脉木盡處瘦長孤露看其陽暈突泡處扦之

照天蠟燭　四山高起內局逼廹後龍童特跌斷一線脉頓起高峰頂開平陽四圍傾瀉精氣上聚宜就頂扦之。

捲地木星　兩枝來龍雌雄交度審其木神迎來就去相對安墳。

直起木星　直起星辰中乳從秀頂穿落好看而殺重左股從木下有端左扦之。

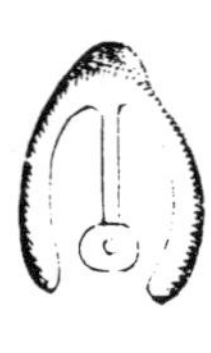

流劒木　木落平岡直如流劒人咸畏之若龍奇特四勢分明就鋒扦之可以列土分茅。

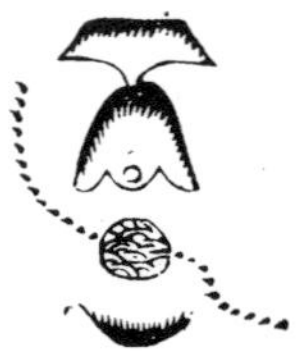

吐氣木　蕊座上重生木情正如笏兩翅分明秀水朝聚木星峻急取腋穴則木犯捲簾是失蔭淫活法當從裀褥氣上扦。

冲天捲地　立木出脈木帶水三停乘珠轉處迎接朝水扦之。

金

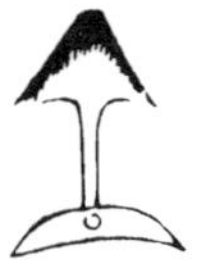

橫梁機弩　立木生脈木兩手均勻左右微灣如弓弩對脈扦之。

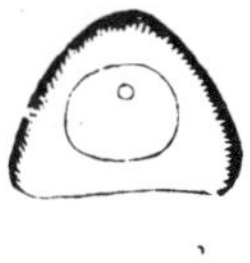

飽腹藏春　正體太陽金星有面無窩靨十道周全就心扦之。

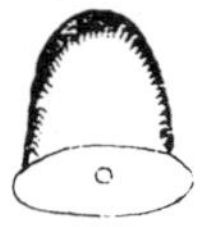

覆金四面　太陽金如覆鐘四面均齊無分合窩乳謗髗裀平聚水城合處就氣扦之。

虛簷雨滴　太陽壁立有面無分合窩靨下鋪平地其氣在下就平扦之。

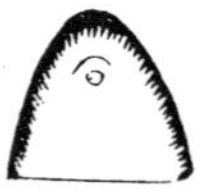

純陽百會　金星臥體一派純陽難下謗頂上突下乘陰氣將舒陽處始肇處扦之。

乘虛取息　龍虎相迎微突小乳勢雖短促氣實盛旺穴上則傾可就下扦之。

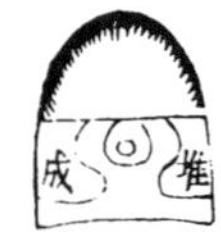

金土相乘　此星坐體有面無脊脈窩靨下是一片平地上既難安下又無證須從影光就金脚平地扦之。

金圭玉笏　金星出木脚金有面而無脉木有體而無脊就金剪木扦之

日出扶桑　平面太陽四面圓飽而頂上坦平如覆盆宜就中扦之。

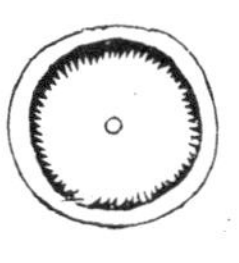

月昇東海　仰面太陰四圍高圓中低勢如仰盆亦宜就中扦之。

覆船小金　太陰出平岡兩角帶火而中有小臍宜就臍扦之。

蛾眉明秀　太陰生曜清秀左右均勻陡立難下當就平地梳兩角扦之。

淡掃蛾眉　此星背圓削面灣削上則傾下則淋難以立穴乃尋兩角尖薄處如初生之月精光在角乘氣剪之

挨金剪火　粗金聳立無分合上壁下沉難安而脚則拖火是氣從此變宜就變扦之

環帶領恩　太陰金圈脉緩中平脊立上則落風中則氣散挨圈貼脊扦之。

側面捲雲　金星開面有脚一邊圓豐帶水一邊尖瘦帶火金喜水而畏火地貴平而忌尖宜從圓處扦之。

金梭擲縷　太陰金生平地形如梭子頭平四面削齊兩角均勻宜就心扦穴。

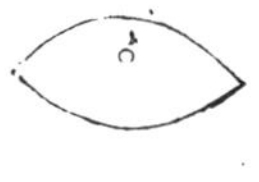

梭子金　太陰金生平岡面滿起脊兩頭齊尖與前星同名異體此則孤曜受穴宜于水合處扦之。

仙人擺袖　金星懸乳直急不宜立穴虎手脉細而濶下有襉褶乃閃脉正行偏落不拘龍虎就襉褶扦之。

拈指金星　形如覆釜一邊水路分明勢如拈指宜就水明處扦之。

疊指金星　數條落脉短枝硬瘦長枝脉清而下厚就厚處迎水扦之。

日月交明　太陽剝出太陰。平吐二級。每級高低。相去二尺許。匾濶無分難下。脉行陽散。就唇臍收陰處向合水扦之。

鈎金一比　金星出一比。正體面壁削。比類木而圓。俱難下。尋出比根盤小泡扦之。

老鶴疎翎　金星開口。中心陡。難安穴。兩手相揖。短陽而長陰。宜就陽處扦之。

金鷄歛跡　金星平分二枝。一圓而有暈。一瘦而無陽。當就圓暈陽處扦之。

仙人跨馬　金星變出天財。雖無分合。然兩肩相勻。龍神清秀。應樂分明。宜就腰軟處扦之。

疎翎展翅　金不開口。而兩脚平分。一脚火。一脚木。尖者陰殺。圓者粗硬。俱難立穴。當從平處頂脉扦之。

象鼻捲雲　金星出兩脚。一粗一細。如象鼻灣。力在捲處。宜就捲扦之。

老蚌遺珠　大金橫出小金。皆有面。而壁過處水頸。陽平而軟。就軟扦之。書云不怕穿空穿薄。最喜夾堅夾軟。

團鷄剪翼　金星出木。似乎有穴。然內局傾瀉。逼廹難安。左肘閃脉清秀氣聚。從肘外合水扦之。

金鷄團雲　金水一線過脉。復起小金仰面內顧。宜坐虚向實扦之。

反弓張的　金星變金水出穴。脉從中行。前有微突小臍。兩脇畧薄。而拂袖向後。當如弓力在的。宜就臍突扦之。

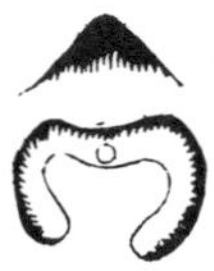

玉帶纏腰　平岡圈金如帶。窩大而深。後面似乎仰瓦。類于天財。當就腰仰處扦之。

側乳金圈　圈金流脈垂下三級上下二級陰瘦中級陽平。上則露風。下則溜牙。當從中舒陽不露不溜處扦之。

穿花雙蝶　金星平開雙口。脈似中出而氣多側轉。認口中薄處扦之。

飛鳥投林　金星開兩口。而脈從中出。兩肩齊聳。而唇尾相應。勢如飛鳥。宜就窩上扦之。

倒掛椋梠　金星入首。露胎散濶不平。看頂上有微窩處。則氣上聚。宜就平頂處扦之。

螺螄吐靨　金星開小窩。龍虎相抱。内無突乳。宜坐中腦頂脈。就窩扦之。

掛壁金釵　金垂兩脚。均平陰硬中哈淺高扦則傾低扦則淋。後龍奇特。當從釵根劈開扦之。

出山金珠　金星博金。硬面無穴。過處有小水泡珠乳。宜就泡扦之。

上水遊魚　金星生出平岡。落池湖溪澗邊。如遊魚。當認水神逆勢。就金面頂脈扦腮穴。

回祿取聚　金星變出祿存。頂圓平豐厚前去者瘦。倒露胎。當就頂平處扦之。

陽取其祿　金星變出祿存。兩頭俱陰瘦而中間鋪陽聚氣。宜就陽扦之。

金鵝抱卵　金星出水口吐。微窩。而兩翅齊張。稍灣上前。宜就窩扦之。

遊蛇出谷　金星偷身過脈。出處淸細。勢微氣盛。上則傷腦。下則傷禍。當尋眼穴。回顧處扦之。

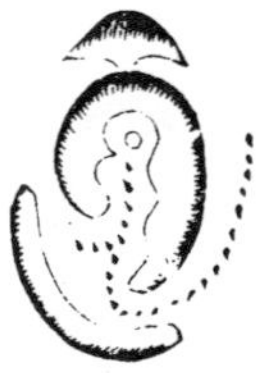

連蛩金星　金星開兩翅勢如排衙刀杖斜插當尋頂脉中心有陽暈平處扦之不可以砂走棄也。

滚浪金星　此星横看一大金星到頭不分面目細看邊厚邊薄就身生窩窩內扦之。

樓船出海　金水生出乎乳中低一窩窩後陰而前陽此雙龍合氣宜就前陽處扦之。

抄手掬躬　金水生成合氣中低一窩窩上則傾窩中則陷俱難以下手宜就窩下合處對定後頂雙枕扦之。

丹山棲鳳　金星生雙合中低一窩外抱不過前唇窩後陽平分合明白宜就後陽處扦之。

駱駝卸寶　此星跌斷特起精氣上聚中枝雖落數星乃他佔之龍不作正穴宜就肩井扦之。

仙人挽臂　金星出脚不灣不抱如挽臂上則露下則淋口中則散皆非可下須尋鼠肉動處扦之。

吴八引弓　金星出脚一長一短勢如引弓脚硬直下則低沉俱難立穴引弓之臂力在肩當就肩井扦之。

金鵝浴水　金星過頸水脈復起一金相應開面回顧而前圓不受穴開面授脉處有微窩宜就窩回龍扦之。

寒鴈歸湖　金星乳長兩翅向後扦乳則當頭露風扦後窩則金魚不交當尋乳根陽暈頂穴扦之。

同枝雙乳　金星垂乳太長而陰兩手抱不過頭中腰兩側出小突平陽宜棄乳從兩突扦之此閃殺穴也。

聚會三龍　金星垂乳陰長類木兩手齊拱不分大小中平就三龍聚處扦之不畏水冷冲穴。

美女鋪氈　金星端巧。面立無穴。而下鋪展裀褥。當就氣于氈平處扦之。

將軍轉馬　金星雄徤。勢若奔騰。入首翻身逆轉。回顧其祖。當就口中扦之。沉則扦上。

飛鵝赴水　金星落平洋。小岡墩。微突小臍。兩翅後仰。兩肩齊聳。當就前小臍上扦之。

快鵲翻身　金星展翅。側垂一乳。微開薄面。宜就乳面扦眼穴。

水

黃蛇吐氣　此星落脈。雖逶迤曲動。而入首稍直。盡處鋪平裀褥。宜遜直就裀褥扦之。

黃蛇聽蛤　水星落平岡。入首微突金面。而頭稍轉。四面小金相應。此從耳穴扦之。

胎氣藏蟄　水星瀉落平岡。陰出陰盡。而中腰含陽。生有突泡圓暈。後有樂從突坐樂扦之。

翻連曲水　水星落平岡。屈曲盤旋。前後俱陰。而中盤二窩平陽。就窩取應扦之。

雙燕棲梁　落平岡。橫開方口。勢如金斗。後有應樂。宜從轉角枕樂扦之。

梁上燕巢　水星落平岡。陰出陰盡。俱難扦穴。中間平聚一窩。宜就窩扦之。

臥蠶投水　金水橫出平岡。如臥蠶。脈清而頂陰。中有肚而水不交。俱難下。當尋盡處陽平扦之。

幕府垂簾　漲天水出。金懸乳。長伸一脚。漸落漸低。居中金乳。陰氣太重。乾流花假。精氣伸出長臂。就平扦之。

穿魚入帳　形勢如雲騰浪湧。穿帳出金入首曲脚。如生魚被穿翻躍之狀。首尾盤顧。力在腰肚。當尋曲處扦之。

雙魚比目　此星出平岡。無龍虎。兩枝並峙。須察陰陽而乘取之。宜從陽收水。

遇水安橋　金水橫過。兩頭齊勻。而中腰細小。乃兩金扛一水。就水裁穴。

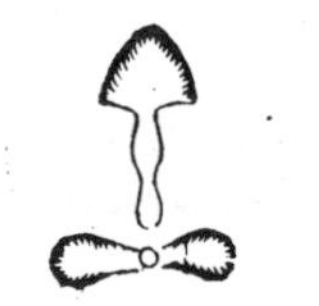

絲連折藕　金水串珠入首。平開二泡。三脉相連。如折藕中絲不斷。當從三脉連處扦之。

風前鼓簫　水星落平大鋪。無頭緒。當察四面看其動折收陰開鉗處扦之。

寶劍藏匣　兩水夾木。頭圓尾尖。勢如橫劍。然水則蕩而不收。木則靜而有融。宜就木圓處扦之。

風吹羅帶　水星開窩。長伸二脚。飛揚斜走。勢如風飄。帶外動而不靜。窩內潤而圓平。宜就窩扦之。

雙星應月　水星穿金落平。起小金水泡應樂。齊備。當就腰大處橫剪扦之。前去小墩孤露不結。

息肩傳舍　金水落平。連珠而過。中低細而兩頭齊勻。前後朝樂相應。從中細處橫扦。

彩雲應日　水帳重重。舖下平地。傍起三金。有面無脉。壁立而濕。水則蕩漾。俱無穴情。宜就平地照取四應處扦之。

祥雲捧月　水帳迭迭。有騰雲之勢。入首生牛月金星。有面靨。從靨明光處扦之。

官舍停驛　水星蕩然前去。中間橫偷一脉。開面成星。就腰乘脉扦之。

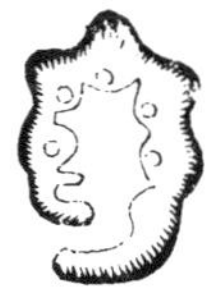

藕節瓜藤　水星落在平岡。如藕節瓜藤之延蔓者。宜就其盤折處尋節泡扦之。

密雲布雨　掃蕩水星起帳。垂珠數條。形如懸膽。宜就膽下扦之。一膽一穴。

美女兜王　水星出金。分脚長伸。過堂轉脚一擺。中乳乾流氣促。要知美女兜王其力在足。宜就足跟扦之。

火

乳龍穿霧　水星盤金圈。無乳突節泡。而龍虎交牙。盤成一窩。窩深難下。當就腰横枕串定雌雄扦之。

覆土棕棺　祿存出火。背方如土。中有臍或土或金。而兩手齊抱。就中取開水窩制殺扦之。

鳳翅棕棺　祿存變出爍火。形如鳳翅。而頸火向後。而而瀉水泡。宜就泡扦之。

丹爐覆火　金星蓋火。下面雖有鉗窩。殺氣太盛。須知鼎中火殺在下。而精氣上升。當就頂尋其平處扦天穴。

火木聯輝　横木垂數脚火。上則傾。下則利。皆不可下。宜就中木節剪火扦之。

披連擺火　爍火變出金頭。圓而帶水。就金圓處屏殺扦之。

懶婦穿針　金星出火。中股同形。剛硬純陰。上既無平。下又尖利。不可剪。不可糟。宜就平地三火微上扦之。

隔壁吹燈　金星中垂火乳。硬直尖利。兩手相抱。一手横出一十。籍後火氣就土扦之。

將軍展旗　木火並峙。則木之圓正者做有穴矣。但木遇火則焚。火得木益熾。宜就[illegible]火扦之。

寶劍出匣　平地火土。勢如橫劍。劍頭尖利。劍口鋒刃。葢火將盡而欲息。土方肇而氣盛。當棄尖就圓。墩上扦之。

擲地牙刀　平地木火。邊厚邊薄。形如擲刀。其鋒在口。當就薄處扦之。

飛旛盤帶　水星變木帶火。如飛旛舞帶。葢木盛則火息。木得榮生。就旛心木乳扦之。

白象埋牙　燥火生石筍。尖利難下。而龍神英發。砂水周全。當尋筍根動處扦。牙關穴如出笋之土。自起微突。與他處不同。

金鷄縮爪　金乘三火。脚中長兩邊短。如雞爪俱不可下。宜就金頂平處扦之。

赤竈流丹　火曜發之于石。如劍戟排成。一窩圓平。是外火內金。如丹鼎。精氣在中。就中扦之。

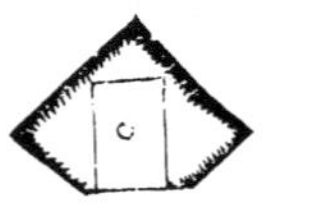

三仙煉丹　三火相應。中出平土。火因土而欲息。土得火而體强。火土相生。氣聚土內。就土中梳應收氣扦之。

玉女搖珮　木體出脚。水頸火稍。木硬削火尖利。俱不可下。就水頸過脉扦之。

鐘鳴鼎食　金星覆火。如鐘。是天罡帶燥上則傷罡。下則近燥。當從嚮上對合尖扦之。

文筆書天　火勢冲天。利如文筆。其貴可知。但直下逼廹難扦。當近木覆欲處扦之。

土星開口　土星入首。形如櫃庫。看有微窩。宜就窩扦之。

衆僧拜斗　土星卸落平洋。串珠而來。入首大平一片。無可立穴。審得水處臨弦扦之。

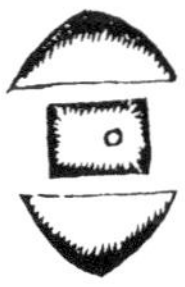

二仙對奕　金星變平土復起一金兩面相應而逼立當從中土平處扞之。

金章轉誥　土星橫出雙金如誥軸中土體頑頂脉難下兩頭金星出土光華顯耀而土氣虛宜就金橫枕扞之。

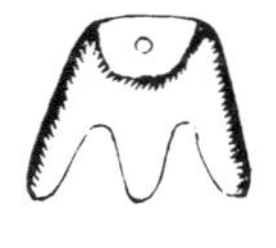

玉鼎飄香　土星下生三脚似乎有分臨頭無合穴亦不成頂平有窩不露其形則氣聚鼎上從上扞之。

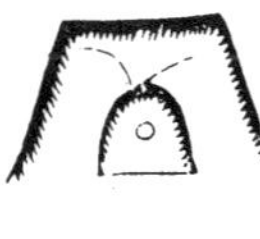

掩閣垂鈴　土星中下生小金勢如垂鈴是附土天罡飽面難穴過處墻瓦難坐須知鈴得木舌取音就響上扞之。

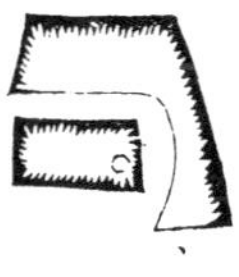

簾幙垂裀　御屏土星如壁下出平土如裀屏上則傾屏下則壓搭屏就平土角扞之。

仙人蹺足　土星出金突乳分兩脚一伸一曲中突傾峻長枝瘦削俱不可[illegible]蜿蜒陽聚就膝扞之。

乳犢顧母　曲脚土星一脚盤轉入首起一小金星回顧母山若在母山立穴有高露低淋之病當就小金面逆扞之。

丹鳳傳書　展翅金星懸乳前吐小土星穴乳上則傾既乳下則逼廹皆不可扞當從小土星頂脉扞之。

仙猿抱菓　土星長灣一脚脚内盤抱一墩形如抱菓土厚而壁難以立穴脚長而瘦亦難取用當就平墩面上正中扞之。

月下鳴琴　半月金星下出平土脉細而清土厚而旺金不可穴脉不可脫當從平土處籍月光影所及頂脉扞之。

金環倒地　土星出脚瀉入平岡土方而削脚圓而剛皆非可穴宜就出脚根上小泡扞之。

官批玉枕　平岡土星兩頭高而中下四邊壁立前後無應樂不可下穴就中低處横枕之。

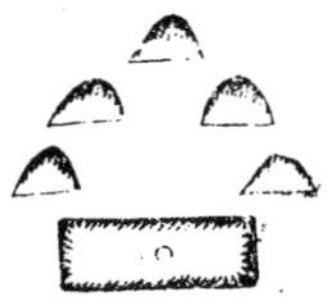

五雷擊電　金星連珠而進前橫拖一土金有面而聳且乾流無收土面平而正就土中心對應樂扦之

三星拱斗　金星穿土而平而方三金相應開面而壁難以立穴當就平土面上枕應樂扦之

緒簾橫擔　土頭出脚帶金芽木勢如緒簾然土脫頑厚金瘦類木俱難立穴就水頭過處擔凹扦之

土角流金　一片平洋鋪氈展席無頭無緒看角上有小金嘴水從此轉就迎水剪角扦之

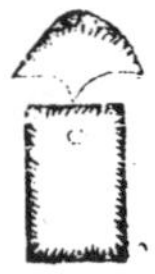

漂母擺練　一金星鋪土長出無頭無緒前不可抛角不可剪當頂脉扦之

懶婦挨琴　金星出土方平而中有一曆當就曆中扦之

仙人捧鼓　土心出圓金如鼓就鼓心立穴

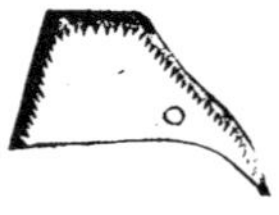

行象吐牙　土星出火土頑火尖難以立穴當從陰陽始分處扦牙根穴

奇形六十四穴　廖金精著

形神卓異是以曰奇是圖皆人所習見而莫知亦人所苦索而難知翁生平履歷稍得意者彭大雄書

高聚穴

衆山聚嶂其成一局龍虎森嚴崚稜圓淨就窩上弦立穴此嶂結也

花心穴

紫氣肥圓無芽無根中開隱窩如花心然即從窩心立穴

中含穴

金水頭分脚合中窩圓平額隆無面就窩心下

乳根穴

陽金面潤中。乳尖長。就窩弦尋乳嵌處。對案交橫下。

高骨穴

高金一股垂木。一股垂金。皆無面無收。就窩弦對案下。前作一收堂。

墜珠穴

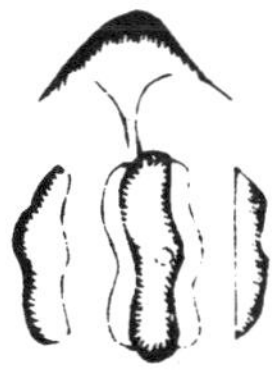

金水落平岡。連行瘠重有夾。就中金下。

培胎穴

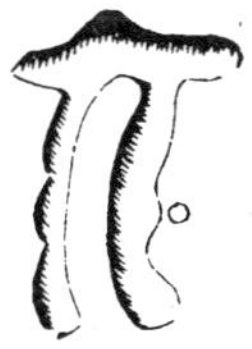

兩木齊行。一直一巒。腰露一芽。生機微淺接芽培土堆金下。

氣堂穴

側金面肥。出乳尖潤。乘來脈就乳根薄處下。

聯翼穴

倒金合體。面皆突兀。肩皆峻削。尋合氣微窩中下。

連枝穴

平木運來。背皆硬。弦皆側。無芽無枝尋脈落圓平處開窩下。

隱受穴

水木透迤。舒而漸斂。梳鬼就舒斂交處下。

擺膝穴

陽金潤大。無乳無窩。就兩弦角邊微突雙下。

掌心穴

高金兩脚出火。門下一窩。就中窩上弦立穴。

懸鉤穴

太陰出鈎金。皆陰突無面。頸中有水泡圓平。就泡下。

肩窩穴

大金落小金。硬面無裙。就水頸肩窩中枕樂下。

鼠臂穴

高金落低金。腳皆出木。中出水頭。如交臂然就鼠肉處下。

鳳眼穴

金水落太陰脊側無面。金水下有微窩如鳳眼就窩下。

交手穴

陽金開窩深下。上弦覆塊。下弦平細。如交手然。手下有唇就平細中下。

轉皮穴

金星落腳平鋪。弦有微突如轉皮。即從微突枕鬼下。

聚唇穴

陰金濶散。無弦無窩。低落數級。漸歛如唇就唇皮處下。

反肘穴

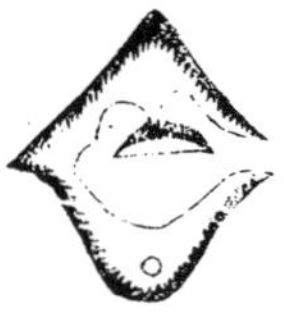

木火斜飛股脊陰硬。轉折處微坦生陽。枕樂就陽處開窩下。

月角穴

太陰背隆弦峻角尖皆無穴。角背交處微平。就平處下。

仰珠穴

金水掃蕩散亂無憑。就金水蕩頭。頂脉開窩仰珠下。

橫蔭穴

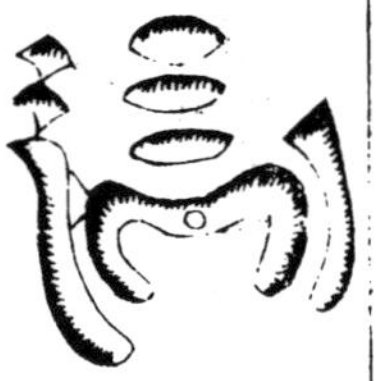

金水橫來。腰長似柔。串脉倚樂橫受。柔中有剛。腰長不忌。

蛇目穴

曲木如蛇尾尖頭突皆無穴。節中微窩坦如蛇目。就窩下。

拼衙穴

左右拼衙。腳陰頂陽。氣浮上聚。乘脉開窩立穴。不見堂傾。

從陽穴

中頂隆厖。氣行兩角。一尖一圓。尖者陰。圓者陽。從陽下。

垂棄穴

金水蓋邊。出脚尖斜。非乳非腕。從蓋下圓暈。開窩深入。面前峻逼不忌也。

距窩穴

倒木盡處。根分三股。皆陰蠢無面。根上陽坦。從四陰一陽中。開暈淺下。

剃角穴

火土頭尖面濶。氣趨角上。從角根微暈開窩起息下。土金相生。木火相制也。

交枝穴

兩木枝交處有隱窩。脈來或偏或正。乘脈下。如堂傾無案。須作半月深池。

邊春穴

平木分枝。一陰直。一陽圓。枕樂陽枝下。堂須注水。四面金氣多也。

露珠穴

金水面平。而隱窩濶大。弦露一珠。陽中陰也。從陰處下。

斜受穴

金土脈斜。左右唇蕣亦斜。惟一案正對。案枕樂撞脈下。

鼻竅穴

脈從中出開陽。金面稍平濶唇尖。從兩傍開窩下。如鼻竅然。

橫欄穴

曲脈中行。界水直出。撞脈橫坐。邊股作案橫過收堂。側合襟也。

壓煞穴

金星垂乳陰長煞也。從長乳根開窩正坐。壓制其煞。亦挨金剪木意耳。

形主穴

金水出脈。中頭低薄。左右陰雄有煞。乘脈中下。培土助威。以制傍煞。

頸凹穴

金星出乳尖濶。兩股直硬。頸弦彎凹活動。從彎邊開窩下。

廻顧穴

金頭面硬。橫乳瘦削。盡處金水陽面取回顧向金頭下。

漏珠穴

火頂火唇中有隱脉。如珠斜落。乘珠下客就珠前開一窩以制前唇尖煞。

蟹目穴

金星平濶無窩。兩脚尖利。枕樂撐唇圓處照夾從抱穴中下。

立劍穴

罡口無脉。忽起一長乳如劍。劍鋒尖瘦劍頭有微窩就窩下。

鬬斧穴

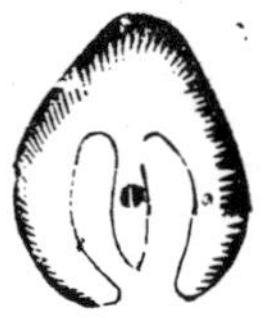

陽金出乳如刀。一邊圓。一邊直此文星也挨圓邊橫下。

橫金穴

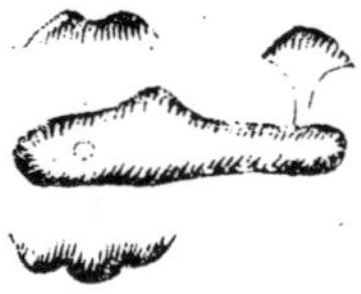

低金如木。面橫無脉。枕樂對案。就雙金聯弦水頭凹中下。

從清穴

橫土濶散。臨界始清。從界水邊開暈下。此亦橫受也。

流氣穴

兩木相對。昂聳無面。中間落下如褥如唇。脉微難認。枕樂橫下。

跟窩穴

兩木分行無芽無節。透迤清秀。至盡處屈折露尖如火就木火交處下。

倚明穴

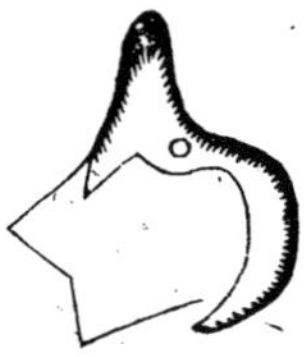

立木落下平洋。彎轉圓活悄無變動。從木根弩處倚明界邊立穴。棄局而從體也。

度節穴

兩木連來。微開界水。隱若弩節。前行雖灣坦。總無枝芽。就行龍節中取。

燭心穴

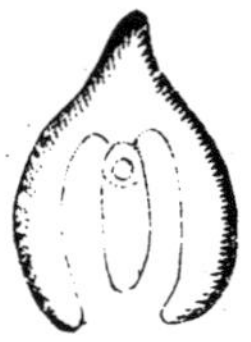

一木瘦削頭圓。圓處弦稜明白。夾枕周密就圓處作凭高穴下。

珍煇穴

變土角出迤行二火尖削無竅許二火合氣處開窩下

偏清穴

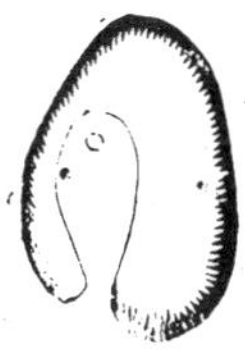

陽金肥腫無面頭搖脚擺偏開一窩在肩此側面金水也就窩下

交度穴

高金開窩脚斂自關內堂兩臂交織水曲沙環金窩立穴

倚腰穴

脉氣屡來金頭木脚剪木挨金腰腧受氣

避煞穴

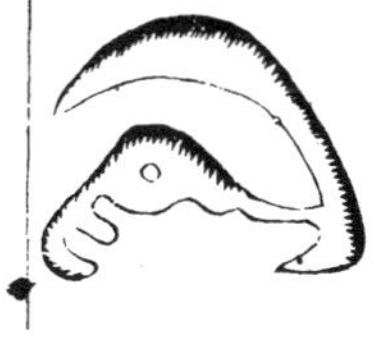

太陰一水度脉一火作曜坐土樂就水凹傍立穴避火而就水也

尾重穴

金星出水橫眠一木頭輕尾重全無下手就頭輕處立穴

圈金穴

太陰裙含一窩兩股如翅就窩中立穴

氣旺穴

紫氣連來枝皆順擺至末枝清正卓立體平磚厚即此立穴下空無忌也

閃煞穴

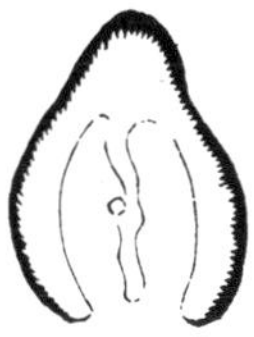

金星中抽一乳尖直如針面硬出脉在乳閃煞在針傍下

擔凹穴

火尖亂插窩乳不清就凹處當脊對尖取開大窩坐樂下涯池

會清穴

突金面腫脚尖斜飛皆無穴頭稍清脉入處稍平乘脉就平處開窩下

流清穴

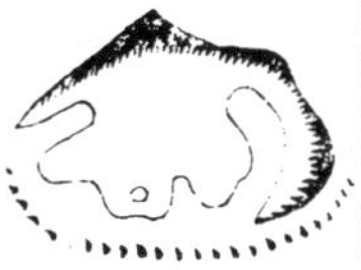

側金面頑脚濶唇弦微薄有口即就薄處下濶裏流清也

開脚穴

金星秀拔面如壁立兩脚分飛乎額稍平開窩立穴須龍虎關護恐犯離鄉。

寸金賦 謝子敬著

寸金穴法原非爲怪穴而作但其欲窮穴之變化乃反近于奇怪故余收入奇怪部中取其覽之便非謂認其爲奇怪作也。

乾坤闔闢兮陰陽一氣。一氣往來兮二五無體。一五無體兮氣因形立形立用行兮山澤通氣立龍岡阜兮氣之所壘隱隱隆隆兮情性千里血脉凝散兮或開或翕妙奪造化兮神明莫測推本其源兮剛柔而已柔荄其荄兮剛扦其倚勢之降兮乘其來勢之伏兮求其聚動靜相承兮妙在神機看地勢序兮先看其龍龍有隱顯兮起伏高低脉止穴結兮泡節分明泡節分明兮真氣方聚細認蝦鬚兮辨其雌雄雌雄交度兮穴情始美八口須分兮三關富明四應貴全兮八殺宜避作法立準兮先看二叉開井乘氣兮接木栽花高不破圓兮低不失脉金魚蔭腮兮切忌溜牙。用三薇五兮收四神之吉

滅七加三兮調五氣之和直避其鋭兮横貼其脊陰扦其突兮陽尋其窩接脉兮取明堂之聚吊財兮收左右之砂形象之不一兮窩鉗乳突作法之有異兮淺深高下蓋粘倚撞兮吞吐浮沉披連架折兮順逆交加太陰角穴兮皆要淺施太陽硬面兮不畏深坐金之實兮乘其虚水之動兮察其止木直兮印節土厚兮穴饑平地突頂兮必須就頂高山出臍兮果要安臍倒剪兮窩其動處架折兮安其靜基木星高起兮上中下三停之内金聳太陽兮天地人登對之期星辰拔而局遍兮天穴定結峰巒正而堂聚兮中停必矣勢如偃仰兮穴居足下形傾左右兮墳安兩肢候氣兮脱殺奪氣兮湊入便是仙宫兮看來情之緩急細看个字兮詳入首之玄微荄頭兮枕兩耳荄腹兮枕兩臂認棺廓之若何兮看証佐觀龍神之住結兮考繩池陰陽倒施兮富貴難守順逆有次兮脉脉交集熟識此篇兮奪造化之樞機不爽毫末兮憑剪裁之神術巧依目力兮妙在心思貴通活法兮存乎人耳。

寸金穴法

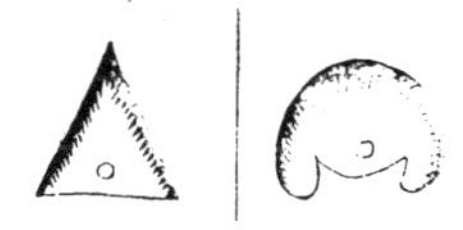

金埜其柔　火埜其正

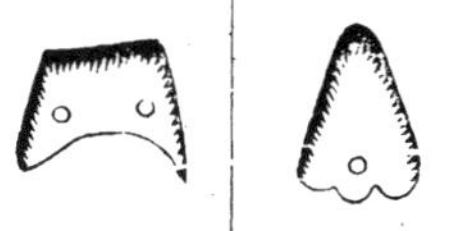

木埜其芽　土埜其角

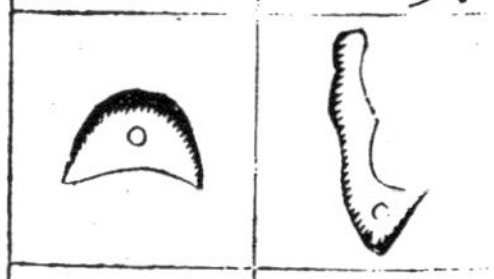

水埜其湧　金乘其虛

穴法三十八字

拱　木

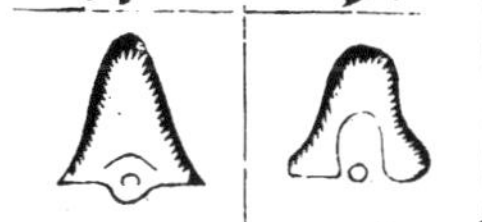

相對埜中取其雙拱

脫殺就芽乘老取嫩

尖　縮

脫火就金乘尖取圓

鐮刀月影縮其鋒利

金　方

開金取水破殺乘生

方土高低取其低薄

掬　合　聚　扁

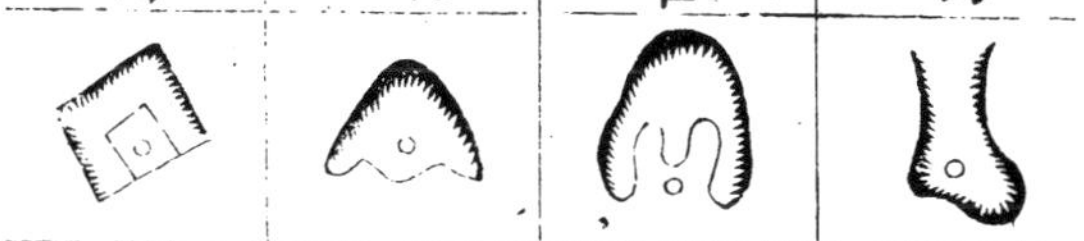

虛乘胎掬陰中取陽

垂珠草尾氣聚尾尖

聚就節泡氣現稽蹤

扁從弦角觀其水勢

動　挨　瘦　腦

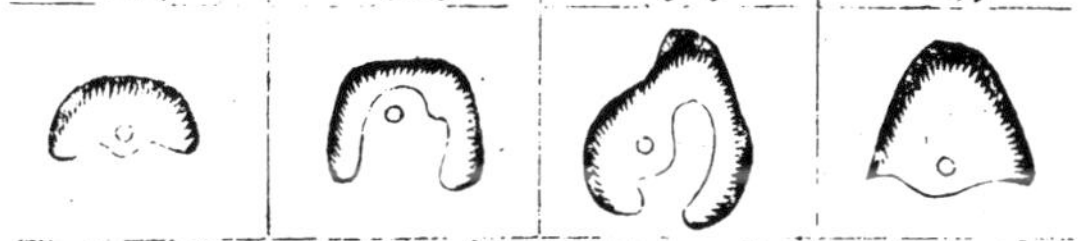

實乘其息止動挨靜

鼠肉側面挨就動處

瘦下其濃乘虛穩骨

腦忌傷罡乘胎取息

搭　乳　脊　圓

翻身反搭力居臂外

乳扦中正牝牡相乘

脊乘其旺詳其回護

圓取化氣平面中虛

金　突　拗　蓋

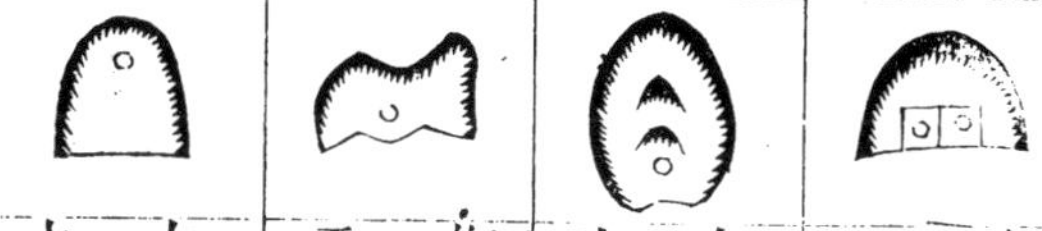

金土相乘開山取寶

突休破圓穴其饑處

拗坐擔凹取樂橫截

太陽脉突上平扦葢

牽　欹　逆　蓋

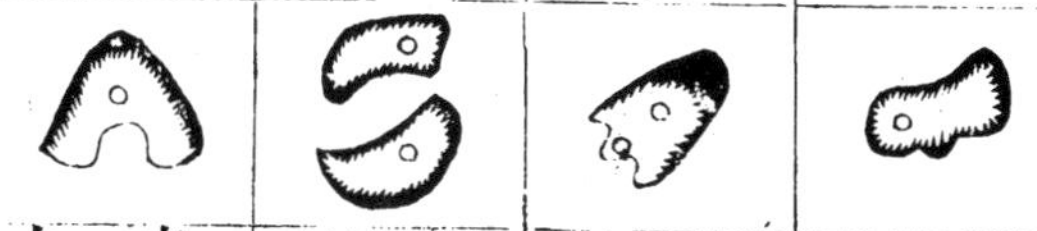

牽就其主挨歸動處

欹中取正察其蹤的

逆拱流指月角魚腮

虎口不收太陽上聚

扯　側　順　檀

扯扦其凹坐對應樂

側撞其脇正牽截蕩

順側獻掌乘胎棄息

金水脉藏粘扦水穴

倚　蕩　轉

搖掌順先正扦倚插

掃蕩帶煞倚扦架折

轉皮如旗收財吊接

撞　橫　弔

金魚先到側扦鼠肉

天財擔凹橫截扦撞

金魚不分截氣弔墜

披　截

披連逆脉尋毬折扦

截脉串財收水倚撞

已上諸字點穴妙竅宜細玩之

五星穴法

面

窩

論正面

正面星體不開口懸乳只開面平正稜弦分曉不滿不突乃太陰太陽之正格龍從中受者為上傍受者次之

又有發窩者切宜詳審不可輕易若窩弦及小稜俱好方可就窩作穴必須有氣窩聚始妙否則不可下手

高山卸落平坡上圓下尖開面如掌宜就圓處扞穴挨金剪火也

葬在頂下面薄處若上有微凹可以高葬就頂也

論開口

金星開口最宜詳認窩內稜弦若兩手對揖就口强處立穴但窩不宜深深則穴居後須微突起處今人一見金星開口不辨真偽就唫口立穴若係水窩葬之坐水並鹵訣曰亦有鉗口作穴者不必弦稜分曉

也但要到口淺平圓兩手揖聚合氣全

又有開口金唫深窩小緊狹而圓兩手揖聚則可就窩弦立穴如海螺之形

又有氣落窩內必須窩淺可扞若偏聚又不在窩中當就氣扞穴金星水窩有數樣窩口平而圓者吉不宜深深則難立穴訣曰若是金星水窩穴窩淺平圓方可掘

二翼扯開一邊彎掬有面者葬于一邊名曰斷翕翼訣曰傾瀉過下有掬轉平面旋還翕翼斷俱要弦稜最分曉不滿不凸平夷好

論氣

金星脫乳就窩窩平者佳也此乳必硬直急廹氣聚在乳窩之間以穩乳就窩受氣

又有脫乳葬窩恭圍其勢峻急氣沉聚于

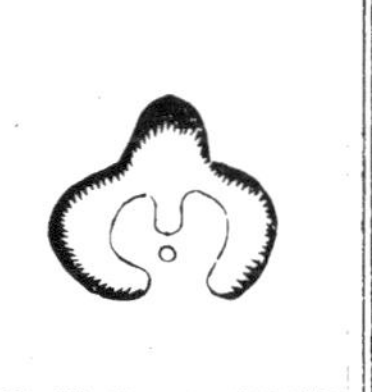

窩就窩取穴亦妙。訣曰又有金星氣下窩
窩不圓平粗氣拖孔穴開窩何者是須詳
急硬下平坡。

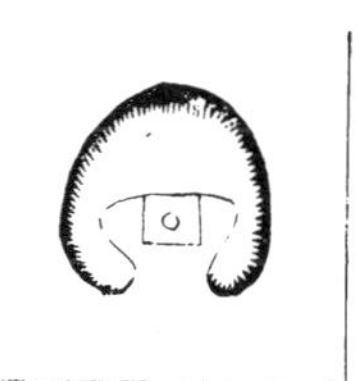

論嘴舌

嘴穴扁齊方葬于嘴。或急硬當脫氣扦
若蚌形者其聚在平處宜就平扦焉。訣曰
若還有嘴須扁齊嘴若急硬緩平爲。

訣曰嘴若急硬外扦討或有窩時亦爲好。
收斂隱微天然定急緩之中認情性。

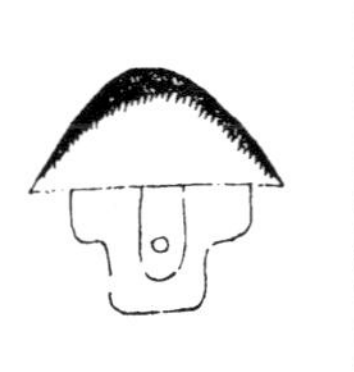

嘴外有坪脫氣葬愈好或嘴外平中有窩
亦好。

按一寸金有金星聚氣金星嘴外舌兩山
挹聚培口平吉。

太陰瀉下作舌。

偷脉再起頂下截動嘴下穴

論頸穴

連金凹穴要小者妙若粗直不可扦有水
泡就泡扦之更妙。訣曰連金短水葬凹上

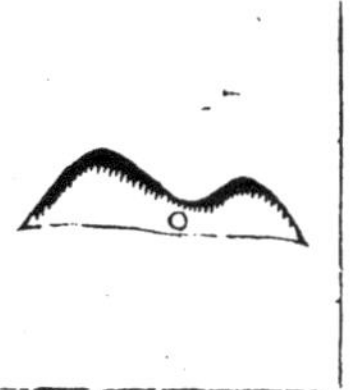

孤金平擺開水葬。
訣曰金星過頸須有勢是水是木可截氣

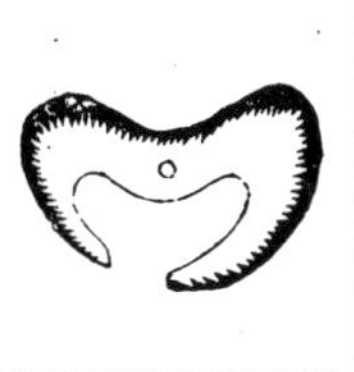

按相山骨髓有金過頸歌曰又有瀉下穴
作頸拗轉昂拗定。

訣曰凹則瀉下而再起就其將與與欲止
別生一脉拗轉來凹中之嘴真奇哉。

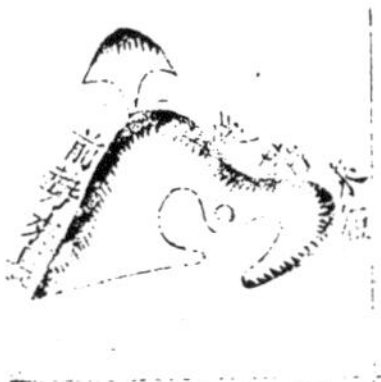

訣曰凹則過凹而猛起來者勢緩去有勢
後者勢短前勢長于中有嘴可消詳。

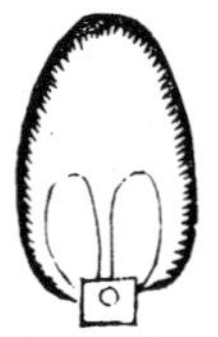

論氣窩

若兩手揖聚。中間乳勢急硬。不合星辰窩口聚三股之氣作穴。不怕後面乾峪水來推。以窩平為妙。訣曰兩手揖聚中叉直峪中平舌有福力。

論鉗口

金星生兩脚。微直如鉗口。若弦稜好。則就弦墊之吉。訣曰金星鉗口要弦稜突。土金星頂突生。

論乳氣

乳穴來勢急廹。明堂傾瀉。却有成地形勢。亦須借向剪安。此氣隱微而下難認。要纏乳而扦離是脫氣扦實不可太脫。訣曰。乳穴勢急明堂瀉借向安墳纏氣下。

論頂氣

金星帶火脚。鉗口低淺腦突勢好。宜就頂墊若鉗口深涯。兩脚硬直不扦。訣曰。金星起頂兩脚火鉗口淺時高下妙。

論頂勢

突土金難畫。是就土中生金。微突起金腦作穴看平處扦之。或有微靨。宜就窩靨若面飽不可輕下。訣曰頂穴開處有平途頂若平時是吉符。

論頂穴

突金穴要起頂突。兩邊有鼈裙者。方可扦頂穴不然不可墊。訣曰突穴頂突有鼈裙中間突起亦安墳。

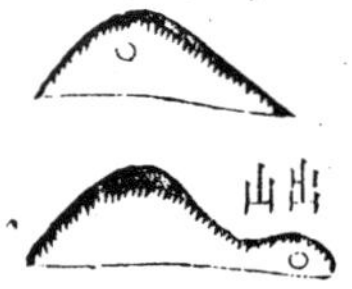

論頂嘴

穿山金與出山金。其形相似。難于圖畫。但腦突起似魚頭者墊頂出山勢順下。嘴扁而齊。就嘴氣扦之。訣曰穿山金似出山金穿山墊頂出山嘴。

論腦勢

金星有三脚。而下脉隱微漠漫。宜墊腦穴。若兩界深陷直溜勿扦訣曰三脚金星腦上扦却怕坑漕深兩邊。

論平地金

平地金四面圓者宜點掌心穴大發富貴一邊圓者就弦稜扦之滿突如饅頭者不可下訣曰平地金星四面圓一邊圓者亦堪扦。

論側面

側面金星帶火脚看那一角有勢面平似動可剪火扦之若火脚硬直不可扦訣曰側面金星帶火脚有勢面平動中作。

論金星臂結

金星褶脚一臂動而有勢則就動處扦之此亦剪藂之法也。

訣曰勢居左兮肩較活穴前之護有過搭護緊不必有撑脚其勢生活自可作。

訣曰又有一股有勢盛一股勢弱而無性盛者高下漸隱微那股當任以欄之

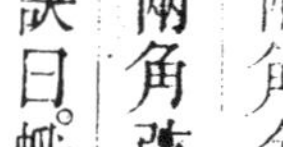

論蛾眉金

蛾眉金兩角金帶火脚此是文昌星宜就頂中扦兩角弦稜分曉或微曲宜認何體扦角穴訣曰蛾眉金星須開面若有角穴亦須辨。

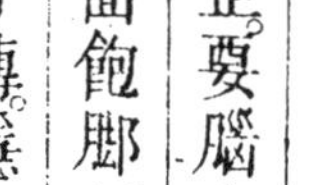

論腦突

側面天罡要腦突脚動圓淨擺活就泡突扦之若面飽脚硬帶火不可用訣曰側面天罡翻身轉隱微擺動突中扦。

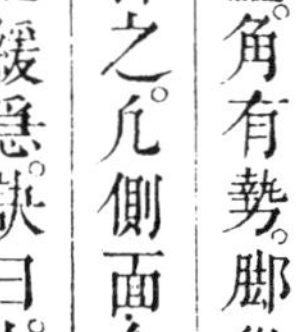

論角穴

太陽金角有勢脚微曲有弦稜明白宜就弦稜扦之凡側面金向一邊者皆是聚氣亦須認緩急訣曰太陽金角側面金仍看緩急定來蹤。

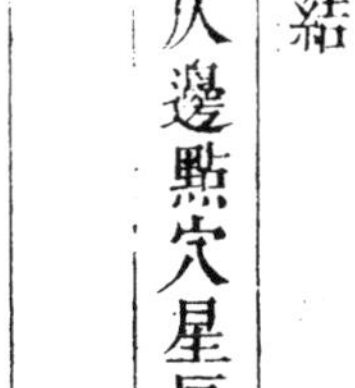

論側結

訣曰仄邊點穴星辰仄潟居一邊氣有力。

論氣下窩

金星頂圓開口。不必弦稜。不怕坽深。亦不畏後坽水推。如口淺平圓。兩手揖聚。宜就揖平處扞之。訣曰。開口金星無弦稜。須有揖聚坽中平。

木

論鬪斧木

倒地木體。不全圓。勢歸一頭。看其圓垂處就圓處扞之。訣曰。倒宮木星緊狹圓。橫木勢垂鬪斧安。

論平面木

橫木如一字。不喜圓如竹筒及手臂。須要有面。不論橫直。就中取穴。或倒地長百丈者更妙。訣曰。一字木星一字穴。不論橫直皆可扞。又訣曰。平地不論橫直曲。不喜全圓喜如削。橫如一字面當中。斜歸一邊鬪斧逆直無化氣。無曲動。盡處斜剪就堂用。皆須挨脊傍弦。宜。曲動動處請君知。

論脊面木

脊面木要生火。後有脊。不動不圓。前有削面可埜。若帶火。從炎動挨剪埜之。有弦稜者就弦稜。訣曰。单木木星脊水木。但要脊面有動曲。

論金釵木

金釵形。埜股穴。此是木星一。此比得好。就曲處扞之。訣曰。金釵埜股比一曲。頂圓弦曲彈弓木。

論彈弓木

彈弓木星要有弦稜。并頂平正。宜就平處扞之。訣曰。頂平弦急彈弓木。依法作穴真爲穩。

論鐮鐵木

鐮鐵木落平地。不高不低。坐得曲動不論明堂生得寬濶。要微曲而弦薄。就弦扞之訣曰。鐮鐵木星亦如然。此穴却又怕水牽

論浮木星

浮水木多生坡埒看後面纔頭如何要生得薄而有弦稜面動背起脊從動脊扦之若尖如鼠尾者不可塟訣曰浮起木星三四條又要生得形露高

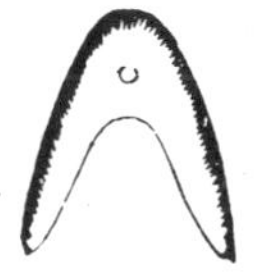

論交枝木

交枝木脚下鉗坡淺弦稜分明緊狹者就緊狹處根盤穴扦之訣曰交枝木星兩脚直弦稜緊狹無人識

論泛水木

单木生得有坡埒圓者爲水木宜就圓處扦之若帶火須剪火立穴訣曰泛水木星生平地須要生得體尖圓。

木舌

即水木蘆花梟

論木合氣

訣曰二木二土之合氣相親相近裀褥祉

論縮藍木

縮藍木最要過處有勢緊夾此是截過氣穴有单木水木土木之類水木要泡单木尋脊土木要厚訣曰縮藍木星縮得緊過處有勢名截頂。

論直木

水泛直木要有微臍宜就臍處扦之如起有頸要不全圓有裙長者就頸臍扦訣曰又有直木泛水起最喜裙長怕金圓。

論垂頭木

垂頭木頸巧過氣好就頸扦之若垂頭處有微突就突頸扦之是聚氣穴訣曰垂頭木星須塟頭頭低面起忽轉勾。

論摺脖木

摺脖木星有三曲摺轉過宜于動處截栽之訣曰摺脖木星截曲動泛水木星同作用。

水

論泛水穴

泛水如蛇活多在曲動處立穴只怕下有胎乳肚又怕生堆節要有弦稜有脊勢挨脊塟若頭微扁而平就平塟訣曰泛水之星活如蛇有弦有脊便堪誇

論水窩

水窩穴中要窩平四圍有弦稜圓淨而淺如銅鑼就窩扦之訣曰水窩中穴兩中平只要高淺有弦稜

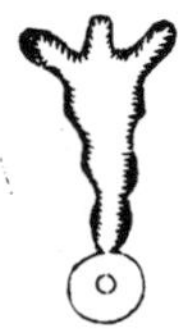

論水泡穴

水泡穴微突起上面不可突起如瘡只要微微浪埝小突可就突扦之訣曰水浪突起皆可塟又怕突起如瘡樣

論平地水

平地水頸與山嶺水頸不同生得不太高外邊有弦界如頸面平無脊看後面濶狹而取頸上聚氣

論頸穴

金星過水頸凹穴在頸內此是兩金拄十水穴在水中裁要平動不宜峻急訣曰頸穴不怕穿空薄坐下惟要夾堅軟

斷水頸至微而多落平地展鋪淺窩兩手微抱就泡窩立穴不可深訣曰斷水頸穴最精巧形似蜂腰微有泡

土

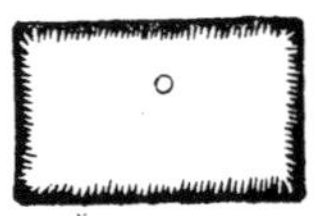

論平地正面土

面上平正不滿不突四角方正不大不小皆可就中點穴不平不方不用訣曰平地土星形似櫃面上平正就上取

論平地棊盤土

土星平如棊盤要上下方正不拘高低只塟盤中局大爲妙訣曰若見平地棊盤土面上平滿主大富

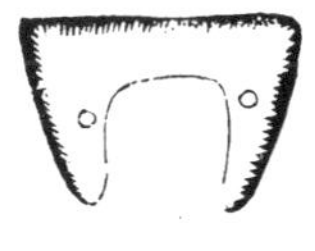

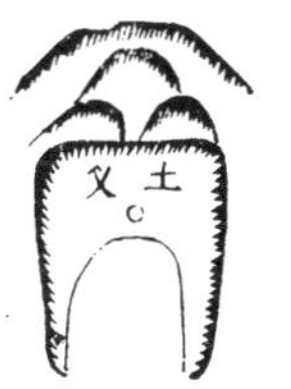

論土星角

土星壟角。看那一角弦方正明白。就此點穴若口淺兩角俱好。就窩壟亦妙。訣曰。土星角好角上扦。兩角齊好就窩弦。又平地土角。訣曰。平地土又腳長硬。深壟中間看其性短狹淺壟亦無差。仍須前面裙弦佳。

論土合氣

訣曰。三股齊到生隱微。將及止處生平奇。

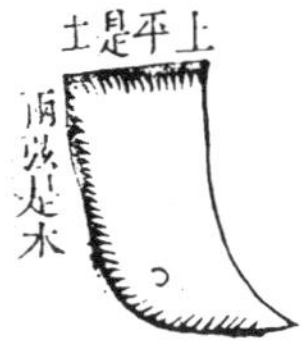

論突土

突土看微起處。就腦扦之。若口內平淺弦圓宜扦弦上。訣曰。突土微凸腦上扦。口淺平揖宜就弦。

論屠刀土

土星似屠刀者。利氣在口。宜點口穴。若有微突脊脉。又須倚突脊裁之。訣曰。土星蕩腳似屠刀。動處中間穴莫逃。

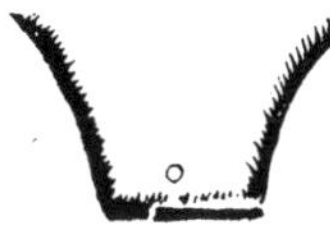

論平地天財土

平地天財。頸短而有微泡。就頸扦之。但頸要肥軟。瘦長者忌之。訣曰。平地天財頸巧短。不比嶺上天財祿。

論土星冷氣

此土星之餘氣。要扁而齊。兩界金魚水蔭腮生坡坽。宜就坡坽扦之。訣曰。滿突直硬不可葬。又喜兒孫土金樣。

論土頸

訣曰。土頸不必問巒頭。頸有弦稜便可求。取穴並如水木過。綰藍重厚皆無禍。

巳上楊廖謝三家怪穴圖。乃其山形結得奇巧者。形象雖奇怪。而地位仍尋常也。故錄于前。至山巔水底石盤泥田。其地位可疑者。則錄于後云。

終

山法全書卷之十

古婺葉　泰九升父集
虎林陸鳴臯士美父叅
海昌鄒　謀用賓父訂

穴法創影奇形怪穴部下廖公怪穴辨惑歌怪穴破惑歌國寶經怪穴訣玉髓經三種黄師穴法二十四歌

九升氏曰形奇者人疑穴怪者人畏疑者可導使信故錄于前畏者究難入俗故錄于後有人曰世人只知龍虎兩抱一乳中垂者耳何必與彼說奇形怪穴

哉雖然天地旣結作之先賢復論說之則世必有高明而不疑不畏者余焉得不集可畏之穴之說以備穴法之全耶

怪穴辨惑歌　廖金精著　三生註解

穴有奇怪人不識造化原可測體格何曾亂九星乍見得人驚騎龍須要居龍脊龍住應無敵斬關已見前人下暫發久嫌假

真龍聳拔行來夾從窩邏至半腰中結咽起頂融成星暈如珠如宕當脊而生對出脉處稍稍偏斜腰腕生案如弓脚者上也有脚下直出復起微巒開面作案兩脚搬轉與夾從交互關攔分水復行數里數十里起伏擺折並無星體故取珠宕處穴之順騎則鐘靈于後取秀于砂而頂耳受氣倒騎則取精取秀于龍取樂于去山而湧泉受氣二者多無局惟橫騎則夾耳氣重秀局在前鬼樂在後而腰腧受氣是三格也不論平地高山皆有之先賢有曰也有穴前多餘氣山去數十里也曾見穴背直長鑿作臂廻環也有怪穴似拖搶只要護纏長皆騎龍穴論也如去山復

有大結則此為斬關如橫山垂脉而結則為天財非真騎也

藏龜閃跡在田中水遶是真龍

大龍踴躍落下平原濶坂十餘里百餘里脉如火角如玉階如蛛絲如梅花如走珠復隱無蹤倏而田心踴突如龜藏泥中四圍低平彼獨隆高遠山高護近水曲纏此陽極而陰生也體太柔則培土成塚太剛則開口取宕可愛隱藏尤嫌卑溼憑田為準先賢有曰忽然低在深田裏沒泥穴可取忽然有穴少包藏

一突在中央。忽然有穴。似牛皮。撒網形無異。皆藏龜穴論也。如渺茫無蹤。削露毛脊。則爲沒泥龍。平鋪無腦。數石橫前。則爲天鼈。又藏龜之別也。

漱石莫宜安石鎼。上穴端無價。

大龍降勢銜下。小石磷砢中。有瑞石圓淨。異羣真氣所鍾。則尋微窩處。開鑿見土。安棺其上。蓋陰極陽生。石下自有土也。先賢有曰。忽然穴在石罅中。有土氣斯通。忽然結在頑石裏。鑿逢土脈取。皆漱石穴論也。如石盤石龜。頑硬無縫。四環皆土。鋪土結砌。不必開鑿。則爲石巧穴。又漱石之辨也。

捉月雖云在水中。還要土來封。

火星行龍。變爲孤曜。脈落湖中。星體浮露。取石圖砌。堆土成墳。先賢有曰。忽然結在水中央。四畔水汪洋。忽然穴在土皮上。名曰培土塋。皆捉月穴論也。如脈墩湖弦。氣下高坪。則爲龍氣穴。如平田如紙。龍伏無蹤。穴居其中。則爲天沉穴。又捉月之辨也。

坐空仰面去張潮。不怕八風搖。

龍勢秀聳。星辰疊出。無乳無收。兩岸溪流繫邐纏腳。

左右前砂。又無奇秀。中落傍棲。皆無堂局。故落下平岡。迴迤逆轉。張潮作穴。尤須眼界寬舒。器宇宏暢。羅城開濶。能容遊轉。不論祖山客山。呈奇獻秀。雖高無害。然既張潮。則逆勢有力。雖後空樂遠。不忌也。先賢有曰。也曾見穴坐落空。得水不言風。也有醜穴護短少。風從門外掃。忽然孤露八風吹。登穴自偎聚。皆張潮穴論也。如形旋勢促。則爲盤龍。如朝對祖山。則爲顧祖。又張潮之別也。

走珠墩阜出平地。三個五個是。

大龍巍峩。金水氣盛。卸下平地。珠泡迤疊。或三五七九。聯絡縱橫。環觀體格。細察賓從。擇其特者。開窩作穴。先賢有曰。穿珠串珠與走珠。中珠必有餘珠應。皆墩阜穴論也。如金水弦稜。則爲梅花。開口陽金。則爲馬蹟。金土串行。則爲辨錢。又走珠之別也。

仰高山頂見星辰。平面能爲真

飛龍踴躍。超然上昇。頭角崢嶸。仰面開窩。弦稜圓淨。頂下則壁立萬仞。窩中則坦若金盤。窩者名天湖窩。中突者名天祿。先賢有曰。懸山忽然頭坦平。穴向北

間停忽然高在萬山巔天巧穴堪扦皆仰高穴論也如壁上掛燈盞但見微窩仰壁上撲飛蛾細看突無多則爲凭高穴又仰高之别也

變態無窮聊舉例作用皆如是乘生得氣任君裁奇怪不須猜

乘生得氣生氣者何兩儀定四象成八卦備生氣所由名也統之一太極也太極無可名而名之以生氣猶聖門語一貫而以忠恕實之也子輿氏真積力久始認得此忠恕夫氣也何所自生哉葢真龍之精神

透迤升降眞龍之氣勢托送朝迎夫精神氣也氣勢生氣者也精凝勢聚穴因以生由龍乃有生也有一生則有千萬生乾坤竅會也川岳靈光也豈易知哉方擬動求或遯于靜方緣有覓或入于無固真精發育之門亦圓神活潑之地豈易言哉試語其大體從降勢以來結咽起頂脉絡清細流動凝注爲突爲窩毬簷圓淨界合分明蟬翼均勻唇口周正顯中之顯也其乘氣也易知及其變也結咽而下雄猛閃爍星面模稜其氣漏洩于肩于弦于芽于角之間爲側乳爲邊窩界合微茫聚堂偏側顯中之隱也其乘氣也難知由此而尚可窮乎則有萃秀巍峩合英原隰錮于磅礴畜于偏枯跨泉竅以浮游走河濱而飄泊子持空曠混處叢攢揭玄珠于漏槽御金輪而擺脚止于不關之地廻于無樂之場真寄于僞落之先實閃于虛門之側肘折而垣疎堂傾而戸散形骸偏駁而神氣自王脉息依稀蟹魚掩映厚薄大小實虛之界變露天倪夾持鬼曜案砂之間異生巧應其必詳求咽梳細認暈紋緩至則吞急來則吐左右以從入爲

依淺深以浮沉爲篝培之甥之剪之屬之剖之塞之皆乘氣中事也隱中之顯也非練達者莫與也曾是無餘蘊乎則有陰嘘陽魄陽吸陰精如日午槐陰寒潭月影湛寂中靈明一點氣象萬千按主星之雄踞覘脉絡之潛通審氣勢之會歸討神精之鍾聚見動于靜出有于無隱中之隱也其神化之境乎心領神會可融貫于一言筆象模蹤千萬言而莫罄者其要在知龍之所以生即知氣之所以生生也知生則知乘矣

怪穴破惑歌

真龍藏倖穴，奇怪俗眼何曾愛。天珍地秘鬼神司。指點待明師。

藏者晦而隱也。倖者譎而險也。蓋真龍融結。福量非常。故其爲穴。亦殊常格。潛踪閃跡。韜光斂華。而爲詭異形穴。若有跡藏之狀。不使時俗易識。故曰藏倖。厲伯韶云。天機好處從來秘。不教俗眼識其奇。陳靈泉云。地出生成穴易捉。不須師管郭。地逢怪異穴難扦。還要遇神仙。是也。

明師勘破玄機訣。秘密不敢說。恐君緣福或輕微。指出反驚疑。

天造地設。或好地醜形。或好形醜病。如杜后無齒。待周王則生。鉤弋手拳。遇漢武則伸。俟其人耳。明師之識怪穴。怪穴之待明師。豈偶然哉。但此等大地。明師雖然識之。奈形穴怪異。隱晦殊常。苟非陰功重厚。福人慶門。獻之必不售。告之必不信。反致驚駭疑怖。甚至訕謗詆毀。故明師雖遇此真龍大地怪異之穴。必須珍重。毋得輕洩。以取過愆。廖氏云。世人將信又將

疑柱自洩天機

地有奇巧有醜拙。總名爲怪穴。巧是穴形美且奇。地位使人疑。拙是穴形媸且醜。狐疑難下手。高人造化蘊胸中。巧拙盡玄通。

真龍之融結。有處于非常之地者。謂之巧。有結爲詭醜之形者。謂之拙。總名曰怪穴。大凡怪穴有蹺蹊。龍要十分奇。認得龍神的的真。怪穴始堪鍼。

怪穴以龍爲取舍。故必有十分美龍。方可下之。不然則多謬。吳經云。龍若真兮穴便真。龍不真兮少真穴。是也。

巧穴巧穴何巧穴。仔細與君說。或然高在萬山巔。天巧穴堪扦。

地有結于萬仞山巔而爲天巧之穴者。登山或數十里。或二三十里。別有天地境界。未經開荒。則深林茂木。惡蜂毒蛇。鬼神佔護。及其緣會遇合。則風霆開闢。鬼神剪除。此造化之玄也。凡天巧之穴。雖在高山。及登其所。豁然開闊。局勢寬平。如在平地。不知爲萬仞

山巔。但見城郭周完。朝案重疊。明堂圍聚。左右環抱。水不傾瀉。穴不孤寒。力量極大。上格貴龍。或爲禁穴。或出聖賢。中格龍亦能出將入相。皇妃國戚。神童狀元。滿門朱紫。下格龍無此融結也。

或然低在深田裏沒泥穴可取。

地有結于平田汙下之處者。此格全在觀水勢以尋穴。故楊公云。凡到平洋莫問蹤。只觀水遶是真龍。是也。

或然孤露八風吹。登穴自隈聚。

廖氏云。坐空轉面去當朝。不怕八風搖。然亦不可穴上受風。登穴隈聚則善也。

或然直出兩水射臨穴有憑藉。

楊公云。也曾見穴直如鎗。兩水射脇似難當。是也。然兩水射脇之穴。必要當水射處。或有石曜衝出。或有山頭夾照。穴間不見水來。故曰臨穴有憑藉。

或然結在水中央四畔水汪洋。

楊公云。也有穴在深潭裏。廖氏云。捉穴雖云在水中。還要上來封。此言穴在水中。四畔皆水。乃是水中突出山阜。于山阜上結穴。而四面廻環周匝。皆汪洋巨浸也。

或然結在頑石裏鑿逢土脉取。

子微云。也有石山石片漫。皆無寸土穴難安。不合龍真難捨去。尋蹤十日無足觀。此名天完混沌氣。龍成粗厚頭面乾。石必有縫可鐫鑿。石板之下有土山。若見土時穴須淺。不必深鑿入其間。是謂穴結石裏也。

或然有穴瞰泉竅塟後泉乾燥。

真龍氣旺。故結穴完而其氣又有餘。盛從而漏爲竅

泉。子微所謂龍氣之旺。迸裂不禁者是也。亦謂之龍漏穴。其泉必甘美異常。澄之愈清。混之難濁。春夏不盈。秋冬不涸。穴適位此。則爲佳脉。瞰泉竅上弦。以治穴納棺。此泉必縮爲佳氣。不復流注。亦有不乾而吉者。但要泉美爲準耳。

或然有穴逼水邊塟後水城遷。

龍真穴正。不幸而逼近水涯。或水衝水割。此亦造化留心待其主耳。故塟後水徙而吉。卜氏云。水有陵遷谷變是也。

或然有穴居龍脊，騎龍貴無敵。

廖氏云：騎龍須要居龍脊，龍任應無敵是也。蓋騎龍穴力量最大，乃龍氣旺盛，故結穴後猶有餘氣之山，以其穴不居盡處，故曰騎龍。

或然有穴截龍脈，斬關古有格。

斬關穴者，乃斬截行龍氣脈而結穴也。葢龍之大勢已去，旺氣暫住，亦成星辰，有形穴可下，故斬氣截脈下之，非勉強斬截龍脈而立穴也。此地發福極快，但不悠久，葢爲龍盡處自有正穴故爾。經云：假穴斬關莫道真，正穴真形多差了。

或然有穴傍湖濱，秋冬始見真。

穴有結于湖濱者，春夏水漲之時，四望皆水，直至秋冬水退，而穴形始見。如認龍真，亦可用之，不畏其卑濕也。楊公云：也曾見穴臨水際，俗人見穴無包藏是也。

或然有穴落田疇，春夏水交流。

平田之地，高一寸爲山，低一寸爲水。原自高山撒落平洋，牽連鋪展，平坦而來，微有脊脈，當春夏瀰漫之時，滿目皆水，俗眼見此，不忽其爲泥汚，則棄其爲水瀝，安知其有美地存焉。

或然穴在土皮上，名曰培土塟。

培土塟者，其地氣浮于上，故下棺之時，不深穿井，放棺土皮之上，外以客土培之，故曰培土塟也。朱子曰：漳泉間棺只浮于土上，深者僅有一半入地，所以上面封土甚高。後來見福州人舉移舊墓，稍深者無不有水，方知興化、漳泉塟淺者，葢防水耳。

或然穴在石罅中，有土氣斯通。

此石山土穴也。塟經云：氣因土行，而石山不可塟。葢頑石之不可掘鑿者，則隔斷生氣，且多生水，所以不可下也。故石山必有土穴爲真。廖氏云：潄石莫疑安，石罅土穴端無價是也。

也曾見穴水直流，下後出公侯。

真龍大地，包裹重疊，而正穴必居衆山擁從之內，小水直流，勢所必有。楊公云：直流百步，奕世爲官。

也曾見穴砂斜飛，下後着緋衣。

真龍貴穴，面前或多順水之砂，俗眼必望而畏之，或指爲退田筆。或指爲離鄉砂。縱有美地亦不敢信。豈知此乃躍氣。爲極貴之應哉。楊公云。如刀或如劍。隨水順流飛冉冉。庸師只斷定離鄉。豈知內有真龍占也。曾見穴無包藏。一突在平洋。

包藏者。穴之護衛。以蔽風寒。不可無也。古云穴要有包裹。包裹穴無破。言穴之貴于包藏也。但法貴通變。如平洋不怕風。不必若是之泥矣。

也。曾見穴多餘氣。山去數十里。

大龍氣盛。一時收斂不盡。故結穴後有餘氣之山。或

去數十里。此地力量極大。俗眼觀之。龍氣未盡。必懷疑惑。不敢下之。殊不知大福力地。其結穴必不在大窮盡處。吳公云。餘氣不去數十里。決然不是王侯地是也。

也。曾見穴坐後空。得水不嫌風。

廖氏云。坐空轉面去。當朝不怕八風搖。是也。蓋來龍踴躍雄猛。及入首結穴之際。忽然翻身轉面逆水。當其洋潮。雖或坐空。必有水遶。不足畏也。

也。曾見穴面前欹。顧祖不嫌低。

此岡龍顧祖之穴也。張子微云。高山落平岡之穴。而爲岡龍顧祖之地。則前朝之山。皆我祖宗父母。雖高無害。亦不惡其逼迫。若是客山高逼。則有陵壓之患。謂之客山欺主。不可下也。

也。有巧穴名合氣。來脉雙龍至。

合氣之穴。力量極大。或二龍三龍。以至九龍合者。愈多愈勝。經云更有兩龍合一氣。兩水三山共一場是也。

也。有巧穴名龍脫。來脉水中過。

龍脫者。山脉斷絕。穿落過水。如人脫離而去。無所纏着之意。卜氏云。棄甲曳兵。過水重興營寨。龍脉從水中渡過。然後復起星辰結穴也。

此皆奇巧。令人疑。造化隱真機。

已上皆巧穴而怪者。共二十二體。乃造化隱機。必俟有德之人而後得之耳。

更有醜拙尤難識。禍應無差忒。醜拙醜拙何。醜拙真有玄微訣。君子盛德貌如愚。良賈藏若虛。又如女子德淑賢。貌醜不須嫌。爲君泄破天機秘。醜拙莫輕棄。也。曾見

穴乳直長左右沒攔當。

長乳者，一乳中出獨長，兩邊龍虎抱衛不過，人之見此莫不以其孤露而棄之，殊不知正脈中出，氣力旺盛，勢難頓止，故獨出而長也。至結穴處，開窩開鉗，自有本身龍虎衛穴，外山護脈，雖托送之山短縮，纏不過穴，亦不爲害。楊公云：貪變廉貞梳齒樣，長枝有穴無人塟。人言龍虎不歸隨，誰知塟後生公相是也。

也曾見穴腦偏側，時俗難辨識。

真龍閃跡變態不一，世俗只識端正之穴，豈知藏倖

之龍穴多在偏側處，融聚巧拙。歌云：談木談山世俗多用拙，不能將奈何。誤塟每因求正面，不扦渾是棄偏頗，豈識真玄奇妙處，仙人多是下偏坡是也。

也有穴下生尖嘴，楓葉三丫體。

楓葉三丫，穴下出嘴，騎形坐發，扦之主貴有威權，文官兼武。

也有穴前嘴直長，鑿作臂廻還。

結穴已完，而餘氣猶去不住，當鑿斷去處，爲內堂，作一臂逆搠爲妙。如發源縣九都程氏一地在長慶者，開帳而下，結穴甚美，只是前去直長，俗皆于盡處取穴不利。程氏頂來脉成星體處扦穴，而截去直長之贅疣，鑿作逆搠一臂爲內堂，當代出貴，聯登科第。

也有穴後是空槽，玉筋夾饅頭。

陽中陰之變也，即合鉗穴。

也有穴前是深溝，金梘與銀槽。

陰中陽之變也，即正鉗同。

也有醜穴如鶴爪，突露無人曉。

楊公云：祿存帶祿爲異穴，異穴生成鶴爪形。鶴爪之

形兩邊短，一距天然撑正身。

也有醜穴似牛皮，懶坦使人疑。

平坡之穴，微有窩突，俗眼視之，如牛皮懶坦，無處可下，不知散中求聚，力量最大。楊公云：撒網之形似牛皮，不着緋衣多食祿是也。

也有醜穴少一臂，時師容易棄。

世俗論地，只愛左右均勻，纔有欠缺則所不取。此其常耳，却不知有等真龍大地結作詭異之穴，多不齊整，或有龍無虎，或有虎無龍，明師見之，自有定訣。古

歌云。有龍無虎亦爲吉。有虎無龍未是凶。只要外山
連接應。分明有穴福常豐是也。
也有醜穴體粗頑。細認太極安。
粗頑之處。人多厭棄。不知其有微茫太極窩突之形。
蝦鬚蟹眼界水分合明白。乃爲貴穴。然此穴多能誤
人。若體察不真。不可草草。必須細察龍脉真的。方可
扦之。
也有怪穴是擔凹。欒起貼身高。
張子微所云。又有凹穴兩肩起。正對主峰凹入底。乳

頭又更對凹生。作穴如何安頓。是是也。凡擔凹之穴。
必要有後樂貼身蓋照。若垂乳結穴。而乳頭長者。則
是氣鍾于乳。雖無樂亦不妨。却要後宫包裹。不可空
曠。或有孝順鬼尤妙。
也有怪穴是仰瓦。氣感前頭下。
凹腦之穴。氣感于前。必要後宫仰瓦。若仰瓦内又出
一乳。則非真結。此穴須有後樂爲準。若垂乳者。穴立
乳頭。後有孝順鬼。無樂亦好。此與擔凹穴同一格耳。
也有怪穴似拖搶。只要護纏長。

楊公云。尖鎗之山要外裹。外裹不牢反生禍。外山包
裹穴如鎗。左右包來尖不妨。山來雄勇勢難竭。是致
尖形也。作穴只要前山曲抱轉。針着正形穴不絕是
也。
也有怪穴如闘斧。須要鬼樂守。
闘斧之穴。如穿針闘線。横來直受。直來横受。楊公云
亦有異穴如闘斧。不拘左右生龍虎。横龍却向直中
扦。直山却向横中取。是也。
也有怪穴無龍虎。何人將眼覷。

世俗觀地。惟求龍虎二山弓抱而已。此外無復知識
殊不知龍穴真結。不必有龍有虎。若龍穴不真。縱是
有龍有虎。反爲花假之地。經云。君如識穴不識怪。只
愛左右包者强。此與俗人無以異。多是葬在虚花裏
是也。
也有怪穴無案山。諸水聚其間。
天造地設真龍正穴。有主山必有賓山。廖氏云。第一
尤嫌無案山。衣食必艱難。今乃有真穴而無案對。俗
眼見之。必以有主無賓棄之。豈知水朝即是山朝。楊

公云也有真形無朝山只看諸水聚其間汪汪萬頃

明堂外內局周圍如抱環是也

也有怪穴如反掌窩𩫖形微坦

楊公云也曾見穴如反掌却與仰掌無兩樣蓋反掌之地形體偏仄但亦有窩𩫖之穴却與仰掌之掌心穴法不異矣

也有怪穴要鍬皮苞節認玄微

木星之穴以其來勢直急恐有殺氣故鍬皮下之必要立穴處有苞節芽蘗方為真穴不可于硬峻急直

之所強勉鑿穴故曰苞節認玄微

有如壁上撲飛蛾細看突無多

貼壁飛蛾微有突穴安突間粗中細也

有如壁上掛燈盞但見窩微仰

楊公云落在高山掛燈樣急中緩也

急山忽然一坦平穴向此間停

急中有緩多結仰高之穴廖金精為吾邑張氏下一貴地土名白牛坦乃萬仞山半忽然一塊平坦穴安坦中是急中緩也

緩龍到頭突忽起穴向此中取

平陽之地龍勢似緩入首忽然突起謂之平中之突葬書所謂地有吉氣隨土而起者是也此穴至貴但宜葬于巔緩中急也

精神顯露反非祥隱拙乃為真龍藏傍韜神機奇怪使人疑奇怪奇怪何奇怪于形并萬態能乘生氣任君扦奇怪莫疑心

山龍之變態無窮奇形怪穴安可悉取一言以蔽之曰葬乘生氣而已苟能于地理中識透葬乘生氣妙

訣任君所扦皆能獲福何奇怪之足畏哉

大低奇形并怪穴只把龍神別認得真龍穴便真此訣值千金

有真龍則有真穴龍既真的穴雖奇怪亦不足畏楊公云大凡諸山來此聚諸水流來聚此處定有真龍此間作只恐不知龍住處住處多為醜惡形世俗庸師心裏懼故扦怪穴之法惟在審龍誠于龍認得真何奇怪之足畏哉

假龍無穴不堪安莫作怪穴看若將藉口亂安墳誤盡

世間人。用怪不能當守拙。緘口休談。誠要知怪穴有真玄。須遇至人傳。

大凡無穴。必是龍假。子微云。假龍亦有穿心開帳。有星辰秀麗。有撓棹手脚。亦有擺布。但無迎送。或蜒蜿四五里。或縈迂數十里。至大盡處乃無穴可下。是也。故真龍怪穴。乃是有穴而特醜拙。或有穴而特奇巧。非若假龍之無收拾結果。至盡處或有窩而虛濶空凸。有乳而直峻粗大。有鉗而漏槽破頂。有突而破碎嬾坦。不可扦葬。若不能辨龍真假。而以假龍無穴之處。指爲龍真穴怪。强勉鑿穴。以此藉口。而誤世人。其害不淺。不若置怪穴于不談。尤爲愈也。

右巧穴二十有二。以其穴形完美。而所處之地異于常。故曰巧。拙穴二十有二。以其穴形隱拙。而醜異之態出于常。故曰拙。兼巧與拙。總名曰怪。凡四十有四。然怪穴亦不止此。在智者觸類而長之耳。夫所謂怪穴者。乃出于常理之外者也。故葬書云。過山不葬。乃正論也。而怪穴有騎龍斬關之說。石山不葬。乃正論也。而怪穴有扦于石間之法。獨山不葬。乃正論也。而

怪穴有扦于無包藏之法。雪心賦云。脉界水則止。乃正論也。而怪穴有扦于龍脫之法。穴後須防仰瓦。乃正論也。而怪穴有扦于仰瓦之法。可惡者泥水地邊葬。穴乃正論也。而怪穴有扦于沒泥之法。洞林訣云。穴欲住而不欲止。乃正論也。而怪穴有扦于長枝中腰之法。黑囊經云。穴要有包裹。包裹穴無破。乃正論也。而怪穴有扦于無龍虎之法。廖金精云。第一莫下去水地。乃正論也。而怪穴有扦于直流之法。董德彰云。鎗頭休下。鼠尾莫扦。乃正論也。而怪穴有扦于拖搶之法。凡此之類。本皆出常入怪。舍經從權。卜氏所謂更有異穴怪形。我之所取。人之所棄是也。然古今怪穴。名墓處處有之。固非鑿空妄誕之說。但俗鮮其傳。而知之者寡。一得于驟見之間。固宜其心駭而疑也。張子微云。平夷之地。俊秀之峰。端正之穴。人所易見。惟諺語所謂若要發。險中做者。須明眼高師能之。楊筠松云。怪形異穴人厭看。如何子孫世爲官。只恐怪形君未識。識得裁穴却無難。然不知識怪穴固難。信怪穴尤難。此皆天造地設。以俟有福緣者耳。

國寶經二百六十奇形怪穴法

高窠　高窠高窠不厭高燕窠凹裏産英豪嘯天龍兮安鼻耳金龜背兮并巨鰲天盆天湖蓮花心仙掌峰露雲可停。

低窠　低窠低窠近平地伏龍伏虎穴居鼻螺螄螃蟹臍中扦下後兒孫真富貴。

長窠　長窠長窠不厭長何妨龍虎直苙苙蓋天旗心脉不走綵幡跨下氣潛藏仰船梢兮金釵股羅帶同心結爲王華龍銜兮氣戶安功名富貴無居左。

短窠　短窠短窠短不妨獅子鼻根名印堂馬鼻壽星虎鼻乳臥牛目裏産侯王。

反窠　反窠反窠皆背結金鈎曲處來安穴象形鼻曲龍虎回顧印真龜蓄肩下巨蟹蟹鉗鉗裏安下後天然之富貴蟠龍曲兮龍尾扦宛轉回環曲處安蟠龍頷下眠犬頸曲鳳回環來顧鸞。

側窠　側窠形勢不安不偏頗高低穴似傾攣船側掌行蛇曲或如牛耳披須積有時作穴如牛耳扦角有嶂牛角起雖然欲側整牛耳臼屋能生卿相了。

雙窠　雙窠自是有奇山莫將龍虎穴頭安天雄蜈蚣兩鼻孔龍鼻虎鼻細詳看翔龍鼻兮螃蟹眼兩畔一般死背反此形若突頭安扦利益真誠無有損。

单窠　单窠单窠不可雙天雄蜈蚣鉗裏藏魚腦弩圓并彈眼馬面壽星居中央象形有鼻一邊轉若作雙窠順一反兩邊鼻孔一邊雄只處雄邊爲氣本。

大突　大突之穴大突形懸囊垂腹鳳凰膺龍頸鰲頭騎虎額直須龍虎抱分明突穴若無龍虎抱騰翩不蓄如風掃或成宛轉左右兜逆水上來爲至寶。

小突　小突之穴氣不微藏頭王字舌頭見狗眠龍臥求其乳金鷄抱卵出窩龜兩畔護身須揖拱後龍不許見欹斜若是橫欹災禍重時師得處討真機大凡小突氣無全不必留心向此源地蹤閃跡更前去大成大受有天然將軍旗峰并鼓角小突山前禍磊落大龍畢竟自潛踪山突之中徒結作。

蟠曲　蟠曲蟠曲穴偏奇顧尾龍穴轉龍龜蟠龍交龍穴在腹蟠龍臥龍亦如之回鳳膺頭行蛇曲躍魚尾上畢牛腹形如捲象耳耽耽宛轉之中多作福。

坡垂　坡垂之穴大龍來。飛龍吐氣漸低限。龍吐雲兮雲上穴。虎嘯風兮氣似雷。駱駝囊兮囊上落。天虹貫水虹頭作。有時山似欹旋形。向首直須求轉脚。

龍虎　龍虎之穴不孤單。須教虎伏與龍蟠。獅子拱毬兩脚抱。丹珠龍鼻脚回還。須展心裏龍中峙。兩邊灣環勢可倚。螃蟹雙鉗兩邊生。中中一穴符天理。臥龍穴須鎮下坡。尾蟠足轉顧其頭。鳳凰展兮羽翼就。仍須有案水纏繞。龍虎須全無山繞。水冲之去真氣散。山無秀氣全頑愚。四獸并如相枉貫。

騎跨　騎跨之穴最難別。點穴還須腹內藏。龜丹頂上自天然。鳳頭龍頂細詳訣。駱駝鞍上穴須高。龍麟山根龍虎歇。犂蛇出洞一蛇抱。曲處穴居七寸結。金鞭鳥裏爪藤蒂。總要前峰抱羅列。若無龍虎水無纏。前案無峰大嶽穴。奇形勢亂影無蹤。除是真龍形顛脫。横樹橫向龍虎腰。向穴之水須特達。有時形穴無不關。又恐當頭八字流。應案城門無吉勢。假令富貴亦難悠。或有案高峰不起。正穴不曾安穴裏。高高天外望前峰。破敗亡家皆為此。

平地　平地之穴易中難。來龍有氣穴斯安。欲流破射皆凶氣。勿恃平洋勝似山。浮海簰心為正穴。繫定之簰尾上穴。着岸簰兮穴在頭。應案水城須合訣。錦韁心穴豹皮心。如意飛仙座處尋。新月流星求影。欲南北斗口值千金。黃龍吐氣求和氣。氣未和時失經序。牛皮形穴穴難安。十二穴中生富貴。

山巔　山巔之穴不尋常。形如覆斧底中藏。金雞卵上微微窩。出水金龜背上長。嘯天龍額突中窩。金蓮心裏無空缺。四畔波濤傍巨鰲。靈龜背上生人傑。

依山　依山之穴在山根。飛天蜈蚣氣上尊。臥牛腹穴眠弓地。新月初生角上弦。鬬牛鬬龍兩山氣。依靠一山為王師。伏龍伏虎伏獅龜。魚腹靈蛇氣潛至。或在天虹貫日形。兩頭穴上不分明。或成臥象鼻生石。依靠山巔氣自生。

傍水　傍水之穴山形促。臥牛膀胱江豚腹。飲水龍兮飲水蛟。穴在鼻中前水曲。弄水靈龜穴在肩。甘泉湧出臥龍灣。猿猴飲水或喬泉。水邊螃蟹子宮前。寶硯之形真是石。涵湧墨池須要識。石中得土是天然。金馬玉堂清要職。

水中　水中之穴誠清奇。陸地神仙方識之。金龍口兮金鰲口。金獅金魚口冣宜。海鰍海馬俱求口。魚腹龍藏真不朽。若將親骨口中藏。富貴榮華世稀有。

倒掛　倒掛之穴却如何。龍行正面應嵯峨。同宗顧主峰巒好。倒掛安墳福更多。子龍顧母回頭聳。尾轉勾橫山揖拱。穴安腮頰後風拗。百福千祥應接踵。生龍出洞來委蛇。回龍顧祖合天機。或然形像成金帶。屈曲盤還如反背。帶頭曲處顧金魚。朝水朝山來應對。

或有山如騎跨形。面前粗惡不分明。翻身顧後朝宗祖。反手勾刀宛內尋。下着頓教旋踵發。青綃百世振家聲。

石中　石中之穴少人知。如龍如虎或如獅。靈龜形與犍牛樣。口中安穴福之基。螺肉蚌蛤蟹鰲裏。但得土穴貴無比。岩岸石畔不須疑。只恐水砂不全耳。

騎牛　騎牛之形三十六。左右來兜皆吉穴。小城接案寂無聲。列宿貴人要羅列。一名文筆二元珪。三四躬珪與纛旗。五名擁璧雙珪六。雙璧三台四轉奇。下道

五侯相并合。七星八國正周匝。十五玉笏擁旗生。雙旗三旗生雜沓。十九前逢列戟形。樓臺鼓角紅旗迎。攢攢簇簇相照應。捍門華表插天生。帷幄貂蟬皆主貴。地靈孕秀產豪英。

奪氣　奪氣之穴皆有餘。須從過脉辨盈虛。山如過去穴須在。要令隱馬與藏車。流星趕月脉過月。七星之間藏妙穴。背星面月奪來氣。莫遣真元虛漏泄。橫馬打毬捧對毬。百步穿楊穴箭頭。生蛇過水勿令過。趕雌龍氣腹中求。又有一般奪氣地。山腹之間求過氣。三枝五枝一樣同。亦解于中生富貴。

借氣　借氣之法來不來。剝龍換骨作元胎。勢來形止脉未止。隱隱隆隆妙矣哉。犀牛解角非無角。螺螄脫殼非無殼。神龍換骨論故新。蛟龍吐氣論純駁。睡龍睡虎并睡龜。無突無窩穴莫為。先看主山有奇處。次驗八千并四維。新月乖光光熟辨。不近不遠隱而現。有時新月魄中安。明缺清奇天理現。或安鳳翼與龍珠。溫燠怡和氣有餘。非窩非突人難識。只將來脉辨盈虛。

奇怪　奇形怪穴人難信。神龍入水口中認。黃龍嘯天鼻裏求，孤鳳回風風勢迅。風鵬擺翼四邊風，金龜下海四邊空。狂魚作浪波濤起，巨鰲湧水水泉中。鼎湖一片蓮花葉，月蚌開唧水天接。海藏浮珠海與中，藏蛇吐舌形尤怯。神丹出竈四方空，五龍聚水水晶宮。蛟龍飲水水入口，荷葉跳珠湖澤中。古人立法治風水，多求聚散與行止。若能于此悟天機，造化元來在一指。

水砂　水砂之穴氣多形，坐下無山可討論。只將水勢

求天理，立塚安墳福子孫。水勢成龍三十二，只認去來看水勢。進龍十六看來朝，翔龍十六看其勢。大進龍兮小進龍，左進右進氣潛通。單成單舞并雙雁，三台四輔吉還同。五星六合并七寶，八國九星出師保。十洲有水出神仙，百會進祥大人造。

過海　過海之龍穴海中，大海之中有所容。或居龍口或龍鼻，或耳或頭或龍銜。或在頂兮或在尾，有時龍爪擎天起。四面波濤日夜生，藏風聚氣長兒孫。

拋閃　拋蹤閃跡號真龍，惟有真龍不易逢。不比常龍徒駐耀，退藏于窟晦真蹤。老龍眠穩其氣足，不在乳兮不在腹。首尾交加若接連，耳鼻之前或藏畜。有時結作戲龍形，目鼻臍腹氣皆傾。捲鼻委蛇應頭額，誰知尾穴產豪英。戲獅臥虎皆求尾，乳虎舌兮飲龍耳。走獅毬帶有同心，趕鵲蛩形求鶴嘴。或如蟢子墜絲形，天然有穴網心成。坐看網心剜蟢子，樞窟將相此中生。寶馬遺鞭何處穴，四旁車馬旌旗列。須求遺鞭順生形，順鞭一穴生貴哲。驪龍頷下有明珠，珠與龍身穴自殊。珠嵌前頭形宛宛，攀龍附鳳佩金魚。真形

三百六十五，分明上應周天度。人身命度總如斯，消息盈虛有真數。

掛燈　掛燈穴在高山上，萬水千山皆入望。八風不動儘教高，下着公卿并將相。高山自結龍虎窩，十道承漿水不蹉。點得真龍天巧穴，判花視草與披荷。

花頭　花頭穴法人難識，或在山間或在磧。枝般蕻弱葉不多，惟見花頭乃堆積。不問土山不問石，石中有穴尤奇特。蜂飛蝶舞葉徘徊，穴向花心貴無敵。

漩渦　漩渦一穴氣堪住，雲葉團圓水漩花，穴在渦心

氣深穩千年富貴孟嘗家。

流星　流星一穴氣宜扦或在平湖或野田四畔茲然無倚托細看骨脉却連山過水蜘蛛同一體落地梅花皆此意神仙漏泄這真機滿砌芝蘭均富貴。

泛水梅花　真星脫體蘸清波泛水梅花出水荷菱藕跳魚并泛藕滿朝朱紫壽仍多。

蹄岑　蹄岑一穴落平洋或在高山頂上藏俗士怕嫌泥水溼不如差了出朝郎。

金櫃　瓏頭結穴方如櫃下着人家主富貴坐山左右

一般齊鑰鎖中間有滋味莫嫌穴險不堪安怪處從來人厭觀認取真龍真住處解令白屋出高官。

仙人出簾　端正尖峰秀且清真如仙女出簾形但高百丈臍心穴並見公卿佐聖明。

覆鐘　覆鐘便只是懸鐘穴險難交俗眼通但向臍中扦一穴子孫富貴永無窮若是有風須低下不比尖頭唇嘴者如鐘只是點臍法除此餘無他説話

金字　貪狼入穴身何似端正真如寫金字當心一穴若能扦子子孫孫皆貴士。

太字　第一怪是太字火便有人字穴尤拙太字兩邊分得均人字股短一股掣。

人字　要知點穴法一般兩股合處好安扦不教兩股氣分着定主其家富貴全。

垂珮　山中出穴如垂珮三角中間爲事氣不惟廟食與神仙子孫齊赴功名會。

騎龍　三十六座騎龍穴不是神仙不敢別水分八字兩邊流且在穴前傾又跌無龍無虎無明堂水去迢迢數里長玄武端雄氣連過庸師豈敢妄評章真龍

氣湧難歇住結着穴了氣還去旋身作起案端嚴四正八方皆會聚外陽不問有何無只看藩垣與夾扶左右護龍并護水回還交鎖正龍居或在龜肩或牛背或作鶴嘴蜘蛛肚鳳凰卿印龍吐珠天馬昂頭蛇過路本案不拘尖與圓或横或直正無偏但尋真氣歸何之看取天心十道全或在高峰半山上或在平洋或溪傍或然水去萬千尋或然水遶千萬丈神仙略與說規模自可一淵通百淵巧目神機還正穴何須逐一看沙圖若人了得騎龍穴世代榮昌產英傑。

三元科甲未堪誇。將相公侯朝帝闕。

眞龍頭上說騎龍。千變萬化有何窮。豈可三十六言盡。爲人心巧自能通。坐山或峻或平漫。案山偏正或尖圓。玄武須行必不遠。前迎纏護轉關闌。水分八字下前溪。相交咫尺是眞機。縱使流神三五里。之玄屈曲亦相宜。更有十二直流穴。相合騎龍四十八。四十八穴若能扦。下着子孫皆顯達。更有十二倒騎龍。前篇砂水畧形容。千變萬化理歸一。盡在聰明解悟中。要妙無非捉脉氣。吉凶禍福毫釐耳。乾旋坤轉妙無

窮。心孔開時不難事。

附三十六穴圖訣

此圖訣乃是論騎龍之祖。不可埋沒。故附于左。

第一騎龍順勢巍。兩邊包護走如飛。去龍作案遮淸派。不見三陽便是奇。

第二騎龍頓數峰。逆轉回頭顧祖宗。時師盡道龍無止。豈識眞龍在此中。

第三騎龍兩畔高。豈知眞穴在中腰。時師若下擔凹穴。不怕風吹殺水朝。

第四騎龍兩畔低。孤峰獨起似傾欹。微微窩窟眞消息。不怕風來八面吹。

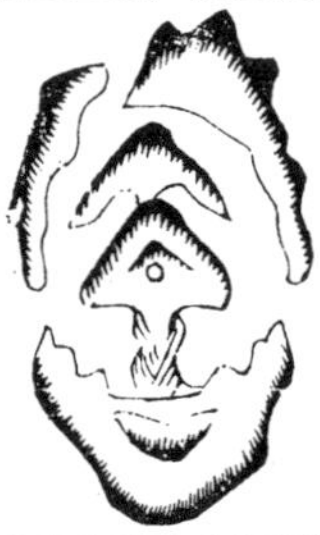

第五騎龍脊上安。有窩有靨不愁寒。後陵前逼人難識。能產當朝宰相官。

第六騎龍脊下藏。脉如劍脊穴乘陽。兩傍茅葉砂飛箭。有此眞龍用不妨。

[illegible]騎龍結正窩。窩中生突氣融和。風吹不[illegible]錢。[illegible]取兒孫早發科。

第八騎龍窩突連。突下微窩貼脊扦。時人不識堂傾跌。下後令人早產賢。

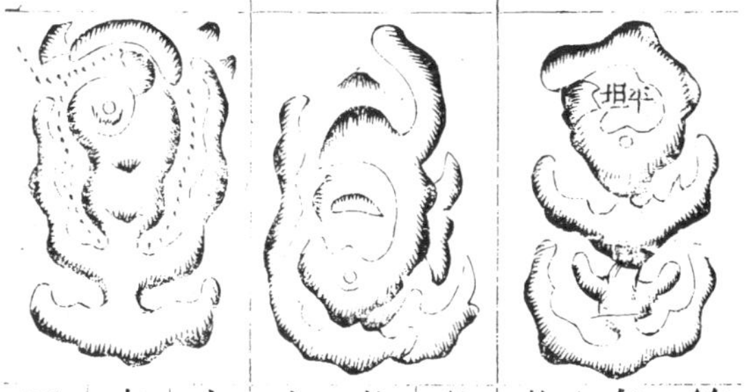

第九騎龍節節脊。有肩有翼兩邊齊。時師到此休言險。下後兒孫掛紫衣。

第十騎龍閃側穴。多有時師不得訣。或如草尾露垂珠。不怕左空併右缺。

十一騎龍似龜肩何愁左搜右來牽。殺氣悉從流水洩。限中一穴足天然。

二一騎龍脊上幷。粗粗蠢蠢在巒旋。窩一穴真消息。墊後兒孫出貢。

一騎龍如雀舌。玄武觜長高處不見去殺乃爲艮宛宛中心真祖。

四騎龍似蜘蛛。腹中一穴氣方堆瘠內窦人難曉。馬鼠微堆産兒。

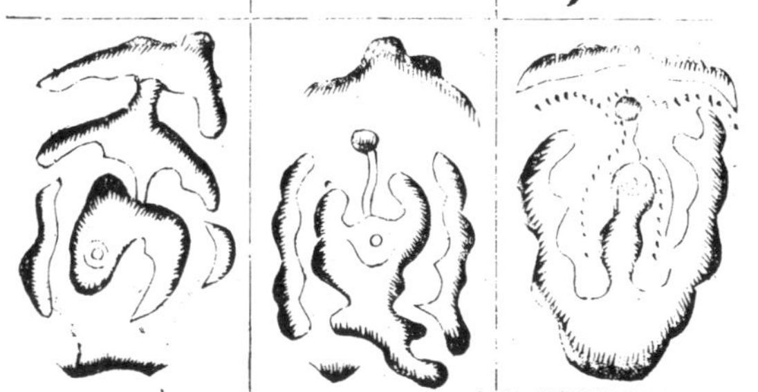

十五騎龍鳳啣印。乳頭一穴值千金。任他水去千餘丈。印塞中流局勢清。

十六騎龍龍吐珠。口中一穴十分殊。蛛絲鑿斷神仙術。定產英豪貴顯兒。

十七騎龍馬起頭精靈在眼穴須收。時師莫道形偏逼。墊後應封萬戶侯。

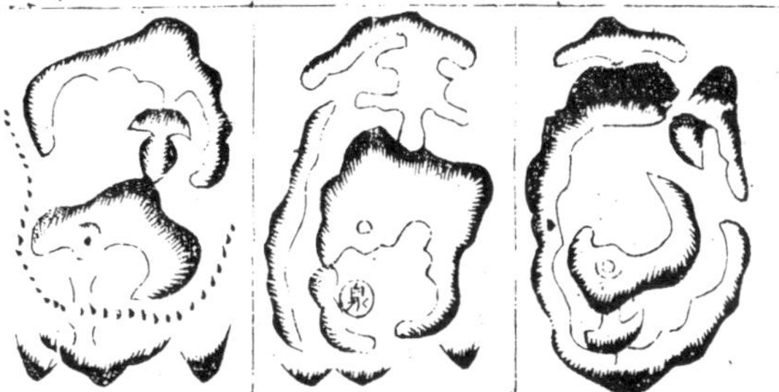

十八騎龍勒馬形。馬頭回轉是真情。頸窩一穴人何曉。墜在山凹理易明。

十九騎龍馬飲泉。口中一穴自天然。更有墜頸水泡穴。不得師傳莫亂言。

二十騎龍馬過江。平平坦坦在溪傍。穴尋脊上如繃線。饒減些兒有主張。

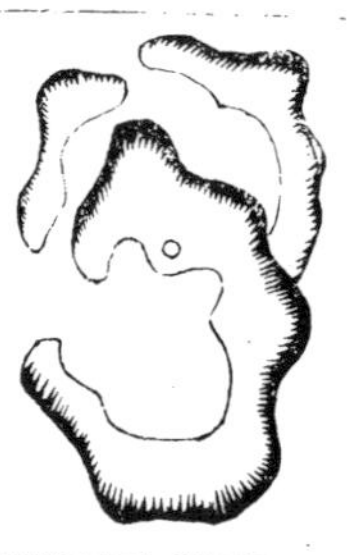

二一騎龍馬出陣。時師不要尋龍盡。踏覓一穴似天然。蔭出兒孫操國柄。

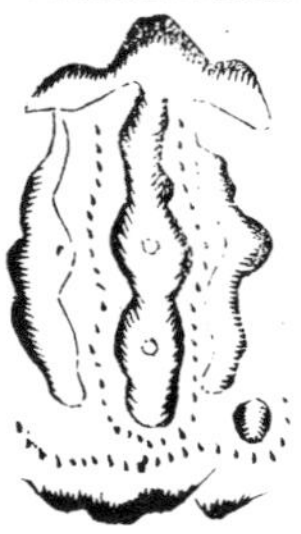

二二騎龍過路蛇。中腰截穴最爲佳。蠱蠱田塋皆拱揖。再尋七寸定無差。

二三騎龍蛇掛樹。人人只去尋龍任。豈知真氣出中腰。塟後兒孫爲國柱。

二四騎龍馬奔山。尾間安穴有情關。時師休要言龍直。塟後須知出顯官。

二五騎龍唇吐氣。橫臺爲案君須記。穴裁口內不須疑。代代兒孫科不替。

二六騎龍出草蛇。兩長一短最爲佳。迢迢直去無回顧。偎穴天然穴不差。

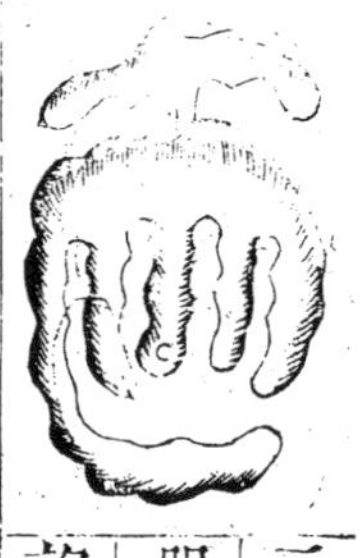

二七騎龍羅帶形。風吹羅帶結分明。外鈎內直人休怕。士隱山林待詔徵。

二八騎龍仰天窩。窩中平坦世間無。小泉不竭真消息。下後兒孫學聖模。

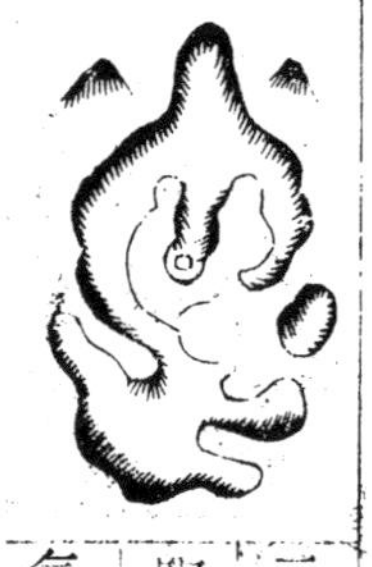

二九騎龍似側罌。口邊安穴勢分明。時師莫道無餘氣。坐下藏風受氣真。

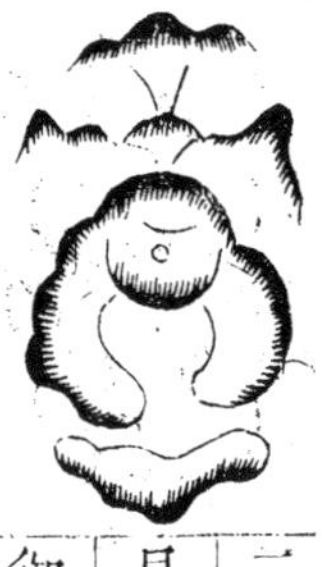

三十騎龍梁上燕。如珠如鬼人難見。庸師不識老龍身。帽插金花飲御宴。

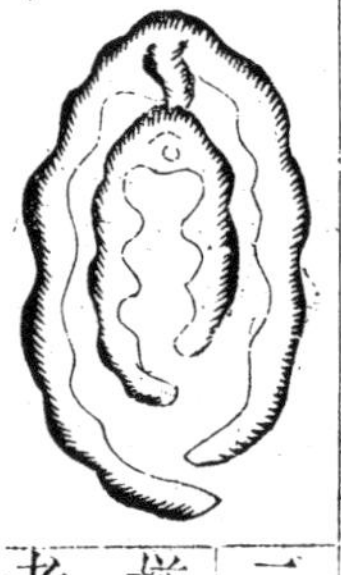

三一騎龍似掛簾。左紐右紐不須嫌。平分擺出能針穴。定見爲官舉孝廉。

三二騎龍似掛燈。上平下險勢分明。四圍左右盤窩結。影上安墳妙入神。

三三騎龍如蹻足滿照穴中似點燭一身正氣悉收藏時見全家食天祿

三四騎龍金剛肚臍中有穴君須悟庸師不肯步真岡只道粗頑無夾護

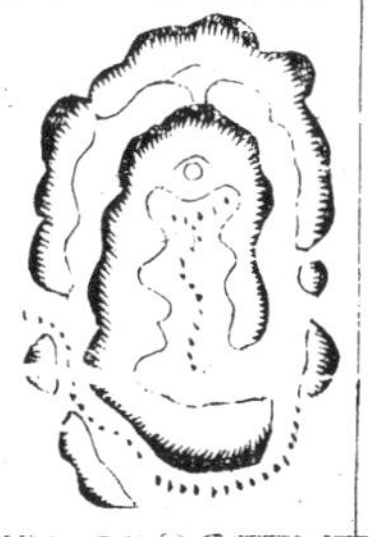

三五騎龍水直流豈知真穴在源頭任從水畔砂飛走折取三彎氣自收

三六騎龍插碧天頂頭一穴任君扦羅城叠叠高峰聳金印腰懸沐帝恩

倒影　喬松倒影臥斜陽紅藕開時聞水香窓外月明窓內白天邊歸雁戀瀟湘　嘶馬聞風于彼處冉冉風幡歸別浦全神全氣落何方未許時師輕漫語棄却青驄駕夜航月明雙槳去忙忙青天低處見天淵紅藕開時聞水香　陰陽造化在玄微巧目神機自合宜多見時師只篠篠捕風捉影太無知

直穴　鉗穴釵穴兩臂直元辰水直亦消得須是真龍頭上尋不是龍頭休費力前面山橫水又橫本身何處直如傾古有十二直流穴請看神仙斗口經

附十二直流穴

登穴先要看明堂十二直流仔細詳此是真龍有福力水去山回大吉昌　天心格直流長外有交襟水不妨內有真龍藏玉局前山與作進財鎗　交劍格如向劍穴前順水飛冉冉時師只道主離鄉豈知內有真龍佔　交襟格面合流水直山灣氣可求關外便有禽曜照定知此地出公侯　天梯格直而傾左廻右抱一般勻外山廻環山聳秀斷教白屋出公卿淫瀉格水直衝交牙截水無陷空華表捍門居水口須知此地出三公　金釵格臂直長元辰水出去之玄水纏勝似山纏遶雖然折股也無妨　金梘格及銀槽穴前流水去滔滔龍扛虎押明堂直前山聳直出官僚　兩宮格似雙虹水去明堂口不封更得外山來接應水神停蓄出三公　寬堂格氣難看內堂直兮外堂寬龍虎重重開着口應龍收水便爲官

穿珠格直流牽穿珠流直出墳前五曜連珠卿相出七星汪水出神仙 飛龍格似龍飛左右排衙唱喏規之玄九曲明堂內狀元拜相賜朱緋 百步格百步長外交內直又何妨更得秀峰當面拱玉階流水出侯王 詩云直流水去遠朝山屈曲流行去復還吉水愈長官職大只將曲折斷官班水須出去要關攔峰巒護閉勿教殘水口笑開休下手縱然吉地也如閒水口既塞案山橫本身何慮直而傾此是真人直口訣神仙秘授斗口經退步水去有法制開鑿

池塘澄水汪積水不流如鏡明富貴須交時下至

古云順流下穴宜低墊當面朝陽穴要高此誠不易之定理也按去水之地人皆忌之其爲廢置多矣但龍真穴的水口緊關不妨局順故于元辰水直流水言之獨詳余斗口經綽有特見又表而出之

平地窠 平地有尖尖有窩此則是名抱雞窠若把踏滓一般看時師無識奈之何金鍋煮繭波尋月落地梅花泛水荷大海浮漚絲釣餌平川躍鯉扇交飈高低圓扁凸平凹浸泛尖方少獨多穴法浮沉分聚散

氣明互換莫差訛妙參造化情投眼休學時師妄揣摩

奇怪總訣 大抵怪形并異穴真龍頭上方堪說若是真龍真住時何論端嚴與攲拙只看氣脉在何山恭合朝迎與護纏一任高山與平地神仙真眼但標扦

九升氏曰國寶經是上上乘法惜其不著論而作訣以致有不可解處又好言形而不言理皆其所短也然其言穴實爲詳備讀者宜仔細體認倘于言下有得得一分便是一分高妙學問

玉髓經秘穴名髓

九升氏曰學不博則識不廣識不廣則道不精此必然之數也地理書之至博者莫過于玉髓經人嫌其博而不能約多置之然天下未有不識是物能見而知之者故余謂玉髓經不必求其約且求其博取之以廣人之識見故于其穴法輯其三種若夫形穴論髓之說未免執泥故不敢錄

龍穴定形已得情定穴又須識秘名龍有一枝十數穴又有一穴三四瑩穴穴瑩瑩皆可作不得秘名鑒不精

衙中有名地有穴名不生時穴不成大地名爲朝廟穴中有寢殿及掖庭除着外朝是正穴內寢乃作次様評後宮排列非花穴左右分張似翅橫又有八座并六部都堂內省皆寛弘此爲天下第一穴萬里不能逢此星若還遇見此形穴分明乃是真佳城。其次名爲衙府穴除着正穴是設廳便廳齋閣及宅舍宅堂軒楹相鬭榮此形千里不一見一處遇會亦奇逢。又有軍房環大宅此宅名爲大軍營營屋雖多不可下只有正衙是正形若在軍房皆下賤不堪着脚勢力輕惟有將軍歇

馬處衙宇雄壯起節旌此地亦復未易得不許時師亂喝形。又有層樓名字穴此穴可分三四層上樓望見天地濶萬水千山都見形却須樓屋有遮蔽無遮無蔽風悪凌中樓亦見佳山水眼界氣象秀且清樓下乃爲閒燕舘樽爼羅列起障屏佳賓皆自門外至芝蘭玉樹黃金瀛。又有名爲庫堂穴茶軒酒閣皆光明軒閣却是送餞地交餞入庫庫有扃只有庫堂堪正坐其他房室皆虛名。又有名爲洞府穴屈曲鬼怪無真情或[illegible]或窩相倚杖形穴無數不可憑惟有仙人坐卧處此地

穴道方叮嚀。又有名爲身橫穴如人身體節節生肩井曲池并三里寸口拳節仰掌形心膂中腕及臍腹氣海關元凹復平女人左腎繫胎處男子腰間左藏精手論斗腕脚膝腕伏兎太冲自分明手入節上左右看身上節脉皆匀停若是身小力量小只取一穴莫傷生身橫大者百數里大造化中看真形時師聞此皆駭汗指出真形舉世驚若還尋着大身體一身十數穴可憑其次小者十數里一身或作三五瑩惟有花心穴端的只有一穴無改更。又有名爲鼻觀穴一峰兩側是穴情

兩側兩穴只取一其一氘下爲殘零此穴左右要斟酌左右失宜家不寧。又有名爲稜迹穴三頭六臂難模稜正面名爲菩薩面側面名爲變現形。又有名爲鴛鴦穴雙頭蓮花一樣形橫足只是孝順鬼真龍兩穴皆可憑。又有名爲夫妻穴兩個雌雄穴頭平橫龍一個是疑穴直龍皆是有重輕或重或輕皆可作要看前朝與水城。又有名爲父子穴一大一小聯串生父爲正穴子爲附附氣相倚看縮盈。又有名爲兄弟穴右者爲弟左爲兄兄弟同胞總相似必有正穴是其兄兩穴

從家皆可下。但要審勢有重輕。　又有名爲釵鐺穴。单柄孤直穴易名。釵鐺正心鐺作幹。只有稽道堪王盟。又有名爲竹筒穴。兩峰籠桶龍虎形。龍虎頭上皆是穴。不相交互門不扃。恰似竹筒一邊去。有穴難安徒有名。必有一穴在中處。煩君仔細辨真精。　又有名爲杖鼓穴。真龍來變兩頭橫。龍分橫處看輕重。分得平時穴亦平。一長一短爭分寸。長處爲重短爲輕。　又有名爲胎息穴。胎穴在上息下城。胎穴抱養胎未定。息穴成子離母經。從此便可論臧否。一定之論甚分明。　又有名爲

走馬穴。馬前去穴腰帶成。此龍尤可挨氣下。却要前砂皆有情。前砂有情身有護。當穴面前水不傾。莫道此穴是假僞。走馬中間氣易盈。　又有名爲遥鋪穴。行龍左右夾窠成。十節龍行五節有。譬如傳遞歇郵亭。此等處所不堪用。莫將走馬一樣名。　又有名爲斬關穴。纏托迎送龍去程。有門可入關可斬。奪得此氣脇下橫。此穴不端或不正。斬取出來人造成。　又有名爲截路穴。騎龍脊上截龍精。此是神仙巧計較。秘語真機未易明。但識截得龍背住。不住還須力量輕。發財發祿可三世。宜

救穴不可停。大龍力量可五世。旺後綿綿生小榮。又有名爲疑似穴。過了龍穴餘氣成。橫龍入穴又有穴。並頭恰似親弟兄。奈何龍氣已先住。徒有形骸氣不行。　又有名爲走氣穴。龍向中腰出低坪。不作蜂腰并鶴膝。田面平瀉不分明。去作田中氣無穴。血脉微細出輕形。縱有好朝并好水。出得官來無子承。　又有名爲乾龍穴。龍出平原一向平。或在平岡落田去。或爲圓堆或草坪。此龍須是要水送。水送界出須分明。若還無水鶴突去。又被溝川縱復橫。正龍血脉掘鑿斷。當界不界水

亂縈田中有穴少神氣。明堂斜攔水割城。皆是乾龍强結裹。龍祿不來少孩嬰。若問中原平野地。尋龍須是水夾城。若問山原龍勢落。平地無水龍定輕。龍乾是以龍氣盈。此說向君須細評。　又有名爲假花穴。龍不穿心偏節生。穴如捲瓦背後缺。頂上有凹無倚憑。假龍作出空凸穴。縱有神仙下不成。　又有名爲戰爭穴。兩穴相向勢相傾。此穴兩廢皆不下。別有精微尋去程。小小巧巧是正穴。不爭不戰容易澄。此是造化巧妙處。莫向龍虎泥其形。　又有名爲零碎穴。鎖鎖細細三五塋。小商

纏綿儘可用大家居室切勿輕譬如小船載小輩单行獨自儘可憑若遇大家載重物定是中流有覆傾小地未須問發達見在物業要禁承。 若能記此會穴法天下山水難隱情若還不曉秘名義徒自天下走縱橫

穴髓摘玄

穴法茫茫千百門固嘗纖悉與子論子言廣邈求要旨要旨亦有可得言假如廟朝是大穴內寢外朝宮掖分府監省部及院轄皆是小穴居紫垣次是衙府亦廣大設廳便坐及轅門宅堂吏舍及軒檻庭院皆是穴紛紜

大小身横又其次十數里間分本原手足肩背及臍腹節節是穴有脈存要識摘玄易知處亦有捷法知其根且如高山生沮洳龍真穴真不可取此為天溼名天沰葬後人家不産乳家業冷退去無蹤任是有財留不住

却有山間冷泉窟穴心相當不可忽可于窟弦上開鑿葬後泉乾是真窟此名龍漏要窒塞作穴納棺病不發此穴多出富貴人只要龍真無欠鈌 又有平坡土石枯草木焦疎名天墟此龍無氣更不旺家財沃焦食無餘鑿開必有雞肝石片片黑爛不禁鋤如此形穴縱

真的切恐誤人心願孤。 又有龍勢分低昂穴剩嵯峨脈深長此穴須要淺淺下要沾雨露及三光雖然此論不執一若是遇見碎石岡此穴須下七八尺但得山穴適相當見土之餘莫見石見石恐遭冷泉襍大抵嵯峨多泉脈所以斟酌要相量。 又有平岡天尺龍此穴五尺四尺中入穴太深易成絶須要淺與氣相逢經云古法葬平地須要一丈有餘是如何摘玄却要淺恐與前賢說相戾不知中原千里平以水尋龍非常理龍行地中不出地隱隱深藏龍不起若非深葬不得脈淺葬廣

邈何處是。 又有江湖有湖鄉三五十里皆平洋春夏茫茫皆水浸只有秋冬見三光不須深穴聚龍氣不使水漬年年傷兩淮東西有山嶺幽冀陰朔多高崗如何執一看平地間有平地皆乾鄉又有川蜀及秦嶺峰入霄漢非尋常偶有平地出龍穴乃是懶龍氣不長或是支龍分脈淺不能作勢遠飛揚但作低平細嫩穴如何過脈要深藏正緣深藏脈在上下及黃泉是絶鄉 又如諸山極高聳入穴巍峩皆臃腫或為獅象虎牛形頭面不顯手足重此名天隱穴難尋面面皆高無脈縫要

知龍急下緩穴緩穴必有平坡送急山偶有一片平此是隱藏大造情故名天隱不露蹤高人識在心目中三峰兩峰同一面此穴斷在怪處逢煩君仔細下上看求有五里行虛龍龍行五里必有地何況十里百里蹤大獸大形多高大湧出頭面多豐隆若不尋龍精微處天隱如何容易窮。 又有石山石片幔皆無寸土穴難安不合龍真難捨去尋趁十日無足覩此名天完混沌氣龍皮粗厚頭面乾時人莫道無草木不知童山是兩般童山土色雜細碎可栽木植生長難天完之地無縫路

蕩蕩光滑如削刓却須回還四獸地自有土潤草木山只有相當作穴處頭面慢慢皆石盤石必有縫可鐫鑿石板之下有土山若得土時穴須淺不必深鑿入其間鑿開混沌泄其秘發露地氣怕傷殘所以淺葬是法度煩君仔仔細細看。 又有洪迹如見坡此名天陷非真窠斜凹似好非生活龍氣已泄無冲和推尋龍脉必不正此龍來處是偏頗或是真龍山勢好入穴正當不在他必是鼓龍曾孕育發泄洪窩是舊窩若還葬後家不旺坐出缺唇龜背多窮困冷退皆蠢戇不可訓誨言語

訛若逢此穴急廻避莫悞世人徒奔波。 又有土山全是土回還蹟潤穴難取中間處處無石生此名天脆生肉乳肉地無骨皆軟嫩却有脆處將杖扦杖着敷泛杖易沒此是乳頭成穴處諸處地面入一尺此處入地三尺許或深四尺至五尺五尺四尺插下去只尋深處爲端的鑿見石尖便要住或是鑿見五色暈不斜不偏枕岑王不然上下及左右爭却分毫非正乳若還下得此穴直脆嫩易發財祿聚或富或貴可預知更看大局情可許。 又有山基如釵股中間深狹山水尖奈來龍

的的真不可棄去煩君取此名龍秘不肯納必有真穴在平處當從高頂作規模潤展基車丈四五基深平地須一丈余井却于平地取入壙更須深五尺方得正脉氣亦聚正緣龍氣已奔下鑿不深時龍卸去更須左右護高山不被風吹不暴露風吹暴露不可下活法在心君記取。 又有如釵長短股無乳無鉗何處取此名龍縮縮處尋短股頭間氣脉聚或左或右穴皆然定有外山作龍虎外山不問高和低但要風藏并氣聚若還外乎山不應此物仍從頂上取此義皆爲真龍設不是真

龍無用處。又有龍真過行路。橫過穴中難斷去。此名天道可安排。三條兩條不須補。穴居道上莫居下。俯臨人衆我爲王。此穴須開五尺深。除却基圖三尺許。不深行步震地脉。未是亡魂安穩處。人行水灌日月長。行路轉深穴如故。又有吐舌出龍虎。左右護山遮不住。要須吐舌出口來。此名龍奔氣難聚。安穴如常看龍虎。奔外如舌任他去。要于墳上作亭屋。或作院菴橫截住。不然穴中見長舌。朱雀太長兼暴露。時師開穴施人力。鑿去此山存赤土。豈知龍穴各有形。傷損精神真謬舉。

又有橫岡名天几。宛如曲城似胡椅。無乳無鉞難取穴。此穴正當枕定尾。若還龍從橫頭入。當去尾頭尋趂是。若有應峰在其後。只當應峰正中指。或出三花與兩花。亦照應峰正者是。或于三花取正中。衆花皆長短者是。衆花皆短取其長。不問應峰與龍氣。又有來龍出穴形。豎如壁墻曲如城。攀援不上龍勢盡。更無別處可改更。上山下來下山上。水遶灣環真作城。只緣山峻無穴法。世人每見心自驚。要知此名天沉穴。穴在平地正中心。好龍藏蹤造化秘。此須知玄識龍精。又有凹穴兩

肩起正對主峰凹入底。乳頭又更對凹生。作穴如何安頓是。此名天潛不可輕。凹處深藏是妙理。若還更有鬼曜生。只向凹中枕定鬼。盡須大大作基圍。七尺基圍作平地。更于平地入五尺。上下通量成丈二。任他龍氣自潛藏。穴裏精神聚龍氣。又有羣山盡高峰。中間一脚獨回蹤。衆山排撥無容脉。脉細微微難認龍。此名天窩是奇穴。當穴尋龍巧相逢。不然衆峰皆是穴。如何見得旺氣鍾。却防座下帶神煞。山陰山高多有凶。廻避凶神并惡殺。萬代留名仙聖蹤。又有高山出龍虎。左右有

手脚無乳。中主太高若無穴。望見風吹氣不聚。此名天風有穴安。上到峰腰有平處。平處立穴自隱藏。龍虎包裹亦不露。龍虎環屏無風起。此龍貴處人不喻。又有穴前出如意。後龍出山作兩臂。主山兩脇有穴形。穴前如意是餘氣。此名天鼻分兩穴。兩穴鼻孔皆出氣。兩脇天然如掌平。穴中宛宛俱相似。生成兩穴無輕重。皆可安排莫輕棄。時師俗眼不能識。捨去兩傍垄如意。不如鴛鴦對穴法。徒自傷殘作正位。又有真龍似勾藤。反覆如勾變曲行。一灣一覆相背面。及到穴時依舊橫。此

看龍閃穴不直。却要護托俱有情。穴前山水自相應。閃閃爍爍穴甚精。　又有真龍出龍虎。中間亦是無正乳。左手外生纏過右。背後右肩短手附。此名天弱穴在右。當有微微乳高處。又有右山纏過左。左山後手重峰作。亦似天弱形一般。翻覆左右如一個。此名天輔是陽穴。左旋亦高穴在左。不拘龍脉看前朝。只看臂後短臂頭。肩頭高處乳亦起。譬如處女乳未浮。此穴下得真的處。兒孫朱紫富且優。　又有來龍作散峰。峰內星堆如亂峰。隱隱脉從溪水渡。溪上山如几樣同。几外有個圓堆起。若要尋龍龍失蹤。此名龍脫不可見。圓堆之上穴在中。此意最玄未易識。富貴鼎盛真神功。　又有穴頭山勢環。三峰四峰左右彎。左彎看來亦是穴。右彎看來穴亦關。左彎右彎皆是穴。逆看峰高亦可安。此名龍戲作弄處。畢竟中央穴決寬。真龍正脉不須惑。不管前山千萬般。若被前朝左右惑。定將假穴作真看。　又有羣山皆有龍。大山之下横出峰。每峰迢迢五六里。長引行步一樣同。不知何龍可作穴。此名龍亂難認蹤。六條七條皆相似。左右條條彎向中。中有一條龍獨短。此是真龍

為正宗。衆山皆出我獨縮。縮處尊嚴護衛叢。若非真訣識玄秘。蛇驚兎走亂横縱。只有高低與長短。不差分毫言可從。

十巧穴篇

為君既説穴摘玄。再將十巧為君傳。十巧纖纖人不識。巧處真玄不可言。　第一天巧最高穴。常人懼怕輕棄擲。只言高處穴難安。不知巧穴有真訣。天巧山頂分龍虎。變地平夷有門戶。入到穴中如平天。四望百里堪摘取。日月捍門生外鎮。鎮外迢迢自有路。路可行時水可行。水路天然合星數。此地神童及狀元。子子孫孫皆過府。　第二人巧似人身。衆山環遶自精神。宮女承恩正裸體。形像醜惡笑殺人。宮殿眾恩御屏下。宮娥扶策兩三人。官家在前幢蓋起。寶殿玉樓鳳輦陳。造物為巧俗為拙。生出后妃及貴人。家門大富及大貴。孩兒封侯無白身。仍見子孫登甲第。先女後男貴有因。與國同休無世代。此是人巧得其真。　第三地巧如散星。或金或土傳變形。或四或九為金化。或五或十為土成。又有一種是木化。隅暈光圓地面平。或三或八是木體。此是文星

貴莫名巧處敎人難取穴不知何處是佳城取得穴來無對將又無纏護不可憑大凡此等有真訣衆大小者是尊星衆小卽須取大者更有水位合天星取得穴成更前後後有遮攔前應星將相公侯從此出俗云散亂切勿輕

第四水巧龍怪異或在大江或溪地循環皆水漫汪洋不是刺脇及穿臂若還鄉根有石骨不是泛泛浮土類縱是深沉非絕穴出得兒孫白且膩定有前沙及後龍屏障護纏多秀氣此中福祿從可知一箇封侯舉家貴要知此巧在何處行水中間龍脉繫或見或隱或夾流尋得龍來穴無地居然却在水中央百箇山人無一喜正緣見脉不分明巧在水中難指耳

第五石巧石盤生如琢如鐫如砌成上無縫脉穿鑿計且無寸土爲遮蔽或如龜背在湖池或如石盤生平地俗人看道是頑石不生草木凡石類仙人一見爲歎嗟檢點來龍皆奇異元來四環皆是土獨有此石呈祥瑞此石依山不可鑿結砌安柩平處是自然融結得山脉不必鑿開泄石氣若在湖池是金龜大龜或廣一二里首尾潛藏出別地此龜切勿鑿其背只須安厝在其上能使

湖池作平地他時壘土爲成山山在湖中四環起此等巧穴人不識不是神仙誰睥睨若還下穴得精玄皆是王侯公相位

第六水星生巧形或作池塘或草坪或爲平田或溪岸枝葉散亂不分明不知何處是真穴惟有仙賢得其精只于水宮定去就便見端的合此星富貴功名從此出子孫續續官不停

第七火星燄燄起須要渡溪并過水火金得水成堅鋼火木得水成炭劑火土得水成瓦礫出火過水物方貴惟金得火成器物惟土得火厚其氣火外木生多不利以其倒生來尅巳若于巧處論造化係是火木隔溪水此星巧幻是精玄或是文星生秀氣或是武星生財曜來此生奇出怪異君須仔細與斟酌定有三公并太尉

第八木星巧穴生發葉開花小小形半落半聯踪跡秘恰似蘆花裊裊時此是巧形作異怪煩君仔細爲渠推捉得真形與真穴人家定出清秀兒神童三元指日見以木尅應定年期

第九金星巧穴成爲鎗爲劒爲針形針取尖銼劍取星鎗有纓眼或巻纓針作穿珠要珠應劍有旗鼓或歧精金星取形非止此此星巧處難見情若還下得此

穴着定出侍從典專城若問文武定去取更于龍沙兼辨明。第十巧星成巧形黃鍾小小律所生麟虞分明在前見寶殿玉階當面呈出人臺閣王風采剛正清介千古名雖然五星只論巧若論大形千百名假如火燄出三巧却于火中論其精若作三星名字看失其真理非其情巧穴須用巧人下誤扦此穴如用兵百萬性命分勝負頃刻之間定死生。

九升氏曰將奇形怪穴諸書俱讀過此以古人爲師也及目有所見則從所見而理會其性情此以天地爲師也董公曰且學且做做到老學到老世無見盡奇形怪穴而後扦奇形怪穴者故書不可不廣讀也余于玉髓穴法但錄其經文以卷帙繁重之故善學者當于全書中細求之余但啓其端耳。

黃妙應穴法二十四歌

第一龍强號太陰形如立壁不須尋却于簷處鋪毡席就口開窩取合襟陰從天降上而下脉自陽來氣不漏毬法不宜深下穴用虛之法值千金。

第二龍尊號太陽微微隱隱復溶溶就頂安扦勿離氣下頭脉散不須誅陽從地起宜深穴脉自陰來法妙玄。無使一物從下過親骸朽爛禍連連。

第三龍動亦是陰陰陽微動動中尋不須上下尋雙乳管取人穴可下金若還瀉下勢微急也用饒寬莫鬬溶。務得中和真理氣法通幽妙似楊君。

第四龍緩亦是陽緩中有勢可消詳陰陽配合無相離。勿使離毬進入簷山若緩處同安穩水若交時穴遂扦。內接生氣外堂氣深埋有氣淺埋傷。

第五龍直氣直奔氣急當頭莫下墳若下當頭將鬬煞二房有損絕兒孫氣歸左右宜偏取直來橫受可依遵。

第六龍橫號落攢不奔不竄氣廻還穴生囊乳氣深墜臨正肩明始有功上峻下低須有損上低下峻氣同藏。安棺點穴宜傍氣耳受橫龍法可宗。

第七龍行似展旗脉抽勢擺尾爲奇點歸尖利逢生發枕對朝迎莫遲疑也須有應方爲美無倚無親總不宜

第八龍幽號附山八方朝拱壓肩間前看一路通風出穴向空凹莫等閑世上無人通此法時師只怕凹風寒。不知太□入無氣正好開明對外山。

第九单龍號獨山。四方八達盡通風。前逢流水來環聚。後有來龍不怕空。腹水交流相會處。陰陽得度是奇蹤。明中求暗宜分曉。死裏求生始有功。

第十龍來穴隱微。頂身無穴不平基。兩邊拘手如相揖。太陽照影入前池。脫龍就局居窩底。化殺從生就濕宜。好笑時師知穴少。只將山上覓玄機。

十一逆龍翻逆行。四山四水入懷傾。水來太滿偏成漲。局淺無陰福不生。鑿井放棺居腦上。如入堂坐始威明。不然单壓人丁少。財祿終然作禍萌。

十二旺龍氣力雄。當頭納首便成龍。餘枝四出皆回顧。手足雖長亦侍從。楊柳枝頭春早吐。牡丹檻內曉生容。世人恰似尋花蝶。逐影隨香錯認蹤。

十三龍脉有雙单。雙脉原來短處扳。數條並出無長短。只看微妙在中間。中間特異堪爲穴。好把消詳仔細看。

十四龍來坐火宮。四邊皺照有真內。後開小堀就火氣。坐倚池邊既濟中。博出土星居亥丑。傳來金穴入離鄉。金星有氣宜炎照。上得咸池地位隆。生旺若還無制伏。空發後代絕人蹤。

十五龍來氣縮然。前無餘氣不堪扦。只因砂水分明好。忍使佳城作棄場。壘土成墳收補助。安身傍母引星長。時師只道無餘氣。不識其中穴更玄。

十六金星擺勢抽。流星過頸節中優。下頭流水翻身插。上散下無取節柔。暗翼兩扶天然妙。明肩雙掛世間求。金星水旺清如玉。小巧偏能作大休。

十七龍腦沒頂梢。勢如仰瓦兩頭高。下懸囊乳開窩口。手足雙臨兩水交。是水是金連照影。爲金爲土勢聯拋。若還帶頂無真的。不是天財莫下巢。

十八龍行有斷絃。更求斷續有情艮。餘枝回轉來相顧。內有土牛腹內眠。破腹安棺名截氣。留他驛舍暫停肩。若無跌斷難裁取。枉費工夫枉費錢。

十九龍神頂放花。花開顏色勝紅霞。潛蹤跌下微茫處。回首開花未是家。逆向或爲奇觀望。順行妙作主翁華。時師只向花尋穴。誰想嬌花穴是賒。

二十山水要中和。龍虎相饒忌壓高。山小水大須後倚。水微山大要前窩。兩宮明暗爲先後。一穴居中向莫差。立向若差明與暗。十分吉地也徒勞。

廿一穴道有死生。趨生避死法非輕。孤陰浮腫俱爲死
流動浮沉有氣明。左右有花雙髻插。當中無氣莫經營
順爲正求逆架折。此法消詳莫自輕。
廿二黏穴莫貪心。後倚前親法要明。水流屈曲同完聚
龍虎交親莫重輕。若不十全當去取。且將緩急吐懷情
廿三黏穴要消詳。吞吐浮沉法萬千。龍虎兩邊吞吐取
明堂一水淺深懸。龍來緩急爲吞吐。穴道微茫有淺深
吞吐浮沉雙活水。要明心目莫膠壽。
廿四龍行有勢歸。蓋粘倚撞要依隨。勢來流動含生意

穴靜孤陰是死暈。奇怪殊途。將認勢。許多穴法勢中移。
無形無勢君體取。識勢方能識地機。此是神仙真口訣
更無差錯與君知。
此歌內八九十及十四十五。皆言怪穴法。故附于此
讀者宜細會此五段理法也。

山法全書卷之十一

古婺葉 泰九升父集
武林胡 璇玉衡父參
蘭陰周敏求殷士父訂

穴法倒影穴情穴暈部蔡公穴情賦四大穴情廖公暈
法附穴証法拏穴法

九升氏曰。何以立穴情部也。凡言穴者必兼其星
之體以爲言。如五星穴法。九星穴法是也。若穴情者
不問五九之星辰。但觀生氣發露之爲窟爲突以定

其穴。乃穴法中精細之境也。蓋有穴情。則五吉四凶
俱可扡。無穴情則空有好巒頭無益。故穴情乃穴法
之樞紐。不得混入星辰穴法部者也。再從穴情之中。更
求其毬口融結之微情。則爲暈法矣。

穴情賦 宋蔡牧堂著

原夫皇天開有極之文。而后土秘至珍之寶。不有指示
憑何取討。是貴氣也。首辨虛實。切詳重輕。真心偏氣之
各半。止落横斜之漏精。魚尾擺開。看後倚前親之勢。虹
腰低下。認横邊直就之情。筆尖要動浮挨活寄以防頑

壁鑪可軆倚定傍求而莫泄虛浮尤貴潤澤沉滯要尋剛烈是故葬道無頭無面橫看其踪休言是木是金動中取穴額門玉枕至高之穴至貴合襟金墜瓦下之情龍玄魚唇橫截妙存金乳之動蕩茅葉側墜活似水珠之釣懸會窩打透肉盤弦觔中取脆軟掩下尋交骨起柔裹鑽堅英靈聚會縱橫不離于正氣血脉貫通動靜當觀其大體順受逆受何拘對定于天心傍求正求尤在消詳于龍虎橫擔橫落無龍却基有龍直下直扦有氣須安無氣橫山湊脊處曰鬬斧直山扦柔處曰入簷

硬不鬬軟不饒體玄微三竅之至妙陰宜減陽宜擡龍迎接五星之真要拋鞭須認節避刺要離根反手軆高骨冲天打額門側裁如把傘平覘合提盆擺出情難緩橫飛勢合翻穴是神仙穴龍分厚薄身脉來分左右勢落定君臣區大臨弦出雄雞帶側尋打尖休動骨點鼻莫傷唇急緩隨形使高低着意親五直宜橫下三停妙影尋腕籃遷鼠肉側耳聽龍吟牛鼻防牽水魚腮要合襟玄微天意惜舉世絕知音。

四大穴情

窩體　開口曰窩平地高山皆有之高山爲多有雞窠鍋底掌心旋螺金盆荷葉等形皆其異名有四格深淺濶狹是也竝以左右均匀爲正左右不同爲變四格有二體左右交會謂之藏口窩左右不交謂之張口窩又有俯仰不同身俯須窩中微有乳而仰須窩中微有突務要弦稜伶俐口中圓淨窩內平融又有假窩虛窩嫩坦空臥崩洪破陷切宜詳辨

鉗體　開脚曰鉗平地高山皆有之凡釵鉗虎口合谷仙宮单提雙臂单股弓脚等形皆其異名有八格曲直

長短雙股者爲正邊直邊曲曰仙宮邊長邊短曰单提邊单邊雙曰疊指皆爲變八格有二體鉗中微有乳乃乳之變鉗中微有窩乃窩之變又有俯仰不同身俯須微乳而仰要微窩鉗必藏聚脚必逆水股忌直長又怕落槽貫頂界水淋頭元辰傾瀉堂水捲簾若橈棹之間界水之中枝葉之內有直鉗者謂之假鉗虛鉗不可不審

乳體　長者名乳平地高山皆有之凡雞心魚泡懸胆紫氣等形皆其異名有六格長短大小爲正雙乳三乳

為變六格有二體。一則兩臂弓抱紐會。一則左右不紐會。又有俯仰不同。身俯須脫煞就煖。面仰宜湊毬接脈。要圈中舒暢。乳上光圓。最忌缺露凹折。故必有兩臂區衛。方為真結。又有垂乳而斜曲者為假乳。粗頑臃腫峻急稜嶒。突露死硬者為凶乳。須細消詳。

突體　圓者名泡。平地高山皆有之。平地為多。凡鵝卵龍珠飄梅馬跡等形。皆其異名。高山要左右環抱。兩臂週遮。平洋不怕風搖。惟要界水明白。來脈分曉。有四格。大小為正。雙突三突為變。又有俯仰不同。身俯宜湊簷避毬。面仰宜湊毬避簷。務須形體穎異。突面光圓。又有行龍引脈為水口羅星。關峽墩阜。山腳漏落為龍神倉庫印墩之類。皆有突象。謂之假突。虛突宜詳審究。

已上穴體乃正形之顯而易見者。此外復有異形之隱而難見者。曰邊窩並窩分鉗合鉗閃乳側乳鶻突併突。至于有窩鉗而不甚窩鉗。有乳突而不甚乳突。此等怪體。不可自任聰明。妄指平坡死塊為邊並之窩。敧斜山腳為閃側之乳。界水漏槽為分合之鉗。潤蕩頑硬為鶻併之突。

邊窩體　邊窩者。窩之弦稜欠缺一邊。蓋星辰已止。面峻潤露。不能融穴。却于其下吐出平坡而鋪氈形。一邊微起弦稜灣抱是也。宜淺狹平坦。藏聚有情。四方拱夾則美。切忌窩中太潤。口內坑陷。此格多在高山作仰高體。平地罕有。

並窩體　並窩者。一星有數窩也。有兩窩可兩穴。有三窩可三穴。中穴力量差勝。要窩中圓淨。弦稜明白。大小相等為佳。

分鉗體　分鉗者。即直鉗之變格。乃星辰開口結穴。而兩畔鉗腳分開也。要鉗中藏聚。弦稜明白。登穴不見左右分飛。下有裀褥。外有包裹方通。若無收拾。決不是真結。

合鉗體　合鉗者。氣從兩鉗而合。乃龍脈已盡。鉗中無乳。星下峻硬。氣不內聚。融在兩鉗收處中間。合氣成穴。微有突泡。如鉗之鉗物。俗呼雙筋夾饅頭形是也。要氈唇圓整。擺氣證應星辰。仰面始可。忌槽中太深。鉗口不收。

閃乳體　閃乳者。中出之乳粗硬斜曲無穴可下。正氣閃在一邊乃以中乳爲龍虎之砂龍從左來閃乳在右龍從右來閃乳在左若龍脉中起兩畔均勻則兩邊皆可穴宜乳頭光彩兩掬有情不粗不峻方爲合格

側乳格　側乳者乳從側落偏于一畔邊有邊無不正之謂也多作金釵蟠龍挂樹蛇等形要外山有輳補乃穩

鶻突體　鶻突者糢糊不明之謂乃星辰澗大界水微茫粗看則無細察則有所謂太極暈天輪影氣是爲貴證

併突格　併突者兩突相糰連起也法當扦交變之間葢以兩突合氣融聚在中惟大龍氣脉旺盛方有此極爲貴穴

有窩不塟窩格　有窩不塟窩者乃正面坦夷似窩非窩穴閃一邊且落低坪結成下聚者是耳

有鉗不塟鉗格　有鉗不塟鉗者乃鉗中陡峻不能融結當就脉棄鉗而黙葢穴亦緩來急受之意

有乳不塟乳格　有乳不塟乳者中乳直硬不受穴扦角受氣藏風氈唇夾照鬼樂明白俗呼眠犬形懷中氣動穴也

有突不塟突格　有突不塟突者大突氣旺不止宜取穴在突下平坡脱其暴氣或大突下又頓小突圓淨可穴是也

廖金精曰圓淨山頭頂下生窩鉗是金星水穴就窩鉗中下之若脉擺曲屈亦是水穴尋曲處下之若頂下畧斷再起一個圓金是金生水水生金合于圓頂中或角上扦之若金山頭生木乳則純陽相尅不可下須于圓頂下直乳上尋窩曲水穴下之乃金生水水生木吉然

金上木下若中無真穴必于兩傍上開肼起腕處下之看懸乳要頭小而平看懸膽要頭圓而肥看没骨要左右俱轉看单提要直如椽物看側腦要後樂應穴看平面要有弦無弦穴不真

窩不可塟心突不可塟頂窩之心突之頂止極而無生氣也葢窩心老陽之止突頂老陰之止塟心者犯淫塟頂者犯燥犯淫者王衰弱絶滅犯燥者王强暴絶滅窩塟其弦棄水而從金也突塟其脣棄金而從水也弦灣處是金脣轉處是水

陰窩起突要金轉水。陽突生窩要水轉金。陰突如覆盆不吉。陽窩如仰盆也凶。一金一水之相乘猶一陰一陽之謂道也。

高山不可葬突以顯中之顯。無包涵蘊籍之意。平地不可葬窩。以隱中之隱無超常特立之意。

穴上之脉宜微而不宜顯。宜短而不宜長顯則生意巳露而少含蓄長則生意不止而滞暴氣。

暈法 廖金精著

認太極 穴埸既定必須詳審圓暈在隱微之間是謂

太極暈上要水分暈下要水合。水乃是稍低處水之合處名小明堂容人側臥便可 穴必有圓暈。則生氣內聚故為真穴無此則非。但居穴暈宜寬濶葬穴暈宜緊狹。見暈分明便于暈心倒杖或坐正頂或串來脉。分落宜串來脉 或枕樂山。拗腦隻腦側腦汲骨皆枕樂山 前要對案山下要就明堂左右要分龍虎中道無偏方可 却于暈心立一標準。上下弦各立一標準。凡饒減進退皆以此定訣曰。隱隱微微。恍恍惚惚。粗看有形。細看無物。或謂之毬簷合襟羅文土宿一點靈光仰覆梅花皆異名耳。

太極圖

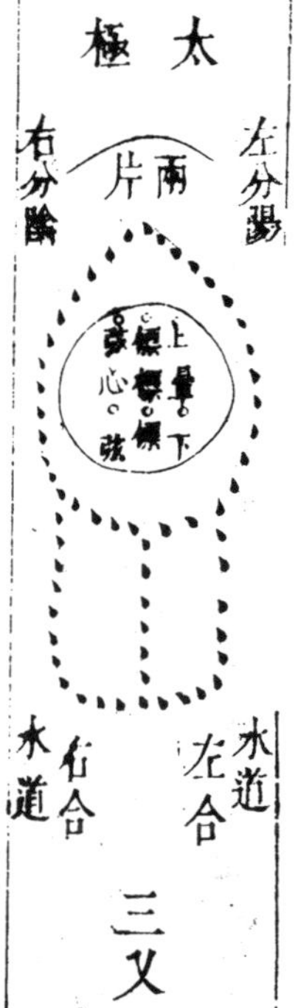

分兩儀 太極既定便分陰陽暈間肥起者為陽穴瘦陷者為陰穴是為兩儀凡就龍身作穴者乃為陰龍宜陽穴若再起星峰為陽龍宜陰穴反此則初扦必有咎龍穴歌云陽龍切莫下陽穴路死生離別若扦陰穴正相當子息做官郎陰龍若是下陰穴女人公事發若扦

陽穴定為官富貴足田園若上截肥起下截瘦陷或下截肥起上截瘦陷或左邊肥起右邊瘦陷或右邊肥起左邊瘦陷皆為二氣交感不問陰陽皆可用凡陰陽穴皆當饒減若右山逆水轉則從暈心標起挨右邊二分如坐子則挨壬二分若不饒減則氣直來正穴必偏枯左逆轉則氣止左右逆轉則氣止右法葬其止也惟二氣交感則取陰陽之中乃升降聚會之所不用饒減

論陽儀 太極動而生陽故圓暈肥起者為陽是謂動中之靜居地則凝平葬穴則取實昔人謂之覆梅花必

須饒減左山逆轉則挨左右山逆轉則挨右居壟之日主天晴開塋宜淺深則泄散生氣用土封培成塚陽龍忌用。

論陰儀　太極靜而生陰故圓暈瘦陷者爲陰是謂靜中之動居穴則培平壟穴則擁起昔人謂之仰梅花必須饒減左山逆轉則挨左右山逆轉則挨右居壟之日多主天陰開塋宜深則抽動生氣用土封培成塚陰龍忌用。

求四象　兩儀既定又分動靜穴有脈息窩突爲動無則爲靜靜則爲兩儀動則爲四象脈是暈間微有凹乃

太極之少陰息是暈間微有凸乃太極之少陽窩是暈間粗有窩乃太極之老陰突是暈間粗有泡乃太極之老陽陽龍忌下息突穴陰龍忌下脈窩穴四象作陽基有四法脈穴當取中定基息穴當展開定基突穴當鑿平定基窩穴當增高定基作壟穴有十六法脈之脈緩者宜用蓋法揭高放棺脈之脈急者宜用纏法當就低放棺脈之脈直者用倚法當挨偏放棺脈之脈橫者用撞法當取直放棺息之形短者用斬法當頭放棺息之形長者用截法當腰放棺息之形高者用弔法當落頭

放棺息之形低者用墜法當嵌腳放棺窩之狹者用正法當心放棺窩之濶者用求法當接氣放棺窩之深者用架法當抽氣放棺窩之淺者用折法當量脈放棺突之单者用挨法當靠實放棺突之雙者用併法當取短放棺突之正者用斜法當閃仄放棺突之偏者用插法當撥正放棺此心傳秘旨最爲精密亂用則傷龍書云穴吉葬凶與棄屍同。

十六法　此係壟法本不當收入此卷因與上一套之書故附于此

蓋穴　蓋者以蓋覆爲義山之勢成上聚脈來緩慢當

揭高尋暈放棺書云支壟其巔十牛歌云緩處不妨安絕頂是也亦須留腦留三四尺星頭蓋脈自上落則氣自下升交媾之道也後要有樂此法解之窩桶漏初下便發然亦易敗穴高故也不可鑿太深用土封培其氣乃佳與壓煞穴同但此以脈言彼以形言也。

纏穴　纏者以纏綴爲義山水勢成下聚脈來峻急當就低尋窠放棺書云壠壟其麓十牛歌云急來不怕壟沉泥是也亦須露腳用墓龍上纏接來脈蓋脈從下上則氣必下降亦相感之理也要左右相應或墩子在後

亦可。忌水淋穴背。此法謂之朝貧暮富。當初下便發。順下不妨。蓋不曾傷其氣脈。與脫煞穴同。

倚穴　倚者以倚靠爲義。山水勢成中聚。脈來急直。不可順直下。土牛歌云。血脈順行人少死。當就脈挨偏放棺。如左逆轉則挨左三分。右逆轉則挨右三分。必須折脈。如挨右則折左股以蓋右股。左者亦然。仍靠定來脈。不可脫離。後要有來。此法謂之南枝花。近陽先發。土牛歌云。同穴同音同向埋。要知龍自那邊來。與閃殺穴相同。

撞穴　撞者以衝撞爲義。山水勢中聚。脈來橫斜。不可斜下。土牛歌云。忌神斜插損田莊。當取直放棺。坐主項。若是直來。當取斜放棺。微斜而逆受之。必要從後樂也。所謂正來斜下。斜來正安。要氣從耳入。仍須博膚。博動皮膚則血脈流貫。血脈從左來。則當博右。穴居中左亦然。此法謂之撞鐘。五百年不壞屍。又名鬭斧穴。側腦没骨穴皆是此法。

斬法　斬者以斬砍爲義。息象如金水之類。形既短狹。宜當頭放棺。以其分開如斬斷相似。只開金井。用土填補封培成冢也。

截法　截者以分截爲義。息象如木星之類。形既長直。宜當中放棺。以其當中如分截相似。不可鑿掘深廣。用土封培成冢。

弔法　弔者以懸弔爲義。息象如旺龍之類。形既高起。宜露頂放棺。法當于息下吞入。不可壞星頭。以其在土中如釣起相似。用土填補成冢。

墜法　墜者以墜爲義。息象如紫微之類。形既低矮。宜乾腳放棺。法當于息下墜脈開井。不可壞星體。以其在

下如墜落相似。用土填補成冢。

正法　正者以中正爲義。窟象形既狹窄。生氣凝聚。宜當心放棺。本土只開一尺許。壘土爲墳。必須高大。以其無饒減。故以正名之。葬後一年便發。

求法　求者以求索爲義。窟象形既濶大。生氣潛藏。審氣放棺于窩弦上。減入開井。搜尋生氣。堆土爲墳。必須高大。以其在上推求。故以求名之。葬後三年便發。

架法　架者以架閣爲義。窟象形既深陷。左右皆高。當抽氣放棺。本土可開一尺許。四角立石爲架。龍來急可

用草。平用上。緩用石。與左右般平。使氣自下升。壘上爲墳。必須高大。以其浮架在上。故以架名。發越亦快。

折法　折者。以比折爲義。箭象形既淺露。生氣浮上。當量脉放棺。以小繩從窩心量至弦邊。得幾尺。用定淺深。壘土爲墳。必須高大。以其比量有法。故以折名。葬後便發。

挨法　挨者以挨傍爲義。突象既孤单。多邊實邊虛。高者爲實。低者爲虛。宜就實放棺。所謂单股取實是也。只開金井用土封培成塚。以其靠一邊。故曰挨。

併法　併者以兼併爲義。突象形既雙起。多一長一短。宜取短放棺。所謂雙脉取短是也。取長者之土封培成塚。以其合二爲一。故以併名之。

斜法　斜者以斜側爲義。突象形既端正。後脉直來。不可順受。當閃側放棺。逆受生氣。所謂正脉取斜是也。只開金井。用土封培成塚。以其斜。故以斜名之。

插法　插者以栽插爲義。突象形既偏側。後脉斜來。不可斜受。所謂斜脉正受是也。只開金井。用土封培成塚。以其忌闘。故以插名之。

穴証

九升氏曰。穴証者。穴未點定。求諸証則易得。穴已點定。察諸証則益信也。夫從主星以求穴情。從穴情以求穴暈。則壁口自有的所。原不必觀証。然山川又自有証也。以証証之。益見天造地設之妙。故附于穴情之後。

明堂証穴

堂之輔穴。如盤盛杯。如裀藉足。斷無一偏之堂。堂正則穴中。堂左則穴左。堂右則穴右。只看水勢平聚處以向就之。楊公曰。凡看疑穴。觀堂局真處抱身曲。

朝案證穴

奇峰特起。直中取的。峰巒聯秀。坳裏平分。秀應在左穴居左。秀應在右向右。奇朝近穴高。朝遠穴低。高則齊眉。低則應心。近案要端正有情。遠朝貴水界特來。蔡氏曰。秀峰當面固是嘉美。必不得已。當就近案。下云。欲求真的遠朝。不如近朝。故朝在外陽者。不拘其登對。案在貼身者。必欲其灣環。

樂山證穴

横龍出穴必要樂直龍委曲穴不對頂亦要樂不拘木山客山只要穴後對照不可高壓不可偏倚不可低遠樂在中穴居中樂在左穴亦左樂在右穴亦右成星體者佳必不得已當就堂局朝水

龍虎証穴

龍逆水穴依龍虎逆水穴依虎龍单提穴其左虎单提穴其右龍虎高穴亦高龍虎低穴亦低不高不低穴居中停龍欺穴依虎虎欺穴依龍龍過案趨龍虎過案趨虎龍先到收龍虎先到收虎齊到夾抱穴中央

十道証穴

十道取夫四應而已前後相登左右相稱葢照不宜偏左偏右夾耳不得脫前脫後藏風不缺爲的又立穴處後枕圓前對尖兩畔穿脾亦小十道也

氊唇証穴

穴下餘氣大曰氊如氊褥小曰唇如嘴唇楊公云問君氊唇如何認穴下有坪如龍褥眞龍到穴有此褥便是枝龍也富足故氊在此鋪穴在此住唇在此吐穴在此扦宜平坦圓正

官鬼證穴

横來須有鬼直落定迻官官在案前迎官立向鬼在主後對鬼安墳仰瓦擗凹取兩邊孝順立穴處後要坐鬼前要對官如不相對非眞穴也當另點過

曜氣證穴

龍虎肘外盛氣發而爲曜左有曜則左可扦右有曜則右可扦左右皆有之中央作穴長而淸者爲貴短而掬者氣强盡龍方有初中罕遇

水勢証穴

水到結穴處必灣環澄聚儼若不流書云水不亂灣楊公云穴若正時水便聚不正迢迢去水聚左穴偏左水聚右穴偏右又曰左水明偏左右水明偏右中正圓抱穴居中水潮穴宜高順水穴宜低

拿穴法

九升氏曰拿穴法者求穴之便法也善求穴者從龍從水順求逆求俱可得穴若執一法以求穴則拙之甚矣故拿穴有種種法

堪輿拿穴秘訣

凡登山看地惟勢爲難當據形拿勢審情會意陰陽剝換要有間星左右回顧當明向背朝應趨迎務要得宜水口交鎖四庫聚會城郭完固入將要齊入首星辰節次要推是俯是仰勢左勢右認其生死當分順逆强弱轉跌更明閃斜以上諸法毫莫能遺入山之時當從水口或登絕頂大開眼界高着脚跟遍覽方位無不收拾于目中向背情性盡皆了然于胸次或從太祖龍身上發脉處看起又至過峽處看至入首結穴星辰上或從大水口上尋至穴場亦可或從兩邊龍虎護衛砂上轉

環向背處挈至穴場亦可或從官曜上倒挈至穴場亦可無不是法只要節節次次一步步審究要自己精神與山川性情渾合一家舉止動靜以山川爲則依法而莫不合式

山脉真僞拿穴要訣

若從太祖起頂發脉處看來或開屏列帳龍樓鳳閣橫飛數百里或數十里要查頂針貫脉處看有几十枝自巔降下其几十枝之中有真落有僞落真落者爲正龍僞落者爲護龍真落者無論偏正斜側其形勢要似有似無至平山之中結成牝牡交媾之狀從陽坦中出出一脉來或斷束低細過峽穿落傳變要有水土二星翻閃此真龍正結之脉也若僞落者則貫頂劍脊粗頑肥猛硬面直硬偏倚橫斜陰脊而下至過峽處斷不到底形勢粗濁即有起伏定强硬偏枯縱然前去別有他結也須重新變換星辰如法抽脉精神過峽另成祖祖孫孫終非前貫頂劍脊等脉能成穴也智者不可不辨

過峽處審穴要訣

凡龍之過峽有正有側有閃有平有軟有硬有短有長

有急有緩有粗有細有斷有連有天池有陽坦或穿田或渡水猶人之喉舌氣在中度若來小去大行度必遠來大去小行度必近過峽之中要察遮護嚴密免受風寒更審牝牡交媾之玄若辨穴結傍正全在遮護上討分曉其脉正抽兩邊遮護穴從中結左抽而左護長穴結左右抽右護長穴結右若左抽遇風穴結右右抽遇風穴結左左右皆風吹穴落平洋扦穴之法皆如是矣欲知富貴貧賤在過峽星辰并入首星辰上觀形體清濁辨論推之耳

又有一樣龍格過峽跌斷于兩坦之中兩邊俱有山巒遮護其平坦中或有隱隱蜘絲馬跡之狀此格名曰陽中之陰是爲上格而天池過者其形勢大畧相同又有一樣龍格挺然直出至前面遇有大江大湖大平洋空濶之地兩邊俱無護送其龍隱隱偷閃卸落平地欵跡而過忽然頓起星辰奔前而去約有十數里者數里者此亦變格過峽也前面若要結穴必須自巳本身身上生出枝爪左右遮護嚴密重復生起星辰如法過峽前去方可有穴否則定是他山之水口羅城耳慎之慎之

水口拿穴場偏正要訣

若在水口上決地之大小當審交鎖處有何星辰把守或如龍虎獅象人馬龜蛇印劍日月捍門厨櫃牙笏文筆旗鼓仙枝幡蓋禽獸等類或巉巖壁立或倒臥橫欄拱向局內定有大地若要預先分辨局內穴之偏正當從水口中間下羅經會合何方庫位論過亢不及又明天根月窟玄機經云乙丙交而趨戌辛壬會而聚辰斗牛納丁庚之氣金羊收癸甲之靈每庫位水口管攝五局若合法定是正結不合法傍結小地耳此萬古不異

之秘訣也其大水口之內仍有許多小水口當逐一細審何者爲真龍正結之水口何者爲傍龍小結之水口真龍正結者定緊密有奇異星辰收水與衆小水口迥然異者是也當從此水口上下一羅經如前云所管五局跟尋進去尋着三合氣口細察滴斷毬簷前後照應正佐合法左右夾護毫不空缺是真正穴場餘各小水口之內或有結作亦必轉回爲我智者味之

龍虎砂上拏穴要訣

若從兩邊龍虎砂上拏中股結穴方位星辰當察面背一股股分撥明白某一股從何節分來至何處而灣何處而合砂體大率各有向背之情性如人之兩袖捧腹其袖肚飽面翻揚于外而灣抱凹平之面定顯象于內左右撥明中股自現中股開舒展翅之處兩砂定展揚環抱其兩邊左右砂脚定灣抱有情無纖毫遺漏穴在此中必矣

官曜上拏穴要訣

行龍有一種變格屢間結穴或騎龍或停驛或偷閃諸格穴前定有官曜龍行其穴有順結有逆結有閃結

十六種等類順結逆結者其龍迢迢直出星辰博換前行本身橈掉形勢若奔推擁前行兩邊大龍虎前來護送兩邊大界水自然隨遠至前合襟處定是順水順局若畏其勢之順遂成腰結或乘來脉向前順結或貪朝翻身逆結然後隱隱閃跡出脉直向前去其形勢雖則前去察其情性却轉面拱照于後兩邊前後砂脚或各有數十里者遠遠逆轉環抱有情枝枝葉葉不肯放空及至前龍盡頭處是劍脊粗頑不分陰陽更見水順無情尋地者當察形觀勢明其向背從盡頭官曜上一步步跟尋進去見前後星辰兩面對峙有情左右護衛有據兩邊水口交牙傍出一一合法順逆兩騎法甚明矣橫結閃結者龍亦迢迢直行前去或畏盡頭局垣欠缺或貪橫局因有中結入首處或橫擔貼脊向左向右而結者或直來橫落上細乖乳頭而結者若向左貼脊結穴則左邊自有生成脣臍自有卷攢氈褥分合如式右邊定有圓腦厚背後有鬼樂穴向右結諸法反此俱要明堂平正衆水鍾注照應有據結穴無疑結穴後其龍隱隱偷閃出脉直向前去其形勢雖則前行若會其精

神趨向護從兩邊砂脚亦如前遠遠環抱翻進不肯放空遂成腰結此一定之至理也審其前龍若不變化定不結穴與前說同閃結者其龍脉行度挺然直出至半途之中或有堂局可貪或翻結迎水必從肩脚上隱隱偷卸一脉貪朝搶水而結者其正龍仍迢迢奔向前行察其情意趨向廻抱更有餘枝回轉作成城郭閃結之穴左右亦然其三十六種之結槩可例推立而玄者惟在入首一節生氣而已生氣一成四山定然環抱羅城水口無不周全言念及此至矣盡矣前項順結逆結橫結閃結及三十六種等類結穴之後本龍仍迢迢奔前或有他結之地定是重立祖宗變換星辰一一如法融結自有智者詳之

立穴要訣

有生成之龍必有生成之穴入首無過五尺土耳坐下若差一指勝隔萬重山但見山盡巒頭止處兩水走會其中有一星辰尊嚴于衆山異體度必先認其何星次認其何穴察水之來去脉真穴正四應正佐拱衛有情方可下手其星辰或高大或廣濶穴星無所提摸膊師

妄逞聰明以朝案之高低以左右龍虎之灣抱證穴場之中心殊不知大局段之中星辰之上大龍虎灣抱之處案山朝拱之間上下左右皆渺渺茫茫無所立穴到此工夫若非真傳實學鮮不悞者法當從後龍過峽處脉脊上一步步隨脊脉曲摺轉動逐寸跟緝前來脉行亦行脉止亦止其脉之止處即脉之生氣滴斷處也滴斷處自有陰陽交媾牝牡相乘結成毬簷上有三分下有三合左右有蟬翼砂外有兩片牛角砂牛角外有貼身龍虎砂兩邊俱有微茫蝦鬚水會合于毬簷之下水

合處定有微小窩蕩名曰明堂爲一滴蟹眼水也又查前唇後腦左脇右肋再將前後朝應左右龍虎並一體認與衆法符合方用倒杖之法覩生棄死架折饒減以一合上立標竿二合上定淺深三合上定向道前覩堂氣後接生氣經云脉認來龍葬乘生氣此之謂也秘之秘之

山法全書卷之十二

古婺葉　泰九升父集
海昌　周允振詵宜父叅
鄞　榮爾大父訂

葬法落頭部古落頭說倒杖諸經傳

落頭者葬法也郭氏曰玄武不垂頭者拒尸蓋垂頭則受葬不垂頭則拒尸而不受葬故古人審主山垂落之頭以爲葬法因曰落頭也落頭有十二名字曰蓋粘倚撞挨併斜插斬截釣墜後楊公以此十二字

惟蓋粘倚撞則作用靈活而其八字猶未免執滯于是更立倒杖十二字曰順逆縮綴闘穿離對没截頓犯不執山形星體但以氣脉之剛柔緩急以施作用而葬法始活潑無滯也後胡矮仙等作諸經爲倒杖傳而微妙盡泄矣

古落頭說

蓋穴

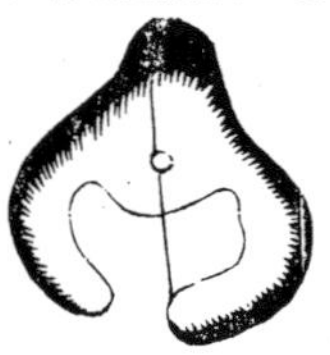

蓋穴出鷄心其物必有衣膜宜打破剔去其膜深下之是爲血包精若不去其膜則爲精包血函也倘巧秀不在此論

穜穴

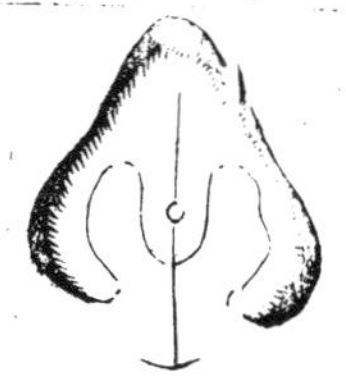

穜穴出魚泡。其物上下大。中間細。上下皆虛。中間實。宜就實處塟之。

倚穴

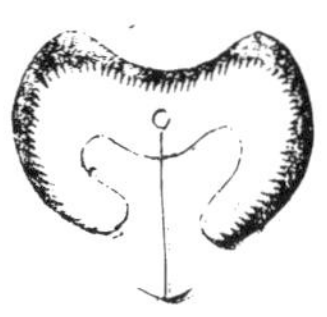

倚穴出猪腰。其物必有帶。若帶動。下其帶頭上吉。若帶不動。只就口內塟之。

撞穴

撞穴出閉口。其物邊長邊短。宜挨過短邊枕之。田螺也。

挨穴

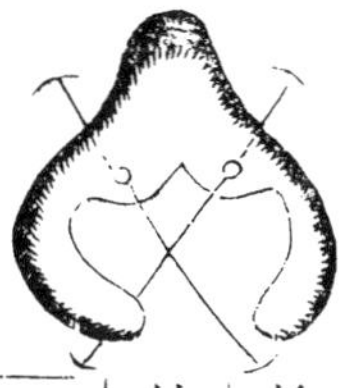

挨穴者。如人之兩乳也。看那邊有生氣。枕歸生氣處是也。

併穴

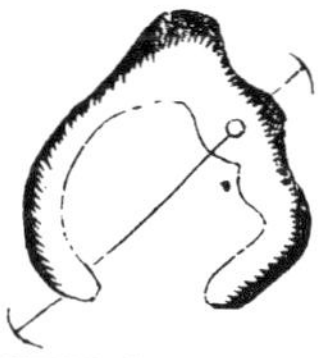

併穴者。行龍如身結穴。認其有氣塊節日處塟之。名日葛苞。

斜穴

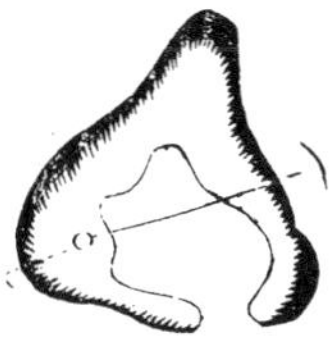

斜穴者。正虛側實。斜歸手足上結穴是也。

插穴

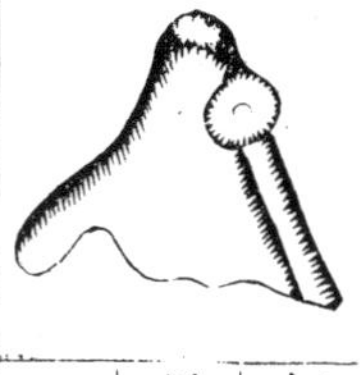

插穴者。如人之兩肩窩中。名日交亟穴是也。

斬穴

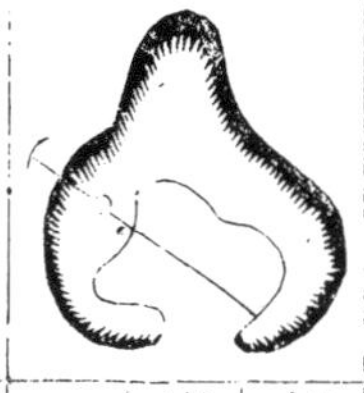

斬穴者。正虛側實。氣脈逆來。閃歸左右以斬其氣也

截穴

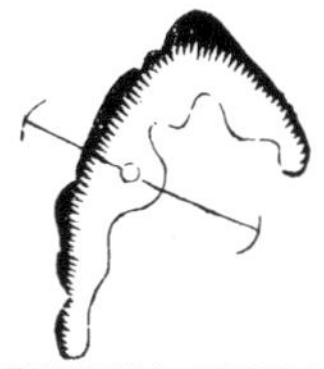

截穴者。龍行不止。看龍身有氣塊處。拟截其氣也。

鈎穴

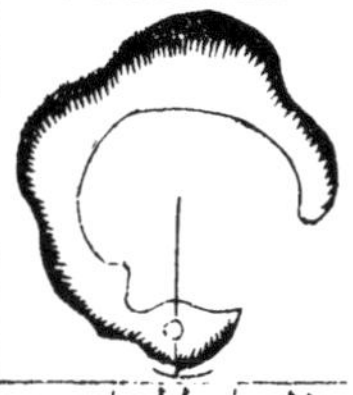

鈎穴者。斜歸左右手足番轉處。如勾子故云。

墜穴

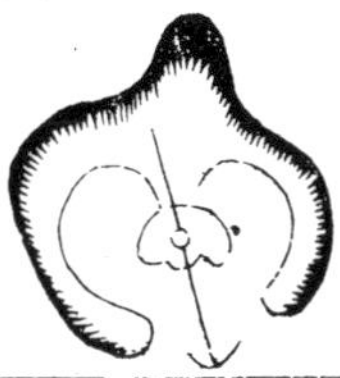

墜穴者。高山脫脈。再起節泡。名日冬瓜。篤有窩乳方好。

一粒粟

楊筠松著

教人裁穴且看三停。天地及人。任處要真窩。用藏風。低莫失蹤。橫取其直。虛取其實。肉中取骨。突中取窩。瘦中取肉斷取其續急取其緩長取其短曲中取直無中取有凹取其凸高取其低蘸水臨池玄武觜長節泡爲良垂珠氣聚凡縮便任中肤若潤肩窩蛟亂朝對中平兩乳心成屈曲若全脚底可安足蘸深池穴居其陰十高一低低處最奇十低一高高出賢豪十大一小小者爲妙十小一大富貴經耐十短一長擁從爲良十軟一硬巨富堪羨十硬一軟此穴長遠葢粘倚撞穴中情狀葢出雞心開井宜深仰天湖様如在桶上倚止猪腰打開無饒後無應峯此穴難拓粘出魚泡穴居無濠术徑揹

疊棒中走毬撞似螺螄長閉其口身短身長短處爲良金星無脉開口便塞圓滿釜金个下搜尋或出曲池槽梘平夷木星脉直節上尋覓屈曲水星摺疊爲真火星尖斜去殺爲隹鬼曜如箭正是官砂上有窩窟或出三穴分鬃騎脊脉來端的無窩無突勸君莫掘無胍無息勸君莫覓胍音孤乃大腹上臍也乳突上之小凹是後人誤作脈字又誤作脉字而本來面目全失

點穴四出口八般法 略變古落頭法

交上

交下 剪刀交

出四口

葢粘倚撞生死强弱

木根不穿

螻蟻不入

蓋穴

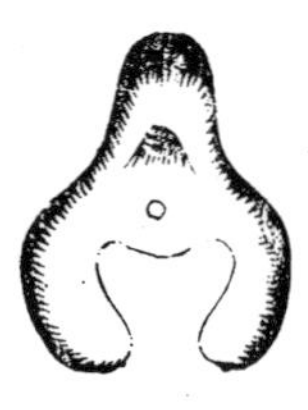

其穴脉氣不曾轉跌走動無强弱順逆葬拂其腦

粘穴

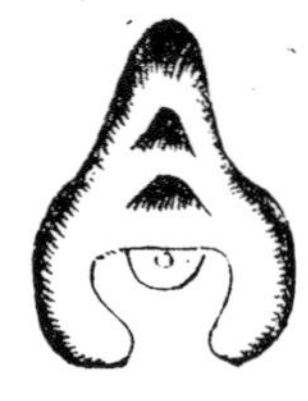

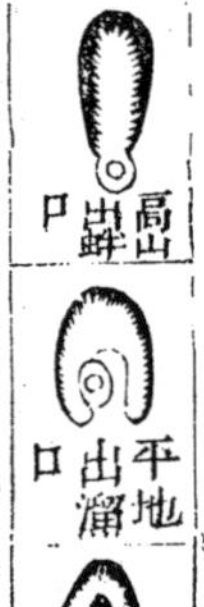

其穴脉氣跌轉走動而來名拂耳其氣有强弱葬法强來弱受又看面前證証雌雄前親後倚急緩不離分寸

倚穴

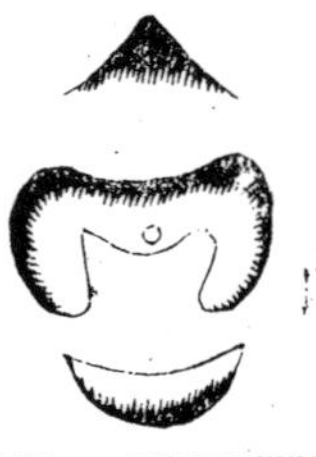

其穴氣脉忽轉皮而來要分順逆葬法受氣不可順下名拂耳穴又看其中氣脉流動而來如帶就于垂脣上取也

撞穴

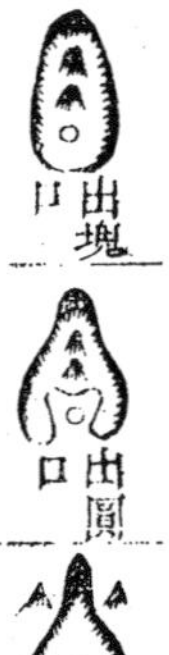

其穴脉氣亦不轉跌走閃無强弱只得順葬取氣脉尖圓證証亦名拂項故法宜順不宜逆也

生穴

此穴有大小八字明暗肩翼又有雌雄饌鬚斷然可葬如無造化分明不怕龍好亦非吉地故曰前後分明方謂之生也

死穴

此穴分氣脉無大小八字無饌鬚證証名曰死鸞不結穴也

强來弱捉

此穴來勢急入穴强不敢正扦穴微斜受故曰弱捉。

弱來强捉

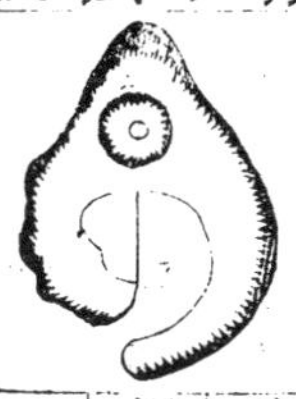

此穴來勢緩入穴弱正接其氣故曰强捉。

論穴情氣脉訣

陰陽玄中有何貴只有穴情并脉氣脉分三等穴三停識得玄機更無二三等脉從何處看起伏橫斜并緩急或如躍馬過江潭或似生蛇飛走竄有時隱隱落平坡或如蛾眉隱江畔。

論十樣氣脉

强 弱 順 逆 緩 急 生 死 陰 陽

九升曰氣脉之强弱以高低言强者高湧而起弱者低坦而平也緩急以曲直言緩者曲屈而來急者直硬而至也順逆以長短言脉緩而短則宜順下曰拂腦也脉急而長則宜逆受曰拂耳也生死以動靜言脉小而活曰生脉蠢而靜曰死陰陽以仰掌覆掌言覆掌起脊曰陰仰掌平坦曰陽。

氣脉有十般病

脉透頂冲謂之貫　脉出于口謂之墜　脉有三四橫直來謂之綳　脉出崩斷謂之斬　大小不分謂之失序　脉出無頂謂之無來　脉帶石謂之受煞　脉長而死謂之吐煞　可倚而不倚謂之孤陰內實外虛　不可倚而倚謂之獨陽內虛外實

論八樣穴情

節 包 珠 乳 氣 梗 塊 轉皮

九升曰節者脾節也微乳突是包者起突橫者是珠者起突圓者是乳者吐乳上大下小蔽節脾明顯氣者微動處是不起脊者也梗者起脊而長者是塊者高聳之突也轉皮者山勢側轉處下鋪如裀褥者是也。

穴情有八般疑

如魚腹者不謂之包　如葫蘆者不謂之乳　頹頂出脉不謂之梗　如竹不起不謂之節　如串不分不謂之珠　圓而有脊不謂之塊　脉來粗蠢不謂之氣

氣勢出過腳不謂之轉皮。

論出口

蓋穴羊蹄口　櫃穴狗子口　倚穴雀子口　撞穴鴉
鉗口　天財穴猪腰口　平地蒼蠅口　蝦鬚穴箍口
蚌蛤口　背穴螺靨口　次背禾鍬口　三叉合角口

以上氣脈穴情諸名色。乃論穴之祖。從天寶至寶諸經。其論皆從此出。故先列于此。

倒杖　楊公著

離　縮　順　逆　沒　穿　鬬　截　犯　綴　頓

對

九升曰。倒杖何以名也。古人于穴場暈心倒插一竿。又于上頭分水處插一竿。下面合水處插一竿。乃從上下左右相之。以定葬口之正側高下。蓋葬口須上項分水。下對合襟。中坐暈心。方爲真的。其必插竿者。所以便遠觀耳。後楊公立十二葬法。即借之以立名此倒杖之所由始也。其曷以立倒杖法也。葬以乘生氣也。而氣脉有强弱剛柔之不同。若乘之不得其法則干剛强犯殺。柔弱脱氣矣。于是不問主山五星之體穴星窩突之形。但審氣脉剛柔之宜然。施葬法吞吐之確當。妙夫乘生氣之法。而生氣之外。俱不論也惟其只從乘生氣立法。故只此十二法。足以盡三百六十穴法之變。法簡而用該。實葬法之大圓通也。然公之杖法。本葬法之活法。故止有十二名字。無圖無說。口口相傳。其不立圖者。以杖法原不從星體出。其不立說者。以杖法止可心悟不可言傳。神明存乎其人也。至宋覺齋老人。恐杖法久而湮没。于是作圖立說。著十二絕句。以存倒杖之意。覺齋甚精葬法。所論

至當。遵而行之。可以無弊者。但其以犯頓二杖爲凶故不能不起後人之疑也。後人以楊公既將犯頓二杖。列于杖法之內。則二杖必有用。若果凶杖則係非法矣。何以列爲杖法乎。于是諸家杖法之論紛紛而起。雖各有所見。然皆不能全妥。獨宋牧堂杖訣。每以兩法對待立論。精確有據。與謝氏之論。可以兩峰對峙。不相上下。則合二氏以求。或可以得楊公之本意未可知也。余前六經。註遵謝氏說。今全書則以蔡氏之訣疏而明之。以俟高明者之決擇云。

蔡牧堂倒杖訣

軟來勁去分離縮，正落斜飛順逆交，偃仰没穿潛腹裏，縱橫鬬截湊腰間。更詳犯綴因強弱，頓對低昂兩相關。

九升氏曰：軟來者，氣脉短緩，塟宜緊接，以縮入為義，曰縮杖也。勁去者，氣脉長勁，塟宜脫殺，脉盡鋪出䄄褥，于䄄褥上尋微凹微凸扦之，以其離脉而下，曰離杖也。正落者，山面正開，脉氣中出，塟宜正求，以其順氣而下，故曰順杖。斜飛者，山勢斜來，脉氣側歸一手，塟宜耳受，以不順山勢，逆而斬之，故曰逆杖也。偃者，山勢而俯垂，脉肥頑，宜尋其微凹處，法用開孤鑿出窩口，撞入山腹，如穿進然，故曰穿杖也。仰者，山勢平仰，鋪脉濶大，難以收拾，宜尋其微突，法宜取水開出窩鉗于中，開井塟棺，以其沉下，如没入水底，故曰没杖也。縱者，氣脉平長，宜中間濶處騎脊，如斬斷然，故曰截杖也。横者，氣脉横來，宜腰腧受氣，棺之受氣，如斧受柄，法曰鬬斧，故曰鬬杖也。犯者，氣脉緩弱，宜于氣初盛處，就強立穴，不取中而犯其上，故曰犯杖也。綴者，氣脉雖弱，宜于氣將盡處，就弱下穴，不取中而

綴于下，故曰綴杖也。頓杖者，山勢正來，中垂一乳，上平軟而下尖硬，宜扦于乳腦壓殺作穴，所謂玄武嘴長高處點，以頓于其上為義，故曰頓杖也。對杖者，山勢坐立，中乳直垂，上剛硬而下柔散，宜于剛柔交處對其正處而扦，故曰對杖也。

其作訣每以相反相近之杖相對立論，縮扦于頂腦，離扦于䄄褥，相反也。順塟正中，逆塟偏側，相反也。穿則横撞而入，没則深鑿而下，皆攻入腹中法也，相近者也。鬬則横斬其脉，截則直斬其氣，皆于腰上尋求者也，相近者也。犯則葢于氣之始起，綴則糟于氣之將終，相反者也。上柔下剛而用頓，上急下緩而用對，相反者也。其以相反相近立論者，使人易明而易悟也。

離縮以軟勁相對，順逆以正斜相對，犯綴以強弱相對，頓對以低昂相對，没穿皆攻腹之法，相近也。以偃仰而相對，鬬截皆斬腰之法，相近也。以縱横而相對，其作訣以此成句。

離與綴相似，然離則脫脉而扦褥虛，糟法也。綴則扦

于脉盡處。半脉而半蓐實。糧法也。脉氣直急帶殺至盡處。仍束而不放開。故用離。所謂避刺要離根也。脉氣雄強。至盡處却放開。故用綴。所謂直下直扦。有氣須安。無氣也。一脫脉。一就氣。縮與犯相似。但縮則脉平緩而不收落結于山頂。所謂冲天打顖門也。犯則脉落而平弱。穴就氣之盛處。所謂腦平粗匾正求迎鬬而收也。一扦山頂。一奏脉根。此四杖不可不細辨。今將謝訣與蔡法合者。仍用謝訣。其不合者。則以愚意補之。開列于左。

離杖　龍雄脉急峻無停。脫落鋪氈展席坪。離脉就坪中倒杖。如金中正壘成墳。

縮杖　勢短來徐上聚高。氣凝百會產英豪。放棺奏緊當中接。縮入天庭不用饒。

順杖　恬善迢迢勢軟平。逶迤屈曲向中行。氣從腦入棺須正。順杖仙機妙在迎。

逆杖　龍脉斜來不向中。流歸左右側邊逢。逆脉斜乘耳受氣。架龍架虎始成功。

沒杖　體平面滿脉微茫。法有開金取水方。濶大開塋中接氣。氣從開發法真良。

穿杖　勢聳肤垂脉不清。好尋宛宛凹微生。依凹横攻穿孔入。腹中氣得發祥禎。

鬬杖　龍横腰上穴星停。好向停中撞樂星。十字放棺横受氣。仙人鬬杖有誰能。

截杖　體眠氣直勢行行。平軟中間必有停。截住龍腰騎馬脊。細看夾耳與朝迎。

對杖　上剛下散穴難棲。剛柔交處却為奇。只當對此觀中正。發福須教吉半之。

頓杖　上平下急乳垂尖。高處須將頓杖安。炸氣既乘殺又壓。三年五載產英賢。

綴杖　勁勢冲來不可廻。須從脉盡細推挨。半脉半坪攛一穴。綴杖能教發似雷。

犯杖　氣來緩弱漸低垂。若下低平氣便離。好向脉根初起處。犯毬蓋下法相宜。

二十四塟法

擔傘　左右一長一邊短。乳偏側受微微反。必然堂氣一邊寬。認情斜下一擔傘。

正塟　穴情端正護纏齊。堂氣分明認得宜。塟法天乆
無改易孩兒三歲也能爲。
打開　出身惚似懸鐘樣又如鏡面無紋浪必須鑿入
出窩鉗到此名爲打開塟。
壘墳　平地生突突生凹不可輿作妄干涉。畧開浮土
便安墳壘土成墳爲剝接。
懸棺　結穴沉泥并没水打開實處再結起高封巨壙
作懸棺壘土成墳接生氣。
剝藍　堂側情傾形歪差或如鼠肉或斜挂。迎堂截氣
任偏斜名爲大小剝藍下。
馬鬣　高山有窩窩中突淺開金井藏金骨塟了仍培
似舊時。馬鬣封兒微露出。
回龍　龍勢過關或過峽。回脉轉跌生齁⿰鼻合。玄微未甚
大分明顧祖明堂挨右插。齁⿰鼻合音哮呷鼻息也
騎龍　龍神盡處生突兀更無玄微并窠窟。退後扦取
作騎龍扦下明堂墳補出。
挐扯　穴情還脉明堂撒外山外水夾交結邀明交結
外明堂。此塟名爲挐扯穴。

停驛　幬上須要明端的。多有穴情人不識。但依法制
輿扦裁以此名之曰停驛。
鬬斧　真龍枕險無纏護後有鬼曜前無聚覓取朝迎
穴可扦直來横下如鬬斧。
擔凹　穴情怯似蜂腰樣腰下分明如仰掌掌心點穴
塟其金。高壘墳城爲外相。
抱兒　上急下緩氣歸低穴臨龍虎迫東西。乳心擔斬
迎前案勢若抱兒是此分。
吞下　氣來斜擺似脖屈。直須打到脖後骨。莫敎堂氣
有偏枯。此是陰陽吞塟術。
吐塟　情若流珠草露微。不宜侵損此真機。撞頭借氣
糲趾下。塟了仍培似舊時。
浮塟　情低夾輔兩邊高。下手其如壓穴何。畧破情因
培客土。此名浮塟細推磨。
沉塟　護短情高若露風。須敎下手用人工。高打深藏
平夾輔。此爲沉塟有奇功。
牽牛　上下左右兩情由。兩情兩穴兩般籌。高低深淺
依情勢。此法名之曰牽牛。

就飽　珠塊坡突半大小右平左面生芽爪大邊立穴補小邊此法教君名就飽

傷饑　貼脊凹灣成曲池不深不淺帶狐疑培前築後由人力葬法其名曰傷饑

撞穴　情峻堂淺木撮腳到此狐疑難把捉必須撞入作吞安假立墳塋真郭璞

木芽　直木插下嘴頭長不起盡處論精詳中停厚處知饒減自有生芽意思長

牽弓　弓若滿時頭必倚側身肥穴教君知箭猶未發弓牽滿箭發弓回切莫施

九升氏曰已上自古原頭說至倒杖但以穴情之體勢氣脉之緩急以定葬法之所宜而于分合尖圓之說則未之及也古法亦由淺而深故余之銓次葬法亦由此序去

總索　一名黍米珠歌

九升氏曰倒杖之于葬法論其理之當然總索之于葬法言其形之若是故倒杖要心靈非心靈則不能悟其理總索要目巧非目巧則不能識其真不則倒杖爲想當然而總索爲莫不是矣業是術者其可不精研歟

葬法多様先明倒杖生死順逆蓋黏倚撞陽落有窩陰落有脊入手星辰從頂而立陽來陰受陰來陽作上有三分下有三合个字三丫要知端的大小八字貼身蟬翼股暗股明有緩有急上出明肩下開暗翼毬簷毬髯人中難識純陰純陽天乙太乙界水蝦鬚微茫交接左右金魚羅紋土宿葬口要明淺深有則脉不離棺棺不離脉割脚淋頭臨頭合脚有臨不淋有合不割就濕眠

乾眠乾就濕牝牡交媾雌雄相食放送玄微接迎莫失後倚前親正求架折倒杖放棺在師口訣拂耳拂頂須分順逆梳對之功博花接木急則用饒饒則用急高用藏風低不脫脉棄死挨生要知來歷不離分寸乘其噓吸點穴安墳如醫針灸明師登山一一能解得師真傳瞭然在目風水自成不壞骨殖木根不生蛇蟻不入已上真文口傳心受不授他人惟傳子息有義君子登山指畫無義小人千金勿泄

陽落有窩　譚文蔚著

陽落星辰是若何。形如仰掌畧生窩。或如開口宜融結
曾有人來識得麼。

陰落有脊

陰落星辰劍脊形。肥圓覆掌更分明。或如葱尾宜齊短
世上何人識得真。

陽來陰受

龍如仰掌是陽來。自是陽來陰受胎。凸起節包爲正穴
覆杯相似不須猜。

陰來陽作

星如覆掌是陰龍。陰極陽生理在中。到穴畧開窩有口。
其形馬跡正相同。

上有三分

入首初看个字巔。穴看凸起節包邊。終看塊硬毬簷唯。
龍水三分勢自然。

下有三合

龍有三分在上頭。更須三合下頭流。合襟蟬翼兼龍虎。
好在其中次第求。

个有三叉

龍分項上有三叉。左右名爲龍虎砂。一脈中流宜起伏。
形如个字正兼斜。

大小八字

大小八字跡微茫。生在節包塊硬傍。若是分明爲大地。
但須廓短莫教長。

金魚蟬翼

明肩暗翼號金魚。蟬翼之名果有無。龍虎砂如雙硬翼。
其中軟翼汝知乎。

雌雄牝牡

龍從脉口認真蹤。土宿羅紋穴一同。砂有暗明先後水
細分牝牡別雌雄。

正求架折

正求架折氣行流。正出星辰是正求。側出星辰爲架折。
但從入首看來由。

拂耳拂項

氣從何入不須猜。自是正求拂項來。架折由來爲拂耳。
須分順逆莫違乖。

前親迎接

前對合襟是接迎。合襟前對曰前親。必端必正無偏倚
此法由來世罕明。

後倚放送

後枕毬簷放送如。毬簷後倚自安舒。不偏不倚堆端正
莖法其斯之謂歟。

臨頭合脚

臨頭合脚地方真。上下由來真氣凝。上枕毬簷端且正
合襟下對自分明。

淋頭割脚

無毬披水是淋頭。無合各為割脚流。或有上來無下合。
這般假地不須求。

眠乾就濕

上枕毬簷正放棺。水分左右曰眠乾。放棺下就合襟水。
就濕之名理亦安。

毬簷

到穴星辰塊硬全。毬簷相似自天然。肥圓融結宜端正
莖口生來在面前。

莖口

毬簷之下畧生窩。莖口原來正是他。此是天然真正穴
就中倒杖豈差訛。

羅紋

結穴星辰似覆鍋。覆鍋開口或生窩。莫非陰極陽生處
所以紋如指面羅。

土宿

結穴星辰有口開。口開唇下畧生堆。亦惟陽極陰生處
土宿中生若覆杯。

倒杖放棺

千道先于莖口安。即將直杖倒其間。毬簷之下合襟上
枕對無偏即放棺。

急則用饒

勢如雄急是陰來。雄急來龍緩處裁。拋出毬簷五七寸
免教白爛骨如灰

緩則用急

陽來旦緩勢逶迤。龍緩扦于急處宜。鑿入毬簷五七寸
免教黑爛骨如泥。

藏風脫脉

穴法窩低細小拘但依証佐是真機藏風之處高爲妙界水之中低亦宜。

棄死换生

來龍强弱認分明人穴仍推厚薄情砂有暗明水實緊换生棄死穴方真。

深淺

深淺由來不等閒須分平地與高山高山比與明堂旋平地還深一尺安。

書總索後 劉誠意 著

是書一出地理不待窮而豁然于心四科不待察而瞭然在目蓄嘗見夫星峰特起博換分明或露或隱或山或坪傍分二砂而爲龍虎中流一脉而有正斜名曰三叉形如个字水初分于兩邊而合于龍虎之前任左右而出矣中流脉伏而凸起節包傍生陰砂而爲蟬翼水次分于兩邊而合于陰砂之際而稱爲大八字矣中脉畧生塊硬而名毬簷傍水中分于左右而名小八字矣自毬簷下有一坦窩于而名曰毬口自毬口下有一心明堂而卽其薄口二砂隱隱合襟于薄口之下者毬髯

也二水微微交會于合襟之端者蝦鬚也此四科之証佐也何以別之殊不知个字三叉節包硬塊者龍之証佐是也毬簷毬口合襟者穴之証佐而有護龍之蟬翼護穴之毬髯水之証佐而有証龍之八字分合証穴之界水蝦鬚何以取之地中之造化卽人身之造化三叉个字者頭首之譬也凸起節包者人之額門而第一分合名大八字非兩肩乎再生硬塊者人之鼻頭而第二分合名小八字非兩眼乎毬簷而卽鼻準毬口而卽人中薄口合襟乃人之下胲毬髯蝦鬚乃

人之髭鬚也惟有陰砂其義不同其名不一藏于龍虎之內生于節包之傍輕薄貼身微茫拱護如蟬硬翼之下又有軟翼故名曰蟬翼如人腰帶之間所佩金魚故名曰金魚邊有邊無而有股明股暗之稱邊明邊暗而有明肩暗翼之號証佐明矣可不究其理乎蓋理者陰陽而陰陽者牝牡牝爲雌而牡爲雄也以龍論之星辰形如覆掌或生脉嘴來勢雄急者陰落而雄龍也星辰形如仰掌或生窩口來勢坦緩者陽落而雌龍也以穴論之龍之雄者結穴畧生窩口此其陰極陽生而爲少

陽之穴乃雄龍而雌穴者矣若無窩口而仍如覆掌肤
臂者穴之太陰而龍穴皆陰雄也龍之雌者結穴畧生
小堆此其陽極陰生而爲少陰之穴乃雌龍而雄穴者
矣若不生堆而仍如仰掌窩口穴之太陽而龍穴皆陽
雌也羅紋之稱少陽之穴其紋若指面之羅塟則勿破
其唇土縮之稱少陰之穴其土如縮而中止塟則休傷
其頂二者皆地中之精粹世間之罕有故特取義如此
砂之明屬陽而爲雌砂之暗屬陰而爲雄天門開于前
山者乾儀純陽之謂地戶閉于後山者坤儀純陰之謂

太陰太陽者青龍白虎也少陰少陽者天乙太乙也水
短屬陽而爲雌者先到水長屬陰而爲雄者後到故曰
牝牡交承雌雄相食者歟尤必看其龍從何來氣從何
入星辰正出而正求者其龍順來氣從頂入故曰拂頂
星辰側出而架折者其龍逆來氣從耳入故曰拂耳逆
順既明生死可知龍之强生而弱死穴之厚生而薄死
砂之明暗水之寬緊理亦然矣且四科易察塟法難明
苟非其傳差之毫釐而謬于千里苟得其傳道豈遠而
術豈多哉但當先定一十字于塟口之中而爲十道之

名卽倒一直杖于十道之中而爲倒杖之方上枕毬簷
必端必正而曰後倚以受其真氣臨來故曰臨頭使水
分于兩邊謂眠乾下對合襟不偏不倚而曰前親以取
其真氣交會故曰合脚務要俯就合水謂之就濕毬簷
在上而有放送之情合襟在下而有迎接之意倒杖之
法豈有餘蘊哉由是用線牽定而開井放棺切勿信諸
家卦例作向消水有乖氣脉穴法雖然急緩無方而穴
有傷龍脫脉之患淺深無則而氣有上行下過之非故
高則因其來勢之坦緩者乃陽落也湊入毬簷五七寸

以受正氣不可緩緩則脫脉主黑爛矣蓋穴不怕高但
要藏風聚氣故曰乘風則散低則因其來勢之雄急者
乃陰落也抛出毬簷五七寸以受正氣不可湊湊則傷
龍主白爛矣蓋穴不怕低但要不過界限故曰界水則
止假如高山結穴開金井止與小明堂相並不可太深
深則氣從上行故宜淺矣假如平地結穴開金井深過
小明堂尺許不可太淺淺則氣從下過故宜深矣急緩
既有其方淺深亦有其則又當辨其龍之强弱穴之厚
薄砂之明暗水之寬緊用心着眼揆生棄死斯是則放

棺無所差。而塟法無以加矣。吁是書乃曾劉胡李四人。當時受國師筠松楊先生之秘傳。今與有鬬焉。予之幸也。茲予讀其書。誦其詩。特述其所知大槩。書于其後。貽諸子孫。以爲傳家之寶云。括蒼劉基書。

接木歌

此經奧妙出楊公。曾公傳授要知蹤。將相公卿從此出。世人傳得不貧窮。相山相水相人樣。辨假辨真別寶同。別寶還須南海客。賣金須遇識金人。先看老龍來入首。便尋順逆定雌雄。次看脉來急與緩。到頭軟跌在何方。

八字打開大小塟。三叉明白氣堂濃。後倚前親分厚薄。莫教脫脉受貧窮。玄妙個中求造化。有來有合定其蹤。且看金魚腮木合。有來無合反成凶。開門壁上簽燈影。壁上高低對不同。又看水面生紋浪。火向灰中見自紅。細尋緩急知生死。證佐分明便下功。直對尖圓分軟硬。接迎饒減記胸中。界水止時氣便止。淺深之法在其中。明者聚浮水面上。暗者聚凝上下融。羅紋土宿分明好。斗角斜心造化工。內氣迎生生氣接。便教堂氣外相通。氣脉如人接花木。差之毫髮氣不鍾。眼力高能通此妙。管令富貴足豐隆。後學得師傳地理。能明此法即楊公。

接木說

大抵地理之法。即是接木之法。接得元氣。其木自生。接不得元氣。其木自死。此謂着不着。只是爭一角。

後倚前親說

後倚者。倚其氣脉。前親者。親其蝦鬚。證佐雌雄。看其明暗厚薄。賦云。先認穴情之若何。次看證佐之有無。

就强就弱說

入穴詳其氣脉。入路如强急。則以棺頭多擺轉。枕頭就

弱處對尖而塟。如弱微。則以棺首少擺轉。對尖而塟。隨其順逆而來。如或有龍無虎。有虎無龍。應合分明者。只取上强下弱以饒減之法裁之。不拘對下尖也。

左右厚薄說

先看氣脉。左來則左邊厚。右邊薄。放棺頭枕在右邊。若氣從右邊來。則右邊厚。左邊薄。放棺須枕在左邊。此乃博花接木之說也。

訣曰

陰陽文字不相同。車載文書總是空。秘訣眼前人不會。

却求此子穴中分時師若識陰陽法便把枯金去換龍
十分文字十分眼心精目巧識無窮
識得文字不識山兩般都是一般難若是兩般多識了
任君行去又何難
此枝何以得生芽只是當來迎上隹精來定結黃金子
次第先開白玉花
此枝何以不生芽只是當來迎上差若不傳師親口訣
如何枯木得開花
左插先到右入手右插先到左入手兩邊無插何以憑

看取到頭左右口時師不會總是閒此個文字世罕有

家寶經四字口訣　係劍杖總索二經之傳　胡矮仙著

勢　龍欲辨其行藏動靜

龍看欲活分降不同有上有中有下夫標夾磊落大頓小跌尊星端正迢迢清秀勢之上也踴躍起伏行度跎蜒勢之中也屈曲盤旋恬軟善慢勢之下也是皆正降若其變態又非一端有偷蹤左右而過者有斷續隱沒而來者有正入首而橫抽者有側落頭而正出者有如萬馬自天而下者有如金龍盤雲者有如蒼龍出洞者有如驅羊馳陂者形狀百端皆爲特降尊貴起伏生活是故情生爲上勢死難裁經云若是真時斷又斷又云一堆復一堆富貴自胚胎此言其活勢然其遲而不來來而不斷斷無多續經云三斷五斷不來龍不是神壇即社廟此謂勢死故觀形不如觀勢焉

意　局欲究其融結聚散

局觀大意結聚欲完專要特來四應環拱三關交度十字對登盤盤東繞西昂簇簇前迎後擁羅城如列宿之拱極大會如百川之朝宗不欹不傾不寬不迫或脫祖

離宗而坦然中起或身逆跳而轉腦回迎切要脉氣歸隨飛喜橫欄過後散緩者其意不轉反側者其意不任大槩有意者如君臣之朝會無意者如行客之分馳至若牽飛左右而外顧前後而背張此藐然無意明矣經云空手把鋤頭步行騎水牛人從橋上過橋流水不流此又局意隱微大地多如此神而明之妙意有在焉

情　穴欲詳審其正斜善惡

穴審其情必辨入首或有而無或隱而顯不偏不側不峻不追隱然不露灰中之線宛然開鉗結穴之竅或中

出而從傍或斜行而歸正或開明堂而合襟應現或加聚而分界微茫砂搭相交應隨來會是爲有情縱然脉脫依稀轉䝉變換蝦鬚分界交砂合襟定有奏集切要左右回頭而相顧前後昂首而相親經云衆聚恰如鷄見蛇是也復有朝而後顧從此去而回聽此情只在其中登穴身內脉故曰觀勢不若觀意觀意不若觀情如得其情可以察理。

理　脉欲精察其分合厚處

察脉之理滴溜精玄玄武端莊金龍會合草蛇曲動灰

線直流兩腮界送而合注小明堂一線微茫而瀑起水聚或盤渦宛宛或浮漚隆隆彷彿依稀乃其紋理大真不是叢雜愈非大真只是流脚枝條莖之冷退盡屬內神殺路犯則必凶若能細察文理方可與言倒杖放棺聊柴十字之妙。

家寶內旨　又名穿針眼又名一粒粟

正脉取斜斜脉取正聚脉取全散脉取就傷脉取饒緩脉取鬬急脉取緩雙脉取短單股取實直脉取曲曲脉取直高不露風低不脫脉點穴安墳如人針灸要看微茫認取來歷似有似無藏踪閃跡草蛇灰線細認來脉氣真易下脉真易識仰掌平坡鋪氈展席這般形模使人難識切認交襟明堂取局穴正取中穴斜取側細認星辰看其踪跡認看得真如線穿墨不認來情如何辨別入路分明方可下手開井放棺用師口訣挨左挨右看其來脉橫來直莖直來取側脉不離棺棺不離脉棺脉相就博花接木認得真情毫釐絲忽仍察陰陽一强一弱陰來陽受陽來陰捉到頭入首分別順逆逆中取順順中取逆順逆兩情閃側觀脉饒龍減虎强弱順逆

鬬脉生爛氣衝腦散傷脉生白離脉蟻入細認星辰各爲中的忠厚君子氣從頂入脉緩正求背義之人氣從耳入脉急架折十二字穴依法裁截開井放棺倒杖之法蓋櫃依撞斬截鈎墜挨併斜揷正求架折來去順逆死生强弱得師口訣不害骨殖木根不生虫蟻不入既通其一萬事俱畢。

教子詩

兩片三叉穴自然杖隨斜側枕尖圓接迎放送分强弱个字之中玄又玄。

九升氏曰。兩片者。從化生腦上分兩片蟬翼砂下也。三叉者。兩片之中。一脉垂下。成三叉之形。卽个字也。其中一脉爲穴。故曰兩片三叉穴自然。穴有正結者。有斜側結者。化生腦曰毬。爲圓。合水處曰簷。爲尖。凡穴不問正直斜側結。皆要上頂圓下對尖。故曰杖隨斜側枕尖圓。脉之強者。則宜放送出簷。脉之弱者。則宜迎接入毬。故曰迎接放送分強弱。此枕圓對尖接迎送放之法。總在此三叉个字中作用。故曰个字之中玄又玄也。

橫斜直撞金斗口。天心十道口卹柴。若能會得三龍水。也須龍水蔭魚腮。

九升氏曰。橫斜直。言結作也。金斗口。指𡑞口也。天心十道。卽前後左右。指前合後毬。左右二蟬翼砂也。三龍水者。卽三合水。左右蝦鬚水爲第一合。其合處曰金魚水。小八字下從毬後分開行蟬翼砂外者。爲第二合。大八字分水。行龍虎內者。爲第三合。上訣言氣與砂。此言合水也。言不論橫斜直之結作。俱要撞入𡑞口之中。故曰橫斜直撞金斗口。而上枕圓下對尖

左右對開脖處爲𡑞口。口中卹棺如卹柴。故曰天心十道口卹柴。能會得三合之水以點穴。而三合之中。以第一合爲緊要。必須金魚水合。方爲穴之真的。若金魚不交。縱上有兩片。下有第二第三之合。亦不爲真。故曰若能會得三龍水。也須魚水蔭龍腮。

个字毬簷水貼身。蔭腮三合淺和深。向坐只明三合水。會得此法值千金。

九升氏曰。毬簷有二說。一說以化生腦爲毬。𡑞口下尖處爲簷。一說以化生腦爲毬。落下將入𡑞口處爲簷。言氣之來。如水之滴。故曰簷。以𡑞口下尖處爲毬鬚。一以毬爲上。簷爲下。一俱指上分處。今解且從前說。取其言之便也。个字毬簷。上分下合。故曰个字毬簷水貼身。貼身之水。兩邊有淺深之不同。卽股明股暗也。故曰蔭腮三合淺和深。凡立向只以對三合水爲的。故曰向坐只明三合水。會得此法值千金。

化生腦蓋要分明。八字從來大小分。个字三叉橫外氣。毬簷內氣莫鋤深。

九升氏曰。分明者。湧起也。湧起則上分始明。故曰化

生腦蓋要分明。凡穴上有三分。有大八字水。小八字水。故曰八字。從來大小分。凡穴下有三合。外氣水也。經曰外氣橫行。个字之下。要三合水。故曰个字三叉橫外氣。而開井不可太深。深則損傷龍穴。故曰毬簷內氣莫鋤深。

玄中仙歌

牝牡雌雄訣。陰陽虛實傳。聰瓏臨穴後。隱約趁宮前。避殺觀形勢。臨宮分麓巔。犬情分節處。正位自幽玄。神氣澄清合。陰陽交際生。到頭分順逆。立表枕尖圓。入路分

粗細。來情象後先。正斜挨閃出。倚撞蓋粘扦。斜逆穿針眼。順中平翼肩。前迎金魚合。後倚本根連。準的折十字。明暗拱兩邊。八面風不動。三關水要纏。陽精交左轉。陰血姤右旋。生氣日益固。枯骸時而鮮。玉犬吠西畔。金雞鳴東轅。九疊陽滂沛。五雲羅蹁蹮。精華把靈爽。慶裔流長年。

詩曰

三個台字三個樂。兩邊輔弼相對了。此是陰陽虛實情。盲昧時師何處曉。

識得台星骨肉連。乘金相水秘中玄。能明牝牡雌雄訣。五百名中第一仙。

有明有暗儘堪圖。無暗無明不可居。虛是陰陽枯淡處。勸君不可陷艮夫。

九升氏曰。此訣讀者皆順口讀過。不知其妙。抑知此訣乃辨穴入髓之語也。凡真穴必二氣冲和。方為生氣。故其夾穴二水必股明股暗。其明者深也。屬陰。其暗者淺也。屬陽。為二氣之交感。若兩兩俱暗則模糊。乃純陽無陰。為冷氣也。俱明則凸露。乃純陰無陽。為

煞氣也。冷氣退敗。煞氣凶禍。俱非真穴。故曰虛是陰陽枯淡處。勸君不可陷艮夫也。若錯解無暗無明為無分無合。則粗淺甚矣。無分無合之無穴。何人不識。惟有分有合之內穴。人要誤認耳。此訣明辨假穴之秘妙。故余特為指出之。

大地須還合土牛。能令白屋出公侯。神仙秘密無多訣。壬癸須還屈曲流。

九升氏曰。土牛。穴也。壬癸。水也。言大地須得穴得水也。

至寶真經 係倒杖總索二經之傳 瑞金照棱仙著

區分一卷三十章按一月之躔度
總計三百六十字象一歲之週天

名標至寶。價值千金。一章

正折有方。强弱之情須辨。二章

葬口有法。明暗之體當分。三章

首觀四應証佐。內別真情。四章

次辨十字送來。中分出煞。五章

水抱尖圓。定兩邊之明暗。六章

棺挨左右。借二氣之吸嘘。七章

大凡看穴。先認何星。認定何星次。看來脉。如真穴須有四應證佐。正宮入路分明。方可下手。四應者。上面化生腦爲後應。到穴前三叉爲前應。兩邊小卷路爲左右應。取四應明白。便是真穴。雖然如是。又要分別到穴陰陽。脉有陰陽。水有陰陽。脊爲陰。仰爲陽。水暗爲陰。水明爲陽。看氣脉從大八字下看來。不問陰陽皆一般。體認兩邊必有蝦鬚水股。明股暗。交送氣脉下來。謂之雌雄相會之義。到于小八字下。看他陰陽配與不配。不配者。却無十字水分歸兩邊。配者却有

十字水從兩邊送歸毬簷葬口內。名爲出殺水。不問陰陽强弱不配者。用架折葬之。則名拂耳也。十字有却要兩股水抱尖圓處。是立標準所在。仔細辦認十字何邊明暗。如陰者要取其明。陽者要取其暗。認得其真。便是左右葬口。或是陰脉落穴。看何邊水明。放棺或饒一分二分。枕過水明處。借陽氣一嘘。其氣方生。此陰來陽受。或是陽脉落穴。看何邊水暗。放棺或饒一分二分。枕歸水暗處。借陰氣一吸。其氣方成。此陽來陰受。正所謂陽一嘘而萬物生。陰一吸而萬物成也。

其有不分强弱。正宮拂頂。爲一路同行。八章

又有氣脉來到小八字下。不分十字水。此則陰陽配歸正宮一路。謂之夫婦同行。亦不必問陰陽强弱。放棺皆要正求。穴各拂頂也。若是强弱能明。順逆能分。便是神仙者也。

或只取于厚薄。出死挨生。折三叉兩片。九章

有一等不問陰陽。却分厚薄葬法。與前不同。則以厚處爲生。薄處爲死。放棺皆枕歸厚處。此爲跳出死氣

挨其生氣謂之情分兩處穴對三叉之義也或有單脉雙脉聚氣散氣亦要明堂深奥。

雙脉求短小股須分墊口三叉　十章

凡雙脉者從大八字下。有兩條氣脉。直送到毬簷上中開一條水路。直流到尖圓處便名爲竹篙溜正爲雙脉也雖有兩脉。亦必到穴有三叉者爲真無三叉者則爲假穴只看何脉長短脉氣從短處到來放棺枕歸短處若是兩脉俱到者必有脉大脉小則枕歸小處是也雖正宮是息兩邊浮露淺深亦要取第一合水爲憑以墊之。

单脉論化生頭仍看雞跡兩片　十一章

单脉者爲梗兩邊無小塠路謂之单脉也却要化生腦上雞跡落到穴要有三叉十字水若無時亦不成放棺只就實處迎之枕歸明處則爲實也。

貼脊有聚氣死肉入彼毬簷　十二章

窩鉗分散氣生肌待其蓄洼　十三章

有貼脊者雖無化生腦大八字下必有小八字亦要脊有脉無脉有脉者謂之死肉名爲聚氣聚者則氣不行也要掘去毬簷奏入三叉下放棺正取其氣至去則氣不來謂之離脉蟻入無脉者謂之生肌名爲散氣散者則氣行也却不可去其毬簷去則傷龍不成只就毬簷下放棺待其氣脉。

平洋高低送放定有合水分金　十四章

或有平洋湖裏有地融結乃是諸陽所聚之處深淺與衆不同高者一寸爲山低者一寸爲水開井放棺只要知深淺之法陰者要取第二合水爲憑陽者要取第三合水爲主墊之。

左右順逆生來此是隨龍出脉　十五章

或有側穴却用分逆順出脉與前順逆墊法不同須看龍從何處來脉從何處出若龍右來脉從右出謂之隨龍出脉放棺枕歸左邊或龍左來脉從左出放棺枕歸右邊此謂順中取逆也看龍從右來脉從左出放棺枕歸右邊龍從左來脉從右出放棺枕歸左邊此謂逆中取順也順中取逆墊者謂之饒龍逆中取順墊者謂之饒虎也。

斜倚對交會向坐過玄武爲横壙轉柴　十六章

或玄武觜長有斜正之脉亦有說焉先看上頭氣脉從何處來下面氣脉從何處合合處即是坐向倘或上面氣脉正來作穴下面合水或閃歸左右交會到此橫鑿其壙去其玄武名爲轉柴鬬斧決無饒借之法雖不饒借其氣亦但從耳入也或上面氣脉來得斜側下面合水正來交會則隨地開壙放棺亦不必用饒借諸法

曲脉接動處尖圓差入路則斧頭翻鬬十七章

有斜正曲脉則同一般辦認或有曲脉作穴要軆其

曲路細看尖圓動與不動或閃歸左邊則枕左邊閃歸右邊則枕右邊切要辦認只如陽斧却不成矣

獨陰無合襟不葬孤陽無送水難扦十八章

下合上分自是陰陽交濟十九章

有分無合誰識雌雄失經二十章

或有一等孤陰孤陽亦要辦認其陰穴雖有脉如劍脊落穴兩邊如無蝦鬚水交送氣脉下來謂之獨陰不成陽穴雖有脉如仰掌落穴兩邊或有兩水俱明送脉或無水送來作穴謂之孤陽不生然又要辦認

上分下合分曉若上有分下有合此爲陰陽交度方爲眞穴若上面有分下面無合則陰陽不交穴僞不眞不可葬矣

露而不隱應一合以成胎二十一章

陰者爲强脉來雄急謂之露而不隱從上生下謂之天氣下降只要棺木與氣脉相接開井放棺只取第一合水爲淺深第一合乃毬簷葬口內水分來下合爲第一合此謂之就虛乘胎之義不可取第二合水爲深淺不然則氣從上過謂之脫脉白蟻從棺底而

入內面必濕骨殖必爛

潛而勿彰實二交而受息二十二章

陽者爲弱脉乳沉細或如仰掌謂之隱而不露從下生上謂之地氣上騰開井放棺却不可取第一合水安葬要取第二合水爲淺深第二合水乃小八字分來下合爲第二合水也此謂就實處乘其息也若取第一合水安葬則其氣從下過謂之脫息白蟻從棺蓋而入尸必壞爛故曰淺深得乘風水自成第三合是向乃是大八字分來下合爲第三合也

陰脉到三叉性緩不接鬬以何妨。二十三章

倘若陰脉來到三叉處相隔毬簷三二尺不來何以接之。曰陰脉來到三叉處相隔毬簷二三尺不來此爲性緩陰者本爲強不敢奏入。奈緣氣散以此要奏入毬簷下放棺迎接其氣倘或陰脉來到毬簷上止其脉性緊不可奏入。可放出一二尺放棺待其氣脉陽氣亦有寬緊者如隔二三尺不來亦要掘入毬簷下接到氣盡處放棺迎其息也倘或陽氣緊止可奏到毬簷不可掘入。

陽脉隔二三尺氣急而來出而無害 二十四章

脉是陽者本爲弱不敢放出奈緣土皮之下性來頗緊亦要放出些子放棺待其息也心力工巧眼力精明使天機秘密不能逃吾術數之中也

巒肰認蝦鬚单股横蔭微茫。二十五章

硬面出柑脫朗梳直流登對。二十六章

假如巒肰上单股水氣要辨認亦不可太蠢太蠢亦不成矣必須有蝦鬚蟹眼单股水纏遶蟹眼下來。雖曰单股水纏其蟹眼那邊必有微微水痕交送蟹眼

到三叉謂之蝦鬚水。此是微茫氣脉。決無節包砂痕之脉有此即巒肰也多是臍口蚌蛤口。必循草中之蛇灰中之線辨認其來路亦要認得左右莖口分明方妙或有巒肰上出鉗口則梳齒邦無单股水或有三五七條水路直流到毬簷上任只枕中心一條正水路方爲的對此皆是正求之法莖之無饒減也。水穴自論正仄。聚簷必有人中立表氣要端詳下面可無出匝。二十七章

又看水穴不問正側皆有或太陽太陰水穴或章光紅旗水穴皆一般體認雖無節包珠乳從大八字下看來。四水皆合聚于毬簷上謂之人中水只以此爲立準下面必有匝水爲定向上面謂之臨頭下面謂之合脚此陰陽配合歸一路放棺須用正求此謂眠乾坐濕之義也。

大約淺深交水爲度。二十八章

斜正順逆傺脉而裁。二十九章

兩邊纒路要完齊斂句真機宜秘密勉爾寶之非人勿示。三十章

三寶經葬法　劉江東著

大凡登山尋地先看星辰去住情性向背左右交顧朱雀朝揖水口廻迎方可看入首星辰是俯是仰勢傾左右然後辨脉從何來認其生死順逆强弱轉跌斜閃生脉者如山中之蛇行如簷前之水滴如人指之有節須要斷續斷處乃陰氣之所生坐下雌雄交會處乃陽氣之所止陽氣既聚偃仰流動三搦爲貴陰氣生氣情分厚薄陽氣聚處以定淺深死氣之脉形如溜竹硬直不動坐下無有交會合掌直牽更如甕肚籠裙此名死氣

生死既得要知順逆順逆者正側來皆有如正落之脉垂下爲順如人而鼻垂到鼻頭下却要擺轉脚斜出便是順來逆受逆脉者如人身左右斜來走閃臨入手却要擺轉脚下正出此是逆來順受然看葬穴入手有順無逆何以見之此乃上任不須用饒减却是挪到上尖下圓乃順逆相混但葬穴後平緩所謂緩至不怕安絕頂是也順逆既別要知强弱强脉者全陰之勢如劒脊來勢勇猛露而不隱來而不受小人之義所謂强也弱脉者全陽之勢來如偃仰軟弱困倦隱而不露受而不來君子之義所謂弱也强弱分明細定轉跌斜閃轉潑者如瓶中之瀉水如梭中之轉毬或左右伏而再起名爲轉跌走閃者如人身上脉在胸前正落却擺轉左右氣堂出穴又如玄武嫩長流到動處雖有脚出長氣有小明堂左邊斜出閃歸左右邊斜出閃歸右此三件便爲斜閃之術也既知生死順逆强弱轉跌走閃然後內有八般入穴節包珠乳氣梗塊轉皮亦有近賊出口者亦有高山坐下界割者有轉上卸柴開口者眼乾不易坐濕亦難節包梗塊入手必出毬簷珠乳氣積定知出

口毬簷者切要三門永閉出口者定須來路分明識此造化無疑方如用功倒杖倒杖之法要看脉從何來氣從何合大凡正出正結總有大小八字分三路謂之三龍要看中間一股脉落脉上細認滴斷處滴斷處便是小八字毬簷圓處爲陰下有兩邊蝦鬚水送到脉下合謂之葬口尖處爲陽上出者上有三分謂之三陰從天降下有三合謂之三陽從地升穴之俯者上要取第三分毬簷滴斷處正立一標準下取第一合水坐處正立一標準却將一線立于兩準頭上便知淺深定向之法

外將一杖從兩邊腮水量度深淺相去五尺則穴深五尺若是七尺則穴深七尺若得一丈亦然如是穴若仰者却將一杖從小明堂正立一標準以一線繫毬簷標準之上却將前標準線與上面毬簷上線二同牽過為定若是依前許多尺寸亦如是約是尺寸了又將一線橫牽兩邊魚腮發水處約二尺兩邊各定標準便是十字開壙要在十字之中便是枕龍之法若是高了一尺爛了上截低了一尺爛了下截若定了高低尺寸又要看情分厚薄倒杖放棺頭正枕毬簷不鬬不脫若是偏

歸左邊定是左邊黑爛若是偏歸右邊定是右邊白爛若是得明師指示前親後倚之訣為人卜塟萬無一失若是正出正結須要三合入手看三合名字者住處隱然為第一合貼身雌雄交護為第二合左右龍虎交會為第三合其側出之穴亦有一股陰流腮水送到脉盡合者亦有股明股暗亦有一片三叉者側出之穴多是逆來順取倒杖放棺亦頭枕毬簷之上然後畧撥棺脚三二分正對一片先到陰流腮水住處隱然為的中正不必饒減自有饒也若向可取脉之餘氣盡處為向此大

謬也大凡側穴要認那邊是生那邊是死若知生死定知枕生氣出死氣但知是正側二穴皆有前親後倚但是死生二字不同後倚者要知厚薄棺頭正枕毬簷不鬬不脫謂之後倚棺脚要對其二水合處要知生死為的中正無偏者謂之前親但有一等小小圓金結穴多是上尖下圓上聚下散此乃截金頭枕金頂為是若穴不必饒減却要順下圓峰之後更要來脉細小金頭微微突起圓金若是膨平便為氣散不成地也若上聚之穴既無二水小明堂却是陰陽相交順逆相混要看左

右剪裁只是開井放棺在于毬簷下二尺用工掘開不可太深開穴太深只是死肉壞爛下半截棺葢穴名為塞桶漏所以經云緩至不妨安絕頂急來不怕塟深泥若人明得此訣為人卜塟萬無一失倒杖精通切憑十字剪裁掩土之法葢穴作墳要短不宜長明堂要兆起若是不兆墳頭太長必主退盡田園中房死絕檀穴掩土堆起墳頭葬後要接來脉墳墓要圓不可太長若是長墓定主養尸不壞只是不發福者標準之上與穴中之準相登其繩須與穴準及明堂之準地面相平却用

杖約量高低尺寸則淺深之法亦如之此不必求合以
來山所屬步量之法淺深得乘風水自成矣

穴名總訣下手工夫

四應定穴有正宮者當正毬下四應內亦有架折下
犁壁面氣看脉絡其間有何名字却于氣盡處下
牛脇扇牛肋靨如牛之肋骨取短下
鶴觜即玄武觜高扦乳騎龍下　毬穴天心圓處下
懸囊乖搭上尖而下大斬破下　薄荷蘂挨尖剪下
入手扳鞍紅旗乖脣頭下　草蛇灰線盡頭下

灘水之流盡頭交結下　羊心看尖心上下
雞心心上看觜斜插下　突穴要破一分下
棋盤角平地盡處下　垂珠珠下畧破下
曲池情動金頂處下　塊氣窩穴盡頭下
魚泡看前尖飽上下　節上飽處挨尖下
鉗面如掌取短處下　羅紋盡頭交結下
生鼈背看脉着處下　葱尾全尖斜剪下
水上浪盡頭下　葛包飽上破下
兜肚角中尖下　蟹眼斜剪下

臍大圓落處下　蒜頭分上下
紫氣垂乳處下　梗盡頭下
脉盡頭下

逆來順取

師云此脉上面氣脉逆來下面分水處順出兩邊蝦鬚
水齊到兩邊齊生放棺要對中心二水合處所謂氣脉
斜來直放棺是也

順來逆取

師云此穴上面氣脉來到小八字擺轉脚逆出一片蝦

鬚水先到一片後到片生片死開井放棺要扦左邊蝦
鬚水先到爲生又爲棄死就生塟法云順中取逆經云
直來斜放是爲難爲人卜塟要知順逆二路也

股明股暗

師云此穴名側出之穴一片股明一片股暗股明者生
股暗者死開井放棺要對一片水明處爲向棄了右邊
死者塟書云乘金相水風水自成也

邊厚邊薄

師云此穴名片厚片薄厚處爲生薄處爲死開井放棺

挨歸厚邊所以挨生氣出死氣不攏兩邊金魚水合只是一邊生處水先到為厚也書云氣從耳入也。

順中取逆

師云如一個星辰作五穴五穴皆有脉時師難辨如雪裏飄梅若得明師指示口訣梅自分明又曰是真穴者後面氣脉有分下面有合合處流動散復聚此是真穴也若上不分下面雖有合不動直牽此是假穴也。

順中取逆法

師云此二穴々龍從左來脉從左落龍從右來脉從右落假如脉從左來者點穴要挨歸右邊如脉從右來者點穴要挨歸左邊此二穴講明順中取逆名饒龍是也

逆中取順法

師云此二穴名龍從左來脉從右出龍從右來脉從左出龍從左來脉從右出者點穴枕歸左邊龍從右來脉從左出者點穴枕歸右邊此謂逆中取順名為減虎之義此二字講明順逆二路饒龍減虎之說也。

浪花滚月

師云此浪花滚月之脉此法多在平田一節低一節如

水浮簰到結穴處要兩邊生翼廻環隱然左右有口出真者面前田塍兜轉牛角唇又如初生月便是證佐點穴要對前面唇口之中不可偏歸兩角有深田閃口無唇此是死口切不可差所謂浪花滚處尋真月也。

二十四脉生死入手歌

雌雄陽旺正胎息窟突榮枯誰曉得濶燥圓全扁瘦中活囚從死看來歷惟有平坡似掌平散亂棕櫚君休憶孤露之脉山不關懶坦無交休要覓二十四脉誰能分生死二路真知識後學時師切用心得此真經莫輕泄

尋龍歌

登山涉水尋真龍莫失龍神去住蹤到穴要看三合水坐中亦怕穴乘風陽朝切忌當頭射兩手胼嫌跌凹空看取前朝朱雀位過墳過壓總為凶。

平地龍落穴真偽

龍行降勢出不洋好向其中仔細詳骨格不隨高聳起水城只要認微茫青龍隱隱來朝塚白虎微微拱塚堂只要城門吉星合家中富貴世傳揚。

高山龍落穴真偽

山高壓脉成絕地。門深屏跌不藏風。明堂斗瀉兼寬曠。朝對高低有陷空。白虎縱饒朝對內。青龍灣抱曲如弓。最嫌對面山低陷。更怕砂頭嘴返宮。

四神口訣

大凡下地有玄微。四位內砂亦要知。切忌青龍砂擺尾。又嫌白虎口銜尸。青龍走竄君須忌。白虎山飛斷不宜。玄武若教長吐舌。定知殺却少年兒。

又訣

埜地明堂不怕寬。若還側逼不須安。元辰放水終須閉。

局內防砂莫太闊。左右若還都逼促。兒孫定是出愚頑。坦平萬馬皆容得。富貴雙全出大官。

結局

玄武莫令長吐舌。明堂又怕似茶槽。若教直下鎗頭穴。傷殺人丁不用刀。覆杓山頭砂不抱。背箕背上水無歸。水口笑開都不掩。蝦蟇背上八風吹。

水口

神仙妙旨有多般。水口砂頭要緊關。坐下若無三合水。面前空有萬重山。風搖地戶終須敗。水破行痕不久安。左缺右空非吉地。土牛直去不須看。

陰陽生死急緩強弱順逆

來如劍脊爲陰。覆手爲陰。右爲雌。陰爲雌。來如仰掌爲陽。左爲雄。陽爲雄。脉小而活爲生。脉大而蠢爲死。如脉來太急。又且雄強。或山勢峻急。氣來逼迫。宜就脉小絕處畧入些小。放棺以待其氣。此等法也。否則傷龍。如上面腦平。脉來太緩。宜掘入脉中。以接其氣。此迎法也。否則脫脉。浮者爲強。與陰字同。脉拋起如蜂疽。有氣力急者爲強。強任處用正毬下。沉者爲弱。與陽字同。脉沉復

拋起陸續不斷。沉者爲弱。弱任處用架折下。須仔細看任處是強是弱。倘是強處任就弱處架折下。倘是弱處任就強處用正求下。弱處多就強處下。強處多就弱處下。故曰強中有弱。弱中有強也。

下手口訣

立穴之法。須要內接生氣。外接堂氣。氣行地中。乘風則散。界水則止。勢來形止之地。不問山谷平坦。必有大小明堂。方爲受氣之地。立穴淺深。亦有其法。必于明堂聚水之處。立一標準。又于穴中立一標準。以小繩挂于堂

或不倚簡包上聚要取圓暈處打開作墳不可見脚下。取其旺氣以沾雨露若脚下出見中房令退之患若不見下面六年大發。斜穴者用工多是正身粗大却是尋手脚下軟處安穴多是挨金剪火却要畧畧打開更要橫作墳墓只要五尺土數明堂要開槽直去取水以殺火氣朝貧暮富若不開槽先遭瘟動火後却發福插穴名插肩騎莖法又名插筆下其法用打開吐出一二尺安穴作墳橫剪脫殺却要兜起明堂墳頭要短不宜長左右回顧在懷抱之中方可遷也不如此立墓決主內

返殺人懷筆賣田屠牛宰馬矣。

此穴大口出小口者大口者鴉鉗等口也小口者微茫水盡處是也又名上陰下陽上小八字尖處爲陰下二小合尖處爲陽中央十字爲斗口穿心㘅柴放棺後枕圓前對尖卽前覩後倚也。

點穴法詩本御杖

左插先到右入首右插先到左入首兩邊無插以何憑看取到頭左右口

羅紋土宿歌

點穴天機尋水路且要羅紋圍羅紋不圍穴非真虛實不堪親第一紋星覆金碗隱隱堂氣暖第二紋星仰掌窩隱隱好窠窩第三周迴螺殼旋坡坦微茫見第四紮紮生鐵壁燈搭藏蹤跡第五窩窩燕子巢伏仰處成凹第六螺螄開瞻路不怕金剛肚第七先須認界水忽地

浮漚起第八依稀界送訛閃側有盤窩第九瘡包疹塊生不怕面前綳第十橫斜金斗口㘅柴串前後十一覓平口濶開十字要㘅柴羅紋且要土宿証後樂登前應穴穴要此二星明方可表真情第一土星梳雲月入手真奇絕第二品字聳成山富貴又何難第三到頭橫五尺一品文章格第四出面覆金鐘富貴結錢龍第五巍巍天冠樣入穴臨頭上第六明堂尊貴人壓穴貴難名第七明暗寒蟬翼兩肩左右出第八長短耀魚鬐夾脊兩邊隨第九靠穴拖長舌中出長拖舌第十貼脊蟹腌

形。依俯自然成十一隨身如斷柞斷處堪裁取十二低

脊來撞頭掘鑿一場休。羅紋土宿來證穴富貴難休歇

二星秘訣可通仙。玄秘莫輕傳。

凡星龍之來旣住。分合之界已明。入受端的。基窩分明。切須仔細檢點羅紋土宿二星証穴始辦眞僞。故曰入受生微翅。基窩若旋螺。裁剪分左右。堂氣聚融和。又曰曲直橫斜金斗口。天心十字正脚柴要子墳前回首望而定之。看其依稀彷彿似有似無。不必泥其形象太眞者爲得之矣。穴穴要此二星内外證佐明白分曉。始爲正的。倘或内外無此二星證佐者。即爲虛花之穴也。

九升氏曰。羅紋土宿。其說有兩。一說俱指穴暈言。以微凹之陽暈爲羅紋。微凸之陰暈爲土宿。一說以穴暈爲羅紋。以穴暈上邊之化生腦天輪蓋爲土宿。此是以穴暈爲羅紋。天輪爲土宿者。故曰穴穴要此二星明方可表眞情。前總索譚訣。則以陽暈爲羅紋陰暈爲土宿。讀二書者。宜分別體認。不得混蒙者也。

定饒減分數口鼻訣

凡看口。有側口。有齊口。隨地而出不一。側而推之側口者。即左右口。來得急時饒二分。齊口者正莖無餘氣。蚌蛤口。取一邊莖。頭梳腦正莖一邊饒三分。山平者毬簷下莖。堆口來山高者。湊上口内莖。深淺以合爲定。

詩括

第一教君莖地法。師語如何答。齊口只憑用正求。此訣有來由。側口若然生得側。其法用饒覓兩邊蝦鬚交得眞。不解誤凡人。更有一般頭梳腦不與時師道其地莖之又不同。挨過莫居中。出形若然來得急須要饒其急。

饒借但取一二分。大倒又成凶。頂平偃仰來得正對口亦須定。熟讀玄文秘訣眞。白屋出公卿。

毬簷尖圓三合大小八字穴法圖訣

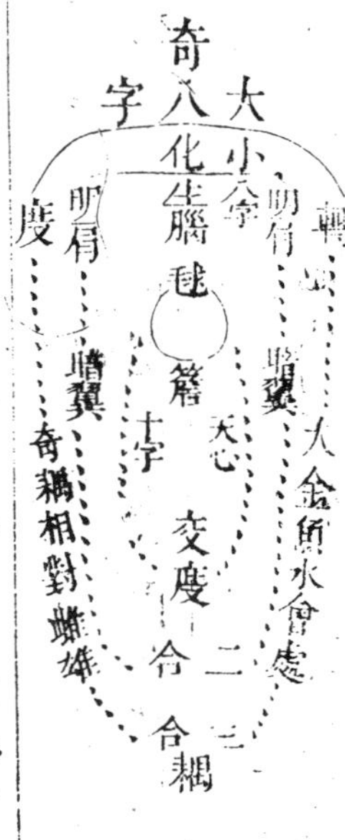

在上曰山
在下曰水
毬簷饒減
依師秘旨

毬簷者。滴斷處如毬之圓。如簷之滴。氣之所聚也。尖者下合襟所謂燈火尾圓者上分。所謂化生腦。能卸此者。

認穴至當。上下二者不可缺一。切要上頭分來。下頭合去。詳究真假。細辦奇耦。所謂通于一。萬事畢也。古人云。賜公頭上水分作兩邊流。認取交金合。總向此中求。又云。前頭折取三龍水。後頭認取三龍山。其斯之謂與。

噓吸論

夫陰者吸而聚也。此窩中之突。沉而實。故曰毬。脉必急陽包乎陰。陰已吸其氣。故用接法。就突上放棺者也。陽者噓而散也。此突中之窩。浮而虛。故曰簷。脉必緩。陰包夫陽。陽已噓其氣。故用迎法。就窩中放棺者也。能知此

者。天地交通。陰陽會合。非智者不可與言也。

詩括

陰陽神水蔭魚腮。兩畔相叉凝不開。金井不齊錢眼對。
水紋中正杖頭裁。到頭已有雌雄合。入首須將順逆排。
若人會得詩中意。九天玄女下生來。

山法全書卷之十三

古婺葉　泰九升父集
棐　纛天徒父參
海昌潘日煥欽文父訂

葬法落頭部天寶經神寶經

九升氏曰。倒杖總索楊公落頭之經也。前家寶至寶二經乃胡矮仙爲倒杖總索所作之傳。至宋謝覺齋又并爲楊胡二仙作傳。天寶神寶經是也。故次爲下卷云。

天寶經

龍法提綱　正龍專受富貴長久。推龍分受富貴難保。龍分尊卑。其穴必有。龍無尊卑。不勞回首。龍若聚講勞心卓望。圓如覆鍾。不若尖峰。尖如頓鎗。不如一方。辭樓下殿結穴尚遠。四龍聚會。有地必大。藕斷絲連。多近江邊。藏踪閃跡。平地起脉。一奇十嶠。起伏曲折。千里來龍入首一節。尖動方圓。端正精潔。入首分明。不愁無穴。龍顧聚散。融結可見。龍直水去。此龍未歇。水凝山回。龍穴必得。四樂齊丁。已成融結。專心記此。任汝橫行。

穴法玄微　氣脉訣云挨星冗玄富貴綿綿穴有氣根富貴無極錢眼停勻針之若神分合玄微有假有真細看砂現歛手微轉微轉之中水合正脉窩突脈息得傳方識轉跌急慢起伏閃跡死爲虛假生爲真實有陰無陽塟了不昌有陽無陰此處休針衝陽和陰積玉堆金陰來陽受陽來陰就倒杖真訣緊憑穴口情勢來急慢際可立情勢來慢慢際好趕急慢相停斷度尋形先分斷度却辦散聚斷度不明穴好無情斷度分曉中有玄微隱隱隆隆吉在其中突如浮郊浪分深淺窩如螺旋

細認槽梘穴分三才深淺詳裁天穴出貴量比分水大旺人丁橫量方成地穴出富量到合處周尺筭零深淺旣得遠邇秘訣憑師口授玉尺甚神塟法乃真直插橫插此爲塟法接木博花分寸莫差陰陽葉子圖形冗隹要明口教心膽相照全憑筭法方有發越不明筭法塟了不發當淺而深人絕而深當深而淺富貴難見合遠而近災禍立至合近而遠絕除人跡塟着深淺貴若萬金塟合遠近大富大貴作此葉圖心傳秘密

陰葉解　山面屬陽入穴屬陰經曰陽來陰受是也陽中之陰乃窩中之突此葉左右文理有片陰片陽入體有純陰純陽有半陰半陽有八分陰二分陽者故立穴忌近縮當遠二三尺不宜傷毬鋤破即傷龍脫氣即傷穴要就毬簷下插入些子二三尺深淺得宜方好七仙俗諭云陰葉如男子一身屬陽獨玉莖屬陰顯而有形迹生氣發育在外故毬簷如之不可傷動

陽葉解　山面體屬陰入穴屬陽經曰陰來陽提是陰中之陽乃突中之窩此葉左右文理有片陰片陽有純陰純陽有半陰半陽有八分陽二分陰者即是突中開

微窩不宜遠宜縮入二三尺方得氣脫氣即傷穴故窩穴無毬簷不顯而隱七仙俗論云陽葉似婦人生門屬陽隱而不露其生氣發育在內故宜深縮入二三尺方得冲和之氣

砂法急見　山水相關富貴千般山環水迴富貴即來左右相迎朱紫盈庭砂若相送公侯衰衰左朝右揖子孫蕃蕃左右相傷必主滅亡砂竄過墳必害兒孫砂斜水斜不得榮華砂直水直離鄉缺食砂隨水走地不長久砂若尖長未足爲良三重來抱千年可保砂若起拳

富貴雙全。砂若帶聯仲笏舞仙。龍貴入朝官亦太守。左
如龍盤朱紫朝爲。右如虎伏千倉萬庫。五凶三吉方位
準的。

水法忌見土牛一動。其地無用。水如眠弓。富貴豐隆
水如玉帶。登科發解。水來繞環。朱紫朝端。去若之玄。朱
紫朝天。隨龍水到。公孫偕老。繞龍水會。福祿永大。揖過
墳前。龜鶴齊年。水繞七星。學仙上升。水遶豬頭。神廟堪
朱。水如幡帶。仙佛世界。古方入水。官居宰執。水如擊雷
盜賊立見。來若生死。富貴榮華。水若一反。貴盡田產。水
若朝墳。福蔭兒孫。

倒杖二十詩總要綱目歌

葬法真機有幾多。先師不肯與玄歌。有人會得陰陽訣
便是楊曾復出麼。

總要章第一

地理千經萬卷機。陰陽二字少人知。仙人妙訣無多語
口口相傳腹記之。自古仙人藏秘訣。于今小子露玄微
得法得文并得訣。詳在其中三六詩。

倒杖章第二

陰陽倒杖若能明。開井放棺立準繩。要識準標深與淺
休抛後接與前迎。接迎若還難乘抵。順逆如差有廢興。
學者能明饒減法。先從脉路認來情。

上言陰陽二字。乃地理之樞機也。此言倒杖一訣。發
陰陽之妙用也。故倒杖之法。入首處先立一標準。次
于明堂合水處立一標準。將繩牽定。然後將杖頭指
定對其標準。以立向背。以分淺深。此爲倒杖之良法
也。倒杖者。察脉路來情之順逆。以定後接前迎之趨
舍。饒減者。挨借之法。放送生死之理。看其何邊長。何
邊短。將棺枕居短處一二分。則倒杖放棺準繩饒減
之道定矣。否則饒減不明。分合不辨。尖圓莫分。興廢
所係。不在是乎。

氣脉章第三

大凡看地上看下。先從頂上分一个。兩邊隨脉水來纏
三合送來到穴也。上無分水下無合。入穴模糊名曰假
細詳繩路要分明。水止脉盡毬簷下。

三陰脉章第四

氣從天降脉浮陰。饒減之中造化深。交氣穴中如露滴。

節包硬塊並爲陰獨陰露脊如葱尾兩股蝦鬚抱係心
開井放棺如合得。若知升降値千金。

三陽脉章第五

陽氣原從地下升。下頭生上是真形。或窠或仰分消息
前縮後迎有重輕。若是純陽陰脉取。當從地氣上升騰。
縱尋珠乳應深細。迎接工夫要講明。

强弱章第六

穴中若問孰爲强。强者陰兮性最剛。强字與陰同一理。
若差饒減動瘟癀。弱脉原來氣屬陽。見陽便可穴尋强。

如若純陽必脫氣。要如迎接始爲良。

陰陽相受章第七

陽來須要受陰胎。陰若來時陽內裁。若是純陰純陽取。
空將葬法穴中培。純陽純陰名曰死。要借陽噓陰吸回。
到此若然差下手。恰如枯樹望花開。

半陰半陽章第八

陰變陽兮合就陽。陽來陰內穴堪藏。强陰露脊如葱尾。
饒減之中仔細詳。此等陰陽何處取。化生腦下定中央
水來送到三叉處。明堂當尋那股長。

明倒杖立向章第九

脉來盡處已成穴。倒杖明堂前後別。後頭標準在中央
前面看水何處合。合處便是立標竿。推定線兮爲正脉。
斷然不用使羅經。天地生成一定法。

辨尖圓口鼻章第十

立穴尖圓切要知。好從界水下尋之。若將口鼻都鑿破
縱是曾楊也有疑。前有後無休下手。前無後有莫輕爲。
看他四應皆分曉。方取陰陽仔細推。

定毬簷界限章第十一

不識陰陽莫亂理。葬其所止串其來。乘風則散界水止。
界斷些兒休過裁。上面有分下有合。毬簷切莫破其腮
更看偏左并偏右。莫把毬簷一樣推。

論淺深陰陽二氣章第十二

露而不隱天陰降。隱而不露地陽升。不淺不深依葬法。
能教富貴有聲名。合淺葬深氣上過。斷然白蟻底中生。
陽若葬深陰葬淺。縱然吉地也無成。

論孤陰孤陽章第十三

陰陽交媾始成形。强弱之中要解明。陰降陰裁氣不納。

陽來陽受脈無情。强來便把棺饒退。弱至須當進步迎。
得明二分饒減法。朝貧暮富術非輕。

論正求架折章第十四

架折正求是兩端。先明前縮緊和寬。看他偏左并偏右。
莫把正求一例看。若是正毬須正葬。若然架折改邊安。
正求架折如明得。穴穴仙蹤總一般。

明聚散真假章第十五

真聚上分下抱腮。散須無合下分開。上分下合爲真穴。
棺對分明方可裁。上面有分下無合。陰陽失度不成胎。

模糊假聚人多少。真假元來聚散來。

論單脈雙脈章第十六

雙脈教君梲短邊。兩邊齊到那邊攧。看他一脈微微小。
梲歸小處是生眠。若逢單脈如何葬。放棺挨實便爲先。
向陽近水柳先發。不得明師挨那邊。

論生死二路章第十七

穴來隱隱始爲生。脈小微微是正形。隱隱微微方是穴。
龕龕龕龕死無情。寂然不動皆休取。脈路來粗總不成。
雄雄其生休葬死。好從生死定枯榮。

論明暗章第十八

接木串珠似剝花。先球灰線草中蛇。兩邊明暗來交合。
相合雌雄水到叉。若是陰來陽處梲。陽來陰處可尋他。
譬如窩有雞心泡。直葬毬簷認正斜。

田壟坎背章第十九

田壟坎背穴相逆。倒杖工夫衆不同。認取禾鍬叉口出。
短長横濶穴居中。若是三叉并合角。大情看此合仙蹤。
禾鍬口出禾鍬取。莫脫陰陽造化功。
平洋之脈。亦有陰陽之分。平地多出禾鍬丫口。其體

屬陽。合居中正。葵毬并之。三丫合角。其象屬陰。法爲
兜金。合架折葬之。

論前縮推梲章第二十

前覩看水那邊來。後倚交情莫放開。放得太深防倒了。
二分差接便生災。緊來葬口宜拋出。寬處毬簷奏入裁。
推梲葬埋皆有法。楊曾實會巧安排。
前覩者。看落穴水合處。那邊水先到是也。後倚者。看
到頭脈來處從何邊而至是也。切不可大放倒真氣。
恐脫失其正脈。要挨簷二三分。變法若緊來。則拋出

前纏作穴。若緩來則緒入正毬而扦。若陰陽不明不能迎接則後倚前親拋接之功廢矣。故學者不可不察。

明放送章第二十一

放送時師皆道會。放時入穴將棺對。惟有送字少人知。饒減二分真骨髓。井中垂線衆皆知。如何曉一不曉二。學者到此值千金。不得千金休指示。

放送二字葬法中之秘要也。放者乃入穴將棺頭以對其脉是也。送者乃入穴將棺腳撥轉二分是也。節

饒減出然之義。今術者惟知穴中垂線以定其向之中正。實不知中正之中而有饒減分數之法。故曰曉一不曉二。

隱露胎息章第二十二

露而不隱穴難安。胎息玄微別一般。好向陽中尋妙訣。莫教饒字便纏寬。隱而不露人難下。又曰乘胎陰丙看。乘息乘胎如會得。千金切莫泄其端。

隱而不露爲陽升。此指窩中突。水中金之類。切不可饒減。宜湊入正毬而葬。露而不隱爲陰降。此指突中窩。金中水之義。宜饒減脫殺湊簷而葬。胎者。如婦人懷胎。玄武頂是也。息。子也。在腹曰胎。離腹曰息。要認其上下片毬簷是也。上片是胎。要受氣肥滿。下片是息。生氣止聚。上片靜。分娩之際。下片動。是子離腹之時。其息有男有女之分。窩窟乳凸似之。若是乳凸。當避殺硬。窩窟莫下虛窩。又分乘胎就息之說。湊窩窟乘胎氣也。下乳凸就息脉也。胎息之辨。不可不究。

明暗十字章第二十三

千張楠機其一般。陰陽逆順無人曉。恰似一个木馬兒。

不得明師翻關了。看他十字水分明。來到三叉人識少。邊明邊暗棺如何。歷代仙師同一竅。

陰陽順逆乃葬法之綱領也。陰來法宜逆受。陽來法當順受。否則四字不明。如匠人之木馬反關無成。先看十字水分來到三叉之處。得何山何水先到。先到而見者爲明。不見者爲暗。明者饒之。暗者舍之。故歷代仙師皆同此竅也。

論陰陽正側破面水章第二十四

要識太陽金水穴。又無珠乳難分別。水來破面聚人中。

水若行時脉不歇，歇時須要到三叉。氣止水交方是結，
淋頭割脚要消詳。推枕毬簷尋口訣。

凡太陽出面，有正有側，宜金水珠乳結穴。水來破面者，即水穴也，無珠乳之説也。氣聚人中，須要三叉合角分曉。氣止水交，方是結穴。反此則穴不結也。淋頭割脚，楊公秘云：或有盡陰者，或有盡陽者，或有片陰片陽者。脉如劍脊爲强，此乃小人之相也，放棺要饒二分，避毬簷下放出五七寸下棺，不可鬬脉，此謂之割脚。或是盡陽者，其脉來如仰掌爲弱，此乃君子

之相也，却要凑毬避簷，个字上放棺，不可饒減，以接其氣，爲之淋頭。或有陰陽中和者，要得中平，不可饒減毬簷兩就，謂之不淋頭不割脚。今舉其一，自可反于三隅矣。

論生肌死肉章第二十五

頑金打破水中裁，葬在土皮氣不來。打破毬簷尋活脉，
這般硬面穴難開。有龍氣盡砂回抱，切莫差開太損胎。
有穴有龍方取用，葬須大作窠中堆。

頑面硬面，乃不生水穴，必須大打破毬簷，以作水窩，須大開明堂，勸水取兩邊明暗魚水應貺，切不可太傷龍脉，以損元氣。須要有龍有穴，方可裁剪，葬須大作金堆爲吉。

論斜脉正脉章第二十六

斜脉教君正放棺，直來斜放穴堪安。且看坐下三叉水，
向居此處是牛眠。曲脉教君纏曲處，穴中認取緊和寬。
任是横斜并閃側，放棺須要枕尖圓。

斜脉來者宜正放棺，正脉來者宜斜放棺，但看三叉水合處定向。又如曲脉穴纏曲脉，以寬緊定其前縮。

不問横斜閃側，俱要棺枕尖圓，尋實處坐向爲則。

定傷衝離撞第二十七

二分饒減定毫釐，差了些兒氣便衰。撞脉黄金生白蟻，
傷龍黑骨入烏泥。脉離棺爛生蟲蟻，離撞傷衝會者稀。
饒與小人從耳入，接迎君子腦冲之。

陰來小人，則氣從耳入；陽來君子，則氣從腦入。以二分饒減之法葬之，否則失法。撞脉爛棺白蟻食屍，傷脉泥水骨黑，離脉爛棺蟻入，冷退田産，冲穴則傷龍也。此二字工夫切須詳辨停當，人多不識，故曰會者

稀如急來急葬緊湊入正毬。王殺人敗絕緩來緩受

迎寬奏舊王人財冷退此務要先明迎接饒減之法

又發微論云龍從左來氣從右合出放棺枕歸右邊。

謂之饒龍龍從右來氣從左合出放棺枕居左邊謂

之饒虎須看何邊先到及看左右長短强弱生死微

茫有情無情强而死者法宜減之弱而生者法宜饒

之左邊山水有情穴宜居左右邊山水有情穴宜居

右爲法也

論雌雄蝦鬚蟹眼章第二十八

到頭一訣少人知八字分明爲定期看取到頭又正落

兩邊纒路要來齊兩股蝦鬚交氣脉雌雄相會是根基

切認到頭十字水有明有暗不須疑

雌雄者指左右山水交度是也蟹眼者指穴上滴水

是也凡看到頭先從大八字頭上看定左右砂水有

無分合次看到頭砂之正落及兩邊纒路蝦鬚界合

交齊名曰雌雄相會若得砂水交合龍鍾穴的趨向

不差更察十字之水明暗何如及龍脉生死厚薄去

可取之

論前親後倚脉生死厚薄章第二十九

入穴先看水到頭八字分來个下求細認陰陽分厚薄

前親後倚有來由厚邊取用尋生氣薄處捨之死即休

多少真龍并正穴墓中空葬幾春秋

到頭十字落穴須看水分个字下察定陰陽情性則

前親後倚得矣如陰來以薄處爲生陽來以厚處爲

生舍死從生則真氣得矣反與棄骸者何異

論突金頂金面出蝦鬚氣塊章第三十

突金粗蠢號蠻肤真認蝦鬚氣乳珠若出節包并硬塊

將師休要用心圖或是朗梳柑面出隨他脉路取工夫

此是真龍真正葬若然明得即無虛

突金蠻大頂金氣未甚出面若結乳珠蝦鬚滴水爲

真穴也或出節包硬塊難以律取有形如朗梳或如

柑出面須認脉路來情龍真穴正傳變吉曜可作開

孤穴葬即同前頂金打開裁製

論蠻肤单股水章第三十一

蠻肤穴法最爲難認取蝦鬚蟹眼安单股水隨纒遶下

三叉五度要回環太粗太蠢皆爲假股明股暗別一般

左右枕隨流水取斯文留與子孫看。

蠻肷者粗蠢蠻大也单股者左右一有一無也。凡此山水最難取用須認取蝦鬚界合蟹眼滴斷處可安若左右只得单股水隨下繞兩邊水無交合則亦不是但要三合五度回環重覆須審左右明暗枕之隨流水取向方是。

論葬法玄微寬緊章第三十二

若問葬法有玄微寬緊之中仔細推虛實陰陽分造化到頭十字少人知若無十字君休葬開井放棺氣頂吹。

強弱更兼分逆順時師明得達天機。

葬法者先看寬緊以定前縮次看到頭十字人中以定趨向則知何邊虛實寬緊出奏毬簷以定其穴如緊則饒退些子避毬而奏簷緩則迎進奏毬而避簷學者明此可與言地理矣。

論名字章第三十三

大小遊絲蜂窠脈懸針珠乳尤難識先認陰陽急緩情方知入路穴端的薄荷棕櫚及茨菰梗脊節包塊及珠。縱使个分明散脉草蛇灰線費工夫。

明出口脉章第三十四

脉情隱拙看來踪出口之中少不同狗子羊蹄權蒸取鴉鉗雀子撞倚中明暗雖然分大小生死原來有吉凶禾鍬合角平洋取能明口訣奪神工。

論明肩暗翼章第三十五

暗翼元從陽處尋明肩出處定從陰生居大小八字下四應觀他照穴心倘然二水無明暗却把高低兩扇看

論脉盡穴結章第三十六

陰陽到此定分匹生死亦須從此判

凡認脉情觀在絕水若行時脉未歇歇時當有小明堂氣止水交方是穴後面若令氣可乘前頭要使水可洩若還鑿腦與鑿頭奏急傷龍非融結

神寶經　明合肥鳳賓吳鵬註

皇天本無二道下民眩惑于多岐聖人安有兩心末學浸滛于別派

地理生成乎天發揮于聖一而已矣末學失傳浸滛別派而有升劍等項之說下民眩惑莫知適從此神寶經所以作也。

嘗觀擇地之要，必當明理爲先。故知傍道支離，遂使正宗湮沒。或有針盤而定向坐，或執卦例而談吉凶，何殊膠柱調絃，刻舟求劍，承訛接舛，析緒分端。

此書專言作穴之法。穴之尖圓向坐，天生一定，不可強爲，此正理也。不明正理，而用針盤卦例以定向坐，談吉凶，多方揣摩，皆傍道支離，訛舛非一日矣。此書拔本塞源，而救其弊，故言之剴切如此。若倒杖定穴之後，方用針盤權其方位，以備造葬選擇則可。

今欲統三才而返于一元，合二氣而歸于太極，著爲妙訣，令達士見之心開，洩盡天機，使邪術聞之胆裂。卜其宅兆，宜爾室家，副仁人孝子之用心，俾後嗣先宗而共承。術能易得，道不虛行，山靈妬此書之存，須防六丁下取神物。恐斯道之失，豈無萬聖同呵，理實有之，言豈誣矣。

此書發洩造化生成之妙，故山靈妬焉。然聖神恐地理失傳，定然護持，不令泯絕。

或謂山究無口訴，求生氣凝結恐難憑，豈知人智有眼，觀驗土色豐腴而可證

生氣凝結此穴也。觀驗自有智術，豈待山靈口訴。土色詳見下文。

石山偏宜土穴，冲和定見紅黄。

石山非土穴不擺，其土必紅黄，乃冲和之氣。

石穴出自土山，温潤仍分紫白。

土山石穴，其石必紫白色，而質温潤乃吉，如堅硬頑石則凶。

也有石山石穴，必須柔脆可鋤。

柔脆即温潤。

能無土穴土山，但取精强爲美。

土不宜太潤。

土穴似土而非土，紋理緊密。

即精强之謂。

石穴似石而非石，顔色鮮明。

即柔脆之謂。

此爲柔裏鑽堅，剛中點脆。

承上文石土二穴言。

支龍多生小石，剖之必有異紋。

即土山石穴。其石必有異紋乃貴。
龍穴或出乎尖鋤之要無烟墨。
即石山土穴。其土必細嫩可鋤。如見頑粗之石。飛烟
迸火者則凶乎尖者。土石之嘴。
是故頑硬者。生氣不蓄。鬆散者。真陽不居。
穴內土貴衝和。既不要頑硬。又不要鬆散。真陽者。生
氣也。
舌尖堪下莫傷唇。
傷唇則太甲失穴。
齒鋒可攓休近骨。
近骨則太高傷龍。
雞胸切玉。須明老嫩交襟。
陰脊來如雞胸。不可陰來陰作。老嫩即陰陽。交襟乃
界水也。
鳩尾裁肪。要識剛柔界限。
平陽地如鳩尾。不可陽來陽作。剛柔亦陰陽。界限即
交襟。說理須明。又在眼力。不然明是陽而指為陰。明
是陰而指為陽。雖熟誦此經何益。

既已明其的要。可無裁剪之能。倘然作用參差。難致和
平之福。毫釐之謬。如隔萬山。尺寸之違。便同千里。
裁剪作用。俱是穴法。詳見下文。
陽舒陰慘。義須謹于吸噓。
陽作必借陰氣一吸。陰作必借陽氣一噓。即陰來陽
作。陽來陰作之義。若陽來陽受者。則見禍舒徐。若陰
來陰受者。則見禍慘急。
夫弱婦强。法當嚴于正架。
夫弱陽也。法宜正求。婦强陰也。法宜架折。以正側言
也。
覆掌仰掌。以剔陰陽。明毬暗毬。以分强弱。
形如覆掌陰也。如仰掌。陽也。陰來明毬顯然為强。陽
來暗毬隱然為弱。覆掌仰掌者形也。正求架折者法
也。背承上文。發明舒慘吸噓之義。非天星家陰龍陽
向。陽龍陰向之謂。
先施倒杖次卓竪竿。
相穴先看陰陽强弱。倒杖以定之。次依倒杖所指。竪
竿牽繩。分其坐向。針盤卦例俱不用。

三合三分。見穴上乘金之義。兩片兩翼。察相水印木之情。

乘金相水穴土印木。此四穴法。載在郭氏葬經。必于下文。

三分三合兩片兩翼中求之。詳見的穴金鏡圖解見

脉中線之微茫。隱裏毫之彷彿。

此言上文脉氣微茫彷彿如此。必須法眼詳察乃得。

豈鹵莽可識。

左乘右接。須防翻鬭斧頭。

穴有宜左乘者。乘金也。有宜右接者。印木也。當左而右。當右而左。是斧頭翻鬭。圖見穴法金鏡。

後縮前伸。切忌鑿傷釵股。

後縮吞葬也。穴土也。前伸吐葬也。相水也。相水穴在承漿部位。故曰水。伸縮貴乎得宜。不可傷龍失穴。故曰龍穴從來怕二傷。正此之謂。

雙股求短股。若情不順。理合從權。

雙脉求短正法也。若情不在短。又當從權作用。不拘短股也。

挨生枕薄邊。如義不然。義當變法。

挨生枕薄正法也。如情不在薄。又當變法作用。大抵相地。在相其情意所鍾而已。貴在通融。豈宜拘執。

仍觀上下之分龍滴水。向背之接氣迎堂。

上之分龍。下之滴水。後之接氣。前之迎堂。此又變法中之不可變。從權中之不可移者也。

十字天心。匪夫婦不配之十字。

穴法有天心十字。乃四應之至中是也。龍法又有不配十字。乃夫婦同行。劉江東曰。夫婦同行一路收。陰

陽不配兩邊流。水分十字并須架。若也無分只枕毬。

非此之謂。

羅紋土宿。并交水滴斷之羅紋。

穴中羅紋土宿。乃生氣凝結之紋理是也。又有交水滴斷處。少陰少陽。別名羅紋土宿。非此之謂。

水抱尖圓。多錯認作穴前界土。氣分互換。常誤稱為坐下交襟。

此言氣脉閃跌行而來止。人不詳察。見其水抱尖圓。遂錯認作穴前界土。坐下交襟。而不審其氣分左右

互換而前行也其誤甚矣。

故塟庾者多傷脇扦鼻者竟鑿腦。

承上文惟其錯誤以致扦塟太高而傷龍。

上下臺盤角陰來陽受爲憑。

臺盤角陰也。

前後鐵鍬唇陽脉陰扦是準。

鐵鍬唇陽也。

上鍬下角者爲弱上角下鍬者爲强。

鍬形平正喻陽弱角形尖削喻陰强俱上來者爲主。

塟法見上文。

蓋陰陽之分乃有前縮之異。

陰宜前陽宜縮即吞吐也。

仍審隆氲察脉之法此爲平坡擬穴之規。

隆氲脉行分水脊也察此脉氣陽耶陰耶此平陽龍高坡龍擬穴一定之規。

孤陽無分或穴正可接脉而界流。

孤陽之地下有合水上無分水倘或中有正穴不可棄也于來脉處培土接之分界其水使兩邊而流。

寡陰無合倘龍真但鑿池而會氣。

寡陰之地上有分水下無合水倘龍氣果真不可棄也于脉止處鑿池合其水而會其氣蓋地理或然或爲不可一途而取然非龍真穴正安可强哉此又不可不知。

陽脉理宜奏入奈性急亦宜避煞而扦陰龍義合避[illegible]

緣性寬只得鬭毬而下。

明塟法或前或縮者以此。

生龜尾急去則傷龍。

龜尾陰也穴不宜急奏。

死鼈背平扦則傷穴。

鼈背陽也穴不宜平緩。

窩穴宜深更宜淺天機切要心明乳情宜下又宜高秘訣全憑眼力。

窩穴陽也陽坦夷宜深又有宜淺者乳穴陰也陰避煞宜下又有宜高者天機活潑在人心眼通明耳。

陰龍性急自然無拂頂之堂陽脉性寬亦或有穿耳之局。

陰龍決要架折陽脈雖性寬亦或用架折而穿耳者

日堂日局天生一定坐向非人所強也。

或也法當倚撞倚焉情在葢粘理合湊急粘寬不煩人力義當挨生出死總合天然。

穴有葢粘倚撞四法四法者上中下左右也總言之不過一止字耳或湊急或粘寬或挨生出死何往而非止皆合天然不煩人力見此經之不強作也。

日角龜肩多向偏中求正。

月之角龜之肩穴在偏傍然偏中多有正處多者未

必盡然之詞。

竹篙鎗竿定從險裏尋安。

形如竹篙鎗竿險矣定尋安處作穴安乃安平處定者一定不移也。

或堂長而脫殺水中倚局順而情歸正處。

或堂長則水當面直流此流泥殺也看取龍虎何邊有情趨吉橫側作穴以脫去水中之殺故云倚順局而正不容側作者情歸正處作穴堂長只得順之惟獲福稍遲耳。

鑿蛇頭者神死破蟹殼者傷黃故多下于兩脾或只扦于七寸若使神在王字氣聚沐中何妨獨類行權隨機應變。

作穴以神氣鍾聚為據蛇形固忌鑿頭倘神在頭王字上又宜行權應變蟹形固忌破殼倘氣聚殼沐中亦然。

學者當精于格物審于致知一理纔通皎若秋空之月萬疑頓釋渙如春冶之冰體用克周顯微洞貫存之在我應之在彼妙奪神功知窺天巧。

地學只是一個理字。

不問陰陽向坐板脚定對蛤尖。

不問陰作陽作坐其向其棺之板脚定對蛤尖即合襟處此倒杖之法也。

要知深淺高低穴底但平淌裏。

以一合二合水定淺深。

合襟氣會毬乳得之至沉壽帶水交支皮用分傷淺

穴底淺深雖平淌裏又有毬乳支皮不同毬乳高阜龍也支皮平陽龍也合襟壽帶即一合二合之水所

云渦裏也。壠乳之穴。若平合襟。則深而至沉矣。支皮之穴。若平壽帶。則太傷淺矣。又當別有斟酌。

淺深交度。當思洩去之基。

洩去。即一合二合水。穴不可深于合水。故曰當思。

高下乘生。必有妥平之口。

穴或高或下。必乘生氣。凡生氣之處。必有妥平坒口。即是放棺之處。必有者。天生自然也。

或年深積流而無據。或歲久脫賊而難憑。切要精詳。毋事鹵莽。

承上文板脚蛤尖穴底窩裏合襟壽帶。洩去之基妥平之口而言。

別有龍藏水底。穴隱石間。窮變化之難量。豈愚夫之可測。

水底必須道眼。石間貴得明師。

貼脊平頭脉短。故當插入而扦。

橫龍穴居貼脊。頭平不起。其脉短也。下棺當插入以接其氣。是故橫擔橫落。無龍須下有龍。

窩鉗起頂氣長。擬用糟寬而下。

窩鉗穴上面起頂而來。其氣長也。下棺糟寬。不可闊脉。是故直送直奔。有氣要安無氣。

上分有脊。脊壠成个字。見脉路之分明。下合有渦。渦現作三叉。驗堂情之的確。

脉行則水上分。如个字之形。無此不見脉路分明。脉止則水下合而成渦。如叉之交會。無此不驗堂情的確。堂小明堂也。

朱雀未正。情合取于局之停勻。

朱雀案也。案未正。以龍虎左右局停勻取用之。

玄武垂長。法當求其脉之止會。

氣止水交。脉之止會處爲穴。

是以左來者穴居右畔。右來者墳在左邊。

來者。向我而來。謂砂水也。砂水情意來向在左。則立穴右畔以迎之。曰穴居右畔。以砂水左來而知之也。既來向。必其拱護在此。故知穴當在右。右來者亦然。

九升氏曰。左來右來。是言脉氣。今註作砂水錯。

若還正到長來。却取中心正下。

砂水情意不在左不在右。案山端拱。龍勢迢迢此正到長來也。穴居中心正下。
逆中取順者。因脉逆轉而求。順中取逆者。因脉順流而出。
順逆只是陰陽二字別名。三陽從地起爲逆。三陰自天降爲順。陽脉爲逆。陰脉爲順。與他處順逆不同。
順中取逆。謂之饒龍。逆中取順。謂之減虎。
右來左受穴。故曰取逆。左來右受穴。故曰取順。
左來右下。全憑右臂攔龍。右到左弃。必藉左砂關虎。
關攔俱謂下砂。左來右下。即上文穴居右畔之云。右到左弃。即上文墳在左邊之云。

是以門戶滲漏者氣散。
關攔不合法。水口曠蕩。故真氣隨之而散。
墻垣凹陷者風寒。
垣局不周全。龍虎斷缺。故穴受風寒。
或損高而益低。或截長而補短。
龍真穴正。人力補其未備。
穴貪朝來之水。切防刺脇刳腸。
朝水吉地。無砂橫攔。刺刳爲害。水貴屈曲有情也。

案求逼近之山。並忌壓頭障眼。
有近案吉穴也。高而太逼。壓障爲害。
葢穴宜取高下。須求蟬翼分明。粗龍不怕低攧。必驗蝦鬚界合。低防失脉。高忌露風。
忌露風。故求蟬翼分明。防失脉。故驗蝦鬚界合。
空手鋤頭見兄弟尊卑之分。
手把鋤頭。一前一後。如兄弟尊卑次第。龍虎相讓如此。
臨頭割脚。知胞胎真假之情。
臨頭上有分水也。割脚下有合水也。分合中間乃有

真穴。否則假矣。胞胎即穴也。
硬龍大肰。多是塊然不結。
硬大無生氣不結地。
軟肩弱頸。巧從側處藏機。故有鼠子轉皮奇形借脉。
肩軟頸弱。活動有生氣。結穴多巧。藏閃邊側。如鼠子。如轉皮奇形借脉是也。
脉情不順。而前頓勿貪峰。賓禮雖親。脚下當防倒屣。
坐下脉情不對。前峰頓勿貪朝失穴。面前朝峰雖正。

又防其蜂腳順水竄走也。不竄走乃是真勢。故曰頂
雖尖圓而可愛。腳必走竄而他顧。此之謂也。
斜到正擺取局。正來側下迎堂。側龍直下。但取交金。直
脉側擺。番成橫壙。
龍脉斜到。穴則正擺。但以兩水交金爲據。龍脉正來
穴則側下迎堂。龍正穴側。故曰番成橫壙。
穴凹必須平正
穴落凹處。必須凹處平正。不平正乃界水耳。非真穴
也。凹。窩也。

背单但要乳長。
乳長則背单無妨。不長必要鬼托。否則仰瓦矣。
鬼還氣以爲奇。
鬼長能奪我氣。若還在後。障風在下。塞水。爲我用神。
又自奇也。
劫有情而反吉。
劫去本分我氣。若有情環衛于山。反爲吉也。鬼劫之
龍。人所不喜。倘若還氣有情。自結垣局門戶。亦奇吉
而可用。此正解上文亦一說。

後循脉氣。休教絲線離針。前接堂情。無使夫妻反目。
作穴之法。內接生氣。外接堂氣而已。要接生氣。必須
後循來脉。不可鬬。不可脫。如絲線穿針。勿令離也。要
接堂氣。必堂情與穴情相應。如夫婦然。勿令反目。
屈曲但尋轉變。高低切看來情。
龍脉自是屈曲而來。要細心尋他轉變去處。則得糸
來情有陰有陽。穴情高低。看此以定。
水裏人眠。勿使襟裾沾濕。
窩穴中必要乳突泡。謂之水裏坐。如無。謂之水裏眠。

此乃金星開水窩之法。如無乳泡。就楞弦作穴。爲之
藏頭索氣。否則沾濕也。
壁間燈挂。莫令祸壽傾油。
高穴必要微窩。陽中要有少陰。純陽則沾濕矣。陰中
要有少陽。純陰則油傾矣。地理來來往往。只要陰中
陽。陽中陰。再無別說。
橋流水不流。爲脉法之真機。
橋流喻脉行也。水不流。兩邊界也。不流過面前合襟
也。此脉行不止。看脉者此其真機。

水過山不過乃穴情之妙處

水過兩水交過合襟也山不過脉爲水界止而不行也欲尋穴情此其妙處

逆水鎗頭之有力順流砂觜之無情

砂觜如鎗頭逆水則有力順水則無情

順砂過穴未言凶尖殺藏鋒反爲吉

又言砂之順水不可盡言無情或環攔衛射之水或過身橫抱爲案又能藏鋒不露尖殺則不凶而反爲文筆之吉矣故云過身者勿以順嫌

龍真穴的始可論土色之精奇

相地以龍穴爲主不真不的縱土色精奇何益故曰土色次之

堂外砂訛更莫問穴情之朕兆

堂砂爲穴證佐又外又訛無穴可知何必更言土色之美也

水流生旺但可用于磚頭

以方位論水流之生旺此惟開溝磚上用之若龍穴左右只取水之屈曲還顧有情而已何論方位也以見針盤卦例之不用也

穴泥星辰豈能移其板脚

星辰羅盤方位之星辰今人泥此點穴豈知生成之穴板脚定對蛤尖豈星辰之所能移哉

順流扞平水要堂局關鎖以固真氣逆穴作高墳宜龍虎開張以納來情

龍勢順結扦穴不可太高與水相平仍要面前堂局關鎖周密使真氣固而不散最忌開張龍勢逆結砂水來朝當作高墳及龍虎亦要開張納受來情卻嫌

面前緊狹

或爲人之所同不似我之所獨

獨自享用砂水不與人公共方是真穴此同不如獨也

背後捲空仰瓦敗自天來

天財橫結須有鬼托

面前反飄斜飛氣隨形蕩

內有真穴砂水自然抱護反且斜焉氣蕩可知

星辰無化氣全憑融結之精神

如上文所云硬壠大肤是無化氣也亦有流動可作穴處必其融結極有精神方可裁剪若欠精神又何憑焉。

作用有神功。要得裁剪之手段變凶爲吉。點鐵成金。

點穴作用得法。自有神功。全在剪裁手段耳。若此手段便可變凶爲吉。點鐵成金非神功乎。手段即收山出煞棄死挨生接氣迎堂。知止聚識性情之類。上文句句皆是。

怪穴萬萬般雖有怪形而無怪。王。吉龍處處有縱有吉

地而無吉人。是以好地常存于世間。庸師罕遇于知己。售術貴乎觀德明珠恐有暗投擇友妙在知言至寶無庸妄洩此書在處當有神物護持後學得之即是先師親授

乘生秘寶經　係至寶經傳　雲都見道劉潤則著

老子五千猶簡略陰符三百尚支離世間葬法知何限微妙無過十二詩。

右開宗演道章第一

陰陽脉體分强弱迎接之方有架求出入二途因緩急故令葬法不相侔。

右陰陽正架章第二

水從兩畔分明脂氣向中間定吸噓更有一般生死法看他厚薄是如何。

右明脂厚薄章第三

外觀四應知臣郭內别眞情見肺肝不幸曾經戕賊壞煩君再向土中看。

右四應眞情章第四

夫婦同行一路收陰陽不配兩邊流。水分十字扦須架

若也無分只枕毬。

右配與不配章第五

雙脉齊長小股扦或求短股氣純全若還单脉如何葬一法迎之就實邊

右雙脉单脉章第六

貼脊骨深多死肉窩鉗氣散待生肌骨深挖入方爲的氣散偏從聚處宜。

右貼脊窩鉗章第七

左右龍來分順逆正斜出脉驗雌雄前頭接局教安穩

後面乘生莫失踪。

右橫擴轉柴章第八

龍來屈曲認尖圓照穴多從動處穩可笑庸師差入路

斧頭翻鬬氣堪嫌。

右曲脉翻鬬章第九

有分無合名爲假有合無分是獨陽下合上分交度好

情真穴正合天常

右分合真僞章第十

陽脉沉潛深處取陰龍浮露淺中求坦夷凋燥無過此

却與排星事不侔。

右浮沉淺深章第十一

巒肤单股水紋交橫蔭微茫孕脉茁硬面頭梳柑口出

直流驀對不須饒。

右巒肤硬面章第十二

三叉合角及禾鍬錐口牛唇仔細消下角上鍬當正作

下鍬上角必須饒。

右合角禾鍬章第十三

此書淨盡洩天機在在神靈謹護持寄語後人須秘寶。

莫將至道等兒嬉

右叮嚀告戒章第十四

山法全書卷之十四

古婺葉　泰九升父集

蘭陰吳上修以敬父參

白岳黃　恒裳吉父訂

葬法落頭作法部金鋼鑽二十九法剪裁作用圖

九升氏曰。人不天不因天不人不成。故正葬之外。又有法葬。正葬者因形而定穴。因其生成之形。而定其穴之所也。法葬者。定穴而作形。先定其作穴之所而純陰者鑿出窩鉗。純陽者堆成乳凸也。不則陰陽不交。無化氣矣。夫天不收其全功。而必生此待人作用之穴者。乃天人交用之微機。三才之所以並立而不可缺一也。穴之外。砂水亦有作法。砂之長大粗頑者。謂之有餘。宜鋤宜鑿。以制其過。低縮薄弱者。謂之不足。宜堆宜培。以補其不及。而水之傾泄者。宜築堤培砂以留阻之。皆以人相天之事也。故附于後。

金鋼鑽　楊筠松著

楊公一日執金鋼鑽謂門人曰。地理之術。龍要有正星。穴要有正形。砂要有正名。水要有正情。四者之外。又有

法葬之旨。所謂有常則有變。而法則所以制變者也。如高山葬窟。定形也。而有客窟之天狗。平地葬突。定形也。而有暴突之孤𡾰。葬之家破人亡。反歸地理之不驗。豈地理之不驗。失葬法之旨者也。夫龍凶穴吉。無情而有情也。雖禍不久。龍吉穴凶。有情而無情也。雖凶必禍。而去凶召福之機。惟在于趨全避缺。裁成輔相之法則而已。故尋地之法。須先辦其穴星陰陽。如陽落之形必仰。陰落之形必覆之類。然後尋其脊。以捉氣脉。究灰線之微茫。而定穴所。然後看界穴金魚之水。護穴鳳凰之砂。有水無砂拘轄。則散亂不聚。所謂金魚不鳳凰。此水反為殃也。又須看其出乳圓滑。如蟹眼之突。活動有情。兩傍有微茫水環之。斯非暴可葬。切忌無乳失陷。為空窟與窩。死眼凹陷。同為禍不淺。所謂蝦眼當求法。死蟹蹄人凶也。求法者。即開口堆乳。寬肩寬脇。寬頸寬足之類。又須看其蝦鬚明白。蝦鬚者。則是穴前合襟人中水也。不明白。則界合不清。不可用。所謂蝦鬚錯認俗喜蝦鬚長也。又須辦其左右之砂。雌雄交度。則氣始聚。或陰交陽。或陽交陰。結作方真。凰雄而凰雌。故曰凰雌鳳是

稽細辨用心詳也。左右之砂灣轉護內。則內必明淨。而有尾拖向外。所謂牝者尾多亂。牡者尾徜徉。牝牡指左右砂之雌雄言。多亂徜徉謂穴內不見。而任其飄洋于外也。又須辨其龍格之如灰包。如茶椅。如藥碾。如筲箕水梘之類者。慎勿扦之。如法既得。又須辨其城門水口。四神八將。三陽六建。各各明顯。其備有吉而無凶。則斯爲十全之地。而尋地之法。亦無外于此矣。今舉五星本形法葬圖訣以示汝輩。誠能學力之至。自能執此作地。永福無禍。若失此訣而欲作地。譬如塵中尋粟。砂裏揀金幾何而易得吾之旨不禍于人而能爲人作福哉。

金星形局

本形

法葬

金星來勢倚立。兩有平齊。左右山寬氣隱堂長。只是虛鉗。如此下穴。元氣去遠。無金魚水界不可用。下後二三代主公事。名天罡傷穴之形。並無發福。　凡遇此等形穴來龍真正。法于入首脈上盡處下穴。不必鋤深。但輪新土高如馬蹄樣。四尺下棺。如此堂氣短。墓頭一出便有金魚水界。此名接氣葬法。下後大發。

本形

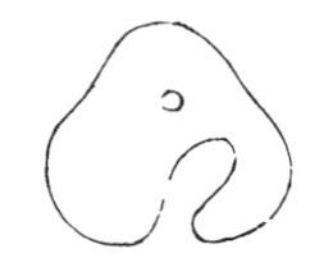

法葬

金星來勢平緩偃仰。兩角平齊。口內斜側。明堂窄狹。如此下穴主絕。若後龍好。當以法葬之吉。　凡遇此等形穴。若龍好不可捨之。用工掘開虎邊彎環。一則右邊不迫。二則龍虎回抱。三則元辰不直。自然有金魚水之玄環穴。主大旺人才財祿。

本形

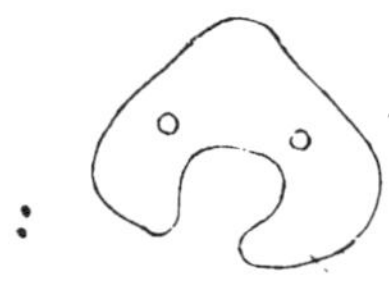

法葬

金星如此側來。其勢峙立。若只于兩邊求穴而不拖縮。則接氣不得。又犯堂長無護穴前又迫。主星收水不得。如此則堂氣不聚。下後敗絕。　凡遇此等形穴側到。左右山寬若龍來分明不可捨。宜于口中下二尺或三尺。作起新堆突出二三尺。如法輪起結墓。方接得正氣。又須打開左右兩脇寬處。則堂氣水聚。元辰不直。左右自有金魚水界穴。葬後大發。

本形

法葬

金星偏生有左無右穴居正面右山不抱穴露水散龍好宜用法葬之龍不好不宜用工名金水不聚之穴。凡遇此等形穴當作金星脫金作用須是用工作成右臂使左右一般龍不好者不取龍好則下後發福旺人。

本形

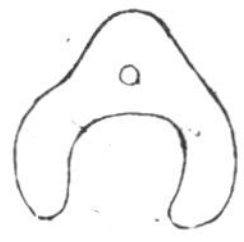

法葬

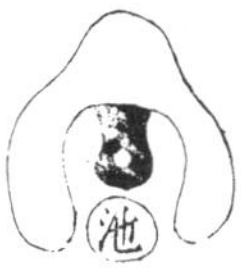

此名金星退敗穴。如此作穴。縱是龍真穴正亦主當代退敗離鄉連連公事犯天罡故也。凡遇此等形穴。當如金星朝堂之穴法須拔出堂中一二尺。培起新土接脉高三尺深二尺下之。又須前面作聚水池一口。則堂短去水不直葬後旺人發福。

本形

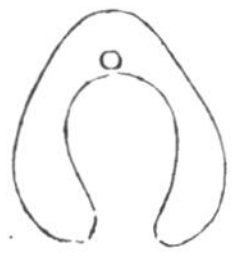

法葬

金星內寬濶外關緊龍好亦爲發福之地但堂長水直。名內敗穴。主冷退敗家。龍好當用法下之。凡遇此等形穴。當以內聚法下之。原金星穴形合下水穴。內直外勾。儘可扦葬須拔出堂中。用工接來脉作成金水泡穴。自然金魚水界取水不直自成大地。

本形

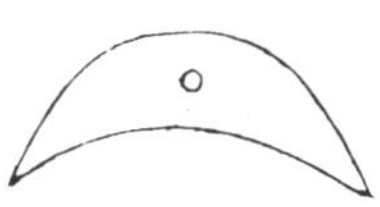

法葬

元形金頂火脚。扦下一紀。金星牽動兩角火星主長小房皆不吉。但龍好不可捨合以法葬之。凡遇此等形穴。須于左右火角上用工鋤作水木之形。則金生水。水生木。自然相生下後三位皆旺人。驟發福祿

木星局形

本形	法葬
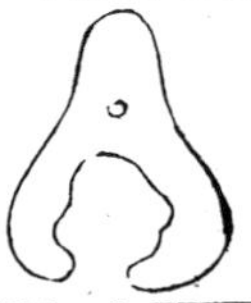	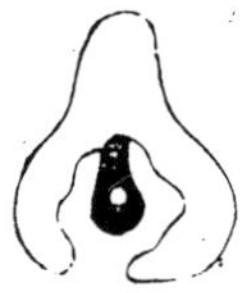

名木星流水穴。如此作穴。堂氣不聚。元辰水直。必主退敗。龍好須用法作之則吉。

凡遇此等形穴。要聚水葬之。元本形開口。本星只葬水窩。亦不宜。須用工于堂中接脉。堆土作墓。使左右山拱夾。堂短水不直方吉。先富後貴。

本形	法葬
	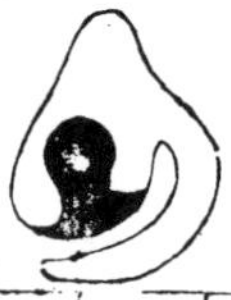

此名木頭金脚。相尅主凶。左右殺重。如龍好。亦須以法扦之則吉。只如此葬。出黃腫氣痰之症。 凡遇此等形穴。木頭金脚。最難取用。宜貼右邊開水穴下之。迴避左殺。取金生水。水生木。避殺迎生。則轉成大地矣。

本形	法葬

木星木穴。全無化氣。左右皆直。又無回攔若無水蔭下。後主孤寡絕人。如龍真亦不可捨。當以法遷之。 凡遇此等形穴來龍有護有送。大水橫抱不可捨。宜用法遷之。打開作水窩穴。前堆轉兩手橫攔。使堂局有關鎖。水木相生。自然發福

本形	法葬

木星主山高壓。左右迫穴。下後三位俱絕出人鄙俗。若龍真不可捨。當以法葬之

凡遇此等形穴。須用工打開逼處。取出左右內砂環抱。使水木相生。如勢來偃仰。即正下穴。勢來聳壓。則取畔側下穴。自明堂寬展。立見發福。凡形容左右。一同取之。

本形

法葬

木星來勢高聳前山高壓穴窄堂狹如此
葬名天罡殺主少亡損妻全不能發
凡遇此等形穴主山高壓前山高出作用
法度須鋤入四尺至五六尺扦之前山自
然寬濶明堂自然方正回環而成大地也

水星局形

本形

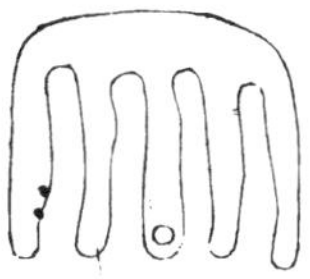

法葬

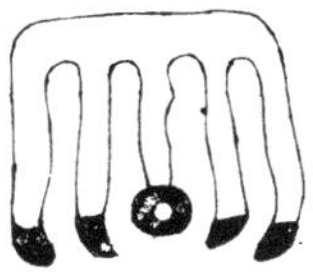

此是滾泉水星帶金主大富子孫繁盛若
金泡不明左右不護穴後龍雖好亦不發
福當用工作之凡遇此等形穴當于一
股正脉脫殺處下穴用工堆起金泡明白
將左右兩手補出彎長護穴則堂氣局不
泄方爲大地富貴旺人

本形

法葬

水星到穴如此屈回只此下穴則水散堂
寬不聚下後退敗離鄉女人淫亂龍好用
法扦之則吉凡遇此等形穴須開水窩
用工湧起金頂從金頂下之則金水相生
左右更堆兩手抱護過穴如此作用則成
大地矣

本形

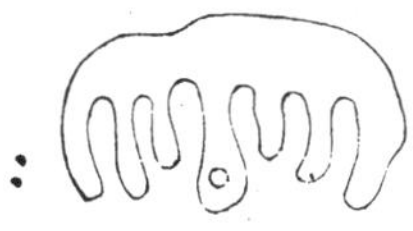

法葬

名水星滴水脉扦水頭穴須中開一段或
大或小異衆不同方可下之若左右護衛
短小不能到穴則氣露無力不發福當以
作法用之凡遇此等形穴要後龍起大
金星爲祖須尋正脉脫殺處用工堆起金
頂爲墳取金水相生又用工于左右兩傍
貼出龍虎護穴使穴不受風更于面前堆
一橫土星與穴相等不高不矮以作內案
使水不泛濫主世代文顯旺人

本形

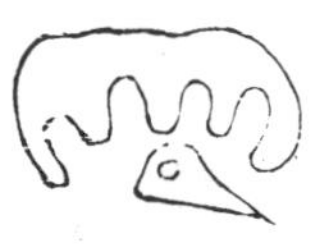

葬法

此名水星金泡穴左臂山飛走直出右臂山不展抱穴處露風下後孤寡離鄉若後節龍好有大金星爲祖當用法扦之則吉

凡遇此等形穴來龍合法當用工下左邊走山上貼出三兩臂遮了飛走之山不見窩唯金星頂爲墳接長右臂彎環抱穴則左右無風如風吹羅帶之形可爲清貴綿遠旺盛之地

火星形局

本形

葬法

此名火星木穴直來直受無饒無減發福不久龍好不可捨當用法扦之 凡遇此等形穴當倚木一邊開邊窩取木立穴使水生木木生火自下生上倚避直殺造墳則吉以埒鬚穴法下之方爲久遠富貴之地

本形

葬法

此形乳短若下之犯金氣火金相尅不吉若後龍好當以法扦之 凡遇此等形穴當于短乳兩脇竅開取出土星穰土作穴火土相生富貴久遠

本形

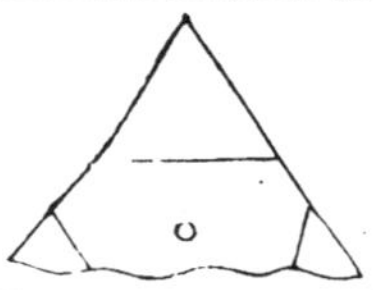

葬法

火星脫落平地名側地火微起上面若就面上扦之則鬬剛硬名犯天罡主敗絕若後龍好當以法扦之 凡遇此等形穴是倒地火微起土面火生土已合正法度但不可犯天罡硬面扦之宜于土面上開口深進六七八尺立穴其中微出金唇貼硬就軟左右鋤出龍虎使內水合流堂中面出方成大地主出武將大將軍

土星局形

本形

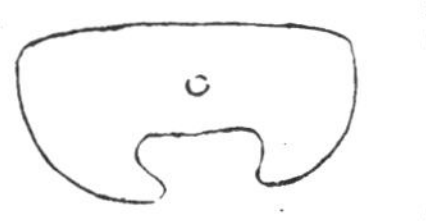

葬法

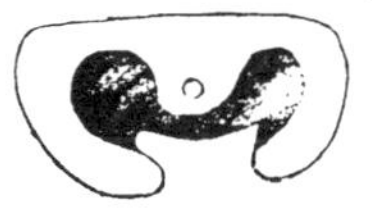

此土星只如此葬。乳粗股大。雖得堂局端正。亦主黄疸長病孤絶。若後龍真。當以法扦之。凡遇此等形穴。乳粗股大。微有一絲脉下。只接脉就乳頭。葬墳用工鍬開左右龍虎。取開彎抱。去其粗頑。名接木穴。則主富貴。

本形

葬法

此星無乳。若如此葬。名犯木殺。葬後主黄疸長病孤絶。龍好不可捨。宜用法扦之。凡遇此等形穴。無穴。當于兩角求之。蓋兩角劖硬如木。使不法葬。則犯木殺。宜于角邊有勢處。吞進開窩鉗穴之。撞深取氣。内鉗緊夾。斯爲吉也。

本形

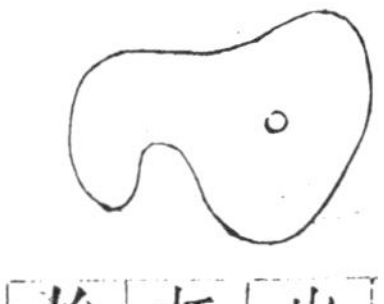

葬法

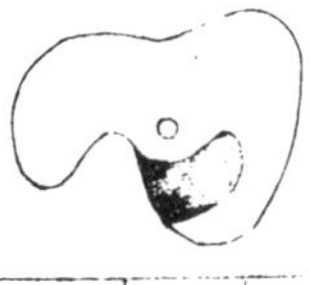

此名臥牛土。頂斜。惟主大富。只如此葬。主出僧尼。瘇病路死。名土星犯殺穴。當以法扦之。凡遇此等形穴。頂斜大股上肥滿。挨中有玄微小脉。宜劈開微處。取出乳頭界水。作一股環轉就中立穴。收拾堂氣。名曰斜木扦芽穴。下後大富。

本形

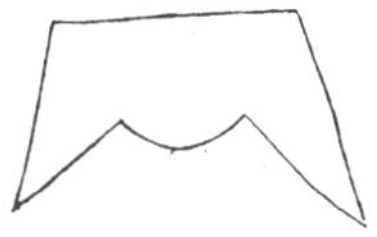

葬法

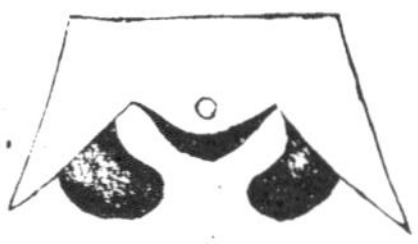

正土出紫氣入穴。兩角帶火。如此安穴。兩角不收。名曰土星無氣穴。不吉。若後龍真正。當以法扦之。凡遇此等形穴。是正土出木穴。只是火角不宜。不收。宜向中乳下脱脉扦穴。穩之。又不可出脉太遠。犯水。宜深五六七尺。新土培起墓尾兩邊龍虎。培土。使之彎抱穴場。則見發福。如來勢峻急不可安穴。亦不可穩。必要平緩方爲可也

穴內作用二十九法　吳景鸞著

呑法　星體微小不宜打破則以呑法作之其法于結穴之處穿鑿其下作小洞以棺送入封土外復成一假墳則內凝山靈外食堂秀發福綿遠無有損壞

吐法　龍脉陡急奏之則恐爛棺而生禍離之則恐脫脉而冷退當以吐法作之奏脉下造一空墩以卸其煞然後于空墩之下立穴則發福速而無災禍

浮法　龍脉重厚深則恐氣從上過淺則恐脉從下過當以浮法作之其法深鑿一穴結空壙于底然後立穴

于空壙之上則生氣自下而上早年發科福祿悠遠

沉法　龍脉雄旺宜深藏然恐氣不冲和早年生禍則以沉法作之其法深鑿金井結壙置棺然後于壙上砌一空壙則旺氣流通富貴可催無有初年之敗

隱法　龍脉已正而穴前餘氣長去則以隱法作之其法在龍止之處立穴不起墳塋然後于受堂氣之所砌一虛墳放水立碑則發福不替

通法　星辰濁大其氣壅滯當以通法作之其法中留數尺不動之處橫穿一洞以通其氣而壘塋之則發福速而亦有秀氣

注法　龍脉濶大向前食堂氣則脫龍向後接龍氣則無水當以注法作之其法深立正穴即于墩前開一堂局石砌方圓倍于穴深一二尺然後依法放水再以石蓋堂局後開蝦鬚面前開水溝遠淺近深流入外面小明堂于生旺方鑿一小孔則水注穴內堂局其水常注而又流通發福久遠

培法　石龍無土而穴情明白砂水秀異則取吉土壘墳以培法作之其法以吉土築底厚則一尺少則五寸

亦可然後砌壙以起圓墳則發福不替

借法　有來龍可取而到頭無穴龍止處或泥田或溪澗要立穴放上則畏風放穴于下則畏濕當以借法作之其法挨龍脉砌石築土借龍氣以收水法則初年利而發福久遠

阻法　龍穴結成而餘山復去不止有似脚重身輕楊公所謂天劫是也當以阻法作之砌成正壙不論左去右去只于去重一邊掘三四尺濶一二尺深以天砂石拈灰築實則龍氣完聚而發福

御法　有脉不可就不可離者當以御法作之其法半入脉內半安脉外脉內不可砌築脉外方用砌築則福力大矣

駕法　有穴在高山水窩却是石窟四時水出不斷當以駕法作之其法打一石板約大于石窟而置棺于石板之上然後壘土成墳不可再用石砌則可催富貴矣

載法　有倒地木星起泡者有天財微窩者此皆不可掘鑿當以載法作之其法不動寸土泡則安于泡上窩則安于窩中築上成墳不用石砌則發福大而且久

制法　有平地火星結于方土之上當以制法作之其法後頂龍脉前對火嘴立穴中央不可太深見吉土即止不可打見爐底磚石砌墳前開大兜襟作明堂比穴深五寸以上常汪五寸以上之水則以水制火而有福無禍矣

鑿法　有來龍真正佐證明白然鑿後生禍開穴又有泥水此龍氣太旺之故也當以鑿法作之其法在少祖跌脉之處在脉之左右各開一蕩則穴無水濘蟻亦無凶發禍久遠

寄法　石龍所止開一小洞而無土當以寄法作之其法置棺于洞內而以吉土築之封門砌壙然洞深者不可認假爲真又有平地石墩空洞則雖深廣可用當寄法以乘氣耳

實法　有來龍秀拔到頭却成虛窩當以實法作之其法于虛窩內畧去來龍一二尺許或數寸亦可然後以棺接龍脉壘土成墳則發富貴大抵木星多結此穴

虛法　有來龍峻急平洋則散漫無收其穴宜點于水交之處當以虛法作之其法深鑿一穴頭上脚下兩傍

各結一空壙而棺置其中則龍脉周流凝結于中發福無休

閃法　有來龍直硬不堪立穴則閃在左右水倒右則穴亦右水倒左則穴亦左當以閃法葬之挨星體結一虛壙然後于無脉處立穴則可出威權之官

鑽法　有平地陽窩當以鑽法作之其法深作金井築土緊固小起墳堆可實乎其窩人財茂盛

漏法　有兩脉合成石墩俗呼作玉箸夾饅頭然置墳于石土則後面水無出處當以漏法作之其法于石中

開一小瀆以放水，然後填砌，置壙于石上，則可以凝二龍之氣，而福澤無窮矣。

速法　頭金穴在一邊，打開之法不可用，何也？穴在中則氣盛，在傍則氣微，故不可打開，當以速法作之。其法小開金井，不用磚砌，或少用灰築土成壙，初年不宜放水，及至得福，方可放水，以其取效最速，故曰速法。

泄法　有龍脉飽旺雄實，葬後恐生瘟火，當以泄法作之。其法葬一年之後，擇吉日抽出棺以泄其氣，甚者復擇吉日抽出二次，則永無禍厄，而福昌大泰。

破法　頭大星體穴在中，當以破法作之。其法看明四證點穴，打開窩見吉土即止。何以故？蓋此星辰含蓄靈秀于中，爲重濁之質所蔽，如石藏玉，必破石而後見玉，故曰破法。

凹法　有來龍秀異，結穴之處，或有左凹右缺，有風吹其穴，當以凹法作之。其法不拘左右，俱開壙于金井中，與穴相連，深淺與穴一樣，用空棺木放于穴內，當有凹風之處，以避遮其門風，然後挨棺葬之，則無白蟻食壙，故房房均盛，而人才旺。

擁法　龍脉雄勇，到頭粗蠢擁腫，或如冬瓜、木瓢、飛龍、笑天龍，強龍能結此穴，或有石穴，當以棺木以腰乘氣，宜作木星堆，則發福久遠。

懸法　有來龍聳拔，到頭蜂腰陡瀉，直葬息，恐俱傷人口不吉，當以懸法作之。其法以棺腳乘受其氣，外面封土開堂，則無凶禍，發越極遠。

鬬法　木星倒地者，不論高山平地，無節無動，瀉直木有煞，其法當以腰受氣，左右開塋立碑，前面就其堂氣，脩前之穿針鬬斧，則發福綿遠。

息法　夫息者，少憩也。煞氣太重，穴上嫩急，宜出煞，其法後面虛砌一空壙，壙前即放棺，使急氣少殺，庶無暴氣沖棺之患，則發福最遠而悠久。

穴外作用法

穴之中，微有暴氣，桴之上不可培土太厚，使雨水冷露以殺其煞，然後徐徐加土以鎮其中可也。穴之前微有暴氣，只主初年不順，檀穴之前用土薄砌一字以禦其暴，然後徐徐倒土以去其築可也。兜金之池，深而貯水，立穴之前，竅而爲池，無非退暴之術。

附奇葬法

常葬不過取棺穴以棺並置至于置棺不等作用不凡此奇葬也如所謂脫草鞋葬則放棺參差葫蘆喉葬惟单棺順接正八字葬則頭合而脚分倒八字葬則脚合而頭分叉手葬則兩棺而兩頭正頂哈紫氣葬則橫棺而橫葬止鉗丁字葬則一橫一直以承其脉下字葬則中正傍斜以收其勢束骨則損大而成小架樓則培前而築後重棺葬者以新棺加古棺之上而真氣自相貫徹頂棺葬者以此棺懸彼棺之上而受氣各有輕重八

仙過海攧特辯之峰七賢度關葬隔岸之陂美女遮羞何嫌逐水之砂醉翁倚壁須求過眉之案固回獸肚攧臍上不問上關寒婆吹虱攧嘴中不論偏邪五馬奔槽無槽而為有槽二犬戲關可戲而不可傷葬蟹眼者宜攧一邊葬牛鼻者宜攧兩乳金鍋煮繭車水涸而繭已露金龍出湖攧石盤而湖自乾餓鬼拖旗張兩水碓而旗搖動天鵝抱卵堆九圓堆而鵝不飛睡虎流涎先祭而後培土眠牛倒地開路而後結塔葬足跟者灸三里以通其脉葬高頂者鍼兩足以束其氣馬頭帶劍鑿劍

頭之砂而久使倏還蜈蚣折角添角背之砂而諸房並發列九嬃于太陰之上而九甥皆貴坐七星于帳幙之中而七子登科攧浮簰者立一尖錐于頭上謂之繫簰椿攧飛鸞者開一圓池于面前謂之舞鸞鏡故葬法有正有奇有奇而正者有正而奇者剸裁之妙也有奇之正者純以人力之巧而奪天工者也

勢以辨龍氣以貫穴毋云奇怪要認精神但令相生莫令相尅仙人跨鶴頂浮安獅子抛毬口模葬頓地旗形倒何害倒地葫蘆抱出下丹爐宿火壘高藏渴虎精求

泉眼睡龍妙取流涎瘦牛倒地妙在凝血之下靈鼠偷倉精求溜穀之處豬肝挂壁棄有而就無茅葉垂珠舍脉而取氣叉手則兩頭正頂挽籃則一脉斜針玉枕當下凹上全懸護托金窩必求窩底也要泡堆太陽無脉取影光覆釜有情看臍腹銅鑼取窩中最善覓鐘以撞處為奇狗頭殼鬬斧而攧蝸蠣頭螂柴而葬烟包形橫吹火燃螃蟹眼雙埋日暈柳貫魚精華在獺髓擎露活動于珠玉女吹簫唇上是順氣而安老翁扶杖手中攧就堂而放蠶絲釣鼈在流涎竹纜擊船宜把柁葉裏桃

須近蒂。惟恐傷仁。泥中蚌必穩唇。切忌損殼。鐵索繫金獅。妙在頸上。銀盆盛金盞。巧在酥中。寒獺捕魚。魚走而涎出。靈猫捕鼠。鼠伏而脉藏。騎龍穴。必要合流。搬箕形勢。宜倒插。螺螄吐肉。腌中裁。不宜傷殼。蜈蚣飛天。珠上取。何必安鉗。意味無盡。哲士圓通。

九升氏曰。奇葬法。有太怪不經。不可爲法處。亦有果是先賢作法處。而時術好以奇怪惑人。每藉口于奇葬。不見此書者。益神奇其術而信伏之。故附錄于此。

裁剪作用圖說

徐世彦集

補左砂格

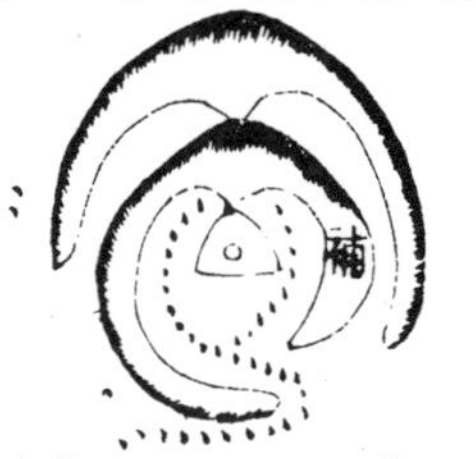

穴情既真。左若欠砂。兼界水未免太近。雖有外護遼隔。不能聽我運用。必于貼身培一股以補其不足之體。內輔既成。外護亦聽我呼吸。福蔭亦自綿綿。

補右砂法

砂水之不齊。造化之情然也。非欠左而必欠右。若不加之人力以補其右缺。則生氣亦有偏枯之病。必築一右臂。與左右均齊。氣象方自舒暢。

上補穴頂格

大凡平岡之龍。其脉純陽少陰者也。故其頂多欠聳而毋之體弱矣。必須補頂以培其毋。則毋健而子始旺。是少陽而變出少陰之道也。

下補裀褥格

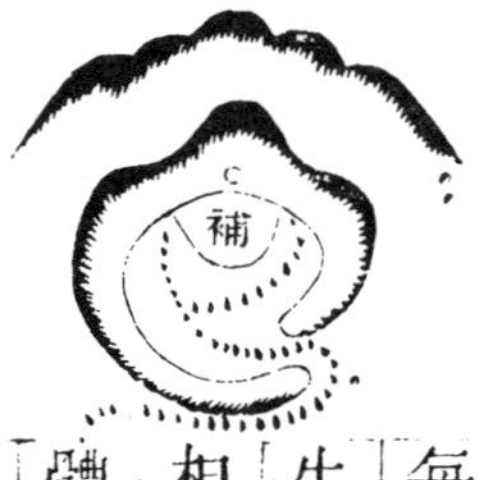

每吉龍真穴之下。有裀褥稍欠者。乃生氣之未克足處也。畧加客土與穴相宜。使餘氣豐滿。久之與生成者同體。運氣自然不息

培補弱體格

低微體勢。氣弱不能上升。必依其本星之形相。培以客土以彰大其規模則低微之弱氣。而成壯健之體。吉氣自然旺矣

築成內堂格

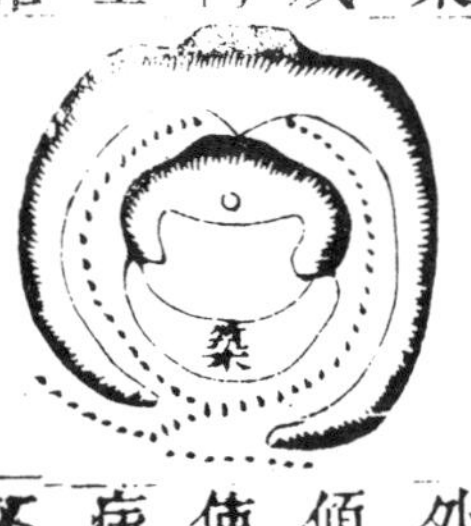

外砂雖然緊密。內堂不閉。元辰未免傾瀉。必于穴下圓築一圈。以成內堂。使元辰不致直流。初年始無退敗之病。若元辰不流。生氣自全。經云開堂不如築堂。

築砂抵煞格

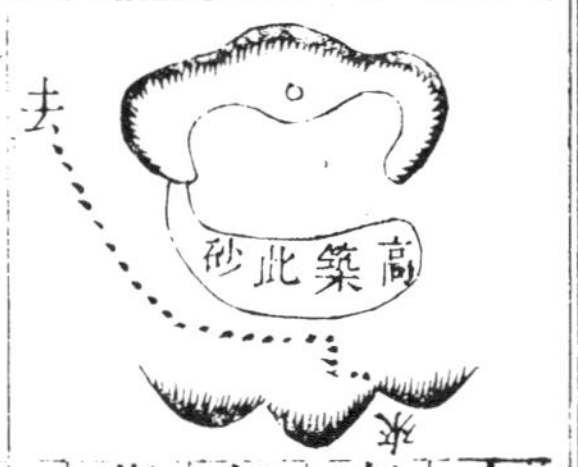

築堂完氣格

凡朝水之局倘有龍虎欠交穴低朝高難當其煞者必面前高築砂案以抵其直衝之害庶能化煞爲吉予見董德彰曾用此作法亦發大福。

又龍行腰中現出金土凹腦橫體後堂緊密四維拱立雖龍去而氣已鍾于腰但面前雖有餘氣鋪氊元辰未免太長必須于餘氣之中穴星之下高築一內堂使元辰無太長之病予見婁道人與永豐蘧氏于南龍腰間扦一斬關用此作法至今富貴尚盛

金順作倒格

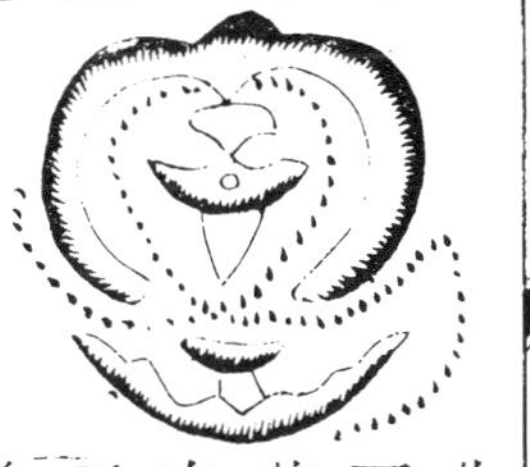

築垣避煞格

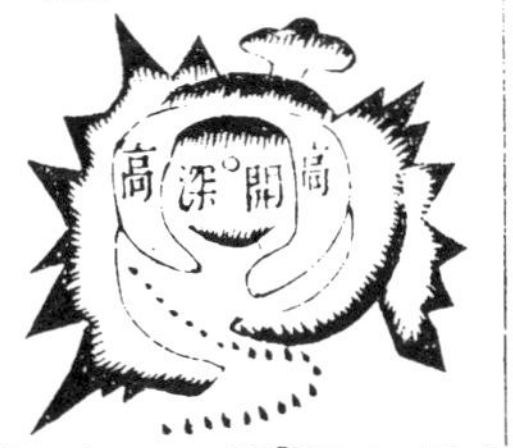

此龍入首成三台但穴星尖直兼案下拖出倒地木星尖射穴來雖隔水其實煞重故順葬俱凶廖公舍正面直體之穴星于太陰上倒轉作穴以三台爲案隔水尖射山嘴惟一太陰金名爲飛來鬼葬後即發大福。

穴之四傍俱石錯落壁立如人馬如劍笏腳粗頭秀此等之穴必于穴內天開深壁四維高築以隱其穴穴中不見石之粗腳但見其天清拱護穴正龍真極貴之局予見婁道人與永豐徐氏扦用此作法至今科甲正盛

頭金取水格

除下滘氣格

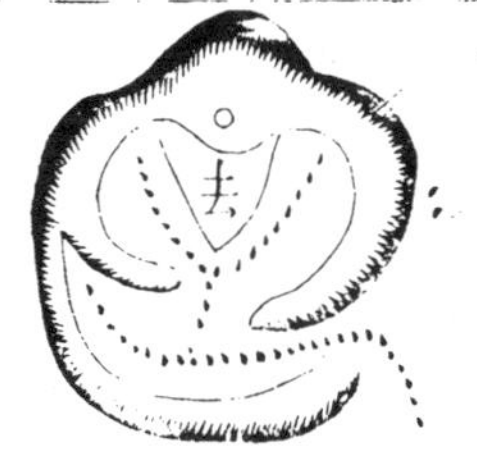

脉真星滿之體真機深潛必大開深窩除其暴體以新其靈氣形和氣平自然多吉此等作法不可以打破太極暈疑之也亦必龍真穴確方爲施爲若求之于龍穴兩假之中禍之未免多禍此亦打破天罡之論也。

穴下長吐氈唇平伏而不尖削側欹者乃餘氣流行有者不可去也結穴之後露出尖銳火木之嘴或一二丈凝于穴下乃滘氣所注也必削之去之除惡以慰善類之道也若勢有不可除者以壓煞法裁之可也。

斬龍截氣格

高體作用格

穴結高巔中平如掌心面前一股作內堂不見外洋傾跌固美局也奈案外山分數條山腳飛走未免犯任少去長之病必于每條中穿鑿深井截其去氣而始聚于內也此廖公與張氏扦穴用此作法已見享大福蔭。

先乃諸體其勢高聳風霜凌鑠皮肉必犯頑硬星面必多崩瀉須于立穴之處去其舊土以發其新機造成一完美穴星此即起死回生之法故人力與造化之妙運同功也高體作用如是苟龍貴格奇發福綿久矣。

除左有餘格

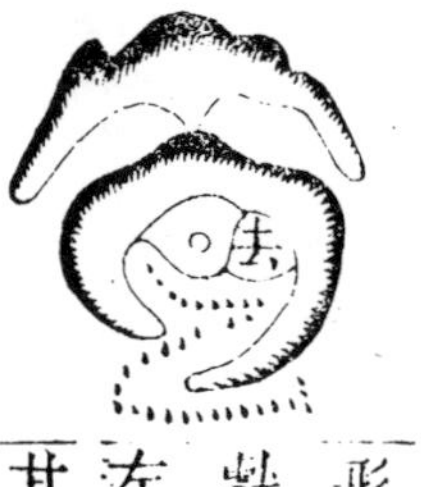

除右有餘格

形勢之有股明股脐者乃造化掩奇獻揣處也若不盡制作之妙穴星被左脐而倣矣必剮其脐而顯明之盡其所當然。成其所自然則生氣始無偏枯之嫌矣。

左砂掏水上堂則龍穴真矣。柰右砂餘肉直而且脹于腋内。故生氣不能發揚必去其餘肉使砂彎抱護穴。以其直者作曜星使煞氣反爲貴氣。與造化之妙運一矣。

左生右死格

右生左死格

扳鞍之體。生氣聚于金水相生之處。但來處金體肥滿而陷。其體濁而不清。必剮其右腋之死肌。使形體顯然有清而不濁之妙。方能孕靈矣。

一生一死。砂水之常情。全賴目力之巧作法之妙。方能起死回生。同歸于吉慶。凡龍格真者有左腋死肉侵膚必剮而去之。腐肉已除生氣自固。必然多福。

卷終

山法全書卷之十五

古婺葉　泰九升父集
葉　秀于堅父叅
蘭陰吳　綱君大父訂

砂法部三神補論　葉九升著

九升氏曰。人子須知云。諸家砂法。殊無統紀。君子觀之。厭其俚鄙。誠哉是言也。余集砂法不得一篇備論砂法之書。蓋先賢重在龍穴。而砂水在彼所輕故也。余不得已。不揣鄙淺。序次砂法。先其重者。次其輕者。

首上下二砂。以其關係龍穴結作之真假大小也。次用砂者龍穴之所急也。次秀砂則所以辨貴賤也。爲三神補論。以作砂法之綱。而諸家砂法之可取者。以其所論之砂。列于其砂之下。以爲月。非日後先賢也。先賢之說如錢。余論如串故也。

上砂論

上砂有二。有隨龍順水蓋來之上砂。有隨穴轉面逆水之上砂。隨穴逆水之上砂者。龍至此轉面成穴。而此砂亦轉面輔穴抱來。左旋之龍此砂亦左旋。右旋之龍。此砂亦右旋與龍順而不逆故曰上砂世人不知精細之理指爲下砂者隨龍順水之上砂卽收氣之下砂也凡龍穴力量之大小貴賤俱于此砂上辨若見上砂蓋來得多便知其爲大龍而梡棹護從多也单薄則龍寡護從係小龍矣若順砂蓋得過穴作案則穴氣深厚短縮不來則見客山客水本穴拋頭露面而氣淺薄矣障風之射擋水之刼俱在順砂庸俗只知逆水砂烏可與言妙理哉上下二砂所以決龍穴之真假大小者也關係甚重與用砂秀砂不同故特明于前云

廖金精曰上砂重者大地多有之也左右皆然惟用外山相應是矣上砂過前作案者大地亦多有之下山長者百中只一二也至如单提則有下山逆水此只小巧地耳

雜著云語曰有地無地只看下臂人皆知重下砂矣然上砂攔水障風蓋送之力尤重每見大地多上砂作案以其氣盛力大也上砂蓋送得多其地始大下砂兜收得密其地方久　迎逆之龍到頭本身多不主下砂以其結穴之意專或水抱身緊纏或上砂順抱兜轉于後亦謂之下砂不必逆生向上始謂之下砂也

下砂論

下砂有兩有收水之下砂有收氣之下砂收水之下砂逆水砂是也收氣之下砂則左旋之龍必有右旋之砂應之右旋之龍必有左旋之砂應之砂與龍逆始能夾水上堂與龍交會所謂雌雄相食牝牡交媾而融結也然收氣之下砂又有兩有順水者有逆水者凡局有四曰順曰斜曰横曰回順水之局收水逆來之下砂便是

逆龍收氣之下砂若斜横回三局則收氣之下砂必順水蓋來蓋龍旣旋來而逆轉則砂必順來逆龍而收其氣也惟有順水收氣之下砂則內水上堂此下砂轉而水上堂也若此有逆水收水之下砂而無順水收氣之下砂則水入堂而反跳此下砂不轉而水不上堂無融結矣故曰水不上堂休點穴下砂不轉莫尋龍也夫逆水收水之下砂人人共知而逆龍收氣之下砂千萬無一知者抑知地之結與不結不在收水之下砂而在收氣之下砂乎

逆水進田筆斷　進田筆如何是分明要在明堂裏不拘左右面前生只要看他如何指逆水突來向穴前招盡南庄北堡田彎轉抱身牛角樣進入錢財家大旺若然順水不堪言退盡貲財賣盡田筆直低頭隨水走田地家財俱乏了尖尖直去硬如鎗不出軍兮出少亡筆頭若然人踏破踏破財山便生禍踏着財頭財便發剪着財腰瘟禍作

用砂秀砂總論

砂法有兩有用砂有秀砂用砂者龍穴之用神所以護龍衛穴佈局收水者也用砂不一而大槩俱欲其彎環向內而擁抱有情秀砂者乃龍穴之英華外發秀砂不一而大槩欲其尖利向外而飛揚何爲護龍從龍身分臂夾于龍之兩傍者曰橈棹兩山峙立拱于龍之兩傍者曰天乙太乙何爲衛穴從主身分臂夾于穴之兩傍者曰龍虎兩峰侍立拱于穴之左右者曰夾耳橫于穴前以收堂氣者曰案聳于穴後以擁穴星者曰樂穴後有端嚴大星爲穴星之靠座者曰照星亦曰蓋座也案外有秀麗好峰爲主星之賓對者曰應星亦曰朝山也

此數者或近穴或當穴之正中爲緊要用神也若遠穴之用神則四圍拱遶者曰羅城以環抱周密爲吉水所去處曰水口砂以關鎖緊固爲奇若水口有特起之星峰一星曰華表兩峰曰捍門水口有大圓石曰羅星亦曰螺星即禽星之落于水口者也有兩山夾水口如獅如象如龜如蛇曰獸星至有高大嵯峨之石山正塞水口者曰北辰此則惟禁地始有也又有朝山外之遠峰曰遠秀案山左右之雜山曰雜砂穴中見者雖非本穴之用神然皆有應驗而不可忽者也此遠近種種等砂非衛穴護龍則佈局收水所以謂之用神秀砂則係龍穴之旺氣秀氣發現于外者尖銳而拖于案之背者曰官星聳起而穴中見者曰現世官星拖于龍虎之外者曰曜拖于穴星之後者曰鬼官鬼曜星雖曰尖銳然亦有方圓橫直之不同又龍身向後迎龍之橈棹亦曰鬼以其亦在穴後也此三者主官貴其發于龍峽之傍穴之前後左右體圓者曰禽星亦曰祿星大者即倉庫单主富者也此四者有則主富貴無則僅爲人丁庸常之結故曰秀砂也秀砂之中曜爲尤貴氣宜長遠飛揚

則大貴在庸師乃以爲反背順水而不喜者已上砂法非局局俱要具備或此無彼有或有此無彼但要龍真穴的俱可扦作此因總論砂法故備舉耳

消砂入式歌　大凡尋龍與點穴細把前砂別龍若任時砂有情不任亂縱橫穴若正者砂效用不正自飛動真龍藏倖穴難尋惟砂識倖心砂有朝迎與侍衛四者君須記當面惟來名曰朝不偏迢迢若是真時方出現假時難見面迎是隨龍先出來見穴却回頭或隨迎朝來聚集遠望低如揖侍在穴前并兩邊端拱嘿無言遮斷客山不許入森森和竹立衛是護龍左右隨生怕凹風吹本身枝脚爲龍虎皆在衛中數只將四者撥前砂括盡更無加中間氣是朝山緊禍福尤有準高低穴法取朝鍼高則齊眉低應心其次本身枝脚重隊仗真得用誰知不見乃爲奇福應沒差移遠迎近侍不可缺只喜皆羅列就中龍虎事如何所貴在諧和大抵砂形不須泥有情便爲貴縱饒秀麗更尖圓無意亦徒然

楊公千金砂訣　文官砂插笏樣金箱玉印兩邊起

樸臺筆架面前生斷定兒孫登甲第　武官砂頓旗勢兜矛堆甲面前起此爲唱喏及排衙弓箭牙刀出官貴　凡看砂有口訣斷尖峰頭不須說出軍出賊更遭瘟塹後令人須敗絕　又一訣辨凶砂敧斜肥突不爲佳鵝頭鴨頸風聲起馬腿牛肋不到家　砂法多仍有訣崖岩赤石不須說琵琶側扇寡婆娘換妻換妾并死絕　又一砂氣爲抛茅葉拖搶并退筆筲箕木杓及枷刑官司退落并帶疾　砂說盡有古路如絲如帶墳前護恰似彈弓伏上朝能教子息家豪富

橈棹論　用砂

橈棹者龍身之左右砂也要護衛周密以遮風舒展開張以擋水不必觀其細情只要大勢得體能遮風擋水不使風吹水刼便爲美也妙法有龍身一邊毫無橈棹陽氣鼓盪而結大地者蓋龍穴之所忌在凹狹直射之陰風而陽風不忌也

枝棹說　隨龍之山曰枝脚橈棹吉者成天太御屏展帳串珠覆釜頓鍾珂珮劍戟旗鼓箱印關軸獅象

之類。森若排衙唱喏擁若隊仗儀從。此皆吉氣發見也。有等無枝棹之龍謂之奴。雖有枝棹不踴躍卓拔者謂之弱。散漫委靡無收拾者謂之虛。反背無情不顧本身者謂之逆。凶惡尖利反射本身者謂之殺。拖拽太重。奔走東西者謂之刼。邊有邊無。邊長邊短。邊順邊逆。邊美邊惡者謂之病。兩傍垂落如拋鎗插竹。臥尸提籃。如繩如刀。如斬指斷頭。如茅葉死蛇灰囊投筭。鵝頭鴨頸者。皆凶氣發見也。倘誤下之。主長病癆瘵。枉死少丁。官事風聲各以類應。

龍虎論

龍虎者穴星之兩臂。左曰青龍。右曰白虎。乃穴星効用之奴砂也。有穴星自出兩臂者。有有虎無龍。或有龍無虎。以來龍之帳角。或他來之山奏成者。有穴星全無龍虎。或用龍身之帳角。或用兩邊之客山者。總之既爲龍虎。則爲奴砂。奴砂要得奴砂之體。但喜彎環軟抱。自穴後漸漸低至穴前。如牛角者爲美。大忌昂頭而嫉主。折腰而凹風。斧臃腫破碎。反背斜飛。硬直短縮。皆不吉也。大抵近穴之砂。要看情意。遠立之砂。要看秀麗。龍虎乃

無[illegible]龍近之砂。極要環抱有情。得用爲吉。已上乃常道也。妙法只看龍真穴的。有兩邊全無龍虎。一條孤龍。其用自已兩邊褶[illegible][illegible]厚而結者。有一邊全無。空曠陽風而結者。

龍虎說

青龍宜起[illegible]而蜿蜒。白虎宜俯[illegible]而馴頫。無龍要水遶左邊。無虎要水居右畔。先到[illegible]環抱穴。遮蔽八風。勿令吹散生氣。[illegible][illegible]吉凶各有十格。十吉格曰降伏。比和。遜讓。排衙。帶印。帶笏。帶劍。帶牙刀。交會。開脾。是也。十凶格曰相鬬。相吞。相射。飛走。推

車。折臂。反背。短縮。順撤。交路。是也。更有高壓。強硬。擺面。斷腰。擘拳。槌胸。拭淚。下堂。鑽懷。走竄。尖射。逼狹。反走。斜飛。低陷。昂頭。禿指。蝍尸。嫉主。破碎。巉岩。粗惡。生石。瘦弱。露肋。插落。投河。內抱圓墩。腋下夾尖砂者。皆忌之。虎手尤可畏。

龍虎歌

龍勢[illegible]看左右。一手不回終有咎。左龍右虎兩邊齊。兒孫興旺多田土。左有龍。右有虎。此地須教厚福久。左右龍虎有凹風。寡母主家男夭壽。龍要降。虎要伏。虎馴龍蟠方是福。若還龍虎不相饒。兄弟

相爭難其屋虎要彎龍要關龍虎包藏似玉環此是福龍來結穴家中金玉積如山龍要昂虎要降穴如閨女守蘭房此是真龍來作穴下之必定出朝郎龍首低虎雄欺虎高龍矮不相宜長子貧窮小子富益緣山水不相齊虎如弓龍如峰龍虎彎彎似有客更得財祿山勢健其家富貴福與隆龍爲砲虎爲匙左右環抱一兩枝此是橫財山作勢其家厚積旺蠶絲青龍貴起峰尖叠叠排來勢插天產出子孫多富貴爲官食祿位三公青龍高起樓臺兒孫官職此中來

定出長房人及第馬前喝道狀元回青龍彎似樓船宛轉如弓欲上弦定主因商得財寶家中萬頃置庄田青龍尖如按劍橫在面前人惡見兒孫定主法場亡三尺割喉人不善龍山兇勢粗惡帶石巉岩似牛角長房必定出凶人半紀週年瘟火作青龍竄擺轉頭向外隨流水不收定主兒孫離鄉土三年五載走他州龍上路縱橫行定主年年災禍生兒孫必定懸樑死只因龍上有人行龍尖斜似茅葉此是神龍帶鬼刧家招盜賊此中生更出凶人敗家業青龍碎三

兩片崩碎切忌穴前見兒孫貧乏受孤寒定主提籮覓食遍白虎貴牛角灣又似銀匙搭飯山此是官砂人罕見輔佐社稷入朝班虎山圓如半月又似銀梳來向穴此是貴砂人罕識三房及第朝金闕白虎吉有秀峰磊磊排來似覆鍾定主小房人發積門闌喜氣鬧匆匆虎山雄三猫兒回頭望穴欲啣尸定主兒孫遭虎咬時師遇此要先知白虎嘴如人指災生官非來點紙子孫賭博賣田園又主婦人花酒死白虎頭似繩長主人自縊弔高樑若是斷坑人落水子孫

遭溺喪泉鄉虎山竄如反手又似蛾肩風擺柳婦人淫亂有風聲花酒喪身人夭壽虎嘴長似持鎗子孫破敗盜兇强鎗頭向外外方死向內家中自殺傷白虎尖如把筆切忌尖隨流水出子孫把火賣田庄婦女隨人逃走失虎山高生惡石穴內見時終不吉子孫掛甲去投軍必在中子房中出。

龍虎斷　龍虎兩平正富貴天然定龍虎似樓船典債放生錢龍虎兩分飛父子各東西龍虎兩直處兒孫損妻室龍虎兩純和子息便登科龍虎兩尖射子

孫遭樹打龍虎兩低落賣田無圻角龍虎兩腰低子
息受孤恓龍虎屈曲去遊食路死是龍虎尖射瓊內
返自家逃龍虎欺玄武子孫常受苦龍虎兩排衙富
貴達京華龍虎拳頭起提胸應哭子龍虎兩交鎗法
死命須償龍虎如垂掌乞食常遊蕩龍虎兩門丫賭
博不歸家龍虎似連珠家門富有餘龍虎如瓜瓠省
才常追取龍虎直下坑少死入黃泉有虎又無龍長
子受孤窮有龍無虎應路死茅叢定龍長虎直促賣
田并賣屋龍短虎直長賣屋及賣塘龍畔三尖入三
子命中急虎畔三尖長媳婦受災殃龍畔山微出家
有鼠頭賊虎畔見微微常被賊人欺虎低龍頓起丟
食其家貴龍眡虎口高口舌鬧嘈嘈龍尖來射虎刺
面他鄉去虎尖射龍頭還是配他州龍外一山隨養
子定奸非虎外一山隨贅女被人迷青龍若直去斷
定賣田筆虎山似拖搶婿地被人傷龍上尖筆起子
息登科第虎上兩尖峰無子把孫拱只可龍欺虎不
可虎欺龍龍畔重重起長男多富貴虎畔叠峰高小
子盡英豪青龍隨白虎逃并賣田庄白虎趕龍行何

處有營生龍山迴抱虎尊卑淫慾事白虎抱龍頭淫
慾不知羞青龍生惡石長子遭惡死白虎頭昂藏小
位主瘟瘇龍上起尖峰長子結錢籠虎上起尖峰養
女似芙蓉。

案山論

案山者穴前之砂猶貴人所據之案也內以收龍穴之
氣外以擋衝射之水形宜彎環向抱如玉帶眠弓方美
或横如琴方如臺者次之而飽面破斜則不吉也緊近
則宜眠體之星寬遠則宜坐體之星若高聳峙立則欺
主而失體矣案之與穴關係非輕順局則宜下砂逆水
為案逆局横局則宜上砂順水為案結作方真尋龍經
云凡看地須看案有案兜關氣不涣逆砂順案抱為祥
齊鬭應心莫斜竄是也庸俗只愛逆砂來作案不管龍
局之順逆故所下皆花假耳妙法只要龍真穴的即無
案有朝亦結朝案俱無堂有聚水亦結。

應星論

應星者即朝山也穴星為朝山之主朝山為穴星之賓
故幹龍大結則有特來之山作朝若枝龍小結止可借

朝。無特朝矣。總之不論特朝借朝俱係賓山。旣有好主必有賢賓。觀賓可以知主者。故朝山近則宜開面有情。高低得體。而以飽面臃腫破碎欹斜爲忌也。朝山遠則宜秀麗端巧。而以歪斜頑惡爲忌也。朝山不吉。猶如惡賓來家。寧有利乎。雖然前砂以近案爲緊。遠朝次之。世人多貪遠朝尖秀而舍近案。不知迎近是而貪遠非也。妙法龍穴眞的。無朝亦貴。曾公云。且尋坐下正龍位。雖無朝山也尊貴。若龍穴不眞。縱好朝山亦無用。劉公云坐山若無眞氣脈。面前空有萬重山。

朱雀歌　妙玄機。看朱雀。朱雀頭高爲上格。似笋尖尖出案前。此是貴峰相對作。凡點穴。對賢賓。若無情意莫相親。賓主不明休錯認。時師着眼細推尋。點穴法。看臺案。臺案分明値萬貫。高應齊肩低應心。莫教穴外星峰亂。兩峰凹。三峰中。若是单峰簾幕重。此是貴賓來作對。更看護馬定來踪。低爲躍高爲氣。磊磊如羊面前應。此爲排衙唱喏砂。驅奴使婢家聲振。案重重。關鎖住。外窄內寬方是貴。穴高案外見三陽。定主兒孫加職位。臺案內。三陽促。竹梘茶槽山露足。此名花假不須安。男女酒樓花館宿。前案寬。堂局方。案外陽朝三兩行。四顧羅城關鎖住。個中作穴出官郎。臺案偏。燥火尖。對面山峰斜側顚。此是內砂不可對。下時必定退庄田。前案朝。勢岧嶢。層層高聳插雲霄。天馬貴人排旌節。腰金衣紫佐皇朝。前案來。似推車。疊疊高來轉面回。此是穴前堆玉案。定主家富質庫開。山覆堆。兩脚開。向此婦人主墮胎。墮胎患眼墳前對。時師到此莫輕栽。前案垂。似馬面。此是凶砂不可見。下之必定主風顚。家有妖邪怪鬼現。前案高。似麗

袍。四圍圓抱穴堅牢。此是麗袍并麗緉。家中必定産英豪。前案横。如張網。此是官砂并挂榜。推車上馬入長安。登科及第功名廣。穴前案。忌口開。口舌官災入屋來。前案欹。似臥尸。一頭高起一頭低。此是尸山來作案。必主外亡遠鄉歸。前案山。帶粗石。二牛白兮一牛赤。此名廉貞瘟火星。奉勸時師不要覓。案外峰。俯出頭。家下年年被賊偷。此是賊山名緝首。若入塋出夜行偷。案外山。似筆尖。千里侵雲插半天。此是朝天文筆現。兒孫及第必爭先。案前山。兩脚開。更有蛾眉

當面來。此是看花山出現。婦人內亂定登臺。面前山如反掌。又見齊肩高穴上。此是名爲反掌山出人眼疾風聲廣。前案山。仰鋸齒隻隻頭尖隨水去。此是排兵出陣山。刺面投軍因此處案山飛。似展旗。只要當方任更宜。若在南離出名將安邦定國有雄威。前面山。如寶蓋。後有屯兵山擺隊。七星寶蓋出神童。只要貴人來相對。主山低。客山高。玄武無位也徒勞。主弱客强非吉穴。奴來欺主遲疑。穴前堆。如案臺。三堆五堆面前排。此是香爐山出現。定出師巫僧道材。穴前堆。生左右。方圓印星隨手就。若是貴龍逢此星。掌印郎官名職重。穴前堆。在左邊。貴人逢此不宜折。此是藥包山出現。爲官服藥命歸泉。穴前堆。在池塘。出人宿疾眼無光。點破玉池銀海暗。出人常在暗中行。穴前堆。如人臥。四圍山峰皆列坐。此堆名爲檢尸山一犯之中生災禍。前面山。如排衙。案前堆土似香爐若是貴人來作穴。出人學法天師從。識星砂。要真訣不是師傳莫亂說。說得砂真禍福真。不真水底撈明月。

朱雀斷　朱雀尖刀入口舌。臨門急。朱雀如棒横衙府奉公庭。朱雀如刀嘴口舌年年起。朱雀似頂鎗作計爛米倉。朱雀純圓入斷作進田筆。朱雀一山去。代代換妻室。朱雀似人眼。癆病世相傳。朱雀如圍圃。入獄受官府。朱雀小石墩。患疾又遭瘟。朱雀彎弓勢。銀帶羅衣貴。朱雀似背弓向者定孤窮。朱雀如滿月。富貴人傳說。朱雀似連珠。家門富貴餘。朱雀數層高。代代出英豪。朱雀兩了去。家門常不住。朱雀似冬瓜。黄腫出其家。朱雀生横石。代代火燒宅。朱雀如生龍。斷定出三公。朱雀如覆釜。千倉併萬庫。朱雀石碎高年年瘟病遭。朱雀如頓筆。聰明從此出。朱雀兩邊連。富貴得登天。朱雀不回頭。遊蕩出他州。朱雀如横岡。瘟病無人葬。朱雀形如鼠。被人盜財去。朱雀如覆鍾。富貴似石崇。朱雀生數峯。內子及千孫。朱雀如茆木尖淨常悲哭。朱雀赤石砂。火了又遭邪。朱雀圓峰子。媳婦多產死。朱雀抱石頭。婬慾不知羞。朱雀田中石。患病喉中塞。朱雀似尖筆。榮華達帝京。朱雀如頓鼓積穀堆金戶。朱雀似張旗。武將受金吾。朱雀如春笋。文

學男見俊朱雀如屏風爵位定豐隆朱雀如海鰍[illegible]
定虎傷生。

樂山論

樂山者，穴後之護托也。撞背來龍，及主星之起頂者，皆不論樂。若橫龍側結，及側腦沒骨凹腦攀鞍等穴，俱要貼身之樂山。而主星凹腦不起者，要樂尤緊。蓋主星之腦高則主壽，無腦則不壽也。托山之以樂名者，原爲壽而言也。爲吉之。樂山樂字，讀用仁者樂山之音，取仁者壽之意。蓋主星凹腦則無壽，有樂山湊起頂來則壽矣。

故樂山之體，要尊重高聳緊貼穴星爲真。若低矮濶遠，則其力微而無用也。妙法：龍真穴的，有橫龍凹腦無特樂而大貴者，蓋富貴出在龍身上也。回龍不論照星樂山。

照星論

照星者，主星後之蓋座也。穴後曰照星，前朝曰應星。以照應言者，言有吉穴，自然有吉星來照應也。撞背來龍，即以龍星爲照星。若橫側之結，則以他山爲照星，向明堂案山上望之，若尊嚴高大，壁立於後，必係大貴之地。若星峯散亂，雖穴前好看，終非尊貴之所也。照星以土屏爲第一，大金星次之，橫水帳中天木火亦好。若高大則俱吉，低小則無用。亦有貴穴無照星者，未有有大照星而不貴者也。倘坐得不正，但不得作正印之官耳。庸俗但以朝山尖秀爲貴斷，殊不知穴之富貴在龍，其尊貴在蓋座。

步龍認格歌　觀山定把龍爲本，吉凶方有準。世人論穴不論龍，正坐渺茫中。大抵真龍必有格，穴後好尋索。便從穴後現真形，應似谷中聲。穴後星辰如不

出脉上，要尋覓，只從脉上認巒頭。莫向兩旁求，兩旁見格縱好看，終非是吉斷。有時穴後見星辰，元不出龍身，名曰照星一般取，事業皆堪許。更有兩山映結成，亦可當其名。

屏樂論　世人尋龍點穴，多貪朝對尖秀，漫作貴斷。殊不知穴之富貴在龍，其尊重在屏樂，立穴處不論借樂、撞背樂、遠樂、近樂、隔河樂，必是得一星辰正面高大，壁立於後，方是托樂之美。若山峯亂漫障托，雖穴道無有凹缺，終不尊貴。如星辰作樂托者，御屏第

一大金星次之。木火又次之。水星必竟如屏方爲妙
樂。樂星高大最爲妙絶。撞背者力量最大。借樂者次
之。寧可無朝對，不可無樂屏也。

夾山論

夾山者，龍穴兩旁特起星峯拱夾之山也。以兩邊俱有
爲眞。一邊有者不取。龍身有兩峯拱夾，曰天乙太乙。穴
旁有兩峰拱夾，曰十道夾耳。惟貴地有之，尋常之地則
無此。

羅城論

羅城者，乃周圍遠山羅列如城，環於龍虎几案之外者
是也。宜圍繞周密，忌缺陷疎漏。地大則羅城之勢大，地
小則羅城之局小。羅城周密重重，則發福深厚。然羅城
要仔細辨認。大龍方能用大羅城。分劈之枝龍，雖居大
羅城之內，乃傍城借主之結，借羅城以結局，而羅城實
非其有也。

水口砂論

水口砂有五：曰捍門，曰華表，曰羅星，曰獸星，曰北辰也。
捍門者，兩峰峙立於水口，水流其中出者是也。華表者
一峯特立於水口者是也。二星大地方有。羅星者，方圓
之石，塞於水口者是也。獸星者，水口兩岸之山，生成獸
形，如獅象把門、龜蛇把門者是也。王侯之地方有。北辰
者，高大石山，尊嚴挺立，獨高於衆，正當水口者是。惟禁
地方有此也。

太華論水口 太華仙訣論城門。此法分明世罕聞。
將相公侯幷貴賤，皆在城門水口分。水口交羅生怪
石，大小高低論重輕。高大名爲北辰位，必産英雄不
敢聞。百丈石山高聳起，此名大獸北辰星。水口若見

北辰鎭，水口湧起勝寒驚。獸星北辰關水口，必主皇
王鎭國人。低小石頭生叠叠，定出發財積穀塵。獅象
麒麟犬馬現，蝦蟆魚勢似人形。龜鼈魚鱔如鰍出，石
圓光淨出朝臣。亂石尖斜高低見，此是落河大火星。
便出大富堆千萬，買官家有大光榮。蔭樂螺印最貴
星，封相封公作大臣。或潮或潭或交劍，沙洲大石及
圓墩。左右交牙生石觜，此號官星正體形。官星若在
城門現，石觜堆堆入相門。蛟潭龍窟居水口，神靈鬼
洞蔭鄉村。千般怪石生於水，定有眞龍裹面藏。水口

石龜石蛇出富貴榮華大貴人怪石若多推第一提
刑各部有高名龍門一重高一重代代兒孫不解窮
大山擁起城門閉世享榮華得久長水口一重低一
重不生奇石定貧窮縱饒父好兒須敗一代風光便
見凶若見城門三五折兒孫定與國王親水口深潭
三五里定爲相國萬民欽水口石山侵上天擁起崖
巖壓衆山代代武文人過府英雄猛烈萬人看水口
圓墩有石印若還低陷也昌榮大山粗昂是北辰定
産男兒統萬兵大石見兮三十里定有榮華入帝京

小小石頭出小富代代兒孫禾米陳大者帶小最爲
吉兒孫永遠發滔滔此是太華論水口有人傳得姓
名高

論遠秀雜砂

遠秀者朝案外天半之遠峰雜砂者案山內外左右之
雜山也凡登穴見者俱有應驗火曰文筆木曰貴人土
曰御屏水曰錦帳金曰鐘鼓雙頂曰天馬大約以尖圓
方正爲吉歪斜頑蠢爲凶古人論此有三千砂格然亦
不必如此瑣細也今附砂斷一章於下大象亦不外是

叅

砂法上篇　大抵論砂觀造化配翼穴星詳眞假案
山龍虎總名砂分明形像從頭寫一形一物喻一山
有圓有匾形難畫雖知移步便換形磊落來時或退
卸尖射擺反不爲良端正彎抱無牽惹左右衙唱俱
齊圓黃榜當外橫水也橫遮隔斷貴人峯有位無位
虛聲價若還顯露貴人峯狀元學士誇王謝貴人孤
火或孤金爲官不陞包灰者金土疊疊堆甲山金頭
土身名天馬馬外又出貴人來尚書官品揚天下明

低出脚或身長匠人木馬營大厦馬後或下有尺山
跌損性命宜拋捨寶蓋中出看尖圓尾啣牙刀非苟
且席帽中高簷微低模糊雜職無施爲尊大明主出
歲貢爲官斷決事昏迷焰動斷作軍旗勢木星啣尖
一同推日月捍門或金土天關地軸蛇與龜簾幙樓
臺兼鼓角簇簇當空方奇拔巒明不起火土星能天
如星斷無錯出貴須求筆架山或三或五插雲端跪
爐王傘官希罕玉几金爐學士斑五鳳樓臺生魁品
三台縣令牧民官更有平天冠現出羣書奕世紫泥

頒鴟天筆出科第龍若遭刑案莫攀來若見筆山來
開焰千遭赴舉九容同貴人拖撿出文武旗山作案
出千戶滿牀牙笏世代官屏風御節登宰輔金魚玉
帶出顯官連珠作案登科舉橫琴垂褥與明珠三者
當面皆縣令更有三台列數峰聯名三個登台府雙
筆聯名中兩名出陣馬案數其形筆峰山下十峯佛
僧道應知拜寵棨若見金簽爲學士玉簽當面一般
訴或者雙筆生焰焰出人負個好丹青

砂法下篇、

金拖火腳出瘟瘴正出斜來眼不光若

然兩腳皆是火定知外死打官友左火出來先殺長
右邊火射小難當中央火嘴中男敗定主穿窬殘疾
郎火入金星金蓋火患眼墜胎軍賊亡外金後火癆
風癩頭火頭金年少亡抄拈覆箕開口樣搶上粘下
不回鄉金高火下犯徒配金頭火嘴換妻房更有形
如茅葉樣閨中養女似西施正來對角或斜向憤獨
之中配白知玉帶水痕非貴相私將暗地配佳期順
、流花貌隨人走縱有欄杆惹蝶棲兄婦弟收何處見
大娥背蓋小娥背太陽後有太陰蓋太監官封沐寵

歸太陰後有太陽照一父九子享雍熙藤棍之砂木
有節跟官營生堤豪傑活動肥滿如蚓螟婦人紡績
成家業兩水斜射在面前他鄉外死人丁絕木星下
身撐金形世代癆病人夭折一火斜相冲兄弟分居
父缺食木高火低更過身爲軍陣上身亡滅木低火
高犯徒流家財退敗湯澆雪一木中高兩火齊爲官
職位輔金闕獨木巍峩蓋太陽暗知帳內無貞潔單
木高帶三水星富貴雙全本誇誑一火端然蓋一金
墜胎患眼常重叠獨火星燎連三金其家女子多孤

寡一火後燒二水星一發逃亡便傾欹一火連上燒
一土徒配邊竄他州府或者火燒二土星出人癀瘟
家貧楚一火投入一水宮必定離鄉爲邊戶一水來
剋雙火峰主人跏跛行辛苦獨火山連三土星田園
賣盡離鄉井雨水並來博一金其家富貴萬人欽觀
見之砂論不真姑將淺見著成書一隅可反三隅理
觸類隨機妙無比前山倘若見凶砂斷他某歲生禍
愆門外赤土或赤堆貪花嫖疾血光災若有路行龍
虎頭便知自縊此中生一條白路如蚯蚓亦主高梁

帶飛突。門外兩樹枝交加。定主人家重洽活瘖中情敗自相許。風聲內亂獻閨花。凡有此等須除改。免使傍人笑口開。

消砂斷法　若見馬山便出馬。嘶嗷驚人怕馬口開時馬咬人。顛馬是如真。面前大馬趕小馬。富貴傳天下。馬前馬後貴人生。代代有聲名。東方定出青驄馬。甲乙木馬也。南方赤馬要君知。神馬最為奇。北方黑馬西方白。定要看端的。驢騾馬出申庚方。歲歲旺蠶桑。乾坤巽艮天師馬。秀火傳天下。腰長定斷手爐山脩道此中看。印方落在何方取。好向坟前顧。或在龍頭或帶珠。仔細認規模。或在平洋或在水。圓石一同取。若是禾峰印又長。印是作官郎。丙丁庚辛實正印。天師乾坤艮石頭磊磊水中多。養鴨大如鵞。貴格龍神出此處。仔細坟前顧。石頭磊磊過江來。接盡世間財。望見遊魚隨便斷。更有明珠案。大魚在後小魚前代代出官員。大魚若在小魚前。為官不久長。小水遊魚頭帶珠。官職近皇都。上水遊魚極是好。為官多財寶。下水魚兒頭向坟。孝義旺兒孫。東方遊魚甲乙上。

紫衣出和尚。南方遊魚一代官。灰袋之山是西方遊魚極是好。賜紫金魚到。北方遊魚打網人。常被水淋身。一個遊魚出千戶。兩個朝中住。三個四個結成羣朝賀聖明君。坟前若有尖峰起。定出為官貴。若是禾峰當面迎。巨富有聲名。第一坟前有財祿。左右來拱伏。若見面前似拜龍。富貴永昌隆。拜龍之山坐水口。三五相連有。恰似推車進寶來。進貢外州財。尋約之山如蛇樸。蘸水坟前向。莫令出去似生蛇。離實別人家。踏節之山如踏節。磊磊行街狀。形如小兒舞袖形銜杖手中呈。展旗牙刀出武職。定出為官吉。交牀角鼓面前生。定出武官人。若見邪峰生水口。恰似人醉酒。三五相連似覆鍾。家富結錢隆。青龍似拳頭。家裏鬧啾啾。高大分明好。富貴永無休。青龍似銖鑽。買田論千貫。許州罵縣人。鎮壓鄉村漢。青龍山直去。子息鄉間住。外有山來褁。外堡置田土。青龍褁白虎。家裏財無數。孝順好兒孫。能文又能武。青龍頓起好尖峯代代出英雄。鄉里人驚怕。青龍如勒馬。富貴傳天下。外有好山峯。打馬羅禾公。青龍開口笑吟吟。三年常進十餘丁。一要上山先看左。且要砂來纍。惟有左砂救得人。世代承無貧。更要上山看地勢。且要辰星起四畔羅城似覆鐘。家富結錢隆。羅城纏繞水朝坟。家富永無貧。白虎轉頭來。常進外人財。白虎如鶴爪。出得女人巧。八十婆婆夜不眠。做布買人田。白虎橫來抱。一似初月到團圓。如箕上頭生。官職坐朝堂。白虎山上起圓峯。定出老婆罵老公。其人說話只由妻。嚇得似烏龜。白虎山嵯峨。其家出寡婆。婬亂家中有。瘟火見牛多。左右山砂似蒜頭。夜晚撞門送大坵。青龍重疊起尖峯。世代結錢隆。白虎軟如綿。孝順四方傳。山峯重疊起。子息足牛田。好地恰如筆見大。山山回頭轉。好地猶如公抱孫。懷裏孃供嬉。面前一山如脫殼。鬼運錢承發。面前一山似覆龜。鬼運錢承人不知面前兩腳向坟前。婦人留客逞風流。其家定是多婬慾。批上人傳不尚義。大娥眉下小娥眉。小娘與郎共羅幃。娥眉金星兩腳長。室女貪花愛好郎。左畔起旗右畔鼓。官必從文武。藏金庫上功武略定英雄。懷筆之山生腳下出在明堂左右有辦錢及價錢懷筆買

人出橫財之山如爪匏。抱入財無數。形如牛角轉彎彎。便是進財山。一筆進田同上契。二筆進田庄。三筆四筆相連有。兄弟商量置外庄。筆山且要看長短。莫將一例看。若然長者是刀山。短者是筆山。相公筆。雲霄出秀才。筆案上出曹師。筆案頭出書匠。筆成把出退田筆。順水出。兩前若有連珠庫。家裏財無數。日夜進田又進財。倉庫自然開。山似人眠出長病。又如人舞出顛邪。山山開腳人無禮。山有廚庫有錢生。青龍白虎出花叢。名為花酒少年中。大小女兒貪好色。定是沿墻暗裏過青龍。磊磊在坟前。其家買得好良田。外有山峰隨水邊。先買房親骨肉田。青龍兩畔虎牙生。賤買人田實有名。面前若有財山纍。不怕相爭買得成。白虎開口又忤逆。不堪譏。田園都賣盡。頗似壞外家。白虎似銖鑽。人丁不見半。前朝峯頓起。定出武官郎。白虎似葫蘆。室女迷花露。青龍之山五七片。唱歌浴門轉。不然打鼓弄猴孫。此地又興瘟。面前一山如緊盤。生下孩兒不會言。金龜拖寶人不識。一似生龜生四足。青龍白虎尾頭勾。張盡狐狸打盡鳩。奴婢

為家主腰間常帶箭筒管定出兒孫打鵓鴣扛秤之
山似秤形形如橫筲面前生更見山峯重疊起家有
錢禾五穀精青龍渺渺去投河小弟持刀殺大哥不
怕千山萬水走止要羅星坐水口若見羅星當面來
見孫常撐舡州財高大名為威胆山英雄豪富出清
閑何知婦女不管生掃蕩水中行不思麻苧懶徘徊
常戀外人來何知人家大傷人戌上石對門何知人
家生瞎眼前有獨石硯此石若然斑赤生麻豆不曾
停何知人家會作絮面前絮匀現絮峯落在絮盤邊

作絮得人錢門前池塘四角方名為獻寶進田庄門
前池塘似排榜兒孫俊秀有人才門有池塘橫月抱
一家富多財寶病能常占祿存星山水相朝家不寧產
難傷胎人縊死兒孫常病不曾停刹龍一木是天罡
定主刑傷上法場陰神女子須為忌陽神必是子孫
當破軍百結主破碓田地年年退賣除逐日來供家
朝日吃波渣五六一十三金來流入明堂巴步催婬
亂風聲鄉里笑未曾出嫁女懷胎掃蕩水流申位去
定斷水車絞死人一頭是金一頭土稅糧不過三十

五左火相燒在後頭不損少年便損牛若見金星左
角湮三年兩度哭兒孫三十生來併四十孩兒黃腫
死兩水行來夾一穴人旺千丁足太陽金水一同行
富貴有聲名掃蕩輔金穴定出人打鐵手爐符牒送
龍行定出一名僧方諸星辰來入穴天師神廟說斗
笠山下出身來定出兒孫做草鞋金尺木頭低定出
一縫衣面前若有交枝水出人烹猪割六畜火神行
火神先出英雄後出軍呈誥貴人當面出為官清正
吉排衙掛榜有俤媒代代有官來面前若有娥眉廉

家裏財無數後出秀才雜藝人寡母出婬奸法場之
山加餓馬法場赴凌割面前一山如紡車代代出顛
邪雷打樹木此般砂時時莫亂誇孤曜山上有條路
出人沽酒腐面前若有染繩山人斷牽猪牯朱雀山
高無水冲百歲老人公端圓光淨照坟前代代出名
賢朱雀之山蓮花樣端正坟前向兒孫金榜上題名
一舉入朝堂朱雀頓旗鼓馬至鎮國將軍地朱雀之
山如馬樣做客財山旺朱雀之山芭蕉樣碗斗隨門
唱更見兩山似鼓槌求食少衣衫朱雀之山雙峯起

男女雙生是端的尖秀入雲霄雙擧出官僚玄武三峰齊起主落在平洋住左右亂峯生知府坐州縣玄武之山起十峯十代富無窮文星武曲逆龍行子息有聲名朱雀不怕行來遠如印如瓶盞落在平洋山漸高冢裏出英雄銀帶之山形似弓彎彎低小抱身弓數峯相串如銀帶子息爲官坐帝都左畔起旗右鼓朝斬斫爲官出武僚天馬貴人當面立爲官入幕帝王招若見五峯似蓮殼宰相弊天祿五星齊起入雲中拜相出三公遊魚之山形若魚頭近坟前近水

居上水定生賢貴子名標金榜拜皇都學堂之水响喔喔不出官時官自然躍跳龍門金榜至詩書不讀也爲官內城流出外城欄此地名爲進寶山家有賢妻人富貴無兒抱養是真言第一水城向左邊其家發積有牛田因親運得貲財富財物因覩富自然若是田中水口見富貴定天然斷此分明出大官名顯在長安筆山頭邊有小石此是畫符筆生石又欹斜弄筆畫龍蛇附砂活斷訣如此莫向人前輕漏泄

秀砂論

秀砂者官鬼禽曜也官者前案背後拖出之山也若再起一星穴上見者曰現面官官星拖出雖貴尖秀然亦不可太長太長亦能分氣不吉故曰官要回頭鬼要就回頭者不長去也就者抱本身也鬼者穴後拖出之山以作靠抱穴爲吉官鬼兩星要相照應太華經云鬼星定用官星對便是金牌榜上人有鬼只是聰明子有官無鬼祿難明禽者小圓墩也或居峽之兩邊或帶在龍之橈棹上或居穴之前後左右大者曰倉庫星此星單主發富若居於水口之間則曰羅星亦是塞水主富但

不宜在龍虎明堂內則爲抱養患眼之山曜者龍虎肘外拖出之山尖直者曰木曰火方圓者曰土曰金又有從龍虎嘴頭出者曰明曜明曜只有木火此言曜之常法也然四星之中惟曜爲最貴亦惟曜星難識何以言其最貴也真正貴龍方能發曜故楊公曰龍真穴真若無曜空有星峯重疊照縱饒積玉與堆金兒孫終主登科少凡地有曜則貴無曜則不貴也何以言其難識也凡砂貴逆水惟曜宜順水順水則出官楊公云或如刀或如劍順水斜流飛冉冉時師到此斷離鄉不知內有

眞龍占。又曰。官不離鄉任何受順水斜飛。世人所不識也。更有難識者。曜宜長大。則貴遠大。若短小不過簿尉之官。長大之曜。非木非火非土非金。乃水星帶金星之體。從下手順水生出。委蛇頓跌宛若一枝龍去。廣師見之。無不懽喜。于中求穴者。此謂之大曜。大貴。乃最難識者也。又有明曜尖利。與刑煞相似。楊公云。或如鑚。或如針。兩邊相指穴前尋。非惟子息多清貴。更須積玉與堆金。言尖利之明曜也。然曜與刑殺雖相似而不同。自有辨法。凡尖頭斜出外而順水者。乃明曜。若斜向內而入

堂射穴者。則刑殺也。又逆水之尖砂曰進田筆。只富不貴。下手順曜。到頭反勾轉收水。人見皆喜。不知變貴砂爲富砂。不過外鄉發財而歸。無貴氣矣。此又人所不識者也。

太華論官曜　識盡眞龍須識穴。方把星辰細分别

曜星重疊照坟前。子子孫孫朝帝闕。龍眞穴眞若無曜。空有星辰重疊照。縱饒積穀與堆金。兒孫必定賢良少。或如刀。或如劍。隨水順流飛冉冉。時師只斷是離鄉。豈知內有眞龍占。或如刃。或如刀。雙雙尖射類鴻毛。兒孫代代登雲路。房房位位總英豪。或如鑚。或如針。兩邊尖射穴前奔。非惟子息多清秀。更還積玉與堆金。圓峯連圓峯缺。來到穴前尖更劣。父子兄弟慶同年。紫誥皇恩朝帝闕。或臨田。或蘸水。條條直射如鶩嘴。頭尾朝來却入坟。定是奇才清且美。或如刃。或如鎗。三三五五盡成雙。時師豈敢言禍福。狀元榜眼探花郎。或閑峙。或交鋒。尖尖有石在其中。賢郎科甲渾閑事。三台八位及神童。現世官。現任官。主上生來褒門寬。穴前若得曜星照。金堦貴子萬人看。官曜

星眞無價。出在穴前形醜也。公卿將相此中來。世俗庸流須且怕。星可照。穴可安。照是豪家便出官。三五面前重疊照。兒孫代代坐朝班。星不照。官不來。五舉四解盡空回。青衫木笏卑官職。定知到任也包灰。星若照。石尖生。鎗刀相射面前偏。湊合分明來拱穴。子孫代代御堦前。星若短。只些兒。簿尉承參位品低。發舉縱饒高甲第。終須夭折少年時。一隻曜星生兩脚彎彎生轉如牛角。兒孫一舉便登科。年少鸞臺登鳳閣。星若現。石尖生。貼身橫過面前迎。伸手若將拈得

著子孫一舉使成名。穴爲父。星爲母。父母相隨龍即仕。宗枝骨肉盡相親。此地千金無買處。官曜二星奇相異。除了此星更無地。星不照。穴難安。地星不照全無地。若然尖小石交生。水口關闌鎖兩邊。誰知此地眞無價。皇宮國主受天恩。大地拋毬到手中。點腮何處是眞龍。尋龍眞訣最難精。穴落平洋似掌平。藕斷絲懸龍脈過。水中凸起是眞龍。四畔團圓水來抱。誰知此地產明王。更有北辰螺印跌。金吾左右兩邊排。此地分明無討處。千金萬貫只徒然。斷然眞正王侯地。仙賢留在世人間。

太華論禽星　禽星本來生三脚。彎彎回轉似牛角。穴後主龍兩手到。抱穴名禽細捉摸。串珠龍出是禽星。仔細看形。若眼推。圓峯堆疊後頭來。拖尾圓齊禽勢作。或然身石似饅頭。或牛或象或鼈泊。或似虎御羣麟馬。偃月水波疊取來。常傳穴後眞形勢。雌雄會合結不開。鼓槌亦是禽星作。方圓圍繞足貲財。較論多少輕和重。心機眼力自通知。一星令人開質庫。二星金寶家無數。三星能置外庄田。四禽將星比石崇。

五禽六七八九來。珊瑚馬瑙無放處。天下諸處有庄田。金銀打柱作廳堂。傳得我家三卷寶。牢取三卷鎖箱藏。

太華論禽鬼星　要識鬼星長拖尾。飛梟如旂脚垂地。常居穴後是眞形。名曰眞龍有胎氣。或然鋸齒後頭生。或作蛇牛鼠虎尾。後頭逆拖帶劍來。或作刀鎗後頭出。或然了角春筍生。筆架峭峭雲霄起。或然拖尾柳葉至。俱在後頭龍上跳。便是鬼星眞體勢。變化三十六般形。後龍拖尾利尖針。此是鬼星體段眞。主龍盡帶刀鎗劍。重重疊疊是龍精。鬼星並用官星對。便是金牌榜上人。有鬼只是聰明子。有官無鬼祿難明。官鬼不全官不顯。縱使爲官延捡名。官鬼若全爲上相。定出宰相位權人。只要官鬼正體勢。案山外面直尖行。有時筆架如鎗頓。有時倒地直鎗尖。或然左右如鎗直。隨龍便是鬼星眞。一個鬼星出簿尉。丞參簿宰蔭官人。一代風光嫌鬼小。雖然官小也同名。一個鬼星出簿尉。二個令作縣宰臣。三個鬼星知州位。四個提刑轉運人。五個若全爲正拜。平章諫議及神童六個鬼星後龍出宰相權大護國人多少時師不識鬼只言貪鬼居水尾不得明師親指教却如夜聚把針穿凡是貪星皆在後過脈隨龍左右行城門水口非貪鬼莫信愚師亂指言

貪鬼歌　貪曜星說官鬼只是貪狼眠地底曰貪曰曜獸三般妙用本來同一體孰為真孰為僞真者端嚴無變易忽然一面獨堪觀只出文章無顯貴王侯曜標棍巧芭蕉葉様隨身遶更加主地有尊星官貴始知俱入廟五府鬼芙蓉勝五個森羅如鶴嘴鎗頭

穴格巧難安只有五明知此理方伯鬼玉枕起恰似葫蘆添鼠尾若還當面揖明堂定主大魁驚遠邇宰相鬼三台位連連三個蝦蟆子兩旁如鎗復如刀分明內有貪星起有兩府有侍郎兩邊夾送如叉鎗鎗頭冉冉侵江水朱紫郎君錦綉腸有天梯有孝順天梯節節如刀刃孝順後頭夾送生更登虎榜開文運有王字有玉枕王字封王威凜凜忽然玉枕叠重重他日兒孫須奪錦有獨節有橫飛獨節須生將相兒橫飛必兆蟾宮客十年身到鳳凰池左插笏右插笏

不是真龍無此骨時師會得去兼來帝子王孫從此出有聰明有魚袋兩個官鬼誰曉會魚袋清廉衣紫緋聰明也發兩三解有金箱有玉印圓印方箱兩相稱兄弟聯名步丹墀若然二個聲名振文叉頭靈兒尾迎送護纏如鋸齒欲知生死去來因迎水迎山方得美或梭形或按劍如秤如針橫在面須知官鬼有山遮若是曜星誰得見或居前或在後或在左兮或在右或全一半勢如瓜側着一身代是秀玉枕龍日月峽隱隱三峯向前插三元及第此中生父子兄弟

同一甲作大魁垂鈎輔官星排列如圭玉不然拖劍兩邊生或是夜叉鐘氣足笑天龍如鋸齒開向天門如鶴嘴侍郎王侯此中生直是兩府生左右扇鼓兒金彈子神童七歲通經史異時翰苑獨馳名金鋸頭上插雙鯉前玉枕後玉枕叅政提刑登二品試看坐在幾重山綉衣御苑宮衣錦早及第遲及第但看此氣鍾何地第一節生現世官第二第三三四世有尊星有羅星若有包纏何是真真有三般相朝揖便如兵卒輔將軍或囂訟或剌面皆因隨水如飛箭勸君

早早轉頭看。看取尊星見不見。或個個。或雙雙。或三或五列成行。偏正尖圓如頓笏。拱司佐輔在明堂。或飛鸞。或舞鳳。生在兩傍俱有用。忽然正面拱明堂。附鳳攀龍聲價重。或羣龍。或五馬。羣龍五馬傳天下。五馬門闌千里張。要在面前辨眞假。龍尖利。虎尖利。此是龍身鍾秀氣。穴前左右貼身隨。便是公侯官品地。圓峯連堆堆跌。射到穴前尖又劣。父子兄弟聯科甲。紫蓋黃堂朝鳳闕。或臨田。或蘸水。條條射來如合嘴。若有尖尖射貼身。定是奇才清富貴。或相鬪。或交鋒

尖尖立石在其中。賢良科甲渾閑事。三台八座及神童。或橫飛。或舞袖。左右擺時尖又秀。乾窠一穴好安坟。子息科名十八九。天機穴少人知。不特水走更砂飛。左右貼身來射穴。串前串後乃爲奇。官曜星。奇且異。降此星辰更無二。曜星不照空安坟。官星不照全無地。有官星。有曜氣。生死去來皆顯異。是時人。欲內中安。好向明師傳妙旨。官鬼砂。眞無價。穴前穴後形醜怪。王公卿相此中生。須要明師辨眞假。官怕散。鬼怕死。縱便爲官無錢使。若是居官官易休。只爲官鬼

皆散死。已上星辰若無峽。得所須要尊星壓。不然闌護兩邊生。迎山迎水方合法。付與君。牢心記。爲禍爲災分兩例。若憑兩例爲標遷。便是五明親下地。

山法全書卷之十六

古婺葉　泰九升氏集

海昌張曾禔洵菴父參

郭懋官子揆父訂

水法部四神補論

九升氏曰砂法不得統論之書余乃作三神補論而水法亦無統論之書故亦依砂例作四神補論其序次亦依砂法先其重者次其輕者首配龍之水以其關龍穴之結作也次明堂水城以其居穴前而吉凶

繫也而來源去口又水法之所必當細察者故又次焉其諸家水法之論則各列于其法之下如砂法云

配龍水論

山者地之陰氣也水者地之陽氣也陰陽交媾而後融結故有一龍必有一條配龍之水左旋之龍其水必右旋以交之右旋之龍其水必左旋以交之夫婦配而成穴也若無是水則山水背馳乃他人之護砂不能結作者矣若係真龍必有此水而此水必曲抱來交龍以龍虎作案者則此水在案外無近案者則此水在案內穴向必要收得此水起方是真穴真向若穴向與此水無情反收客水雖有明堂龍虎好看若非假穴必係失向矣然此水人多不識故往往亂收客水此水與龍同行幹龍長則水亦長枝龍短則水亦短認得龍真自能認得水真認得水真亦能辨得龍真也庸俗會收客水即遇真龍穴向必錯多由不識此水之故

明堂論

配龍之水必流至穴前穴與水相向處乃明堂也明堂宜平坦融聚寬暢遶抱為美以窒塞逼窄破碎尖殺反

背傾泄捲簾流泥偏側曠野為不吉妙法只要收得配龍水起雖形局不好看亦吉若不收配龍真水徒向形局好處認為明堂縱平坦寬暢乃是假局終不吉也

水法總論

董德彰曰夫水法者雖處四神之末以行龍結穴次序而言非以水為輕也奈正經不傳偽辭愈增故使世人皆不得其門而入夫水之禍福關係甚大詳觀水法當以明堂為經諸法為緯若明堂不吉縱水路並合天星諸家吉神豈能應驗蓋明堂者象天子之有明堂所以來天下之朝獻也凡穴有

明堂者謂之天心正穴。無明堂者謂之無魂之地，鬼殺之龍（高山上聚之地則不拘此）。明堂之法，要寬平而不險狹傾瀉，故險者難以圖貴，狹者不可謀富。寬則圭笏印綬、旗鼓排衙、樓臺旌節、拜舞獻送擁從于前；狹則逼窄難容，非吉地矣。取穴之法，先取明堂，辨發祿之遲速。明堂有內有外，內明堂主發祿之近速，外明堂主發祿之遲久。要方圓橫抱、長平廣豐、進周密、靈異者爲貴；若曲直欹虛、野散偏破、衝纏倒斜、促狹泣漏、刼病反獄爲賤。如盤心爲圓，主子孫聰慧；如棊盤者爲方，主享厚祿；如連案者爲橫，主子孫忠；如帶繞者爲抱，主子孫孝；如笏揖者爲長，主貴；如展席者爲平，主和順；大而抱容者爲廣，主富；廣而龍會者爲豐，主子孫衆多；照內者爲進，主進財；閉密者爲周，主旺田產；金雞玉犬應者爲靈，主清貴；大石樹者爲異，主富貴。已上皆富貴之明堂也。直者，直去無回，主退財；曲者，曲竄若驚虵，主人離財散；欹者，邊高低傾流不止，主殺男女；虛者，水口風至氣耗矣；野者，廣漠無收拾，主凶；衰散者，如龜背，主退敗；偏者，半大半小，主福祿不均；

破者，半拗半突，主死亡；衝者，水衝內無應，主絕速；纏者，水纏却帶刑殺，主絕；倒者，向後而背趨，主因鬼敗；斜者，向前而不揖，主因官敗；促者，前後逼迫窄狹，主夭；泣者，流泉漏瀝，主眉疾；漏者，水入穴而不盈，主夭災死絕；刼者，惡石如刃兵，主[illegible]；病者，積土如死屍，主瘟火傷胎；反者，背若弓稍，主忤逆破家；獄者，四圍深如井底，主孤寒族滅。已上皆凶殺之明堂也。犯此明堂，前應雖重疊，後應雖磊落，自然山水不朝，龍神不就，縱使來去水路盡合天星正祿正馬合法而上御街，亦非吉地也。仍以主龍分輕重斷之。故書曰：砂如美女，貴賤隨夫；水似精兵，死生在將。斯言至矣，學者切宜深玩，觸類而推之。詩曰：下穴不看諸卦例，登山不用帶羅經。有人會得明堂法，五百年中一間生。

明堂說　夫明堂者，王者之堂也，是爲容納諸侯朝拜之所，要有正大規模，宜方不宜斜，宜圓不宜缺，宜橫不宜直，宜平不宜偏，宜坦不宜嶮，宜窩不宜突，使諸水聚會，下砂關顧，無風吹散堂氣爲善。然有三層圓暈下爲小明堂要平正不可傾跌龍虎裏爲內明堂要緊狹不可曠蕩龍虎前爲外明堂要寬圓不可尖小書云內外明堂分兩般內宜平正外宜寬二堂若備三陽足後代應知世出官

明堂者水合之所也書云登穴看明堂則明堂亦是要緊明堂之名一而義有三三者何小中外也而小堂爲緊要小堂乃繩路小水所合處穴由之而成又爲裀褥有此堂則穴不傾瀉而真氣融焉若無此堂則脚下傾倒而氣則不蓄穴亦不成矣書云面前傾倒休誇穴好觀此則穴前小明堂最要緊所謂有人識得明堂法五百年來一間生正謂要識此堂耳此堂不必太大惟要托得穴住過大則龍虎空虛而氣不翕聚也若此堂前得一小砂橫欄過穴而再見中陽之堂則內堂固外堂顯乃大富貴之地更得外陽砂水相應則三陽備而勢局宏矣曰明堂容萬馬者指中外二堂而言也內堂真則正穴得而中外二陽自應若無內堂而徒以中外二陽取穴者誤也所謂登穴看明堂者小明堂也要識地之真假者須從此

小明堂始

明堂之說有二有內明堂有外明堂凡山勢來緩平平結穴龍虎環抱近案當前即當論內明堂不可太濶太濶近于曠蕩曠蕩則不藏風又不可太狹太狹則氣局促局促則不貴總須要寬隘適中方圓合格不卑濕不欹側無流泉滴瀝無圓峰內抱不生惡石斯爲內明堂之善也凡山勢來急垂下結穴龍虎與穴相登前案高遠則當論外明堂外明堂必須兩邊寬展不可狹窄四山圍繞略無空缺又見外水曲折遠遠朝來斯爲外明堂之善也其或水城斜界面前傾瀉山似倒屍高低不等遇此明堂雖龍穴真正福力亦減凡富貴大地必結內外明堂地形大明堂亦大地形小明堂亦小但要龍真穴正而吉凶又不在專以明堂論也

明堂入式歌　尋得真龍與正穴須把明堂別明堂氣聚始爲奇不聚亦非宜凡是穴前坦夷處便是明堂位大低明堂原有三取用必相參小明堂在圓暈下立穴辨真假龍虎裏是中明堂交會要消詳大明

堂在案山內必須四水會。小明堂具穴篇中。入式不
重宣。中堂不必論形體。妙在雌雄喜。大堂水口要關
闌。眞氣聚其間明堂光明照萬方。寬濶始爲良。好砂
好水常聚面種種皆可見。若還逼窄豈能容。坐井面
墻同。寬濶生人亦軒豁。聰明更特達。逼窄生人必蠢
頑。猥猥更貪慳。古云堂寬容萬馬。亦忌曠而野。外闌
若在渺茫閒雖濶也如閒。萬山取寬爲正法。平洋還
要狹。萬山若狹平洋寬此格不須看。龍眞穴正堂氣
聚富貴原非細龍穴明堂俱各凶。永世不興隆。龍穴

若凶堂氣好。二紀還温飽龍穴若好明堂凶。初下便
貧窮。一紀之餘堂氣邁發福依還大。

明堂訣　眞氣聚處看明堂明堂裏面要平陽。明堂
裏面停豬水第一寬平始爲貴。仄裂傾摧撞射身。急
瀉崩騰非吉地明堂裏面分公位眞在明堂裏請君
未斷左右山先向明堂觀水勢。明堂亦有如鍋底橫
號金船龍虎裏直號天心曲御街馬蹄直分有曲勢。
明堂要似蓮葉水。盪歸左位長公起盪歸右位小公
興若居中心諸位貴。大抵明堂橫爲貴其次之玄關

鎖是蕩蕩直去不回頭雖似御街非吉地明堂要如
衣領襟。右紐左紐方爲貴或是田隴與山腳。如此關
欄眞可喜忽然面前無關鎖地刼風吹非吉利。

明堂辨水歌　明城本與水城異。浪說原非是。水城
雖在明堂中。形狀不相同溪港坑溝正名水。喝形須
用此。平洋須看落壠田無則不須言。無城却用明堂
斷。吉凶皆可判。堂中有殺切須知。山水一同摧堂殺
元來有十二。有一非吉地射冲崩陷缺分傾瀉勢相
同倩更有斜側與逼狹皆爲不合法。射是山腳入堂

來。遠配不聞回冲。是橫山過堂內官司常見害。崩是
山摧與岸頽。入眼作凶災。缺是四維有不足賊風消
已福陷是堂中多窟坑羅賴此中生。分是水趨左右
去。貨財原不聚。傾是水返當面流。下後退田牛。瀉是
一級低一級衣食常不給。側是斜來向一邊。妻子不
團圓。斜是敧從穴邊過。歲歲生災禍。逼是前後來塞
堂。代代没兒郎。狹是左右相挨撥。貧窮難過活。明堂
犯殺禍尤緊。眞同谷聲應。四平堂若如珠網。疋是人
丁旺。高下層層號御階。惟喜入胸懷。中低傍起如鍋

底。家中足錢米。屈曲田塍似馬蹄。富貴復何疑。畧舉
堂形宜觸類意會無執泥。心機巧處合天機。此語最
玄微。堂局若吉要潔淨。有物皆爲病。時人多自妄安
排。于內起亭臺。栽花砌路供遊賞。禍生如反掌。時師
放水更求妍。穿鑿損天然。廖公養老明堂訣。精詳無
欠缺。

水城論

水城者。明堂中之溪澗溝瀆是也。水城分五行。曲水圓
金。直木方土尖火曲城橫斜直朝俱吉。圓城抱身爲宜。

反背則忌。直城尖城冲射爲凶。方城抱吉背凶。水城之
吉。有玉帶九曲暗拱迴流諸格。凶則盪胸瀑面冲心射
脇裹頭牽鼻。穿臂割脚。漏腮反挑交劍刑殺漏槽斜撇
也。其凶咎各以其形象爲應。若穴前無溪澗溝瀆者。則
不必論水城矣。

五城訣、抱身彎曲號金城。圓轉渾如遶帶形。不但
顯榮及富盛。滿門和義世康寧。　峻急直流號木城。
勢如冲射最無情。軍賊流離及少死。貧窮困頓受伶
仃。　屈曲之玄號水城。盤桓顧穴似多情。貴入朝堂
官極品。更誇奕世有聲名。　破碎尖斜號火城。或如
交劍急流爭。更兼湍激聲洴湃。不須此處覓佳城。
方正橫平號土城。有凶有吉要詳明。悠洋深緒知爲
美。爭流響峻禍非輕。

消水入式歌　真龍落處衆水聚。水聚方爲貴。昔賢
何以水爲先。水在穴堂扦入鄉。先須觀水口。留心莫
亂走。兩山對定似鎖喉。眞龍在裏頭。尋龍點穴須仔
細。先要觀水勢。若是龍住水聚堂。不住亂茫茫。穴若
止時水便住。不止迢迢去。穴居隱怪却難扦。細把水

來辨。水本原是龍血脉。二者俱要得。若見當面去匆
匆。便是鬼刼龍。或是隨龍來百里。見水便停止。便來
此處分雌雄。得水喜相逢。若是陰陽分路明。下後家
富興。東牽西走不灣迴。勸君莫輕裁。偏正穴法在君
下。兩旁中心也。三叉中取更無疑。失一便爲非。

辨水分格歌　天機水分富貴賤。上中下格辨富貴
的在三格中。賤是下格逢。灣環曲抱皆爲貴。賤是直
流去。洋潮汸濟蕩胸臨。富盛斗量金。汪汪萬頃無涯
際。財帛來無數。蕩流直去無關闌。穴吉也徒閒。面前

峻急明堂遠只要有城轉莫因此樣有疑心龍任始爲真若是堂傾無落聚有穴終須棄龍真穴正出天然切記好安遷面前若逢捲簾水定主塡房子直去百步不回頭此是退田牛葬水須把龍爲主貴賤龍中取貴水若還遇貴龍下後出三公龍賤水貴主初吉終定破家室水賤龍貴不爲全禍福兩相兼水賤龍賤不足取絕人荒基址水中有煞最難醫在人細詳推仔細消詳煞八樣刑尅冲破狀更兼穿割實爲凶箭射總皆同刑是水穴得土水鰥寡孤獨鬼冲是

洋潮勢大雄穴小最爲凶尅是陽脉得陰水初下退田地破是衆水穿羅城妻姊女兒淫穿是一水穿堂過連綿非橫禍割是穴前抑脚反欠債不知休箭是面前來對穴口舌頻頻見射是一尖向外傾凶禍歲歲逢真龍若與砂水對禍福終須配天造地設一定規凶吉再難移

水格說　水爲龍血脉水會則龍盡水交則龍止水走則氣散水注則氣聚然有大小遠近淺深不同但來者欲屈曲橫者欲繞抱去者欲盤桓聚者欲澄凝

登穴不見直冲斜擺傾瀉陡跌不聞湍激悲鳴有情顧穴而環繞弓抱爲善書云洋洋悠悠顧我欲留傳伯通謂囊聚之水深如鍋底圓如鏡面方如棋盤是也

水城歌　斷城法要推詳单論城門看禽鬼天門地戶要知音全憑大小梅花取論水城先堂局但看橫斜并直曲星分翼軫與奎婁且要吉方安吉宿水城內看六建全憑內外三陽見若人知此六事全天下水城皆識遍水城中看三吉玉堂之官從此出若得

三吉對三叉合得真龍官大吉看水城論財祿財祿建全皆發福若無財祿水朝墳不合正星空祿祿論三陽看城郭城郭周迴無缺角羅城高聳列層層此中定有官砂作城郭低堂局窄此等規模中下格溪木澗水或澗池明堂豐廣衣食足吉墳宅大江折禽羅獸星左右列此是王侯官貴龍州縣城郭須分別大江朝怕冲墳必須橫案合城門若無橫案前遮脚田財破盡絕兒孫大江朝二字周更有砂洲三兩重定爲巡按鎮邊貴爲官排列入朝中大江橫如玉帶

前面羅城圓月界城門酉北合奎婁爲官腰佩金魚
一帶穴前朝圓積聚只見水來不見去此星東北合𣙜
門萬頃庄田家富貴坟宅前大池塘龍虎抱藏居一
方定主家豪人富貴金銀珠玉滿倉箱鄉郡地溪水
遶各得城門非小小牛有千頭穀千倉積粟腐陳多
財寶平洋地水城圍城郭低同鎮市居中有豪家人
積玉莫令水口有空虛市井地看口關口關重重水
不走水口捍門華表高家家富貴八千口水口城城
門裂五里十里人荒滅出人卑賤不規模此地安坟

定主絶坟前水直流流長流百步十年憂若還千步
水傾跌二十四年退敗休穴前水似反弓出人漂蕩
走西東反在左邊長子敗反居右畔小房憂當面水
禍中房中房必定主離鄉此地抔坟家退敗人逃少
死哭汪汪坟前水怕落礫少死年年多退替哭聲不
斷水聲悲人怕耳聾家見怪小溪水無數曲前是茶
槽配堂局年年招訟入公庭禍不離身入牢獄水一
曲一重財任他流去任他來若是連灣三五曲家中
財寶積如堆水射左長子憂若射右邊幼子愁當中

直射中房敗此名三殺水交流水割脚不須作時師
到此細裁度此是雄龍來作護若是雌龍眞大錯水
射背最利害流破天心空頂蓋捲瓦空凶人罕遇倒
背黃泉家業退點穴高水落槽四邊龍虎總崩逃堂
局不圓財不聚眞龍作穴也徒勞滴漏水更熟水此
是高山穴內取樓臺鼓角各分明又看左右牙刀嘴
數錢水哭聲水只在波聲輕重取遠聽數錢近哭聲
仍出耳聾難聽語八字水火城水別祖離鄉此中取
一紀二紀敗人家其中作穴非賢侶平洋水看遶身

山高水直看羅城要識高山蓋平水高山平水夾龍
行龍如將水如兵禽爲刀劍不離身水裏雌雄山上
見山上雌雄水裏明山出源在崙崑一脉千源天下
分要識水城凶與吉盡在玄機五局中
廖金精曰水止來氣貫其聚也聚則宏深則山無餘
去深則悠洋則氣不分散山無餘去則力盡之氣運
反復回顧鍾於一局氣不分散則停滀之餘潤次序
回潤反於一本
又曰水乃止氣氣止必有眞比比眞必有泓滀泓滀

前後左右深潛而不滿者皆是亦有腰結如仰高騎龍等穴不接滴水落必乾流反致貴重此貪天工情性最多漫天皆水故也

又曰水欲順不欲逆山之祖宗起於西北終於東南而水亦隨之矣欲逆之說果摶激過顙者亦齊變之道與向南大地多是順局亦未嘗廢其重

又曰順逆二字當究古人立言之義蓋天澤人遺旨自上而下常理也何至山獨欲其逆乎不知去而無關鎖者謂之順來而有停滀者謂之逆逆者止也如逆旅逆經之義

又曰水之改移即地之興廢譬則福而反則禍矣

又曰山之無故傾瀉者其地凶也水衝尤宜避之

來源論

來源者配龍水之源也水源深長則龍力長遠發福悠久源短則龍短而發福不遠大矣山中之地亦有源短而大發者但富夭貧賤貴不終不得全福耳

廖金精曰結局之內明堂所見來朝之水源頭短淺明堂之外去水迢迢主富者不壽貧者不夭

又曰當面之山亂而無格當面之水直過不還主富者不清貧者不詐

雜著曰坟前來水短案外去水長主富者不壽窮者多壽坟前去水短案外來水長主窮者不壽富者多壽穴高露而砂水低應貴者乏嗣賤者多子

客水論

客水者乃他龍之水會入明堂者是也除配龍一水之外諸水皆為客水客水朝拱有情主得外來之財若客水浩大激面盪胸則主敗絕客水直長沖心射脇則主凶禍皆非吉也大抵有客水朝穴要有內案橫欄令其暗拱則吉若穴上明見客水多主招凶庸俗貪朝直向客水不知受其衝射所以多受禍也

廖金精曰世俗喜好以朝之有無言地之美惡以朝之美惡言財之多寡以朝之淺深言發之久暫其誤甚矣孰知得龍穴之氣既多受砂水之潤不少天澤優渥於上靈泉滋蔭於下旺人旺財歷世不替是以仰凭順倒多居半舂平崗之上全不見水來朝者反富貴久遠豈拘拘於砂水哉

又曰人皆以凶星近水好朝者可穴雖云水可殺殺不知水之爲惡殆有甚也穴處不貪水縱有情亦不能納初見財禄僅止一代穴處凶頑水朝峻急則是山無善意水有凶情禍生旦夕不可苟也

又曰食水之地朝之入懷者也有二體山中之穴發源之特朝也從容和緩遜避相待之意多動而得靜之義朝山又是同義同情遠則同宗近則共支不必有擁抗既無遮隔潤氣常足故掊福甚速江邊之地衆流之合朝也動而益動之氣矣朝山遠出參形雜

態朝山朝水二朝俱具紛岐太多必欲其前有擁護近有遮抗如先弓之脚大砂之鋪所以遜水之亂突也江面之闊水源之深所謂水城也有圍山之餘礙以抗水勢之突有水城之闊步以抗朝山之亂見大而享清富貴所以遠大也蓋取通氣而不通勢也陰陽交感冲和不悖然後生物

又曰不論陽基陰穴穴之左右見有偷情之水而來謂之特朝其發極速若當面大朝直至面前更無支持其退亦速

雜著曰凡地莫不喜水朝而以入懷爲美倘主山低小而朝水廣大不無震撼之虞主弱客强朝反所忌也即主山豐隆而朝水廣大廣大則水中亦有暴氣使其棺木未受主山之氣渾淪貫徹與山爲一山雖足以敵水而初開之穴無氣之棺安能當此暴氣哉必主初年不利禦暴之術有葬法在

廖金精曰朝見小者穴當高受朝見大者穴當斜受朝固是水而實有殺古有讓朝之說與此義同

又曰古地畏朝如人之飲食過度而反傷也下地喜

朝如人之饑渴切身而欲飲食也朝在有情不在遠大水貴停瀦不貴傾來

又曰朝水太旺本身低弱者多有夭折破敗

水口論

水既過堂則去其去處必有門戶曰水口也水口最怕空闊直泄大要彎環屈曲迂廻深遠交鎖牢固爲妙若有捍門華表羅星北辰則爲大貴之局矣然近海近江近平洋亦有無水口之大地不可不知

一論水口　水口乃分龍水界穴水龍虎案山內外諸

水由之而出最要關鎖閉塞一重密一重若爲上書云水口不通舟又曰彈丸塞窗谷言其狹也若寬闊低瀉者非矣又有奇峯異石華表捍門羅星北辰之類端峙顧內此至貴至罕之水口也然水口關鎖有生成自然者有增益而爲之者有資墩壩橋廟宇關者故去水之砂或天然或人爲但有福之家水口年年有人堆做若年年開鑿毀坎伐木禍不旋踵矣

雜著曰水口山不特鎖一局之水使不走亦所以塞局內之氣使不洩水口高局內結穴高水口低局內結穴低若水口低局內必無高穴高處之氣以無遮塞而洩矣

又曰地之大小要看聚會聚會大則大聚會小則小地之久暫要看來龍來龍長則長短則暫水口又大小久暫之關鍵聚會大而水口梟發大而後必不振來龍長而水口淺發而易歇歇而又發來龍短而水口長一發不歇一歇不發

廖金精曰水口即咽喉羅星即舌氣行盛[illegible]而形發有餘當水口而塞之欲令內氣之不出兩[illegible]交結在羅星之外對峙畔岸亂石排列者是也

又曰水口塞洲漲起者地必盛也水若衝之其地衰矣

又曰塞洲之力最係輕重由其局內局外布設縝密無少遺憾而氣之盛大發於持滿之餘者方有此洲也主體尊重則洲形遠大主體柔弱則豬形畀小高起而頴異者曰天柱橫截而箕踞者曰地梁砂石攏形名曰逆鱗泥汚雜體名曰臭銅

泉水論

穴前左右有泉水者不涸不盈味甜色清氣香爲吉名曰養蔭泉主出人清貴文名若色濁味淡或汚臭則出人庸愚若滔滔流出者古云地氣從泉發泄不能融結然却有流泉而結美地者有葬後而泉乾涸者有葬後仍滔滔不涸者俱不必深論只要龍眞穴的便爲吉葬又有穴中有泉水者滔滔流出多爲富貴之地凡近穴之水不論泉水澗水田溝水俱要嘗其氣味可以辨龍穴之美惡也

廖金精曰養蔭池無待于外者也根本盛大其出無

窮鍾靈最多元氣尤盛此統會必大根基遠到
又曰黃潦之泉色濁而味薄或近或遠之間必有積池洩出而流行也本于下濕之浸灌清冽之泉色溫而味厚或遠或近之間必有天池通達而流行也根於氣血之充滿
又曰真龍必有真水此吉地固有泉矣葬後泉涸者泉竅適與穴之淺深相等既築之堅則泉竅欲達彼矣葬後泉仍流者葬落穴之下鑿築未堅到其流尚爾蓋山之祖有許多來則水之源有許多深不止不

歇龍山不枯外注法所以止流而節流者也
又曰水穴之患以其無氣聚水之地陰弱不載或是交界或是餘曜交界則為虛歇餘曜則為沙灘水之所止泥沙相將婬漬磅礴腐根朽物之藏也居與葬乘之皆致絕滅有俗葬水致福者諸龍之會氣勢之全陰於低凹心成穴星窩體水溢清溫氣甘勢煥按骨于內經久不敗譬之山谷之中氣勢攸聚之泉揔物浸之千百年而不壞泉靈故也又城郭大地多有乘虛搆樓居者人財兩盛亦鍾氣勢之鎔養故也

又曰山澤通氣安有土而無水者淫溢之泉汚而不清精液之泉清而有量有量云者冬則歇矣凡穴有泉不可輕棄枯凋之地亦吉葬之所忌
雜著曰穴在水中有之而不知穴內有水涇縣後岸王氏祖墳美女撒尿形穴前流水不止其家富貴不絕近一族人盜葬祖墳之側其人驟富族衆知而起去棺中淋淋水出未久其人即窮由此觀之穴中有水不妨發福也
井水歌　觀山認水定四時千金妙訣誰能知天陰

雨濕無真味水凝霜露昏虧虛壠畝耕夫田水濁牛羊鵞鴨來混雜君如看水流洋洋水性不定口難嘗闊處井泉通地脉深山澗水為斟量若見通船不見橋泉水聚河難定詳山間須試城門水清澈好色還馨香水碧香甜定出貴便有大地屬此處初口甜時吸口淡貴氣已過何足疑大地恐被人葬了陰陽山水俱相應初飲香時再飲甜富貴他年當有應初嚐甜時開口吞含唇似辣為君分先出武臣後出富武藝人精皆高門入口旋含閉口苦豈有賢家居此土

含吞香甜吐酸澁一去一程神廟土下手沃水清且
香嚴冬掬水如溫湯滴在水面滄滄響此去數里龍
潛藏水若冷時腥在手鐵鎖銅山燃不朽六月淡時
發氣鍾其鄉富貴那能久山高水碧神仙處平洋碧
水公侯居白水流時寺觀臨清白交流文兼武井水
紫白生文儒水浮紫氣公侯位白氣起時生孝子忠
臣烈士一同推水浮黃氣風吹寒紫烝橫波堆滿瀾
及有貴氣橫其間三年此間生將相富貴金銀堆如
山艮辰莫認溪頭氣亦恐濕霧浮其間教君請把茶

飄試浮漚裏面不須看清澄蕩漾任為貴不是淡蕩
盈齒酸君如抱病莫嘗水口舌苦酸不可飡若能識
氣知水味砂水龍神只一般教君都郡尋水法不比
山源是等閒黃河在北四時濁急風翻浪泥沙灣五
百年間清一遍此乃南朝帝子家半清半濁分兩邊
南北華夷旺氣偏秦皇惟恐黃河濁萬里長城防未
然兩川巫峽水如滴洞庭月海波濤碧洶湧潮高百
尺頭初一十五上嚴灘海水逆潮人愛惜江右英雄
由此出十五不潮人歎息郭璞漏泄南方事望湖舉

手攔阡陌成都碧水生花苔不及咸陽水縈廻崑崙
山脚水清淺急處瀉下聲轟雷遼陽水城衆山小燕
冀土深掘池沼即是水泉通地脉土厚水深人難曉
此地中華愛水深中華水深多秀峯東土水泉歸于
海海水何曾更清澄江右秀氣在潮水潮水白時人
富貴此是廖公親口訣教君嘗水法須記

山法全書卷之十七

古婺葉　泰九升父集
海昌沈子豐羽侯父叅
蘭陰吳上侯以康父訂

理氣部二十四龍訣天玉外傳吉凶砂吉凶水凹風論

九升氏曰。理氣之法。莫大於乘氣立向。消砂納水四者。此四者。余已有理氣三訣一書備之矣。至於諸五行諸細盤卦例。余已有撥霧集矣。則理氣之說。此處似無容更贅。但前二書。俱詳精妙之道。至於入門粗

淺之說。反未之備焉。故備於此。以為學理氣者入門之一助。

二十四龍訣

亥山原屬紫薇垣。四六山中第一尊。左右合關奇罕遇
乾壬借向妙難論。坤辰申午流災孽。巽丙丁辛漲福源
上局王侯仙佛嶺。癸主貴壽沐皇恩。

天市之星屬艮山。貪狼帝座嶺中間。巽流入兌金魚格。
午水當朝白虎關。丙丁庚酉宜作向。乙申辰戌忌廻還
二陽六秀山相應。公輔榮聯玉笋班。

天貴之星照丙山。南離火曜向中間。艮卯亥向榮堪羨。
壬癸乾流禍所關。天市貴峰欣峭拔。紫微吉水喜灣環
英雄世代登科舉。為官常侍帝王邊。

巽山分屬太微垣。主有文章子姓賢。坎癸乾壬流切忌
庚辛亥艮便宜扦。兌宮見水刀相殺。天乙侵雲翰苑仙
若有雙峰砂上起。弟兄科甲姓名聯。

天乙司星輔兌垣。氣鍾龍局産英賢。門楣光彩承恩命。
宅相榮華沐寵遷。太乙峰高登顯第。巽宮流到出神仙。
乾壬坤兌山宜坐。富貴榮華景一聯。

少微垣局坐西方。上應天宮昴宿光。巽亥老人山向吉。
丙丁太乙水呈祥。離壬寅甲嫌冲局。子午龍蛇忌到堂
砂秀水明扦得穴。文章太守姓名香。

老人星位管南方。照耀丁山勝有光。脉正應知綿壽考。
氣真端主産賢良。紫薇辛艮宜扦向。天市猪雞喜入堂
巳水黃泉兼巽兌。定因刑戮重災殃。

東震元為帝子宮。脉真定是出英雄。庚辛作向公侯爵。
丁午逢源鄭衛風。泰未水來雷擊發。兌金流出震轟凶。
兌峰橫聳兜鍪樣。配將邊疆立大功。

天潢垂象照庚宮。軍主威權將帥雄。震艮陽璇宜作向。紫薇天市喜朝東。離壬寅戌俱爲害。甲乙坤乾總是凶。結穴定逢黃土石。田連阡陌貨財豐。

巳山方位屬明堂。龍脈單行壽欠長。巽丙矮肥宜作穴。乙辰剝雜事非良。天市立向與戈劍。水流陽樞嗜酒漿。丁兌庚辛流並喜。若逢坎癸是災殃。

未山單脈不宜扦。行度兼丁祿氣全。宜向紫微天市吉。水流子癸戌辰偏。高僧好道多施捨。寡母鰥夫獨自權。若有吉砂來相拱。定因神佛發財錢。

丑山輔艮吉安扦。若是單艮福壽全。辰戌離坤流有禍。未丁庚丙向宜扦。後昆齊看經書典。左道榮華掌握權。祿不善終遭貶繫。十分局美自然安。

午山天馬位南離。氣勢沖騰驟發揮。癸向登科聲顯赫。亥凶刑戮自昏迷。陽闓震庚流切忌。天漢壬乾向總宜。奕世定因瘟火敗。更知多女少男兒。

壬山天輔四星臨。陽極陽龍體氣深。午乙坤山宜作向。丙丁未水忌相侵。峰列天魁三甲第。離宮朝旺萬金盈。若是離鄉尤貴盛。君家無退足平平。

天壘之星照子山。孕生六指養兒難。元音星日流皆喜。玄戈天官穴可安。辰水到堂家受戮。離朝入兌女貪花。始因軍賊興家業。終亦因軍賊破家。

癸山天漢正光輝。踴躍行龍最是奇。坤上起峰生武將。離宮砂秀侍丹墀。午坤山向俱爲美。丁未朝來最不宜。六指缺唇兒怪異。却生貴女作王妃。

坤山厚重産賢英。天越星臨分外清。龍健勢雄生武將。男忠女烈有聲名。向扦癸甲縻官祿。水納天羅沐寵榮。但恐後人難子息。高堂寡母淚盈盈。

卦坐申山迎輔坤。天官星守吉堪論。砂明水秀興家業。脈遠龍雄蔭子孫。乾甲向扦鍾秀氣。癸壬流到旺財源。年深只主招鰥寡。瞑瞑孤幃欲斷魂。

戌山照管屬天魁。墓地嫌無貴祿來。獨壠單岡休下穴。水秀砂奇進橫財。乙辰向下宜商賈。巽午朝來忌火災。終有刑徒軍賊敗。兒孫久後絕根荄。

天廄司星屬老陽。只宜道院與僧房。若爲陽宅陰墳地。定出盲聾忤逆郎。不義發財家易替。小兒繼嗣定難長。乙辰向吉辦凶殃。消蕩傳屍病可傷。

天官星位乙山明砂秀丹青藝術人離水大朝應富祿
坎山高起立光榮武曲流來偏無禍向對壬乾獨有情
贅婿繼兒多獲福中房繼續自生嗔
辰山星位屬天罡健勢奇形更異常貴祿不臨非吉地
鬼神爭佔是因傷僧房道院那堪住陽宅陰坟亦要裝
局美葬之多獲福終因軍賊敗家囊
天棓星輝獨照寅須知吉向在離坤縱然溫飽家肥地
定出風魔門疾人天馬橫朝當局美巨門流照到坟迎
更遭瘟火生灾孽易富須教亦易貧

甲山大龍近連寅向會坤壬及午申足患踘躚艱舉步
疾生痨瘵苦纏身坤申坎癸流偏處兌丙猶嫌少可嗔
絕代兒孫難養育縱他溫飽不如貧

天玉外傳四十八局訣 陳希夷著 吳景鸞傳

坎癸騰騰入亥乾丙向夾蛇抃馬虎兔山高起項庄田
置萬頃看紫看緋并着綠寅甲水來逐 陰亥龍
迢迢西兌下天門丁卯向爲尊艮甲山高水到堂年少
登金榜東南砂水擁如雲狀元并宰相 陽亥龍
少微西拔騰騰起經歷天門位壬子癸龍起伏來坤申

午向裁亥水遡朝官祿旺辰與消灾障 陽坎龍
寅艮條條入坎宮壬亥喜相逢乙坤申向人財旺午丁
亦宜葬申上峰巒出顯官卯水拜金鑾 陰坎龍
丑龍帶殺來東北出艮暫時福三吉六秀起峰巒穴吉
也爲官剝龍寅甲乙辰來瘋疾同祿災 陰丑龍
坎癸行龍丑入首初葬灾非有砂頭水法若周全穴正
出儒官回龍顧祖穴朝元乘氣不宜偏 陽丑龍
東南發氣艮龍入丙丁庚相翕三陽砂水秀朝坟敵國
富如春與巳催官流神注閥閱高門第 陰艮龍

坎癸轉關入天市丙乙爲真據紫緋雲擁列東南奕世
出官班虎馬山高爵祿彌水到姓名揚 陽艮龍
寅甲來龍休下穴聾啞瘋痍疾形真穴正水溶溶一發
便貧窮午酉山高水來到披枷常帶孝 寅甲龍
坎水行龍入卯宮丁亥向相逢亥子艮寅生旺合登科
宮顯達庚辛借向水歸南秀士早攀鞍 陽卯龍
巽離迢迢到雷門陰木顯權臣丙丁庚向有權謀貞艮
秀巒頭衆水遡歸戌亥流富貴廣田牛 陰卯龍
乙龍繼贅續螟蛉出震福還輕右關落脉帶天罡跛足

少年亡坤壬插穴向臨官雖發亦悲慟乙龍
充金暗殺成龍穴穴好頗暫發八將三台列秀峰難免
世貧窮砂水偏欹好益生殀寡絶人丁辰龍
廉貞一龍龍起震帝出齊乎巽庚丁配合是真玄丙辛
峯插漢坤申水來官祿顯莫作玄戈斷陽巽龍
太微起祖龍入巽旺氣趨生進辛壬當道水來酉三策
獻天衢巽巳高峯應亥子長生官祿地陰巽龍
巳龍左關庚金令右關辛金定坤申庚酉水秀朝窈女
貌堪描庚辛亥子應方起家業有儀麻巳龍

巽巳施生丙入首六秀功名有乙木臨官卯上有辛艮
向陰宜平地湧泉接生氣巳午爲官易陽丙龍
坤丁起伏來離丙右關陰火令庚金正配是財星富貴
此中生金雞鼓翼人丁旺平支向祖葬陰丙龍
離精若覓艮巽來壬癸向中裁寅甲峯清水朝入流向
東南合平支只作側騎龍水要放乾宮陽離龍
右關離火迢迢到南極星辰照庚丁方上起峯巒生旺
水盤桓巽巳流神入向來富貴又豐財陰離龍
南極丁龍由巽震富斷甲木令卯庚扦向水朝堂富貴

聚千金卯亥艮山水來應造化天然定陽丁龍
南離走馬捍金羊亥卯向宜裝穴吉氣融流水秀一代
儒官就坤未來龍是右關淫亂主孤單未龍
坤龍申轉來入首發福錢財有只嫌陰重主孤單更怕
左來關申子壬方水到堂寡母掌千箱坤龍
申龍出脉由坤未陰傍生乖異六秀峯巒列筍尖顏子
殀天年堂開穴正官斑有寡母空房守陽申龍
申龍帶坤乘庚氣壬子向得利酉北山高水秀朝金榜
題名高卯上有峯齊雲表人丁數不了陰坤龍

坤申轉調龍聚庚肅令威權重巽丁來水向巽丁持節
統邊兵寅甲流長官祿顯寵渥朝金殿陽庚龍
辛兌行來入首庚此是右關龍角亢長流壬水旺才畧
多名望巽丁卯艮作向扦閫外立纛鈴陰庚龍
天門下殿臨西兌旺龍朝巽位坤申丁庚山水來年少
步三台壬水入堂鸞鴨樸爲官至卿相陰兌龍
地母西南下少微丁巽向相宜申庚水來催官早巽巳
長生到斗牛流盡佩金魚品秩至尚書陽兌龍
庚兌屈曲辛到頭丙乙情交媾巽水滔滔上御堦會狀

此中來艮丙庚丁水朝入皇家作艮砌。陽辛龍

亥乾磊落氣入辛。切忌戌龍侵艮丙巽向案入懷。丁庚丙水來。巳酉丑山列秀朝。文學賽斑超。陰辛龍

戌龍須下盤龍穴。只主人丁絕敗。子揮金如土泥淫亂發顛痴。縱有六秀山峯起爲官也横死。戌龍

乾金亢陽無生息。長子没形跡。亘局周遮挨亥扦。乘氣莫當乾忌與魁罡相並出啞疾瘋痍絕。乾龍

吉砂類

四神全　乾坤艮巽四維之位。皆有峯巒主貴。缺一方卽減福力。

八將備　艮丙巽辛兌丁震庚。亦曰大貴。有峯巒齊起主貴。

四勢高　寅申巳亥是也。

三角峙　艮巽兌是也。

八國周　甲庚丙壬乙辛丁癸是也。又取坐穴前後左右爲八國。如得峯巒高障。尤主極貴。

三陽起　巽丙丁是也。又取丙午丁三峯高聳主貴。

日月明　離爲日。坎爲月。有峯對峙。名日月並明主貴。或有午峯而無子峯。若得子水來朝亦吉。所謂太陰得水還富豪也。

祿馬聚　祿馬之砂不一例。若得諸般祿馬相聚極貴。

正祿訣　子午卯酉巽宮詳。丙壬庚甲癸同鄉。乙辛丁癸陰神位。十二神來坤上當。寅申巳亥乾爲祿。坤艮巽宮山宜强。

飛天祿訣　子午卯酉在乾宮。辰戌丑未巽中逢。寅申巳亥居坤上。若得爲官便立功。

食祿訣　巡山遊祿要君分。乾兌搜求坎是尊。震巽

尋乾爲正路。坤離却向巽宮論。要知坎艮推坤卦。福德排來最可珍。若見峯巒尖秀出。子孫車馬滿朝門。

正馬訣　乾用甲爲眞正馬。坤來尋乙最爲强。艮從丙上尋其位。巽向辛峯是馬鄉。若得雙峯連不斷。見孫兩府佩金章。

驛馬訣　申子辰山馬艮寅。亥卯未山巽巳尋。巳酉丑山乾亥上。寅午戌山在坤申。

借祿借馬訣　丙借巽爲祿馬場。壬借乾爲祿馬鄉。甲借艮爲祿馬地。庚借坤爲祿馬方。

已上各位有峯簇集謂之祿馬聚主貴亦不必俱有只數位亦吉。

富貴全　巽辛峯高也雙秀主聯科狀元若辛亥山見巽辛峯主拜相辛山見辛峯奇峭主出尚書若低小亦儒官秀士。亥山見丙丁峯。艮山見丁辛峯。主出神童拜相高壽。已上是科第砂艮山見丙庚丁辛秀拔主大富旺人。水朝亦吉。庚山見卯艮峯。丙丁山見亥艮峯。艮山見丁峯主中富旺人。已上是富盛砂

子女旺　艮震坎爲三男有峯主旺人。巽離兌爲三女

峰秀主女貴。

財帛豐　艮爲貨財之府。又爲天祿。爲紫府。有山高大肥圓方正主多財帛。

壽星崇　丁爲南極老人。若兌山見丁峯高大主多壽

更點明　巽爲更點有峯主貴亦宜與龍穴相配。

天鼓振　卯酉艮巽爲陽鼓。丙丁庚辛爲陰鼓有山圓淨主貴。

文筆秀　巽辛二位尖峯是也。又名貴人峯。主貴顯。文章冠世。

魚袋塞　庚酉辛方有魚袋砂也此砂宜居水口。若在寅甲方爲木魚出僧道。

玉帶現　巽辛有帶。曰玉帶在庚兌曰金帶。在艮方曰銀帶。皆宜作正案。

金印浮　兌庚巽巳乾有印並名金印。必出水中爲真卜氏曰印浮水面煥乎其有文章。又例云。在庚方爲金箱。在酉方爲玉印在辛方爲銀印。在兌方又爲萬斛金箱印。在寅甲爲木印。又曰長生位是金印。帝旺是玉印。沐浴是木印。巽爲官印。離爲火珠天師印。坤

爲田土印。坎爲僧印。震爲鬼印。

判筆攢　庚酉辛尖砂或聳或臥是也。又云巽辛方上是。

衙杖攏　巳爲衙杖。

兜鍪峻　兌庚峯高大是也。又云庚爲兵將。

劍戟卓　庚酉辛三峯並秀。突出侵雲主出武將。威振華夷。

符節拱　丁峯是也。又爲火星。

兵權大　震山見庚峯。艮山見丁辛峯。庚山見卯峯。

紫袍清　丁是也。

牙笏峙　巽是也。

金鑾高　兌位爲金鑾。

金街正　乾位爲金街，丙方爲御街。

御刀插　艮巽是。

寶瓶列　子方是，巽爲寶笄。

天輦端　坤位是。

華蓋臨　壬子癸位。

紫褥盛　巽辛是。

赦文起　丙庚丁辛有方山如屏是也。主一方永無凶禍。又云，乾坤艮巽爲大赦文，甲庚丙壬爲小赦文。

催官出　丙庚丁辛爲陽催官，巽兌艮震爲陰催官。

官國貴　子山在戌，乾丑山在亥壬。每開位有圓峯爲貴。又云，病方是也。九升曰：龍家大五行病前一位曰官國。如水龍病在寅，則甲是官國。

帝座尊　亥峰是也。

谷將雄　子癸丑艮寅甲六山谷將在坤，卯乙辰巽巳丙六山谷將在乾，午丁未坤申庚六山谷將在艮，酉辛戌乾亥壬六山谷將方在巽。又云，本山臨官位是。

此方不宜放水。又云，子山谷將在未，每第八位危位是也。九升曰：穀將者，龍家大五行冠帶臨官中一位是。如水土龍生申，冠戌官亥，則乾爲谷將也。世人不知穀將天柱等神出在大五行，故上例俱訛錯。其云每第八位危是，子山穀將在未，此以子上起建，則危在未。不知大五行法，從墓上起建，則危在亥，並不在未也。不知根源，故以訛傳訛如此。

天倉飽　子山天倉在酉，每第十位收位是也。

紅旗振　震是也。

天旗開　丙午是也。

太陽陞殿　房虛昴星四宿在子午卯酉之位，若此四位有太陽金星四面相照，主極品之貴，敵國之富。

太陰入廟　心危張畢四宿在甲庚丙壬之位，若此四位有太陰金星四面相照，主男爲駙馬，女作宮妃。

五炁朝元　火南水北木東金西並秀，中間土星結穴，坐北面南是也。又曰五星守垣，主貴顯廟食。

三火拱照　離爲天祿火，丙爲地祿火，丁爲人爵火，三一位並秀極貴，但離有火星，必得乾壬二峯泄制爲吉。

不然須用布注法。取乾金之氣生壬水以制之。陽宅放水亦然。或面前大鑿池沼。主生賢佐。否則不免火災。

金馬上階　乾為天廄。畜馬之所也。午為正馬。從其肖也。故乾為金馬。午為天馬。二位有馬山。更得兌山高聳。謂馬上金階主貴。

赤蛇遶印　巳為赤蛇。有印居之主貴。

尊帝當前　尊星丙。帝星丁。二峯雙峙主貴。亥為帝座為仙橋。

祿馬拱後　艮丙天祿。乾離天馬。有山高障亦貴。

貴叅天柱　乾為天柱。若貴人峯高聳。主大貴。

馬上御階　巽位有馬山。兼有巽水來朝是也。主貴近帝王。廖云。馬蹄踏破御階水。秀才出去狀元回。

三卷齊明　如寅山申向。申上有峯為一卷。寅午戌有峯為二卷。申子辰有峯為三卷。不拘尖圓方俱美。

凶砂類

八門缺　八卦之位凹陷是也。又云。巽為廣莫風。主路死水災內亂。艮為條風。主鬼魅虎傷。震為明庶風。主奴婢凌主。樹死絕後。巽為清明風。主訟獄顛狂樹壓。離為景風。主火災兵亾。坤為凉風。主絕戶。兌為閶闔風。主產死刀傷。乾為不周風。主去鄉退產。

四金凹　辰戌丑未缺陷是也。主翻棺覆槨。

陽關陷　兌宮低陷。主兵死。

魁罡雄　辰戌高壓。主出賊盜乞丐。

三火低　丙午丁三位低陷。主不貴。

四神剝　乾坤艮巽之砂。有石點剝。主凶。

子宮虛　艮震坎三位凹缺。主不旺人丁。

祿位缺　祿位見前例。又巳午艮亥。亦曰祿位。若無峯不貴。

金堦平　兌低陷不貴。

文星低　巽辛陷也。主貴而不祿。

天柱折　乾宮凹也。主天亾。若有戌乾風吹[illegible]尤緊。

壽山傾　丁山低缺。主天亾。

天母虧　坤宮凹陷。主出寡母。損陰人。

賊旗現　辰戌有旗山。主出大盜。

殺刀出　辰戌丑未有尖砂倒地。主屠劊刦賊。在坤申曰屠刀。

回祿來　寅午戌有缺陷。主火災。回祿之氣。隨風而來也。

衡星壓　卯爲陽衡。忌高壓。主功名蹭蹬。蓋卯乃太陽所出之門。山高則日晏遲滯之象也。

倉庫倒　辰戌丑未爲四庫。山若斜側破碎倒攧。主貧乏。

財帛散　艮爲財帛。若砂皆散亂。或凹陷。主貧窮。

橫屍見　魚袋砂在坎癸四墓位。主客死。在丙丁曰烟

包。

墜胎生　子癸丑有墩阜。主墜胎。在戌乾方主盲聾。在午方主中子瞎。

五星受制　火北金南土東木西水居四墓是也。縱穴美亦無大力量。

四煞擅權　辰戌丑未高壓峻嶒帶殺逼穴。主大凶惡逆。大盜誅夷。有赦文照者差減。

祿無正位　子午卯酉寅申巳亥。此正祿之地。缺陷。主不貴。或有水流破亦然。如丙向忌流巳也。丙戊祿在巳。巳位水去。山空。他倣此。

吉水類

三陽水　巽丙丁也。合流震艮出。主食邑開府膺三公之貴。合流庚兌出。名三貴水亦然。　九升曰。巽丙丁三吉水。俱在南方。故曰三陽。然與六建並稱曰三陽六建者。則三陽非巽丙丁。乃內堂中堂外堂也。龍虎內曰內堂。案內曰中堂。外曰外堂。不可不知。

六建水　天建亥。地建艮。人建丁。財建卯。祿建巽。馬建丙。曾公則以形局言。以水朝左曰天建。右曰地建。中

曰人建。　九升曰。六建者。龍家大五行生旺墓絕也。已上六建。俱係借六建之名色。非真六建。今將六建分位列後。

天建　天建者。乃太陽之地。養生之位。若山水朝揖主子孫聰明秀麗。有大量。故無強暴也。訣曰。天建之山高百丈。直上峰頂。望若然。朝水入明堂。食祿佐明王。

人建　人建者。即地之和氣所聚。臨官帝旺之位。水來主大富貴。聰明俊秀。狀元。男女高壽。去則無也。即

武曲水來吉訣曰八建吉方山水到五音皆云好水去水來大吉昌富貴足無雙

地建　地建者乃地之陰氣沐浴之方主淫亂子孫强暴不和若無冠方同朝主得横財也即文曲水來去不吉訣曰地建之方君要會山水須相對山奇水秀聚明堂育女配賢良

財建　財建者乃地之會氣衰病之方水來主及第去主發財不貴多生女性僻不和無長壽也即巨門水來去吉訣曰財建之方山水至斷定登科第若然

流水去無回家富積錢財

鬼建　鬼建者乃地之凝氣死墓二位是也水來主招賊盜刑獄出人鬼相又主腰疾死逃亡夭折即天罡水去吉訣曰鬼建之方山水惡刼盜年年着若然朝水入明堂瘟火血光傷

祿建　祿建者乃地之逆氣絶胎二位是也去主發財來主刑獄番胃黃腫癆瘵若胎養並朝不爲全凶也即祿存水去吉來凶訣曰祿建迢迢水流去代代開質庫若然朝水入明堂枉死少年郎

五吉水　丁玉門水又名壽星水巽文筆水辛學堂水丙金堂水卯寶倉水

八貴水　艮丙巽辛兌丁震庚是也

六秀水　艮丙巽辛兌丁是也

催官水　艮山丙水震山庚水巽山辛水兌山丁水俱是納于陰陽相見故主催官進爵又云水流太乙勝光位出去是即絶胎方也

赦文水　丙丁是

長壽水　艮丙兌丁也南極老人星春分見丙秋分見

丁丙納于艮丁納于兌故四位水皆爲壽考

横財水　陰山陰水朝陽山陽水朝是也主發速

金帶水　庚酉辛水繞抱是也又云兌丁是

銀帶水　艮水遶抱是也艮爲銀寶之地又云艮丙是

金堦水　庚兌辛水特朝或田源平坦是也

御堦水　陰局艮巽水陽局乾坤水流去者是又云祿馬還須上御堦坤申寅艮好推排

寶庫水　艮水遶也

金魚水　巽辛水抱也

兵將水　坎癸也。

武鸞水　離壬也。

官曜水　艮山兌水。兌山艮水。坎山癸水。癸山坎水。離山壬水。壬山離水。震庚亥未山見巽水。巽山見震庚亥未水。皆陰陽正配。不相混淆。故主催官發財祿。

歸元水　亥艮山丙丁巳水。丙丁山亥水。震巽山庚水。庚酉辛山震水。離山壬水。癸水。癸坤山午水。即絕胎二位水也。或元辰直流。或穴前直放。皆無害。惟坤山忌巳水。木尅土。鬼水也。又謂金絕于甲。木絕于庚。土絕于丙。火絕于壬。故甲庚丙壬四位爲長生歸元水。主貴。

花羅水　亥山巳丙水。艮丙山庚水。巽山丁水。兌丁山辛水。庚山艮丙水。卯山丙水。壬午山乙水。坤山壬水。

鬼鄉水　震庚二位。在天卦爲五鬼。宜流去。

陽鼓水　艮巽震兌水朝先到穴。爲陽鼓先鳴。

陰鼓水　丙庚丁辛水朝先到穴。爲陰鼓先鳴。主旺人丁。

祿馬上街水　甲辛二水流乾。乙丙二水流坤。辛甲二

水流巽。丙乙二水流艮。皆取四維正祿正馬流去也。

金門華表水　巽水流艮。主女爲妃。又云卯亥是。

財寶玉堦水　艮丙水入兌丁。主驟貴。又云艮丁是。

金馬玉堂水　巽水入西兌辛方。主貴入朝班翰苑聲名。辛水遶轉丁方。主清秀奇才。

入丁催官水　丙水流丁兌出。主人丁旺盛榮貴。又云丙兌兌丙。

金魚御街水　丙水入巽轉辛。或丁。主富貴雙全。若更得東震水朝。或來朝長流絕胎祿存而去。主發達。又云兌丁巽。

金門上馬水　丙水入兌轉巽流震。金門掉臂赫名聲。又云丙丁巽卯。

正官文秀水　巽水來長。奕世文章。聯名科第。官職顯揚。又云巨門巽辛。

金榜玉堂水　辛水流入丁。主出清秀才子。榮貴綿遠。又云巽辛。

正官財帛水　巽水流西入亥。得兌震山高應。主資財巨萬。又云巽兌。

左水右合去　卯水流入巽，轉庚辛方，亥水流轉丙丁方，主出王侯。

正官寶街水　兌水流入巽，又兌峰秀拔，主子孫貴顯。

金闕玉斗水　兌水流艮也，若震山高應，主官爵滿朝。又云兌丁。

正官武鸞水　文曲流坤也，若坎山脉，主出武夫上將。又云午。

玄關紫氣水　丁水流轉巳，若兌山高應，主紫綬金章。又云丁兌。

正將兵權水　壬水流坎癸，主橫發貲財，官至科甲。又云辛亥。

三陽九關水　武曲三元，流廉入艮，主出天牧宰輔。又云巽兌卯癸。

正馬玉階水　庚丙兌是也。

凶水類

桃花水　一名咸池水，一名娥眉水，蓋卯酉乃太陰出入之門，朔後晦前，狀如娥眉嬌娥之象，子午與卯酉爲四正也，陽局忌卯酉二水破局，若壬子癸龍有午水朝，主驟發，以離子配納，水制火伏而吉。離龍子水朝，雖發福必淫亂，蓋純卦不配，龍受坎制，故爾。陰局忌子午二水破局，若庚辛龍見卯水朝，主大發，以干卦[illegible]配，金制水伏，故吉。如震山兌水，縱吉必淫，以純卦不配，龍受金制也。又坎龍離水不宜入酉，謂之遊魂桃花。賴云：坎龍離水入酉兌，淫奔必主期桑中。

風聲水　巽巳水不宜破陽局，坤申水不宜破陰局，俱主淫慾風聲。又曰：坤艮之山在丙壬，一定花街柳巷人。若有星砂來接應，不拘貧富惹風聲。丙壬坤艮是

貪花須用來山水上，加吉神，男人多好色。壬癸街頭嗅吃茶。

離鄉水　離壬寅戌四水是也。離者，離去也。壬寅戌兼子離也。凡此四水破局來去者，吉地則離鄉富貴，凶地則逃竄。

回祿水　午爲陽火，丙爲陰火，二宮之水兼朝，溷雜必主火災。若單朝，不忌寅午戌三合火局。若俱有水來去，或四缺受風，皆主火災。乙辰水來去破陰局，謂之帶殺火，亦主火災。

瘟疸水　震山戌乾水。艮山未坤水。兌山丑癸水。巽山戌水。離山艮寅水。坎山丙午水。乾山卯水。坤山巳水。

癆瘵水　乙辰水。戌乾水。未坤水。俱以破局爲驗。凡四墓龍脈。及惡砂尖射入懷。或凹風吹穴。刺水破局。皆主癆瘵。

鰥寡水　乾水破陰局。主出鰥夫痼疾。坤水破陰局。主出寡母。淫風。更主絶嗣。兼未主私通僧道。亦須兼砂斷之。

少亡水　辰水。戌乾水。坤申水。破局是也。

絶嗣水　乾向有坤水是也。戌乾向快。甲乙向慢。

痼疾水　子癸水破局。主腫脹落水。自縊血崩痔漏大腸。六指缺唇。午火破局。主瞎眼。辰戌丑未四水破局。主痼疾橫逆。戌乾水破局。主瘖啞盲聾瘋跛。辰水破局。主缺唇露齒瘖啞耳聾。寅甲水破局。主瘋跛殘疾盲目疙背。又云。未艮二方有深坑。主三子皆青盲。

惡死水　癸水主溺水毒藥。甲水主自縊。木石壓。午水主牢獄火燒。丑水主刀兵。申水主陣亡。乙辰水主木壓。乾水主石壓。寅水主虎咬。巳水主蛇傷。皆要破局始驗。

橫天水　辰戌爲天羅地網。故二水破局。主凶惡死。

牢獄水　午辰戌水破陰局是也。天牢星照午。而貴人不臨辰戌。更有山如獄如枷杻。或有路如繩鎖。在此三位主囚圄死。

刑戮水　即是八曜水　主遭刑戮。雖吉地亦不免。或遭盜殺。或戰陣亡亦驗。

寇盜水　乙辰水。辛戌水。寅甲水。丑癸水。坤未水。破局是也。吉地常遭盜寇。凶地多出盜寇。要兼砂看。

乞丐水　辰戌二水破局。穴前順去直流。無砂收攔。主出乞丐。

屠宰水　辰戌丑未四水交流是也。以其爲四殺故爾。

螟蛉水　乙水。卯水。乙辰水。辛戌水。乾水。來去破局是也。

悖逆水　辰戌水破局也。

妖魅水　又名左道水。丑未水破局也。

河泊水　壬子水。子癸水。庚申水。乙辰水。破局。主水厄。又例云。辰加戌位。戌加辰。落水洪濤是大津。辛戌溪

邊落水死寅在卷中叫四隣更有申辰并亥子江湖
夭命奮無音
毒藥水　癸水丑水交流破局是也。
墮胎水　子癸水破陰局巽巳水破陽局
外死水　文曲之水若流長定主離鄉出少亡。
癆疾水　乙艮曲腳切須防內犯自縊外犯亡。
自吊水　辰戌丑未卯巳午多主少年人吊死陽男陰
女脇之
投軍水　子午卯酉山水見扞劫投軍實可憐四神相
值申午戌不論貪富作軍人。
雷驚水　亥卯未三合水同見主雷驚墓及傷人。震山
見亥未二水來去亦是。
蛇虎水　寅巳是也從其代名。
藝術水　庚僧甲道丙師娘壬出長齋乙藥方辛出畫
工并處士兌丁針線做衣裳艮甲遭官及郎級癸發
童子下下郎將師會得雜藝法行程萬里不裝根。
軍帆流移水　午水寅水癸水申水辰水破局主遠配
鄉則走擴。

翻棺覆槨水　戌乾上乙辰上癸丑上未坤上有凹風
又有水射是風送水入為禍甚忌。又云辰戌丑未坤
申氣忌寅甲風戌乾風左氣右側右氣左側。
螻蟻穿棺水　乙辰水寅甲水甲卯水艮寅水申庚水
辛戌水未坤水癸丑水坤申水乾亥水俱以龍穴不
真為驗。凡穴關煞氣者亦必有蟻。又云乙穴忌坤申。
甲山忌壬癸。
樹根穿板水　寅甲乙辰水戌乾水破局是也。凡龍脈
無氣穴場受風者必有樹根穿棺。貫日主壞目貫耳
主耳聾。
黃泉浸屍水　乙辰水坤申水壬子水戌乾水寅甲水
破局是也。凡龍脈無氣穴上受風者亦主有水浸棺
骨。驗以黑爛主子孫疾病黃腫漸絕。
反覆黃泉　庚丁坤上是黃泉坤向庚丁不可扦。巽向
忌行乙丙上乙丙須防巽水先。甲癸向中憂見艮。艮
向須知甲癸顛。乾向辛壬行不得辛壬水路怕當乾
八干向四維水來曰黃泉。四維向八干水去曰八煞
故曰反覆黃泉。

八煞水　訣曰坎龍坤兔震山猴巽雞乾馬兌蛇頭艮虎離猪爲煞曜宅墓遇之一時休　凡來龍坐山俱忌不特來水凡山峰行路俱忌

又八曜煞水　訣曰甲怕流寅乙怕辰丙午丁未要傷人庚申辛戌宜當避壬亥癸丑是凶神又曰丙丁辛向忌寅流壬癸逢蛇乙向牛庚向逢申甲向亥也教人犯配他州亦名八向曜水凶

凹風尅應論　張子微著

地有凹風難十全凹風入妙更精玄且言凹風凶禍應各有風來隨位傳諸家諸說固不一當取的說爲君言假如子位有風入子孫溺水應必然若還陽山坐乾位子上有風反不畏又有坐申作寅向或是坐寅向申位子上風來是吉方只要穴中相回避癸上風來射穴邊男女內亂交相傳若還寅申爲坐向此風來時應不然或是乙辰并坤申此處風來任後先丑位有風自凹來刺面徒刑作賊魁或是充軍并刼死家財落退冷如灰若還坐亥與坐艮巽巳丙與丁未庚縱有風來不爲害陰遇陰方同此情凹穴風從艮位加竈君招鬼入人家

少壯多因瘟疫死師巫常在事如麻不論陰陽諸吉向此風尾怕要遮攔又嫌寅位一樣風虎豹傷人位位同惟有坐辰無所畏不如遮斷不令通甲位風來亦不祥行人多向路中亡化宦不歸魂不返妻兒皆不在身傍惟有坤申戌乾坐更兼乙辰壬子方不畏此風來與往偏嫌亥丑作明堂卯位風來入明堂主人未老眼無光少壯多貪扶與策只緣瞳子兜風傷若還丑艮與巳巽更兼丙丁及亥方如此向坐幸無畏縱有凹斷不寒凉乙位風來居長房順風流淚眼汪汪申寅辰位不畏此其餘切忌此風傷辰位凹上若有風男人常疾婦私通惟有午坤兼甲乙壬子乾戌不相妨巽位風來不肯休少男房下事多憂頭風喜臥無情思婦女纏頭不自由惟有巳丙及丁未丑艮及卯不須愁巳上風來凹處長此風多是出蛇傷丙丁卯艮却不怕未庚坐下要高强丙位風高却怕來蛇虫入屋火生災巳巽丁未無所畏其他遮護要迴回午未兼丁三位風火燒家宅害重重更有瘟神長入屋只緣一向被風衝此風不問坐何向此方凹缺盡皆凶未上風來凹穴中出人癆瘵吐鮮紅

巳巽丙丁庚辛酉此等坐向在其通坤位風來入斷門
官司口舌事相交若還午申及乾戌任他來往不相關
申庚凹處有來風吹得家財件件空劫賊入家有傷殺
從亥諸子盡貧窮只有坤方辛酉位稍稍無害終有凶
酉未風來更入辛子孫貧乏異常人辛勤擘劃終難遂
更怕傷亡少壯身戌位乾方亦怕風龜胸鱉背受貧窮
更有跎腰并跛腳被人毆打吐鮮紅若坐坤申壬子癸
不妨聽入是凡風亥位風來凹斷地牲畜多災不吉利
家財消敗聚不成更引賊徒常睥睨惟有庚酉辛丑艮

坐得明堂得其位壬上風凹自怕寒出人下賤更辛酸
家無擔石囊無積個個憂愁眉不寬惟有戌乾及子癸
甲乙坤申風自由大抵陰陽分兩樣各有吉凶隨所斷
不可去處風可來陽位陰風不相能陰位陽風不宜旺
獨有午艮位位凶更兼丑亥多魔障諸家吉凶多不同
此論吉凶玄妙中君能言此不眩惑五星地形參更工
要識吾師認真實不妨件件即仙蹤

八山忌風

艮山切忌巽坍風巽乾二位馬頭逢坤山忌震坎上艮
震山又怕遇乾空離山忌坤兌忌坎風來骸骨與泥同
九升氏曰已上龍砂水風之凶吉俱不可執着大抵
理氣之書多貴陰賤陽論龍必以陰爲吉而陽爲凶
不知龍之大小貴賤在巒頭形局非理氣所能拘定
如辰戌二龍在理氣以爲最凶者顧多發大魁高甲
可見不得拘泥陰貴陽賤也不問陰龍陽龍只要龍
穴真乘氣清配向合便能發福至于砂水凶吉益不
可執蓋砂水在立向消納消納不來則滿局皆凶即
艮亥何益若消納得法雖辰戌四墓俱吉也凹風子

微之說雖曰某風某向方不忌然亦要穴中迴避得
法方可非曰無妨便可任他射穴也余集此粗淺理
氣一卷爲初學說法不得不依古說詮次若執滯其
說則害事不淺蓋理氣自有大書如靈城精義青囊
水法催官玉尺夾竹梅花之類學者自當精究者也

山法全書卷之十八

古婺葉　泰九升父集
蘭陰吳肇驥公良父叅
武林許世玲子輿父訂

造墳部廖公作法秘旨歌賴公行注法董公放水法

九升氏曰：地理家法，審巒頭以定穴，推理氣以定向。穴向既定，則開井造墳之事起矣。立塋有濶狹，開井有淺深，作堆有五行，放水有三折。若不知其法度，則烏能與人遷作耶？雖然，昔楊賴之作多艸艸成事，一土堆之外無他，而曾廖則規模濶大，合而觀之，若有異法。豈知楊賴多爲貧家，而曾廖多係富貴家也。則造墳之法，若淺深放水等，不容艸畧，至在外之規模，亦存乎其人之神明而已。

作法秘旨歌

龍穴砂水與堂氣，生成自天地。于中作用本由人，有術驗如神。第一傳與點穴法，仔細去看踏，前後左右要消詳，切記莫慌忙。第二傳與開堂訣，濶狹依師說，若還鋤破太極圈，水蟻便侵棺。第三穿井要詳悉，淺深須用術，箇中造化極精微，莫許衆人知。第四作堆各有制，不可言容易，五行相尅有吉凶，災禍便重重。第五放水宜步數，起卦用天父，先量坐下後朱雀，陰陽有凶吉。第六取路貴迂曲，要合木星局，莫挨白虎避黄泉，犯着禍連連。第七發形須想像，當把九星相，只論形穴誤人多，星體沒偏頗。第八畫圖要法度，筆筆休教誤，看圖富貴便能知，紙上露玄機。第九課驗宜真實，仙蹤從此出，莫談怪異使人疑，禍福去詳推。第十傳授休輕泄，得人方可說，仙翁說戒鬼神知，後學請遵依。惟此十傳名秘旨，盡是廖公語。廖公緘口不傳人，著論自藏身。

點穴法　居葬通用，其法有十

正穴名　地理所謂穴者，本人身灸穴爲義，故居人葬骨之所，皆謂之穴，言其不可少有差也。故曰：若還差一指，如隔萬重山。以四用言之，京都以朝殿爲正，州郡以公廳爲正，宅舍以中堂爲正，墳墓以金井爲正。

相穴法　凡點穴，先須于穴星上斬木燒草，令淨，使星形明白，天光發新，然後于明堂中對案山上對面相之，發作何星何體，以穴星、部三勢、四殺諸法參定穴陽當在何處。私立記認。以憑審訂。經云穴在南時北山尋穴在北時南山望是也。對案山既有所經據。徑到其山看案山高低。高則齊肩。低則應心。經云。朝若高時高處下。朝若低時低處針。又曰對案山來不傾側。纔方移步便敧斜。只將對案尋真穴。案若正時穴氣住是也。若無案而有水爲朱雀。遠水同高山。近水同低山。

察龍虎　相對平等。卻看左右。以審高低。經云。左右高時在高處。左右低時在低平是也。

辨堂氣　左右前後各停勻。卻看明堂水聚何處。聚于中則穴居中。聚于左則穴居左。聚于右則穴居右。經云。真氣聚處看明堂是也。

避惡殺　凡穴前左見山射。則穴宜右。右見山射則穴宜左。左有山壓穴宜右。右有山壓穴宜左。此趨吉避凶之道也。

定八卦　四象既定。當分八卦。先于穴星後分水脊上用盤針。定脈從何方來。次于暈心標下下盤針。定脈從何方去。又于明堂中流水處下盤針。定水從何方

來何方去。八卦配方。乾統甲。坤統乙。離統壬寅午戌。坎統癸申子辰。屬陽。艮統丙。巽統辛。兌統丁巳酉丑。震統庚亥卯未。屬陰。陽脈得陽向陽水。陰脈得陰向陰水。謂之純粹大吉。陽脈得陰向陰水。陰脈得陽向陽水。謂之駁雜大凶。向吉水凶。先吉後凶。向凶水吉。先凶後吉。

立塋形　塋形必圓。前若峻削。須做三級。凡高山則擁成。平崗則掘就。其濶狹有制。以玉尺量之。凡塋除水溝并金井之外。不可掘鑿。皆要存實土。若鋤破四圍。則傷殘真氣。

量玉尺　書云。玉尺度其遠邇。蔡氏云。其數生于黃鍾。今之尺當八寸爲則。按尺法不一。牧堂父子皆精于律呂。故其言可信。今尺惟塋造曲尺。通行四方。以塋造尺八寸爲一尺。分十寸。凡度塋濶狹量壙深遠皆用之。

度圓暈　穴內圓暈乃生氣凝聚。靈光現露之處。開塋只在暈內。不可鋤破暈弦。破則生氣泄漏。靈光銷鑠。名曰傷穴。主虫蟻入壙。水泉浸棺。子孫貧寒不振。推

居穴及四凶穴不忌。四凶穴不宜太過。法用小繩從暈上弦量至下弦。得玉尺幾尺。規爲塋體。此爲定法。穴有饒減進退。塋皆不動。故曰裏面黃金斗。外撿衆人口。外星尺之法。可參而用之。

起星尺　用天父卦起星。作壙用。天父卦訣　乾弼離破軍。兌貪震巨門。巽廉艮武曲。坎文坤祿存。　其法以貪巨祿文廉武破輔弼九星起尺。每一尺起一星。得貪巨武叠塋吉。貪發小。巨發中。武發長。輔三房均平。法以來脉爲主。從壙心量起。如乾甲山脉。一尺破。

二尺貪。三尺巨。四尺祿。五尺文。六尺廉。七尺武。八尺破。九尺輔。一丈又弼之類。若圓暈狹。作七尺。稍濶作九尺。極濶作一丈二尺。當隨圓暈濶狹。寧可不及。不可太過。天父卦定局附後。

乾甲山　七尺武曲　九尺輔星　一丈弼星
丈一貪狼　丈二巨門　丈六武曲

坤乙山　六尺輔星　七尺弼星　八尺貪狼
九尺巨門　丈三武曲　丈五輔星

坎癸申辰山　六尺弼星　七尺貪狼　八尺巨門
丈二武曲　丈四輔星　丈五弼星

離壬寅戌山　五尺巨門　九尺武曲　丈一輔星
丈二弼星　丈三貪狼　丈四巨門

艮丙山　六尺巨門　一丈武曲　丈二輔星
丈三弼星　丈四貪狼　丈五巨門

巽辛山　五尺弼星　六尺貪狼　七尺巨門
丈一武曲　丈三輔星　丈四弼星

兌丁巳丑山　六尺武曲　八尺輔星　九尺弼星
一丈貪狼　丈一巨門　丈五武曲

震庚亥未山　五尺武曲　七尺輔星　八尺弼星
九尺貪狼　一丈巨門　丈四武曲

穿壙法　安葬獨用其法有七

論法度　凡穿壙僅容棺則止。若太寬濶。則泄漏生氣。磚石太厚。亦能隔絕生氣。開鑿太久。則能散失生氣。唐一行惟宜三日之內。凡生塋只宜開塋。不宜穿壙。雙穴只以一穴爲正。

定淺深　書云。藏于濕燥者宜淺。氣升脉浮故宜淺葬。于坦夷者宜深。氣降脉沉故宜深。經云淺深得乘。風水自成大槩如此。法用小繩于暈心標準。量至暈下弦標準得玉尺幾尺。即淺深之法。此爲定法。

審四法　凡圓暈與左右長短高低停匀。則于暈心依玉尺淺深側放棺。若左右稍短則用吞法。從暈心標準接向後二三尺許放棺。若左右稍長則用吐法。從暈心標準趨向前二三尺許放棺。若左右稍高則用浮法。以玉尺淺深數減二三尺許放棺。若左右稍低則用沉法。以玉尺淺深數增二三尺許放棺。吞吐浮沉。不過三尺。塋壠不動。內秘金井。此與語也。外有尺

寸星白。可參而用之。

起星尺　用飛宮卦起星。以貪入中順飛。訣曰。巽山右弼乾巨門離起廉貞兌祿存。坎山武曲艮文曲震起左輔坤破軍。其法以貪巨祿文廉武破輔弼九星起尺。每卦一尺起一星值貪狼發少位。值巨門發中位。值武曲發長位。值輔弼三位均平。法得貪巨武輔弼值穴吉。以來脉爲主。從壙心上面量起。如坤乙山脉。得一尺破。二尺輔。三尺弼。四尺貪。五尺巨。六尺祿。七尺文。八尺廉。九尺武。一丈破之類。若玉尺數淺作三尺。稍深作五尺。極深作九尺。厚薄隨玉尺淺深寧可不及不可太過。八山尺數定局附後。

乾甲山　五尺武曲　七尺輔星　八尺弼星
　九尺貪狼　一丈巨門　丈四武曲

坤乙山　四尺貪狼　五尺巨門　九尺武曲
　丈一輔星　丈二弼星　丈五貪狼

坎癸申辰山　四尺弼星　五尺貪狼　六尺巨門
　一丈武曲　丈二輔星　丈三弼星

離壬寅戌山　四尺輔星　五尺弼星　六尺貪狼

　七尺巨門　丈一武曲　丈三輔星

艮丙山　五尺輔星　六尺弼星　七尺貪狼
　八尺巨門　丈二武曲　丈四輔星

巽辛山　二尺巨門　七尺武曲　九尺輔星
　一丈弼星　丈一貪狼　丈二巨門

兌丁巳丑山　四尺武曲　六尺輔星　七尺弼星
　八尺貪狼　九尺巨門　丈三武曲

震庚亥未山　四尺巨門　八尺武曲　一丈輔星
　丈一弼星　丈二貪狼　丈三巨門

定寸白　九星與玉尺淺深數合有餘則以寸白吉星裁之如不足則以寸白吉星增之訣曰乾起四綠震七赤巽起五黃坎二黑坤起三碧兌九紫離起八白艮六白其法以一白二黑三碧四綠五黃六白七赤八白九紫起寸每一寸起一星得紫白値穴吉以來脉爲主如艮山脉一寸六白二寸七赤三寸八白四寸九紫五寸一白六寸二黑七寸三碧八寸四綠九寸五黃之類尺寸俱吉爲上尺凶寸吉爲次合玉尺深淺數亦可寸白定局附後

乾甲山　三寸六白　五寸八白　六寸九紫　七寸一白

坤乙山　四寸六白　六寸八白　七寸九紫　八寸一白

離壬寅戌山　一寸八白　二寸九紫　三寸一白　八寸六白

坎癸申辰山　七寸八白　八寸九紫　九寸一白　五寸六白

艮丙山　一寸六白　三寸八白　四寸九紫　五寸一白

巽辛山　二寸一白　四寸八白　五寸九紫　六寸一白

兌丁巳丑山　二寸一白　七寸六白　九寸八白　一寸九紫

震庚亥未山　二寸八白　三寸九紫　四寸一白　九寸六白

辨土色　書云夫土欲細而堅潤而不澤截肪切玉備具五色夫乾如聚粟濕如封肉水泉砂礫皆爲凶宅

又曰陰陽衝和五土兼備巳穴而溫二吉也註云得勢與形而土色不佳亦不貴也今按九州土壤不同而燥濕亦異難以槩論形勢土色俱全爲美多見形勢不吉而土色具備用之者禍不旋日形勢自吉而土色不備用之者常臻富貴不可執一論也水泉砂礫然龍真穴正則自無之有之則非真龍正穴明矣又有驗穴法燃燭穴中燄動而卽滅者有地風也必翻棺轉屍大凶然此外面必有風射穴自此可見何待予試驗或謂穴必有水宜開溝放之乃佳

考證應　穴中證應于地之吉凶本無預先輩假此以神其術耳。然涉怪誕每爲明理者所鄙。師傳透山光分二十四向真正有驗。又有八山尅應可與曆書參用。

透山光　用縫針定山脉

子山有石夾土及鼠蛇。　癸山有刀斧及蜈蚣。

丑山有蜈蚣及鐵器　艮山有麻石下有二色土

寅山有十字石及板石。　甲山有五色土及黃土。

卯山有生物器物土卵。　乙山有龜及照鏡圓石。

辰山有硃砂及器物。　巽山有小蛇及白石。

巳山有板石及蜈蚣。　丙山有板石及龜

午山有鐵器物。　丁山有炭煤青石。

未山有圓石土卵黃土。　坤山有蜥蜴及黃色石。

申山有黃石及小蛇。　庚山有土卵及白石。

酉山有金星土石　辛山有壇石及白石。

戌山有土窩及石墩。　乾山有五色石。

亥山有五色土卵麻石。　壬山有鐵器瓦及生氣物

八山尅應

乾甲山開地見痛脚老人戴笠來。或聞鼓聲。

坤乙山開地見老人相罵黑牛相鬬。女人牽牛。

離壬寅戌山開地見南方火發或文人把火牽牛小兒赤身長叫。

坎癸申辰山開地有雲從西北起有人着黑衣來。

艮丙山開地有雷聲火烟起。小兒作戲。

巽辛山開地有風雨打鼓聲路邊逢擔食入及貴人把傘來。

兌丁巳丑山開地聞鐘聲有人着白衣從西方來。

震庚亥未山開地有雷鼓聲騎牛吹笛人來。

作堆法

考制度　記曰。古者墓而不墳。土之高起者曰墳。至周始立制度冢人墓人丈夫掌之。天子墳高一丈諸侯八尺大夫六尺士四尺庶人不封。漢增其制列侯墳高四尺關內侯至庶人各有差。自是庶人亦有墳矣其形有四有若堂者（堂形四方而高）有若坊者（坊形旁殺而長）有若覆若屋者。（夏屋金門其形旁廣而卑）有若斧者（斧形旁殺上而長）銳。後世諸家推五行之象求相生之義增損其形爲五遵用至

今的然有準，不可忽也。

定形體　凡有形體，則有吉凶，順其理則吉，逆其理則凶。築土爲壟，可不謹乎。其圓者爲金堆，直者爲木堆，曲者爲水堆，尖者爲火堆，方者爲土堆。太陰太陽孤曜穴屬金，宜作水堆；金水掃蕩穴屬水，宜作木堆。取相生之義，其間或有不同者，詳見穴星篇。

審高低　堆有高低，皆順山勢，高山宜低，平地宜高，藏風也。大槩如此法，取壙中尺數爲之，如內深五尺，則高五尺之類。其濶狹居塋之半，如塋濶一丈，則堆濶五尺之類，亦須要合宜。

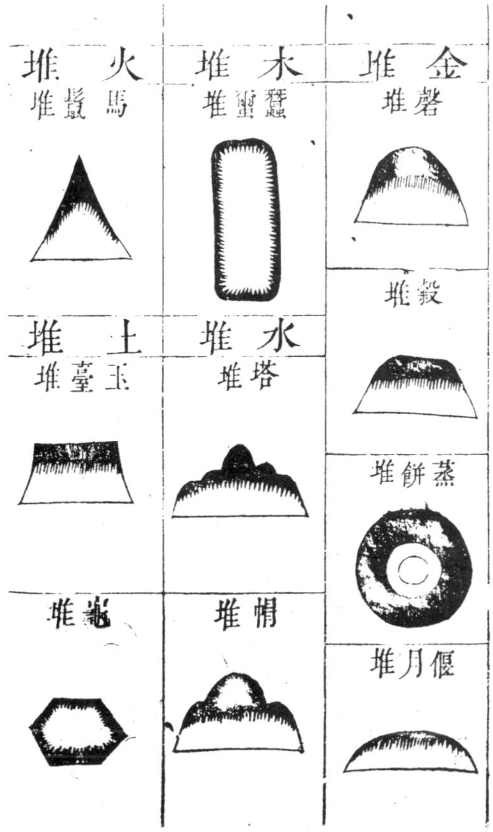

金堆腦圓身上小下大，于五行屬金。高者爲磬堆，次高者爲轂堆，平地宜之；低者爲蒸餅堆，高山宜之。或土擁，或磚砌皆可。上聚穴不宜砌。凡天財穴諸體皆用此，塟後便發，先進田產。紫氣穴忌用，立退血財，亦難得發越也。

偃月堆腦圓身正，後高前低，貼身塋內，貼塋一半，不開水溝，形如偃月。本是金土合形，于九星皆無所忌。凡高山平地吞穴必用此，以其能蓋穴。或土擁磚砌皆可。上聚穴不用磚砌。狐穴諸體宜，塟後便發，先出女貴。

木堆腦圓而長，前後圓而狹，左右直而廣，形如蠶蛋。本是金木合體，于九星皆無所忌。凡高山平地吐穴必當用此，以其能合穴也。或土擁，或磚砌皆可。上聚穴不用砌。金水穴諸體尤宜，塟後便發，生貴子。

水堆腦圓身匾，疊爲數級，上小下大，五行屬水。高者爲塔堆，平地宜之；低者爲席帽堆，高山宜之。或用磚石砌成，或只用築土培成。凡太陽太陰孤曜穴如此，塟後便發，先進橫財。天罡燥火穴忌用，立退家業。發氣亦遲。

火堆。腦尖面平。前高後低而長。上薄下廣。于五行屬火。形如斧。即古所謂馬鬣封是也。須用磚石砌成。紫氣穴體用此。葬後便發。先旺人口。次進田財。太陰太陽孤曜忌用。立見家業銷鑠。歲久方發。

土堆。腦平身圓。上狹下廣。于五行屬土。高者名爲玉臺。平地宜之。低者謂龜堆。高山宜之。或土擁。或磚砌皆可。上聚不用磚砌。凡天罡燥火諸體穴。用此埋後即發。先進田產。旺蠶絲。金水掃蕩忌紫氣穴忌。

放水法 居塋通用

定方位　宅墓前乾流水。謂之元辰水。元關禍福。或陡瀉。或直出。或流入凶位。災禍立見。術家有法拆之。宅水先于中堂前簷滴水處。用十字木星局加坐向。墓水于塋前取第二級下作兜金。即半月池。于中用十字木星加坐向。若元辰水倒左。則取天財位。或木星位折起。倒右則取太陰位。或木星位折起。

量後山　以竹爲二弓。以小繩爲弦。一弓長五尺。准塋造尺四尺高山上用之。一弓長六尺。准塋造尺四尺

八寸。平地上用之。先量坐下。逆量從墳心起至轉處位得幾步。次量來山。逆量從轉處起。至轉處任得幾步。坐下若有十步陽山。則放十步陽水。有十步陰山。則放十步陰水。來山亦然。多少倣此。陰陽山水。即輔星卦。

放溝水　狐首經云。穴放溝水。出于人爲。禍福所係。審擇是非。今按宅水只宜開暗溝。皆可從木星局吉位上放出。陽山只放乾甲坤乙壬癸六向水。陰山宜放艮丙巽辛丁庚六向水。不用十二支辰。所謂一龍生從地下來。萬水從天上去是也。用大父卦起星。一步起一星。得貪巨武輔弼吉星爲一折。如坐下來山屬震則起巨門。五步得武曲。巨門起星則五步爲一折。折處要如生蛇屈曲之狀。不可如斗角曲尺。犯之殺人。又須避木星局燥火方。勾陳大殺方。八方瘟火方。四維殺將方。不可冲犯流破。若後山帶陰陽雙辰。則水亦如陰陽雙辰折之。二三分山無妨。若四五分關禍福。必要逐折移盤針。還步內折之。遇田溝坑巷則任。凡平地三年則行一步。若折得步數多。則得福

亦久遠或陡瀉或直出。皆當作土城遮障。使穴中不見乃佳。其直出水若是高山穴前生觜長者當于兠金弦作水城外。開路截斷。若是平地穴是鉗窩。當于左右堆土牛關鎖。經云。日力之巧。功目之具。趨全避缺。增高益下是也。

逃師旨。 按放水之法。其說多端。有專論坐下。有專論來山。有專論向首。其卦例又紛紜不一。難以盡信。先師下饒州樂平明口許宅。辰巽來龍。入震。入甲。作正艮入頭。下正辛向。放元辰辛水。九步得癸。歸乾轉辛。

得庚。歸坤入申。歸庚合大溪一水。以前法推之。辛向坐乙。天父卦乙起祿存。九步得巨門爲一折。歸癸輔星卦乙山武曲是也。歸乾巨門水也。此是發坐下水。轉辛。艮山武曲水也。歸庚貪狼水也。歸坤甲山巨門水也。此是發來山水。課狀可攷。又德興諸地。多有丙向不發壬山水者。以坐山短無壬。故不發坐下水也。如貪狼水用翻卦數在庚上。是花羅水也。如武曲水至癸。是天財水。如巨門水至乾甲。是橫財水。餘倣此。只放天干。不放地支。

天星步水斷　用輔星卦翻星。又用天父步頭星

貪狼星應亥卯未生人年月。 臨乾甲坤乙壬癸。名財羅水。歌曰。財羅之水富家財。流入陽宮是富媒。定產兒孫聰且俊。名標金榜占都魁。 臨艮巽名錦羅水。歌曰。錦羅之上喜流長。陰位宜居艮巽方。子弟聰明又帶秀。他年衣錦喜還鄉。 臨丙庚名六秀花羅水。歌曰。貪狼決水號花羅。庚丙方流吉慶多。財帛金銀從此進。兒孫聰俊更家和。 臨丁辛名寶羅水歌曰。水折貪狼號寶羅。丁辛未上喜相過。財錢豐足何

須說。俊秀兒孫擢甲科。

巨門星　臨乾甲坤乙壬癸。名橫財水。歌曰。橫財之水巨門當。折放元來位向陽。定有橫財家必富。自然進入最爲良。 臨艮巽名綠衣水。歌曰。綠衣之水最爲奇。艮巽宮中好折歸。家道昌隆生貴子。荷衣挂綠步丹墀。 臨丙庚名天宮水。歌曰。巨門一水號天宮。陰位宜庚喜丙中。蔭益兒孫家富足。文章星斗燦心胸。 臨丁辛名雙秀水。歌曰。雙秀宮中丁與辛。巨門臨照福來臻。穴來折水憑山脉。他日兒孫盡富人。

武曲星應申子辰生人年月。臨乾甲坤乙壬癸名天財水歌曰。陽宮武曲氣爲奇。水號天財福祿宜。塋後定生聰慧子。高車駟馬耀旌旗。臨艮巽名天爵水歌曰武曲流歸艮巽宮。水名天爵喜相逢。兒孫聰俊高科第。政事文章冠世雄。臨丙庚名榮祿水歌曰。水名榮祿是何如。庚丙之中武曲居。折法若能依法度。登庸進祿定巍巍。臨丁辛名財建水歌曰水名財建是何因。武曲流歸丁與辛。好向穴前隨步放家盈財帛足珠珍。

左輔星應巳酉丑生人年月。臨乾甲坤乙壬癸名本宮水歌曰。本宮放水水流陽。左輔星來照此方。家旺田庄金寶積。吏生貴子氣軒昂。臨艮巽名天池水歌曰。水流艮巽號天池。左輔星臨氣是奇。與旺人丁足財帛。姓名他日達丹墀。臨丙庚名銀河水歌曰。左輔流歸丙與庚。銀河一水并天行。他年定產英雄輩。金榜須教早挂名。臨丁辛名月窟水歌曰。左輔流來丁與辛。水名月窟是天津。開溝折法氣爲吉。貫朽千倉粟自陳。

右弼星應寅午戌生人年月。臨乾甲坤乙壬癸名龍門水歌曰。龍門一水氣奇哉。爲受陽宮右弼來。公位均勻人口旺。年年更進橫來財。臨艮巽名金門水歌曰弼臨艮巽是金門。折入陰宮是貴人。富貴榮華人仰羨。誰知積水蔭兒孫。臨丙庚名天門水歌曰。水歸庚丙氣相宜。右弼加臨福祿隨。好是房房生貴子。他年及第蹋雲梯。臨丁辛名[redacted]水歌曰。

殺將方訣　甲寅辰巽戌兼辛。申子坤庚丑癸神。十二山頭乾上是。艮卯巳龍艮上尋。離壬丙乙巽爲將。兌丁乾亥在于坤。殺將只行四維位。冠帶臨官來此星。

論來龍忌水放此方出。

木星燥火方訣　欲知燥火向何尋。只在向前第一神。假若坟塋趨午向。此神在癸乙辛丁。

勾陳大煞方訣　丙丁離壬山在壬。巳震庚上艮山申。巽山乾上乾山巽。兌亥乙山甲上存。未庚辛戌子癸丑寅甲辰山坤與申。此十二山俱在丙。水冲山射惡

無倫此殺論來龍不可從此方放水主賊刼火災公訟跌死

八山瘟火訣　離山艮寅乾卯方震山乾戌出瘟瘴坎山丙午坎山巳艮山申未實堪傷兌山丑癸巽山戌風吹水射有災殃穴前折水宜迴避縱合天星也不離其法論來龍如離壬寅戌龍不可放艮寅水之類又其方怕風吹射一不足堆土築二不足栽竹木三不足須造屋有遮障則無害

附輔星卦十字勝金卦

輔星卦

每從本

兌　震　宮起輔

坤　坎　用輔武

巽　艮　破廉貪

離　乾　巨祿文

依例翻

勝金卦

每以木星加坐向

取路法　居塋通用

定吉方　凡宅墳前取路與開門同法必在吉方宅則于大門或門樓限上安木星局墓則于塋前第三級上安木星局取五吉避四凶又須避黃泉煞

避衝破　凡路忌嫌當面直來謂之衝破主宅不安必須曲曲而入若穴水倒左則從右畔入穴水倒右則從左畔入古人云朝者亦非直來之謂大抵與饒減相似須貴其來又嫌其衝也

論宜忌　路宜繞青龍謂之旋身主財貨積聚忌繞白虎謂之帶索主官非連綿四獸脊上有十字路主枉死少年明堂中心有井字路主貧窮疾病兩橫一直路名曰扛屍主虎傷刑徒乾上艮巽上路交者貧若

坤申上路交者淫艮上路交者子死艮乃鬼門也四方有路圍宅墓者主世出瘋癲之人最有驗

避黃泉煞　其法只論入向餘向不忌如甲向忌安单艮向門路之類犯之主枉死少年亡殺家長疾病官事凶訣曰庚丁坤上是黃泉乙丙須防巽木先甲癸向中憂見艮辛壬水路怕當乾

課驗法

定格式　記者所以記其事也先述地從某位起祖至某處過峽行龍體勢若何如龍之行如馬之馳有侍

有從有雌有雄情狀若何自其位入某位作某位入首爲某形。遷某向某星值向某星値穴（即向首輔星卦）發元辰某水幾步歸某位或大溪小澗長流若何某砂在某位水城若何此其大槩也。

課等第　按地有八等一自足二有餘三縣令四知通五提轄六侍從七宰輔八三公師保自足之地山水聚穴。衣食無缺有餘之地山迎水朝財物豐饒縣令之地格小穴貴百里爲治知通之地格正局真五馬行春提轄之地勢壯局雄威行部封侍從之地勢格軒昂位近淸光宰輔之地局大勢高位冠百僚三公之地格局全美陰陽燮理以此八等。定地高下。則應驗必然

課富地　凡富地穴星必乖厚。多是太陽天財之類而龍格或大富星或大覆釜左右或帶天倉地庫并寶箱金櫃水城朝迎砂有錢堆穀堆浪典攤衣則可作富地斷矣

課貴地　凡貴地穴星必尊嚴多是金水紫氣之類龍格或翔鳳或飛蛾左右帶交床踏節行車並馬。水城環繞砂有排衙唱喏謝恩拜職。可作貴斷。

課文貴　文貴之地穴星必清秀多是太陰紫氣之類龍格要獨步丹墀或席帽筆架左右帶書筒硯匣砂有文筆書臺至雙薦侍講可作文貴斷

課武貴　武貴之地穴星必雄偉多是太陽天罡燥火之類龍格或雲雨勢或蓋天旗左右帶臥弓横劍砂有屯軍堆甲。頓搶走馬可作武貴斷。

課公位　以所葬之人斷假如其人有九子則一四七爲長位二五八爲中位三六九爲小位有第十子又爲長第十一子又爲中。第十二子又爲幼多皆傚此。如只一子不必分公位高大龍格過脉直來不爲他用。則衰而復盛若爲他用則就便歇滅大抵君子之澤五世而斬。一世三十年得一百五十年則他塚相繼用事若格勢小蓋勢輕來歷近則不及此數格勢大蓋送厚來歷遠則不止此數又當消息推之。

課年命　受蔭年命見穴星篇太陽太陰孤曜蔭庚辛申酉命金水掃蕩蔭壬癸亥子命紫氣蔭甲乙寅卯命天財蔭戊己辰戌丑未命天罡燥火蔭丙丁巳午

命然穴星所管已過又當以龍格論如後龍貴格在子上出脈則主子生人爲官之類至驗又吉砂在此方亦主此命人受蔭此皆秘訣

課歲月　發達歲月見穴星篇太陽太陰孤曜在巳酉丑年金水天財掃蕩在申子辰年紫氣在亥卯未年天罡燥火在寅午戌年然穴星所管已過此後以龍格論如後龍貴在子上則主子年發達之類又吉凶在此方亦主此年見禍福此皆秘訣

課三主　初主以穴星推之用穴星篇所論如云肥大

之人相貌端莊心性聰明行事果決官至牧守之類中主以龍格推之用龍格所論當主某貴末主以主星推之亦用龍格所論當有某貴並用本文不可增損

壙底行汪法　賴公著

九井氏曰行汪者所以放瀉龍氣使之純粹或有凶砂惡水則行汪以控制之使之不害乃造葬之微權斡旋之妙道也其法內作內潢池以蓄氣于是放出本龍節節盤曲放出壙前又作一外潢池以止氣深

潤皆用四寸象四象也又從外潢池放出于穴前則曰放水汪氣用正五行相生放水則諸家之說不一另具于後

金井布氣說

夫布氣者所以運五行吉氣而控制山川凶惡者氣虛則行且口鼻虛則通元氣出入而生口鼻息則元氣壅滯而死如一陽初動葭灰潛興夫管虛則受氣而灰飛書云土圭測其方位玉尺度其遠近又曰內秘五行皆爲布氣言也或曰先賢作墳宅固或如是其道久沒世

人罕能而百年之間所營墳宅富貴何限豈皆行氣應之也予應之曰氣之在旦夕薰蒸鮮不通者但分福應之遲速耳如惡氣行地覆棺覆屍亦未嘗遭之而使其行則吉氣之行地可知矣但不能控制砂水凶惡有微疵則禍福相半古人所以奪神功改天命豈虛語哉

起收禽捕歌例

甲麒麟　乙天獄　丙鳳凰　丁龍殺　戊虎殺

己天禍　庚章光　辛地殃　壬玉堂　癸死絶

其法不問某龍向每一寸起甲麒麟一寸一星週甲

丙庚壬寸數爲四吉。宜折爲溝頭。又有一寸起建。挨
建除十二星。以危除定開爲四吉者。

起九星并隨星紫白例

艮丙龍起貪狼八白　巽辛巨門九紫　乾甲祿存一
白　離壬寅戌文曲二黑　震庚亥未廉貞三碧　兌
丁巳丑武曲四綠　坎癸申辰破軍五黃　坤乙左輔
六白　右弼七赤但挨星不配卦
其法隨本龍起其星。每一寸一星。以貪巨武輔弼爲
吉。宜折爲溝頭。

起三白例

坎癸申辰龍起一白　坤乙二黑　震庚亥未三碧
巽辛四綠　乾甲六白　兌丁巳丑七赤　艮丙八白
離壬寅戌九紫　五黃但挨星不配卦
其法隨本龍起其星。每一寸一星。遇三白九紫宜折
爲溝頭。

起生命

子戌子　癸丁丑　丑巳丑　艮巳丑　寅戌寅
甲庚寅　卯巳卯　乙辛卯　辰戌辰　巽戌辰
巳巳巳　丙壬午　午戌午　丁癸未　未巳未
坤巳未　申戌申　庚甲申　酉巳酉　辛乙酉
戌戌戌　乾戌戌　亥巳亥　壬丙子
右法依本龍起其命一寸一命。凡陽宅陰基。遇有生
命則不可折。曰溝頭撞命殺。

論分金

凡溝中分金俱宜丙丁庚辛旺相者。其有論分金納音
生尅者。則太繁瑣。不必遵也。

行布例

氣者氣也。各以本山起九星所屬爲一寸。連續論去。凡
遇貪巨武輔弼所臨之寸。及係四獸所值之寸。或係各
山白星九紫所臨之寸。爲上吉。方行折地氣。吉數吉星
多處則折三者。不必盡合其吉。凡九星所臨吉位須係
奇數。不犯撞命。便可折行。金河流水。金井行氣。如水不
斷也。

控制法例

陰局惡殺砂水所宜控制　戌辰坤壬坎癸出見行注
震氣以制之乾離巳行注亥氣以制之震庚甲乙行注

丙丁氣以制之。申兌。行汪亥艮氣以制之。兌本吉若巽龍係曜星。故制之。丑未行汪巽氣以制之。陽局惡殺砂水所宜控制 坤艮出見。行甲乙氣以制之。辰戌丑未。行甲乙氣以制之。乾甲兌辛巳丙丁。行壬子癸氣以制之。亥。行甲乙氣以制之。寅甲震巽。行離氣以制之。

凡控制之法。以凶砂凶水之位所屬之五行死病墓絕之氣。行汪制之。如辰戌砂水凶惡。其位屬土。土死在卯。則卯氣制之。餘倣此。更得尅其方之氣尤佳。如

卯又能尅辰戌土也。用死病墓絕氣制之者。惡人雖欲害已。彼既死病。焉能害我哉。行墓氣須避正墓方。如要行辰而辰係惡殺。不行辰而行巽是也。

九升曰。丙午水并至。凡陰陽二宅必犯回祿火死子酉戌亥。故汪兌亥之氣制之。則無火患。賴公曰。遊魂陰櫃水并入寅午戌歲燒天紀。埜穴若汪兌亥氣。回祿潛制應無蹤。蓋兌亥金水之氣尅火也。廖金精滅火坑是如此制法。

亥龍丙向行氣之式

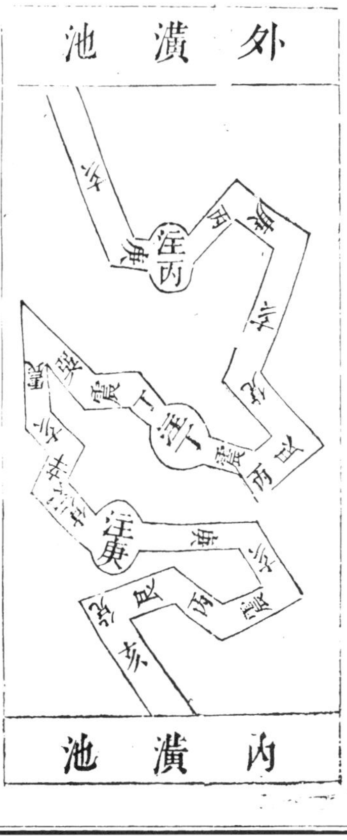

亥為汪穴之氣。其氣屬水。水宜兌金以生之。艮土生兌金。丙火生艮土。震木生丙火。亥水生震木。庚金生亥水。水汪庚者。乃亥水長生之位。汪其氣盛而復行也。兌出

所以佐庚金。艮土生辛金。辛金生亥水。亥水生震木。巽木。木旺生火。而汪丁氣。乃壬龍胎氣財宮。汪其氣使盛而後行。用震出以生丙火。火盛而生艮土。土生兌金。金生亥水。而庚金又生之。金非火不成器。故汪丙。丙雖壬龍絕氣。為馬之垣。又是財鄉。氣行于外而將止。故可汪內出庚者。絕氣既盛。逆生而後行。庚金生亥水而後止。然年命有溝頭之避忌。納音取生旺之方。雖相乘不同。而大槩如此。在智者裁之。內潰池所以聚氣。外潰池所以止氣。汪聚其氣而後行耳。法宜壬龍長生沐浴臨官

帝旺胎養之宮。相生比和之位。或主龍所尅之氣爲財吉也。忌主龍死墓絶位。及尅制主龍之鄉爲凶。

艮龍丁向行氣之式

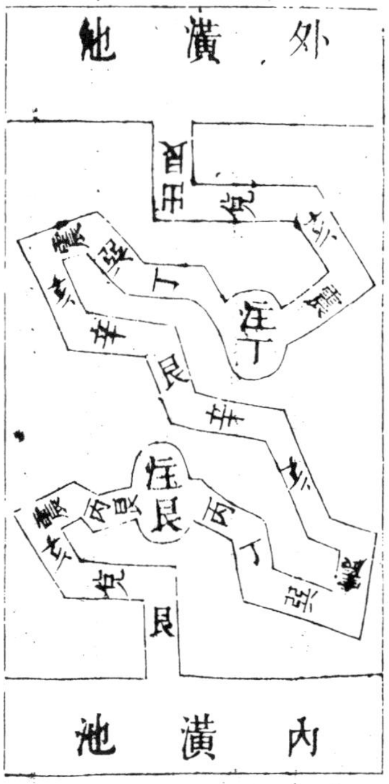

艮土生兌金。金生亥水。水生震木。木生丙火。火生艮土注之龍之氣盛而後行。丙納艮。故丙出陰陽相見。行丁火以佐丙。行震木以生火。行亥水以生木。行辛金以生水。行艮土以生金。辛金生亥水。亥水生震巽木。震巽木生丁火。注丁火以相生主龍。乃土之胎氣在丁。注其氣盛而後行也。用震出以生火。用亥水以生木。得酉金以生水。承艮土以生金。出潢池以止氣。

以亥艮二龍爲例。餘可准此折注

艮亥二龍攊丙向陽基行氣之式

若依陰地行注。上砌地面亦可。但恐所屬生命多難以盡合。只取四氣流通。且無轉折。不必避撞命。如丙之盡處屬壬。溝頭灣歸亥注。艮盡處屬坤。溝頭灣丁注。震亥

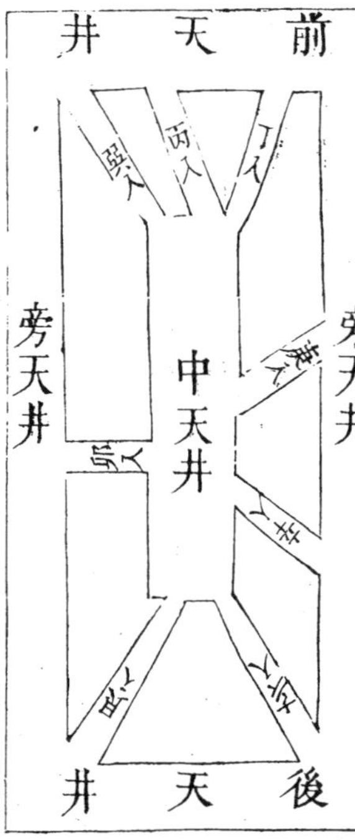

凡棟梁架楹切忌溝頭衝射

兌巳俱吉。則不必灣歸他位。餘倣此。

諸陰山注氣宜忌

艮山宜注兌庚辛丙丁。艮氣。忌震爲尅凶。　亥山宜注庚兌丁丙亥氣。忌艮震尅凶。　兌山宜注艮巽兌氣。忌丙丁離卦氣尅凶。　巽震山宜注亥艮震巽氣。忌庚兌辛尅制凶。　丙丁山宜注艮兌震巽丙丁氣。忌亥尅制凶。　庚辛山宜注震巽艮氣。亥泄氣。丙丁尅制凶。

陽局山無宜忌說。然不過宜生忌尅。其理可推也。

壬龍午向注氣式

右耳受氣之式

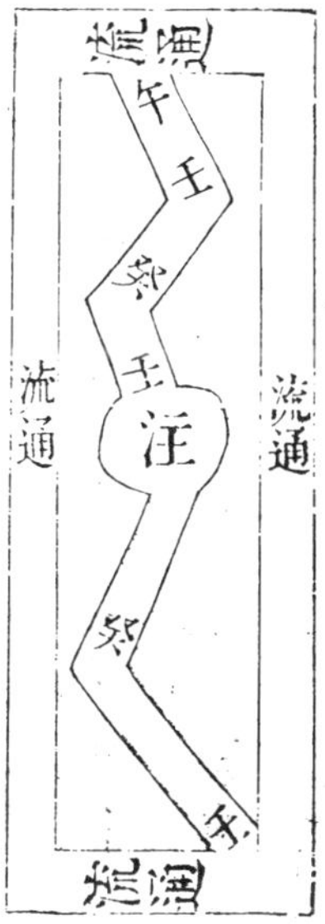

午龍壬向汪氣式

左耳受氣之式

陽局行氣說

陽局金井行氣做陰局行布亦可。但陽局吉氣少。不能博換。故取四氣流通之式。于壙中四面鑿砌小溝相通行。壬龍正氣各從耳入中汪。復出外潢池流通。陽局餘皆做此。

穴前放水法 董德彰著

九升曰。放水之法。關係禍福。但先賢之說不一。有以淨陰淨陽言者。則先量後龍得幾步陽。則放幾步陽水。幾步陰則放幾步陰水。有以四經五行言者。則四龍逆放。取其魁入。如放起三龍。所宜次二龍。次一龍。次四龍。蓋三屬水土。次二屬木。次一屬金。次四屬火。則節節魁入也。只放干維。不放地支。有以小玄空言者。不論干支。但取向家之生入魁入爲吉。楊公則用三折祿馬上街。小神入中神。中神入大神。取水長流四維內。有奇貴貪狼三合連珠等格。詳司馬頭陀說至宋王汲仙放水更精奇巧妙。圖局可愛。諸家之說若得其精。俱屬可用。但放水之說肇自狐首本經。明言不放地支。則三折祿馬之說最爲妥當也。但三折之

水要放得圓活生動。不可如曲尺生硬。則爲妙耳。今將董公折法開明于後。

放水論

水所以止龍。亦所以通龍之氣。經曰。外氣橫行。內氣止生。謂水所以止龍之行也。水爲山之血脈。血脈運通則身安。血脈凝滯則致疾。夫行水于穴外。應行氣于穴內也。行于內者。導龍神吉氣。計以尺寸。而節節收制。行于外者。應合龍神。退度計以步數。使陰陽相見。催官催福。如艮龍作丁庚辛向。非納干正配。故行丙水以合之。如

龍行退度入酉兌。行丁水以應之。餘各類推。合吉則吉。
合凶啓凶。所以運遍龍神干卦正配。如同聲相應同氣
相求。故福祿永禎。
凡放水必先放元辰者。丙向放丙。庚向放庚。則冢心及
池中格羅俱係吉方。溝口。否則冢心格係吉方。溝心係
凶方。溝心格係吉方。冢心又屬凶方。不能叶吉。放宅水
亦宜明堂對向放出。否則堂心格係吉方。廳心格係凶
方。廳心格係吉方。明堂格係凶方。若對向放出。自然叶
吉。

起九星
兌丁巳丑起貪狼　震庚亥未巨門　坤乙祿存　坎
癸申辰文曲　巽辛廉貞　艮丙武曲　離壬寅戌破
軍　乾甲右弼。
其法隨本向起某星。每一步一星。遇吉則折。
收禽捕獸
法同注氣。每一步起甲麒麟。遇吉則折。
起生命
法同注氣。但注氣主龍。放水主向。立何向。起何命。一步

一命。遇本命處不可折水。
放水式
凡陰宅放水。于壙前起筭步數。逐折移羅格。去吉方放
又要論生人步頭撞命殺。不可犯爲良。

陰地

凡陽宅放水。有中堂屋者。于中堂心界出前一位。作一
聚水天井小池。卻放中堂兩邊明堂水入內聚水耐久。

並要吉方折出到廳前大天井內。卻又折出門屋隨吉
星折放。每水一折。作一小池。然後放去。放至田溪塘坑。
散去不妨。

陽宅有
中堂屋
放水式

陽宅無
中堂屋
放水式

癸放水先放元辰幾步于是放乙辛丁癸小神次甲庚丙壬中神再放乾坤艮巽大神小神宜短大神宜長陽向只放壬癸甲乙乾坤水陰向只放庚辛丙丁艮巽水雖如此說只要祿馬上街亦不必拘淨陰陽。

放祿馬上街法

放祿馬上街法先以御街爲主然後算祿馬上街四維乃御街如要放乾乾以甲爲正馬辛爲正祿第一折放辛祿也二折放庚則甲水來馬也三折放乾則祿馬上御街也訣曰乾宮正馬甲方求借馬原來丙上遊辛是

乾宮之正祿三方齊至福無休巽辛正馬甲正祿艮丙馬兮祿乙搜坤是乙來爲正馬丙爲正祿更宜求。

造溝法

陰宅之溝深濶四寸注氣放水溝內俱用碎石碎炭粗砂填滿使水滲出直放至兜金中俱用暗溝兜金外可明溝深濶八寸放去陽宅之溝深濶八寸若大屋水多則深濶可用一尺二寸。

行注放水諸賢說

管公曰金斗不決則不泄矣沙城導之玉井瀦之然後擇方而擇利。

王氏曰金斗壙也沙城壙中之溝以砂磧填之暗引兩旋之水聚于玉井然後順之六替決之玉井者砂城導出之後每一折作一井畜之然後擇方而決之也。

王氏曰天地間無自然相合之來山相符之去水故決水者乃救助之法經云溝決之水出于人爲禍福所係審擇是非蓋以天地無全功聖人無全能物之不齊安得事事如法故或龍真穴的而于水不合法度者則當以法控制放之使歸吉避凶。

廖公曰穴壙既虛山氣自通導之有隙氣潛于此薰蒸相搏精液實多矣此吉穴不免于泉也慮深者內外滿池通作放水溝滿中實以砂炭令其滲出不欲其屑越生氣外潰池欲深固令之暫聚暫返也。

又曰塋外之功不若塋內之功塋外之作用伸縮外土之助其效淺塋內之作用伸縮內氣之助其效速效淺者畧之不爲大害效速者畧之甚是關重伸縮內氣之法莫良于用砂用砂佈于內通氣之決也砂有合有散氣脉自不隔絕初開塋有暴氣可散暴氣不爲殺也終

有吉氣可引克棺房蔭均也又當外濬池鑿渠塡砂可以滲溢遠浸棺之害山體渾淪通體皆有水既穴而塵之水必收入非以穴之真假爲水之有無也至久則死骨受氣水化于氣然後乾實而無水也且能引外水入外濬池使窌之以潤內塋外水天澤也天澤入內塋淸蔭之意不小用砂之法真足以妙參贊之權

九升曰廖公言穴有外欠內欠外欠者穴傍其邊缺陷也內欠者穴中其邊土色不好也外欠須用土培築內欠須造溝使吉氣流通培補外欠是塋外之功流通吉氣是塋內之功行注布氣賴公主放精[illegible]全控制砂水說廖公主運行龍氣說

山法全書卷之十九

古婺葉　泰九升父集
雙溪林之瓔佩生父叅[illegible]
鹽官鄭富齡希聲父訂

附書部

九升曰世人以無刻板之書謂之秘書好道者每一聞秘書無不搆索者其意以爲得一見秘書即可以得道也抑知搆書到手窮日讀之而道之得不得仍如故則道之不在秘書可知也好書刻行者甚多從刻書中儘可入道又何必秘書乎目僞星砂賦奇驗經向無刻本人指爲秘書者抑知實係中庸之說也余之刻之非以其書秘而使人人讀之乃以其無刻本恐久而必致散失訛錯故也

星砂賦　目講師著

夫一氣既分兩儀奠位定四象而畫八卦分爲二十四山推二氣而變五行布于東西南北人稟五行淸者富而濁者貧山結五星正者秀而斜者賤山川有博換之殊形狀有變更之異稍越則凶相生則吉金宿頭圓如

半月木星身聳似石碑火頭尖聳土同倉櫃水如波浪之動又似龍蛇之行金有蛾眉太陽火分廉貞掃火木辨冲天倒地水別曲浪垂簾土決几案天財又等御屏轄軸土星低小莫類金看木曜稍尖難作火取火土金星乃開窩而水木體勢必結乳頭星辰端峙者爲佳形勢偏斜者不美夫秀龍行度先辨星形焦穴氣鍾當詳分合拋踪閃跡變化爲奇過脈穿珠相生則吉木起火行土入首金星作穴出公侯木剝火接金到頭木星拜貴出餓莩受胎成土傍遮忌見木形過峽如金來從宜

生土助文曲來龍木結穴相如一峯虎名廉貞作祖土爲孫王愷萬金致富龍騰馬躍如水動榮華從此而生鳳舞鸞飛若金城將相于斯而出分枝劈脈行于墨浪動于行伏節聳峰擁萬層微尖高卓冠蓋寶蓋華蓋入穴富滿職位可期極星帝星尊星來龍王且科名可望一纏特起猶如大將登壇諸曜拱迎儼若雄兵屯衛雖枝低小脆嫩必然金水而成惟龍高大嵯峨多是木火而結王山低小偏宜父母高隆穴處孤單最要案砂培助木龍金穴泄氣力輕火到木迎助元身壯土體方橫

貴出坤艮之地洪王生財木星身聳喜槃震巽之方多能出貴離宮火宿名坐本垣兌上金星體居原位木生于北子入母宮水到艮坤身行岡地水潛坎上雁塔題名金秀艮方蟾宮折桂乾方水曜御點繡衣坤地金星宮花插帽木雖端秀得水滋土養愈爲奇水既曲流遇木泄土剋何足美土居火地白屋富翁水旺金方黃堂顯客金居離地財敗人亡木剋兌乾男孤女寡火在坎位橫事常遭土居巽宮瘟癀頻染坤艮水星定生愚魯兌乾金像必出賢良木東木南土西金北破泄減力勢

生可延土干火窮富齊倚頓金山火案貧比范丹水動木清智過顏子金斜木側巧並公輸耶財得位者興家劍刃相逢者退產山結金星要明堂寬潤流神喜見土星穴成木體宜水法之玄水口要生金像獨木倒地孤露無生準金在洋零散爲死土宜方厚身怕欹斜火喜秀尖頭斜必爲卑位水宜湧動腳擺定出顛狂星貴端正秀明龍取迢特迢遞火旺木廢家遭回祿之危水寡木多人被乡寡之厄金如破體女懷月下之情木若形斜男戀陽臺之夢金角出火剋子害妻木頭帶金敗家

絕嗣金星融結三方忌見火明水宿聚鍾四正怕逢土
照土畏木神作合火愁水宿相冲土合火而人豪木冲
金而女寡火遭水尅逢土定是解神木被金傷遇火乃
爲救主土見木位是殺八方喜見金來水居墓宮爲殃
四畔愁逢土出殺衰有救縱然三合也無災主弱見恩
雖在四冲亦有福金低火高應有禍土上木下不爲凶
殺小救多反爲吉慶泄多補小吉作凶危水七火三遭
官啞啱土八水二頻病痳瘋多火单金窮貧徹骨二水
一火勞瘵傳身木盛遇廢金豈能爲禍金旺遇衰火木

可云凶火旺水清公私攪擾木強土旺淫亂風聲金得
木爲財金見火成鬼土得火爲父母木生火爲子孫山
頭有意各稟星辰體勢無情不結宿曜凶山撩亂縱然
屈曲何奇惡石峻斜雖有灣環何用龍無起伏倒笋様
子孫敗絕離鄉穴少分合覆杓形兄弟貧窮散外擺旗
拽袖翻花之龍拖襲牽藤花假之穴或龍单而無從穴
弱而露風下砂反牽朝案攲斜此等貧賤龍脉必主敗
絕子孫山谷之龍一起一伏平洋之地相牽相絆荷葉
金盤乃作金星龜魚蛇蚓即爲水曜横板平牌認木無

異鋪氊展席認土無疑火若拖搶尖如直筆或開鉗而
出口或起突而發窩灰線草蛇高低尺寸蓋酥雲膺上
下分毫且夫砂法之横攔龍神必止水城之灣遶氣脉
定鍾釜頂盆心則英豪之子頓出魚腮蛇頂則俊傑之
子挺生高處點窩決産富翁才子平洋取突定育貴子
賢孫無突無窩不堪勞思無根無蒂何用舉睟五星禍
福既已詳明九曜吉凶亦當辨理貪狼如頓筆武曲似
側盤輔曜覓覆鍾廉貞尋破傘破軍儼似棕相葉祿存
猶如破衣形弼星彷彿鋪氊文曲依稀撒網其或巨門

體勢猶如半月弦形武曲扦窩弼星取角貪狼結穴父
子接踵在朝巨門列頭兄弟聯芳拜職武曲坤艮脚踏
鰲頭文曲壬癸身登鳳閣貪狼居金地枉費青燈巨門
到木宮徒觀黃卷破軍兌位必配邊疆廉火離宮定遭
瘟火祿存破碎廟邊遊翰崔鶯文曲擺斜桑下獻金胡
子輔秀得福弼斜見殃出陣貪狼行龍決是狀元之地
歸朝武曲作案必生榜眼之人文曲遇祿存風聲破敗
廉貞逢武曲瘟火退田破廉出起祖之東西準擬內侯
外伯輔弼居朝案之左右定主前武後文廉火換金子

孫飄蕩祿存特水家業銷亾巨門南地位列鼎台輔弼
入首弼星扦定有公侯之可望巨門行龍武曲穴是非
王者之難圖水口羅星形成九曜穴前流水體結五星
金曜灣環抱身如帶木星來去對穴若繩一字平橫名
曰土體之玄屈曲喚作水城尖角欹斜火星體勢金出
富貴火乃凶神水主榮華木乃惡殺土星推斷此星中
平陰地以聚奏為奇陽地以寬平為美山秀水深堂局
大久居富族名家龍孤水淺地局单暫任小人陋室認
星宿則陰陽二字無疑觀形勢則聚散二字宜識星宿

已詳穴法可定勢順局逆真正無疑山直穴橫的當可
取支龍入首氣聚于巔壠龍到頭穴結于麓水星成龜
蛇二體脉鍾顙肩木火分男女兩形氣聚臍腹金為禽
舞或尾或翼可扦土像獸眠或鼻或腹可取金間有水
窩內為奇土腹藏金鉗中為美木取節而有氣土扦角
而得生或棄土而尋金或挨金而剪火陽龍緩止順杖
而裁陰脉直來逆杖而取橫擔橫落急取毬中直送直
奔纏寬簷內蓋纏倚撞金木二曜可扦水火星辰撞倚
纏穴可下土星端正蓋撞情真穴有三才天地人取詩

云金木宜下四穴法水星纏撞倚為良木火不取當頭
蓋土曜天人二穴詳星穴各分玄微證佐細看上分下
合斗口金魚當詳左翼右窩蝦鬚界止毬簷上下明暗
東西定十道之分明審一穴之的當穴處高低切忌傷
龍傷脉棺挨左右須當就氣就生四山高而穴宜淺八
方低而穴宜深陰以一合為憑陽以二交為度壠龍土
厚氣沉可深支龍勢低氣浮當淺高低尺寸規矩權衡
穴法既言剪裁宜定山川無定體人事有制方不及者
則當擁培有過者須當裁減或鑿地而成河沼或積土

以作墩堆經云融結在天必假修製在我天龍莫損合
理須為山水裁修須當推論若明砂法須辨性情向則
如臣面君背則如讐見敵向者為吉背者為凶三方吉
嶂當堂授職忠臣報國四畔奇峰矗矗為官濟世安民
几案橫欄名題虎榜筆山尖聳身跳龍門旗馬甲盔握
三軍之武士樓臺殿閣鐘萬石之名臣太陽太陰照東
西瓊林身顯天祿天馬分左右翰苑名揚文士近財官
官居一品貴人連祿馬位至三公行龍死騃帶刀鎗代
代有梁上君子到頭生旺朝筆架世世生寶桂文人貴

人正而祿馬偏守節牧羊北海主氣强而凶砂見出人
梟虎憑河旗犇劍橫囊砂傑將筆低案小絳帳騷人玉
帶冕旒澤水釣翁逢漢帝兜鍪旗鼓南陽隱士遇劉皇
印劍香爐神祇巫覡鉢盂錫杖舍利浮屠龜甲銅錢青
丘授業葫蘆藥餌橘井傳芳筆斜案偏丹青藝士財单
祿薄水陸工商斧尺鉗鎚諸般工匠錫牌藤棍雜職官
貫砂脚擺斜跎腰跛足瘸頭破碎瞎眼傷胎體勢歪斜
而混雜內外人倫無序星辰端正而清特尊卑禮義有
全舞袖斜身男子好蕩獻花露體女子貪淫白虎身上
一峰生女傳淫慾青龍體上無凶出男立綱常禽獸守
門貴如錢起龜魚上水賢似鵝京文星武星案東西奕
世威揚四海天乙太乙龍左右歷代名播萬邦真符真
武列墳前管取烏紗冠首卧龍卧虎攔水口須知玉帶
纏腰祖宗貴而到頭孤尭帝産丹朱之不肖來龍薄而
入穴厚瞽瞍生虞舜而有賢金樓五鳳來山蜀中二龍
齊出華蓋三台列向河東三鳳並生穴被風搖少年必
損主插漢表三壽可增印笏圭璋青雲得路誥軸金榜
黃甲有名前嶂後屏才壓天下東箱西庫富敵江南寶

蓋朱簾官加極品金箱玉匣家進萬金貫玉連珠資財
滿室直屏列嶂朱紫盈門有貴無財趙忭彈琴入蜀有
財無貴石崇萬寶藏家文曜近案二陸廿羅早第貴星
隔遠八十梁灝晚成半月向金龍宿娼女人再出太陽
朝玉馬禁鸞謝現復生龍口啣珠長房富貴虎頭帶庫
幼子財榮龍虎比和夷齊謙讓東西相鬬晉郎爭論虎
利冲墳男有鼓盆之歎龍尖射穴女誓栢舟之詩水走
山飛離鄉背井山欹案返退産破家鎗刺胸前頻遭死
法刀生腋下常見橫亾貧袋提包求衣乞丐披蓑頂笠
寄食從人砂返水斜不孝逆子龍拳虎踢悖義凶徒砂
如弓樣返牽家折別處墩似人形順水客死他鄉利劍
鎚鎗兇軍守戍牢獄枷鎖犯法徒刑諸砂逆水進田衆
水傾流退産文筆震巽少年一舉登科玉帶艮坤老景
三塲必中印方像土若生東地豈爲官珠圓類金如在
南方安得貴倉庫居木位成財須吏辨錢在火方廢與
容易財庫俱備龍賤亦貧筆印兩全穴假不顯堂中完
嫌水直穴內大忌凹風隨龍水會穴前喜其大聚夾從
山交水口貴其總關明堂有坪者富貴千秋水口無關

者貧窮一世。大忌明堂陡瀉，務要寛廣平圓。最嫌外水散流，惟愛深湛曲抱，冲心射脇，男女傷亡，割腳穿身，家業退散。捍虎捍星鎮地戶，韓愈名高；仙橋仙鶴應天門，壺公道重。橫踞虎勢，所喜天外關欄；仰臥屍形，最忌墳前出現。要見何方屍出，當推何命人殃。震兌方來，擬定木傷刀割；乾寅位出，必然天打虎傷。其或在于艮離，定是遭石赴火。若然居于坎巽，必主落水上繩。劫殺臨位主傷財，刑害到方必絕嗣。子午卯酉吉星見，鼠馬雞兔四人榮；乾坤艮巽惡形臨，豬蛇猿虎四人辱。此理必然。

自當審避。秀遇三吉之地，應喜彌臻；凶在四冲之方，爲禍立見。推太歲何年到，斷禍福何年來，心當端思，目宜細察。大抵來龍踴躍雄壯，結穴分明，水喜如帶抱朝，砂貴若弓灣抱向，對宜峙峰之秀麗，明堂要蓄水之聚凝，羅城排列以週迴，水口交牙而牢固，三陽無陷，六建有情，四神聚會者，允是名山；八將列迎者，誠爲大地。至如龍孤穴寡，水直砂飛，脈零無聚，水口濶低，此等凶形，必無秀氣。歷覩各郡之名墓，以驗後人之吉祥。艮官太陰補太陽，薪昌何公居太保；兌地金龜朝玉印，小江童氏

出神童。雲布列九象之排衙，太宗名門多將相；瑞竹宥三龍之聚會，當年呂宅發公卿。匯龍水口數金魚，里中許公爲學士；飛鷺向案雙玉甕，南朝黃度拜尚書。葛池喜龍穴之相生，雪溪董公居烏府；蟠龍眞星形之正氣，華堂黃氏任黃堂。蝦蚣乾金玉印拱，雲仍屢掇高科；龍蟠兌水芴星朝，後裔聯沾恩沐。荷花出水，屢任刑部秋官；丹鳳冲霄，長爲名郡二守。以此驗之，捷于影響。學者熟玩于心，感應于目，專看融結爲主，星砂爲用，地理玄機自然明矣。

奇驗經

文官大小

出文官亦不同，筆架城門御史公，三重筆架重重案，定産朝廷給事中。金枝玉葉三層統，長史定在此中生。華蓋三台少卿位，土誥木印布政通。前官後鬼員外職，樓臺鼓角亦布通。火誥金印知縣是，金誥木印知州同。金誥居西布政侍，水誥居北參政公。木誥居南知府出，鼓角東出舉人從。透天文筆藩使位，前朝帶誥出判通。龍樓鳳閣眞學士，劍山上殿功臣封。黃榜山前貴人現，翰

林學士顯文宗黃榜山外火星利布政提刑官則同七
腦行龍人不識國子祭酒有人恭朱幡寶蓋出何職人
臣位極至三公飛鳳冲霄勢入漢狀元宰相顯門風鳴
鳳淚天高挺峙提刑斬首有奇功覆釜面前知府職。腦
袍堆錦亦府翁。

雜職

之武山有文筆此地出經歷土誥木印護城門。吏目有
吏筆土誥水印王簿官金誥水印縣丞的木誥居北或
居西通判經歷一齊出土誥或北或在東驛丞巡撿難

分別席帽糊塗歲貢官錫牌藤棍典史驛筆斜秀麗印
星端倉官大使毋容說文筆若還入硯池府吏爲官典
史職。

武官大小

武職官雖一般尖天旗子總兵官游魚漆帽城門功指
揮職位佐朝端人高馬低爲王帥馬高人短走卒官金
誥居東公與伯金誥居北閫帥專衙刀武劍擊鎗起指
揮代代子孫傳前山却似魚鱗樣總兵都督鎮三邊旗
聳劍橫閫外將筆低案小帳下攢華蓋之山帥府職平

天冠蓋伯侯官三台卿下紅旗現總鎮三軍天下傳火
星連帳紅旗棋指揮千戶一同催虎上牙刀爲大將曜
星高出侯伯官龍指天兮虎指地千戶萬戶一般般右
山旗鼓千戶職坤山插拔總督專何知此地將軍出百
萬麻貞在右纏何知將軍立殿上火星剛硬聳天邊

公侯將相

出公侯有何緣金箱玉印內外端下萬火星城門亂二
陽堂氣似海寬玉帶環山幞頭聳劍獸捍門印誥全

尚書

尚書輔弼朝金木衝天高金誥居東宮八座金誥南地
亦同招馬山更兼貴人現定出尚書與帝遊

狀元

狀元筆天外出前後尖峰元可必金鬼獸曜現城門火
星尖聳狀元的兩火若插與天齊兄弟聯芳居第一。出
伸貪狼與蘆花歸朝武曲朝帝闕火星千里侵雲邊狀
元定是神童提一山筆架並雲端出身定是宮花插。

文官

貪狼照出文官金星開口土星端水流九曲六秀照文

星開大誥軸全（指案山言）左牙刀。有司官。乾坤艮弱峰尖端。
案上金星貴人拱樓臺鼓角印箱全。

武官

廉貞照出武官。貪狼平頂火星端。旂鼓拱夾鎗刀案。出身閃側掌兵權。右牙刀。武職官。右砂磊磊庚位端。流水之玄斜返勢。子午浩大閫帥權。

雜職

龍閃側。左右峰。席帽模糊案不清。錫牌藤棍多雜職。補弼欹斜總一同。

掌印

龍結穴。四正朝。金星端正木星高。脫帳降帳中央出。樓臺鼓角印箱週。

太監

出太監。有何因。太陽蓋了太陰星。土誥居西多凹陷。一重華表一重門（門捍門也）火誥若在東方出。朝居太監有聲名。

上官

火星頂。木星胎。水口貪狼石獸排。更有尖峰居水口。不修天爵有官來。

出貴

弱峰高。多貴客。尖聳高聳貴無敵。出陣貪狼是狀元。歸朝武曲榜眼出。銜刀節杖貴非常。擁旄建節姓名香。前障後臺真宰相。貴人（尖峰也又弱峰）祿馬（艮丙爲天祿乾離爲天馬）在朝端。穴乘六秀俱朝拱。天乙太乙翰苑芳。

女貴

娥眉星。近江河。金星八九女如花。（八九金星齊峙面前）辛方水朝女人巧。東南砂秀嫁皇家。誥軸花開金居兌。女人富貴寶堪誇。朝秀巧。抱明堂。左右華。列成行。天角秀孤尖鹿出。金冠霞帔女爲王。朱幡寶蓋從右出。生女定是配帝郎。

因女貴

辦錢山。如月形。端正墳前後亦生。金誥開花離巽秀。其家因女得官人。

貴而不富

貴人正。龍虎全。艮巽乾方缺陷偏。（艮祿巽貴乾爲馬）左右前後倉庫少。縱然得貴也無錢。

有官無位

貴人正祿山偏石頭磊磊正爲官。貴人卻被木星隔，縱然受祿亦無權。

晚成

外山秀。丙山微。奇峰隔遠晚方知。震山壓塚少年滯。子午山低粱瀰濟之。震山高壓蔽日光，晚見君王。

出富

逆水砂。富可誇。東金西庫富豪家。金箱玉櫃積財寶。銀瓶盞注穀如砂。艮山艮水朝蟻聚蜂屯總富華。土居火

地白屋富火資土土亦豪家。

先貧後富

內砂飛外砂鎮遠峰皆朝護。形勢若吉位雖凶。初下貧窮後發富。

成家

艮水入明堂四水來朝（明堂大聚）發一場。巳與亥方水來去抱身橫上長家邦。

進契

進田筆在下砂。送契燈下錢又賺。青龍頭上生牙爪。土

再流金賺買他。

橫財

土居艮橫財招坤申山水盡來朝。銀瓶盞注相連繞金箱玉櫃富滔滔。

血財

血財山。如牛羊。一似鯉魚跳上灘。再若貓爪來抱向。臥蠶山見有千間。

賢人

人秀麗。山尖峰。尖石排來下穴中。天乙太乙（巽辛奇峰）龍左

右。此地必定產賢雄。

秀才

水木（謂天木水星山頭聳起高尖圓頂）出生員。穴輕貪狠無一端。金水二星端正小。尖峰、筆架也同看。

不第

乾艮低。巽山缺祿陷馬空文不提面前更見筆頭開。離有文才空去覓。文筆孤兮巽水斜。並志辛勤徒鑿壁。

出仙

劍印砂。兼香爐。乾坤艮巽筆峰嵯。龜鶴琴劍坤申地。天

門橋鶴聖仙多。

出醫

葫蘆砂是醫家藥弼砂見術堪誇王山若還多秀麗橋井傳芳定不差。

畫師

水木星亂生文筆秀兮龍穴輕筆斜案側真畫士尖山雙談出丹青寅甲之方尖且側延壽使計害昭君。

商

文曲路出商客財卑祿弱爲商的龍有車舟隨後行水

陸之商真富極。

雜藝

鶴爪砂（不拘左右）藝多般金斜木倒公輸看曲尺鉗鎚出匠斲有龍無虎藝堪觀。

教戲

武曲斜會唱歌木星輕側見水多貪狠歪腳頭搖擺金木行龍唱哩囉。

教唆

右尖射似牙刀火木斜詞訟刀弼筆山尖（案山雙叉或尖斜）非

正格筆低案小教唆高縱使文筆尖而秀若居申地訟師豪筆山叉帶凶砂出詞訟克軍定見招。

僧道

丑未兼辰戌孤峰如頂笠鉢盂錫杖見真形魚在東方僧道出手爐案出道僧巨門拱照及廉貞戌辰丑未山頭殺筆尖山下小峰生箬笠山僧道招幢幡寶蓋鐘鼓照幡花賢僧出禮佛悟玄高巽癸水交流數峰相串出僧倚頭垂焦葉樣土星重疊亦僧流金星腳下生泯腳爲僧極好遊。

哭齋

四墓山照塚宅辰戌丑未水兼入更逢破陷（艮低也）乾離低手爐山見無血食。

旺丁

金星照（對面有金星拱照也）旺人丁。明堂廣闊左右生更喜龍虎俱寬抱山頭疊起且多情山勢猛亦旺丁。陰陽比和少風生餘氣鋪張山不割。（山有餘氣水不割腳）水蔭蝦鬚砂有情。（有水蔭肥曰蝦鬚高低相稱彎抱顧我曰有情）

有壽

乾峻高聳者。丁山丁水妙哉（丁方有高峰擢頭丁水來朝）若還丙丁
水來朝。壬多白髮老。

雙男

金雙乳出雙生。（太陽金星開口而又有雙乳）前後相連金水星。（接連相生）
若見面前雙峰出（或雙山或墳成雙者）又兼山後雙氣形。（兩脉）子
癸水朝迎。（子癸二方有水來去）雙生了女真奇。兼廳前兩墻直。壬
山是土對火星。（壬山是巨門對面火星照也）關門若有雙溝入。斷他
必定主雙生。

雙女

陰氣盛（並無高下）多女子。髓褯蝦鬚又不明。（無界水也）一片平坦
皆屬水。文曲（水星）開口雙女生。

雙妻

兩樣樹在門邊。溪似蛾眉居面前。東西更兼堂屋列。重
妻重妾有何言。

少丁

脊箕體少人丁。孤陰（脉硬極不化是也）蝦鬚合不明。（前無合水而散漫也）
穴無高低返土路。屋大井小兒不生。兩邊高壓如何斷。
子孫半個不留身。無餘氣。子孫稀。兩水合簷無丁餘。水

破天心男女小。神前佛後亦如之。

有子無父母

餘氣鋪坤上低。更兼乾上有風吹。（乾父坤母）艮震高巽兌缺。
後龍流長父母虧。

多生少養

無蝦鬚無護砂。（砂短水淺氣散）蛾眉山見女連連。竹木為園不
見屋。巽兌初月卻無男。臥房要端方。缺角多女郎。左右
凹陷并陰蔽。後面軟斜生女常。

婦不生

巽高無子生。離兌孤峰孕不成。東西若列堂廳屋。正婦
無生妾有娠。坤上栽花并池沼。縱有妻妾育螟蛉。

損少

小池窄損少丁。水若淋頭兒不齡。冲心射腮男女夭。撒
淚提胸死不停。（或屋或沙面前如撒淚提胸樣）哭字頭（明堂有兩池）多夭折。
前塘後塘人丁滅。流破冠帶斷亂亾。破了臨官家丁絕
（冠帶臨官流破極凶）兩邊池水大浸門。厌舍田園兒不吉。前屋高
後屋低。其家必損少年兒。高昂白虎明堂看。堂後粉牆
不可居。（堂後有一條粉牆也）

螟蛉

癸門路抱養兒懷抱圓峰螟蛉隨。捲簾水見填房子。孤辰獨屋螺臝兒前屋濶後尖小入舍填房義子有。樓屋獨居螟蛉兒廳前水閣抱養子。

重妻損妾

逢五度祿存峰辰上土星癸上門路娶重妻坐子向午未上進犯了羊刃亦如之丁巳祿居午祿前一位爲羊刃未爲羊刃陰人長病損妻室。只因屋後有坡地前有小地蛾眉樣。父子代代主雙妻來有屋缺西井。竈連灶妻地斜一邊少。北路坤堂

少者頤大井深守空房虎利衝墻虎似尖利妻早亡。右邊卷路衝白虎受傷壬山地右不可當金角出火君須避橫山如木損妻房。

墮胎

披連殺潤平斜邊氣不聚而傾水不可裁。塋內圓墩堆凸來胎息露風龍虎短也漏胎壬子癸卯不宜孩。卯砂壬子癸丑主墮天井下面有水井脚下小墳俱墮胎。

寡母

後缺絶陽氣也太陰深房位長時左殺風來左邊風吹有虎利刑。虎砂

尖利冲墳陽局坦平脈散無氣陰反盛。猫坊是也右聳高白虎案迫高壓前逼主低平。廳高兮堂屋矮。一家婦女少夫君。茶槽面前水溝殺夫刀。流通四庫出寡婦。水流辰戌丑未坤上峰高坤水入。前朝崩破寡難逃。朱雀破頭也

子隨母嫁

龍虎山。如攏出。門前有井水返出。塚宅癸丑二水朝。隨母改嫁忘宗戚。

寡母

對窩屋在左邊前逼後破守空房。前後墻圍受水氣。犯女

曲而截生氣也孤陰後隱夫早亡。兩大一小屋寡母家中代代有墳屋若有大路衝孤房寡母悲無窮。

婦女管家

龍虎上開小門。婦女持家有聲聞。坤上峰高女掌事。流通四墓陰主人。

孤寡

龍虎壓左右欺主無護胎也露風地無餘氣孤寡來。穴裏幽深如坐井四圍高壓玄武吐舌不可裁。捎飛射屋孤且寡。獨樹孤屋一同災。內掘池塘爲洩氣。財離孤寡苦哀哉。巍然

勘在右邊水星乾兌孤寡纏。白虎孤曜體有石墳宅無
左亦同然。

孝順

玉帶水。出順兒。山山拱衛王山奇。龍降虎伏無相競。兩
岸開脚不擴飛。左右比和鬼回抱。白虎如綿戲綵衣。

不和

兄弟不和平。廉破兩相爭（廉破相射）龍虎鬭頭家不睦。白虎
拖鎗事可驚。青龍首投河。弟持刀殺哥。門路白虎進屋
宅亂離和。横樓欺堂屋。屋柱瀉若何。

不孝

背水城（水路反弓）不可求。左右齊直性不柔。無情破軍山背
去。（金石帶石反去）龍虎交牙父子爭。正屋小。從高堂底夾樓簷
餘柱勝棟柱。門前獨樹指闕面口。向門中。媳婦原來罵
阿公。獨山墳宅俱爲惡。脚下墳堆忤逆凶。山頭卻似牢
頭樣。右爲欺母左父翁。龍虎開口。如何斷。代代兒孫打
祖宗。

誣賴

虎卯屍（白虎開口）打殺人。串上風路及深坑。後面破軍如石
壓對面倒屍誣賴真。

奴欺主

左右砂。壓與逼。龍虎欺主奴惡極。椽頭若架小級頭火
屋高堂强。奴出穴。前砂偏起。奴婢常欺主。穴處孤单系
砂多損。背捱肩奴無理。高坳巍然左右邊。堂聳廳低奴
無體。

女專權

巽高女有權。坤高不可言。兌離（二方或高山或高屋）皆高聳。通庫
脊夫權。白虎山頭圓峯起。老公常受老婆拳。堂廳俱大

門樓小。陰人權大亦如前。

反目

乾峰高巽方低。艮震山雄離兌微。又見門扮若斜倚。定
主夫婦不相宜。

女花

怪樹文曲方。牖頭歷尾亦不祥。明堂祿存樣。門前水反
亦淫娼。兩路直去女淫奔。面前古井及牽裙。陰陽二宅
斜返勢。抱頭山現亂紛紛。脇下水多花。（龍虎有池水）山如襲
杓乳。後家獻花露體斜飛地。鴨頭鵝頭總不佳。金星破

淫多情慾。桃花水見女貪花。深棟雕花門外井。四敗傷生（桃花水爲四敗流破長生）子不明。水星當面見。招郎母莫禁。龍虎二山隨。養女被人迷。明堂大嘴葫蘆象。又攔坑井樹相堆。白虎若有交加路。女子貪花去不回。祿存貪。女淫慾。入見水中木。明堂宛似裙頭。馬腿牛肫淫酷。便門連大門。要與別人宿。

男花

內井水。放桃花。金星水見子貪花。面前簾捲案山側。舞袖斜身水又斜。

寡婦淫慾

白虎路多返形。文曲墻高迫近身。前漲後幽夫夭折。婦人無恥亂人倫。

淫亂爭風

兩岸山隔風征。（兩邊或山或屋或樹相對高起中間空處有風進來是也）常見歪斜搖擺形。縱是良家賢女子。牀中常件兩男人。

醜婦

太陰金石嵯峨。到頭鼈石。（石如鼈形）醜婦多金居坤地。如斜側戶門妻兒九似魔。

愚頑

山粗厲。出愚頑。龍無起伏勢巉岩。左右若還都斜逼。主山兇烈讀書難。放去水。怕長生。四山高大小水城。一重案外如深井。水星坤艮欠聰明。

懶惰

面前砂。如蜒蝣。左右兩邊不起頭。土星腳下如水泥。生下兒孫懶似牛。

出貧

顯水砂。洪出貧。山走砂飛水反身。明堂簸箕窮到底。前逼後逼。米無盈。廳堂廊屋不相接。金居離地主孤貧。

欠債

龍虎身。多破缺。山似南箕屋斜側。前山破碎更返飛。兒孫結債何時歇。

乞食

菜荳形。出乞人。辰戌山高塚宅深。負袋提包播外客。東方常見齊齊人。提籮山出乞食。又見龍虎不灣直。（山不抱而且直）亥山（陰極之地）風路叫延街。砂水反開播。間客八門。山缺八風吹。雖在朱門無衣食。朱雀山。似芭蕉。提籃執碗沿街討。更見兩山若鼓搥。求衣乞食高聲叫。朱雀山似虎存。青龍山首數片形。死屍若在前山出。墳邊伸手弄獼猻。

出賊

細刀砂。返砂順水尖利是也前後夾背後小山頭探出。一山伸腳在墳前旗在魁罡能挖壁。午申辛水向辰來。做賊劫人焉肯歇。面上砂。如牛軛辰戌山高壓墳宅案山微微少露頭行龍死賤梁上客。青龍白虎頭帶刀。後爲强盜先爲賊。火星斜走飛世出盜劫賊。更看兩水夾案峰。前有

鈎鈎賊賂結。

賭

十字路賭博家。面前更看打掌砂。寅午風路靴鞋脫。卯居寅甲卯砂居寅甲樗蒲雙六誇。

戀酒

莫插柳。出頭酒。貪酒卯水流過酉。水星水腳俱水形。終日貪盃沒分曉。臥房內養犧牲。兒孫好酒不安寧。更有猪欄向門外。門前斜拗醉昏昏。

出惡

主勢强。凶砂見。粗頑凶湧生强漢。左右又有鴨嘴砂。拳拱勢凶徒見。

屠劊 附厨子

四金刀。屠劊手。案上抛刀殺猪狗。案下抛刀兼辦厨。刀居曜地梟人首。火星拖火如何言。屠牛宰馬人兼有。

雜居

青龍有白虎窐。二姓同居一屋中。龍虎直長多香火。孤房雜姓同門前有井亦異姓。入舍塡房事事逢。龍虎邊二山隨二姓同居事可推。正屋面前有水閣。門前雜木

自同誰。

博姓

鬬氣脈傷龍脈也終賣宅。太離氣。離氣也脫脈住不得。脈大屋小也難當不受氣也返弓散氣主爲客。門樓高大過于堂。廳高堂小別姓入。墳屋窄。基址寬換姓何須說。逢孤陰。頑硬不化過真當頭虛懸脈頑雄頑脫懸直卸而空虛換他人。高露無護砂乎陰外斜側客來爲主主爲賓。

離鄉

水路俱返牽。離壬來去走天邊。龍虎尾長遷別處。樹頭

向外永無旋。

瘟疫

四殺衝。（子午卯酉四方衝也）瘟疫多。廟宇門前奈若何。小屋若在大樹下。木杓形遭瘟疫磨。天井水。黑沉沉。寒林照宅疫病侵。土曜巽宮倉口對。（倉門相對）艮水。（艮為鬼戶）衝門瘟病生。

痘痳

門前山。多嵯峨。大石層層在門窩。四畔赤紅兼破碎。天井亂石受痘痳。

瘋病

寅甲風。閉痳瘋乾上安坑禍必凶。廁安巽上來龍處。（巽屬木，木能生風，來龍處絕其生氣）屋後若有井缸同左右畔。有糞缸。穢水忌東方。風偏（兩邊高起相對，中間空處有風）殺臨惡瘋死。土八水二患風瘡。

鼓脹

羅計（圓堆或窖亦是）壓胸堂。腫毒鼓脹凶。朱雀昂頭欺主穴。明堂廹狹亦相妨。

癩頭

披連殺一片。（平地屬水）難當。甲上埋坑癩首瘡。唯有丁方原不好。若有坑廁癩頭郎。

癆

穴無氣似茶槽。赤紅砂見出人癆。大樹露根蜈蚣路。廉粧牀后瘵多拚。空心樹在面前。廉貞星見主癆煎。明堂有蕩兼破陷。怪樹惡石並癆纏。二水一火君須忌。癆瘵懨懨不可言。

心痛

羅計星。面前塞。大石當門心痛極。天井欄杆艮風吹。空心大樹亦此疾。

哮病

獨木樹。哮病有。前逼後窄氣疾吼。明堂有蕩不須言。屋如一字出哮吼。廉貞星見明堂。天井長狹氣疾當。小屋在前樓在後。明堂三角主哮凶。

吐血

面前砂。似蒙翅。吐血傷人事可悲。前山黃赤并破碎。一見崩紅咯血危。

黃腫

蜓蚰山。黃腫疾。砂如腫腳墳前立。草屋獸頭堆埰來。平地一片齧不得。

痔漏

玄武山不藏痔漏有損傷。龍虎胎不抱後山硬亦凶更有子癸水破局痔漏之病極難當。

癲狂

子上井。癲狂出。前山邠似人舞袖。左右水滿開水井。三樓並列癲狂的。兩金星夾一火。此地出顛人受苦。水星湧動腳兒斜。小屋大樹多狂舞。十字路交加水。出人癲舞何曾止。崖天大石在門前狂舞之人不知耻。

惡瘡

羅計星壓胸堂梁上燕窠生惡瘡。糞窟當門癰瘋疾。來龍坑窟毒狼猾若將亂石安井口。門框破爛總多瘡。

多憂

正穴前多逼窄。烟總對面歎氣殺。更兼朝案近壓高縱使富貴多憂厄。

產難

臥房天井內堆石極有妨。房中漲塞俱難產。樁皮（門上樁皮）太長亦有殃。

產妖

白中赤（西方紅色）產難逢披連（水屬）又兼離氣肉（不接脈也）四生水朝真不吉（寅申巳亥水朝是也）前池墩石產中凶。

妖宅長

闕氣脈（急脈急莖）宅長凶。青龍走壓乾峰傷（缺陷也）有西無東真不吉。左側凹風主不祥。棟柱若還不着地。那見宅長治家邦。

卒死

震方動主卒凶。前面深坑不可當。兩邊涯岸俱深窄。穴

無餘氣忽死傷。

寄生寄死

白虎頭口開叉穴中又被龍趙他。子午卯酉門路衝。寄生寄死在他鄉。

外死

砂返牽。死他方。墩似人形順水鄉。橋爲扛尸并外死。明堂傾瀉外州凶。龍虎砂兩腳飛。烟包灰袋各東西。離上風吹并水去。山腳入堂主分離。

居官外死

秀水來。六秀水也破耻軀真山真穴灰袋山貪狼入首水路

返翁託居官不還家

惡死

辰戌水入塚宅粉骨碎身死慘極癸水去來毒藥亾乙

辰之水木壓的甲水入塚自縊傷申水陣亾免不得丑

水刀下決可言乾水石壓誰能識曜水刑戮少人明午

水火燒身殞滅

毒水

葫蘆樣毒藥星倒地葫蘆端何明堂傾藥形黃石若然向塚

宅癸水破局藥傷生。

投河本身兩水夾木星如扛尸樣直流入水也

黃泉處怕有塘水寅水多玄寅亾辰戌二水交流去掃

蕩星見水中傷坎上殺出投河辰戌丑未路城過乙辰

水路交加返朱雀奔九怎奈何青龍路水反塘子癸水

流下水亾虎邊水路及池窟玄武扛屍水入江。

自縊死附絞死

砂斷頭龍虎有路横過截斷相象繩井邊路牽自縊身龍虎路交

子癸壓午上風路直來徃貫人頭上路雙繞犯罪絞死

極分明乙辰交水路交也巽作繩辰巽惡殺自縊真門前若

見藤纏樹田塍如井縊傷身龍虎頭上交加路上堆人

類欄路形白虎若然開兩指出人自縊少分明。

虎傷

寅甲嵯峨肉右邊有石虎形容破軍高石人被虎祿存

開口土星帶水窩必有大禍虎傷人。

蛇傷

人家屋有蛇妨只因巳丙路衝長落穴斜擺水無制。水即蛇形無土制

出人定是有蛇傷。

雷傷并雷打屋傷

雷傷人出在何震上廉貞石嵯峨乾上更有崢岩拱只

恐震乾風路過劫如雲走形如狗雷打傷人没奈何。

牛觸傷

牛觸人丑未嵯峨起廉貞丑上山高石拱露廉貞粗惡

照破軍丑上九燦

犬馬傷

戌乾路亥也犬傷人。戌上石頭似虎形更兼戌方有大樹。

惡犬損人事不寧。午方山下屍山現不論田塍土堆遠看如人形眠者是

廉貞巳午馬傷人。

入命

打死人。怎得知。主星强急虎啣屍。龍逢虎鬬兼逢破家

有危樓後有池。

分屍

堆屍形。黃曜惡黃即黃泉曜即八曜頭與身體不聯絡。腦下橫涙

手足分。梟首分屍塡溝壑。白虎尖石搶明堂。人在法場

遭刑。酷貴人山下見屍山。監斬奏名斷不錯。形如天馬

火木身。死在木驢。眞慘惡。貴人頭上雙路纏。犯罪遭絞

眞荼毒。

克軍

廉貞射。斷克軍。炎斜火星射穴破軍拱照不堪論。破體金星對面子午

卯酉風路動。平地高露事紛紛。再加人家軍職事。只因

鉾劍面前存。五諸金木水火土若返如何斷。離鄉爲官後必

軍。斜薄土。巷街逢破軍。郤在兌位逢。硬勢竹篙宜廻避

貪狼被尅木被金尅在軍營。火體頭斜軍職伍。尖砂黃曜黃泉

曜氣衞中人。

徒刑

對面殺。直射來。四面圍圍惹官災或墻或笆圍墳者是牛牢猪圈

有圈在官方官事至。白虎開口不可裁。門前小屋多官事。屋

脊相衝訟獄來。破軍面金水星流破也犯官方。前後反側也難

當。屋角尖利射穴也因官敗露形脹氣無護太滿亦須防。前面

圓峰朱雀抱。有路十字獄中囚。更防砂似釣鐮樣路加

川字犯徒。傷。水衝玄武君難曉。家招徒配苦徬徨。

官符即朱雀

白虎昂。看明堂白虎口開官非。缺朱雀口開官事至。龍

虎交牙父子傷。乾方動。大官妨。牛牢猪圈也難當後面

破軍如石壁。金星强急也須防破漏之屋皆如此。門樓

牛欄亦官傷。辰上牛欄爲木吸。干連人命几多場。

赦文

丙丁木。名赦文。龍虎抱衞無風生龍乘六秀丙丁起家

宅。永無刑罰侵。

破火

午丙木要火燒屋頭。前後兩行朝。屋脊尖射作火星在午方凶午方

獨有高峰照門外。三樹盡皆焦。火旺木廢如何斷。家招

回祿不相饒。如船形滿載多。地小而屋造滿者主火災西畔石壁亂

蜈蚣寅龍午戌水，會局廉貞高照火來磨，更兼四畔芭蕉樣，常常被火斷不差。

破賊

廉貞照破賊凶，更看探頭側面逢，脇腋開門盜賊至，子午卯酉廉貞峯，門前有路如川字，年年常有賊人逢。

損畜

砂紅赤損猫牲，四墓風生畜不盈，穴逢氣散無收拾，兩邊高壓總無成。

損猫

還魂泥母泥壁，厠步腳下無用石，[illegible]為良。不然猫與鼠共食。

損蠶

臥蠶山頭反側，宅中聚水蠶不實，龍虎身上破缺，迯養蠶十櫃終無得。

鬼怪

東北門艮為鬼戶，鬼怪入，三陽不照名陰極，陰盛出怪，破屋停喪亦此災，穴有響聲鬼祟集，臥房內暗脇腋開，樹腫頭腰鬼怪泣，芭蕉年久多成精，戰場作穴藏妖孽。

怪夢

床被壓，梁壓尤甚，怪夢多，燕頭不塞夢多魔，脇腋開門夢寢惡，衝床射背夢中磨。

生怪異

朱雀山似蝦蟇，生出鬼子沒奈何，或然怪石生在內，看看生下一堆蛇，虎存迯山多破碎，至年有孕是血瘕，青龍頭上缺三缺，腰脇脇內四畔生。

駝腰

路反背，出駝腰，自中[illegible]亦見紐，屈身搖曲，長駝腰弁曲背，穴情斜返亦同，招前不岸後高樓，[illegible]樹向外頭，明堂卻是祿存樣，家中常見出駝腰。

鬍子

亥交巽，出鬍鬚子，交寅水亦稀奇，餘氣舖張山不割，蝦鬚重叠定鬍兮。

跛足

門扇柱下補接路，如有尺向外別，乾水來去跛足履，砂腳斜，足有疾，沙見冬瓜擣杵形，樹頭腫腳，人足蹶，黃泉入路斜返來，人家腳疾無容說。

瞎

星印馬。砂如星如印在南方是也瞽目殃。墩頭破碎眼見傷。明堂若還三個角。尖砂靠後眼須防。辰上路患眼疾。明堂堆凸眼不開。水流火口亦如此。龍虎不護瞽目來。火星出壁俱目害。廉在明堂眼禍胎。糞窟缺。在明堂面前佛塔眼無光。天井大石坐四角。開井子午卯酉方。惡破紅面對屋脊坑餘傷。

啞子

巳上衝啞口傷。天井大石對中央。墓宅灰袋香爐案。明

堂有石亦不祥。戌乾水。啞人。惡石定生啞子身。酉山懶緩辰水入。有口無言惱殺人。

聾

明堂內。有祿存。土星惟見石稜層。惡石當門聾啞應。葫蘆砂見出聾人。棟柱蛀窟空。出人聽不聰。門前或有暗亭子。耳門塞了亦耳聾。

瘿瘤

水中石。似葫蘆瘿瘤信不誣。戌水折丙誰能識。當門撞柱有瘿瘤。

六指

生六指。有何因。子山高聳六指人。子方水聚亦如此。山水顯露手足生

覆墳

貪巨武。三吉神。水若朝來是福臨。冢內祥烟皆紫氣。兒孫富貴更豪興。文曲來。濕土方。白蟻成群串做窠。棺木骨屍穿透了。年深月久水波波。祿存水。翻棺材。凡人不信請君開穴內。屍骸都顛倒。無水黃泥做。堆。廉貞朝。虫蟻多。老鼠頭邊自做窠。黃金損壞多黑爛。房子息

受奔波。破軍臨。不堪言。竹木藤根繞板纏。吃盡棺材爛枯骨。螻蟻頭邊腳下穿。

起例

大墓屬破軍。絕胎號祿存。養生貪狼位。沐浴帶皆文。武曲臨官旺。逢衰是巨門。廉貞兼病死。七曜一齊分。假如亥堂內向屬火。即以辛戌上起破軍。乾亥壬子是祿存。癸丑艮寅是貪狼。甲卯乙辰是文曲。巽巳丙午是武曲。丁未是巨門。坤申庚酉是廉貞。餘皆倣此。

停喪 屋后小屋止一小間

破屋主停喪。廊屋不接亦須防。明堂有地棺材樣。屋後小屋總相妨。

發棺制棺

左右石。似棺材。石上破裂剖棺災。止露棺面如開墓。定是伐塚無疑猜。

翻棺覆槨

四墓有風吹。翻覆實哀哉。堂水倒左龍山短。棺必翻左。定有災。堂水倒右虎山小。棺必翻右。真可悲。更有水衝東西缺。水流直去亦翻材。

樹根穿槨

龍無氣。穴受風。乙辰寅甲水來衝。更兼乾戌山低陷。穿根纏骸禍不容。

槨中生水

龍無氣穴受風。金水行龍制作同。如金體而黍臺四尺亦屬金矣前後是金則生木湖之制作相同中子辰位有風入。脉真如六秀氣假水切等脈風吹槨生泓。文曲濕潤多。祿存文曲祿存俱三合向上論水射水波波坤山若還安艮向。黃金水漲設奈何。朱雀山夾。流去滿槨皆木意。水泛并跳與斜飛。左右風吹棺濕注。穴孤寒。水分八字拼坎山。懶與纏播。地俱水災。

槨中生蟻

關殺墓蟻多。直山直向蟻難禁。淺深火宜皆如此。寅午戌風滿槨生。

墳中惡事

來龍無氣。骨頭欲飛。空缺風吹顛倒。骨。廉貞水射咬棺鬼。附高纍蟻入山低。淺生蟻氣深。若淺骨化白氣淺。墓深骨黑泥脉惡。若惡務白槨脉。縱若縱亦黑。隨來務。八字風。關來穴。滿生水低。骨灰泥水滿棺因何事。文曲迢迢水射之。

二十四向破軍訣三極貪狼

貪狼向有土堆。乃為麻印主家肥。巨門武曲祿存向。此方切忌有塘堆。不惟墳內蝦蟆出。生瘡氣疾墮胎隨。田塋若在此方上。黃蟮居墳主禍胎。廉貞向辛癸甲艮上塋堆列。塋主泥蛇堆鼠來。破軍之向巽庚丁壬坤如何斷。禍福同前一例推。

地風

凹風人人曉。地風不可考。水去風來那個知。水來風去無人道堂水倒左龍短兮。堂田右高左低了。名曰捲簾棺必翻退小次中俱不好。水若倒右亦如前。先退長房次及小。當面傾播返漸低。亦名捲簾倒屍首。先敗中房的無疑須得重案禍方少。水若倒左雖得龍山收又忌長房走。水若倒右亦如前。小房之敗的可曉龍虎兩宮不可長。長則中房凶禍侵。水去分夾朱雀行。惜有蟻水家潦倒兩脇水流一短長紛車風入覆宗考交山變互水曲行向外逃凶死絕有龍虎俱短八字分名為八風把穴播穴高生水低穴从貧賤生凶決不好作穴若占

去水方穴寒水濕蛇蟻行來水處做穴燥淨蟻水少脉真氣假鬼不安墳中無水棺中有脉假氣真鬼初安。一坑真水無人曉噓吸兩般風。地中生小竅燕燭請試之免使骨顛倒穴呼有應聲定主鬼作鬧。蛇蟻總不佳。冷退生意少此等少人知。覆絕實難保。

斷墳

墳肚上有小窟出入氣爽人罕識磚石紅白又光輝其家正在方興列若有枯毛蛇蟻生若有青苔有水入。有水定主黃腫災都天一到饒不得。

終

清葉九升◎輯
北京學易齋刊行
鄭同◎校閱

地理大成五種

［下］

華齡出版社
影印四庫存目子部善本匯刊［二十四］
謝路軍◎主編

平陽全書序

婺州古多奇术士博学如張樞畀賀如柳道傳至今籍籍九外葉先生産於其鄉經史詞章主詮内典無不洞徹而尤

邃于堪輿凡以宗悉曾楊廖賴之法附會穿鑿屏之也且皆山覓地識力過人遥遥分枝別幹如歷指掌捉脉定穴如數家珍不似他家東馳西騖把柄全無而已余故相見恨晚及之語平洋畫及山法余

以疑之先生曰山龍與水法相貿爾鄉之北地誠殊甚概拘山法爲也無何余於廣書麓中得幕講師圖數頁質先生先生曰是平洋法也毋洍要言已夫幕師之

說非臆創也司馬頭陀之問答楊救貧之通地鉗郭宗純之三十六水龍圖彰之若此幕講師者特當行如法耳古垂是法而莫別之之效矣而又莫悟可勝嘆哉然

地理之書不啻充棟柰平洋無專書於是業地理者不得其門皆悞以山法扦作二法相反不福而且禍先生深憫之乃輯集是編古今並收圖說具詳無不晰之道無不備之法讀之者洞若觀火為平洋之仁人孝子指點迷津而平洋有專部書矣雖然有是書而不能極深研究遍閱名跡得心而應目吾未見其果曉平洋法也夫山

法之書傳流已久堪輿諸先生閱一平洋地必口誦地理書數語聽之皆山法也于平洋固舛然究與崇山陡峻其所得又雖同也則何也

肯

康熙二十六年歲次丁卯孟冬東海年家眷弟鄭秉濂以存氏書於詒燕堂

跋

地理家起聖絶凡者伊古以来代不乏人其書其法久矣垂之天壤不會讀書者目取其書讀且盡不得其法而用之視諸書無有也又或乘錯𧏛繆非然爲斯世福而徒貽斯世禍与昔聖先賢諸名書若戎冠然而猶自是無疑曰某書云尔某書云尔也何不會讀書甚也先生裒輯各

種書法無不具用無不周前人之奥義真傳無晰分明而津梁後學無迷途焉雖然閲盡諸書而後知是書之不可少讀竟是書而後出諸書之無有能彼不會讀書者亦許讀是書尤亦許讀諸書也已 旹

康熙丙子歲孟冬之朔海昌年家眷弟鄭宮拜題

叙
人葬乎地之气以生故其死之
魂升於天魄降于地骸骨不入
土歛人之露處豈能安耶上古
之世親死即葬不封不樹取其
土足以藏魄而已中古易以棺

槨而葬期皆以月計後世欲求
吉地或遲之數十載或俟之一
再傳染舍術旁終于無成嗟乎
富貴不常保賢達不世出子且
不葬其父而又孫能葬其祖耶
即令後人果賢力又能爲之而

齊人暴露之罪已非後人所能
辭矣天下豈少仁人孝子而遲
二不決者以術者禍福之說中
之也夫行術者果曾皆信乎哉
耳等人財利橫于胸中自謂操
造物之柄百般造孽欺人遺骸

斬人血食獨不念天道好還所
獲之金帛耳有限而所積之孽報
無窮又耳心本無他而學術不
精亦能殺人至平洋一術先賢
僅附于山龍書中人多忽略劉
師雖大闡其術又著無刻本不

能顯白于世是以時師尤得肆其偽謬之說假禍福以惑人故原隰之葬倍難于山谷古歙葉九升先生之品端方學術淵博於山法而又精于平陽吾甯鄉士好術者翕然宗之先生恐一人之力不足以成大眾之仁爰是蒐輯選書編次註釋成平陽全書而先賢之術如日中天矣又以諸書或詳于南或悉于北乃融貫其理而作之串此誠濟世之慈航也是書出而天下

地理大成　序　三

遂為人子者曉然于趨避之吉門不為群說所惑在行術者精求書理而參之古蹟自有以福世而不致誤人將葬期可以刻計而無暴露之罪古道之興其在斯歟

皆

康熙貳十七年暮春之朔淩昌

年家眷弟張曾裕容軒氏拜

題

地理大成　序　四

敘

地之道陰陽變化而已吳公云山脊之龍逢陽而化平洋之脈遇陰而結蓋山體陰而用陽平體陽而用陰是以人之作用亦隨之而異世人未探其理輒謂平陽作法與山相反而不知其反處正其同處也余請列而言之如以龍論高山落脈一線可分二十四龍原隰瀰氣平鋪故用審龍平洋定局三法此辨龍之異也然其審淨陰淨陽以乘真氣則同以穴論山有窩鉗乳突等形平地專求其突抱乳開窩巳屬希逢而鉗窩絕少此辨穴之異也然取其生氣避其死氣則同以砂水論高山最怕風以砂爲帳幔而水自隨之平洋不怕風以水爲纏護而砂自隨之此砂水差有輕重之異然喜其拱抱秀巧惡其反背蠢癡則同夫龍穴砂水者皆則其同矣至于山法坐高向低平法坐低向高此等作用人以爲斷斷不同者抑知山用陽陽則坦夷故穴後常高若回龍顧祖亦坐空朝實平用陰陰則高起故穴後常低若背後來龍仍坐實朝空其朝空在山在洋皆取大水豬聚其朝實在山在洋皆收隨龍水歸堂似異而實同也總

之山洋二法不過（一）陰陽之變化因形審氣以氣定穴以穴受砂水之朝拱而已其作用不一者是以法符龍穴之性情非以龍穴就我死法也然先賢著書皆言其異而不言其同何哉爲中下說法故也蓋言之者專則聽之者審故平洋之書單講平法而不牽山法庶幾後之人篤信其道而謹守其法耳若其理之一者自寓于條分縷析之中在人心領而神會之也葉先生纂集是書弘綱細目無不畢具讀是書者當知卽此平法中其變化已自無窮倘印定山法以繩之是眞管窺之見也夫

肯

康熙三十一年三月望日東海後學陳鴻賓道榮氏拜

序

天下之理則一。而其分則殊。人苟不知合原之理。岐天下之物之事而二之。不可也。不知萬殊之分。取天下之物之事混然而無別施。則尤不可。堪輿家言辯頭言理氣。山谷平陽不少或異。理一而已。若論作法。平陽大不類于山谷。殊其分也。分既殊矣。即平陽中南陽北地。原隰水鄉。所在都異。泥欲等山谷平陽曰從同。同可乎。今與人言平陽法。聞者誕之。其或習是說者。誦幾訣圖幾形。遂自詡詡珍秘。允升先生曰。固非誕也。亦烏秘爲。其說有楊公之遍地鉗。有達僧之問答。有幕講平地玄言。蕭客地理玄機。他如蔣平階歸厚錄數篇。是皆天下之公言。非一人之私言也。其圖之有墩阜。有綿亘。有剪水。而又益以弔浜若干式。要自景純郭氏三十六水鉗圖始。夫立說以闡其理。繪圖以示其法。自晉而唐而宋而元而明。歷千百年。昭昭在人耳目。且驗之輒皆效。秘乎不秘乎。先生因輯集諸家言。編次一十有二卷。後綴平陽串。詒燕堂問答兩卷。串則融會貫通。啓人善讀書法也。問答則陳子道榮之所記錄。其中多闡發平陽蘊

故也。噫。讀是書而斯道昌明。則堪輿先生及世之孝子仁人。曉然識平陽法之所當然。平陽法之所以然。道不朽矣。誕與不誕。又奚辨焉。雖然。晦翁朱夫子云。天之道陽動而陰靜。故陽剛而陰柔。地之道陰動而陽靜。故陰剛而陽柔。山谷平陽所由異也。不反覆對看。徒強爲扞格不相入。吾見天下之物。天下之事。彼各不同。將比而一之乎。彼實誕矣。易曰。神而明之。存乎其人。古哲先賢久已著此理于其說。于其圖。而人卒不悟。吾恐是書傳而道仍秘也。先生其若何。

告

康熙三十一年歲次壬申二月花朝日海昌年家眷弟

黄塏秋嵋氏拜題

叙

先君子常言聖賢教人。莫大於孝。而葬埋之典。猶爲人子盡頭事。苟不明其理。將骨殖誤投奚啻委諸壑也。故地理家書盈笥累篋。朝夕研究四方之抱道來寧者。悉賓禮於家。虛懷致問。有所得輒筆之書。廣蒐遐採。輯成理氣備考幾萬言。猶慮足不遠到。識終不大。昔太史公。西至空峒。北過涿鹿。東漸于海。南浮江淮。而后沛所欲言。况地理一道。名山大川。不由經涉。僅僅守殘編類。管窺蠡測而已。于是七閩三湘。瀍澗河洛。及古齊魯燕趙

諸區。遊歷幾遍。然猶以不遇明師指點爲恨。丙寅歲。有言蔣先生道至高。學至富。落落寡合。先君子急請見之。與論楊曾至理。别白貫串。洞若觀火。及同登山。尋龍點穴。一見立決。不差毫髮。因喟然曰。不遇明師。古書雖多。弟陳言耳。精義奚辨。山川雖歷。第形勝耳。性情誰識。今而後數十年疑團一旦冰釋矣。但先生論平洋。不作山法。先君子聞所未聞。因將平洋諸書。討論印證。大喜洋法之復明。欲與先生考訂付梓。以公于世。不幸遘于公車。未遂其志以歿。今其書數種。手澤猶存。曾請先生詳

定付梓。先生有難色。謂參互博考。非心力不可。正字編圖。非手力不可。攜工庀材。非貲力不可。書豈易言刻乎。同人輩各願解橐以助。爰請先生。先生遂發古來簡籍。出枕中秘。又多方遍購藏本。日不停晷。手不停批。歷兩季月書成。若繪繪樣式。有未妥者。寧數易。不憚燃膏繼晷。余實襄事焉。是書出。仁人孝子得之。不致事親盡頭處失則悔也。先生之爲功于世者。既大。而先君子之志亦于是慰云

旹

康熙三十一年清和月之望海昌年家眷弟鄭宮振履

氏拜題

輯平陽全書序

平陽全書者，非古今平陽之書蒐輯無遺之謂也。平陽之大法有三：曰近山，曰中原，曰澤國。平陽之形氣有三：曰墩阜，曰眠弓，曰剪水。平陽之理氣有三：曰審龍，曰定局，曰弔浜。今所輯備全其法，故曰全書也。爲不取古今之書而盡輯之，曰付之梨棗，力有不足，即所收者，尚有所刪也。然業平陽者，就余所輯而讀之，雖不爲該博，猶愈乎哆談●麻通鑑也。荒鄙之族，有寡姓名陋者，貿少許芝麻于市，市賈以廢通鑑裹以與之，數貿而得數頁。其人遂詡詡然與人哆談通鑑，人怪其起止之無首尾也，而問之，其人曰：其所得芝麻通鑑如是。夫堪輿之道，廣矣大矣。先賢之著作，汗牛充棟，其古淵以奧，其言精以妙，讀之卒不得解也。今之行平陽者，僅見平洋訣、水龍訣數頁書，不曰海外秘傳，則曰山中異授，不根之談簧鼓世聽，詡詡然論平陽，與此何異？余甲子至海昌，與諸君子論平陽山法同異，時術皆誤以山法扦平陽，不知平陽法也。今則行平陽法者蜂起，咸執此數頁書，不辨地之真僞，浜頭地角，妄扦亂下，截賊多人。夫平陽誤

用山法，其是非猶易辨，至以平陽害平陽，似是之非，其害更甚，勢必使世人不信平陽法，而後已。前賢福世之仁術，竟將壞于數庸陋之手，不亦深可痛哉！吾願業平陽者，于劉張楊郭之書，博覽以廣其識，深思以極其奧，靜悟以會其歸，且遊歷以印于目，覆古穴以證其實，于龍穴砂水之法，別之精，而心知其性情，其見自高明，而入目洞心矣。顧不致力于學，而惟汲汲于道之行，烏能免高明長者之誚？天地鬼神之呵哉！今平陽全書，備輯劉張楊郭之說，其圖龍穴砂水之法，註疏卒難得解之辭，固可拔時術之釘，而出盲師之楔，然正道如線，不得不將平陽之法，彰著于世，使人人盡知，庶先賢之道，不致壞于時術之手，此則余輯書之志也。

時

康熙二十六年歲次丁卯春王正月古婺葉泰九升氏

自題于廣居

凡例

一平陽古無專書。蓋天下大勢，山多平少。先賢著書，往往詳論山法，而附載平法于其中。然北方多平原，南方多澤國，不有專書，無以濟世，此茲集之所由成也。

一平陽法祖丁景純，盛行于劉松雅，衍于司馬頭陀、張子微，至幕講師而闡明其道，諸法大備。奈世人拘執山法，遂揩平法為幕講別派，若郭、楊、劉、張諸儒未有言之者。余曩成此集，俾知先賢心印相傳，非有所剏耳。

一平陽書皆屬抄本，不特魯魚舛訛，甚有以己意裁割本文，顛倒失次。余恐愈久愈失，急為考訂，務存古人之真。本其義有難白者，註解其下，俾斯道大著，是余之願也。

一古人論平陽，其書尚多，是集所採入者，取其言足以明道，法足以備用而已。然自北方之乾流，及南方之水坵、凡翻頭、理氣、占驗等法，無一不具，故顏之曰全書。

一此書中其言簡括，其旨精深，上乘者玩味之，儘可以得道。他如近世之圖形歌訣，頗有粗淺重複，亦可為鈍根人說法，故並存之。

地理大成　平陽全書　凡例　一

一古人作書，有專論一法而不暇旁及他法者，不如此則恐議論之易雜也；有偏重一法而故為箏抑他法者，不如此則恐己術之不尊也。故看書自有活法，博觀羣說而得其會通，有一法各有一用，若泥此訾彼，直為古人所愚矣。

一九卷係諸家雜論，其中儘有駁雜不純、議論背理處，余初意欲為改正，繼思傳流已久，今一旦盡行改削，難免世人驚怪，故姑存之。凡讀前之八卷，則此卷之是非自明，且使前人之功過顯白，後人可以擇善而從，則是非皆師法也。

一幕講師道顯浙左，其書珍重已久，但得其傳者每秘而不宣，而不得其傳者又妄附幕講之派，以壅蔽其道。是以家有藏本而莫識其用之之法。余性粗直，逢人談論，隨地切指，海昌諸同人遍觀古墓合此書者則大興，反此書者則大敗，因捐貲付刻，以公諸世。此非信余之言，而信先賢之書，實與古墓脗合也。好道者倘遇此書，按劍相待，亦自遠于道矣。

九升氏識

地理大成　平陽全書　凡例　二

平陽全書目錄

平陽全書卷之一

古婺葉泰九升父輯
游昌楊宮建千門父叅
張曾禔洵安父訂

楊公遍地鉗

遍地鉗遍地鉗神仙妙訣要君傳點穴須明眞帶假節苞珠乳及窩鉗浪花漾月妙中妙雲外飄形玄又玄。

九升氏曰節苞珠乳窩鉗者穴竅也不論高山平地皆有之節者木之胼節長體上動處是苞者其狀如

梭突之橫者是珠者圓突也乳者吐乳也窩者開口圓者是鉗者開口長狹者是此六者在山與高地則顯而易見在平田則微而難明如浪花漾月雲外飄形若有若無微茫隱現也。

問君何者謂之穴動處其中生胼節水邊花發水中紅窗外月明窗內白

此指人覔穴之法也平洋之穴固難測識然眞氣所在其地必不版死必有動形有動則有穴也即正面平版不動至水邊必吐出唇舌謂之側出蓋眞氣在

內其外自有關節也。水邊花發者。平洋之氣。遇水而兆收。青烏經云。大地平洋杳茫莫測。沼沚池湖。眞龍憩息。故其結穴多在水際。穴作于上。影落水中。故曰水邊花發。水中紅也。若離水太遠。則失眞氣矣。窩外月明者。大地平鋪。皂無動静。直至臨弦。際水忽吐半月之形。穴結于內。內既無形。以半月爲據。故曰窩外月明窩內白也。此二者。平洋求穴之妙竅也。

只爲識龍不識穴。下了之時兒孫絶。更有識穴不識龍。下後家計似懸鐘。

此言龍穴兩者。俱須審察得眞。方可下手。識龍不識穴者。亦認得龍至此矣。但不明穴法。或急或脫。失左失右。不得龍之眞性情眞氣脈。犯死絶之氣而凶也。識穴不識龍者。地無眞氣。反現花假。時師誤認亂扦。此不識龍之故也。蓋花假必無眞龍。若能辨眞龍。自然能察眞穴矣。

平洋大地人不識。或在水邊或在石。或在平田或在泥。或在砂洲與堆積。乘風氣散主人離。水繞羅城方是吉。

此歷指平洋結作之場也。平洋之穴。有結于水邊者。

或平地忽露石脊石頂。而穴結石邊者。或平田田塍有收來拱夾兩水裂而結穴者。或深田汚泥之中。大勢成局而結於泥龜者。或水蕩之中。孤墩獨圩沙洲結穴者。或圩中起墩。起阜爲堆積而結者。結穴之場種種不一。若不知各樣結作。即穴在目前。不能識矣。故公歷指以啓後人也。乘風二句。內有妙義。平洋之地。非以高起爲乘風。以不得水爲乘風。有水環繞則無風。無水環繞則有風。所謂水去則風來。水來則風去也。若以高起爲乘風則非矣。

天下州城住向空。何曾撑住後頭龍。今人不合古人法。誰道後頭無好龍。州縣人家若怕此。千門萬戶怎生容。無明見者生疑惑。不下空龍下死龍。死龍曾似空龍活。龍動之時天地關。不□日看州縣場。誰是空龍活潑潑。

潭州長沙府方圓八十里。十萬人家盡庚而不然也。去討多龍所以難言。空處衡存州回四十里南山靠在內湖尾。家家空住向前塘。不信龍從何處起。

此節以陰陽二宅。一理相通。即陽可以知陰。而示人以用空之法也。夫陽宅之大。莫若天下州城。而州城多坐空向滿人丁繁庶財賦聚集此已驗之程式也。生人既可坐空則死魄亦可坐空矣無奈世人不能即陽推陰只信山法之坐實朝虛而疑洋法之坐空向滿于平洋中必要靠實抑知山爲陰氣故收斂爲陽氣喜舒故實處爲死空處爲生不宜靠實也死龍二句乃公指出天地之妙理蓋天地之氣不過空實二者實爲地空爲天宋胡安國云地上空處無非天也故一山上聳地之上入于天一河下陷天之下入于地世人但見爲空不知是天故不明空中有氣空之爲龍矣抑知空實二者一氣貫通在空則無形爲陽在實則有質爲陰上極蒼昊下極黄泉無乎不充然不皆結穴者以不得陰陽之交結也必須空抱實實抱空打成一太極圖方是陰陽之交結爲龍之動也合陰陽而成一穴其一半實者有來有止而爲龍其一半空者亦有來有止而爲龍也但實龍人所共知空龍人所難曉故公指明之一處之空與大空相通一處動則大空咸動故曰龍動之時天地關也倘不信空龍之妙但看各州縣場如潭州衡州皆坐空

向實空龍活潑的有實據何得執死龍之一見耶。空龍非公不能知亦非公不敢道蓋天地之妙用不過陰陽交姤而已山聳而入天陰交陽也空陷而入地陽交陰也山高則四旁之空多故宜實而後與左右喜包裹地低則入地之空少故宜空而後與左右喜低曠此自然之理也夫平洋大地一片平鋪若無空界則陽不交陰爲死土矣故平洋必以空界爲活也地有空界水必入之後人因有水龍之説與山龍對待立論然言水龍固不背空龍之義而究不若言空龍之無弊何則平洋高處一有空界即便成穴而水常乾涸又高地成局四面平田亦不近水惟以空言龍則有水之空與無水之空理俱不礙此公之所以不可及也。

世人也有住空龍龍在空時總有功背後水從生旺起兒孫世代不致窮。

此一節明坐空得水之妙也穴既坐空後必有水水者地之用神也若消納得法則生旺之水從穴後起矣蓋生旺之水聚于穴後尤勝于穴前穴後是主穴

前是賓賓吉怎如主吉。世人只喜朝水。不知坐水何也。

人言側背是黃泉。悞了人家萬萬千。不信但從仙跡驗。後頭冲水出神仙。仰山南岳廟龍基。世上時師那得知。只爲水冲龍脊背。四方朝拜不曾離。

此一節因世人不知坐水之法。而并示人以冲水之妙也。世人訛以側背有水。謂之黃泉。不敢葬水作穴。則遠水而犯死氣矣。抑知古之仙踪。後冲水者。出異人奇士。卽如衡州南嶽廟。水冲脊背。而朝拜甚多。蓋

神廟必得美地。而後威靈顯赫也。夫穴坐橫水。人尚畏之。一見直水冲來。豈不大駭。抑知冲水之力。更大于橫水乎。

天下江心與海心。君山常在鑑中行。橘州水陸金山寺。更有公安與洞庭。雁峰石鼓朱陵寺。下有滄浪可濯纓。人傑地靈多秀氣。發高甫舉占科名。杜甫盧仝李白祖。後頭盡以水爲隣。此人不比凡流輩。盡是驚天動地人。

此又言水中之地。以覺人畏水之謎也。海中江中皆有結作。君山在洞庭湖中。金山寺在鎮江江中。洞庭

由在太湖中。至荆州之公安。衡州之雁峰石鼓。皆臨水成地。而出人秀氣。甫舉高名。是水之爲福。無異于山矣。夫水之中。尚能結作。又何疑于近水哉。卽以陰地言之。則李杜盧仝之祖基。皆穴後坐水。陽宅陰地莫不皆然。又何疑乎側背之水歟。

四畔圍團水遶屋。于中有穴食天祿。

此言水中之結作。多成貴局也。今人一見水心獨圩之地。便云無來脈。不知江南平洋。長不十里。廣不千畝。何地不在水中。而人財繁盛如此乎。余請言大地

之象。而小者可類知矣。夫大輿之爲物也。外包以天。塊然中處。上半充之以氣。下半承之以水。故四海圍繞環大輿者。皆水也。天體居外而動。地體居內而靜。二物相依附。而不相連絡。是此大地固混然而無來脈者也。寧得曰大地無脈而無氣乎。蓋地本無氣。地之氣。卽天之氣也。天地一氣相貫。故大地不必有脈而自有氣。卽以地脈論之。崑崙居大地之中。如傘之有頂。各方落脈。分行八極。皆有脈相連。並無斷處。但脈有起伏。故有高下。其高者出于水面。低者沉于水

底人從水上觀看若有斷絕而其下實海外諸國皆連成一片者也豈中國水中之山地獨不相連而無地脈乎至郭氏言界水則止者是言結穴界氣之水外無水界則內氣散于地中蓋有界則氣聚無界則氣散非言大水也故玄機曰所止者小界所過者大江小界者界不能止脈而脈自止大江者水本來界脈而脈自過古云龍過千江不過一堂也知乎此則平洋無脈之疑可以冰釋矣

不惟運祿泰雲翰別是乾坤一卷書

不惟何關疑平洋之法與山法不同故云別是一卷書也

幕講師者元季四明人也深明楊劉平洋之法扦穴著書留傳于世今人一見言平洋法便指為幕講法而行平洋術者動稱我得幕師秘傳若幕師另闢一門者然不知晉郭氏有水鉗楊公有遍地鉗宋劉氏有平洋穴法幕師不過居述者之列耳豈別有異術哉今之指平洋法為幕講派者當急讀諸公書也

儀操氏曰余嘗潛心于穿山透地之中見地支守位

天干加臨而後六甲之五行出焉因悟地以形而受天之氣天以氣而貫地之形形靜而實氣動而空實非空無以發生空非實無以依附天地生生之道其所以不窮者皆此空實動靜相成之靈妙也及讀平洋諸書但衹實扦皆恨不得會楊諸公一為發潛懷此者有年晚歲始得楊公遍地鉗一篇見其論理精深出辭博大言簡而意多法備而證確于中空龍之說驟聞之若創闢及細味之理固不爽與余從于支中悟得者默符始信至理所在自有先得余心者此千載所以尸祝楊公歟

陳道榮曰楊公言空龍龍遇空則活幕師言水龍龍界水則止非以空以水為龍也夫蟠乎空際行乎水中固皆有氣然扦塟必竟乘實地之生氣地為主水為應耳若高突無水穴後低平即空即水也後人執山法而作平洋殺人多矣間有竊窺平洋書者遂水邊即曰坐空居陷地亦曰向滿張子微曰平洋漸低漸下塟之必絕其殺人尤甚凡此以有書無註故也昌黎有言孟子之功當不在禹下吾于此註亦云

司馬頭陀達僧問答

問曰古言平洋不問蹤水遶是眞龍若論水遶處爲龍何地無水將不分砂與局盡名爲龍乎答曰兩水夾流順下勢如波浪之行得到水交砂會之處龍穴可定

九升曰平洋版實之處不能結作必至空界玲瓏之所遇水而穴始成故以水遶爲眞龍也但龍有水遶砂亦有水遶龍則有穴砂則無氣若一見水遶便認爲龍悞人不可勝言矣答以水交砂會方定龍穴不是見水遶便認爲龍必須水交砂會團聚成局其中方爲龍方有穴也蓋水遶是龍乃對無水處言若有水處又當別龍別砂矣

楊公于平洋言空龍矣蓋以地實天空地必得天而始結非舍實而竟言空也後幕師以空則水入以水言龍猶楊公之言空也平洋覓地有兩法一從實地上尋至水邊曰順求一乘舟從水中尋至地上曰逆求順求則見地煩難逆求則得穴容易以一從實處求空一即從空處得實也幕師以水分枝幹尋龍乃是尋地便捷法非實以水爲龍也況幕師扦穴俱在

高起之地不在低平之所愚人不明其意竟認水爲龍直欲舍土氣而乘水氣則惑之甚者也若果水是龍而土非龍則穴宜下于水中不得扦于岸上矣卽幕師定局辨卦之法以南邊有水則曰坎局明明是以地爲體以水爲用若水是龍則南方之水當言是離龍不當言坎局術士夢夢余安得不疏明劉公之說以爲晨鍾一擊乎

又問既以順水爲主如東來之水再無西至之龍乎答云地氣之流動變化一如水之流動變化原無定向安見水皆順流而無逆回之理乎如隨龍之大水東流而穴前小水亦東流則名順局如隨龍之大水東流而穴前小水西流則爲逆局又問假如平原曠野離祖甚遠多爲水隔又無蹤跡可攷彼云東來此云西至如是何以知其順逆也答曰一片顛坦之地初無手脚順行一程不斷過此而重結咽喉枝脚向抱見水環玉帶砂護金城高低尺寸結于水口處則上手平坦之地因是發祖順流結穴故謂之順結如下手頑坦無手脚相護逆行一程方見枝脚逆上重結咽喉臨局水環開面必是

下手頑坦之地。發起而逆上。至分水之處結穴。是爲逆結。故結于水口處者爲順。結于水分處者爲逆耳。

楊公之書高妙。劉公之書精實。幕講學劉公之法者也。劉公旣以地爲龍。而幕師反不以地爲龍。而專以水爲龍乎。

又問祖地之法。須[illegible]尋宗。又須[illegible]過江河而重興營寨。若如是言。則是得穴後知龍之順逆。似龍可不必問矣。答曰。如有蹤跡可考。高低可驗。則其尋覓不難。若微渺之中。不可考其出處。當如是而觀其順逆。又問。恐有是穴而無其龍。將如之何。答云。穴。身也。龍。祖父也。天下未有無祖父而生子孫者也。有結作則知其有龍矣。又問。恐穴好而祖宗之貴賤不知。奈何。答云。如子孫顯貴。其祖宗自有福力。豈必以聖人而後生聖人也。

余讀問答至此。不覺廢書長嘆也。今之言平洋者。其病有二。其一是不知平洋法。其一是知平洋法不知平洋法者。亂以山法論平洋。必要求關峽起伏問祖尋宗。抑知有有龍可尋之地。有無龍可尋之地。于無龍可尋之地。必要求龍而美穴竟廢矣。蓋有穴自然有龍。不過隱伏難見耳。于平洋之中。拘泥來龍者。不容不急讀劉公之書也。曷言知平洋之法之病也。幕師因平洋有無龍可尋之地。乃以水作山。而立水龍之法。使人便于得穴耳。豈知法立弊生。後之庸術竟欲舍地而言水。不問地之有穴無穴。用頭地角靠水亂下。不曰合三匝貪狼。則曰合八山武曲。夫有穴而後用理氣。穴且無矣。理氣焉有。不幾以幕師之慈航爲殺人之鋒刃乎。故于平洋之中。不知有脈有龍者。又不容不急讀劉公之書也。

王中聲曰。余嘗流逆于吾鄉諸名墓。其結作各不相同。有來龍關峽分明者。有僅結穴處分面目。來處平闊模糊。不可察其起止者。夫旣有好穴。應有好龍。若其無龍焉有是穴。懷此疑義久。不能決。丙寅之冬。于受箕葛先生處得劉仙問答一篇。讀之。以結于水分處爲逆。水合處爲順。得穴而後定龍。又云。未有無祖父而生子孫者也。有結作則知其有龍矣。于是所疑盡釋。始知一切妙義。古人必不剩于後人。昔人于理有所未明。自是讀書不多故耳。

地理大成　平陽全書　卷一　三

幕講平地玄言

凡入一局之中。先看以水尋龍。龍行必有水夾。龍入必有水兜逆揷之水關穴。方能進氣。豈畏源頭逆龍之水聚傍。便有斜襟何云犄薄關穴之水。盡處則聚激龍之水。狹處則收夾龍之水合處則鍾水頭水尾。不可槩論水短水長。豈得例觀。水長則氣緩。穴在源頭動處。水短則氣微。穴在腹中旺裡。前後左右。一邊活水。必一邊死水。方能結作。信是陰求陽配。東西南北四水交流。必曲水聚會。方能合卦。的是濁中清取。論來水。一直來。一横來。一斜來。驗分緩急。詳水去。一過堂。一會堂。一纒後。效有差殊。左冲右冲。前冲後冲。直冲必敗。房分當應。穴迎向迎。左迎右迎閃迎方吉。丁財兩宜。遠近水動。近水爲的。內外水順逆。內爲宗。數水朝堂。砂回則水轉。若見明砂逆抱。福力真弘。微茫窩底。氣聚則穴藏。必須墻地護纒。財源彌厚。若見退神横過。下砂直逼。則何妨。更見內水順飛。外應兜收。反有益。去方浩蕩。前有下砂不大。來處分明。雖無關峽亦清。總之逆砂一尺。勝于萬丈。逆水一滴。勝于萬派也。至于作穴。須乘生氣。有來氣。有進氣。

有動氣來氣。或有脊而來。或開閃而來。或轉跌而來進氣則在臨穴處。或一水灣環。或兩水關激。其氣便入。動氣或小來大。或大來小。或直來忽轉面。或平地忽吐唇。此皆天然生氣。可以立穴。然又須觀四應爲準。或數局中。彼此咸列。或一局中。東西兼結。又須察大小主輔向背。偏正。開坍環抱之情形。若夫水向合卦。陰陽不同。陽或可勝陰。陰不可勝陽。陽龍或出陰水之理。陰龍斷無出陽水之期。

此言淨陰淨陽收水也。陽龍宜陽水來。陰龍宜陰水來爲陰陽不駁雜。若不能純淨。則陽龍可雜陰水。陰龍决不宜陽水也。

陽必配陰。支龍宜作干向。如見八干水動。則支向反有妙合之內。

此言干支向水法也。干爲陽。支爲陰。故支龍宜作干向。若干水來多。則陽氣已勝。而支龍又可作支向。

陰必求陽。兌龍豈可巽出。若見丙來相助。則出巽反合三奇之格。

此言淨陰淨陽去水法也。陽龍宜陰水去。陰龍宜陽

水去爲陰陽交姤故兌陰龍不宜出巽陰口也若能扦立丙向則丁水過堂出巽爲丁丙巽之吉格矣水格詳司馬頭陀水法

所嫌納甲之作用純氣不能化生

此言納甲向水雖純淨不雜然止是一卦之氣不得諸卦之姤交故不得爲吉也在八山爲廉貞向水吉中之凶

亦嫌輔弼之不祥因人不能自主

輔弼一星無正位故不能專主遇吉則助吉逢凶則助凶故其水路不爲實吉然此星雖陰陽相駁亦可助吉非若破祿之專主凶也

如丙向巽流兌龍無忌巽爲丙中惡煞巳乃兌局凶神陽宅重向故房房急避黃泉陰地重龍故局局須憂煞曜

此明黃泉八殺也丙向以巽水來爲黃泉兌以巳水來爲八煞巽巳同宮此方水去丙兌之所喜也黃泉從向出陽宅重向故以避黃泉爲急八煞從龍出陰地重龍故以避八煞爲先也

至如卦運不同吉凶互異乾坤老亢終有孤單喜乘生旺之龍又貴元運之氣如下元七赤爲主坎坤艮離爲輔生炁雖號吉祥不若延年有氣故陽宅生氣之位至下元而發福不全陰地延年之方遇元氣而發祥尤速訣貴師傳巧由心悟平洋要旨盡是矣

卦者八局八卦運者九宮元運也八卦以乾坤爲老亢故二局欠吉也生旺者即自生趨旺自旺趨生之龍詳見玉尺元運者上中下元主運也如上元一二三是中元四五六是下元七八九是下元以七赤爲主運艮離爲輔坎坤亦進氣故云生氣二自也延年六白也法詳玉鏡茲不贅

要之來純不來雜出配不出獨

此言來水宜陰局陰水陽局陽水宜純不宜雜去水宜陰局陽方去陽局陰方去宜配不宜獨各須得其宜也

氣激必入局緊必真用特必貴乘氣必清龍之所喜局之所惡寧可舍龍而就局砂形雖劣水法合宜不可舍水而就砂龍必察其緩急方可受穴砂必審其寬緊始

不爲殃。中宮受穴必敗。五黃不變。邊角立穴多與界水氣無論。取驗以局配年。龍向不靈。詳房分。以星配位。砂水參驗。

龍局取驗。如兌龍離局。子午年發。酉年不應。以星配位。即八山貪巨武貪與長。子巨與中。武曲三房財福豐是也。詳見八山剪水經。

幕師所著有星砂賦奇驗經平洋訣。并此篇平洋訣是明平洋作法。至于覓地裁穴之玄秘。陰陽理氣之妙用。盡在此篇。宜熟參深味之。

千門氏曰。今人言平洋法者。只知幕講平洋訣一書耳。未見其玄言者也。夫不知玄言而僅談平洋訣。訣中並不提起一龍字。人已疑矣。況兼以水劫風吹坐空向滿之說。世人焉得而不駭怪乎。蓋幕師奧義盡發于玄言。其中論龍論穴論沙水。法法精切。該無不舉。至于理氣之淨陰淨陽。干支納甲。八山九星。九宮三運。莫不詳備無遺。真平洋之指南也。惟知此而從前駭怪可以盡釋。烏可不急付剞劂。以開斯世眼目乎。

蕭客地理玄機纂

支壠篇

壠龍與支龍不同。壠龍接脈。支龍就氣。壠龍挨薄。支龍從厚。支龍得壠爲貴。壠龍得支爲旺。山曰壠，平地曰支。支龍有陽極成陰。壠龍有陰極成陽。陽極成陰者。定爲貴地。陰極成陽者。多爲陽宅。支龍起突爲陽極成陰，壠龍鋪坪爲陰極成陽。支龍壟巔。壠龍取麓。支龍散于平野。特處爲尊。壠龍出于山谷。奇者爲貴。支龍須得水。壠龍莫露風。洋中得壠貴而無敵。谷內生支異衆亦尊。支龍得石成胎。壠龍得平有結。支龍剛而則貴。斷而則結。不斷不剛。游龍懶慢。要四商之遮闌。須門戶之緊藏。貴沉于水底。愛隱于低洋。沉于水底者，水中之墩；隱于低洋者，田中之突。二者大勢環拱，故貴。此是巧訣，痴人莫認真也。大小觀其發祖。貴賤在于本身。一起一伏。節節可裁。無性無剛。則穴難成。有連于山坡。有出于洋內。出于洋內者。氣旺而生。連于山坡者。勢成而止。勢成而止。其吉可觀。氣旺而生。其福難量。有壠出支。有支護壠。支中觀氣。壠中觀脈。支龍有氣可裁。壠龍其脈須陽。

近山平陽。其法備此。

洋突篇

洋中之龍現于影响有氣則起氣弱則止陽中得陰其氣聚聚精華百倍影响微露貴而莫測古云萬仞不如一堆高山不如平地陰見陽而始生陽得陰而發育渡江河而神機莫測穿田野而道眼難明隱隱隆隆奇脈異蹤灰線聯綿化成百仭或似龜蛇于湞岸或如鷗鳥于河中或作衆星拱月或爲群鷹投兎沉鰲露泥游魚戲水蛛絲馬跡斷續連行或隱或顯微茫交界低田作堂高田作砂細觀微砂四面亦遮精神皆在于洋富貴

豈能同耐大小須觀祖宗之力量貴賤在于本身之融結清而巧者貴頑而厚者富觀其四應度其𠍴從洋中得氣爲真纏身水遶爲佳點穴須扶胎息作法休傷唇口取用皆爲真的乳頭多作兜收薄中拖唇爲上突中無氣莫求洋中之龍氣滿而突取明薄爲穴氣多作砂薄中無突恐爲無氣乳中氣現亦能結穴圓靜肥隱不宜顯瘦現則有支隱則藏踪支中取旺藏中取動龍貴于藏不貴其顯洋中露形其貴莫測

平地突法詳盡無遺

地龍篇

觀山脈之難明看地龍之不易山脈觀其微妙地氣出于道眼山中明顯爲脈地中微動爲氣高田爲脈圓活爲氣脈從高現氣從水出山可遠觀地須近[illegible]水田高田傍水尋龍分定高下隨龍步脈牽連斷續鷗鳥浮沉隱則雲中藏雁現則浪滾砂飛到頭處或方或圓隱隱然而成星者貴結穴處或大或小微微動而圓活者生出身處龍利于發足結穴處亦遠于穴前低田作堂高田作砂依稀遠抱羅城莫漏不問開口出角五星勢中

尋穴穴求証佐爲真勢求精巧爲貴勢圓者求靜勢方者求動富貴大小隨龍分別棺須扶起穴須壅沉扶起者宜淺壅也壅沉者埋土厚也不愁風透無水不成崩洪之穴多在平洋或蛛絲馬跡蝶蛇串字人字也字十字之類或本身分支仍合或他山氣脈相連東高西突牽連而行到頭胍歸一處朋山共水謂之崩洪結穴處或覓蜂中蝶蝶中蜂或取靜中動動中靜或作眠牛牛月或似龜形覆盆紫氣滿月器物等形皆爲露而不隱此爲陽中之陰陰中取窩故曰突中之窩莫棄有沉泥蛇鱉鋪毡荷葉恍

㤪露形。此爲隱而不露。隱者多陽。陽中就陰。故曰平中之突須扦。此二者。皆宜高下。正謂支龍之取巔也。龍脈直朝于大江。則前邮之有大地。地氣來止于小界。則本身之受穴亦小。所止者小界。所過者大江。小界者界不能止脈而脈自止。大江者。水本界脈而脈自過。古云。龍過千江不過一堂。未見水而止。則脈自止。若見水而止則脈去矣。大抵龍爲主。水爲用。又云。大幹龍大江大水相逆。小幹龍小江小水相從。龍大水小者爲用。龍小水大者爲害。古云。藏脈次之。得水爲上。水多吉氣。又有八煞。穿割箭射斜仰冲蕩。穿者。如箭之穿身。割者。不問前後左右割破其氣。箭者。水神來去。其直如箭。射者。或左或右箭射之狀。斜者。穴塲之前。斜反而去。仰者。穴低小而水高大。冲者。水直冲而穴難受。蕩者。水神大而蕩穴。此八者。水之害也。又云。穴高不論射。水闊豈爲箭。脈大何嫌闊。戶緊任斜牽。屈曲無穿意。仰蕩穴登天。真龍相住處。反吉任君扦。水無方與位。屈曲是爲先。詩曰。傍水尋龍脈。依砂向界親。若知圓浩處。點穴自然真。水惡終須避。勸君裡面扦。不能藏避處。覓塟莫挪前。

高低起伏。有跡可攷者曰地龍。少陰也。

水神篇

一到平洋。以水爲脈。以水爲坐。以水爲纏。水本無脈。而脈從水現。龍從水行。砂依水抱。氣從水止。直則死。曲則生。生死吉凶。盡在乎水。大聚則府郡。小聚則市邮。龍無水不來。氣無水不收。一來一收。氣象萬千。無來無收。陰陽不偶。水大龍亦大。水小龍亦小。大者須防散闊。小者又怕單涸。大愛清。小愛深。水貴曲而不貴直。貴聚而不貴散。是故水不亂灣。灣則氣全。水不亂聚。聚則龍會。聚則靜。曲則動。動者不宜流急。聚者須要澄清。以湖作鎖。以水作脈。無水不成龍。無水不現脈。古云。洋洋大水爲關鎖。關鎖裡面有真龍。真龍裡面看砂頭。無砂之抱要水鈎。行龍之處。不怕大。結穴之處須用小。龍小水大似浮鷗。富貴不能休。穴前水小似眼兮。乾涸亦真踪。北則朝南則坐。朝者要砂攔。坐者取陽和。地在水之北則朝水。在水之南則坐。水朝要砂攔則不蕩。坐則向南而陽和也。坎龍之面湖。恐水神之曠蕩。北龍向水要有收拾。離龍之向北。嫌西北之生寒。此謂南向暖北向寒。南龍不朝北者。嫌西北之寒也。十條九條龍到頭。時師楊公謂之雪裡飄梅。不取北向。

何者分貴賤貴者重重水作峽賤者無峽似攤皮粗出細細出粗重重博換犬取小小取大疊疊砂彎砂彎者須得緊抱博換者且要方圓取大者不宜闊散取小者又怕甲窄甲窄者恐氣不旺散闊者恐氣不收龍愈斷脈愈佳水愈深福愈厚兒能發是要左砂之收抱震脈歸西須右水之環流立穴朝南直來橫作四維發脈順水逆受得坐癸神氣從耳入要堂氣之兜收宜局面之齊整一水之流曲處可求二水之流合處可求四水之聚公侯可求衆水之會立郡拜州大旺則衆聚小旺則

獨流貴者龍氣之清富者水神之厚氣厚處須尋薄取氣散處須尋厚裁人丁集集到頭龍氣之旺孤寡頻頻入穴水神之蕩財盛者水勝人旺者土厚清者貴濁者富水大者寬塟水小者近裁（寬塟者遠水也近裁者近水也）長子興達定是左畔之流長中男發福還須堂水之存留季子興家聚歸右畔得水爲佳須防蕩過一片純陽陰取扶墳作穴（平闊之處培土爲坟故名曰扶坟作穴）傍水尋龍脈依前界水攔不受東西穴逆法對南山明得平洋法玉尺亦虛聞

平舖無起伏之處當以水神尋覓老陽也

尤升氏曰地之象有四高山是老陰平岡是少陽平田是老陽高地是少陰朱文公云天之道陽動而陰靜故陽剛而陰柔地之道陰動而陽靜故陰剛而陽柔此山剛之所以爲陰地柔之所以爲陽也陽中有陰陰中有陽又分四象四象之中二老偏枯多不結地其成穴者多在二少故平陽必求少陰高地張子微云平陽低處塟之必絕以純陽不變之故也然高山老陰頂上化出陽氣亦作仰高之穴平田老陽側傍變出陰氣亦作飛邊之穴但正而不動必須水神

交結方爲可據此以外氣證內氣法也明山深得幕師之精微其所拜之穴在山在洋並皆發福所著玄機一書精深而顯白有大功于後人今纂其洋法四篇其支龍一篇則近山之地猶帶龍體之法也洋突一篇指出陰陽之變以明少陰之妙地龍一篇專言少陰之行度結作即司馬氏所言有蹤跡可攷者也若夫老陽地面無蹤跡可據來去全憑于水者則水神篇中備言之合此四章而平洋之法詳盡無剩義眞堪爲萬世之儀式者也

卷一終

平陽全書卷之二

古婺葉　泰九升父輯
海昌陳齊永大年父參
楊中坦孝直父訂
潘日煥欽文父較

水鉗圖唐董問答總說

九升氏曰：水鉗者，平洋圖像之始也。三十六者，坤元之用六也。上應天星者，在天成象，在地成形也。平洋之說，青烏氏已兆言之，然未有圖也。圖之實始于水鉗形家言壠言支，在壠有八十一降勢，山體剛，八十一者，剛之數也。降勢不僅八十一，而九九之數自足以括之。在支有三十六水鉗，支體柔，三十六者，柔之數也。水鉗不僅三十六，而六六之數自足以括之。後人於平洋中分朝水、坐水、傍水之局，水頭、水腹、水尾之結，連綿明顯之龍，獨圩隱伏之脈，邊生邊死之飛邊，中死角動之弔角，種種不一，而水鉗莫不備之。如玉練朝水，式也；五車坐水，式也；天樞傍水，式也。神宫結于水頭，金盤結于水腹，天廐結于水尾，飛邊則天厨，弔角則天倉，而日月分精、天

樞地軸二式，則脈之隱伏者也。至于明顯連綿之龍，則唐董已詳論之矣。後人立法，究不出前人之範圍。此郭氏所以神也。夫星三百六十，而成垣者三，在地成形，豈無上應？三垣帝座者，郭氏何不言之？不可言也。楊公請從垣外論九星，郭氏之論小座，亦此意也。然小座亦衆矣，而獨舉此三十六者，舉一隅也。余嘗觀星文見支壠之行度，趨前順去如軒轅，翻身逆勢如尾宿，而余未嘗言者，恐庸俗驚怪而指爲荒唐也。朝生博覽諸家，必讀曾楊之書，亦何以天地懸絶爲疑乎？董氏知二氣流通，九淵之下亦天地氣，即天之氣。此等學問，非淺陋者所能知，則其所著自不尋常也。其論水鉗，以五星之形體與五行之方位較論生尅，以辨吉凶。如水星帶金生氣相旋歷南離而不克，轉震艮而相生，形體與方位並舉，正行與洪範相參，無偏廢不舉之弊，非深于是者不能知也。至于地脈以旋曲爲氣，以鎖結爲神，内氣自兑入艮，外氣自離趨坎，論水論龍，俱臻精當，且全書之中，多有開發人處，亦不可不讀之書也。夫郭氏之驗，附亦難矣，而二氏之發明，自可無愧，亦人傑矣哉。

郭璞水鉗秘義原序

遇元董生海上伏龍山人也年四十二居山二十一載好誦古文上典游心章句之外每爲詩輙出粗氣雄人爲時葉棄門無半執往來惟寺僧玄全執星文風水之說叩之如響始知是山有遇元也唐朝生者博覽諸家之山經彰其術於吳下每恨水鉗圖無考不因山僧得訪于遇元啟其篋中授郭景純三十六法云傳自有唐博士祖所藏朝生穎于風水者也與之論斷表正方穴鑽剔真謬竟幾昏旭綴成穢簡朝生行鋟以爲別

龍頷藏珠賢輔所生上應華盖莖隨曲衙

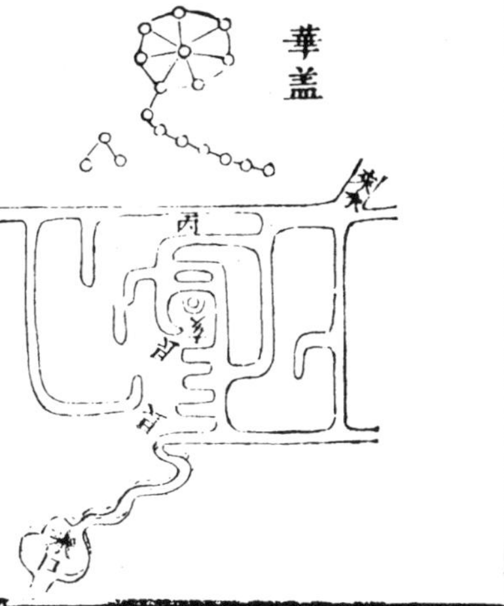

朝生問曰景純三十六鉗首標龍頷藏珠一穴上天下地懸絶渺茫何爲上應華盖便生賢輔遇元曰盈兩間者皆氣也日月斗星江河川澤二氣相通雖九淵之下亦天也夫何懸絶渺茫哉故星文麗于地中地氣行于天表地之氣即天之氣也故首指天皇玄龍自艮轉脈者能全天門正氣向丙就陽取映南離之陽精祖六甲透迤而來盖若柱之迢遥委曲又得左右二砂爲上少丞以輔之則華盖之氣常通于幽堂主生賢輔大臣矣

河漢交度東西二藩其穴塋下近侍官班

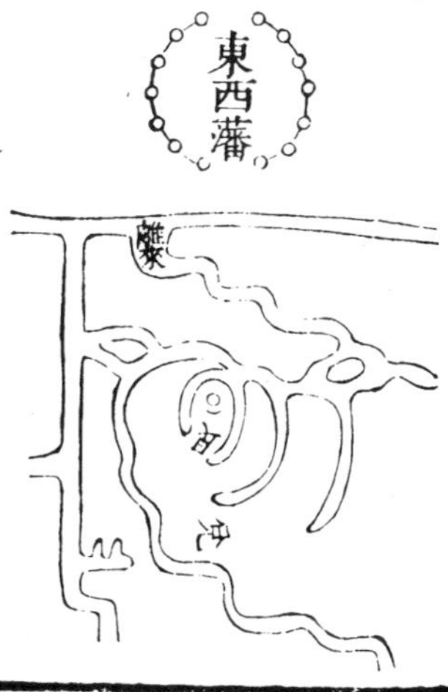

朝生曰觀景純河漢交度上應二藩圖乃貴局也以龍法推之脈自兌轉艮金入木鄉不知五行之位何生以致貴乎遇元曰大槩地脈以旋曲爲氣以鎖結爲神神氣兩全必出顯貴觀此圖内氣自兌入艮外氣自離趨坎盤旋紆曲吉氣聚矣水口鎖砂不泄不射吉神衛矣屏障之榮如二藩故應焉又金入于木貪魁也何火受制歸馴也近侍之臣顯而順也故云

蟠龍飲乳軫宿所處內穴京堂旁爲驃騎

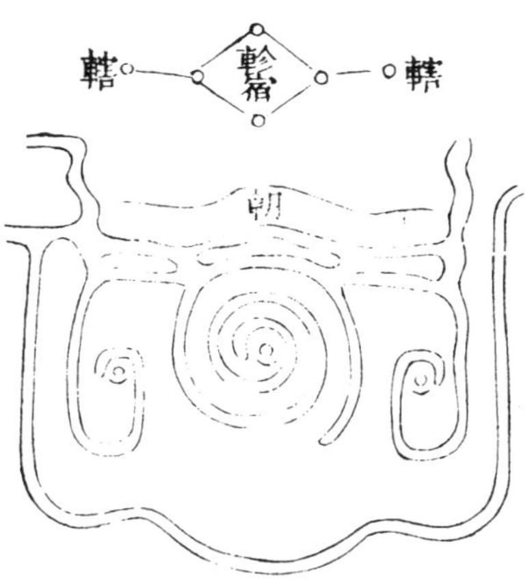

朝生曰蟠龍飲乳如帶如鉤交鎖纏結龍法妙矣中穴氣深宜爲冢宰兩旁氣淺亦有驃騎之貴朝則疑焉遇元曰軫宿一星張其兩旁驃騎之象也且水之象內陽而外陰將之德外險而中順故爲武臣之應以龍脈言之亥脈旋曲從人亥宫乾金旺矣化出武曲不居中氣而有邊塞之形亦爲武士之像

天府填苑曜通天苑穴點龍睛名揚翰苑

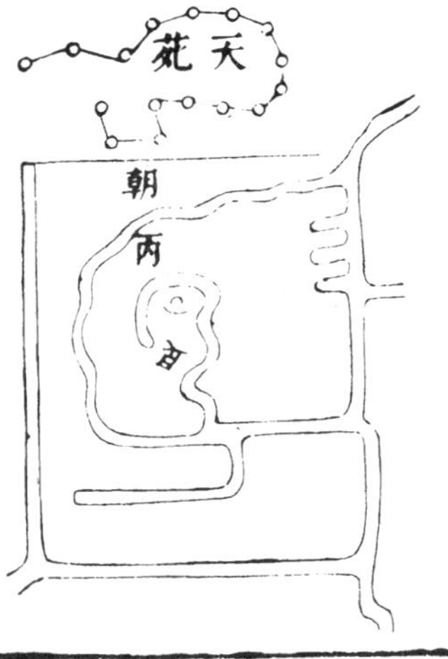

朝生曰。按此圖。六秀起祖變艮入穴。丙爲向。龍法天市朝于太微。木火相生。乃貴象也。鉗法所謂上應天苑。翰苑名揚其意亦猶是乎。遇元曰。夫天苑之義。亦取乎平夷而有垣衛也。今觀此鉗。水星帶金。生氣相旋也。歷南離而不尅。轉震艮而相生。眞貴局也。入堂局之內。兩勢寬平。有苑圃之象。故云。

飛虹飲海將軍氣揚帷幄內穴威振邊疆

朝生曰。飛虹飲海。三分三合。水纏旋矣。以朝論之。六秀三合宜交顯也。何以武爲。遇元曰。三合之中。分其輕重。左出右入。左弱右強。虎勝龍矣。是之爲武象。下合雖明。上分欠清。陰亦重矣。亦屬武象。且丙龍由艮入坎。自陽入陰。雖向午丙。歷陰尚多。亦武象也。才刀變劍。穴居開宮。抽寅旺氣。肅殺大雄。故上應天大將軍。有威邊之勢。是之謂武。

金鈎掛月天鈎入垣餌穴居內可釣顯官

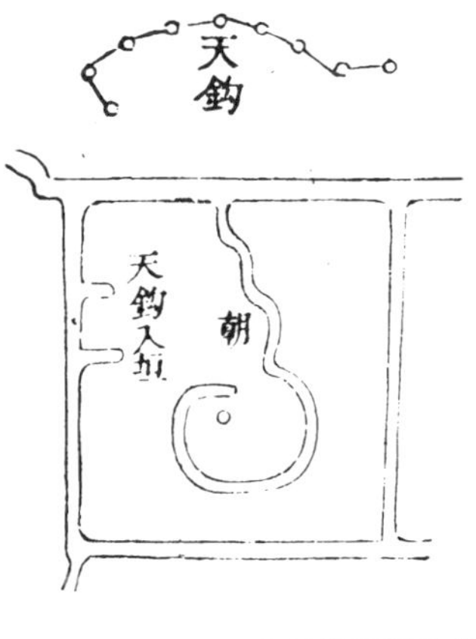

朝生曰。金鈎掛月。外方內圓。金土相生。固宜貴也。但龍法土金穴而南離。火氣破金。不能大顯。何爲可釣顯官。遇元曰。五行者。理也。盤曲者。形也。方位者。氣也。理附于氣。氣附于形。三者俱得。斯爲純吉。金穴而火。固難顯也。殊不知土重金頑。非火不秀。故鈎末欲西取金氣也。莖口乘金。爲火餌也。火生土。土生金。上應天鈎而顯。夫何疑焉。

天衡獻印漸臺垂應穴侵中較貴雄百乘

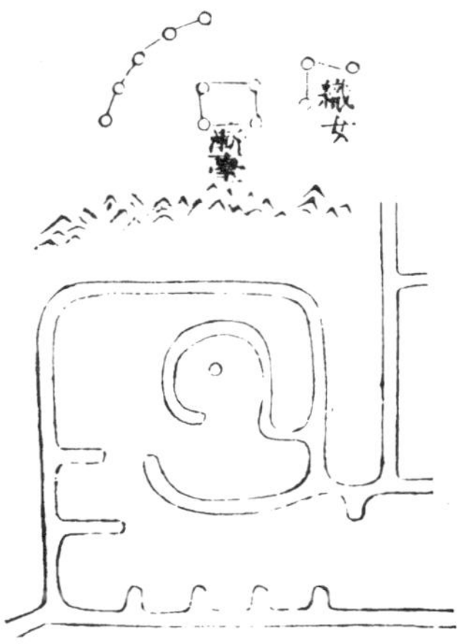

朝生曰。此圖天皇起祖。由天市博入亥宮。復乘天皇之氣。就身逆抱。官曜相從。固爲貴矣。其于方位生旺之理。亦有合否。遇元曰。亥龍復亥。水乘旺矣。水旺欲蓄。五行之體也。生氣盤桓。藏而不泄。眞爲貴矣。上應漸臺四星。方而司漏。有佩印封侯。燮理陰陽之象。故爲百乘之應。

天厨玉膳天皇內厨丙釜助穴牲羞腯肥

朝生曰天厨玉膳一式外遠之方內環之圓厨釜之象也案砂數重天關地軸形勢貴矣景純以為丙釜栽穴牲羞肥腯惟欲明富貴之享也抑別有說乎遇元曰五星合格郎無他說其武勿合尚有論也予姑闕疑以俟後來之悟

龜浮連影天龜臨照穴應連心耆福之兆

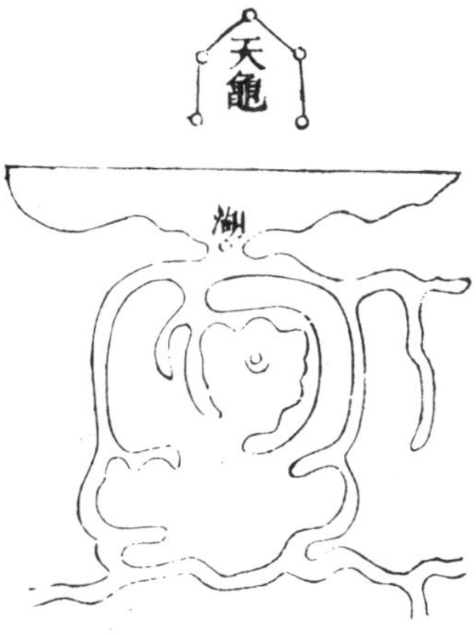

朝生曰三陽之水朝入明堂神龜逆水而止二氣交會兩砂夾從后宮纏托可謂富貴雙全景純獨以耆福許之不言貴何也遇元曰水法雖主盤旋立穴厚重丑脈來入首號曰腊金若遇丁火朝迎貴星臨矣丑宮原無丙火惟有壽星故景純以富壽許之不亦宜乎

瑱屏玉架上應五車牙鐵夾穴翰史秉筆

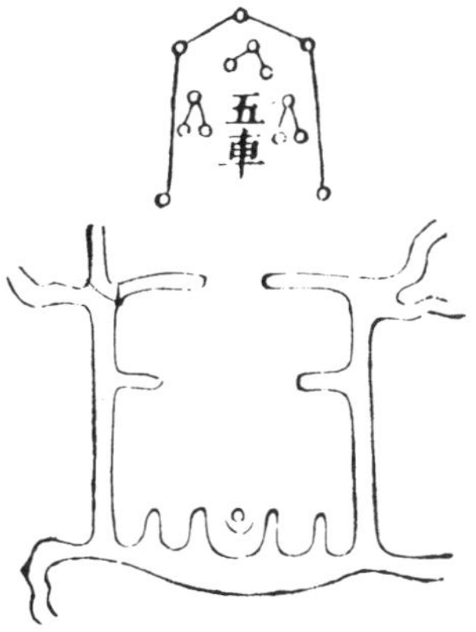

朝生曰細觀此穴後托有鬼曜變幽護砂周圍環遶撑持如屏如架上應五車星府固宜貴也但山離入坎以陽入陰不合生局雖貴不久敢問此義何如遇元曰離坎固尅穴點子午取巳宮生氣制之則不為害坎水在後文星盛臨故有五車之象翰林之貴但離火虛而不實氣焰易散雖貴不久予言是也

玉堦五級翼宿所居穴乘羽翰飛步天衢

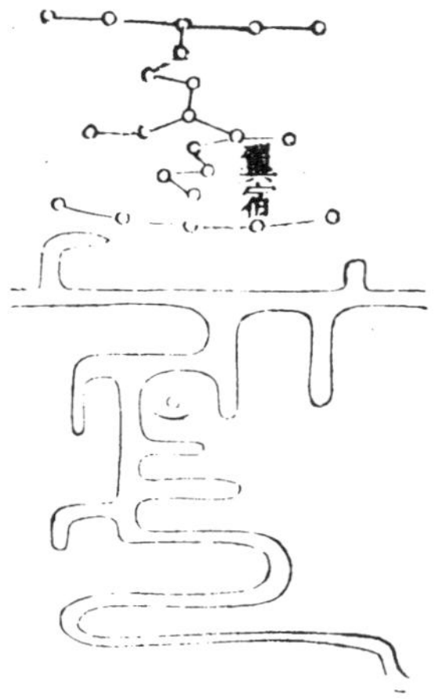

朝生曰景純云玉堦五級翼宿所居穴乘羽翰飛步天衢夫玉堦者蓋托也後龍氣盛水曲砂明故為玉堦五級上應翼宿飛步天衢者不識此義是否遇元曰翼宿者象也右砂曲入左砂環抱氣交脈聚隱而欲張靜而欲揚氣勢活潑如有騰起之狀葬得乘生氣以界蟬翼必有子孫飛步天衢而掌禮樂之府也是翼宿之應

璎簾結形八魁聚靈隱禍取穴錦綉聯英

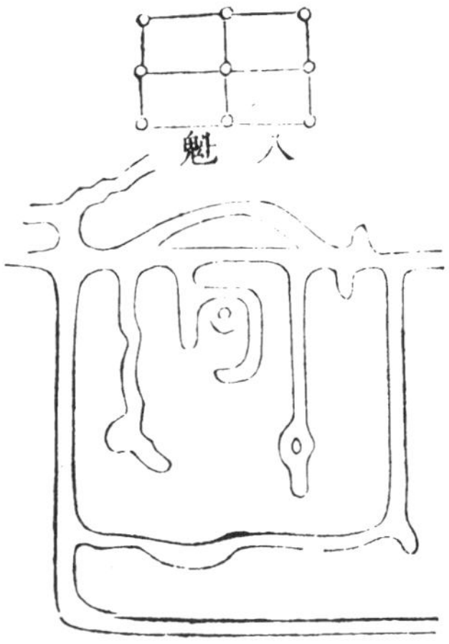

朝生曰此穴内外俱方乃巨門土星也席帽坐後眠弓案前何宜顯貴不識五行方位相合何如遇元曰巨門土也又見席帽土秀而貴也眠弓金星土生金也皆爲貴象然虎砂太盛只是武臣此穴後宮帶木從寅宮透脈入穴木旺火生土有氣矣蓋土重忌傷巽水又喜後宮秀水制之文曲旺矣是武臣兩顯之象故上應八魁列曜可誅戮重權非尋常可比也

金鎖璎關斗宿所藏穴轉曲窩金資万箱

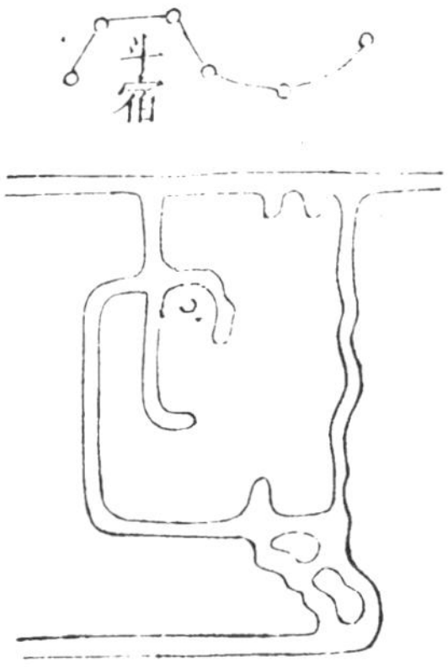

朝生曰金鎖璎關上應斗宿地軸天關關鎖固宜貴也然取穴曲池不知來脈五行當乘何方旺氣爲吉遇元曰水順砂飛雖關無氣此地龍砂逆水而上氣已聚于内矣水口二軸鎮之氣又完于外矣所謂金鎖重關不亦宜乎左木右金艮龍乘火不喪魁矣又何方位之辨

玉堂文幕器府璘璘福穴居内笙歌滿庭

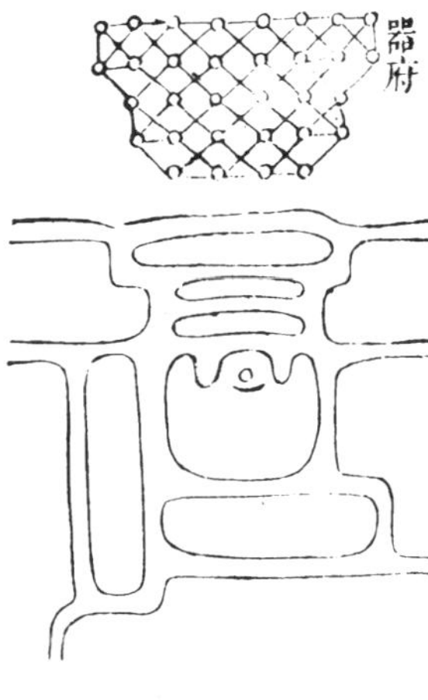

朝生曰地脈得氣爲生龍乘生氣爲吉細觀此圖周圍四旁土宿生聚爲吉矣不知景純以玉堂文幕取何義乎遇元曰玉堂者明淨而方也文幕者繚繞而文也器府一垣主司天樂其感應之理是以取耳

虯龍螯首女牀星列穴卧唇簷肥遁賢哲

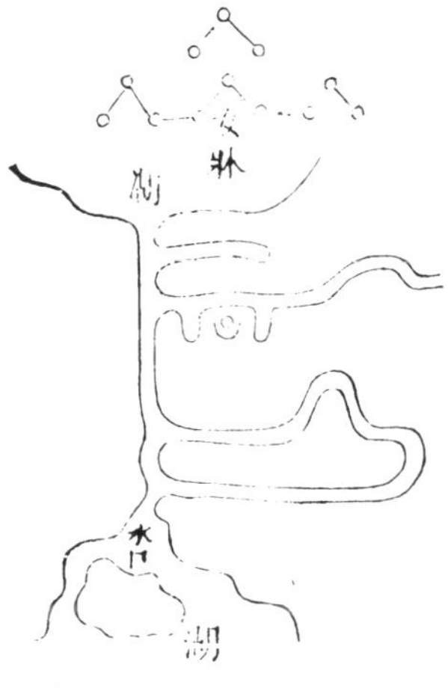

朝生曰龍脈細曲爲真關鎖爲局真局既得必出顯官何以肥遁斷乎遇元曰螯龍首下而陰故以女牀配之龍伏則氣靜曜陰則氣含潛而不曜宜出隱遁賢人若穴挨寅卯陽氣振其龍耳離巽丙丁昭其螯閉伊吕之輔可晚成矣

芳城秀衍上配天田基居中陽阡陌連綿

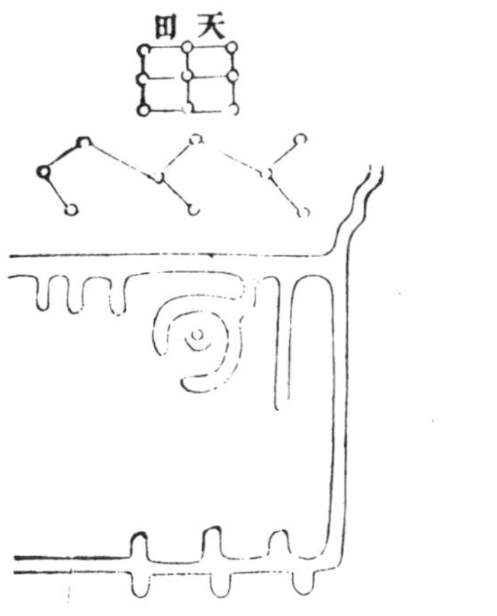

朝生曰芳城秀衍木案土穴宜有尅矣何以富言遇元曰土重生金何尅之有木附于水活木也金附于土旺金也旺而生生而聚豈不富乎

玉練纏天上應文曲穴居剪裁補衮之職

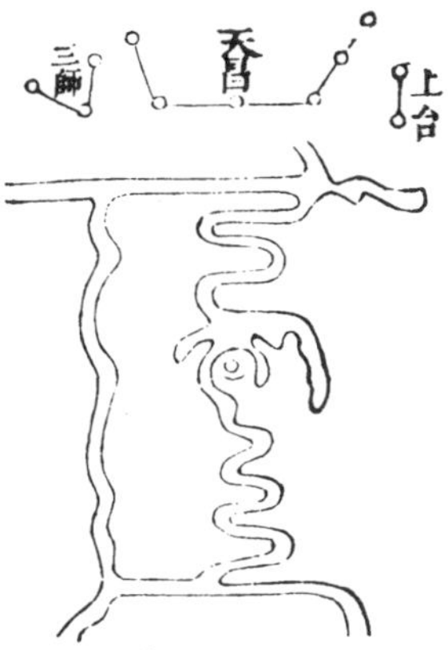

朝生曰九灣九曲之水能法所喜今觀此玄龍落穴巽水朝迎水盤砂曲貴顯必矣又何擬玉練纏天穴居剪裁也遇元曰子見水之曲未見水之玄凡水皆水也玉練者金水也剪裁者金星也以金水而得金穴清之至也金清水白文曲之象旋而入亥旺之至也然水旺多寒自離巽丙丁而來歷炎方而氣温此貴顯之象也若徒泥灣曲不辨五星生旺豈玄運之術哉

金闕牙班庫樓森張玉案作穴列爵鵷行

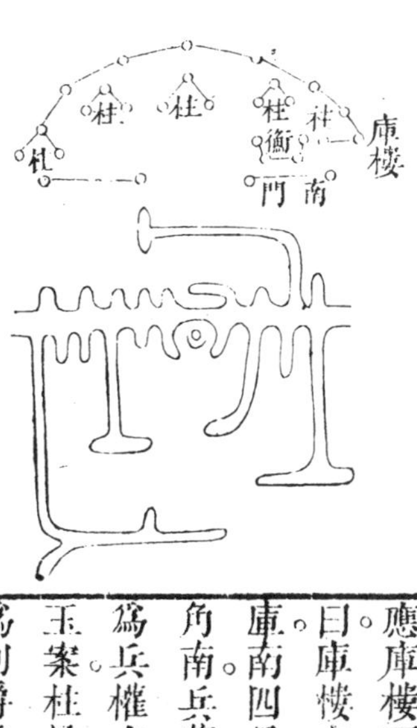

朝生曰水若排牙穴居其中固爲金闕牙班之象又云上應庫樓不知此是何義遇元曰庫樓者十星其六大星爲庫南四星爲衡四星爲樓在角南兵革之府若臨此地主爲兵權之官六星居中方若玉案柱星十五皆旋繞焉故爲列爵鵷班之象

牙横九畹天廐曜明穴居牙肩負扆揚名

朝生曰牙横九畹言其周廣而勢雄也固無容議矣不知此地所尚者何意遂有負扆之貴遇元曰二水自南來迢遥交會雌雄比和水口緊塞隘若葫蘆以之言氣聚而不散以之言脈緩而不迫以之言形廣而不促以之言星和而不尅形大氣厚脈茂星吉有不與負扆者同卜乎

陽河瀦祿上應斗斛穴鍾日精冢宰之福

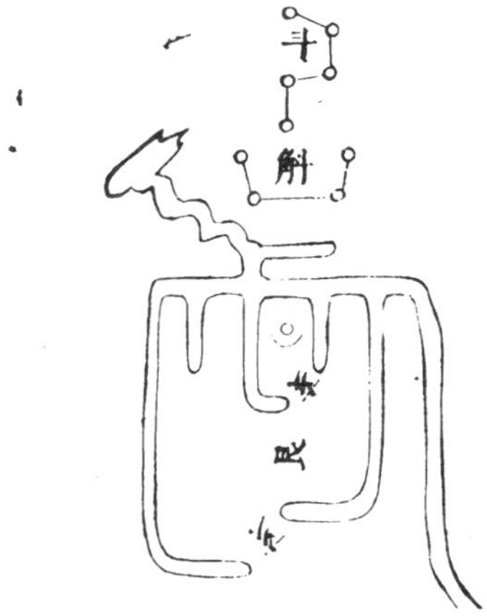

朝生曰。景純諸圖。首言五行真氣。因龍辨脈。因脈辨穴。因穴辨方。因方辨吉。此圖艮龍亥脈巽水朝迎。垣局雖秀。未為拔奇。何故上應斗斛。可生冢宰。遇元曰。五行之理。顯拔為顯。隱拙為奇。巽得陽氣之全。迢迢不絕。故為陽河瀦祿。東北行龍。天皇入穴。則斗斛九星輝照。注滴東南。一方生氣百靈。致福冢宰生矣。若泥局求奇。豈為玄術。朝生曰。有是哉。我將求奇于形局之外。

陽隰纏輝郎官聳秀參差照穴錚鏦發皇

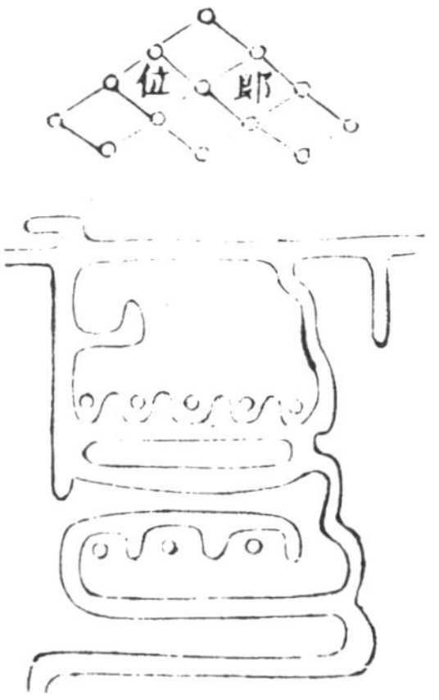

朝生曰。郎位一十五星。輝光聯絡。有如陽隰纏輝。盤旋有氣。使成一穴。不知亦與五行相合否耶。遇元曰。天地間。只有五行之氣。錯行吉凶厚薄自然成矣。子不觀諸丘垤之聚乎。氣注乎內。苞旋于外。不實者亦衆矣。是郎五行之厚薄也。子豈求厚薄于五行之外乎。玄術之士。惟五行耳。

神龜拾蛤六甲奮光穴居豐頸燮理陰陽

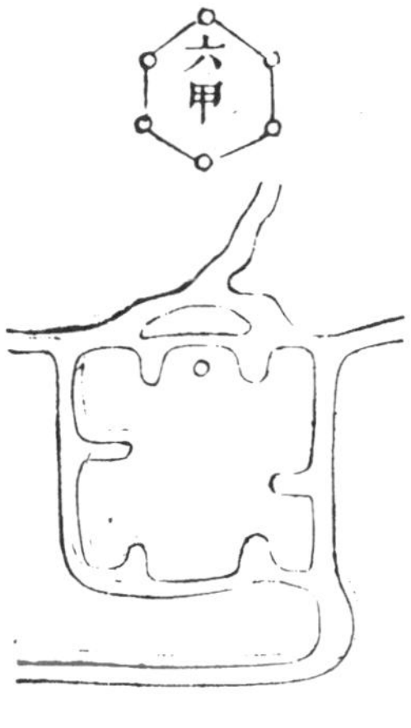

朝生曰。景純神龜拾蛤。六甲奮光。穴居豐頸。燮理陰陽。何義。遇元曰。凡巽離丙丁之水。陽也。最喜金水之形。尚忌火土之象。遇龜形南浮。便看五行是何星之水。若火土之水。其氣太燥。得金水二水。形清而氣秀。神龜之樂宮也。又得蛤案。乃肥飽之龜也。豐頸取豐壅。肩取厚壅。蛤取聯若得水從坤來。則金水氣清。真宰輔之地。此又景純心法。不可不察。

駛駟掉尾右映旗星葬保其纓閥士揚名

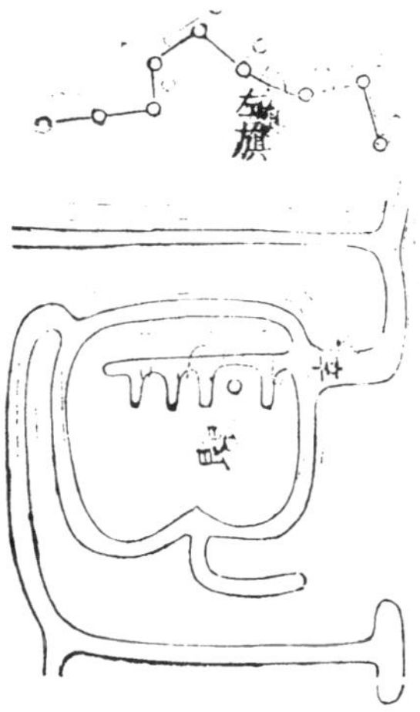

朝生曰。駛駟掉尾。得東方艮脈。入亥作穴。陰璇水朝。悠悠四播。催官篇云。西方水朝進金寶。亦有女人如花巧。穴乘太乙東南龍。水朝砂秀為官。早不知此斷亦相合否。遇元曰。催官一書。其原亦本景純而來。故全以方位生剋制化立言。觀美女如花。砂秀官高之言。亦取辛水朝于艮穴。以嘉其陰氣之美也。然則駛駟左相之應。亦取秀于巨門。又何異焉。

日月分精天廟顯星蓬陽御陰男女變英

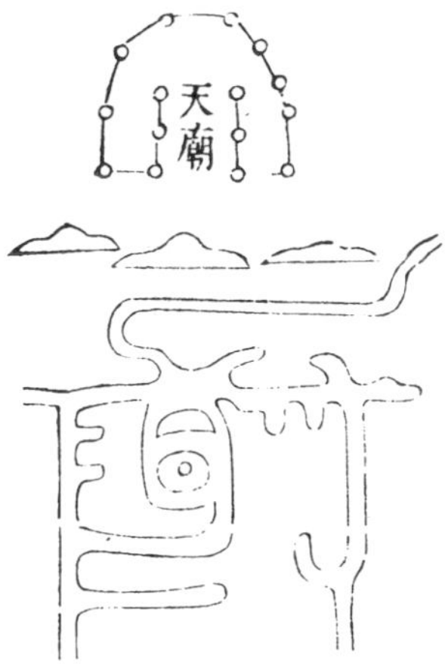

朝生曰日月分精一局二垣為陰陽一廟朝則已開之矣蓬陽御陰者不知何法也遇元曰蓬陽者向離巽也御陰者衆水從也法主男女皆顯宮嬪傳史之貴也

雙虬聚美左右執法穴齊端門名孫顯達

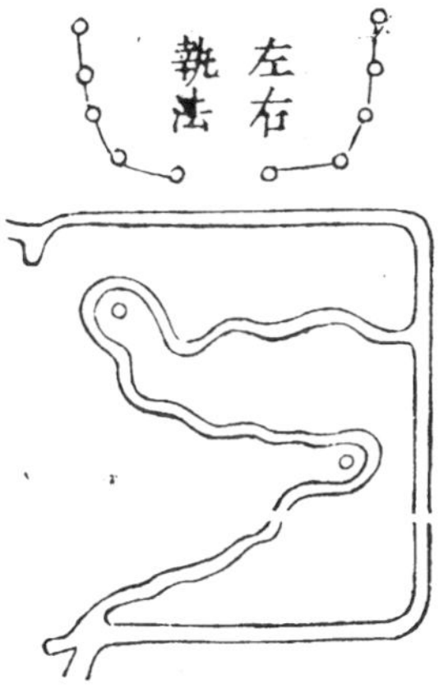

朝生曰艮宮二龍庚位一水分陰分陽聚為二穴如太微垣口左右執法故取其義不知五行方位生旺之理亦有說乎遇元曰理辨則條分緒解何有窮也執其要領一言可悉五行之氣雖常旺五氣之運無常生故欲其委曲包聚使生氣常存此圖砂纏于內水羅于外陽氣完固真美局也原其所自二脈皆從艮發一水遠從庚來庚遇寅宮則絕火重而土返魂其象上與執法有皐陶之直也

春蛟賽月蜿蜒臨湖神宮取穴名顯皇都

朝生曰神宮一穴艮龍丙水乃二樞相配可取貴也及觀景純外傳又主子息顯多何也遇元曰神宮九星主多子息龍脈湖水朝應陽脈陰流二樞配合有夫婦之義生氣洋溢故為春蛟賽月多子息顯也

金盤出匣牛宿所臨蓬赦照鑠綺席華裀

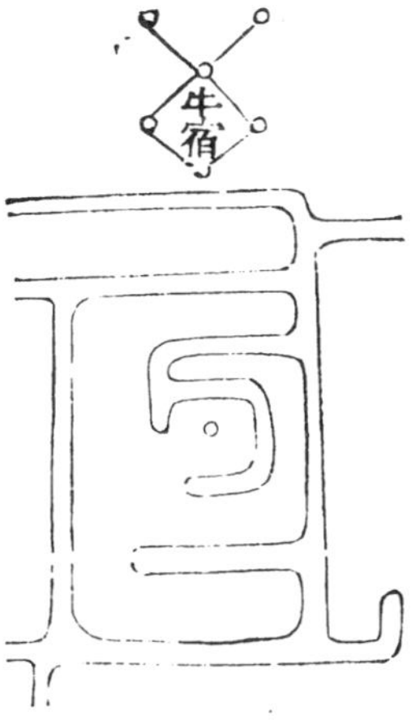

朝生曰金盤出匣一圖內圓外方亥龍轉艮向丁穴癸有土重金生之義也遇元曰蓋火乃金星之曜宜為向宮癸子乃金星之子最宜立穴界明垣密抱砂護纏真有綺席華裀之象但蓬法實其赦鑠則土宿貴臨富貴可立俟矣

金倉玉粒天囷顯秘藏其中慶祿錫千石

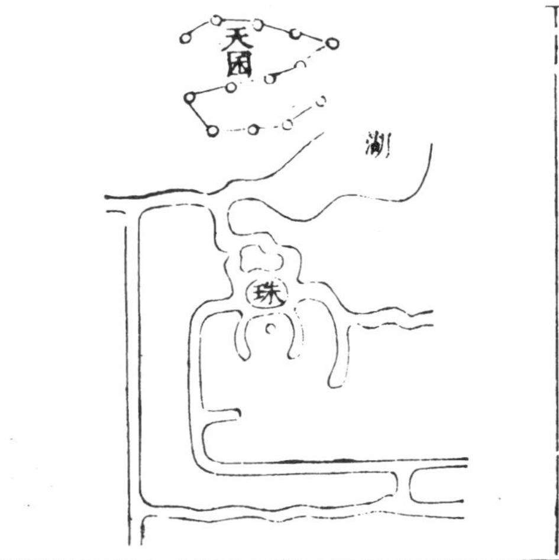

朝生曰。觀此圖兌脈轉亥入穴。金乘水矣。向宮南陛火搏金矣。金火相戰水神制之。是子救其母。有傷而無害。其穴最吉。不知上應天囷者又何取義也。遇元曰。義者因物而取方也。因實而命名也。天囷十三星在胃南。倉廩者以言乎儲積也。此圖內完外實。纏裹有倉廩之象。故取之耳。若執其象則害其義。五行之變如轉丸也。不可執一。

玉女鋪床天牀承貴附馬儀賓之居陽輿

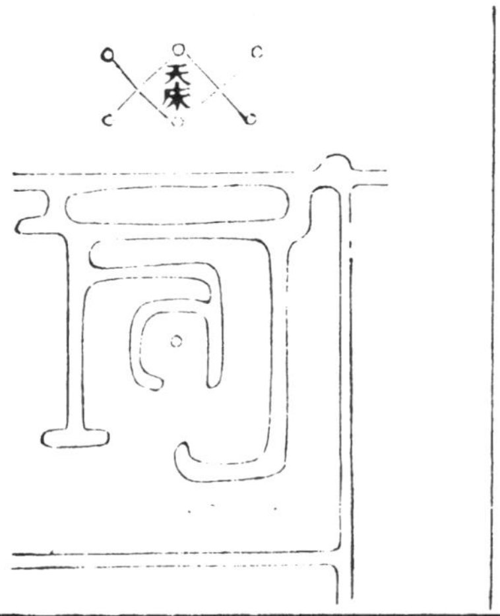

朝生曰。玉女鋪床之局主附馬儀賓之貴。取何義也。遇元曰。此局全是土木之星。土星盛乎北陛。木星薄乎南離。四勢和平。二星不亂。其吉可知矣。震爲長男屬木。起祖轉艮過土吐而獲妻。脈入穴向乎南離。木星疊出以類相從。化火輝明宜彰金紫。故其象[illegible]爲附馬儀賓之貴。若穴中打出金氣。破了木局。變貧賤也。擇術可不愼哉。

繡幕銀鈎天溷外屏裀褥取穴御苑芳英

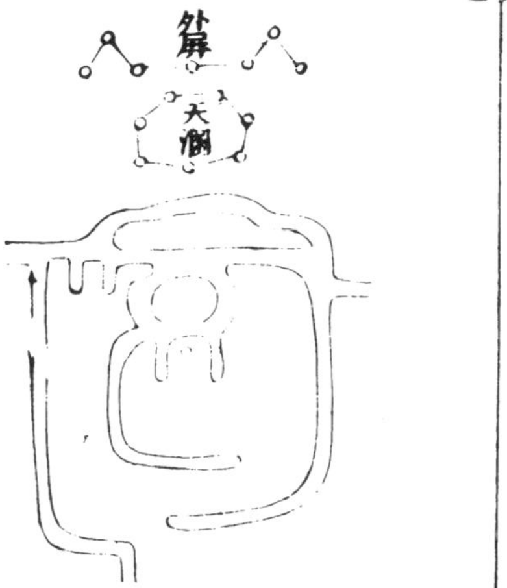

朝生曰。天溷七星在外屏南。天之厠也。何以下映繡幕銀屏爲御苑芳英之貴。遇元曰。天地之氣若人之一身。百竅皆通一理。相維而融結也。奚必象同天溷乃汗穢不潔之處。藏垢納污。有含容包荒之義。故取繡幕銀屏以象之。若能喻其立義。則凡積穢藏惡之地皆爲天下之裀褥也。何必天溷爲穢。常觀天文實有繡幕銀屏之象。非穢厠可比也。故景純取之。豈穢也哉。

雁落平砂穴粘列林疊壁樞柾武柄文衡

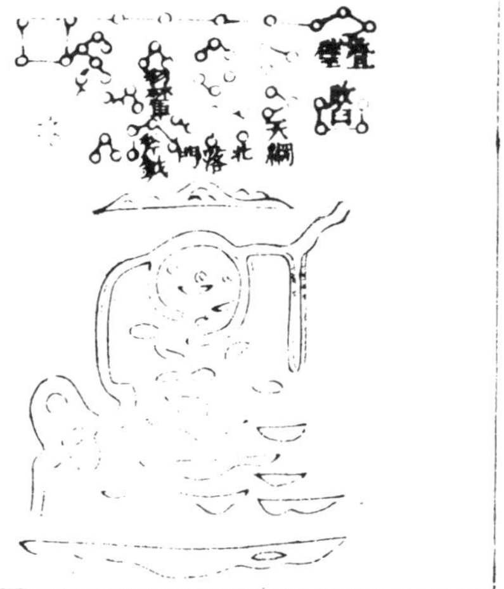

朝生曰。景純千言萬語。只是要明五行之星。叙五行之位。以生魁爲正門。以天星爲象。倒盤桓藏納。不射不漏。其說罔盡龍法之精微矣。嘗循雁落平沙一穴。培壤皆金星也。金星多在西北。是正位也。金水之脈入穴乘生氣矣。上應疊壁諸星以類相從也。兌水朝迎亦生水也。金盛爲武。文爲生。爲有文武兩顯之象。其說尚有遺焉。遇元曰。其說出于景純。理明而立與無餘義矣。又何遺義之有。

珠胎瀉月天淵映輝法塟內地食祿瓊閣

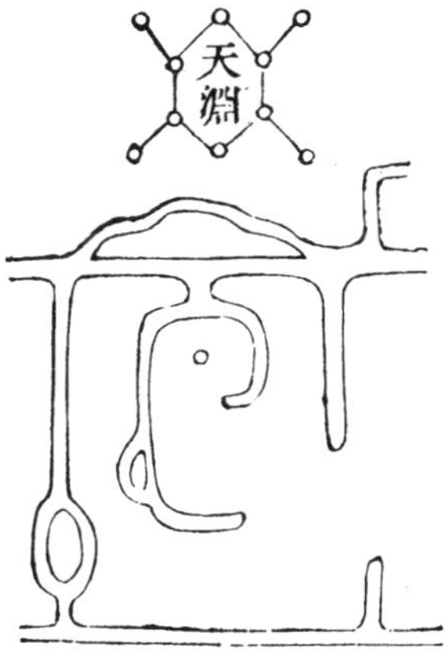

朝生曰珠胎瀉月一圖上駁天淵取何義也。遇元曰天淵者天海也珠所潛月所出也此圖陰脈陰穴金水之精玉匣案前瓊丸後托故上應天淵而為珠胎瀉月之象塟法近珠向月取映二光則食祿瓊閣矣

金蓮側露穴在花心上臨積卒統馭千軍

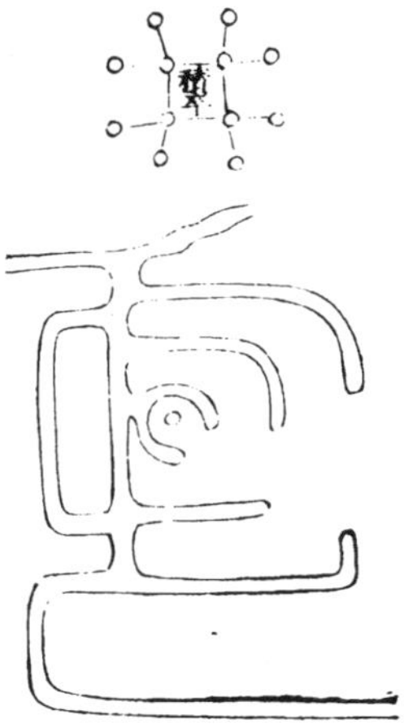

朝生曰積卒十二星主兵象也何以映金蓮側露遇元曰金蓮側露假象也脈勢斜側立穴之處有若露注金蓮故取之耳上應積卒之星蓋陰盛而有武權故謂統馭千軍非假象也朝生曰然則方位可少緩乎曰是即所謂方位也奚其緩哉

玉衡掛斗天倉顯文柱史儲卿塟倚雲屏

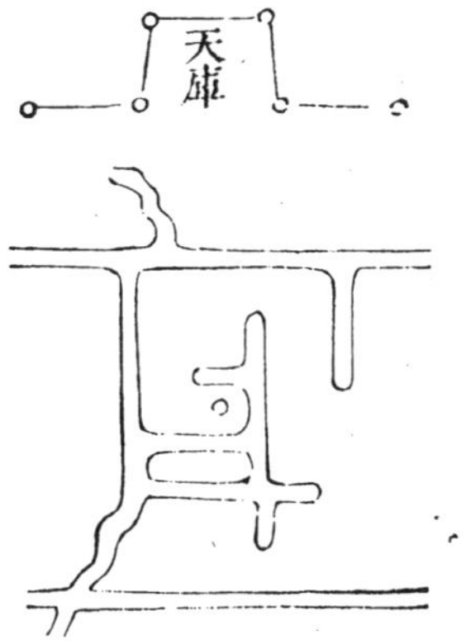

朝生曰玉衡掛斗上應天倉天倉固有斗也何所取義遇元曰非是之謂也玉衡水城之象也斗者水脈之附麗若斗也上應天倉因其儲畜之義以相感也柱史儲卿五行方位星文地靈以孕育也子能求所孕育之理其如視諸掌乎

天樞地軸奎宿所凝穴居中宮威名千里

朝生曰天樞地軸水口二曜星也景純不言他物止言曜星逮以貴顯許之何也遇元曰夫地龍之脈平夷曠漠氣雖深藏難于拘聚但得水口緊隘則氣深而脈聚矣方位五行必有美利然後取之雖不言何害其隱子如不悟雖枚數條陳窮以日夜徒見圈曲之外迹耳是以為術乎朝生曰圈曲之內尚有其迹否曰迹乎迹乎吾獨有不迹者乎子能無迹則無問矣

錦屏掛鏡天錢上應幃幙遶圍宮嬪育孕

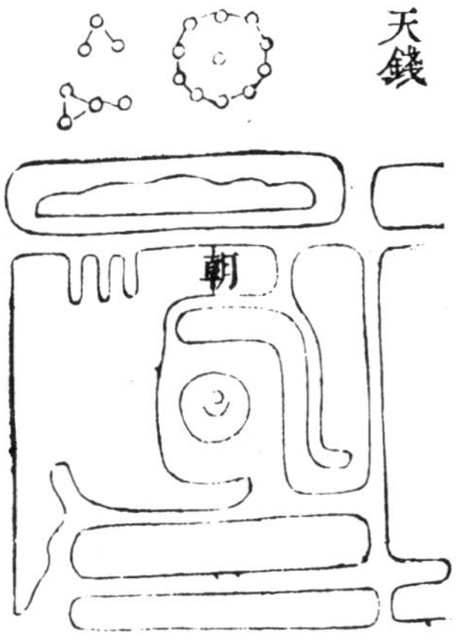

朝生曰此圖旋脈居內外氣透迤誠若錦屏掛鏡景純曰上應天錢爲宮嬪之貴何也遇元曰天錢鏡之象也又屬金爲陰故應宮妃之貴然陰氣盛矣文曲聚賢不惟女貴男亦貴也

九升氏曰眠亘是北地法水鉗是南地法原是一書不知何人析而爲二將水鉗內平砂落雁格化出墩阜諸局又自作剪水諸圖合眠亘爲平原三法竟置水鉗於外余初意欲將水鉗眠亘仍合爲一繼思三法便于初學且傳流已久變之駭人心目況三法內眠亘辭句古勁與水鉗相符自與墩阜剪水之五七言不同識者自能別也

平陽全書卷之三

古婺葉泰九升父輯
海昌蕭聖遵賢升父參
鄞 官振辰父訂
郭廷彥顧瀍父較

平陽二辨

九升氏曰平陽之地其上雖無山形而土下實以山脈爲骨如中幹出關而東至河淮兩界之中一平數千餘里至齊魯而屹起泰岳則知數千里之平陽皆以山爲骨者也泰山之東海中平淺可行三百餘里山氣之長遠如此即吳越閩廣沿海平陽一片泥塗似山脈至海已盡抑知海外復起諸山江浙如昌國補陀極遠如韭山閩廣如廈門珠崖山島不可勝數皆山脈入海而復起者故九曜皆有落坪之氣而性情形象亦不相同楊公以右弼一曜主治平陽以平陽屬弼者多耳其論祿存落坪異于輔弼祿則湧動而有脊有石弼則崩于坦夷也公舉祿存一隅當知有湧有動者屬七曜之氣而一坦者則屬于弼故因形以辨星由星而定穴此理精

深。非楊公不能道也。雖然。九曜落坪。究不出陰陽兩端。平陽突起者爲少陰。坦平者爲老陽。七曜湧動。皆少陰之象。而老陽則弱星也。司馬公指出少陰高地平洋十五結。老陽低地平田十一結。凡係少陰地面。則穴取少陰。以低平爲茵褥。老陽地面。則以平田穴法求也。此法簡要。眞堪爲後世準式。夫楊劉之道。一精一簡。必須先明大地之體段。而後可以入門。夫地平陽。固同爲山落然南北之山性情形象。各自不同。故南北平陽之體段亦隨之而異。北地曠大。氣多而水少。南地淺薄。水多而

土輕。此其大略也。然淮揚在北。又與青徐不同。其體段反近南。常鎮在南。又與嘉松各別。其體段反似北。惟張龍墩推演謝雙湖南北平洋說。最爲詳盡焉。余故輯三氏之書。合爲平陽三辨一卷。讀張論之辨南北。則知平陽不同之體段。讀劉論之辨平洋平田。則知平地陰陽結作之變化。至于楊公之辨祿辨弼。又平洋之本源。形氣之精髓云。

撼龍經平陽統論

楊救貧著

莫道高山方有龍。却來平地失眞蹤。平地龍從高脈發。高起星峰低落穴。高山旣認星峰起。平地兩傍尋水勢。兩水夾處是眞龍。枝葉周回中者是。莫令山反枝葉散。山若反兮水散漫。外山百里作羅城。此是平洋龍局段。星峰頓伏落平去。外山隔水來相顧。平中仰掌似回窠。隱隱微微立丘阜。便從丘阜覓回窠。或有勾夾如旋螺。勾夾是案螺是穴。水去明堂聚氣多。四傍遶護如城郭。水遶山環聚一窩。霜降水涸尋不見。春夏水高龍背現。

此是平洋看龍法。過處如絲或如線。高水一寸卽是山。低土一寸水廻環。水纏便是山纏樣。纏得眞龍如仰掌。窠心掌裏或乳頭。端然有穴明天象。水繞山纏在平坡。遠有圍山近有河。只愛山來抱身體。不愛水返去從他。水抱應知山來抱。水不抱兮山不到。莫道高山龍易識。行到平洋失蹤跡。藕斷絲連正好尋。退卸愈多愈有力。高龍多下低處藏。四浸神機便尋得。祖宗父母數程遙。誤得時師皆不識。凡到平地莫問蹤。只觀水遶是眞龍。念得龍經無眼力。萬卷眞藏也是空。

祿存平陽論

凡看星辰看轉移。轉移須教毋顧皃枝分派別有眞種。忽作爪蔓無東西。十里半程無岡嶺。平陽砂磧烟塵迷。到處君須看水勢。水勢莫問江與溪。只要兩源相夾出。交頊外結重重圍。祿存好處落平漫。大作方州小鎮縣。坪中時復亂石生。或起橫山或梭面。此處或如輔弼形。輔弼無枝祿生瓣。祿是帝車第二星。也主爲文也主兵。第六祿存落平陽。勢如巨浪橫開張。他星亦有落平者。此星平地亦飛揚。脚擺時復生巨石。石色只是黑與黃。

兩傍請看隨龍峽。長短大小宜消詳。護龍轉時看他落。落處當隨水斟酌。右轉皆右不參差。左轉皆左無駁雜。朝迎揖正眞穴擬。左右高低君莫錯。

右弼平陽論

弼星本來無正形。形隨八曜高低生。要識弼星正形處。八星斷處隱藏行。隱藏是形名隱曜。此是弼星最要妙。拋梭馬跡線如絲。蜘蛛過水上灘魚。驚蛇入草失行跡。斷脈斷跡尋來無。（凡脫坪失脈多右弼星故云尋來無）脈是尊名右弼星。左右隨龍身上行。行龍之時有輔弼。變換隨龍看踪跡。君如識得右弼星。每到坦中多失跡。博龍失脈失跡時。地上朱弦琴背覓。若識弼星隱曜宮。處處觀來皆是吉。此星多吉少傍凶。蓋爲藏形本無實。藏形之時神殺藏。却是地中暗來脈。此地平陽千百程。不然彼處却是弼。坪中還有水流坡。高水一寸即是阿。只爲時師眼力淺。到彼茫然無奈何。便云無處尋踪跡。直到有山方認得。如此之人豈可言。有穴在坪原自失。只來山上覓龍虎。又要孔頭始云吉。不知山窮落平去。穴在坪中貴無敵。痴師悞了幾多人。又道葬埋提甲濕。不知穴在水中者。

如此難憑怕泉濕。蓋緣水漲在中間。水退即同乾地力。且如兩淮平似掌。也有州軍落巢渥。也有英雄在彼中。豈無墳墓與宮室。只將水注與水流。兩水夾流是龍脊。非惟弼曜在其中。八曜入坪皆有踪。前篇有時說平處。平裡貪狼背一同。時師識得眞龍脈。方知富貴與豐隆。

附山氣落坪諸訣

楊公云。上智尋龍觀氣脈。指望高山散踪跡。相連相接下鄉村。失跡遺踪細尋覓。氣逢水界有住朝。如絹悠悠細消息。平洋大地無隱形。如灰拋線要君識。相粘相牽

尋斷絶盡是平洋眞口訣過時如雁列深雲藏時猶似
泥中鱉平洋相並盡中酥落在坪中誰辨别。
十六脉歌云仙掌脉少人知平洋不怕八風吹但尋眞
脉堪埋玉休管傍人説是非水若抱龍龍抱水背劍斬
砍自由伊。
三十六穴歌云平洋尋取地中凸覆冋眞奇絶頂上安
坟最可求迎取水來朝。
古歌云平洋大地無龍虎杳杳尋何處東西只把水爲
龍下後出三公。

入式歌云茫茫四畔無龍虎君欲尋龍向何處地師只
把水爲龍交流便是龍歸路。
廖氏洩天機云更有平洋局又别傾廩爲君説星辰原
出在高岡撒脉下平洋高岡聚講與過峽行龍皆一法
撒落平洋始不同切莫失眞踪地有高低即山水節目
同一體遠山近水兩旁纏脉似藕絲連倒身龍格隱復
現脉上行時見隱隱隆隆正好尋尋得値千金又曰平
地龍神觀水勢認取原無異。

附玉髓經平洋訣

又有平岡天尺龍此穴五尺四尺中入穴大深易成絶
須要淺與氣相逢經云古法葬平地須要一丈有餘是
如何擴去却要淺恐與前賢説相戾不知中原千里平
以水尋龍非常理龍行地中不出地隱隱深藏龍不起
若非深葬不得脉淺葬廣遊何處是又有江湖有湖鄉
三五十里皆平洋春夏茫茫皆水淩只有秋冬見三光
不須深穴聚龍氣不使水漬年年傷兩淮東西有山嶺
幽冀陰湖多高崗如何執一看平地間有平地皆乾鄉
又有川蜀及秦嶺峰入霄漢非尋常偶有平地出龍穴

乃是懶龍氣不[illegible]走伎龍分脉淺不能作勢遠飛揚
但作低平細[illegible]脉要深藏正緣深藏脉在上。
下及黄泉是絶[illegible]。
中原平地及湖鄉行龍入地至難詳尋得龍來無穴下
茫茫闊遠何相當此名天平只看水水遶彎環是穴中
若還含水去尋穴望望皆平無定踪龍穴逢水穴方止
無水攔斷去不窮諸公記此水龍訣不與岡山一例同。
天尺是龍脊現于地上者天平是坦平無脊必待水
而後見者後十圖惟一三六八是眞天平穴。

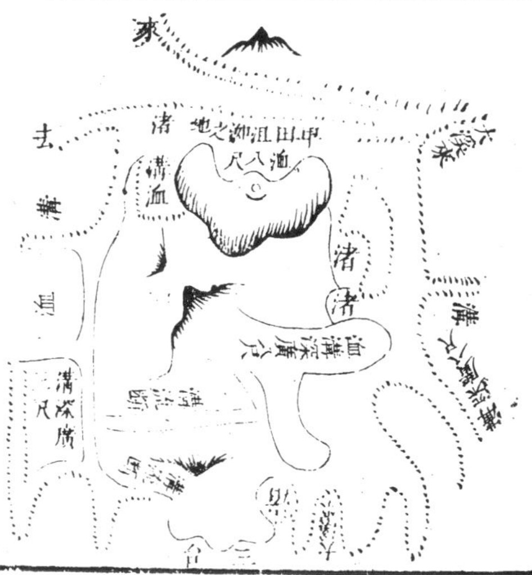

没泥龍形第一格。如龍蛇藏蟄於泥。時有毛脊露出泥外。可以尋踪而不見全體者也。

右王太保祖。其穴兩世三公五世侯爵。大率平田既無高下山田之别。又廣邈難于撿點。動數百里開張。左右龍虎有形而難見。今龍脉如予言。合。終于一穴。乃一萬餘畝。前沙所見。或數百里。如此豈容易可以指顧之頃論耶。

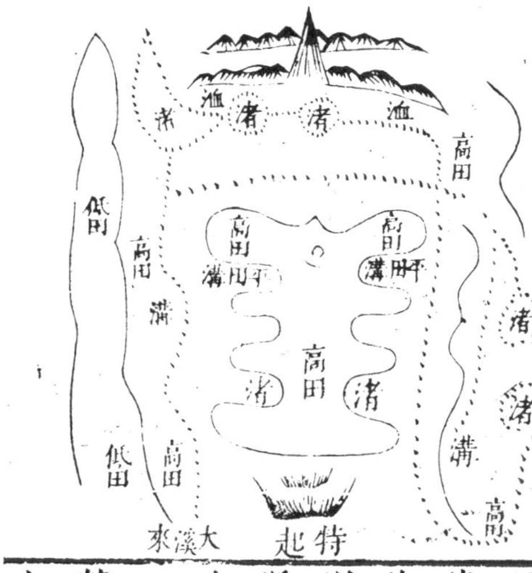

走馬玉尺龍穴第二格。形體分明。高下自殊。非伏龍比。人多忽略過了。徒見田之高下散亂。不以玉尺視之則當面蹉過也。

右李相公祖。四世宰輔。一神童九卿監。玉尺貴龍。去水復潮此大貴地也。

出水蓮花形第三格。自里平田至水際盡處。始起淺淺峰巒。又落田坪。撒爲草侖出穴如千葉蓮。真奇特也。

右楊相公祖。五代貯人。兑山卯向。平田中忽起一峰落平岡。撒爲草坪。坪中有二井之田。餘皆草坪。穴外乃大溪。遶爲平岡巨浸。蛾眉峰與尖峰乃在六七十里之外。蔚然青色。惟橫岡在小溪之外。出人拜相至宋仕宦不絶。

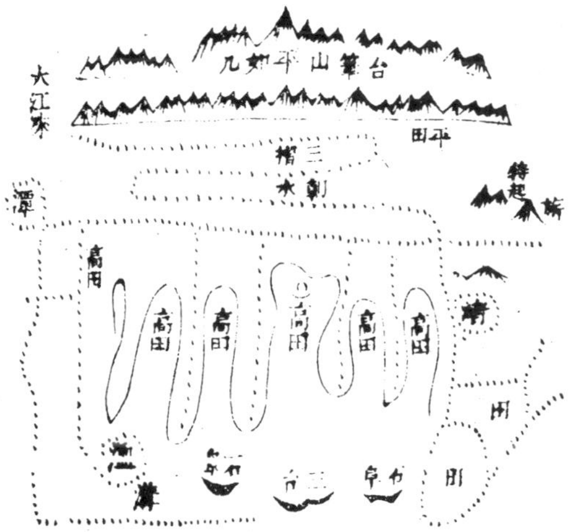

五龍飲水形第四格。龍在平田散亂難見。而又雜以溝洫。衆溪交會。縱橫勾股。未易收拾。必取高者爲後得見。不然亦未易辨耳。

右楊素相公祖。坐癸向丁。數百里平田。惟有三石阜可見。是有龍伏藏穴地而雙溪亦數百里。夾龍大江又用摺橫陳于前。乃至交會出處。又有奇特之峰石。石堰江水細如蜂腰。百里之外。兩重秀峰聳翠列如城障。又一奇特也。

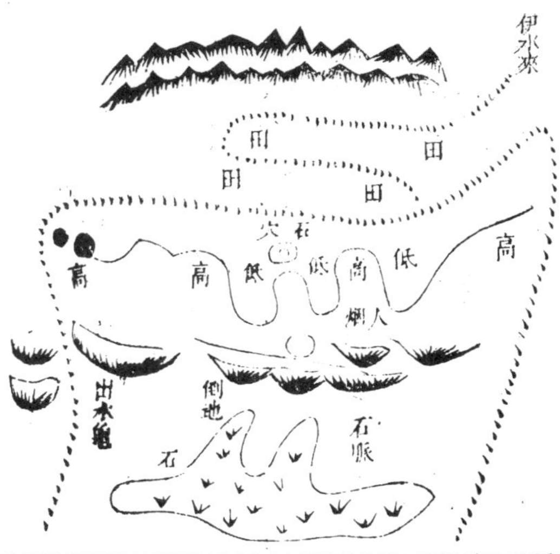

飛鳳啣珠形第五格。下珠穴。蓋下鳳嘴則皆石而不堪鑿。又石珠逼眼反有刑害。下珠則旣無相刑，又是石珠土穴，此天造自然，不容人力移者也。

右劉中書祖穴，元是石阜中有五色土，僅可容柩，造化甚精巧，安排已定土穴，欲要左右前後移動分毫不得。大江之外秀峰獻奇，而水口兩岸石傾斜特起秀峰石龜，步步緊夾。何其奇哉。由三字相宜矣。

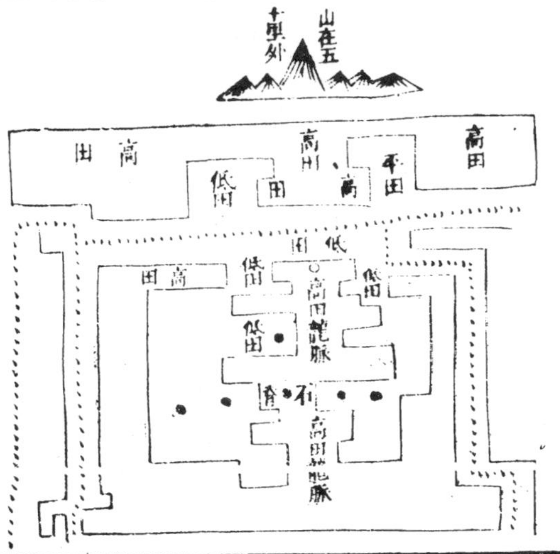

走馬橫飛正尺龍第六格。龍以高田可見，穴則平頭難識，不覩前賢仙蹤，如何可論風水。請君驗此，試道如何。

右王猛祖，高田度過龍脈，田中作穴，龍脊惟見一石，而六石乃在卑田照過龍脈，卽石星峽也。石在卑田，可見龍脈之沉矣。何可地上尋龍，葢平洋之穴必龍穴高于衆地，斯爲美。若反陷于平地，智者不取也。

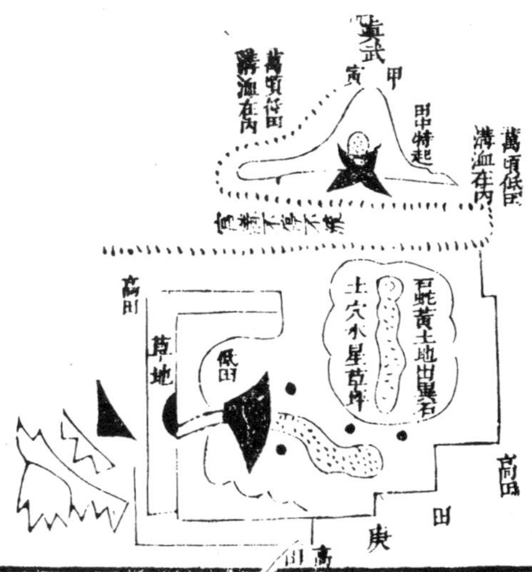

眞武伏蛇形第七格。一云出水蛇形。過脈精微，所惜龍分受處是破黑石山，如亂揷折鎗刀。祖宗不吉，及父母胎息以至臨穴，皆黑石。出人不克令終，不知造化出此玄機，而不孕育美穴，乃純黑石脈，亦可惜哉。

右楊道濟祖，功名雖顯而不令終。

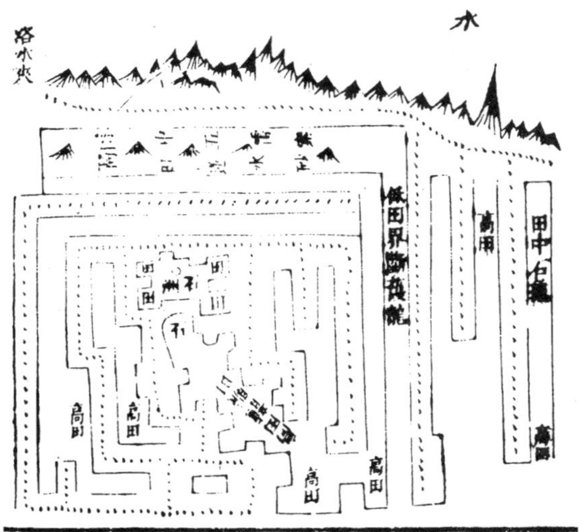

伏龍形五雷案第八格。百餘里皆平田，無一山阜，惟入穴處有小小石脈，龍身出左臂，山龍作逆纏，乃有五石阜爲案，此其所以奇也。

右張燕公祖，文章聲價，爵位勳名，皆此地也。此又田中龍穴之難見者，不可不詳究之。

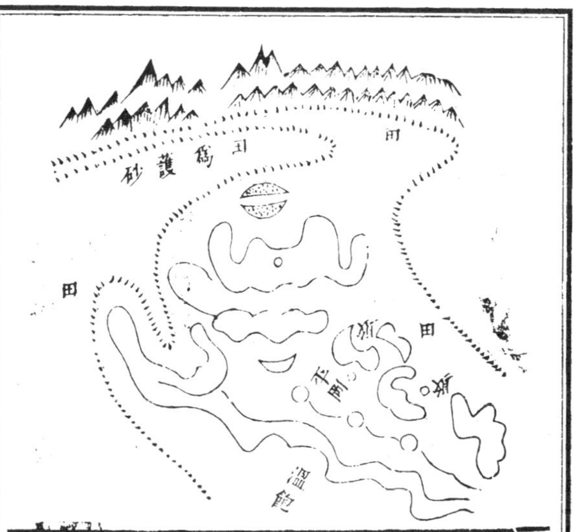

行地龍形第九格。伏地龍形，不見者也；行地龍形，可見者也。龍興雲起霧變化太虛，今形在地，故曰行地龍。

右李相公祖地，在古巢湖畔，去湖八九里，不見湖水，惟夾身二水合流與為水上交會。相傳云李相公祖墳只在腋如舌，乃在外龍成，不必疑為內左右交互，識為吉壠，主出秀出貴也。

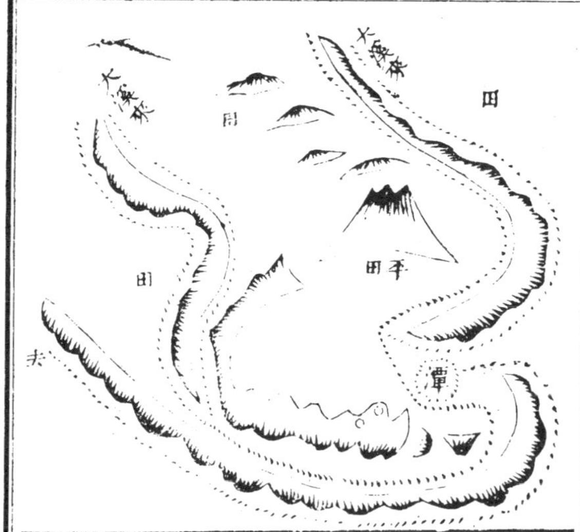

顧祖龍形第十格。兩岸山水夾界，平田忽見山巒，不見祖龍來處，惟兩山兩水界割分明，加以山水交會，力量不可當也。

右趙普祖，原是李氏之地。李相執政，前後相望五代時，趙相公之父葬其父，遂出中令。趙氏葬上近左龍正氣，故復大發。凡平田曠蕩無山之地，見山已奇，手不必泥穿心手足撓掉，是形勝或沒入地中，或散為田坦，不可以常法論也。

天平穴總論

或問平洋之地多致絕嗣，如何？予曰：非平洋穴誤人之罪，乃擇地不精之罪也。今人徒知平洋之穴可扦，而不知其所以擇平洋之術。蓋地既低平，必使龍穴高于衆地，而後可用。如平地之中，穴勢又復低沉，則絕矣。所謂高者，只高一二寸亦是高；低者，只低一二寸亦是低沉無氣之穴。今觀葬平洋者，穴深如池，反以為藏風聚氣，所見謬矣。山穴則須論藏聚，平地之穴止與地平，已為沉下，況復低于平地，安得不絕？或曰：風不藏，氣不聚，奈何？予曰：此不可更論藏風聚氣。大抵平洋之地，率皆坦夷，如人在曠野，皆無蔽障，雖終日乘風，不至受病。若是密室，一有竅戶罅隙，被其侵賊，即受病，或至不救。夫地亦然，平洋四達，雖風無害，加以融結真龍正穴之處，縱居曠野，自是入穴暖氣盎然，不覺寒凍，何風之有？設若拘泥山穴藏風聚氣之說，須是穴生坡乳，深于衆地丈尺，方可如意。天下安得此穴？以此論平洋之穴，其低絕可立而待。或曰：若然，則天沉之穴在山中者，顧不絕歟？予曰：非也。如天沉之穴，謂四山高環，無穴可下，而龍真形的斯用平地之穴不取于山而取于地故曰天沉只就本身環山取之則爲沉若以山外之地證之則山必高于外地而山中之平地亦必出山外衆地之上以一山言則爲沉若以四外言之則爲高矣或曰先生每言觀龍要識祖宗今所圖示平洋之穴皆無祖宗何如予曰地如人之族類生息有祖宗而後有父母有父母而後有子孫惡有無祖宗而有人類者乎人旣如此地亦皆然但中原千里平洋如紙祖宗起處或在一二百里或數百里外旣而變作平地曠野或止高一寸亦是龍身水流不過便爲骨脈俗眼望洋花眩迷失東西南北豈復知龍來歷况溝洫渠堰縱横勾股不可攷究或數十里中間起一[illegible]復藏隱所謂龍行地中毛脊微露耳善觀地理者[illegible]于沙沙雖混淆而精金燦然特異于砂卒爲善[illegible]善觀地理者如探珠于海茫洋無際不知珠[illegible]處大抵先賢教人止謂平洋是龍行地中而不言所以在地中之理予所謂毛脊可見理甚明白然亦在眼中生得好瞻人方可看得出如瞻人被世塵隔障亦自難見或曰平洋地龍行

地中貴乎深葬若與瀉鹵沮洳之地相近而壙中之底反低于瀉鹵沮洳則恐于穴中不利如何予曰所謂相其陰陽觀其流泉正慮乎此須使流泉疏通不至滲潤方好若有低濕爲害處又當權時制宜不可執一然平洋出穴必高爽决不沮洳蓋天造地設行龍作穴自有造化區處自然脗合人心第恐能假穴亂則藏否自然不與法度相應雖以人力廻避終非吉地故赤霆經云濕如牛鼻法即不葬所謂天汗穴是矣或曰第三天平乃大湖巨浸第五天平有濕鹵沮洳如何予曰巨浸之湖低而地高瀉鹵在遠石堅而地燥此所以謂之天造地設也或曰第九天平龍虎口中生石舌莫是不合法度予曰然若是龍頭上生如此石舌又與虎頭相近則不吉今虎上亦生一舌相纏裹則是石曜交互不爲凶惡亦非舌之意也或曰第十天平地莫單獨否予曰若隔水無山纏護則爲單獨今有山纏護則不單獨矣大地護托關鎖多是相去數百里外别生遠山來此作穴處方相近交會不可以常法論此地本是李賢良家祖出五執政三宰輔四列侯賢良登第者三十餘人其力

量最大正以數百里外生護托只爲此一地結褁是甚次第歷年既多地氣消歇而子孫舉以與人趙中令之父以塟其考遷于上穴其發達又如是之速開國元勳他日必配享太廟子孫與國同休又是甚次第也或曰平穴不扦其沉沮洳必擇其燥单龍必觀外護既得聞命矣若真龍大盡之地穴勢低沉舍之則不忍用之則慮絕還可扦否予曰故有一種絕龍只是作內裏正穴水口其融會交結悉如盡龍但穴沉無氣扦之則絕亦有三四條龍脈皆是從數十里外遠來交會而又有兩

川之水界割一條正脈在二龍之中居然大盡或作堆阜或作龜蛇莫不喜爲盡穴反是作本身正穴之水口羅星故其勢低沉過脈必定糢糊朝應必定疑似瞻前則後空枕後則前空得山則水凶得水則山戾或山水四向皆有可取不知適從而可取之山水無非爲他人而設此乃龍絕非龍盡也盡與絕相似而實非不可不察也或曰第七天平何謂祖宗不吉予曰火星爲祖宗此其乃主祿之星反破碎欹缺側面又爲受生之祖宗此其所以爲不吉也

劉公寓形論纂

司馬頭陀劉潛著

若其落平洋經曠野則全屬平陽矣何以言之蓋勢平流緩脈淨氣淺有水以止之無質以累之其爲勢也長若垂虹走若擺蛇橫若衡平彎若弓滿細如絲遊直如絃拋方如鋪氈圓如荷貼宛如龍蟠回如鈎曲其形之顯也如龜鱉露泥魚皃浴浪殼負蝸身肉乘蚌口此皆妙聚之形也若其勢趨田疇行無定蹤落無的脈則當察其特大特小或拱或斂如魚鱗之參差波瀾之層疊及圓如蛛網轉如象鼻蟹鉗蜈口皆浮陽有氣之聚也

然必外流交抱以止之或朝聚以成之心融理會斯可得矣

平洋之結凡十有五

虹垂　蛇擺　衡平　弓滿　遊絲　拋弦　鋪氈
荷盤　蟠龍　垂鈎　龜鱉　魚　皃　蝸
蚌

平田之結凡十有一

魚鱗　波瀾　蛛網　象鼻　蟹鉗　蜈口　乘金
相水　穴土　印木　開金

虹垂

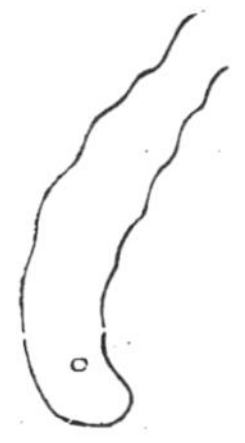

蛇擺

平洋之結。本難形求。然不言其大略。則如捕風捉影矣。其勢有如虹之長。如蛇之擺。不生枝脚。背爲全氣。但欲止處豐隆濶大。或露蝦鬚。或開虎口。或吐微毬。或鋪餘茵。外氣攔截。面宽腰環。應樂奇絶。放爲綿遠之上結。或以至中至正。或以讓急避直爲的。若其微首尾皆瘦硬如鎗頭笋稍。蟮頭鮎尾。及不生裀褥者。皆不蓄之形也。

衡平

弓滿

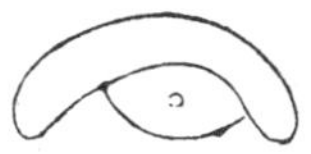

横若衡及琴者。取其氣盛鍾于一頭。或來小止大。或如覆舟。皆當取其盛處。及微有漚靨爲的。如拖茵褥出脈結穴尤妙。若或平洲曠土。有水抱以成圓埻者。皆中氣有聚。當以意悟。而難以圖取也。

彎若弓者。要彎內有肉地。或口吐圓毬。或掬轉一頭。背厚者眞。瘦薄者假。其中有茵褥重者爲龍腹穴。當浮陽至中至正以爲的。掬則取掬處。水繞爲的。出脈結穴尤妙。

遊絲

拽紘

遊絲拽紘。皆爲奇特。但要遠勢横闊。不致是面展而出爲妙。或起大堆闊洲平阜。而有此脈力量尤重。但要攔截處又復開浪而結方妙。

鋪氈

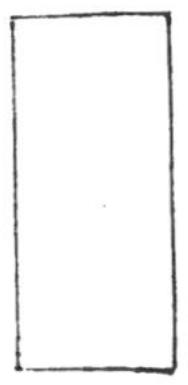

荷盤

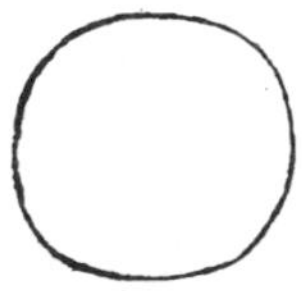

闊如鋪氈。中隱然若低者佳。中隱然隆高者。罕得。皆鍾至正至中之氣。當取中正爲的。亦有偏盛于角者。當以外局照應證佐詳之。

仰如荷盤。欲圓而闊。若圓小則氣微而乘載輕。後微高傾前者爲勝。四平者要應樂周旋。及微堆映帶方妙。最要外氣朝聚。或弓抱方美。偏側後低。必以至中爲的。

龜鱉

魚

鼠

蝸
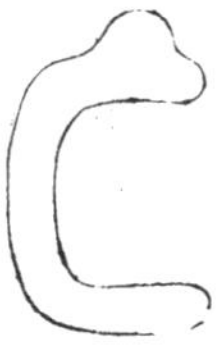

蚌

龜鱉魚鼠蝸蚌。此數者，皆平洋顯然洲堆之結，欲其分面及首，稍開餘氣，迎上流者方真。若顯然高露，孤硬無面，四圍斬截，皆為應樂鬼氣之結。若高闊中而有彎田，或小堆而撒坪闊者，皆妙。

蟠龍
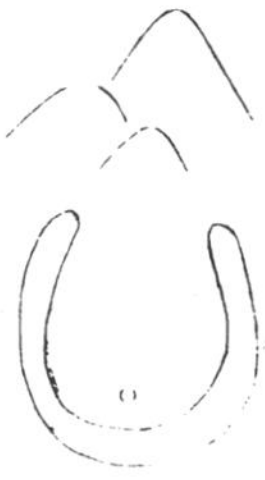

垂鈎

蟠龍之勢，垂鈎之穴，取其回曲方為全美，以其盛處為的，或以其掬水緊處為的。

魚鱗
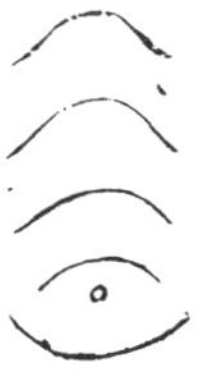

魚鱗

魚鱗
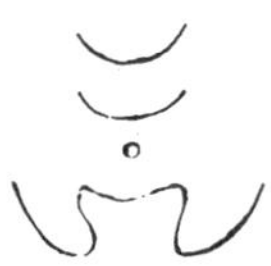

波瀾
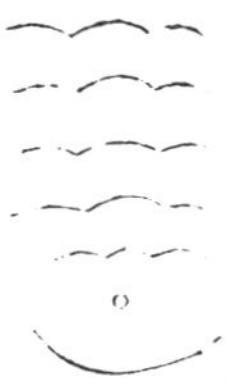

平田之結，當看田條橫勢，有拱送及有反收開兜者為妙。如魚鱗變小，復開鉗口者，漸小而復開闊浪者，暨至于小，不復開大，則無氣耳。如波瀾層疊而有圓收者，皆為有氣之勢也。有拱送而無反收，或垂唇卿，或開大鉗，前有關截朝聚，當脫落以乘之。若單有送而無拱于散上至中，以乘之，以護翼影映為出入之的也。

蛛網
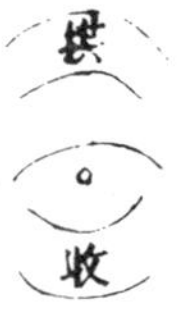

有拱
有收

蛛網

無拱
有收

有拱而來，止處有反收圓唇者，真如蛛網之聚于拱收中，立穴以為的也。有收無拱，送于收上中正處立穴，以護翼出入以為的也。

象鼻

蟹鉗

形如象鼻。宜回受立穴。或于嵌肥處。或掬水有情處立穴。宜細審其的也。

如蟹鉗者。當于側眼處乘氣。仍以水繞掬處爲的。若其勢均坪停。後勢闊大者。當取其中正脱落爲噴唾穴。若中吐圓唇。亦可正受。不必泥于側乘也。

蜈口

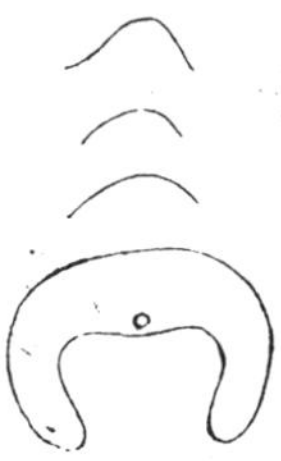

乘金

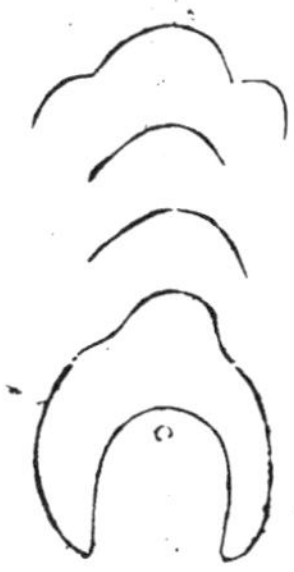

勢如蜈口者。蘸莖乘氣。口闊者。脱落乘氣。

乘金者。緩散闊鋪。大作囬堆。是或仰坪。或虛處聚者。或仰窩。宜作大堆。爲乘金。大約浮陽之穴。非乘金不足以聚之。

相水

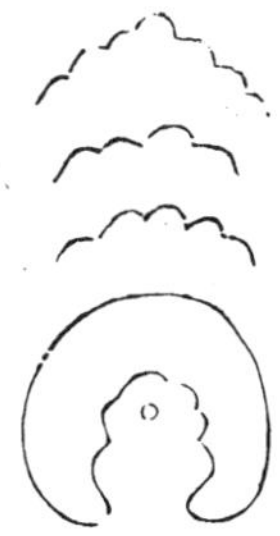

穴土

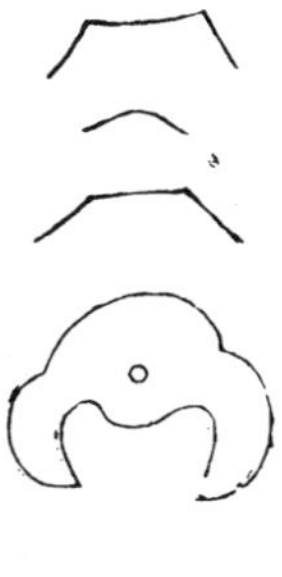

相水者。傾波取平。大開圓口是也。棺與上面平。作圓坟于口。大約半陰半陽之穴。非相水不足以發之。然相水內又乘金。相涵相生也。

穴土者。方穴深取。中不培塚是也。穴土之法。脈乳祖本陽藏于深。必深穴其所鍾。闢以通之。不必培土。土厚則氣難發矣。

印木

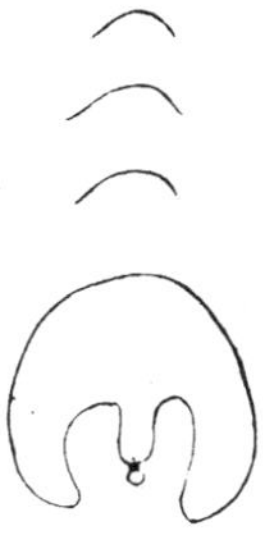

開金

印木者。後接前迎。因山續脈是也。乳脈輕小。必印木微續。方不損傷。

開金者。聚闊勢寬。以破實就虛取之。大開圓口。于口內正中浮鑿。以變陰爲陽。妙法作用。開鑿有一定之法。融結無一定之形。可依法不可依形。

附平坂論

古云。平洋不問龍。水遶是真蹤。如近河邊者。當看水城為是。若在曠坂之中。四畔水遠。如見田塍疊疊。如湧浪者。俱作龍論。其法有三。一曰拱來。形如初月兩角向下。疊疊而來。直至結穴之處。橫變直塍之所為真。二曰收來。亦如初月兩角向上。軟軟而來。勢如疊浪。直至方版不動之處定穴為真。三曰魚鱗璧小。勢如冰裂。兩畔皆直。中有動氣。直至復開大口之處結。或至大方不動之處結。古云。魚鱗璧小。復開大口是也。

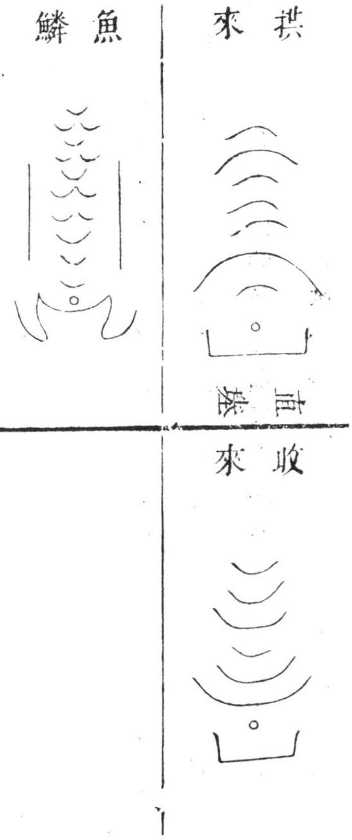

為拱為收為魚鱗。皆動氣也。故得方而結。方者靜也。

附諸家平田高地論

蓋萊圖云。龍到平洋。臨田結穴者。上有來。下無出脚。但見田塍面前兜轉。似帶似娥眉拱護。此上是穴。又曰。龍落平坡日久年深。又開成田地。要看兩邊形勢。田墈一層低一層。如急浪下灘。細尋蹤跡。水勢廻環。兩田如月角兜轉。始是真龍結作之處。謂之浪花裏月。

曾葛溪云。大山撒下一龍。穿田過峽。失脈失蹤。不見融結。曠野茫茫無可捉摸。此乃愈剝愈精。愈換愈嫩。不肯拋頭露面。一向藏蹤隱跡。或奔溪澗江河。或入人村閙市。或趨湖泊田塘。或出曠段田洲。隱藏出沒。如江中拖練。藕斷絲連。如蜘蛛墜樓。流星渡漢。拋毬走珠。舖氈展席。金盆荷葉。如此等象。只看安穴處。有無皮肉頭面。如明堂藏聚。水路迂廻。且近應有情。纏護朝拱。此等之地最為綿遠。

吳公口訣曰。平洋之地。坦蕩迴野。蹤跡隱伏。散漫依稀。雖無峰巒之可證。亦有脈絡之可求。須要辨其來歷祖宗。以看出身降勢。撒落平洋。分毫之高者即為山。分毫之低者即為水。或隆隆似有。或隱隱如無。及至落穴之際。亦必微有形勢之可指。山水趨迎。氣脈藏聚。如露珠注在荷葉之中。乃為真結作也。

謝氏曰迥舒之脈體段不一有平坡渺渺茫茫如舖氈展席而來者有田塍層層級級若水之波而來者有起烽墩如星珠龜魚而來者有微露毛脊如浮漚鳧鳥而來者是皆地之吉氣湧起故土亦隨之而起凸也其來也兩邊有水以送之其止也左右有沙以護之且明堂寬正又得橫水攔之外陽遠案在于縹渺之間而四圍陰砂僅高數寸而已此皆平洋龍之貴也

廖金精曰平洋之地不可因其體寬廣而疑其無陰穴也倘有突便據其突有窩便據其窩皆吉塋也以其體雖寬廣而中聚之氣有時凝露窩突乃凝露之氣也氣一凝露前後左右自然拱護砂水案樂自然團聚而無分毫悖逆之狀氣相感勢相因者也

徐世彥曰平洋周正穴其角角乃止處周圓穴其頂頂乃聚處半圓穴其弦弦乃住處穴角倚法也穴頂蓋法也穴弦粘法也

廖公曰支龍平洋並無分合只要臍唇塋口兩邊開睜展翅便是穴情法度若是逆局或左右有陂陰砂顛水抱穴灣環過宮則是真穴

南北平陽論

明 張龍墩著

謝雙湖論平地先分南北敦素談地勢考其斷續節泡雖云得矣未免泥也恐非後學入門之路今據謝君南北而析分之江北之平大塊鋪氈迢迢數百里非若南方之以水爲龍也恐皆岡爲之主氣盛而土厚故其來也有起其住也有止原其起尋其止而帳幔周遮出脈行度山壠稍相似至入首之處兩傍有微低水痕水外有微高鉗局或露仰掌之鷄窠或隱覆掌之窠窩見盤旋則察其轉折之勢遇分枝則審其盛衰之由水會處求其砂回詳明暗定穴之左右砂交時求其水遠審厚薄看氣之生死平中得一突爲奇圓如饅頭者乃孤曜之的殺平而有足者爲佳平洋展一口爲真蕩如絹筐者乃掃蕩之散氣分而有唇者堪裁形似佳而水不交是息肩于傳舍水既合而臂分長乃假道于他邦故曰舟逐長潮自注來迎之楫魚遊春水釣連不斷之絲此晦跡潛蹤之勢必看後送前迎之砂有如蚓沿壞陌蛛絲畫簷帛紋水痕隱微蜿蜒此北方之平也必須先其積氣次及水神然後審其容受察其回護詳其繩路穴

可得矣。書云：荷葉須尋帶平坡，認掌心。至于淮泗之間，其勢與中原齊魯之平又不同矣。尤當詳其水神，蓋其地勢與江南相似，故其用亦相類也。
江南之平，長不滿十里，廣不過千畝，又何必泥其帳幔骨脊乎？書云：落在平洋莫問踪，水神留遠是眞龍。然帳幔骨脊雖異，而結咽過關之勢不殊，其盤旋轉摺之狀似與他處不同，或衆大而獨小，或衆低而獨高，或衆直而獨灣，或衆散而獨聚，出脈合角，體格清巧。書云：平洋不開口，神仙難下手。然開口捉穴固云是矣，又若[illegible]

合角轉皮、正面側面、積氣出唇之類，是亦平地穴法也。無此即非真穴。至如後倚前親，隨類而推。收水的以三合，用其生旺，放其囚謝。又當先審地之所宜，蓋水性不同，脈亦少異。書云：貴通活法，莫泥陳言。平田之地去山未遠，骨脊相須，積氣可乘者乘之，水法可取者取之。去山遠者，則全取水矣。至于通潮近海之地，水神六時潮入，六時潮去，來口即其去口，去口亦其來口，又難以一定之法律其必然之勢。故曰：東南之地，張望潮水，亦出公卿。若此則去者非所論，當就潮而迎之可也。又若常

鎮沿江之派，與三楚地多類北平，又與吳越不侔矣。其氣稍厚，地亦多連岡斷伏而行，分枝劈脈，亦多與山相似。其重在氣，水次之。然其異者地之勢，而其同者地之理。蓋水有三奇：欲其潮，欲其聚，欲其遠。又曰：地寬廣而水不[illegible]背他顧之憂；水太盛而砂不及者，有覆宗之禍。小水然大水欲圓，大水近邊莫尋穴，下後令人絕；小水亂處有奇蹤，拜著出三公。又云：前如半月，後如玦環，左右如弓，則就水之穴可知也。書云：平洋大地何爲踪，東西只認水爲龍。又曰：藏龜閃踪在田中，水遶是眞

龍。此龍不離水，水不離穴爾也。

平地開口八式，餘類而推

燕子口

禾鍬口
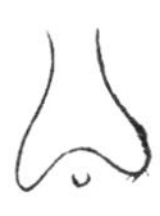

澑口

臍口

猪腰口

方口

塊口

蚌口

附諸家南北平陽論

鈎鈐云。中原百里千里。皆爲平地。雖有高形可尋龍脈。無穴可下。蓋龍之隆隆隱伏。間有得見處。然到作穴。又無定蹤。只看水之曲折如何。水若環繞攔截穴頭。固爲易見。不然。水亦在前。或在後。灣曲之處相當。即可定穴法。如無水處雖有穴。亦必非龍脈盡處。不爲端的。若以水鄉之法取之。則失矣。

穴法曰。平地有突氣湧而生。絕勝萬仞。仙眼難明。只觀水勢。便見眞情。水如不遶。穴法無憑。

郭景純曰。支壟其巔。蓋以平支龍必須起微突處爲陽來陰受。方是結穴。若無突。要開鉗口方有穴。故曰。平地不開口。神仙難下手。

水洋穴訣曰。江河只看脈爲先。龍短誰知河底連。尋地休嫌脈氣縮。支是偏泛碧波泉。小舟逐浪頭開點。孤月沉江角上扦。如逢滿月中心取。玉尺腰正兩頭兼。鯉跳龍門大造化。穴居日月不[illegible][illegible]。荷葉蓮花心裡覓。如卵如繭水中眠。穴法隨巔陰處是。羅[illegible]水遶綿綿。收生出煞向中取。玄澤沾濡奪狀元。夫婦行龍節節來。安坟立宅憑君裁。穴纔合得龍來水。富貴何愁事不諧。

乙鈎取用圖

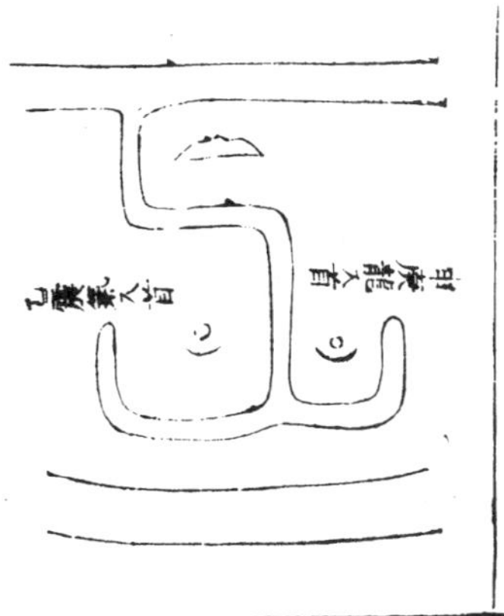

右申庚龍入首斷
平洋之地水似鈎形者宜若可取又下之者多見發財但不悠久易衰歇耳如見此地剪裁庚龍作穴取富貴何難哉

水勢分左右鈎轉者左鈎爲上。而右鈎次之。蓋緣左方得震氣之正。主出人有謀略威權作事業轟烈。但亦出螟蛉招繼起家。爲兼乙氣也。右鈎庚氣入首主出人忠義果敢度量寬洪。恐後來寡母管家。崇尚佛道。或出軍賊。蓋庚本貴龍。謂申陽雜之也。

右雙鈎取穴圖

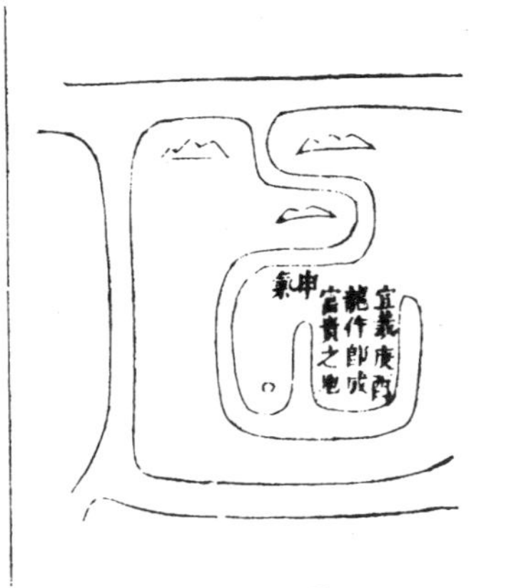

右雙鈎皆從右轉者。以內鈎爲正。而外鈎爲次也。內鈎力重。下之即能發財。或出小貴。出人英傑。足智多謀。外鈎力輕。下之亦能發財。但出人局量鄙陋。好爲鼠狗之行。輕開尚氣。手足不和。妯娌不睦。又出獨目之人。不孝之子。女人淫妬。男子奸僞之應。

左雙鉤取穴圖

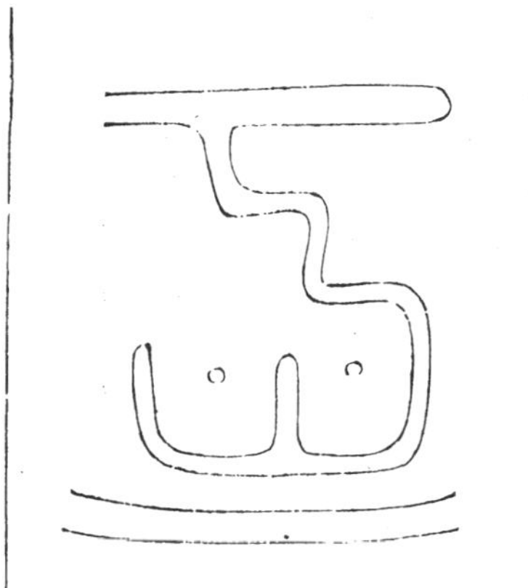

一水作雙鉤皆妙。单龍結兩穴並佳。出富出貴。左右無偏。賢子賢孫。東西俱美。但就局作穴立向。何須拘理氣天星。作陽宅者。必得前後之妙。建坟塋者。含取淺深之宜。左宅右坟。宅上前而坟當略後。東宅西後。東已定。而西莫過高。若能無倚無偏。方為盡善盡美。

单鉤取穴圖

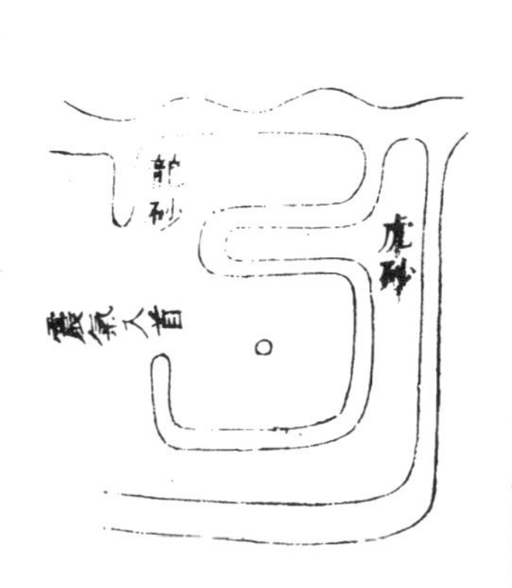

一水鉤環于後。力有千鈞。二砂合抱于前。價增百倍。前包後纍。平洋得此者。富貴雙全。左界右關。大地逢斯者。子孫並秀。作穴賴神工巧。用心機。立向在聖智。高擡眼力。剪裁合法。公卿之位何疑。陰德栽培。將相奇才自產。誠至美之所聚。豈苟焉而已哉。

斬關截氣穴式

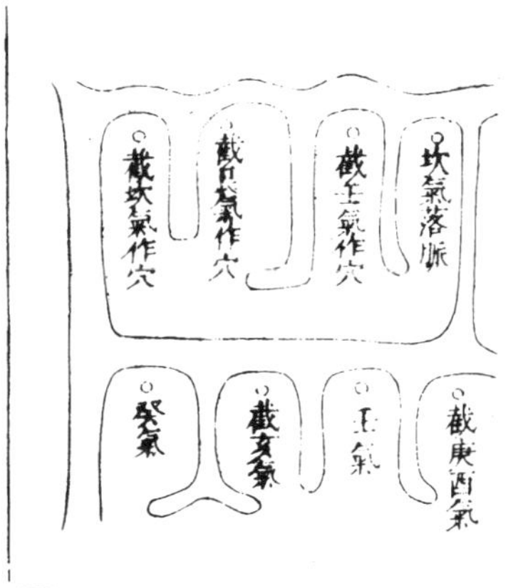

玉尺經云。總然蓄水為關。亦是斬腰截氣。真龍出身中間。或得水聚之處。分頭出面。或枝水拚肩破腰。開立頭面。此等穴場。亦是斬龍截腰取氣立穴之法耳。非正龍氣畜之地也。如此形勢。必得目力之巧。心思之深者。善能作用。不失其法而獲福也。

分頭出面立穴式

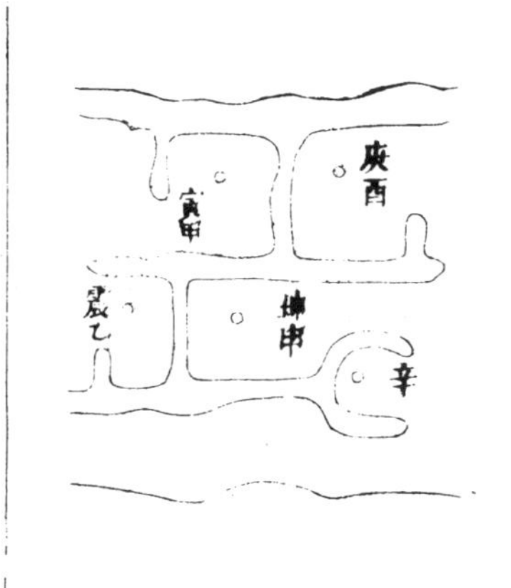

玉尺經云。雖或開門立面。須知風翼游鱗。龍行而不住。氣去而未收。中有砂頭分布門面。似有穴場可指點者。此不過龍上分枝結穴耳。非氣鍾大地。如風林宿鳥。焉有寧巢。急水游魚。豈有穩鱗。雖然發福。非久長也。

生子生孫結穴圖

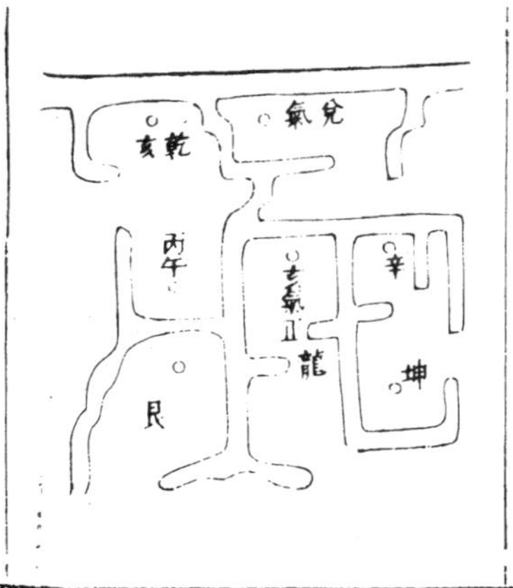

平洋亦有自祖宗分枝析脈。生出子孫。有正龍旁龍。正結側結。其原皆由水之生枝曲折而地形爲之分頭出面而結正穴旁穴。正穴不必言旁穴甚有奇巧者多出大貴。如府縣以衙門爲正。其外出大貴巨富者奚止千百。是知通變者不可耑主乎正龍也。

枝水各立頭面作穴式

大水曲屈而行。分出小水彎環轉折。中間兜抱之處。皆可作穴。雖非正龍正結。亦當視其入首之氣脈如何耳。或合三吉六秀。陰陽不雜。水法合宜。堂局端平。無衝無破。形勢小巧者。而剪裁之必有大可觀者。扦作合法。鍾英毓秀。發福悠長。勝于乾源曠野多焉。

平地傍水作穴圖

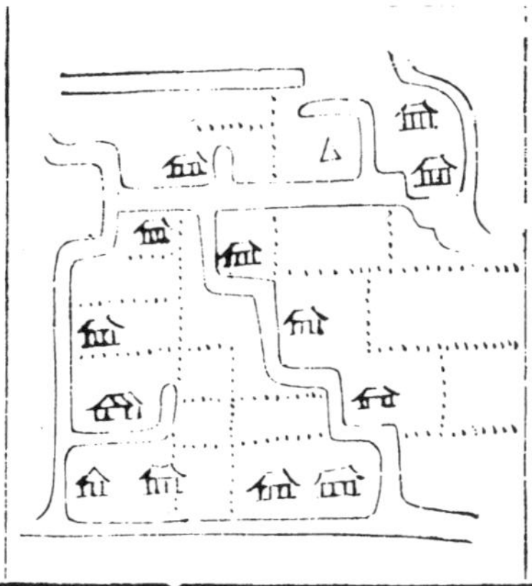

平洋之地。多有傍水立穴。但觀水之行如生蛇。或之玄屈曲者。就一曲作一穴。或立宅。或安坟。水取屈曲有情。岸不冲射斜反者。作穴其處。亦能輕發富貴。特勿大顯達及易衰敗。不悠久耳。

右蟠龍圖

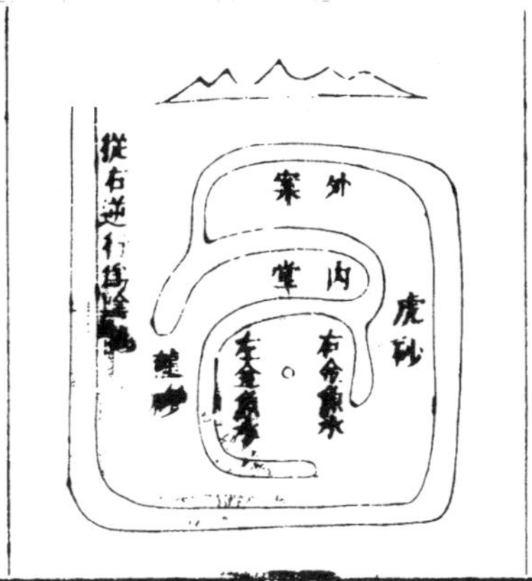

此蟠龍之形也。平地得此勢。不必拘執天星理氣。但就局作穴。其上必主人丁興盛。富貴兩全。子孫英豪俊傑。庄田千頃。倉庫豐盈。極其悠久。況又房分均匀。無偏無倚。大凡二十四龍。若在逆行爲陰龍。如見此地。只取入首一節。取正穴立正。向爲妙。

左蟠龍圖

凡龍勢從左順轉為陽龍。剝換轉關其氣不一。若見此地必須取其入首一節收龍立穴指其彎抱之處以為向首。又要案應朝對有情龍虎翔衛相稱。作穴其上大發富貴人丁蕃盛。陰坟陽宅儘作為之。須用布氣之法。不然龍行混雜之時就見平淡。

回龍顧祖圖

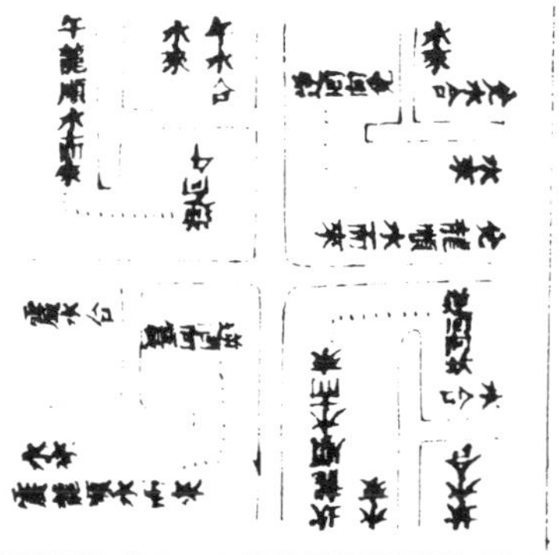

三十六脉斷　上回龍顧祖來水局

順水直冲而逆回結穴方如體段之真。若還逆水直冲而合於在後。斷是虛花之地。回龍之地不從本生之方而來。但逆水而上。其水流向背後合者。皆非真地。時師指作上水魚飛天龍者甚謬。雖其體勢定轉坐應整齊。亦是虛花。蓋合流在後則氣終還向于文蘇之處也。

回龍顧祖作法式

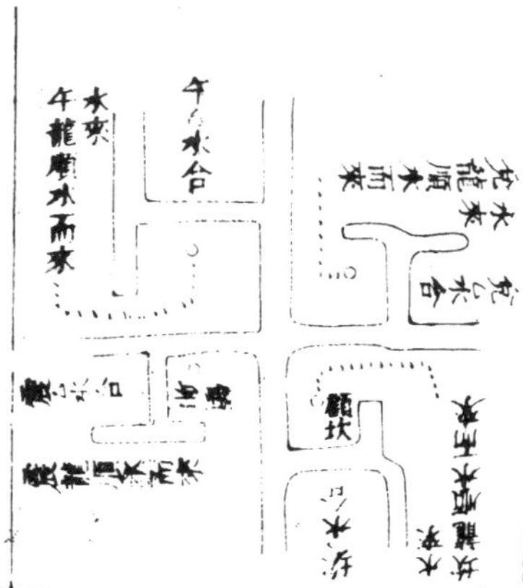

縱是回龍顧祖之龍。豈脫父母本生之氣。兩股並出股長股短。邊粗邊細。其短而細者必縮。粗而長者必伸。勢必曲折向砂之短處拱歸。故多回龍之地。或為下砂所壓而曲折轉關者亦有回龍之穴。然必得父母本生之氣方為大地。

平地蟠龍昇天形圖

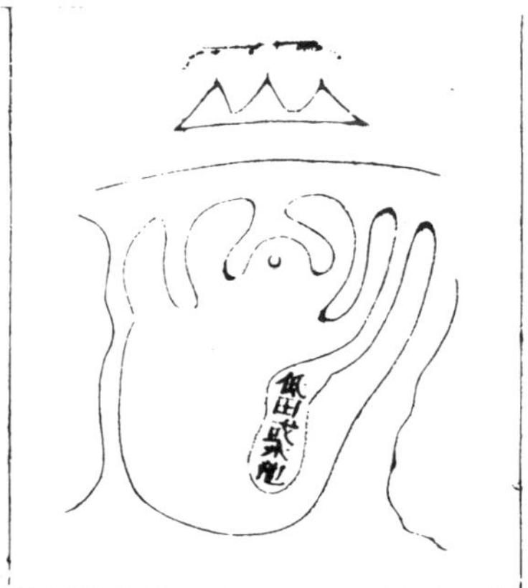

龍形地貴格也。此必大水在前。左右水勢屈曲周環有似真龍形勢。前後左右又得堆阜如祥雲雷電之形。結穴處兩邊有小水關界雙鉗。是為極貴之地。但難得生成十分秀麗者。藉栽剪之功。為施安打之法。必發巨貴。兄弟公卿子孫世顯。

平地蜈蚣節龍圖

蜈蚣龍者。倒地土星生金田塍起伏七節八節至十餘節。而兩邊田形高低有似生脚之勢。至結穴處開雙鉗如蜈蚣形像。秀異清貴之龍也。主大貴。出將相或直來或屈曲而來。皆爲富貴之地。又須左右砂水寮護方爲全吉。若孤露頭顱。即難體認矣。

没泥龜形圖

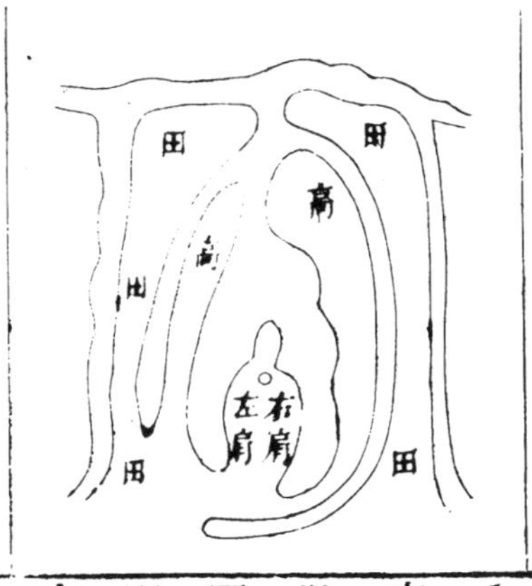

高田四圍重抱。又得四水界畫分明。中間田形稍低。低中又起高田成平面金水之形者。名曰没泥龜。又當審夫案應水勢而下之。安扦合法。必主子孫富貴雙全。須下左右肩穴。或左右眼穴。又得四畔之田高下得宜。最爲貴局。

没泥蛇田形圖

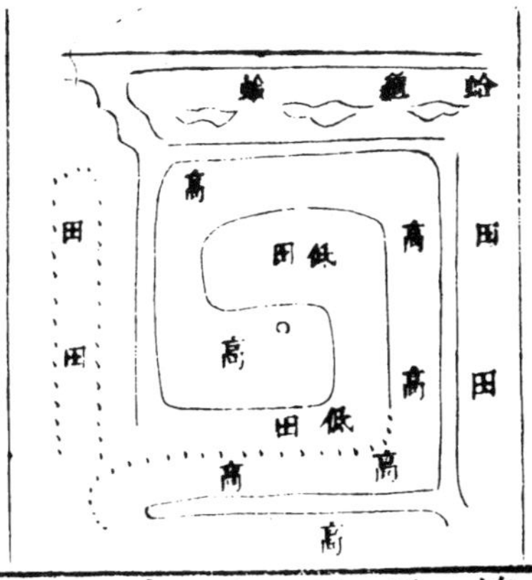

平田形勢。有高低曲折。蟠旋宛轉。有似生蛇透迤之象者。名曰没泥蛇。觀其局面朝對有情處下之。或扦王字穴。或氣堂穴。或七寸穴。安扦合法。定主子孫爲官近帝。食祿千鍾。更得案砂有如龜蛤之形。必然世代榮華。朱紫不絶。

平地蘆花三袅龍一

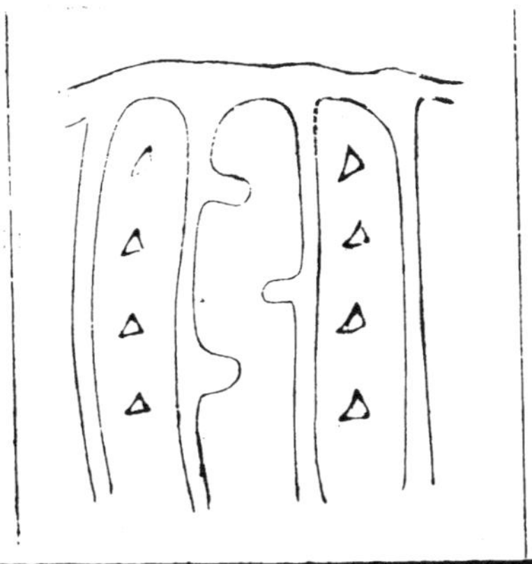

蘆花袅者。平地倒身水星屈曲而長者是也。要後有蓋。帳蓋爲文曲。若龍孤露。主出淫亂出身。得十里五里至結穴處。纏護周密極佳。主狀元及第卿相之貴。如左右水界龍清。兩邊各生枝水。三節四節關界氣脈活動。屈曲而至者。亦是發貴清且顯矣。

平地蘆花三臬龍二

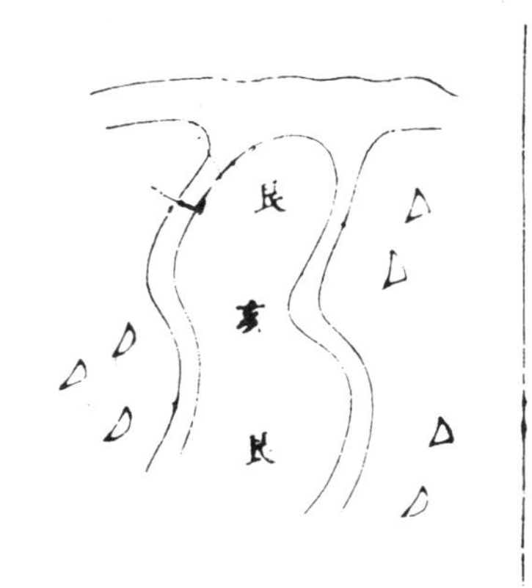

平砂玉尺經云橫取曲而曲取橫臬若蘆花劉青田曰橫來曲展曲來橫展三折四臬形似蘆花入路而到者其脈活動龍體真而穴情善福力大而富貴遠矣賴撥仙曰三折四臬似來不來如蘆花也此言來情之善龍脈之活氣行之精皆于此可見。

平地玉陛九級龍一

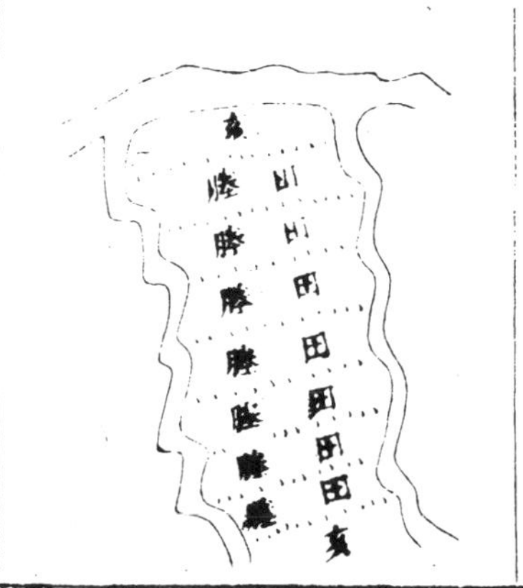

兩邊水勢。逶迤曲折中間地形。轉折活動又一起一伏及九級者玉陛龍也此龍自亥入艮。又自艮入亥。又自亥入首真貴貴相承也。主出翰林清要之官。金馬玉堂之貴其餘震巽庚辛之龍。如此轉折者亦主臺諫清高近君之貴。

平地堂階九級龍二

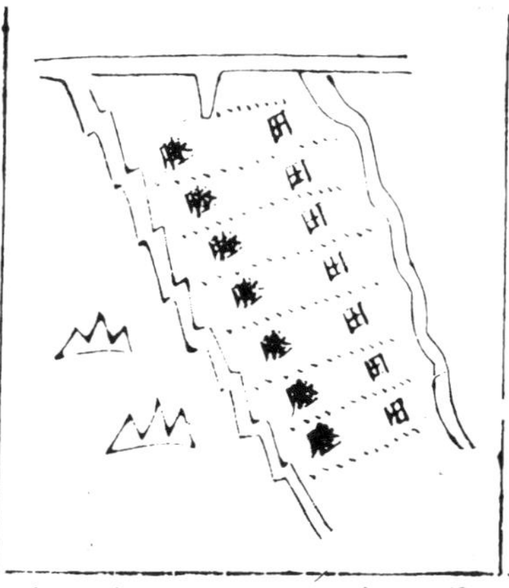

水勢當面趨朝。九曲入明堂大貴不可言。又有左右水皆屈曲九折而來中間田塍起伏亦似階級而至。到結穴處自成堂局此為順玉階龍大貴格也。主出太平宰相柱國重臣代代為官近帝。亦主女為后妃看其案應侍衛而斷之則應驗了然矣。

蓮花出水形圖

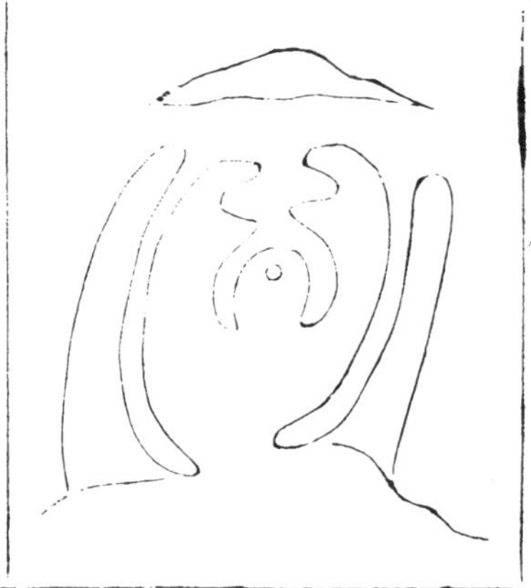

平洋之地。前臨大水或池湖大者。近水之間。生出秀砂左右開鉗。端正均勻中間結聚圓砂或成金水形象兩旁又出長砂灣環回抱前面又生秀砂正名為蓮花浮水形定主子孫代代為有翰林清要之職生女多招貴壻或出駙馬儀賓之貴。

神龍戲珠形圖

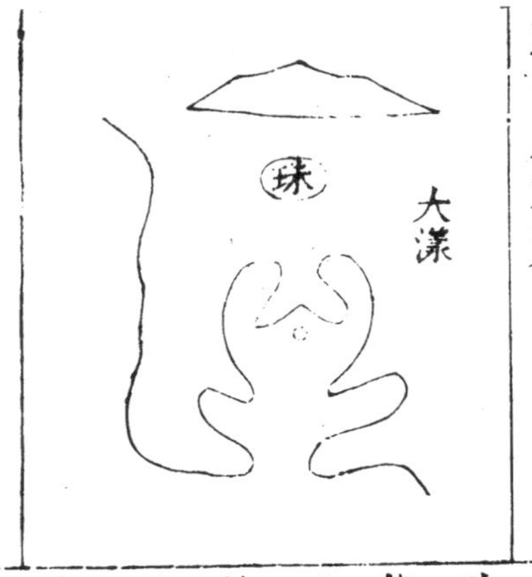

平地近于池湖屈曲而行。忽生砂頭奇秀開鉗如神龍奔江之勢。面前又出小圓墩。外洋又生圓阜。有若祥雲之象者。名爲龍戲珠形。此地極貴。必主兄弟登科。貴至卿相。子孫代代顯官。如高山脚下鉗出平坡結成如此形勢者。亦府部大臣近君之貴。

平地楊柳枝龍形圖

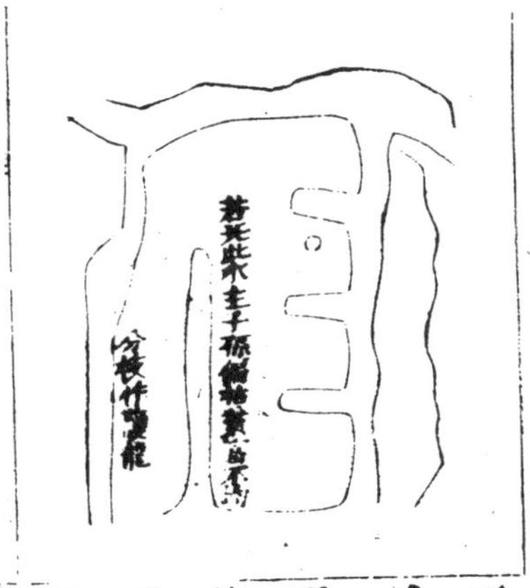

平地多生奇異之穴。寓至巧于至拙之中。見者或未之識。識者或未知取。至如楊柳枝一龍落于平田。關界分明。纏護周密。若能安扦合法。點穴得宜。必主子孫俊秀。世出名公巨卿。大凡此等地形。最怕偏枯。若一偏枯。即生女不生男。出人患瘋癱也。

平地捲簾殿試龍格

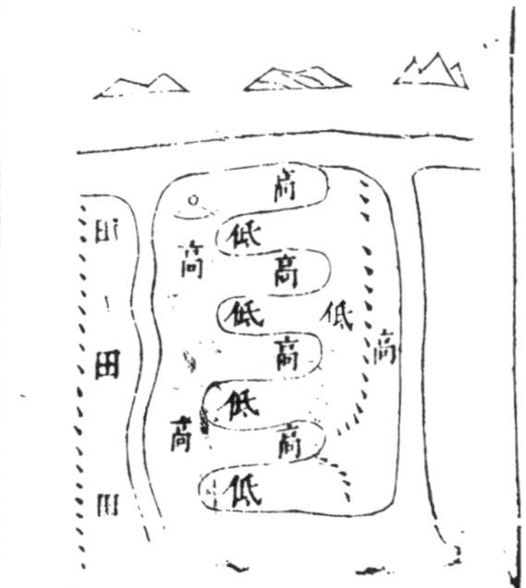

重重横田。高低相間。起伏于壟。而正脈却從一邊而來。至結穴處。水勢灣灣有眠弓之象。兩邊關界分明。傍水皆得高田。有若擁護之狀。前案秀砂如樓臺殿宇之形。左右秀砂如貴人侍立。名爲捲簾殿試之龍。得此格者。主掌邦禮典文衡。世出魁元也。

玉蝦浮水形圖

玉蝦浮水形者。砂自平地過脈。而結局于水中。有似玉蝦浮水之像也。穴結中心。兩畔各生重砂。爲龍虎抱衛。而包羅藏密也。此等形勢最爲奇巧。又必得局面寬廣。外沙不逼。藏聚有情。高低得宜。又得製作合度。極爲佳妙。定主子孫俊雅。富貴清高。

平陽全書卷之四

古婺葉　泰九升父輯

海昌張會祉以疇父參

王懋高松年父訂

張國經介常父較

平原三法序

平原之法。龍氣伏於地中。間露毛脊。可尋可跪。乍信乍疑。要之有融結者。土隨而起。水爲之徵。屏衛之密。雖不比於山岡之延袤。而特生堆阜。擺列森嚴。其精神力量有非山岡之所可併者。其次用龕高起生成形範。賦亘環護。亦自成局。又其次。則曠然平地。卑高難別。而水道成文。亦環佳秀。三者之中。特生堆阜者上也。天造地設。朝應環衛。有如星垣。或者大江大河爲之拱顧。便有豪傑挺生其間。其用龕高起生成形局者。則亦秀麗團結。可觀天巧文人秀士。祿享千鍾。名垂青史者。多於此出。其曠然平地水道成文者。蓋爲高必因丘陵。爲下必因川澤。今日之開成溝洫者。未必非天成溝澮之地也。間有人爲疏鑿。而歲久氣鍾。流通血脈。但得縈紆獻秀。陰

陽協吉。則富貴科名。尤多鍾聚。所貴檢點精密。張食得所而已。合是三者。準則平原。則造化所不能詭。鬼神所不能秘。而地之吉氣。受用於人。必先觀之。滕公佳城。靈公石郭。則造物先已預定。而帝天福善之典。此實其樞要也。得斯術者寶之。

特生墩阜小序

經曰。地有吉氣。土隨而起。則平地墩阜。亦一法也。或其中行龍脈。與陸露毛脊。時高時下。六分兩邊者。不在點檢之數。又或東堆西阜。漫然散亂。水無環流。亦無停豬者。不在取用之列。若平原四望之中。砂水高下自明。團聚環遶。自森墩阜四起。水道煥秀。江河拱顧。池湖停蓄。間有上應四垣天星者。不容輕泄。其朝應森嚴。屏帳得助。內水環護。外水潮陽者。俱鍾秀毓奇。出忠義功烈文章道德之士。真美地也。

內夾外護

天開垣局絶珍奇，內外屏遮世所稀。備物未能成大業，盛朝震主顯皆睽。

此局獻秀列奇，似可成大業，只緣後止列官，前有貴人正對，故雖備物而止于相業。

外夾外護

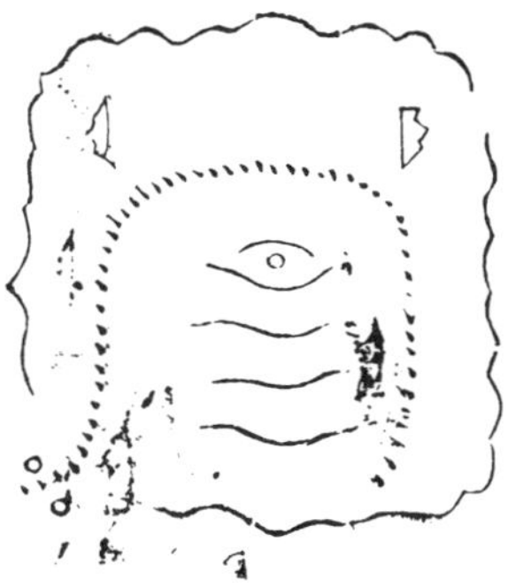

來護周遮在外方，只緣身畔少昂藏。山微卻被遇明主，留得芳聲後世傳。

此局團聚無以加矣，但龍身無帳，不起微阜自衛，所以始微而後貴。

左內夾右外夾

青龍近侍猶如許，長子應生嫡[illegible]。事業文章名後世，官年少子亦如斯。

此局白虎砂列奇而秀，但在水外稍遠，故少子顯官，期之百年。

左外夾右內夾

蜿蜒白虎護身旁，水外青龍端且昂。未許少兒官貴顯，應知長子列朝堂。

此局青龍雖在水外，然近而高秀，故長子主貴。

夾龍夾穴

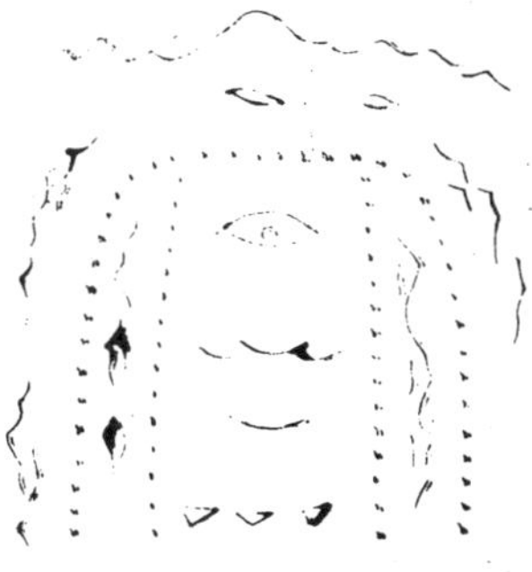

夾龍夾穴四周環，天列星垣有足觀。事業擎天超管晏，文章傳世比蘇韓。

此局周圍奇秀，後有台列之大，前有獻天之金，福回水秀，發貴宜矣。

內夾龍外夾穴

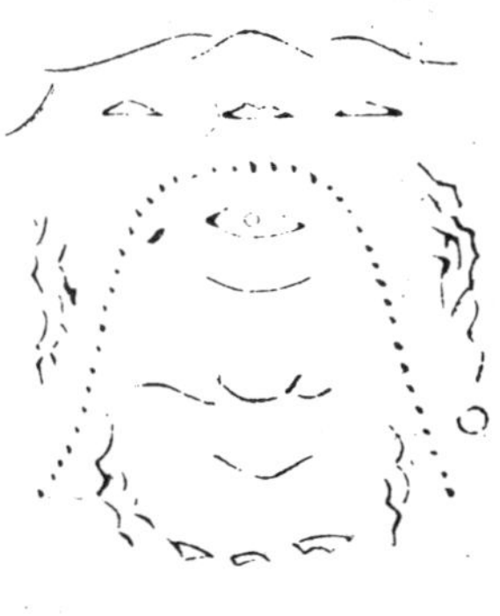

龍身屏衛列三台，水外山來護穴胎。未擬幼年登相府，二三代後產奇孩。

此局臨穴孤露而到，行至後龍，子孫方能顯貴。

外夾龍內夾穴

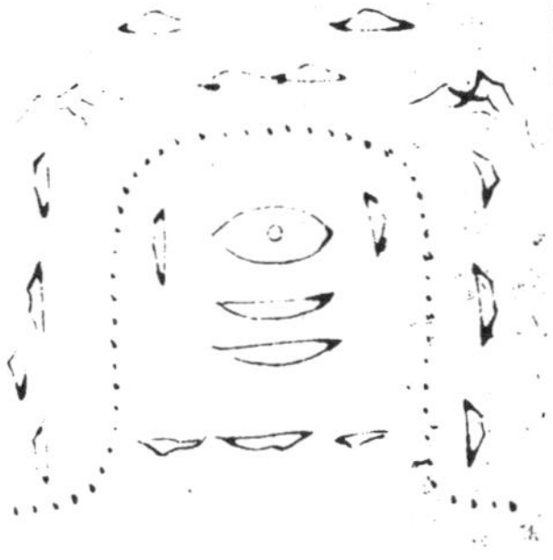

有穴端然屏衛周，龍來扛護亦綢繆。朝堂應有青年子，世爲忠貞與國休。

此局周整明秀，殊無偏欹空缺，故世篤忠貞。

左內夾龍右外夾穴

龍身公位已偏枯，可借三台前後鋪。長房應有參樞府，幼子飄飄遍五湖。

此局白虎水外太遠，又隨水拖出，幼子飄流，以貼身無屏衛故也。

右內夾龍左外夾穴

龍偏左右亦今前面列三台瞻遠年。
現而蕭然無應纍，幼房四代始登仙。
此局青龍內鉤亦遠本身無屏，白虎鉤夾護龍衛不及，文眼前蕭索，只有砂列三台，故幼子四代始貴。

夾龍不夾穴

出穴单寒前後重，台星四列儘堪觀。
二三代後英聲發，朱紫盈門蓋我孫。
此局前後俱美，只為出穴单寒，故二三代後貴顯耳。

夾穴不夾龍

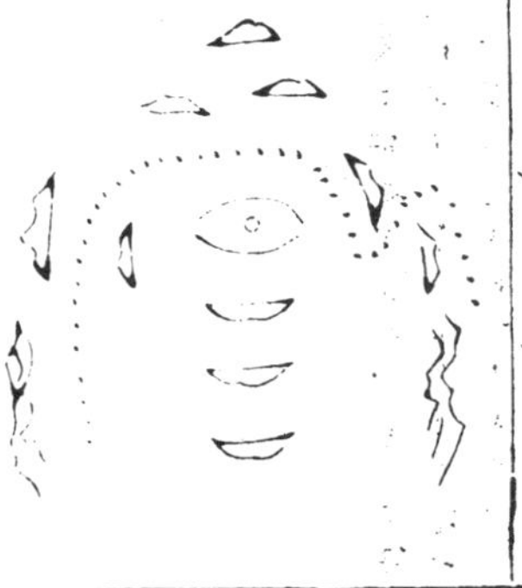

來龍[illegible]穴內周遮更足看。
只為龍身無後帳，州常[illegible]星四關。
此局來龍不帶貴氣，出穴開整，亦不見熱鬧，故止出州佐[illegible]等武職。

夾穴不夾龍虎

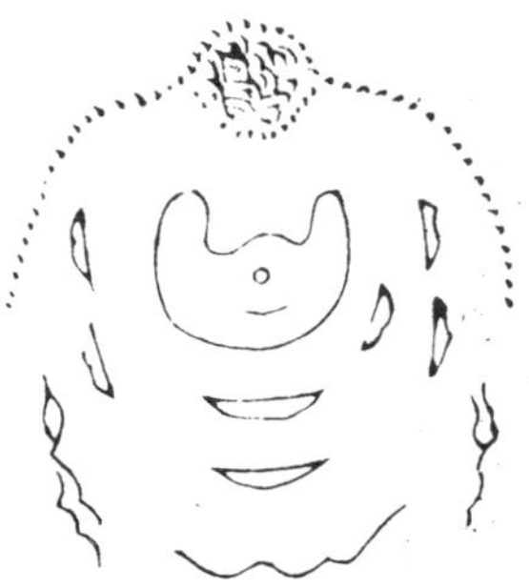

忽然平地起崗巒，或從遠來四望間。
莫從向前伸手足，應生子姓立朝端。
此局四面台列，穴亦周遮，眼前又有一泓好水，宜有朝端之貴。

水遶案外

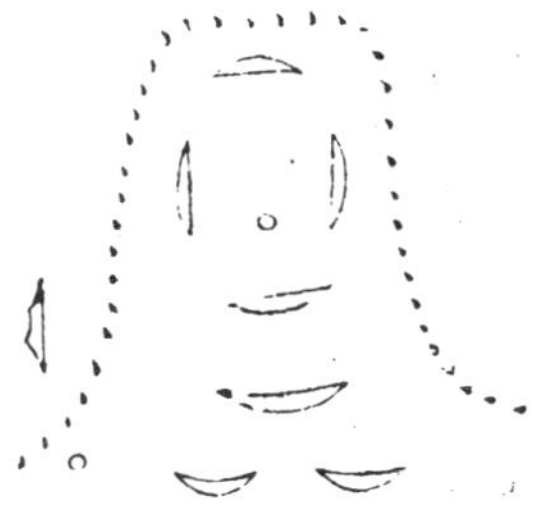

水從案外暗廻環，緊夾由來穴不寒。
莫道面前方丈促，一家骨肉富團圓。
此止富局也，從龍無貴，眼前亦不見開朗故也。

水遶玄武

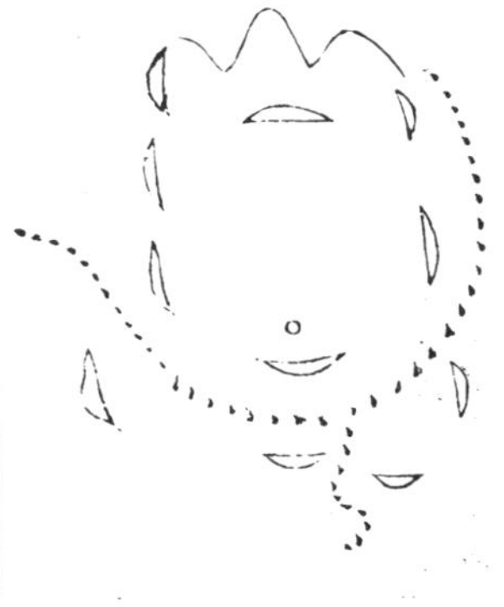

水纏玄武之玄去，面列三台是祖龍。
骨肉團圓風不透，調和內務鬧鍾[illegible]。
此局回龍顧祖，眼前開齊且水縈玄武，關闢秀氣，故極富極貴。

水潮案外

水來案外是陽潮，轉揖之玄貴氣繞。
參看四維龍氣足，陶朱比富位升朝。
此局台列低小，龍氣團欒，故大富而貴主升朝。

水潮案內

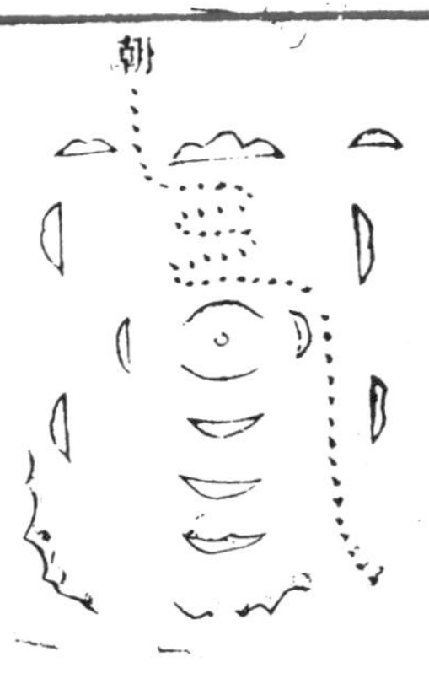

水潮案內更縈紆，巧秀分明畫不如。
擺列森嚴龍氣足，神童[illegible]國壽門閭。
此局龍帶貴氣之玄水潮，眼前台列侍衛亦周整奇特，出神童相[illegible]宜矣。

右缺水潮

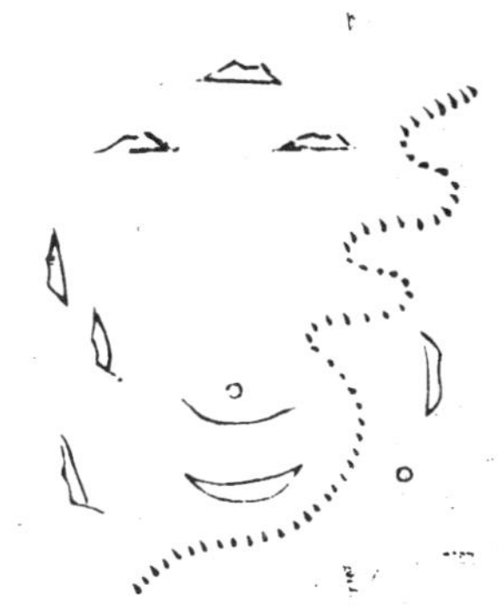

龍從左來水從右縈紆潮入仍纏後
面前台列展明堂富貴自來相輔然

此亦回龍顧祖之局右水縈紆潮入仍纏後去富貴不求而自至

左缺水潮

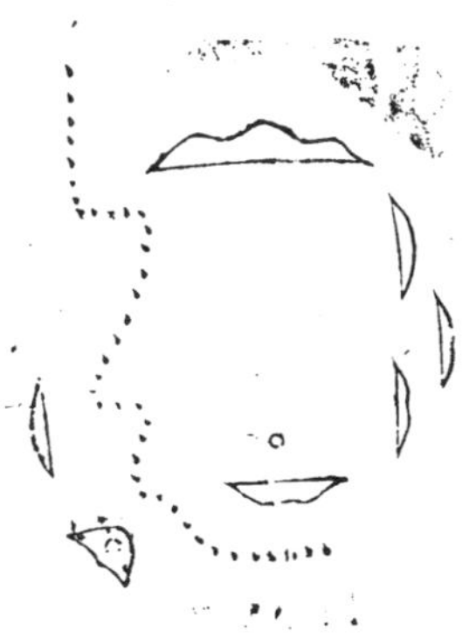

龍從右來水從左轉抱□之□還復裊
且喜前台與後台富貴功名急如火

此與前局無甚分別但龍有後列三台印星塞水且水從青龍之玄潮入故功名富貴之象尤急也

來水前冲

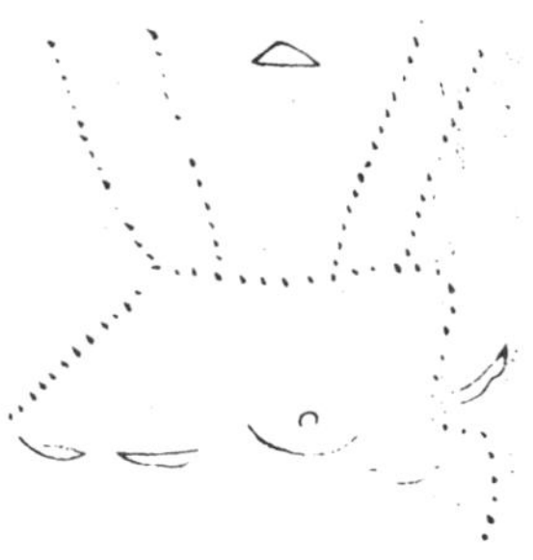

來水重重直向冲面前蕭索坐無龍
徒流剌配遠征戍不道亡人受地凶

此局本不成地誤以水潮而扞之害人非小不知潮者縈紆而入冲者面前直射吉凶之分不啻天壤

去水後背

來水從前護抱身重重攏列亦堪珍
不知背後翻身去一代豐隆數世貧

右水直割

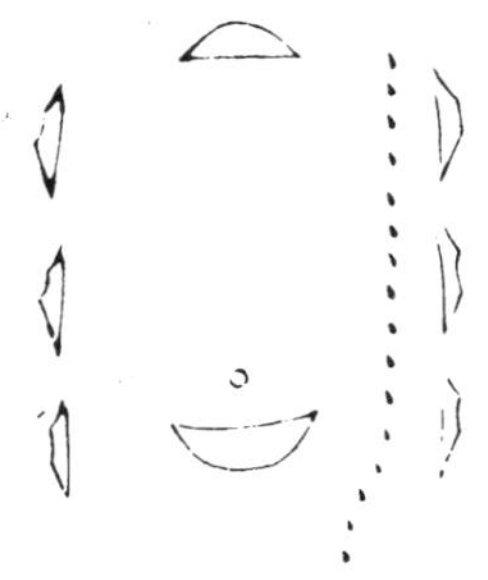

面前只喜砂登對不道水來射割身
左右任他相薄去一般豐足一房貧

左水直割

同上

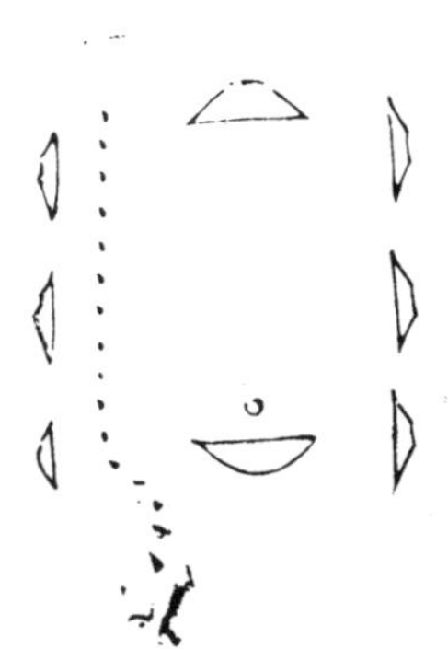

前潮秀水法

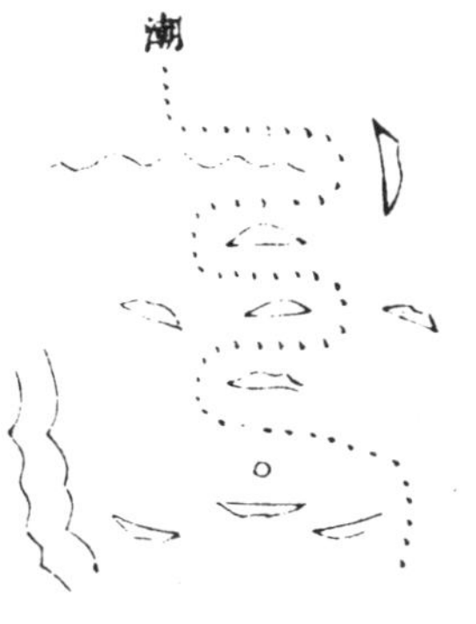

後水穿梭向穴潮之玄而曲勢逶迤
森嚴奇特成大樣此地仙人上玉霄

此局向前秀水穿梭而曲而來主發財祿最為奇特亦大地也

後去秀水法

聚前來拋砂端巧遊後拋梭却秀媚
初歲莫思生春物人龍繼見屬孫枝

此局初年不發後代富貴悠遠不替亦大地也

左縈右直法

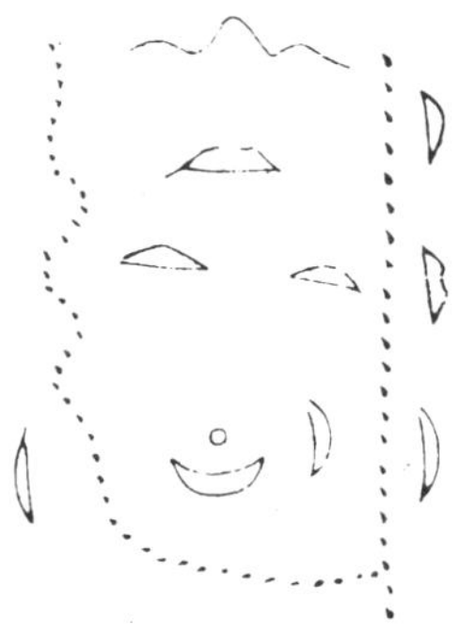

右水直來，砂自遮，左邊縈曲走生蛇。縱偏公位分賢否，富貴盈門樂有餘。

此局右水直來，得砂遮障，左水縈曲，生蛇之狀，富貴盈門無疑，但是公位偏枯，不能均發耳。

右縈左直法

右縈左直亦全前，朝應鋪張更秀妍。可惜穴旁無緊夾，孫枝騰達夭青年。

此局全前，但惜穴旁少砂緊夾，雖主發貴，恐多少年夭折之應。

前去水秀

水去從來入墓羡，封于轉摺顯文章。面前更有砂端巧，科甲重重姓字香。

此局前對水走，世人所畏，不知之玄轉曲，顯發文章，且面前更有砂端巧攔阻，主科甲重重。

前來水直

來水直冲遭刺配，龍身朝應貴相連。聯登淒子乖和秀，逆犯龍絛謫戍邊。

此局來水直冲，主遭徒配，但龍朝秀貴，亦主發科甲，恐後不免竄戍。

前去水直

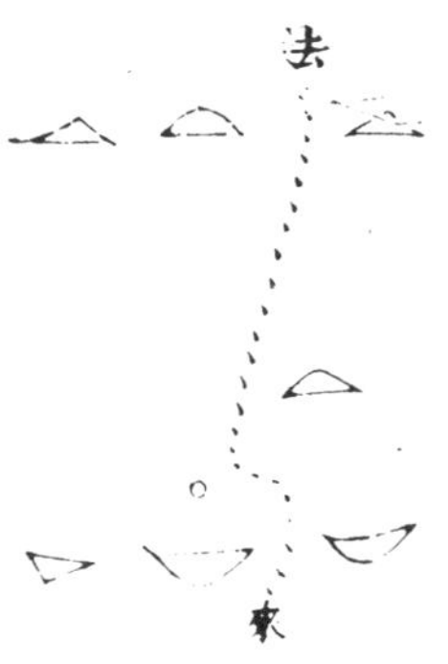

去水滔滔不斷留，家庭破敗走他州。有砂攔截人還在，坐下無龍剛亦休。

此局去水滔滔不停，蕩鄉破敗，無疑，得砂攔截，人丁可救，若再坐下無龍，其絕也必矣。

右斜水直

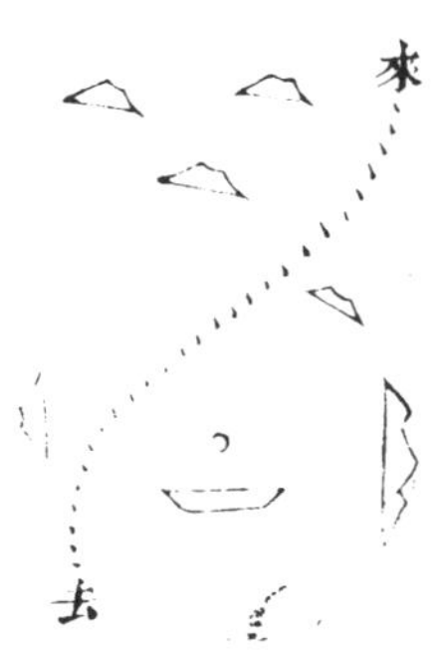

有砂斜刻亦無觀，斜來過水穿裂破。明堂斷接氣，人人遭跌敗家庭。

左斜水直

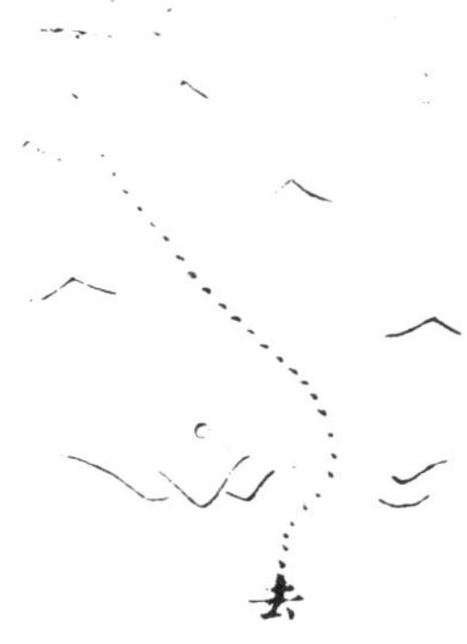

仝上

背城去水

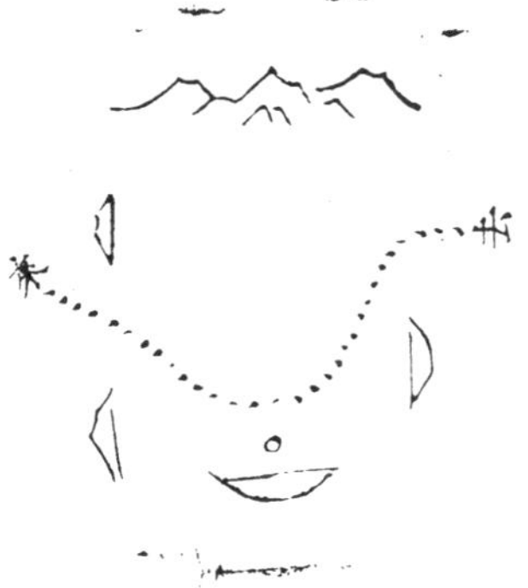

背城水去家多禍，忤逆兒孫設米銀。坐下有龍兼有應，徒流刺配戍征邊。

眠亘垣局小序

中原之地龍氣厚重伏於地中間於江河之畔湖海之旁結成形垣環聚壹局但行龍有倒地竪頭之不同其實與山崗之融結無異而氣勢力量則更勝蓋屢經脫卸不知馳驟幾千里以至結穴之所爲朝爲應爲屏衛爲開攔多是特生之砂而不局之環遶更非假借湊泊者所謂一砂之秀過於岡巒數里一水之灣過於溪澗數重須審其形象逼真觀其情趣契合知其動靜樞要之所洞明天巧慎守成規苟佐證之了然雖石盤亦加裁鑒若穴法之未的縱形奸不可妄扦所貴博物知天生之性情又須眼明察造物之藏秘知形知穴食水張山贊福善之機緣成人間之美事

左盤龍形

盤龍遶尾頭向中藏不露爪足神威未揚

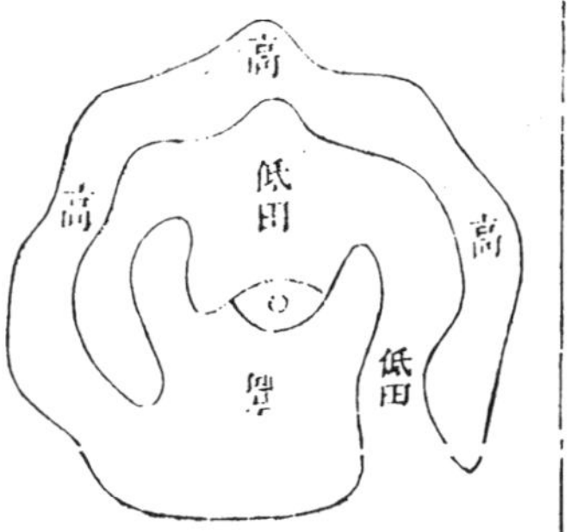

右盤龍形

盤龍伸爪頭角峥嵘神威奮武雷動風生

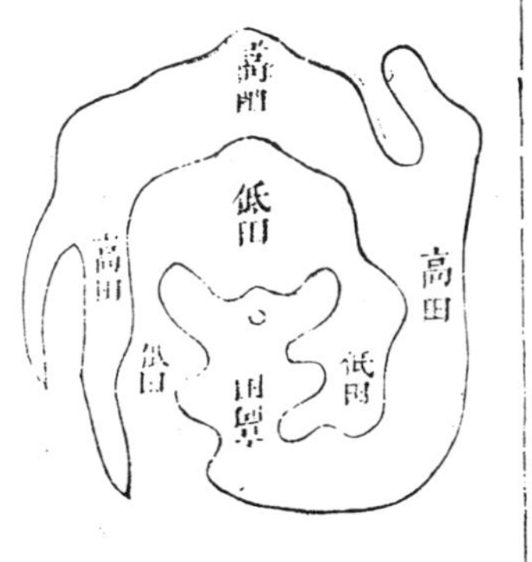

滾浪龍形

黃龍滾浪特雨四方張威轉蒼澤被蒼生

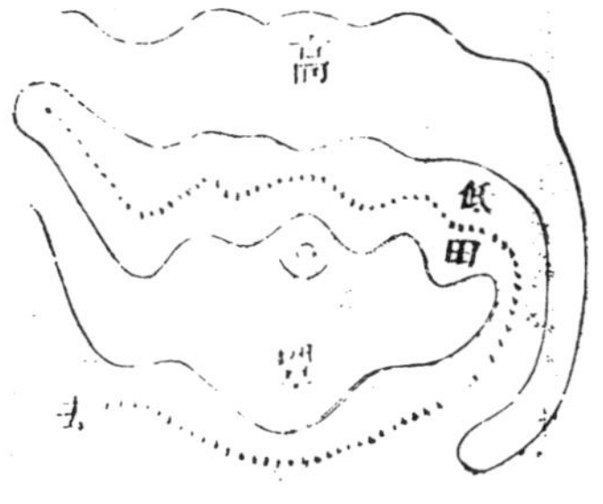

海鰍盤屈形

海鰍盤屈水遶狂瀾諸鰲爭順富足閫閫

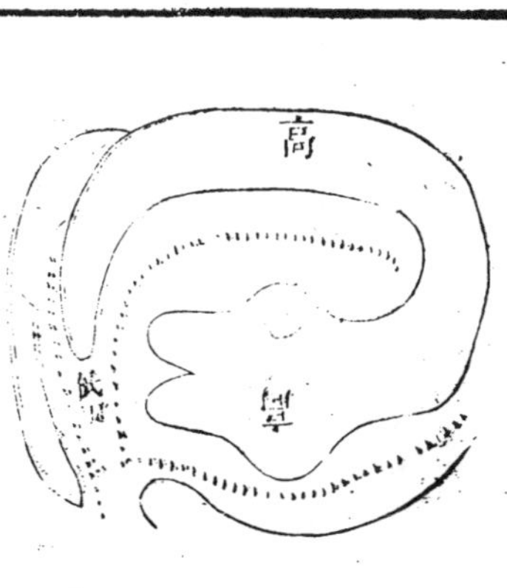

展翅鳳形

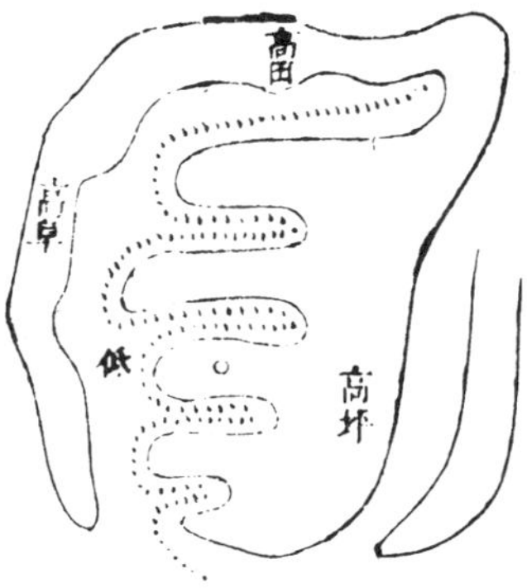

飛鳳展翅，志在騰霄，翔於千仞，雲端逍遥。

飛雁投湖形

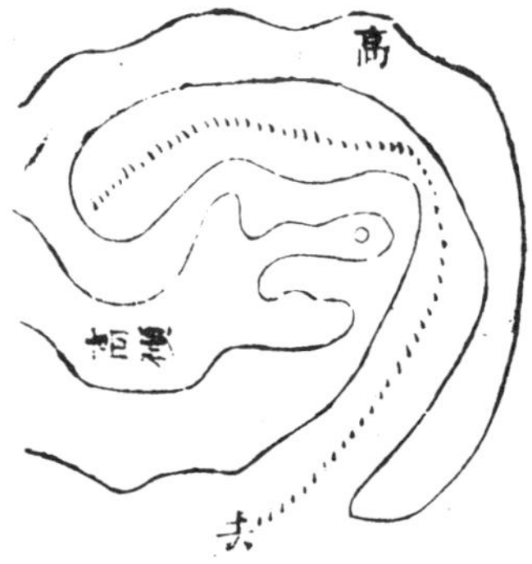

飛雁投湖，展翮伸頸，得其所哉，萬人之領。

渴龍飲水形

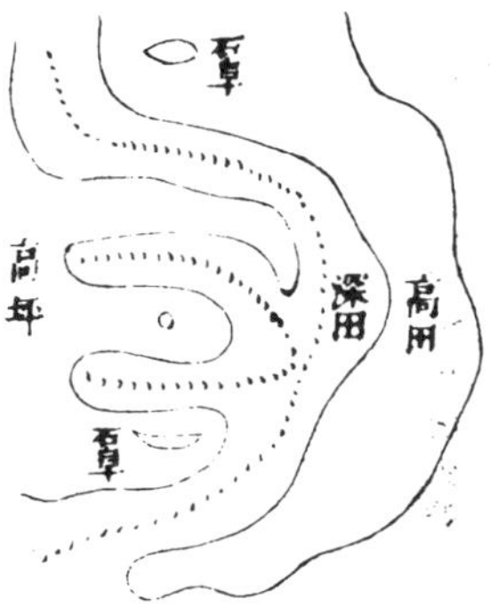

渴龍飲水，盤尾自衛，飽與雲雨，勢珠珍貴。

湖蛋形

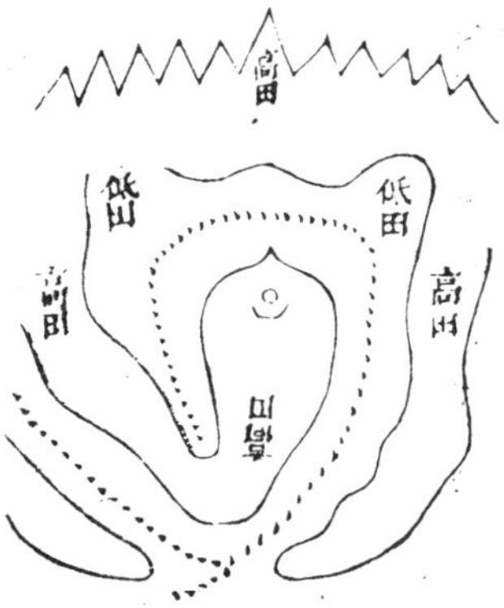

湖蛋騰雲，懷胎已成，富貴榮高，四遠揚名。

奮龍伸爪形

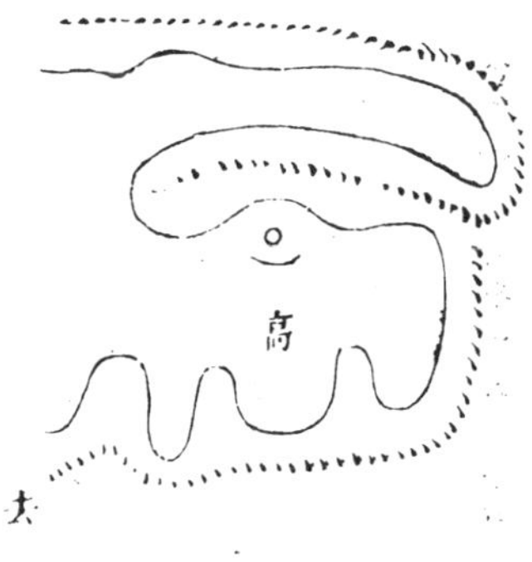

奮龍伸爪，精起與雲，頭角騰發，雲雨滿盈。

盤龍張鬣形

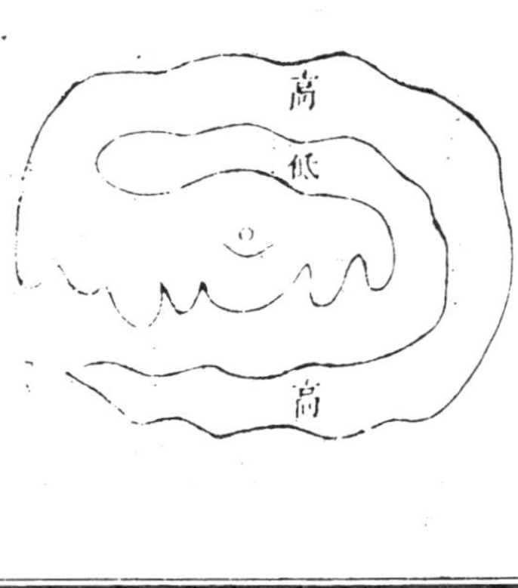

盤龍奮鬣，精用以與，騰雲致雨，變現神靈。

飛龍形

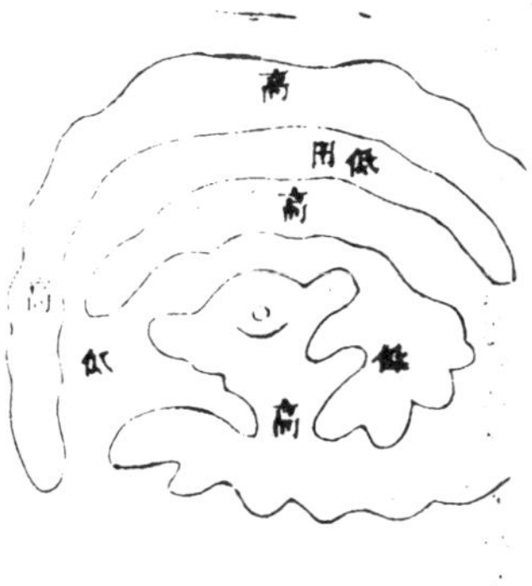

飛龍獻爪，張威布靈，雨澤天下，百世之英。

老龍守珠形

老龍守珠，盤曲自如，忽聞天詔，騰霄馳驟。

夾蝶入園形

夾蝶入園專嫩直遂迢迢翱翔春風常在

眠牛形 卜式祖地

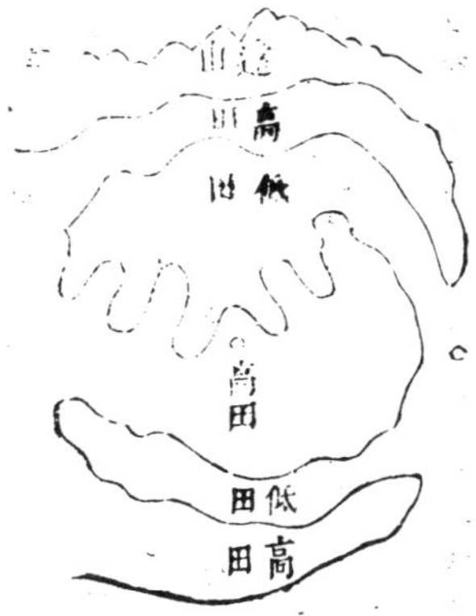

眠牛在側遠後傳臺富于春草財作貲媒

二龍交戲形 王猛祖地

二龍交戲雲雨相隨澤被蒼生震土無危

老蚌吐珠形

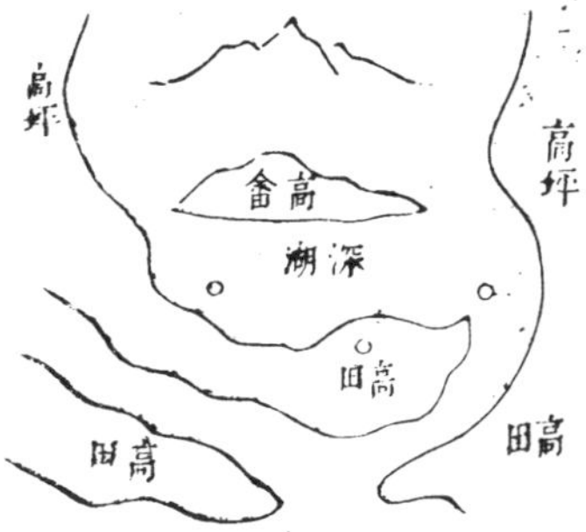

老蚌吐珠蚌為之應貴在孫枝富無與並

犀牛望月形

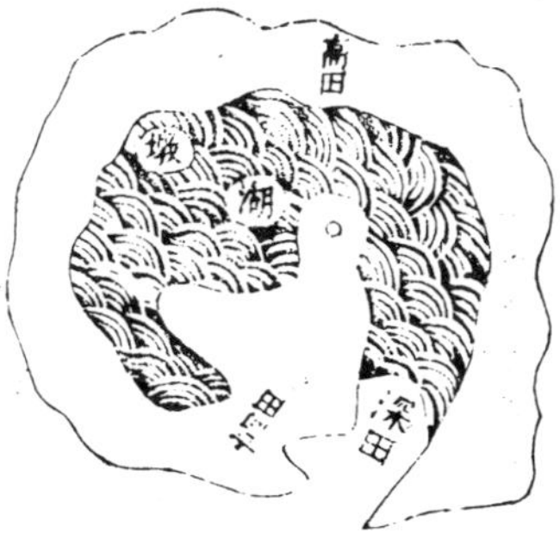

犀牛望月近入湖中富於小澤貴罕遭逢

靈龜顧子形

靈龜顧子頭足俱形肩旁一穴貴可成名

金盤浮水形 杜如晦祖地

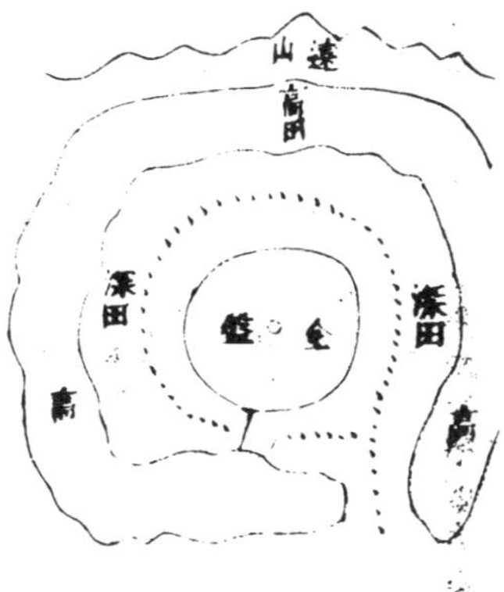

石盤出水中無錙銖不容纖繁加土穴其中美如陳平學如子貢祿享千鍾官仕時從

伏虎形

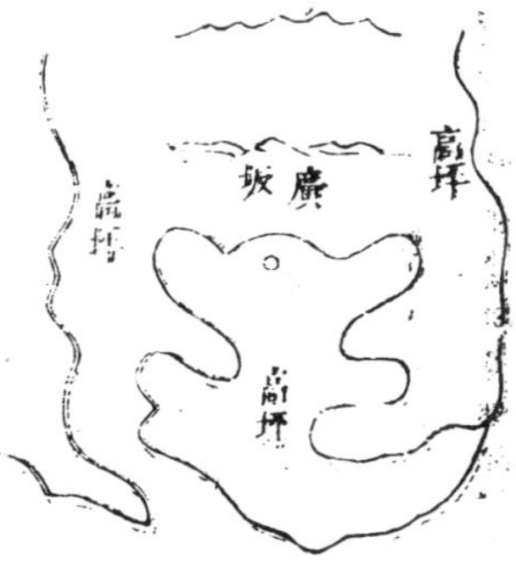

伏虎在原堆肉前爐變韶遷衆虎變神靈

地理大成

靈龜引子形

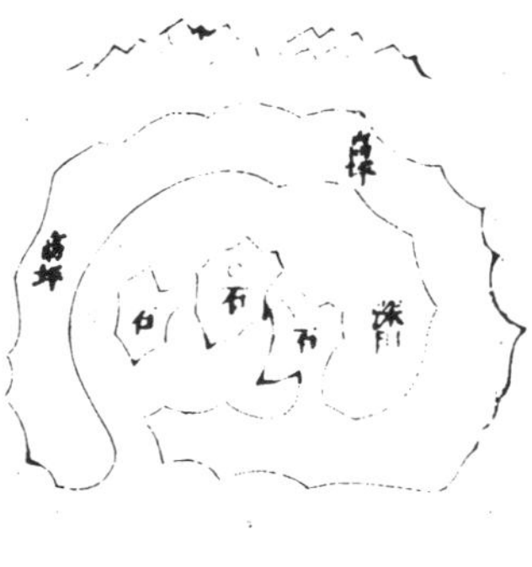

靈龜引子，石骨精英，精鍾精聚，青[illegible]康成。

子龍脫胎形

子龍脫胎，水遠雲從，明堂勝峽，天下[illegible]遵。

雙龍戲水形

戲水雙龍，兩出名公，昌黎正大，百世文宗，封夔儉小，賦性遠[illegible]，[illegible]正之遂，要在心通。

黃龍滾浪形

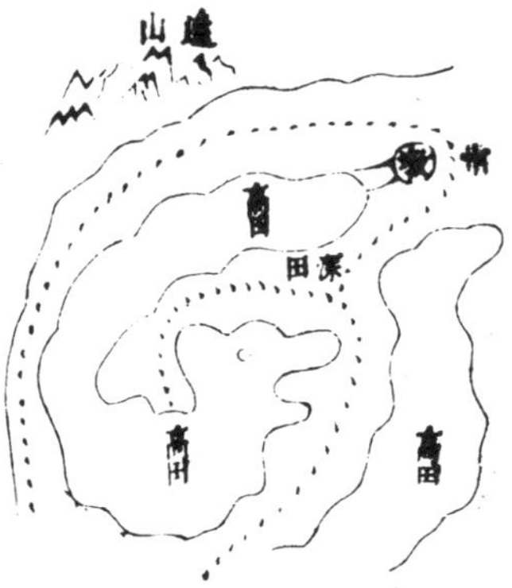

滾浪之龍，水去匆匆，初年不利，後出名公。

地理大成

仙人側臥形

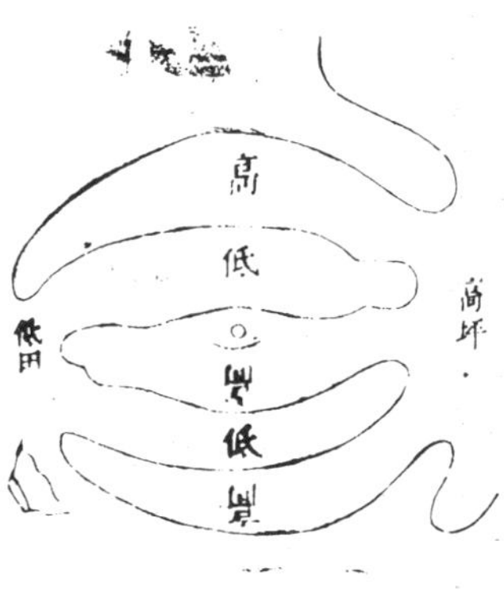

仙人側臥，伏氣丹田，收歛精華，斡旋乾坤。

蓮花出水形

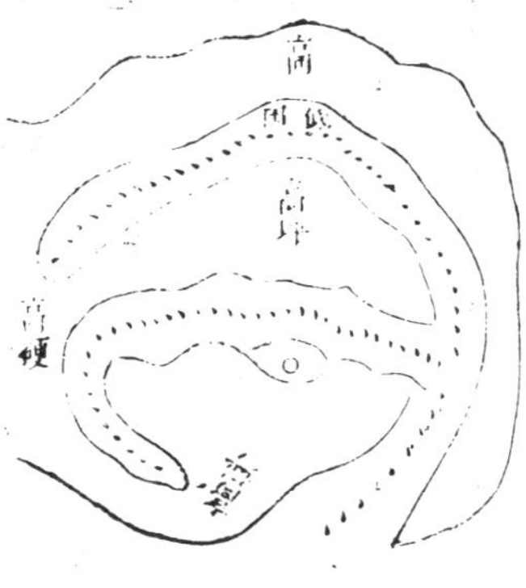

蓮花出水，其葉自[illegible]，馨香遠聞，芳名千載。

子龍傍母形

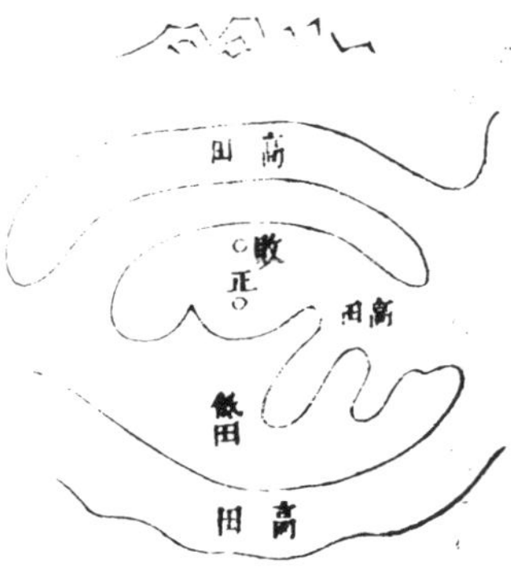

子龍傍母，代[illegible][illegible]兒，應有台蓋，名公篤棐。

子龍戲水形

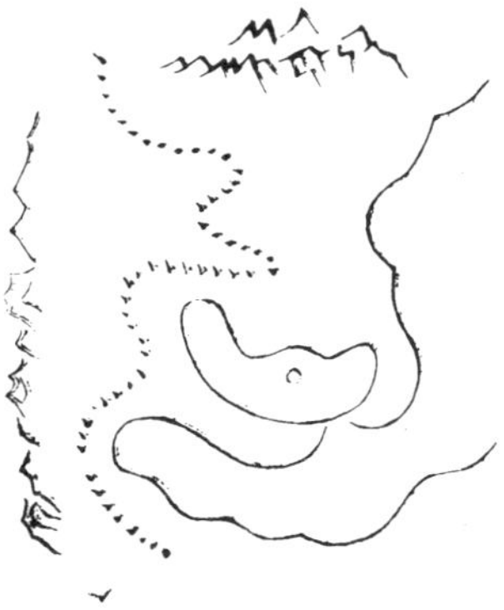

子龍戲水，[illegible][illegible][illegible]應，翮水煥文，官貴榮位。

地理大成

平陽全書　卷四

一九

猛虎飲泉形

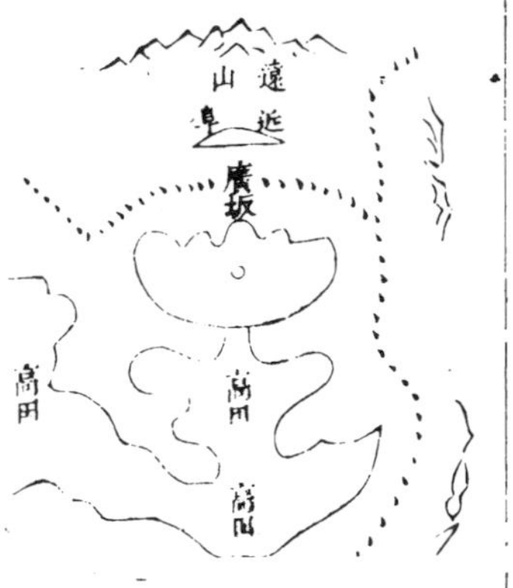

猛虎飲泉秀水來潮文筆排衙紫紫盈朝、

靈龜望子形

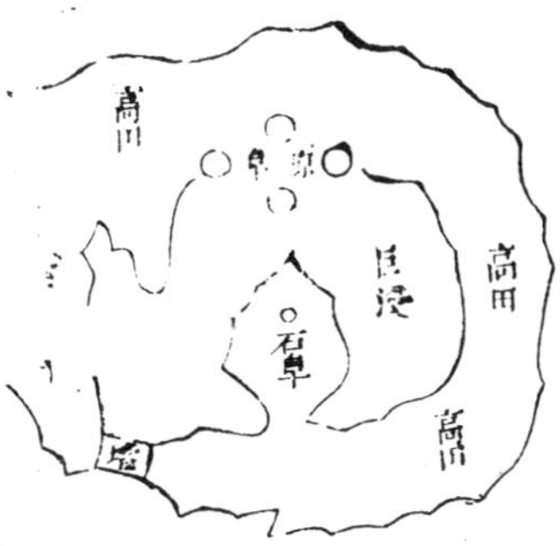

靈龜望子資生孕育專有巨浸滿門富足、

將軍坐營形

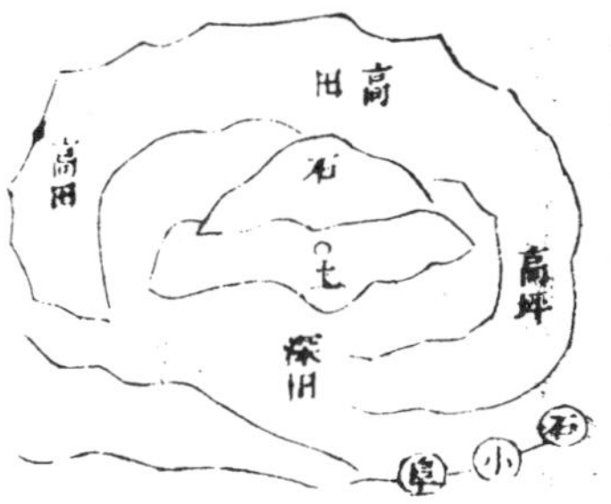

將軍坐營毬杖俱陳銅筋鐵骨武勇出群、

黃龍搶珠形

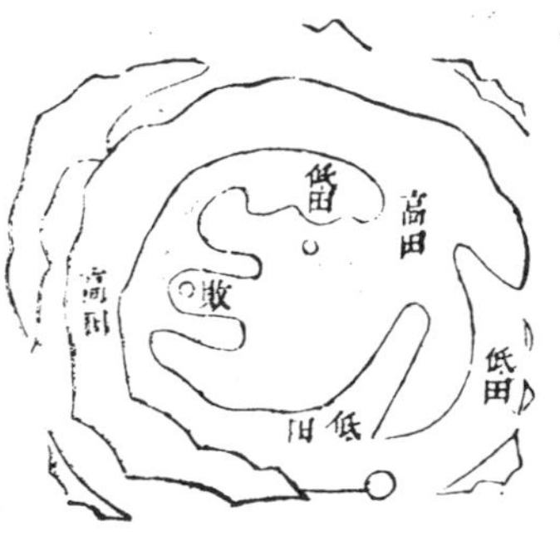

黃龍搶珠神氣在爪群珠羅列貴成天巧、

地理大成

平陽全書　卷四

二〇

神龍拜詔形

神龍拜詔珠珍相隨明主受知福履交綏、

螃蟹出田形

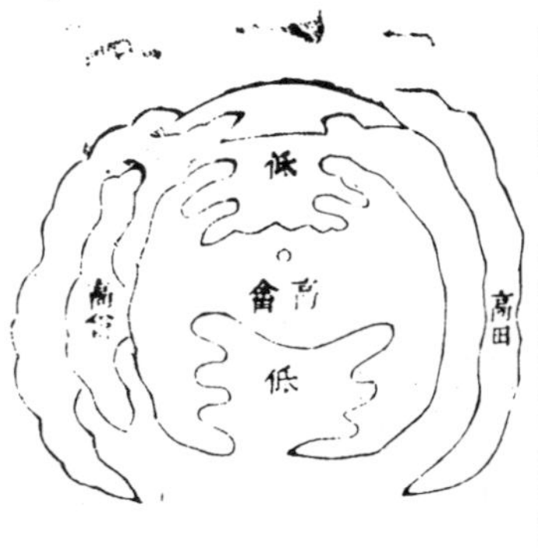

螃蟹出田數應巳時富多閑錢閭里橫行、

戲水魚形

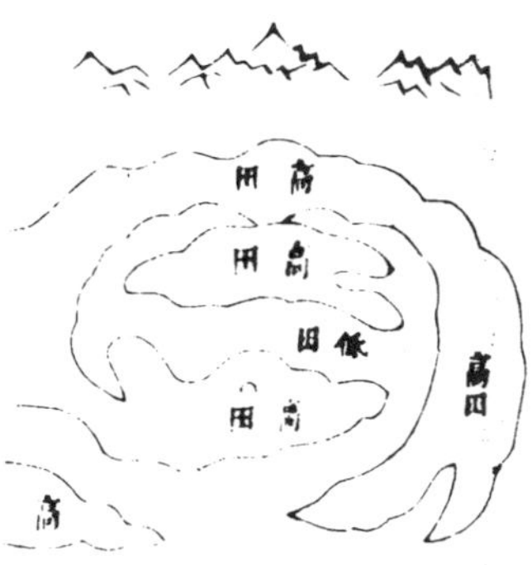

雙魚交戲前有樓臺秀美絕倫[illegible]爲災、

老龍引子形

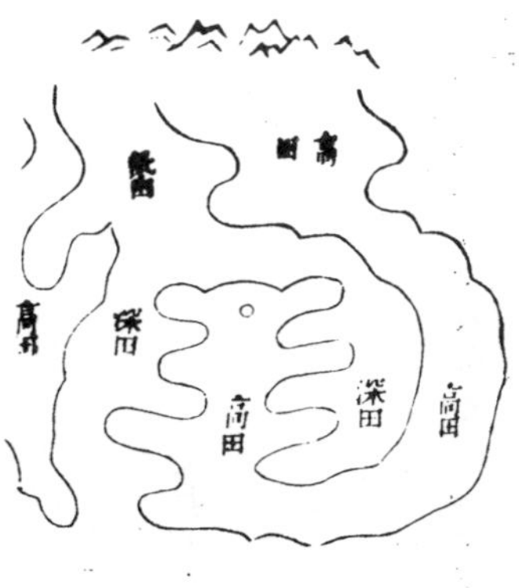

老龍引子貴盛絕倫前有台列[illegible]元勳、

飛雁投湖形

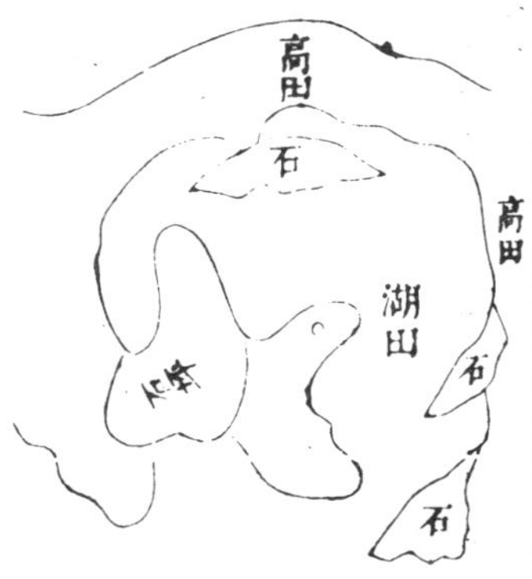

飛雁投湖形，應遁奠，多生聰明升朝舞因。

羣鷺出田形

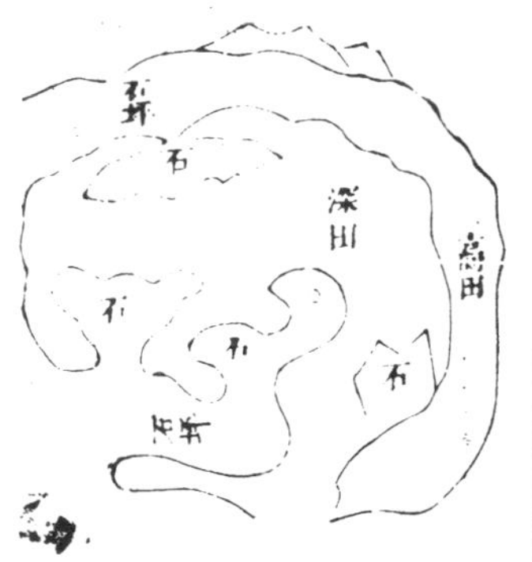

石鷺羣遊在彼深田，貴骨多育，重厚多錢。

子龍顧母形

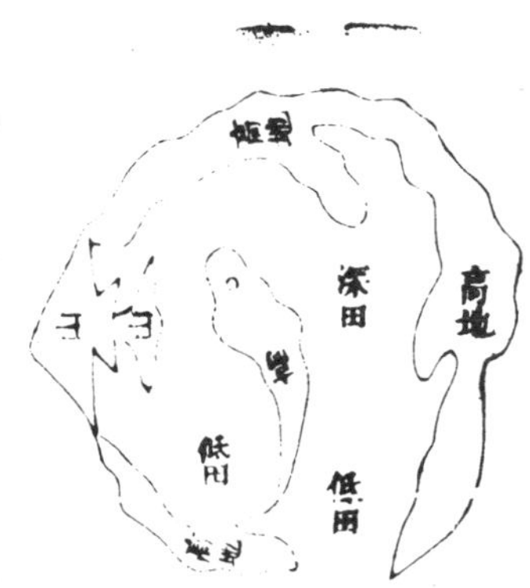

子龍顧母，白相僉板，李義滿門，朱紫團欒。

靈蛇趕蛤形

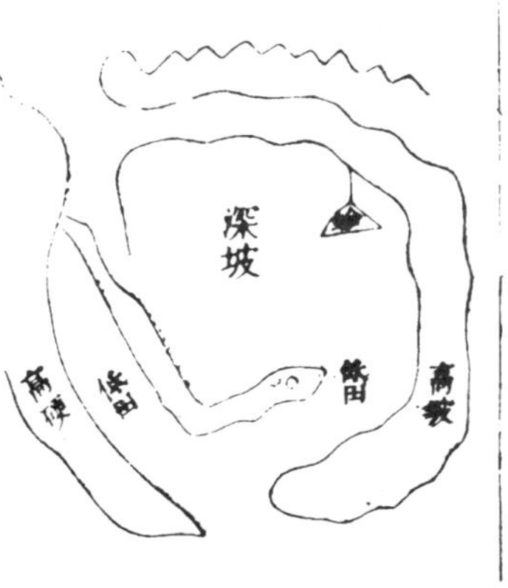

靈蛇趕蛤形，清氣勁蛟，角樓臺玉帯若領。

剪水裁局小序

平原水鄉，不見微高微下，亦不見墩阜有情，若於其地求之，似不見融結之所。若于其水之文理求之，則向背聚散，環秀成局，亦有可得而據者。蓋居此地者，未嘗無富貴之家，亦未嘗乏俊乂之士，而生于斯者，死于斯，死于斯者，葬于斯。古人有仁厚之風，度死徙無出其鄉，而狐死丘首，今之俗尚猶然。是故前賢立法，就于其地裁之，使亦足以妥神靈，安體魄，而鬼福之及人，與生成環局者，無以異也。蓋水之煥其文秀，必其開闔之高下相因，間有人為跳鑿，亦因利其就下，而為之通之，則觀水之文，而始之向背聚散，可得而知矣。知其向背聚散，而取其環秀成局，斯亦天之所成，而人之善步天巧也。矧復于其獻秀于前者，測之土圭，而取其陰陽不雜，則一氣所會，亡魂所安，而子孫不得其安者，未之有也。余怪剪水者，徒執羅經以步水道，而不知觀水之成文，遂集古人作局之有應驗者，使之知水路之成局，前後測其陰陽，以資作法云。

四秀左結式

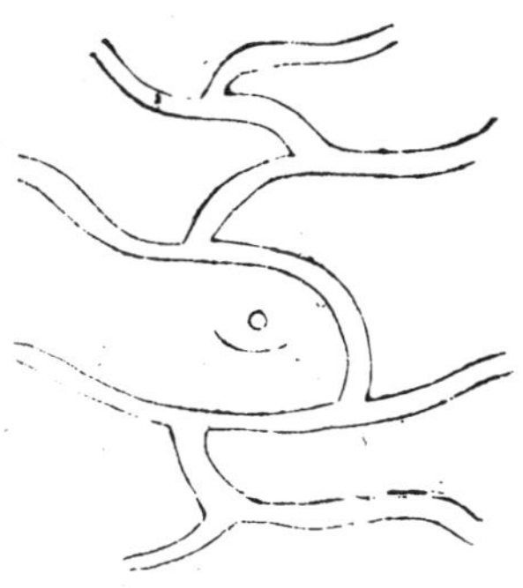

平原四水繞文章、肥滿是生鄉左回右抱蘆鞭蹤、吉曜自開張將相公侯定有種此作先人、龍食巨武星相見而爽、世人欽羨、

四秀右結式

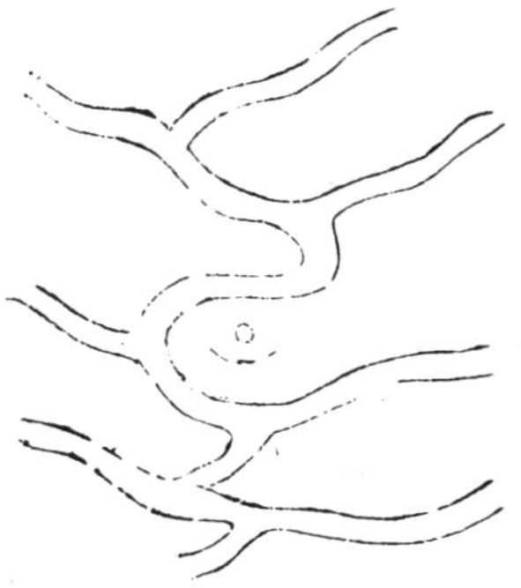

四秀不拘左右結、只把水來折、三吉方見穴分明、肥滿曲伸經、狀元宰相此中生、四秀罕遭逢、

前秀左結式

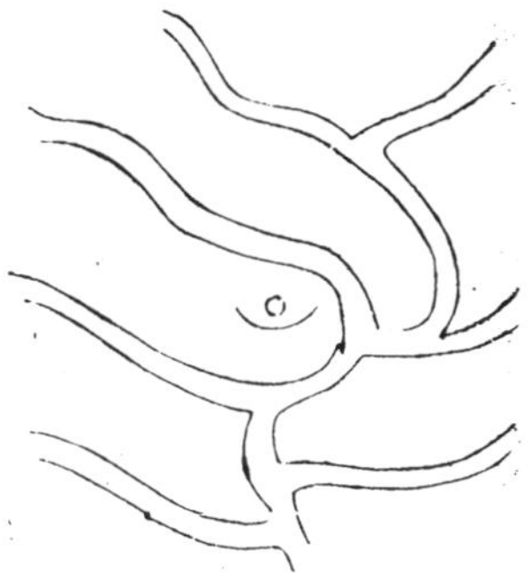

秀水前來有足觀、三吉見爲歡、穴迎秀處便爲官、顯子更榮孫、

前秀右結式

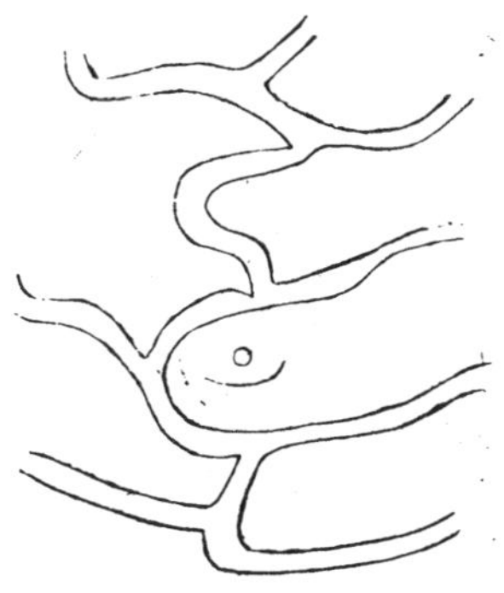

左結右結不須疑、迎秀是真機要領見處歸三吉、富貴永無失、

後秀左結式

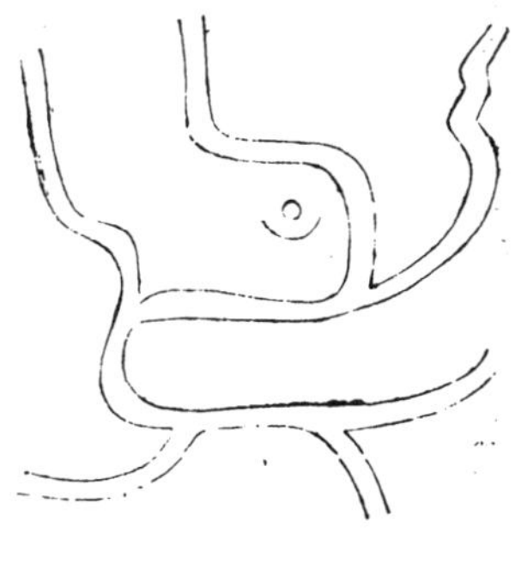

前秀後秀却須分、後秀後爲尊、前若真來無礙穴、榮貴無消滅、

後秀右結式

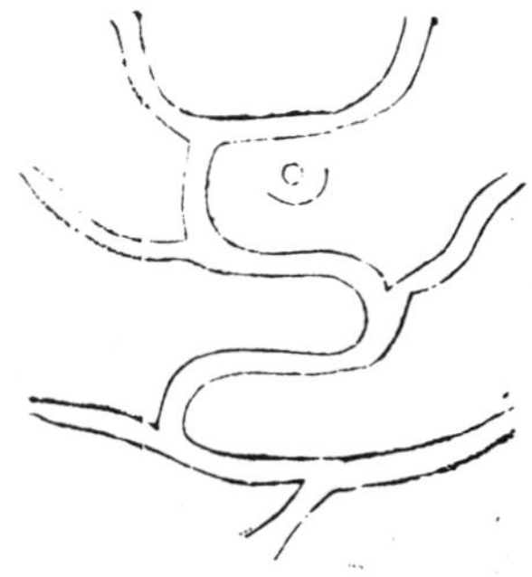

後秀亦須看前來、礙穴便爲災、若無直冲激、三吉子姓多榮遂、

左秀右結式

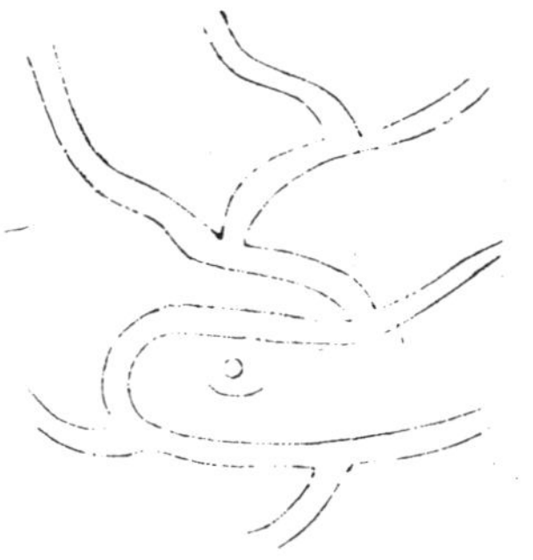

左秀右入宜就右、迎左是真所、水繞文明在眼前、穴不落右邊、

左秀左結式

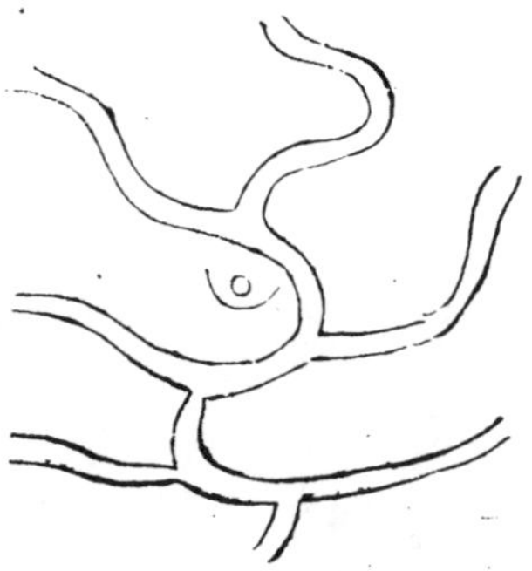

左秀右入不從右、偏安左邊秀、看還三吉在右邊、不向左邊遷、

右秀左結式

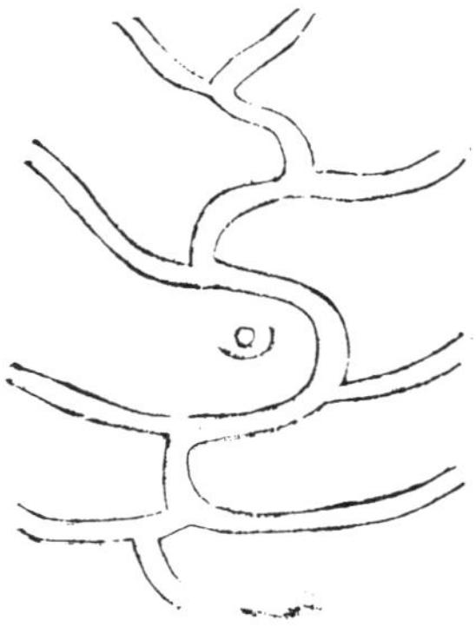

右秀左入宜移右，棄却左邊醜若還
三吉向在左移左急如火、

右秀右結式

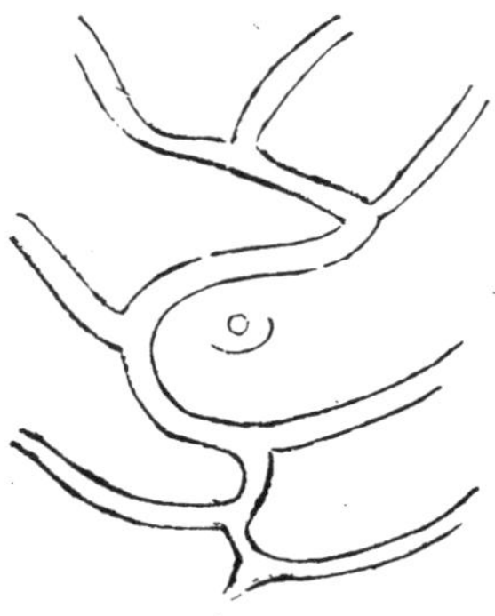

右秀右入不從左，從左自胎禍秀在
那邊居自吉，天巧不可失、

左前秀右結式

左邊秀處穴前左，迎秀是其所穴在
多是右來結，其氣在水截、

左前秀左結式

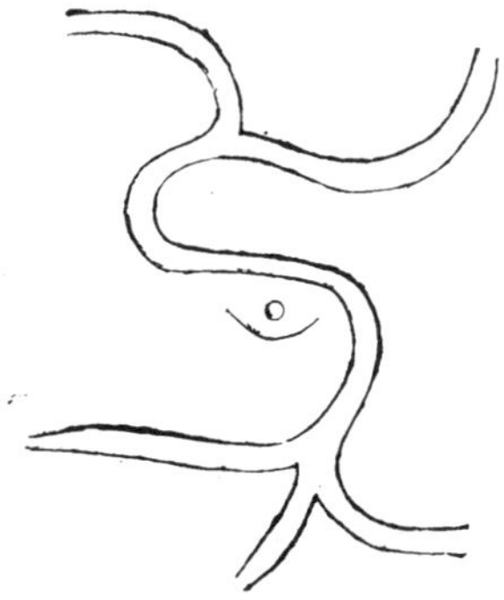

左前秀處仍左結，天生左前穴右水右
砂來拱顧，富貴發在囊、

右前秀右結式

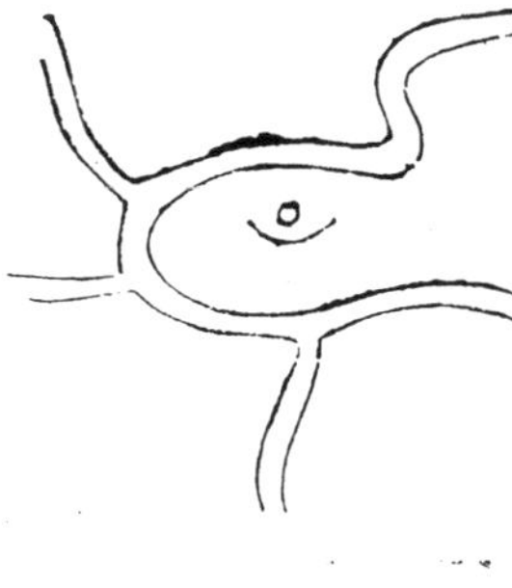

右前秀處亦右結，作穴宜右，決左水
左砂來輔佐，不在截中數、

右前秀左結式

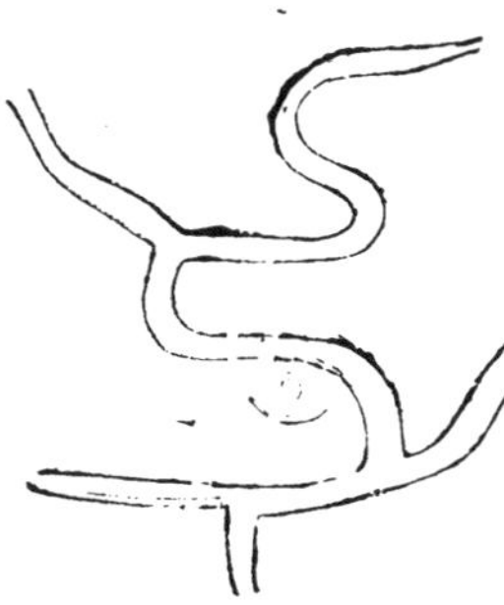

右前秀處左來結，就右亦無別，更合
土圭三吉，夜紫貴便難當、

右後秀右結式

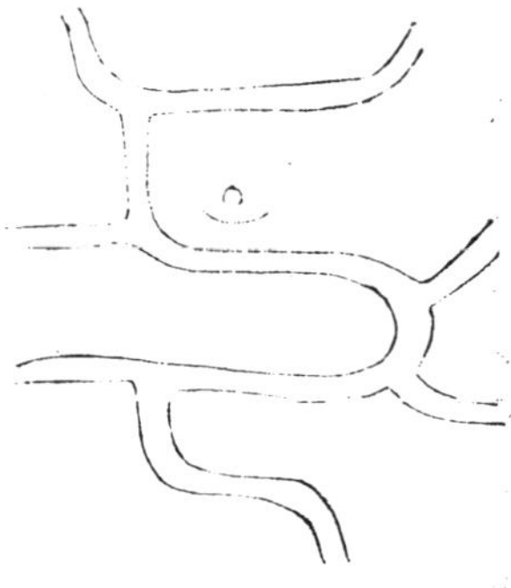

後秀從後已無疑，仍須左右移，從右
便從右後覓，左來是輔弼、

右後秀左結式

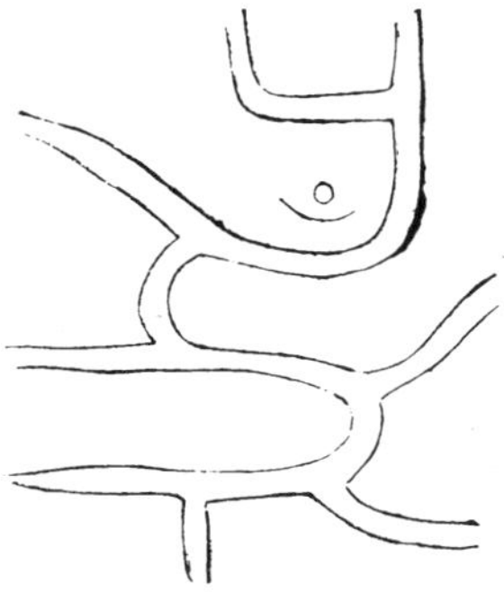

右結歸右後亦秀，仍須從右後左後
若秀也一同推移在心胸、

中秀中結式

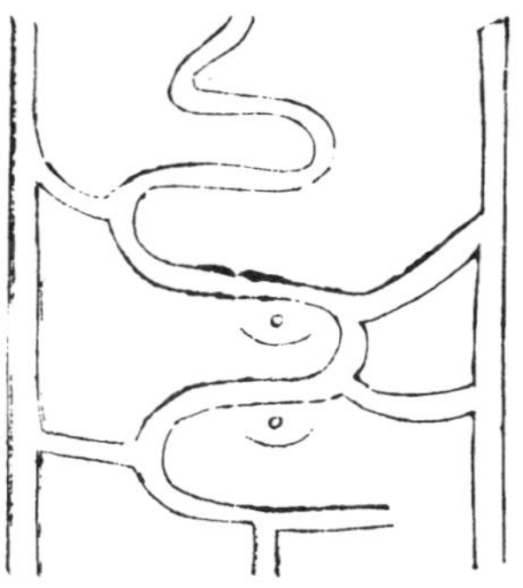

中秀中結便從中不拘左右凶只看其閒受氣足三吉來相鎮、

左右秀左右結式

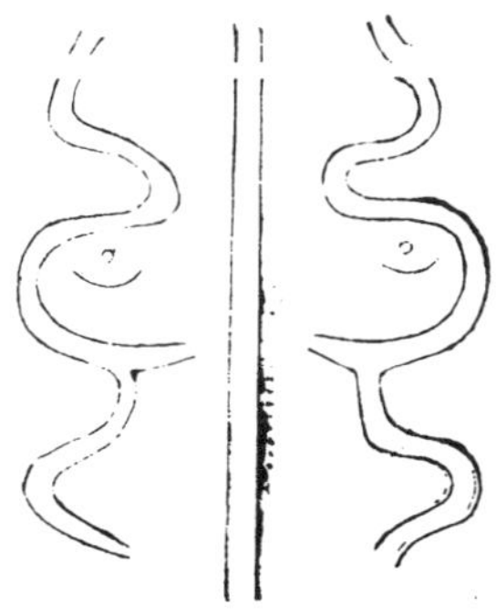

左右秀時從左右看着那邊秀從秀不拘在那邊皆吉自相連、

前彎就前式

前彎宜就前水纏便是左右撿到頭過水自彎環如勾水來關、

後彎就後式

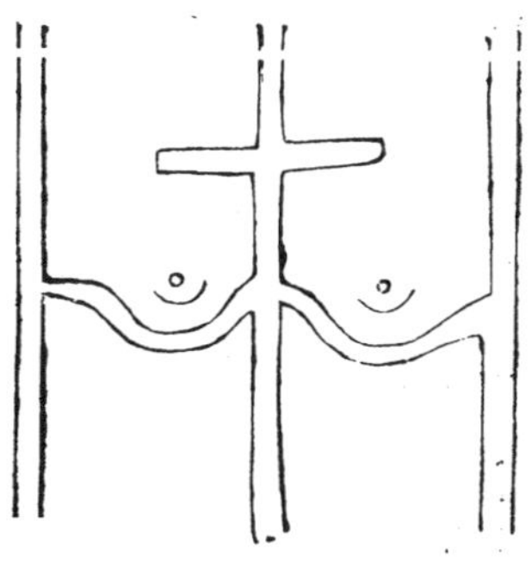

後彎真氣鎖在後由他那邊奏立武水纏福更綿就後有餘錢、

右彎就右式

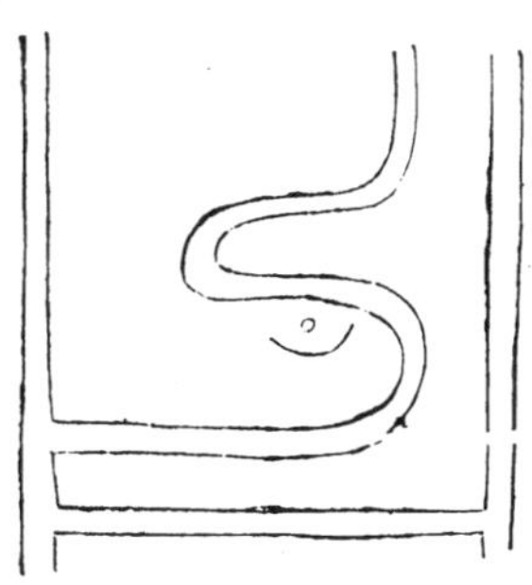

右彎就右左來結右關氣不泄之玄從右穴迎之眼見自推移、

左彎就左式

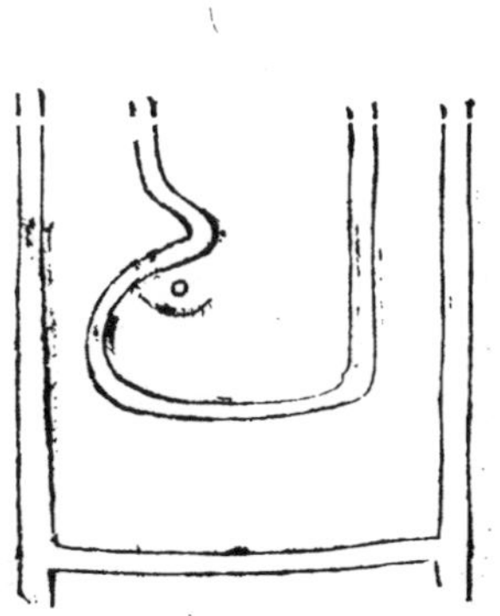

左彎就左右飛入動氣左邊集如鉤迎水見之玄吉慶自綿綿、

前後俱彎取中式

前後俱彎氣聚中但恐過龍凶若還一邊截得住朝應那邊去、

左右俱彎宜從前有水處

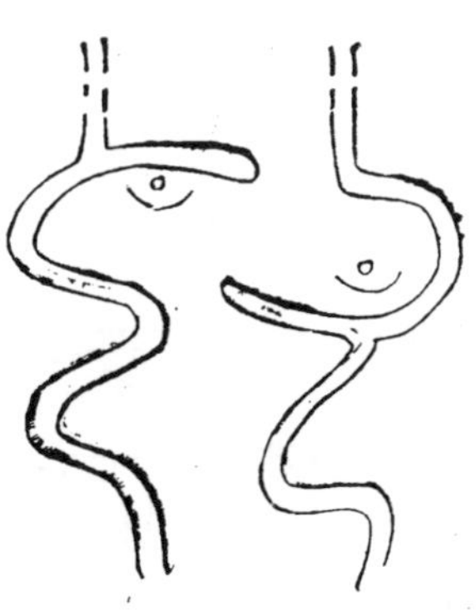

一等水城左右彎要見那邊安前有水兮 氣聚前後水從後邊

環池一泓宜從朝應

平原忽見一圓池，別無水推移，却看朝迎夾護明，此穴是天成。

方水一泓宜採肥圓

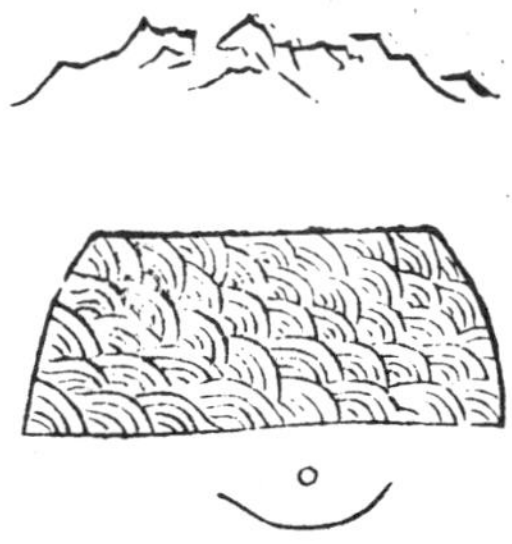

方池一泓，別無水查考，無源委，一面肥圓，前有應，穴亦天然定。

橫池一泓宜看四應

橫池一泓朝應明，知穴那邊成，看他左右扛護，穴真穴氣不泄。

橫彎三曲宜就其彎 左同

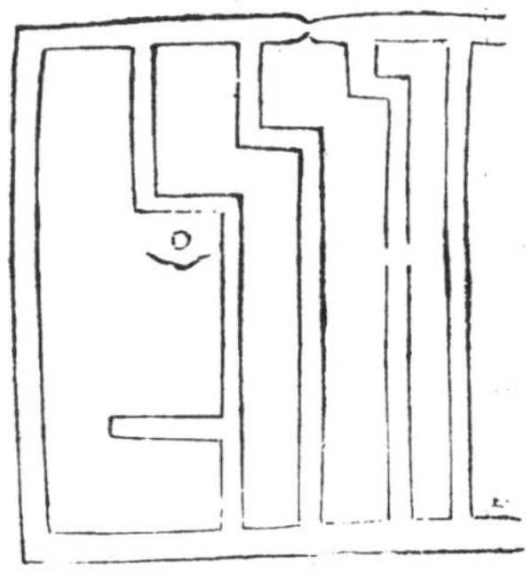

亦有真穴三彎曲，彎處真氣足，但恐後面無攔截，裁鑿爲曲折。

四水聚右宜就右應 左同

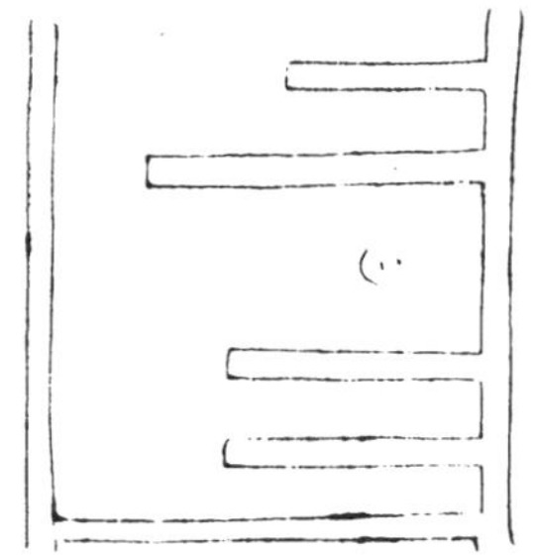

常見四水從右聚，遶秀當前住，只從中硬迎其秀，天然穴在右。

四水聚前宜從前朝

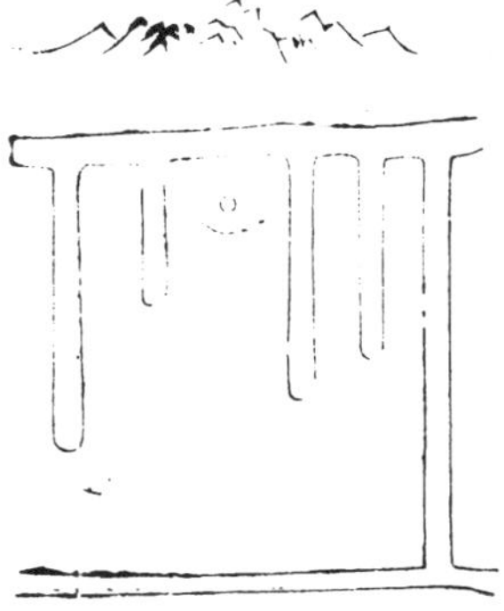

亦有四水聚向前，遶朝更不偏，亦從中便向前去，前有真氣沾。

四水後聚宜從後收

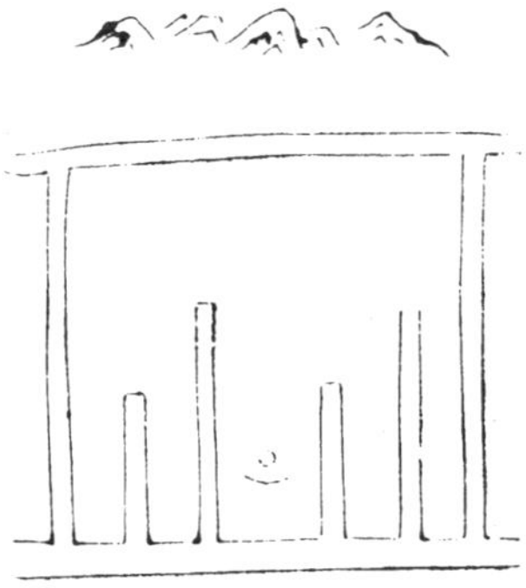

又有四水從後聚，就後見真所，遶秀在前端且明，不管向前行。

一彎曲後宜從後結

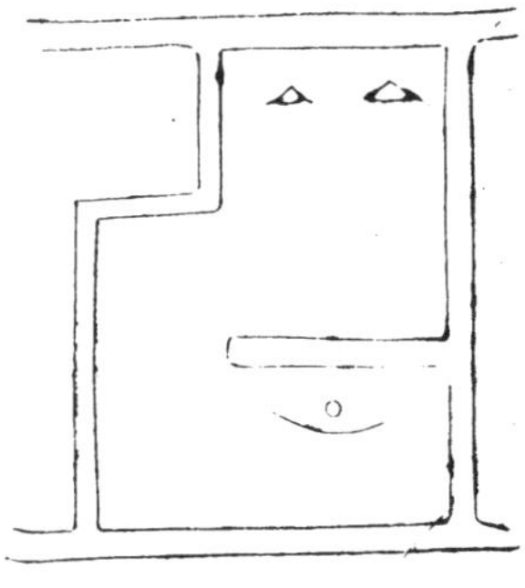

有時一曲彎在後，真氣後輻湊，更看前有特生泉，顧祖龍不走。

前入後結

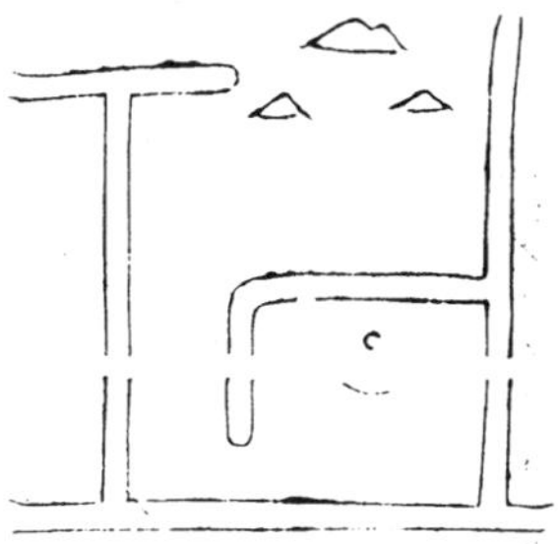

有時前入後轉結，同龍氣無跌若是
面前有巉峰要世出三公。

後入前結

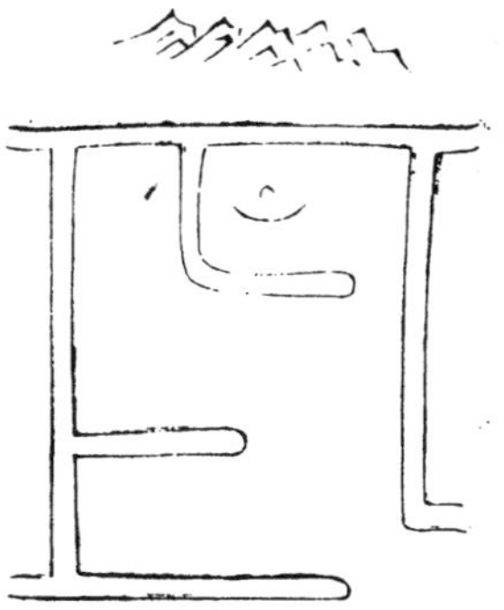

亦有後入就前轉身氣來攔截正看
那邊關氣住作穴方有據。

前水近者就前

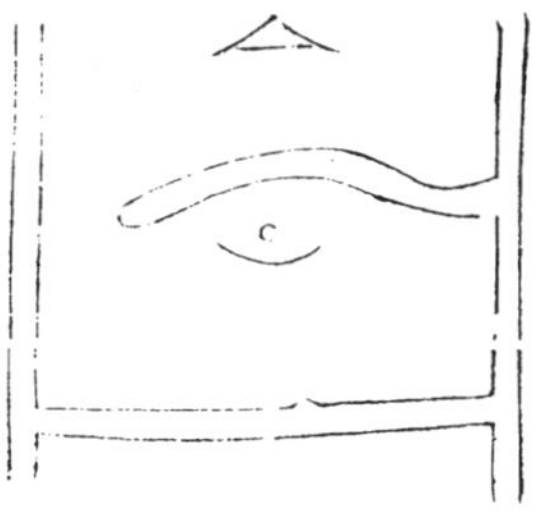

前水近者宜就前穴，近前水雖亦須
面前有特朝，此穴堅縮入。

後水近者就後

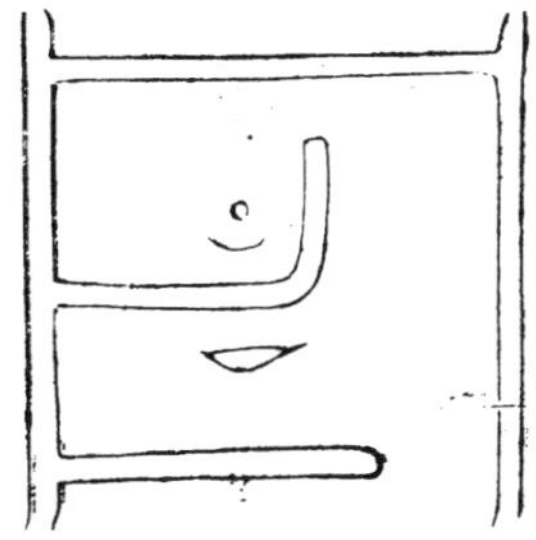

後水近者宜就後，後有特生朝，仍看
後水勾那邊，此穴亦天機。

左側肥圓宜就左側

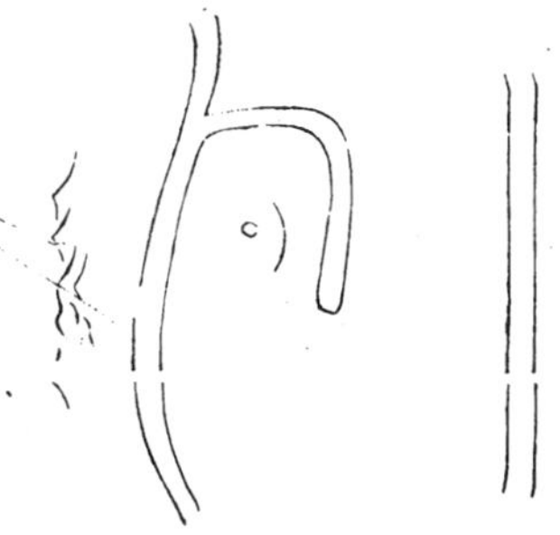

左側肥圓下手勾從左近勾求若也
無勾自肥滿無應來為穩。

右側肥圓宜就右側

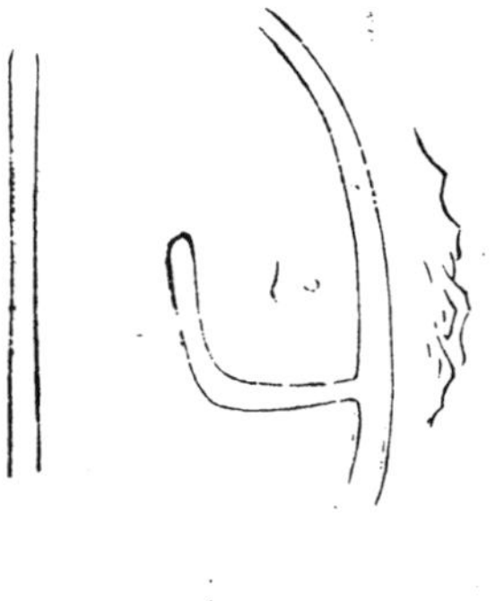

右側肥圓就右側，下手勾宜擇朝在
面前端正秀福祿來相旋。

左右俱直宜就水攔氣結

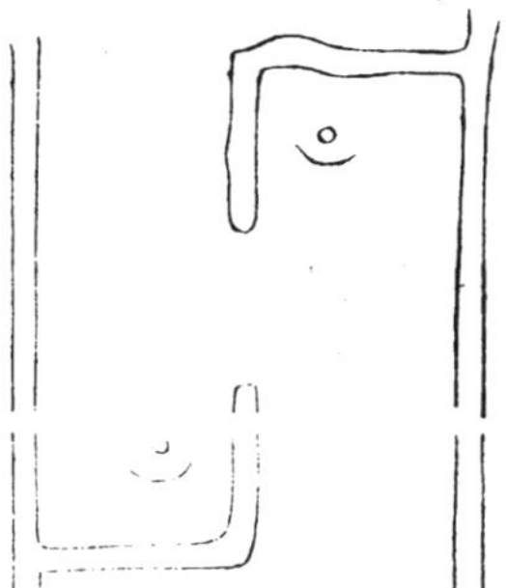

左右俱直者有關有關氣住邊若也
無關亦無氣，縱難為福慶。

四直無所就者無取

四直橫關不見彎，絕地不須看，氣無
融處難裁就，斷續無門呷。

平原三法跋

余得平原三法，出自日僧懸傳，按其圖絡，遍閱名墓，皆歷歷不爽，彰彰可據，斯書之妙，誠神矣至矣。今之術者，徒知靠實，不知坐空，徒知避水，不知剪水，往往古地遺棄者尚多。蓋山川之靈秀，造化之融鑄，千變萬化，雖玉髓龍經圖軸滿篋，尚未能形容其萬一，總不若斯書之明快直捷，彰著簡切也。後人能引而伸之，觸類而長之，隨其所遇，斟酌裁度，庶不失古人之成法，而平原之蘊亦無遺矣。

峕

嘉靖辛亥歲菊月越東太史氏汪標跋

平陽全書卷之五

古婺葉　泰九升父輯

海昌馬廷贊晉英父參

楊存理天根父訂

郭懋官于揆父較

平洋法形勢篇

水法之地，先看大江纏繞，爲上，小江纏繞爲次，小浦纏繞又爲次。凡大江纏繞，必結省郡州縣，小江纏繞，必出公卿世族。凡關峽起伏界合處，只看水城纏遶彎轉圍住，則氣便鍾聚矣。故曰：百里真來臨有曲，此關必定隱真龍。○凡尋平洋之法，先取大水，後取小水，先大水則知幹龍所鍾，可以明大勢，取大勢，後小水，則知真龍所聚，可以决定所。取真穴，不明大勢，則地之大小不分，不知定所，則穴之真假罔决。○水法之論，先取諸近，後取諸遠，近者有情，遠者可得而用，若近者不佳，遠者雖好，只是過水往來，不足道也。有情之水來朝，最喜聚瀦，無情之水直冲，須用鎖斷。大江交會，不屈曲環抱纏繞者，中取小水生入，鈎轉圍住有情，即真氣所聚也。故曰：外水直須內水之鈎轉內水直要外水之灣纏內外同情尤爲上地○水法多喜逆朝不宜順向或注入成湖或圍住或鈎轉必結地或不內注入成湖自生成一水二水前後左右圍住鈎轉結地者此至妙也洋入簡前則就前扦注入簡後則就後作前水橫過或特生二水左右脇身圍住內關二水合纏者結地或特生一水注入成湖後有一鈎州應者結地後水橫過與前水橫過同局者結地左水直下特生二水前後交住內關二水斬合者結地右水直下作此局者亦同結地有屈曲生動橫注之水雖不關穴妙在外交一水朝來分開圍住作地者雖無生入之水注穴却有生入之水注在前後左右護纏之妙又有四水流通一勺有情則爲上穴○凡結地之槩有結於二水分流之首者有結於諸水會合之中者有結於衆水合流者有兩旁結陽基中間結陰地者有兩旁結陰基中間結陽基者有陽基在前陰基在後者有陰基在前陽基在後者或陽基左陰基右或陰基左陽基右此皆從關處結陽基緊處結陰地也有衆水交會或俱作陽基俱作陰基者皆水法自然非可

強也蓋水法之妙只在毫釐毫釐有情地則成矣陽地之妙察氣運流行陰地之妙聚精靈不易故陽地有流動之權陰地有不易之規前水不宜直射後水不宜直流俱要屈曲曲折之中要合天星爲貴就前扦者穏前水之秀就後扦者喜後水之灣水常往來之地通則旺塞則衰水道兩有自然氣運亦能遷改府州縣龍上結地合水法者必世出公卿幹龍之厚也鄉落小江纏繞之內結地合水法者亦間出公卿得支龍之專也幹龍大江交會纏遶支龍小江交會關鎖論龍法者內有同幹異枝論水法者內有同灣異穴○凡日月羅星等形塞水口者必有上地北辰生氣來不虛生更兼下砂轉灣抱上手者必然結美地砂要蹈其巔水要接其口平洋大抵少峰巒最愛洪波注受或一二秀水洋潮更來受注不犯傾瀉斂邪反撞俱爲上格○凡去水之處在所必去者不可閉塞若一閉塞不但前水不來龍勢亦不貫在天地之道不降則不升不去則不來是以去水不可遏也遏則龍氣不來去水不可曠也曠則龍氣不蓄要窄小得法爲上故曰入山尋水口。

水注入作秀水而朝後水送龍直上合流此水法最上地也

陰中帶少陽

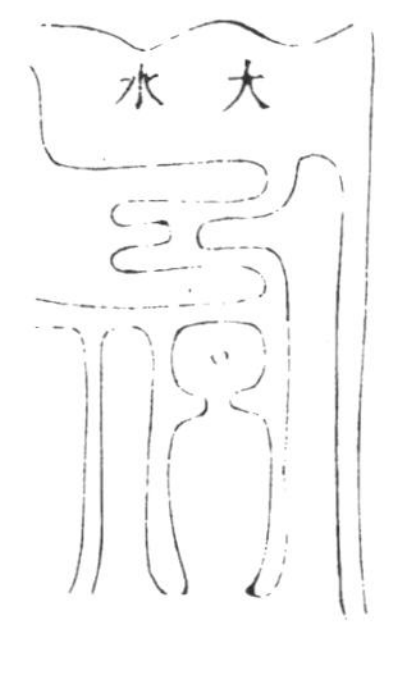

陽中帶少陰

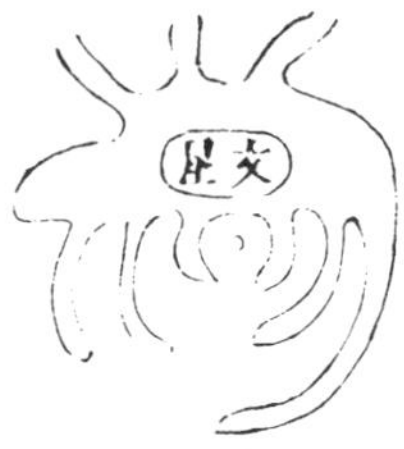

受注富貴之地

二水分流結穴之圖

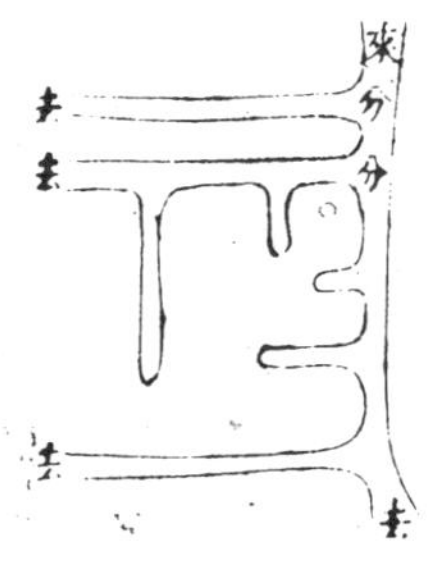

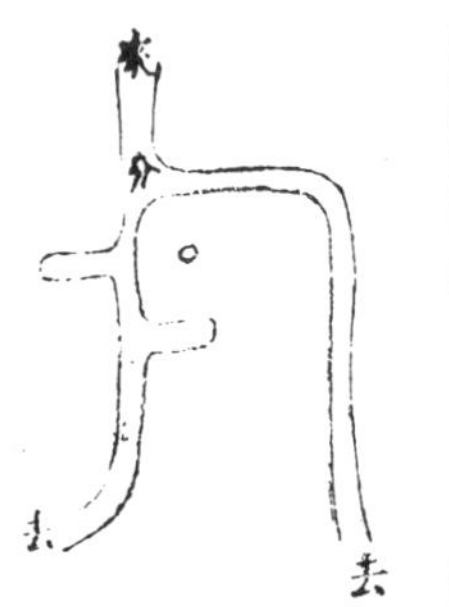

兩水會合結穴之圖

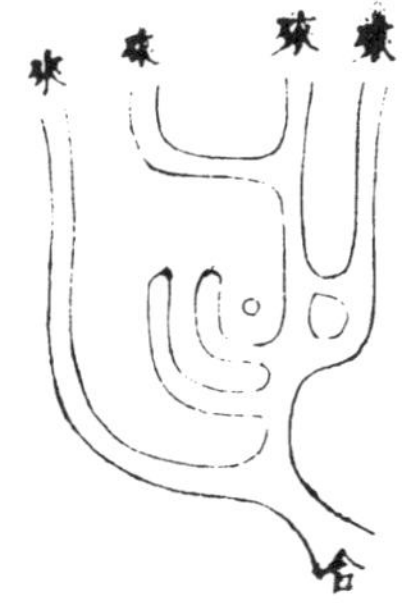

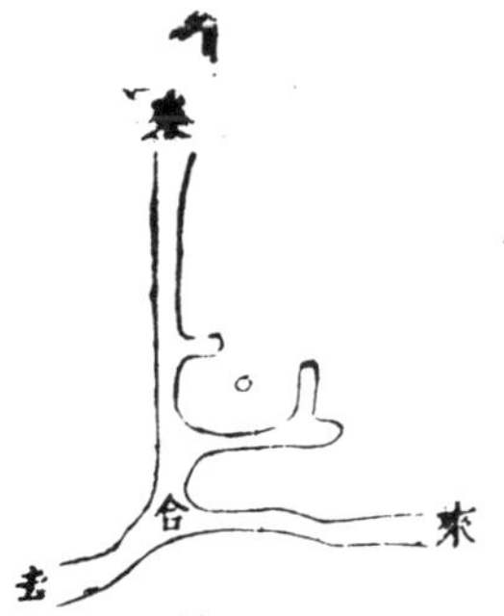

一水二水圍任鉤轉紗地

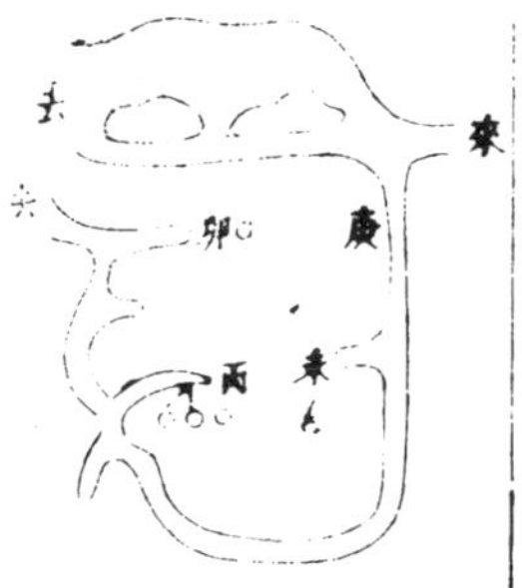

眞氣篇

地道從來始玄女。演自管郭盛曾楊。文之行世已云盡。
秘密之處勿闡揚。大抵古言不盡意。幸得先師傾其秘。
巒頭理氣剖眞詮。尺寸玄微有神異。富貴之坟砂水全。
明堂端正穴中鉗。若下差時隨変替。小戶旁扦福又消。
自是時師眼力庸。兩水便道夾眞龍。若是脉還差一線。
陰陽交戰禍來踵。陽和萬彙皆爲育。陰慘萬類皆被戮。
要知有是神火精。戮是脉寒水脫輻。世人那識神火精。
隱在氣中逐土塵。誰知眞氣生坎戶。坎中有火人誰詢。

善識火者搆其光。[illegible]四[illegible]皆有芒。太近太遠光不接。
接得無傷百物昌。接脉下手[illegible]窮知何。尺寸分明界不獏。
逐宮合得眞經緯。陽和陰背禍福舒。玄天派有十二幅。
幅有陰陽共四六。上貫乎土下貫泉。泉當盡處天根復。
土實氣盡空則動。動則氣縱龍亦遂。大現不空氣不通。
通不知窮何處弄。水到窮時太極明。太極定處五行根。
五行孳育生八卦。一卦三山始建萌。識得眞龍縱横氣。
將把羅經覆在地。八面威風盡得乘。二十八宿皆環比。
因知龍穴幾般名。穿針眼與粒粟精。梧桐楊柳多懸掛。

得訣忘詮理自真。

葬地之法，必先認天地一點真元之氣，以爲呼吸萬物之本。然真元之氣于何而察之哉？夫土者氣之母，至人即土以定形，因形以察氣，自無駁雜之弊。世之乘氣而不能精者，無他，挾夾之理不明，則土皇不清，時或不論三八，遂有彼發此絕，彼[illegible]大機深遠，洋然曠然，若能識真氣，則路路皆通，不必執贖野爲鋪氈，或梧桐葉上偏能生子，不必夾雙關爲精粹。或二氣兼有，翻爲差錯，不有至人，焉能辨大極之妙，而顛倒五行，斡旋造化，以與天地同功哉。

太極圖

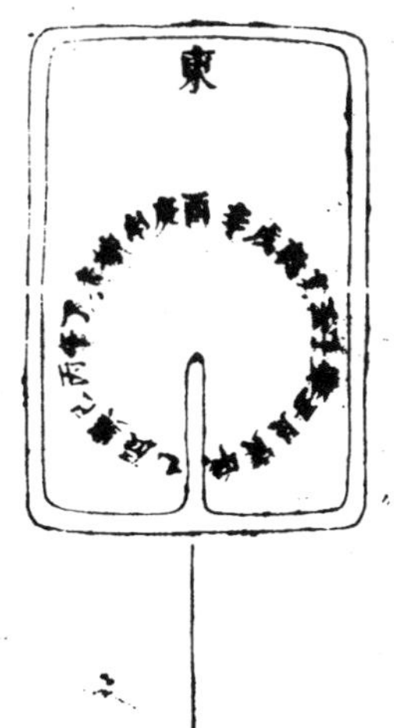

此圖，水之盡處乃五行之起處。下手工夫，全在乎此。故曰：水到窮[illegible]太極，則太極明處五行根。云云

穴情篇

三合英靈要靜專，最忌旁雜相牽纏。一字緊夾爲精粹，與水合卦福祿駢。

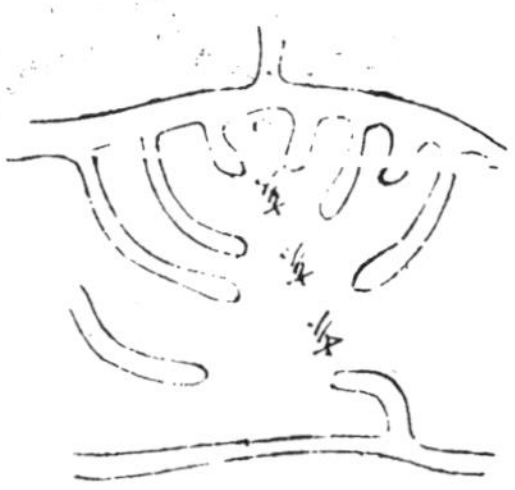

已上正局龍氣最精，並無剝雜龍行魁跌之患。

若是陰陽注兩弦，家計削時如流泉。更兼刑冲與魁破，禍咎種門寧有痊。

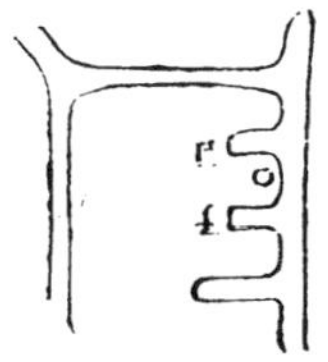

巳陰于陽
家敗人夭

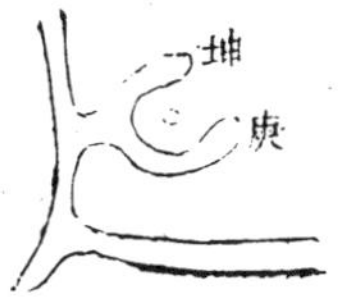

出人強暴
孤苦

艮氣尾箕往
來凶敗難言一

婦女孽孽
家事少全

寡母持家
永年長守

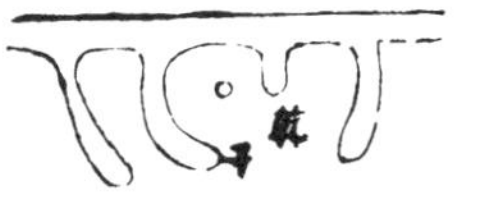

家業凋零
人口不寧

出人多難
貧苦交積

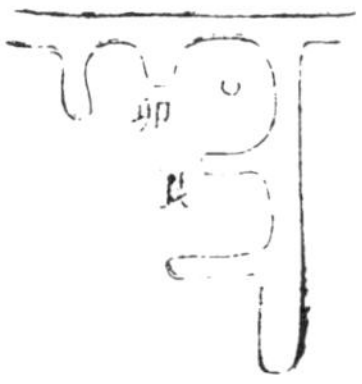

長卯木坐相
剋
秀土孤寒僧
道相兼敗爲
任事常多破
敗

三刑殺局

子刑卯

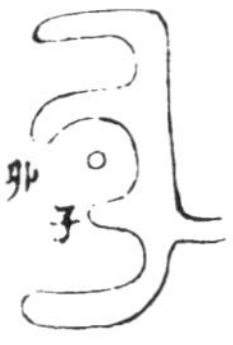

尊卑無序
門房爭奪
大小邪淫

戌刑未

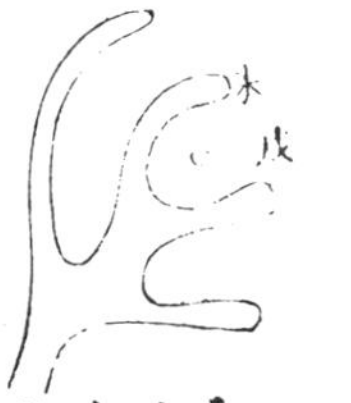

全家操戈
小婆長哥
出人狼藉
絕滅宗祖

丑刑戌

刑中有破
戰爭不和
災訟頻見
械嗣坎坷

巳刑申

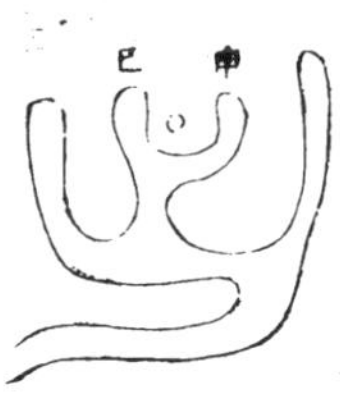

刑中有合
長幼不順
彼刑我合

六害穿心局

申刑寅

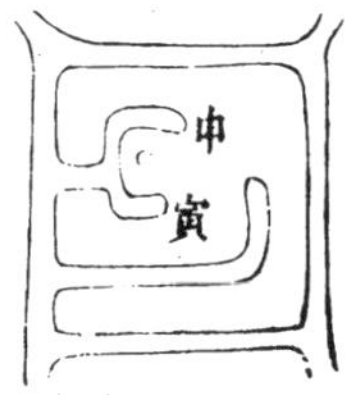

刑中有剋
骨肉相殘
破財衰病

寅刑巳又兼害

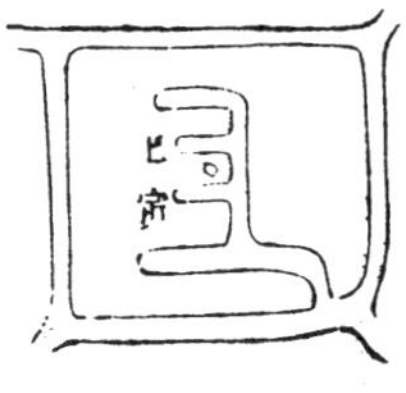

刑中有害
舉動艱難
官非災訟

子未穿

營謀阻滯
官非退失

丑午穿

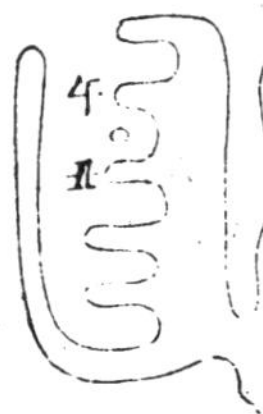

凶災訟獄
永不離身
骨肉不和
殃戚子孫

卯辰穿

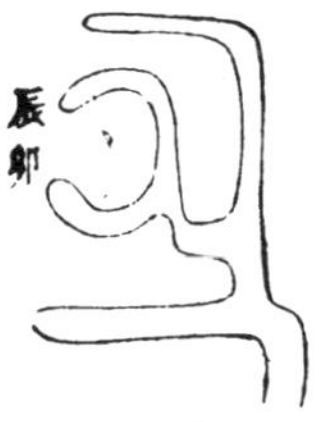

爭財艱阻
好佛生女

申亥穿

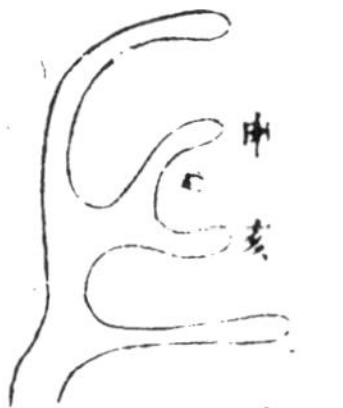

先阻後得
必無始終
乘之得法
亦可奏功

酉戌穿

陰人小口
災難常多
差錯凶龍
敗子揮金
次房不榮

天干冲局

壬丙冲

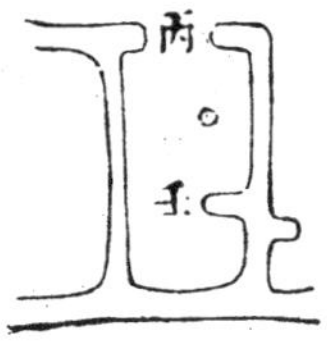

地支冲局

子午冲

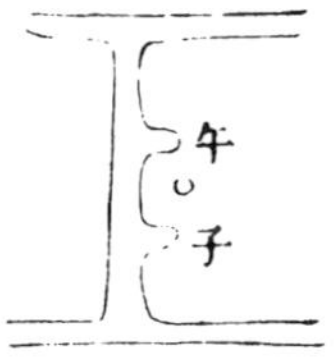

奔馳無定
作事反覆

寅申冲

人鬼同傷
男女各懷
異心

丑未冲

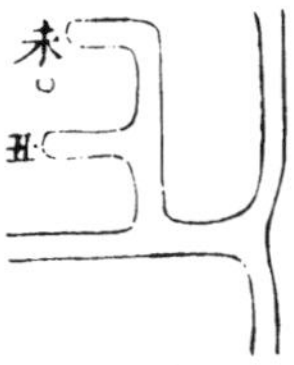

兄弟反覆
心意不同
絶滅爲殃

卯酉冲

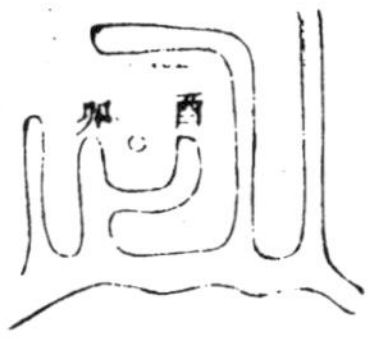

淫佚逃亡
奸人門戶
搖動爲怪

辰戌冲

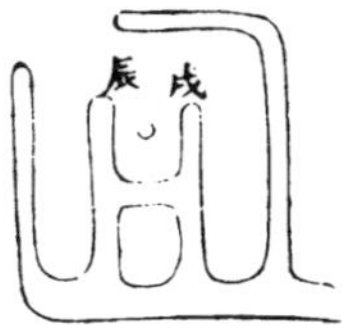

悲喜凶異
死亥慘滅
又多劣絶

巳亥冲

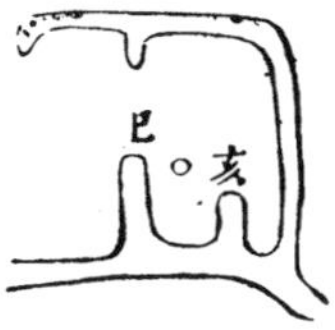

事多反覆
重來輕得

干支刑局

甲刑申

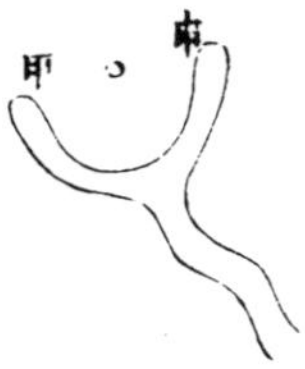

陰陽相侵
事多殘害

乙刑
酉局
非爲
自刑

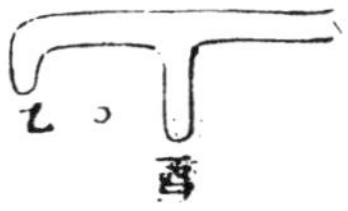

丙刑子

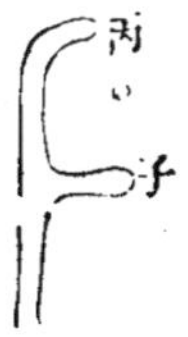

事多反覆
邪淫不定

丁刑亥

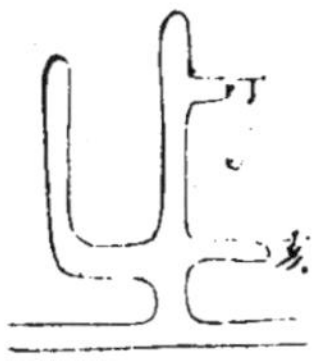

一丁一亥
刑化爲恩
富而且貴
福壽可憑

丙刑寅

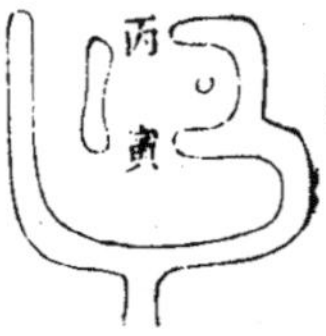

寅本賊刑
木火相生
一烝全類
可卜功名

庚刑午

好色亡家
人多夭折

辛刑巳

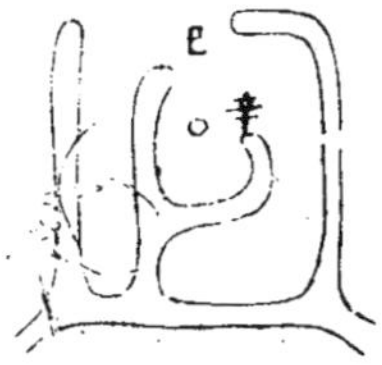

金火共爭
作事覆亂
淨陰之象
富貴不久

壬刑戌

淫訛無主
終歸敗絶

癸刑未

金水暗刑
人死無情

沖	子午	丑未	寅申	卯酉	辰戌	巳亥
害	子未	丑午	寅巳	卯辰	申亥	酉戌
破	子酉	卯午	寅亥	巳申	丑辰	戌未
刑	子卯	丑戌未	寅巳申	酉 辰	午	亥

若還雙拱氣不偏，收着即便富貴兼。如何雙拱便受益，三合子母情自戀。雖是連環兩個圈，骨肉相通造化全。不拘偏角中心受，合得神功妙奪玄。丁兼亥時一氣妍，丁兼卯時情亦聯。卯兼乾時長不利，亥兼未時幼房損。丙兼艮時秀氣旋，艮兼辛時貴亦延。辛兼寅時亦小吉。

如斯餘局類皆然。

火局

火局

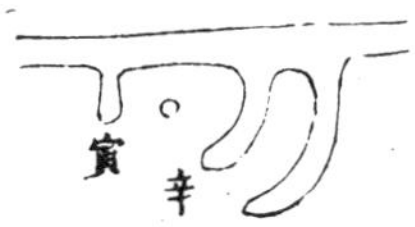

火局

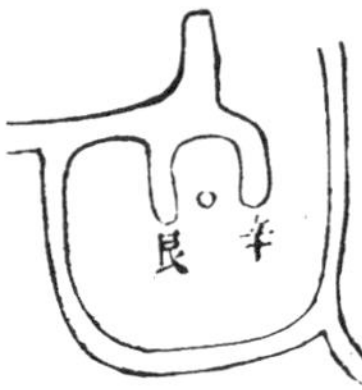

火局

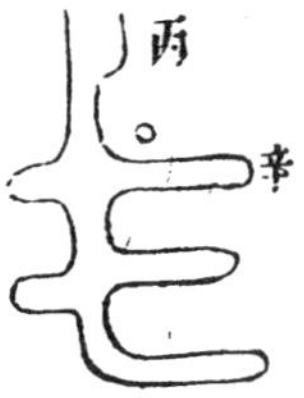

木局

木局

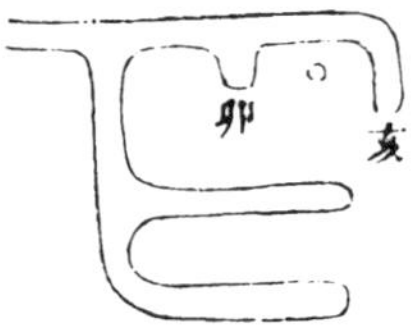

木局

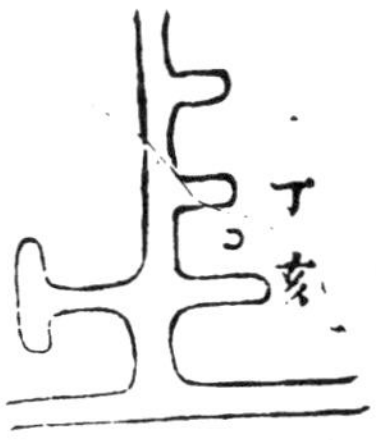

兩個太極合成一圈
亥兼丁時一氣妍

木局

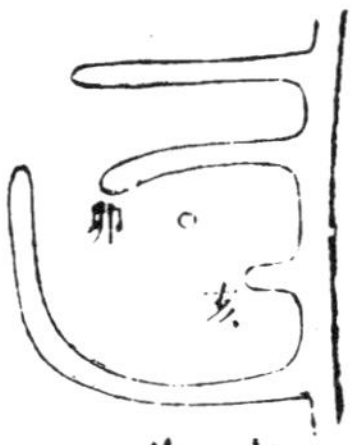

富貴兩全
作爲幹旋

木局

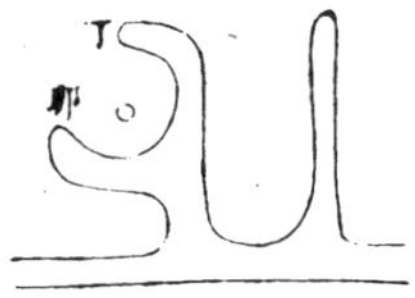

功名易就
富且長壽
丁兼卯時
情亦聯

金局

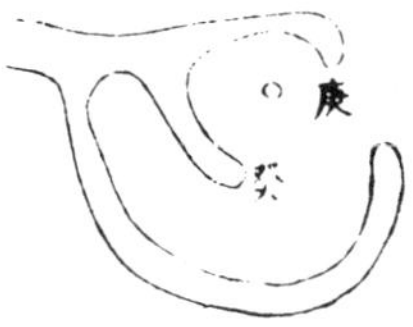

木局

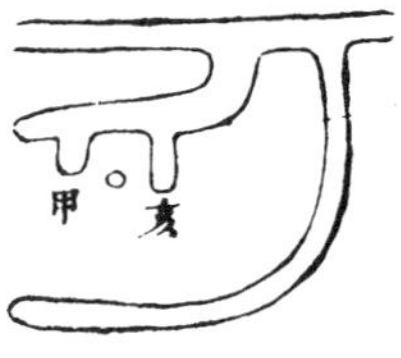

雙拱不偏
收着富貴

金局

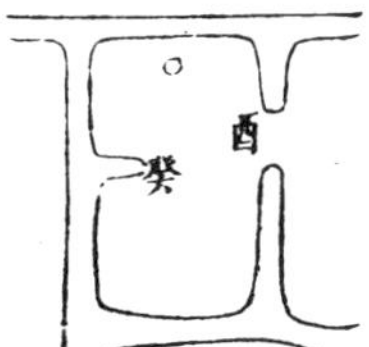

金局

水局

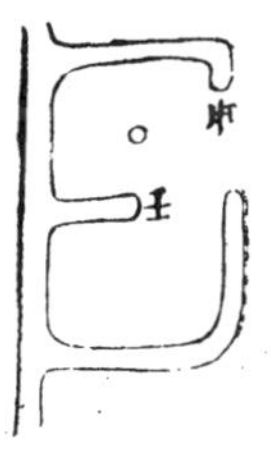

金局

水局

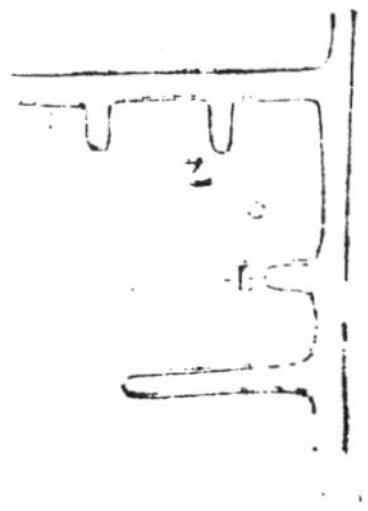

水局

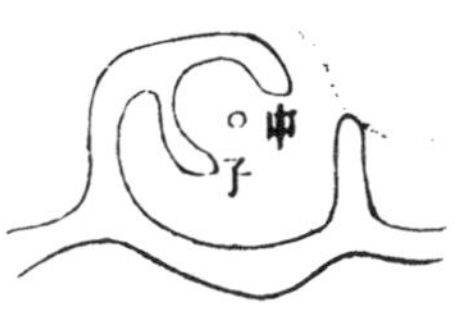

巳上皆三合之局。一氣相聯。即陽陰駁雜。亦可發福。

若更得一氣純淨。陰陽不雜。則爲上上之格矣。

土垣形闊又難合。當扶露珠垂草訣。放下一邊爲後圖。

本身要辨雌雄穴。只個雌雄認不決。放水錯亂嗣祿絕。

運氣若交棄下龍。本主叅詳爲最切。

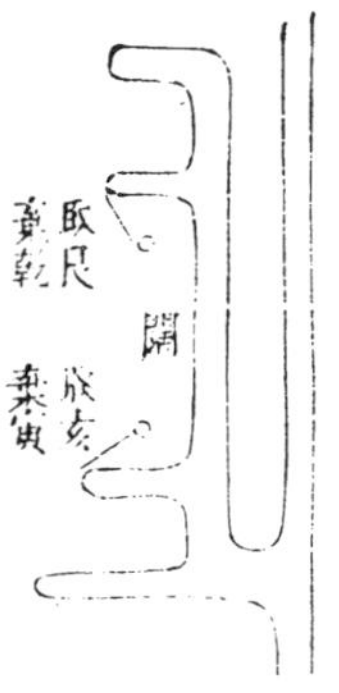

露珠垂草

收一放一

形闊之局。兩邊俱可立穴。當審其某邊得運者取之。

如上局。若下元甲子。當取艮穴也。

層層包裹雙關節。見道人人多喜悅。如何必竟不出官。

內犯陰陽岐界裂。亦有雜受小發福。先看土垣氣來逐。

若是百會受得真。傍我無權亦旋伏。

入穴之脈。正當陰陽岐界。則氣雜而不貴矣。若穴中收放得法。亦可發也。

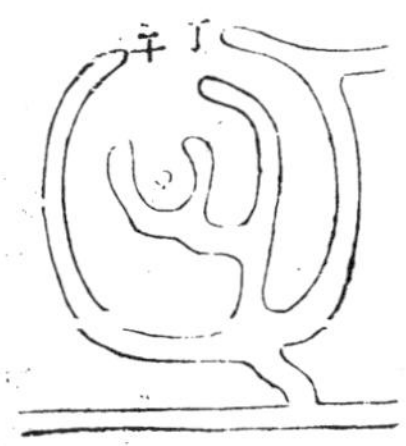

午陽丁陰

正當岐界

不能出官

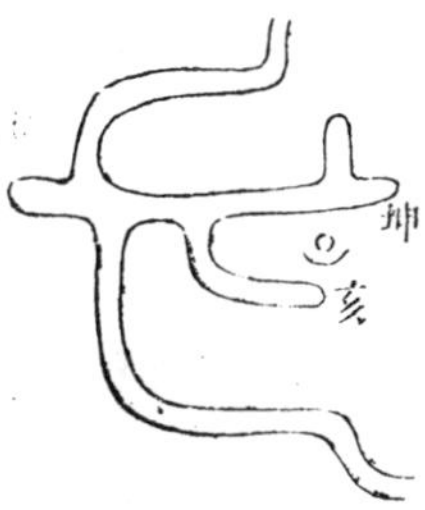

亥坤雜受

百會先到

亥氣施功

旁坤無權

亦發小福

墓氣單收最孤獨。庶子螟蛉亦難育。若兼貴宿不同論。

房分美好與貧暴。

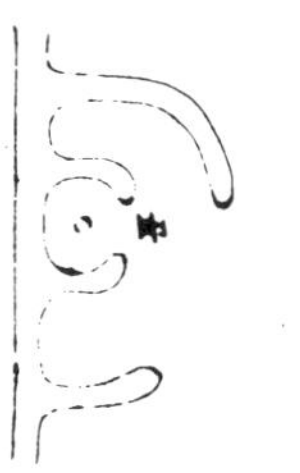

丑墓單收最孤

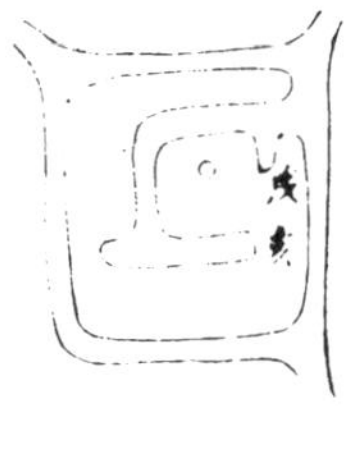

墓兼貴宿長發幼絕房分美惡

逢亥發逢戌敗主一代爲官不終

强狠暴戾殄滅宗祀

一脉清寒富貴高。那知外夾更堅牢。亦有單行無復應。

外要砂轉環波濤。

雙夾獨行極清

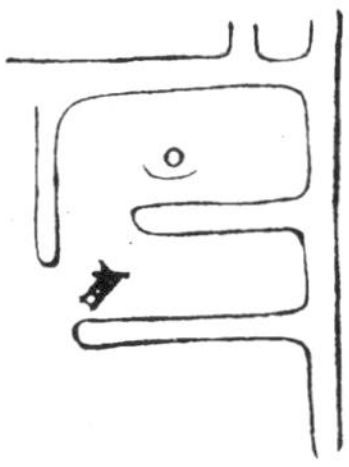

一脉清寒外夾堅牢

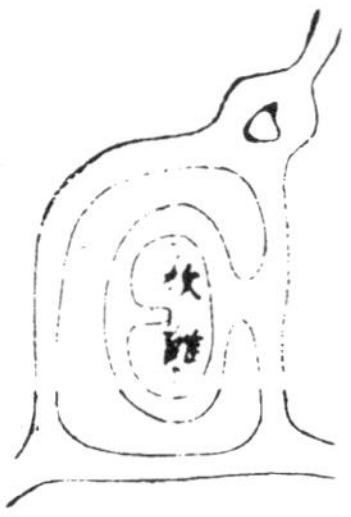

單行無應外砂環抱

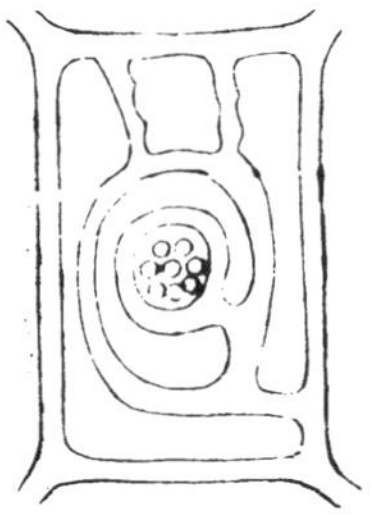

此亦單行無應之局名曰蜂房乃財丁富貴之地

穴有直來直受結。須防直來直去泄。來去之時一句間

此是龍隨水轉訣

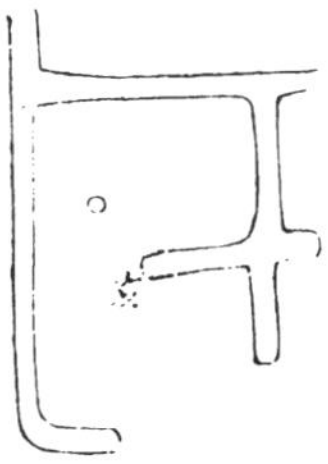

直受亥脉來直亦發

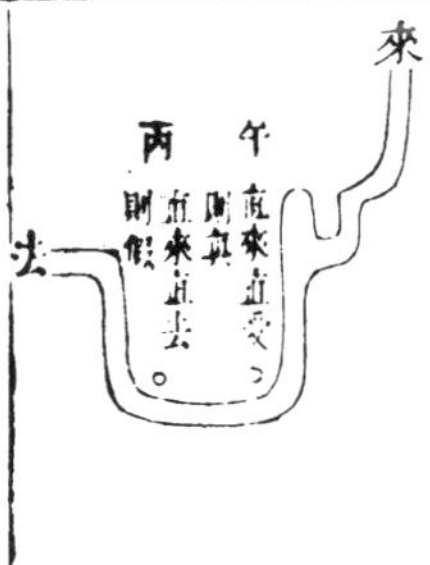

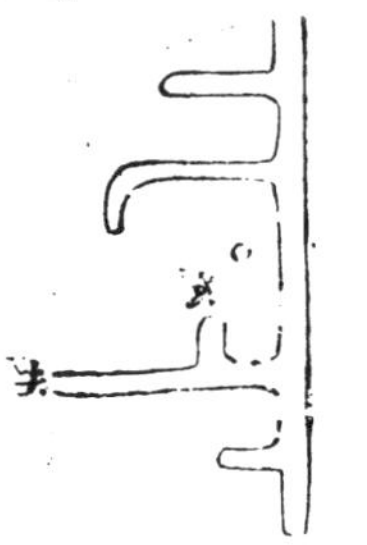

取亥入首而水却亥去是龍不隨水

木主清貴成閥閱。切忌剝龍行魁跌。亥龍若交戌土行。

便是富貴遭貶訐。

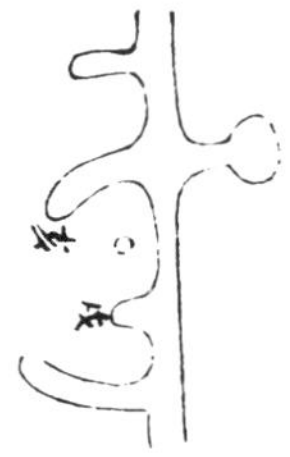

逢亥發逢戌敗主一代爲官不終。

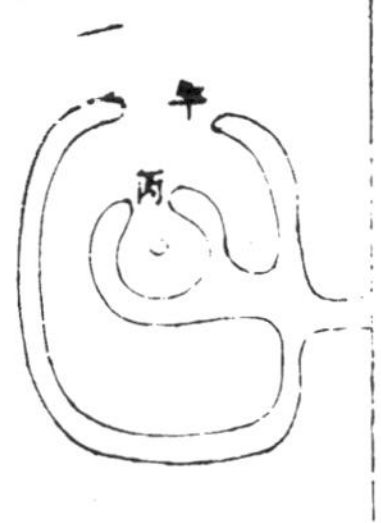

行丙發轉午收主第二代敗

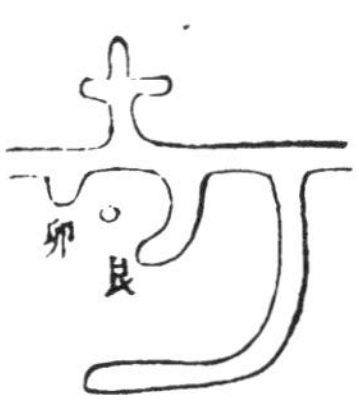

逢艮發逢卯敗一發便衰二代爲官不終。

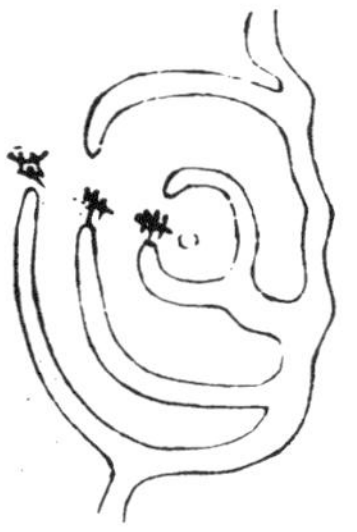

行辛發轉戌敗第三代不利

清裡清時官不甲。濁中濁時如底孫。清裡濁時何旁覷
濁裡清時人亦衰。

清裡清

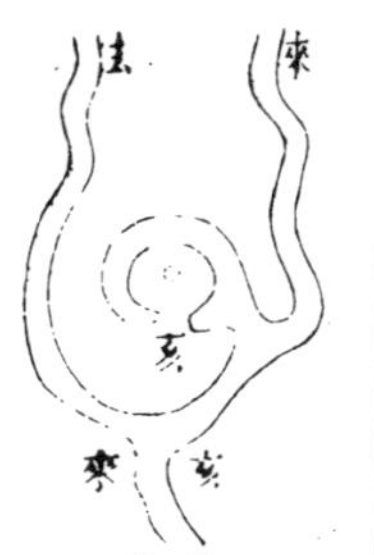

局清脈
貴

濁裡濁

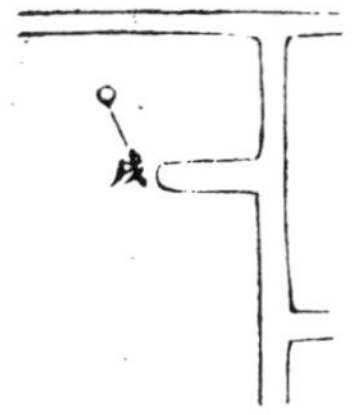

局濁脈
賤

濁中清

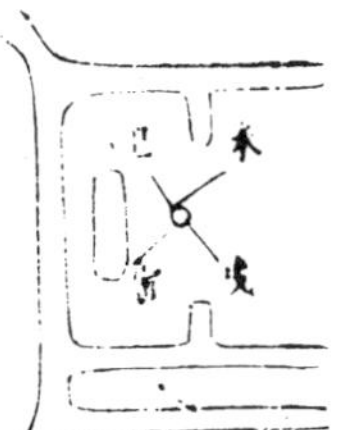

局清脈
賤

清中濁

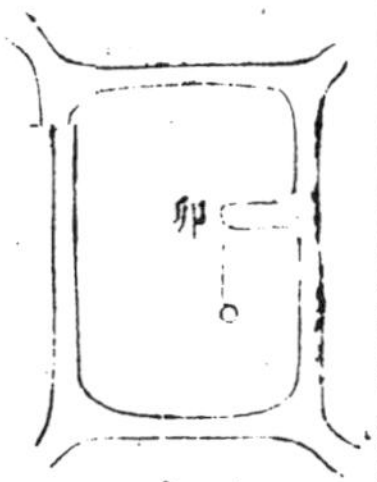

局濁脈
貴

旺見旺時着紫緋。旺見煞時受刑戚。生見生時人千口。
生見煞時丁口微。旺生見煞或解降。以煞見煞誰免凶。
更兼八曜來衝處。合家刑戮無遺時。

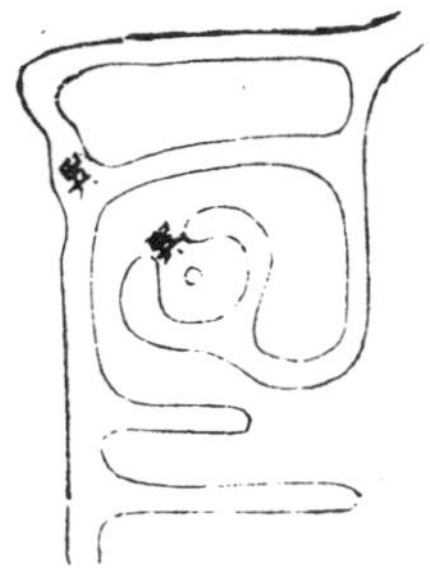

巽為生
龍見巽
水為生
見生。

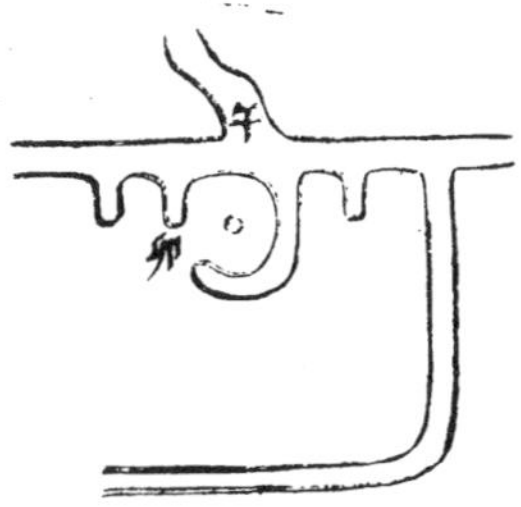

卯為旺
龍見午
陽水為
旺見煞

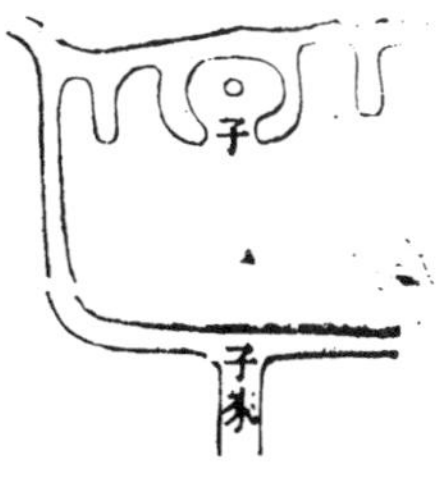

子旺龍
見子水
為旺見
旺。

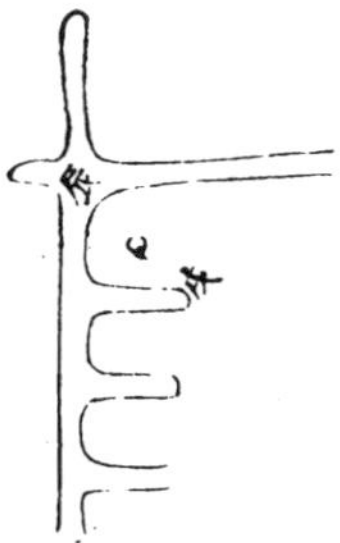

戌為煞
龍見辰
煞水為
煞見煞

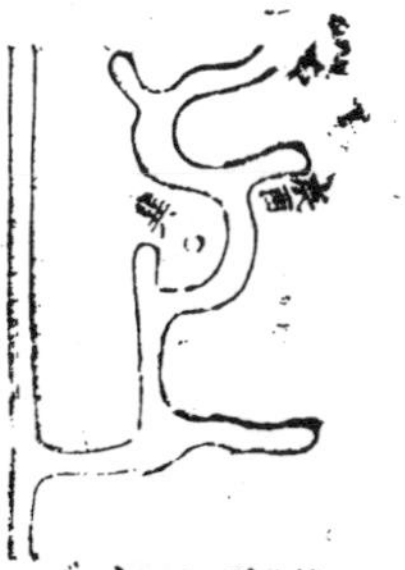

巽為生
龍見庚
酉水為
生見煞

雖有金鈎掛月形。若離太極卽非真。縱是千葉蓮花勢。
亦要五行作主賓。若是太極五行空。功曹傳送砂水推
號曰兵將離心局。縱有福來亦不淇。

千葉蓮花

金鈎掛月

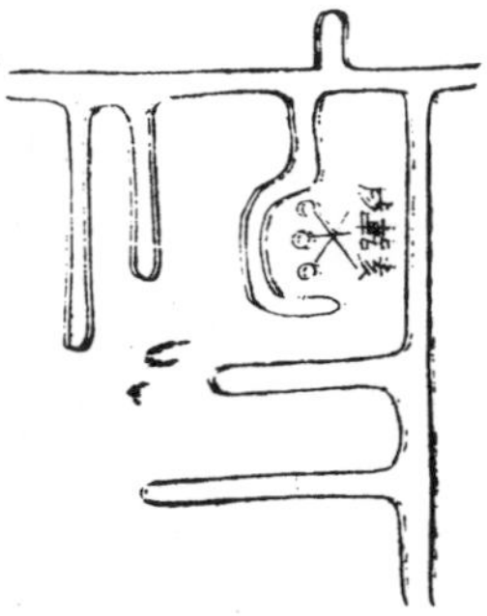

水星陽位應朝扦。土宿還從四角堅。金臭亦要從邊下。
水形須在動處旋。

木局

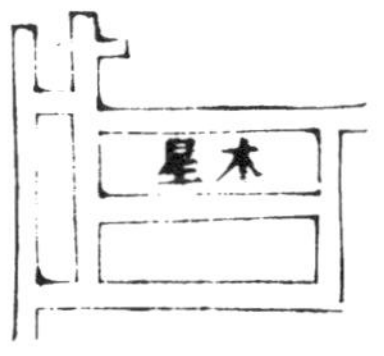

木星只喜節上東南二陽面

木局

木局

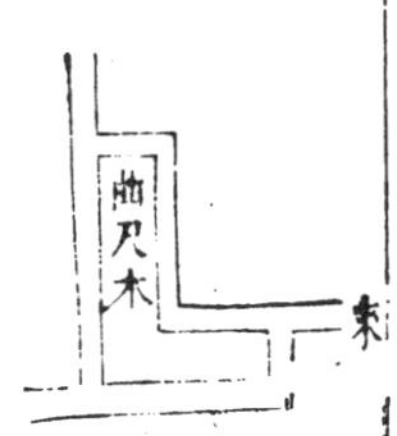

曲尺木星宜點其節

火局

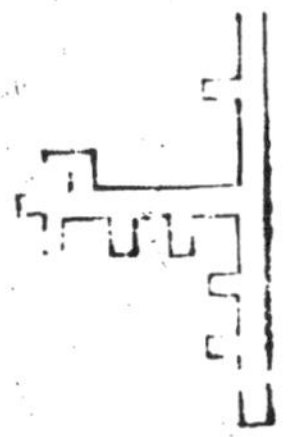

水形

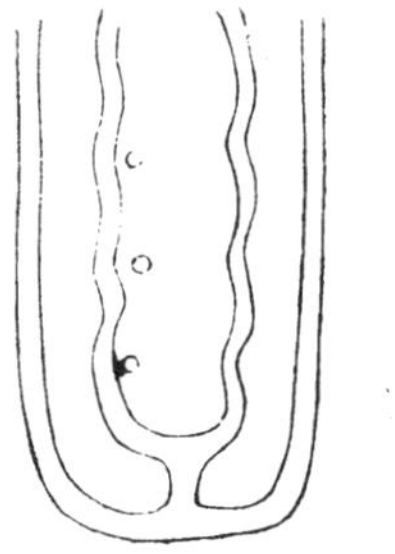

水形無水朝只從動處下

土形

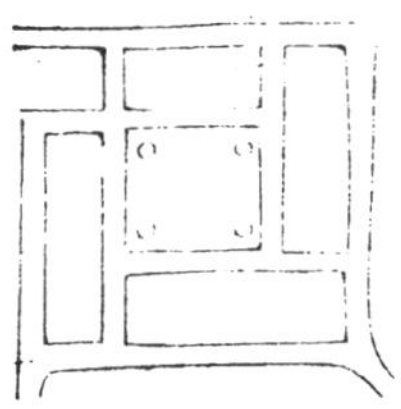

四角總水左向亦可掛卸字穴

金形

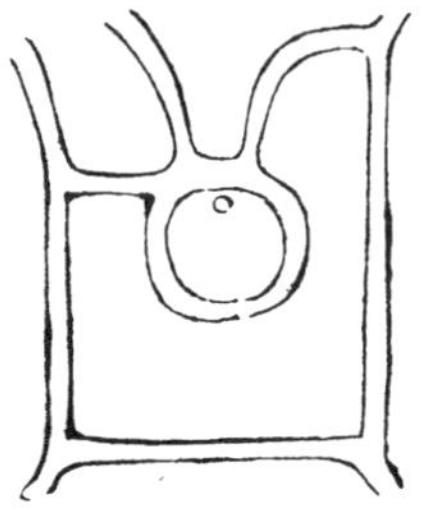

金臭從邊

息其穴情有正穿。斜穿单穿及雙穿。花心止息有閃受。
逆掛順掛外應聯，桐子從局多形象。只在明人眼界間。

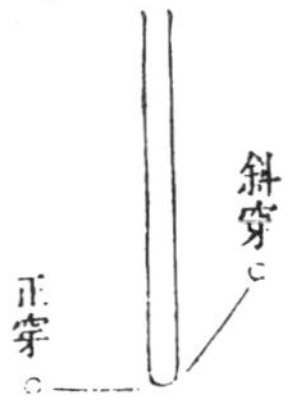

雙穿

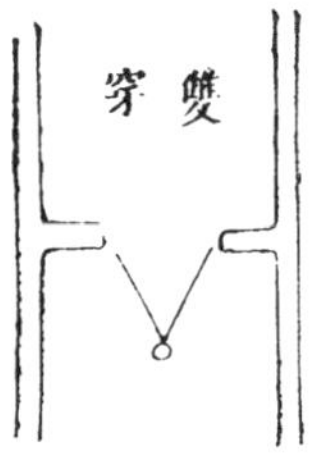

花心

止息

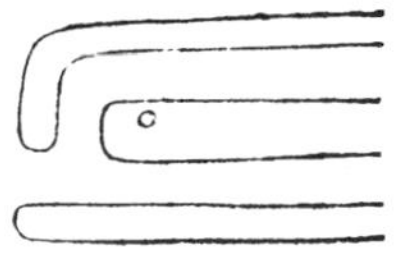

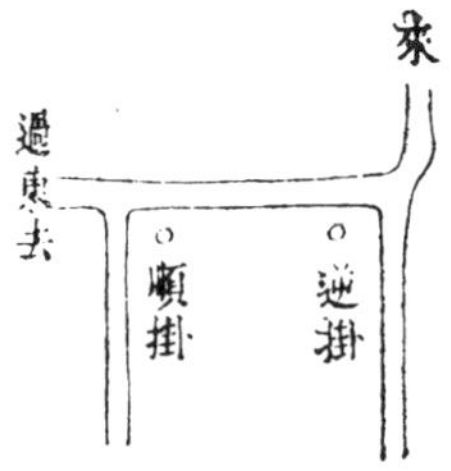

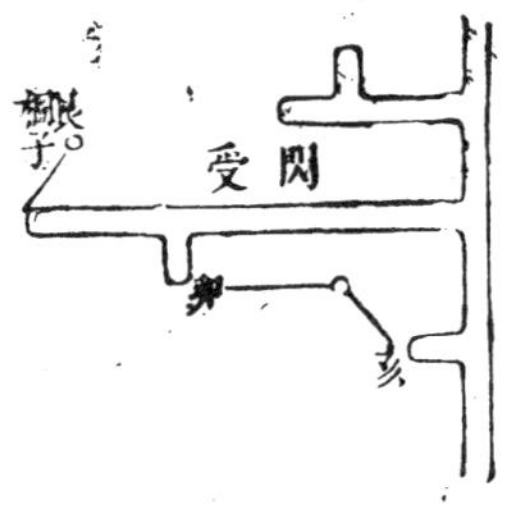

如後乘亥，前乘卯，稍失落北，則乘辰矣，故極貼水閃出辰氣。

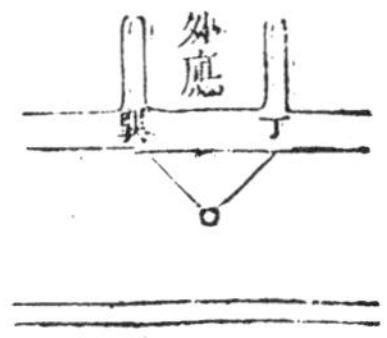

內水直通外水應秀

許砂篇

砂者所以護龍而庇穴者也。龍爲君主，砂爲臣奴，無奴莫開主，無君莫問臣。古之格言也。然識近砂易，識遠砂難。遠則大，大則暗；知遠砂則知大地，而暗福悉爲招揖。然後于大中觀小，小中察脈，真脈既握，然後遠近大小之砂，皆爲吾手足，可得而使也。山地之體，必重九星而取形；平洋之體，則重九星而取位。其形體雖殊，總以有情相向方爲有益。或衆水朝來湍急，一砂環抱以蔽其衝；或衆水奔流直去，一砂逆闌以回其勢；天門浩蕩而

局入，或生數砂分裂其勢，俱作秀水朝入。澄注穴前，地戶汪洋而直去，或作數砂曲折其情，挾入祿馬御街，悠揚而去，此大地之格。至于四獸降伏，角砂貼身，有力應樂，輔弼有情，天關開，地軸閉，羅星塞，此中地之格。至有兩砂夾拱，龍脈合經，水神得托，亦次地之格，故云真龍燦，左右砂環絆，條條盡伏，將軍與拜案，層巒叠形，緊鎖城門，流曲瀾盡之矣。倘有粗蠻臃腫，破碎斜飛，脚竄硬直，反背，此砂之凶惡也。或龍行而不轉，或穴立而孤獨，此砂之離心也。如龍真穴正，美砂輻輳，自有妙應。

九星篇　向水

後龍玄武義何名，在天成象下成形，斗星分掌山河位，離宮打劫合三停，八宮會得世無鄰，玲瓏妙法竅幽闈。

此言卦例九星也。法以大定卦五變對宮起貪狼，捷法位位起廉貞。如穴係坎局，即從坎上起廉貞，則坤爲武曲，震爲破軍，兌爲左輔，乾爲貪狼，離爲巨門，艮爲祿存，巽爲文曲也。以得貪巨武三吉水朝來爲吉。如坎局得乾甲來爲貪狼朝入，詳載後八山剪水經內。

五行來山尋正骨，方顯陰陽別有津。甲庚丙壬四陽干，值得星從左順輪；乙辛丁癸四陰氣，逆轉星辰向右尋。逆順大墓起破軍，貪巨武輔爲最珍，挨得貴星加本位，破祿文廉不作嗔。水上若行吉星陳，子孫榮貴福如春，再得凶星居水口，不日當朝車馬鱗。

此言雙山龍法九星也。凡左旋龍屬陽，爲甲丙庚壬之氣；右旋屬陰，爲乙辛丁癸之氣。如左旋乾甲丁亥卯未六龍入首，爲甲木龍也。甲木墓未，從未坤上起破軍，則申庚酉辛爲祿存，戌乾亥壬爲貪狼，子癸丑

艮爲文曲，寅甲卯爲武曲，乙爲右弼，辰爲巨門，巽爲左輔，巳丙午丁爲廉貞。水宜從貪武方來，破祿方去。餘局倣此。

欲得星加福力盈，先要識星分重輕，陽干之龍隨陽重，陰干之穴陽配令。

此又明龍家九星之妙義也。龍家同陽順陰逆，分九星矣。然陽龍則以陽爲主，不必問陰，若陰龍則不得自爲主，又要從陽也。如左旋甲卯龍爲陽，甲龍則生亥，旺卯，墓未，以此生旺墓爲斷。右旋甲卯龍爲陰，乙龍乙與丙合，當從丙火論，以寅爲生，午爲旺，戌爲墓，取寅午戌爲斷也。乙從丙，辛從壬，丁從庚，癸從甲。故曰陽主土龍以水爲從，陰主水，將土爲兵鋒，陽龍以土爲主者，凡土左旋則水必右轉；陰龍以水爲主者，凡土右旋則水必左轉。左爲陽，陽爲君主，右爲陰，陰爲臣僕，故右旋之水從左旋土之生旺，右旋之土從左旋水之生旺，猶臣僕之從君主也。

更兼向家用得精，貴榮閭里足金銀，但把諸星順逆轉，畢世豈能超衆倫。

此言向家三匝九星也。三匝訣曰：乾甲離壬寅戌山，艮丙辛上起貪狼；坤乙坎癸申辰山，坤壬乙上起貪狼；艮丙震庚亥未山，巽庚丁上起貪狼；巽辛兌丁巳丑山，乾甲丁上起貪狼。以坐山換出向上，得何星爲管向星。如壬山丙向，壬山起艮丙辛，則丙向得貪狼，爲貪狼管向也。向星既定，凡遇吉星則喜面前水朝水聚，若遇凶星則不宜水朝水聚也。又以管向星分水之宜左倒右倒，如巨門管向，水宜倒右；武曲管向，水宜倒左也。又穴之四關二十四位，凡吉星之位，高起則吉；凶星之位，高起則凶也。

附三匝貪狼捷法

子午寅申與戌辰，向名武曲旺人丁；亥卯未與巳酉丑，六向原來是巨門；貪狼二向丙乾位，辛癸艮甲是廉貞；乙向單單祿存守，庚巽丁坤壬破軍。貪巨祿星宜倒右，武破廉貞倒左行，朝來只許貪巨武，凶星去水始無嗔。

一切九星總斷

貪與長子巨與中，武曲原來㓜子豐，祿敗中房文敗少，破廉長子受貧窮。

收山出煞有何功。破祿廉文要坐空。貪巨武輔收入穴。何愁大地不相逢。

九升氏曰。此書形勢真氣穴情評砂四篇俱純粹無疵。大有得乎洋神境處非淺學所能窺也。獨論向水九星一篇則不免庸淺矣。如斗星分掌山河位離宮打刼合三停二句是引用天玉文意。天玉原文是北斗七星去打刼。坎離要相合北斗子也。大刼午也。言南北八位爲一卦也。天玉是言三卦二爻母並不論九星。引之言九星甚無意義。而合三停三字突然相聯甚無文理。其意不過險其語句以駭庸俗耳。至于三種九星余固詳註之矣。然言龍局不言淨陰淨陽而言八山九星。言向水不言青囊生旺而言三匝貪狼俱非大方家口角。况三匝貪狼用之立向消水。內有數向與青囊水法相合可用。有數向與水法大背誤用之即殺人。此篇向水止歸之三匝貪狼。其禍人不淺。不容不急辨也。蓋消納當遵青囊天玉玉尺諸經。方爲大家正法。其諸小家法門皆不可用。

卷五終

平陽全書卷之六

古婺葉　泰九升父輯
海昌張　昇方起父叅
史在瑋幼宏父訂
王懋𤸷在衡父較

歸厚錄

氣化篇一

一元氤氳。生天成地。化育萬物。惟人爲貴。天降陽精。地載陰魄。陽精爲氣。陰魄是骨。兩儀備經。五行全質。乃具三才。乾坤始立。天有混刼。人有死年。升陽還虛。留陰反宗。是曰歸藏。葬禮具焉。金玉非寶。石槨非堅。苟求厚葬。擇地爲先。既得吉兆。裸葬何嫌。地之真氣。與天元符。與魂魄合。反精導和。二曜周環。五行相摩。朽骸復生。美色燦華。靈元休暢。翔步玄都。九九無傷。飛昇太虛。子孫精魄。祖父育養。如彼草木。布種在秧。根荄膏澤。枝葉晃朗。其本或撥。枯落夭枉。吾視凶葬。槨棺覆崩。螻蟻所食。寒泉所嚙。狐狸蛇蝎。窟穴是憑。骨化怪異。真靈不寧。子孫滅絶。宗祀用傾。此理不誣。聖賢所教。盡性窮神。造端地竅世有豎儒。高視遠路。不相厥宜。棄親于道。且云禍福。上士所笑。詛意覆宗。翻成不孝。亦有狂且。狎天貪昵。不德不臧。修求地寶。殫資傾謀。終無明效。惟彼哲士。體道通原。地名法象。必曰先天。先天已立。法象自全。心爲大地。詔我後賢。

此章言死者受氣。則生者昌榮。此本根枝葉。一氣相通。不易之至理。上之爲聖爲賢。下而祿位名壽。無一非地之所司。雖古之大儒。惟以安親爲本。原非邀福私心。特先靈之安與不安。無從可驗。故卽子孫之隆

替。卜祖宗之安危。苟不得吉壤。或致翻棺覆槨。螻蟻寒泉。卒有覆宗乏祀之禍。豈非不孝之大者乎。然大德受大地。小德受小地。苟能修德。自得吉壤。此又立乎陰陽五行之先者也。

分用篇二

稽古鴻濛。未分天地。水火二氣。升降虛玄。坎離一交。乃搆坤乾。陰闔陽闢。剛柔相盪。或凝爲山。或流爲川。地血爲水。地骨爲石。葬山依骨。葬地依血。山若離骨。水梟砂礫。地若離血。瀉鹵磽确。山亦多石。地亦多水。多石之處葬皆不美。多水之處。吉凶難理。石多則亂。水多則渙。石亂難降。水渙皆叛。亂石勿葬。渙水勿按。可葬之亂。亂而不竄。可按之渙。渙而不散。不竄不散。大聚之驗。骨體堅定。水脈流行。堅不可傷。流不可凝。疏淪宣導。與維合成。言龍言脈。皆是强名。至人察之。燦照孔明。

此章言水火二氣。爲眞陰眞陽。升降虛無之表。隨元氣而上下。此氣摩盪不已。其輕清者爲天。重濁者爲地。地之剛者爲山。柔者爲川。石乃地之骨。水乃地之血。葬高山則石是生氣。葬平洋則水是生氣。故乘得

生氣者吉。失生氣者凶也。今人但知葬乘龍脈。不知高山石龍。則有脈可循。平洋一片。有何脈息。只以水之流動處。卽是眞龍。故曰。山群以山爲龍。水群以水爲龍。蓋山脈堅剛。一定不移。葬法絲毫不可虧損。水則動而不靜。原無定質。可變吉爲凶。亦可變凶爲吉。大局既定。不妨小小改作。以就內局所宜。當填則填。當濬則濬。所謂裁成輔相之妙用也。且水既以動爲用。理當導之使行。所以去水之地。愈去愈清。愈清愈靈。庸術不知。以蓄水爲得蔭。乃從下流禁遏尾閭。不

遶血脈不貫便成死龍矣夫天一生水是坎中一點眞陽化生萬物是故木非水不滋金非水不清土非水不潤火非水不濟五行以水爲本此卽先天之妙萬化不窮者也平地合水而言龍脈拘泥來崗關峽而反失眞元之氣矣是非至人孰能究其精奧哉

幹枝篇三

水既成龍還分幹枝大江千里起祖之基百里十里宗派流澌一里半里小枝之餘氣接大幹建國封圻氣接小幹公卿累若氣接大枝甲第逢時氣接小枝富庶可

期屈曲生龍鍾靈孕奇勁直死龍去如土灰漭漭癡龍縱福亦愚條條現龍電奔雲飛单龍生羽自交自孳雙龍並駕桀得雄雌一龍衆子並蒂兩岐胞胎之厚元精未虧愼勿貪幹幹老則危幹復生枝其幹乃滋愼勿棄枝愈細愈宜一枝獨榮衆枝皆輝衆枝同榮遠幹悉隨幹之動處始有枝萠枝之合處幹氣不離來者爲公去者爲私公是過客私是主持衆水雖聚一水發機發機之所與衆不齊名曰化炁噓吸歸臍微茫渺忽太極所胚此是玄竅妙入希夷希夷有朕非神莫窺

此承上章言既以水爲龍則水龍便分枝幹而福力分焉然必屈曲活動而後謂之龍不然雖有水而盡屬死氣枝幹皆不可扦若半死半生則棄死就生亦可發達亦有大湖大蕩略有兜收可扦謂之癡龍但發財丁而少俊傑條條之水有首有尾關攔緊密望之可見名爲現龍過時升騰可以變化单行之水雖少輔佐止須本身旋遶或別生枝節便是羽翼其氣自能交媾雖单不獨雙龍雌雄交配久而不替更不待言亦有一條单水其間兜收不一行如瓜藤止如

節包一地之上或二穴三穴不可限數此是胎氣深厚故養育衆多只皆各自成局全扦並發人但知幹龍之貴不知幹老反不生育須幹上又能生枝然後幹氣始藉枝融液反能接幹之氣不使走作小枝與幹不隣疑其氣薄力弱不知脫卸深藏愈細愈妙但此三三兩兩六六五五等質齊量不相統拜又不能成地必有一水獨結而後衆水皆爲其用若使衆枝翼衛一枝必是極大結局併遠來幹水亦皆環遶迎朝全力凝注在此斯上等之龍矣來者指通行之水

而言。雖大聚亦是衆人共得之水。故曰公。公者。但可借爲外秀。故曰客。去者。指浜底流出之水。雖一滴亦是本身元神精華妙液。緊貼我身。故曰私。私則托命于此。將此眞氣以控制八方砂水。故曰主。持山此言之。則衆水雖有大局。非此一水。結局全無靈應。然則發衆水之機者。此一水也。若此水。而亦與衆水全其形勢。又安知其孰爲主。孰爲客哉。必也。衆大特小。衆小特大。衆長特短。衆短特長。衆直特曲。衆曲特直。衆斜特正。衆死特活。而後生氣獨聚于此。此爲眞龍。而

餘者皆其輔佐矣。但此水之妙。在微茫渺忽之間。即造化之太極。人身之主竅。變變化化。皆從此出。故曰化氣。世目遇之。迷離恍忽。無可致辨。而又確乎有可見之形。可據之理。非幻渺之談。學者神而明之可也。

棄死就生圖例三

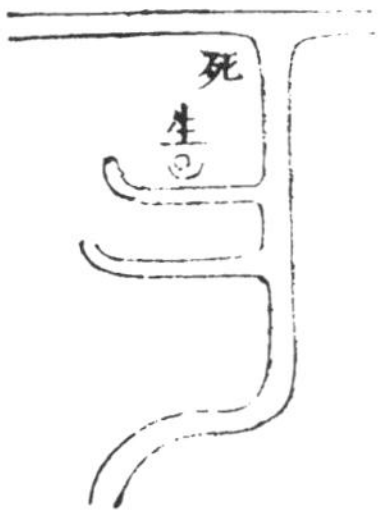

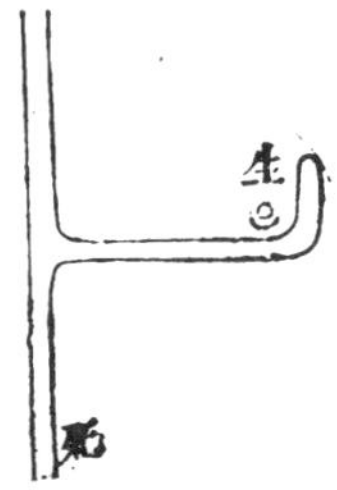

單龍生氣圖例二

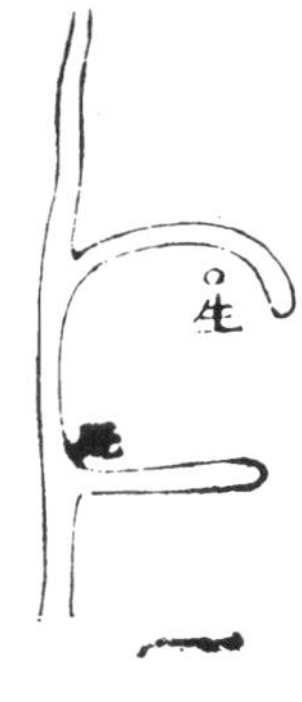

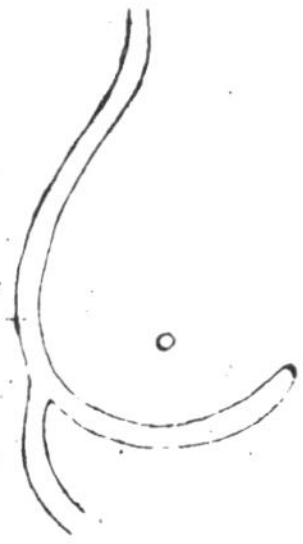

單龍轉身圖例

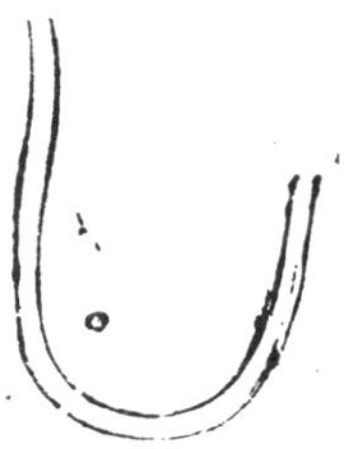

雙龍圖例六

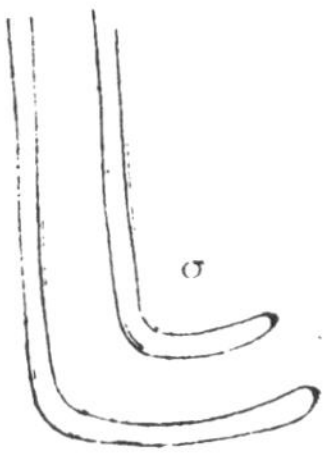

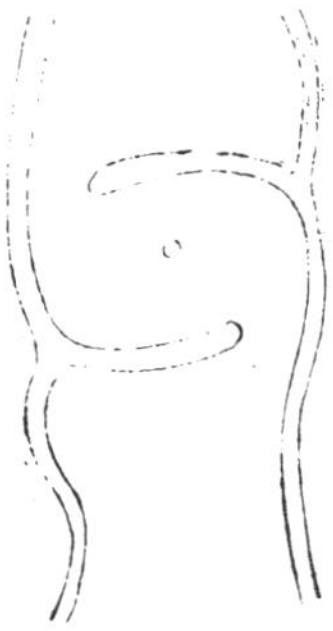

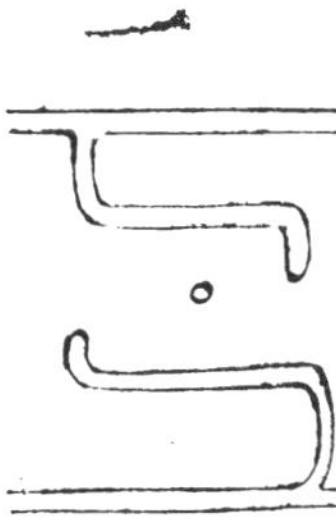

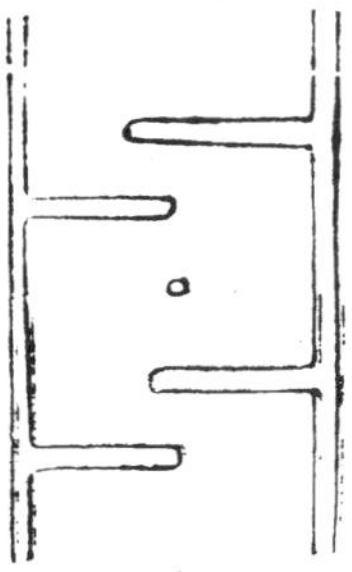

地理大成

平陽全書　卷六

八

瓜籐圖例二

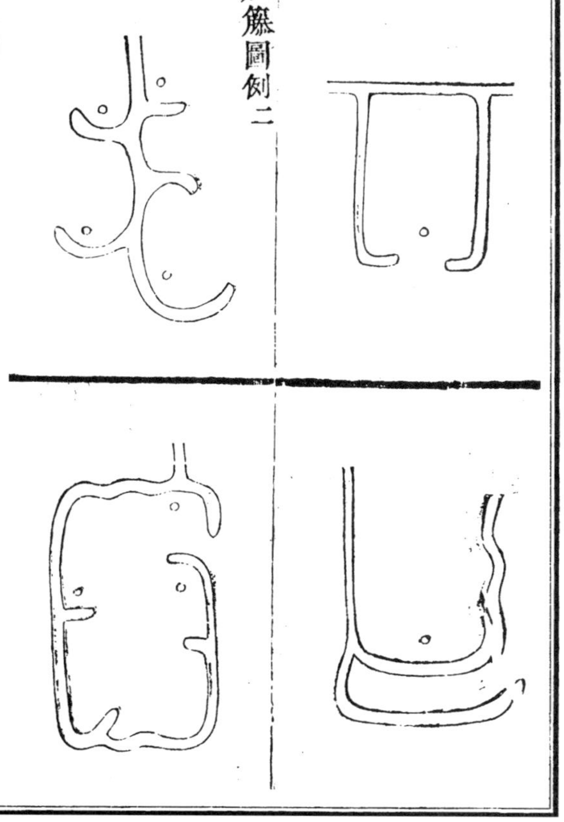

節包圖例二

𤺋中藏秀圖例四

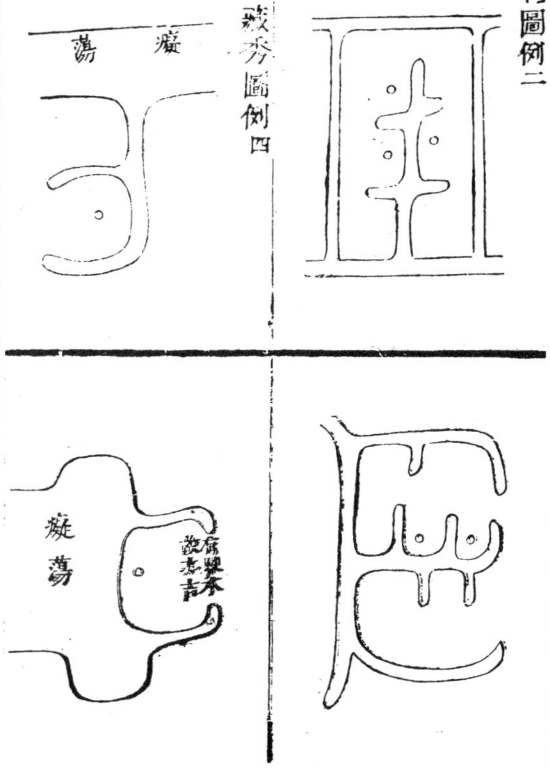

地理大成

平陽全書　卷六

九

嫩幹生枝圖例二

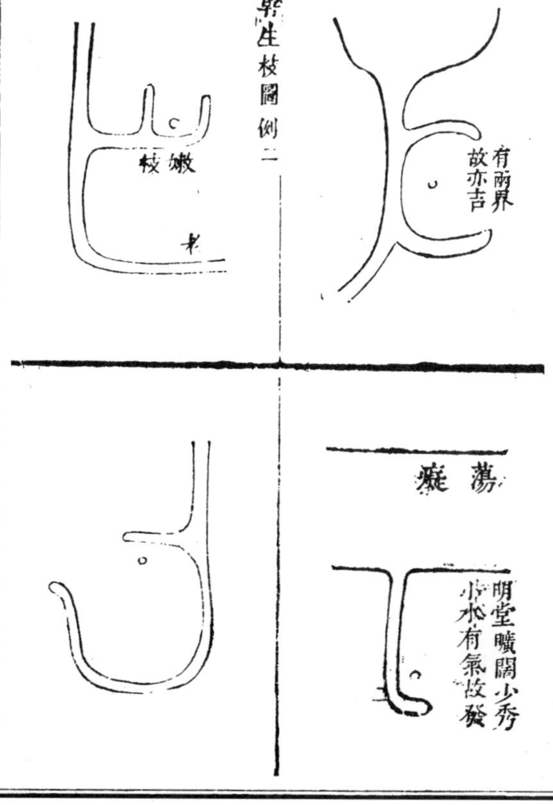

衆支特結圖例二

出水土穴圖例三

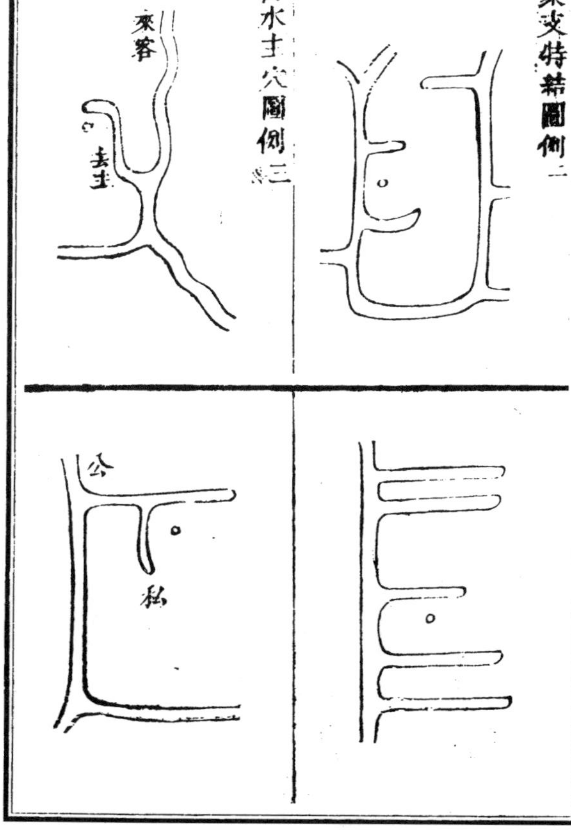

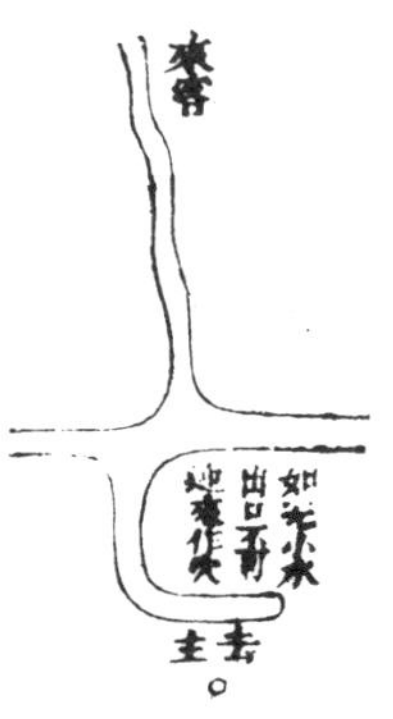

衆支翼衛圖例

辨象篇四

天有列星，地有群生。群生之體，因宿象形。無精不曜，無貌不呈。山星易曉，水星難明。吾爲指出，覺爾迷情。圓者金形，直者木體，銳者象火，波者象水，方正端平，中央之位。五行之中，各有趨避，或獨或兼，變化無紀。不惟五曜，亦有星垣，五曜散陳，得一則尊。星垣合義，倚蓋拱門，三垣帝座，二十八躔。躔中一司，坐司一官。有類之者，秉憲執權。隨星所執，以效靈源。星垣下降，化而爲物，爲龍爲麟，爲龜爲鱉，或似鳥翔，或似獸立，或象制器，或象寶玦。

萬類千章，不可名說。女貴男榮，文僚武列，各藴祯符，讚之弗失。垣主外勢，星主內氣。垣不得氣，垣爲虛器；星不得垣，星能自制。若借外垣，威神不世。詰予淵微，當籌本計。識星爲先，覓貪垣勢。

此章言山形有天星，水形亦有天星。但人知山星，不知水星，且有專以地形名星，所謂賊側星辰，陡起看者，亦全未盡，故指水星以覺群迷。五行各有本形，穴中惟取金土乃爲正結，木須剪裁，水星須突，外變出爲佳，火星忌用，但可外砂。五星亦有兼體，隨形變化。

天象五行爲緯，二十八宿爲經，而三垣者，又其主宰也。然垣宿亦不離五行，水兼數星之體，即成一垣宿之局。蓋借外水盖照拱抱，即是垣局。然垣中列宿，或得其中一星貴秀，已出群表。其星所應，即以天星所主驗之。既上應星垣，即下應萬物，動植鳥獸，制器寶玉，皆備。則官之崇卑，職之文武，惟義所應，略備玉髓真經，與山全斷。總之外有垣局，不可無內星以立穴。既有穴星，即不合垣局，而元氣周固，大發何疑？故須近察本星，不可遠貪垣局。與前章枝幹論相發明。

審運篇五

日有中昃，月有盈虧。地有衰旺，家有廢興。天道之常，物無遁情。朝而偶食，暮而偶烹，逆逢忽敗。知者先明，朝哭于巷，夕歌于庭。運逢驟進，愚者莫驚。其運維何，九宮之次。上元一統，黑碧佐治；中元四統，五六偶峙；下元七統，八九迭制。元中正運，元外餘氣，餘氣既竭，王公輿隸。地力敦龐，星曜全强，康衢奮步，險道可航。地力偏薄，星力踦駁，福來不全，禍來絶索。一衰一旺，休咎相代；兩衰一旺，旺不能載；兩旺一衰，衰亦何害。下士失時，河清難待，

上士乘時，援師救敗。移易陰陽，更張莫懈。更察星方，以防其潰。

此章言天道無百全之數，故有陽九百六之災，雖至美之地，不能有旺無衰，禍福倚伏，有不得而逃者。人但見其止此一墳，止此一宅，而前後之不相蒙如此，反以地理爲不足信，豈知墓宅不更，而元運自轉，惟知者爲能先覺耳。元運者，上元甲子，以一白坎爲統龍，二黑坤、三碧震輔之，共主六十年。坎先管二十年，甲申入坤，甲辰入震，各管二十年。然雖有未來過去

發福先後輕重之不同，而全在一元之中，則皆乘旺氣。中元甲子，四綠巽爲統龍，五黃中宮、六白乾輔之，其旺下元甲子，七赤兌爲統龍，八白艮、九紫離輔之，其旺治俱如前。歷驗已往之局，坎離爲天地之中氣，中男中女，即先天之乾坤，中藏戊己真土，故三元不敗者多。震木以壯而根深，兌金以少而堅剛，且日月之門戶，春秋之平候，故亞于坎離。艮之象爲山，山不可移，其質堅矣，故其久亦比震兌。而乾爲老亢之金，坤爲既產之土，五黃廉貞之火，亦無根源，依物而炎，故皆

不久，巽爲稚木，奇花爛熳，不耐風雨，尤爲易衰。大約上元之龍，並旺中元；中元之龍，亦預旺上元；下元之龍，嘗有餘力，旺下上元，此定運也。龍運雖定，而尤當以地力消詳之。若地脈厚而星卦純，雖入敗運，止于不發，尚可自保；地脈薄而星卦雜，雖入旺運，縱發亦多顛躓，五福不全。且齊民一坟一宅，則無牽制，巨室坟宅不一，又當參觀。若有兩地，一衰一旺，兩相抵當，則享平福，又當審其力之大小，以決勝負。一旺不敵二衰，則衰能爲害；一衰不敵二旺，則旺能爲福。要之

上吉始能雪小凶。而祖禰更切于高曾耳。作者求先元之大地。不如得及時之小地。人壽幾何。待其去衰入旺。身與家全斃矣。又有新坟奪烝。亦未可知。故慕講禪師。皆教人關塞。以就本元之盛。真良工苦心乎。但須斟酌星卦之合否。而後從事。切勿妄動。自致潰敗爲也。九升曰。余見巽局發福甚久。遂不得拘泥註文。

八山旺衰細法

六白旺相在上元七八與墜在下元三四二山中六七坤山中尾下頭。運惟有九紫與一白上尾中頭五十年。

上元一白主事　坎震巽坤吉　離凶

中元四綠主事　離坎乾兌吉　坤艮凶

下元七赤主事　坎離坤艮兌吉　震巽凶

八山生殺氣法

生煞以主運爲主。剋主運者曰死氣。生主運者曰退氣。運所生者曰生氣。運所剋者曰殺氣。相比者曰旺氣。如七赤主運。坎局得生氣。乾兌局爲旺氣。坤艮局曰退氣。離局曰死氣。震巽局得殺氣。餘倣此。

此生殺氣以主運分。與八方分生煞氣不同例。

定卦篇六

在昔神靈。天錫書圖。先天後天。表裡然符。立體致用。一元所孚。本無兩象。豈門分途。八卦之方。九宮之位。辨色定數。飛居都會。斗杓應之。以旋元氣。督提則時。充塞函蓋。于則有十。支盈其二。二五居中。四維闢時。二十四道。燦乎不昧。遡厥原初。實惟卦體。高山有絡。絡則分經。平地有氣。氣則全情。惜惜肅衛。干支選庭。至人寶秘。隱而不講。吾今敢泄。蒙害救民。嘗發大願。忍干天刑。丙丁皆離。壬癸皆坎。四正四維。全歸畔岸。正以干輔。維以支替。陰陽截然。不相泮渙。何以乘之。匪關匪峽。亦無起祖。亦無轉結。隨地成龍。隨地成穴。滴水先到。真氣招挹。水脈不離。骨肉親貼。既知辨局。更畏失脉。失脉之處。一毫以乖。艮與震類。兌與乾猜。八卦皆涸。言之可哀。分星定位。一謬百危。欲求珠貝。乃得塵灰。此辭堂氣。分別加挨。羅經一定。辨入纖埃。亦有兼宮。星符讚好。一胎所育。兩婴懷抱。此衰彼盛。容顏難老。若然兩來。三息四道。交媾嘘吸。陽施陰報。是在格全。傾敧勿寶。辨淸辨濁。斯爲卦要。

此章言地之用洛書九宮。即先天河圖也。八卦定位而九宫飛行，所以象斗杓之旋轉。此理充塞宇宙，無物不具于洛書，而地者其大象也。方隅雖有二十四道，其體不過八卦，能統攝之，故四正以干爲輔，四維以支爲輔。陽卦則干支之陰者皆隨卦而陽，陰卦則干支之陽者皆隨卦而陰，不必更立干支名色以爭皺之氣。浩蕩無痕，故也。若其乘之之法，又非以實地連綿處爲憑，到關峽起伏，俱不可論，只以立穴處一滴相近者爲先到，便是真氣流露，與此一水相親，即便成局，雖方圓一坪，四圍皆水，略無來龍，而可分九

氣。如近南爲坎局，近北爲離局，近西南爲艮局，近東北爲坤局之類，居中作穴，斯爲五黃中宮局。若三方水遠近適均，亦作五黃論。此定體也。今論作者下手只將此地外應合者，本元局氣旺者，又觀內氣融結消息，參大勢向背，何者真，何者僞，何者得全，何者得半，而後擇一局扦之，非謂局局可下也。假如外應堂局元運等類，皆利此局，而內氣亂局未清，不妨少加人工以清之，斯爲裁成輔相之妙。今之時師亦有能言局者，往往錯悞，病在下局不真，所謂失胎也。如水

過在寅方，本是坤局，認爲兌局，收兌宮之向水，是矣。若在上元，去盛就衰，已不發福，更兼兌宮向水，不幾求福而得禍乎。八宮皆如此辨，不可不慎。亦有兩宮氣到，雜而不清，猶然獲吉者，則以星應皆兩宮所喜也。如艮震雜局，而收巽乾向水，有喜無忌，焉得不吉。且下元艮旺，及交上中，震氣又旺，反得長久而無休替矣。更有一種奇地，兩宮水到，或三宮四宮齊到，此爲群精媾會，胎息交通，最爲和美，三元不敗，但須體格端麗純全，有一毫傾側欹斜，或其收氣之水參差

零雜，即非真地，反不如單局之力尚矣。

四正巽局圖例　俱用西北角立穴

四隅巽局圖例　俱傍西北水立穴

四正離局圖例 俱傍北水立穴

四隅兌局圖例 俱向北水立穴

四正震局圖例 俱傍西水立穴

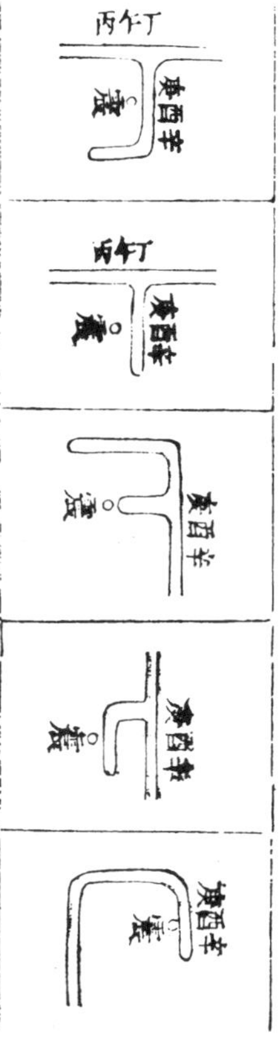

四隅震局圖例 俱向西角立穴

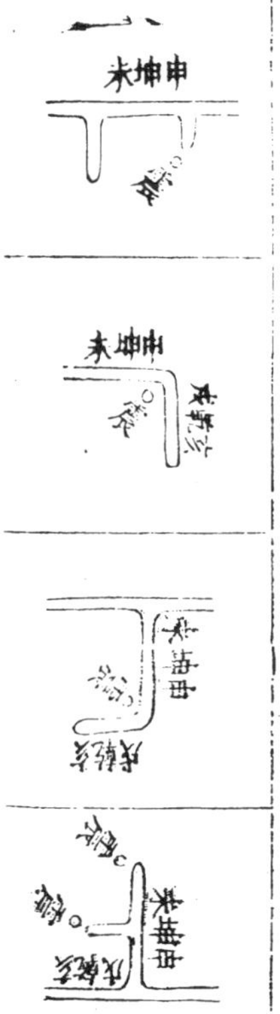

四正坎局圖例 俱傍南水立穴

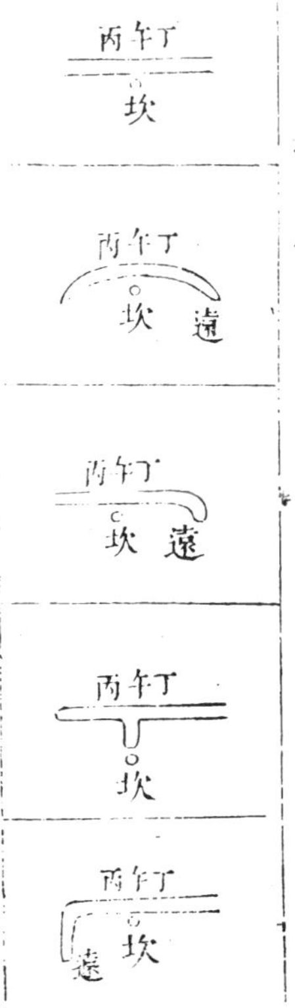

四隅坎局圖例 俱向南角立穴

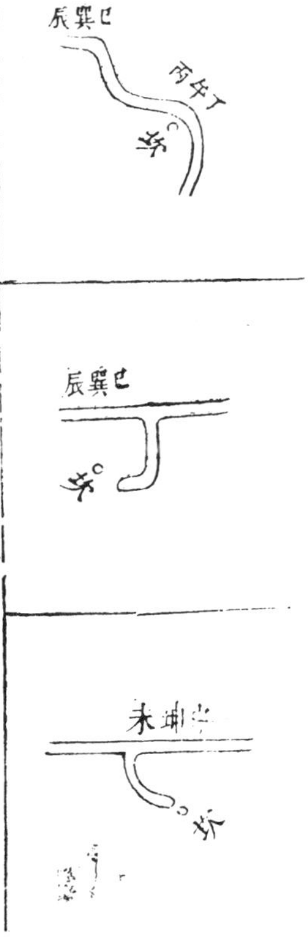

四正艮局圖例 俱向西南角立穴

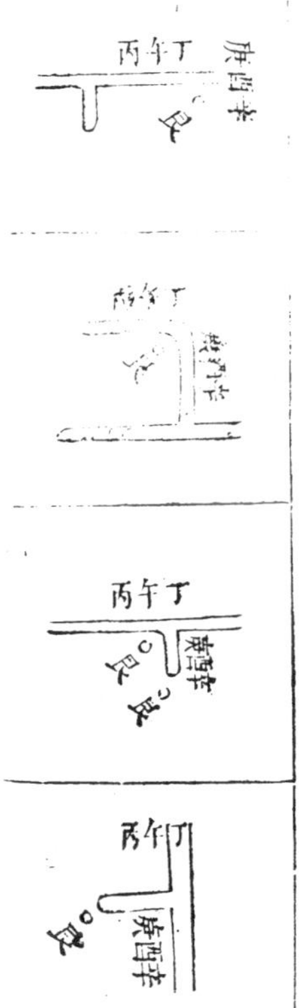

四隅艮局圖例　俱傍西南水立穴

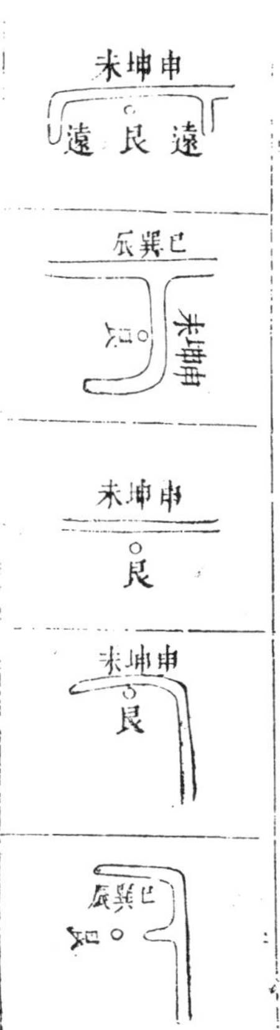

四正坤局圖例　俱朝東北角立穴

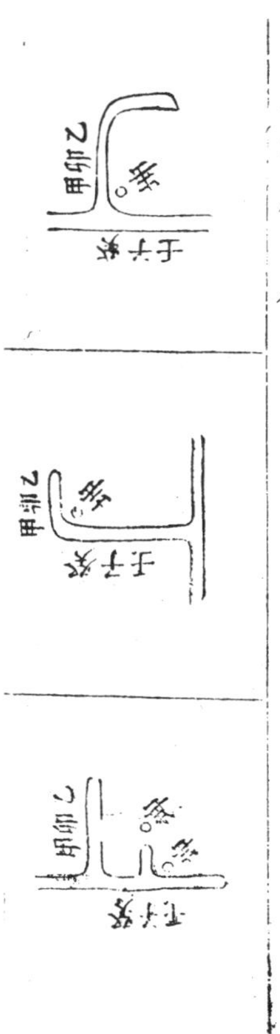

地理大成

平陽全書　卷六　一〇

四隅坤局圖例　俱傍東北水立穴

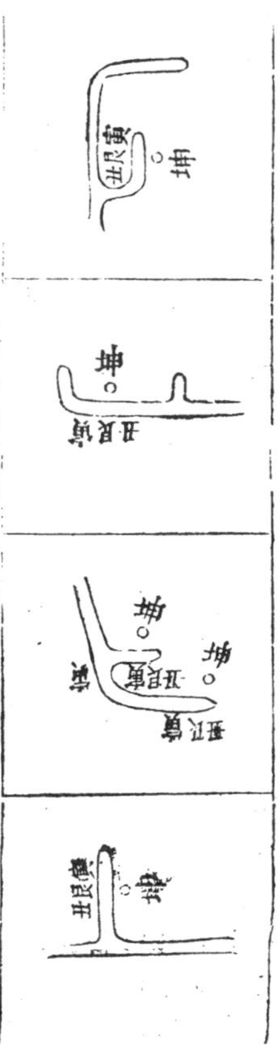

四正兌局圖例　俱朝東水立穴

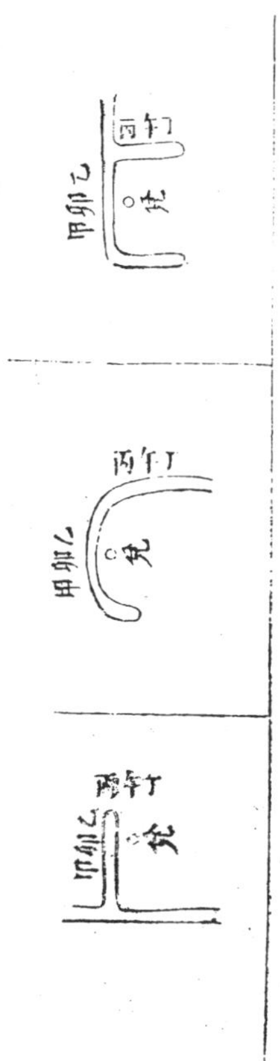

四隅巽局圖例　俱朝東水立穴

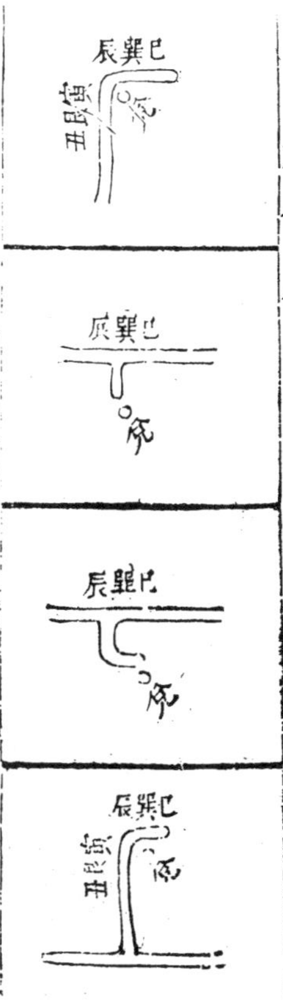

四正乾局圖例　俱朝東南角立穴

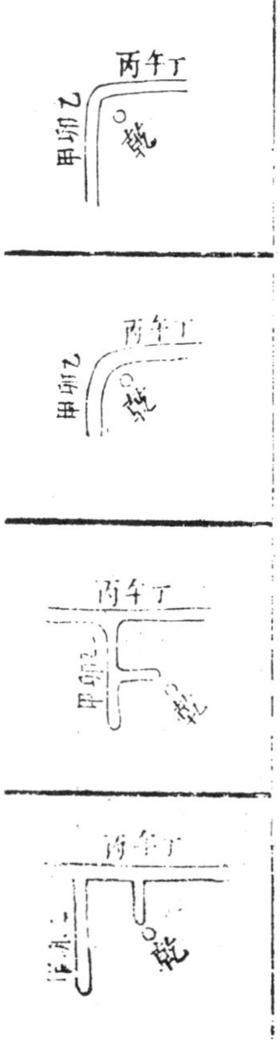

地理大成

平陽全書　卷六　三

四隅乾局圖例　俱傍東南水立穴

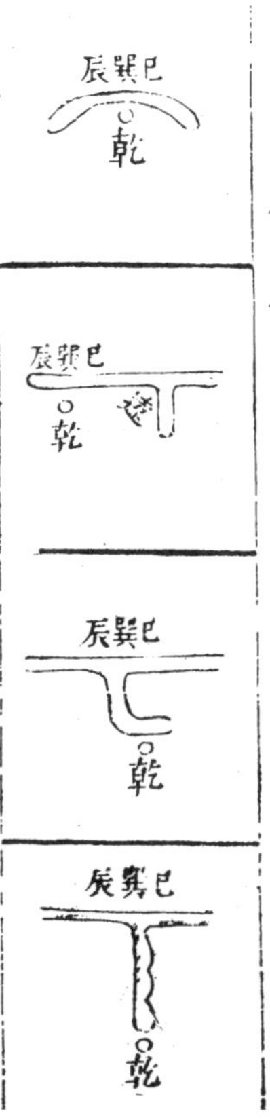

疑局圖例

凡寅申巳亥堂局，與甲庚丙壬相似，辰戌丑未堂局，與乙辛丁癸相似，須細辨之。凡一地可立幾局者，須擇砂水之吉者用之。

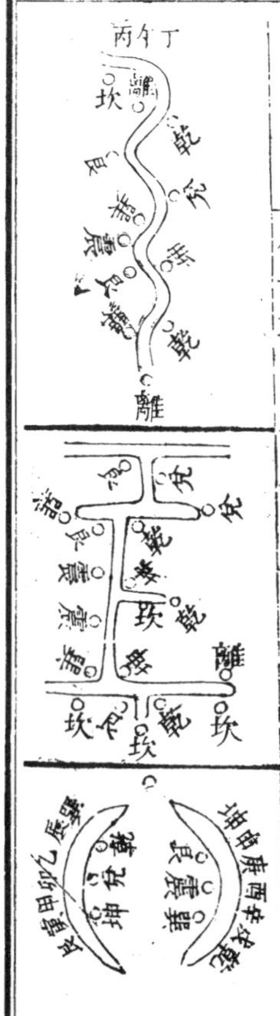

雜局圖例

凡雜局須用兩局皆吉之向水

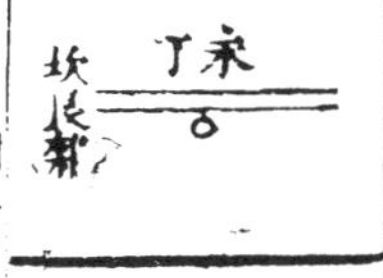

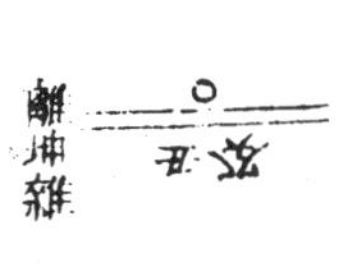

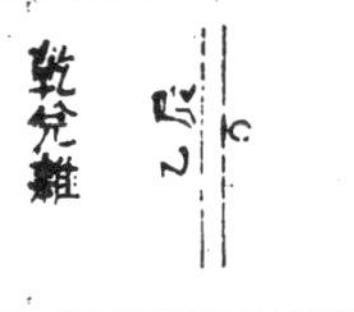

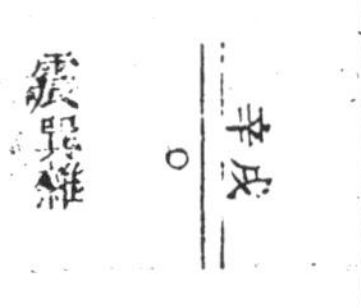

尚有艮震兌坤巽離乾坎四局可以例推

兼局圖例

四隅兼例

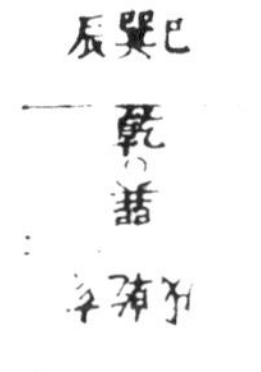

四正兼例

四隅兼例

四正兼例

坎離相兼

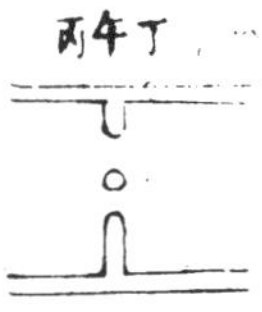

坎坤相兼

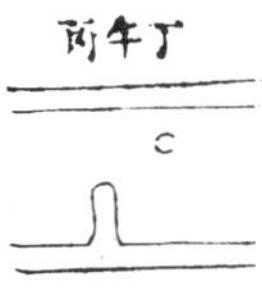

震兌相兼

坎震相兼

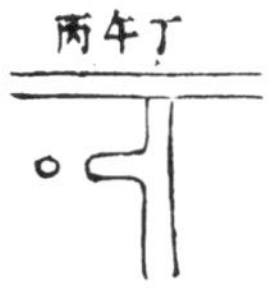

艮坤相兼

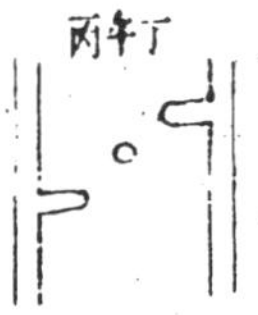

坎巽相兼

乾巽相兼

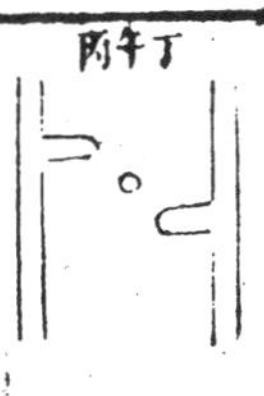

乾艮相兼

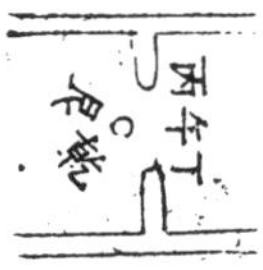

艮巽相兼

兌兼艮巽氣

坤乾相兼

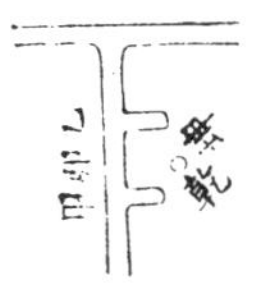

坤兼震坎氣

坤巽相兼

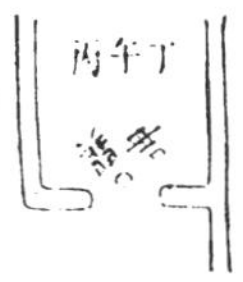

凡兼三兼四。必各宮水另到為真。若三面四面有水統。節作中宮論矣。

乾坤艮巽兼收局

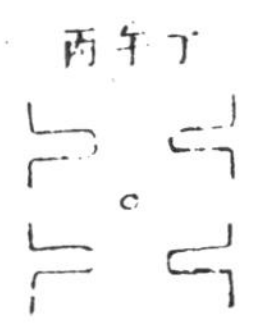

此亦坎離震兌兼收局但水叅四冲不如上局純美

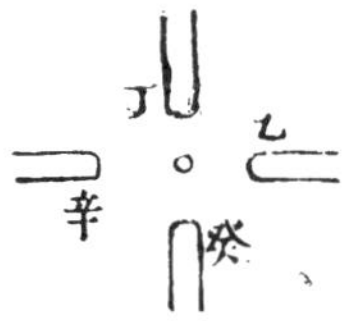

坎離震兌兼收局

此亦乾坤艮巽兼收局內冲而外遠較前局尤美

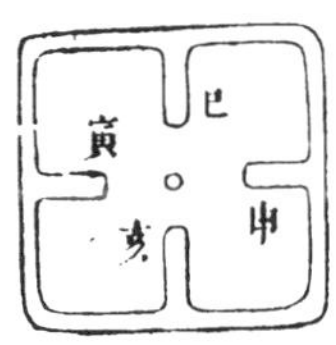

坎離震兌兼收局

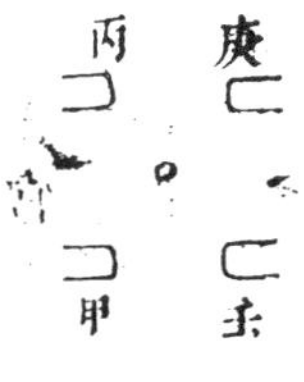

此亦乾坤艮巽兼收局

圓地立局圖

四正方地立局圖

四隅方地立局圖

凡地不拘方圓，共四面六道，皆可立九穴，隨方變局，以收吉方砂水爲吉。

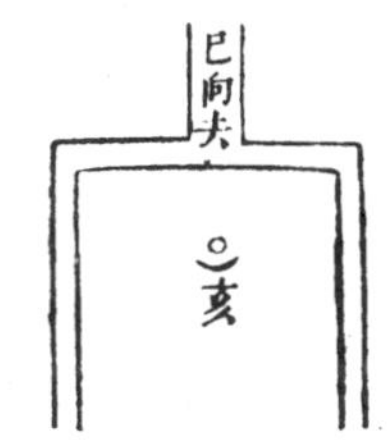

丙水交趨東南，則亥氣精矣。然亥屬乾局，宜立陽向，今立巳向，巳水直流出煞，乃文曲流盡化貪狼，故貴也。

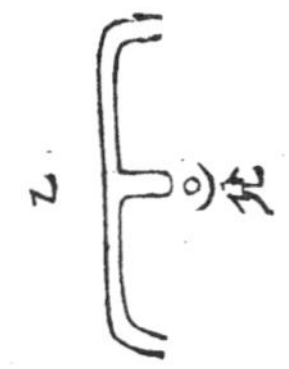

兌局宜扦卯向，誤扦乙向難爲長房，法宜于乙上掘一小溇出煞，則破軍化武曲，轉凶爲吉。又或坎上掘一溇作離局亦可。

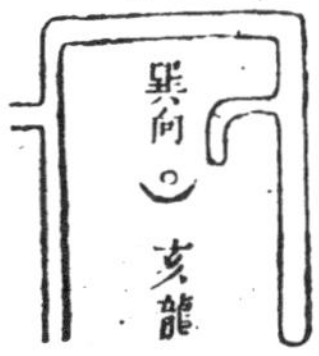

亥龍屬乾，如無巳水長流，則右邊掘一小溇，轉乾局爲艮局，立巽向大利。

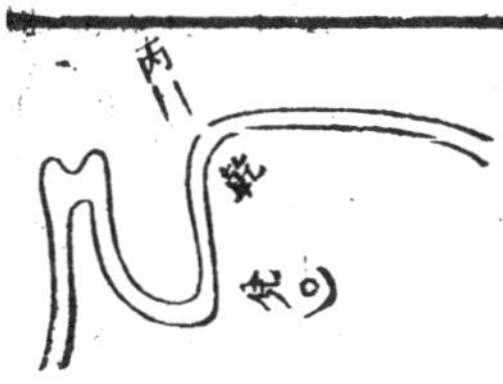

小長地原可作乾局，卯水流通可也，因丙上有水現，乍作不得乾局，乃近卯水作兌局，則卯是武曲，丙爲巨門，滿局皆吉。

來情篇

幹運眞機。問厥來情。來情支幹。以類分行。幹水來去。世罔易明。支水有止。來去難明。支之入口。吐納滋生。執此言來。其來有經。穴若乘之。脈氣可憑。若指爲去。倒置不寧。幹水來離。坎龍欣入。幹水來震。兌脈不失。八卦之門。各歸本室。支之來位。依此而立。循其曲折。視其斜直。度其修短。溯其移易。一氣兼氣。因方定質。分元辨位。應時效績。幹水去地。亦有還氣。還氣逕陰。與來不異。支水中停。其還旋至。候止候還。審來審去。入妙通微。始全卦義。

前二篇言定卦審運。地氣衰旺盛衰與之道。幾乎盡矣。不知運之魁應在乎卦眞。而卦之眞僞在乎來情。來情者。水之來去也。水之來去。即地氣之來去。故卦運非此不眞。而論氣脈者所當重也。立穴所乘之局氣不敵水路所乘之來氣。善乎來氣者。知來氣之精微。則局氣又不足言矣。幹水有幹水之來。支水有支水之來。幹水之去來易知。而支水之去來難知。今人但知水流來之方爲來。水流去之方爲去。以此概論支幹則謬矣。流來爲來。流去爲去。通行幹水則然。若夫渙瀠停止不通之支水。則反以止處望出口爲來。出處望止處爲去。蓋水之行脉。與山無二。山以幹之落處爲來。以支之盡處爲止。惟水亦然。自江湖溪蕩流入小支。則流入之口爲來。而水之盡處爲止矣。故支水聚於盡處。世人以爲源頭水尾。有出無入。有去無來之地。而不知乃有入無出。有來無去。眞氣止息之地。所以發福最易。而歷年亦久也。凡水路來自坎方。卽爲離龍。水路來自離方。卽爲坎龍。八卦皆然。又須循其曲折。離上有一曲折。卽是一節坎龍。離上有二

曲折。卽是二節坎龍也。觀其斜直者。若是離方來直至坎方止。則爲眞坎氣。若是離方直來。又斜過左邊向艮方止。卽爲坎龍發足。艮龍入首矣。斜過右邊向乾方止。卽爲坎龍發足。乾龍入首矣。度其修短者。離路水長。坤路水短。卽爲坎氣長。艮氣短矣。若離水短坤路水長。又爲坎氣短。艮氣長矣。溯其移易者。有從坤方入口。又行至巽方一轉而後結穴。則爲外艮內乾矣。有從坤方入口。行至巽方一轉。又行至艮方一轉而後結穴。則爲內坤外乾長矣。如此變局。是不一

端。故地有一氣者。有兼二氣者。有兼三四氣者。以其水行方位。定龍之質幹。以此分上中下三元。辨長中少三位。應時取効。永無差忒。幹水結氣立穴之後。必有去水。此去水流處。亦有還氣。如水從巽方來。又從坤方去。向南立穴。則爲左乾右艮矣。如水從巽方來。又從乾方去。向巽立穴。則爲前乾後巽矣。水從震方來。又從兌方去。向南立穴。亦爲左乾右震矣。一元從上去來。一元大發。兩元位上去來。兩元衰旺。分應歷歷不爽。支水如不聚盡處。甚于中間。則到底一節。亦

同去水。亦作還氣論。如坤水曲折而去。至艮方止。面就中停上立穴。作爲巽向。是左坤右艮之局矣。蓋穴迎來水爲氣之止。穴迎去水爲氣之還。審其來。卽知氣止。審其去。卽知氣還。此章論水論止之法。必須精詳變化。入耿通微。而後八卦之義。毫釐辨晰。無有不全。而三元運氣與衰。亦絲髮皆照也。

歸厚錄舊失此來情一篇。刻成之後。至丁丑歲。前上佐石濤先生遠寄此篇。令予補刻。以成全書。此大快事也。故急補之。以公同好。

星符篇七

先天九氣，化爲元皇，端拱紫微，以執天綱。尊星帝座，與七全行，化成輔弼，隱扶斗罡。北極至陰，實稟至陽，坎中一元，先天乾藏，主司六合，旋斡無欹。八卦之母，列宿之王，斟酌元氣，化育萬方。地之虛吸，內發黃泉，地之方位，上合蒼天，虛位辰次，水位星躔。斗精所化，委委原原，運此九曜，以符八宮，是大五行，名曰玄空。父母交媾，子女繼宗，行行相比，位位相從，顛倒錯亂，不同同今。地之九宮，即天九曜，紫白分輝，餘色隱照。二卦迭推，潛符默叢。消納從天，厥有父道，胎息從地，如母之保。天道主施，地道主受，三吉爲純，輔弼無咎。但宜于前，不宜于後，若雜四凶，神聖莫救。關路欲清，法當詳究，亦有隱曜，天外空浮，隱之畢寂，照之畢收，更有轉曜，其後難求，宜嗔而喜，宜樂而憂，向空向實，內流外流，流不必盡，其流勿休。挨星之訣，至聖所秘，有得之者，掌握天地，惟此五行，立命司契，諸家妄作，蓋爲妖魅。

此章專言天地之內氣化流行，一皆九星所主治。一曰天皇大帝，即尊星；二曰紫微大帝，即帝星；三曰北

斗第一貪狼星，四曰北斗第二巨門星，五曰北斗第三祿存星，六曰北斗第四文曲星，七曰北斗第五廉貞星，八曰北斗第六武曲星，九曰北斗第七破軍星。而尊帝二星又化爲輔弼，在武曲之旁，皆高居紫微垣外，以主宰天地，旋轉造化，下施于地，化生萬物。人之生命壽夭窮通，莫不係焉。地氣雖發黃泉，實與天之方位合一，所以地之吉凶，從九星而斷，故曰玄空大卦五行。其乾離艮巽坎坤震兌，乃卦爻自然之次第，非人所能造，顛倒錯亂，而愈井然，不同之中，有大同者焉。卦則以乾坤爲父母，以六卦爲子，二十四路又以八卦爲父母，以納甲之干支爲子。蓋龍是地氣，地氣重濁，故三路歸于一卦；星是天氣，天氣輕清，故二十四道仍自分行，而各隸于納甲之卦也。以本宮隔位爲地母卦，地與母主受，故立向納水主焉；本宮對位爲天父卦，天與父主施，故消水主焉。天父之貪巨武輔，即地母之文祿破廉。人能收三吉之向水，消四凶之惡氣，則地無不吉，而左右一卦，喜在我前，忌在我後，如臣之于君，向君者爲輔弼，背君者爲奸臣

矣。凡地須单收三吉輔弼。不可襍以四凶。吉路又要極清。若吉凶各宮齊至。則吉者應吉。凶者應凶。若吉凶合宮而至。則吉中有凶矣。影曜者。内堂不見之水。若不照穴則隱而不見。禍福未驗。若一照穴則禍福立應。盖水之為物。能為禍福者。其光氣為之。如三光之照物。遠則其光愈顯。所以力愈重也。有農夫小舍發福。富而起高樓。即敗。見外凶水也。有祖塋不發。樹木參天而後貴。見外吉水也。轉曜者。有吉向而反凶。有凶向而反吉。向中有來水。是為實向。依常而論。向中有直去之水。是為虚向。吉者反凶。凶者反吉矣。然去水星卦。以貼本身出口第一折為准。既折之後。穴中復見其去水之影。仍作來論矣。所以外流是也。去水流不盡者。去水之處開一大漾。所去之水。停積此中。光氣愈盛。是雖去而復來。吉凶亦必顛倒。學者慎之。此挨星訣者。天地所秘。古諺云。有人識得挨星訣。朝是凡夫暮是仙。人能盡此挨星之用。造化在掌嘘吸。通于帝座矣。古人傳書不傳訣。恐干天怒也。

凡海潮之地。以落潮為去水。盖潮來逆上之水。不謂之來。落水歸元。仝流尾閭。天地自然之道也。

翻卦訣

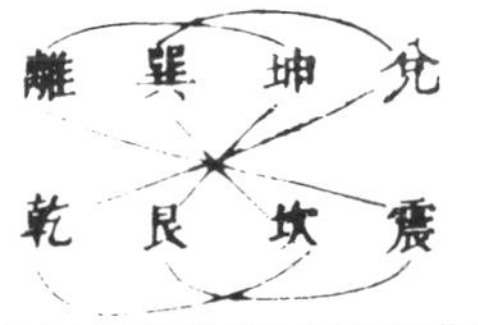

起貪狼法

坤從離起。離從坤起。此隔宮起法。即位起廉貞例也。詳後八山卷内。

乾從兌起。兌從乾起。此對宮起法。

收來水　以本局隔宮起星。得貪巨武輔為吉。即五鬼卦也。上文謂之地母卦并矣。

消去水　以本局對宮起星。得貪巨武輔為吉。即天定卦也。上文謂之天父卦并矣。

星卦定局圖例

土卦	五鬼 廉武破輔貪巨祿文	天定卦 貪巨祿文廉武破輔
兌	兌震坤坎巽艮離乾	乾離艮巽坎坤震兌
震	震兌坎坤艮巽乾離	離乾巽艮坤坎兌震
坤	坤坎兌震離乾巽艮	艮巽乾離震兌坎坤
坎	坎坤震兌乾離艮巽	巽艮離乾兌震坤坎
巽	巽艮離乾兌震坤坎	坎坤震兌乾離艮巽
艮	艮巽乾離震兌坎坤	坤坎兌震離乾巽艮
離	離乾巽艮坤坎兌震	震兌坎坤艮巽乾離
乾	乾離艮巽坎坤震兌	兌震坤坎巽艮離乾

正向圖例

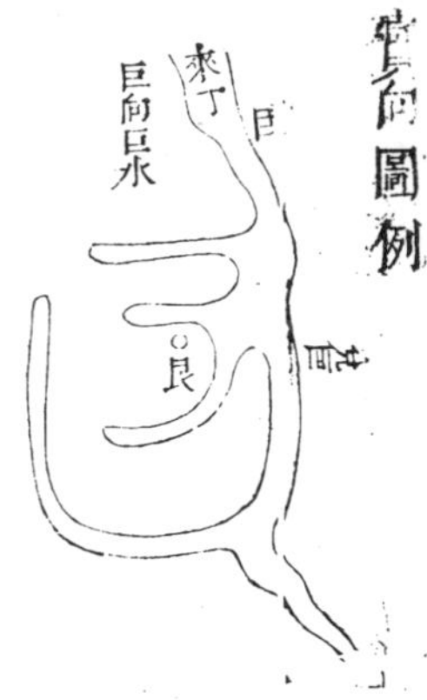

空向圖例

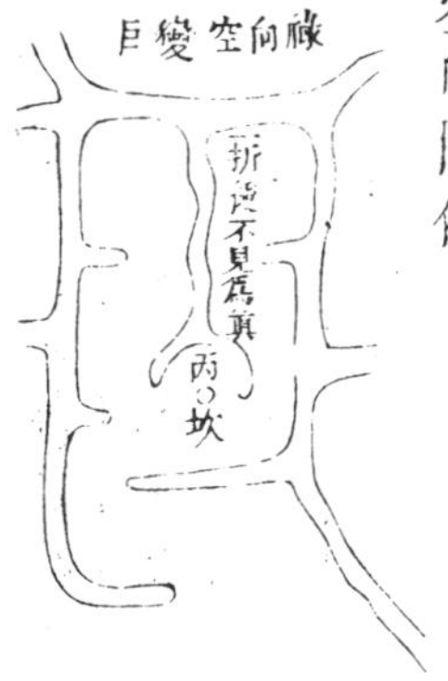

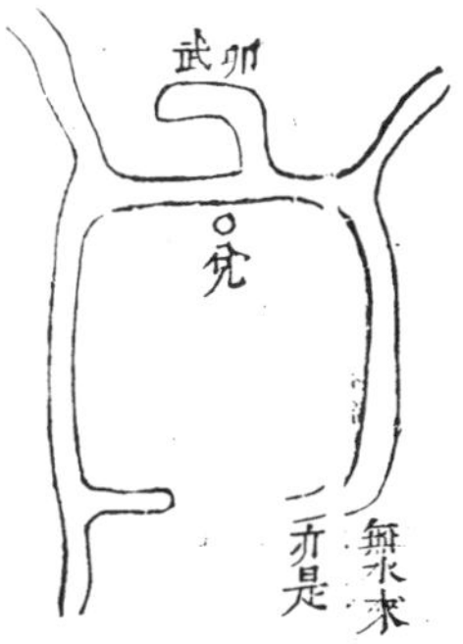

吉凶雜至圖例

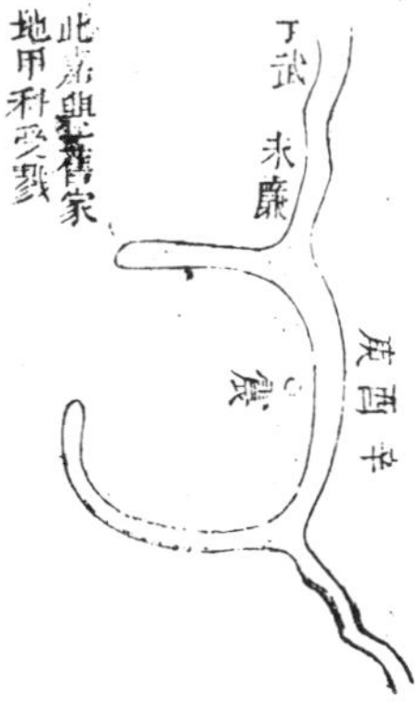

降煞圖例

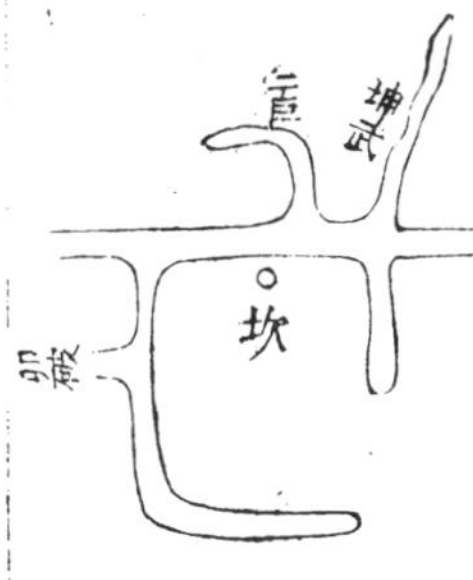

流煞不盡圖例

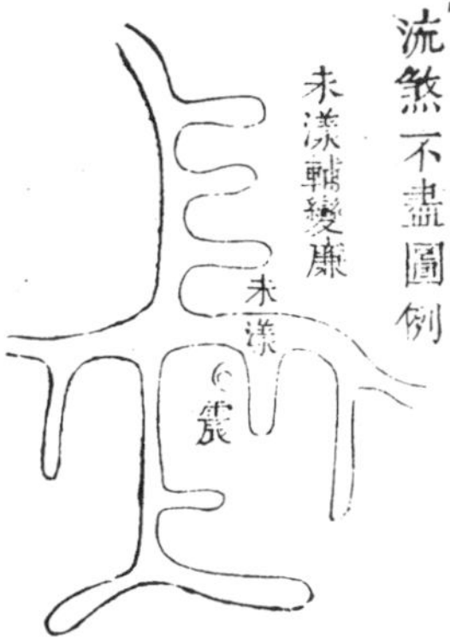

坎穴午坤之水既旺雖有青龍卯上煞水，然煞氣微小，不敵吉神，謂之降煞。若吉小煞大，則吉為煞降，有凶無吉矣。

未上清流輔弼宜吉矣，然去水開一小漾積水反照，白虎帶凶。

內流外流圖例

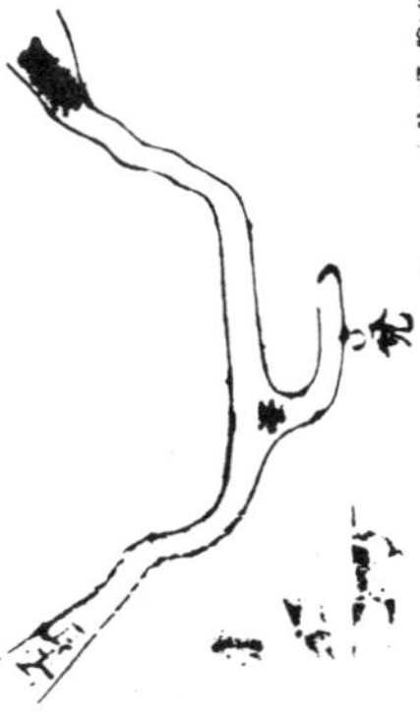

丙流輔弼外流祿存，然以丙為真去，外艮雖去不作去論。

此雖去水流廉貞作宜門，而本身水口是丁口，廉上去外，數折內水反作來論，祿存煞重矣。此地似吉而實大凶，下元敗絕不救矣。

以上九星俱從穴上起廉星，輪去而知各星方位。

來水變例圖

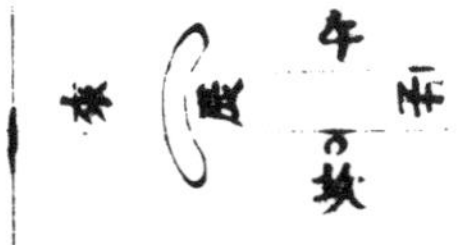

橋門辰方，即為廉水到。

去水上有橋門在丑，上即為巨門消水。

來水上屋，南撿至艮，方即為巨水到。

去水上屋，角撿至未，方即為輔弼消水。

原隰篇八

水龍之地。與山相資。山之生氣。鍾于高阜。水之生氣。鍾于卑受。卑受之氣。不離左右。卑受之氣。不離前後。何謂明堂。堂前地高。高而益高。代產英豪。如或傾瀉。貧窮逋逃。穴後地低。如龍歸展。低而漸低。葉葉不偉。如或隆起。絕世無兒。穴左與然。青龍蜿蜒。長子亡宗。家餘稅錢。穴右土厚。白虎絕脰。少男疾貧。常遭禍殃。卑而大畢。當作水推。能奪正局。相土須知。大江以北。千里平陸。土常有餘。水常不足。高厚爲岡。低平爲谷。何必江湖。而後成局。宜詳尺度。兼別砂族。剖露其端。以該地軸。原分三法。傳世云久。一曰綿亘。二曰特阜。三曰剪水。知者罕有。此中玄妙。局爲之母。水盡氣動。弔法不朽。審其金龍。定以向首。配合得宜。富貴世守。

此章言高山與平洋。事事相反。凡平洋穴後尤宜低坦。一步低一步。子孫悠久蕃庶。壽考无涯。穴之左右亦須低坦。左低長發。右低少發。若穴後有高地。或兩重照山壅下。損丁。子孫稀少。漸漸高去。後嗣必絕。青龍高。長子貧。白虎高。季子消耗。惟明堂之內。則宜漸遠漸高。爲送水歸堂。大發財祿。傾瀉蕩然。則財散矣。然三方低下之處。必須四望平夷。若有一處極低。便作水論。依水定局之氣。又爲所奪。局氣不真矣。且江南多水之地。以江湖溪澗爲龍局。江北中原。千里平曠。只以低地爲水。高地爲山。便乘九局。以斷吉凶。外有數重陰砂護穴。即成大地。原爲平原。隰爲平洋。其定局之法。已瞭然指掌矣。然古人立法有三。一則離山不遠之處。有走跌堆阜之形。或綿亘垣局。如天虹飲水之狀。二者立穴定向。不必以水龍爲準。宜從水者從水。龍收之宜。從山者從山。龍作之。在人活法變化可也。一則四望無山之處。無高下綿亘之狀。亦無堆阜可據。即有小阜而水道成文。煥然在目。惟以水龍爲重。故名剪水。三法因地立宜。雖有三等之分。總之以局爲主。其浜頭之處。亦可弔局。名爲水盡氣動也。然須審其去水金龍之口。而後立向以消納之。使來水去水。既合局之陰陽。又合向之生旺。則配合得宜。而富貴悠久。倘合局而不合向。合向而不合局。失一得一。皆不能爲禍也。作者慎之。

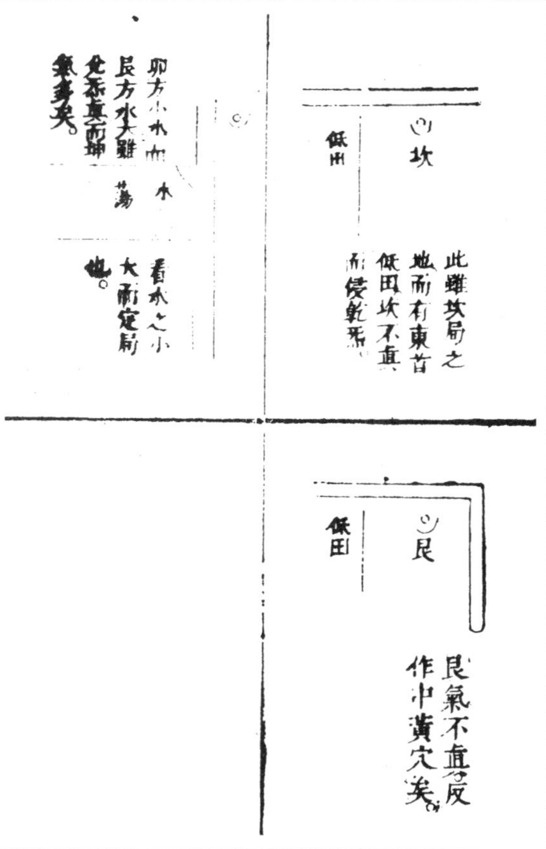

豐兆篇九

陰陽二用。妙在氣交。天降而下。地浮而高。土膚之上。搆精之交。噓吸橐籥。如春發妍。笑彼庸術。掘地及泉。氣蒸在上。枯骸不沾。水淹凝積。泛濫及棺。天光不照。嘗得幽寒。起塚成山。山形兀坦。勢若昂昂。孤峯岩險。妄作垣墉。砂遶水掩。舒則冲融。囚則難展。坟前起屋。壓損明堂。陽和晦宜。白攵晶光。居中仲廢。居左長荒。若逢右畔。季子弃迸。碑碣門亭。朝家典制。若據形家。以簡爲貴。玉有微瑕。時爲大累。賚此損害。庶幾盡義。

此章言乾坤之氣。一日不交。則萬物皆死。不成天地矣。天地之妙。正在二氣交會之中。二氣无處不交。天以至陽之氣。下交乎地。地以至陰之氣。上交乎天。一升一降。搆精之處。常在土之皮膚。觀乎雨露降而草木萌芽。此其驗矣。南方土氣薄微。置曠平田。累土成坟。上收三光之和。下避黃泉之氣。則陰陽冲和矣。庸術以不入土爲不得氣。掘地及泉。使棺槨浸潤。骨爲寒凝之氣所閉。陽和之氣。反透下上。葬者不沾。豈能應也。殊不知氣化周流六虛。即懸棺空堂。而此地之吉凶。未嘗不應。世儘有權厝而發福者。不必深入也。古人不封不樹。今俗尚坟壠。亦須平坦中夷。乃爲合格。若築地太高。累土聳拔。則孤露危險。元氣四散不歸。更不可輕築垣墉。以隔斷外來秀氣。其垣低平寬大。猶得展舒。若更高峻窄小。則名爲囚。而生氣閉塞。屋宇碑亭墓門等事。一有侵逼。雖屬小失。乃有大傷。故盡言如此。

平洋之地。一深即積水。故陰冷而不發。余見地美穴正而不福者。皆掘深五七尺者也。昔人多犯此病。

附塟篇十

塟法分穴，如宅分房，房分衰旺，穴分吉凶。先塟就弱，後塟就强，先塟獲吉，後塟蹶張，亦有作城，祔塟不寧。一穴奪氣，枝茂本傾，保護祖根，斧斤勿入。貧賤權宜，昭穆分立，移宮換宿，至危之術，未覩精微，鮮不踣顚。方位之法，長子當陽，宮分生尅，尅者無雙。消納之法，氣口爲元，方分納甲，九星執權。兼此二法，昭穆可言，祔中有氣，必有改更，咫尺萬里，立辨死生。局運星符，與正全殊，一祔其本，祔法斯輕。

此章言高山眞穴，都止一壙，不能兩棺，平洋通聑，可容合塟。然得穴眞地，昭穆亦非所宜。貧家艱于營建，乃有附塟，不知穴氣眞僞，間不容髮，昭穆之局，其視主穴相去豈不遠哉。其間大判吉凶，不可不愼。亦有祔塟失穴、祔塟得之者，亦有祖穴得氣、因祔而傷者。若死眞兒，則祖宗根本之地，斷不宜輕加添祔，披枝傷根，禍豈一人獨受哉。附法有論八方者，皆取祖穴本局，加于三震，蓋繼離出治，子孫附于祖穴，繼體之義有由然也。加星與原宮相尅則吉，相生則凶，比和平平，不能爲福。所謂煞方添塟反榮昌，此其一也。有論二十四位者，以祖穴去水口爲元，以對宮天父輪九星，看所附之位是何方，得三吉爲吉，此又其一也。二者須兼論，然物物有一太極，祔穴竟不可以主穴一方位爲憑，其穴亦另有乘氣，另有元運，另有星符消納向法，事事皆變，名雖爲祔，實與另扦正穴無異，當以正法斷之。若正法得宜，方位祔法又屬第二義矣。蓋甚言乘局之不可誤也。

翻卦掌訣

兌	震	巽
坤	坎	
巽	艮	
離	乾	

如乾方水口，兌上起貪狼，震巨門，坤祿存，坎文曲，巽廉貞，艮武曲，離破軍，乾輔弼。

如艮方水口，坤上起貪狼，坎巨門，兌祿存，震文曲，離廉貞，乾武曲，巽破軍，艮輔弼。

八山加局例

乾主穴			坎主穴			艮主穴		
黄五	坎白一	離紫九	離	黄	巽	兌	震	坤
震碧三	艮白八	巽綠四	兌	震	艮	黄	坎	乾
兌赤七	乾白六	坤黑二	坤	坎	乾	離	艮	巽

震主穴　巽主穴　離主穴

坤　兌　乾　震　艮　兌　艮　巽　震

離　黄　坎　坎　乾　坤　乾　坤　兌

巽　震　艮　黄　巽　離　坎　離　黄

坤主穴　兌主穴

坎　乾　黄　乾　坤　坎

艮　巽　離　巽　離　黄

震　坤　兌　艮　兌　震

主凶祔吉

主穴乾局。未水巽水丙向皆不吉。昭上一祔變爲兌矣。水向皆吉。下元廉貞。主穴愈退。昭穴獨發。

主吉祔凶

主穴艮局。未水午向皆吉。穆穴一祔變爲震氣。未水廉貞。午向文曲。更在下元。尤見衰退。穆穴必敗。

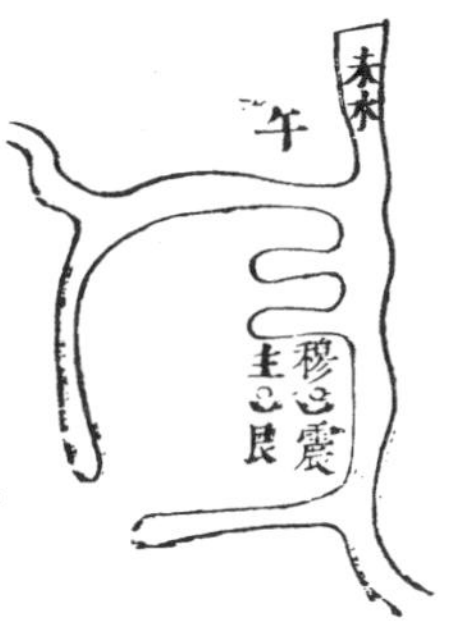

陽基篇十一

大輿之理。豈惟藏形。伊古聖哲。建都作京。襟江帶河。九埜孕靈。兆民萃處。百堵聿興。維宅之基。與墓合符。墓氣凝結。宅氣衍敷。四倚之地。廣厦不移。移宮改步。在闢及闔。爰有四幾。實惟宗要。一地二門。三衢四嶠。獨遵三元。徵參九曜。遊年卦例。禍福不兆。墓氣從地。宅氣從門。一門易向。榮落轉輪。門通大道。氣入開堂。前後旁側。合勢均形。男女居室。曰維大倫。房闥是主。堂階作賓。置宅廣原。地符繞貫。比廬則聚。单舍恒渙。若在都邑。無尤水遠。

爰獲沾濡。厥功無算。墓氣及骨。宅氣及身。此如滋條。彼如沃根。根榮以歲。條茂及辰。墓吉宅凶。藩齒食貧。墓凶宅吉。殃及後人。墓宅並吉。介福千春。能不失馭。邁種之英。

此章言輿軸之理。不惟坟上藏形而已。即古聖王體國經野。大而京師。小而郡邑。以至村落市鎮。莫不有形勢分合焉。其九宮立局之法。與墓同符。而不無小異。盖墓氣止聚一勺。元辰之水。而京都郡邑則取大江大河爲局。大水在南作坎。大水在北作離。大勢衰旺此其樞也至于各家宅氣又就其所倚小水而分九局且陰地取其結聚陽基取其敷衍格局有廣狹之異四倚者或前或後或左或右當倚一水也倚一水則局真雖作廣廈其氣皆不變若陬隅之地掛角立宅止中宮大勢收氣不雜前後帶收氣有改變矣如掛角艮宅西南二方貼水則前帶左廂近南水作坎局後帶右廂近西水爲震矣一宅分房便殊衰旺陰宅氣在地中止穴內一氣陽宅氣在地上不專以地中之氣爲主兼取門氣盖氣本橫行從門而入其力與地氣相敵地氣衰門旺地旺門衰吉凶參半須門地並旺然後可以召諸福也門地之外又論道路直朝者作來氣斷如乾方有路來朝則宅受乾氣也橫截者作止氣斷如坤方有橫街則宅受艮氣也朝路比來龍而橫路比界水所謂三衢橋梁同斷嶠者鄰居高峻處如艮方有高屋則氣被障斷反從艮方回向我宅黃白氣說所謂迴風反氣自高及下者也高屋多則氣厚高屋少則氣淺若遠方高屋迢遞而來漸近漸低歸結到宅氣尤百倍矣此四幾者惟以

三元之衰旺而爲興廢立向則仍以地局九星爲主然都有不合九星不害其吉者故曰微參言不甚重也至于遊年卦例止參值年神殺以斷吉凶之應而巳真實禍福不係于此若宅氣旺雖絕命五鬼何害于吉若宅氣衰雖天醫生炁何救于凶相宅只將四幾按三元以定衰旺義盡此矣從地從門又申言門之尤重盖地乃一定之物不能改移門則可隨方而改儘有失元之地改一旺門便能起衰得元之地行一衰門便至減福尺寸之門榮枯頓異不可不慎也門以通大路者爲重盖氣在大道中隨人往來一開門便從門入後門傍側便門或吉或凶分遠近大小動靜冷熱而論興廢一宅止一門獨旺則全美無瑕若皆旺則諸美畢臻矣至于宅中內門則尤以房門爲重盖一陽一陰之謂道家宅興廢在夫婦配合之際生育男女繼祖承祧皆原于此宅內重門路步步從旺方引入閨閫更開吉門迎之則五福全收矣若中堂正屋乃賓客酬酢之所非歸根復命之鄉不甚重也若在荒村空曠之鄉立宅則四幾之中當以地

氣為重。與陰宅相似。然必比屋聚廬。而後可以會合風氣。收攬陽和。極小屋。必二進三進。始有蓄聚。一帶直屋。及散布數椽。氣皆渙散。地雖吉。不驗也。若在城市。四幾並重。不尚以水為局。雖遠水亦有乘旺發福者。更能近水沾染生氣。福力非常可比。若近水衰地。其禍尤甚矣。末段總言陰陽二宅不可偏廢。蓋墓氣從亡者之骨蔭及生人。力深而緩。宅氣即在本身。力浮而速。朝種暮熟。知者固不得以陽而廢陰。亦何可重陰而廢陽也哉。

街道動靜二圖例

動圖

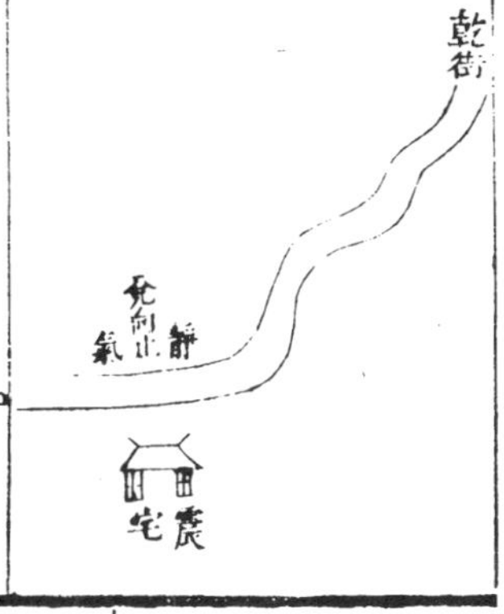

此以門前橫街立局。而以乾上此路收來氣。中元乾氣旺。最發福。下元乾震兩衰。極替矣。

靜圖

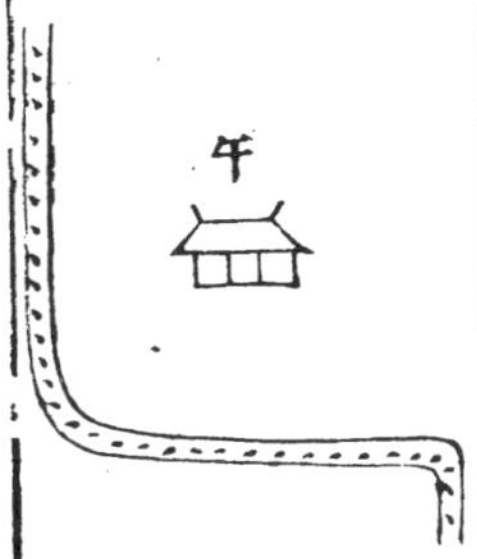

此方艮路抱坤氣真矣。上元大發。

黃白二氣說十二

客問地理家。平地立局之肯。何居。曰。昔有至人。玄黙志形。升神太虛。午離黃泉。未即高天。垂光俯視。萬里如掌。諸家莫睹。惟見黃白二氣。縱行四馳。散布瀰漫。若和風揚砂。動而不疾者。黃氣也。經緯橫施。蜿蜒不斷。勢隆隆起。綿若匹練。聚若縈雪。有光耀物。外柔中堅者。白氣也。黃氣者。大塊之土氣。白氣者。江湖溪澗之水氣也。白氣界于黃氣之中。並行而分道。黃氣所至。遇白氣輒止。白氣為城垣。黃氣為生烟。白氣為囊橐。黃氣為餱糧。地理

家依水立局。乘止氣也。白氣為引。黃氣為蘊。聚引所交。其隨則聚。故水欲其合。白氣直流。黃氣直隨。白氣蟠動。黃氣潔洄。直隨則散。潔洄則聚。故水欲其折。白氣一遇黃氣一止。白氣再遇。黃氣再止。如是三四。如是五六。以至于无窮。少遇則薄。多遇愈厚。故水欲其重。白氣長梗黃氣雖止。无所依戀。無所扳援。乃從左右背走。止而終散。必有枝條槎枒。氣乃得留。故水欲其界。界而平直。止止復行。故水欲其圜。我穴其圜。左右並歸。若水斷際。反為水源。黃氣為泉。水所拘遏。斷得門泉。氣從門而出。无

所得獲不出。則无所不獲。故水欲其遶小水在南。大水在北。我雖依南。不嵩于南。小水在東。大水在西。我雖依東。不嵩于東。親疏分情賓主分勢。當知親親而等疏主主而禮賓。故大江大湖之旁外氣內氣交橫于此建都立邑。置宅安塋。參量均衡。有不可廢。非獨水也。高山茂林。巍屠峻郭。皆足以回風反氣。自高及下迎黄氣之來歸。橋梁街道車馬人跡之所往來。亦足以振動黄氣。動則引之使來。靜則限之使止。斯非至精。孰能與于斯乎。

蟠動縈洄

交聚

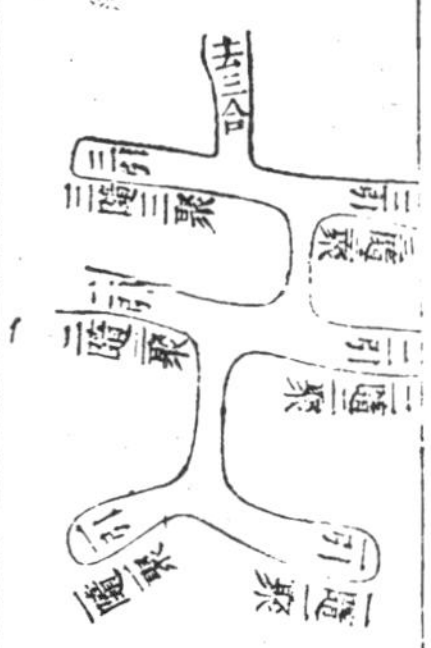

一止

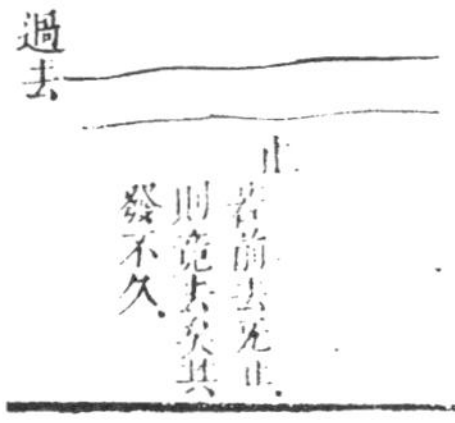

再止

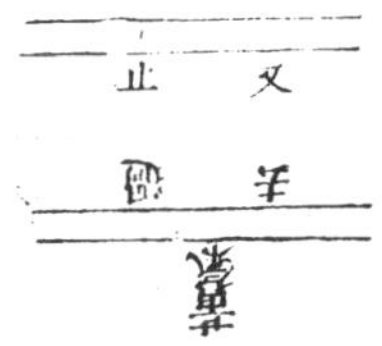

走散

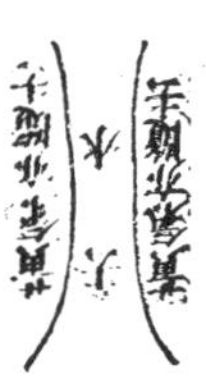

止而分散

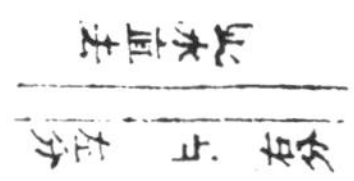

槎枒

槎枒

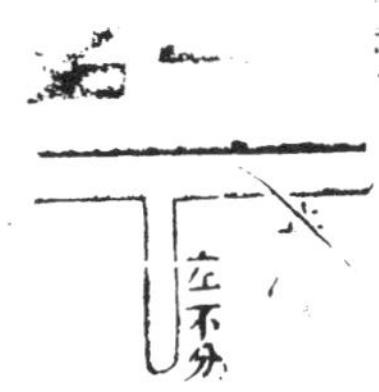

血界復行

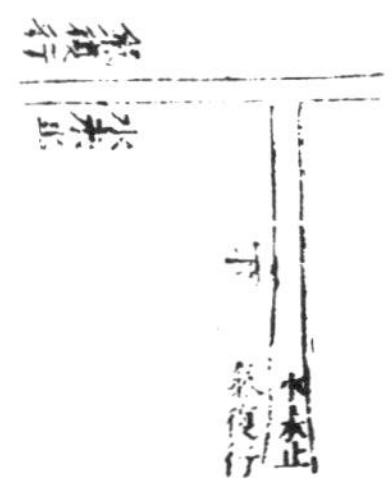

圜水並歸

水底斷際例

親疎賓主圖例

大水在南北方居民皆坎癸多衰一家坟宅獨依小水反受離氣宜以離氣爲主蓋北來坎氣過南而受離氣作離局則南水大前有關上下元俱發

水底例

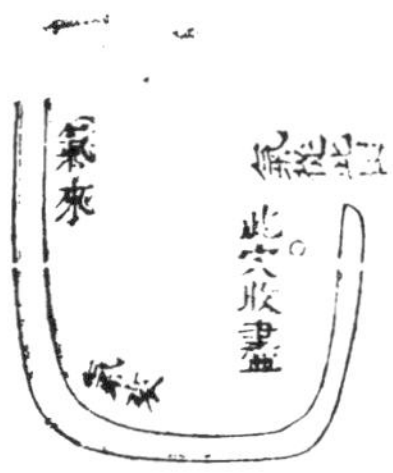

[illegible]錄。乃杜陵蔣平堦編成者也。彼云遊洞天時得遇異仙傳授。係天宮之秘。非人間之書。乃曾楊廖賴之正傳也。近代惟幕講師尤精其法。劉文成謝子期亦能合轍。年來海壖吳子天柱頗明九龍之法。曾師事之。後得仙傳始成全璧。乃以秘傳原本為贈。與張玉鏡水鏡。千里眼。夜光集。水龍訣。天玉經。八山剪水。三字青囊。以益之括諸書之精微。為無漏之妙義。又令門人沈生圖註。其中曲折詳盡無遺。與吉玄詮顯然大白。當寶秘而不得輕傳者。其言如此。丙寅之冬。余與九升先生同閱是

書。其正文果無遺漏。但沈註。有過于枝蔓當刪處。有不足當補處。如審其金龍。配以向首。正文明明是以水口定向之法。沈生不明其義。竟模糊過去。是此書之大病也。余意欲先生刪訂增補之。先生于是大加刪削。去其部陋繁穢而不足者增益之。開卷了然。豁人心目。真無纖毫之遺恨矣。今而後人刪之所有者。未必非天宮之所無者也。丙寅冬日儀操氏識

卷六終

平陽全書卷之七

古婺葉　泰九升父輯

海昌張曾祺念劬父參

楊存裕衣谷父訂

張國綸倜山父較

水龍訣說

九升氏曰。水龍訣者。世傳所謂水龍經者也。原作者之意。以論說不便于記誦。故作為歌訣耳。然歌訣多俚陋。而此訣語無多。法備具且無俚陋之病。誠訣中之妙品也。

水龍訣

天下平洋大地多。平洋龍法更如何。世人盡說平洋訣。都把山龍渾揣摩。平龍不與山龍同。郭璞原分山水龍。水龍一卷從來秘。不許輕傳洩化工。

此言山水二法。郭氏已分。其來久矣。不容渾用也。

山龍來脈有根源。大地平鋪一片氈。首尾去來無定所。分枝過峽不須言。莫把高低尋起伏。休言渡水與穿田。

此言平龍之法。與尋山龍不同。過峽起伏等法。皆尋山龍法也。平龍要看水神為主。龍氣從水邊走。儘有

地心高阜。而龍氣却不從此行來。

山是真陽神在骨。水是真陰精在血。山常羣骨不離肉。地惟羣肉不離血。羣乘生氣地中求。豈知地氣水邊覆。氣到水邊逢水界。平原灝氣盡兜收。

此言穴法也。平洋羣必近水者。洋地之氣漫散。逢水而始兜收也。

山性本火主炎上。水性純水主潤下。炎上高起是真龍。潤下低蓄是朝宗。山龍後高丁祿旺。水穴後高丁祿虧。

此坐法也。山以高爲主。故坐宜高。水以低爲主。故坐

宜低。詳平洋訣。

水龍原不異山龍。將水作山以類從。水龍卽是山龍様。枝幹分行形勢同。大江大河幹龍形。小溪小澗支龍情。幹龍漭蕩少真穴。猶如高山無真結。支水屈曲情相親。譬若成胎有落脈。

自上而下山之止。自外入内水之止。山龍多止止貴神。水龍多止止求真。若是止形皆可穴。頑山頑水盡黄金。

此言平洋結作須求真的。方可下手。非見支水便可亂下也。今之言平洋法。八山訣者。多不知穴法。柰何。

我有水龍真妙訣。水行有轉是真穴。直來直去龍之僵。有灣有動龍之活。一轉名爲抱穴龍。抱穴富貴在其中。二轉三轉貴不歇。四轉卿相不須說。轉處不分名息道。轉入分流名漏道。惟有息道是真龍。漏道多轉總成空。轉水不漏皆堪穴。不必止處求盡結。盡結原來是龍頭。轉處腰腹亦堪收。龍頭偏側俱精妙。腰腹完全力量優。

此明求穴之法。龍頭是盡結也。

求全不必水來多。一道單傳養太和。更有沓龍從外護。愈多愈美酒添酥。雖取群龍來輔佐。還從一道作龍窠。

別有雌雄兩道交。交時却似馬同槽。此是水龍奇妙格。相吞相戀福多饒。

二水交圖

水中亦有穴龍星。五曜時時見正形。五曜只求金水土。木形有轉水之情。直木火星皆大忌。水形吞吐露金精。若應三才并列宿。官階品級寂分明。但取穴星親切處。不離金土蘊真靈。

九星論定穴當裁。三法千秋慧眼開。坐水騎龍爲上格。

挾龍倚水亦佳哉。向水攀龍非不美。後山有水始無衰
掛角并兼三法定。莫侵漏道損龍胎。
龍胎雖固稱人心。遠水安墳死氣侵。沾着水痕扦着肉。
陰陽交度自生春。
水龍交度錦添花。挹注盈盈氣脈賒。眞水短時眞氣短。
眞水長時眞可誇。長龍定主源源貴。短龍只許富豪家。
平氣不如環氣足。氣逢轉處發萌芽。更有一端分別處。
淺深闊狹辨龍車。
水若乘車號秀龍。空車淌蕩是痴龍。得運秀龍能富貴。

外情內氣要相通。帶秀痴龍猶顯赫。癡龍後抱福無窮。
細活者曰秀龍。主貴。若秀龍成穴。得闊大癡龍。托于
穴後。福大而久。若朝癡蕩。則主敗絕也。
水龍剖盡骨生香。妙用玄機不可量。八卦三元并九曜。
毫厘舛錯落空亡。問君八卦如何取。洛書大數先天矩。
五帝三王緯地書。九州九井皆從此。只把傍龍一卦裝。
莫把三八分條理。須識水龍龍骨眞。骨若不眞龍不起。
定局惟看貼水城。毫厘尺寸要分明。更有照神能奪氣。
外漾光透失宮星。宮星若重平分勢。照神若重獨持衡。

外照過多分氣亂。局神不定運多更。還有水龍眞妙訣。
只將朝脈論來情。來情若在眞元會。諸局參差一半平。
轉折短長純雜處。此中消息眼惺惺。
九星八卦貴乘時。上中下元各有宜。葬着旺龍當代發。
葬着平龍發漸遲。葬着死龍愛敗絕。縱然合格也難支。
不是八神齊到穴。出元之局莫相依。
三元既辨龍神旺。九曜不純龍力衰。此是山家大五行。
納甲交中應天象。五行九曜轉乾坤。稟命天樞造化根。
在天北斗司喉舌。在地八卦顯天星。四吉四凶分順逆。

父母二卦顚倒輪。向首一星災福柄。去來二口死生門。
青囊郭璞曾揚秘。玉尺赤松奥典經。能將九曜爲喉舌。
大地乾坤一口吞。
卦局既定。以本局起廉貞。翻八山。凡向水皆宜四吉
星。詳後八山剪水經。其中向首一星尤重也。若水之
來方去口。要合青囊玉尺之法。收生旺于來方。撥死
絕于去口。則吉。若僅合八山。不合生旺。大凶。
若說高原無水地。亦有隱穴在其際。乘高臨下即江河。
萬頃平低能界氣。高低數尺合三元。一旦榮華諸福至。

若坐低空在後山。數世其裘常不替。
江北中條平地龍。無山切莫強尋龍。雖是乾流無水道。
溝渠滴點有神功。隱隱微茫藏界水。葬法實與江河同。
我向乾流指真水。能使上士發天聰。
高山坦處近平田。莫作山龍一樣看。若遇乾流或際水。
亦將此法論三元。
若論葬水勝葬山。葬山歲久氣方聯。葬水秀龍并旺運。
三年九載透天關。山本陽精中抱陰。陰精是水陽內存。
葬陽得陰陰漸長。葬陰得陽陽聚中。

從來水路後天成。不同山骨先天生。山骨增補終不應。
水脈疏濬引真情。當年無着修龍法。修着之時旦夕靈。
莫道人工遜天巧。江淮河漢禹功成。
進神之水少人知。水去相宜退神資。丙向午水來富貴。
午向丙水流顯貴。丁向午水用地進。巳向丁流丁富盛。
未向坤水朝來貴。丑向水流艮亦貴。坤向申水至榮華。
申向坤水富貴誇。庚向申水來金玉。亥向亥來滔滔福。
甲向卯水主福祿。乙向甲水進財聚。艮向甲水朝富足。
子向子水定登科。寅向水來丙加祿。壬向子水朝用地。

癸向亥水主富貴。酉向水流辛顯赫。辛向水流丑發福。
戌向水流乾增福。乾向水流乾官祿。辰向水流巽顯赫。
卯向水流乙慶綿。巽向巽流清貴福。二十四山得水流。
富貴足千秋。要知來是之玄水。環遶向明堂去是之玄
水。曲折流慕方。
夫欲求道者。非多讀書不可。而今世之言平洋者。僅
誦此數頁書。便云我知平洋法。則亦可笑之甚者也。

附平洋水格說

九升氏曰。仙婆集水格。其原從三十六鉗脫胎來。大有

補三十六鉗之所未備。初學平洋者。按圖觀象。由此以
入門寂易。以其所圖者。盡易于入目之格也。夫平洋之
結美地。有不必如此美好可觀者。然果得如此之格。其
清秀自然迥出群倫。前水龍一訣。所以辨地之有無真
假。與理氣之作用。皆係切實工夫。以之發丁發財。則亦
足矣。以之辨清濁而分貴秀。則有所未足也。況其書甚
少。余故集是帙。以附于後。使世之讀水訣者。知有成格
成局之妙。而不流于鄙陋。觀水格者。知有真實作用。而
不入于索驥之痴也。

御陛式

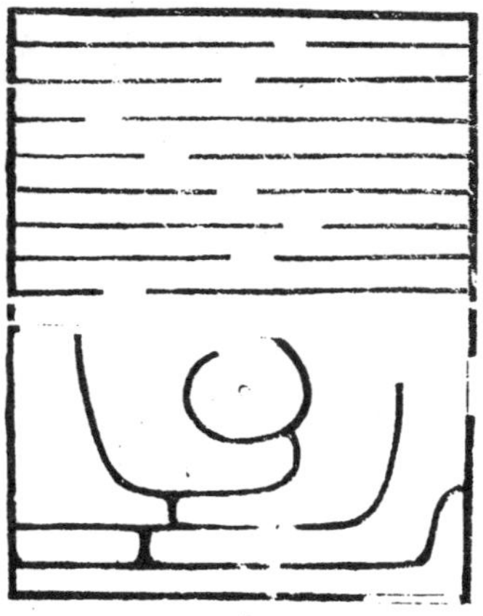

平地聚氣。出脈之玄。如雲中雁行。九叠者曰御陛。當尋其始末吐露金光處。照定天心。迎對三叉。串其折水折之。斷云。御陛九級號天梯。須知富貴世間稀。三陽六建若朝穴。男作公卿女作妃。

御街式

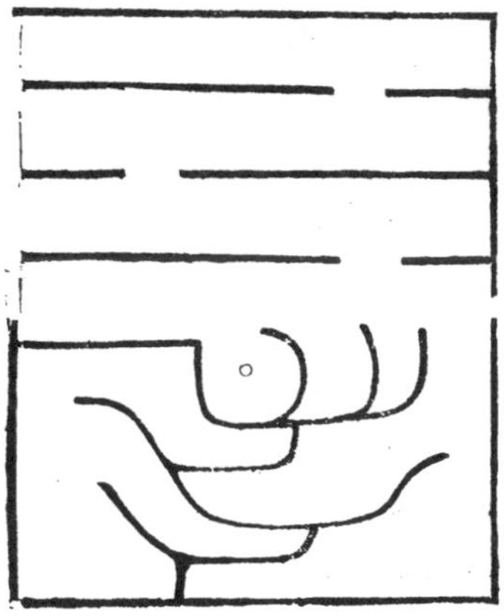

平地聚氣土星曰御街。朝覲之象。乃上格星辰。看其入首橫直。乘其積氣。串其前後。就垂頭扦。如一字不垂。當就積頂脈迎水扦之。斷云。方土層層號御街。更喜儀仗兩邊排。來往無非朱紫客。兒孫世代寵恩來。

玉簡臨朝式

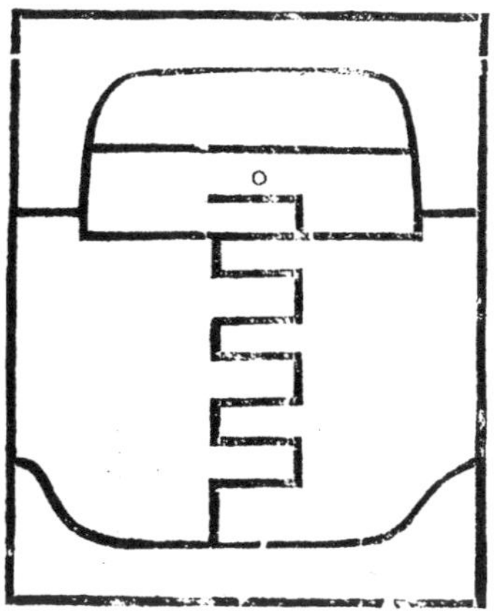

平地玉尺爲一字文星。生得方正平直。面前九曲朝入。曰玉簡臨朝。當就中心迎水取之。斷云。金簡玉軸喜相連。代代爲官近帝前。更加劍印生左右。封侯拜相不須言。

捲簾殿試式

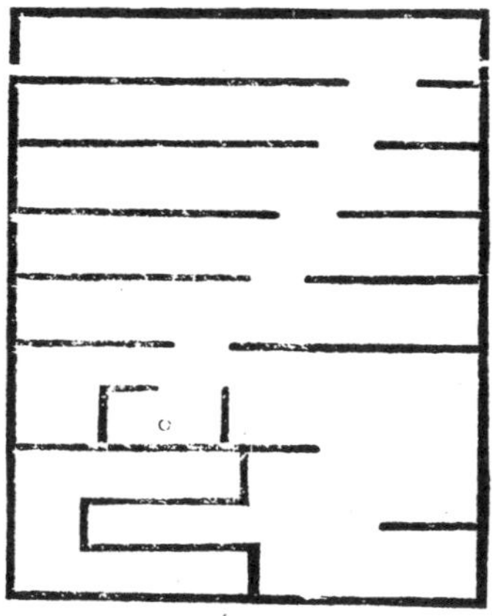

平地聚氣土星。出脈斜穿如織。曰捲簾殿試。入首成一字。看如鈎頭。如直體無鈎。須考認積氣下之。斷曰。聚氣星辰叠重重。捲簾平正出三公。面前流水合之玄。兒孫世代受皇封。

平地蘆鞭式

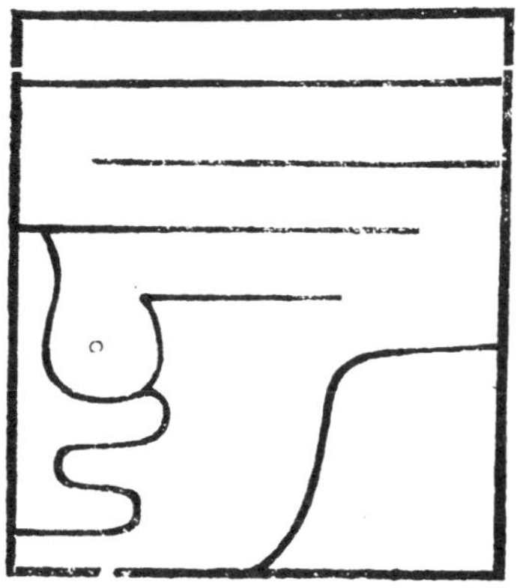

平地紫氣轉折脈曰蘆鞭入首。首有折成一字垂頭結穴。乃衆橫中取直，從垂頭處扦之。雖大水全犄一邊。兩水合[illegible]殺循變牙而出。曾氏曰：將入之玄。轉云去而不去。斷曰：蘆鞭三遠勢飛花，代代榮華富貴家。岸體滿朝朱紫客，文章蓋世實堪誇。

平地梅花式

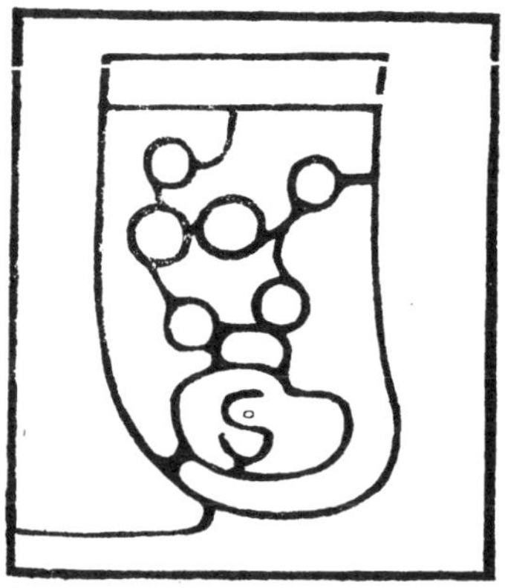

平地金水小墩三五個，或六七個，曰落地梅花。掃蕩變出馬跡度脈，如梭中之絲。此龍體勢上合天星，下對大聚。展開鉗局，宜就鉗扦之。斷云：磊磊明珠似散花，藕斷絲連足可誇。有人認取真龍脈，兒孫必定近皇家。

六陰朝陽式

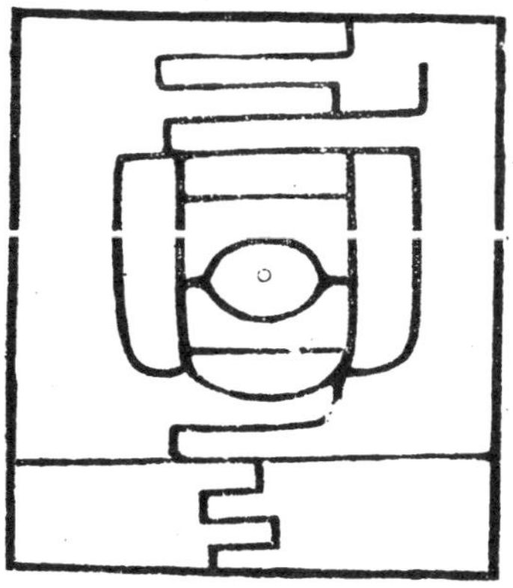

孤曜遺胎生出水中，四面俱是方坵，獨中旋成圓墩，名曰衆陰朝陽。不必問來脈，只就中心扦之。書曰：平洋不問踪，水遶是真龍。已下皆從水取穴。斷云：四面玉尺護金珠，陽光一點與人殊。神童榜眼黃金職，公侯宰相此中居。

端雲團月式

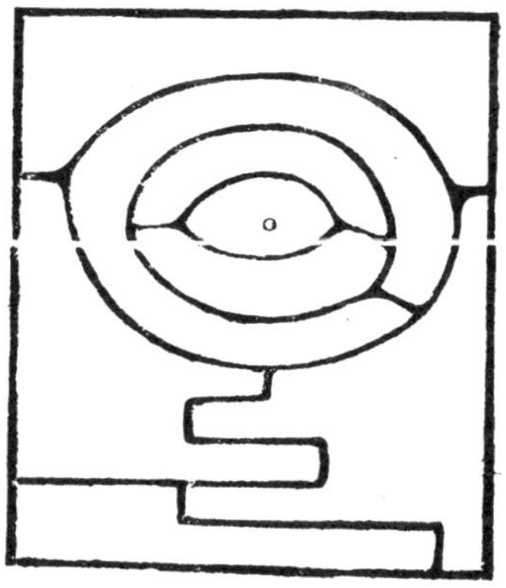

平面太陰落在水鄉，而四砂環聚，曰端雲團月。是太陰出孤曜吐唇，露者避其孤，吐唇隱者坐其孤，從屏殺穴扦之。高曰屏殺泊岸鄉向也。斷云：文星疊疊護重重，月麗天心照太空。富貴榮華何足羨，兒孫一舉位三公。

金龜拜斗式

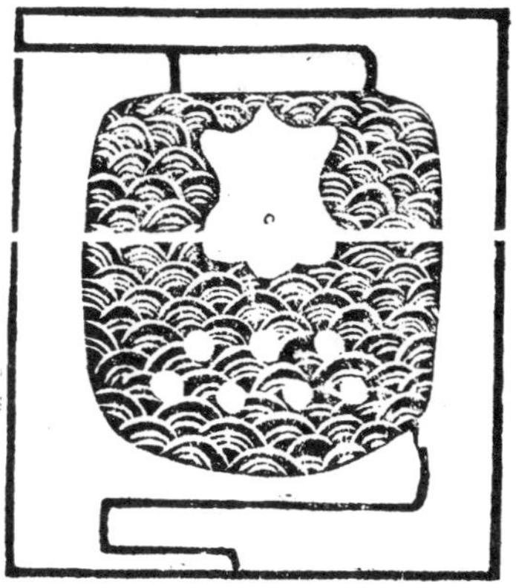

金水落湖池。而前有五七小墩相應者。曰金龜拜斗。就龜中平面乳頭立穴。以前墩爲案。因龜獨尊。衆星散故。就龜身點之。此散中取聚穴也。斷云。玉穴金龜對七星。少年才子有聲名。代代出人朱紫貴。還應巨富旺人丁。

靈龜帶子式

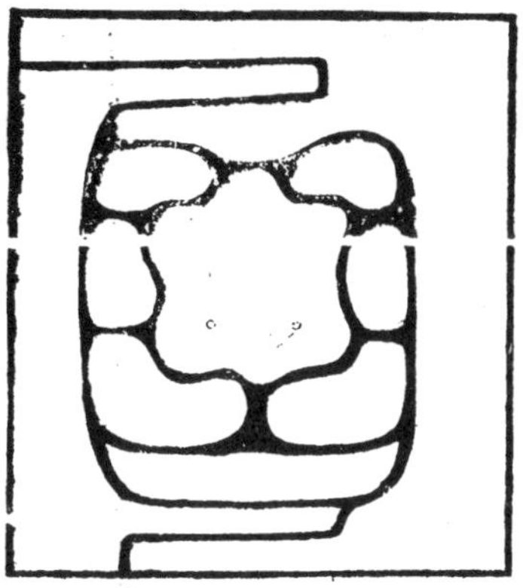

分氣金水。散入池湖。有靈龜帶子之象。擇其端莊中正處扦之。下肩穴以避其孤。此亂中取正。硬中取軟穴也。斷云。數點金星隨水起。金白水清誰可比。出人富貴壽元長。子孫榮華千萬世。

地理大成　平陽全書　卷七

衆星拱辰式

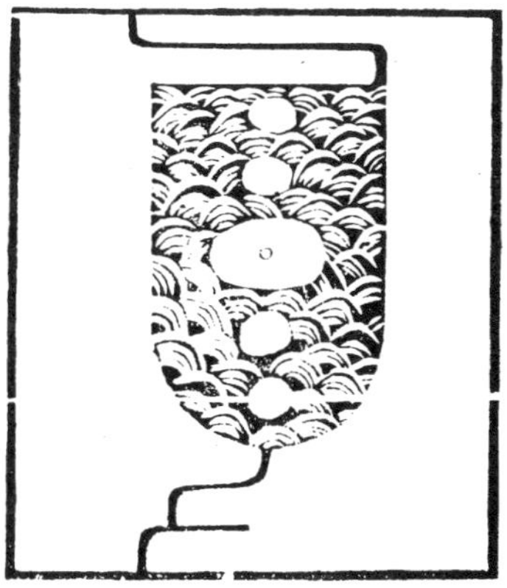

分氣孤曜落平田。或湖池。有星斗之形。衆星拱辰者。小中取大之義。當認串珠之勢。扦其中大而以前後爲賤。衆不必問其盡不盡也。斷云。重叠珍珠串前後。陰陽交變是眞言。斷然要葬陽金穴。代代爲官福祿全。

金星伴月式

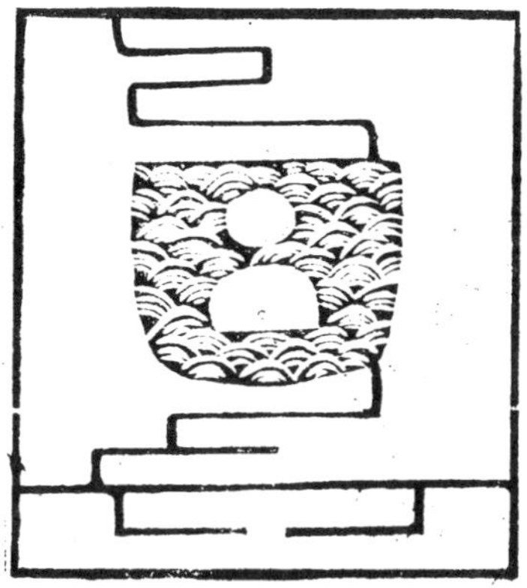

孤曜落湖池。或平田。出太陰星。曰金星伴月。乘虛取息。正口扦之。斷云。金水相涵體甚清。伴月流星分外明。十八才子登科第。緋紫腰金世代榮。

已上四格。皆小中取大。坐虛乘實。

春水浮花式

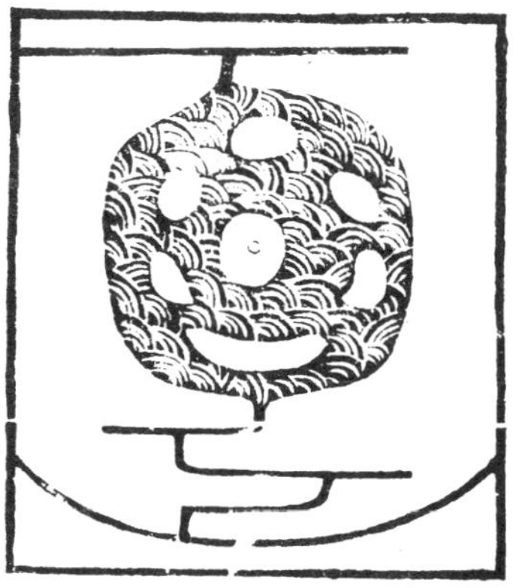

金水分氣。散入田中。或湖池間。三五七墩曰春水浮花。此脈難認。當觀其勢。審其前後左右于中扦焉斷云春水浮花與水朗亂中取正少人知若能點得花心穴兒孫世代步雲梯。

蚌吐明珠式

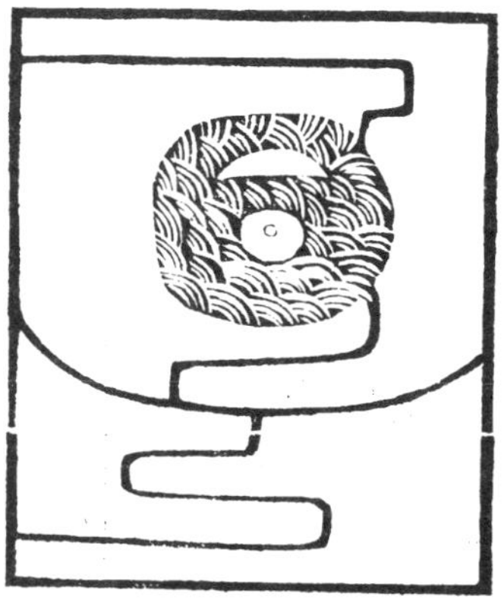

孤曜入湖池。或平田分氣。有蚌吐明珠之象。就珠扦之。大中取小局也。斷云倫身過脈少人知老蚌吐珠勢亦奇。珠光一點千金價。子孫身到鳳凰池。

已上皆遺胎聚結。不必拘龍脈長短。平洋乃以水爲龍故也。

驪龍戲珠式

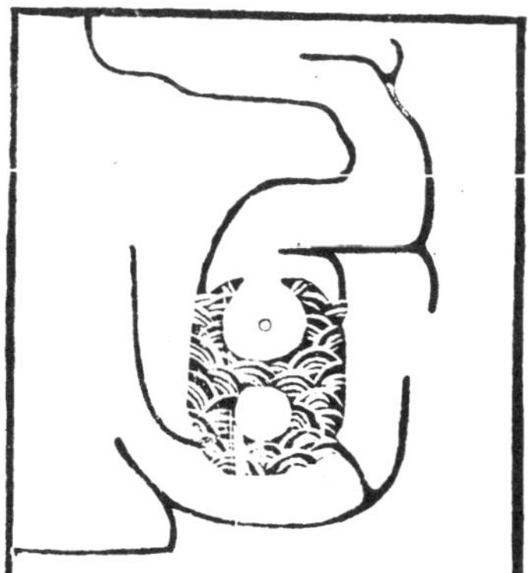

金水落平洋。展開鉗局。與曜星相對。曰驪龍戲珠。就鉗局內串其財祿。對定三叉。從中扦之。以珠爲案。斷云明珠一點獻文星。鉗口推開穴甚明。代代子孫食天祿。榮華福壽有聲名。

盤龍捲水式

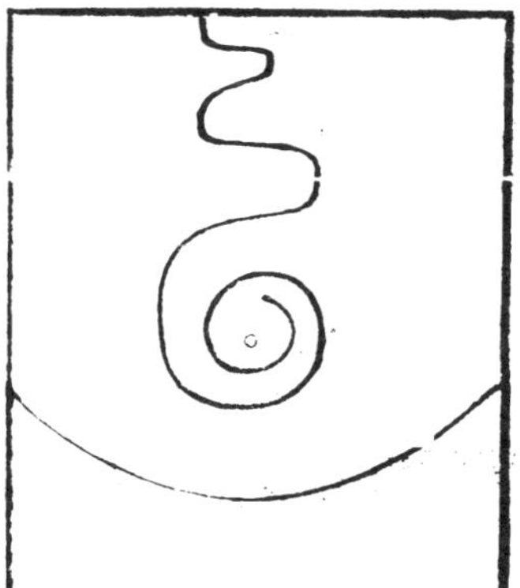

金水落平。變出掃蕩。悠悠揚揚。與流神首尾盤旋。曰盤龍捲水。當從盡處扦伏氣穴。串其首尾。剪其曲動。斷云迢迢金水勢盤龍。富比陶朱長壽翁。人旺財興經百世。納粟官員後贈封。

土腹藏金式

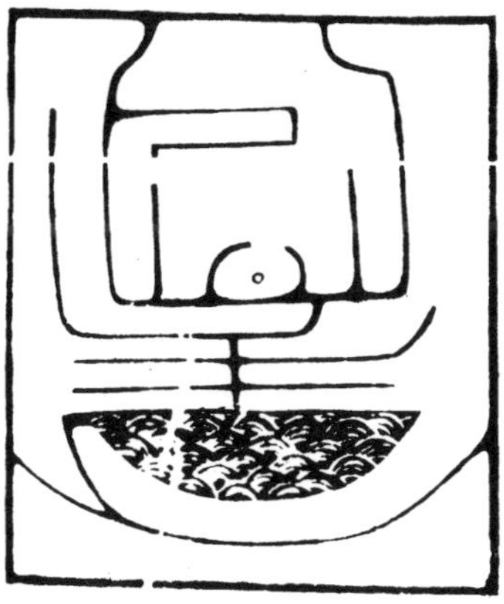

土星落平曠蕩難安而水神纏繞處于中或角有小金面曰土腹藏金就金面扦之無面有角者截角剪之此棄老取嫩脫死挨生穴也斷云文星後托巨門星排衙之砂兩邊迎外聚不防內水直聯芳科第輔朝廷。

玉尺傳書式

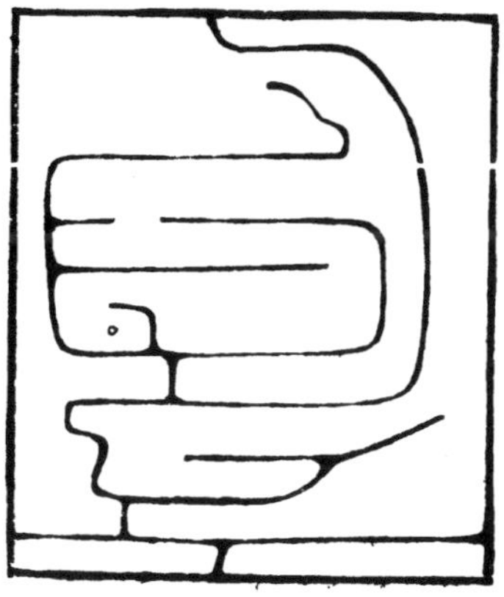

土星落平如玉尺之形。此變疊土星有龍有脈當乘其積氣依一字文星下之斷云淺土重重玉尺連代代為官近帝前家積千倉田萬頃人丁大旺富滔天。

金鈎捲簾式

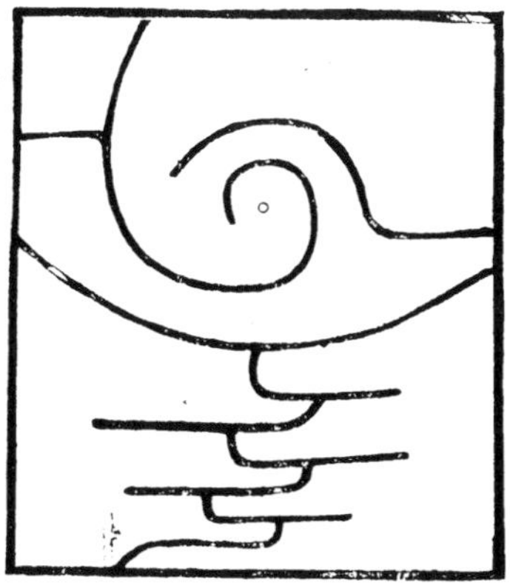

金星落平盤旋結局面前水如織帛有金鈎捲簾之勢就勾中串前後應樂枕水扦之斷云文星作穴貴來朝案定標準不須饒王四代間多豪富兒孫英傑出官僚

金鈎掛月式

掃蕩落平變金體入首一濱從前屈曲鈎轉曰金鈎掛月就月中心影光處對定天心扦之斷云掃蕩出金旺龍星一鈎轉處月光明求神不必問來去人旺財興世代榮

匣中玉印式

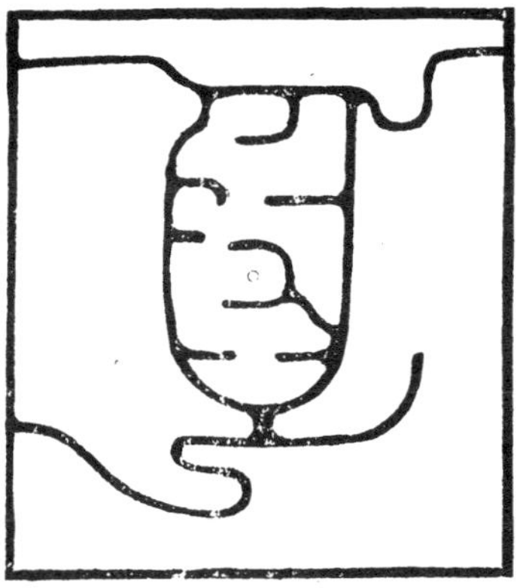

平地金水圈小方土門匣中玉印當就方土中心立穴有官鬼者串其官鬼斷云貴星玉印煥文章三紀之後大發揚兒孫一舉登高第玉堂金馬坐朝堂

草裏明珠式

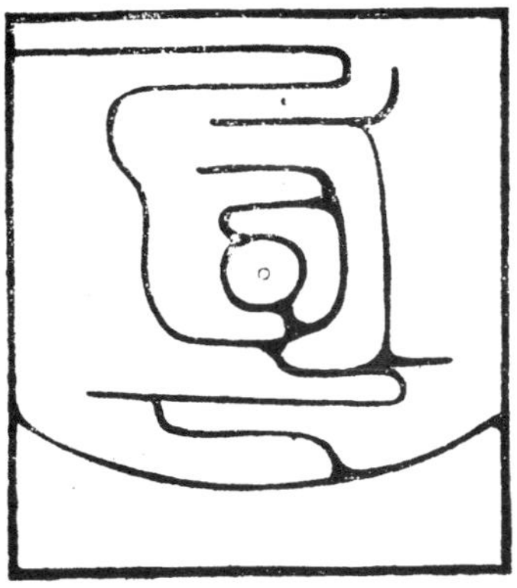

紫氣落平數條分氣中有圓堆曰草裏明珠當就珠立穴顧前後左右扦之此亂中取正局也斷云浮水木星三四條變出金盤聚氣饒明珠出水千乘照兒孫顯達作英豪

神鯨鼓浪式

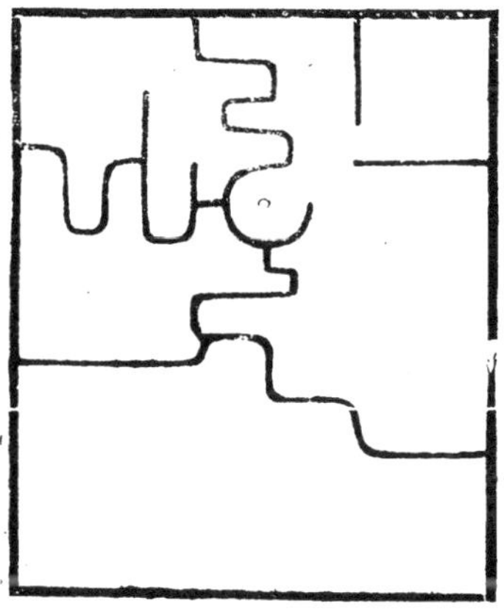

平地金水分氣入局有神鯨鼓浪之勢當就其首逆水迎潮立穴斷云神鯨鼓浪逆水扦子孫富貴福綿綿二三代後須登第爲官常近帝王前

潛龍掩尾式

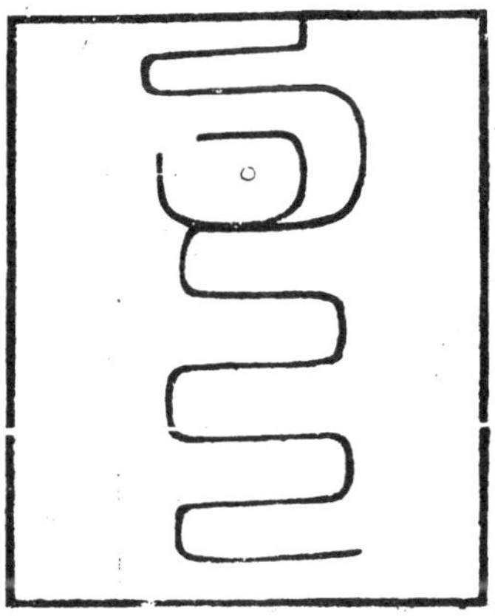

平地金土出面內水放朝入局有潛龍掩尾之勢當就正腦從中立穴斷云潛龍金土方且圓二水灣環遶穴前三代人財大發福子孫必定占魁元

出土蜈蚣式

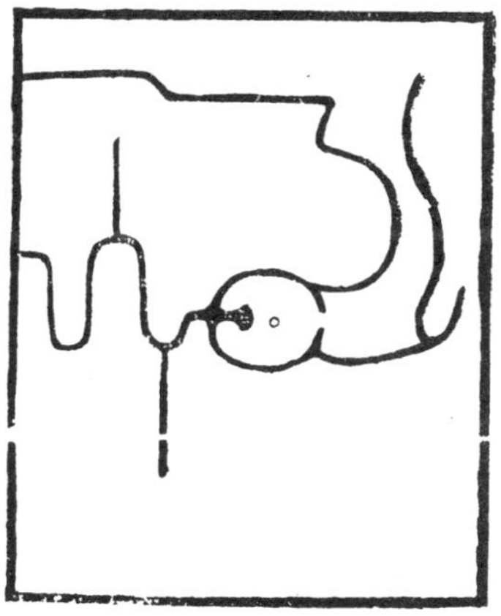

轉身掃蕩。變金水出平洋。曰出土蜈蚣。當就其首枕兩耳坐鉗內正接扦之。斷云掃蕩出曲勢盤旋。變出金水居水邊也旺人丁也。富貴子孫應侍紫微垣。

象鼻捲雲式

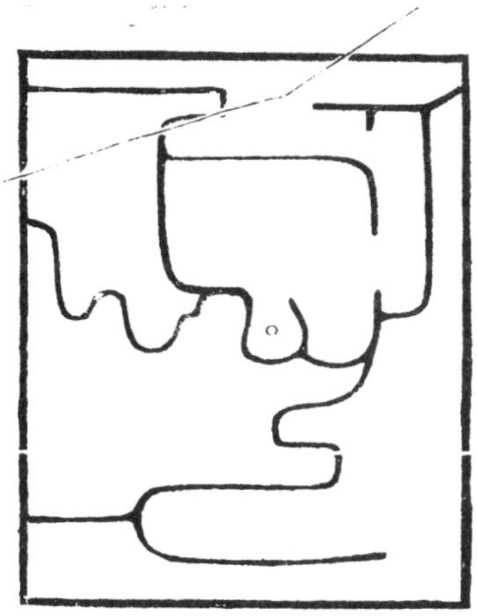

平土天財。變出小金體。有象鼻捲雲之勢。當審其動。乘金飢處扦之。乃大中特以小爲貴也。斷云象鼻捲雲是单提土角流金。人少知錢財大旺家豪盛兒孫必定步雲梯。

紅蓮出水裕式

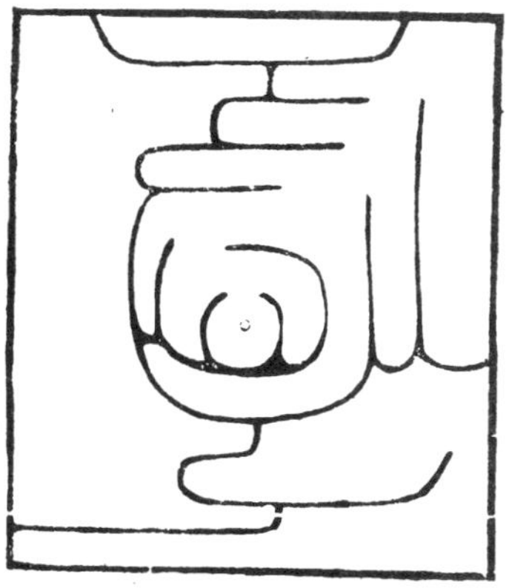

雙臂孤曜出平田。或池湖有紅蓮出水之形。宜就花心下穴。斷云一朶紅蓮泛水開中心一穴產奇才。龍虎重重清氣盛。兒孫拜相坐金臺。

青萍泛水式

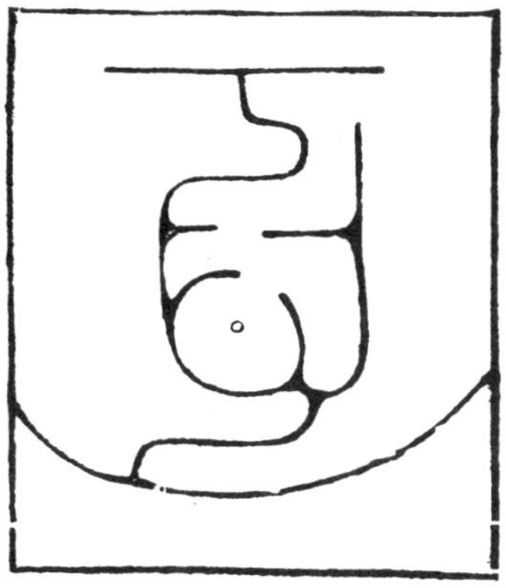

金水出平洋。如青萍泛水。書云金實者乘其虛。當詳坡心微動處乘水扦之。斷云金水鋪落到平坡。穠濃泛泛出清渡動靜相乘壽水穴子孫世代古高科。

順水維舟式

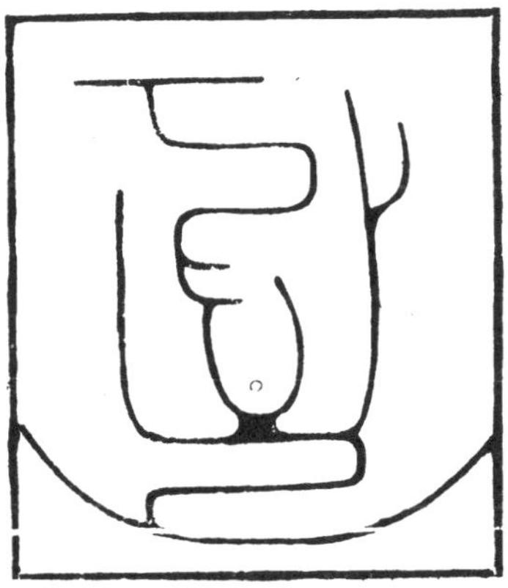

平土出金。四水合流。得順水維舟之勢。就中心看有微窩扦之。斷云土星生金。金生水。子母公孫同一類。秉虛細細認。資生子孫科第登高貴。

黃蛇吐氣式

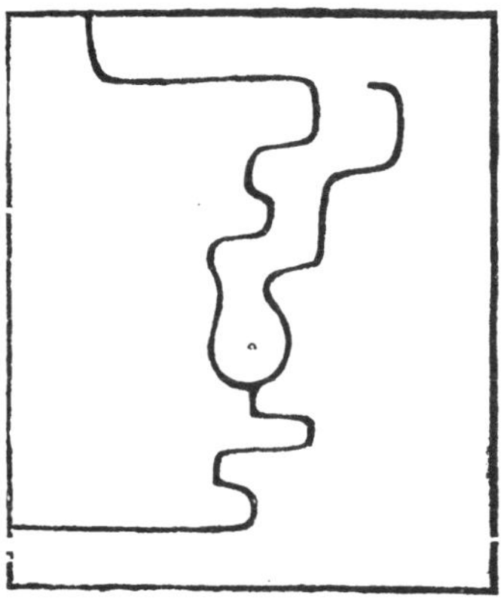

側身掃蕩。變出金水硫蜒。屈曲如黃蛇吐氣。就氣口中立穴。對前流水雌雄扦之。斷云黃蛇吐氣氣口真。金水生人貴莫論。人旺財興三五代。官任黃堂及翰林。

交頸鴛鴦式

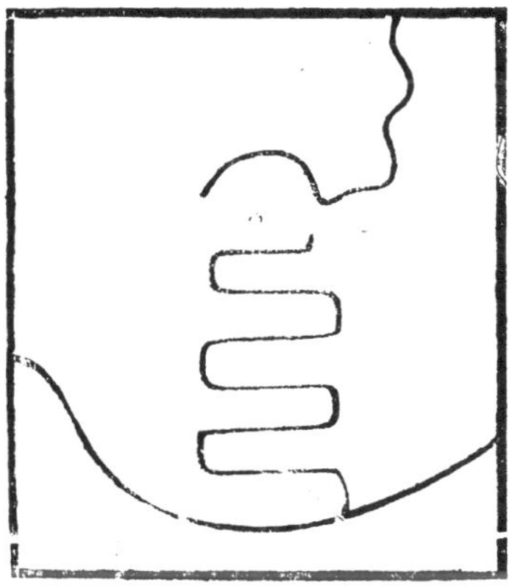

掃蕩邊粗中細。前有小水屈曲而入。後有一水灣還中進。有鴛鴦交頸之勢。就頸扦之。乃過氣橫蔭穴也。斷云兩片彎砂不足看。認取中心細處安。前後二水分清濁。曾致世代出高官。

兩犬交春式

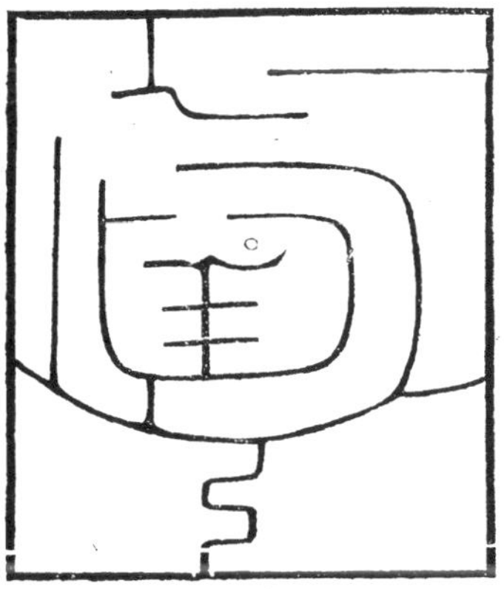

土金平分兩片。排衙相對。如犬交之勢。當就過橫蔭穴扦之。斷云氣勢橫分二大形。排衙唱喏兩邊迎。陽精一脈真消息。門前聲報狀元名。

奎壁聯輝式

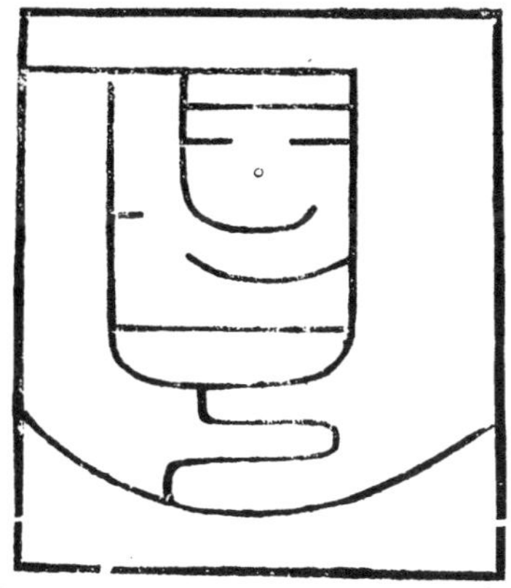

土金落平田。出面平圓。而後拖方土。有奎壁聯輝之象。就金面立穴。坐其去脈。以土爲鬼。此過氣直蔭穴也。斷云。玉枕雙雙後鬼奇。滿月金光是紫微。水秀不愁官爵祿。兒孫平步上雲梯。

蜁螺吸日式

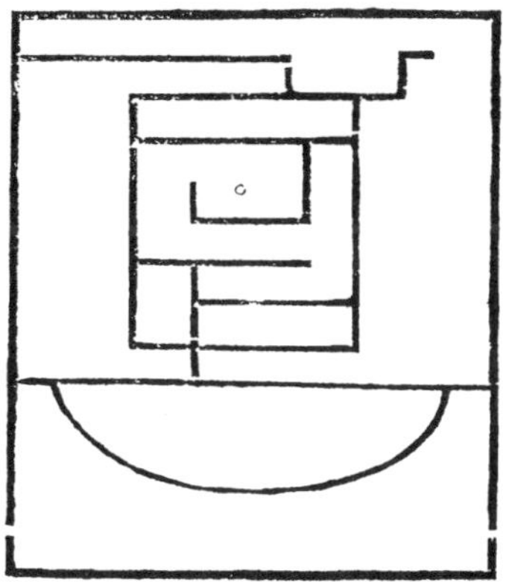

平地太陰。单股盤旋。有海螺吸日之勢。認其積氣。於平圓盡處扦之。斷云。曲脚金土单股收。一發人財近百秋。納粟秀才登甲第。富貴聲名震帝州。

水連雲式

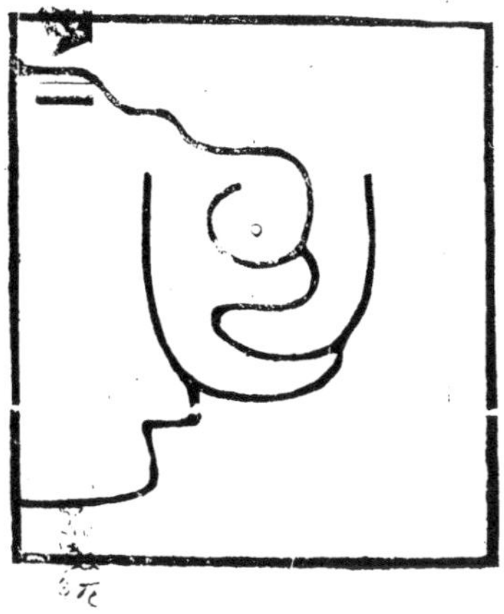

金星出平面。一水隨繞而去。如連雲之勢。就金面中心立穴。直中取横扦。管氏曰。陽儀雁于東方。陰造流清于西隅。斷云。一水連雲勢不斷。三横五曲與五殊。雖然不出公侯貴。也在六卿部裏排。

五龍爭珠式

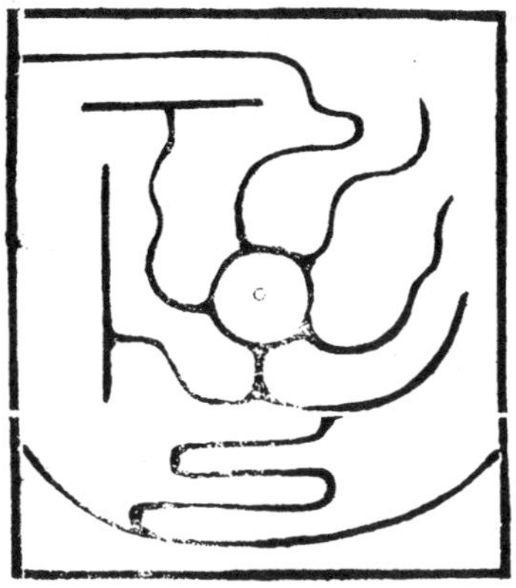

聚氣掃蕩。變出孤曜。如五龍爭珠之勢。五龍之氣。咸聚于珠。宜就珠扦之。若只一泓清泉。即以寒潭月影穴法。扦入水中。水深用造土法。斷云。衆山衆水一齊奔。聚氣星巒勢獨尊。若無明珠壽月影。一輪瑞色滿乾坤。

卷七終

平陽全書卷之八

古婺葉　泰九升父輯

海昌沈志賢漢章父參

沈巽世方夔父訂

張時懋勉新父較

山穴平洋二訣總論

九升氏曰。山穴平洋二訣者。宋司馬頭陀劉公潛之所著也。凡形家言道之書。曰經曰書。明道之書曰論曰說。如葬經素書發微論是也。其以訣名者。不過爲庸下弟

子說死孤子。無甚精義者也。二訣爲書不多。今山法訣猶仍舊。而平洋訣數倍于山訣者。則慕講師之所廣也。此書大意。不過明平洋與山作法相反。山宜坐高朝低。洋宜坐低朝高。山宜左右圍抱。洋宜左右放空。山宜水朝穴前。洋宜水沖穴後。以山屬陰宜用順而向陽。洋屬陽宜用逆而向陰也。顧此法亦數語可盡厥旨。而慕師作訣。盡闕娓娓不已。亦甚重複不堪。鄙俚可厭。余意欲留其精。刪其冗。以作師之功臣。繼深思之。始知其重複之句。俚鄙之辭。皆師之婆心苦口也。爲下乘者說法也。蓋洋法不如山法之大行。世人久熟山法之書。多聞洋法無不駭怪。且庸衆不能舉一反三。其重複者。其諄諄也。其鄙俚者。使雅俗盡知也。則余烏得刪削之。以沒師之婆心苦口也哉。

平洋訣

平洋造穴與山分。時師無法莫抒墳。壟法若同山谷裡。斬絕人家子與孫。

山屬陰兮洋屬陽。高起爲陰低是陽。山谷藏風爲真穴。洋地風吹是穴塲。

巒頭星體覓真龍。陰陽交會配雌雄。藏風納氣爲真穴。風吹水刼壽丁窮。

江湖河海作平洋。風水原來别有行。避水避風真絕穴。風吹水刼壽丁長。

平洋與山反覆推。詳法以坐虛爲壽。坐高爲夭。左右放空主丁。夾實主絕。向高主財。向低主敗。故曰。上低中低下堂高。壽長丁旺富而豪。上高中高下堂低。壽短丁稀無飯衣。凡立穴要分三堂。穴後爲上堂。穴左右爲中堂。穴前爲下堂。訣曰。穴後高。天難熬。穴後低。

壽有餘與山法相反所謂別有行也風吹者平洋之
穴忌背後左右三方有高地遮閉最喜低坦受風惟
朝處宜高忌風與山法當面不忌風相反故曰天柱
風吹有壽考明堂堆積萬斯箱水刼者本身有浜流
出謂之刼隔河有水射入謂之冲有刼有冲其氣始
聚其氣始動故曰江湖河海爲洋斷冲刼反以作關
闌其圖于左

平洋之地無冲無刼則是一片平鋪頭皮
死氣有何可取從何求穴若有浜刼則水

來環抱有浜冲則水來朝拱有冲有刼則界出明有
關有闌矣猶山之有龍虎兩砂而穴始結也凡穴之
前後左右有水冲刼俱作峰論名水峰浜多者爲水
峰排挿也故曰穴後河水直來冲左右兩房富貴榮
穴左腰邊挿一筆長房子孫做侯伯穴右腰邊挿一
筆二房子孫做侯伯穴前曰執笏在左發長在右發
二在中均發訣曰左執笏中丞出右執笏御史出而
前挿一筆忠臣謀宦出若也挿三筆尚書閣老出以
在前爲笏左右爲筆又爲魚袋在後曰坐山總之宜

短不宜長宜闊不宜狹若細直而長則爲箭水最凶
宜避短闊者方爲笏筆故曰短闊豈爲箭又訣笏與
筆當從九紫尋蹤跡書云四綠爲文昌九紫爲文明
一白爲貪狼皆主發貴若年白弔到筆笏之方主其
年發貴又穴前忌見小池沼主瞽目滲佚遠則不論
已上論平洋固詳且悉矣不過以平洋離祖已遠毫
無脉脊且爲水穿斷一坪之內廣不過千畝長不滿
數里認龍甚難故以水之環抱冲刼爲主也古云落
在平洋莫問踪但觀水遶是真龍此以水爲龍之說

也故其穴多結于蟠角鈎心小水成穴於內大水纏
遶於外切忌穴寬尤嫌河闊穴寬則氣散河闊則水
蕩皆非成格之地也若龍脈可據宜取直法中求之

向坐明堂左右訣

山中坐基甚愁低低處爲基沒飯衣基若高時多富貴
陰陽定理豈差移穴後曰坐基
平洋低處要尋低坐基低下有盈餘基若高時窮到底
先天制定不差移
穴前向高進金銀穴後地高主絶人墳前地低家資索

塿後地低壽百春
穴傍左右護砂多。塋後兒孫漸消磨。坟左墳右兩邊低。
兒孫一舉便登科。
時師不識平洋訣。坐低向高爲正穴。丁財兩旺壽康寧。
秘傳切勿與人說。
時師不識平洋訣。坐高向低認正穴。若還有人扦塋此。
後代兒孫必主絕。
平洋明堂高又高。金銀堆積米陳腐。平洋穴後一尺低。
個個兒孫會讀書。平洋左右兩邊低。兄弟兩個做尚書。

平洋明堂低外高。長次兩房足富饒。平洋明堂如掌心。
各家富貴斗量金。平洋明堂低又低。萬兩黃金化作灰。
平洋坟後高壓塚。各房退敗人絕種。平洋左右高壓穴。
兄弟兩房人必絕。平洋邊低一邊高。逢高敗絕低富饒。
水外高富低敗絕。山與平洋反覆推。

儀操氏曰。坐低向高左右放空之說。人聞之無不怪且異者。抑知聞之則怪。見之則甚常也。坐低者。非于卑下之處點穴也。但忌穴後之地高於我穴。喜其平坦低下。故曰坐低向高者。非於高阜脚下點穴。反向高阜。如人面墻也。前來之脈。作倒騎之穴。來處必高。是向高也。後來之脈及橫進之脈。穴前有低田作明堂。而堂外宜高起作案。若無高起之案。則明堂無收拾矣。亦向高也。左右放空者。平洋爲陽。宜喜陽中生陰。陰者。起突是也。左右與後俱低。則本身自然是高突。夫平洋一突之喜。人所知也。今與人言有穴於此。是平洋一突。其人必喜。同此穴也。與之言左右俱低。其人必不喜。朝三暮四。暮四朝三。衆狙之喜怒分焉。是後低左右低之一突。本無足怪。特開之而不察耳。

砂水訣

水抱穴陰龍氣會。砂宜陽位應財源。見砂左右休言吉。
水注三方動處歡
天柱風吹有壽考。則堂堆積萬斯箱。左右空缺子孫興。
水路砂關無空缺。富貴榮華顯祖宗。

九升氏曰。穴陰者。背後也。陽位者。穴前也。三方者。後與左右也。平洋之法。後與左右。喜水環抱沖刼也。動處歡者。有冲刼之方則吉。如冲左長發。冲右仲發也。

-〇平洋之穴。得水爲先。但宜水抱穴後。却忌水在穴前穴前橫過之水無害若當面直朝之水冲蕩大凶有蓋砂無妨靠坐水城取土星爲上金星次之不嫌後狹前寬高山穴取水爲財平洋穴取砂爲財故穴前取高地高田爲砂主發富貴總之後與左右三方喜水忌砂穴前一方喜砂忌水也穴後曰天柱有風者低也水路者去水之方砂關者交鎖關閉水不直去故曰穴後低又低子孫會讀書兩邊低又低子孫做尚書後低前高子孫富饒後高前低子孫散離又曰地戶緊閉順水亦吉城門散亂逆朝終廢也○又

明堂訣明堂如扇子人命官司至明堂扇子角官司退家落明堂扇子仰遭官入法場明堂如側扇官災口舌見明堂如潑扇因官發財旺明堂如銅鑼家富積財多明堂如掌心家富斗量金明堂有倉庫斷定興家富明堂水直流退盡好田牛

分房訣

壽從天柱得丁從腰裡出若問富與貧明堂看堆積○穴右天柱高二房壽不牢穴左天柱高長房須壽夭穴右有高地二房子孫稀穴左有地突長房子孫絕左右墳前岸地高長二兩房置倉廒左右坟前片地低長二兩房必寒飢明堂左高主長發明堂右突二房豪穴後左邊節節低長房高壽足珍珠穴左一尺二尺低長房丁旺斗量珠穴左三尺四尺低長房個個做尚書穴左田塍漸漸低長房富貴晉三妻穴左霎時三尺低長房子孫煞三妻穴後右田低又低二房福壽得均齊穴右一尺二尺低二房丁旺有雙妻穴右霎時三尺低二房必定損三妻穴後右邊高又高二房貧苦夭難熬穴右田塍三尺高二房敗絕不相饒穴右田塍漸漸高二房

男死寡丁號穴右土厚高且肥二房螟蛉塚邊啼穴右若是一寸低二房五子何須問明堂右邊望見低二房無飯又無衣穴邊雖高堂亦高二房孤絕幸富豪穴左天柱高子孫夭難熬穴右護砂多子孫無一個穴左明堂高長房富且豪

歌訣甚多後有圖局總之以穴前砂之高低斷子孫之貧富以穴左右之砂水高低遠近有情無情斷房分之貴賤人丁若左邊有砂即知長房之敗耗右邊有砂即知二房之淩替以穴後天柱兩肩看其砂之

高低。斷其房之壽夭。凡穴之前後左右。有山砂尖射支河冲激。俱爲不吉。若原有河道環抱。而支河從外注入。反能冲動發福。

作法宜忌訣

平陽陽氣不可閉。土作圍城棺受水。時師不識平洋訣。反使人家丁壽稀。

凡平洋不可作土圍城。若作則水入棺中。子孫不吉。蓋陽氣宜舒而不宜斂也。

平洋坐法論

平洋與山相反。要坐虛朝實。此不易之論。然亦可坐實向虛者。何也。如前來脈橫進脈平鋪脈。俱用坐低向高。若後來脈起脊高露者。此少陰之地。半陰半陽之所也。依山側看。仍用坐實之法。更有水聚明堂。亦宜坐高朝低。訣曰。亦有向低可爲穴。只因諸水聚其胸。

凡後龍起脊高露。其氣屬陰。前宜開敞屬陽爲佳。是宜高處點穴。不可扦於低下之處。不如法則主絕丁。

平洋怕水渙散。故宜朝高逆水歸堂。牵低處水聚則不渙散矣。何不可朝。

平洋剪水總訣

平地誰能曉。龍向水中生。與山龍各別。河水作星辰。如何生者死。如何死者生。河漕爲龍虎。生來是進神。兩旁宜水刼。刼重出公卿。河漕冲穴後。低薄子孫興。堂局高高閉。家財歲歲增。前低防耗散。背厚絕兒孫。面前忌冲水。腦後怕高墩。神仙微妙訣。切莫亂傳人。

九升氏曰。生者死。指通河言。死者生。指浜水言。世人以河爲活河。以浜爲死浜。不知通河氣散。不能結地。浜中氣聚。地始結也。浜爲生氣。河爲死氣。故曰生者死。死者生。巧語也。

平洋高地秘旨

高山立體。平洋卧體。平洋圓曲尖方之形。即高山金木水火土之象。不必喝指九星。但求動處爲穴。又高大强急者爲陰。低小緩弱者爲陽。陰向陽中下。陽從陰處扦。訣曰。太極圓墩。高地氣鍾。挨邊掛角。巧奪天工。凡高地之穴。宜有特案始真。無案不可亂認。故曰。高山不論水。切忌淋頭。平洋不怕風。須防射脚。

高山無脈。則界水淋頭。平洋無案。則風來射脚。

分排公位之圖式

右爲白虎分屬七房

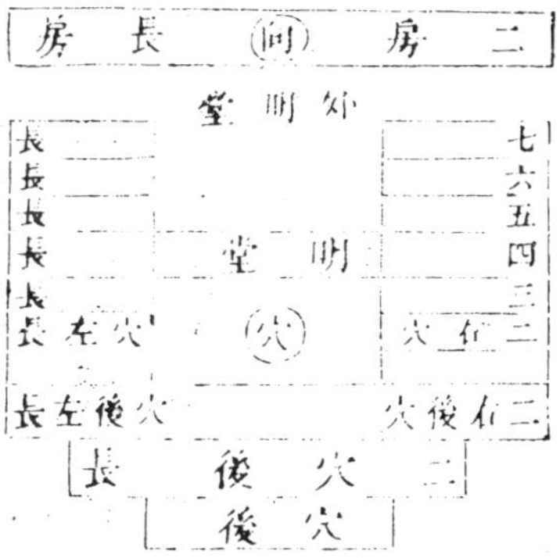

左爲青龍俱屬長房

穴左青龍俱屬長。左堂左柱非牽强。
或高或低勢不齊。長房禍福應如響。
穴右白虎七房排。排着高地出貴栄。
堂右穴右并右柱。二房輪定不須猜。
三房排定是低田。富貴壽丁俱兩全。
四房輪着是高田。貧窮敗絕叫皇天。
五六房位田若低。發貴丁多錢又餘。
第七第八排着高。逃亡敗絕天難熬。

合式圖

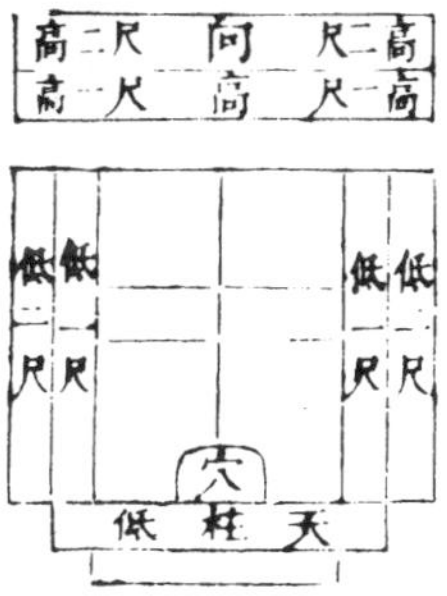

穴左無河地土高　長房絕子定難逃
穴左若是低一寸　長房五子不須問
穴左一邊節節低　長房丁壽足金珠
穴左三尺四尺低　長房富貴殺三妻
穴前明堂左邊高　長房富貴置倉廒
穴左明堂兩俱高　長房丁絕家富豪
明堂左高右若低　長富二貧不須疑
穴後左田低又低　長房富貴得均齊
穴左高地并高田　長房拐脚白眼牽

右手高低同左斷。但所屬二房并三四五六七房。依前排定公位看之。

兩穴左低殺三妻者。以頓低三四尺而言。若漸漸低去。便無妨。

此二局無河無水。只看田塍池塘道路。斷其休咎。

此論遠近

葬下好	葬下好	葬後發向。	近後好	五代好
一丈	二丈	三丈	四丈	五丈

此論高低

十年好	二十年好	三十年好。所向高	四五十年富	六七十年富
一尺	二尺	三尺	四尺	五尺

一丈之隔十年强　二丈之隔廿年粮
三十年强三丈隔　四丈四代教成倉
五丈五代富貴足　兒孫諸子恰輝光
左右護砂兩邊迢　兩房貧窮絕子息
左右坟後高壓塚　子孫退敗人絕種

明堂五尺高　葬前成敗
明堂一尺低　萬金化作灰
坟後一尺低　[illegible]
坟後五尺高　長中天難熬
左右兩邊低　兄弟做尚書
左右邊高低　高絕低有餘

平洋扞葬有真訣　坐低向高爲正穴
人財兩旺壽延康　秘藏愼勿與人說

時師不識平洋訣　坐高向低爲正穴
若也有人扞葬之　後代兒孫多敗絕

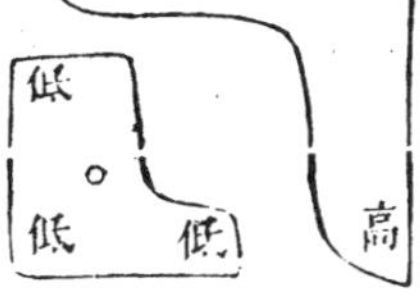

高則爲水號掌心　時師誤認壓胸襟
有人扞得此形穴　大旺人財富萬春

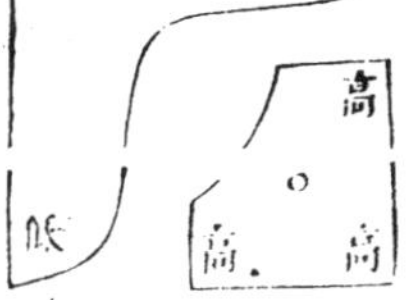

低則爲山名拭淚　時師不識提胸對
有人扞葬此穴形　哭子哭妻家絕退

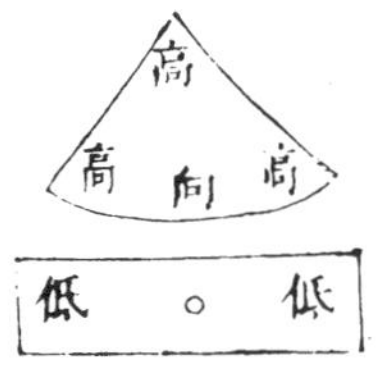

穴前明堂高潑扇
只要兩旁低而顯
墓下官訟發財來
蔭祐爲官職都憲

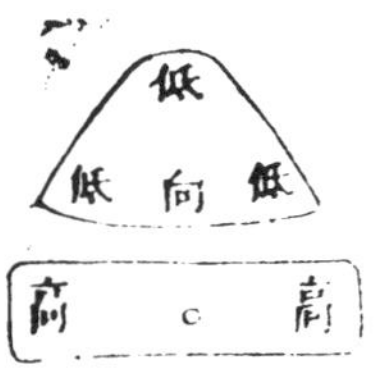

穴前明堂低潑扇
只恐兩旁高而現
名曰財旺定傷身
刑妻尅子定遭變

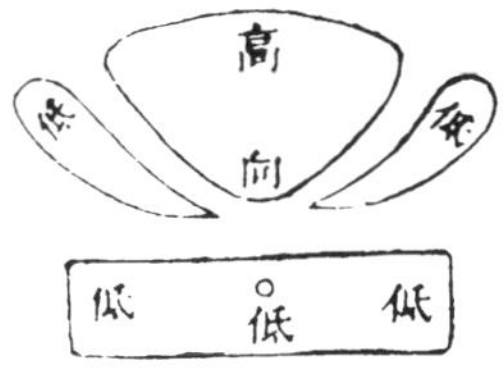

穴前明堂高執扇
墓下兒孫人命變
左手執時長房憂
執子右手二房見
扇子向外在明堂
人命官非立見當
以尖向穴故也

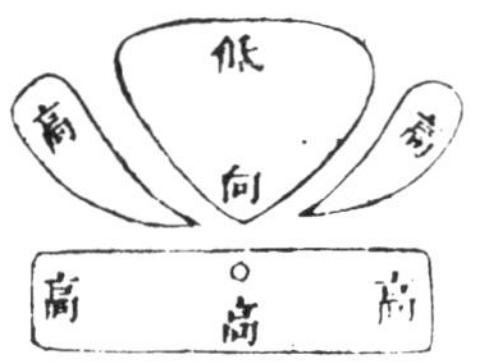

穴高明堂執扇低
墓下兒孫十年餘
長次二房家不足
只淫亂後惹是非

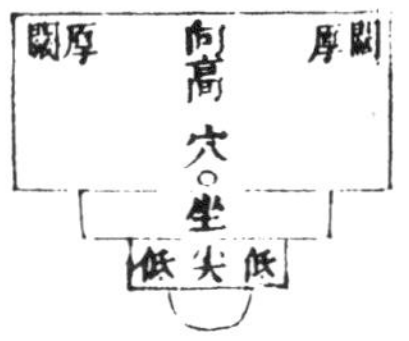

前闊後尖富有餘
前尖後闊財耗虛
前高後低受風吹
壽長丁旺富無虧

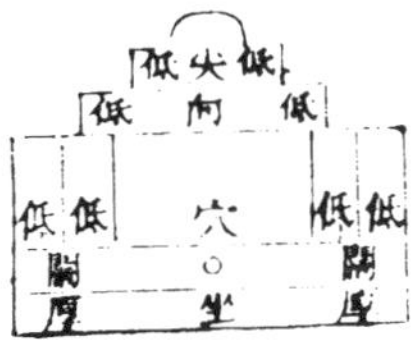

穴前明堂高外低
長二兩房福無疑
穴前左右節節低
長二兩房敗逃移
穴之左右兩邊低
長二兩房丁旺催

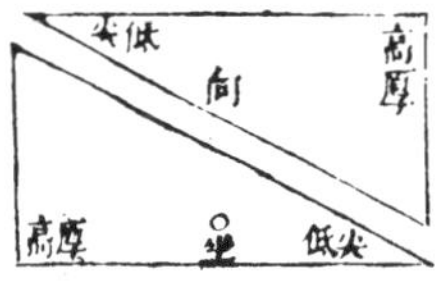

穴左闊邊土尖低
二房子孫百千餘
穴右明堂厚且高
二房子孫富且豪
左全斷

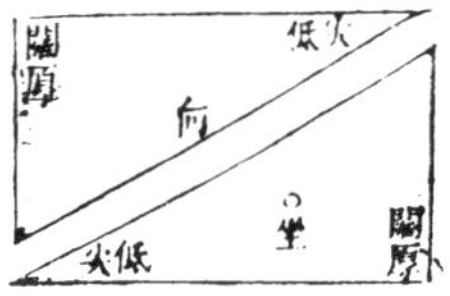

穴右闊邊土高厚
二房絕子絕了後
穴右明堂尖又低
二房無飯又無衣
左全斷

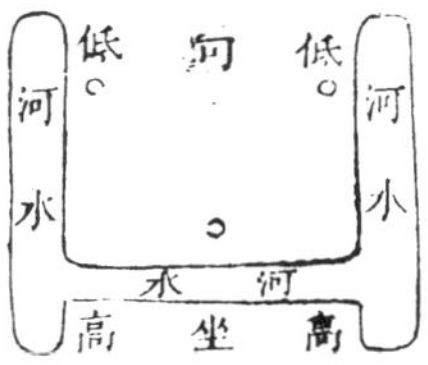

中穴前低後高起
長二壽短貧到底
左穴左河漕頭安
前低長貴不積錢
右穴右河漕頭扦
次房發貴無田園

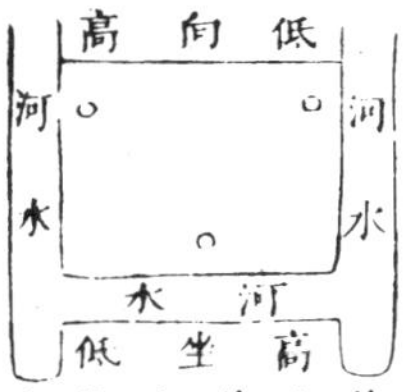

穴左河邊長旺人
前高後低富壽忻
穴右河邊次旺丁
前低後高人夭貧
穴左河邊穴前高
長房及第家富豪
穴右河邊穴前低
二房貴甲無飯衣

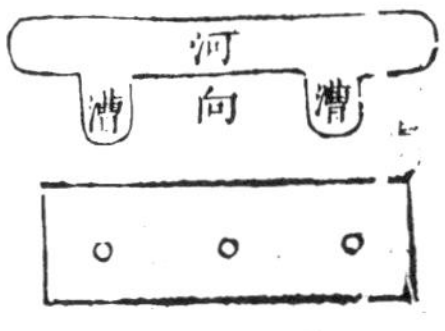

一名逼胸水
穴左水漕來一栽
長房倒路無宮榔
兩邊河漕穴居中
河不到穴人命凶
穴右全斷

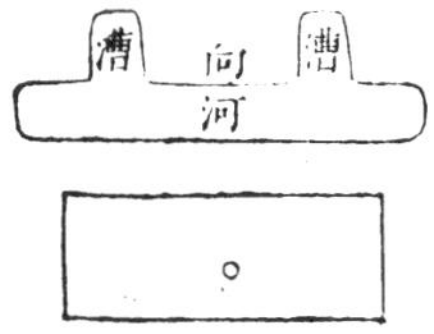

穴左水漕現
長房出都憲
穴右水漕現
二房做鐵面

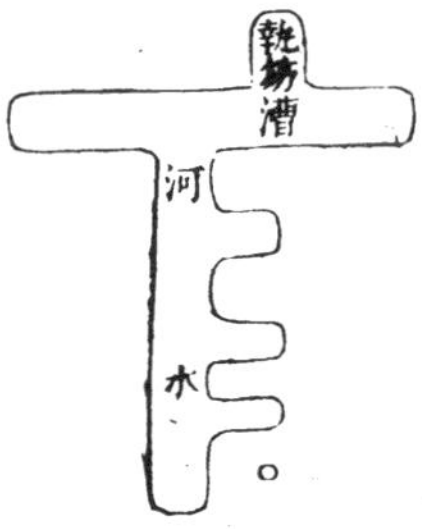

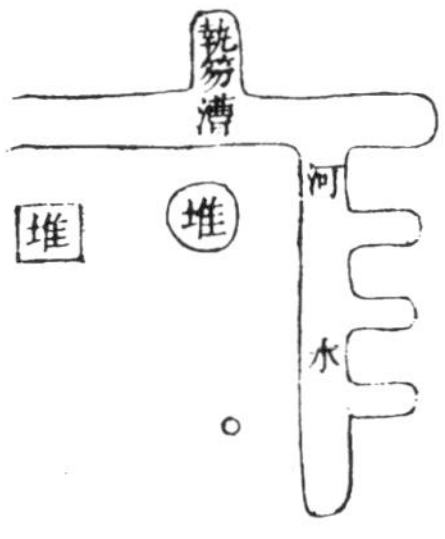

穴前木峯現，兒孫贅贅見。穴左水排峯，兒孫丁旺隆。漕在坟前名執笏，漕在坟後名倉庫，俱名漕峯。左執笏中丞出，右執笏御史出，面前插一筆忠諫京官出，若也三筆插，尚書閣老發。面前反弓筆，奸臣賊子滅。穴右木漕峯，三四五房榮。穴前執笏漕，兒孫登科早。

此局穴邊河水排峯，劍外主貴。穴前有土堆，心痛眼疾盤。左右有土堆，兒孫富可期。出貴須求筆架山，或三或四插雲端。

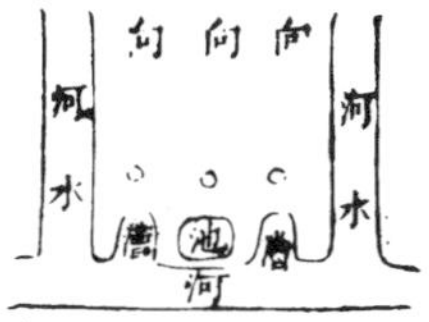

螃蟖形似一蓮花，未中科第不論他，中了書痴來一看，反認中穴做官家。時師不識江河訣，我道時師說便差，河邊偏穴生氣多，一房一舉主榮華，中央有池可坐池作穴，如無則葬角。

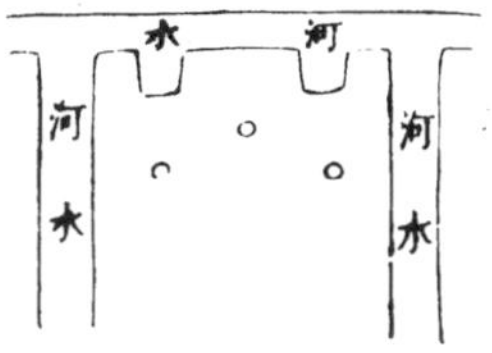

河邊小穴向朝河，離河一丈五尺多，葬法若能依式點，長房一舉便登科。河邊小穴向朝田，一丈五尺離河邊，葬法若能依式點，一舉登科拜帝前。

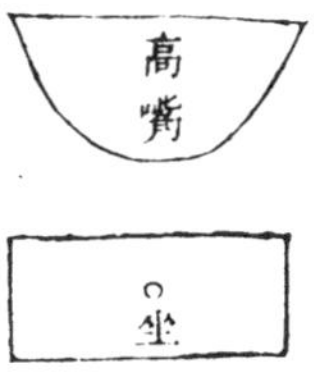

穴左田嘴高，長房官事起，穴右田嘴高，二房官事催。

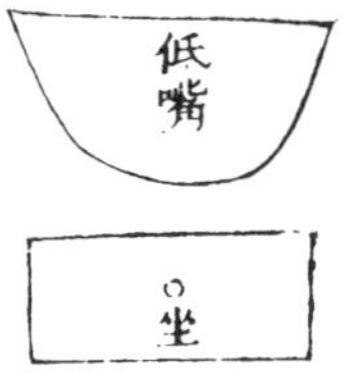

穴左田嘴低，長房路死催，穴右田嘴低，二房到路死。

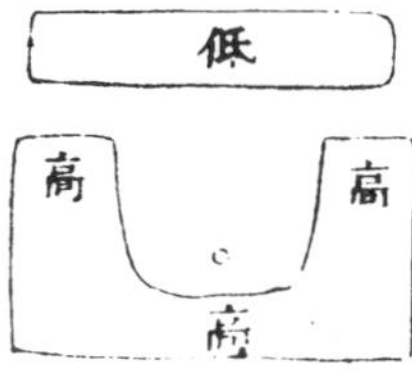

穴中左右不通風，長幼兩房艷無蹤，穴前明堂漸漸低，長幼兩房主外移。

穴左天柱低有風，長房定出而歲窮，穴右天柱高而厚，二房壽過五十走，左高右低仝斷。

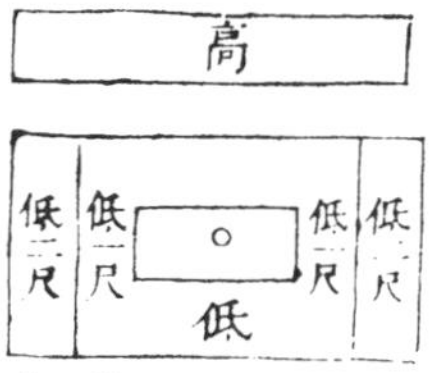

穴後低田一片空，長二兩房老壽翁，中高左右兩邊低，長二兩房子孫餘，坟前明堂一高地，長二兩房皆富貴。

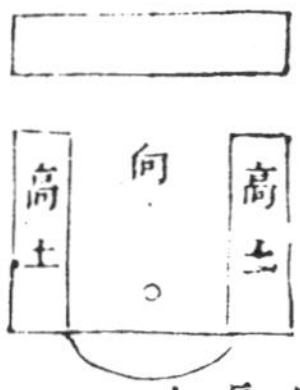

穴左一丈土若高，長房拐脚白眼刁，穴右一丈土若高，二房眇眼步蹺蹊，或田塍或右墻，或塘路俱仝斷。

眼弓覆尸形吉

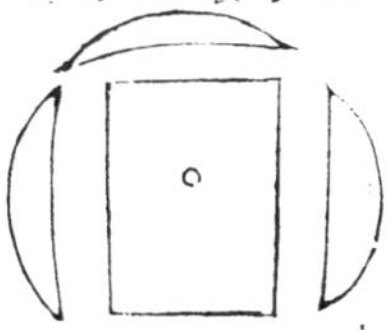

穴左眼弓覆尸多，長房富貴又登科，穴右眼弓覆尸轉，二房家富皇家選。

反弓尸形凶

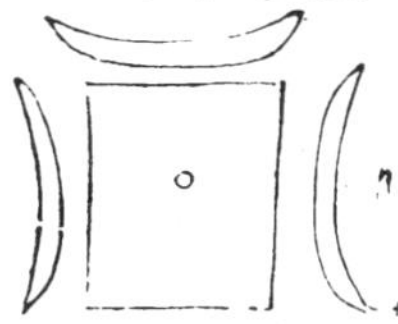

穴左尸形反弓多，長房倒路亂相煎，穴右尸形反弓見，二房子孫死路而。

穴左坟前有退旗，長房充軍不須疑，穴右坟前有進旗，二房登科名早題。

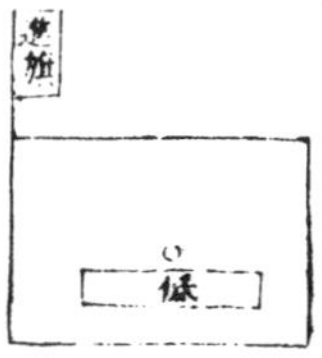

穴左進旗後又低，長房富壽兩無疑，若然後高前有旗，登科壽夭不差移。

左右田塍貼近坟，代生拐脚白眼人，左右田塍三尺餘，墓後多女子孫稀，左右田塍三丈多，兩房丁旺子孫寡，論相去遠近不論高低穴後同。

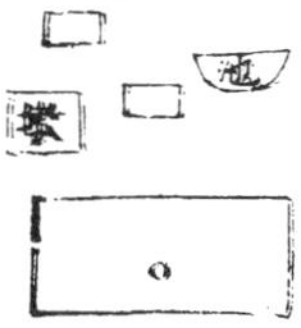

穴右坟前反弓池，二房徒配不曾歸，穴前高墩兩三堆，長二兩房斗量珠。

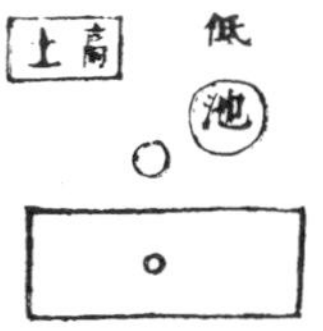

白虎頭前有小池，二房女子淫穢絕，虎頭明堂有深井，二房子孫多雙盲，青龍井池仝斷。

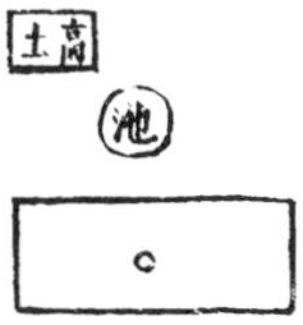

穴前正面向小池，貴死便回報君知，穴前左邊一土高，長房子孫置倉廒。

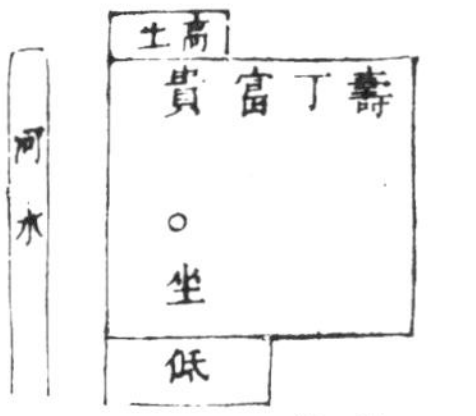

穴左河漕三丈隔
長房兒孫作侯伯
穴前須要土堆高
長房子孫富旺堆
穴後清源滾滾低
長房為官壽有餘

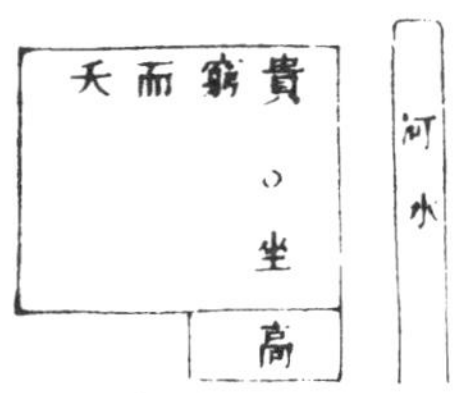

穴右河漕三丈隔
二房讀書做黃甲
穴前明堂如擂案
要了子孫窮到底
穴後高土節節高
二房壽夭獨留妻

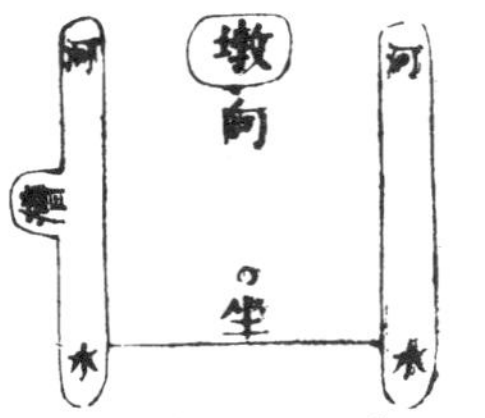

穴左河漕左邊冲
穴前高土長房榮
穴右河水右邊藏
坟前高土二侯伯
穴後河水兇得來
貴顯老翁積祿閣

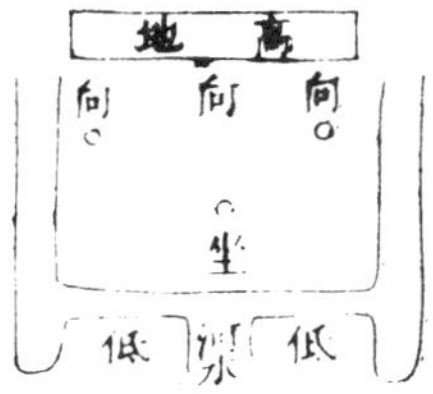

穴後河水直冲來
長二兩房位三台
左穴左河漕頭安
長房科第帝王宣
右穴右河漕頭安
二房貴近帝王前

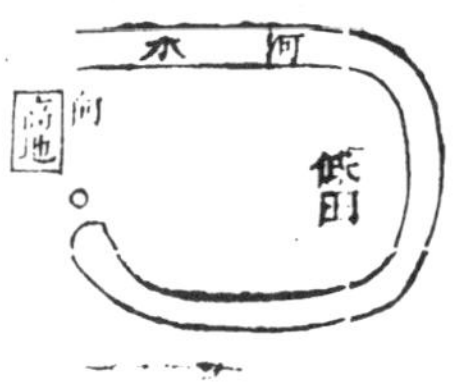

金鈎掛月形
兒孫位公卿
穴右低近河
二房必登科
穴右一尺低
二房殺一妻
要逐漸低
去便無妨

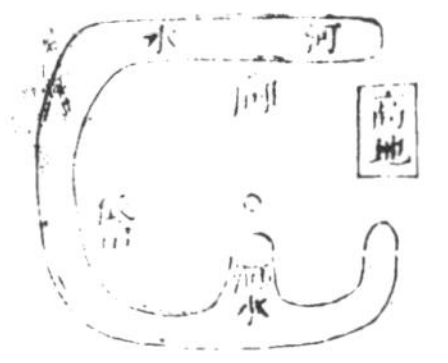

前邊三丈隔
二房職庶伯
穴左田若低
長房選尚書
穴左三尺低
長房殺三妻

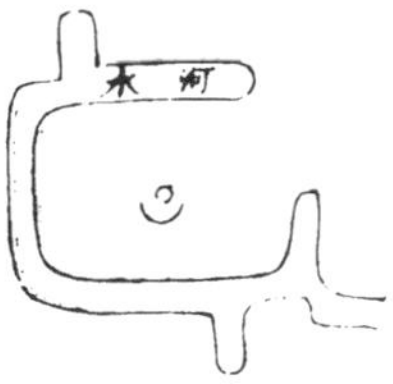

穴右無水坟後揷
二房子孫做總悔
穴左坟前源水揷
長房子孫做侯伯

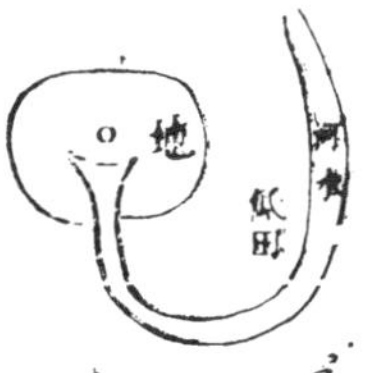

金鈎掛月右旋形
二房子孫出公卿
金鈎掛月左旋形
長房子孫出公卿

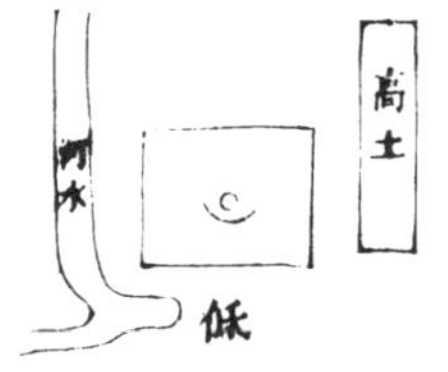

穴右土高穴亦高
二房無子壽難消
穴左低田穴後低
長房富貴推羅衣
穴左三丈便過河
長房指日便登科

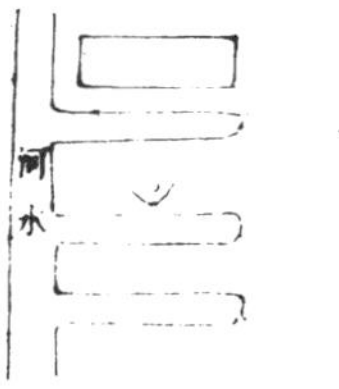

收在左邊主長房
發
收在右邊主二房
發

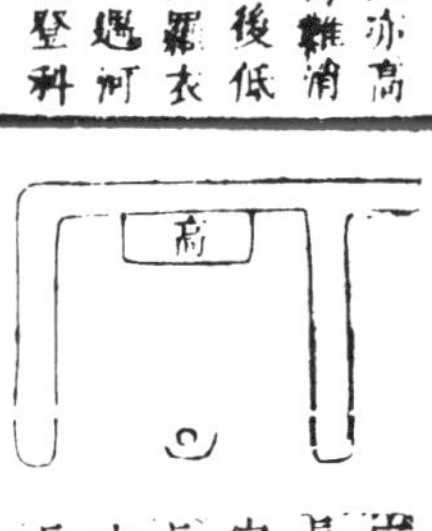

穴後清素步步低
長房二子做尚書
穴前高地兩三堆
長房二子斗量珠
穴左臨河三丈隔
長二兩房做侯伯

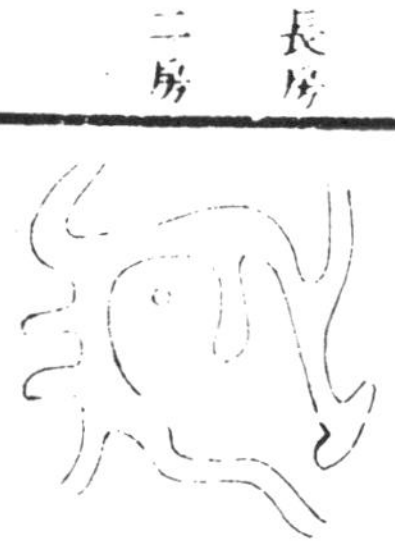

河邊三丈隔
子孫做侯伯
近左發長房
近右發二房

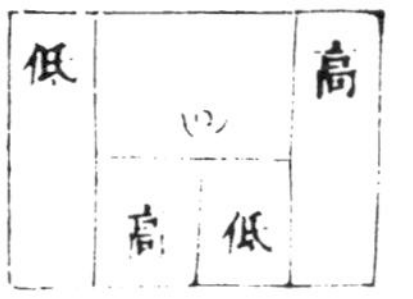

穴右坟後一高田二房子孫百
少年穴右坟邊一田低二房子
孫丁旺餘穴右坟前一田低二
房子孫無做衣
穴左坟後有低田長房子孫壽
百年穴左坟邊一田高長房子
孫絕難熬穴左坟前一土高長
房子孫置倉廒
穴左坟後一田高長房子孫壽
不年穴左坟邊一田低長房子
孫丁旺餘穴左坟前一田低長
房子孫無做衣
穴右坟後有低田二房子孫壽
有餘穴右坟邊一田高二房子
孫絕難傳穴右坟前一土高二
房子孫置倉廒

右邊不通
風二房絕

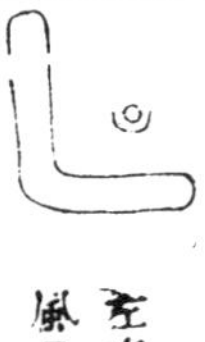

左邊不通
風長房絕

穴後地低受風吹
長二兩房壽有餘
穴中左右兩邊低
長次兩房丁有餘
穴中明堂低外高
長次兩房斗量珠

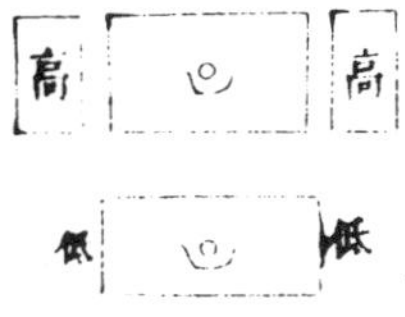

穴左一尺低
長房發富貴
穴左一尺高
長房壽不牢
穴右一尺低
長房殺二妻
穴右二尺高
二房壽短少

穴右要府三尺低
二房殺三妻
須漸漸低去無妨
穴左仝

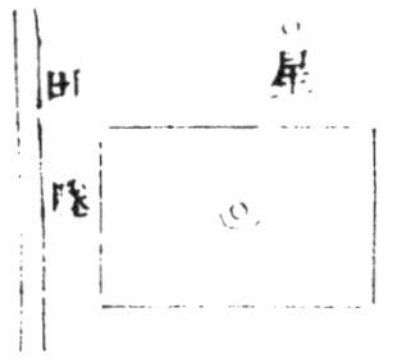

有一星作吉若培
作三台主貴
穴左田塍近橫邊
長房拐腳白眼牵
穴前若見一個星
子孫有眼不分明
左長右二聯

高田開口若臺高
子孫出英豪
高田開口若臺凹
子孫便逃走

穴邊左右漸漸低
長二兩房丁有餘
穴上地高穴後低
長二兩房富貴齊

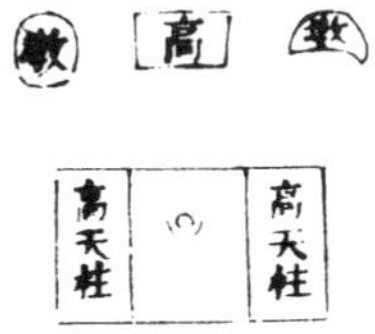

穴前高墩兩三個
長二兩房斗量珠
天柱兩邊高
兩房壽不牢

穴後有水來
生子位三台
近左則長應
近右二房排

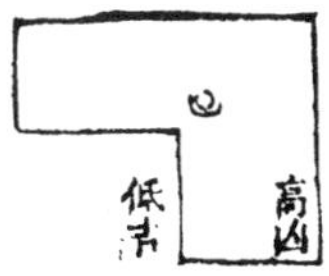

穴左天柱低有風
長房必定出壽翁
穴右天柱高且厚
二房壽短不可救

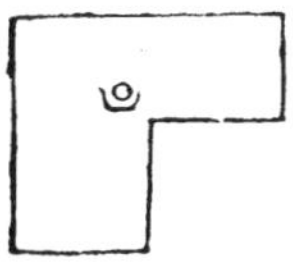

穴左天柱高且厚
長房丁口夭難熬
穴右天柱低有風
二房定出百歲翁

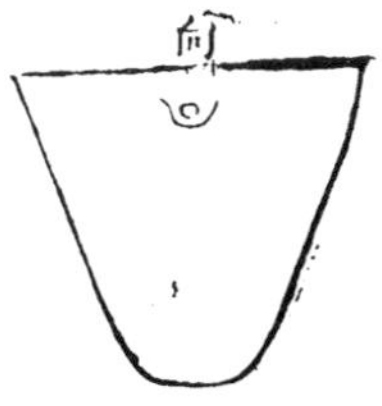

前闊後尖富有餘
前尖後闊財壽虧
前高後低受風吹
壽丁長旺福如雷

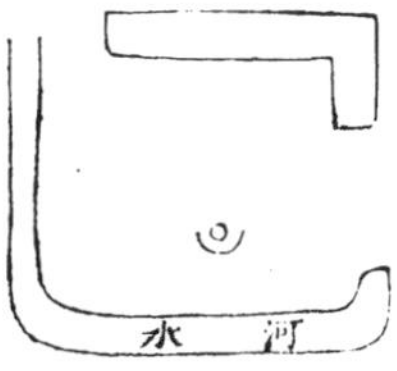

枕左河二丈多
長房貴三代科
穴後低做尚書
壽又長永無疆

右邊漕頭安一穴
二房黃甲帝王前
左邊漕頭安一穴
長房黃甲帝王前
左右進仝

穴前或田或地
俱要高
後抱水纏後秀

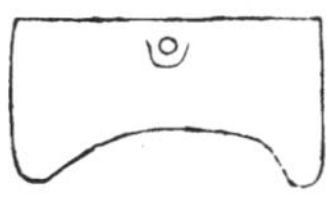

後坐凹腦形
聰明上帝京

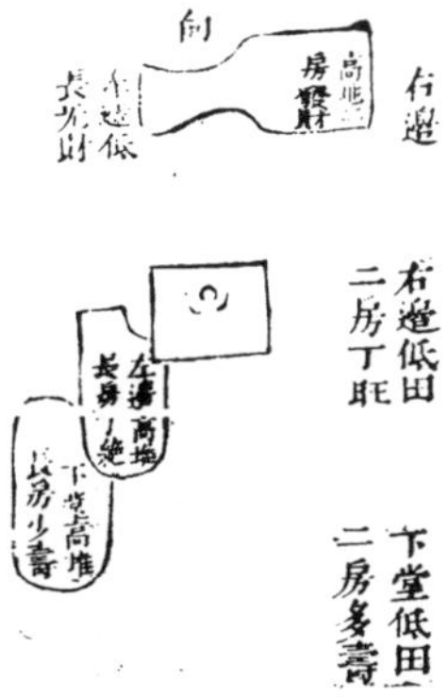

右邊低田
二房丁旺

下堂低田
二房多壽

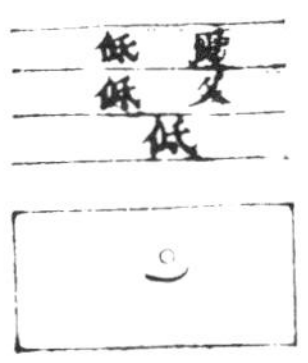

明堂前頭低又低
子孫窮到底
俗名捲簾又名倒
箕主退財。

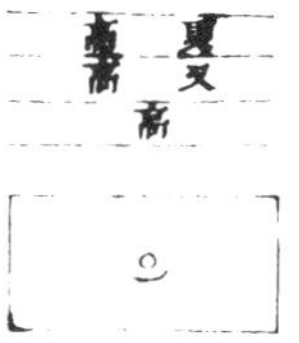

明堂步步向內來
向內得招財
明堂前頭高又高
富貴豈會賒
名爲倉板明堂

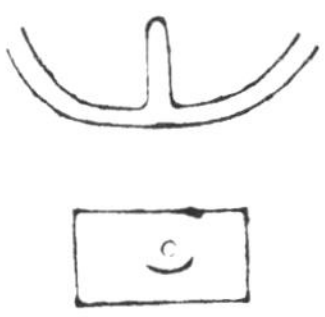

穴前反水插一筆。
文武大臣奸賊出。
如無前浜名桃花
水主淫亂。

面前若是插三筆
尚書閣老出
此名三台浜

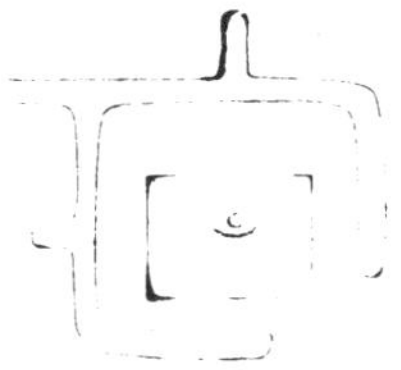

面前若是插一筆
應讀京官出

穴左田塍三尺餘
長房多女子孫稀
穴左田塍三丈多
長房丁旺子孫窮
右同

外高內低號筆心
祿師講經聽受禪
古人得整此形穴
富貴成家萬萬春

第子水㶁面
旺財當代見
房子明堂㶁過左
長房財發如風火
房子明堂㶁過右
二房財發似水流
房子橫財在明堂
人命敗絕立見當

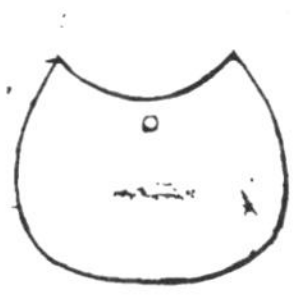

此局是圓取
凹爲動處。

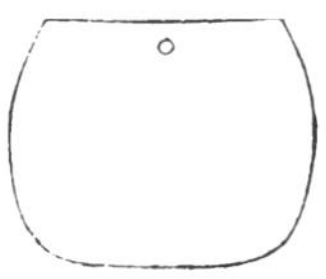

毬中高凹者。
取凹爲生處。

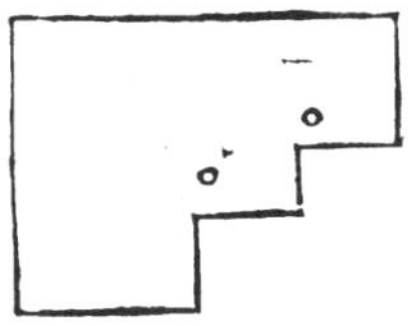

四方高地名土局。
則不動爲死須缺。
一角爲生缺二角。
可扦二穴。

毬中高方者取圓
爲動處圓者爲動
方者爲靜圓則取
靜方則取動靜即
是方動即是圓。

平坦不動則
爲死氣不可
扦。

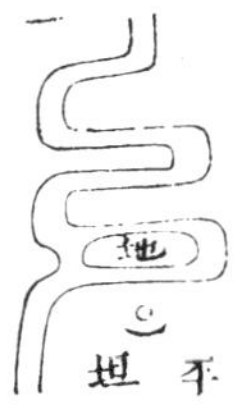

平坦不動雖
有九曲之堂
亦是假不
可立穴。

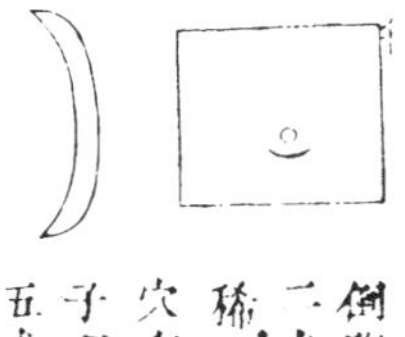

穴左反弓無情意長房
倒路兒相欺穴左田塍
二丈離長房多女子孫
稀
穴右反弓有情少二房
子孫家內倒穴右田塍
五丈離二房丁旺子孫
餘

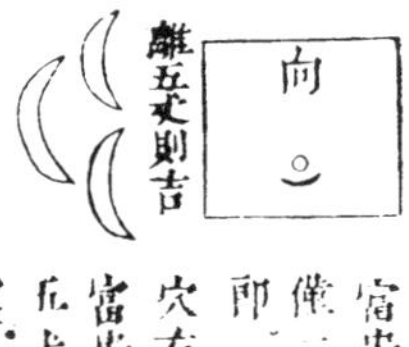

穴左眼弓護砂多二房
富貴又登科穴右田塍
離二丈二房多女少兒
郎
穴右護砂眼弓轉二房
富貴若王選穴左田塍
丘丈多長房丁旺子孫
窮

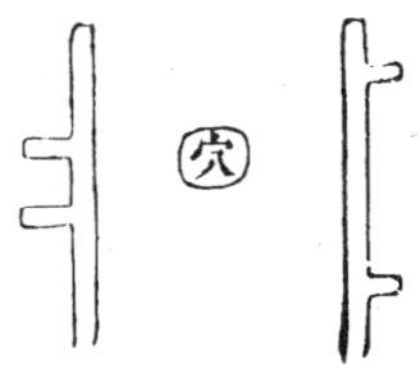

相沖者爲峯，若多一沖，即多一峯，多多益妙。若沖在酉，即巳酉丑年發；若沖在卯，即亥卯未年發。南北仝此。

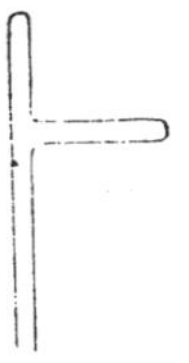

湘直而長者爲箭，不吉。闊而短者爲笏，笏在穴前主發貴，沖在[illegible]主長發，[illegible]若或在前後，長幼均發。

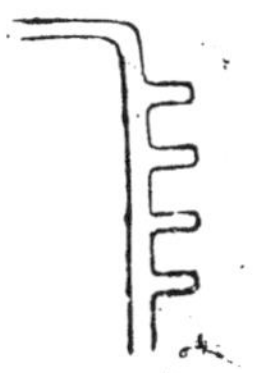

穴左河沖長房盛，穴右河沖二房榮。

竪在穴前者名笏，冲在穴後者名貴人峯，俱主發貴。

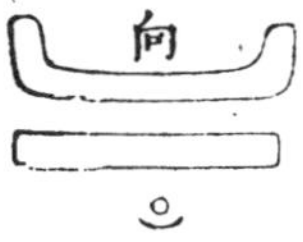

穴前漕水插一笄，長二兩房狀元出；穴前水路帶横攔，長二兩房家平安。

反弓式不吉

似反弓而實不反。點穴之法，出入俱以水闊狹爲則，如河闊一丈，穴亦進一丈也。

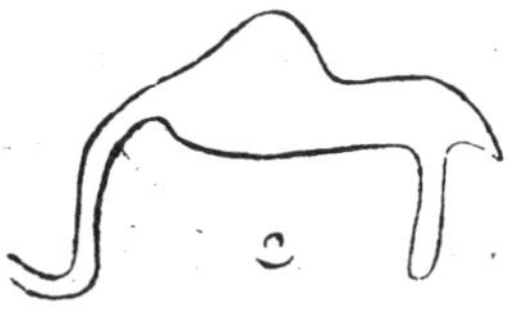

壺瓶漕式吉

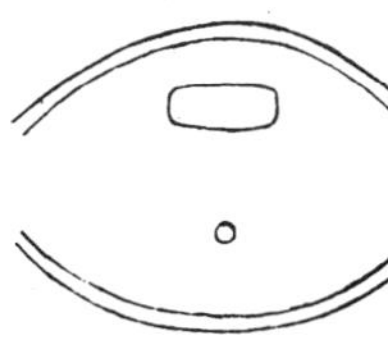

兩岸水皆眠弓，中有局而可點穴，吉。或有小漕貼身旁出入，或有小池，凡就前就後，俱依水而點。

凡龍到頭有水城反弓者，[illegible]若兩岸俱反，則水亦反矣，[illegible]進身一匝，反而隔岸如抱弓者最吉。

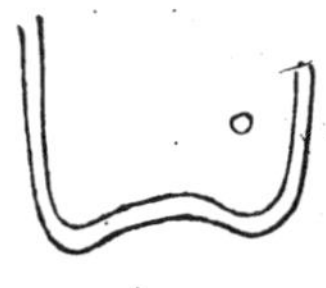

右穴漕頭安一窟，左長右短作右進；左穴漕頭安得法，右長左短作左進。後坐凹腦形，聰明進帝京。即非凹腦形者，其左右進氣仝例。

凡平洋无峽穴，左右兩水直夾而緊，抱穴前更无餘氣，湘腹水緊逼城脚者，名裹頭水。

凡吐舌形者，點穴在兩漕相對之處，横牽一線，在線內者爲生氣，在線外近水者爲死氣。或一頭有水漕，一頭有水曲轉，即以漕對曲轉之處横牽一線，以辨生死，故曰吐舌還須墊舌根。至于長綫可以坐水作穴，鍾秀甚大，不得以裹頭論。

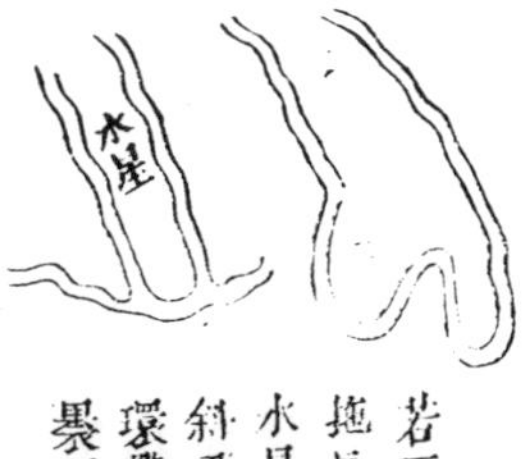

若兩邊屈曲而來，抱長相夾者，此名水星。或到頭之所斜飛一曜，而水若環帶者，俱吉，不以裹頭論。

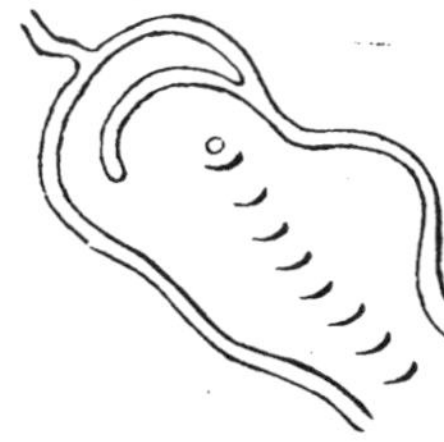

逆龍若見順水砂，久遠富貴尚豪華；順龍若見順水砂，敗絶逃亡不顧家。

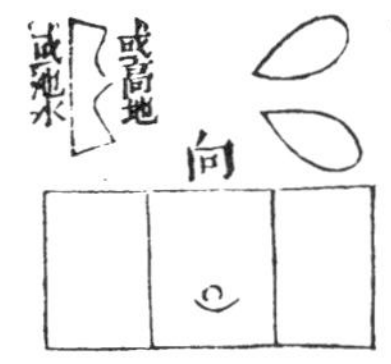

穴右坟前交弓池
二房流徒不得歸
穴左進來登科旗
長房得第不須疑
穴後高地前有旗
中科壽短費心機

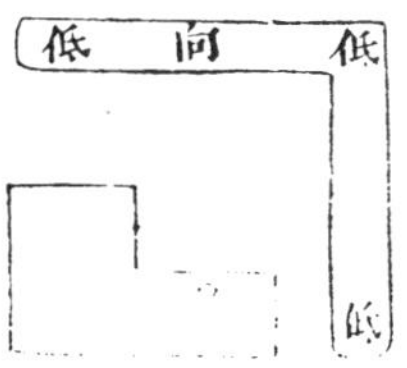

路穴不識捉兩边
低田如人手執旗
有人扦葬此等形
父子失明家業退

穴前尖嘴低又低
房房退敗无食衣
穴後高田蔵納氣
各房敗絶走東西

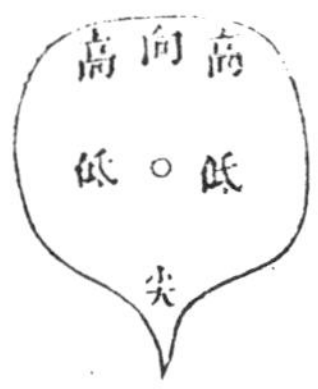

穴後低田被風吹
長二兩房壽百餘
穴中左右兩邊低
長二兩房丁旺宜
穴前明堂高外高
長二兩房金寶竒

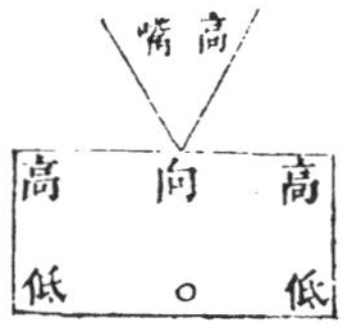

穴左田嘴低
長房遭路死
穴左田嘴高
長房福不小
穴右田嘴低
二房倒途路
穴右田嘴高
二房官非擾

此局世人俱以反水論，不知下砂兜轉故有此水。點穴須以兩脇内轉處爲主，横牽一線，在線外者爲死爲餘氣，名裹頭水，主絶。點進線内，生氣吉。

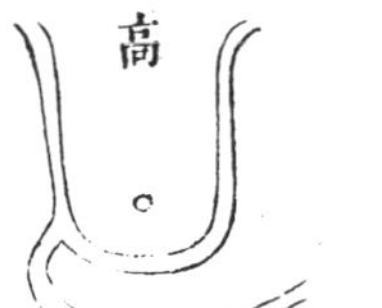

兩水夾盡如裹頭樣，若點氣方高，須坐低向高，主大發。若來脉上有峽者更妙。

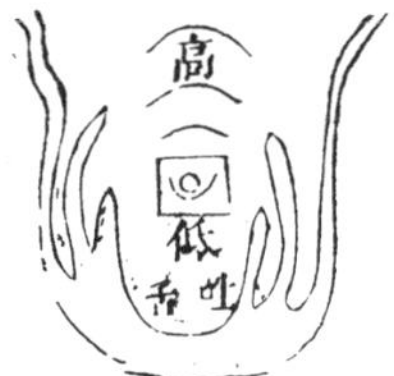

向朝水則玄武吐舌，低而伏下，翻身向高坐低則大旺。

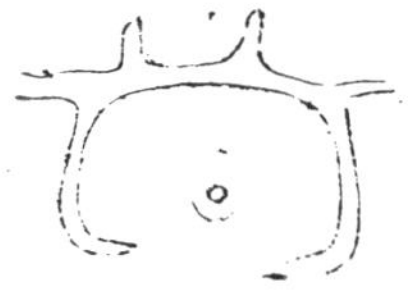

左執笏中
丞出
右執笏御
史出

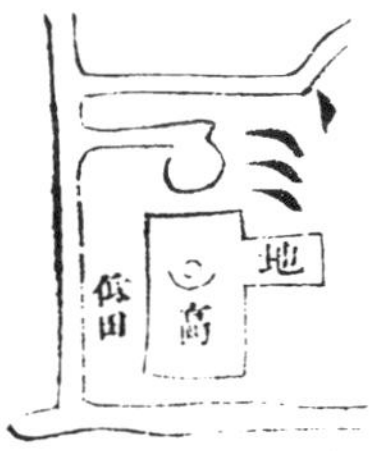

浜頭圖浜
可朝浜頭
作穴。

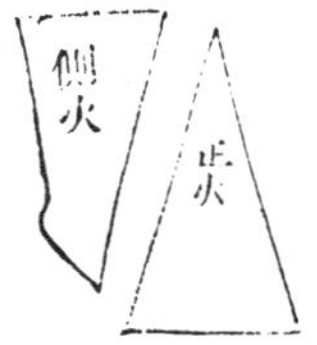

正火星非砂則曜，側頭火星五行失體，俱不可葬。

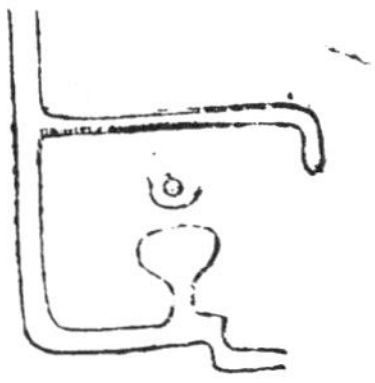

浜頭圖，淨水盡氣動，可生浜頭作穴，名轉氣穴。

山穴訣　劉淑仁諱濟號司馬頭陀著　慕講師傳

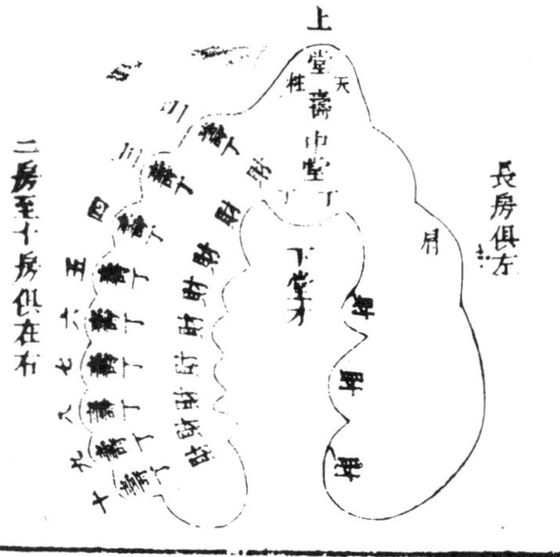

上堂爲天柱，主壽。中堂主丁。
下堂主財。穴左貼柳至外青
龍，俱屬長房。穴右貼鄰鄰二
房起至十房，從右至向上照
房分多寡，均派不偏不枯不
側。使[illegible]房分
[illegible]則
看圖穴[illegible]有無斟之。
大二穴[illegible]真骨土。餘房在你
好培虎

山訣

岸骨砂堤本是龍。陰陽交會認真踪。藏風聚氣爲真穴。風吹水刼壽丁窮。

定穴訣

遠看明堂近看身。山分背面要分明。更有兩般同一樣。內有星峰是實祖。外有星峰是應星。後觀龍峽并纒護。前觀龍虎要均停。若是高峰無住脚。此地須知向外尋。矮小巒頭局又開。主賓相稱內成形。矮小巒頭局自開。主星脚現地結內。斷了水口是北辰。不斷星峰是朝對。

凡山中定穴。第一要看龍脈有無。再看內明堂有無。明堂有則吉。無則凶。直看毬簷。橫看鷄翅。有風無風。更要看龍虎用神有遮者吉。無遮者凶。此本地之斷也。如後有坟看後財。前有墳看前財。如內明堂有砂奏冲。主肚脹氣疝。有曲尺者主脚疾。略曲並開者亦然。墳塚如倒尸。主腹脹痨。如笠帽。主顛狂亡。再看二十四位子午卯酉。辰戌丑未風來。主顛棺翻屍。或路冲水射。損財并小口。寅申巳亥風來。主麻風之症。又主男女虛漏。

分房訣

長房穴在看高低。二房穴右不可移。餘房空缺工力補。空缺須教天絕宜。坐基無砂無骨土。將來那得班衣舞。基後坐空如仰瓦。須教天絕定不假。明堂向案衆房占。穴有均將衆房度。若是高低無空缺。壽與丁財豈有誤。

坐山訣

山中基地甚愁低。低處爲基沒飯衣。基若高時多富貴。陰陽定理豈差移。

坐基者。穴後坐山也。

砂訣

青龍不接向山欹，長房敗散人丁絕。壽長有子在外家。
金銀寶玩散如砂。

穴左無護砂，長房定出孤。龍向不過風，長房積財貧。穴右護砂生，二房旺人丁。虎向有缺陷，二房敗絕散。

死砂低又低，一子夭難醫。生砂向背形，一子後必絕。死砂來湊向，一子的旺相。死砂反背別，兩子後必絕。坐穴死氣筆頭形，房房無子絕。堪傷左邊無氣，長房應；右邊無氣次房承。坟後無依又無氣，葬後零丁確是真。肩上瘦小薄又低，有子後代沒飯衣。若是厚肥兼高大，自然興旺富而齊。坐穴頭脚身尾顯，一舉登科三代見。頭高厚又肥，一子做尚書。瘦巧身尾現，生子做鉄面。若是頭脚身尾隱，兒孫個個多愚蠢。

案山訣

穴前朝山橫如秤，子孫富貴千年定。穴上朝山右有旗，子孫威武貴而奇。穴前屍案列得多，子孫倒路落溪河。朝山來觸左，長子倒路無處躲。朝山來觸右，二子夭折虎咬走。朝山覆屍眠，一子足牛田。朝山覆屍多，兩子必

登科。穴上案山連，為官積萬錢。拭淚提扇起，時聞哭兒死。瘦小大難富，男死女孤孀。瘦薄生女死，高厚蚤生男。

明堂訣

好山好水好明堂，葬左一子一個即好山好水好明堂，葬右兩子無一即。若不偏斜葬正穴，兩房綿遠俱不絕。

曲水明堂如掌心，兩房富貴斗量金。好山好水好明堂壽翁白手置田庄。明堂有一缺，子孫衣食絕。明堂若是深，富貴斗量金。明堂如扇子，入命官符起。內缺外舞扇子堂，葬下立見人命當。明堂撲穴扇面前，無用文章試官選。明堂扇子撲向左，長子登科如風火。明堂扇子撲向右，二子登科不用守。扇子明堂撲正中，房房俱主出三公。

近鄉護砂務要真骨肉，左右堆堆客土是虛花。
穴左天柱空，長房死老翁。
穴左護砂低，長房絕有期。
穴右天柱高，次房壽堅牢。
穴右骨肉肥，次房丁有餘。

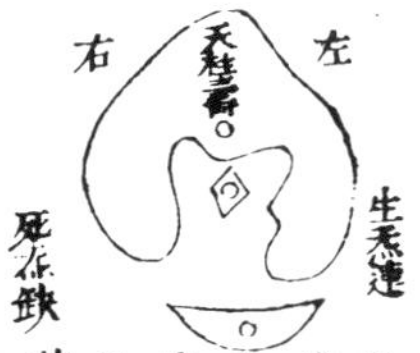

穴左生砂號護砂，長房丁旺化千家。
若是死砂護砂無，長房有子終必孤。
青龍遠接向山連，長房百里進千錢。
若然不與向山接，長房財散何須說。

穴右生丕號護砂
二房丁多决不差
若然死丕護砂死
二房有子後必孤
白虎遠接向山連
二房子孫足牛田
若然不接向山缺
二房才散何須說

坐穴頭脚身尾現
二房登科三代見
穴右頭高厚又肥
二房子孫早及第
穴左頭薄官出遲
長房子孫亦錦衣
穴內見形頭尾現
早年登科立便見

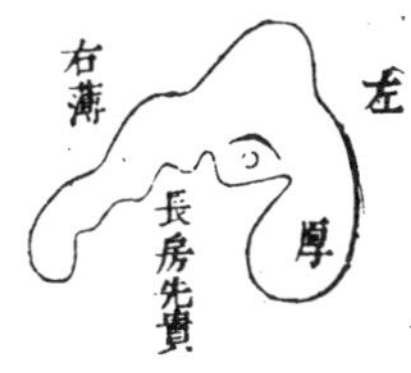

坐穴頭脚身尾現
一舉登科三代見
穴左頭高厚又肥
長房子孫做尚書
穴右薄爽來得斜
二房富遲也中少
孤絶窮遲因死丕
富貴丁多箭護砂

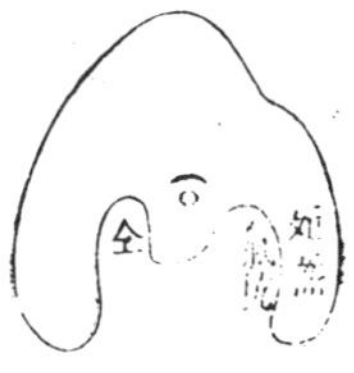

坟前若是兜篩丕
帶箭破碎長房忌
穴右飲陷有坑溪
疾病殘傷二房宜

時師欲識播
米形左右兩
關無鉗口

明堂如播米
子孫窮到底

九升氏曰山訣與平洋無涉但書不數頁易於散失故附梓於平洋訣之後。况二訣原係一書特後人分之爲二耳仍合爲一爲全書也。

卷八終

平陽全書卷之九

古婺葉　泰九升父輯
海昌郭載采九彰父叅
鄒邦瑜美斯父訂
沈憲文典臣父較

雜論說

九升氏曰先賢成書既以鱗次編集但古人成書止能及耳目心思之所及而不能及耳目心思之所不及是以成書之外不無妙義其有一端之論偶舉之說或辨北地或議澤國或推山谷落陽之體或着于說龍或一于別砂水咸足以補成書之未備則皆寸金片玉也。寧得輕棄之哉至若潛心時彥豁悟入微足以發前人之未發又不得以時說而忽之至有一種議論如風水二字解者羣書正解原是乘風則散界水則止故謂之風水而此以爲地氣流行一如風水二物之流行故謂之風水此論固非正義然以風水二物狀氣其得氣之情形且足以啓人之聰明則不得以其戾乎古而竟黜之也余故集雜論一帙使讀者引伸觸類云。

平洋認龍點穴訣 共三篇云傳自劉誠意

龍落平洋最坦夷渺漠其中行度希轉關並無大頓小起之勢又無秀麗聳拔之峰不過隱隱隆隆彷彿高低依稀厚薄高尺寸卽爲起低尺寸卽爲伏高一寸卽爲山低一寸卽爲水如此體段最難捉摸非目明心巧者不能辨認若夫踪跡去來全憑乎水水向東流則龍亦東行水向西流則龍亦西行隨水轉折以體認去來水行則龍行水止則龍止此其大略也且水鄉之地離祖巳遠與近山平陽不同一望平夷初無高低起伏如氊之鋪如席之展片片段段逐浪隨波而來不知何爲背何爲面何爲主何爲從何爲過峽何爲渡水何爲穴塲何爲朝案境界茫然奚所憑據然一方自有一方之祖宗先審其祖宗起于何地水源發于何所何處分枝何處入路水自何處合砂自何處交則知水來處是背水合處是面矣旣審背面次看隨龍水趨向何處護龍砂灣抱何處則知砂水有情處是龍無情處非龍矣旣識龍身然後步步詳察節節推究若見兩浜左右對鎖形如八字並無扯拽反逆之勢此卽龍之過峽處也其峽

愈多龍神愈貴至于峽從中出兩旁均齊橫開大幛者至貴之龍也但過峽最要兩邊夾從非夾從則風吹水刼斷不成地又有峽斷過水者何以審其脈蓋眞脈過水左右必有砂水扛送水中必有微高之脊冬間其水必溫水底之土必硬旣識過峽渡水龍身的確無差然後審其到頭若是眞龍到頭結穴左右必有兩股兜浜界送氣脈入穴穴前必有低小明堂左右隨龍水送到局前交互前有朝案之砂橫攔之水灣環向穴四圍護送之砂回頭駐劄面面有情明堂平正水口交牙前看兜收後有拱送左砂向右右砂向左穴住天心如貴人坐衙大將登壇無不拱衛者此天然之結局也或有大塊平田到頭左右不開界水僅有穴前低田作小明堂卽以小明堂爲定穴之的或有氣歸角上只有一浜界脈外借隨龍水界限者此卽于角上扦穴或有極大圩頭一望無際之處四面各分氣脈俱有界水者此則隨脈扦穴但有來龍一邊生氣不駐之所不可扦穴或有龍自前來而局面反在前者此當以倒騎龍穴法扦之但要外陽有大水注蓄否則財祿耗散或有結穴之後

得氣不止。滔滔向前者。但審兩邊砂水。夾輔有情。而生氣融蓄之處。以順騎龍穴法扦之。此則要餘氣不飛揚走竄。挽轉爲我作案者佳。又要案外隨龍水交會。如去砂不爲我作案。外水不交。乃過龍也。扦之必絕。又有隨水盤旋結蟠龍穴者。順水來龍逆回結顧祖穴者。兩水夾送到頭順水結穴者。有衆大特小。衆小特大者。有散中取聚。聚中取特者。有直來取橫。橫來取直者。有正中取偏。偏中取正者。種種不同。局局變換。豈圖式能盡。要在于體認山水之情性。知其向背。詳其開闔。察其聚散。認其生氣所止之處。以爲定穴之的耳。然平洋之地。形如仰掌。乃陽氣有餘。而陰氣不足者也。到頭必微微隆起。見陰氣而後可以扦穴。此乃陽來陰受之法也。若于低平之處立穴。則獨陽不生。縱然砂水有情。暫時溫飽。隨即敗絕矣。故景純曰。隱隱隆隆。吉在其中。張子微曰。平洋漸低漸下者。葬之必絕。卜則巍曰。平洋以一凸爲奇。又曰。所惡者泥水坑邊尋穴。意有在矣。又云平洋以得水爲先。而得水亦自有法。以遠水爲得水者固非。而以近水爲得水者亦非。以逆水爲得水者固非。而以順

水爲得水者尤非。以近大水爲得水者固非。而以近小水爲得水者亦非。此皆非得水者也。畢竟何者乃爲得水。蓋天地之理。無太過無不及。惟貴于中和。故近水者要有餘氣。否則割脚矣。遠水者明堂要低。否則氣蕩矣。近大水者穴宜退後。否則蕩胸矣。近小水者穴宜照出。否則水不見矣。逆水者要有近案。否則直冲矣。順水者要有交牙。否則雌雄不交矣。故逆水當朝。欲其之玄轉折而來。射如箭者非也。橫水過堂。欲其環抱如帶而來。直如弦者非也。大水奔逐向前。不匯聚者非也。小水紆縈如索。不纏遶者非也。至于十字交劍。反弓拗逆。斜飛捲簾。來小去大。分流析脈。衆深獨淺。內聚外散。色濁味臭。穿胸射脅。蕩背割肩。蛟潭龍湫。悲鳴湍急。諸般凶格。皆宜檢點。一有差悞。如墮穽中。又須細辨水路出入。然後立向消納。惟收來水于生旺之方。撥去水于休囚之位。乃爲得法耳。左櫟仙師曰。認水立朝有彼吉此凶之應。三合聯珠貴君瑞迎祥之宰。覆驗舊坟萬無一失。諸般卦例。一切置之度外。此雖平洋水訣。未始不可類推而變通也。

平陽立向收水訣

凡登穴場既定穴道須審水從何方發源到堂何方出口將羅經格准方位若合水局以水局收之合金局以金局收之合火局木局以火局木局收之所謂認水立向者此也務要從胎養長生冠臨旺而來從衰病死墓絕方出口所謂來于生旺去于四漸者此也若胎養長生水來大旺人丁冠帶臨官水朝堂爲斯千口旺神聚局財祿攸宜者此也又曰生與旺而同歸人與財而咸吉若流破胎養長生冠臨方主墮胎夭折流破旺方財

祿消耗墓庫水來絕丁沐浴水來淫亂其應如響詳玉尺經平洋宜認水立向以向上納水消水蓋水之方位原無吉凶而向之轉移禍福隨之假如水自巽巳上來轉庚申酉方出丑艮此金局水城也若立巽巳向則旺丁立庚酉向則人財兩旺朝去水立丑艮向或左右兜抱不至流神直牽亦能發旺財丁蓋生旺水必由穴前過也此以金局收金局水也若立火局向則長生水不上堂而人丁零替立木局向則生旺俱不入局而人財俱不發立水局向則絕水到堂生旺背局餘倣此

平陽水口論

平陽之結雖無高山大嶺作捍門華表鎮居水口亦須去水之玄有顧我欲留之意而兩邊砂頭交牙織結不見蕩然直去之勢者爲佳若水中有玉印金箱一字三台文筆進神之類者尤爲貴重或兩邊有高大墩阜對峙者或一山獨立或石梁橫截者尤爲難得然地雖結于局內而禍福實露于局外故見翰墨之器而知爲文秀之結見介冑之具而知爲武弁之結見倉庫之象而知爲聚陳貫朽見龜鶴孟杖而知爲僧道談空以寬緊

而知其聚散以紆直而知其雅俗以重數之多寡而知其享福之悠綿以砂頭之向背而知其人情之淳薄故順水飛長者離鄉逃亡也尖斜鬭競者爭戰殺傷也虎牙枷杻者詞訟刑獄也掀裙舞袖者雲雨私情也鐮鈎旗鎗者穿窬擄戊也故曰入山覩水口水口明堂可去消詳然山川之變幻千態萬狀要非語言所能盡觸類而推思過半矣

玉髓經京府縣鎮說

或曰。陰地平洋。已聞命矣。京府縣鎮。若有山可據。自可斟酌。若無山可依者如何。地愈大則穴愈平。穴愈平則堂局愈闊。如京畿藩府。其穴或方圓二三十里。或一二十里。小者亦不下十數里。而立宮殿雖應節處不過堂奥一室之正地。是爲的穴。何以見得端的。貴在何處。予曰。一言以蔽之。最高處是也。且如穴落平地展開二三十里。草坪望之似低。即之則高。其可驗者有五。大抵江漢以北。龍多由西北而趨東南。江淮以南。龍多由東南

而趨西北。然廟朝宮殿。府縣治廨。無不向南。蓋取向明而治之義。故大龍落穴。或水灣其前。或水遶其後。其地必回轉。或回龍顧祖。或回面別向。其大勢只主于南面而已。此天地自然之理。其可驗一也。故建國之法。先營宗廟。次營宮殿。次營府署省部等官治。建州縣之法。先營正治。次營府庫牢獄。次營佐貳僚屬官廳。次營軍屯營壘。主于一而衆者從。故其地雖廣邈。斷有一片高處即是正穴。其可驗二也。若水路間隔。地勢高迥。多起平崗。則無問十崗九巒。至龍脈窮盡回轉處。必有一崗獨

高于衆阜。前登似平。後瞰甚峻。當枕此高者爲正。其可驗三也。若衆巒俱高。不相上下。正穴之峰。亦必差高。特日遠心惑。似是一等。如此則難見高下。但登諸峰遠望作穴之峰。群山獻奇。一覽無遺。衆水交會。前朝有情。諸山護衛收拾恰正。若登他山。緊要好山皆不能見。諸水朝射。必有差殊。衆山護衛。或有偏斜歪斷。不如正穴之峰所見。其可驗四也。若是高山龍落穴。撒作平亩。則枕龍倚峰。其法無改。但龍非向南。則又當枕斜收拾。亦有峰巒爲應。或在數十里外。或在數十里間。或近水處

以爲關衛。其可驗五也。大情高處爲的耳。一峰高出萬從伏從。若小小縣鎮。依山者甚多。亦須有水可通舟楫。而後可建。不然。只是堡寨去處。至于督藩大府。京都畿甸。皆平野曠闊。水爲纏遶。不見山峰。蓋不如此則氣象不寬。堂局不展。如頭面窄。規模狹。止可作小小縣鎮。亦不可作大縣也。蓋龍到大盡處。必是被大江大河。攔截無去處。方得他住。及到此田地。必皆是平田曠野。非常人之所能收拾。望之無限。不見所際。據之無憑。不見所倚。然其百十里間。皆是環衛。無一山不顧盼。無一水不

瀠洄。雖別處數百里外山水莫不來此交會。氣象堂局最廣闊舒暢者爲京畿。次者爲藩鎮。次者爲中州。又次者爲小郡。又次爲大邑小縣鎮場堡寨。愈降愈殺也。至于陰地亦然。若在平野。斷要高于衆地。而後可托。不然。死絶瘟黃。皆犯禁忌。又如街坊市井。雖是依附官治。不可更論風水。賢術若到一處城市。請試于細撿點。若人家在兩高合漕處。其家必貧困。雖經紀買賣之人。亦不甚稱意。若人家偶在一高頂上。水歸兩傍去處。其家亦必寒窶。雖是寄居餘戶。亦須退落零替。若人家枕籍橫高宛轉處。其家必溫潤。雖細民小戶。必興旺長進。自然如意。此必然之理也。故一城之內。除正官府外。稍是高處。必被諸司衙道占了。惟鄉村人居。不可一例論。山居取平坡。但若在平野。亦要在高處。不取低沉沮洳。如甲瀠去處。亦令人家業不長進。了不興旺也。

玉尺經說

玉尺經全部主意。只在衆水趨歸東北。坤申之氣始生。群流來向震辰。乾亥之龍毓秀。二語盡之矣。然坤申之氣發足。左邊界龍之水屬癸。右邊界龍之水屬丁。此二水必合在丑艮之方。正合斗牛納丁庚之氣。

凡觀地者。先要看大勢之水從何處去。如東南方去。必是西北發足。西南方去。必是東北發足。東去必是西來。西去必是東來。處處皆然。先把此局拿定。然後看其內中小水縱橫。或順或逆。可坐而定也。或大小皆歸東北。而內中有小漕反向西南。其入首之進氣是艮。此是順水直沖。而逆回結穴。方知體段之真。可作坤申之向。如小界浜水。仍出東北。是爲順結。不可作順水之向。其餘做此。總之外大水定龍身。內小水看入首。

大水順而逆結

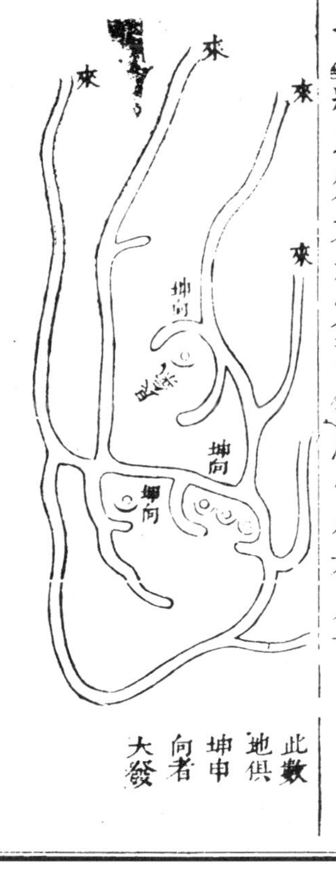

此數地俱坤申向者大發

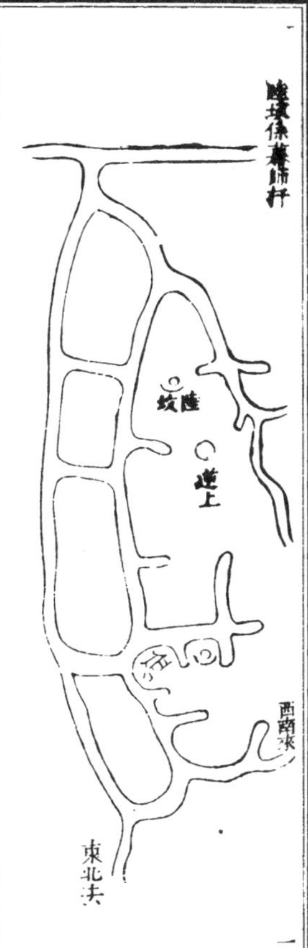

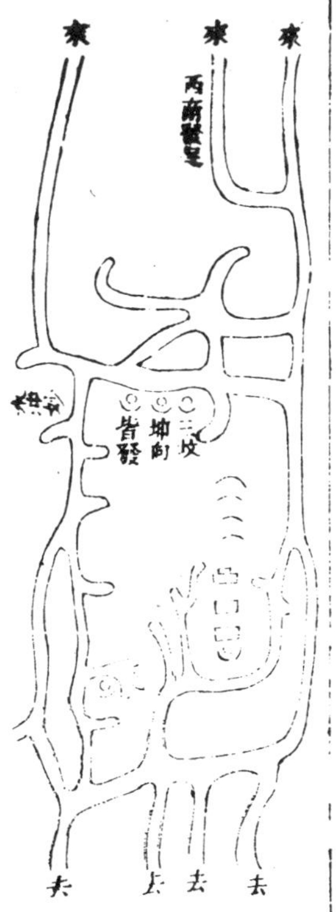

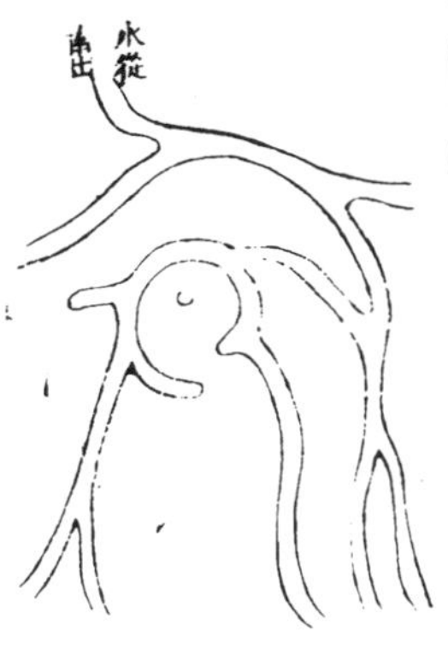

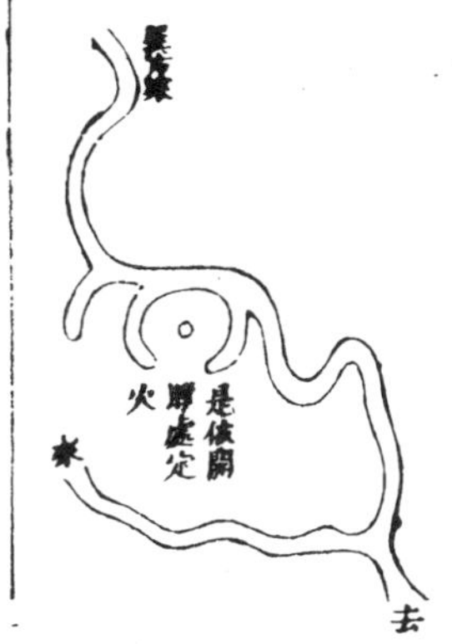

如水歸西北。是東南發足正見順水直冲而逆回結穴方知體段之眞。

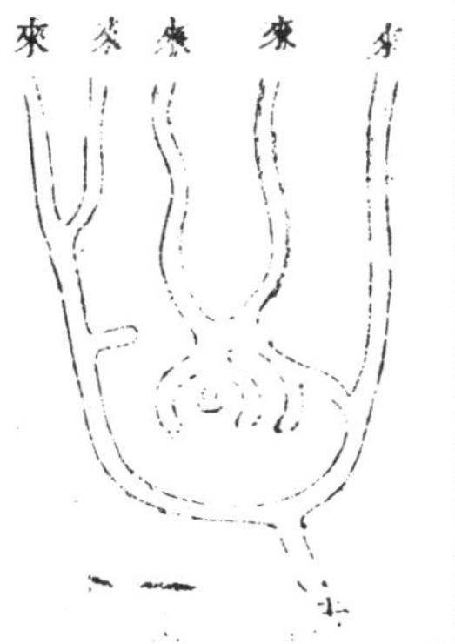

書云。生息者。發足之謂也。正謂群流趨北。可見午丁生息矣。豈午丁發足者而有坎癸之水界龍乎。故書云午丁生息。豈乘坎癸之靈。

數畝之中一低獨平。名爲陷穴。宜作高堆而墓。大發魁甲。

平洋有峽無峽論

凡平洋之結，須有峽為貴，故曰峽是真龍大關軀，收龍之局開龍關。又云，無峽不取，陰陽不偶。然其中亦有木作峽者，有高低田塍作峽者，不可概論。更有四畔無水皆平版而無峽者，必藉邊或弔角而結，如方版土，或得一漕破中心而結，如間版金，亦要一漕破頑金而結。或小圓金，各為純動，必在少有缺處，或稍有直處扦之。若兩水直來，而合于盡處尖者是火星，略帶平滿者是木星。此體不可向尖而下，坐空轉面則吉。如半腰有長漕橫截于前，向尖立穴，反能發貴，作官砂論也。如一邊有二三短漕相插，謂之木節金之主貴。

飛邊者，必是平鋪之脈，身上不帶微水而來，直撞至水邊，略開堂局者即結，或橫開堂局亦結。

弔角者，因龍身無鶴膝蜂腰之狀，乘之雄奔厚重，鋒芒盡斂，直到角處，微露精華而結也。

有峽式

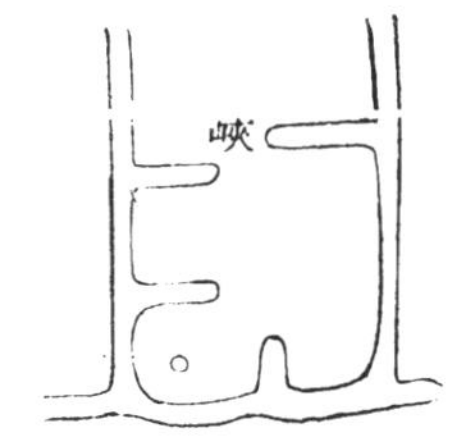

有峽無峽式

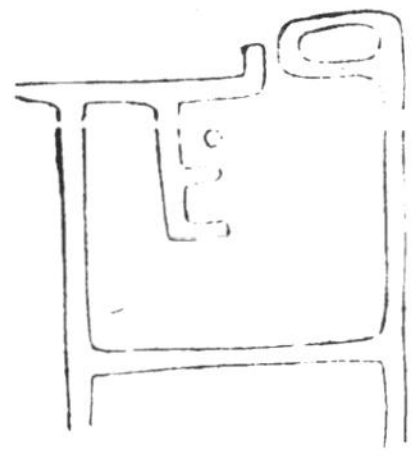

此取破中心而結

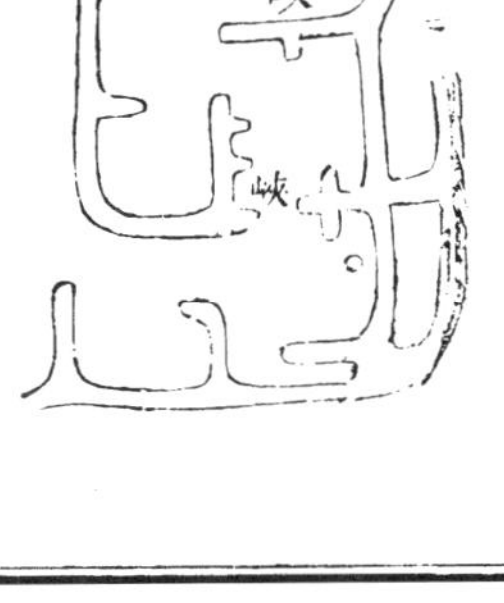

無峽有峽式

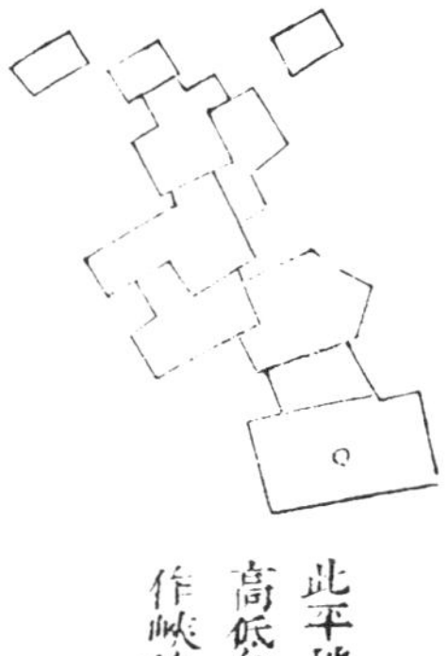

此平地高低即作峽論

飛邊式

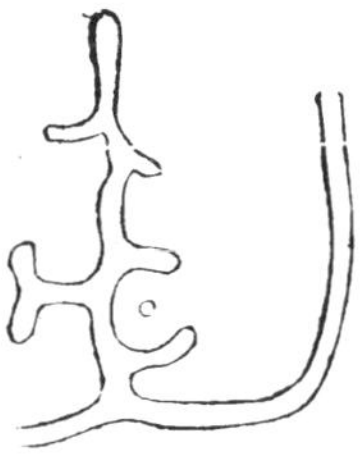

平洋無峽定作飛邊弔角

弔角式

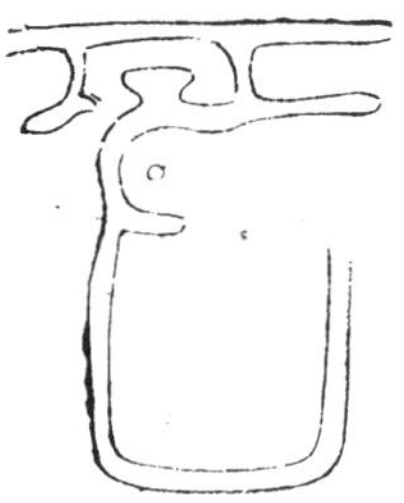

飛邊式

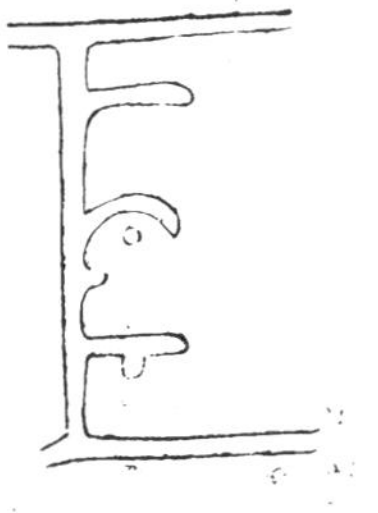

弔角式

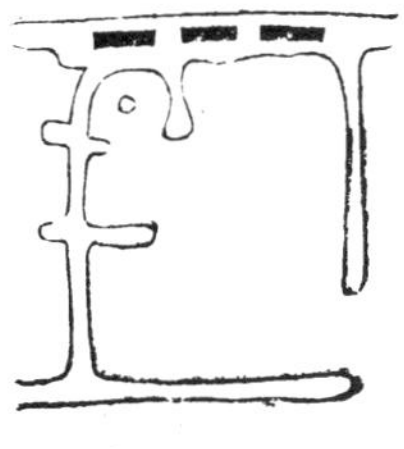

地理大成　平陽全書　卷九　一六

無峽式

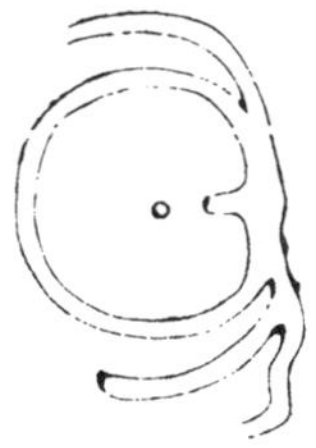

有浜進則動言無浜進則顯金孤曜凶西方有浜坤進酉年發士午十生發凶

凶峽式

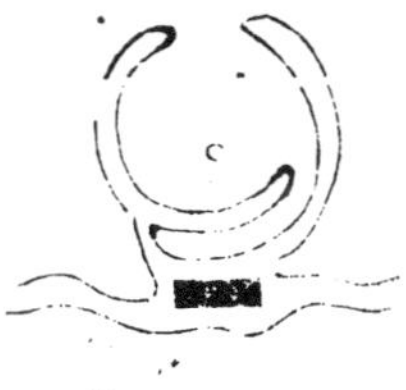

兩關□□□□□□□□□□閉關□□□主凶

無峽式

無峽砂中心而結穴

凶峽□吉式

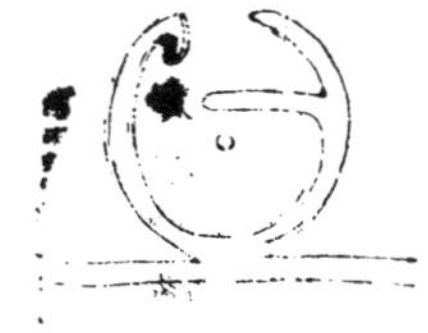

此峽亦是正對成一頭有小岸水反出亦有砂拱入兩從一邊過反明峽凶爲吉□峽本正對入解

中心過峽式

鉅浜過峽式

兩浜之間須歸兩浜隨水結穴爲無若向東浜點穴雖二水交合亦是假矣

一邊過峽式

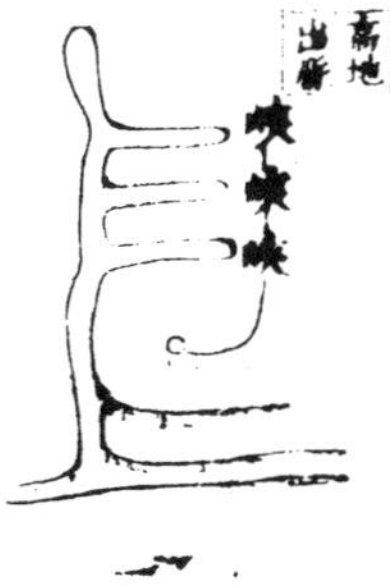

無峽大旺穴

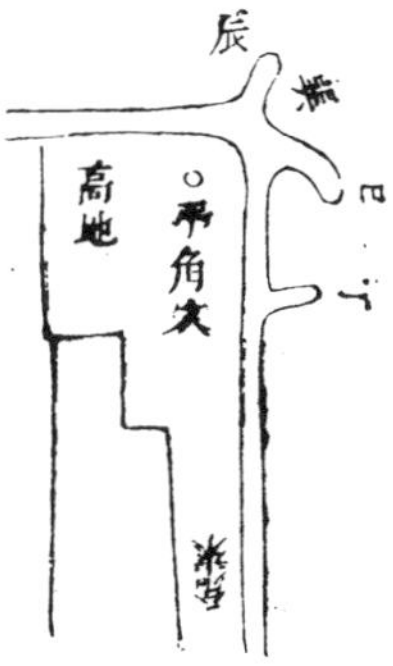

地理大成　平陽全書　卷九　一七

飛邊開口穴

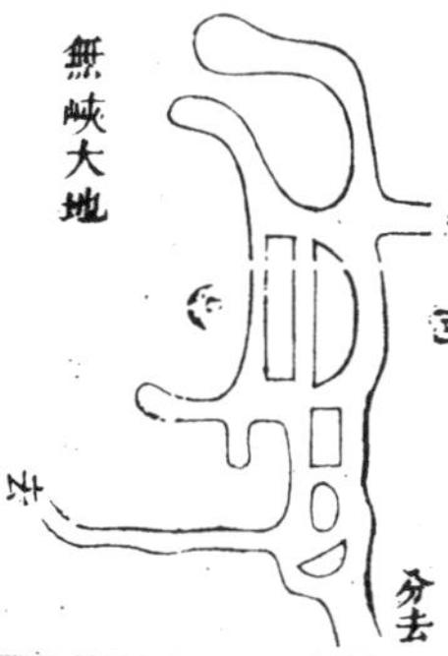

無峽之地到頭成局結作諸式

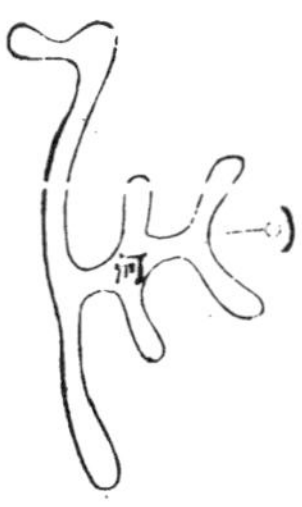

方體凶峽

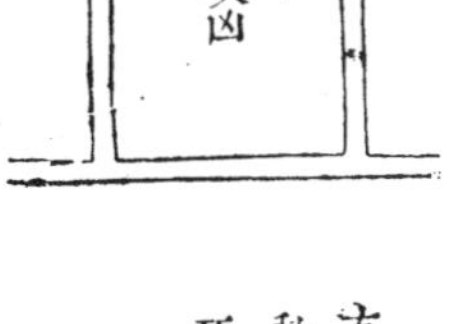

方土不動則爲死氣

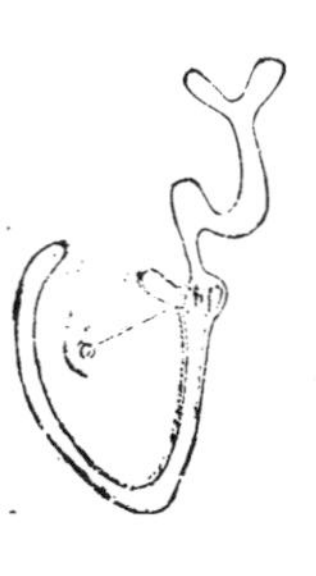

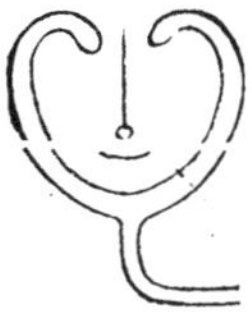

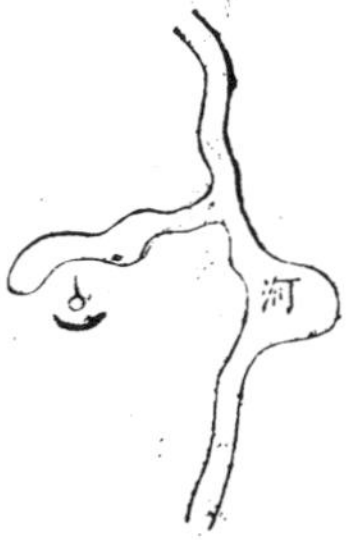

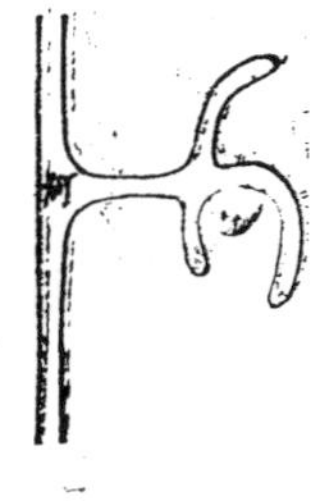

飛鵞式

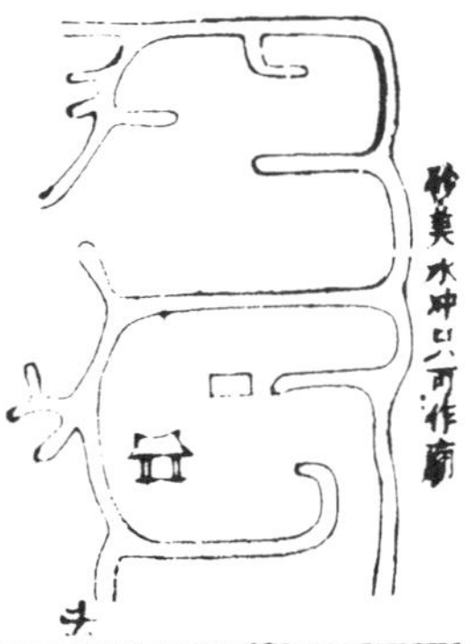

凡右漕上前。氣到左邊。若左漕上前。氣到右邊。穩甚。

弓角式

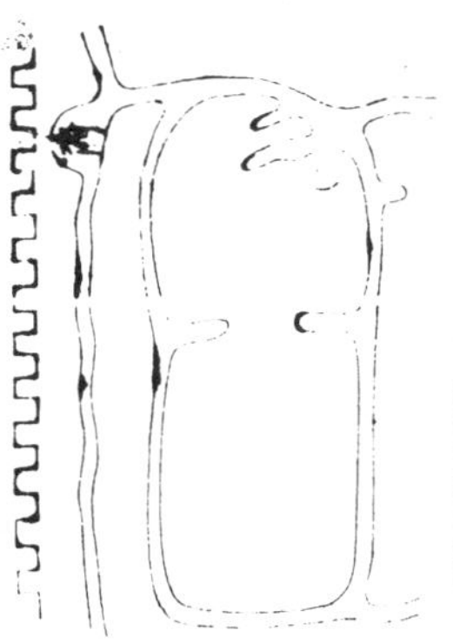

凡飛邊而彎角者。隔浄砂水。皆要取用。

上圖係定海西門外陳氏祖地。發七條金帶。

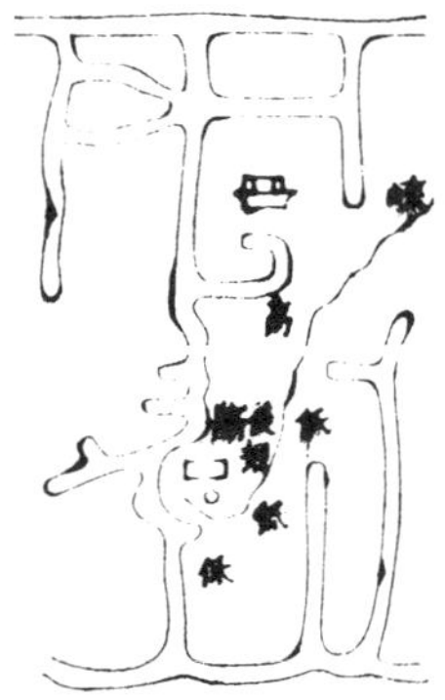

此係王太守祖地。後用時師斷其脈而不得善終。故凡地已發者。不宜亂爲改作。必致敗亡。殊可惜也。略舉王周二姓圖以爲後戒云。

此是餘姚下埧周氏祖地。萬曆末年講師扦明初發者甚多。萬曆末年被時師不知坐穴之法。即在穴後堆三台而止。

地理大成

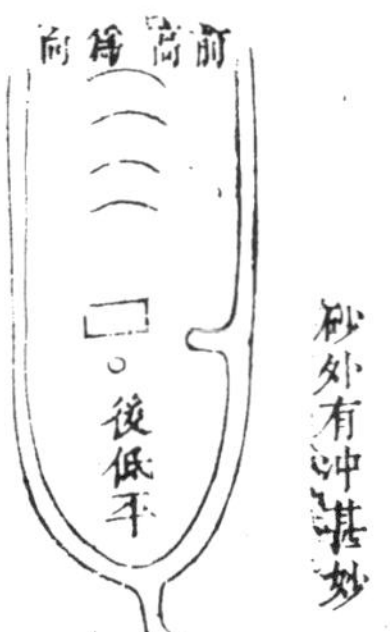

凡平洋兩水直到至合處而尖。略帶平滿者。是木星。若向尖而下。立見敗亡矣。惟來方勢如浪湧。當坐尖而葬。立主大發。如半腰有長漕相破。將前之官砂作官曜。反主發福。

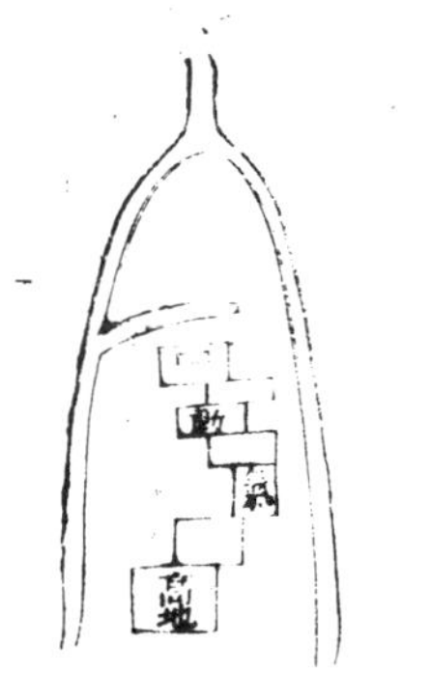

此[illegible]合[illegible]尖頭者是火星。此不可向尖下。却進氣勢如浪湧[illegible]至[illegible]而下。若半腰有破漕[illegible]砂論。或欲向尖[illegible]一漕作城。此是拔余剪缺[illegible]吉兩中[illegible]要有動氣方妙。

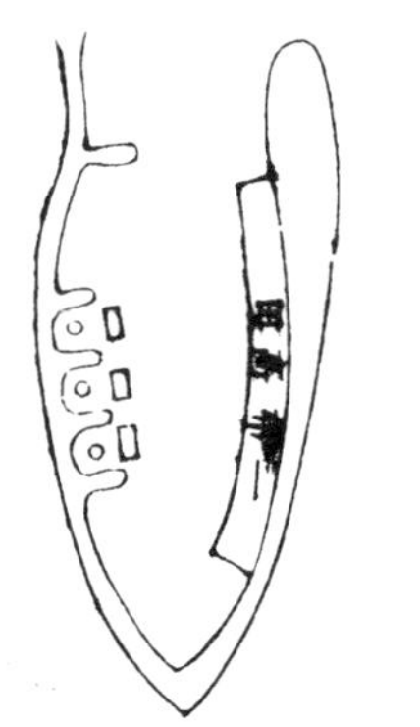

如一邊有二三短漕相破者。須橫趕木節。

上圖係定海薛氏三尚書祖地。爲木星趕節。又云。直趕木頭橫趕節是也。

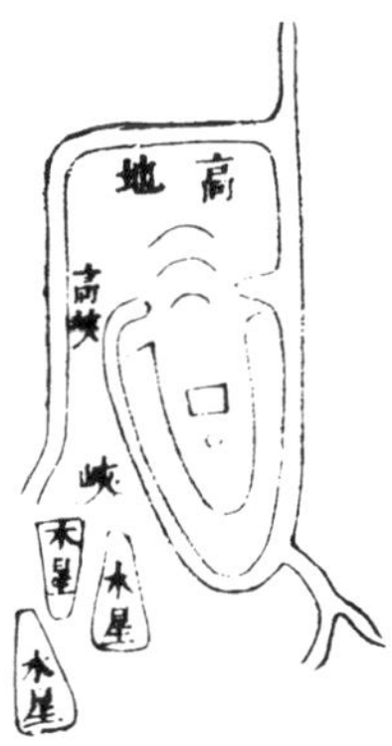

如在旋洋之中。獨出木星者吉。如有二三木星相聚水口者。作用神論。有連根者吉。斷梗者不吉。

進氣說

平洋看地惟看進氣。進氣者。入首之脈是也。水近處爲生氣。又名到頭。如一塊之中。四方八面皆結。南水近者作坎局。北水近者作離局。四維四正皆然。經云。凡有一塊之上。必氣從中發。如荷葉様。其氣從蔕入頂。纔發于四畔。不必問其發足之處也。

左短右長式

左長右短式

進氣是那邊來。結穴是那邊重。如左來者當右邊浜長左邊浜短。若右來者當左邊浜長右邊浜短。短浜爲生長浜爲死。塟生者吉。塟死者凶。

此地四面八方皆結大地氣從中發故也

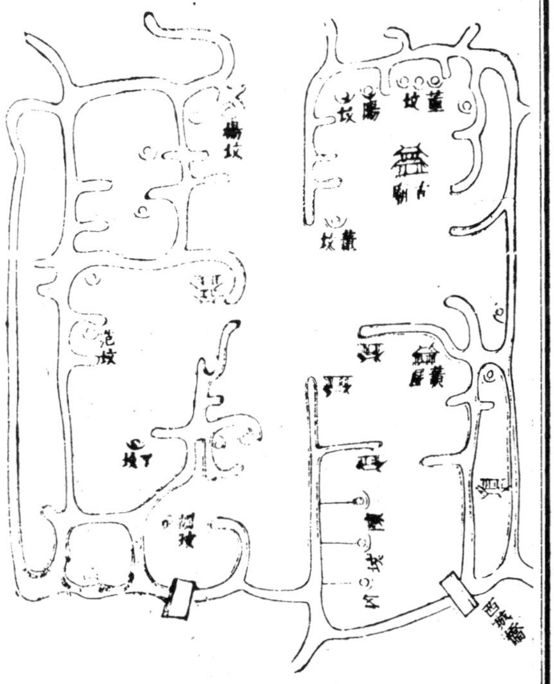

高地進氣式

高地進氣式

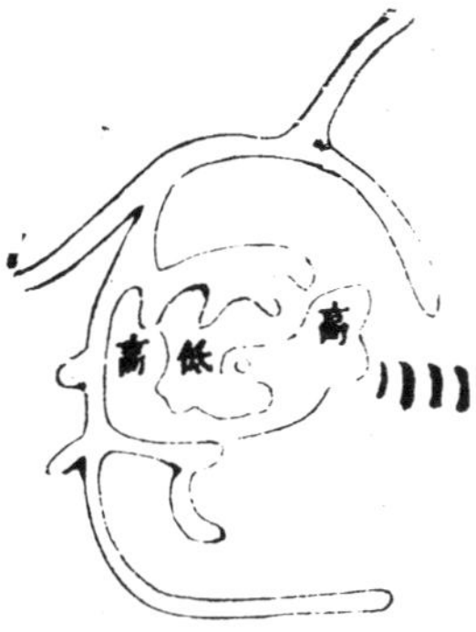

高地進氣式

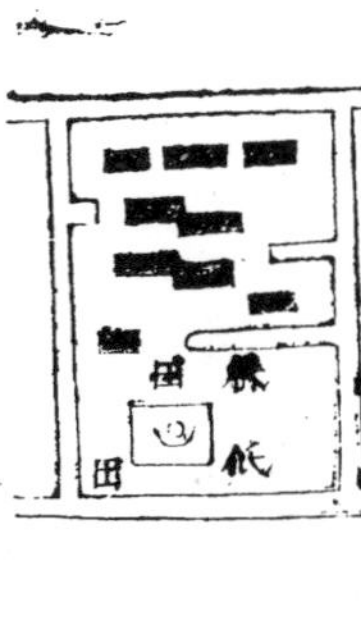

前進氣式

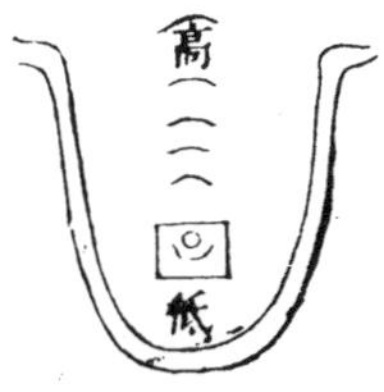

前來脈極旺相翻身向來脈不作裹頭水論

風水二字解

問龍穴以風水名者。人言乘風則散。界水則止。是名風水。然水能住氣。名之可也。而風以散氣命名之意安在。與曰風與水。自無定質。卽方圓曲直。聚散流行皆以隨形而變化氣亦如是然虛實之道不同焉惟氣從實而入風與水從虛而入。其停泊旋廻則一也。今點穴者宜以虛作實以實作虛。想其旋轉之處以定穴。斯得之矣。水不分江河不擇細流。遇滿則溢。遇隙則入。如淺急之水。得深蕩而反平。是陰變陽也。汪洋之水。見細流而反急。是陽變陰也。直奔無住。曲處回頭。折處活動。蕩處翻身。橋門之水。中直而旁旋。江心之底。旁去而中廻。去處絕流。并其來者俱停泄處太寬。并其傍者俱流。石在水底。上生紋浪。砂明水口。中必縈紆。故取其盤旋處。以像穴也。惟風亦然。風因路轉。有配則結。遇物成聲。有得卽止。見來愈急。中氣直奔。旁氣委宛。亦取其磅礴廻旋之處。是龍氣之變化入穴像似也。總之地氣抑揚。泊者如風之行。如水之走。斯之謂風水。後人須像其風水之眞情以定穴。思過半矣。

初中末皆結式

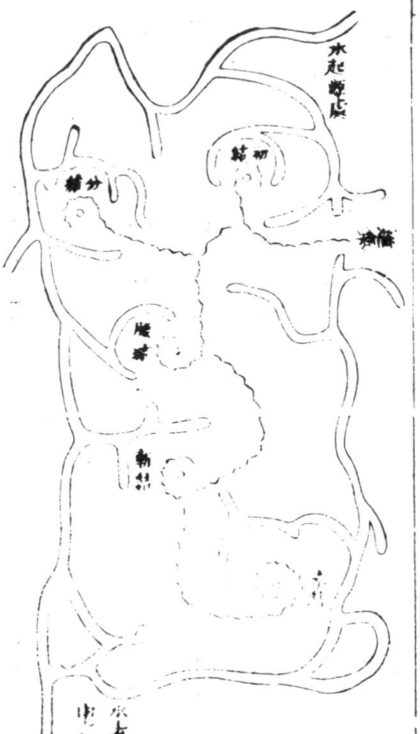

水來處結者爲逆。水合處結者爲順。訣云。水分水合順逆蹤。此其是也。

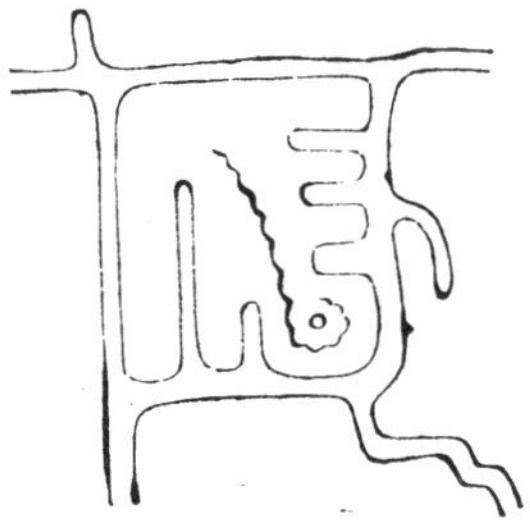

此是前薄者作蓋穴坐濟後看厚薄爲主。

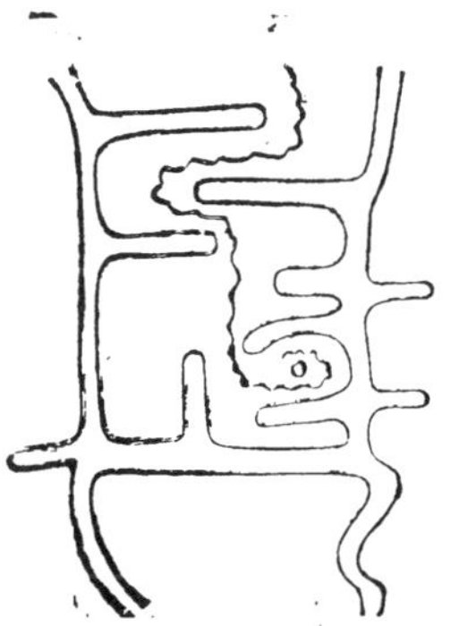

此是後薄者作坐關穴宜居濟前左邊是背右邊濟多者是面。

氣脈之來如水之走如風之行以地作風水想想其廻旋之處

左邊發足。要右漕長。左漕短。方合局。

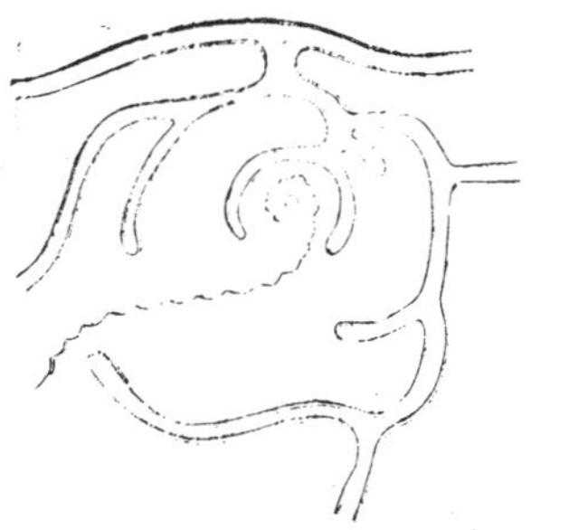

右邊發足。要左漕長。右漕短。方合局。

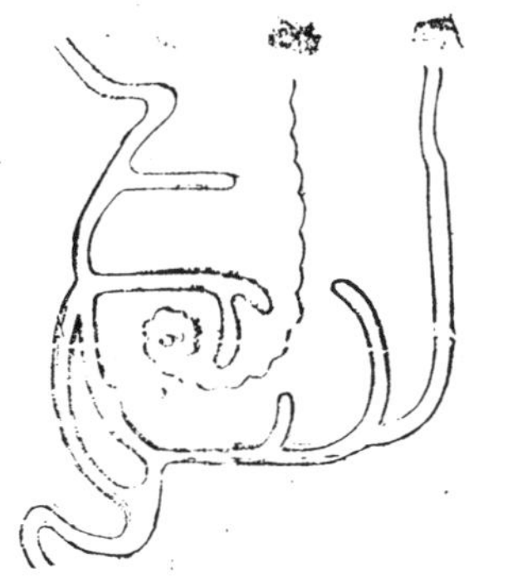

通衢說

凡通衢大路。行人來往者多。謂之人針。不論在坟宅前後左右。俱要屈曲來朝。環抱有情則吉。長直冲來則凶。冲前大凶。冲左右房分凶。若後冲反吉。大抵看路如看水一般。要屈曲環抱。在九宮生氣方。入山三吉方。爲妙。又有曠坂之所。一路環曲成局。可就路點穴。亦發財丁。若路有秀氣。亦出官貴。此專以人朝結穴。蓋氣因人動。非庸俗所能知也。

平洋收水論

人知尋龍爲認穴之本根。不知認水乃尋龍之捷徑。故水勢之所衝。脉石亦砂頭之所轉。巨澈皆迴。水源有淺有深。可推龍勢之大小。水局有纏有走。即知穴法之假真。然而取千頃之汪洋。滙諸案外。不若取一勺之靈秀。聚于堂中。以小者真而易愛。大者衆而難居。或自起祖分來。而到頭乃合于龍虎。或自少祖疏判。而開肘復向于毬簷。是以傍合不如正合之爲妙。前合不如後合之爲難。水能之玄而入口。龍雖单弱也堪扦。穴縱窩鉗而有情。水若斜飛終不吉。點穴令人能得福。全在能收一來水。令人能避禍。全在能消一去水。順水之局。貴有近案横攔。逆水之龍。不妨大河遠注。高山穴但取低坡平埂。可並深潭近水。龍若有尺起寸降。即同高嶺。既洵水城之奧。方知點穴之靈。

當面朝水說

凡平洋有大水當面而來。名破面殺。必要除氣大鋪。或結高穴。或有蓋砂遮斷。方能發福。若沖蕩而水高穴低。是仰面。須防火災。直沖至穴者。絕丁敗財大凶。如浮在湖中者。不以當面水沖論。

有案去吉式

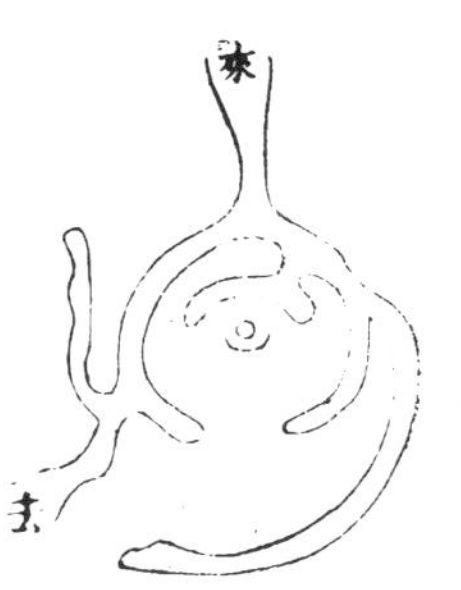

無案不吉式

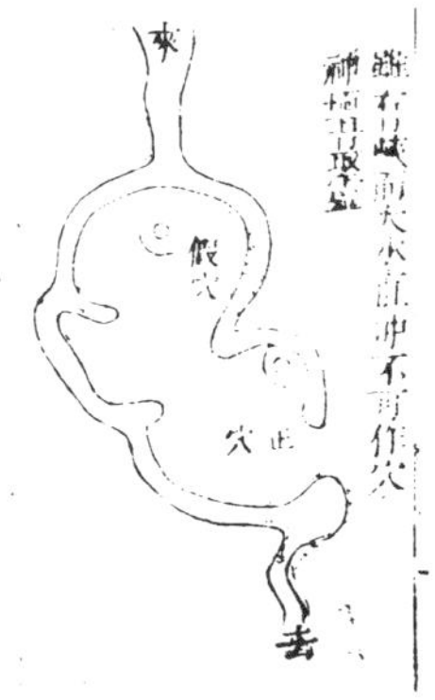

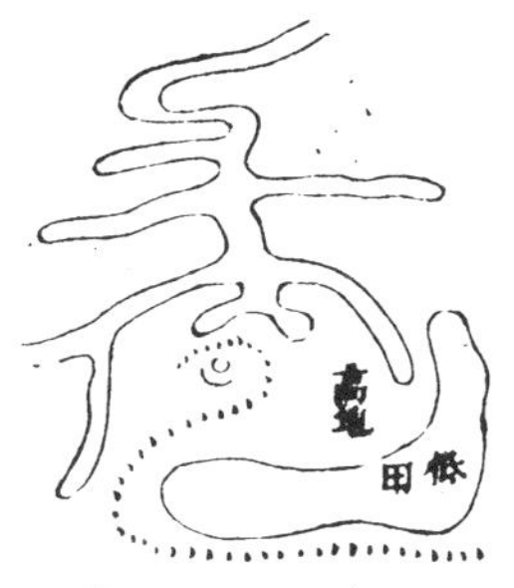

秀水特朝有小水相接者真

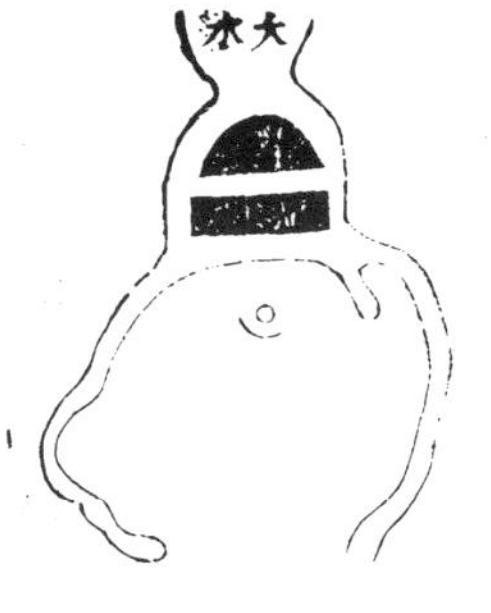

大水洋朝有浮案則真

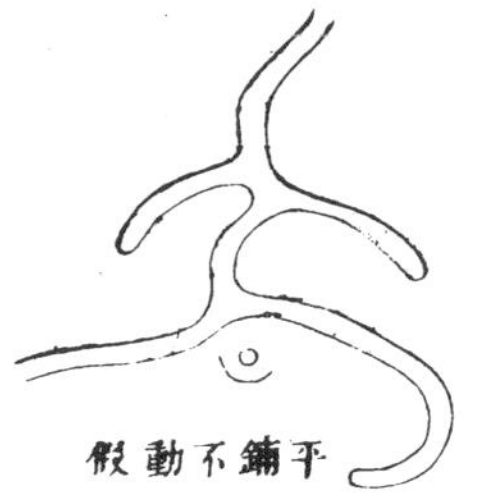

平鋪不動假

秀水特朝而本身小水不迎接大水俱歸虛假

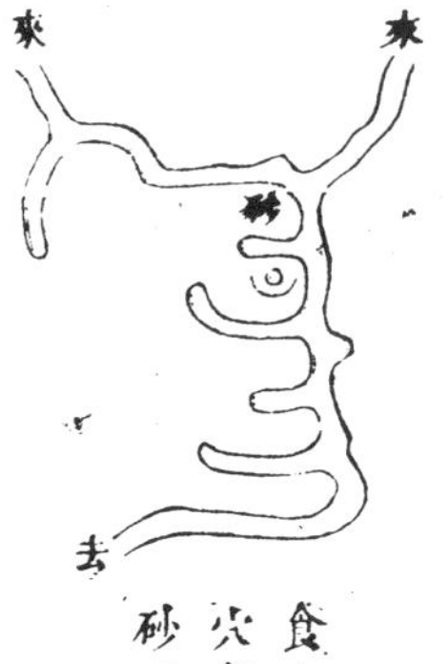

食水立穴有順砂則真

四水歸堂式論

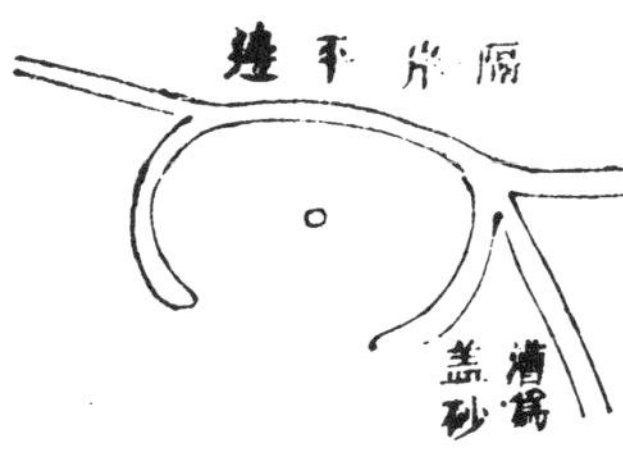

此局乃青龍邊是漕。龍砂在本身生出。左右砂開不致齊到。若兩漕齊到。而兩尖隔岸相射。對岸又有尖嘴相射。必成交劍之殺。立見敗亡。乃假局也。若面前更有橫破一漕。反成蓋砂。當面制殺。或左右有小水相界成峽。必是大地。然必須觀龍之進氣爲主。不可單尋局面。

四水歸堂假局

此局龍峽進氣俱無。一片傾圳。若當局作穴。諸煞畢備。即名十字港是也。若論是穴。豈有四角成穴之理乎。穴在交劍之內。必主凶亡。交劍者。名爲開牛煞。又名兩官齊到。

四水歸堂真局

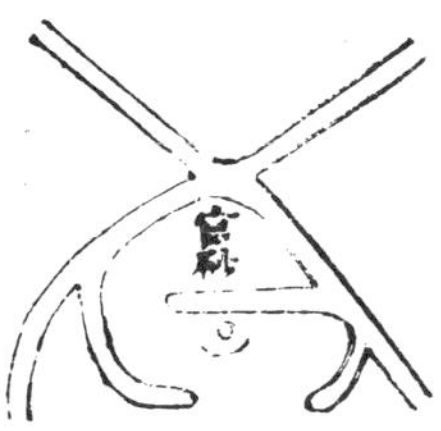

此亦是十字港破局。但內有一漕破進。反生官砂。對沖亦成吉地。

坍漲說

水雖以屈曲為奇。亦當觀其變遷而趨避之。水激于西。則沙漲于東。水激于東。則沙復漲于西。故二宅不可太近乎大水也。甚而至于坍塌洗陷于水中。宅後則子孫絕滅矣。陽宅見此。速宜遷居。不然則非橫禍。人丁蕩盡。陰墳則始扦之時。就當謹此。

邊吉邊凶說

水法有邊吉邊凶。作穴有偏善偏惡。如大水在東。支水插西。穴前者過西而反跳。穴後者過西而斜去。則居左者發財。居中者先吉後凶。居右者退敗。

通塞說

平洋之地。得水為先。而水有死生。不可不察。有等坟宅之傍。清泉活水。來去合法。妙無以加。始作穴時。可通舟楫。作穴之後。儘為好事者所惑。壩作魚池。或子孫各戶分門。亂行堰塞。以圖小利。殊不知斬截水源。龍氣亂雜。不旋踵而致破敗矣。可不戒哉。

劍水說

有等坟宅龍真穴正。水秀砂清。件件合法。多出富貴。而

或遠或近。有長直水池。名曰浮劍水。或冲龍脈。或射破穴。每發為隱惡人所不知。多主死在他方。或煞成立緊要子孫。或兒一條二條三四條者。各分公位以斷之也。

反切說

平洋之地。收龍點穴。出富貴全在乎水。有等坟宅龍真穴正。水神來去合法。一下之後。有房分不均。或富或貧。或貴或賤者。蓋緣水遭切殺之故也。且如坐北朝南之地。前後左右見水生枝向外而去。或去而又生別枝。或百步。或五六十步。便能分泄秀氣。

得水說

平洋須得水。山谷要藏風。平洋四面皆空。水走則寒。水遠則煖。山谷四面皆實。障滿則煖。闕則寒。所謂避風如避賊是也。

客砂貴局之圖

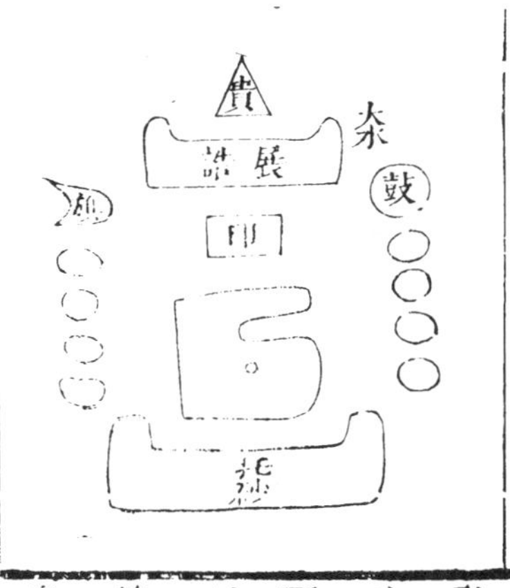

有平湖巨浸。渺渺漫漫。而其中融結平田。其方數十畝。坐下長砂托抱。有若環城。面前印浮水面。或如貴人展誥之形。或旗鼓列于面前。或貴人侍衛左右。此等之地。發貴甚巨。其福悠久。雖爲客砂。然合是者。亦造地設厚福之地。當觀察應侍衛而指點也。

客砂富局之圖

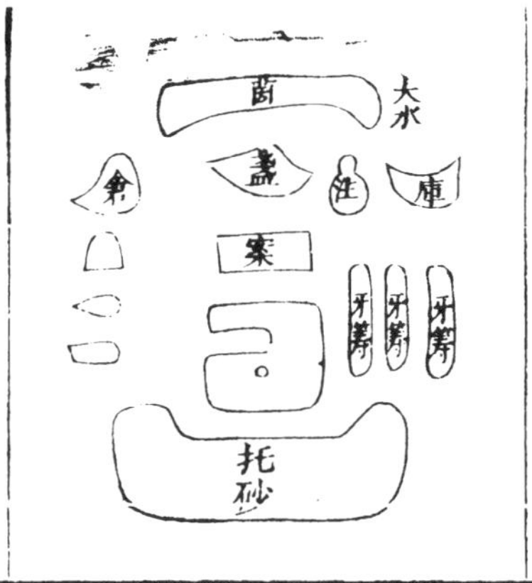

或有方砂居中。而長砂托後。左右高起如天財星者。爲之庫樓。面前列砂。形如几案。如盞注。如茵褥。而左右帶倉庫。或如斗斛。如牙笏。如侍人者。皆爲巨富之象。得此地者。亦當視夫案應侍衛以立坐向。定主富有百萬。極爲悠久。福壽康寧。子孫賢美。

貴砂形位之圖

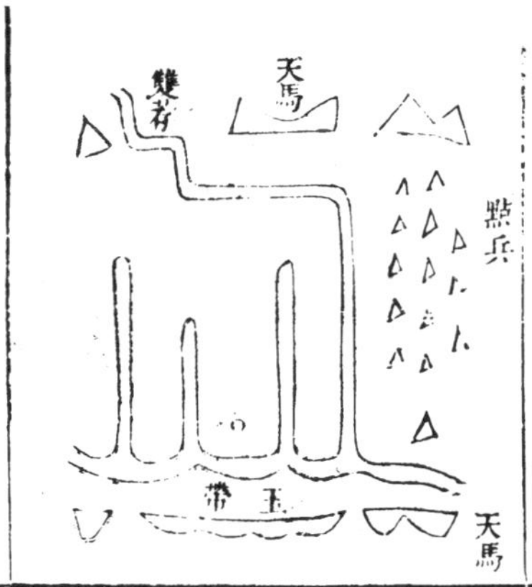

前篇所陳。皆言砂之形象美惡。以爲取用之臧否。至于方位之得失。尤爲切要者也。巽方雙砂並秀。吾知其世出魁元。兄弟同科。天馬起自乾離。即知其官位崇高。子孫俊秀。即有形如筆架。巡簷之官。夾王列戊。點兵將帥之任。辛方砂秀。俗號名臣。艮位高昂。貴應元宰。壬癸環如寶帶。

貴砂形位圖二

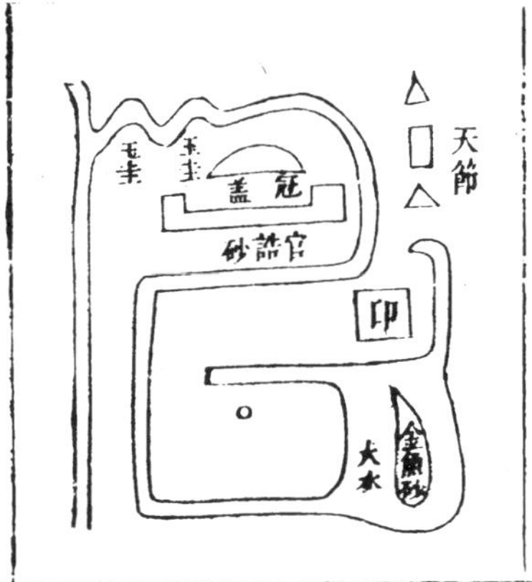

爵祿何疑。震砂高秀朝迎。將相定顯。案前形如冠蓋。貴而且清。右方水蔭金魚架。而且達。天節西南叠起。皇華重沐恩波。官誥當面敷陳。封贈連來帝闕。庚砂如印。腰懸金斗朝元。巽上如圭。手執桓躬覲帝。水龍合法。富貴如斯。

倒地貴砂之圖

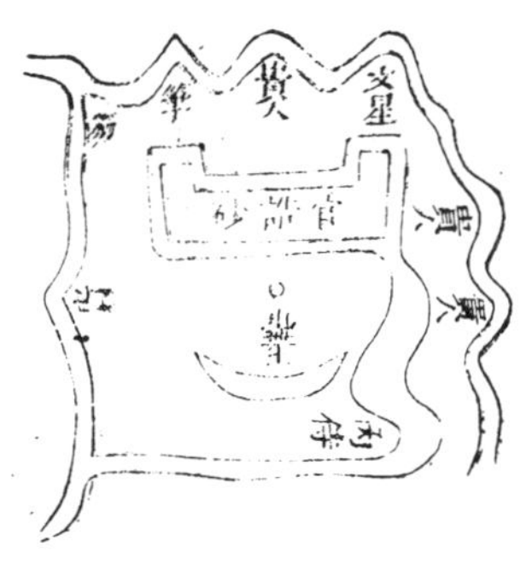

砂之高地。有形可覩者。一見即知吉凶矣。至于水之屈曲轉折。而地形亦爲之隨逐。此謂之倒地星辰。其鍾英育秀。諸與秀起之砂同也。大凡看地。見來之灣曲處。就當留心細察。視夫龍脈融結之處。以爲穴。爲文詳大案應整齊之處。以爲向首也。

水就貴砂之圖

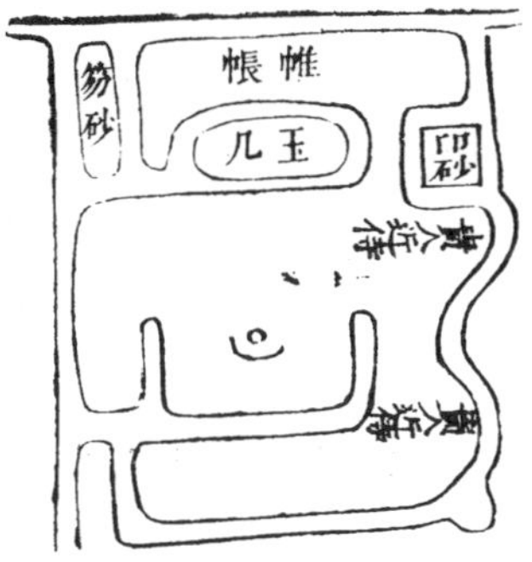

又有水勢交結曲折。周流環繞。而地形或大或小。或直或橫。或方或圓。初看之時。似無可取。細心詳察。必得夫融結之處。此亦倒地星辰。不可輕忽。多有美地在斯。上智之士方能識之。而凡庸淺識之夫。雖或見之。而反爲眩惑。不取用矣。

貴砂方位之圖

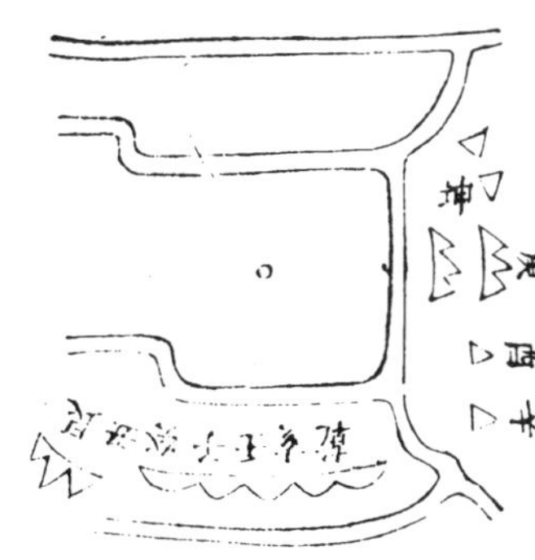

平洋之地。無官曜。無奇峰。惟以堆阜之圓淨端方生居吉位者。取之。反逆斜破出于凶位者。惡之。在吉方者。又得形如堆錢。獻寶。倉庫。展帳。玉几。金印。覆鐘。覆釜。半月。娥眉。玉尺。横琴。冠誥。天馬之類。各于本方呈象而起。次以向首收之。或爲財官父子。或爲金水日月。或爲三奇。或四神。

貴砂取用之圖

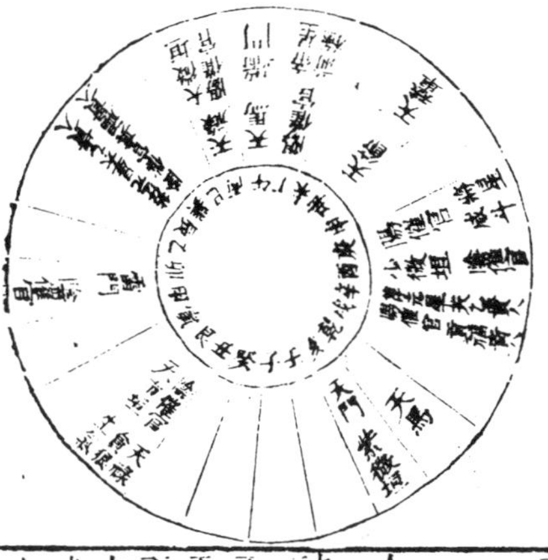

八將皆爲祥瑞。而鍾靈毓秀。發福毓貴之吉神。不能盡有。但有一位則得一位之力。其祿馬貴人催官生氣等星。皆爲助福之神。並宜高起。略具二圖于上。

天市垣在艮。太微垣在巽。天貴星在丙。主天下之祿。天乙在辛。太乙在巽。主天下之福。少微在兌。壽星在丁。主天下之壽。震爲雷門。主天下之威柄。庚爲威斗。主四方之權衡。以肅令萬物。巽辛艮爲文章之府。兌丁爲司籍之地。亥爲紫微垣。天皇之帝座。其貴尤尊。

砂形方位不吉圖

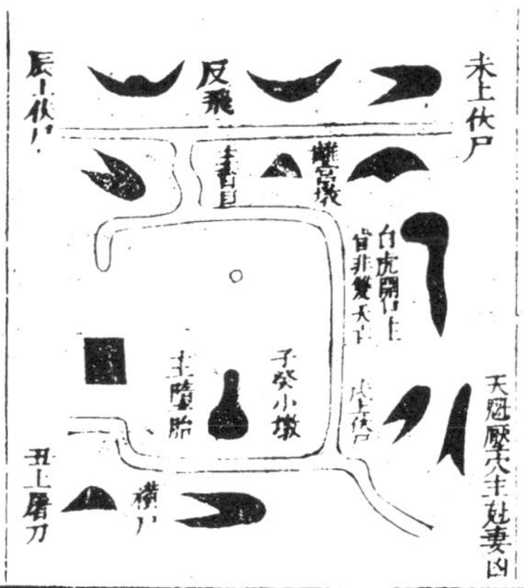

既具吉砂吉位于前。又圖凶砂凶位于左。使人爲趨吉避凶之一助。砂之方位。已明于右。而其形象。欲其秀美圓淨。拱揖歸向爲吉。破碎死硬。尖射闘競昂頭擺尾。反走斜飛。粗惡壓穴爲凶。又觀方[illegible]位而斷之。如在左。長房應。在中中房應。在右小房應。如在子午卯酉方見。則于

凶砂圖二

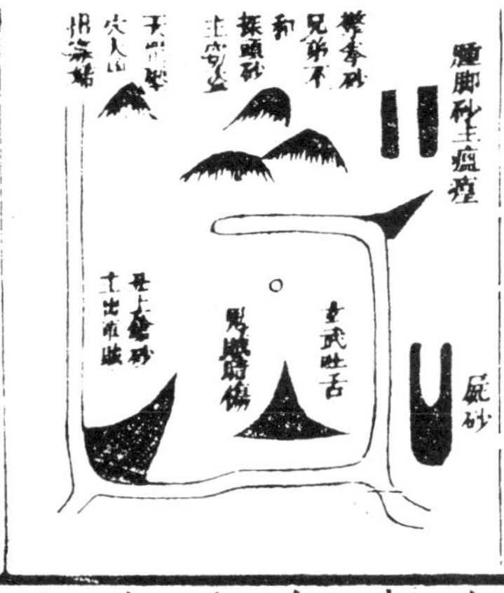

子午卯酉年月。及子午卯酉生人應。餘並同。如伏屍主瘟疾。死亡之應。屠刀則盜賊侵傷之應。小墩斜側者。瞽目墮胎。圓淨明秀者。即爲龍珠鳳卵。又主吉也。亦必于歲殺到方之年。方應。作穴見之。或避之。或蔽之。或注氣制之可也。

水法不善圖一

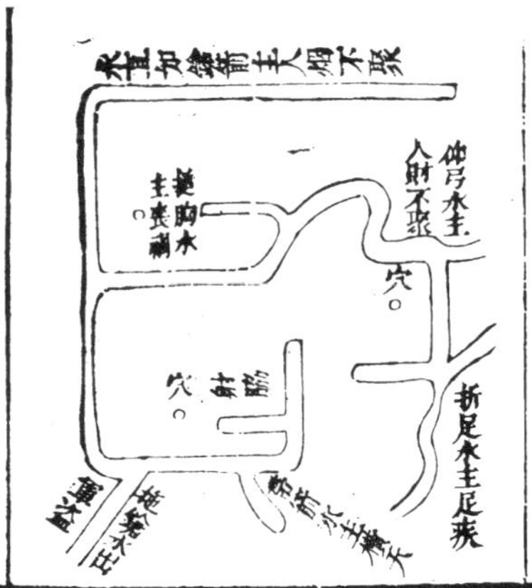

穴前水勢灣曲向外者。謂之反弓。主財物散亡。人丁離喪。直如鎗箭者。主人烟不聚。田產拋荒。反跳水。一文不直。折足水。殘疾折傷。捶胸者。災禍連遭。啼哭泣射脇者。女人瘡疾。又主夭亡。帶箭者。惡疾橫夭。拖鎗者。刺配投軍。若要避凶。須當趨吉。

水法不善圖二

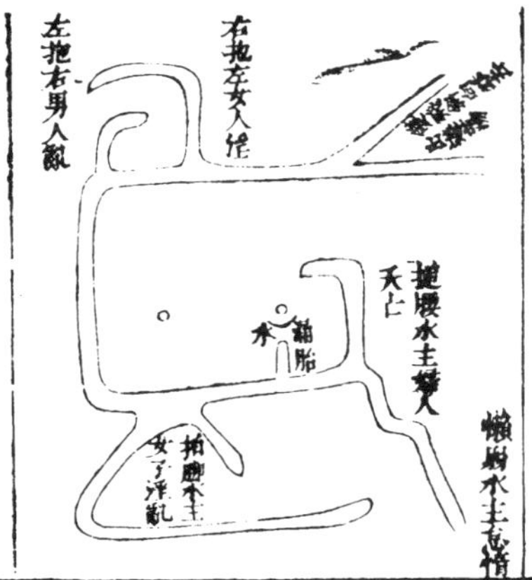

穴前見抱頭水者。淫亂奸邪。不以爲事。穴後出漏漕水者。崩中帶下。半產墮胎。拍脚者。女子淫蕩。淫懶弱者。男人怠惰。割脚水。足疾不免。搥腰者。肋痛難當。雙飛向外者。男人流蕩忘返。向內者。女子淫亂。風聲請鑒。已往之舊基。即識未來之應驗矣。

水法不善圖三

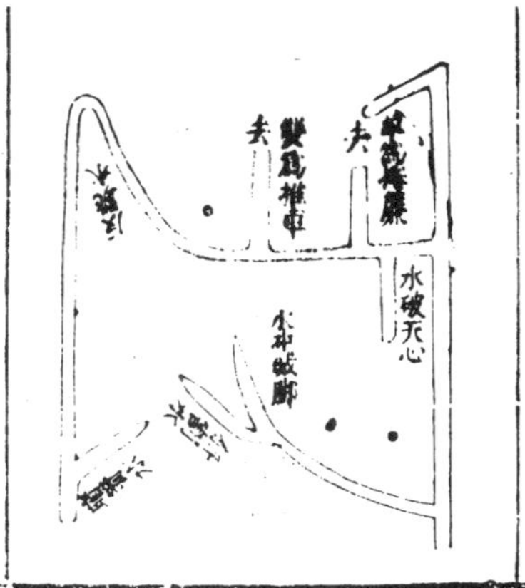

穴前橫水之南生枝直向外者謂之捲簾。犯之主塡房入舍雙流齊直去者謂之推車犯之主離鄉退財。水破天心爲人無子。水冲城脚住。無家返去者不事生業遊蕩忘家命射者鬼賊覬覦小人侵犯欲求安靜宜速改圖迷復終凶轉禍迎吉。

水法不善圖四

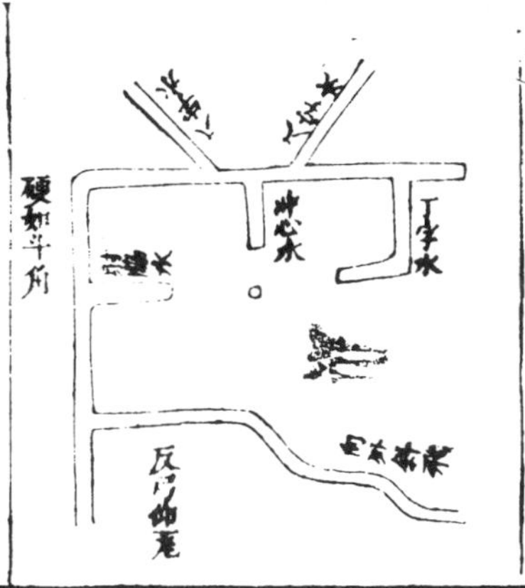

穴前八字反流定主兒孫忤逆。兄弟相殘穴後向外斜飛女子淫奔男兒遊蕩反弓仰瓦淫亂風聲退田敗產冲心射脇生災作疾呼屈呼天硬直一如斗角出人性拗剛狠不和急疾一似綳繩出人强撅無情棄家失井丁字貧乏之憂煎相冲亡恩失禮之應。

水法不善圖五

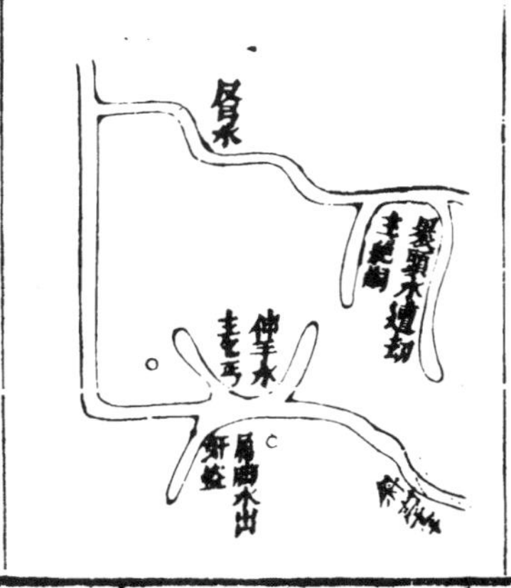

若丁裂頭城裏安坟遭水劫卽當絕嗣。反弓堂中作穴逢歲殺便見退財斜牽主口舌官非女無正性暗劫主小人侵害盜賊傷財兩手伸開乞丐叫街之應獨撐一脚奸淫盜竊之非若然不信將來且驗目前舊穴難免圖而改作可變禍以爲祥。

水法不善圖六

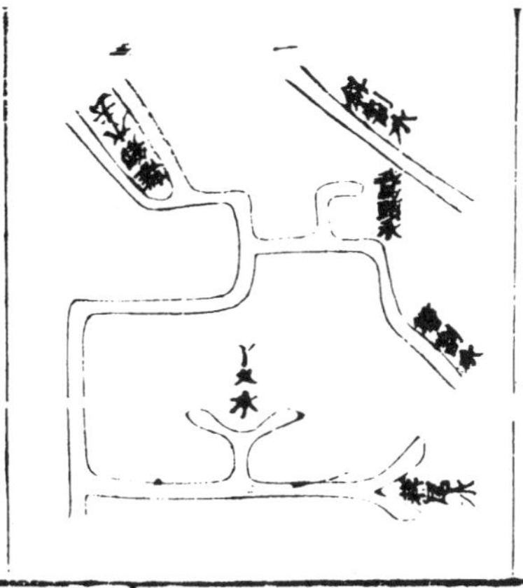

或見離鄉水散出于穴前定主離鄉別井遠去不歸斜割水斜硬于穴旁卽見心性不良行兇鬪毆水如帶劍防小人暗中相傷穴後丫叉恐兒孫陰行竊盜燕尾者錢財不聚鴛頭者淫慾無端如逢上智之士必善改圖之美或務砂而塞水或剋直以爲圓矣。

池塘不吉之圖

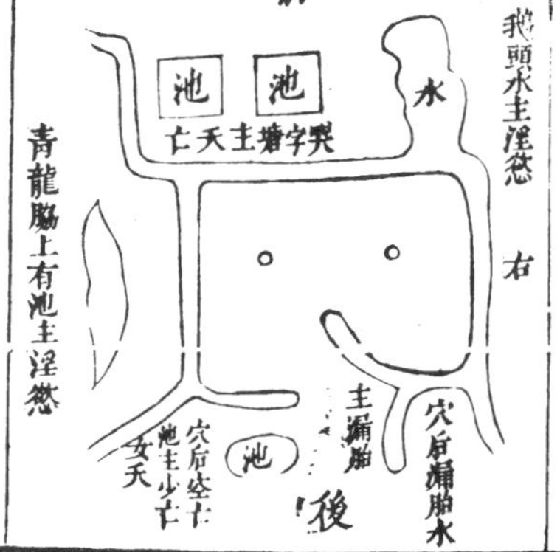

穴場前後左右有水潭觀其形象方位以斷吉凶吉者取之凶者填之或避之亦分公位以斷之左長中中右幼或在正前正後皆不爲利歲殺照方其凶卽驗又觀水泉清淨味甘美者吉若臭濁汚穢色黃黑者凶大率取土折坑等窟留之皆爲不吉

池塘不吉圖二

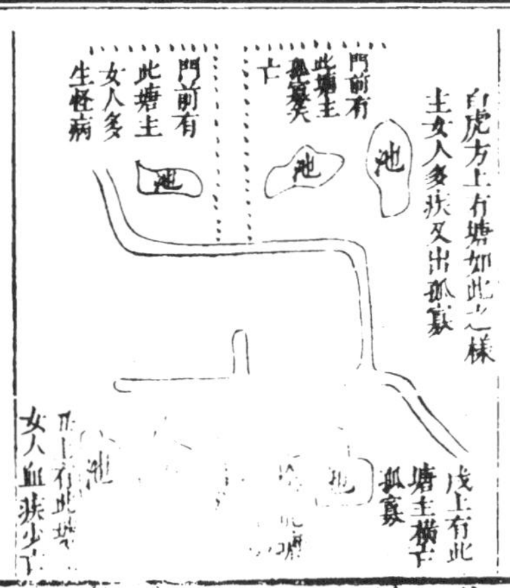

陰陽二宅四面八方若有池塘必觀其形方如印灣如蛾眉新月又如金鎖玉几之形銀帶幞頭之象者皆爲吉也其餘方不方圓不圓形惡味臭色黑渾濁[illegible]辰戌丑未方者凶也若然[illegible]填塞之或鑿正之引清流落來以注之自然獲福也

平洋不可葬例

一平洋雖無特達星亦有平面星體凡不成五行星體者不葬

一平洋一望無際並無結咽束氣者龍脈不清乃蠻皮地不葬

一平洋雖有界水而左牽右掣者乃鬼刼龍也不可葬

一平洋片片段段來無針線者多係水口浮砂不葬

一平洋雖有兩水夾送並不擺動者此爲死龍不葬

一平洋尖焰顯露者煞氣太重不葬

一平洋內局如雕刻而局外砂水無情者是人力所爲無氣之地不葬

一平洋局前砂水直硬無情者不葬

一平陽穴前缺唇者此內無生氣故外無餘氣不葬

一平陽土散不葬因無氣陰注故涸燥而散也

一平陽龍不稱水水不稱龍乃陰陽不配之地不葬

一平陽逆水砂頭而來脈不明者多係水口用砂不葬

一平陽前大而後尖小者退龍也不葬

一平陽衆高獨低之處不葬此乃獨陽之地

一平陽凡起一凸，前有毡，傍無護砂，乃孤陰之地，不葬。
一平陽已經作戰場者，寃魂之藪，不葬。
一平陽曾作囹圄者，愁怨之場，不葬。
一平陽雨過卽乾者，漏龍地也，不葬。
一平陽雨後衆乾獨濕者，下地也，不葬。
一平洋近大江大海，非深邃之處，內水不環遶者，不葬。
一平洋穴後反弓者，不葬。
一平陽到頭枝脚多不來護穴，如風飄柳線者，此掃蕩星也，不葬。

一平陽土星到頭出長直木乳者，子夫魁殃逆氣也，不葬。金星到頭出火觜，木星到頭出金觜者同。
一平陽大路冲射及反背者，不葬。
一平陽橋梁冲射穴場者，不葬。
一平洋龍是東方來，向西過水，又起圩頭，則西邊圩頭過水纔起，如人渡水，方登彼岸，非駐扎之所，生氣正向西行，不可近水東邊下穴，所謂甲卯成胎，不食酉辛之氣者此也。餘同。
一平洋雖有兩水夾來，並無枝脚轉收，如灘邊破舟，無人操篙，而隨水飄蕩者，此病弱龍也，不葬。
一平洋雖吉水來朝，而出水口多者，雖以消水，此精靈分散之所，縱暫時小康，倏忽卽散，不葬。
一平陽不乾不濕，踐踏之卽水出者，此沮洳地也，不葬。
一平陽乾亢之所，白蟻所聚之地，不可葬，蓋氣不到且亦不堅。
一平洋砂水有情，而後龍不駐扎，乃大龍迎隊也，不葬。
一平洋穴前水直長，而無逆砂橫水攔截者，不葬。
一平洋已經開掘池塘，有傷龍脈者，不葬。

一平洋窯竈冶爐多者，燒斷氣脈，不葬。
一平陽在人居稠密之所，陽盛陰衰，不葬。
一平陽屋脊交冲之所，不葬。
一平陽神前[illegible]陰靈不安，不葬。
一平洋四水[illegible]冲穴者不葬。
一平洋水兩斷[illegible]不葬，所謂生氣不從流水出也。
一平洋水直無中[illegible]者不葬，雌雄不交之處也。
一平陽草木不茂者，生氣不到之所，不葬。
一平陽瓦礫之所不葬。蓋先朝兵火之餘也。

一平陽案砂高壓之處不塟

一平陽在一方水口之外不可塟至此則水走砂飛矣

一平洋登穴一見凶砂惡水不可塟縱龍眞穴正無善終者

一平洋于衆水所出之處偶有石骨而來脈不明縱成形象亦不可塟因局內已結大地此乃鎮水口之曜氣也

一平洋似是而非者尤宜詳辨如浮屍不可認爲上水魚如枯鱉不可認爲沒泥龜如客棺不可認爲一字

木如長枷不可認爲交枝木如箬笠不可認爲湧金盤如騰蛇不可認爲出草蛇至于蘚皮與鋪毡無異流蕩與汪洋彷彿斗星與小巧相類蠶蠢與渾厚依稀星散孤村之與落地梅花雲翔霧集之與浪花滾月長蛇祿存何異于九天飛帛落花孤曜豈殊于雪裏飄梅蒺藜之與菱花荷葉之于太陽如此之類百不能一連城碱砆在人測識

一平洋水分流入局遠下砂而又不反跳者不可再墩水口砂蓋能泄然後能納水口塡塞太緊則分流入

局者少觀大禹治水疏通下流其意可知矣予見享福之家妄做水口而覆敗者不可枚舉至于去水無情而空闊者人力補之可也

一平洋修補之功但可施于砂水上或太過或不及培之至于龍穴上無掘鑿之理間有龍眞穴正而眞僞之氣混雜者于結咽處去其僞氣如賴公去僞留眞之法間或有之未聞鑿大圩頭掘浜開河做成其龍合其天星合其水法此大怪異事也又有一等議論龍與水不合必須其水到堂然後發福希富貴者

析然從之功甫成而禍踵至矣古人曰惡水不向眞龍眞龍不吐惡水又曰水到之玄不問宮其曉人之意深矣偶水路入口不合宮而修之可也予見一官家開成龍穴者三尺之土未乾而三代相繼殂矣又見一官家亥龍丙向開丙水到堂因水路闊大已難午字犯回祿水直冲一形家言明年寅年太歲壓煞五月當起火果次年五月寅日火燒丘墟矣又一官家辛龍入穴丙向辛水流東寅艮水口龍眞水秀已發魁科後庸陋者惑之言右邊開一浜取亥氣入穴

則爲西兌入天皇，當居翰苑，世代不替，主人垂涎焉。工開掘甫及告成，而宗枝斬絶矣。如此之類，不能一一枚舉，不過舉一二以爲後戒耳。

若論平陽平洋四十九不葬之法，眞妙訣也，不可忽過。　許果菴識

平陽全書卷之十

古婺葉　泰九升父輯
海昌管元錫大山父參
張戴仕拙菴父訂
鄞元世允升父較

平原局法訣

局法不同，乘氣爲主。有動爲生，無動爲死。平洋水遶，便是眞龍。此言雖顯，微妙難通。水界氣止，近水氣鍾。氣來動處，各各不同。近南乘坎，略北即中。近北離氣，乘兌挨東。西南乘艮，東北坤通。近西乘震，忌雜寅宮。東南乾氣，戌殺莫逢。乘巽西北，莫轉辰風。陰陽地氣，孰西孰東。物物太極，一氣冲融。乘得氣者，永吉無凶。謾推卦例，莫辨金龍。乘氣不眞，災禍無窮。陰龍陰向，陽向陽龍。中氣難發，硬直無功[illegible]動，穿西過東。左秀左結，右秀右榮。先觀生氣，後對穴龍。外乘堂氣，凶氣莫沖。緊動速發，藏蓄福宏。单獨欹側，傾瀉直衝。八者宜避，可無凶終。水來射穴，有盖可營。不須入口，墻拱反榮。水來朝穴，有盖反窮。必須入口，貴在其中。逆聚則結，交媾雌雄。不逆不聚

妄下無功。大聚大發。順逆皆榮。秀聚大貴。藏聚富翁。偏聚偏發。斜聚帶凶。龍穴乘氣。砂水玲瓏。金木水火。金水爲榮。火木斜直。水城莫逢巨門土勢四獸之中。三秀水來。何者爲雄但取先到屈曲情通。逆來橫遶無意罔功。浜頭出水內雌外雄。內口爲進。外口出通。必須曲折蓄得渟泓。蕩然直出關閉無蹤。不如月池。滢然一泓無蓄無入。旺水可容。環拱穴場。亦可蔭龍。太極圓墩。高地氣鍾。挨邊掛角巧奪天工。田水朝揖。可得富翁。時師愚昧。不識此中。硬談天玉。妄說四龍。不知乘氣。眼目矇朧當

此真髓。指點神功。勿妄傳示。濫授愚庸。

九宮定局歌訣

語君定局有玄機。十個時師九不知。細格來龍留入首。
丙丁落脈便爲離。戌趨巽分戌趨在戌內不洋無覓頭。
蕩蕩無蹤何處定。只看橫水向何流。坎宮水近便爲離。
若遶乾宮巽可知。舉此一隅餘可識。八山定局又何疑。
山谷原來脈顯明。勸君不必水爲憑。平洋脈隱須尋水。
兩水之中取近城。市城無水有街衢。隔界便分東與西
有水只宜依水斷。來脈分明不可拘。兩山界處脈雙行。

要當辨其死與生。取局不真星位錯。斷來禍福絕無靈。
九宮八卦合先天。布局飛星玄更玄。取局若然真正也
雖非仙侶却爲仙
萬屋鱗鱗市井中。高連屋脊是來龍。雖日龍從天上至
還須傍水界真蹤。洋上井田分局面。谷邊來脈定星宮
倚山傍水神仙訣。後學時師妙變通。

龍局生尅

相生須用他生我。相尅還須我尅他。若也生他并受尅
貧窮絕滅自咨嗟。

地理尚逆。故欲其生我。不欲其生彼。欲其尅彼。不欲其尅我。是以行龍之法。必須博換轉關。序生而到局立局之法。必須迎官就祿。序尅而到龍。蓋龍爲祖宗局爲本體。龍之所生。千子萬孫。貴賤不等。而局之所結。到頭一節。方是真蹤。如龍貴而局賤。公卿之子爲庶人。龍賤而局貴。庶人之子爲公卿。故有一龍也。而左右穴之貴賤不同。東西屋之貧富各異。安得以一龍而概諸局之臧否哉。凡局尅龍則爲財。龍尅局則爲煞。如金局得木龍。則財祿乘旺。得火龍。則鬼賊相

殘諸局倣此。

八局作向吉凶訣

坎龍午向長房榮，末位衰微巳有人。午向房均坤向破，

丙向長子絶無踪。長孫亦絶。丙向二房入相，以有丙水朝也。

艮龍丁向長二平，三房特秀少兒孫。

離局丙向多收發，丁向丁龍兄弟登。午向陽基纔秀旺，

二房人産倍豐隆。

兌位丙朝發長二，向丁長破是廉貞，卯發長房均有應，

三傳之後少人丁。

坤龍午向陽無壽，一子孤单家道豐。

巽龍午向亦仝此，富厚千秋人不同。

震龍丙向二男死，辛向三男俱主豐，房房夭折人丁少。

長位多男寡亦仝。

乾中艮穴最爲吉，三房俱貴少人丁。巽向相應

分房。一看龍，二看九星水法，三看陰砂，丙局四看水形。總之吉則俱吉，凶則俱凶。

以下諸圖，盡局法之變。上卷七十二圖，下卷五十圖，共一百二十二圖。局法、水法之妙畢具，餘可類推。

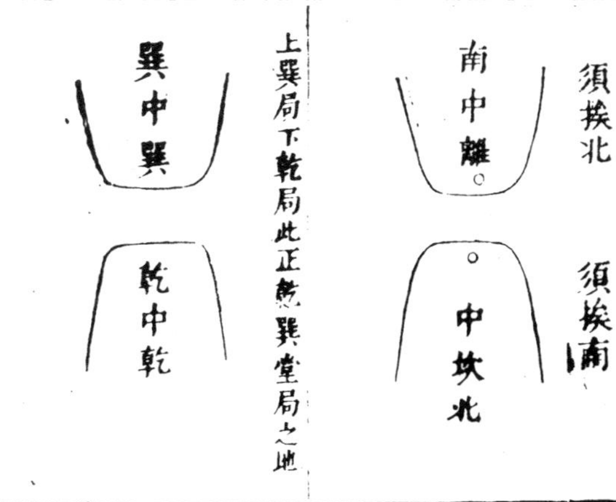

上巽局下乾局此正乾巽堂局之地

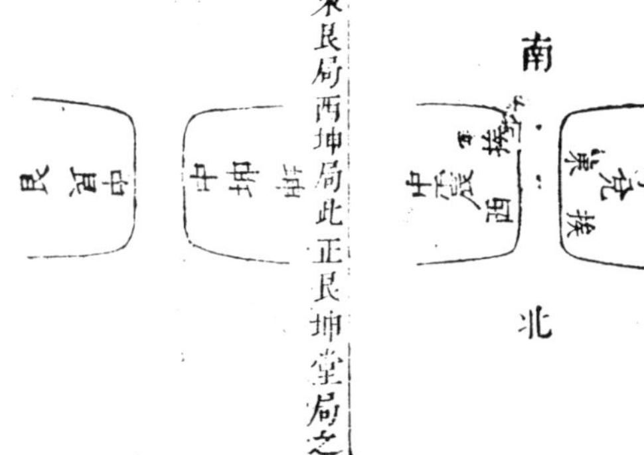

東艮局丙坤局此正艮坤堂局之地

南向

艮局南向	坎局南向	乾局南向
震局南向	中局南向	兌局南向
巽局南向	離局南向	坤局南向

局改向不改，只以水際近者喝局，擧一可類推矣。

此四角坎離震兌局

北向

艮局北向	坎局北向	乾局北向
震局北向	中局北向	兌局北向
巽局北向	離局北向	坤局北向

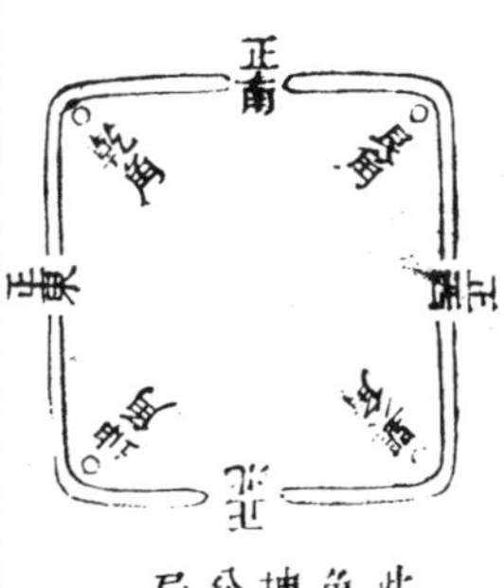

此四角乾坤艮兌之局

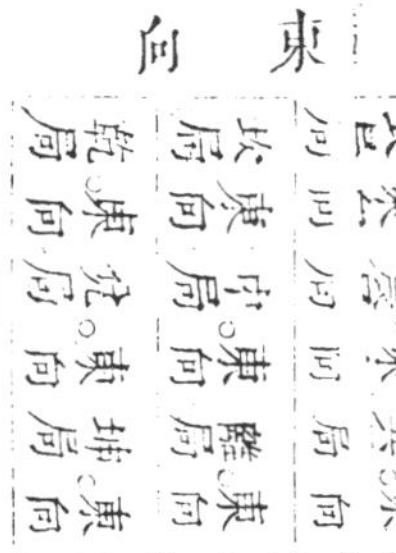

凡管穴場但外看局住場亦如此看法不獨穴場也

此坎離至合氣之局

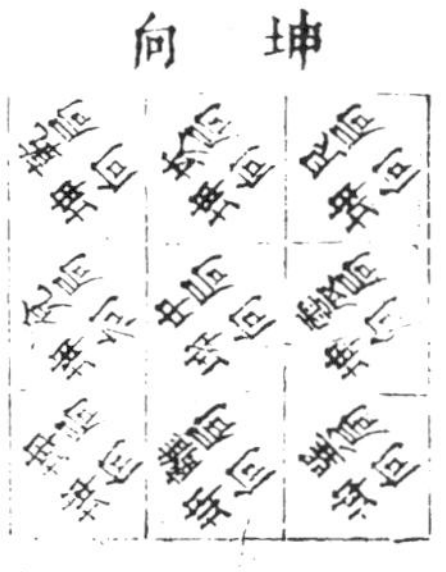

此震兌合氣之局

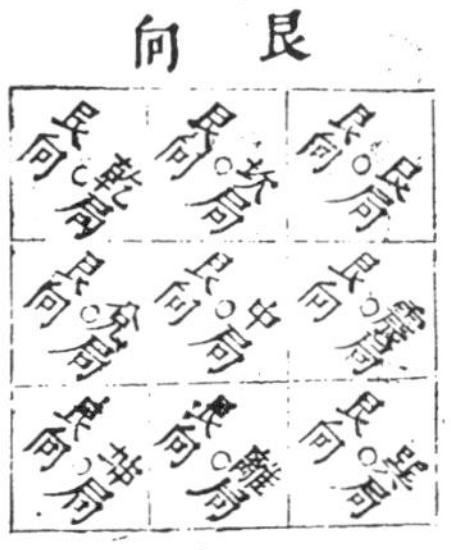

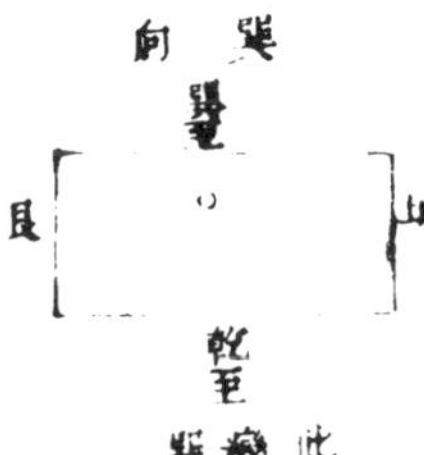

此坤艮變作乾巽局

此曲尺形依近水分九局

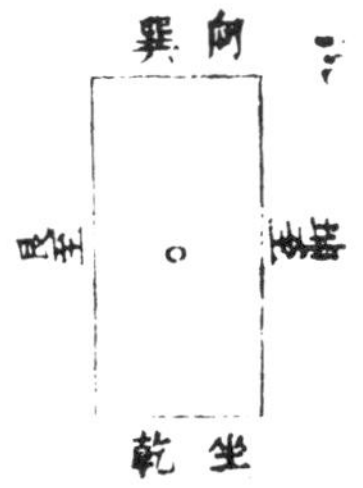

此乾巽變作坤艮局

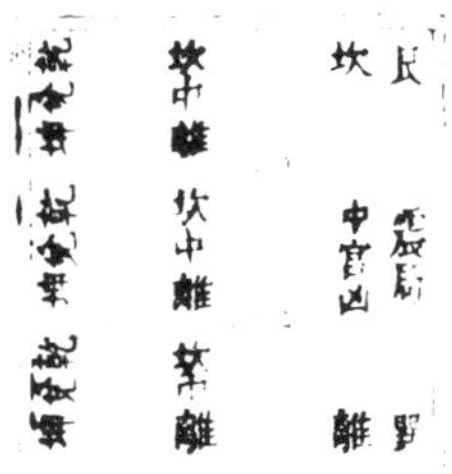

兩世界入當如式分局

此坎局變作震兌

此離抱離地水抱土也兩邊是

此離局變作震兌受局

此兩分之局亦要別其輕重

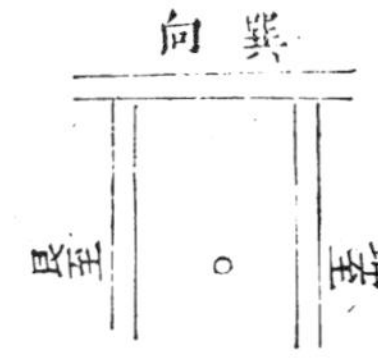

此乾局變作坤艮合局

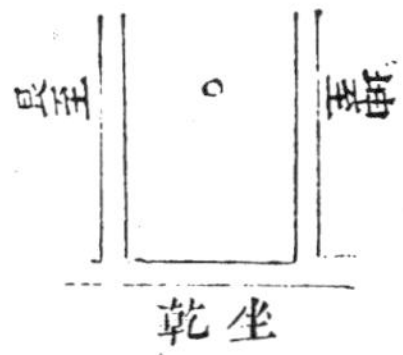

此巽局變作坤艮合局

以上變局立穴。便有砂水純雜吉凶之不同，不可不審。只要立穴處本身有情，客砂有情，即可變局立穴。此四圖只論其局法如此。坎離震兌合局可用，以純陽純陰也。乾巽坤艮合局不可用，以陰陽剝雜難以作用也，慎之。乾巽坤艮四局，必須挨角乘氣清。此中間合局氣不清，不堪入用。

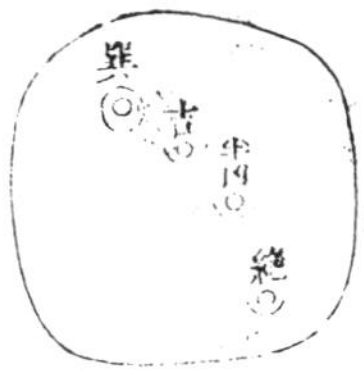

地有吉氣。土隨而起。挨近高處作穴。亦乘其生也。

此高墩變局之法，巽方有高墩，即以墩為太極，巽局作用，只依墩堆高作穴，必須脫出一二丈，不然在高地上亦可，不然則接出高地。若舖氈亦可。如一高一低，穴邇高墩，高墩無化氣，必絕，切宜慎之。如闡中有墩，四方皆穴，面前橫水交合無斜，直水動則取六秀局為吉。

一地四圍立穴，只艮巽局發為驗。

此二穴皆于高處攢高立穴，無龍無局，只以坐向環抱之勢作坎局取用。

此亦貼高立穴者。

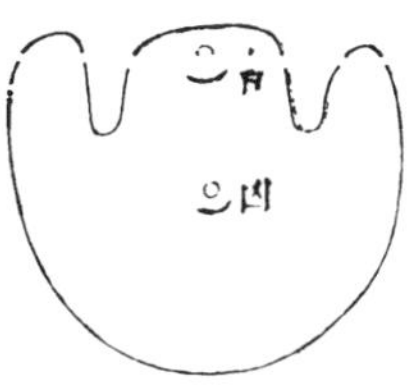

凡穴在界水內則吉，如界水不至則凶，無界水不止龍氣也。

牛池塘變局之法

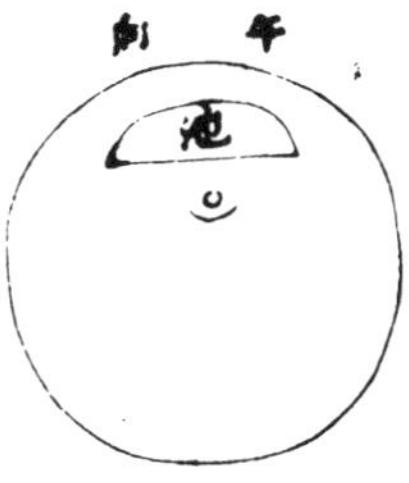

此局南方有一池，即以池為太極，坎局作用。

用局至此甚妙

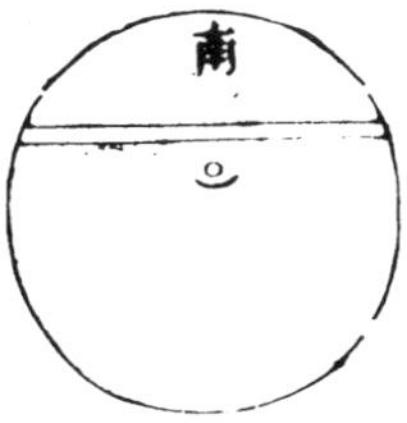

此局無墩無水，南邊有路，亦作坎局作用。

微茫交合之圖

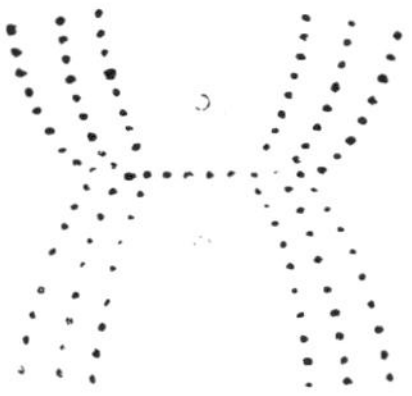

一望數十里平原，以微茫水及蟬翼蝦鬚交合起流之所尋穴。蓋小水交合，亦有淺潤通流入大江河，便是氣脈所住之處。亦有一二百里忽起高地，四邊抽出月角之砂，覺收取氣，便是。又有一高一低舖出平地，每分餘氣就收氣關堂砂，皆大富貴。

變氣之妙不可不知

此局之從峽變者上穴坎局的矣下穴去而水還遠峽中氣闊乘氣又遠當中立穴作巽坤二氣合局立丙向右穴乘巽氣發左穴乘坤氣絕以兩穴落後變局之故。

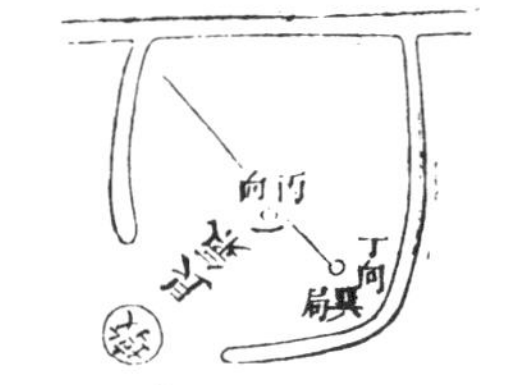

此局乘艮氣變巽局然艮氣清畢竟是龍力重也巽局小貴艮氣丙向大富多丁。

此截氣取穴之法發福亦大

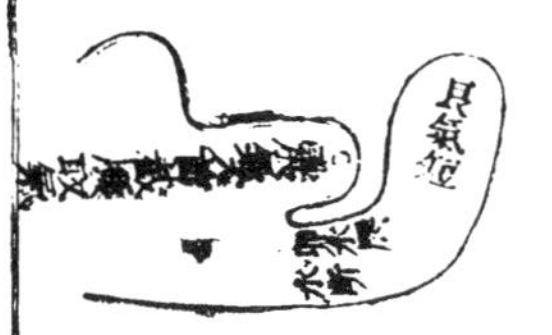

亦截氣取穴之法下全。

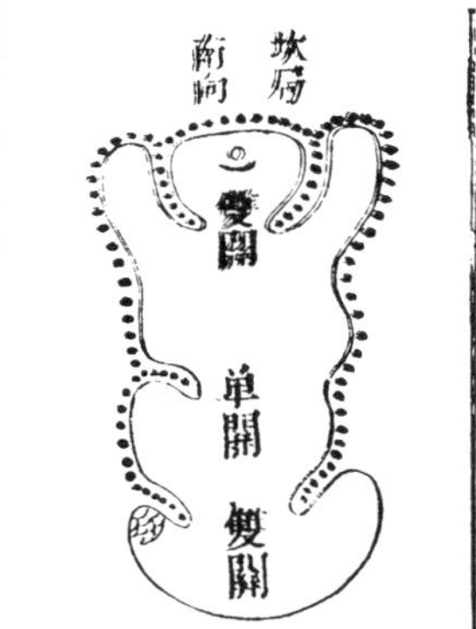

平地有訣當乘龍者乘龍三關三峽界水緊束氣純乘氣又近此必當用龍川二十四位五行以作用也故下集乘氣之式以例其餘當用龍則用龍當用局則用局龍清則論龍龍濁便當論局。上局王關三峽龍清入穴又清的主乘氣作用不必論何局。

此龍有首有尾落頭清入穴又清的宜乘氣作用不必論是乾局坎局亥氣極清不必論局。

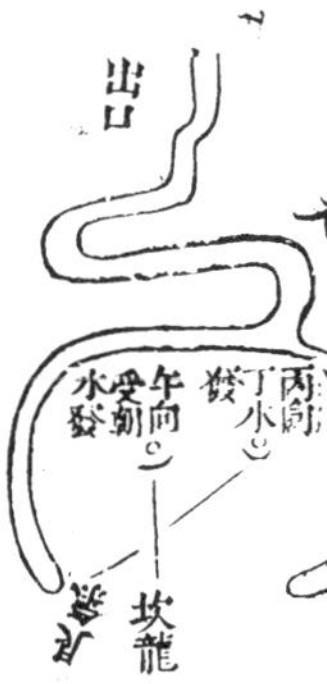

坎龍得局富貴豪市上長生喜水朝辰宮水破爲殺雖冠破冠刑貴必高凡水聚處有漾門反照亦葬作來水。

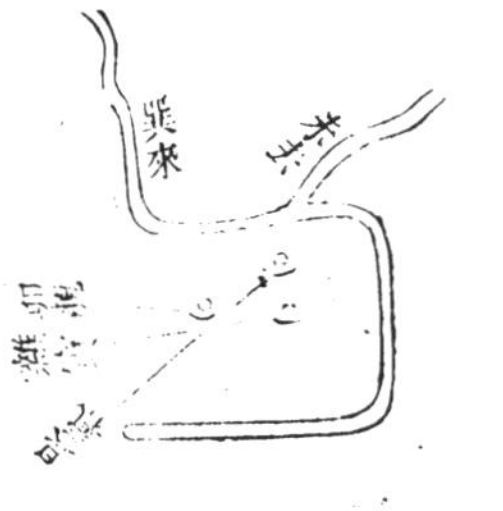

卯龍中穴斷　水城屈曲似飛龍富貴北石崇巽水來朝却似龍富貴出三公

艮龍氣前穴斷　艮角艮氣受穴不貴而富福壽不全　艮穴巽水勉不全吉且寅甲氣雜也落後一穴則寅氣矣

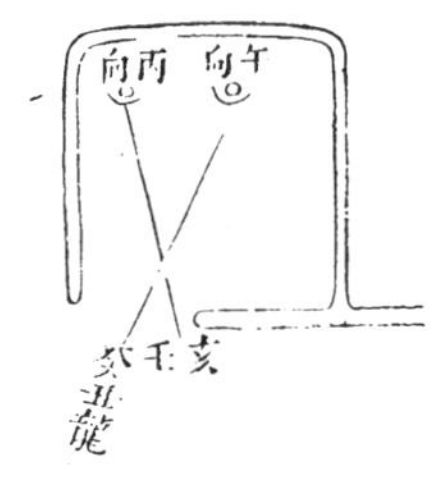

左穴兼亥雜壬貴而孤

右穴兼丑暗金雖富而孤敗。

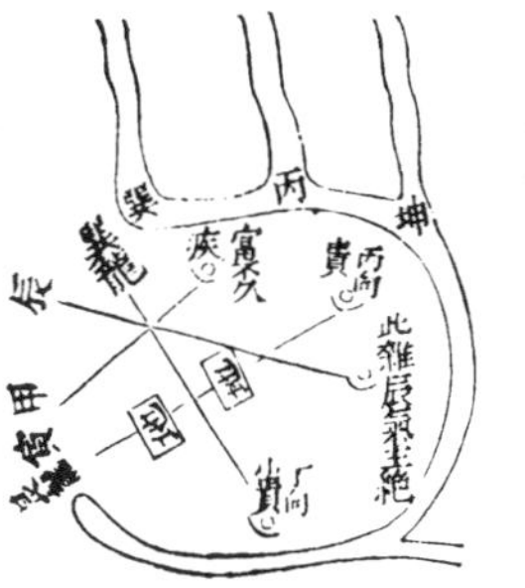

三條舞鳳水大富貴
丙中形勢皆同，但乘氣不一，故吉凶亦異。
卯局不作卯，以無朝水合也。丁未辟殺入，故忌卯作。取艮局得氣，以後乘氣全在挨閃。

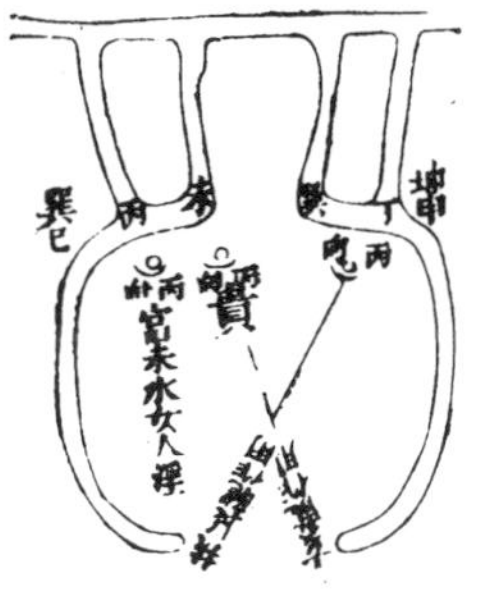

此局兩邊水不合，合在面前大河。坎局不作坎，以無陽水朝也。艮亥何不中取挨左右浜頭，以中乃壬子癸氣。當中立穴，受中氣矣。中氣不能發福，一挨左挨右便吉。但須照水之陰陽爲准。左右雙龍齊入來，兄弟連名到帝臺。

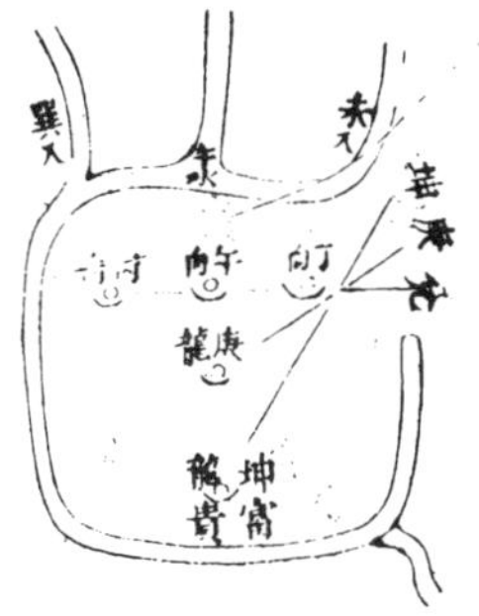

此亦舞鳳大貴之水，應不同者，乘氣收水之異也。兌龍東穴丙向，長富巽水也。二房秀面秀水也。三房絕午未破也。申穴午向主面祿絕。兌見午水也。酉穴丁向主女人寡。庚龍丁向主總坤申氣雜也。下穴坤龍富貴取午水當面朝也，但小房絕。

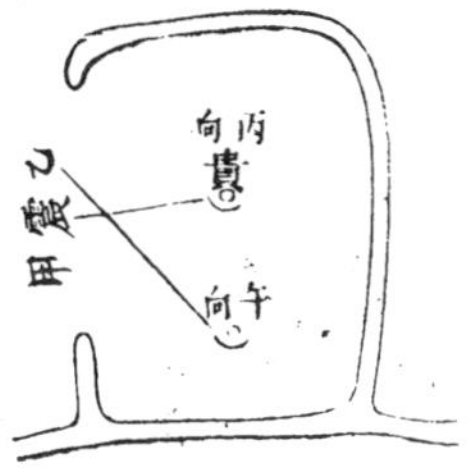

震龍丙向爲官貴，少年及第顯文章。下穴午向係乙龍陽脈，雖富不久。此地須東邊束氣甚緊，不雜辰寅爲妙。

九曲入明堂，三公宰輔。此形勢一而受氣異，故吉凶亦異。
巽wu進轉震受，卯穴出將入相。辰氣穴大凶。
巽穴主文官貴。

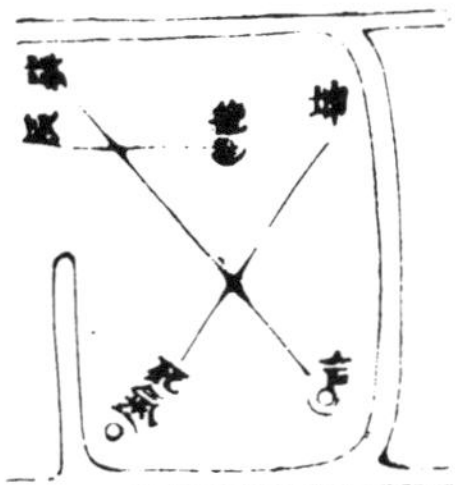

辰穴斷凡龍金氣殺人，多定主見砍受折磨。
巽氣穴吉。坤穴死氣。

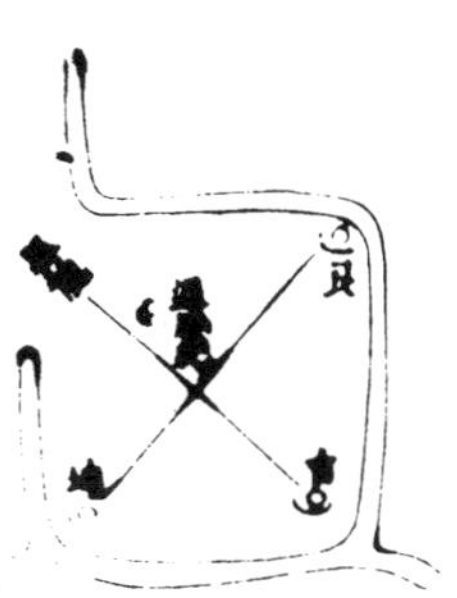

巽龍巽角吉。坤角死氣凶。
艮角受氣小，雖小貴亦不久，以雜辰氣也。中穴係過脈絕地凶。

水轉三灣富貴清，巽龍有氣斗量金，西水來侵爲殺曜，坤龍孤寡觸門生。
巽龍丙向吉。艮龍丙向吉。
坤氣午向吉，兼丙凶。

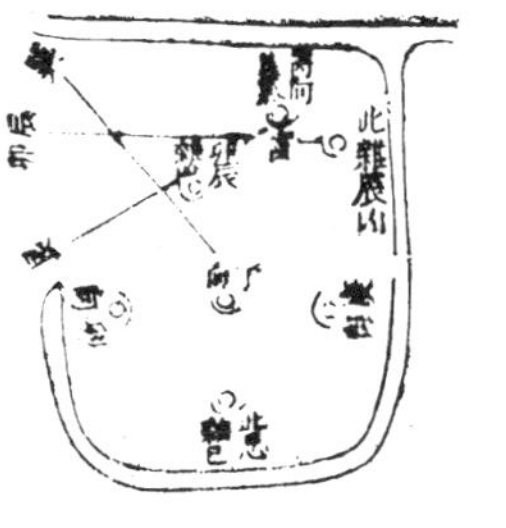

金鈎掛月，爲官不歇，
此局忌雜辰氣
換酉南乘巽氣作丙向，水流東南，又
是坎局作用，　若從癸丑出水，作庚
丁卯三向吉。
巽龍庚向是連珠，癸丑水流住所施，
卯丁癸向俱皆富，東北行氣世朱衣，

此兌巽來氣，但巽上進氣耳，
巽龍氣在東甲癸吉，
看巳丙巽局，庵局皆可類推，

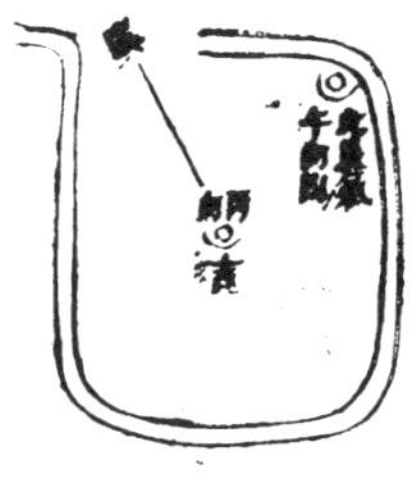

盤龍地下中穴，
此局但恐峽細龍緩不可裁巽角急
宜乘巽氣，

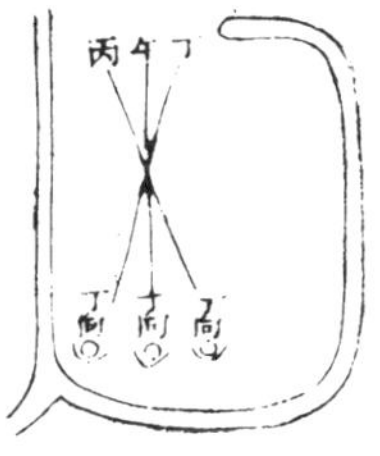

午上來龍並丙丁，貴富榮華同祿生，
西北金水宜來至，亥宮砂水忌冲刑，
丙龍巽高艮砂朝，辛戌水去主英豪
丁龍兌水宮守高，有冲帶未福原少
支龍若得須長久，幹龍氣盡不須求，
此一離向而入穴受氣則異，

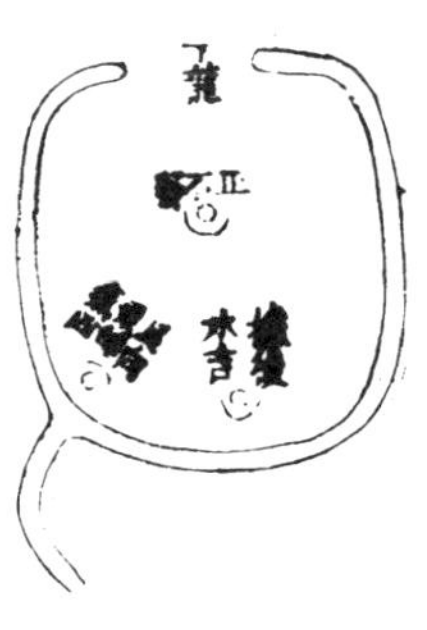

二水相合後頭覓，兒孫富厚鳳池頭，
丁龍艮後水吉主大富貴

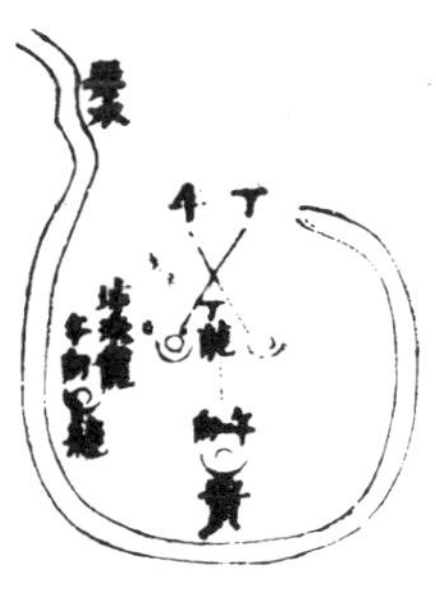

看是午丁雙進，以左穴爲丁，右穴爲
午，
中後穴丁龍午向，出貴得巽，水更文
秀悠久，
坤來龍午向絕，長房富貴壽夭，

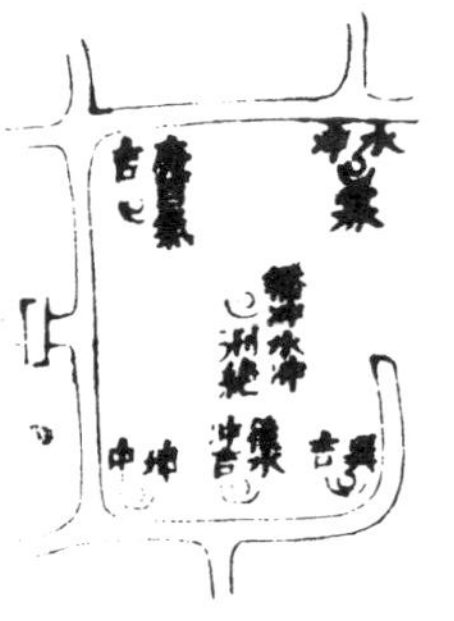

坤局午向中吉
巽局靠短浜吉
中宮凶
離局後水冲吉
庚酉氣巽，水吉
坤水冲處孤寡

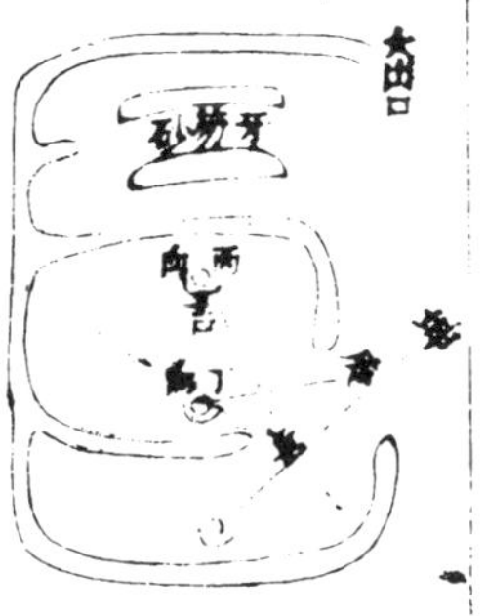

水似蟠龍，水口關鬭，有勢應，家出文武
公卿，
庚龍丁向主富豪盛，
坤龍主富而絕

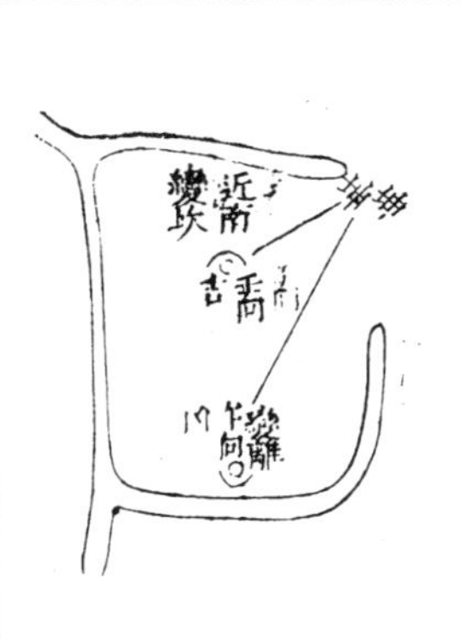

坤龍壬向合催官，乾上黃泉卯上煞，蓋坤龍壬向亦主一發，最忌乾上黃泉卯上煞曜，午向凶，以其變離无動氣也。

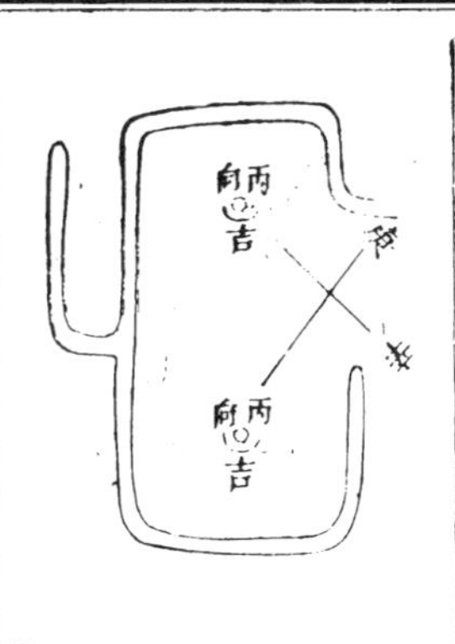

庚龍震水，主出三公，只怕巽上黃泉沖破。

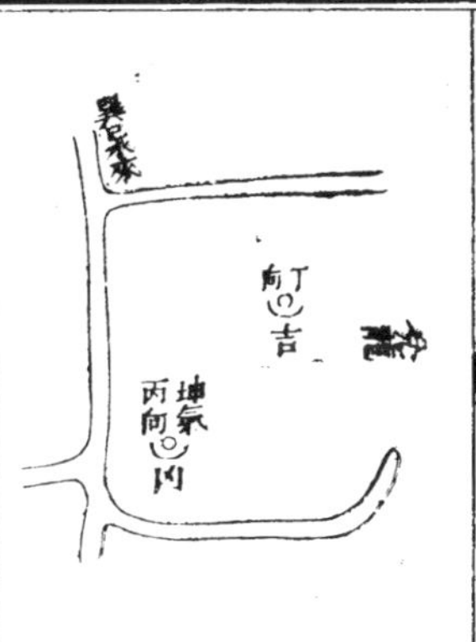

兌龍丁向，巽水來，陰陽三合貴三台，三合巳酉丑也。坤宮巳上黃泉曜，人口疾病悔頻來，丙向乘坤氣，見巽水反破局凶，巽庚癸局。

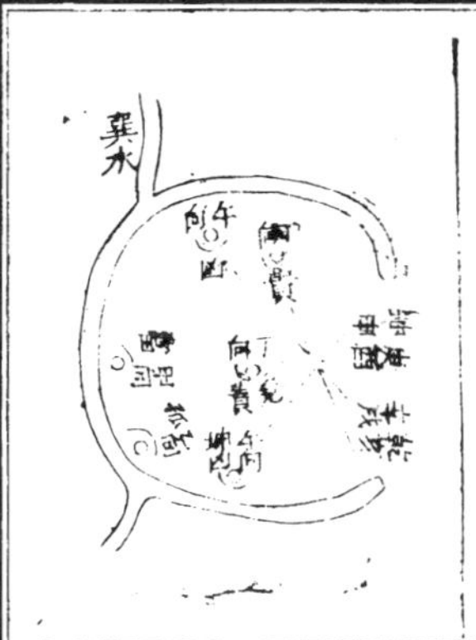

枝法作穴，富貴而豐，断續變行且兩水近，則取中若单枝與峽遠宜親近一枝水以定之。

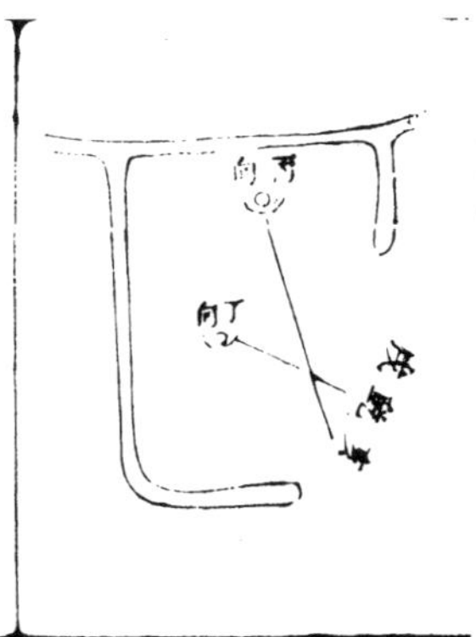

亥龍丙向合陰陽，少年科甲顯文章，水來庚震逢生旺，富貴聲名四海揚，戌龍坤局雖美，一發即衰敗，乾龍老亢，丁向雖和亦敗。

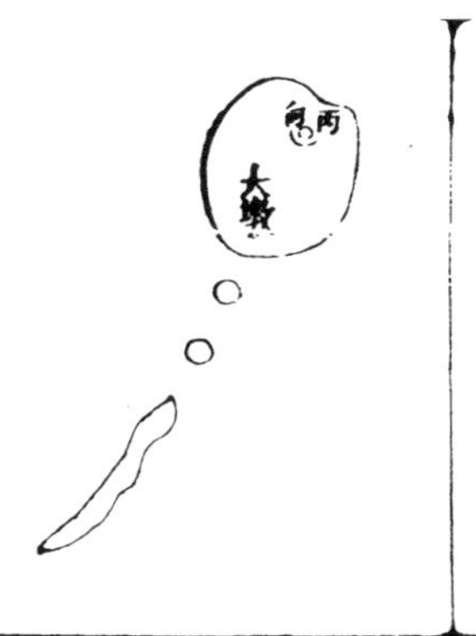

此地一片頑皮，無水無路可以辨局，但有脊來墩阜相繼斷而不斷入穴，乘艮氣分明，不必問是何局，舉一艮氣可以類推。

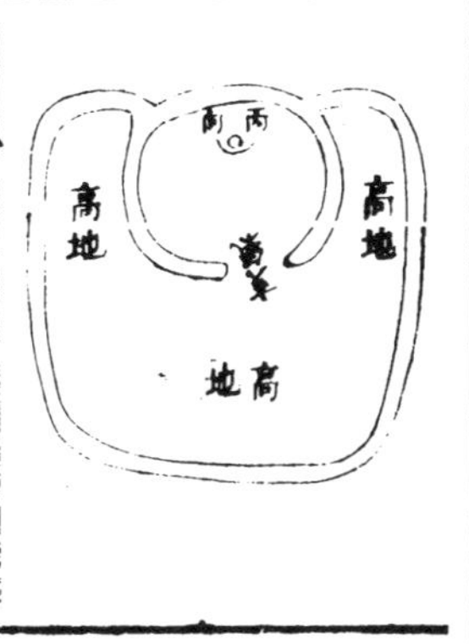

此獨一圈無來脈，無來水，但入穴氣清，乘氣又清，的是亥龍作丙向，發長房，煞嫌乾氣，長子長孫絕。

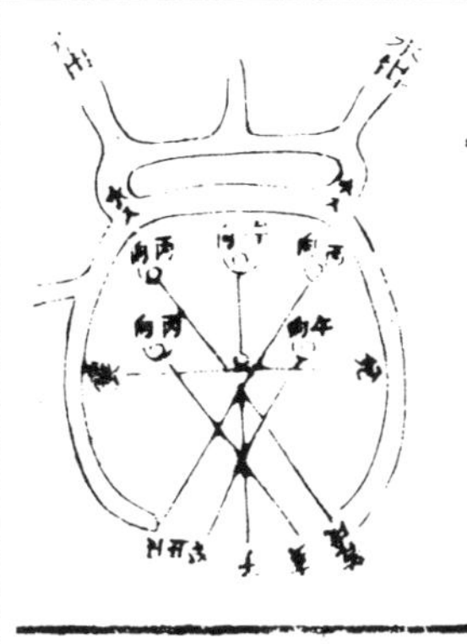

此坎龍午向，午水朝，取坤申水吉，丙向乘艮氣，丁未丙水朝，榮顯，剝龍午坎凶敗，乘亥氣丙向見巽丁洋，剝宮貴，乘癸丑氣午向孤敗凶，乘乾戌丙水入辰金殺不出，初年凶，外口出後吉長不利，中穴震兌合氣不發，去水反照曰入

此後概舉形勢吉凶之式。定穴吉凶。以形勢爲主。砂忌尖削。水忌激冲。向我則吉。背我則凶。凡入一局之内。須看何處迎吉。何處避凶。何處見砂水迎聚。生氣融融。何處見砂水飛反。死氣索索。何處爲緩急。得乘何處爲緩急失濟。何處爲上逼下寛。何處爲虎陵龍替。則穴之定位。已自瞭然矣。至于以卦定局。以局配水。不過丈尺那移。賓主權借。使陰陽無孤獨無剝雜耳。豈可舍體以求用哉。故復具砂水吉凶數十圖。以爲審形勢式也。

以後大小共五十圖

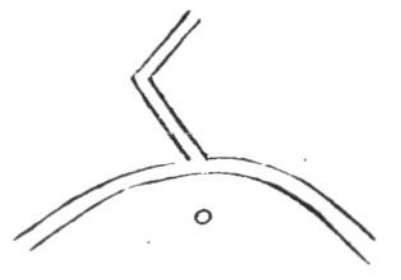

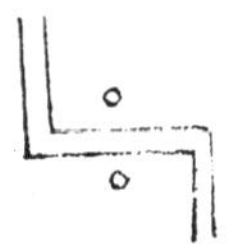

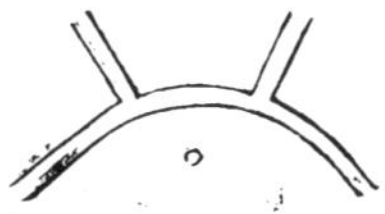

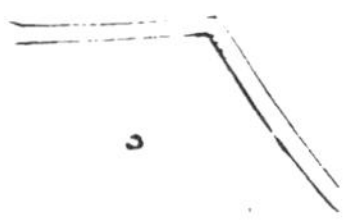

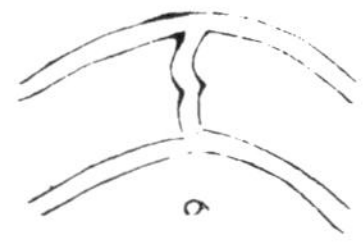

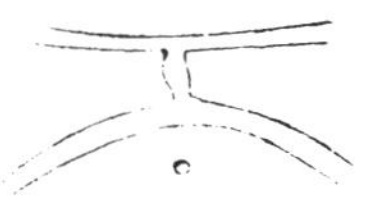

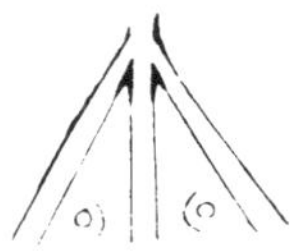

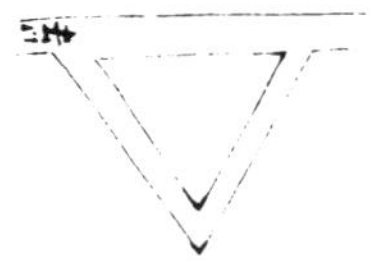

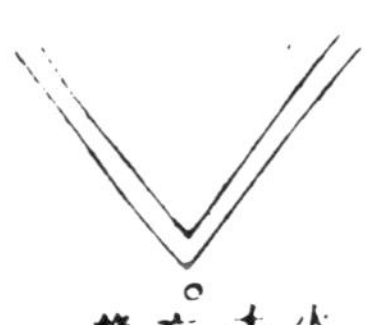

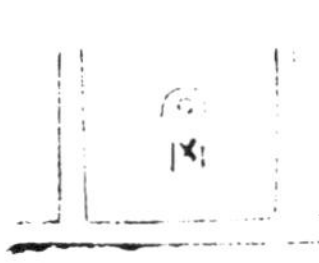

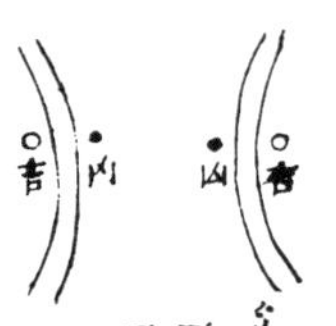

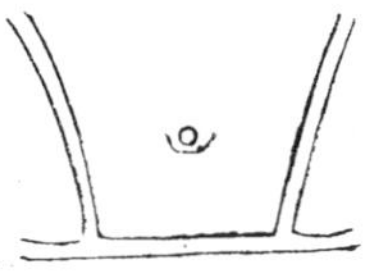

白虎青龍去不顧貧窮敗絕誰人訴

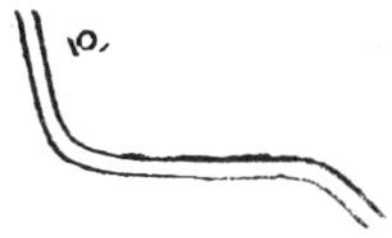

金龍水鈎吉斜走反爲凶

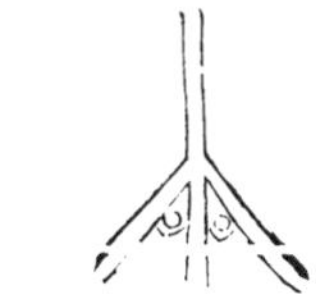

左火吞塚疾病殺人右火吞塚少絕兒孫

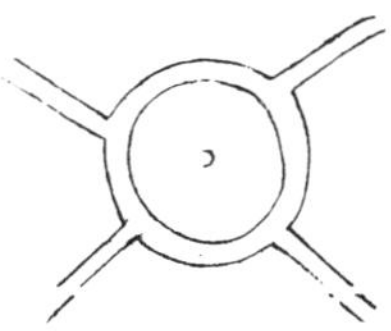

四金水禍堂聚妨大難當〻主絕嗣

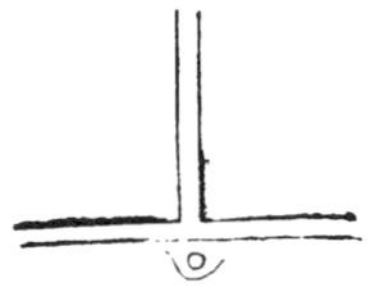

木來射土家人辛苦水直冲門人口不存

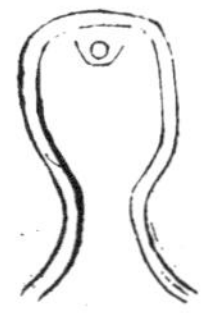

斷椁莫下裹頭城下後絕兒孫一水裹轉來短又狹者是

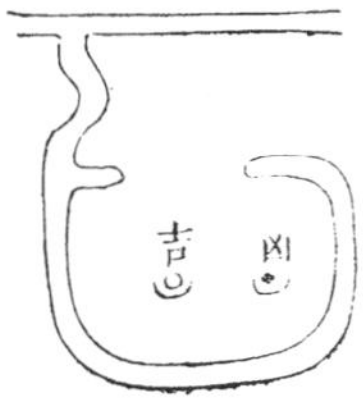

蟠龍之水面前灣爲官不等閒蟠龍中穴貴

池有長大環繞則吉小池破碎爲凶左右有小池救孫更逼奴屋後小池絕天井小池妖

蟠龍之水後頭兜兒孫代代作公侯

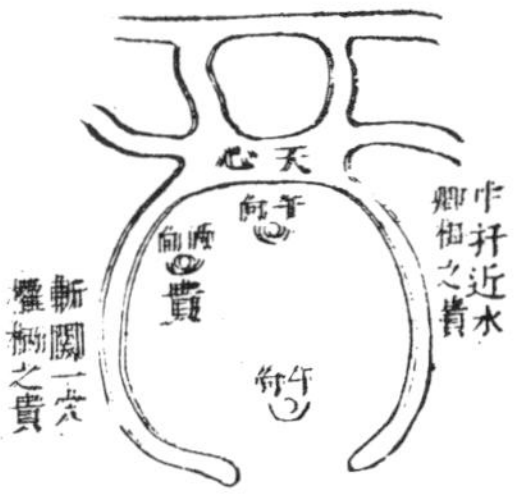

四水聚天心有崇富貴衆水聚處不拘陰陽方位立穴只取形勢不論局午向者堂局子午也

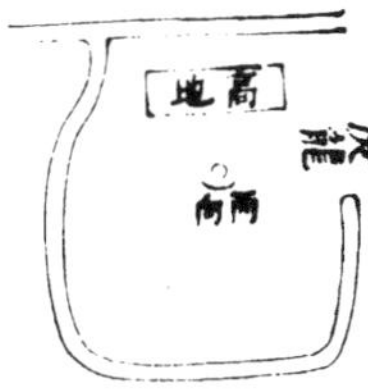

朱雀一塘田此地樂安然水更後頭兜富貴欲吞天水蟠氣聚中穴吉

金鈎掛月福祿生最怕南方有火星開池以制之可免回祿

金鈎前後有塘合塘兩制出數

井字水法乘民一穴雖有數替然不如東一穴東水有力依定下砂作坎局乃貫就局爲妙數替科甲不同

金城凶折捷如虯橫生游千結窮家金城頭圓也如虯屈曲也蟠曲多帶掃蕩形故凶

迢迢四水入明堂若還直冲不相當惟求曲曲水回顧富貴應無數

金城結折捷如蛇富豪千口不分家兩有方池環遶只要出口處關鎖有情耳

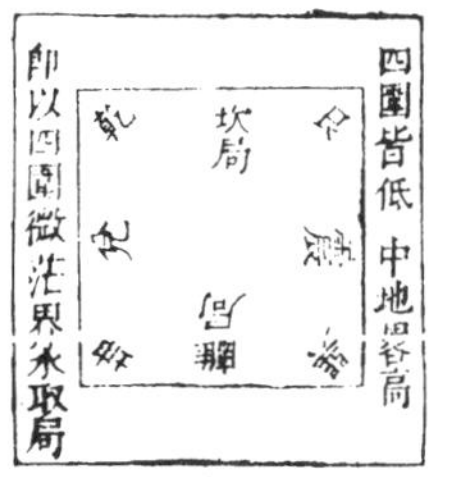

凡田中高地水中獨坪或方或圓俱可立八局但當察砂水之所宜氣運之旺相者扦之如陽水朝堂當扦陽局陰水朝堂當扦陰局上元甲子當扦一二三爲中元甲子當扦四五六局也

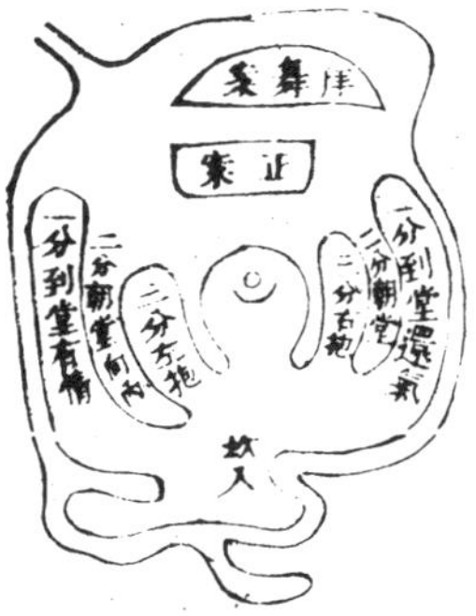

惟肋下有水一分二分三分皆有高低而無水者分去向前重重關鎖堂氣中氣貫來入首案應整齊福力盛大若得龍脈二四里出體者發旺五六十年若朝來龍作倒騎穴福力尤大。

左右緊夾堂氣交固之局

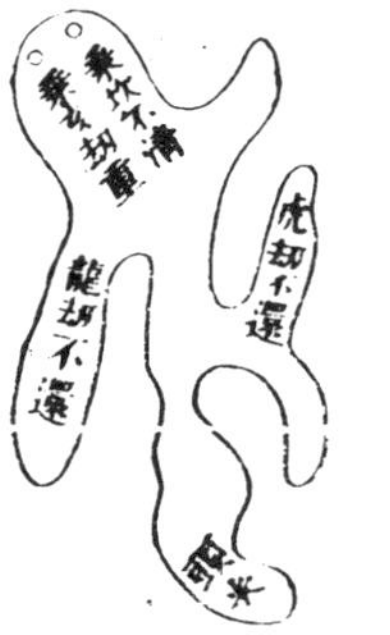

此地起頭尖細一病也來龍雖活動而出脈欹邪所云來得好不如收得好二病也左水倒挿入腹穿破龍身三病也左右分氣不還抱鬼劫太重四病也倘誤扦之必絕

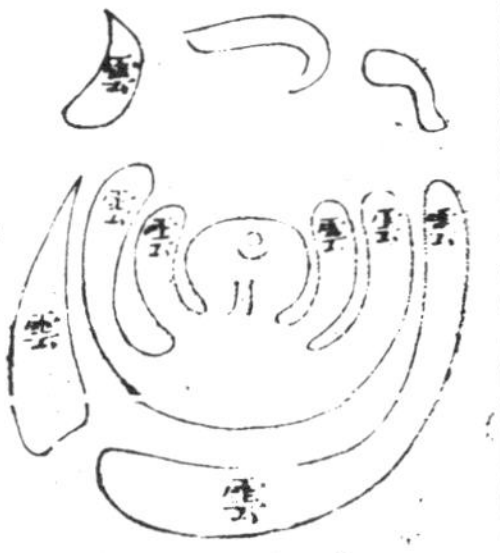

此地水去砂客砂重重包裹爲祥雲捧月形四獸之地

此圖形勢天然但于砂水朝案端正處立穴不必問其須乘何氣是何局也

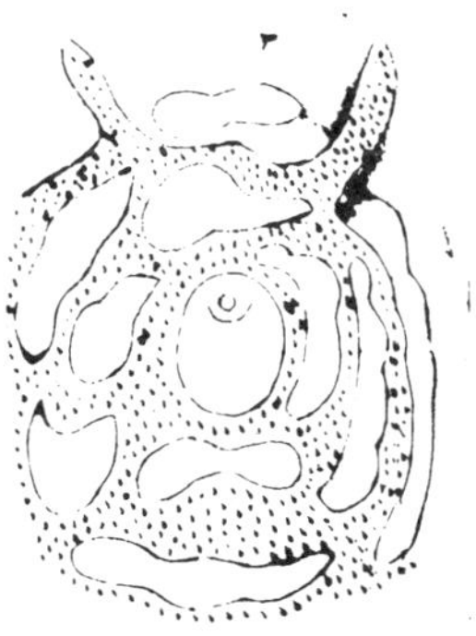

此小圍在衆砂中衆水縱横而不冲激衆砂雖亂而有情發福最大以大小去來之方定扦取用子孫均仕不能均發分門各仕房房俱發矣其水四通八達難拘出入觀朝水聚處作案可也

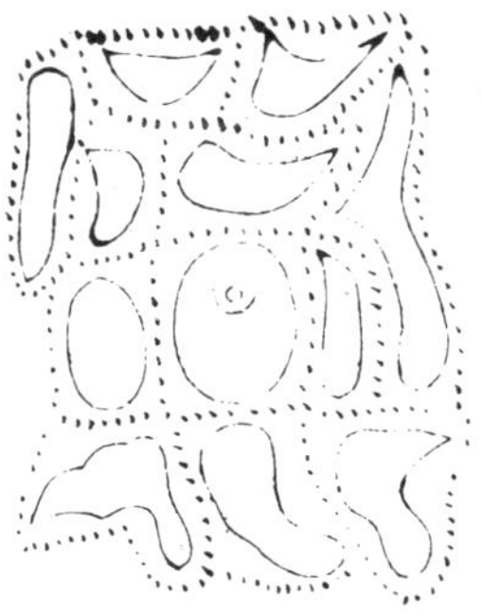

此圖穴地雖圓淨衆水無情衆砂飛反生氣不能融聚作之必敗

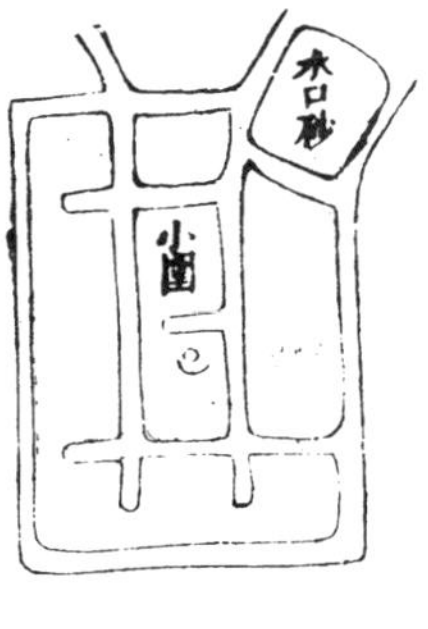

此小圍在大圍中又有支水內界外遶大水毫無冲激水口得力大富貴之地也

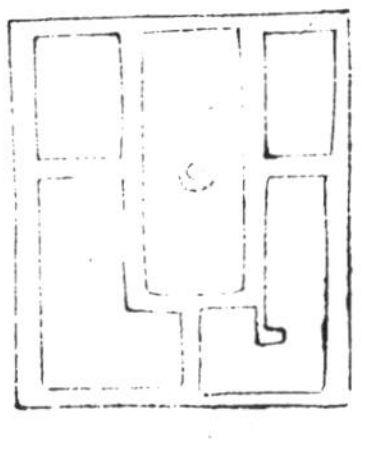

此圖在大圍中雖見外勢回環而四水冲激難以閃避立穴大凶

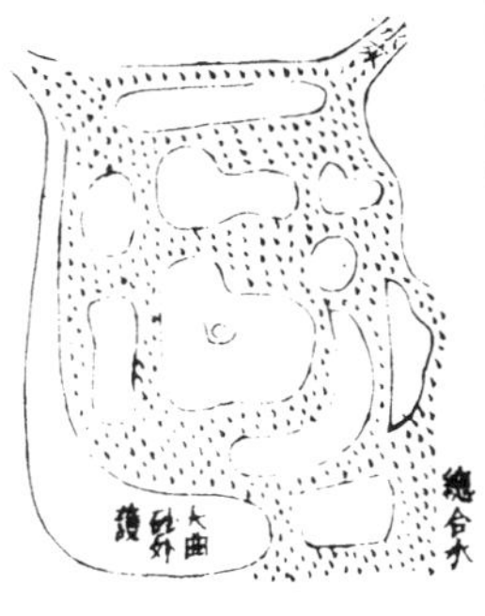

凡地衆小獨大，大者爲尊；衆大獨小，小者爲貴。此局衆砂小，中砂大，爲群雁賓鴻形。

此同龍顧祖，亦蟠龍式，大發[illegible]也。

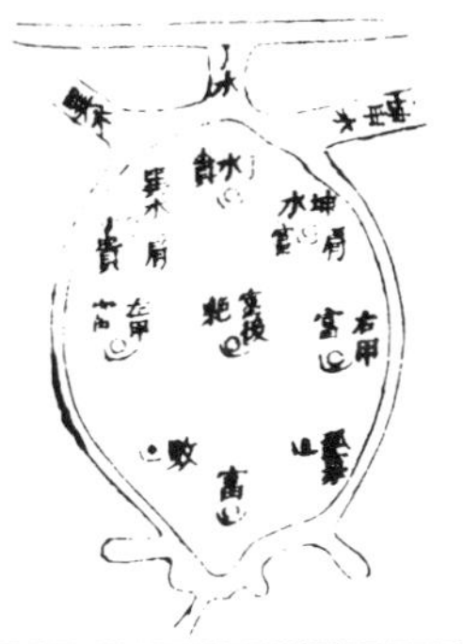

此據龜形定穴，以配水，但以近水定局，以中宮無龍也。

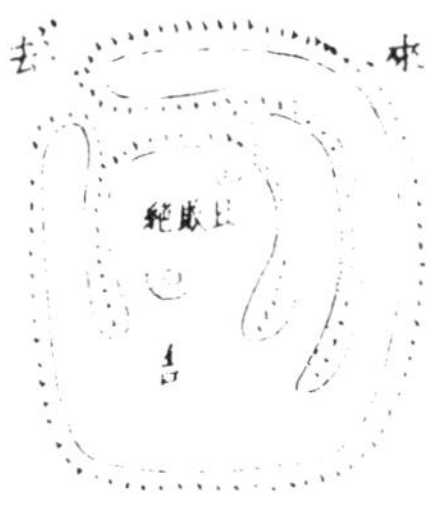

艮氣一穴，砂逼虎昂，前砂順水過出，巽抖之立主敗絶。北一穴見下砂逆轉，前去水不見，即是生氣融聚，乃正穴也，吉。

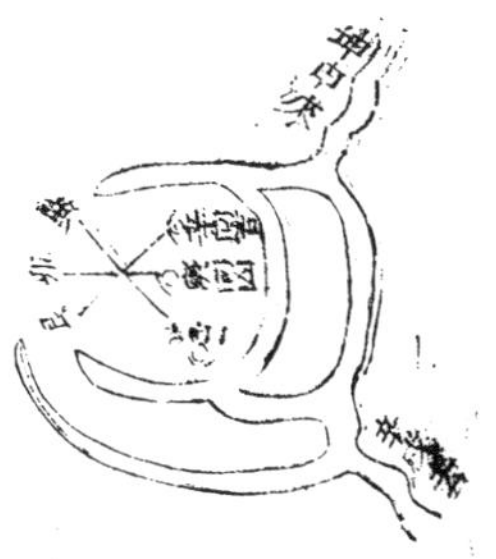

巽龍丁向，後抖有丈丁水亥水天戶外坤申辛戌水，俱穴中不見，下後富貴，長房乘巽氣文秀，次房平平，小房大富。乘艮局氣辛向，見吉水，科名榮顯，房房均發。中穴武職富大，水反出不顧，坤申水照局，長孤寡敗，右砂有力，小房武職離鄉。

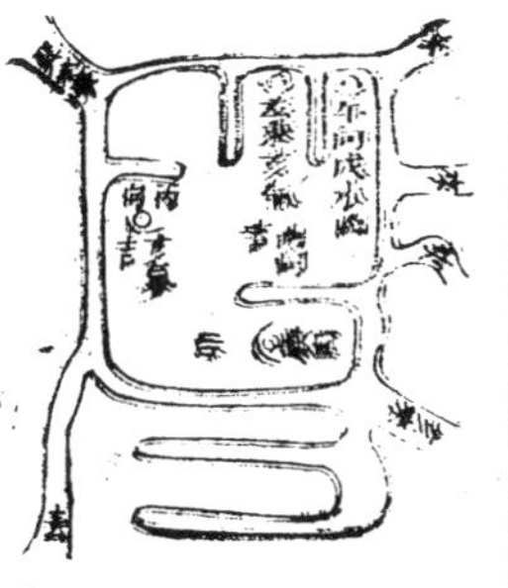

卯龍庚向，威武，亥水朝，榮顯。東穴丙向，兼亥，左水逆穴，兩水合出丑艮。

古婺葉　泰九升父輯
海昌張　機子度父參
王　宮中敷父訂
沈　暗然遠父較

九宮八山總論

九升氏曰。今人于平洋中言理氣者。大抵不出九宮八山兩家。九宮。以本局星入中飛布。以生氣方旺氣方爲吉。八山以本局卦起廉貞。以貪巨武三吉方爲吉。兩家之定局同。辨卦同。但其推八方之凶吉。則不能盡同。其不同者十之八九。其同者僅一二也。于是熟九宮者。執九宮以詆八山。好八山者。執八山以非九宮。輸攻墨守。議論繁多。而真道益晦矣。抑知地運有興衰。得運者興。失運者退。非九宮則無以知之也。九宮者。推氣運之法也。方位有純駁。陰陽相見而吉。陰陽相乘而凶。非八山則無以辨之也。八山者。定向水之法也。故不明八山則不辨吉凶之位。不明九宮則不知興衰之時。此九宮八山兩家。各有其用。失一而不可者也。故辨方定位。當以

八山爲主。而佐之以九宮。如八山之吉地吉水。必待得運之時而後驗也。推詳運氣。當以九宮爲主。而兼之以八山。如九宮得運之局得運之水。必合八山之吉而後貴也。此兩家者。雖各相爲用。而實相表裡者也。況兩家之論方位。九宮論其大略。而方位在穴上定。八山則一卦分三山。必須水中細辨。此又其用不同。而兩不相碍者。則八山九宮何容有是非彼此于其間哉。

又曰。八山用五鬼卦。于陰陽純淨中有廉貞。于陰陽駁雜處有輔星。純處不能全吉。駁處不皆盡凶。陰陽相根。禍福相伏。極則必變。所謂天道之妙也。

又曰。玉鏡註文。止言小運。以平洋地輕。不得大運。故僅以小運言也。然平洋亦有大幹結作。力大氣厚者。還當以大運推其興廢。小運以二十年易一星入中。大運則以六十年易一星入中。今康熙二十三年甲子。係大運第七甲子。七赤入中管事。係小運第一甲子。一白入中管事。論地者。當看其局之大小厚薄。而用其星入中。推斷八局之旺衰。八方水路之凶吉。可也。

玉鏡正經 幕講師傳

山水建破定局論

凡看山水。有山山斷。有水水斷。山看來勢。水看來朝。山雖本于發峰。卦實定于結局。若無頓峰。則取來龍。如有頓峰。卦則從峰。水雖本于源頭。卦實定于朝角。如無合水。則取橫遶。如有合流。卦則從角。蓋平地以高者爲山。山峰爲建。低者爲水。水際爲破。建爲主。破爲客。主客相配起卦。然後以所得之卦之星。入中飛八方。看其生旺關煞。以斷凶吉。如離方有水。便作坎山。坎方有水。便作離山。乾方水近便作巽山。巽方水近便作乾山。四圍有水。作中宮論。如一邊有脈路相連者。卽以進氣之方爲卦。不可以中宮論也。務看錙抱環遶遠近活法取之。

山川建破要分明。建要淸兮破要寧。更值山方無克殺
主山得運禍難侵。

高山高處爲建。低處爲破。平地中心爲建。水際爲破又以坐爲建。朝向爲破。建爲主。宜來脈浩動豐厚淸潔。破爲客。宜朝秀聳拔。流神環抱。若八方生高凶遶。子孫福利。更主建得運。大發富貴矣。細法詳後。

九星屬八卦五行歌

一白貪狠號水神。二黑坤土起巨門。三碧震木祿存是
四綠文昌巽木親。五黃廉貞中宮土。六白武曲乾屬金
七赤破軍金屬兌。八白艮土左輔星。九紫右弼離火焰
九宮八卦此中分。

九星生克歌

生氣原來生我身。殺星剋我便生嗔。我若生他爲退氣
破吾克者是財神。但爲死氣非全利。與我相同旺氣真

細究何方峰起何方水近。以定卦局。卦局旣定。卽以本卦星入中宮順飛八方。然後看其生剋。以定凶吉。如南方水近。卽爲坎卦。以一白星入中。其生剋以一白水爲主。二黑土到乾爲殺氣方。三碧木到兌爲退氣方。蓋二黑剋一白。故曰殺氣。一白生三碧。故曰退氣也。餘倣此

生氣訣

生元氣聚出名臣。孝友忠良佐聖君。螽螽子孫行孝義
自然富貴萬年春。

凡生氣方有山崗水路。高秀逶來。更得魁星相佐關

煞低伏主大發財祿世代爲官即山崗水路短小亦
主小富貴如無不吉

旺氣訣

山家旺氣蔚葱葱秀麗應知吉所鍾惡曜粗頑并反背
關星冲破也爲凶

凡旺氣方有高峰拱揖秀水瀠朝主大吉利若山醜
水直亦不爲美更兼關煞來混則變爲凶矣

死氣訣

水路山崗犯死神家門寂寂主孤貧冷退災迍頻惹禍
看看後代絕無人

此方山拱水遠亦可作財氣論雖不能發貴亦能發
財勝似退氣也

退氣訣

退氣原來最不良時人犯着禍難當營謀失本徒嗟嘆
家道蕭條起禍殃

此方山水俱不利但宜低伏大忌此方水去泄我局
氣

殺氣訣

六趣生來受此殃只因定局欠思量急須移改凶爲吉
免得兒孫患久長

凡煞氣方有山崗高聳水路冲射謂之煞星昂露立
宅安坟大凶平伏橫遶則吉此方大忌水來水去反
吉

冲關訣

關煞相冲不可當山崗水路射明堂下上相關猶自可
支內相關立見傷

關煞者五黃方也與本局對冲故曰關煞凶與殺氣
方同

關煞生氣混雜訣

山家生氣福非常關煞凶災不可當只因善惡星相雜
故令榮華見死傷

凡生氣方關煞方或煞氣方但有山岡水路來拱名
善惡相半此地坟宅主出人口善心惡好訟喜爭尅
衆成家多成多敗兒女雖多剛傷難免官爵雖顯不
得善終凡山崗水路在煞方發來却在生方結局名
行凶坐善此地坟宅主逢凶有救逢難得福出外招

非居家无咎此短中求長終難久遠若生方發來却在關煞方結佐名行善坐凶此地坟宅主好事多魔弄巧成拙利客不利主無端災患破家

魁星訣

魁星重叠起高峰九九星中第一龍此地禎祥生傑士兒孫世代入朝中

土局見一白木局見八白火局見六白爲魁星一云惟一白爲魁星此方發高峰來龍廻遠八方拱朝此地坟宅主聰明才學世代爲官孝義英傑永遠富貴

或山水近促亦出英才富貴之人此星若爲生氣財氣吉不勝言爲退氣主高僧德士藝術出衆之人惟爲煞氣主出人機關巧詐惡毒兇頑貧困刑夭凶禍難免也

善曜訣

三白生來是子孫莫將退氣等閒論吉星臨照多興旺奕奕冠裳慶滿門

火山見八白土山見六白金山見一白爲子孫善曜以其能制殺氣也此方有山水拱朝最能化凶爲吉

看寺觀鐘鼓振動爲大吉地主子孫富貴聰明良善

三吉地訣

地有三吉實宜求生氣魁星仔細搜大關大路并車馬寺觀鍾聲一樣收

凡生氣魁星之方得大山大水朝顧四季不絕者爲一吉得橋路通車馬朝顧者爲二吉得寺觀朝夕聞鍾鼓聲者爲三吉主丁財兩旺聰明良善若在關煞之方則刑夭凶禍不可勝言矣

三元旺氣訣

看山須看主龍星上元一白吉宜明四綠之星中元吉七赤下元多有情

凡山崗水路得管元星朝顧主六十年大利如爲生氣方始終大吉即殺氣方亦主六十年小利但出元則凶矣

三元龍運訣

三元龍運理宜通上元一白二三同中元四綠中乾位下元七赤艮離中

如上元六十年甲子二十年一白管甲申二十年三

黑管甲辰二十年。三碧管。而一白爲統運。六十年俱
管。倣元倣此。每以管元星爲主。以論八方生旺。如上
元一白主運。則坎局爲旺氣。一白水生木。則震巽局
得生氣。水尅火。則離局爲煞氣。金生水。則乾兌局爲
退氣。土克水。則坤艮局爲死氣。其法以生元者爲退
氣。尅元者爲死氣。得元生者爲生氣。受元尅者爲煞
氣。與元比者爲旺氣。其生煞氣與上八方生煞氣不
同。以本局得生旺氣爲吉。死退氣爲凶也。若地吉。但
不發福。

又八山生旺訣

六白旺相在上元。七八興隆在下元。三四二山中六十。
坤山中尾下頭連。惟有九離與坎一。上尾中頭五十年。

又主運加飛法

加上元甲申年後。以二黑入中。順加八方。察其各方
之生尅。以斷本局之凶吉。如二黑入中。三碧加乾。四
綠加兌。是下尅上。五黃加艮。是比和。六白加離。是下
尅上。七赤加坎。是上生下。餘倣此。凡下尅上。是主欺
賓。主人心不和。官符是非。爲禍輕。上尅下。乃賓尅主。

爲殺氣加臨。百事不利。必招凶禍。或此地龍局砂水。
破人損破。上生下。乃外益內。大興大發。下生上。乃外
耗內。冷退消丁。

又以主運爲主。論八方生殺氣吉凶。如上二黑入中。
即以二黑爲主。三碧四綠加乾兌。以乾兌二方爲煞
氣方。九紫加震。以震方爲生氣方。其死退氣倣此。凡
人坟宅于主運生氣方。有門路水道六事。旺財添丁。
煞氣方。有缺陷破碎。與招外禍。五黃方。有路冲動。有
動作大凶。退方主退財。死方主傷丁。旺方有六事。兼

流年九紫五黃飛到。主官事火災退敗。此生煞冲關。
主管二十年。乃大流年法也。

主運流年九星加臨吉凶訣

生入煞方斷疾病。煞入生方斷死生。死上煞來動田產。
財臨煞退損蠶牲。殺臨關殺穿心害。生入生方處處興。
惟有五黃正神煞。八方到處不留情。

以主運星流年星加八局八方斷。如坎局以坤爲生
氣方。上元甲子二十年。又得七赤生氣加坤。爲生入
生方。餘倣此。生見生。主進財增產。生見煞。主官災。得

貴人救殺見殺。主火災損人。凡事不利。煞見生半吉半凶。上半年吉。下半年損人。退見退。主禍害疾患。生見退。主損六畜小口。後遇貴人。以本方有山水道路朝拱及六事動作。方斷。

年月九星訣 修方用

天文九星歲歲推。地理九星永不移。飛去相生生貴子。飛來克伏是凶期。三白到坐主懷胎。紫白臨門喜氣來。刑害空亡俱不實。生扶應得旺人財。

流年九星加臨。以本局本方爲主。飛來之星爲客。客

生主。生貴子。客克主。主凶禍。如乾方是金。六白加臨爲生。九紫加臨爲克也。又當以本星納音變化論。方驗。如九紫本火。若甲子年。遁得庚午土。則九紫又變爲土矣。其變化以太歲五虎遁定之。如甲子年起丙寅。則八白變火。丁卯則三碧亦變火。若不知變化而執八白土。三碧木。則不驗也。九星以三白九紫爲吉星。但不克本方。便以吉斷也。刑害者。如一白到震。子刑卯也。一白到坤。子害未也。蓋一白即子也。空亡者。太歲本甲空亡之位。如甲子十年戌亥空。凡吉星凶星到空宮。但落陷無力。紫白到此無用矣。若紫白得到生扶之宮。皆爲吉也。

起年白訣

年白三元各不同。上元甲子起坎宮。中元四綠宮中起。下元七赤逆行宮。

每甲子皆逆行。九星皆順布。如上元丙寅年。甲子起坎。則乙丑離。丙寅到艮。即以八白入中順飛也。

凡修造大忌本局建方。如坎局以一白爲建。若一白所到之方。俱不可修。又忌本局煞星所在。如坎局忌

犯二黑。入白土方也。犯建傷宅長。犯殺招横禍。又三白吉星所到。但不克本方。便以吉論。若其餘五星。止以生本方作吉論。否則皆凶也。

的流煞 以坎上起甲子。逆行。尋太歲到處。即以其星入中宮。陽年順飛。陰年逆飛。查五黄所在是。如丁酉年到巽。即以四綠入中逆布。則五黄到巽。即的流煞也。

的命煞 以甲子入中。順尋太歲到處。即以其星入中逆布。查五黄所在是。如乙丑年到乾。即以六白入

中逆布。則五黃到乾，即的命煞也。

暗黃煞　以上元甲子起七赤，中元一白，下元四綠，逆尋太歲到處，即以其星入中，陽歲順行，陰年逆行。查五黃到處是，如上元乙丑到乾，即以六白入中逆行，則五黃到乾爲暗黃煞也。暗黃之處犯之禍烈于明黃，其驗如神。

月白起正月星訣

子午卯酉起八白，寅申巳亥二黑求，辰戌丑未五黃起，逆行順布入方遊。

如子年，正月起八白，二月七赤，三月六白，以值月星入中，順飛入方，以論凶吉。其法全年星年家吉凶，猶覓月家吉凶最緊。

三元日白法

冬至一白雨水赤，穀雨原從四綠求，夏至九紫處暑碧，霜降先從六白遊。陽須順去陰還逆，但求六甲永無休。若逢紫白方爲吉，活法須當仔細搜。

如冬至前後甲子日起一白，乙丑日二黑；夏至前後甲子日起九紫，乙丑八白，以值日星入中，順飛八方。

三元時白訣

三元時白日相同，陽順陰逆入中宮。冬至一七四當起，夏至九六三是宗。

冬至後子午卯酉日子時一白，辰戌丑未日子時四綠，寅申巳亥日子時七赤，順行求值時星。夏至後子午卯酉日子時九紫，辰戌丑未日子時六白，寅申巳亥日子時三碧，俱以值時星入中順飛。

巳上年月日時但得紫白生氣，便爲大利。凡修三白之方，不忌太歲將軍官符大小耗行年本命等殺，惟天罡四旺殺、大月建不可犯也。

總論年月白訣

八卦山頭數要精，昭然易見理分明。挨年筭月評災福，玄玄透理鬼神驚。

凡殺氣加本局必發凶，如二黑加坎局是也。生氣加本局必發福，如一白加四巽是也。先以三元主運加之，則定其二十年之凶吉，再以逐年逐月之星加之，則凶吉之期可決矣。

又二元數至本局爲暗建，對宮爲暗破，如上元甲子，丙寅年到艮。艮局爲暗建。坤局爲暗破。如原是吉地美穴。則推動本龍。諸事逈吉。若係凶地錯穴。則諸事大凶。

凡太歲干支本位爲明建。對宮爲明破。如甲子年。甲在震宮爲干明建。子在坎宮爲支明建。兌爲干暗破離爲支明破。戊巳年。則干建破俱在中。犯干建破。禍福減半。支建破大凶。不可犯。

九星魁應訣

一白星本屬水。震巽修造美。看看七八九月來。交進南

方外處財。

二黑星本屬土。乾兌逢之修造美。且待二八月交來。進入東北兩方財。

三碧星本屬木。餘宮莫造作。教君南方用着。時西方貨物六旬至。四綠仝

五黃星中土。爲西北正相親。此星但可修乾兌。七八九月外財臨。八白更吉

六白星原屬金。坎山用之禍難深。但交四六七八月。東南喜至樂忻忻。七赤仝

九紫星本屬火。坤艮二山修造可。直待寅巳午月年。北方財產來非瑣。

太歲山頭白星訣

子年一白入中宮。午載相逢九紫同。卯歲中宮三碧會。酉年七赤是星宗。未申二年俱二黑。辰巳同來四綠中。戌亥中宮起六白。丑寅八白正相逢。白到山頭宜作用。安墳立宅子孫榮。白中有煞宜廻避。犯者須教立見凶。

此十二年山頭白也。以魁爲凶。如子年。四綠加艮。木魁土。如作艮山方。主傷四人。犯一白傷一人。二黑二

人。以星數推。要知何時應。近取則四綠主四十日。或四個月。遠取則艮方爲丑寅年。或未申相冲年也。要知損何人。以所犯方地支應。如艮方爲丑寅生人也。其月法與年仝。如寅月。以八白入中也。白中殺者。暗建殺。六捷殺。穿心殺。鬪牛殺。交劍殺。受魁煞也。犯殺之方俱不可犯。

一白到離非爲吉。二黑還逢坎上凶。三碧四綠坤艮犯。五黃八白坎中凶。六白七赤震巽忌。九紫相刑乾兌中。白中有煞少人知。多少時師會不通。但到本山爲生氣。

紫黃碧綠亦何凶。

一忌煞氣入中，如坎山忌黑黃入白入中。大忌修造

一忌煞星到方，如九紫到乾兌方，亦忌修造。犯之主非横火盗官事瘟癀大凶。其三元年月白星同忌。

子年乾坎震方開，丑寅申兌艮離來，卯年坤艮震巽吉，
辰巳離坤震兌裁，午坤乾巽離中兌，未申坤坎巽中離，
惟有酉年乾艮吉，戌亥守宮艮兌推，還有震乾爲小利，
分明指與後人排。

此即山頭白定局也。如子年以一白入中，二黑加乾，爲生氣，六白加坎爲生氣，八白加震爲吉星，故曰乾坎震方開餘仝。

年頭九星訣　修方大利

十二年頭分正位，總領萬事主窮通，世人不信招凶咎，
尊此將爲濟世功。

子年貪狼，丑亥年巨門，寅戌年祿存，卯酉年文曲，辰申年廉貞，巳未年武曲，午年破軍，每以值年星入中宮順行，求四吉帝星到方大利。申子辰年貪狼爲帝星，寅午戌年巨門，巳酉丑破軍，亥卯未年祿存，爲四

帝星。到山向利造葬，到方利修方。

年頭三吉訣

子年震兌巽山開，丑寅艮兌巽中裁，卯歲乾離坤位上，
辰巳兌震艮堪排，午年更有巽艮兌，未申坤坎乾上來，
酉歲離乾坎上對，戌亥坎坤離亦開。

法以太歲對卦爲主，依天定卦翻九星，取三吉方爲開。如子年對卦是離，天定卦離對宮是震，即以貪狼起震，巽去則兌爲巨門，巽爲武曲，三吉星臨此三卦。故曰子年震兌巽山開也。利修方造作。

陽宅訣

盤古首開天與地，伏羲畫卦圖已備，軒轅始創立宮室，
住基風水堪憑據。傳及晋朝郭景純，造室營坟知趨避。
于今符合鬼神機，紫白星辰推高藝。先須掌上排九宮，

細究何方峰起，何方水近，以定卦局，乃以卦星入中順飛八方，以論凶吉。先以生氣煞氣占外局砂水，次以生氣煞氣分宅内房間，其生煞等氣見上。然生旺之氣，又要與本方無刑害，爲全美。死煞之氣與本方刑尅，更凶。又以本局長生帝旺爲有氣方，病死墓絶

飛星無氣方內外兩局俱要論

次將太歲臨方位。纔問其家造作年。次第開言無差。

凡占陽宅興廢之年。當以本年甲子起處查值年星入中宮。順行入方。先看本局上得何星。是生是魁。以斷一宅吉凶。次看各方之星。爲生爲魁。以斷各房凶吉。如一白加巽爲生氣。則巽局巽方吉。二黑加坎。則坎局坎方凶也。本局星爲統臨。本方星爲當臨。統臨吉而當臨凶。本房不免乎凶。統臨凶而當臨吉。本房不失爲吉。至于俱凶則大凶。俱吉則大吉也。又占十年大發。當以晉甲星入中。順行入局。查其生煞。以斷凶吉。晉甲星者。如上元甲子內甲戌到離。以九紫爲晉甲星。凡甲戌旬內十年。俱以九紫入中也。晉甲星統臨也。太歲星當臨也。統臨吉至當臨併吉而大福發。統臨凶至當臨併凶而大災至也。

凡占宅又要問其造作是何時。屬某元所作。更問主人年命。則興廢可知矣。如上元六十年。初二十年一白主運。中二十年二黑主運。末二十年三碧主運。如一白主運時。則坎巽震局得生旺之氣。大吉。乾兌坤艮局得死退之氣。次之。離局得殺氣。又次之。均在此二十年中造。而吉凶不同也。至二黑主運時。則前艮坤兌乾之局。又變爲得生旺而吉。坎局又變爲得殺氣而凶。此一宅又有消長之異也。然在本元甲子所作之宅。在本元內雖有不吉。未至大凶。至出元之後。值死殺之氣。則凶敗莫救矣。又以主運星入中順行。看本局上得何星。以詳凶吉。如得本運生旺之氣。而加臨不吉。吉中有凶。得本運死煞之氣。而加臨來吉。猶可小福。如二黑運中坎局坎方不吉。然以三黑來中。得七赤加坎。金生水爲生氣。吉也。再看主人年命納音。得本運生旺之氣則吉。值死煞之氣則凶。命宅俱吉。其福莫量。俱凶則大敗矣。

朱玄青白四獸神。詳察左右前後住。三白九紫例非同。相合相生君須記。但能乘此吉宫行。分房動作皆爲庇。黑黃碧綠雖云凶。若逢生氣吉無窮。或遇退煞何須取。但值旺位主富榮。

陽宅分房。固以本局星入中。論其方之生氣煞氣凶吉矣。然其本方亦自有生旺死退吉凶之分也。飛魁本位爲煞。本位尅飛爲死。飛生本位爲生。本位生飛爲退。相比爲旺。合中宮之生旺。而本位又自爲生旺。不相刑害則吉。合中宮之生旺。而本方自爲退煞。則吉凶相半。久則退敗。不得中宮之生旺。而本方自爲生旺。不相刑冲者。反吉。若此者。要助起本方。每方以房床爲主。定爲某局。以論生尅。又以房床之星。入中順飛門戸竈厠之類。擇其生旺。避其關煞。大忌竈于房門相冲。關若有冲尅。可移其一也。定局論方。各有妙用。大抵吉多則吉。凶多則凶也。

本方與中宮。須分賓主。加盤與定位。當辨重輕。明退我而暗伏生。當有進機。明生我而暗洩氣。成不勝敗。中宮之生旺方。住之人財兩旺。如爲本方退氣。自洩其神。雖發不久。後多敗絶。各方自犯殺氣死氣。無生氣救。敗絶自犯。退氣也絶。中宮之殺方退方。若本方自生自旺。住之主人丁繁盛。所謂殺方之上好安房也。　九星飛布各方。上生下爲生氣。吉。然既看八卦之生尅。又須詳十二支之吉凶。如三碧屬木。生亥。旺卯。祿寅。死午。墓未。絶申。加坤艮爲殺氣。加離爲生氣。

入坎爲退氣。入乾兌爲死氣。然到艮有寅祿。到乾有亥生。則寅亥二方爲吉也。如巽固爲旺氣。然木病于巳。則巳又爲凶方也。餘倣此。　又當論年命之生尅。年命尅本山飛神。甚凶。尅本山伏神。主破財。半吉凶。飛克年命。主少亡外死。伏尅年命。主損妻。

生逢三白福祿崇。開門井竈六事通。死絶或遇赤黑碧。凶禍亦與冲關同。

凡本局長生帝旺方。更得三白吉星加臨。開門六事大吉。若死絶之方。更遇凶星。亦如五黃方之不吉也。

九升曰。古人論氣數。每以五百年爲言。如五百年必有王者興。五百四十一年地。五百年間出帝王。而所以五百之故。人未必晰也。蓋氣數出于洛書大小運。大運分三元。每元三甲子。每甲子行一宮。每宮主六十年。故六九五百四十年也。小運亦分三元。每元一甲子。每二甲行一宮。每宮主二十年。故二九乙百八十年也。凡大地宜以大運推其興廢。中者以小運推之。小局則有不能足六十年之數者矣。地有大小運。故有大小運有旺衰。塚宅因有旺衰。所爲氣數也。

坎局九星之圖

巽 九紫生氣方	離 五黃殺氣方	坤 七赤生氣方
震 八白殺氣方	中一白	兌 三碧退氣方
艮 四綠退氣方	坎 六白生氣方	乾 二黑殺氣方

本局向方

宜立未坤向

去水利方

宜丁方

砂訣

一陽坎山起巽峰。坤龍坎位疊重重。卯酉離山乾艮伏。子孫昌盛福興隆。

八方水訣

坎山坎水武曲星。此龍洋流值萬金。三子位中家業盛。田財倍進稱人心。

坎山艮水實非祥。人口分離別故鄉。田土下元都敗盡。中元還許置田庄。

坎山震水是丙魁。倉庫金銀化作灰。小房男女瘋癆死。瘟癀孤寡洗相隨。

坎山巽水進田庄。山水朝來中子昌。下後兒孫人口旺。家業豐隆比孟嘗。

坎山離水惡相冲。有人犯着敗田庄。勸君休戀此山水。下後三年有損傷。

坎山坤水小房強。吉水相迎百事昌。後代兒孫官職旺。朱衣執笏佐明王。

坎山兌水號天羅。下後兒孫患難磨。惡曜刑冲倉庫耗。更防疾病損傷多。

坎山乾水怕冲流。四五三房敗絕休。患難瘋癆虛腫死。更防官訟退田牛。

坤局九星之圖

巽 一白死氣方	離 六白退氣方	坤 八白旺氣方
震 九紫生氣方	中二黑	兌 四綠殺氣方
艮 五黃中關方	坎 七赤退氣方	乾 三碧殺氣方

本局向方

宜立震巽巳未坤申向

去水利方

宜甲方

砂訣

二陰坤山起午峰。巽爲魁曜卯爲龍。乾兌艮方低拱伏。子孫福祿位三公。

八方水訣

坤山坎水是元龍。水路朝迎山頓峰。只許下元人富貴。上元中甲主貧窮。

坤山艮水是凶神。劫盜風聲敗滅身。橫事官災重叠至。父兄妻子不相親。

坤山震水合天機。富貴官高衣錦緋。下後諸方同發福。常乘車馬步丹墀。

坤山巽水來朝迎。四季安康日日新。進入田庄官職旺。豪英富貴作朝臣。

坤山離水紫微星。瑞氣迎門日日新。進入田庄猶未止。賢良及第作朝臣。

坤山坤水起峰巒。富貴榮華萬事歡。百子千孫皆俊秀。家藏珍寶有千[illegible]

坤山兌水忌[illegible]先亡禍患重。牛馬血財皆瘦死。人丁夭絶業還空。

坤山乾水起高岡。風癆惡疾不離床。屋宇田園俱賣盡。三男子息蚤身亡。

震局九星之圖

巽 二黑死氣方	離 七赤殺氣方	坤 九紫退氣方
震 一白生氣方	中三碧	兌 五黃沖關方
艮 六白殺氣方	坎 八白死氣方	乾 四綠旺氣方

本局向方

宜辰戌巳亥卯乾向

去水利方

宜辛方

砂訣

三陽震山乾巽峰。卯爲魁曜子爲龍。坤兌艮離山拱伏。兒孫世代福重重。

八山水訣

震山坎水向財官。少子能教似石崇。只許諸房同富貴。子孫世代入朝中。

震山艮水是凶方。犯着先教殺長房。非災橫事年年有。田庄賣盡子孫亡。

震山震水起高峰。百子千孫勝祖宗。山水來朝中子富。滿門朱紫入朝中。

震山巽水是辰方。巳午年來倍庫倉。太歲加臨生貴子。終當執笏在朝堂。

震山離水使人愁。病訟連年不肯休。只許下元田產旺。
上中敗絕見荒坵。
震山坤水損中房。疾病重重及夭亡。官事風癆兼自縊。
火光九數必相傷。
震山兌水是廉貞。橫事凶災入宅庭。敗盡田園猶未已。
可憐絕滅又遭刑。
地都魁羅要分明。秀麗岡巒拱宅庭。廻龍顧祖家榮顯。
衣紫腰金滿帝京。

巽局九星之圖

巽 三碧旺氣方	離 八白[illegible]氣方	坤 一白生氣方
震 二黑死氣方	中四綠	兌 六白[illegible]氣方
艮 七赤[illegible]	坎	乾 [illegible]

本局向法
宜立巳午丙丁坤卯
未巽向
去水利方
[illegible]
砂訣
[illegible]陵巽山起震峯。坤爲魁
曜午爲龍坎艮兌乾山拱
伏腰金衣紫祿千鍾。

[illegible]方水訣
巽山坎水主災殃。殘疾刑傷不可當。他日遭官并失火。
流離淫佚子孫亡。
巽山艮水來冲破。三七年中火血光。惡疾風癆人暴死。
禍來滅絕實難當。
巽山震水最宜扦。一土臨門富貴全。中子興家先顯達。
子孫代代出名賢。
巽山巽水起重峯。細看來龍在本宮。更得吉星堆叠聳。
定生賢士顯家風。

巽山離水吉堪言。下後兒孫進庫財。小子中男先富貴。
諸房也主祿高遷。
巽山坤水遠長流。增益田產進馬牛。英才俊秀登金榜。
爲官職大坐京州。
巽山兌水是金宮。犯此凶星立見窮。婦女必然產孕死。
弟兄父母各西東。
巽山乾水怕廻冲。火盜瘟癀產難凶。公事連年并惡死。
兒孫絕滅更無蹤。

中宮局九星圖

巽 四綠殺氣方	離 九紫生氣方	坤 二黑旺氣方
震 三碧殺氣方	中五黃	兌 七赤退氣方
艮 八白旺氣方	坎 一白死氣方	乾 六白退氣方

本局向法

宜立丙午艮向

去水利方

宜

砂訣

五陽山前坤艮峰。坎為牙笏午為龍。巽震兌方低拱伏。子孫代代出三公。

八山水訣

中宮坎水牙笏招。諸房積聚又官高。橫財日日來增進。只爲貪狼山水朝。

中宮艮水喜迎來。小子應知早發財。世代榮華人孝義。兒孫鬱鬱有良材。

中宮震水是煞方。水直山高不可當。長房先見瘟癀死。婦女須教產後亡。

中宮巽水若相逢。營造人家立見窮。滅絕子孫田產盡。婦人淫走亂家風。

中宮離水起高峰。來去縈廻左右同。其家富貴田蠶旺。代代榮華有爵封。

中宮坤水起巒峰。子息聰明福祿崇。山朝水顧人丁旺。長幼和同萬事通。

中宮兌水白猿精。自古常爲血刃星。病患連年家業廢。下元陰極又陽生。

中宮乾水遠來朝。進入田庄福自饒。子息賢良多孝義。登科及第出英豪。

乾局九星之圖

巽 五黃沖關方	離 一白退氣方	坤 三碧死氣方
震 四綠死氣方	中六白	兌 八白生氣方
艮 九紫殺氣方	坎 二黑生氣方	乾 七赤旺氣方

本局向法

宜立丁癸子午卯酉向

去水利方

宜丙方

砂訣

六陽乾山震坎朝。酉龍午位兩峰高。艮巽坤方平伏拱。安居此地子孫豪。

八方水訣

乾山坎水若朝來。倉庫須教積寶財。定主子孫官職顯。白衣身到鳳凰臺。

乾山艮水是凶方。產厄瘋癆火血光。淫蕩官災瘟疫至。更防絕滅敗田庄。

乾山震水起高峰。只得中元氣勢雄。一代生涯難久恃。下元依舊主孤窮。

乾山巽水不宜來。長子先教受禍胎。太歲加臨刑法死。廪倉虛耗化塵埃。

乾山離水愛朝流。子子孫孫世代豪。進入外州田與產。賢才孝義出官高。

乾山坤水見乖張。父子分離出外鄉。屋宅田園俱蕩盡。幼孫鰥寡實堪傷。

乾山兌水起峰高。勢直來能福祿饒。若得主星同守拱。晉教世代佐皇朝。

乾山圓秀復昂藏。罡勢還教福滿堂。下甲小男多富貴。上中依舊只如常。

兌局九星之圖

巽 六白旺氣方	離 二黑生氣方	坤 四綠死氣方
震 五黃冲關方	中七赤	兌 九紫殺氣方
艮 一白退氣方	坎 三碧死氣方	乾 八白生氣方

本局向方

宜立辰巳丙午丁未申

乾艮巽向

去水利乙方

砂訣

七陰兌山離巽峰。乾爲善曜艮爲龍。震兌二方冲激少。兒孫個個紫衣榮。

八方水訣

兌山坎水不宜朝。產業雖多似雪澆。破產忤逆遭刑死。長房零落絕根苗。

兌山艮水是貪狼。富貴英才福祿昌。孝義忠良登甲第。滿朝朱紫實非常。

兌山震水是冲關。一犯廉貞事不閑。徒配風聲產厄死。子孫零落又多艱。

兌山巽水子孫昌。家睦人和孝義堂。倉廪孳牲多茂盛。英名遠播實非常。

兌山離水喜朝迎。定主英才衣錦榮。更主家藏千萬寶。兒孫世代旺人丁。

兌山坤水旺中元。富貴還知蔭鳳鸞。上甲下元當敗滅。鰥夫寡婦敗田園。

兌山兌水主瘟疸。定見人丁多滅亡。賣盡田園家必破。遭官訟獄被刑傷。

兌山乾水看來由。西北峰高進馬牛。先主中房身富貴。諸房衣紫旺田疇。

艮局九星之圖

巽 七赤退氣方	離 三碧殺氣方	坤 五黃沖關方
震 六白退氣方	中八白	兌 一白死氣方
艮 二黑旺氣方	坎 四綠殺氣方	乾 九紫生氣方

本局向法

宜立甲庚卯酉乾亥艮兌向

去水利庚離方

砂訣

入陽山前震巽峰。兌爲魁罡乾爲龍。離坎坤方低拱伏。登科及第入朝中。

八方水訣

艮山坎水不堪扦。動用逢之禍患連。父子分離多破敗。瘋勞惡疾入黃泉。

艮山艮水足金銀。此地分明出富人。子息賢良還茂盛。長男加祿福如春。

艮山震水出賢才。義聚家和積善來。子子孫孫多茂盛。盈倉滿庫足錢財。

艮山巽水起高岡。元氣加臨福異常。運值下元家業盛。上元中甲退田庄。

艮山離水是凶神。水直山高損害人。下後連年災禍至。兒孫敗絕斷親鄰。

艮山坤水勢嶙峋。太歲加臨損害人。火盜瘟疸兼產厄。流徙没陣更亡身。

艮山兌水勢昂昂。巨富家財大吉昌。中子封官加祿位。諸房富貴出賢郎。

艮山乾水旺兒孫。富貴先興中子門。諸子英才皆及第。忠良代代盡稱尊。

離局九星之圖

巽 八白退氣方	離 四綠生氣方	坤 六白死氣方
震 七赤死氣方	中九紫	兌 二黑退氣方
艮 三碧生氣方	坎 五黃沖關方	乾 一白殺氣方

本局向法

宜立丙丁丑未寅申午艮向

去水利癸方

砂訣

九陽山前坤巽峰。離爲魁罡艮爲龍。坎兌乾岡低遶吉。子孫富貴永無窮。

八方水訣

離山坎水是關星。定見兒孫病滿身。產難血光并横死。看看後代絕人丁。

離山艮水起高岡。下後兒孫祿位昌。世代爲官朱紫異。囤倉盈積萬年糧。

離山震水破軍星。有人犯着不安寧。此星坐處宜安靜。免得牛羊作犯刑。

離山巽水只平平。此是明龍左輔星。若得大岡來顧祖。子孫榮顯至公卿。

離山離水福興隆。百里岡龍喜頓峰。更在本宮威勢猛。文爲卿相武侯封。

離山坤水益兒孫。自有錢財進入門。子息賢才崇孝義。龍來廻繞旺鄉村。

離山兌水禍來奇。屋宅空虛子女逃。走遍他鄉生計少。鰥夫寡婦日悽悽。

離山乾水忌相逢。定主兒孫忤逆凶。自此田園消蕩盡。家門敗絕禍重重。

平陽金書卷之十二

古婺葉　泰九升父著
海昌黄　堦秋帽父叅
許士蘭秋佩父訂
蕪學洵文安父較

八山剪水經

定局

辰巽巳水爲乾局。丙午丁水爲坎局。未坤申水爲艮局。庚酉辛水爲震局。戌乾亥水爲巽局。壬子癸水爲離局。丑艮寅水爲坤局。甲卯乙水爲兌局。

如辰巽巳方有水爲乾局。他倣此。取局與九宮玉鏡同。詳見九宮。

此天定卦也。八山剪水之法，用天定卦番兌震五變對宮起貪狼，在卦例内謂之五鬼卦。坤坎卦也。五變對宮起貪，番至本宮得廉貞卦。巽艮故捷法本位起廉貞，以其便用，故今皆式。離乾用捷法，論正法當從五變對宮起貪，而九星之序始不亂。

起廉貞訣

位位起廉貞　貪狼次第行　中起中止　弦起弦止

中起中止。如巽局，巽在中也，即以廉加巽，武加艮，破加離，輔加乾，貪加兌，巨加震，祿加坤，文加坎，起巽止坎，故曰中起中止。弦起弦止。如乾局，乾在弦也，即以廉加乾，武加離，破加艮，輔加巽，貪加坎，巨加坤，祿加震，文加兌，起乾止兌，故曰弦起弦止也。

星序

廉貞　武曲　破軍　左輔　貪狼　巨門　祿存　文曲

納甲

乾甲　坎癸申辰　艮丙　震庚亥未　巽辛
離壬寅戌　坤乙　兌丁巳丑

凡定局只用八卦，不分二十四山。至立向收水，仍要分二十四山。如丙向丙水吉凶，從艮斷，不從離斷也。

向法

向宜立三吉向，餘不可用。如坎局，以坤乙爲武曲向，乾甲爲貪狼向，離壬寅戌爲巨門向。來水亦以此七位爲

吉

九升氏曰。卦例之法。八八六十四變。每卦八變。而八山剪水獨取五鬼卦者。以此卦合淨陰淨陽。且廉貞歸中宮也。八變之中。其四變不合淨陰淨陽者。無論矣。生氣天醫福德三卦。雖合淨陰陽。然廉貞不歸中。故亦不取也。蓋九星之序。廉貞次五。五爲中宮。惟廉貞居中。而後八星始各得其本位。星得其位。而後吉凶始有驗。此八山之所以獨取五鬼卦也。

九星吉凶斷

一貪狼屬木　吉星最好是貪狼　下着令人福祿昌
不問五音皆吉利　重重進入外田庄

二巨門屬土　巨門吉星亦難求　長位田財進不休
更得水流三百步　爲官清顯御街遊

三祿存屬土　出祖離鄉是祿存　貧窮橫禍損家門
更兼公事相連累　疾病奸淫不可論

四文曲屬水　退田文曲犯災殃　暗曜加臨不可當
淫慾風聲公事起　生離媳婦損財粮

五廉貞屬火　從來瘟火是廉貞　口舌官符不暫停
犯着自然田宅退　時師須要細搜尋

六武曲屬金　每逢武曲吉宜收　財帛田園事事優
認取來龍眞正脈　兒孫富貴永無憂

七破軍屬金　破軍原是一凶神　央配流徒橫事生
田地年年憂退敗　更兼孕婦命難存

八輔弼屬土　輔弼爲福亦爲災　爲福爲災未易猜
左右向中稱吉助　凶災玄武暗冲來

九星分房斷

貪與長子巨與中　武曲三房財福豐
文敗中房祿敗小　破廉長子受貧窮

乾山

乾山入欲辨眞形。西北來龍巽水停。若是東南無水遶。龍神散渙不爲珍。

總歌

東南有水作乾山。出人剛健性偏聰。只恐悮朝壬丙向。長房先死退田空。子午辰戌爲正向。兒孫穩實久興隆。又恐根底水破脈。縱然一發就貧窮。

凶方歌

艮流殺中子。未庫殺親哥。卯酉休行路。充軍滿寡婦。

凶星斷

文曲星在兌方。公訟災病。 廉貞星在乾方。損牛馬。六畜及倒路人。有疾病人。 祿存星在震方。主官事血光產死疾病。 破軍星在艮方。主長房三房。受刑法官事。女人產死。

陽宅斷 怕壬甲年。損人口。家不吉。發長二房。旨十年後三房出賊。

巳與丙亥路橋莫冲。長二守寡。住宅貧窮。淫慾自吊。臌脹麻風。血產而死。官事相妨。午向兼丙。小子豐隆。長房家退。究不安榮。丁未庚冲。節死家公。永爲軍匠。竈戸一同。田蠶退失。小口死空。更兼傷目。小人行兇。坤申戌水。家源富美。出人賢良。田園滿鄉。家興財足。蘭玉鴛堂。出貴近帝。聰明才郎。酉辛亥水。路死常常。作賊淫敗。人命損傷。產業賣盡。家不吉昌。媳婦孕死。卒暴而亡。斷然守寡。有大血光。壬子癸方。住之無殃。人丁旺相。六畜孳生。莫令水斷。衰敗非常。丑艮池塘。主自先亡。守寡最苦。牧養災殃。東方住宅。長房敗絕。聰明者死。愚頑留當。

又

乾居西北老陽金。巳水流來鬼賊侵。小女寒邪風痰病

長男熱症氣冲心。甲庚建屋家財退。艮丙開門禍患深
更有一般堪笑處。蝦蛉入舍苦呻吟。

陰宅斷

乾山坎水是貪狼。下後方知三子強。人口康寧無橫禍。
年年進契益田庄。
乾山艮水破軍方。新婦須憂第四房。退產去財猶自可。
如何長子又淪亡。
乾山震水祿存星。二子房中作病聲。莫道家中無橫事。
近來爭奪女人情。
乾山巽水輔星臨。日後須教漸發丁。長子二房家富足。
兒孫代代有聲名。
乾山離水少人知。武曲星臨長子宜。牛馬遍村家富貴。
年年進益旺田絲。
乾山坤水巨門星。葬後須知此地靈。富貴偏宜三子位。
高攀丹桂一枝榮。
乾山兌水不須拚。文曲三房禍不偏。瘟疾官災猶自可。
奈何淫亂令人嫌。
乾山乾水伏吟星。長子應憂禍患頻。家業消亡田地盡

傷三媳婦不堪論。

(坎陽)

坎山屬水白星臨。正北來龍離水擎。惟取水橫流左右。堪誇真局喜相迎。

總歌

屋前有水坎山龍。若有根源發不窮。後面有池成大敗。女人淫亂露行蹤。又兼染患瘋麻候。少女親爺不見逢。田地消亡官事至。無情骨肉別家公。

凶方歌

未申有水沖落水。患麻風。巽辛風塵女。震艮犯瘟刑。

凶星斷

廉貞星落在坎方。主招官事。婦人自縊投河。　破軍在震方。人命公事。中房自縊落水。配軍他州。　祿存在艮方。子孫充軍瘟病官事。　文曲在巽方。自縊落水。好酒淫奔。

陽宅斷　怕申子辰年損人口。益長三四。損二房小房。東南方長有病。

坎山巽橋。殺人如刀。臟脹眼疾。孤寡常招。西南坤水須灣曲。應出聰明文士高。若是水直。愚頑家失。酉丁未水。二房絕矣。小子留家。一貧如洗。向若下丁。二三房興。遇辰遇巳。震庚亥未。四位並凶。午向長房旺財。加丁衆子興隆。時人下丙。長子死亡。長孫亦死。家不吉昌。淫中得子。眼疾虛黃。巽水沖屋。產婦先亡。逢長守寡。疾病連當。申子辰年。定主死傷。辰卯水射。作賊他鄉。麻風勞病弔死夭亡。爲人無主。一代倆惶。寅甲水犯。小子旺財。子孫却少。漸出愚呆。丑艮水沖。小子貧窮。因遭瘟疾。瘂蹻聵聾。壬子癸低。一代而衰。主長先死。老母難爲。亥水徒刑。哭泣無情。財源漸退。二房先零。戌乾流水。長房皆豐。因

妻得祿。只是淫中。庚酉辛方。住宅難當。作賊出外。落水而亡。申路沖宅。家私不足。人死他鄉。田地消亡。

又

坎水屬水少陽宮。[illegible]路當門禍及身。漫道長房遭夭折。還憂小子受艱辛。甲庚有水多傷眼。癸水生郎也化塵。立宅安坟能改避。自然家道煖如春。

陰宅斷

坎山坎水伏吟星。第四兒憂損害身。家道退來田賣盡。更憂病患絕人丁。

坎山艮水祿存星，新婦須憂第四房。葬後田園多賣盡，
更憂疾病絕人丁。
坎山震水破軍從，二子須憂命欲終。下後遭官連疾病，
子孫零落悉孤窮。
坎山巽水近離鄉，文曲星臨大不昌。莫怪田園零落盡，
死亡媳婦第三房。
坎山離水巨門星，長子先教命運亨。米粟田財多進益，
佇看朱紫滿朝廷。
坎山坤水吉神方，武曲星臨宅舍光。長子房中多富貴，

田蠶牛馬播名揚。
坎山兌水輔星臨，此地休教放水行。若是水來家庶富，
小房更得好兒孫。
坎山乾水是貪狼，長子先令福祿昌。買盡田園家又富，
兒孫安穩有誰強。

（艮山）

艮山屬土與坤關，欲辨真形砂水詳。水聚西南方審局，
龍真穴正乃爲艮。

總歌

西南有水艮爲宮，巽巳流來富且豐。切莫午宮流丙去，
少年女子逐人蹤。長房媳婦先孤寡，乾宮斷定有軍充。
東北根多悠久計，根無田產至飄蓬。

凶方歌

一水入乾宮，媳婦與公通。水流寅甲位，天打又蛇傷。守
寡兼自縊，產死莫相逢。坤水并午水，充軍官事臨。

凶星斷

廉貞星在艮方，主瘟瘦及顛倒人丁，媳婦離還。破軍
星在乾方，主遭官火災，婦人產厄，人丁瘟病。祿存星

在坎方，損少年妻男女眼疾火光官事。文曲星在坤
方，媳婦無夫招人入舍。

陽宅斷　怕六丙之年，損人官事，發三房，損長二。

艮山之中東北地，豐人丁，旺相家業興隆。西南開口，橋
樑路冲屋宅他人營業，陰人亦患痳風，不出風流好漢。
但開執一不通西南無橋無路，亦怕一水直冲，家業當
年發達，上元使盡家空，又兼遠年瘟疾，更當一火燒空
名聞不孝冤債，因水充軍，自逢東南路冲，家業興隆，乾
坎水射作賊大凶，東北路射，長子少孫，丑爲錯殺宅毋

離成只恐水溢。退敗多因。尋常多事。官災家貧。酉方坤來作賊爲生。主人逃走。打死伶丁。艮卦從前斷決巽方水喜來冲。家業長房發禍。倉穀二字豐隆。若下丙向宅內多妨。長男長婦老母招殃。若下午向東北池塘。淫女淫妻逐配他鄉。

又

艮山本宿少陰星。乾上披頭禍不存。中子常常遭失脫。小兒漸漸見伶仃。丙壬積水多凶惡。金木生人却有刑。寄語遷居時俗道。用心過此待安寧。

陰宅斷

艮山坎水祿存方。四子先憂命早亡。田地賣來家業退。因牽橫禍至官堂。

艮山艮水伏吟星。長子先教禍患頻。家道淪亡兒又死。子孫從此見孤貧。

艮山震水是貪狼。兄弟之中長位強。下後年年進田地。子孫濟濟又蹌蹌。

艮山巽水對天門。武曲星臨旺子孫。中子人丁多進益。長房昌盛富田園。

艮山離水輔星臨。下後三房並發丁。家計自然田產進。更教榜尾獨題名。

艮山坤水不相宜。文曲星臨損長兒。家道退來猶自可。更兼公事主生離。

艮山兌水巨門星。此地呼爲降鳳形。二子榮華兼富貴。兒孫朱紫佐朝廷。

艮山乾水破軍星。家道淪亡少弟兄。退產退財兼自縊。年年常見死亡人。

震山

震山屬木巳非陽。欲辨真形過水詳。正東來脈西逢水。南北遶環是美鄉。

總歌

屋西有水震山龍。須用東邊氣脈從。切莫溝渠長積水。陰人守寡惧寒冬。上元一發家財旺。逢木逢金家不豐。失火遭瘟成大敗。產亡自縊禍殃凶。

凶方歌

水流坤申上。風癆啞跛樣。戌乾爲賊死。寅申敗離鄉。午子方上來。軍匠賊相隨。

凶星斷

廉貞星在震方。主非災橫禍自縊投河。中房常常哭泣。

祿存星在乾方。主火死招公事。子孫走向他鄉。　破軍星在坎方。主招官事自縊落水喪事不寧。　文曲星在離方。父子走散。

陽宅斷　怕六疾亥卯未年月損人官事先發長後二三房

震山上元必發田園。向下子午。家道不堅。長男先死孤寡刑連見孫敗絕六畜損失。壬丙之向。家財正旺。長男興財小子放蕩家道畧微。一子肚疾又損其妻。中男先

喪出的兒孫。放潑告狀。丁癸向中。家道興隆兒孫小旺。可過秋冬。東南地豐卯酉向中。面前水大財源發洪。若是水直有子財空。地若寬厚須要起伏。長子二子。發財發福。二女聰明作配才人。水流曲屈是以有情。三子均發小子興隆。五六森森玉樹。三四財源自盈長男富足一子成名。二房丁財雖發出人定不聰明。地局蔭長守寡。水直妻死夫存。卯酉接代守寡患眼必出愚人。巽巳水冲路接損妻子息豐隆家道財源大發人丁詩禮不通。生女清秀近貴須嫁三個老公。六畜自然興旺。代代留一兒童。水吉地吉。亦助榮貴。脈走水走。反助其凶。乙辰水冲。眼疾盲聾。妻常有疾。夫常見凶。瘟疫長房必損三四。瘖瘂相攻。陰少無夫陽老無妻。定不全壽。半路分離。有疾無用者在聰明能事者。希六畜損失。田園消無。異姓合住。略略見豐。再住幾代地白屋空。

又

震山屬木在東方。西北居頭主血光。乾甲有傷人疾夭。坤申多犯婦孤孀。乙辰行路傷牛畜。戌亥添廁作孝堂。堪笑其人生妓女。不從良法只從娼。

陰宅斷

震山坎水破軍星。下後須教損弟兄。莫道家門無外事。殺傷自縊犯徒刑。

震山艮水是貪狼。下後須知三子強。富貴資財牛馬旺。田園豐稔遍村鄉。

震山震水伏吟星。小子須教禍及身。落水瘟瘽兼自縊。子孫從此受孤貧。

震山巽水巨門星。中子房中百事榮。下後定知加爵祿。何愁金榜不題名。

震山離水不相宜。文曲星臨最是痴。三婦房中多損害
更兼長位受孤悽。
震山坤水輔星臨。自此財源發不停。第四房中多子息。
更兼長子早題名。
震山兌水最相宜。門內先須出貴兒。不特田園多進寶
更教孫媳着緋衣。
震山乾水祿存宮。下後須知此地凶。長位淪亡須退落
家門從此禍重重。

巽山

巽山爲木又爲陰。欲識真機乾水存。東南來脈宜朝遠
西北溪園值萬金。

總歌

西北有水爲巽宮。千里流來可富豐。只恐水形如曲尺
總然安泰也貧紅。東南有地財源旺。西口墩高開口冲。
一發定教人敗絕。若尋午向被人噥。

凶方歌

辛水應作賊。壬子癸充軍。落水麻風大。寡婦受饑窮。午
寅父眠女。媳婦約公公。

凶星斷

廉貞星在巽方。主長房婦人邪淫。破軍星在離方。主
夭死少亡。祿存星在坤方。主長四房賣盡田園。男女
疾病。文曲在坎方。主做賊顛狂。走散他鄉。

陽宅斷 怕六辛年。損人官事。益長房損二房。

巽山丑未主榮昌。家道豐盈穀滿倉。午宮水射定作賊
水冲子位主悽惶。路入坤宮淫事有。橋居巽位出顛狂。
癸戌乾宮午申向。定因換姓任更張。坤辰路水如箭射。
縊死遭刑二損傷。婦女無夫夫無婦。女兒逃走不從良

中元宜旺下元退。上元甲子漸高強。子癸寅甲辛戌水
冲來軍匪賊相妨。地白田空家計盡。更因多病絕空亡。

又

巽山屬木在東南。坤上居頭便殺男。丙午流泉災及長
亥壬行路病纏三。甲寅起落當招賊。子癸生開夫損蠶。
無奈家中成惡事。妻淫夫慾兩相貪。

陰宅斷

巽山坎水不須開。下後須教退血財。婦媳房中遭疾病
更兼公事入門來。

巽山艮水任長流。武曲星臨不用憂。下後須知家業旺。
私房財物更多收。
巽山震水巨門從。二子房中富石崇。好地便爲貴地斷。
腰金衣紫滿朝中。
巽山巽水伏吟星。下後兒孫日見貧。長婦死亡多外向。
一家淪落受艱辛。
巽山離水破軍星。長子房中禍不停。下後子孫須作賊。
家門從此日伶仃。
巽山坤水祿存星。四婦須教命不寧。破敗家門并內亂。
田園俱被外人耕。
巽山兌水是貪狼。下後三房富貴強。此地年年進牛馬。
田園萬頃徧他方。
巽山乾水輔星臨。世居廊廟子孫榮。長子軒昂多名譽。
財源日進又添丁。

離山

離山陽火水南奔。來脉迢迢入坎行。水會巽宮堪剪穴。
艮乾水遠更爲榮。

總歌

[illegible][illegible]水北是離龍。笄來逢木十分榮。金水之年家換姓。
田園淨盡出麻風。若是朝南住子午。定應女壻作家公。
若得坐下作癸向。雖然貧窘舊門風。

凶方歌

壬水出盲聾。丑艮定充軍。亥卯天火發。淫謀殺老公。午
水招壻敗。寅戌莫相逢。

凶星斷

廉貞星在離方。主孤寡。文曲星在震方。主疾病。損牛
羊。破軍星在巽方。主小房生災。風疾短命。祿存星
在兌方。主雙盲少丁。

陽宅斷 怕六壬寅午戌年。損人官事。損長房。益二房。

離山午向退費財。家業他人入進來。麻風患眼年年有。
產婦顛狂歲歲來。瘟癀守寡因無子。折足蛀腰實是哀。
更發下元新甲子。上元退盡起塵埃。須知坤向可安扦。
上元一定進牛田。時值下元家大敗。子孫還有度饑寒。
顛驢求討身無住。更有逃淫大不安。屋若朝北略悠久。
雖無田地子孫賢。時歲怕逢寅午戌。損人官事淚流連。
一到上元消索盡。人命相干定欠錢。更有東邊還可住。

又兼財穀樂年年。西方守寡人丁絕。立宅安坟莫要扦
上元敗絕中元發。發旺下元便出官。

又

正南屬火是爲離。亥子宅居主哭悲。巳巽井溝傷長婦
癸壬行路殺中兒。兌丁揷屋貧財退。艮丙挑溝子女痴
六畜田財多損失。四時不絕請良醫。

陰宅斷

離山坎水巨門星。百世須教此地強。第四兒孫先富貴。
田園牛馬衛[illegible]術

離山艮水弼星當。二[illegible]房中集百祥。下後定然財祿進。
兒孫世代受皇封。
離山震水本來凶。文曲星臨中子宮。田地庄園俱賣盡。
更兼婦女播淫風。
離山離水伏吟神。災禍須憂長子身。家道退來人口死。
兒孫病患受孤貧。
離山巽水破軍星。此地呼爲破敗名。下後三男新婦死。
更兼公事受徒刑。
離山坤水是貪狼。下後添丁出貴郎。更問[illegible]中何事好

一枝丹桂[illegible]香。
離山兌[illegible]下後家中百禍生。更有幾般奸醜事。
風聲遠近盡聞。
離山乾水盡分明。丁上星臨長子榮。更有第三房富貴
兒孫位祿至公卿。

坤山

坤山屬土是陽神。來脈西南艮上尋。丑艮寅方水旋遶
結成眞局頗堪親。

總歌

東北有水是坤龍。寅甲流來癸上同。若得本根行馬跡。
端然子姓盡登庸。艮方開口橋塹塞。退却田庄失火凶。
若是百年無患死。定應吉曜照垣中。

凶方歌

丑艮充軍水。巽路作賊門。巳酉產難死。亥卯早傷刑。乙
水定衰敗。丙淫忤逆人。

凶星斷

廉貞星在坤方。產死官事。子孫顛狂。　破軍星在兌方。
長房媳婦兒頑。退失田地。　祿存在巽方。長房夭亡卒

死眼疾。文曲在艮方。媳婦多情。子孫逃散。自縊投河。

陽宅斷 怕逢乙癸年損人官事。益三房損長房。

西南地豐。家道興隆。東北水遶。切莫艮冲。堰塘若高名爲開口。長房敗絕。門風不守。須招義子義孫。更兼愚魯粗醜。二房痴呆。家道頗可。三房平過。四房守寡。五六財源。增置田土。巽辛庚甲爲四維。水去之時爲官吏。只恐水直脉不長。雖有田園無官做。坤山怕逢寅午戌。損人官事多不吉。逢乙之年家不安。損却人丁退却田。東南有路。名爲藥針。常招眼疾。永不除根。麻風淫慾。故損子孫。異姓收養。合活家門。丁來水冲。田園退宮。人丁走竄。難守孤窮。坤宮有路。産婦驚風。淫中得子。媳婦公通。庚酉方中。水若來冲。瘟癀病症。子孫愚蒙。家業蕩盡。軍匠相逢。又兼不孝子壻。壻終一姓。五姓換姓安榮。若然住宅地白屋空。亥丑艮宮水路橋冲。猛然失火。暗啞跎公。巳巽有橋。暗啞麻風。蕩盡家業。奔走西東。

又

西南屬土號坤山。東北原來是正關。此處若留池屋在。其家必定子孫頑。巽方造作生愁悶。卯位興工有哭顏。巳丙路冲家長悵。何曾一刻得清閒。

陰宅斷

坤山坎水最分明。武曲星臨名稱情。四子房中家富足。三男孝順又妻榮。

坤山艮水莫扦開。文曲星臨二子災。賣盡田園兼賭博。婦人常得外人來。

坤山震水輔弼星。長子房中錢足盈。老母持家更賢孝。須教後世自揚名。

坤山巽水祿存當。新婦三房定死傷。賣盡田園人口退。更須流落在他方。

坤山離水是貪狼。子息中來福祿昌。家計興隆人快樂。資財金玉萬千箱。

坤山坤水伏吟星。下後家中見苦辛。更有少亡兼長病。子孫愁苦一時傾。

坤山兌水破軍方。須信三男早死亡。疾病官災人口退。刑徒橫禍此房當。

坤山乾水巨門星。二子榮華當得名。下後百年家道旺。兒孫祿位佐朝廷。

兌山

兌家真局世多欽得水關闌成美金正西來脈更逢水艮巽廻瀾最有因

總局

屋東有水兌宮龍氣勢迢迢喜活逢脈短一興家必敗脈長悠久舊家風屋西低陷何須看下後人家退盡窮啽啞盲聾并臌脹婦人貪色與人逃

凶方歌

乾流殺長婦相繼死家公丁丑寅斷絕子午發麻風

凶星斷

廉貞星在兌方兒孫忤逆遭官遠死 文曲星在乾方婦人淫奔家主內亂 破軍星在坤方投河自縊男女逃亡婦人守寡 祿存星在離方疾病官符眼盲脚跛

陽宅斷 怕六丁巳酉丑年損人官事

西南有池連損兩妻官事相及人命追隨瘟㾮亦有田地長衰丁水廉星血產而崩滔滔有事災退不平午宮路射災禍並乘作賊地卿淫事相纏人命飛涉牛馬成災驕跎瞎目中子孤哀丙巽水流定作公侯須合彎曲

財源並收必出賢良之子更喜兄弟相投並無篤疾何有憂愁巳水朝來無田無產若住此方孤寒不足乙辰戌乾寅甲水連賊情軍事女逐人眠更主瘟㾮孤寡飛來人命相連必主子孫夭亡又兼不孝退田牢中致死落水相干刑罰禍歲歲相纏虛黃臌脹傷目悲連卯艮水曲金銀滿屋大事不妨逢禍化福壬子癸水一直冲射家業消亡聲歌退歇爲姻充軍淫慾不分兒女逃走火傷人口亥水有情旺相人丁六畜添吉孤寡安榮酉申一冲子孫無踪一時瘟疾死絕家空

又

兌山有局正居西巳午安厨室女逃木火陰人先失主水金年命又傷妻賭錢逆子顛投水撒潑愚兒醉倒泥丁丑午方開出路近來家道不能齊

陰宅斷

兌山坎水輔星臨中子少男自發丁家道漫誇多橫進妻財曾得滿箱金

兌山艮水巨門星下後偏宜長子亨田地馬牛時進入四房媳婦更興榮

兌山震水好扦坟。武曲星臨利子孫。宅舍興隆宜最盛
中房三子進田園。
兌山巽水是貪狼。三子房中媳婦強。田宅進來家道盛
子孫孝順又忠良。
兌山離水祿存宮。長子須憂命不通。媳婦房中俱夭折
兒孫辛苦又淫風。
兌山坤水破軍星。下後須憂禍患生。四子房中新婦死
兒孫貧困少人丁。
兌山兌水伏吟星。三子房中命早終。田地桑園俱不熟
弟兄相逆不和同。
兌山乾水不宜流。文曲卯臨長子憂。媳婦房中多醜事。
[illegible]

八山照水經

番卦訣 其天定卦見上

對位起貪狼。八星次第行。弦起弦止。中起中止。
位以天定卦對宮起貪狼。取貪巨武方上去水吉。
儀操氏曰。天定卦之吉方。即五鬼卦之凶方也。則以五鬼一卦。迎來消去。亦可矣。而天定消水之說。不亦贅乎。抑知當去之方。是吉非凶。且各星所應。其占不一。非推之天定。則不細也。此古人之立法。所以精詳而無遺恨與。

吉星斷

貪狼星 應亥卯未生人。并年月。

臨乾甲坤乙壬癸山。名曰財羅水。
財羅之水富家財。流入陽宮是福媒。定產兒孫聰且
俊。名標金榜占文魁。
臨艮巽。名曰錦羅水。
錦羅之水喜流長。陰位宜居艮巽方。子弟聰明文帶
秀。他年衣錦喜還鄉。
臨丙庚。名六秀花羅水。

貪狼去水號花羅。庚丙方流喜氣多。財帛金銀從此進。兒孫聰俊更家和。

臨丁辛。名寶羅水

水折貪狼號寶羅。丁辛位上喜相過。錢財豐足何須說。俊秀兒孫第甲科。

臨乾甲坤乙壬癸。名曰橫財水。

巨門星 應申子辰生人。并年月。

橫財之水巨門當。折水元來位向陽。定有橫財家必富。自然進入最爲良。

臨艮巽。名曰綠衣水。

綠衣之水更爲奇。艮巽宮中好折歸。家道昌隆生貴子。荷衣掛綠步丹墀。

臨丙庚。名天宮水。

巨門之水號天宮。陰位宜庚喜丙中。蔭益兒孫多富貴。文章星斗燦心胸。

臨丁辛。名雙秀水。

雙秀宮中丁與辛。巨門臨照福來臻。穴前折水憑山脈。他日兒孫盡富人。

武曲星 應巳酉丑生人。并年月。

臨乾甲坤乙壬癸。名曰天財水。

陽宮武曲最爲奇。水號天財福祿宜。塋後定生聰慧子。高車駟馬耀旌旗。

臨艮巽。名天爵水。

武曲流歸艮巽宮。水名天爵喜相逢。兒孫聰俊登科甲。政事文章冠世雄。

臨丙庚。名天祿水。

水名天祿是如何。庚丙之中武曲居。去水若然從此出。登庸進祿定崔巍。

臨丁辛。名財遠水。

水名財遠是何因。武曲臨丁歸與辛。好向穴中隨步放。家盈財帛足珠珍。

左輔星 應寅午戌生人年月。

臨乾甲坤乙壬癸。名水宮水。

水宮放水水流陽。左輔星來照此方。家旺田蠶金寶積。更生貴子足軒昂。

臨艮巽。名天池水。

水流艮巽號天池，左輔星臨最是奇。興旺人丁足財帛，姓名他日達天墀。

臨丙庚名銀河水。

左輔流歸丙與庚，銀河一水并天行。他年定產英雄輩，金榜須教早掛名。

臨丁辛名月窟水。

左輔流來丁與辛，水名月窟是天津。關溝放水真爲吉，貫朽千倉粟自陳。

平陽串序

錢之爲物，扁其體，圓其外，孔其中。扁其體，可以層累而爲貫也；圓其外，貫成而無稜角之病也；孔其中，所以受串以成貫也。錢莫不具是形以待串，故串爲功于錢甚巨。有一屋散錢于此，若無串焉，其能成貫以致遠乎？孔升先生輯平陽全書十二卷，自晋至明，數千餘年，先賢平陽之論說，無不搜採；大江南北平陽之格式，無不備。其平陽之法，已無餘蘊矣。奈初學者取而讀之，圖說繁多，不得主腦，不能無一屋散錢之嘆。予于是向先生而請曰：書所以惠後學也，今後學有錢而不能自得其串，不識可著一書以爲南車否？先生于是將山鄉、中原、澤國各圖數式，雖地之變態無窮，大略不能脫其範圍，并將穴法、作法、理氣、向水，悉舉而備焉。一覽而道在是，真簡而該，約而博者也。欲從事于平陽者，先取是書而讀之，則串在吾手；再進而讀彼十二卷，則此十二卷者，皆備其體，圓其外，孔其中，無不可串以成貫矣。 昔

康熙三十一年歲次壬申正月，海昌鄭宮振扆氏拜題

于燕堂

平陽全書卷之十三

古婺葉　泰九升父著
葉　燾天徒父叅
蘭陰周敏求般士父訂
白岳黄　恒寔吉父
海昌鄭　諶用賓父仝較
張眞觀立山父

平陽中總說

平陽諸書。其于平陽諸法。固已無所不備矣。然其一書之中。不能該舉諸法而無遺者何也。先賢有產于北地者。有生于江南者。有遨遊三楚者。有往來兩浙者。在北則多論中原在南則多言澤國。各言其常所習見。故其所著。不能合天下之平陽而悉舉之也。況著書之時。有一時精神之所及所不及。故言此遺彼。言彼遺此。有必然也。余既輯平陽諸書之後。恐世求之汗漫而莫所的從也。故將山鄉北地江南諸法。備舉其略。合爲一集。約而易見。以爲讀平陽書者高遠之自云。

山鄉平陽說

由壟而落坪者。天下之大勢也。然其坪則一。而坪之形勢則不一。其大象有三。一曰山鄉平陽。乃四山圍繞中之平田關坂也。一曰中州平陽。乃北方之平原也。一曰澤國平洋。乃蘇松嘉湖之水鄉也。曰平陽者。山爲陰地爲陽。以地對山言也。曰平洋者。山爲山。水爲洋。以水對山言也。由山而地。由地而洋。故言平洋之法。斷自山鄉之平陽始。山中之平陽。其辨地之法。不異于山。但山高而顯。地低而隱耳。然其脈絡高低可攷。非若遠山者之無可尋覓也。其龍之來也。必有上分。其穴之成也。必有下合。旁必有高砂爲之護。前必有明堂爲之聚。或兩水齊到而結順局。或一水過堂而結橫局。或翻身迎水而結逆局。此其成規也。至于結穴之場。其法有三。有開口者。有起突者。有衆墩者。察其龍氣之所住。砂水之所歸即天地之靈秘。不能逃我之鑒識矣。今具數圖爲式。

開口式

永康王都謙涵地

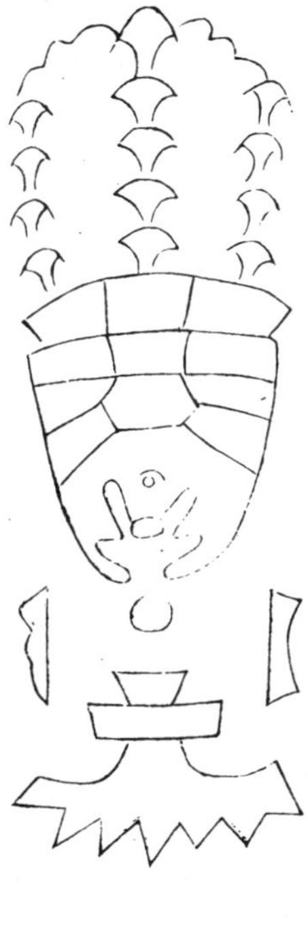

起突式　江山趙都憲祖地

聚墩式　落地梅花唐狀元祖地

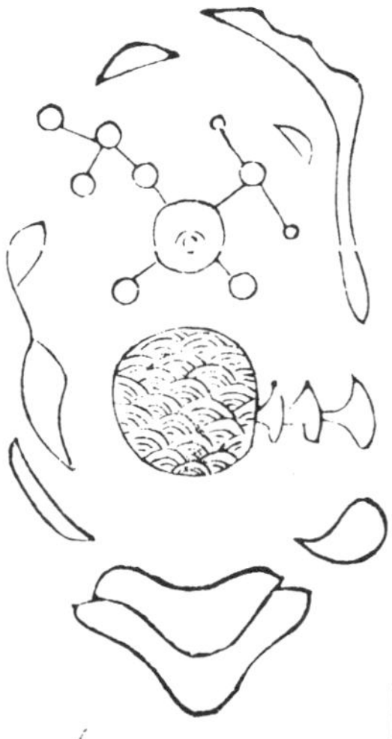

北方平陽說

中原平陽，其大象皆眠互局也。高地為龍，低平為界。察其蟠旋，以定住結。左右必有界砂為護，而前必有低田作堂，高地作案。[illegible]勢寬大難察識耳。眠互中王猛、杜如晦二地[illegible]結于湖蕩水邊者，宜朝水則朝水。如楊相公祖地出水蓮花形，宜坐水則坐水。如泰州陳少卿祖塋，穴前地淺即是大河，前無唇口，傍無月角，一片糢糊，無一砂一水可觀，至穴後一望蓮花池，團聚汪洋，池外屏山正應，穴後有情，故穴直靠後岸，有結于

墩突者，中原大突，多為州縣鄉鎮，其小突則陰地也。雖無低田湖蕩，而微茫乾流，亦可相勢定穴。蓋地有吉氣，土隨而起也。至于起突而有石脊，平坂忽起小山，則又至貴之地矣。

澤國平陽說

澤國平洋，水土交錯，變態甚多。有眠互近北方者，有墩阜近山鄉者，有惟以水道為憑而剪水者，此其大略也。至于一體之中，又分數樣，地面不同，故體格各別，逐格細詳于左。

眠互式

有高地連綿盤遶結地者，有平田平地長遠兩邊水界結地者，有大漾之中有高地，如平岡龍結地者，有墩阜連綿忽起忽伏結地者，有墳坂之中微有高低界水，其高脊蟠結成地者，皆當察其脈絡，觀其朝拱，以定穴場。

高地連綿式　鄞縣范氏祖地

平地水界式

慈溪林氏祖地

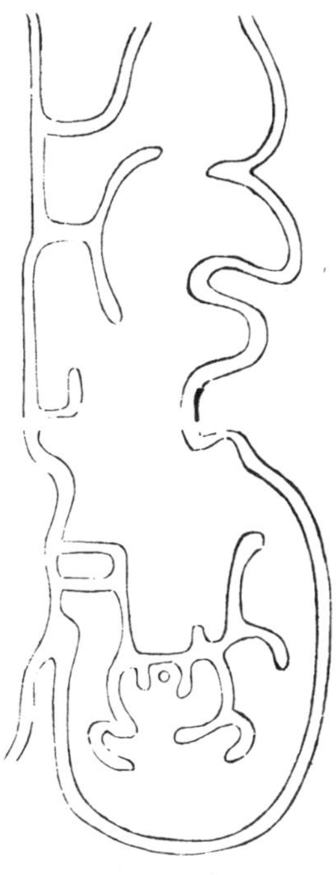

漾中高地式

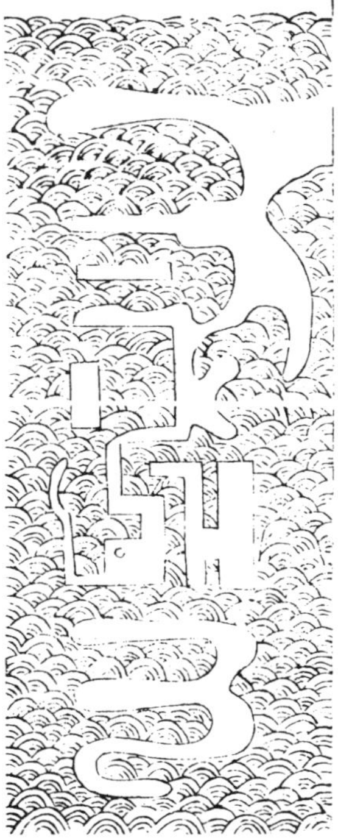

墩阜連綿式

慈溪李氏祖地

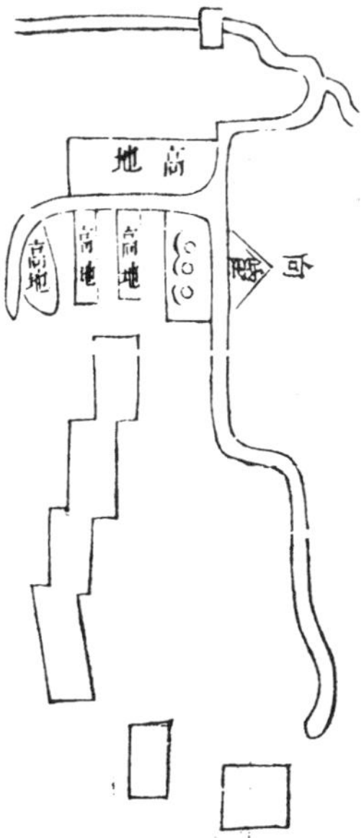

墩阜式

平洋有斷續高土。名曰墩阜。蓋圓者曰墩。方長者曰阜也。衆阜衆墩之中。當別其主從。察其死生。特大特小者。主也。或衆圓而獨方。或衆方而獨圓。異于衆者。主也。其

一爲主。其餘爲從。其從者爲朝爲護。不過爲主之用神而已。初看之似雜亂無緒。若一得其主。則其餘者皆有朝向之情。拱揖之態。又自井井有條而不紊。在在得位而有用。非雜亂者也。若止一墩一阜。須以水道爲憑。水道環繞有情則結地。而最吉最清貴。若水道反背則是他穴之用神水口砂也。大水漾中。亦有衆墩成垣局者。當察其性情趨向之所歸。若漾中止一孤墩。又宜看水勢與兩岸之情。若向抱有情則結。反背則不結也。若大湖中心止一浮墩。四面水遶。多成大地。

衆阜成局式

吕相公祖地

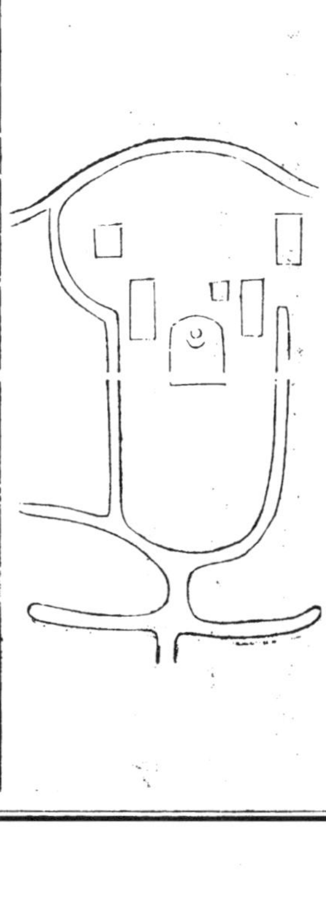

獨墩水遶成局式

鄞縣范氏祖地

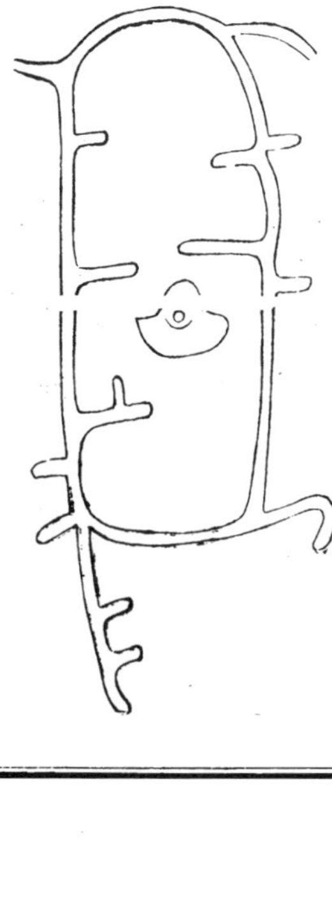

湖中浮墩式

孫忠烈祖地

剪水式

平洋老陽地向無甚高之地無特起之墩而水道環繞收束地氣亦自成穴此水龍法作用之所也有結于通河中者有結于深浜中者有結于天成池漊中者通河

水動易發易敗深浜之中浜上生浜則既有收束又稍門戶穴結地心其力深厚至于池漊結穴其水守而不走盈而後溢故最爲綿遠悠久觀三法皆以水道成局然結穴之場其土必宜微高微動方爲有氣若平坦不動則爲死土亦不以水道之可觀而胡扦亂下也

通河式

湖州茅副憲祖地

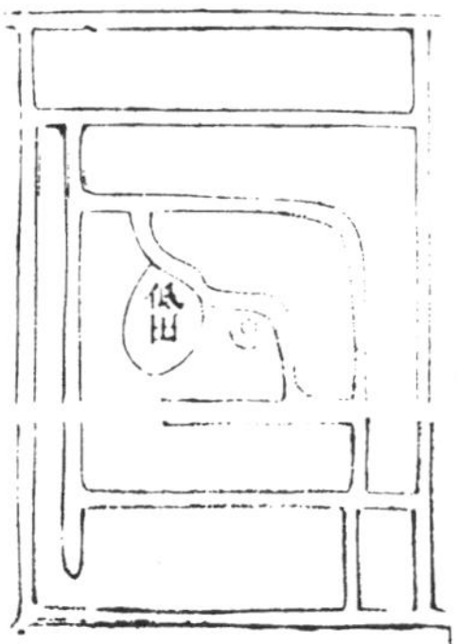

深浜式

嘉興嚴尚書地

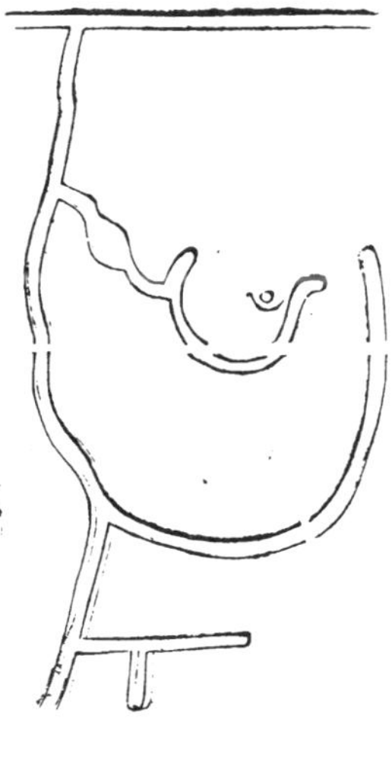

池漊式

海寧陳相公地上名檀樹坟

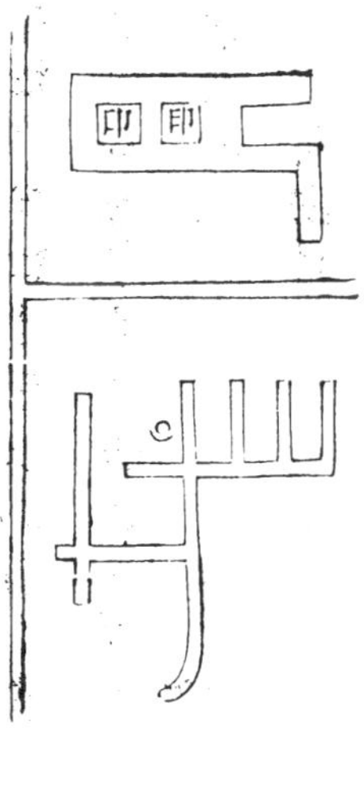

水城有出方出圓之不同出圓者易見而秀出方者難覓而厚圓多處穴宜出方方多處穴宜出圓也

圩頭成局式

地不甚大四面環水名曰圩頭若立于圩上不見四水者則地大而非圩矣圩之結地有三法一曰大圩包小圩二曰漾側獨圩三曰大圩盤龍大圩包小圩者或一大圩開口包一小圩在內或二大圩夾一小圩在內漾側獨圩者於大水蕩之旁靠大地出一小圩也至于圩上盤龍則其圩略大中低而四旁高其龍四圍蟠曲以

內中低田爲明堂自相朝拱當以眼亘式中扦之也

大扦包小扦式

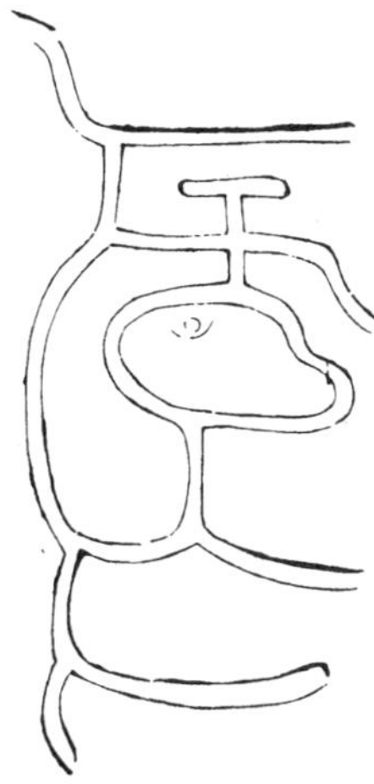

大蕩邊獨扦式

聚扦成局式

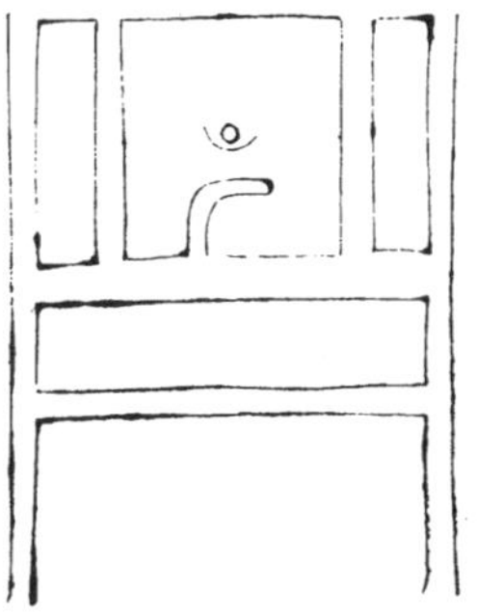

高地開口吐乳式

平陽高地開口吐乳有情而水城環抱相應者結穴開口穴宜黙出則近空而氣動若黙進則版實而死吐乳宜黙進扦舌根若黙出則爲纍頭殺矣葬道不過乘生氣生氣者何地之動處是也何爲動開口吐乳起突而已蓋一片平陽若無口突爲陰陽不交有口有突則陰陽交而生氣成矣故高山喜窩而未嘗不用乳突平地喜突而未嘗不用窩口也況古人有高山窩平地突之說而卽有平陽不開口神仙難下手之說則平陽法中烏可缺開口吐乳式哉

凡口不可葬于口中若低葬口中則龍虎砂蔽斷風氣壙中水濕必至敗絕

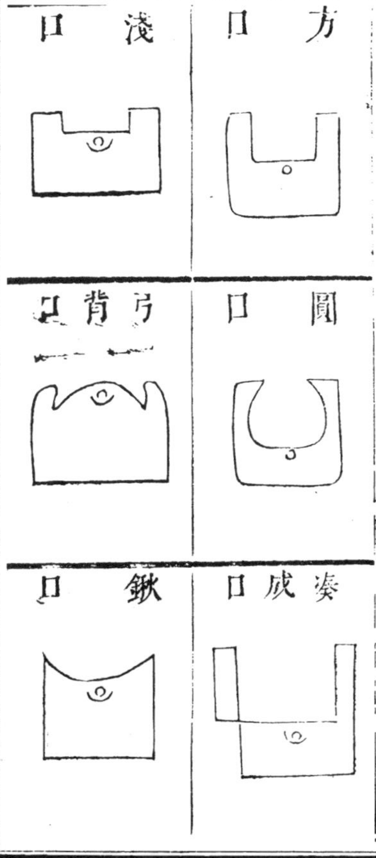

乳

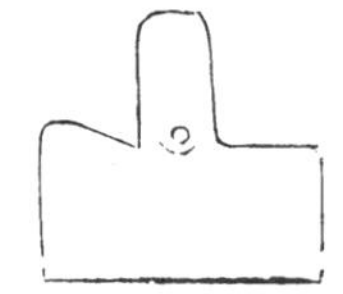

短乳

闊唇

曠坂動氣

曠坂之中。若有動氣。皆可穴也。蓋不動則死。有動則生。故動氣雖隱微。實是生氣之所發現。近山者多有此。

拱來

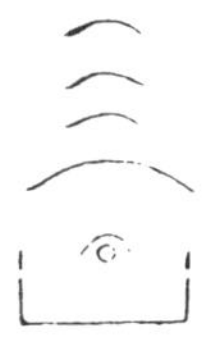

收來

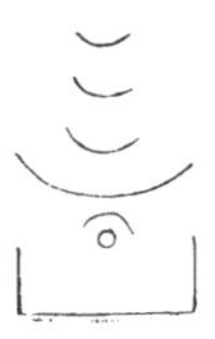

冰裂

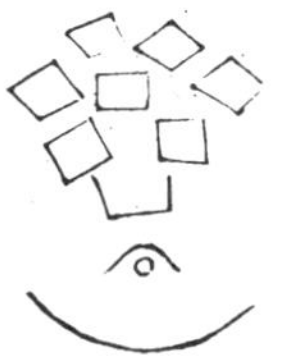

迎水式

大水洋潮。世人所喜。不知有浮案者可迎。有蓋砂者可迎。閃受者可迎。深受者可迎。非此數者。而直水冲懷。無不敗絕。古訣所謂面前忌水也。平洋之地。惟迎水最爲難扞。愚俗貪朝致禍者。不可勝數。豈得易言迎水哉。

有浮案式

上虞王氏地

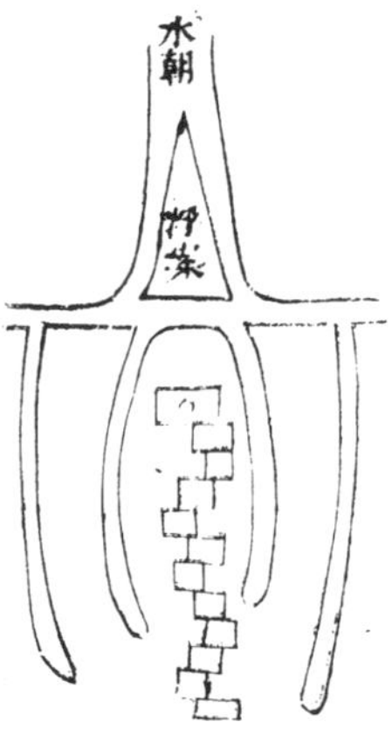

有蓋砂式

慈溪桂氏祖地

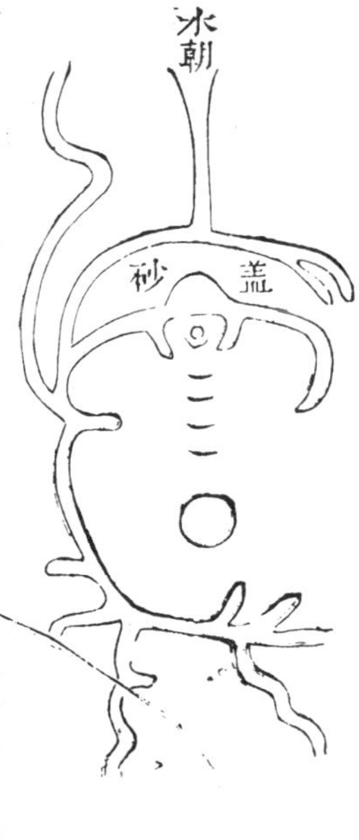

閃受式

嘉善錢狀元地

坤水來長惟卯巽龍可以消之未向可以納之

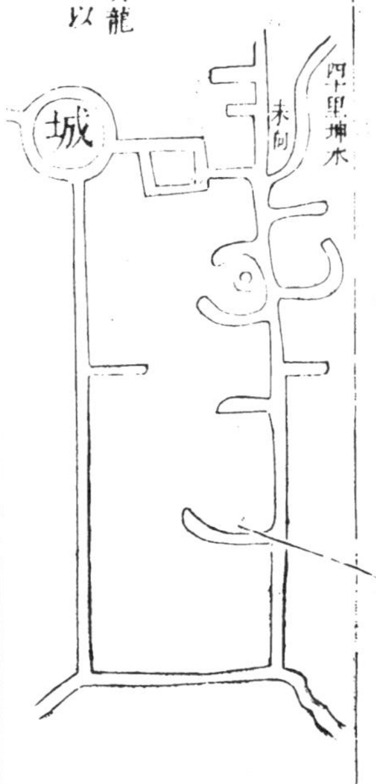

深受式

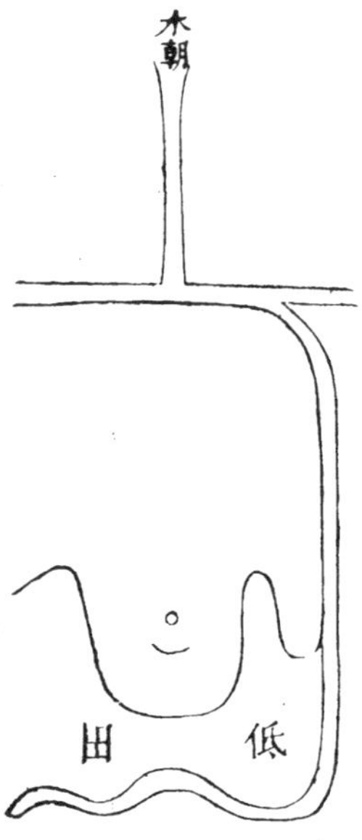

[illegible]頭敗絕式

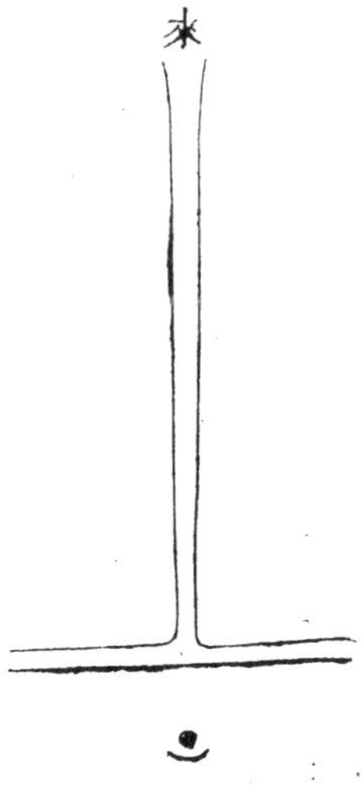

水城說

世人論水。只喜洋潮不知水法之妙。却不在此。蓋水法之妙。有前冲後冲者。有前刼後刼者。有前冲前刼者。有後冲後刼者。有後冲前刼者。有前冲後刼者。合此式者。俱係高貴之局。庸術不知見之反駭此風吹水刼之妙諦。知之所以寡也。

前冲後冲式

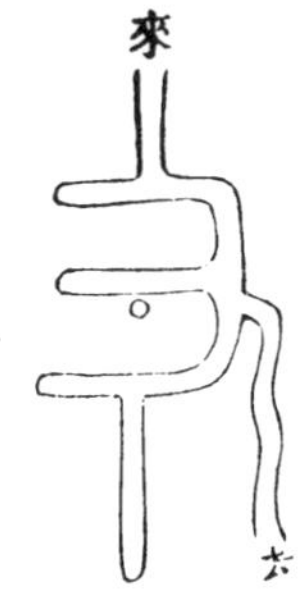

前刼後刼式

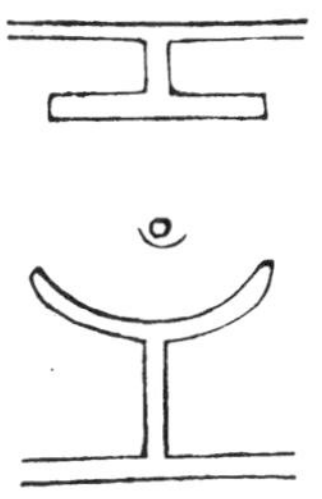

前冲前刼式

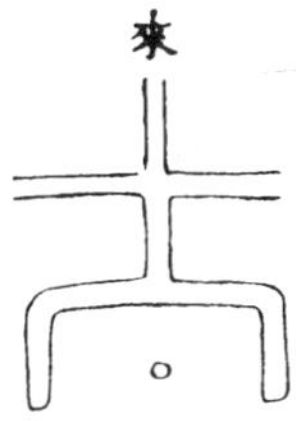

後冲前刼式

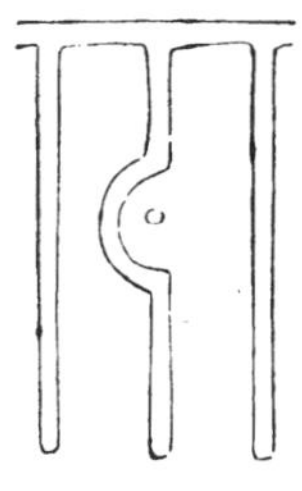

後冲後刼式

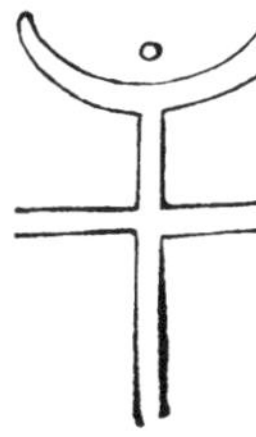

前冲後刼式

庸術目力不巧者。由于心竅不開。不能將砂水二者合而融會之。故論砂便遺水。論水便遺砂。不知砂水二者原合以成其砂格水城者也。如前刼之水。水向當面直出者。由左右二砂齊到穴前。故水不能不從當面直出。後刼之水。水從穴後直出者。由左右鬼砂齊抱穴後。故水不能不從穴後直去。庸術見之。便言水去不結。抑知砂極有情。故水直去也。世人只知水直。那知砂曲。只知來水之朝。那知去水之妙。此道之所以日趨于庸陋也。

穴法說

平地求穴。與山法諸家穴法不同。一曰動處。動者何。開口吐唇高起是也。方者圓處爲動。或缺處爲動。圓者直處爲動。蓋平陽多靜。故求動也。二曰束處。束者何。緊狹處是也。平陽有兩浜關鎖。而龍氣入關之後。反散蕩不可收拾。宜于入關處斬關。有龍沿水而行。到頭無結。宜于腰上尋狹處騎龍扦之。皆束法也。三曰截法。穴塲或方或圓。于一邊一角開口。或吐火曜。或拖水蕩。宜于出曜蕩處截曜蕩而扦之。四曰斬法。穴既結後。餘氣走去長遠。宜近脊斬其餘氣而扦之。此法宜扦得老到。若斬不住。則刼氣太重。一發敗絕。五曰水環處。穴塲散闊。看那一邊水環有情。緊靠環水點穴是。六曰拱處。穴塲長闊。若有一砂有情。可爲托爲案者。當認定此砂點穴是也曰會處四面砂水皆有環拱之情意宜會其大勢所歸而扞之。

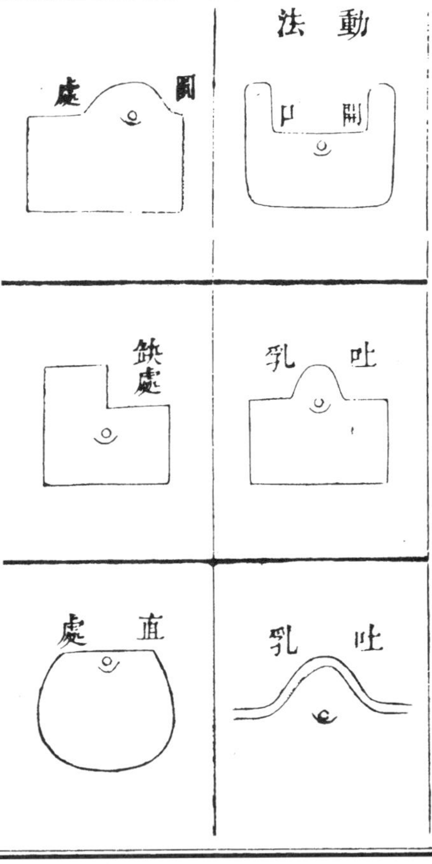

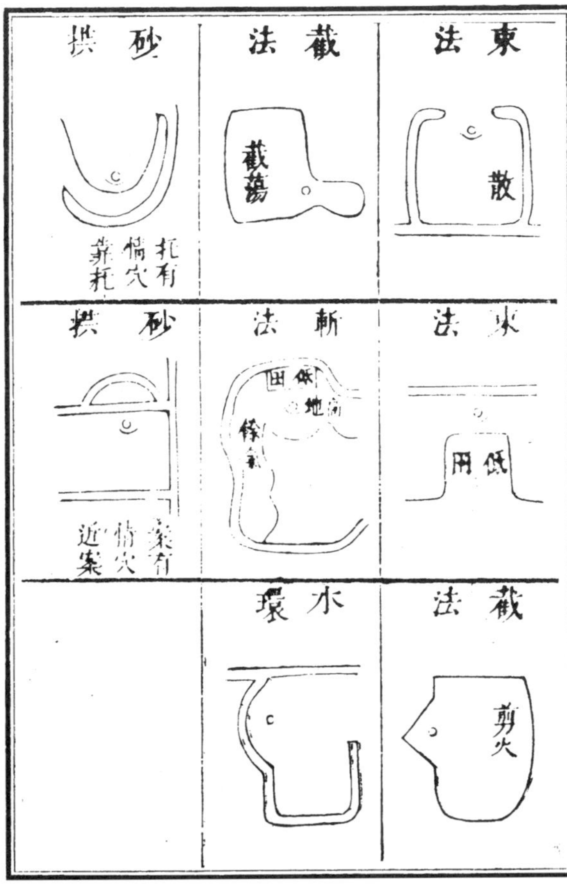

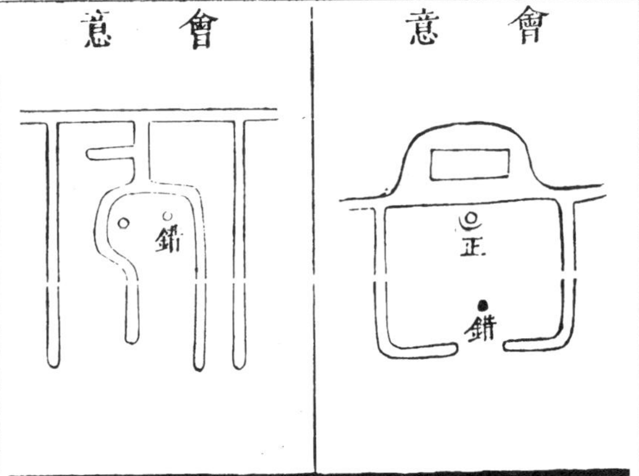

此局龍進關後地甚闊大以東法扦之未嘗無理至臨弦一看堂局案砂排列端嚴則穴結在弦而東處非也。

此局直頭點穴甚端正可觀但左角微有動盪則真氣不歸于正面矣于左角點穴則右浜正冲穴後面對出水合後冲前劫之格也。

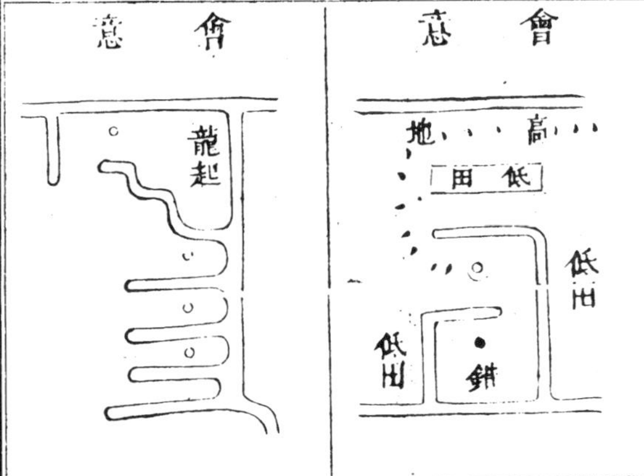

此局于後點穴亦似龍盡氣鍾但前邊低田作堂高地作案局在前而不在後則後是托砂而非正穴矣此地龍身三折第一折作案二折作穴三折爲托。

此局後頭托砂上點穴兩浜夾出龍虎拱抱庸目見之莫不喜悅抑知前浜曲折而出與諸浜不同則後背係托砂而東處爲正穴也此穴法非道眼不能辨。

認穴說

有情之砂排列。點進而不見者非也。面前之水闊大。點出而沖蕩者非也。南龍直下。宜靠北水若鈎轉回龍。又宜近南。若點靠北者非也。左右之水。固喜其沖。然宜閃受穴。點直沖者非也。地有唇乳。穴宜靠根。外爲餘氣。若離根點穴者非也。高地開口。穴宜近弦。若點進離口遠者非也。

平陽作法

平陽作法。喜陽而惡陰。故其朝向。異于山法。山可朝北。平陽不宜朝北。故南龍坐低向南。異于山也。陽地水多渙散。故喜朝高則來水歸堂。若水聚之處。則低亦可朝也。陽地喜高燥而惡卑濕。故坐身要高。陽氣喜舒暢而惡收斂。不宜窩藏。故後與左右忌有高砂。陽地中死而邊生。故穴宜邊。夠南地氣浮于上。只宜淺葬。北方高土平崗可深四五尺。若一坦平夷。當深丈餘。其脈伏也。平陽南龍法。要坐水向南。北龍法要朝水向南。東西二龍。可向南便當向南。若局不在南。則朝東西。東來脈。水在西。若西有堂局特案。方可朝西。不然則當坐西水而

朝東。西來脈亦然。平陽不宜朝北。乾亥壬子癸丑艮七向皆不喜作。若犯此七向。而向之陰陽不駁。水之生旺歸堂。亦可平安。終是陰寒不振。縱目前有財祿。久後必致陵替孤獨。總之平陽之向。一南二東三西。以得陽光之炤。故北不取也。

雪裡鎖梅說

楊公云。大凡平洋之地。無大勢龍虎。最怕向北。謂南枝向暖北枝寒。平陽本是八風搖動之處。更向朔方。乃地無氣。謂之雪裡鎖寒梅。若是前有近案遮攔關閉城門。方爲善地。凡是平洋之地。最喜向南向東吉。

理氣說

理氣者。乘氣配向。消水是也。平陽乘氣之法。與山不同。山止一法。陽有三法。平陽有關峽明白。入首緊細者。亦同山法。取廿四龍論。若闊大不能取龍。則當認水立局。只取八局。不論二十四龍。此非不欲論龍。蓋以散闊不清。無法取龍也。若近浜頭立穴者。又當弔浜取氣。不得執局而斷取局之法。詳歸厚錄。弔浜之法。詳平洋法。龍局氣既認定。于是陰用陰向以配之。陽用陽向以配之。

謂之陰陽相見。福祿永禎也。然向不僅配龍。又要消水。故立向爲理氣第一難事。向若不差。則理氣無餘事矣。

向水說

陽龍局宜陽向陽水來。陰龍局宜陰向陰水來。謂之陰陽純淨。而純淨之中。廉貞之向水不吉。駁雜之位。輔弼之水非凶。然陽局猶可收陰水。陰局斷不可收陽水也。論去水。陰龍局宜陽方去。陽龍局宜陰方去。謂之陰陽交姤也。詳具照水剪水二經內。

消水訣

向從水立法眞玄。八個長生順逆旋。倒左四陰生氣起。右歸陽氣順爲關。來源方位猶寬緩。去口災祥最緊嚴。後天正庫與借庫。文庫正借是先天。向家六位咸防破。十八虛神任生□。青囊眞口訣。黃金百兩不輕傳。

十二支神位□□□。加入縫爲針。雖然廿四分宮位。三八仍將二六行。四局旺生來則吉。三方冲破總成嗔。庫方來去皆非吉。青囊指點甚分明。

理氣辨訛

平陽作法與山異。而理氣無異。作法從地。由與洋之形勢不同。故作法亦異也。理氣從天。洋之南北。無異山之南北。故理氣同也。所微異者。山只用龍。平洋有用局者耳。今之行平陽者。學問粗淺。不識青囊玉尺消水之說。僅識九宮八山。故言平洋理氣與山不同。不過飾巳之無學。誑人之信從。豈平洋之理氣果與山異也耶。

航河葦

一凡入水鄉。便向河路尋浜頭。若浜頭有曲抱彎兜有情處。則爲有穴。方好去細覓。若河無浜頭。或浜頭直硬無情。則不結作。不必尋也。

一凡平地上有墩阜。則向墩阜上去尋。若尋得有局向了。審局點穴。宜朝高坐低。得水爲妙。

一凡一片平地。不生墩阜。便要看平地陷凹處。向凹弦覓穴。依法扦葬。若平地無浜頭抱。又無口無墩。一片如鋪毯者。乃死土也。不必尋求。

一穴既覓得。乃以羅經求其向。方要遵青囊玉尺水法。來宜生旺。去宜死絕。此是平洋生死關頭。若向方一差。即上上美地。而死絕上堂。倒冲生旺。亦主敗絕退丁。不能發福。謹列二圖于左。以便審水立向。

逆法

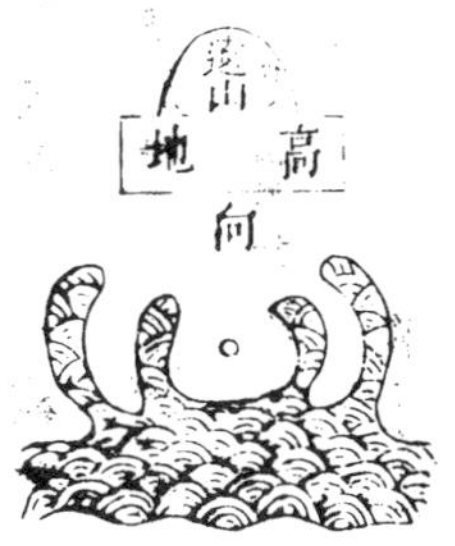

順法

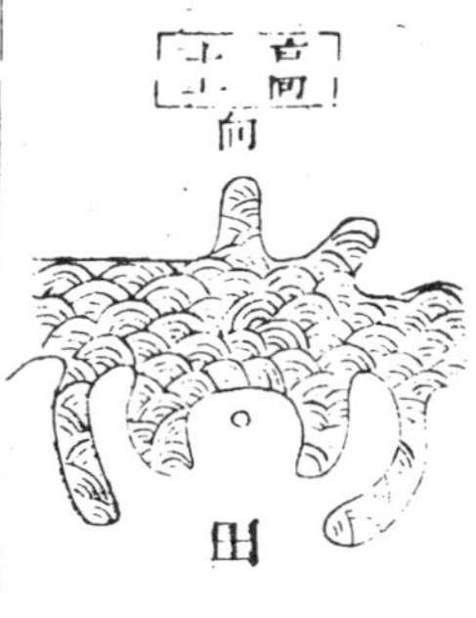

順逆二圖乃平洋之入門也。蓋不知順逆則不能明平洋之理。不知順逆二法則不能扦平洋之穴。若止知朝水坐田順葬之法。而不知坐水朝田逆葬之法。是與山龍無異。而當逆葬之地。其失去多多矣。故特揭此二圖于前。以爲未明平洋法者之梯航也。

既知順逆。若不識坐低向高之式。則無以點穴。因列坐低朝高之圖于左。

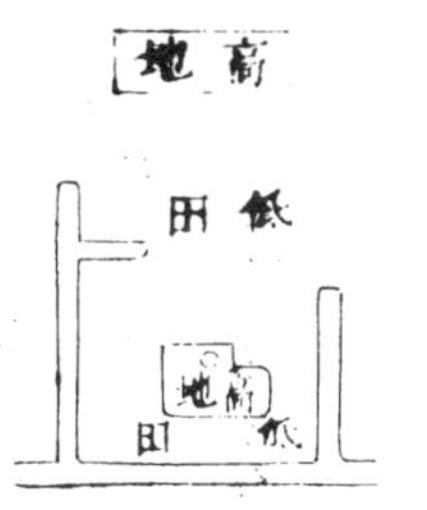

此看平洋第一竅也。水龍之法。葬處宜高。朝處宜高。而左右坐後俱宜低。與山龍避水藏風者大異。

一向方既定。而來水去水穴中看得見者。名曰出面水。當以穴左右進退。要撥他在天干上往來。則無凶禍。若地支流動。恐太歲與冲之年。多事不吉。

一面前若有水峰浜。或筆或笏等形。及特生墩阜。方圓横平秀美者。俱要令其得所。不可令其冲射碍眼。若撥得他在吉秀之方。自然發貴。

一平洋之向坐與山龍反。若羅經理氣年月尅擇。則與山龍無異。故學平洋法者。當先看山龍諸書。如催官玉尺青囊三易秘要神寶真經造命等法。俱要精透。方可下手。

臨流賦

平洋之法。不倚乎山。水生而氣生。水死而氣死。故委曲

則謂之秀吉。直硬則斷其頭凶。宜搜求于四水交會之鄉。要遠避夫兩流分泄之所。無浜無突。此乃朽木不可彫。不陰不陽。是爲死土而不吉。辨地之大小兮。觀其局勢。察穴之真僞兮。審其性情。地小而水緊者。穴于動處。坪曠而水遥者。扦于高支。緜高支兮。須求其直。不開口兮。當覓其角。錐硬木兮。不可犯。其然見圓金兮。須要辨其孤。土無缺而不動。水有蕩而始扦。若高原則可開掘。穴平地須用堆培。地低土濕。不壽不丁。水反砂斜。且貧且賤。穴八場之外。四勢須知。起峰執笏。斷爲高貴之鄉。圍

聚深凝。必是豐腴之地。左高右蔽。而人眷堪傷。水刼風吹。而丁財咸旺。富而且壽兮。前高後下。貧而且夭兮。水去風藏。而遠峰之列秀。官榮郎侍之尊。坐曲水之回環。世受科名之盛。有秀水之來朝。迎可迎而避當避。得美案之朝拱。正可正而斜須斜。桃花水現兮。家無清白之風。反勿呈形兮。仕有奸邪之恥。汪洋瀠洄兮。絕滅何疑。曲屈交牙兮。榮華可必。方圓鎮于水口。砂名玉印金箱。文戟列于兩傍。官至內樞外帥。聊述古賢之秘。傳爲今日之言。若能明地理之情形。可必其家之昌熾。

康熙甲子歲之三月中邨太古民葉泰書于武林邸舍

諮燕堂問答叙

余讀易至重兌之象。而知講之與習。其功爲並重。故廣大如聖教。高遠如二氏。下而至于九流百家。各有朋儕相爲講論。獨是堪輿家。一業是術。輙以名師自居。固不肯問于人矣。人叩之。不曰吾有異授。豈可輕傳。則曰此道閎深。從何說起。或含笑作態。或大言無根。夫道莫大于地理。顧若是其隱秘乎哉。古婺九升葉先生。訪其舊友來寧。吾邑鄭儀操先生。博通形家言。坐論間。兩相投契。延之于諮燕堂。凡吾寧好道者。往來諮訪若山法。若平洋。若巒頭理氣。其應答也如響。余乃知世之隱秘者。非自文其疎陋。即謬稱奇術以駭人也。先生終日辨論無倦色。言畢則已。非有紀錄。吾友道榮陳子。慕道誠篤。與先生遊最密。請益既多。即遇諸友之問答。咸歸而筆之。得數十則。先生輯平陽全書。陳子出所錄附刻于後。其意固不欲没先生之善。且以見天下之大道爲公者。自有人也。

康熙三十一年歲次壬申正月海昌張會祉以疇氏題

諗燕堂問答跋

余平洋書成陳子道榮以諗燕堂問答附刻余取而觀之乃深嘆言之無容苟也偶爾之言有筆而錄之者矣海昌諸同人識高學邃乃不鄙余鄙陋以其所心會意得者印證于余余因就其說而引伸之非有所加也余感此而有甚惻于心焉昔余初至寧見儀操鄭先生寧邑好道以先生爲領袖相見之時即與余極論諸家五行之同異三針四卦透地穿山之用度往復辨駁數十萬言不啻鉅鹿之戰今先生賦玉樓去余一人欲提筆追之奈人琴之痛而不能成緒矣嗟流水高山知音難再可勝悼哉因書于問答之後

昔

康熙三十一年歲次壬申正月古婺葉泰九升氏題筆

諗燕堂

平陽全書卷之十四

海昌陳鴻寶道榮父輯
史在端丙儔父叅
沈周仕是黃父訂
鄭　榮北林父
鄒　自昭父仝較
鄭富齡希聲父

諗燕堂問答

黃秋嵋問曰地有內結有外結其力孰優先生曰顯然在門戶之間者外結也層層包裹深藏不露者內結也外結何嘗不美然求其力大福厚尊重悠長終不如內結蓋淺露非大成之器大國有之地亦如是

黃秋嵋問曰初履一地若有左結若有右結若前後又皆有結細審其全局體會其性情此地自有主結在前後左右乃其護也苟不叅詳主拙奴巧無不錯認先生曰然他如兄弟並結或四面分結水鄉中亦有之

鄭振晨問曰山龍分枝劈脈支幹猶有可辨平陽離山既遠衆水夾行條斷條續其支幹孰從而辨之先生曰

高山為平地之起。平地為高山之伏。幹龍落坪。穿田過水。隱跡藏踪。近或數十里。遠或數百里。終必重興營寨。復整隊伍。再起山巒。結大富大貴之地。坪支離祖遠不能再起。即起亦是單山獨壠。相地者認得其山為幹龍起處。便知其地為幹龍伏處。然後把此幹龍為主。察其所分這為近支。這為遠支。支之大小。瞭然在目矣。

張以疇問曰。有一方而連結數地者。此群龍聚會處也。有一方而專結一地者。此單龍獨行處也。有局小穴拙而福力厚者。此分幹之旺氣也。有局大穴顯而福力薄者。此得支之小也。先生曰。龍之變化萬狀。而大要具是。

陳道榮問曰。地之大小。辨龍身之幹支。尤辨穴情之藏露。藏者。氣盤于中。以本身之砂水為纏護。猶心為天君。百體從令也。露者。氣注于外。纏護不周。藉客水客砂之力。譬人之一臂一指。終非全力所在。先生曰。然。然亦有單龍獨出。群砂群水。四面環拱。是其來歷遠。脫卸多。垣局大。穴似露而實藏也。

郭穎達問曰。人有博覽群書。臨地一無所有。訪名師。驗古蹟。眼力自真。然心孔不靈。足跡未徧。猶有窒礙處。以地之結作。到處不同故也。先生曰。山川之形象有變化。山川之性情則合一。凡到一地方。便知是那樣結作。豈有他術。不過得其性情而已。

王中聲問曰。山川各有性情。山峻水直。性之剛也。山嫩水曲。性之柔也。山歪水斜。性之邪也。山正水麗。性之貞也。砂飛水反。情之背也。山抱水拱。情之向也。支分派別。情之分也。山聚水會。情之合也。他如有秀有頑。有清有濁。而貴賤以別。有豐有瘠。有停有瀉。而貧富以分。此皆因形察性者耳。至于真龍多棲隱。群龍並行。孰重孰從。

真穴多隱拙。數穴同列。孰假孰真。先生每到一方。有覓水而知地之所在者。有見砂而知龍之所在者。有見龍而知穴之所在者。若先遇穴情。則不須尋龍峽。觀砂水。而早決其為真穴。實有過人之資焉。先生曰。此亦學力可到。平時看地。無論大小。總其全局。觀其大勢。以察其情意之所歸。如是者久。則山川之性情。自融貫于胸中。因此觸彼。隨所投而皆合矣。

鄭花林問曰。真龍結作。山與山合。水與水會。而山與水又自相迎。其性情然也。先生曰。陰陽交媾。方成美地。山田泉則水不竭。水潤山則山不枯。是相生意。水抱山。以山爲主。山迎水。以水爲輔。是相配意。山障水。使水不洩。水纏山使山不走。是相衛意。若乃山項有泉。水輿有突。亦是交媾之意。

陳道榮問曰。龍順而水順。龍正行也。水順而龍逆。龍欲駐也。要之結穴之所。左廻右抱。大關之砂水皆順。地軸之砂水皆逆耳。先生曰。此合言山水之性情也。若分而觀之。高山結作。大幹龍順結。大支龍逆結。小支龍則有順結逆結矣。平洋結作。內界水順行。特朝水逆行。外城水則有順行逆行矣。

郭穎達問曰。氣因水行。貼身小水順以領氣。外面大水逆以收勢。龍與水逆。故其力厚。先生曰。然。然亦有大小水俱順。而城廓完固。水口緊密。實爲美地。至如水中之嶼。氣從中發。順逆非所拘也。

陳道榮問曰。地有星體。美醜者其形也。地有精神。衰旺者其氣也。但精神亦自不同。砂秀巧而主端嚴。其薄中取厚乎。砂雄壯而主靜斂。其濁中取清乎。先生曰。然。先賢言龍言穴。只求其精神聚會之處。後賢增入砂水。不

遏開斷驗法門。非看地要領也。

張以疇問曰。地有精神在氣不在形。或強或弱。亦有可指之狀否。先生曰。外強中枯。其氣虛浮。外斂中裕。其氣堅凝。形固有可察者。且靈秀所鍾。山有精光閃爍。地有旺氣湧動。水有香味呈露。此皆其端倪可指處。

張方起問曰。水所以夾龍也。曾見結穴之所。兩水反夾砂而不夾龍。如此圖者何也。先生曰。兩水夾龍。是行龍之大勢。至于到頭結作。穴必厚重。非厚重則不尊。故夾水大而蹙。砂必佻薄。非佻薄則不秀。故夾水小而近。則是兩水夾砂者。正所以出穴之秀氣也。

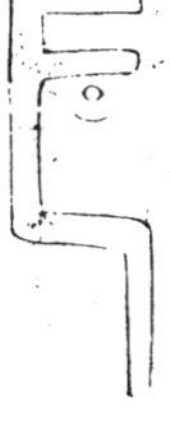

又問曰。砂所以衛穴也。乃有穴在外。砂在內。如此圖者何也。先生曰。有衛穴之砂。亦有出秀之砂。衛穴之砂固在外。而出秀之砂。亦有在內者。但其側面向穴。雖在內亦知其爲砂耳。砂當以體段辨。不可以內外定也。

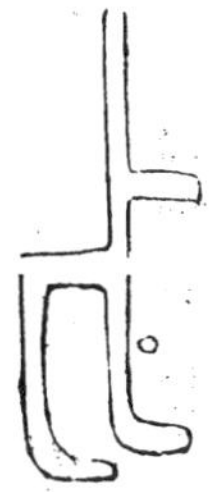

又問曰穴何以有出秀之砂。先生曰穴旁無細巧之砂。其地雖好不過富厚。終非貴局。若貴地必有細巧之砂出現。

鄭兆林問曰撼龍經云兩水夾處是真龍。枝葉周回中者是平洋從水中逆尋進去河上起浜則分枝浜上又起小浜則分葉地結枝葉之中故極尊重。真氣篇云自是時師眼力膚兩水便道夾真龍。豈翻楊公之案耶。蓋指砂穴之疑似言也。大抵結穴固有水夾而貴穴之砂多秀薄砂非水界爲能秀薄故平洋兩水夾者或爲前

朝之秀。或爲後托之秀。或爲左右護砂之秀不獨龍穴有兩夾之水此時師所以不能識歟。先生曰此解良是。如平原水少兩水中窩有真龍歇脚處求鄉四水穿流。豈盡真龍所住隨地相法會衆取特看地之法不得拘泥。

陳道榮問曰世人多知迎近水邀橫水。得福者十有二二得禍者十有七八惟向背分明後坐冲背貴人峰無不速發先生曰這兩樣水原不多得若龍旺局緊其發亦速也。

郭顏達問曰九曲水。或爲去戸或爲前朝多不結穴。其氣過于流動歟。先生曰然。九曲是秀水用爲外應而地結于內愈爲貴重若泥于曲中求穴多入花假

張以疇問曰大河直流。或數十里。或數里。忽然大環大轉此中必有大地蓋因外知內也今人遇一水灘頭毫無柎枝界氣乃曰水灣聚誤人甚矣先生曰此言可以藥世。

鄭振辰問曰穴有坐去水而發作一墩以遏水反敗者何也。先生曰兩水夾龍至此交會穴坐去水。倒收來脈。

兩水齊來拱抱故發水爲墩阻。去水狹小不能泄兩來之水。必有一水逆流。從別支漏去。水與氣逆所以敗也。

郭顏達問曰平陽坐空向滿惟綿亘爲不拘若墩阜若剪水偏觀名墓多合此法。先生曰然前砂宜高小明堂或低或平。故能受田源之朝後砂宜低以低則能舒陽氣也

王中聲問曰高山無水以微茫之低伏爲水平洋無山。以尺寸之高起爲山地道本無二也世人葬平洋舍高就低是以親拔水中矣先生曰然。惟老陽地面毫無起

水流有情則平田亦可埊也。

鄭振扆問曰平洋曠畈之中。四邊離水甚遠。其上又無高地。不知此等地面。亦有結作否。先生曰此等地面。一望版死不動則無結作。若略有尺寸高低。有盤旋之勢有依稀環抱之情。乃是低坦眠亘之局。多有悠久之穴但世人不易識耳。

陳道榮問曰平地之龍。大片而來。闊處爲放。狹處爲收。故氣至浜頭而獨厚。每見名墓弔著浜頭之氣。分別陰陽。猶山龍之垂入首也。時師只以實地平衍處爲龍。乘氣不清。往往有陰陽駁雜之病。先生曰平陽中。或高地起脊而來。或墩阜落而至。此等龍不須弔浜。平中突。水中嶼。又無浜可弔。故時師多昧其法耳。若老陽地面不露脊脈。又有少陰之地。闊大蠻皮。則浜頭弔氣爲最驗。相地而施可也。

鄭振扆問曰浜如鈎形。穴在鈎內。常也。乃有穴坐鈎頭之上。此是何意。先生曰氣有進于鈎之中。亦有聚于鈎之頭故也。要看大塊中。隱隱有般旺氣。行到浜頭而住浜內氣散。故點穴者。乘其氣之未散而扦之。此等穴法

其地宜高。其水宜深。地高則氣旺。水深則氣靈。且浜頭短闊圓者向內。尖者向外。乃可坐耳。

陳道榮問曰中主外從。此尋龍法也。而世用以定穴。則犯中黃之煞。通河大漾。此城郭水也。而世用以求穴。雖真亦是淺薄之氣。真穴落中央之位。真龍棲大水之濱百中有一。奈何執以爲常也。先生曰此誤貪大水。不知依小水故也。內浜曲折。氣聚局緊。故可立穴。外河蕩漾。氣走局寬。故龍多向中蟠。察一地之全局則取中而乘外。辨穴場之生氣則舍中而取邊。此理微妙而難知也

郭穎達問曰龍猶夫也。水猶妻也。向猶媒也。有等向合龍則不能收水。收水則不能合龍。寧脫龍就局耶。先生曰內向納氣。外向消水。這是活法。

黃秋嵋問曰世謂幕師論局不論龍也。豈知平陽三法。綿亘特阜。皆有來脈可乘。若剪水局。猶有用弔浜法者何常不重龍耶。先生曰高山脈細則論龍。平陽氣闊。則論局。論局亦猶論龍也。氣逢水止。四正四隅。近水龍活先賢以入卦定局。正示人察生氣之所在以立穴耳。故有龍可乘者。結穴之處。自多合局。即無龍可拔者。定局

之所必有動氣。世人不辨氣之生死。不問穴之有無。而罔執硬局以誤人。奈何妄附墓師之派哉。

陳道榮問曰。龍辨相生相尅。吳公只重陰陽變化。則講生尅者何說。水辨淨陰淨陽。楊公只重生旺墓。則分陰陽者何說。先生曰。龍講生尅。水分陰陽。此以辨地之大小純雜耳。其實結地。則陰陽變化。而孕已成。去來得宜。而水已吉也。若必求其至純。天下豈多十全之地耶。

陳道榮問曰。平洋乘氣之法。或龍脈顯露。或浜頭乎氣。或因局定卦。無論廣狹長短。總以到頭為主。消水之法。有先天文庫。有後天墓庫。有衰方借庫。總以本局真水口為主。其道何在。先生曰。龍不取諸近。舍父而求高曾。呼籲其能應乎。水不嘗其私。開窒戶而固城門。夜盜其不入乎。但真口所在。人不能識耳。

鄭振展問曰。地理家以三合為宗。吉方水有六。而胎水可去。以未脫絕氣也。凶方水有六。而衰水可來。以未離旺氣也。先生曰。然衰水靠旺一邊者可來。若帶病方多。則不可矣。胎水靠絕一邊者可去。若帶養方多。則不可矣。

黃秋媚問曰。生旺墓乃陰陽之變化。通天地人而為一者也。故地理家以三合為根本。世人謂是山法。而平陽不可用。謬矣。先生曰。陰宅是墓前人之生旺于此而歸。後人之生旺于此而出。即生人何時不受天地之氣。故陽宅亦以生旺為主。平陽書有曰三合為經。玄空其緯。有曰。審其金龍。配以向首。又曰青囊郭賴曾楊秘玉尺赤松奧與經。明明宗三合也。陰陽二宅有穴以收地氣。故巒頭從地。有向以受天氣。故理氣從天。若如人言。豈坪中之子午。有異于山谷之子午耶。

陳道榮問曰。三合之法。巒頭則用之以審龍。理氣則用之以定向。尅擇則用之以扶坐山之炁。譬之百川異派同歸者耳。先生曰。巒頭真而後用理氣。理氣當而後施尅擇。三者特其大綱。其中節目繁多。業斯術者。苟非博通諸法。則得此失彼。亦烏能盡三合之用哉。

土中聲問曰。高山煞氣重。故結作少。平洋脫卸多。故結作多。所謂天下平洋大地多也。語云。江南無大地。只要年月日時利。其義何居。先生曰。聖如宣尼。君如唐虞。不產于江南。而科目財賦。自甲于天下。但語意偏重在選擇耳。時師于選擇。只談日時。人言首重年月。其味正深長。

鄭振宸問曰。形家言多有巧語。如金頭火脚。塟下銷鑠。火脚金頭塟上封侯。同此一地。而禍福懸殊。何也。先生曰。此挨金剪火法也。其穴宜開金取水以制祭火。

王中聲問曰。附兆之法。舊穴論方位。新穴論山向。勢難兩利。奈何。先生曰。某年方位利則添穴。某年山向利則塟棺。庶得之矣。

陳道榮問曰。平陽美地。塟偏塟緩。猶能小發。若闘急無

有不絕。更有貪附塟之便。聽師簧鼓以成之。每見祖塋得氣。妄試斬關。于段爲禍最烈。先生曰。微獨斬關也。即附于隙地。地大有雜亂之憂。地小有盈滿之懼。業斯術者。毋導塟親之孝。而反爲殄宗之賊子也。

許秋佩問曰。龍隨水行者也。若小野四水環流。何處討來龍乎。先生曰。水鄉之氣。一片鋪去。其隆起處便成一圩。上則各自成局。下則一氣相連。如一大樹根橫行于下。其上節節抽起小幹。有枝有葉。是皆稟氣于大根。非以此幹生彼幹也。故小圩只尋其生氣扦之。不必問其渡水過峽處。

許秋佩問曰。平陽之理氣。如立向消砂納水。與山無異。唯乘氣則有不同。願聞其概。先生曰。平陽之氣。有起脊顯露處。有一片平鋪處。其顯露者亦如山法。分二十四龍。其平鋪者無脈可分。則以八卦定局。若有貼身短浜。則于浜頭上引氣。此又不論局而論脈者。蓋因形察氣。先賢之善巧也。

鄭用賓問曰。書有言土龍者。有言水龍者。二說似相矛盾。何耶。先生曰。從地中尋到水邊。曰順求。從水中尋到

地上。曰逆求。順求言土龍。當認地氣生動處。逆求言水龍。當認水法有情處。是求地有二法。而認地無二理也。

鄭希聲問曰。熟山法者每詆平法。其道果相反耶。先生曰。相反者特其作法耳。山則順而鄉低。平則逆而朝高。

劉偲云。平陽造穴與山分是也。若其辨龍氣之生死。審穴情之真假。察堂局之偏正。觀砂水之向背。夫豈有二道哉。

陳道榮問曰。穴者。下乘地氣。上受天陽者也。平陽塟突。高山天穴。四面皆得天陽。其他平坦之穴。需砂環拱。宜

遠不宜偪明堂猶喜開敞亦所以俟天陽夫穴之喜天陽何也先生曰廖公有云地與天爲正配蓋乾父坤母故穴必待天陽而始發生又云仰高之穴得天爲多若憑高止得一面之天故憑高不若仰高蓋天體覆而向下地體仰而向上惟仰高得地正體與天正對故其福力倍勝于憑高地力大小以得天之多寡爲斷此穴之所以喜天陽也

黄秋嵋問曰陰陽兩宅皆受地中之氣者也彼通衢小路曲折而拱來者爲進氣橫直而抱身者爲界氣此則

氣蒸地上隨人引動者歟先生曰古云山谷之氣藏乎内平洋之氣浮于上浮土之氣隨人而動故衢路之美惡關于二宅非細然畢竟以地形爲主若地本凶惡雖衢路有情其可久乎

張方起問曰陰宅重向以收水也陽宅重門以迎氣也二宅竟隨門向爲轉移者耶先生曰穴吉而後定向屋吉而後開門蓋宅非不重門向爲二宅緊要用神耳

王崧年問曰平地不作羅城以陽氣宜舒不宜歛耶先生曰非但氣也形亦宜然山穴坐高非羅城無以防雨水之冲若穴居於突揚公賴公多有不作羅城者至於平洋不怕風而怕濕故穴基常高苟壘土爲城重疊嶐偪加以草木叢蔽多生陰濕骨易腐耳

沈羽侯問曰房分吉凶係於分金果否先生曰此術家揚錢之謬談耳分金乃乘氣立向之妙用也蓋龍有左右落之分則氣有左右受之別漸次氣到衆房皆發倘以人謀轉移之則氣線一差含真乘僞矣有天然之美穴自有天然之正向消納既清衆房多吉倘以人謀變易之則向指一失滿局皆然矣夫乘氣乖而立向舛地

吉墓凶禍不旋踵雖欲專利於一房豈可得哉

沈羽侯又問曰然則點穴時全無關於房分乎先生曰有氣自一邊入乘之者或過緩或過急房分便有吉凶此時師乘氣不清故也然其房分之吉者福力亦減矣

沈孝思問曰房分吉凶分於公位者其驗何如先生曰先賢以左屬長中屬仲右屬季如一四七皆從左也賴公又以子之多少爲分如一子滿盤皆是二子左右平分子衆多則有細法劉師以左獨歸長而衆子皆挨次排右此巒頭砂水美惡之說也至於理氣左水倒右則

發幼右水倒左則發長又有四孟應長四仲應次四季應幼此三合法也一龍有好砂水則發長二龍有好砂水則發仲之類此四經法也諸家各有驗處但不可拘執耳且其驗不獨在子傳及苗裔長房亦有小子幼房亦有長子總之龍穴皆吉各房受蔭其中仁孝而不懷私者獲福常多也

陳允文問曰地力衰旺依三元之運爲斷乃有美地一發而不復振何耶先生曰此人爲害之也殘其來脈破其秀砂污其靈泉淤其水道附兆之雜亂祠垣之冲壓

縱得運亦無回福之機否則地無傷害或發洩太過其力已竭得運時亦止小小獲福也

陳允文問曰龍有運砂水亦有運葬求得元之地是矣倘遇大地而不得元奈何先生曰龍穴果吉葬之亦安但其發福則遲耳或本穴未得運而朝拱之水得運亦能發福若小小結局必得元之時乃可葬也

王崧年問曰地有同此一運而成敗懸殊又是何故先生曰運亦論其大槩耳地本不同有始吉終凶者本局秀而龍氣短也有始凶終吉者穴吉而砂水駁也有興

廢相尋者後龍之陰陽相間也有左右偏枯者砂水之美惡不齊也豈得專以其運爲斷哉

楊孝直問曰龍穴砂水件件皆好且得運矣乃有地力大而發福小者其故何在先生曰有形可見者天巧也無形可窺者人工也穴向之作用趨擇之四課若非明師豈盡合法縱大地無益若盲師背逆其天成不福且禍矣

楊孝直問曰止一九星耳其法何甚多何也先生曰有巒頭之九星有理氣之九星巒頭家楊公用北斗九星

廖公用七政九星而理氣家所用則出於北斗者也有用天定卦翻入山所以定二十四山之淨陰陽有用長生訣配九星所以分五行之生旺墓一翻卦也如天醫福德之類八變而至六十四一長生訣也如雙山洪範之類順逆而至一百九十二然其實一明淨陰陽一明生旺墓耳他如三匝九星等類愈不足道也

陳道榮問曰巒頭看形氣水法論生旺何用此九星之名爲先生曰此先賢借天星之凶吉以明地氣之美惡使人易曉耳葬經葬書何曾言九星其名出於海角經

而丘延翰推演之。宋王汲仙師。已闢其謬。故張子微。只言五星。楊廖二公言九星。又自變易其名。此可窺古人之微矣。

李人如問曰。水法重三合。何復有諸家之紛紛乎。先生曰。三合者。穴中立向消納之法也。若水中格水。以辨水路之純駁。其法有五。一曰淨陰陽。二曰三卦二爻姘。三曰大玄空。四曰小玄空。五曰干維三神。只要合得其一。便爲吉地。倘皆不合。但不貴耳。於丁財無碍也。

張以疇問曰。水從向納也。亦有名墓合山不合向何耶。先生曰。向之墓庫。即山之文庫。向之借庫。亦坐之借庫。向之文庫。即山之墓庫。向之借文曲。即山之真祿存。反而觀之亦猶是也。安有合山而不合向者哉。蓋龍分左旋右旋。水別倒左倒右。故出口不一。時人不熟青囊泥定一墓口以爲有不合耳。

陳道榮問曰。四大家收水放水之法。陽龍專用陽。陰龍專用陰。幕師獨言收陰則放陽。收陽則放陰。其義何居。先生曰。先賢之法。取其純淨也。幕師之法。取其有配也。蓋水路之天巧。變化不窮。即如陰龍有純陰水來去者。有純陽水來去者。有來陰去陽者。有來陽去陰者。陽龍亦然。此應驗之萬有不齊也。四者之中。合得純淨者。出人清貴。合得有配者。發福悠久。故二家各取之。其不合二家者。若能收其生旺。放其死絕。亦可獲福。蓋天地之道。多駁少純。多偏少全。故執一家不可。即合二家亦未全也。天玉外傳言坤申水來官祿顯。莫作玄戈斷。宜深味之。

鄭用賓問曰。地之結作。到處不同何也。先生曰。此地氣之不同也。北方之氣厚。其結作博大。南方之氣清。其結

作秀巧。細而分之。即一郡也。而諸邑不同。一邑也。而諸鄉不同。貴縣雖同是澤國。然亦有土多水少氣厚處。水多土少氣清處。故結作到處不同也。不特平洋。山法亦然。余鄉金邑之結作多寬大。蘭邑之結作多精緊。故善地者。毋到一方。當細察其地氣。熟其性情。方可指點。若執一法以求。鮮有不悞者矣。

王展成問曰。地氣不同。凡地亦各有竅否。先生曰。天下之物。以少者爲尊爲貴。土多水少。則當以水爲主。於水之生動處求之。水多土少。當以土爲主。于土之厚重處

[illegible]之至于砂之向抱水之環朝無二理也

鄧北林問曰世人論地多重下砂每見上砂有餘及上砂作案之地多貴何也先生曰廖公云上砂作案大地多有之也蓋上下二砂上砂順水以關氣爲雄而主官貴下砂逆水以收堂爲雌而主財祿故辨地之貴賤問上砂之有無辨地之貧富問下砂之厚薄也

沈默遠問曰欲求平洋大地不知有便捷法否先生曰古云平洋大地不結在水分之頭則結在水交之止此不易之法也蓋水之分處兩水之拱抱正有情遠則不

相顧矣至水交之美人所共知然更要辨龍之貴賤若大幹分結發貴甚易枝龍必正結方能發貴也求平洋大地不出此兩法

郭頑達問曰前之時術多喜大河水漾先生獨取斷浜不取通河或取支河不取大河何也先生曰大河是城郭小水是結局故取斷浜支河至于大漾之中四水汪洋水多則賤水賤則以土爲主倘其地圩頭靈秀方能結作若地又頑蠢則水蕩土死無可取也

平陽全書卷之十五

古婺葉　泰九升父輯
武源李　懋樹嘉父參
海昌鄭　宮振宸父訂
楊中坦孝直父較

謝氏平洋鉗說

九升氏曰余刻平陽書既成李樹嘉先生謂余曰平陽之書可云備矣然其間有當刪者有當增者余曰當刪者何曰歸厚錄也當增者何曰謝氏鉗也余曰歸厚錄

圖蔣氏之書然非蔣氏之書乃其彙輯多書而成篇者也括繁爲簡不爲無功言可存則存之焉耳可無刪若謝氏之書則大宜增者謝氏之鉗本非著書垂訓也足之所及目之所遇寔獲彼心乃役夫手圖本有之形象積歲月而成書原其意本令後人從圖而索地非使人從圖而求道者也然亦何不可從此入道耶今之言平洋法者必先舉圖然其所圖者不過從空想像者耳若謝氏之圖則天地間寔有是圖之圖也夫從想像之圖倘可入道寧從寔有之圖反不可以得悟歟古云看格

尤勝看書。以格定而書處故也。今謝氏之鉗。書即格也。格即書也。偏看格不勝其勞。是鉗則逸。偏看書處而莫據。于鉗則定。展卷而觀。不啻身歷其境。一舉而書格兩得矣。則其平洋法者莫妙于此鉗。而求平洋法者亦莫先于此鉗也。其可不增入歟。始余之不取是鉗者。以地記不可作書之見固于中也。非先生孰啓余之迷哉。于是校訂是圖。并取嘉禾諸記蕭氏亦格其爲一卷。以殿于卷末云。

李樹嘉曰。子期先生水鉗圖。止題數語。或言形象。或言水法龍法。別本又添註數語。前亦取而備錄。自癸酉重九後□日值風雨大作。晝夜不止。河水驟然漲溢。因有感。細玩鉗圖。乃知後所添註。雖非刺謬不通者比。然于原題究无一毫發明。故盡去之。復精錄存藏。非不知外有添註。寔去此蔦蘿而細思圖像原題。較直截明快也。

謝子期先生平洋圖記原叙

素愛兩浙山水。自天目認祖後。偏踏諸峰。枝枝結作。甚是粗雄。未盡地靈力量。渡江觀武林苕霅。山巒秀麗。堂無注蓄。勢隨水走。復乘幹水泛舟于震澤河泖澱浦間。

經意盤桓。久之始知平洋龍氣至精至純。片片段段沒骨崩洪。融凝奇態。互爲朝護。實覺快心。惜吳下之風昧于斯理。絕无知音。故嘿識一二。餘皆圖記。以符先達所論大水瀦處穴有萬千。誠不謬也。余亦深入寶山。不爲空歸矣。

平洋看法。不異高山。分水龍來。合水龍住。高尺寸爲山。低尺寸爲水。有揷溪爲明峽。有起伏爲塘峽。

原記有此數語。不知是謝先生說否。因深得平洋看法。故附于此。

余流寓海昌。遍歷武林水鄉。兼遊嘉禾吳興諸邑。見平洋之結作不可數計。扦作者不滿百分之二三。而諸水鄉之人。俱不知平洋法。反深苦于無覓地處。良可嘆也。憶曩與郭子穎達陳子道榮遊臨平山北水漾。一日必得數地。數日之後所見甚多。及歸海昌。而郭子甚言水鄉地多。聞之者每駭怪以爲不經之談。反招多謗。道之難言如此。今讀先生鉗叙。述大水瀦處穴有萬千。惜吳下昧斯絕无知音。始知明眼所見千古同轍。平法難言。不自今日始也。　九升氏識

左關中

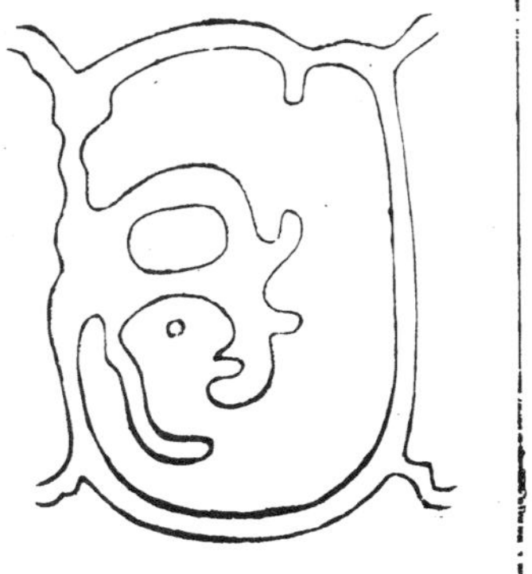

魁星蹋斗。上應文昌巽流氣聚。少年及第。

右關中

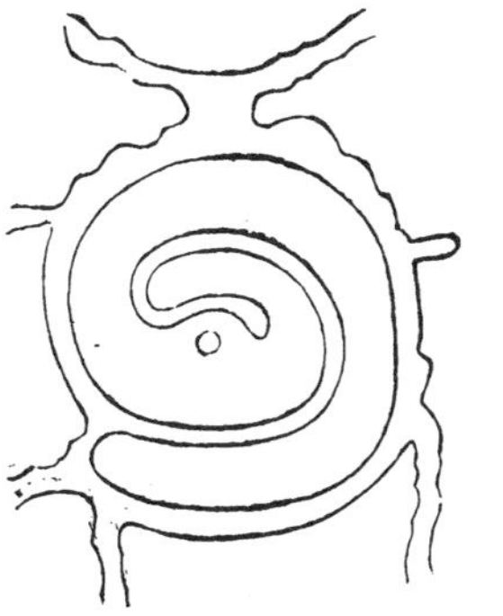

仙人束帶。氣脈盤旋。內堂水聚。一舉魁元。

右關中

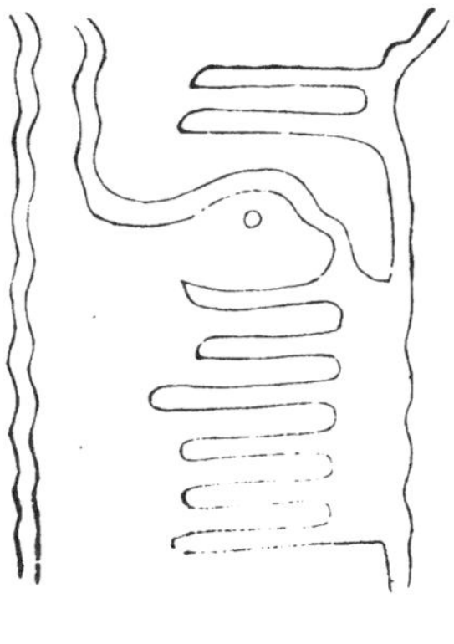

天梯步漢。玉堦三殿。兄弟聯名。文章高薦。玉尺案天梯。龍曲水橫。朝氣力鍾。兄弟聯名。多節義。文章韓柳。齊爭雄。

右關中邊三穴

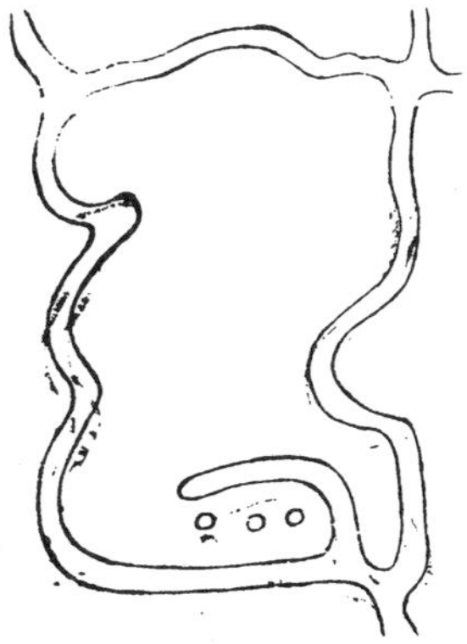

王練經天。三穴一字。木星得氣。文章蓋世。

左關中

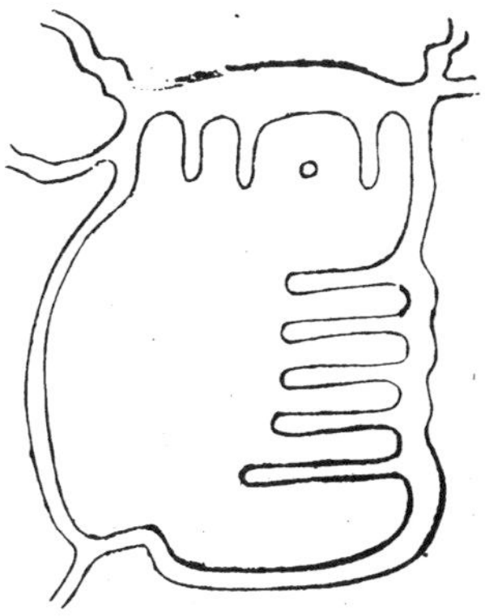

天梯結龍。後托重重。英雄獻策。官爵加封。

左右二關

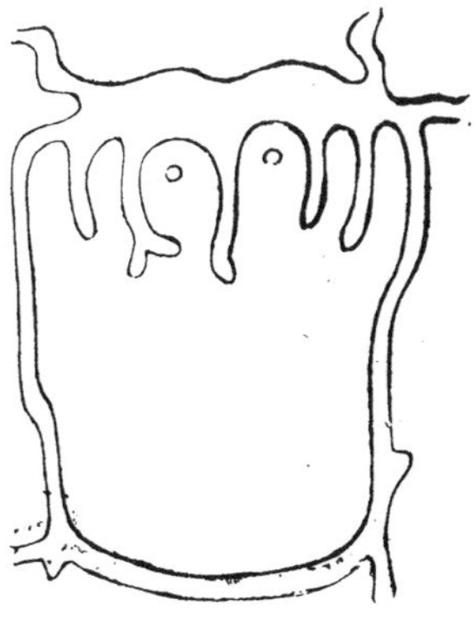

雙龍飲水。兩穴啣帶。左有科名。右富而已。

左關中

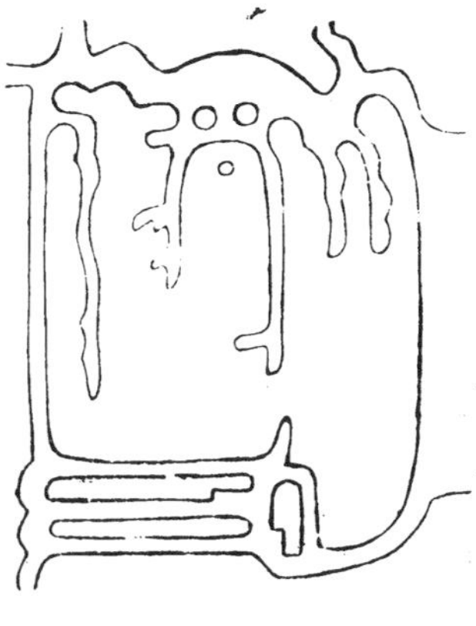

龍尊居錦帳。符印列重七。出文還出武。臺閣擁貔貅。

右關中邊

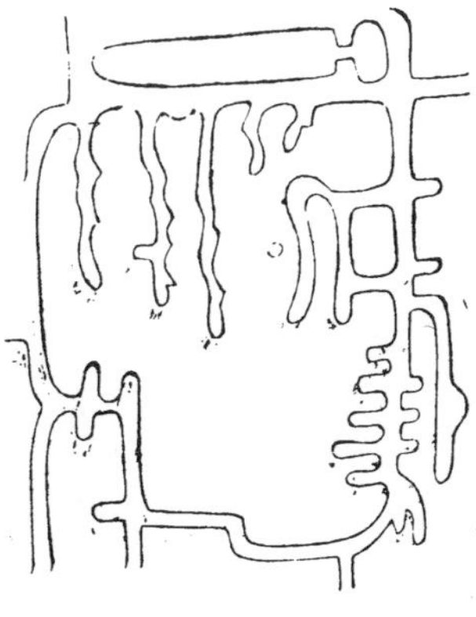

砂水奇[illegible][illegible][illegible][illegible][illegible]腰得土金。衣錦食珍。

右關中

亂龍戲水要合天星御街上局金榜題名

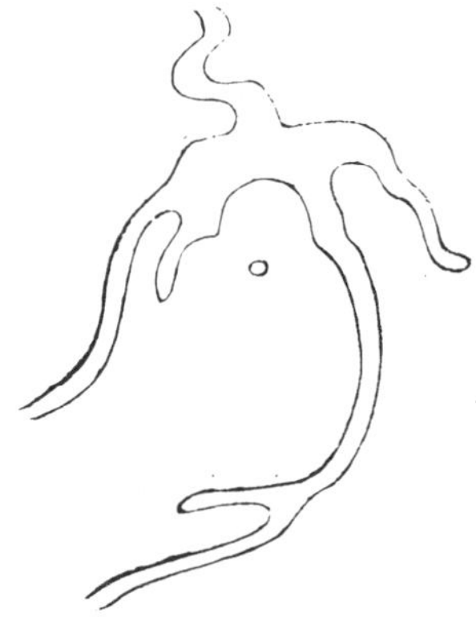

左關中

鳳凰轉翅聲名萬里紫蓋盈門必年科第火星結局逆曜如雲文武雙全貴局。

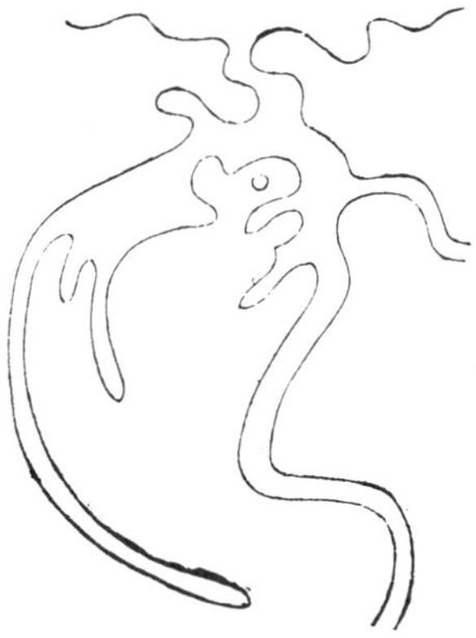

右關中

五星聚講按位為旋翻弼俱全科第如雲。

左關中

[illegible]木去頭似散賣聚[illegible]法折之富貴[illegible][illegible]。

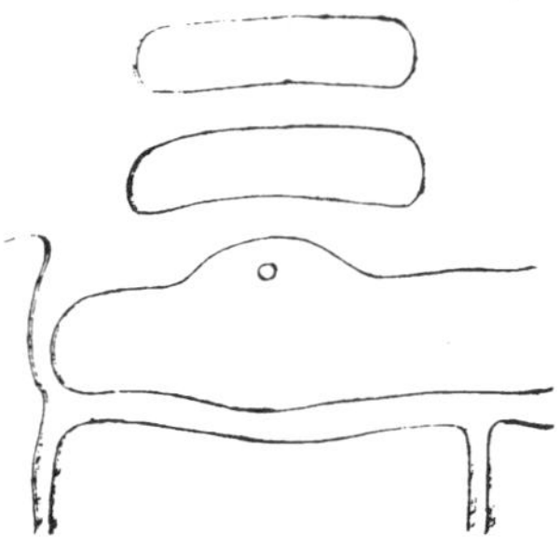

左關中

蟠龍飲乳穴居深處仕至京堂兒孫孝義

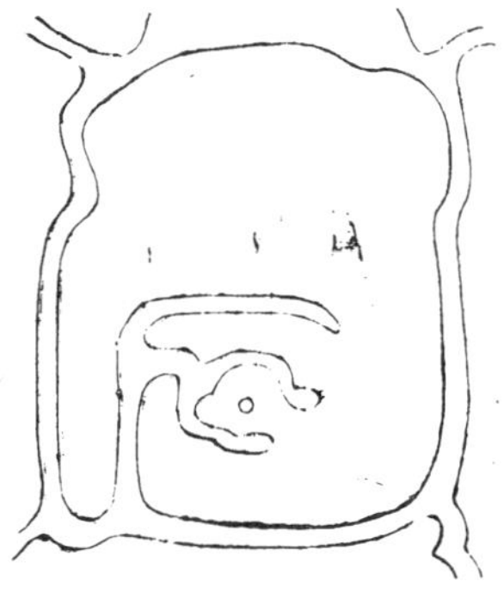

右關中

飛龍搶水逆曜如雲男登科第女結皇親

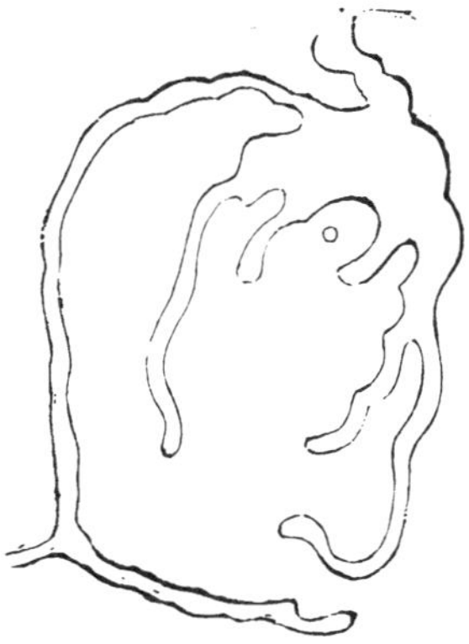

左關中

丹鳳穿雲下廻頭顧尾形識金培土蓄蘭腹桂枝香。

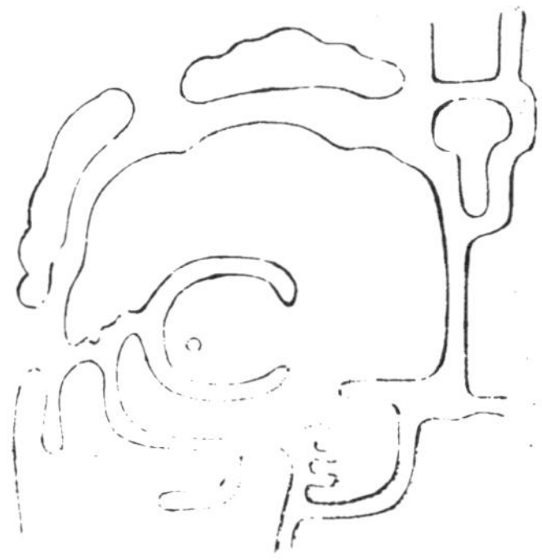

左關中

新月映仙宮水纏龍氣鍾玉來如合法仙吏育神童。

左關中

蜈蚣吸水布鉗張，口蜓蚰作寨官職悠久。

左關中

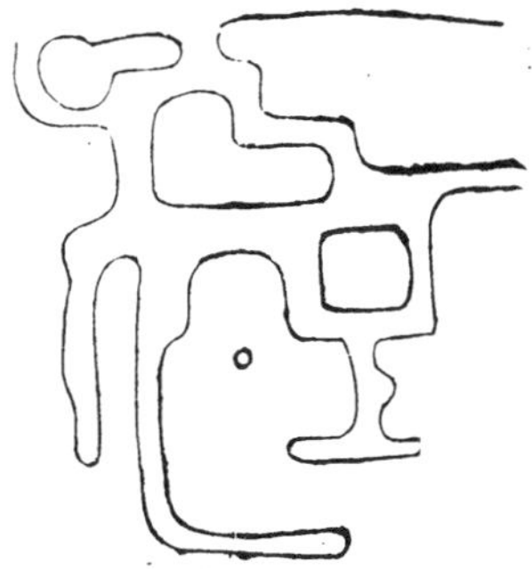

天馬幞頭世有英豪，封侯拜將列土分茅。

左關中

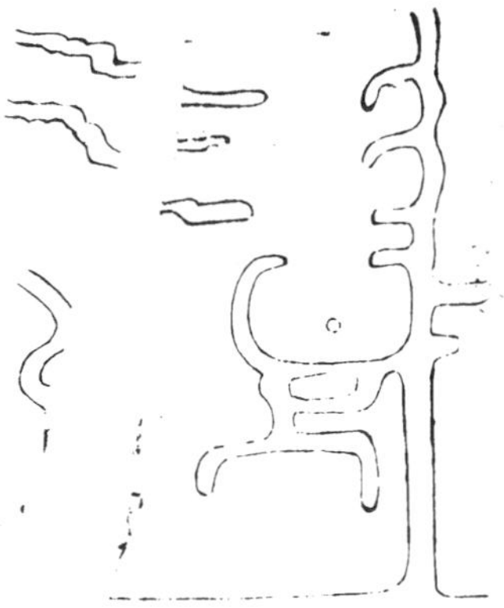

南極龍尊秀穴星，來落清吉砂屏巾現，順逆貴同聲。

左關中

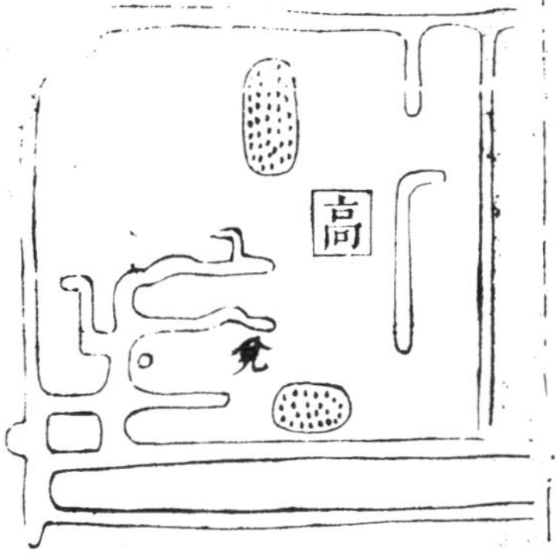

迢迢西兌遞大池，砂水多情順亦奇。織得印官雙向下，數代兒孫着緋衣。

左關中

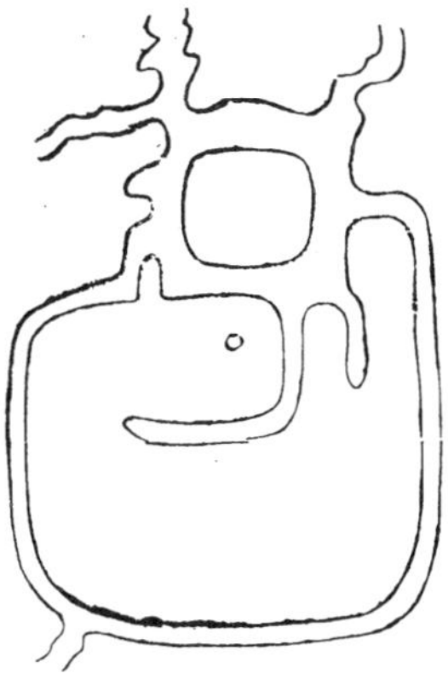

秋香玉兎藏風不露，秀士登科三年一度。

右關中

螃蟹出河，英雄如戈文武富貴，患難相扶。○螃蟹局其主出邊鎮文武權要之臣，忠貞節烈之士，又殷富貴積珠寶，但有凶橫之跌，蓋由曜星太利，然吉地非曜不顯也。

左關中

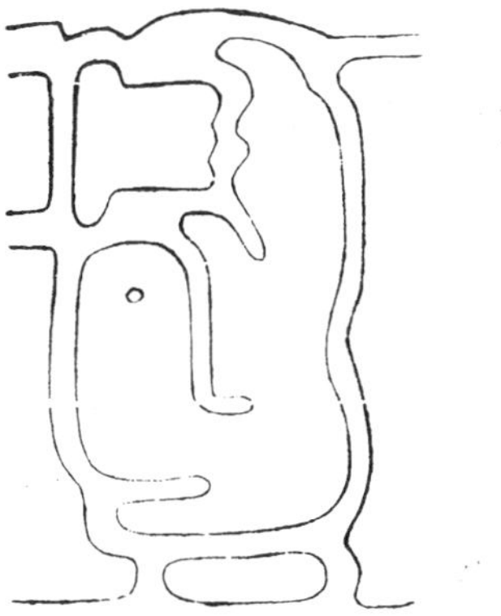

脫然自開障挺內，受特朝長枝得外產中，幼姓名高。

右關中

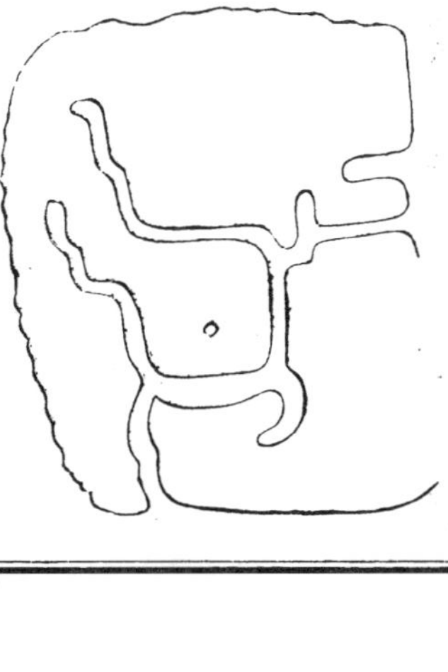

側字中抽貪金頭土，托宜若然托得好，倉箱滿盈實。

左關中

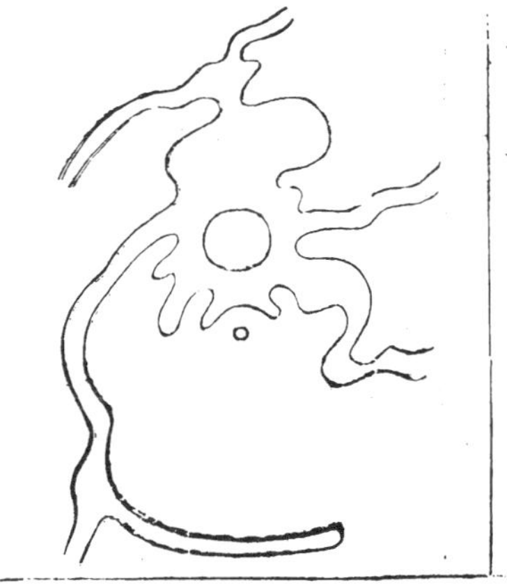

獅子捨毬官貴悠悠形若破碎宮女含羞

右關中

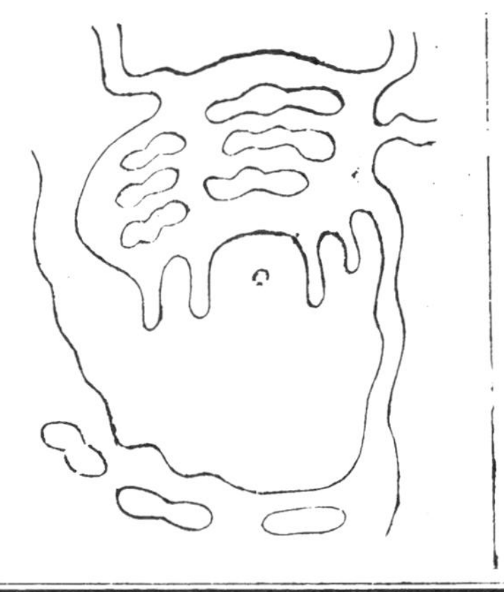

魚龍躍水護從紛紛穴居其正父子雍穆。龍勢大鍾水神大會培𡐓片片若游魚從水之情護衛重重似排衙列陣之勢。

兩關

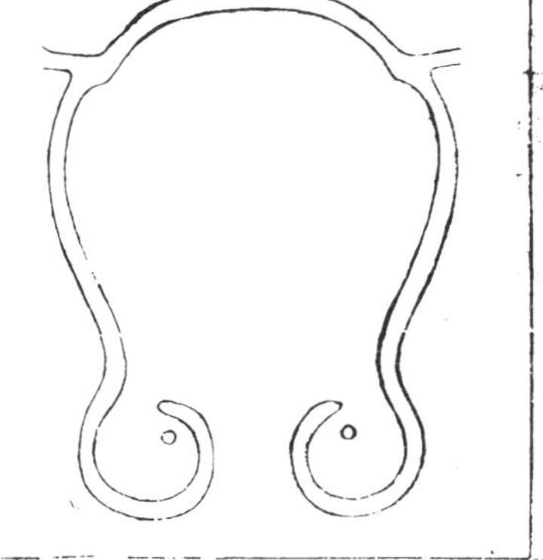

金鈎七月天鈎入垣鉗穴居內雙鈎顯宦。

左關中

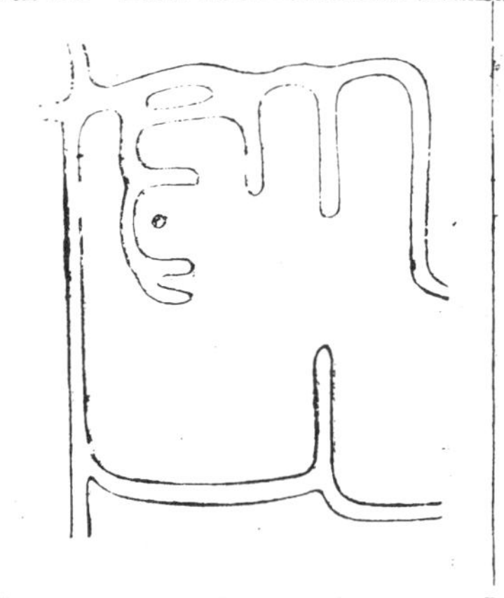

蜂腰蟻峽地勢端平構局精微天垣清秀。

翔舞蕩

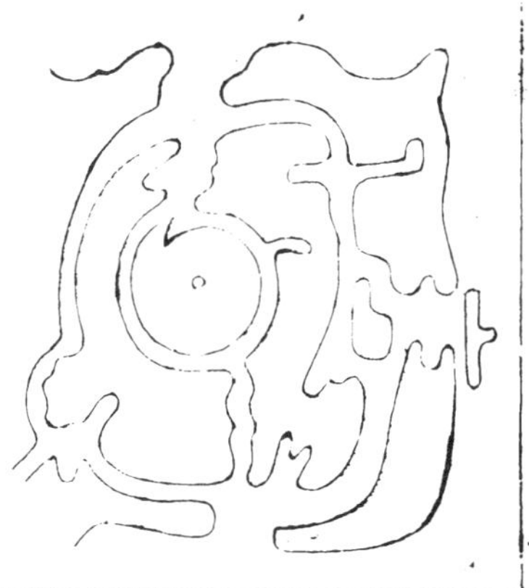

秋蟬出雲護關關明堂水吉砂并吉水收得貴兒孫。

左關中

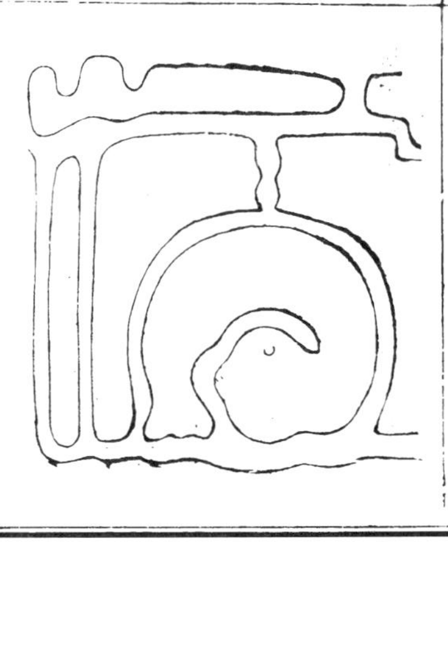

眠獅收吉水門旗左右關木星為案簪爵位列三台。

中邊一愛

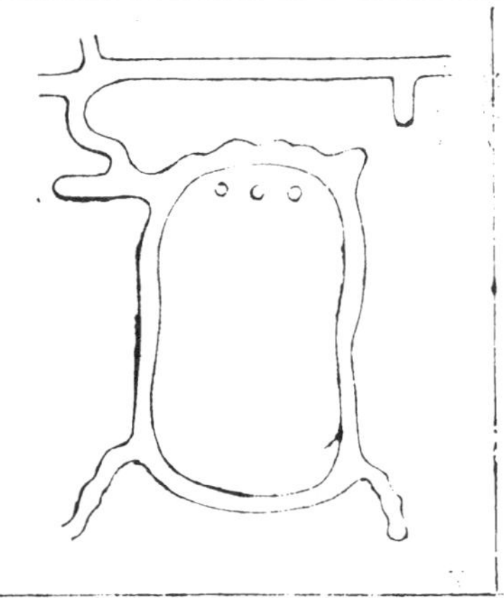

地局寬平例地銀錢三台作案諸軸前迎。
相傳吳江縣之祖墳

左關中

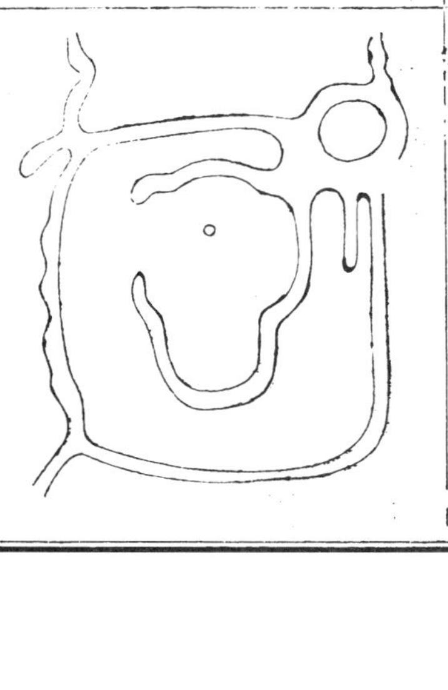

冠笏朝天前浮水面白首加封爵居內殿。

左關中

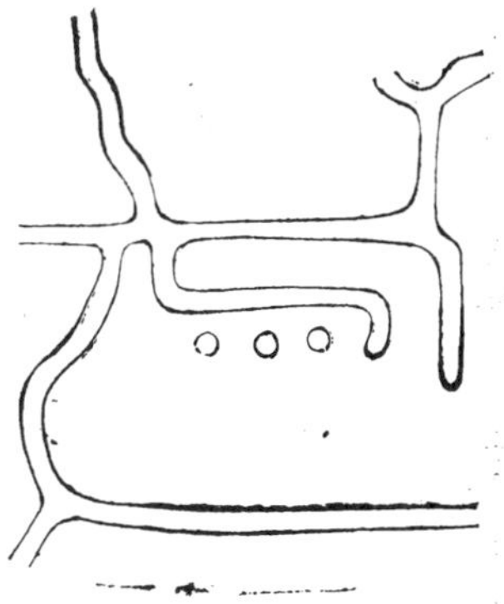

金鎖重關，順逆堪安，富而好禮，子孫鴛班。

右關邊

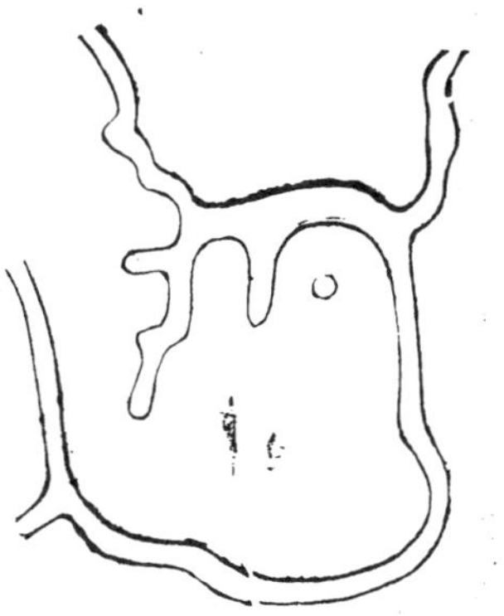

邊水邊龍，左右同逆，纏玄武，食祿千鍾。

左關中

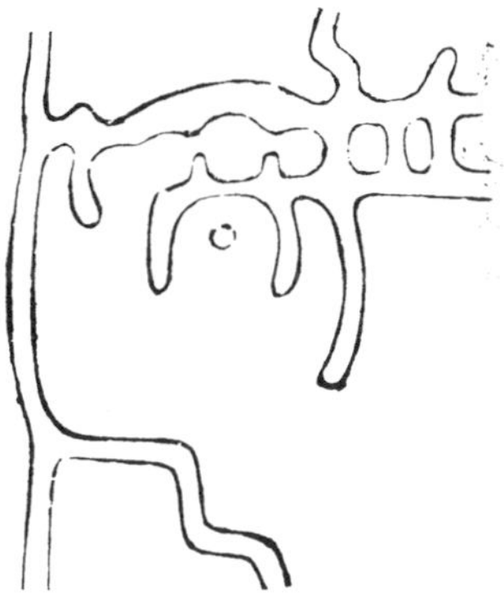

三台作案，玉几爲朝，印笏左右，銓衡職高。

左關中

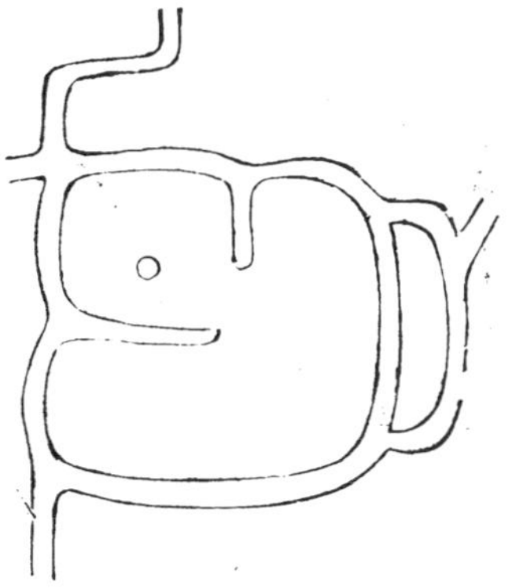

案之有秀，魁元及第，印笏不同，順勢力細。此地乃巽水朝堂，亥辛得氣，所以有魁元之應。横山張氏祖塋，宛有此圖。

右關中

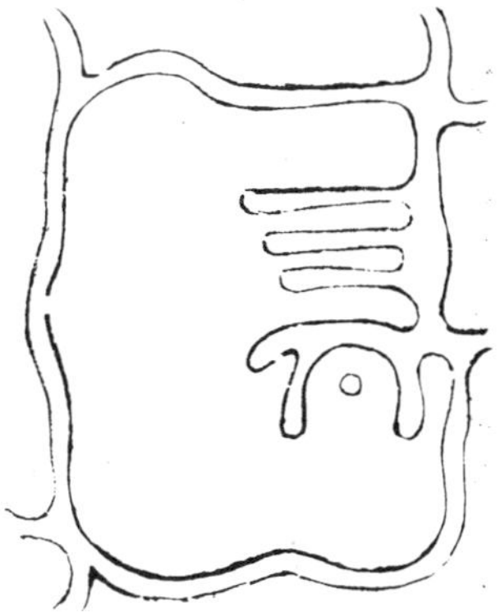

玉陛三級，番身逆勢，水纏龍，金門侍漏。穴體方土也，案體長木也，木乃土之官星，會到于前，穴伏于下，主居官近帝。

中邊三受

聖門含珠，世代尚書，游魚水口，萬斛金資。

兩關邊

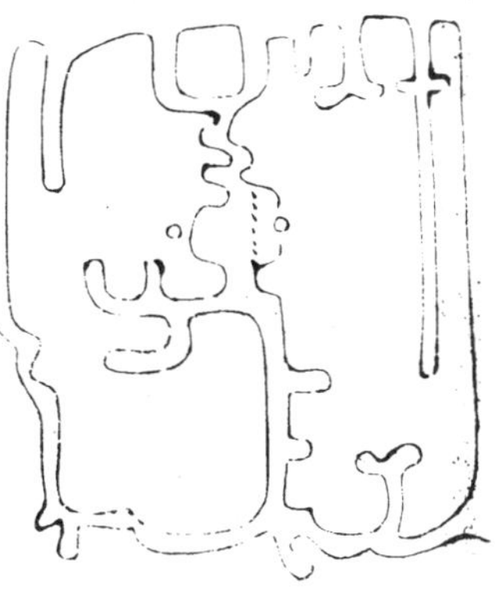

雙龍情意，於印笏顯雲端，穴法在人識，堆後便朝天。

左關中

平地有奇形，土腹暗藏金，旗笏四圍，應世代出名臣。

右關邊

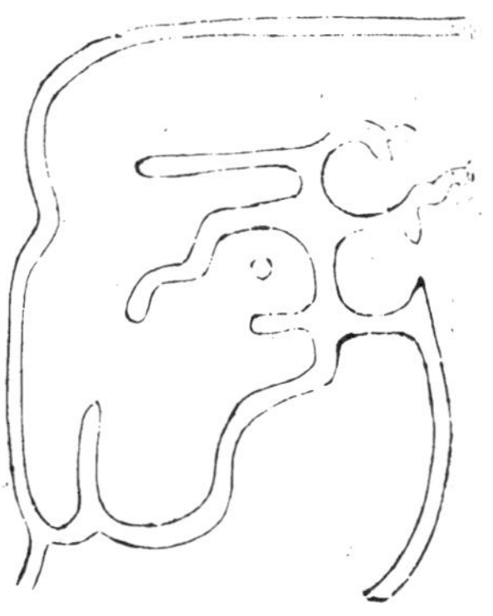

伏御頭天會合大然，陰陽得配，文武雙全。此格四勢完全，逆水向上，水注入懷，若得艮丙巽庚天星得令，其應水來朝，乃主威武，所以有文武雙全之地。若作中水朝堂，非吉地矣。

右關中

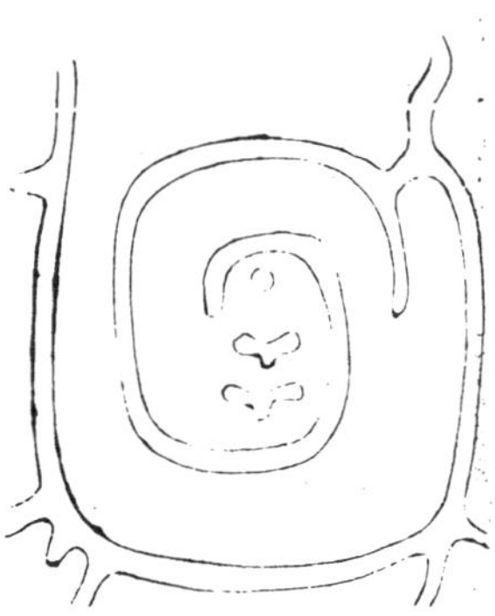

四勢秉龍，宰輔氣鍾，聯元及第，文學英雄。

右關中

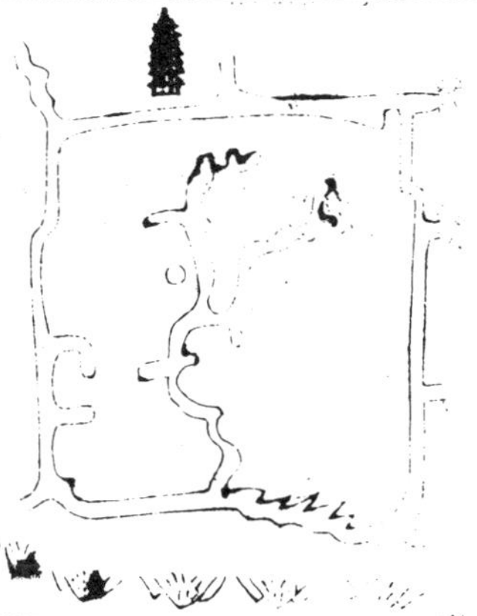

紆曲蟠龍氣，一川源合，富貴聯翩。艮勢隆後，突收諸秀，盤匕衆斯實。

左關中

水聚天心，峰排穴後，奇出合相，富貴多壽。

左關中

峰腰渦口，喚秀氣鍾靈，穴後綬系，四海揚名。

左關中

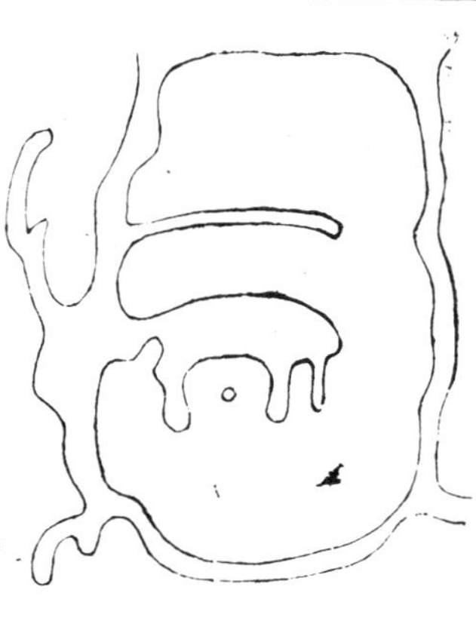

廻龍顧祖，山川相宜，內堂水聚，飛步天衢。

左關中

玉几出帳，陰陽相向，文筆插天，尚書卿相。相傳吳江吳孝子祖塋。

右關中

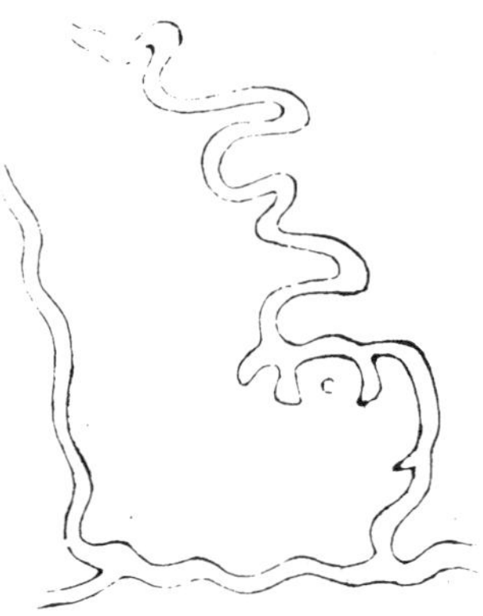

九曲趨朝極品官，高曲而不聚清貴可觀。世人皆論九曲爲吉，曲而不聚，雖悠揚曲折，何能有宰輔之貴。經云：九曲透迤，崔嵬砂遐。

左關中

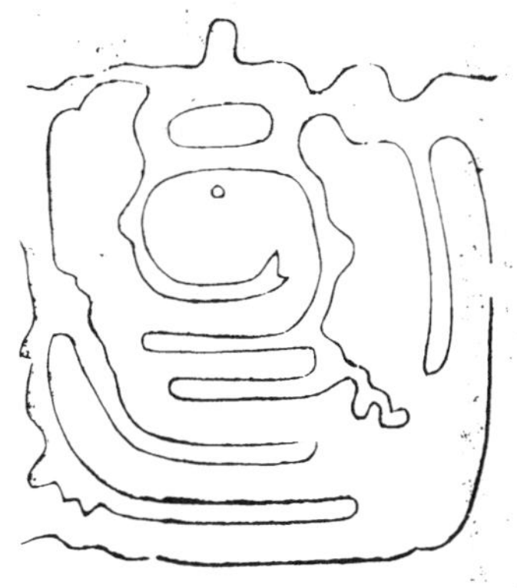

疊帳能交㢲逆迎氣有情顧逆歸原地
深藏豈易尋得之如至寶留與善良與
青黃何足論朱紫滿盈門

兩關

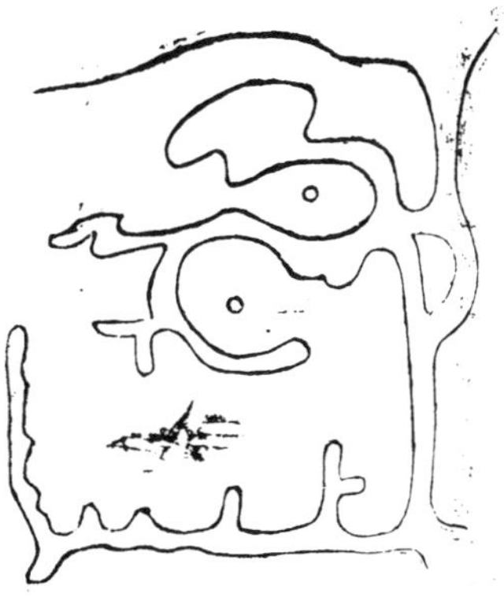

瓜瓞延綿穴法倒顛兒孫千億簪
綬官聯。

右關中

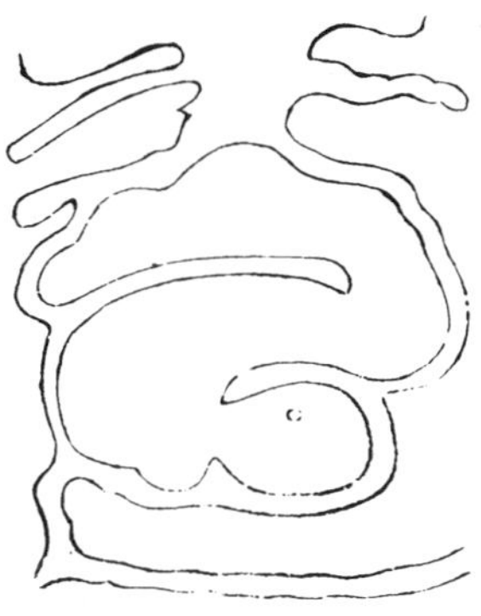

蘆花三鼻穴情深與靜處求之翰
林檢討。

左關中

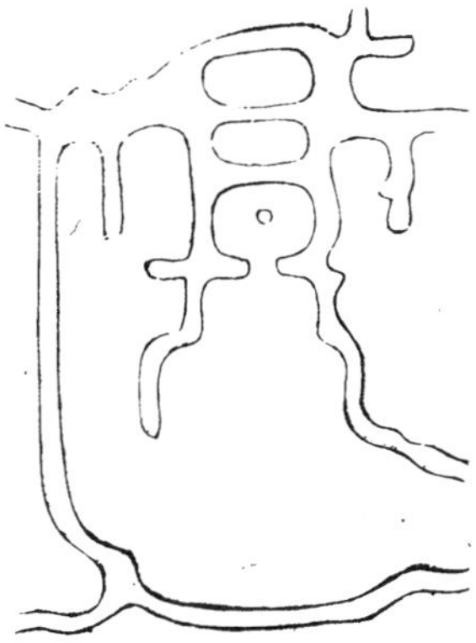

天衙獻印土星方正統總錢粮要明逆
順。穴情土星玉几外應蓋生財而官
星作案有大貴之統總錢粮之任若順
局不能黃氣是爲誑也。

右關中

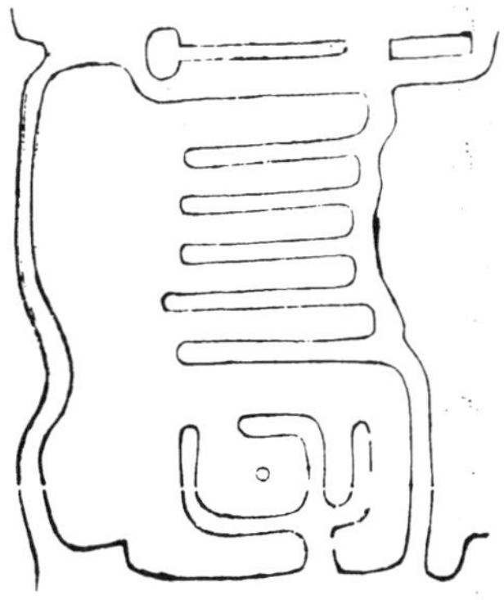

倒掛璽簾氣隱潮逆逆水流注笙
歌綺筵。

右關中

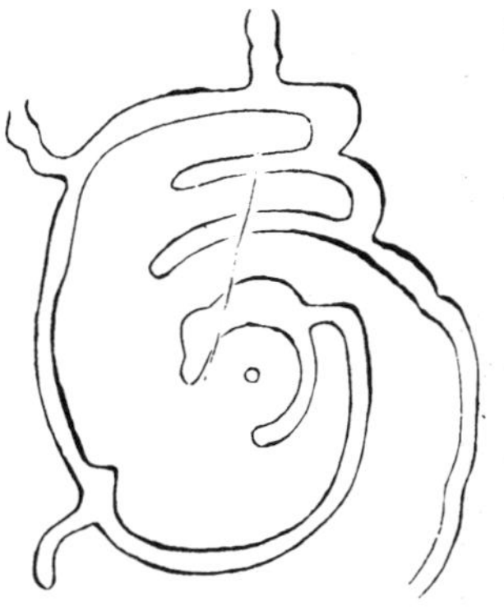

蟠龍深隱眞陽內旋男作卿相女
邀帝聯。

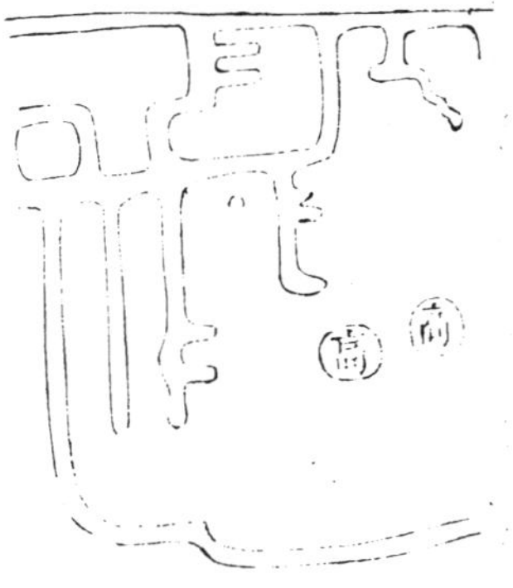

蜂腰連過脊西兌轉大阜雙峰重
護圍疊案拜朝艮六秀三陽麗代
有絲衣郎。

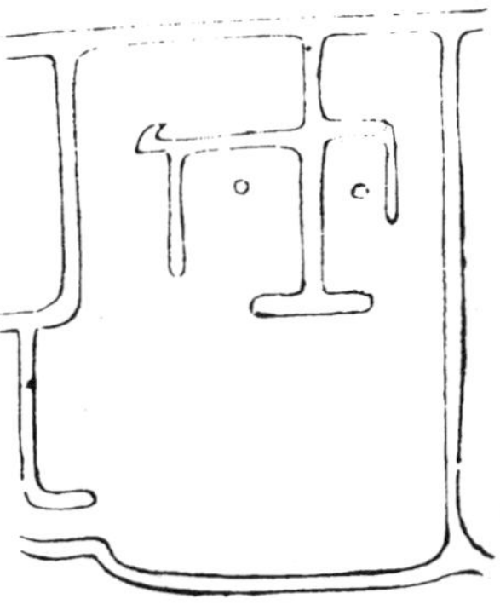

能巧鴛鴦結左陽配右陰神仙合
法度富貴且殺下。

地理大成

平陽全書　卷十五

一八

左關中

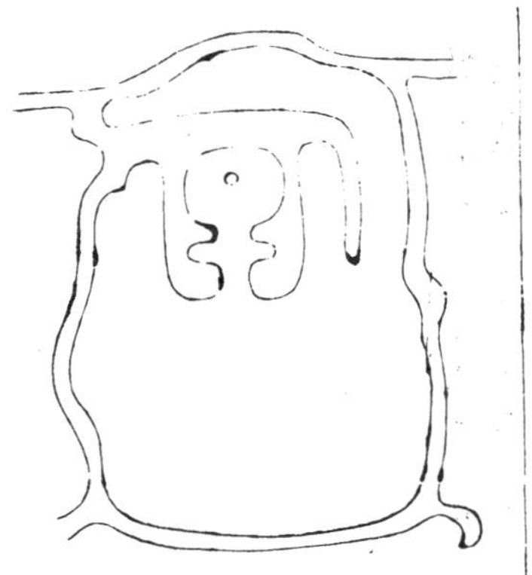

伏虎堅牙，當大將跨，功名顯達，破冠顯巍。

左關邊

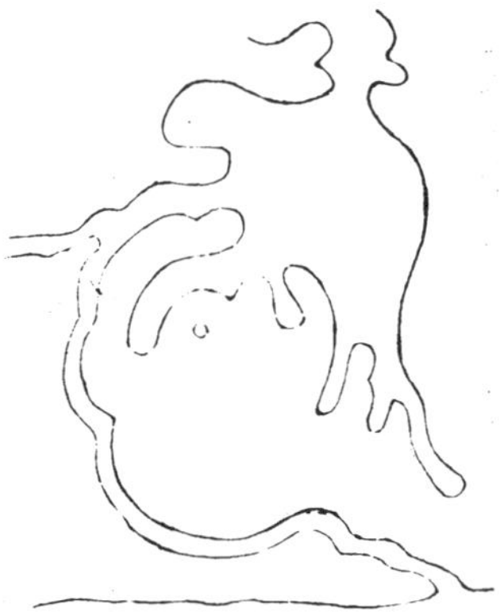

白鵝抱湖，逆水相扶，男女清秀，名播皇都。

左關中

犀牛望月，少年鉛達，巽水趨朝，文章奇技。

中關

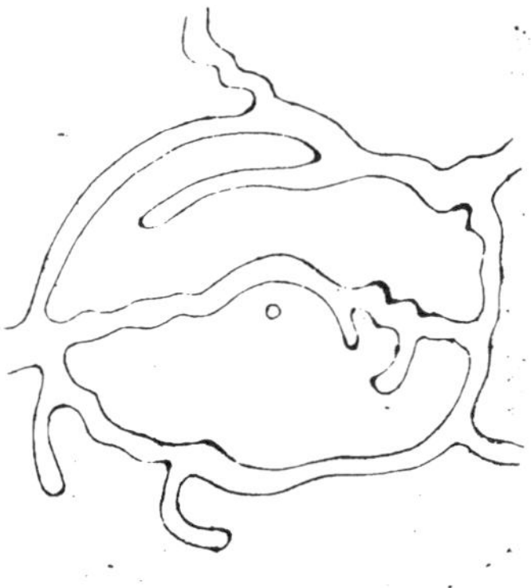

雌雄比目，案托周遮，穴扦金腹，富貴奇踪。

地理大成

平陽全書　卷十五

一九

中關

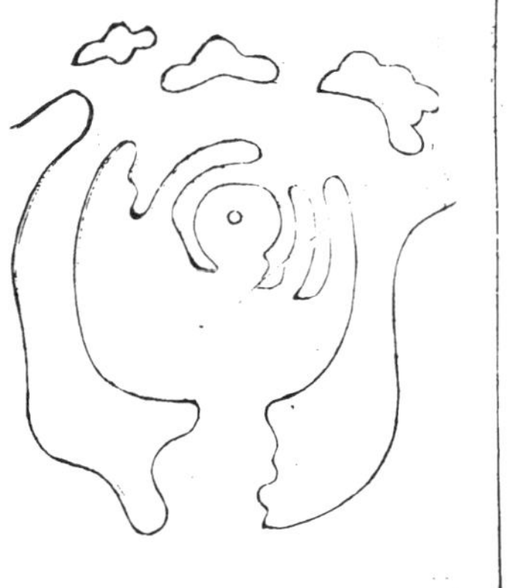

出水蓮花，穴華休差，爲官近帝，名播京華。

左關中

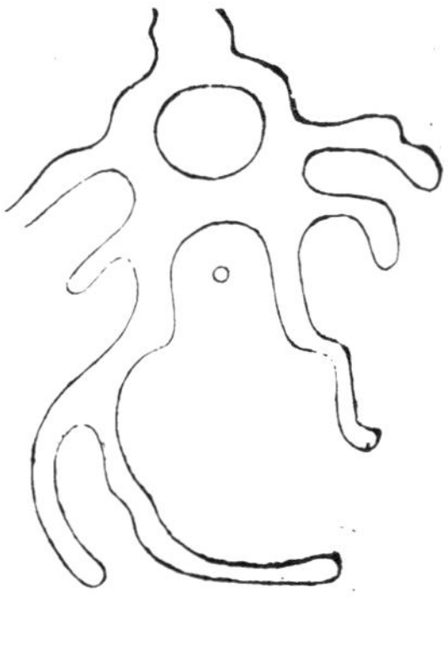

游龍戲水，須得明珠，天生一合，富貴速效。

右關中

西蛟賽月，拜案相迎，全功天下，麟閣標名。

右關中

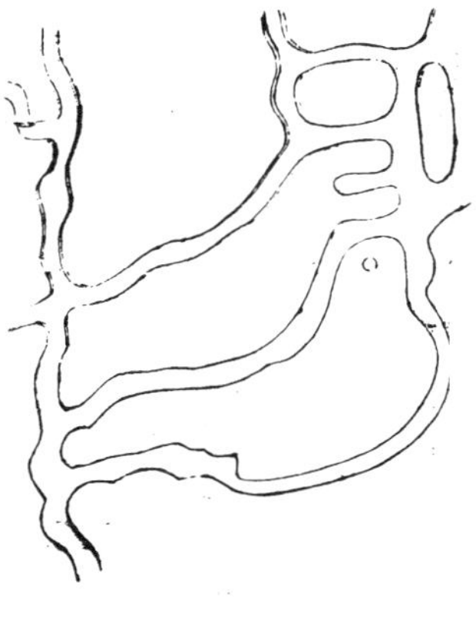

陰陽相護，印笏相交，狀元榜眼，極品逍朝。

左關邊

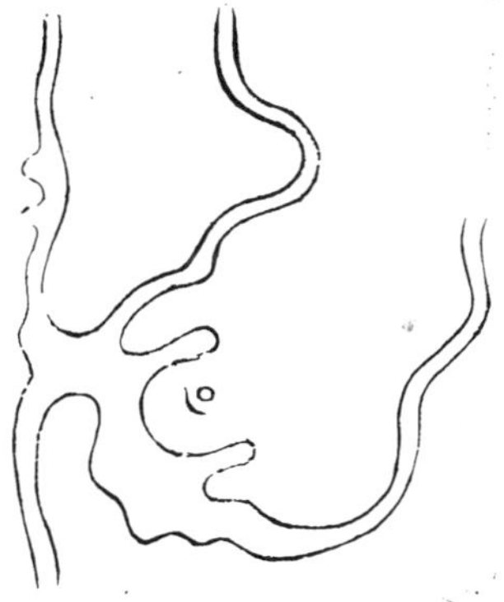

順龍隨水陰陽君交埋棺塲奕必產英豪
○兩水夾龍顛來隨勢成局是謂龍關无用若下砂鬼得水住不辰不散法宜蟠水倒騎龍逆受乃關中斜逆主出富貴英豪

右關中

猿猴禮斗，金章紫綬，榜笏在旁，銓衡之望。

左關邊

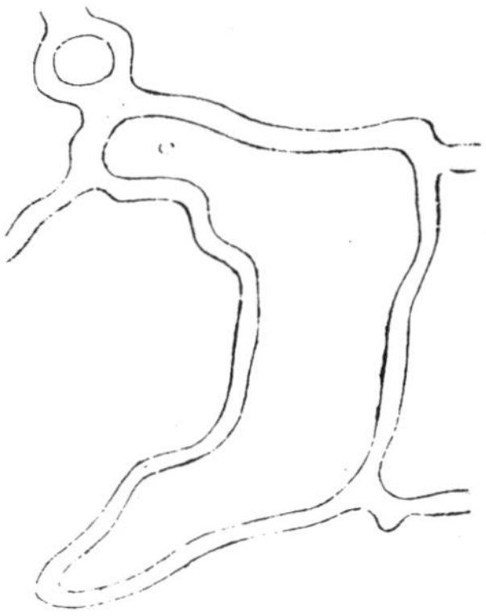

長蛇趕蛤，來龍特達，穴得其眞，富貴必發。

右關中

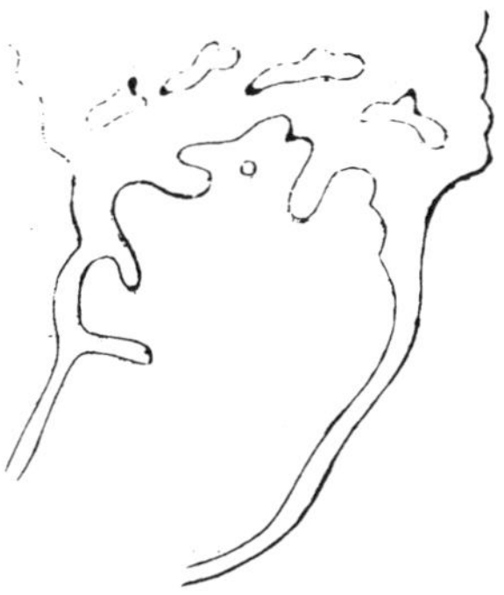

[illegible]遇池湖，游魚作案，享[illegible]

右關中邊

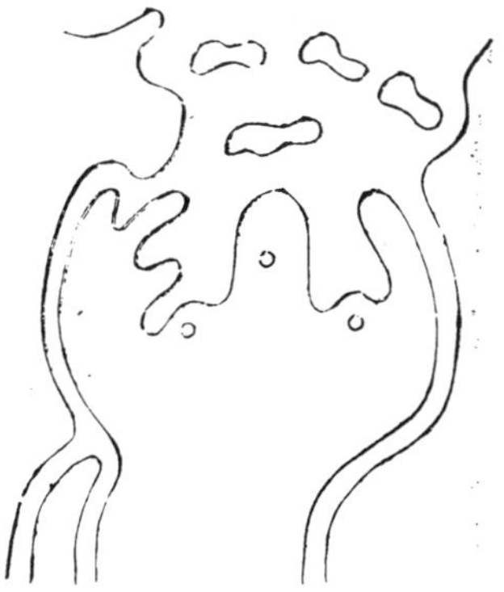

三穴雁落池塘，穴前羽林，遊魚点点，武精文衛。

中邊

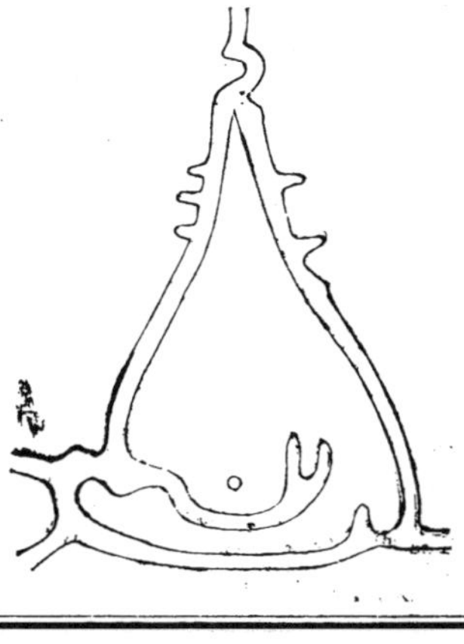

火向南生，穴居水金，文章蓋世，忠耿之臣。

左關中

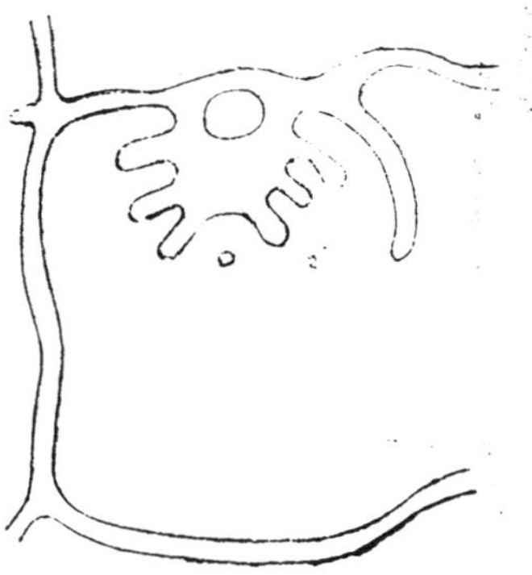

金關銜班，龍虎相立，推轂封候，轅門施律。
○左右排衙木星橫列，玉案橫張，元辰不泄，生氣攢聚，穴吐金唇，金制木秀，大有橫貴之象，主掌握三軍，團營施令。

中

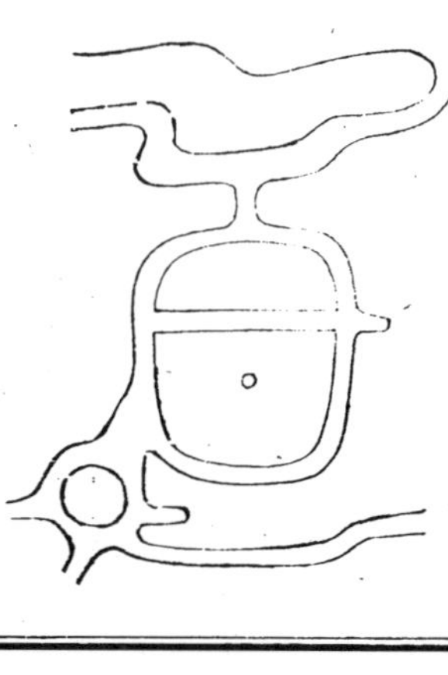

日月合璧，四氣包藏，穴埋其中，爽埋陰陽。

左關邊

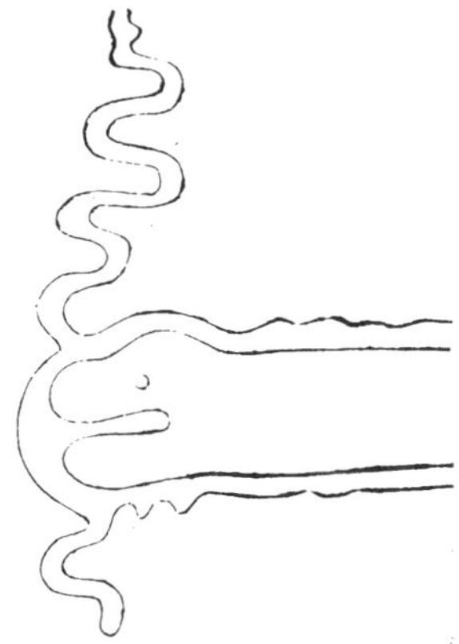

九曲到堂，極品文章。橫木点筍，尚書侍郎。

中關

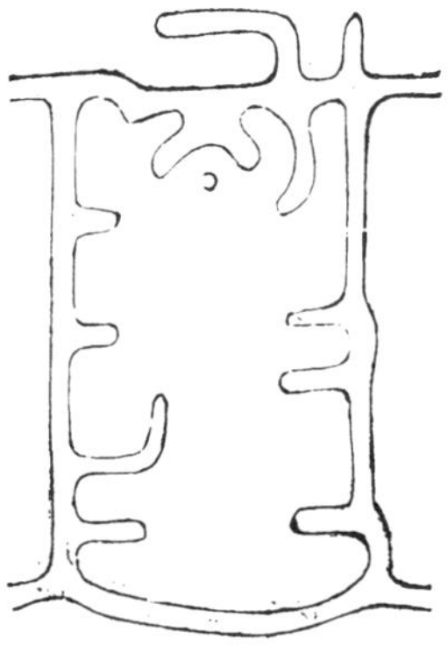

四水分歸，外水斜流，年[illegible]此難堪。塋若得老人高照，[illegible][illegible]壽考[illegible]而濟。

中關

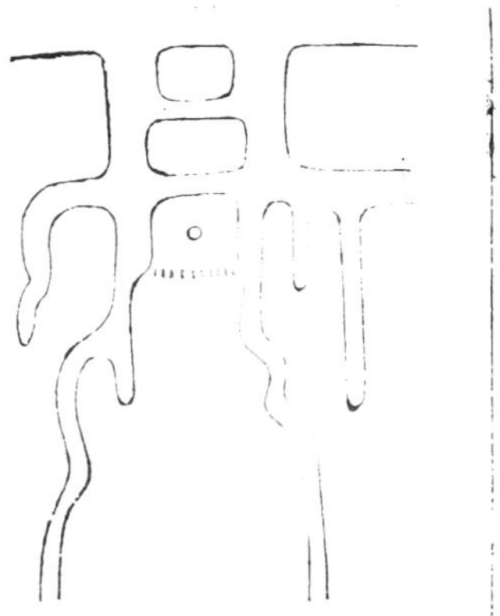

兩水夾龍，多吉少凶。前有印案，位至三公。

右關中

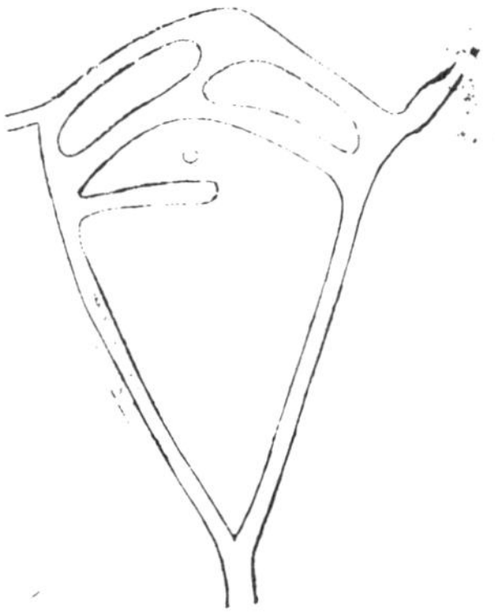

織女拋梭，初[illegible][illegible]發，[illegible]二年之後，孝子登科。

左關中

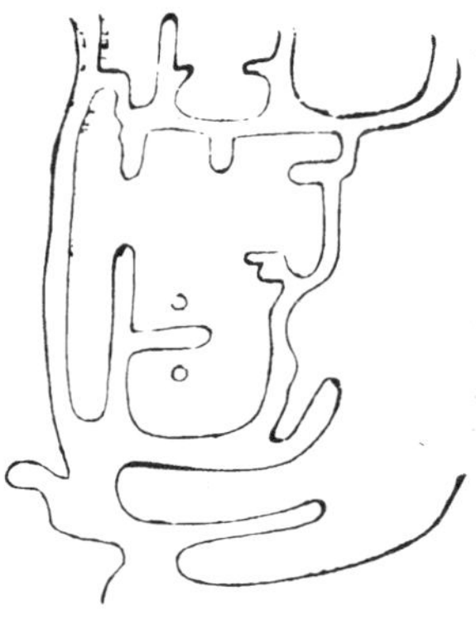

旂前鼓後，南北旗扦，合得妙法，文武雙全。

左關中

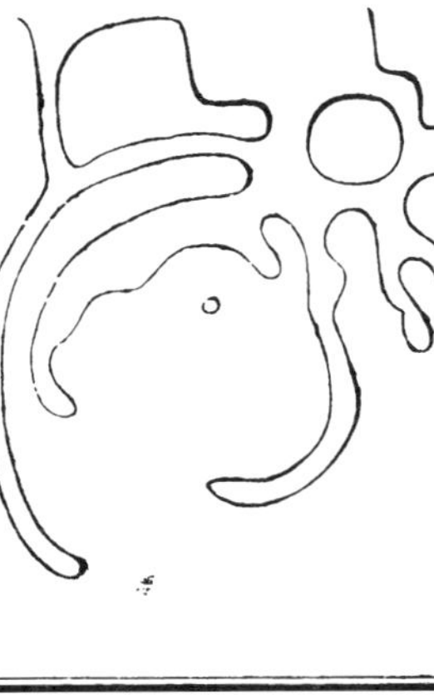

獅象蹲身，來龍氣純，旂鼓相應，蓋世功勳。

左關中

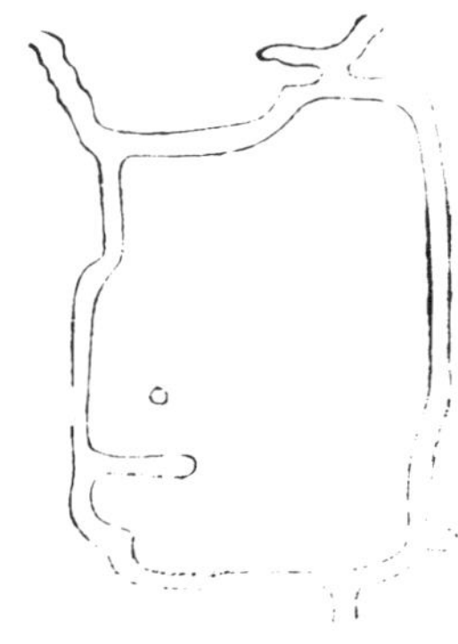

兩水明堂會天心，[illegible]丁[illegible][illegible]，[illegible]然者一，此无龍有穴之局。[illegible]者土[illegible]之[illegible]，未見龍真[illegible][illegible]，兩水交[illegible]丁照穴。且平洋之地，司令在水，[illegible][illegible]而來生旺，而來[illegible][illegible]大秀相合，亦主科[illegible]，[illegible]貴不在形勢之泥。楊公云：若在平洋先看水。

左關中

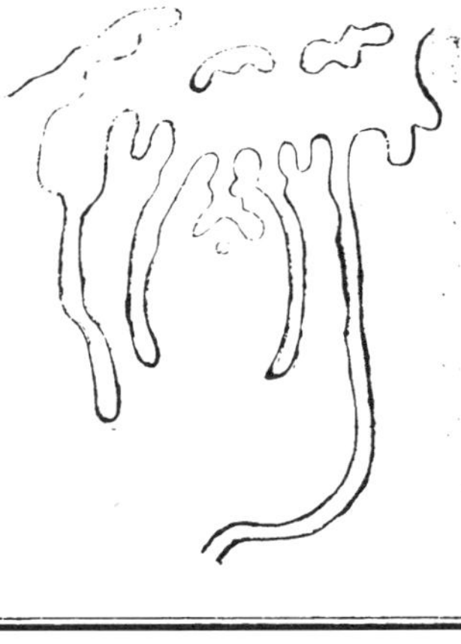

風吹[illegible][illegible]能真穴，[illegible]大水[illegible][illegible][illegible]十代。貴龍到故若[illegible][illegible]風四砂[illegible][illegible][illegible]水交[illegible]，形非散也。穴情[illegible][illegible]明堂聚[illegible]之[illegible]，[illegible][illegible][illegible]水神[illegible][illegible]此大局之[illegible]。楊公云：[illegible]水[illegible]中[illegible][illegible]斗量金。

左關中

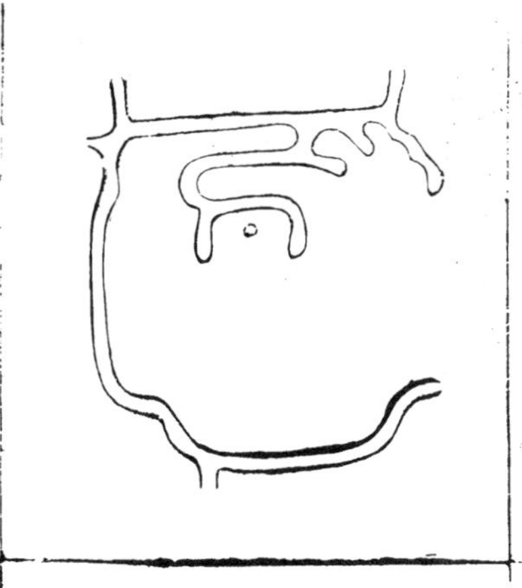

龍虎交牙此格與諸內靜外動其地可用交牙作案世人名爲裹成面不知之美形須外陽水氣大聚流水不竭則易發使淺法陽氣不能流注于內其發最遲此格主公位均平陰陽穴宜淺近深則難發

左關中

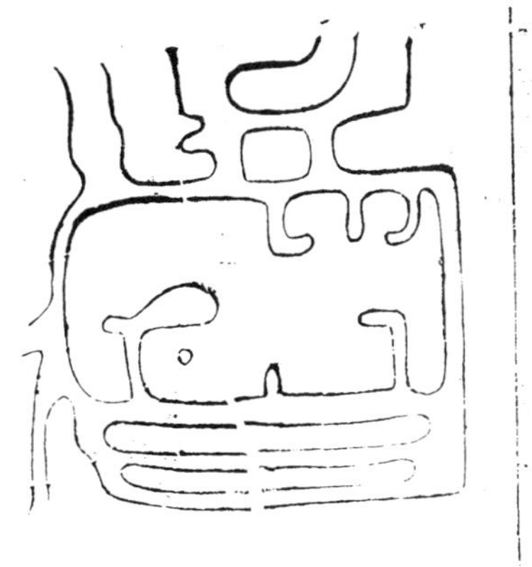

龍涓穴巧秀砂珍繞吉水陽朝富貴名高

左關中

金水合形峽嶂分明滑水盡朝琴劍列星光文後武點法須真

左關中

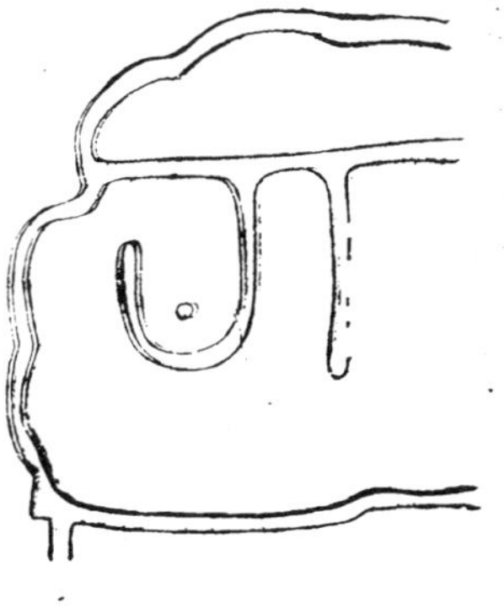

來龍從身偏擺轉右陽邊龍發秀鍾天下不合地排斷秀氣集此處前法相宜然又有左調右調皆得氣之發達前得天星其氣一動龍入六秀臨官帝旺龍照發名天下

右關中

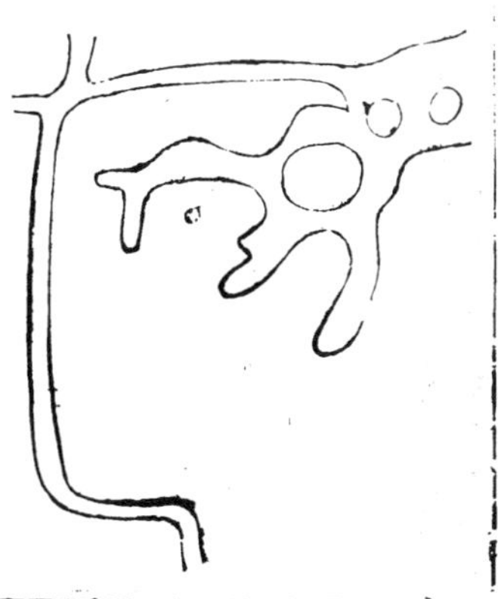

火印三匯爲臺可寫檔軸在前為垣懸杵此地若得西龍轉右入首作丙向亦爲金水相生水火不相射則印砂居西是爲金印聯轉以臺風從後轉都憲藩垣水面倒否臨歸中小長子平

兩關

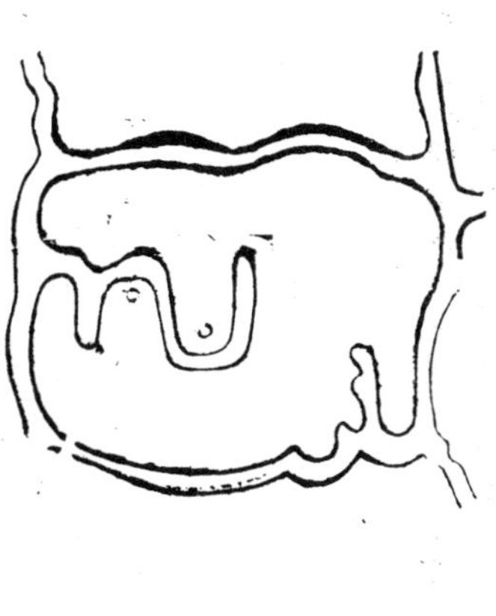

雙龍共體四水歸來富貴兩穴或西或南

右關中

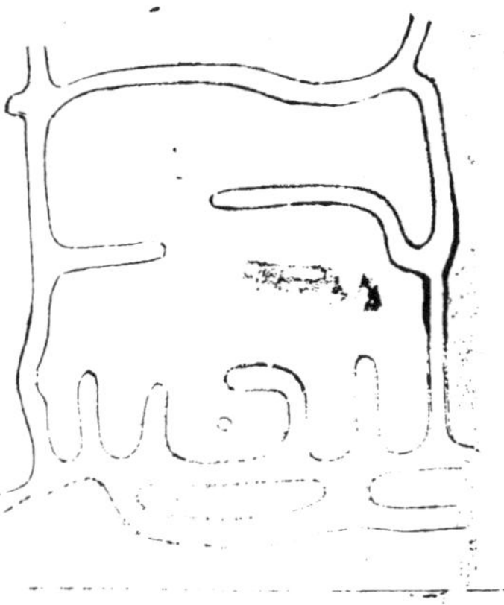

盡龍蘸水外氣周旋後宮深隱阡陌綿綿

左關格

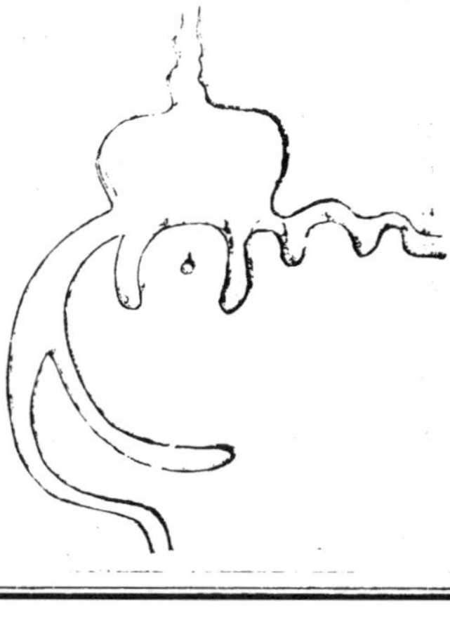

金水室交穴情巧湊深注明堂水有吉路

右關中

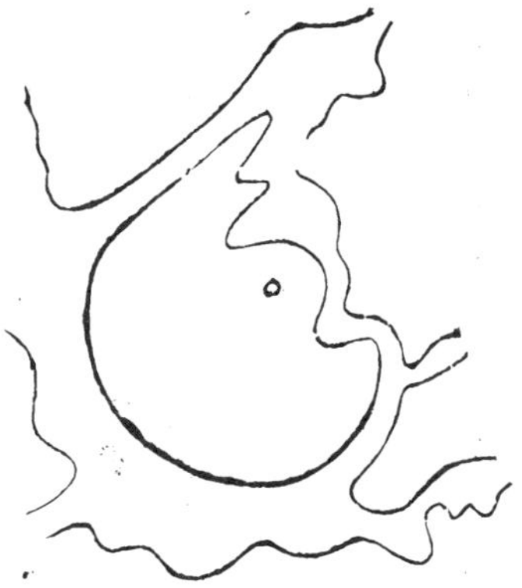

陰陽醇存一氣絪縕馨務不替世
積貽金

右關中

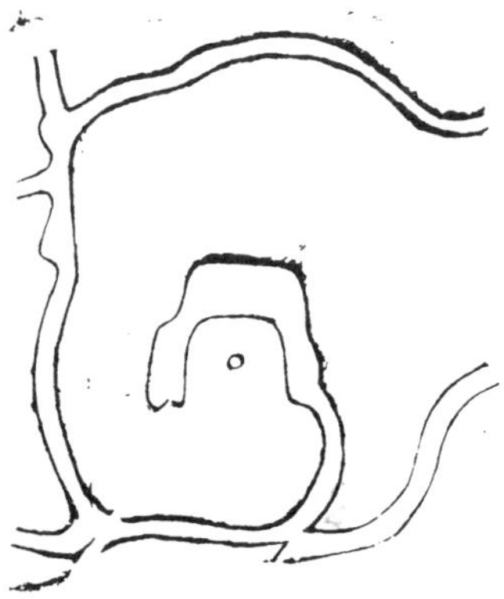

到龍接水此格難逢內堂隱深三
秋公卿

地理大成

平陽全書　卷十五

二六

右關中

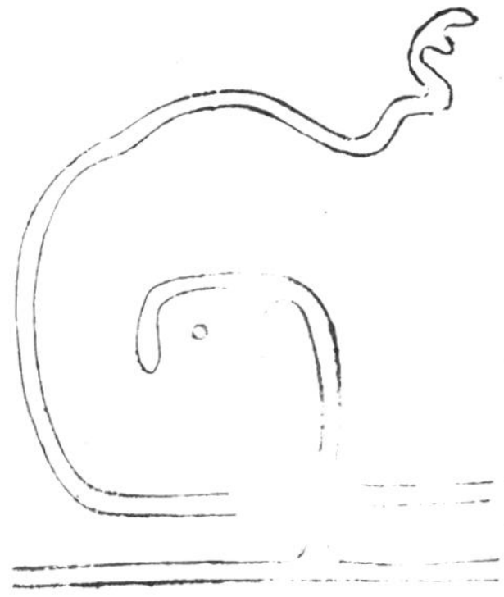

龍脈迢匕隨水朝土天朝可致鉞
臺職掌

右關中

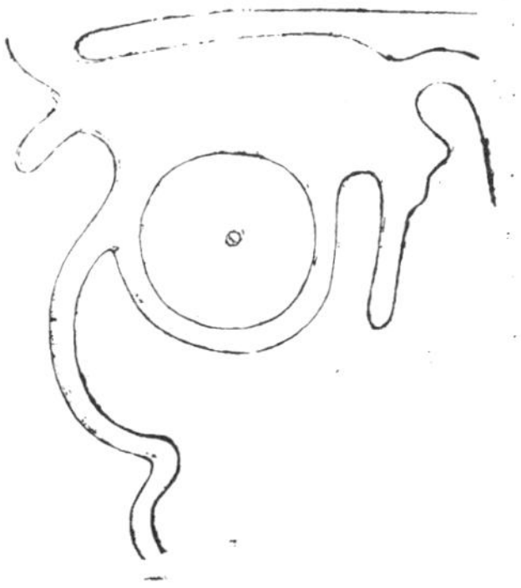

金盤[illegible]水從穴中而入氣不動[illegible]金，金盤出水須
防漏[illegible]氣亦有水下[illegible]龍[illegible]所鍾局高方
正土也[illegible]主而[illegible]大[illegible]由入有富妻
女[illegible]，水[illegible]全無用矣

左右兩關

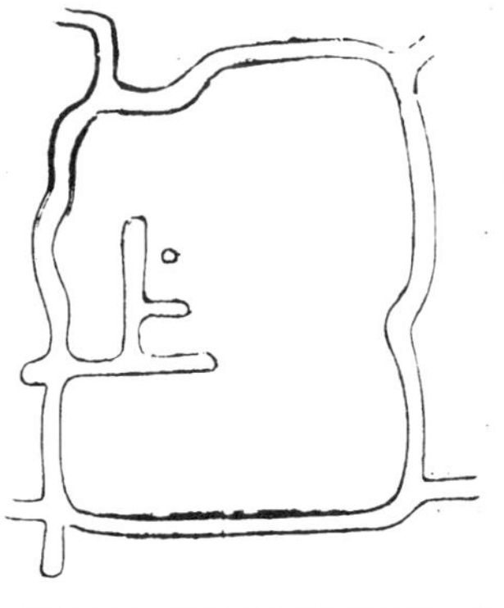

上字水格，人[illegible]由[illegible]住氣鍾如關鎖
局者有許此矣，然富貴，上字格局只
[illegible]而已有者[illegible]受坤[illegible]水[illegible]之土
[illegible]有力[illegible]

右關中

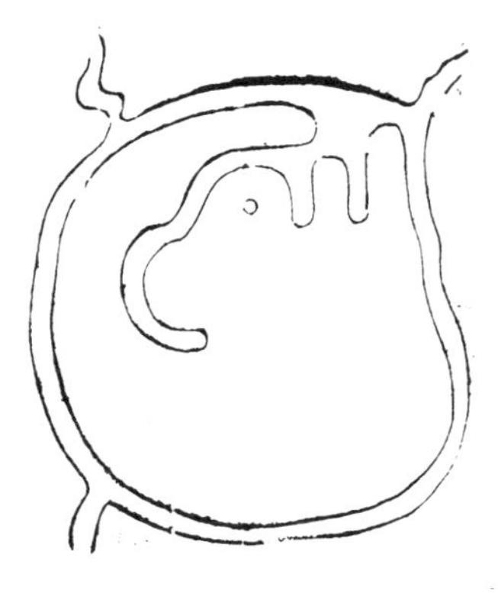

黃牛飾尾穴在近水子息忠良安
然清貴

地理大成

平陽全書　卷十五

二七

右關中

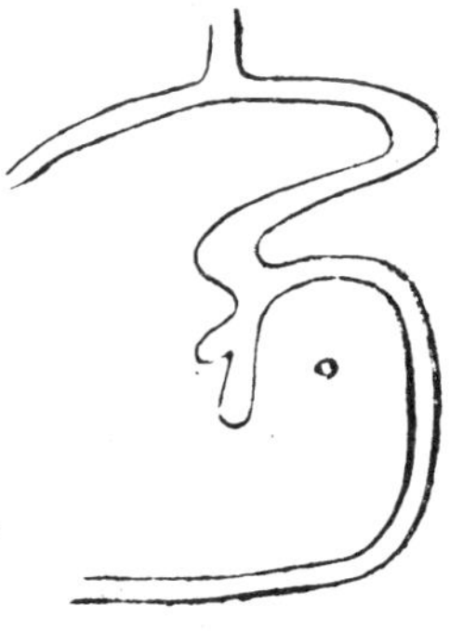

子之水格來龍喜特朱紫雖難金
玉易得

左關中

玄字[illegible]神[illegible]千金[illegible]龍有氣爭利奪名○
來龍之[illegible]一經一緯若拋梭之
勢兩砂[illegible]有[illegible]失利如相
鼓生出[illegible]之人爭名奪利富貴不替

左關中

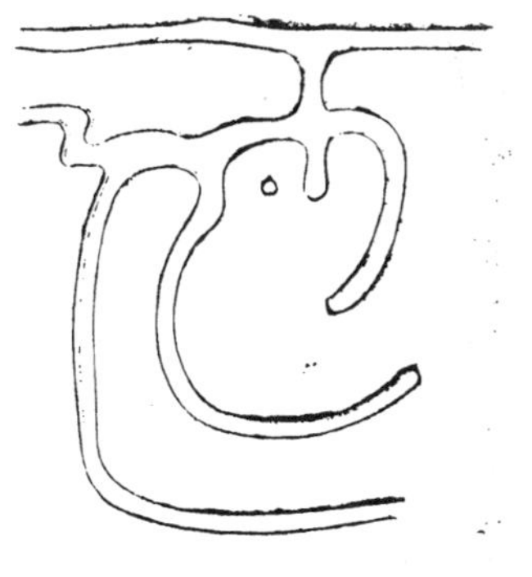

也字與角宮貞婦孝水抱青龍水吉无憂。

右關中

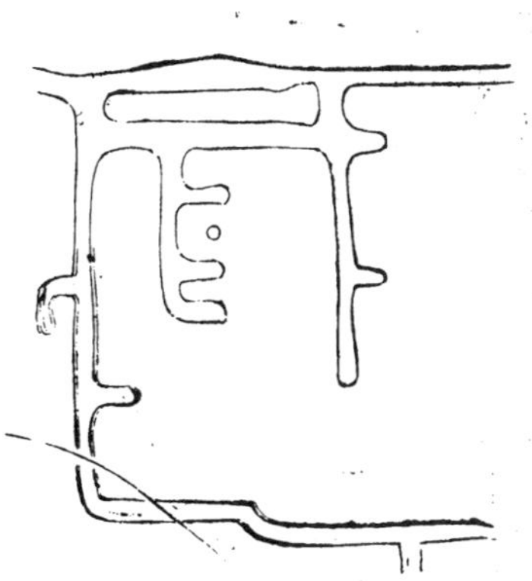

要書出見上應丘章鳳並出子龍無天爵。進春天族春言著書行藝之金也主出人進學四海而名聲榮奇。

左關中

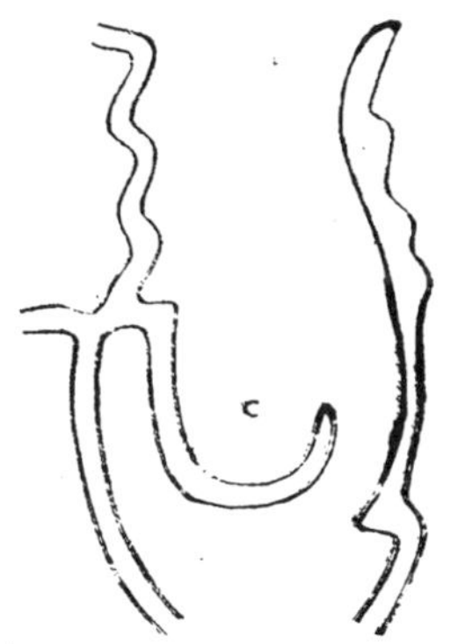

乙字入懷不斜歪若折有停注富貴一代。

左關中

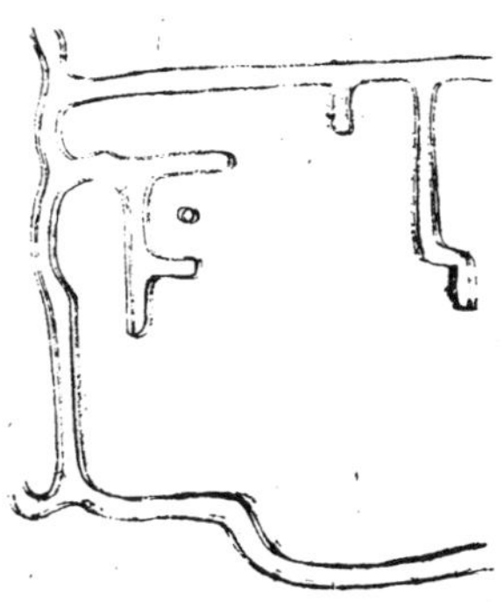

下字水若龍人保叢穴盡変一又金谷日積。

中關

星月流行映波光燁，四應慶雲出人豊悌，男有三元，女生皇妣，峯巒含靈丙隱大地。

中關

明月未浮，輕雲半掩，若有入握福孝兩代。

左關中

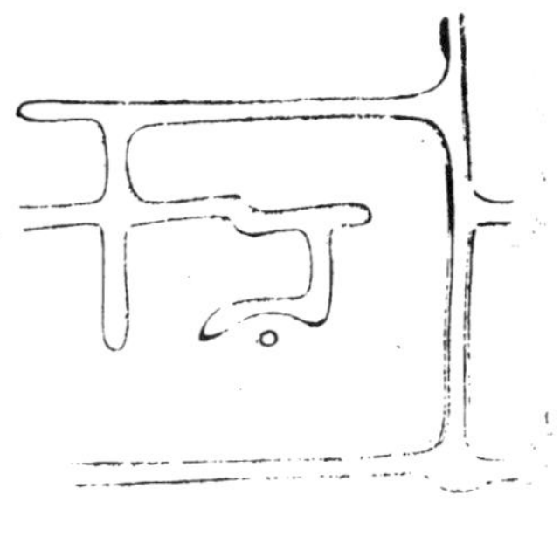

上字來龍文武興隆，拖刀作案，英雄盡忠，〇此地四勢端方，能神合局，若上出文武，忠貞近侍權臣。但上拖刀，欹斜不正，恐發後不能善終，子孫若非抄沒，必主流徙。

左關中

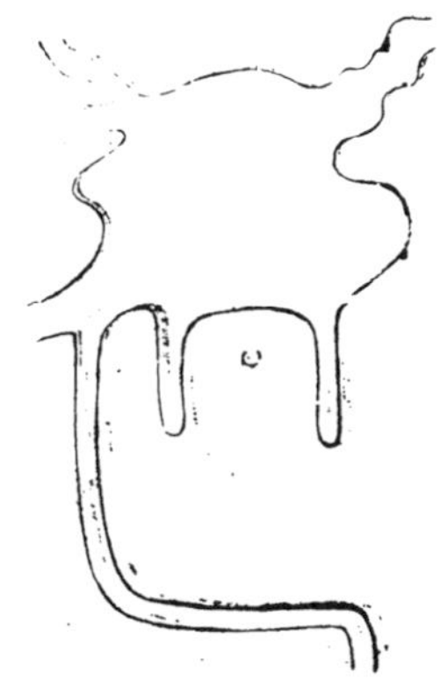

[illegible]不[illegible]富貴宏深，〇[illegible]大恐无秀氣，[illegible]後貴斷无疑也。

右關中

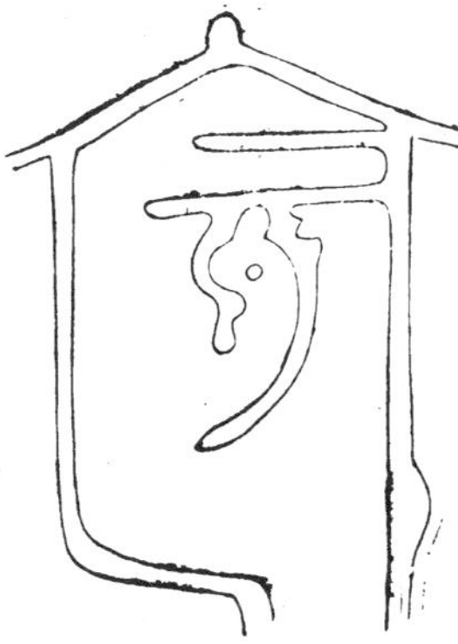

富貴倉水秀砂清兒孫伶俐丕承盈門。

右關中

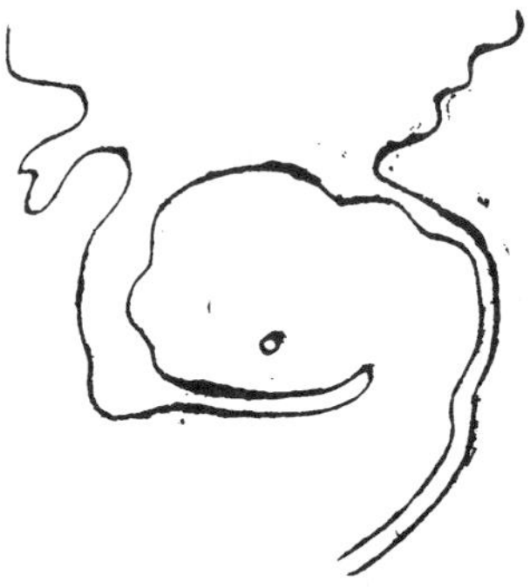

陽水浩蕩四面无關能來氣的難水何難。

右關中

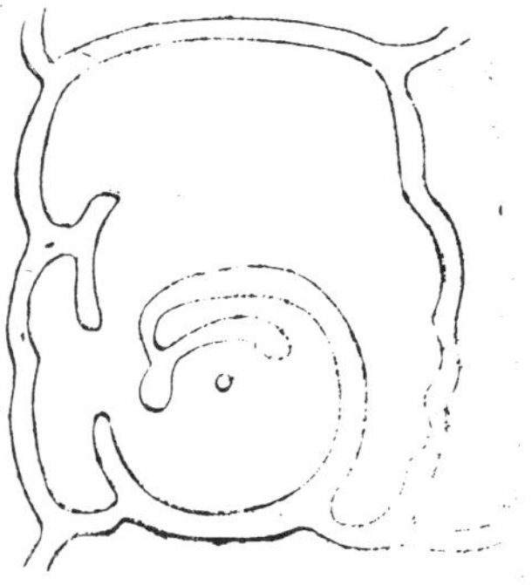

蛟龍卧水旋回聚氣脈不散尤爲佳極易。巽龍入局顧砂銜身生氣迎龍于內陽水包攔于外穴情小巧形非微收有一舉成名之望。

左關中

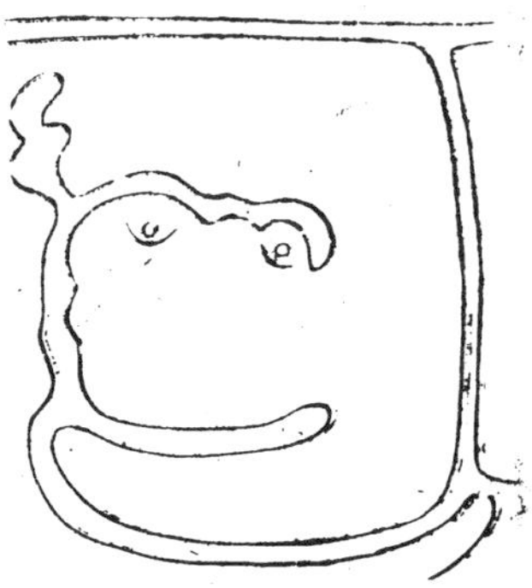

成富乎民物齊乎巽說言乎兌戰乎乾勞乎坎中間有穴人稀罕兄弟聯名榜上標于孫奮斯世榮顯

左關中

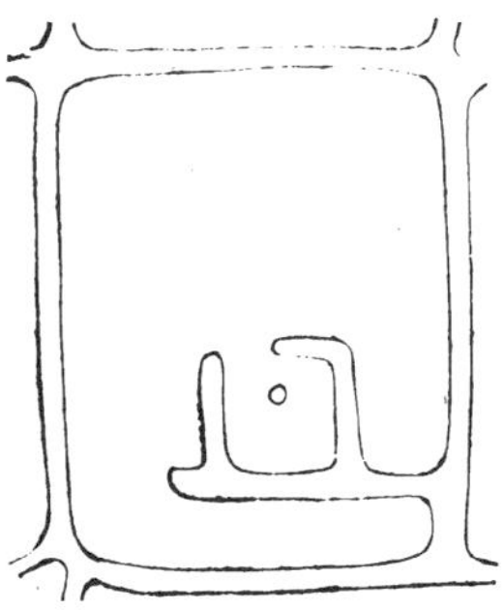

金井玉欄四勢包涵內外方正庄田極盛。此格內外皆方純土也但得巽宮過峽則生氣靈秀穴情幽隱。水无狂蕩土局雖无文學衣冠甚得清閑殷富以五行論吉凶水情論衰旺者。

左關中

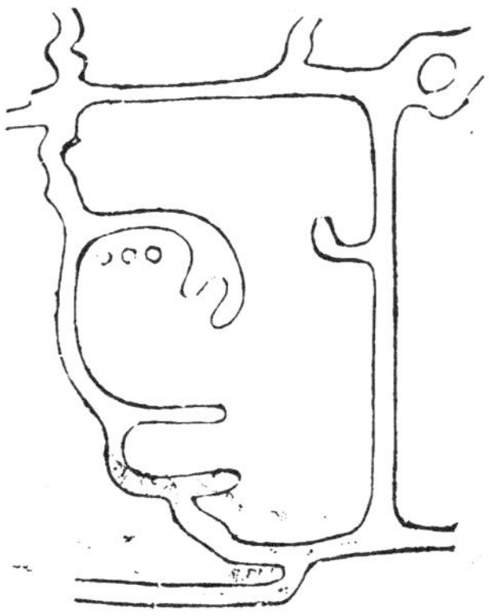

旺方流過養生投喬梓雙登盡收巽巳雙朝人富貴藩垣風憲後先傳。

左關邊

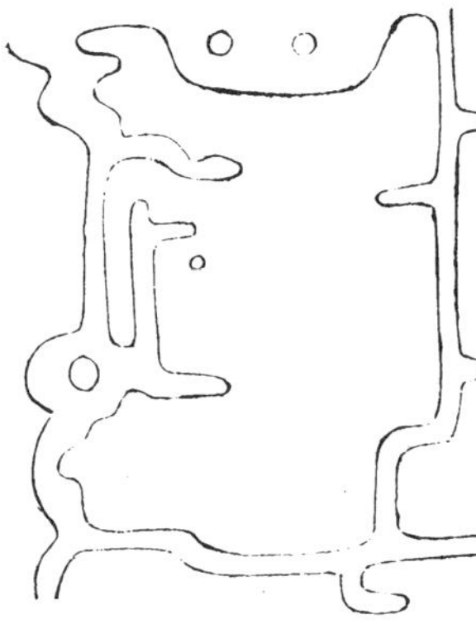

上字龍身後托豊盤旋曲折水滘滘巽巳雙朝應及第黃金滿屋主身榮。

右關中

丁水迢迢入乙辰丁向可拄坟印居水口多清順巡按操江都憲尊若挨丙向流宜戌只恐官貴少畜停。

右關中

龍虎交加。剛閲名家。文星高大。世出英華。

左關中

御馬出躍。金刀相應。穴落其纏。陣上揚名。　遊逅西兌。發龍胎轉換。龍樞水聚。懷金鼓牙刀。爲近案功名富貴陣中來。

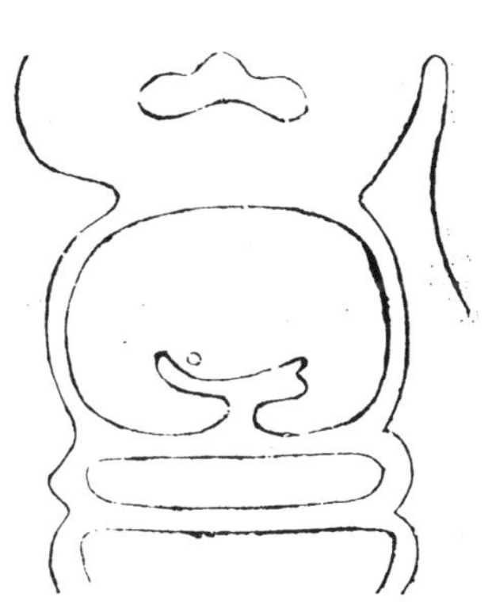

眠螺吸水。木星橫臥。穴映湖光。富貴永昌。　吸水之穴。最得其妙。土星爲體。官星爲托。玄濱大聚于前。秀案輕浮于面。且金玉悠長。源流无盡。主大富大貴。綿綿不替。

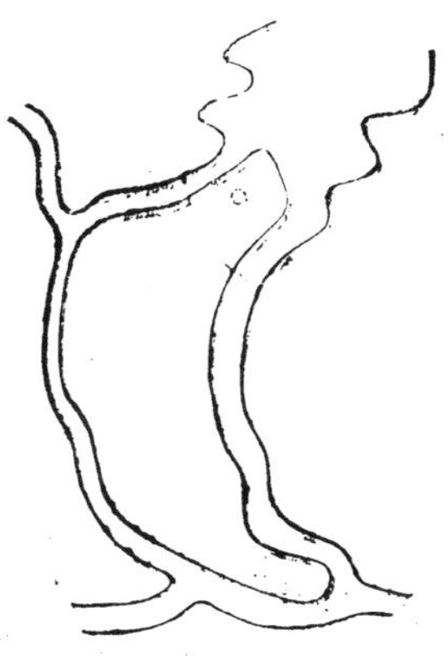

鯉魚躍水。神童及第。逆則登科。順關虎背。

右關中　松江張尚書祖地

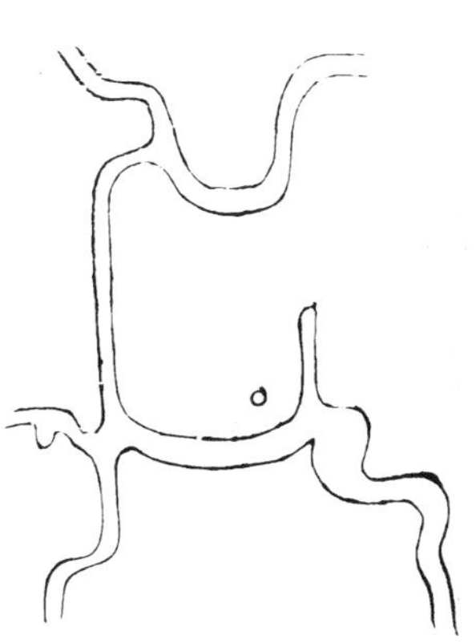

長生水到旺離取。一代尚書百福優。子姓簪纓三代富。人丁詩繳長先優。

水貫連城。秀而无比。世出魁元。翰林高第。○一水之來。若串珠九勝。九曲之妙。乃水欲來不來。欲去不去。步步綢繆。節節佳則秀氣重而无窮也。世有高科。滿門富貴。

左關中

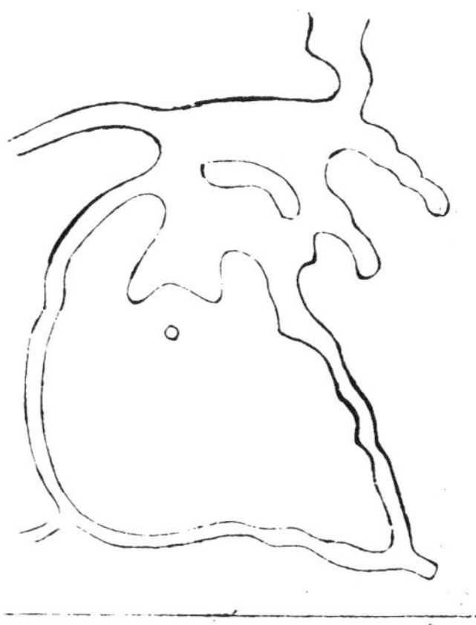

海螺玩月。功名顯豁。月照天心。風流豪傑。倒好靈秀。片月浮波。下砂插上。截水聚穴。青龍出秀。功名必就。更得水往落家。福祿豐厚。

右關中

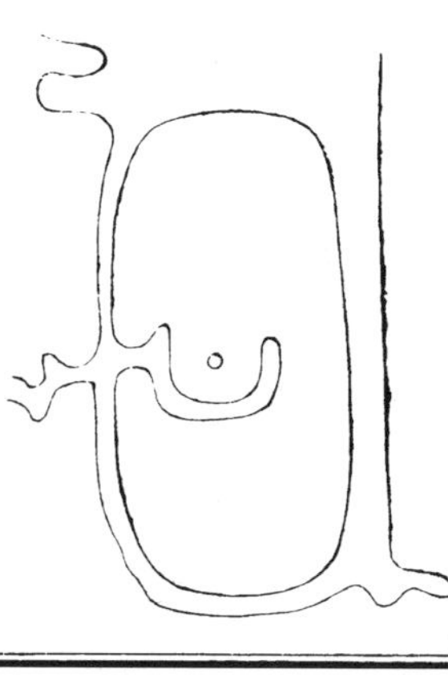

賢耳商形。浮泊河濱。兩流文會。福祿天生。　又名泊岸浮牌。雖无護衛遮欄。不怕風吹。潮水氣盛。法當吸受。主金谷大發。合天星爲官福祿。

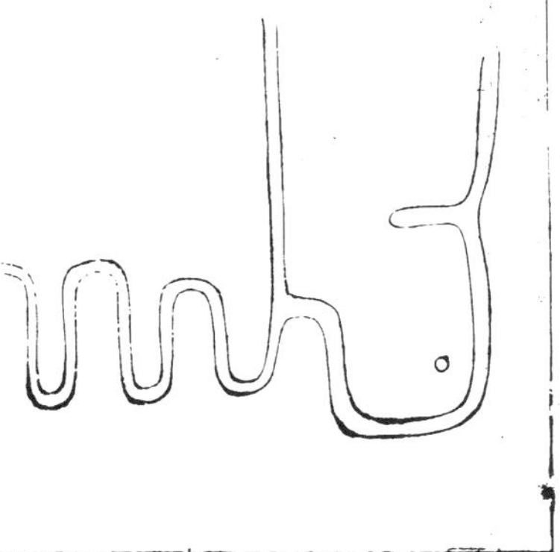

横行九曲名揚邦國翰苑文章太學受祿。此地雙龍合氣九曲歸元並主文學科名才星為案翰林之貴太學之官

左關中

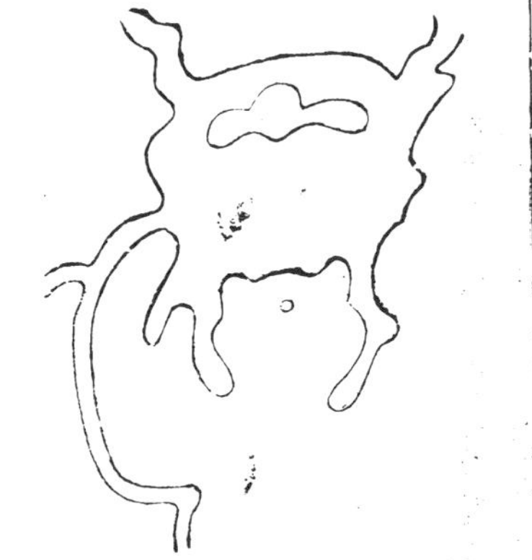

金局香氣悠已，焰水作案遂島仙風。包水明堂眾砂聚於氣形若香爐之形更得浮雲為案雲霞秀纏而有神仙出焉。

中關

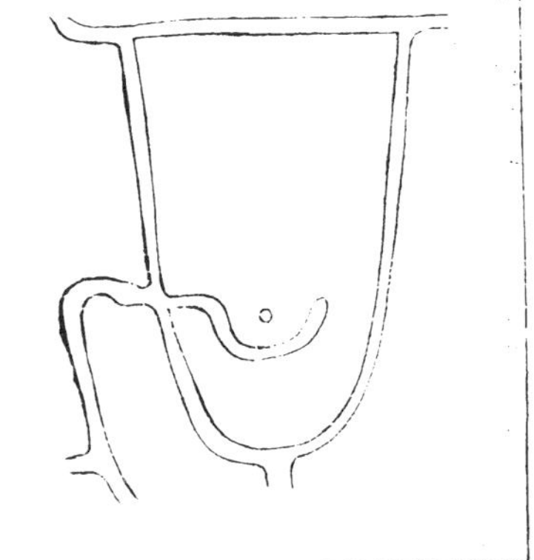

形為覆鍾，法葬其中，水星一穴富貴无窮。

左關邊

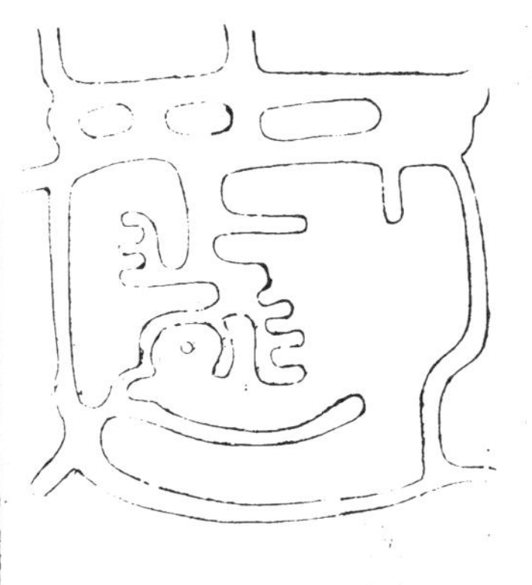

金龍水形朝拱分明，掛珠一穴朱紫盈門。

左關中

葫蘆水注千金難遇富貴綿延遊仙翁史。湖水之來注入明堂一大一小有吸之妙，則生氣凝注而聚，葫蘆形主積貴之官，好道燒丹修仙快樂。

左關中

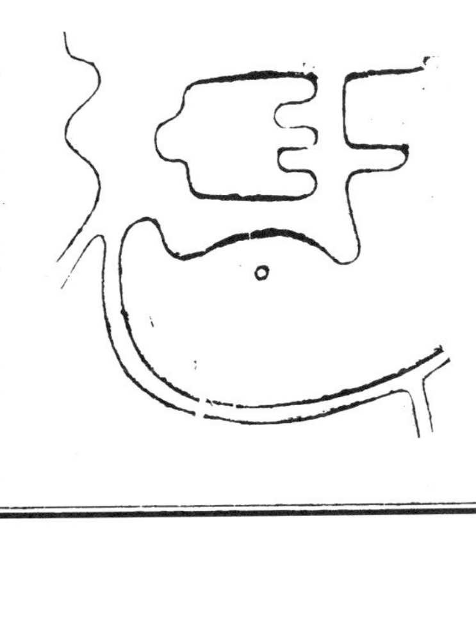

横舡出水，富而无比，泊在湖邊簪笏朝天。

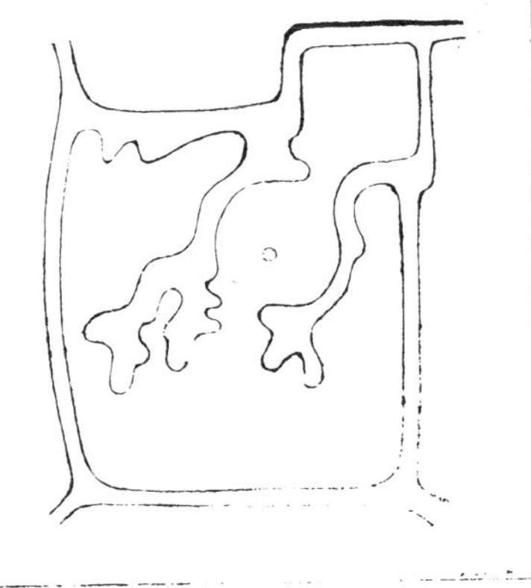

鶴膝穿斜月，明人那得知，土星結金穴，水宿夾胎奇，依得神仙法，富貴有金貲。

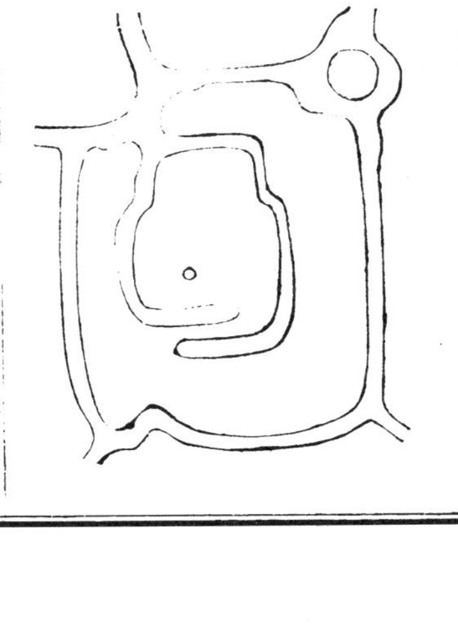

一穴富包藏，砂明水去長，發丁三代後，始許做官郎

左關邊

祥雲擁日，鳳舞朝陽，男榮女貴，其福綿長。

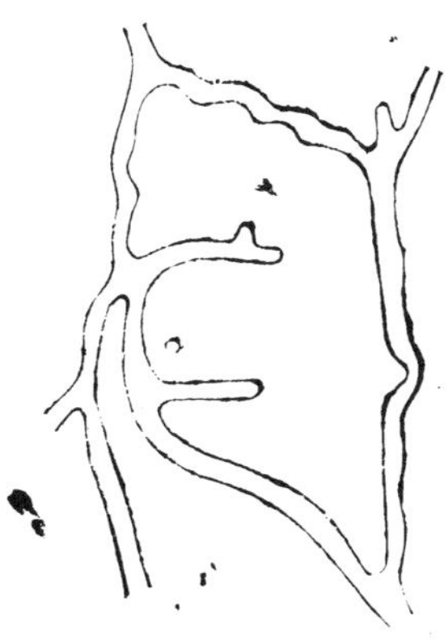

金頭虎尾，土腹蜂腰，脩在角，文武翰起。

中關

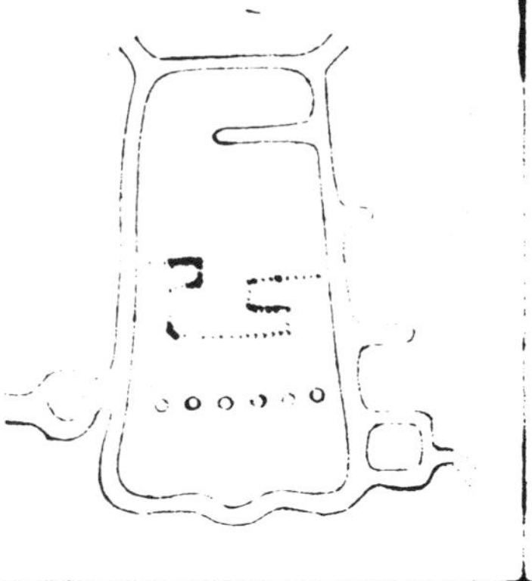

木秀貪狼，金身作穴，穴可多扦，科第不絕。

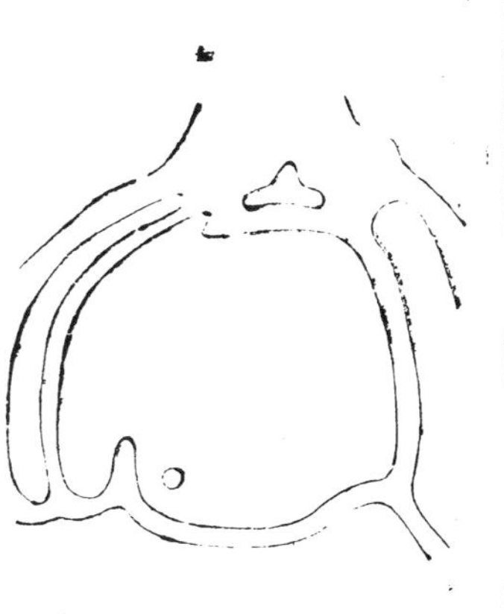

體拙形粗，砂湾水異，富而且久，久出科第。

此地在當湖

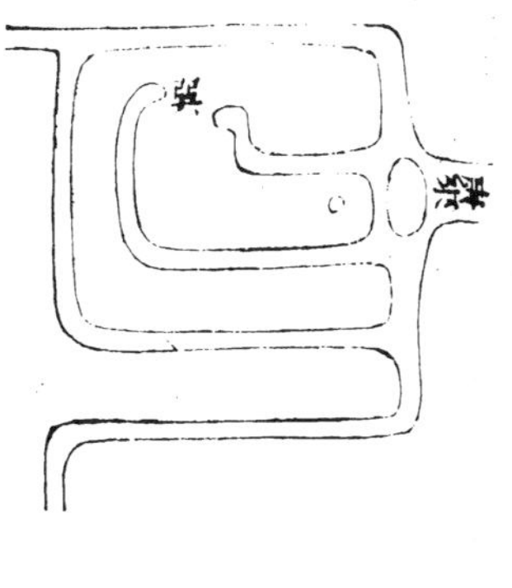

陰旋龍太清奇，地小有下臂，隨穴正向无差，武清貴翰苑多磬兒。

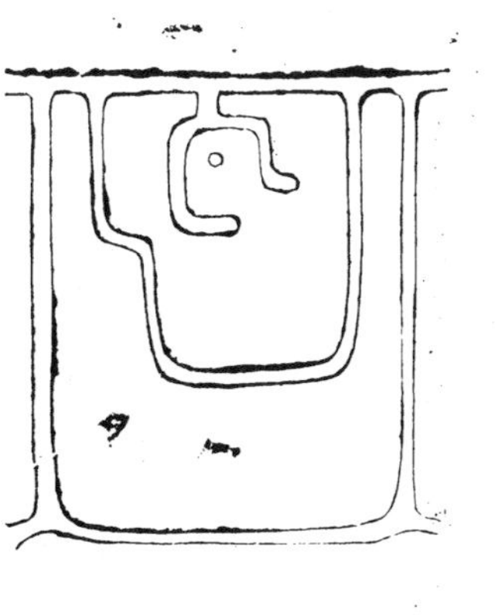

丹鳳啣書形，下砂叟乜起，此地不易扦，扦後貴九世。

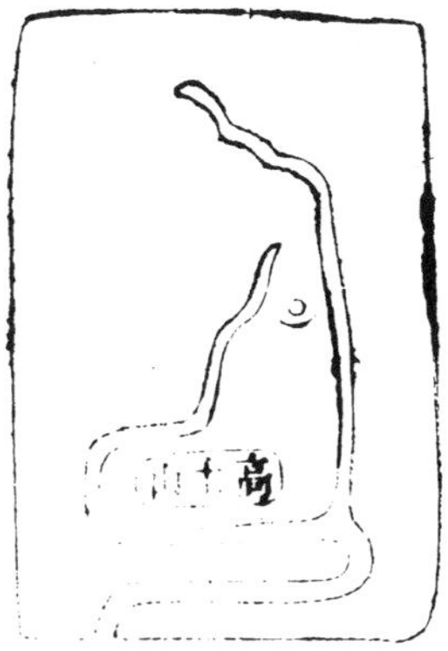

右地相傳劉誠意扦

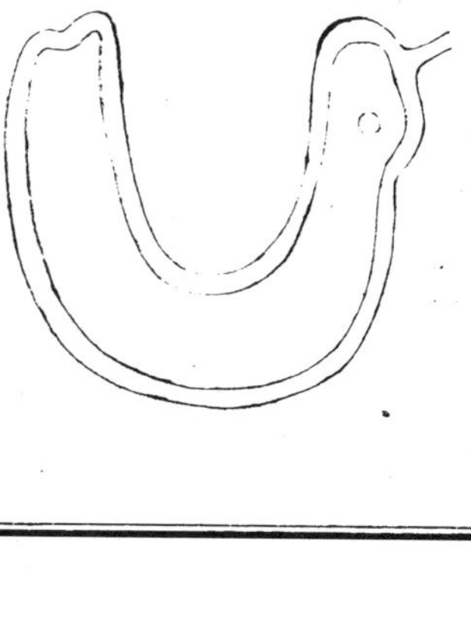

右地係劉誠意扦

刻嘉禾地鉗引

余甲子遊海昌于王子中聲齋頭見劉誠意地鉗一冊俱係鹽官邊海諸山之美地有記有圖于後有平洋圖數頁題曰此俱係嘉禾美地有圖而無記因細閱之見其玲龍天巧結作奇幻皆大漾中小圩之成局也後由塘栖鎮至餘不溪于大漾中小圩結局往往相似余集平洋全書于古人書中不見小圩局議論并無小圩局圖象深爲缺欠癸酉樹嘉李子以謝氏地鉗來令余刻入全書而其後亦附此圖余與鄞子振扆編輯謝鉗之

欠鄞子見是圖也曰爾常以全書中缺小圩圖象爲恨今此鉗是矣曷亦刻之以補其未備吾于是深有感也自古未有刻地鉗者地鉗不得以書言也而余之刻平洋全書寔缺此道　古書而不可得惟是鉗足以補之夫古人之圖是鉗并爲余輯書而設也余之輯書本不欲以地鉗備數也然舍此別無可求者則彼作之于前余刻之于後適以成全書之備其亦有數存焉者耶但不知是鉗係何氏所圖據王子所錄似出于劉氏李子所錄又似出于謝氏云　甲戌孟冬東海萍翁題

雙頭垂蓮

出水蓮花

倒垂蓮

出沼蓮

並頭出水蓮

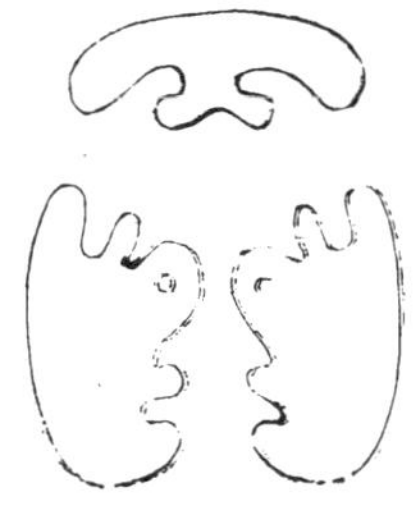

倚岸蓮

側面蓮

含蕊側蓮

仓韮蓮

鈎夾蓮

半開蓮

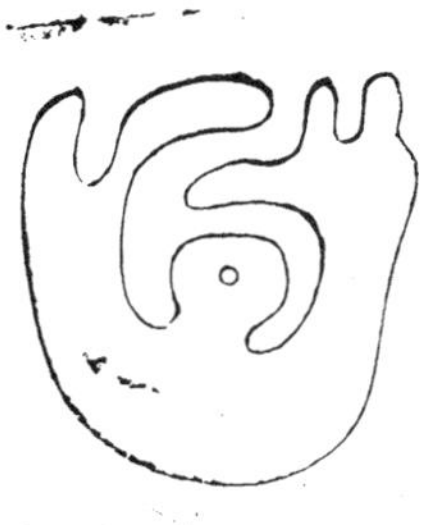

劈破蓮

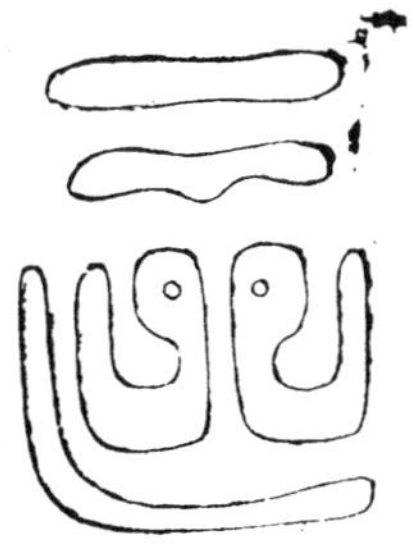

劈破垂蓮

空房蓮

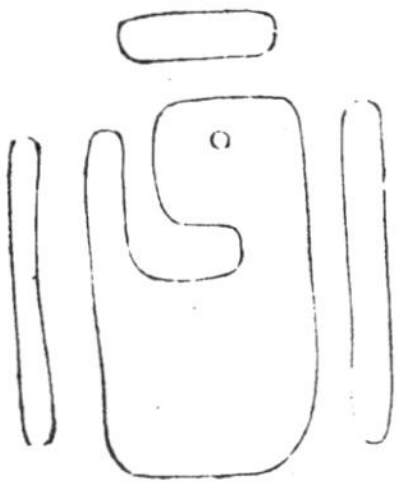

半辦蓮

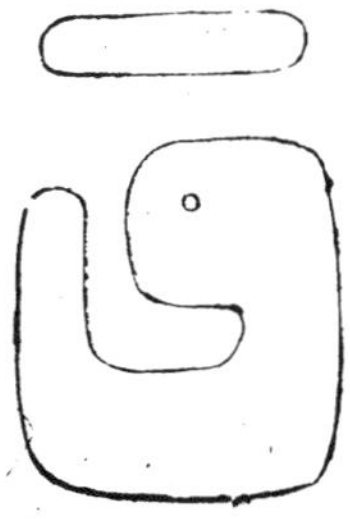

半辦覆水蓮

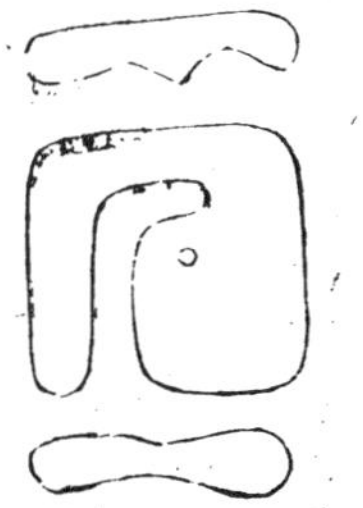

脫辦蓮

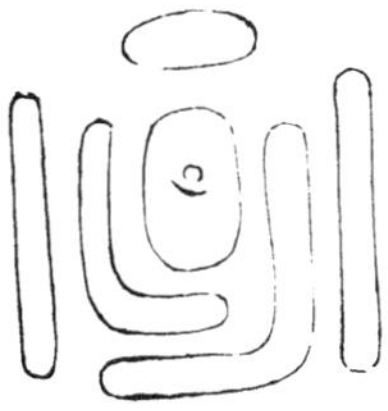

大蟠龍

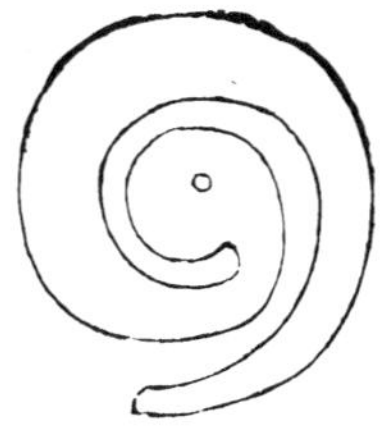

雙頭蓮

小蟠龍

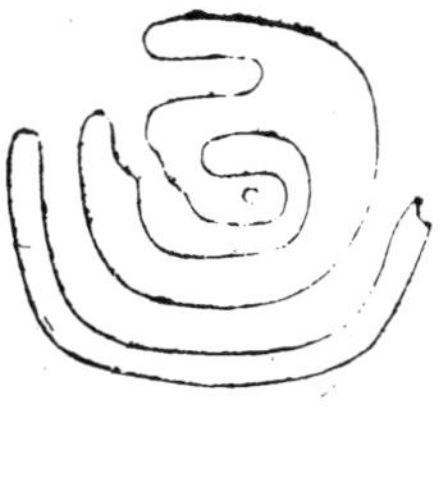

倒騎龍

左蟠龍

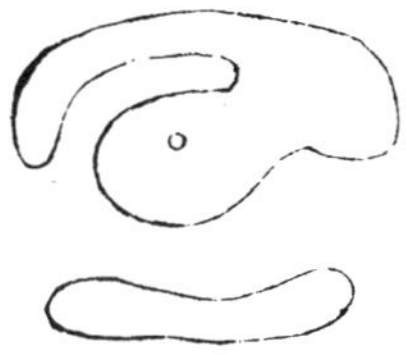

雌雄交互

右蟠龍

鷺鷥戲水

平沙落雁

蒼龍戲珠

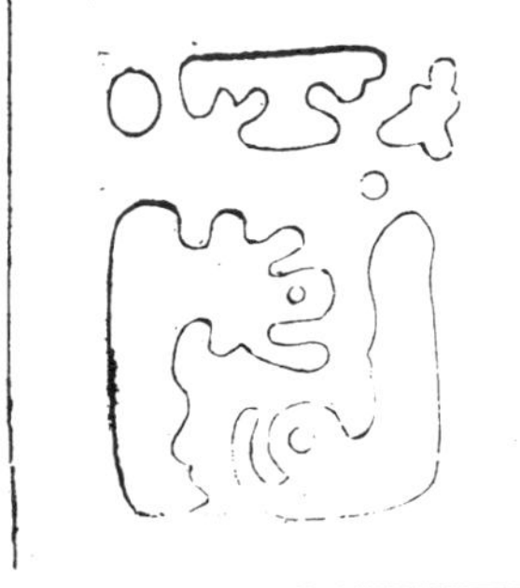

蒼龍出海

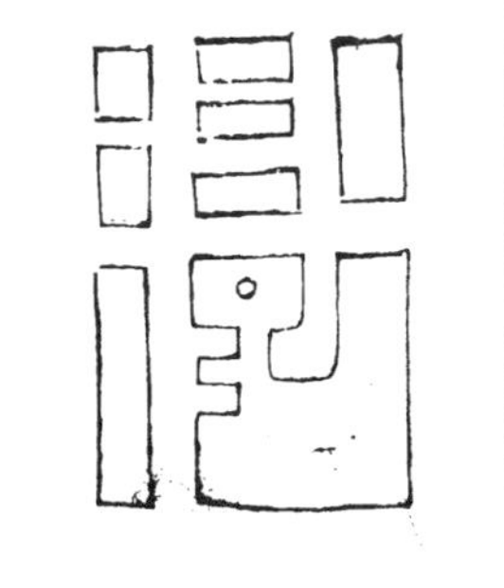

丹鳳啣書

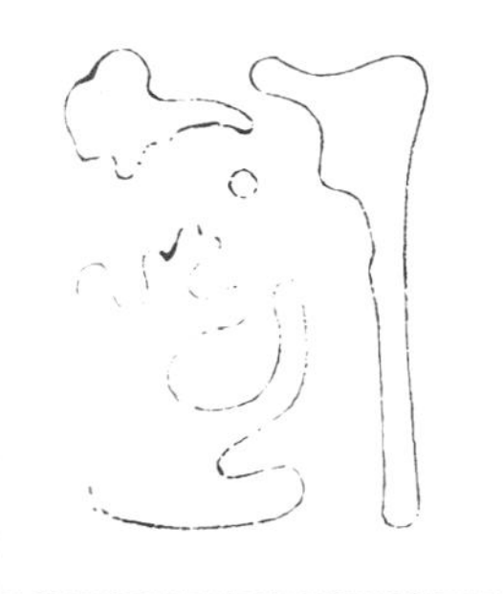

長虹吸水

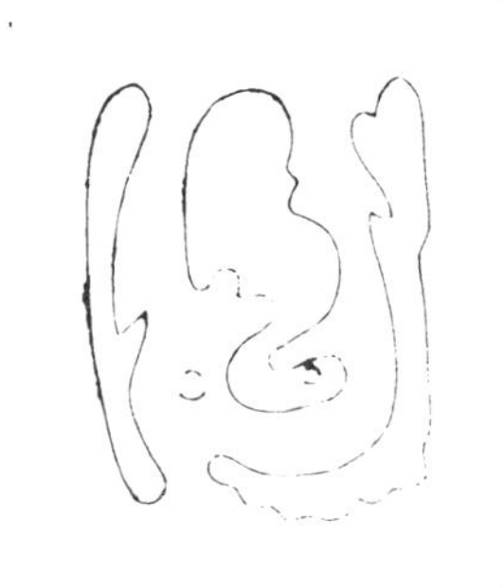

虬龍相聚

青鸞對舞

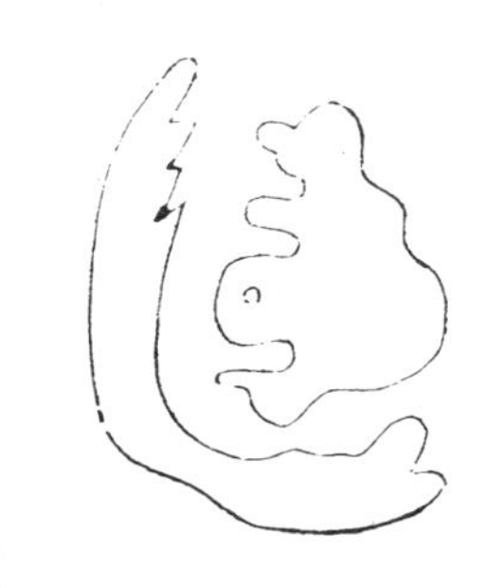

祥雲舞鳳

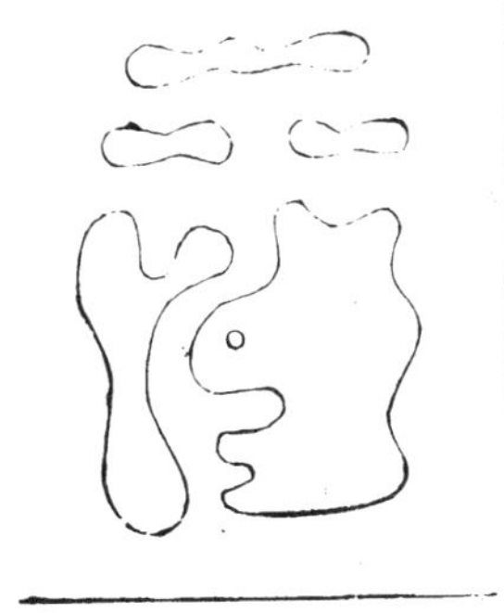

金鉤玉尾

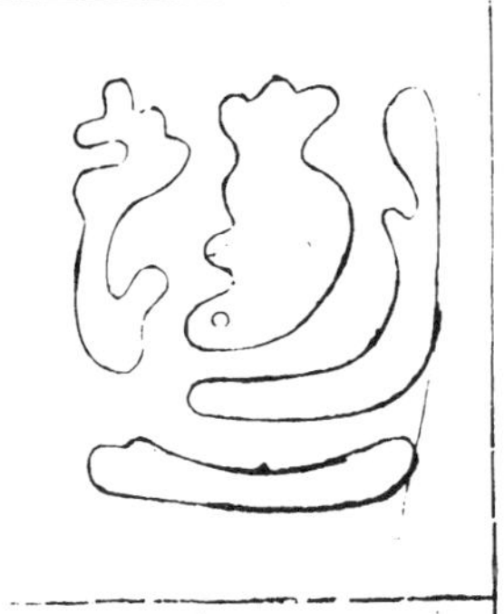

織女穿梭

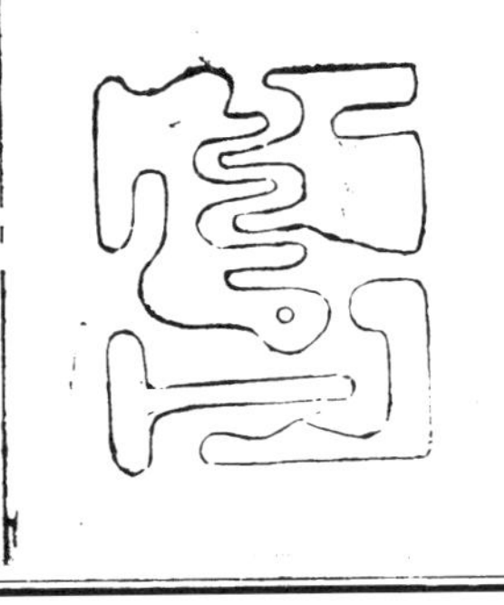

金箱玉印

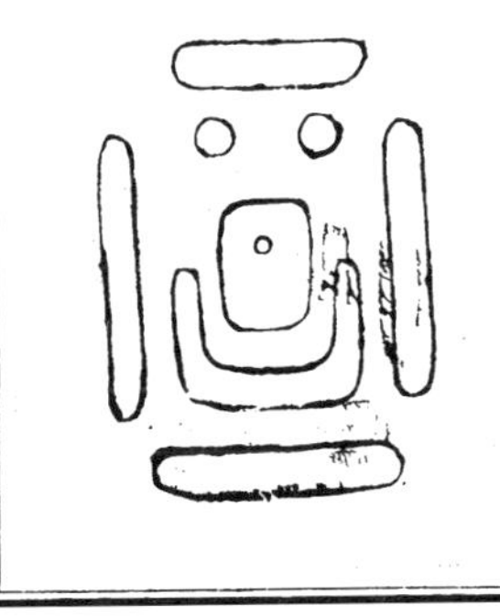

泊岸浮牌

幞頭象笏

一云聚中取特

浮水木

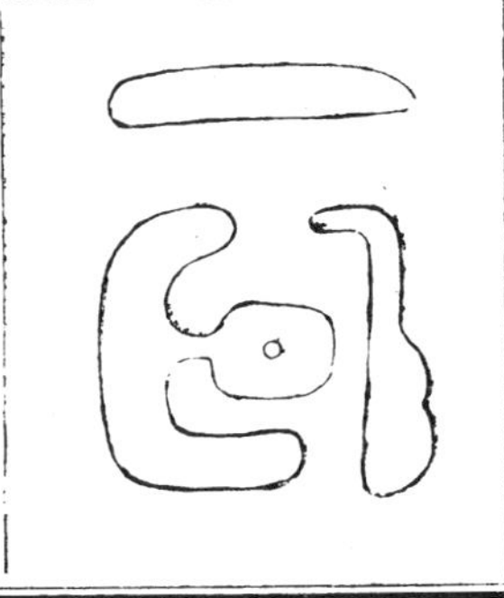

剪火嘴

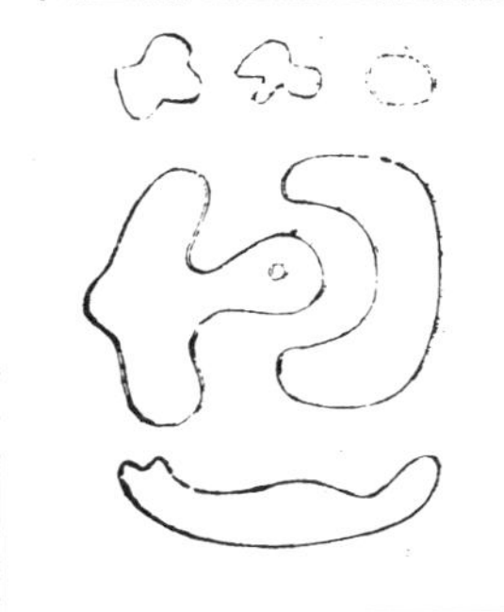

太極圖

覆掌形

大包小

圭笏形　一云逆水沙洲

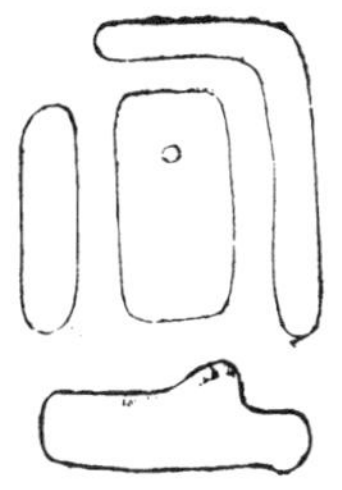

大小八字

日月峽

王字局

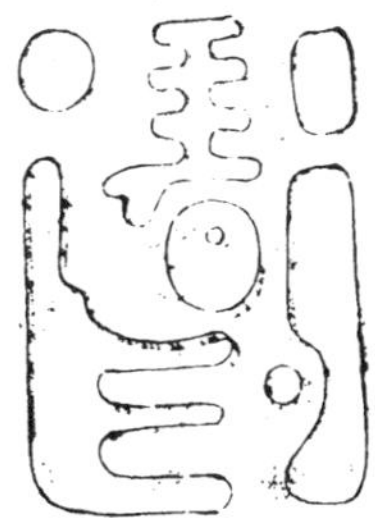

帳中孩

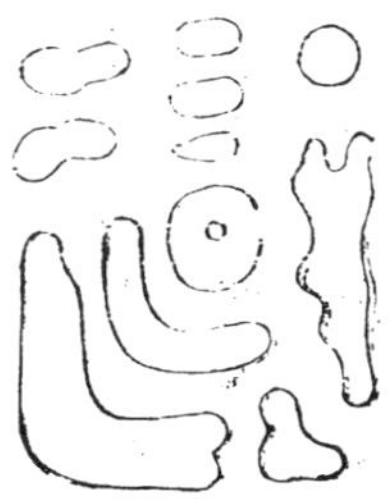

蕭客水龍經

山群以山爲龍。水群以水爲龍。三吳諸郡。枝浜交流。一圩之地。不過里許。前賢謂水爲龍。正此處也。相水認勢。葬得眞穴。富貴悠久。經云。江南大地無龍虎。砂匕歸何處東西只把水爲龍。葬下發三公。萬里無山英雄迸出其貴在水。蓋其地近海通潮。或時潮來。或時潮去。來口便是去口。去口便是來口。兩頭交媾爲交精。朝退兩分爲乳。蓋妙處在乎潭旋生活。喜其之玄。潭漩聚精神。百借之玄。現變化無窮。屈曲來朝。不論大河小澗。遶流曲抱。無分江海池塘。經云。地道剛柔神變化。聚流聚處引玄機。小水聚多而愈妙。直流總大不爲奇。內直外勾多巧結。內勾外直枉心機。橫過抱身爲抱局。對面曲朝是迎神。進局入懷。要兩邊之抱。廳流來入脫。須面畔以包藏前後。特秀卽爲華蓋。附身交合。便是金魚兩來合局是朝生二。派交流爲合鄉。六建四邊。皆護衛。三陽當面以趨迎。金魚腰帶。抱我灣環。弓局天罡當面大抱。上下水朝。號作雌雄兩感。遶身方正。卽爲華蓋幞頭。裹局枝浜奇特。隨手衆華。穿珠垂乳。源頭。卽時富貴。獻語。水而

英雄三世藏秀局而富貴千秋又股無纏而驟發迎神
得秀以綿長四龍戲珠大富大貴四面環繞悠久無疆
交劍合流生武職催官盤繞出文臣左右仙宮俱富貴
蓮花垂仰定陰陽勢若踢毬須得趣形如飛鳳翼宜長
仙掌撫琴登甲第捲簾殿試擢巍科一水曲小盤蛇局
兩浜正抱是開窈美女獻羞生秀氣排衙形局出官僚
大極二源正秀貴蜈蚣百足出英雄蝦局富而雄豪金
城貴而悠久高朝局久則出姓蟠花形一發便休草露
擎垂而取尾露薄則出姓絕嗣順風船穴在屆中船大

則榮華富貴順風捲簾而入贅舞旗脚轉始堪裁風吹
羅帶發福遲而綿長伏蔭金魚先富饒而後貴排花垂
帶衣食從容進局入懷享福悠久金鈎宜有刺朝元水
要多裹局濶大而不巧交牙緊夾而有情曰字局有吉
凶難城格分真偽盤龍局勢盤中取虹食彩霞聚處尋
擎傘水扦垂尾龜紋局取中尋枝蒂認其水勢棋盤須
點將軍雙龍戲感合陰陽一水垂絲鈎裹取四水歸朝
防散亂聚堂旺局忌乘風砂水相關真妙局回龍顧祖
巧形模勢有排衙累局生蛇朝聚多情蛛絲聚布聚處

要扦重抱盤旋水多愈巧中軍垂乳有外抱則財祿榮
昌日土聚堂得秀朝則梁科貴顯四勢不流元氣聚灣
巧一抱福天然橫官龍形生顯貴借合穿龍發財源出
水蓮巧而生秀流帶局活動為榮蓮花局取緊小垂節
勢欲多枝生蓮靈芝蓮多為妙丘原轉結聚處最奇來
長去短福蔭無疆來小去大凶禍立至屈曲盤旋富貴
悠久牡牝華蓋文武全材大抵來宜屈曲去合之玄急
流者易于興敗凝節者福壽綿長水口交鎖織結難瀾
亦佳局內穿割箭射縱逆非福此等水法理致最微不

特知之者鮮而講之者亦少矣

六建護胎
狀元拜相

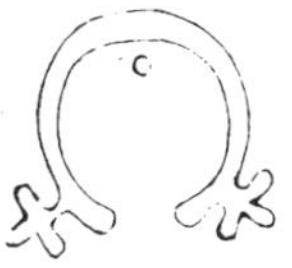

金魚腰帶
若連環俱
主富貴

上下水朝
翠作雌雄
相感

三陽迎局
及第神童

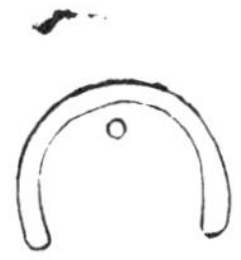

天虹貫抱
少枝流脇
不長久

遠身方正
印爲華蓋
幞頭

裝局枝浜
奇特臨手
榮華

獻苗水而
英雄[illegible]位

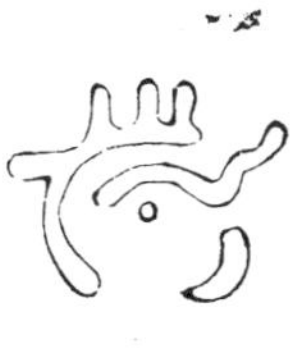

乂股無纏
而驟發

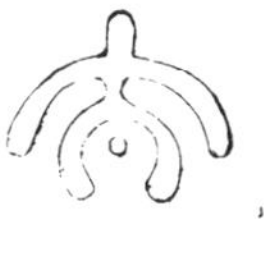

穿珠垂乳
源頭印塒
富貴

藏局秀而
富貴千秋

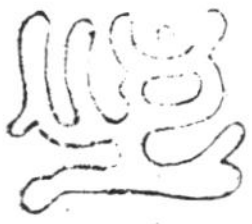

迎神得秀
以綿長

四龍戲珠
大富大貴

交劍合流
生武職

左右仙宮
俱富貴

四面環繞
悠久無疆

催官盤繞
出文臣

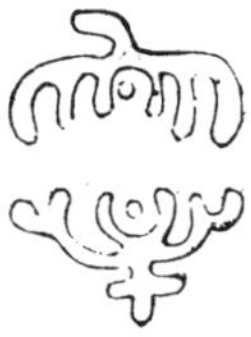

蓮花垂仰
定陰陽

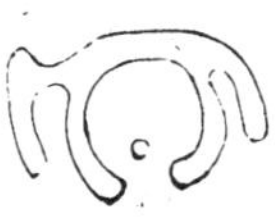

勢若踢毬
須得趣

仙掌撫琴
登甲第

一水曲小
盤蛇局

形如飛鳳
巽宜長

捲簾殿試
擢魏科

兩浜正抱
是開弓

美女獻羞
生秀氣

太極兩源
眞富貴

蝦局富而
豪雄

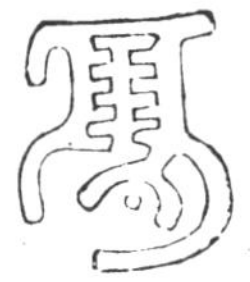

排衙形局
出官僚

蜈蚣百足
出英豪

金城富而
悠久

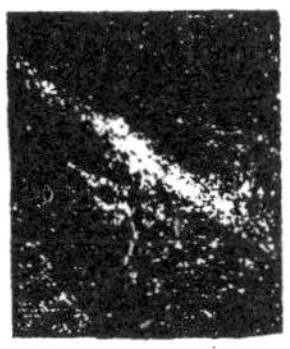

高朝局久
則出姓

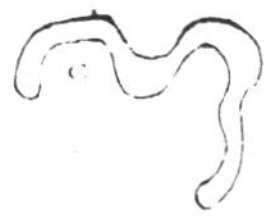

草露擎垂
而取尾露
薄則出姓
絕嗣

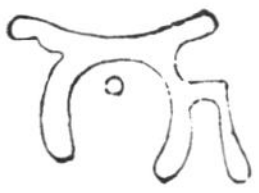

順水捲簾
而入贅

幡花形一
發即衰

順風船穴
在居中船
大則富貴
榮華

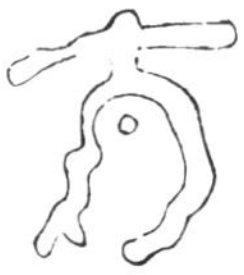

舞旗脚轉
始堪栽

風吹羅帶
發福遲而
綿長

插花垂帶
衣食從容

金鈎宜有
刺

伏蔭金魚
先富饒而
後貴

進局入懷
享福悠久

朝元要水
多

婁局濶大
而不巧

口字局有
吉凶

盤龍局勢
盤中取

交牙緊夾
而有情

藏鞋格分
眞僞

虹食彩霞
聚處尋

縈傘水扞
垂尾

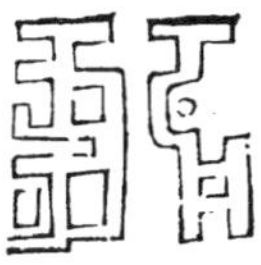
纏絞局取
中尋

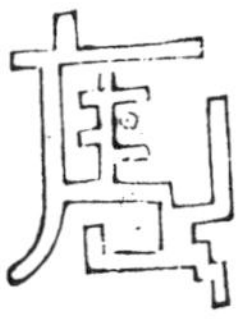
枝帶認其
水勢

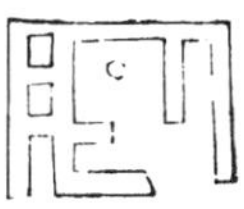
棋盤須點
將軍

雙龍戲感
合陰陽

一水垂絲
鉤囊取

四水朝元
防散亂

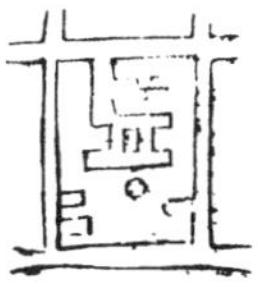
聚堂旺局
忌乘風

砂水相關
眞妙局

回龍顧祖
巧形模

勢有排衙
畧局

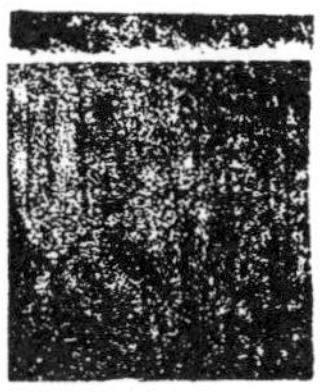
生蛇朝聚
多情

蛛絲聚布
重抱盤旋
水多愈妙

中軍垂氣
有外抱財
祿榮昌

日土聚堂
得秀朝累
科貴顯

四勢不流
元氣聚

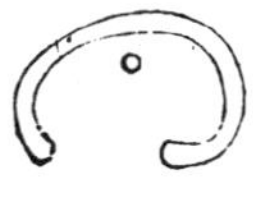
彎弓一抱
福天然

横官龍形
生顯貴

借合穿龍
聚財源

出水蓮巧
而生秀

流帶局活
動爲榮

蓮花局宜
緊小

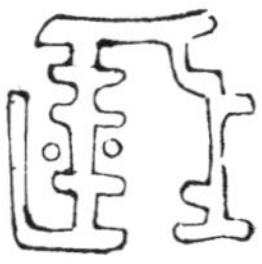
垂節勢欲
多枝

生蓝靈芝
蓝多爲妙

丘原轉結
聚處玆奇

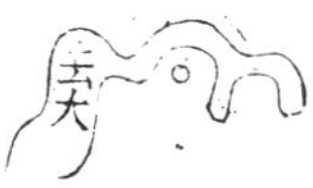

來小去大
[illegible]聯游至

[illegible]牲華蓋
文武全材

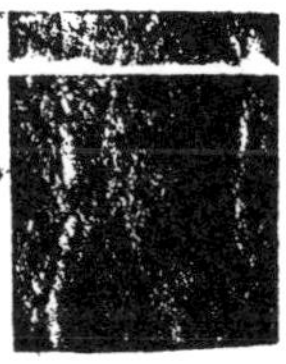

來大去小
福蔭无疆

屈曲盤旋
富貴[illegible]遠

地理六經註序

地理之書，作者充棟，所主者不過體用兩端。體則其巒頭也，用則其理氣也，要其所取者，乘生氣而已。前人之言曰：穴從龍，龍從生氣，生氣所止即為穴。穴動極求靜，靜極求動，非於巒頭生氣之外別有所求也。又曰：向從水，水之生氣所合即為向。陽用左旋，陰用右旋，非於理氣生氣之外別有所求也。今之不知巒頭者，莫識

龍與砂之別，或誤以砂為龍，龍失而穴愈失，即知龍矣，而龍之所驗，莫識所為太極，總未辨巒頭之生氣也。不知理氣者，莫識收與放之法，而昧左右之分，向迷陰陽之別，生旺宜收上流而反放下流，墓絕宜放下流而反收上流，總未審理氣之生氣也。予從事地理者三十年，且性耽遊覽，見名墓必親歷其址，遇明師必躬訪其道，尤于穴之或隱

或正水之或直或斜登其地而不解必攷諸書攷諸書而不解必質諸人當世豈無明眼金華葉九升先生識希覯之人也先生稟靈松洞天之鍾靈具呂伯恭陳同父之異質

其來吾寧也道愈高而跡愈晦予初不識其人丙寅之秋有稱先生者予因同過阜亭偃一地余三十年未識其穴先生一見即指之余始猶以爲疑迨于今一閱寒暑矣諸

返覆玩幾寢臥其中即閉戶静坐時若此地常在我目為之空中指畫摩揣究無以易吾先生所指者先生真明眼人也先生所指者乘生氣之法也先生之所著甚富而扼要

在六經其中天玉一書久無善註庸術尤借此以欺人予向在夢夢先生更為余加意詳釋之今已朗然皎若日星矣地理家之諺言用註已無所不該無所不晰予之所謂穴從

龍向從水者其法無不畢
盡於此曰向先生先生已
作郭景純楊筠松曾文遄
賴太素之功臣矣自此如吳
景鸞廖金精蔡牧堂黃妙
應董德彰諸公得無于先
生為有闕略之憾否吾儒廣
六經為九經廣九經為十三
經天下讀十三經者多有註
疏先生獨不可于地理六
經之註廣而為九經之註更
廣而為十三經之註乎是余

所更望於先生者嘗
康熙二十六年歲次丁卯菊
月東海年家眷弟鄭秉謙
以存氏書於愛蓮堂

叙

余素不諳形家言同里鄭儀操先生爲姻婭尊行博學嗜古於天官地理之書罔不熟悉故四方以堪輿來者晉接講求殆無虛日嘗言有眞人品方有眞學術而未遇其

人也先生與余交素稱忘年忘分余筮任臨邑以公車過署盤桓數晨夕道及古婺九升葉先生來遊吾寧精于青烏之學且其爲人當於古人中求之臨地不輕許可與世之挾術求售者異人叩之言娓

娓不倦與世之詭秘自私者異性情落落不肯通姓氏與世之無介至前者異地理家有一星而數易其名有一法而各稱其術先生貫串百家確有原委與世之執一不通騎墻無定者又異所註地理六

經得古人神髓行將勸之梓以明先賢之道余心藏之是冬儀操先生遽賦玉樓次年先君見背匍匐南歸得見葉先生其人朴以茂其言質以直益信儀操先生不我欺也今出其所註六經付梓余過而

聞之先生曰古人言簡意深後之註者多背其本旨或加意於浮文反棄置其實用先賢之道將日久而日湮也特刊此以正其訛嗟乎陰陽家使人拘而多忌史言之矣然其道實有不可泯者自漢晉以

來卒不磨滅也古人言道之書非得道者不能註非見道者不能讀其註余何能悉其妙而儀操先生學甚富交頗廣其卜兆一從葉先生豈以身試乎余以信儀操先生者信葉先生因以葉先生之爲人

信其註也翹首凉天又將北發六經註授梓余固不諳形家言爲念儀操先生二十年來閉窓對榻謦欬如聞今書成而不得商確其間能無憮然因紀其始末非敢以爲序也

旹

康熙辛未八月之望東海年家弟

[illegible]

敘

人之富貴福澤天道使之地靈成之者也有富有貧有貴有賤雖處宇內求其故是富貴者其先祖父厝所已得地之靈區而貧賤者罕得也夫天道嘿運難可象觀地靈具形實有跡據山川融結後擁前朝左右圍抱或數百里或數十

里或里許或丘壟間縱氣勢跡象不同而主從之情可掬則是天地一經融結毋論大小便稱靈區苟爲人子者得天地一靈區安厝祖父遺骸受山水之擁從而福蔭一如其區之大小後子孫即欲辭却富貴不能矣彼貧賤者其先祖父厝所抔土勺水盡屬他人之擁從宜

其然也夫孰非人子孰不願妥祖宗父母於靈區又孰是其辨別靈區者然則其辨別奈何亦求夫先賢之成法而已矣余族九升先生天資穎異髫年時凡一切五行書閱目輒解眞僞必辨不推究其原不止日夜潛心講學者數十年由博反約繹故知新是以訣出心悟近

來著有龍經俯察賦指玄論簡從歌承禎訣通氣訣無事訣等書洩盡天機豈特廖氏云爾哉余以爲諸書當先問世先生曰是皆我所自著者也雖不過暢宣大共之理發明原有之秘倘古之成法未傳反指我爲臆說必將先賢之書註疏題曰俾讀者預透其理嗣出以我

所著方知古今本無異旨惟此布帛菽粟之爲道而人人可以日用也余曰先生獨不思此六書亦爲上乘者説法非初學入門之津梁乎先生曰初學津梁行世多種人子須知地理玄珠之類是也苟世之初學者熟玩人子須知理玄珠之類既有所領悟卽有所猶疑於此

道也猶恍而莫據然後其人不待導之使讀而已自無不求讀也原非爲入門者説法也夫此六書如靈城精義倒杖催官奥語白文猶未錯亂倒杖奥語從未有註疏者以倒杖不可言傳奥語博該羣書也催官舊註不適所用若精義反爲舊註汨埋久矣今不啻出之海而

起之塵也如青囊水法歌雖定於壬戌先生與余研究者二十年其理方出癸亥葬經編成余謂大學傳自程朱手定始文理接續血脈貫通今葬經一編厥功不讓如天玉余以爲乘作異圖矣今年丁卯先生海寧歸然後論定詮註一旦暸豁盡消海內高明有不爽心快口

一讀以滌從前邪穢乎六書彙爲一函眞不啻起郭丘楊曾賴諸先生於一堂相告以的旨矣懸是六書於國門道明若大路而猶有得其道不得其道卽靈區得不得所關熙熙穰穰若或使之所云天道非歟　昔

康熙丁卯桂月葉壽天徒氏題

集六經叙

地理六經，其于地理之學備乎。曰不備。不備乎。曰備。曷言其不備也。如撼龍之星辰，玉髓之形格，太華之禽鬼，天機之法式，青囊青烏狐首白鶴之玄微，天寶至寶金函玉尺之精細，以及諸家之龍格穴法砂形水城之式，在形家必讀之書，俱不之載焉，乎備。曷言其備也。形家有形家之宗旨也，得其旨者，一言而終；不得其旨，流散無窮。知其旨則博正以求約；不知其旨，則由博以求博，望洋而終無極矣。其旨維何，辨生氣而乘生氣是也。能

辨能乘，目雖不覩諸書，自可以福人；不然，雖多何益。故世有人焉，于龍知八十一變矣，于穴知落頭十二，倒影十二，穴形三十六矣，于砂知三千格，于水知乙百九十二局矣，非不博也，而斯人所不知者生氣，于是見罡煞而以爲強旺，龍見禽曜而以爲精巧，穴其爲禍可勝道哉。釋迦牟尼佛對非法而立法，其爲波羅提木叉，在比丘者二百五十，究之後之得道者不在二百五十精熟之比丘，而在拈花之一微笑，何也。得其宗旨也。蓋諸比丘但知心生而種種法生，惟迦葉者，知心滅而種種法

滅也。昔有人閉戸讀方書三年，以爲天下無一不可醫之病，及至臨症，而三年所讀者並無有一可用之方。是徒知博而不知約，不得醫家宗旨故也。今集地理六經，形家之宗旨所存也。葬經之原始，龍也；乘止，穴也；審四獸，砂也；察源流，水也。且穴法備于倒杖，作法備于精義，合是三經，而巒頭無剩義矣。催官以中針察天星貴賤，其細盤爲素書六十，天玉以正針辨方位陰陽，其細盤爲寶鏡七十二，青囊以縫針占五行生死，其細盤爲瀛海百二十，合是三經，而理氣無剩義矣。形家之言，不過

巒頭理氣，而巒頭理氣之宗旨，莫不備于六經，又烏乎不備乎。吾故取而次第之云爾。

時

康熙二十六年歲次丁卯正月古婺葉泰自題于廣居

註六經敘

相地之書。在昔爲羽流方士之書。今則爲仁人孝子之書矣。爲言之。夫古人之於陰陽二宅。陟岡觀泉。未嘗不相也。然其用舍。全憑于卜。憑卜而不憑相。此三代有卜之說無相之說也。秦漢以來。青烏白鶴。始以其術鳴。顧其時不過以爲異人秘術。未顯著也。至晉郭丘楊盛行于世。其卜兆也。謀之于前。驗之乎後。不差毫髮。合其法而爾熾爾昌。失其法而其敗其亡。嗣是以後。上而王公大人。下而閭閈編氓。其于葬親一事。莫不憑是以爲行止。夫父母大倫。葬死大禮。而乃悉憑于相地。非是則無以妥親。非是則無以盡禮。則相地一事。尚得爲羽流方士之事哉。但相地之道。自有真傳。奈董李二公之後。衣缽已絕。有明三百年間。其扦葬發福者。皆賴先賢之程式。在人耳目。術人暗合孫吳之故也。求其中有成竹。百發百中之技。無其人矣。然先賢雖往。其妙理留文字間。其道可求而得。其傳可絕而續也。後之學者。不能極深研究。高者索于怪險。庸者趨于俚陋。咸以一己之私。妄臆先賢之論。而大背其宗旨。余念地理之道不明。由于

地理之書不明也。地理之書不明。由于註地理之書不明也。乃取此六經。詳加訓解。蓋此六經者。巒頭理氣精髓之所存。倘世之明哲。能窮而究之。則六經雖約。未必不由是而直造曾楊之室。遥接董李之傳。爲斯世仁人孝子之所依賴。而仁人孝子能伏而讀之。或不致惧墮于奸譎之術。則此書之成。豈曰小補云乎哉。

葉泰再題

六經例言

一地理之書已盈車矣在後學自不勝讀然不可不審擇者有淺近之書有升堂之書有入室之書有超神入化之書更有齊東之訛傳奸術之僞托顧可盡讀而不之棄取歟茲集不特訛僞不收即見道之書而非得道之書亦不收惟此六經乃超神入化得道之書故特錄焉

一地理以巒頭爲體理氣爲用故茲六經先後以此爲序巒頭三書首葬經言生氣也次倒杖明穴法也次精義詳作法也而精義一書巒頭理氣俱備足巒頭之終而起理氣之始其理氣三書首催官以乘氣從中針也次天玉以方位從正針也次青囊以生旺出縫針也終之以奧語者合巒頭理氣一以貫之也

一葬經一書相沿訛錯蔡氏定爲八篇吳氏病其未精定爲內外雜三篇吾鄉鄭氏註之奈吳氏所定亦未精妥而鄭氏亦欠發明予涵泳本文定其簡錯别爲篇次詳加註釋或是或非敢以質諸高明而熟讀三氏書者

一倒杖迺穴法總吉也天寶諸經不過發明此篇予詳加評註然穴法必須心悟非可言求余亦有穴訣一書其義淺近可爲此書卑邇之一助將嗣刻焉

一靈城精義形家泄天機之書也舊註訛僞盡失作者本意讀之令人憤悶夫詮註原爲本文語該括而義深長故闡明之豈期不知本旨雜沓附會剽襲理珠余六經詮註之舉實感乎此

一催官經理氣中乘氣立向之奧也向之註者隱秘其法故予明其收放圖式以便按索庶無僞氣間入之弊

一天玉經備詳古例不容不讀但傳本錯亂殘缺兼之經文奇奧卒難得解余丁卯歲與海昌儀操鄭先生談論及此先生勉余一註故是經之註獨後註雖尋常而編次本文殊費心矣

一青囊叙迺水法之秘妙爲吾族天徒景明諸先生日夜所講究者無奈傳本亦多錯亂壬戌冬余編次其文加之註釋不過爲諸先生塵談之一助非有問世意也數年以來不覺註成六經而此適編于殿然實

余捉筆之首也。

一奧語一書集巒頭理氣之大成其言該括其理精深諸書爲錢此其串也故以之爲大結舊傳無註以其一語中當有大部書其義不勝註也今余之註非敢云了義亦疏其大略而已。

一詮註是書以發明經旨爲主只求辭達而文釆修飾不暇及焉恐經旨反爲之蒙也讀者莫以固陋而誚之。

一地理之有巒頭理氣尅擇猶鼎之有三足缺一不可。余向欲註選擇秘旨歌一篇以成形家全書而天徒先生有天機歌一註已將秘妙和盤托出必出公世故不續貂。

一造坟法式廖公作法部已詳明無遺學者宜自識之。

一平地水洋其法與山迥別郭仙楊公曾俱有傳書。嗣當訂刻。

一儀操先生所集理氣備攷一書各家俱全但搜羅大廣卽當刪訂以付剞劂。

一辨經解說向無善本郭子頡達全余講究有年意欲分别真僞集成三卷一正盤二備用三辨僞將羅經理氣和盤托出因目下纂集平洋未遑較訂付梓之事姑俟來春。

一是書之成自壬戌至丁卯越六歲月始克註就至辛未籌梓之時儀操先生之長公振展爲余刪繁益簡字訂句讐手錄數過日之不足繼以燈火始克成編非余二人之全心焉能就緒。

地理六經註目

地理六經註卷之一

古婺葉泰九升父著

葬書

余從今日追想景純作葬書時，彼初不計後人之知與不知者也。使彼而恐後人之不知，則其文必淺近。淺近而後後人能解其義。然文而淺近，則說理必不能探玄而入妙。夫不能探入玄妙，則無以啓鬼神之靈秘，而與庸庸者等。塟書亦不必作也。今觀塟書，眞探玄入妙之文也。劈頭乘生氣一語，人所不能解之語也。雖然，作之而令人不能解，又似不必作矣。景純氏曰：吾不作塟書，後人必不能作塟書，不將此理竟湮沒而不傳乎。吾不必計後人之知與不知也。吾但作之以俟千百年後必有一人與吾心相印者，則此理不湮沒于天壤，而吾之願足矣。此作塟書意也。

葬者乘生氣也。五氣行乎地中，發而生乎萬物。經曰：土形氣行，物因以生。

塟者，藏也。人之有生，不能無死，故聖人制爲棺槨，藏之地中，所以畢死事而盡人子之心也。生氣者，卽陰陽五行化生萬物之氣也。五氣者，五行爲氣母，故曰五氣也。斯氣上升則爲陽而氣行地上，故春生夏長自子至巳而萬物暢茂也。下降則爲陰而氣行地下，故根布泉動，自午至亥而萬物閉藏也。氣得五行之冲和，水火交濟，則爲生氣，物得之而生長；氣得五行之偏勝，水火不交，則爲惡氣，物犯之而死亡。故當避其惡乘其生也。夫氣充塞宇宙，古人謂蟻穴之中亦有生氣，似在在皆可乘矣。然流行而不止，渙散而不聚，則不可乘，故必求其止聚之處而後可乘得之也。猶之乘風者，必于風旺之處乘之，而後可得其凉也。五氣行乎地中者，從天降而入于地也；發者，復從地而上升也。上升則萬物生。經者，青囊經也。土形氣行者，土無氣以氣爲氣，氣無形以土爲形，故有土形卽知有氣行也。物因以生，因土中有氣，故土能生萬物。使土中無氣，不過塊然而已，能生物哉。此一節，明葬道在乎乘氣，而以生物明地中之氣也。

陽氣之升，始於子而極於巳，根于水而發見于火，爲地上之生氣；陰氣之降，始于午而極于亥，根于火而

盛大於水，爲地內之生氣。故萬物之生長在春夏，而枯骸之得蔭在秋冬。陽氣盛於巳，陰氣盛於亥也。

生氣說　水火者，生氣之根也。火者，天之神氣；水者地之精氣。土中之煖氣，火也；土中之潤氣，水也。精神交融，煖潤相蒸，而生氣出焉。故煖而不潤，有火無水則燥烈。燥烈者，殺氣也，乘之則發凶禍。潤而不煖，有水無火則卑濕。卑濕者，死氣也，乘之則主退敗。故葬必乘生氣也。觀于地面之萬物，太寒則凍死，太旱則燥死，地中亦然。生氣畏風者，以風能吹冷煖氣，吹燥潤氣也。穴喜砂衛者，以無衛則孤單，孤單則寒而不煖也。穴喜水交者，以不交則傾散，傾散則燥而不潤也。吉穴太扦高而發凶禍者，犯燥也；太扦低而冷退者，犯濕也。故地之有無，辨於生氣，葬之得失，辨于生氣。地理之學，一乘生氣而已矣。

乘生氣說　水火之煖潤融爲生氣，其流行者，固在在充周。然葬必求其止聚之處而後可以乘得之，但生氣藏畜於內，無形可見，將何以知其止聚而求之？與，抑知誠中必形外，見外可知內，生氣所聚之處，其

上必有動氣動氣者何卽凹突之穴暈是也生氣潛
於下暈形現于上如魚在水中一動其水上自成一
暈見暈可以知魚也故欲知生氣須精熟暈法
水火者山之精神也土金者山之體質也木者其精
神發現于體質者也故見土石鬆散草木焦枯之山
便知其精神不足焉有生氣
山體不化毫無變動者止有流行之氣却無止畜之
氣惟可行龍不可求穴故成穴之山自然變動必成
凹突之太極圓暈

地理之道被郭氏數語道盡葢葬之道不過乘生氣
也何也人之生也以稟生氣而生故人感觸天地之
殺氣輕則病而重則死老年之人則生氣消盡故亦
死此生氣之所以貴也夫死骨似不必乘生氣矣然
死骨乃生氣所成者故得生氣則其神妥而生福犯
煞氣則神不安而降禍也書中生氣固僅指穴中之
生氣言然地理種種法何莫非乘生氣乎水欲其生
來而墓去水法一乘生氣也方位貴旺相而賤孤虛
理氣一乘生氣也年月宜生旺而忌休廢選擇一乘

生氣也地理之道備盡其乘生氣之道也能知乘生
氣則地理之能事畢矣至哉乘生氣三字括盡地理
之全神非郭氏孰能言之
人受體於父母本骸得氣遺體受蔭經曰氣感而應鬼
福及人是以銅山西崩靈鐘東應木華於春栗芽於室
蓋生者氣之聚凝結者成骨死而獨留故葬者反氣納
骨以蔭所生之法也
此一節明死骨得氣而生人受福之故文明不必註
靈鐘漢未央宮事夫生氣者發福降祥之本也死骨

得之不能自享其福祥故生人與此骨相感者福祥
卽降之也親生之父母固相感而應抱養之兒女亦
相感也故亦應也他人不與之感者則不應而此人
與此骨相感則應矣豈有異術哉一理之必然而已
矣
夫陰陽之氣噫而爲風升而爲雲降而爲雨行乎地中
而爲生氣
此一節明地中之生氣也余前註陰陽之升降一歲
之大升降也一歲之升降人所共知共見故郭氏不

復言之而大升降之中于旬月朝夕之間又復有小升降則與雲降雨是也莊子云風者天地之噫氣也陰陽之氣欲升降而不能升降天地不交陰陽不和故噫而爲風也若陰陽之氣得其升降地土之氣上升而爲雲雲霧之氣下降而爲雨其升也從地而至天陰交于陽也其降也從天而入地陽交于陰也故天不雨則地不能生物雨之所至即生氣之所至也說者曰陰陽之氣行乎地中便是生氣今言雨降所入爲生氣恐非余曰陰陽之氣行乎地中寧待雨水

降入而後有氣誰人不知但此氣是元氣不是生氣元氣是火生氣是水元氣者生氣之原生氣者元氣之用如人身有元氣有血氣元氣者人身之煖氣爲一身之主宰血氣者人身之潤氣所以養活此身者也生氣者乃生養萬物之氣不指元氣言生氣者所以生養此元氣者也元氣若無生氣滋養則元氣日就枯索矣故雨入地爲生氣此是形家第一妙諦不可不詳明者余請以文理道理先賢之言三者明之本文不言升者爲雲降者爲雨行乎地中者爲生氣

不作三項文理而言升而爲雲降而爲雨行乎地中而爲生氣從陰陽之氣升降中另指出一生氣來而爲二字是一串文理也蓋不降不升則是天地不交不交那得有生氣也陰陽之氣如父母生氣是兒女生氣是陰陽相交中出來者夫生物者土也而土能生物者賴有水也同一土也而枯燥者不生物將此土潤澤之復生待雨不得雨也蓋宇中萬物莫不以水爲養凡飛潛動植絕水則皆死人雖火食而粥飯茶湯入口者仍水也故開穴見枯索焦燥之土無不

凶見細膩滋澤之土無不吉以燥爲火潤爲水萬物入火無不灰滅故穴中火多無不大凶此雨之所以養萬物而爲生氣也但不可積聚而汚溼耳汚溼則絕火之煖氣而爲死氣矣廖金精曰山上有泉襲入之水也山下有滴洩出之水也非散洩者輪襲廻潤之則山爲枯槁之頑塊耳要之一氣流通循環無窮本固之也又曰絕頂有泉同潤之餘也是天地生物首尾貫通生意渾敷由物體自具生意故外補之生氣可以徐久也又曰塟骨一如接木山即木丕也骨

卽別枝也枝旣生于木亞木亞之生氣欲侯于水也
無水以灌漑之則土燥而木根茇烏能暢其餘蔭哉
害䕺者固之以洫密之以區導外注收天澤俾固潤
以潤土也外水傾洩則內蔭不足雖成不耐久不耐
久自焦枯焦枯安能致富盛哉又曰土生水漬而灌
物積漬之氣又化爲雨露潤土而養物輪廻不輟自
爲終始又曰成地必有堂局此足相也如人準下必
有口是足相也有口受水食灌蔭內腑所以華身體
卽山有堂局受潮漬滲蔭山土所以壯氣也又曰山

川凝生氣而露形者也根栽于地乘氣灌養常活耳
故氣血貫通無處不到此極高之山頂必有池塘之
積泉也又曰地之潮蔭猶人之飲食地之屏障猶人
之屋宇無朝蔭[illegible]枯涸之病無屏障則有風寒之
病有此二病欲求穴不得也又曰氣行于山體猶血
周於人身人身之血以氣而行山體之氣以水而運
二難曰水藏山內氣出水中來處來去處去龍從逐
節遞來一節有一節之水與氣觀于此言可以知雨
水入地爲生養萬物之氣矣吳國師望龍經其辨龍

以水星爲主若龍無水泡文曲者則不成胎其到頭
必不結穴
支壠之結穴也有結于土中者有結于嫩石中者今
人一見嫩石便疑爲不結不知頑硬之石一片無縫
雨不能滲入者生氣之所不行也故不結穴若夫細
嫩之石雨能滲入者生氣之所流行也豈不結哉廖
金精曰山之質土與石而已非石不立非土不具星
體得吉生氣潛藏造化揪斂雖純石皆可葬也疑石
不結者皆不知雨之所行卽生氣也故附論于此

丘壠之骨岡阜之支氣之所隨
此承上文言生氣流行凝結之處也雨之所入則爲
生氣然積水之處則偏陰而爲死氣矣丘壠者石山
也骨石也岡阜者土山也陽地也支土脈之脊也支
骨之中雨亦能入雨又不留不溼不燥爲生氣流行
之所故曰氣之所隨此節先言流行之處至于凝結
之場則另有說也
經曰氣乘風則散界水則止故謂之風水風水之法得
水爲上藏風次之何以言之夫外氣所以聚內氣界水

所以止來龍千尺之勢委宛頓息外無以聚內氣散于
地中經曰不蓄之穴腐骨之藏也夫噫氣爲能散生氣
龍虎所以衛區穴叠叠中阜左空右缺前擴後折生氣
散于飄風經曰騰漏之穴敗棺之藏也
此承上言支骨之中固爲氣之所隨而流行矣然而
不聚不止則又不可以葬也氣乘風則散界水則止
故支骨之間受凹風之射則不聚無外水之界則不
止惟無風有界生氣始止聚也夫求生氣在觀風水
故謂之風水也得水爲上藏風次之上與次猶志至

氣次也外氣水也外無水界則內氣散于地中既無
水蔭生氣不蓄此骨之所以易腐也噫氣風也受凹
風吹則生氣散于飄風寒冷而棺易敗也　問生氣
何以乘風則散曰生氣溫煖風氣寒能散其溫煖生
氣潤澤風氣燥能散其潤澤此所以散也蓋生氣乃
天地之和氣風乃天地不和之氣故不相安凡山巒
受凹風射處其土石鬆散其草木焦枯此其可見者
也
古人聚之使不散行之使有止（狐首經本文是聚而不散行而有止）

有風則不聚無水則不止故古人之葬者必求無風
而聚之處使生氣不散於飄風求流行有止之處使
內氣不散于地中而後葬之獲福也
夫土者氣之體有土斯有氣氣者水之母有氣斯有水
經曰外氣橫行內氣止生蓋言此也
此申言得水使有止之意也有土即有氣以行其中
有氣即有水以界其外有外水之界而內氣始止也
故引青囊以証之夫地不結穴者大抵在不得水耳
未有上分下合清白而不結地者故得水爲上也若

風之散生氣者惟凹射直急之風而陽閣之風却又
不散生氣此藏風之所以次之故聚而不散行而有
止古人固所並求而二者之中尤以有止爲重此氣
止水交之所以爲穴也（已上論生氣）
夫氣行乎地中其行也因地之勢其聚也因勢之止葬
者原其起乘其止地勢原脈山勢原骨委蛇東西或爲
南北千尺爲勢百尺爲形勢來形止是爲全氣全氣之
地當葬其止
此承上文內氣止生而言夫氣行于土中人不可見

然觀地脈可以知氣也。氣之行也。因地勢之行而知其行也。氣之聚也。因地勢之止而知其聚也。故葬者原勢從何處起而行來。察勢何處止而乘其氣。原起是龍法。乘止是穴法。人能知生氣之所止。則高而蓋低而粘。偏而倚。中而撞。措之而咸宜也。地勢原脈。四句言原起之法。平夷之地。原其脈脊。高峻之山。原其石骨。以察其脈絡貫串之起止也。雖然起亦不易原矣。蓋龍行度最多閃側。千變萬化。莫可測度。人以為投東矣。而龍却又向西。東西南北。甚言其變化不測也。故吳公云。只泥串心直串去。不識真龍轉身處。言原起之難也。千尺為勢。言其遠也。指一枝山之行度言。猶今人言龍也。百尺為形。指結穴之一山言。猶今人言入首穴處也。勢既來。近形止聚。則為無破全氣之地矣。而求穴當葬其止。則吉也。

宛委自復。回環重復。若踞而候也。若攬而有也。欲進而却。欲止而深。來積止聚。冲陽和陰。土高水深。鬱草茂林。貴若千乘。富如萬金。經曰。形止氣蓄。化生萬物。為上地也。

此形容全氣之局也。宛委自復。龍來宛轉曲折。向前而復顧後。即楊公所云胎前行伏後裴也。回環重復言兩邊之護從。環抱不一而足也。若踞而候。言結穴之山端嚴不動。若人踞坐而有待也。若攬而有。言局中之砂水莫不拱向。皆為我一攬而有也。欲進而却言兩邊護穴之砂。欲進而又却步。不敢擴堂逼穴也。欲止而深。言局中之水止聚而不去。深沉而多蓄也。來積止聚。言來龍之氣則積而厚。止穴之氣則聚而不散也。冲陽和陰。言結穴之所不純陽而渙散。不純陰而硬直頑罡也。又其地土高水深。草鬱木茂。則其土之美也。觀其氣象。若千乘萬金。尊貴而豐足也。此上等之地之局。故郭氏備為形容。而復引青囊以証之。

上文千尺之勢。委蛇頓息。言龍亦委蛇而來。頓住而止息于此矣。但因無水界。則內氣散于地中而不結穴。此之宛委自復。若踞而候。與委蛇頓息無異。然此吉而彼凶者。蓋此以水交氣止。結穴故吉。而彼以水不界而不結穴。雖有龍而亦無益。此楊公所謂得穴而後尋龍也。

郭氏乘生氣三字。括盡地理之道。而此勢止二字。又括盡點穴之法。夫點穴之法多矣。有用星辰者。有用體勢者。有用形象者。其端百千。非語言之可盡。楊公括之以十二倒杖。亦甚得其要領矣。然十二倒杖。何莫非勢止于此而杖倒于此也。人能知生氣之所止。則直取而扦之。百發百中矣。復有何穴法之多端也哉。此二節論大地

氣之盛。雖流行而其餘者猶有止。雖零散而其深者猶

有聚。故藏於涸燥者宜淺。藏于坦夷者宜深。經曰。淺深得乘。風水自成。

上言全氣之地。則龍穴砂水。莫不止聚。此言結大地之外。其餘氣所結之小局也。結大地之後。其餘氣渙散流行。不復有止者。此其常也。然龍氣之盛者。其在山也。雖流行而餘氣尚有止聚者。其在地也。雖零散而深處尚有藏蓄者。涸燥。言山也。山體峻峭。故雨後即涸燥也。坦夷。平地也。餘氣所結。其氣寡薄。在山則無深蓄。故宜淺以乘之。在地則非深處。又不能存留餘氣。故宜深以取之也。此以上皆言乘地中生氣之法。原地中生氣之理。此以下則言相山地之形。因形以求氣之法也。此一節論小地

夫岗阜羣壠。衆支當擇其特。大則特小。小則特大。參形雜勢。主客同情。所不葬也。夫支欲伏于地中。壠欲峙於地上。支壠之止。平夷如掌。故支葬其巔。壠葬其麓。卜支如首。卜壠如足。形勢不經。氣脫如逐。

此言覔地之法也。夫羣山衆地之中。爲主爲從。甚難辨矣。然主必異于從。故衆大之中。其特小者主也。衆

小之中。其特大者主也。故當擇其特也。倘參形雜勢。而主從不分。主客同情。而賓主不辨。則爲不結之所。不可葬者矣。下文言相支壠之法。伏藏也。峙聳也。支欲伏于地中者。平陽之所。欲衆砂外衛。而主山獨伏藏于中也。壠欲峙于地上者。山壠之中。欲衆山卑拱。而主山獨聳嚴于上也。然支壠雖異。而占穴之法則同。其止聚之處。皆必平夷如掌。此古人所謂來不來。坦中裁。住不住。平中取。如掌之義也。止聚之處。必平夷而後止聚。支之平夷在巔。故支葬其巔。壠之平夷

在麓故壠葬其麓卜支如人首取巔卜壠如人足取麓蓋支而葬麓則脫氣壠而葬巔則犯罡支巔壠麓經常不易使反此則形勢不經生氣不能乘而脫去矣此一節總論支壠

地貴平夷土貴有支支之所起氣隨而始支之所終氣隨而鍾觀支之法隱隱隆隆微妙玄通吉在其中經曰地有吉氣土隨而起支有止氣水隨而比勢順形動回復終始法葬其中永吉無凶

上文合論支壠此專言相支之法也支龍欲得平坦

夷壙爲支之正體故曰地貴平夷而其上又宜有脈脊流行故曰土貴有支支之起處氣之始處也支之終處氣之鍾處也觀支四句言平地察脈之難也隱隱有而如無也隆隆無而又有也其形其理微妙而玄通知者見之而見其有庸者見之而以爲無而抑知吉在其中也此相支之所以難也青囊云地有吉氣則土隨之而高起益生聚之氣則能高起若衰敗之氣則漸漸渙散而低垂矣比者水交而合也支有止聚之氣則兩邊之水來而交比于前也勢順二句言觀支之總要也順者欲羣支包抱不宜反逆也動者結穴之處要有泡突生動忌一坦無收拾也或直硬藏煞也回復者龍虎廻環重復不止一二層也終始者來脈清白而有始穴場止聚而有終也支龍合此形局則永吉無凶爲上地矣

地有吉氣土隨而起青囊本經原不單指平地龍言大抵支壠結穴之處生氣止聚土必高起楊公所謂天心湧突是也惟其高起故有上分惟其高起故有下合上分下合支壠同法故察吉氣不論支壠皆以起處爲生氣也郭氏專引之以言支龍者又自有見

蓋壠龍高起易支龍高起難故支龍必以高起爲主江北千里平陽略有起處便爲二宅古人之重平地突蓋深有見于此耳

形動二字道盡相平陽之法平陽之地大多一片平坦不能生動故不結地若行度曲折略有泡突起伏未有不結地者故能深悟形動二字之妙則支龍之能事畢矣此一節論平支

山者勢險而有也法葬其所會乘其所來審其所廢擇

其所相，避其所害，禍福不旋日。是以君子奪神功改天命。經曰：葬山之法，若呼谷中，言應速也。

此言擁法也。山勢險峻，自上趨落，若無止聚之處，抑知生氣所結之處，自有平夷如掌之所，故曰勢險而有也。葬其所會者，取衆山翕聚之處也。棄其所來者，緊接入首之脈也。審其所瘞者，不犯生氣不到之所也。擇其所相者，外擇龍虎朝對之有情，內擇蟬翼牛角之避生避死也。避其所害者，不令界水凹風犯穴也。葬之得失，其發凶發吉，不旋日之速，是以君子得此道也，能奪神功而改天命，故引經以証之。

山之不可葬者五：氣以生和，而童山不可葬也；氣因形來，而斷山不可葬也；氣以勢止，而過山不可葬也；氣以龍會，而獨山不可葬也。經曰：童斷石過獨，生新凶而消已福。

此言山之不吉者。氣以生和，而童山砂礫枯槁，不生草木，無發生冲和之氣也。有等童山，文理濕潤，但草木不可立根，又不以童而棄之。氣因形來，而山脈既以鑿斷，氣脈不能貫也。氣因土行，而頑石無理，氣不能行也。然石山乃頑硬無縫，不受鋤鑿者，方是。若體質脆嫩，文理細潤，顏色鮮明，水能滲入者，又生氣凝結之剛者，非石山也。氣以勢止，而橫山滔滔竟去，氣不止聚也。若橫結腰落，又非過也。氣以龍會，以衆砂包裹而生，氣止聚，單山獨龍，無包無護也。若強龍脫離護從，獨自向前，名曰孤結，又非獨山，反主出英雄豪傑者也。

上地之山，若伏若連，其原自天，若水之波，若馬之馳，其來若奔，其止若尸，若懷萬寶而燕息，若具萬膳而潔齋，若橐之鼓，若器之貯，若龍若鸞，或騰或盤，禽伏獸蹲，若萬乘之尊也。

此言山之美者：若伏若連者，斷而不斷也。其原自天者，高山落脈，其來長遠也。若水之波者，橫帳廣闊而重疊也。若馬之馳者，來勢強盛也。其來若奔者，來龍不懈怠也。其止若尸者，結穴之山端嚴不飄蕩也。若懷萬寶者，砂水羅列，無美不備也。若具萬膳者，朝山奇秀疊陳也。若橐之鼓，皮囊氣鼓，言其豐滿不瘦削也。若器之貯，言生氣止聚，若藏物于器中，不渙散也。

若龍若鸞或騰或盤者言來勢若龍之飛騰夭矯若鸞之盤旋飛舞也禽伏獸蹲者言止聚之所或伏或蹲寂然而不輕動也其形端嚴恍若萬乘之尊也

天光發新朝海拱辰四勢端明五害不侵十一不具是爲其次

此言相山之法也天光發新者言斬草伐木而相之欲衆山之朝拱如水之朝海星之拱辰而前後左右之山皆端正不偏斜明白不偷探又無童斷之五害斯爲美地若十中有一不足便不得謂之十全地矣

占山之法以勢爲難而形次之方又次之勢如萬馬自天而下其葬王者勢如巨浪重嶺叠嶂千乘之葬勢如降龍水遶雲從爵祿三公勢如重屋茂草喬木開府建國勢如驚蛇曲屈徐斜滅國亡家勢如戈矛兵死刑囚勢如流水生人皆鬼

勢者龍法也形者穴星也方位者天星理氣也勢難者大龍大幹備盡貴體世所難求而龍之行度長遠尊貴者始能發大福大貴蔭世久遠故以勢爲難得也古人云富貴在龍身若穴星之美者小地多有之但無好龍故爲小地耳形次之者有好龍便要有好穴若穴星不美亦必有不足處古人所謂行得好不如立得好也方位之用所以曲成形勢之吉故又次之勢如萬馬者萬山齊擁而來也如巨浪者帳幙一重又一重也如降龍者龍勢夭矯[illegible]周密也如重屋者護衛多而門戶深遠也如驚蛇者孤山疾走也戈矛者硬瘦尖直也如流水者自上趨落伏而不能起也勢之美惡不同故應之吉凶亦異也然此亦言龍法之大略觸類而通可也

形如植冠永昌且歡形如覆釜其巔可富形如負扆有壠中峙法葬其止王侯崛起形如燕巢法葬其凹胙土分茅形如側罍後岡遠來前應曲回九棘三槐形如仰刀凶禍伏逃形如臥劍誅夷僭逼形如橫几子滅孫死形如覆舟女病男囚形如灰袋災舍焚倉形如投算百事昏亂形如亂衣妬女淫妻夫牛臥馬馳鸞舞鳳飛騰蛇委蛇黿鼉魚鱉以水別之牛富鳳貴騰蛇凶危形類百動葬皆非安同應朝案法同忌之

如植冠者古人之冠兩邊曲抱中心突起卽窩中突

也。形如覆釜。突穴也。如負扆者。後列屏帳。屏下聳起
貴人結穴也。如燕巢者。横土横水腰間出脈。上平下
峻。若梁上燕窠也。如側罍者。窩穴也。如刀劒者。直硬
倒木也。横几。死土也。覆舟。飽金也。灰袋者。頑飽而又
虛浮也。投筭。衆山亂雜也。亂衣。[illegible]舞袖也。下段
牛馬等類。皆形類動物者也。形勢四句。總言結穴之
山。安止靜尊重。不安浮動。飄走。或象物器。或類禽獸
者。皆忌動。故曰形類百動。葬皆非安。然不特主山忌
動。凡局中之山。皆要朝拱止靜。大忌走竄。故曰法同

忌之云。

前段言支則求其形動。此篇言山則大忌百動。郭氏
言至此。蓋發盡神髓之論也。支體平坦多靜。故妙在
乎動。山體峻急流行。故妙在于靜。從山靜支動之妙
悟入。則求穴亦不必廿年之功矣。

經曰。地有四勢。氣從八方。寅申巳亥。四勢也。坎離震兌
乾坤艮巽。八方也。是故四勢之山。生八方之龍。四勢行
龍。八龍施生。一得其宅。吉慶榮貴。

四勢者。五行之長生方也。故山川大抵四勢起祖。穴

方分枝。

夫葬乾者。勢欲起伏而長。形欲闊厚而方。葬坤者。勢欲
連辰而不傾。形欲廣厚而長平。葬艮者。勢欲委蛇而順
形欲高峙而峻。葬巽者。勢欲峻而秀。形欲銳而雄。葬震
者。勢欲緩而起。形欲聳而峩。葬離者。勢欲馳而穹。形欲
起而崇。葬兌者。勢欲大來而坎垂。形欲方廣而平夷。葬
坎者。勢欲曲折而長。形欲秀直而昂。

此言方位有相安之形勢。然亦不必泥。鄭註已闢爲
僞說矣。

夫勢與形順者吉。勢與形逆者凶。勢凶形吉。百福希一。
勢吉形凶。禍不旋日。

上文分形勢而論其吉凶。此言合形勢而又有吉凶
之辨也。勢者。龍也。形者。穴也。勢與形順者。龍之橈棹
節節抱向前也。逆者。橈棹反逆不抱穴也。龍凶穴吉。
猶發微福。穴凶龍吉。只發凶禍。蓋穴近而急。龍遠而
遲也。

上文以勢爲難。則重在龍矣。此章形勢凶吉。却重在
穴。其故何也。蓋地大小貴賤。其辨在龍。而不在穴。故

論地以勢爲重。然龍少而砂多。一方之山川。爲龍者十一。爲砂者十九。其所結之穴。大抵皆是砂結。畧有小結。便有小福。故以穴爲重也。若形不吉。則是不結之所矣。豈能福乎。于中勢吉形凶一說。則有二義。夫有好龍。必有好穴。豈有勢吉形凶之理。大多貪妄之夫。貪求好龍。不知穴法。亂扦不結之所。此一義也。亦有一種龍。行度太長。脫泄太過。到頭氣散無力。不能融結。謂之空亾龍。悞扦之則凶。此亦一義也。觀此則知葬地之道。其要在穴形。穴若眞。雖小亦發小福。若妄貪大龍。不知穴形之眞假。亂亂下手。莫不招凶咎。

經曰。勢止形昂。前澗後岡。龍首之藏。龍頟吉昌。角目滅亾。耳致侯王。脣死兵傷。宛而中蓄。謂之龍腹。其臍深曲。必後世福。傷其[illegible][illegible]　穴葬哭。

此承上文而言形勢俱吉矣。若扦穴之得失。則又有凶吉之分也。勢止二句。言其地之美。類者。緩龍正受之法。故吉。角目犯罡。失生氣。故凶。耳者。急龍側受之法。故吉。脣。脫脉犯死氣。故凶。臍者。不急不緩之龍。其穴不高不低。不側撞脉受氣之法。故吉。胸脇。生氣不蓄之所。故凶。夫扦角目者。彼亦知氣緩而宜高點矣。但認氣不眞。而悞犯角目。扦脣者。亦知氣急而當避矣。但不明斜受點耳。而悞下于脫氣之所。而傷脣。點胸脇者。亦知求臍矣。但太過不及。而傷其胸脇。形勢俱吉之所。而點穴一失其法。即爲凶藏。則甚矣穴法之玄精。而穴法之不易言也。此一節論穴法

夫人之葬。葢亦難矣。支壠之辨。眩目亂心。禍福之差。侯虜有間。土圭測其方位。玉尺度其遠邇。乘金相水。穴土印木。外藏八風。內秘五行。龍虎抱衛。主客相迎。微妙在智。觸類而長。玄通陰陽。功奪造化。

此言點穴之難。而因言得穴之妙也。羣支羣壠之中。而辨其主從賓主。于中有似是而非。似非實是。辨在毫忽。故曰眩目亂心也。而穴之得失。其相去也。有封侯受虜之遠。則甚矣穴之難也。故點穴之法。旣察其形勢矣。又當以土圭測其方位。辨天星而分陰陽。以審其眞落僞落。而定乘安棄。以玉尺度其遠邇。收天禽而捕地獸。以察其空亾龜甲。而當前當後。點穴旣定。而果得眞者。必上有化生腦之微茫。乘金也。下有

兩水之交合。相水也。居其中。穴土也。土位中央也。兩邊有微砂曲抱。印水也。不言火者。其中之煖氣為火也。外則凹射不侵。藏八風也。內則生氣冲和。秘五行也。龍虎抱衛。左右不反背也。主客相迎。案對皆有情也。此吉穴之形也。然點穴之法。豈有定式哉。其能入微入妙。在人之智。兼以且學且做。彼此相悟。觸類而長。若是之久。自能玄妙而通陰陽之理。能以人功而奪造化之權矣。

夫土欲細而堅。潤而不澤。裁肪切玉。備具五色。夫乾如聚粟。濕如封肉。水泉砂礫。皆為凶宅。

此言穴雖定矣。而穴中之土之美惡。又要辨也。細者其理也。堅者其質也。其色溫潤。而又無水澤之濕也。肪者。脂也。如脂之膩潤而不澤也。如玉者。細而堅也。五色者。非必五色俱足。土有雜色。五氣冲和之故也。至若鬆而濕。水泉砂礫。其為凶也不必言矣。

葢穴有三吉。葬有六凶。天光下臨。地德上載。藏神合朔。神迎鬼避。一吉也。陰陽冲和。五土四備。二吉也。目力之巧。功力之具。趨全避缺。增高益下。三吉也。陰陽差錯為

一凶。歲時乖戾。為二凶。力小圖大。為三凶。憑福恃勢。為四凶。僭上逼下。為五凶。變應怪見。為六凶。經曰。地吉葬凶。與棄尸同。

此言土色之凶吉。因言葬穴吉凶之事也。天光下臨者。得天星之美善。如天皇天市之類是也。地德上載者。得形局之秀麗。能上載天星之美也。藏神者。得五氣生旺之年月也。生氣為神。死氣為鬼。合朔者。得日月同來蓋照也。神迎者。吉神到山也。鬼避者。凶煞不臨也。陰陽冲和者。作穴之山。不陽多而散。不陰多而罡也。五土四備者。無黑色之土也。蓋黑者。死色也。目力四句。言人裁成得法也。蓋天地無全功。必待人功之輔相。人事足而後三才立也。山向不通。利日差錯。年月犯死絕。曰乖戾。力小圖大者。財德俱輕。而妄想王侯之地。憑福恃勢者。以勢力謀佔他人之地也。僭上者。僭用尊貴之制度。逼下者。儉不中禮。不依作法草草了局也。變應怪見者。既得美地。而天時人事。阻碍不得葬。此變應也。山崩水洪。破損不可葬。此怪見也。九者吉凶之分也。（此已上論葬法）

夫葬以左爲青龍，右爲白虎，前爲朱雀，後爲玄武。玄武垂頭，朱雀翔舞，青龍蜿蜒，白虎馴頫。形勢反此，法當破死。故虎蹲謂之銜尸，龍踞謂之嫉主，玄武不垂頭者拒尸，朱雀不翔舞者騰去。

此于龍穴之後論砂水也。垂頭者，自山頂漸漸低落，至結穴之處平夷如掌也。若陡瀉壁立，則不垂頭矣。翔舞者，案山之左右兩角掬抱向前，若鳥飛之兩翼也。若反背摚走，則不翔舞矣。蜿蜒，委曲掬穴也。若昂頭起頂，則嫉主矣。馴頫，低伏衛穴也。若破面高聳，則

啣尸矣。此四勢吉凶之大畧也。

夫以支爲龍虎者，來止跡乎岡阜，要如肘臂，謂之環抱。平陽之地無山爲衛，即以平支爲龍虎，然平支來止之跡同乎岡阜[illegible]，如肘臂之環抱爲吉，不異于山也。

以水爲朱雀者，衰旺係乎形應，忌夫湍急，謂之悲泣。

無山爲朝，而以水爲朱雀者，則以明堂之蓄聚爲主，故或衰或旺之向，但從形局美好之處而立之。其劍詳後。然以水爲朝，又大忌湍急有聲也。

朱雀源于生氣，派于未盛，朝于大旺，澤于將衰，流于囚謝，以返不絕。

此因上文衰旺係于形應之言甚奥，故重明之。此朱雀即穴前水也。水在穴前，故亦曰朱雀。源于生氣者，水從長生發源也。派于未盛，合諸派之水于冠帶臨官之位也。朝于大旺者，朝于穴前者帝旺也，故宜立旺向也。澤于將衰者，澤者水蓄之處，病爲眞衰，衰位猶未全衰，故曰將衰。水既澤于此，則向亦宜朝于此也。一穴之前，旺衰二位俱可立向，故從其形局之美

麗者立之也。如左水倒右面南之局，午爲丙火之旺向，未爲丙火之衰向。當立何向，則觀明堂水城在午，則立旺向；在未，則立衰向。故曰衰旺係乎形之應于其位也。囚謝者，死病墓絕之位。流者，去也。以返不絕者，言水既從囚謝而去，然絕位爲五行受氣之鄉，故繼之以胎養長生，則絕爲囚謝之終，又爲生氣之始。是水雖流于囚謝墓絕之鄉，而實返于生氣不絕之所也。故水法又有絕來沐去立生向之局也。生來墓去，則從絕位而入胎養長生，以返不絕也。絕來沐去

則從沐浴而入冠帶帝旺。亦返不絕之局也。此水法之玄妙也。

郭氏明明說個朱雀源于生氣。則水法明明從向上五行起長生。後世不知何故而從坐山來龍起長生。則非朱雀源于生氣。乃玄武源于生氣矣。豈知穴前皆向所主。水流向上。則水烏得不從向上起長生乎。不從向上起長生者。其未曾讀葬書耶。抑讀而不解也。

後世術者。以水法爲最難明之事。即曾楊地仙亦費了多少語言文字。只是說不盡。而郭氏直指一生氣爲源。立定旺衰二向。又說一句以返不絕之妙義。只此數言。水法已無剩義矣。

法每一折。豬而後泄。揚揚悠悠。顧我欲留。其來無源。其去無流。經曰。山來水回。貴壽豐財。山囚水流。虜王滅侯。

此段有形局理氣兩義。蓋形局以若此而妙。而理氣亦以如此而妙也。法每一折二句。言水之合法者。每一折之間。必蓄聚而後泄。有止蓄而不湍急疾走也。揚揚悠悠遲緩不進之貌。其不進者。顧我而欲留。不欲去也。其來無源者。水源長遠。不見其源。若無源也。其去無流者。水口緊閉。不見其去。若無流也。此形局之所定也。小玄空五行。每于水路一折之中。取其生尅我者曰生入尅入。以此爲吉。玉尺云。顧我復我。爲官爲父。生入尅入。情既去而復留。蓋欲其揚揚悠悠顧我欲留也。水之來也。但論其生尅入。不問長生之源。其來無源也。水之去也。亦止論生尅入。不問墓絕之口。其去無流也。此理氣之所取也。蓋形局以此等之形局爲美。故理氣亦以此等之理氣爲吉。形局理氣無二道也。經曰二句。青烏經文。

余讀葬書。最愛其所論之事。一句便括盡無餘。如乘生氣三字。括盡葬法。勢止二字。括盡穴法。形動而吉。括盡支法。百動非安。括盡山法。衰旺形應。括盡向法水法。後人百千其說。究不能出其一二字之玄。而且多剩義。此郭氏之所以不可及也。此書理玄而詞古。言簡而意多。能寢食其中。自可通天地鬼神之妙。而造化在手矣。

舊傳葬書二十篇。西山蔡氏惡其訛錯之甚。定爲八篇草廬吳氏又病蔡氏之未精又定爲内外雜篇余從而讀之覺二氏之所定者其詞義多有未妥于是細加考校復爲訂定但詳其意義之序次不復分爲篇章先言生氣中論支壠末詳葬法砂水雖不得郭氏之舊章全文其存乎今日者亦庶乎得其緒已但所恨不得其原書而讀之也

書中所引經文出青烏海角青囊狐首四經

葬書是青囊青烏之註疏葬者二字是指二經之葬法言乘生氣三字是明葬法之所以然也其後又自

疏明乘生氣三字

葬書不易讀須先讀楊曾廖賴諸書然後可以通其義理讀兩漢三國諸文然後可以通其文理不如此烏能從此篇中得明妙道

讀葬書須先将本文涵泳數百過俱了悟矣便不必讀某之註若有危疑方可讀註

地理六經註卷一終

旌德劉鉄鍾夫氏書并梓
昔年七十九歲

地理六經註卷之二

古婺葉泰九升父著

倒杖

古之著地理書者皆舉龍穴砂水而合言之未有分言之者分言之則自楊公始而倒杖法則其言穴之書也葢四法之中砂水易知龍穴難識而穴法較龍法尤細微故穴法不得無專書也專言之而始可以窮穴法之奥也夫舉四法而合言之其言非不精妙矣然四法錯出在後學卒難理會而貫通之惟每法

自爲一書則自首至尾所論莫非此法在後學讀之可無眩亂之弊此公梯航後學之苦心也顧四法之中龍穴二法尤緊不知龍法則地之大小眞僞不能辨不知穴法則氣之生煞收放不能清故公有撼龍疑龍二經專言龍法而倒杖一書專言穴法也然公于龍法則詳言之而論穴止寥寥數言者何葢龍法可以形求而言傳穴法止可意會而神悟故公難言之某亦難註之惟願世之讀倒杖者精進不已鬼神通之因言而悟理由理以會氣審氣以定穴自與穴

之形遇心與穴之神通手能指之而口不能道之穴
法之妙在是矣

總訣

正脈取斜斜脈取正聚脈取全散脈取聚傷脈取饒急
脈取緩緩脈取鬬雙脈取短單脈取實直脈取橫橫脈
取曲曲脈取直高不露風低不失脈點穴安墳如人針
灸看其微茫認其來歷似有似無藏踪閃跡灰線草蛇
細認來脈氣眞易下脈眞易識仰掌平坡鋪氊展席這
樣模糊使人難識切認交襟明堂取穴穴正取中穴斜

取側細認星辰看其踪跡認得其眞如繩牽墨細認不
眞如墨點漆入路分明方可裁截開井放棺用師口訣
挨左挨右看其來脈橫來直葬直來取側脈不離棺棺
不離脈棺脈相就如花接木認得眞情毫釐絲忽細察
陰陽一強一弱陰來陽受陽來陰捉到頭入手分別順
逆逆中取順順中取逆順逆兩情饒龍減虎饒減之中
更有強弱鬬脈生爛氣冲腦散傷穴生白離脈蟻入細
認星辰各爲中的忠厚君子氣從頂入脈緩正求背義
小人氣從耳入脈急架折十二穴名依法裁截開井放
棺用倒杖訣蓋粘倚撞斬截鈎墜挨併斜插正求架折
來去順逆生死強弱得師口訣不壞骨殖木根不生虫
蟻不入 此係家寶經因倒杖無總訣故錄于首

順杖 此正葬法

恬喜迢迢勢軟平委迤屈曲似蛇行氣從腦入棺中正
順杖仙機妙入神

山勢軟平落脈曲屈此緩來也穴安迎脈正點不可
偏倚偏倚則無氣矣故用順杖順者順山脈之來勢
也理氣乘氣之法忌氣冲腦散而此曰氣從腦入者

理氣以立向乘氣言此以點穴言也蓋穴必從巒頭
點定既定之後乃用理氣理氣在穴中作用也故順
杖之中仍用耳乘之法豈有扞格者哉

逆杖 此偏葬法

急硬冲來氣勢雄放棺切忌直當冲氣從耳入微斜受
逆杖饒偏始有功

垂乳直硬而脈盡處又無肉地不可作綴離粘法宜
于開脖有蕩處偏側下穴以避中煞此急來閃受法
也以其不順山勢故曰逆杖

縮杖 此百會穴

勢短來徐上聚窩。氣從百會産英豪。放棺湊緊當中接

縮入天庭不用饒

此上聚之穴也。勢短而出脉不長。來徐而落脉不硬。穴後恬善。穴前陡峻。故宜縮入天庭。倚穴若脱落下面粘穴。反受直急之煞氣矣。如燕窠形。壓煞穴。騎刑法。玄武嘴長高處。點皆此杖也。

開杖 此倚穴法

直冲中煞不堪扦。堂氣歸隨在兩邊。依脉稍離三兩尺。

法中開杖最精言

落脉直硬而正中有煞。故不可正求。宜察堂氣在某邊。而斜向兩邊立穴。上則側受脉氣。下則正朝堂氣也。開杖之異于逆杖者。在堂氣上辨。堂氣正則當用逆杖。堂氣偏則當用開杖也。

穿杖 此立體星辰中停穴法名曰合紫蓋

上剛下急勢稜層。好覓中停撞樂星。十字放棺橫受氣

神仙穿杖有誰能

下急上硬而又偏。不可用逆。斜不可用開。則宜于中停略平軟處。橫放其棺。腰腧受氣。不致剛急之氣直冲于腦。此最微最妙之法也。

綴杖 此實粘法

勁勢冲來不可回。到頭急煞尚崔嵬。放棺脱煞乘生氣

綴杖能教發似雷。

後龍直勁。到頭急煞。略無停處。不可用逆開穿杖。宜于脉盡處粘脉放棺。用客土壘墳。蓋脉盡則罡氣亦盡。罡盡則和氣自生。故但粘而不破。純用客土。化煞氣而成生氣也。脉盡處有自然肉地。可用此法。

離杖 此虛粘法

勢雄氣猛峻無停。脱落鋪氈展席坪。脱脉就坪中倒杖

員金中正壘成墳。

到頭峻急。不可下手。而脉盡處吐出平坡闊大。則眞氣不在上而脱在下也。宜于坪上覓微凹微突扦之。初看似脱脉無氣。細察之實脱去煞氣而乘生氣也。

對杖 此坐體星辰中停撞法

上急中平下削低。剛柔順逆兩非宜。只堪對杖觀中正

發福須教吉半之。

上旣剛急下又低削則順逆二杖俱不可用只宜對正所倒之杖于中停橫撞進去蓋剛急不若穿杖之峻削故不必用穿法而脈氣中聚下散下無肉地又不可用綴杖此對杖之所由立也

截杖 此脈體直硬乳頭中停騎脊法

上雄直卸下稜脣稍弱中間必有停截斷龍脈騎爲脊
初年小敗後還興

星辰眠長直硬上旣犯罡下亦犯煞安退處中停軟處騎脊下穴始不犯煞氣而乘得生氣也以其中間

截斷故曰截杖云

沒杖 此開鑿法

乳頭肥滿脈微茫法有開金取水方闊大開塋中接氣
神仙沒杖細斟量

到頭肥大脈氣模糊並無凹突可據此眞氣內蓄之地也宜大開相水深取內氣使翎闊之氣從陽動處發也凡頑金剖腹等法皆用此杖也

頓杖 此鬪煞而凶

到頭崎峻勢雄昂湊脚當鋒鬪直裝已脫未饒成困頓
人丁無益少年亡

到頭剛急自有逆開穿綴等法今湊脚破土安葬旣不用開逆之避又不能用綴之饒故曰脫而未饒則當鋒鬪煞立見凶亡矣

犯杖 此犯煞而凶

龍雄玄武嘴頭長嘴上安坟煞氣昂此是亂理爲犯杖
翻棺倒骨見刑傷

後龍雄急而到頭吐乳尖長宜用縮杖高處下手作壓煞穴所謂玄武嘴長高處點穴是也若嘴上安墳

則直犯煞氣安得而不凶哉

十二倒杖地理家乘生避煞之秘妙也前十杖得法而吉所以垂法後二杖失法而凶所以垂戒也然十杖之中止順杖一杖爲平軟者立法其逆開綴離穿對截杖皆爲剛急之脈而設一何少而一何多也蓋山川剛急之形多平軟之脈少平軟則無煞氣剛急則多煞氣煞氣之來其形不同則非一法所能避故立法不厭其多也又立法之中其法有詳盡而無遺者有啓其端而令人自推廣者穿對截三杖皆中停

取穴法也以山體有坐立眠之不同公卽立穿對截之三法立體用穿坐體用對眠體用截此法之詳盡者也縮杖一法乃高點之法也平軟之龍固多用高點然剛急之龍作騎刑壓煞等穴者亦當用縮杖而公但言勢短來徐不言剛急也沒杖一法乃開鑿法也陽脉綳闊固當開窩而陰龍剛飽者亦宜鑿作窩口而公但言面滿脉微言陽而不言陰也此法之啓其端而令人自推廣者也夫山川結穴爲常爲怪其變化不可測矣而公以十法括之山川不能脫其範

圍非神于法者而能之乎後之學者由公之法力學深參以今日之悟遇公昔日之心則地理之學其庶幾矣

倒杖之法看定穴情知分饒減看面前小明堂水在何處合合處卽是標準乃向坐也用杖約量或用繩牽從穴中間看到合處長短遠近得幾丈尺卽是淺深之法如去五尺去七尺則深亦五尺七尺也杖倒處是穴杖頭止處是向此倒杖放棺之法也凡步來龍要去山嶺脊分水峽處下羅經照步方認得來山骨脉陰陽所屬

之矣假若溪澗從水勢下田源就深處下江河乘舟就江河之中下羅經若大田廣野望水勢流入低處下羅經切不可就穴上照來山古去水若要禍福無差必就山步山就水步水方準凡是水之一曲一轉一移羅經百轉百移之然後可以得水吉凶[illegible]陽龍陽向水流陽去陰龍陰向水流陰去[illegible]水陰陽不雜方無災害人財大旺若陽山陰向水流陽去陰山陽向水流陰去主人財蹭蹬十二年後流水陰陽不雜人財漸興十二年後流水與向陰陽駁雜人財退敗凡步來山不必

三節只要入首一節或數十丈五七丈與流水陰陽不雜皆吉蓋來山古者二十四字到博換之處骨脉相合坐下得一二丈到頭便是來龍但要流水長遠富貴耐久流水若短而陰陽駁雜則易退也陰山陰向水流陰位去二十步四五十步便入陽位去只一二代好漸次衰敗若陽山陽向水流陽去三四十步又入陰去三四十步又入陽去主初葬後二代發福三代退敗至四代又合水陽去仍前大旺偏覆古墳無不驗也

接水歌

先看老龍來入首便尋順逆定雌雄次看脈來急與緩到頭軟跌在何分八字打開大小葬三叉明白堂氣濃後倚前親分厚薄莫教脫脈受貧窮玄妙箇中求造化有來有合定其蹤且看金魚腮水合有來無合反成凶開門壁上簽燈影壁上高低對不同又看水面生波浪火向灰中自見紅細尋急緩知生死證佐分明便下功直對尖圓分硬軟接迎饒減記胸中界水止時氣便止淺深之法在其中明者聚浮水面上暗者聚凝上下融羅紋土宿分明好斗角斜心造化工內氣迎生生氣接便教堂氣外相通氣脈如人接花木差之毫釐氣不鍾眼力高能通玄妙解令富貴足豐隆

接木法

看氣從左來則左邊厚右邊薄放棺頭枕右邊氣從右來則右邊厚左邊薄放棺頭枕左邊大凡接脈不可將棺頭直鬪只就一邊下穴左邊接氣代代發長右邊接氣代代發小穿左右則氣從耳入正是魚口喫得一邊之謂也氣入耳吉氣入腦凶如卯龍合作辛向流水是辛歸庚入丁長流却卯山乳頭擺轉十丈是乙山歸右畔脚下葬此絕了後高就卯點穴截了十丈乙山歸左畔放棺挨接卯脈下之大發即此可以類推

葬法

觀龍觀其起明穴明其止起乃動而生止乃靜而死死處又尋生是名曰生氣取分合以定淺深明饒減以存尅制倚撞蓋粘體勢情意差之毫釐謬以千里經曰前迎又口聚後倚本根連內接生氣當外迎金魚寬惟的折十字明暗拱兩邊八面風不動三關水要纒

二十四葬法

楊公既立倒杖之法似于扦穴一門已無剩義矣而何以復有二十四葬法之作乎若謂倒杖必用葬法是倒杖尚有未足也若謂葬法不同倒杖是別出一門也若謂葬法淺而杖法深則得其淺者亦可造福也然則葬法一書不入于淆則入于贅乎而顧不然也杖法者審氣裁穴之法而葬法者因形審氣之法也理寓于氣而杖法作焉氣宥于形而葬法作焉蓋葬法者杖法之門而杖法者葬法之奥也不知葬法又何能用其杖法哉昔公既作杖法矣而又恐人之

不能因形審氣因氣用杖或見險怪之穴或見細秀之脈而且不知杖法從何下手也于是葬法作焉其爲後學津梁之苦心已無乎不至矣夫不必由葬法而即能施杖法者此上知也由葬法而能入杖法者亦非中知以下也至于今之庸術妄談杖法而置葬法于不講豈其質果上智與則彼之所謂杖法杖法云乎哉夫杖法由葬法而入則杖法之行不行由葬法之明不明也葬法所係豈淺小哉公作葬法以爲杖法梯航而後人究不能由葬法以入杖法者由公

爲中智者說法而未爲下智者說法也未曾明言某葬法之中用某某杖法故也余之得是道也得力于葬法者甚多而竊歎公梯航後學之苦心之未彰明較著也故于葬法之中疏以杖法使之合而爲一以爲公之功臣若曰余分公之半席以爲後世說法也則余豈敢

擔傘

左右一長一邊短乳偏側受微微反必然堂氣一邊寬認情斜下一擔傘

龍虎一長一短堂氣必寬在長邊則穴宜向長邊穴向長邊而主山斜在右上如擔傘一般故曰擔傘也有順逆縮綴開五法審其氣之緩急而用之如緩順急逆高縮低綴而大陵乃開杖法也

正葬

穴情端正護纏齊堂氣分明認得宜葬法天然無改易孩兒三歲也能爲

此砂水端正之美局也用順縮綴法

打開

出身總是懸鍾樣又如鏡面無紋浪必須鑿入作窩鉗到此名爲打開葬

肥頑不開窩口宜開鑿之穴也是沒杖法

壘坟

平地生突突生凹不可輿工妄干涉略開浮土便安坟壘土成坟爲剝接

平地生突而突上又生凹則脉緩而氣和甚矣用縮杖法

懸棺

經穴。沉泥幷沒水。打開實處再結起。高封巨壙作懸棺
壘土成坟接生氣。
沉泥沒水。非此法則何以放棺。齊束不知以爲葬于
水底可笑。法用順杖。

剜籃

堂側情傾形歪差。或如鼠肉或斜掛。迎堂截氣任偏斜。
名爲大小剜籃下。
穴不結在正頭。而結在一旁。如人不結于胸乳。而結
于臂上。又無垂乳。安截入斬氣作穴。形如臂上剜籃

一般。故曰剜籃也。古云剜籃扦鼠肉。在十二落頭曰
截。在倒杖乃截杖之變法。橫截法也。

馬鬣

高山有窩窩中突。淺開金井藏金骨。葬了仍培似舊時。
馬鬣封兒微露出。
高山之窩而中又生突。則氣甚和矣。用縮杖法。理同
壘坟也。

冏龍

龍勢過關或過峽。冏脈轉跌生鶂鴿。玄微未甚大分明
顧祖冏龍挨右插。
大龍過峽。峽上迎砂多結小冏龍局。此指人尋覓之
法也。

騎龍

龍神盡處生突兀。更無玄微井窠窩。退後扦取作騎龍。
打下明堂坟補出。
龍盡處不結穴。則穴結在腰也。以其騎在脊上。故曰
騎龍。用截杖也。

拏扯

穴情還脈明堂拙。外山外水夾交結。趨明交結外明堂。
此葬名爲拏扯穴。
主山龍虎歪斜不正。如人被拏扯故云。有順逆縮開
穿截等法。

停驛

嶠上須要明端的。多有穴情人不識。但依法制與扦栽。
以此名之曰停驛。
嶠峽之上。多可斬氣立穴。名曰斬關。以非眞正結作。
如人停在驛中一般。故曰停驛。安以縮杖扦之。亦有

可用順逆穿對等法者。審氣而用可也。

鬬斧

真龍枕險無纏護。後有鬼曜前無聚。覔取朝迎穴可扦。直來橫下如鬬斧。

直龍橫結。後有拖鬼。前不吐乳。則氣在上也。宜腰腧受氣。如斧柄納入斧然。故曰鬬斧。用縮杖橫截。若畧脫前則失氣矣。

擔凹

穴情却似蜂腰樣。腰下分明如仰掌。掌心點穴莝其金。高疊成坆爲外相。

形似蜂腰橫落。而腰下如仰掌平坦。則氣緩弱矣。用順杖扦之。

抱兒

上急下緩勢歸低。穴臨龍虎逼東西。乳心擔斬迎前案。勢若抱兒是此分。

穴情趨下。而龍虎高昻。宜趨前迎案。如人兩手抱兒置之膝上也。脈緩用順杖扦之。脈急用綴杖下之。

呑下

氣來斜擺似肨屈。直須打到肨後骨。莫教堂氣有偏枯。此是陰陽呑莝術。

氣來斜擺似臂肨屈轉。不肯吐氣垂乳。此氣蓄在內也。宜縮杖橫截下之。

吐莝

情若流珠草露微。不宜使損此節機。擡頭借氣粘蹤下。莝了仍培似舊時。

粗中出細之穴。或垂小乳如柳芽。或現微突如流露。細嫩之極。則不可傷。以粘法綴法下之。鉄彈所云保

胎是也。

浮莝

情低夾輔兩邊高。下了其如壓穴何。畧破情因培客土。此名浮莝細推擘。

穴低砂高。不可深莝。故宜浮也。有順逆縮綴等法。

沉莝

護緩情高穴露風。須教下手用人工。高打深藏平夾輔。此名沉莝有奇功。

穴情高而砂水低。故不可淺而宜沉也。用順逆二杖。

審氣下之。

牽牛

上下左右兩情由。兩情兩穴兩邊籌。高低深淺依情勢。此法名之曰牽牛。

一局中並結兩穴。如牽一牛而隨一牛。故云有順逆縮綴等法。

就飽

珠塊坡突半大小。右平左面生牙爪。大邊立穴補小邊。此法教君名就飽。

此邊生邊死之穴。安就飽邊生處。緩脈用順。急脈用開逆扦之。

傷饑

貼脊凹灣成曲池。不深不淺帶狐疑。培前築後由人力。塟法其名曰傷饑。

穴情貼脊灣曲。如人臂之曲池。有窩凹而無唇乳高㸃則失穴而傷脈。故安就凹扦穴而用人工培築。用順杖扦之。

撞穴

情峻堂淺水割脚。到此狐疑難把捉。必須撞入作吞安。假立坟營眞郭璞。

穴情陡峻。如人之立。前不吐唇。毫無平坦可穴。故安横撞吞入也。此是對杖正法。

挿木

直木挿下嘴尖長。不堪盡處論精詳。中停厚處知饒减。自有生芽意思長。

倒地木星。上急下煞。俱不可穴。安中停坦處用截杖下之。

牽弓

弓若滿時頭必倚。側尋肥穴教君知。箭猶未發牽弓滿。箭發弓回切莫施。

穴不結于主星而結于兩手。是一手如弓背。一手弓弦也。故曰牽弓。箭未發則兩手掬抱而結穴。箭既發則兩手硬直而不結穴矣。此穴用手上尋肥處下之。用順縮二杖法。

二十四塟法一書。最能開人心胸。長人見識。在後學最宜熟讀深思。穴之一字。不可以圖形窮。不可以法式盡弃不可以言語究竟者也。余于葢法之下。疏以杖法。乃是明葢法杖法合一之理。以啓人之悟耳。故神而明之。存乎其人。豈以此葢法之下必此數杖哉。後之學者。倘能因予言而力參葢法杖法之源。苟且大悟。則心靈而目自巧。則穴之一字。可相笑而莫逆也矣。

地理六經註卷之三

古婺葉泰九升父著

靈城精義 一名鐵彈子

蒼壤之間有極玄極妙之道。有人焉得斯極玄極妙之道。而發爲極玄極妙之言。則斯言也。必知斯道者而後能知之乎。抑不必知斯道者而皆可知之乎。精義者。地理家極玄極妙之言也。游氏者。不知極玄極妙之道之人也。以不知斯道之人。而註斯道之言。而欲其不失斯言之本旨也。葢亦難矣。甚矣地理書之訛舛也。其訛舛也。非地理書之訛舛。而註書者之訛舛也。余薾道其故。世之學是道者。大多庸俗之夫。不知道并不知文。安望其闡發前人之旨。而一二得道之士。又好自著作。不屑步人後塵。故註書者多出儒家。儒家固知理知文。而多不得道。故其註未嘗不廣搜博採。外貌可觀。而眞面目盡晦矣。彼意欲爲斯道功臣。不知其大賊斯道也。此訛舛之由也。故極玄極妙之道。非得斯道者不能言。非得斯道者不能解。余之註精義也。豈敢自以爲果得道者乎。然以爲不得

道者亦有所不敢此余之所以諱精義也

形氣章

宇宙有大關會氣運爲主山川有眞性情氣勢爲先氣運者天之數也一國之運當興而後可得與此一國之地一方之運當興而後可得與此一方之地一家之運當興而後可得與此一家之地地結於地而數定於天氣運未到地隱而不見不可強也故得道者當先知氣運苟不知氣運而反逆天數不特術不驗而且上遭天譴矣氣勢者地之形勢也形勢者山

川之向背是也山川之性情不可見以向背見之向之所在乃情之所在也向之者多則氣勢大而成大地向之者少則氣勢小而爲小地矣其詳在後

地運有推移而天氣從之天氣有轉徙而地運應之天氣動於上而人爲應之人爲動於下而天氣從之

此節承上氣運而言因示人以知氣運之法也國運之興衰家運之隆替當觀其國事家事而後可知此節專言地方之氣運蓋地方之氣運又國運家運之先兆也氣運者天之數天數固幽而不可見然其數將至則必有先兆先兆者三才之動是也如易卦不動則無吉凶有一發動則吉凶見矣動也者凶吉之機也此所謂天機也大而天下省路小而常邑鄉市禍福將至莫不有其先兆或動於地或動於天或動於人此機也非明智之士則不能知也其機已動故明智因其吉而成吉見其凶而避凶其術乃神其名乃立苟昧昧妄動反逆氣運其不敗乃事者鮮矣若夫鄉市之間見有凶機大而徙居小而修補則又不可不盡人事也何爲地運推移如黃河背南而抱北

故古之豪傑盡產於北後移而之南今則南盛而北衰矣何爲天氣轉徙如洛陽一聞杜鵑便知南人作相矣觀此二者則天氣從地地運應天見其一而可知其一者也何爲天氣動而人爲應如秦太史占金陵有天子氣乃疏動秦淮以泄之不知秦淮一疏之後而江南始有建都之事此天氣動而人爲應之也何爲人爲動而天氣從如元史占艮嶽不去則宋之旺氣不絕一去而航海之舟遂覆艮嶽之築與去皆人爲也此人爲動而天氣從之也故夫地之山崩水

決人之疏鑿堆培，莫非吉凶之先兆，而先賢因有滅火坑洗馬池之舉，握造化之微權，又莫非神明於三才相應之機而得之者也。

夫星有聚講行講坐講，則氣聚於龍，有權星尊星雄星，則氣聚於勢，有蓄胎夾胎乘胎，則氣聚於穴，有收襟收堂收關，則氣聚於局。

此承上而言氣勢也。夫龍之大小貴賤，何以辨，不過辨之於護從之多少耳。擁從者多，則爲貴龍大龍，少則爲小龍賤龍。聚講者，大祖之所，衆山簇聚，如九星

聚講五星聚講之類。若無聚講，則孤單而祖宗先賤矣。行講者，既聚之後，枝榦分派，各各走閃串渡而去，再起尊星，羣砂護從，周密重叠是也。若無行講，則龍身單弱矣。坐講者，龍至到頭結穴，主星端嚴，案應龍虎共成一局。若無坐講，則氣散而不結矣。有此三講，乃爲真龍，不則奴砂而已。夫勢以衆合而成，而權又以歸一而貴。衆山之中，若無一高大之星，足以壓伏羣山，坐受羣山之拱仰者，則其權又不歸于一也。何爲權星，太祖所在，其星至高至大，足以俯覜一都一

邑者是。何爲尊星，分枝之後，再起大星，足以壓伏羣枝者是。何爲雄星，水口交關之所，星峯卓立，足以應尊星而當門戶者是。有此三星，方爲大勢所歸而結王侯大地也。夫辨龍不過辨其大勢之歸，而察穴亦不過觀其小勢之歸而已。蓄胎者，穴之上有飛蛾个字化生腦蓋落是也。夾胎者，穴之旁有龍虎牛角砂護是也。乘胎者，穴之下有合襟明堂交收是也。無此三者則不成穴矣。夫龍穴之後則砂水不可不察也。收襟者，穴前合襟之水宜有微砂以收之。收堂者，穴

前明堂之水宜有龍虎以收之。收關者，垣中隨龍之水宜有交鎖之水口以收之。不則不成垣局矣。

陰勝逢陽則止，陽勝逢陰則住。雄龍須要雌龍輔，雌龍須要雄龍護。

上文既言氣勢，此節則於氣勢中辨其交媾結胎之法也。山之高昂強急者爲陰爲雄，平坦懶緩者爲陽爲雌。行龍多陰，至陽處則結穴也。行龍多陽，至陰處則結穴也。若孤陽寡陰，則不成胎結穴矣。雄星行龍，須得雌砂爲之護，不則純雄而成煞矣。雌星行龍須

雄砂爲之護。不則純雌而薄弱矣。蓋地理之道不過陰陽相蕩，雌雄相媾之妙也。

大地無形看氣槩，小地無勢看精神。水成形，山上止。山成形，水中止。

此以陰陽交媾之中，示人以辨大小地之法也。經云千尺爲勢，百尺爲形。勢者長而遠，形者短而近。看大地只看他氣勢之所歸，不拘拘於一山一水之形。故曰無形看氣槩。小地不過一砂一水之所結，但看地有精神生氣便爲結作，不得求他大勢也。故曰無勢看精神。若不知此而於大地求形，小地求勢，則地在目前全失去矣。下四句專言辨小地之法也。水成形山上止者，一水成形局，而有一山臨水上，則便結穴矣。山成形水中止者，一山成形局而有一水聚于前，則便結穴矣。蓋小地有形而無勢，大地有勢而無形。而人不得于形中求勢也。

認氣於大父母，看尊星。認氣于真子息，看主星。認氣于方交媾，看胎伏星。認氣于成胎育，看胎息星。認氣于化殺爲權，看解星。認氣于絕處逢生，看恩星。認龍之氣以勢，認穴之氣以情。

上文言氣勢中陰陽之交媾，此言氣勢中五行之生尅也。大父母者，少祖山尊星者，即少祖之星體也。凡一太祖下，必分數龍。欲知某龍得太祖之正氣，則看各枝之尊星。如太祖是焰天火，而此條尊星是土星，則火生土而得太祖之正氣矣。真子息者，結穴山。主星者，即主山之星體也。凡一少祖下，又分數枝，欲知某枝得少祖之正氣，則看結穴之主星。如少祖是巨門土，而此枝主星是金星，則土生金而得少祖之正氣矣。蓋尊星主星，忌與太祖少祖相尅伐。如金爲太祖少祖，而得水星爲尊星主星，大吉。或金土亦吉，比和相生也。見火爲煞，則有凶氣。然尊星主星尅太祖少祖，尚可作也。見木爲刑，則大凶。蓋太祖少祖尅尊星主星，不可爲也。胎伏者，行龍中間一星面向前爲伏，再出一星其面回而向伏爲胎。龍身有此二星，則陰陽交媾，其前方能成胎結穴。若無二星，則不交而不生矣。然二星亦喜生忌尅，若見尅，則胎中便帶煞氣來也。胎息者，主山爲胎，穴場爲息。如金星作穴，宜開水窩胎息相生而吉也相尅則爲刑煞而宜制矣何爲化煞爲權如木星爲主星金爲少祖木受煞矣若木星之前貼小小火體作穴則火可制金而爲解星也何爲絶處逢生如金爲少祖木爲主星木氣絶矣若木星之下轉屈曲水窩結穴則亦能生木而爲恩星也已上星體生尅有從龍言者有從穴言者故又指之曰認龍以大體認穴以細情一當觀其大槩一當察其細情觀龍不得執泥觀穴不得粗畧也

龍備五行之全故山之形體象龍龍之變化極神故山之變換象龍龍之體純乎陽故山逢陽而化遇陽而生龍之情喜乎水故山夾水爲界得水而住龍之行御乎風故山乘風而騰藏風乃歇龍必得窠乃棲故山以有局有關而聚以無局無關而散龍凡遇物則配故山以有配有合而止以無配無合而行

此釋山稱龍之義因以龍之性情明山之性情也

辨龍生死須分三陰三陽辨穴生死須識陽多陰少

龍以陰陽交媾方有生氣故行龍不可純陰純陽三陰三陽者言陰陽相間而行則爲生氣也至于結穴

之所則以陽爲生氣陰爲煞氣故結穴之場必須脫盡罡煞方可無凶故穴塲平坦舒緩則爲生直硬剛急則爲死陽多陰少者穴塲宜七分陽氣三分陰氣陰多固不可然無陰則散渙不聚亦不結作故云

龍有變體或爲頓住勒住穴有變格則爲墜宮纍宮

上文言龍穴之常此節則言龍穴之變也行龍宜陰陽相間乃有純陽行龍一路平緩而到頭忽起星峰爲之頓住則陽行龍而陰結穴不得謂之純陽不生矣純陰行龍一路剛急而到頭忽開平緩窩鉗爲之勒住則陰行龍而陽結穴不得謂之孤陰不長矣作穴宜陽多陰少乃有純陰結穴剛飽無口則氣歛而不舒宜大開淺鑿以扦之故曰墜宮純陽結穴平坦無窩則氣散而不聚宜大堆客土以收之故曰纍宮其命名也一取乎淺而墜下一取本無而纍成之義也

星體有正有附兼襯貼之宜辨穴情有顯有晦形氣影之宜求

形家者首重星體然五星九星之正體有何難辨至

於兼體異之體則不能辨矣何爲兼如一山而頭圓脚尖此火金之兼體也一山而東觀則方平西看則圓銳此土金之兼體也觀者正面之後又觀一山不得謂之一亦不得謂之二合而不合者是貼者正面之前又貼一星不得謂之無亦不得謂之有分而不分者是此中五行之生尅吉凶之倚伏最精最微非若另起星峰生尅之寬緩也然此三體止主穴星言其龍則不必拘也形穴者有口有突穴之易見者也氣穴者在陽則微微茫茫無塊無突在陰則剛飽無

面不口不窩但審其氣之所在而作之或堆培或開鑿皆是求氣法也形穴之托能者多矣至于認氣扦穴必非庸目之所能者也影穴者眞龍到頭一片平鋪毫無形氣可求直至臨弦際田之所上有脉來下無脚出但看面前田塍如玉帶娥眉兜抱其上即穴所謂窗外月明窗内白也夫求氣之法猶未離乎形也然非道眼尚不能下況乎影穴之離乎形氣者哉

蓋帳不開龍不巢輪暈不覆穴不住束咽不細氣不聚泥丸不滿氣不充。

蓋帳者眞龍之體段也無蓋無帳則非龍而砂矣輪暈者生氣之發見也無輪無暈則氣散而不結矣束咽所以聚氣貫穴也不細則氣不聚而結穴亦模糊矣泥丸化生腦也生氣之聚也不滿則氣薄劣而穴氣渙散矣此四者皆龍穴之病也

五星不離水土體九星常要輔弼隨土星不作倚五星皆有撞火木不可蓋水土豈能粘

此論五星之性情也宇宙之中水土最大故五星皆以水土爲體凡山皆土石所成此不離土也至于不

離水體則另有精義凡合一方之山或一片之山而觀之高低頓跌皆成波浪之形莫非水體頂平腰橫咸成方大之象莫非土體蓋山之動處皆水静處皆土也分而觀之于中圓者爲金直者爲木尖者爲火始有金木火之象焉此所謂五星不離水土體也九星者即五星之變因五星有妍醜不同之形吉凶不一之性于是九星分焉曰貪巨祿文廉武破輔弼是也輔弼者眠體之山爲左右夾從者是故曰左輔右弼若無輔弼則主星孤單不成體段不能融結者矣

蓋粘倚撞者。十二落頭中之四者。穴法之大綱也。山有剛柔緩急之異。故穴有蓋粘倚撞之分。然五星各有性情之不同。故法亦不得胡施亂用也。土星方正。穴不在腹則在角。故不可倚撞。爲中停腹中之穴。故皆有撞火木上尖。豈可蓋。凡星辰之聳者。其煞氣皆在上也。水土性緩。豈能粘。凡性情之緩者。其眞氣不在低也。夫能因星用法。以法裁星。而得其宜。此道亦庶幾矣。

坐宕坐煞坐旺。是爲坐法。全胎保胎破胎。是爲作法。

此言扦穴之作用也。何爲坐宕。直硬之龍。不可正求。于某邊有擺宕處而下之。何爲坐煞。強急之龍。下垂尖煞。于高處壓煞而下之。何爲坐旺。緩弱之龍。略脫便無氣。就其起突起脊處下之。全胎者。純陽之所。有氣無脉。或微薄之脉。不可開掘。但宜堆培成穴。謂之全胎。毫不傷動之也。保胎者。小乳微突。不宜太損。但破其一二三分而下之。謂之保胎。不令其破壞也。破胎者。綳潤頑飽之龍。其氣內蓄。宜大開水窩以取之。謂之破胎。不則氣不可乘也。坐法作法。乃此道之至要。

學者可熟參而心悟之。

挨生傍氣。或爲脫殺借胎。或是子救母腹。脫煞逢生。或爲借母養子。或是以子救母。

點穴之法。非見一龍到頭。便向到頭處而下一穴也。必須得其生氣之所在。而後可扦焉。故有挨生傍氣之法。何爲脫殺借胎。龍至到頭。主星端正。可結穴矣。而正處反不結穴。或于主星之下。主星之傍。另起小突。或再出拖蕩。如木星生芽。水星起泡之類。而生氣反結于彼。舍本主而取微情。故曰脫殺借胎。何爲子投母腹。龍行到頭而主星頑飽。又無他窠丫之大破其頑飽而扦之。蓋氣畜於腹中故也。故曰子投母腹。此二者。挨生傍氣之法也。又須審其星體而裁成焉。故有脫殺逢生之法。何爲借母養子。如木星帶金。則木受尅。宜于金泡之上。開水窩以扦之。則水能蔭木。此借母養子也。何爲以子救母。如金星帶火。則金受傷。宜于金火相交處。剪火挨金。大開水穴以制之。則水能救金。此以子救母也。此二者。脫煞逢生之法也。夫趨生氣而避死氣。脫煞氣而就和氣。乃葬法之其機。若昧此而欲求其不失手也難矣。

脫龍就局納前朝只爲半僞半眞撩山劈硬處平基祇為直來直受。

夫龍脉砂水共結爲穴而穴中不可缺一者也乃有等地龍脉到處則無砂水之局砂水聚處又無龍脉之來若就脉下穴則穴前偏斜傾跌不成局面不得不就局下穴以納砂水之朝拱故曰脫龍就局也然曰半僞半眞者何也蓋以此等地爲眞則龍脉與砂水不合以爲僞則砂水垣局又來故爲半眞半僞之局也惟其半眞半僞則當舍龍就局以得局尚可享砂水之福而成眞倘就龍則龍氣雖必其眞砂水又全然失去而爲全僞矣夫棺不離脉脉不離棺此葬法也乃有等法撩山劈硬大開相水於平基之中堆壘成坟則棺脉亦甚相離矣然如此者何也祇爲直硬到頭並無偏倚可穴不得不直來直受然直受則煞氣難避不得不如此作用也。

平洋之氣常舒常散須要湯中浮酥山龍之氣常急常斂當看水面盤蛇。

此示人察生氣之法也平洋舒散不患有煞但患無氣故生氣之來亦宜有輪有暈如湯中之酥雖無大別於湯之形却自有個酥之體在此則爲有生氣也若無此則一片鋪氈不可取材矣山龍斂急不患無氣但患有煞故生氣之來須要若沉若浮如水面之盤蛇屈曲生動此方爲脫盡煞也若反此則剛急直硬犯之立見凶矣。

沒水之牛氣仰而吹宜乘其急出洞之龍氣直而吐宜乘其餘精華外露之氣如花宜葬其皮精華內蘊之氣如果宜葬其骨。

此示人淺深緩急之法即吞吐浮沉四字也陽脉無脊如沒水之牛氣仰而吹宜就突下穴一脫即無氣矣陰脉有脊如出洞之龍氣直而吐宜脫脉就坦處下穴一犯便鬬煞矣陽結開窩如花之開宜淺以乘之不則氣從上去矣陰結有乳如果之結宜深以取之不則氣從下行矣。

龍穴有陰陽沙水亦有陰陽龍穴有生死砂水亦有生死

此言砂法水法也。砂以開面平軟者爲陽，反背飽硬者爲陰。水以細直傾注者爲陰，圓瀾澄靜者爲陽。陽則生而陰爲死也。夫砂法水法其形多矣，抑知陰陽兩字已括盡吉凶禍福而無剩義。此所謂要言不繁也。

氣有虛實，法當以實投虛，以虛乘實。氣有先後，法當先到先收，後到後收。

言立穴進退饒減之法也。脈來是陽，其氣舒散，宜急以乘之，此以實投虛也。脈來是陰，其氣斂急，宜緩以乘之，此以虛乘實也。龍先到，則宜減龍而饒虎，穴歸於左。虎先到，則宜減虎而饒龍，穴歸于右。此先到先收，後到後收也。

傍城借主，須詳審乎樂托，就向拗龍，當消息乎明堂。

此以外氣印證內氣之法。龍有不正受而側落翻身者，不免脫去本來之勢，不坐本龍而借羅城以爲主。然借城爲主，須要有真樂，真托而結始真也。龍有直來，假宜正受者，乃到頭無面，向方無情，便不成局。于是看其明堂開于何處，便當拗龍而向之，蓋局之所在，即龍之所在，所謂無局不言龍也。

點穴須求三靜一動，認氣須要百死一生。

三靜者，案對要靜，開面而朝拱，龍虎要靜，掬抱而不竄，水城要靜，澄注而不傾。惟作穴之所，一脉活動，此三靜一動也。地理惟生氣最爲難識，蓋生氣之外，上下左右莫非是死，認氣者須於百死之中，知其一生，一生之外，識其百死，毫不爲非而似是，僞而似真者所惑，乃爲認得生氣真也。生氣之妙，不可以言傳，不可以物譬，惟可神會心領者也。噫！知生氣則地理無餘事矣。

有稜有弦，則形成，若湧若突，則氣到。認氣難於認脈，整脈豈如整氣。

有稜有弦，則星辰開面而形成。若湧若突，則生氣到而結穴。此點穴之大關竅也。認氣認脉者，凡星辰之上，分水起脊而落者爲脈，行乎脈之內者爲氣。然有脉盡而氣亦盡者，有脉盡而氣行未止者，有脉未盡而氣已先止者，有分有合，皆爲脉，有輪有暈，始爲氣。若不知整氣而止知整脉，其不犯煞脫氣者鮮矣。

法葬之葬法在形裏。會意之葬意在形表。

此言穴情變態不一。有穴藏於拙。以人力裁剪之。有穴隱於微。以心意融會之。何以有法葬也。凡論穴先論形。乃有形不足以成穴者。如頑金剛飽宜大開水窩。厚土頑蠢宜琢角成金。又如水窩太深不可立穴。則宜填以土石使之陽中生陰。他如剪火截蕩之類。當培則培。當鑿則鑿。皆所謂法葬也。又有真龍真脉。盡鍾於此。情勢局面亦盡會於此。但考穴情則無真正入穴之証。古仙惟會山川融結之意而扦之。夫山川融結固自有真精神真情意。然非真能領會山川之情意者。又烏能知山川情意之所在也。技至此惟超神入化者能之。

龍之貴賤以格辨。龍之正餘以祖辨。龍之大小以幹辨。是故同龍論格。同格論祖。同祖論幹。龍之去住以局辨。龍之偏正以堂辨。龍之真僞以座辨。是故同龍論局。同局論堂。同堂論座。

此言辨大小主從也。格者貴格。屏帳三台五腦蘆鞭蘆花龍樓寶殿之類是也。凡龍有格者貴。無格者賤。

同焉是龍而貴賤分者。格不同也。同焉有格。而主從別者。以二龍祖山之貴賤不同也。同出一祖。而大小殊者。以此是幹龍。彼是枝龍也。故曰同龍論格云云。有垣有局則龍住。砂飛水走則龍去。同焉是龍而去住分者。以此有局彼無局也。同此一局而一正一偏者。以明堂歸此不歸彼也。所謂山歸成龍。水歸成穴也。然亦有同此一堂而一貴一賤者。以一龍有蓋座。一龍無蓋座也。故曰同龍論局云云。同堂論座。卽貴賤以格論也。

凶星不無夾雜。只要有胎有化。吉曜總然雄聳。亦要有精有神。

此論星辰固有凶吉之分。而亦不可拘執也。陽體有泡有突爲胎。陰體有口有窩爲化。有胎有化。卽天罡孤曜亦結地出武功。不得以其爲凶星而失之也。吉星雖秀麗可觀。然近而察之。若枯索而無精神。焉能融結哉。今之執星體而不知生氣者。可以反矣。

陵谷變遷。山川改色。造化固自有時。控制山川。打動龍神。裁成須自有法。

陵谷變遷山川改色乃地運推移而吉凶更變此天數也地運推移而吉凶更變故先師有控制打動之法以象地運之推移此人功也蓋人不天不因天不人不成如楊公所謂如砒如蒙或發以鍾廖公之滅火滅瘟則鑿以池此裁成自有法也然非神心慧識其能當此乎

理氣章

地無精氣以星光為精氣地無吉凶以星氣為吉凶

此言理氣之原也地者土石所成塊然一物其氣即天之氣也故吉凶咸兆乎星氣此地理理氣之所由來也形氣理氣一體一用不可缺一豈容偏廢今之左形氣而詆理氣者皆由其不知理氣之原故也

用先天以統龍[illegible]乎四龍天星用後天以布局定細察乎三盤[illegible]

先天者先天八卦也四龍天星者乾坤坎離為四陽而甲乙壬癸寅戌申辰納焉震巽艮兌為四陰而丙丁庚辛巳丑亥未納焉其分陰分陽蓋以先天八卦配洛書奇偶之數而定者也如乾南而得九故為陽餘倣此凡陽龍宜陽向陽水陰龍宜陰向陰水不則為駁雜主凶此二十四山理氣之主也兼之以九星之吉凶天星之貴賤而四龍之用盡矣後天者後天八卦也先天止用以分四龍之陰陽其餘一切陰陽天星吉凶之用皆以後天布局而不用先天三盤卦例者經盤中之細盤也盈縮六十裝卦以來龍而定坐穴之吉凶七十二龍裝卦以坐穴而推砂水之吉凶百二十分金裝卦則所以辨分金之美惡與年月選擇之用也若不知三盤之卦例則其所用之理氣

亦不過粗畧而已豈能得理氣之精微哉

以龍定穴須審入路陰陽以水定向須看歸路陰陽

此言理氣之大綱也以龍定穴以水定向穴向皆得則地理無餘事矣種種理氣莫非定穴定向之用也入路者貫穴之脈也今人言龍好言長而遠者不知長而遠者吉凶無准而穴中所用止用入路之數尺而已此所謂千里來龍但看到頭入尺也而向水之宜陽宜陰但以入路之陰陽定之而後龍不必論者矣歸路者出水之口也今人言水好言水之來源而

不知水之吉凶。全憑於去口。而來源之力輕。若去吉則來自吉。去凶則來亦凶。故當以去水之口爲主也而向之宜金宜木。但當以歸庫之陰陽定之。而來源不必論者矣。葢山愈行而愈分。其情在分。入路者。分之既盡者也。故龍以入路爲主也。水愈行而愈合。其情在合。歸路者。合之無餘者也。故水以歸路爲主也以穴乘其入路則山收。以向消其歸路則水納。地理之能事盡於是矣。

入路陰陽。指二十四山之淨陰淨陽言。歸路陰陽。指八干之消水言。如乙丙趨戌。丙陽而乙陰也。

入首入手。則龍與脉之由辨。分金分經。則來與坐之由分。

入首者。到頭之主星。入手者。貫穴之微脈也。入首曰龍。入手曰脉。而理氣之作用。當先脉而後龍。葢脉尤切而近也。分金者。百二十甲子。分經者。三百六十宿度也。來者。入穴之脉。如亥脉入穴。當乘丁亥辛亥之旺相。避己亥乙亥癸亥之孤虛。此分金之用也。坐者。坐下之山。坐山周川分金之旺相。而一金之下。又有三度。又當細辨其度之凶吉。此分經之用也。夫坐下細於來脉者。以坐下可任人作用。而來脉難以細分也。

脉看左右落。則脉可辨眞僞。氣審左右加。則氣可別純漓。

夫龍不能純行。多有兼帶。而陰陽眞僞。不可不辨也。如亥壬雙行到頭。若右落入穴。則壬多亥少。而陽眞陰僞。穴向宜從陽立也。左落入穴則亥多壬少。而陰眞陽僞。穴向宜從陰立也。此以左右落辨眞僞也。他

脉倣此。乘氣宜純淨。而忌駁雜。故左右挨加。不可不審也。如亥龍立壬山丙向。亥氣從右耳而入。則穴宜挨左加乾。不令乾氣侵入右耳。則亥氣純而不漓矣。亥龍立乾山巽向。亥氣從左耳而入。則穴宜挨右加壬。不令壬氣侵入左耳。則亥氣始純。催官所謂天廐穴空始爲吉也。此左右加別純漓也。葢脉僞則無氣。氣漓則不清。豈能發福。故乘氣挨加。乃禍福之大關而地理家至精至密之作用也。豈易言哉。

龍脉有順逆。乘氣自當有辨。五行有顛倒。作用各自有

法。

龍左旋而脉右落。則一路而爲順。左落爲逆。龍右旋而脉左落爲順。右落爲逆。此龍脉有順逆也。至于五行之妙。變化無窮。顛顛倒倒。其扦穴立向消納砂水。活潑潑地。並無定法。死規神而明之。存乎其人者也。故得其道。則頭頭是道。在在合法。不得其竅。則拘泥執滯。舉手便錯。豈能合法哉。

氣有乘本脉而不容他雜者。氣有借旁脉而可隔山取者。氣有合初分脉而不爲遥遠者。氣有串渡峽脉而不爲遥截者。

此言乘氣之不同也。亥卯午龍左右皆是雜氣。若一線之差。陰陽便爾駁雜。此氣之乘本脉而不容他雜者。壬子癸寅丙[illegible]龍一片同氣。借此受彼。借彼乘此。並無駁[illegible]之[illegible]此氣之借旁脉而可隔山取者。故吳公云。亥無鱗甲用心求。隔山取氣君須學是也。此二者。乃氣脉既認定後之作用。氣有合初分脉者。如亥脉起祖。至入穴仍是亥脉。此來龍不脱來龍氣。即有他脉兼到。當認定此脉爲真也。氣有串渡峽脉者。

如亥脈過峽至入穴。仍是亥脉。此三峽三關元復元。即有他脉可乘。當認得此氣爲真也。此二者脉未認定辨法。

立穴無尺寸之移。受氣有耳腰之異。分金有轉移之巧。氣線無毫髮之差。

此言乘氣立向之妙用也。穴從巒頭點定。豈容移易。然其中乘氣。或以耳。或以腰。而真僞純雜迥別。不易地而禍福殊分。此乘氣之妙用也。氣既認定。豈容有差。然立向分金。加左加右。以趨吉避凶者。有許多移動。而氣之入耳入腰者。究無毫髮之差失。不易脉而禍福各别。此立向之妙用也。夫立穴不移。而乘氣有異。此催官正針之作用。所當究心也。氣線不差。而分金有轉移之巧。此玉尺雙山之作用。所當究心也。倘知催官而不知玉尺。則止能乘氣以收山。而不知立向收水矣。知玉尺而不知催官。則止能立向以收水。而不知乘氣收山矣。蓋催官是穴中移頭法。而玉尺是穴中移脚法也。余嘗有訣曰。會挨頭。會挨脚。此吉凶最的確。若還頭脚不知挨。禍福夢中猜。

甲氣當避乘氣故取三七放棺旺氣宜乘分金亦取三七加向。

此言乘氣坐穴迎生避煞之法也。三七者，二十四山每山分九分，其七分三分處是也。一二分八九分處則入山太淺而犯雜氣，四五六分則入當太深而犯煞氣。蓋二十四山之中，地支則已正沖煞，而干維又是大空亡也。惟三分七分處，正當分金之丙丁庚辛，不淺不深，爲干維中和之地，不孤不虛，爲五行旺相之鄉。故乘氣加向皆以此爲用也。

脉不直而氣直，何畏直來直受？氣不斜而棺斜，乃爲正貫正承。

此又言乘氣中法也。乘氣大忌直來直受，謂之氣沖腦散，何爲直受？如亥龍即作亥山巳向是也。然直龍直向，固凶而作用得法，亦無不可。催官云：赤蛇頭向天門，北直來直向神功烈，巽丙受穴最爲奇，富貴榮華人英傑。此巳龍巳山亥向也。蓋巳龍到頭，却不在巳上點穴，而於巽丙上受穴，則巳氣究從耳入，此氣直而脉不直，脉不直則無煞，而不沖腦矣。又何畏直來直受哉？此直受乘氣法也。氣正棺斜，氣從耳入，此受氣之常法，故曰正貫正承。其直來直受，則是斜受法也。蓋直來直受則偏點其穴，正放其棺，而令氣從斜入，正貫正承，則正點其穴，斜放其棺，亦令氣從斜入，皆迎生避煞之妙用也。

龍以脉爲主，穴以向爲尊，水以向而定，向以局而分。

此指人龍穴向水之主要，令人有的從也。龍以脉爲主者，巒頭之言龍，祖宗枝榦，其言龍長而遠矣。而理氣之言龍，單以入路之一脉爲主。凡立向分金，皆從

此出，而後龍不必拘。楊公云：三節四節不須拘也。若不知以脉爲主，而泛論後龍之陰陽，則吉凶無據矣。如接木者，不用意於交接處，而用意于根荄處，根荄雖未嘗非接木之本，然接木之生死，則不在根荄也。知此則知以脉爲主矣。穴以向爲尊者，凡一穴點定，有何凶吉，其凶吉皆待定向而後出。如龍向駁雜，謂之陰陽相乘。向水不合，則死氣滿局，或合龍而背水，謂之收得山，收不得水；或合水背龍，謂之收得水，收不得山，丁財不能兩全；或龍水全背，而丁財兩敗，吉

凶皆由向而出。此穴以向爲尊也。水以向而定者。如水之來去。有何生旺死絶之分。惟觀於向家三合之五行。而後生旺死絶分焉。故曰。龍穴吉凶在水。而水之吉凶又在向也。向以局而分者。向所以配龍而收水。然非可以人之臆見而強立之也。必當審明堂水路。形局之所宜者而立焉。蓋人不天。不因。豈得執理氣。而全背山川之性情形局哉。善立向者。不過於形局可立數向之中。而選擇一向耳。蓋天生一地。自然有此一地之向。但其向多在形局之偏斜難入目處。而不在形局之中正美麗處。必以理氣測之。而後龍穴之真向可得。此正天地秘密之玄也。庸人多喜形局好看。故有貪朝失向假局之失。然假局初雖好看。細察之。必漸漸背戾無味。真向雖不入目。及細會其性情。自然其味無窮。故立向者。一當隨局立向以理氣裁成辯頭。不得以理氣戕賊辯頭。一當以理氣求真向。不得貪形局而失真向。此二者。乃今世地理家之大病。故余亦不覺其諄諄苦告也。

來路看四生坐下看四絶局內看三合向上看雙金。

此言以水定向法也。來路看四生者。何凡左水倒右爲四陽之氣。甲丙庚壬之流行。其四生在寅申巳亥也。右水到左爲四陰之氣。乙辛丁癸之流行。其四生在子午卯酉也。看其來在何方。卽知爲某干之氣。如來在寅上。便爲丙火之氣施行也。坐下何以看四絶絶者。卽水神之絶地。不可坐。若坐則爲大凶。如丙氣流行。不可作亥山巳向。蓋丙絶在亥也。水氣既絶。則滿局之水皆不爲我用矣。雖然此其中更有妙道焉。水之來路。固由天成。然其五行實由人撥。如寅方水來。若坐亥子丑山。則寅在左而丙氣流行。若坐寅卯辰山。則寅在右而丙氣不行。又當取左邊之巳。而用庚氣流行矣。凡左來之水。不必問水果從何位來。但以坐山左邊之生位爲用。如寅卯辰山。取巳用庚。巳午未山。取申用壬也。右來之水。不必問水果從何位來。但以坐山右邊之生位爲用。如卯寅丑山。取子用癸。子亥戌山。取酉用丁也。生氣撥定之後。卽從生位起長生數。宜坐山硬定是絶胎養。朝向硬定是臨官帝旺衰。而立向宜坐胎朝旺。坐養朝衰。爲收得水起甚坐絕朝臨官便弃此氣之局。如午未爲丙局，一涉巳則爲丁局，而水皆背戾矣。三向之中，止可用旺衰二向，故經曰衰旺係乎形應。而三坐之中，止忌絕之一坐，故此曰坐下看四絕也。此乃至妙至玄之訣，茲具其畧，其詳在余無事錄中。局內何以有三合也？蓋一個來路，分旺衰兩向，而兩向各有個三合。如丙氣流行，若立午向，則是寅午戌之三合；立未向，則是亥卯未之三合。其所應之年命，皆在本向之三合。如午向則應在寅午戌之生人與寅午戌之年，未向則應在亥卯未之生人與亥卯未之年。一氣之內又分二局，此所謂局內看三合也。雙金者，左右分金也。每向有左右兩加，如丙向左邊加巳，則是巳酉丑之局；右邊加午，則爲寅午戌之局。如上丙氣流行，若加午則爲坐胎朝旺而吉，加巳則爲坐絕朝臨官而凶。一向之中，而分金一易，則禍福懸判，可是柄者，豈容草草從事哉。

制殺莫如乘旺，脫煞正以逢生。從殺乃化爲權，畱煞正爾迎官。

此合龍水向坐而論其作用之妙也。何爲制殺莫如乘旺？如右旋卯龍入首，氣屬乙木，若水從巳來，過酉出丑，則滿局皆金而爲煞矣。欲制金氣之煞，莫若乘木之旺，主旺則客自伏，宜甲山庚向兼加卯酉，蓋甲卯爲木之強地也。何爲脫煞正以扶生？如上局而立乙山辛向兼加辰戌，蓋乙辰爲三合水氣，水能脫金之煞，正以生木之龍也。此二者以坐山五行論也。從殺乃化爲權者，如上之立庚向，庚爲金之旺地，見金之煞反立金之旺向，此從煞也。抑知向固從煞，而以此向之氣行之，則來水皆爲生旺，去水皆是死絕，而來去之水皆爲我用。夫藉向之力，收水之用，是我反得煞力也，此化煞爲權也。畱煞正爾迎官者，如上之立辛向，則金氣之旺煞皆畱于來方而不去。然煞雖不去，而辛爲三合火向，足以制之，則煞不横肆而化煞爲官矣。官在來方，故曰迎官也。此巳上皆言立向消納之水法也。

客水客砂，尚可招邀取氣；真夫真婦，猶嫌半路相逢。

此合龍水而論其吉凶也。客水客砂者，非龍身自帶之砂隨龍同來之水也客砂固非我砂倘來作護有情則我亦可借用客水固非我水倘入堂朝穴則收之亦可配龍蓋龍必欲得水爲配而始有生氣然自已無配而得客水爲配則亦交合而成生氣矣大抵大龍大結則所用者皆自已帶來之砂水若中小結搆皆不免借用於客水客砂者也眞夫婦者隨龍之水也如右旋亥龍氣屬乙木宜以生寅出戌之丙水爲配奈丙水不來於寅而來於巳午之方此之謂半路相逢也此雖眞夫眞婦亦主初年不發暮年科第發福大多遲緩蓋非自少相配之夫妻而欲其生育之早也得乎

陰用陽朝陽用陰應合之固眷屬一家山運收山水運收水分之亦互爲生旺

此言龍水相用之妙也如右旋亥龍爲乙木宜用左旋之丙水爲配此陰用陽朝也左旋之癸丑龍爲庚金宜用右旋之丁水爲配此陽用陰應也乙與丙全戌丁與庚同丑此爲眞夫婦則山水雖爲二體而實一家之眷屬也以龍之生旺收山以水之生旺收水

其用固分然乙龍生午旺寅午上有峰旺人丁寅上有峰旺財祿丙水生寅旺午寅上水來旺人丁午上水來旺財祿乙木生午而旺寅丙火生寅而旺午所謂互用生旺也夫山水二物也合之固合分之而又無不合此陰陽之至情所以有凝結之生氣也此已上皆論天地生成之水法

主有主氣內宜秘乎五行堂有堂氣外宜親乎四勢

此言龍氣堂氣各有當主處而用者不得混亂無別也主氣者入穴之龍氣穴中作用當以此爲主也堂氣者砂水歸朝處穴外門面當以此爲主也故向者內收主氣以配龍外收堂氣以消水不容得一而失一者倘一向而二者不能全收則當內向配龍外向消水不令有偏虧也兩向之法謂之內秘五行外親四勢又穴內注氣從龍穴外放水從向亦內秘五行而外親四勢也凡一切內外作用皆是在人神明之非語言之所能盡也

龍爲地氣當從骨脉實處竅其內而注之水爲天氣當從向方虛處竅其外而引之

此言注氣放水也龍氣恐有駁雜不清故立棺底布
注之法砌作小溝過本龍氣及與龍配合之氣則作
小圓池以注之如亥龍入首注亥氣丙氣丁氣是也
又或砂水有煞則注氣以控制之如丙午水主回祿
則注兌亥之氣以制之是也注氣主龍宜用正五行
節節生出水路多有疵病不純故立穴前放水之法
亦砌小溝陽龍陽向放陽水陰龍陰向放陰水止放
干維不放地支宜小神入中神中神入大神則吉放
水主向宜用玄空五行生入克入注氣放水轉折尺

寸各有吉凶法甚精微各有全書茲不過其畧耳學
者宜於全書中求之可也

在天成象在地成形同一氣故天象太陽爲尊而地法
廉貞爲祖同以火星爲萬象之宗象分吉凶形分禍福
同一域故星光歲星爲德而地法貪狼爲貴同以木星
爲萬象之華

此言天地一氣以明葬地者之當用天星也
先天一陰一陽對待爲主故四龍天星惟取相配陰與
陽合陽與陰合後天分陰分陽致用爲主故八方坐向
可借爲配坐陽收陰坐陰收陽
先天八卦一陰一陽相對如乾之三陽配坤之三陰
陰陽相對所以立體故淨陰淨陽出乎此而龍向不
容駁雜以駁雜則陰陽不合也後天八卦陽卦分于
東北陽方陰卦分於西北陰方陰陽分判所以入用
故八方坐向從此定而坐陽則朝陰坐陰則朝陽而
陰陽可借配也何爲借配如先天乾與坤對是正配
今後天坐乾朝巽故曰借配此節申明上文二天之
義

先後二天先爲體而後爲用貴通其變陰陽二氣陰非
貴而陽非賤在適其宜

上二句結上文下二句破訛傳之非也陰陽二氣並
峙於天地之間缺一則生氣斷滅豈有陰貴陽賤之
理但以二十四山之中淨陽之龍出於乾坤坎離而
四卦上下二爻皆純陽純陰氣不冲和過於剛烈未
免有禍而淨陰之龍冲和柔弱可長保富貴也抑知
聖賢豪傑忠臣烈士立品不朽者盡出于陽而出于
陰者不過聰明文秀結主固寵之夫而可以陰爲貴

乎。然先師亦多有貴陰之說者。因世人所求者。在富貴而不在人品。故亦爲此說也。要知陰龍陽龍各有其妙。只宜各適其當。遇陽則用陽。遇陰則行陰。令其純淨而不駁雜。則皆邀福致祥之地矣。

地以八方定位。正坤道之權輿。故正子正午爲地盤。居內以應地之實。天以十二分野。正經度之次舍。故壬子丙午爲天盤。居外以應天之虛。

此明正縫二針之原也。今人之論二針。多是非彼此。抑知各有其原。各有其用。缺一而不得者也。地以八方定位。故正針二十四山。以八卦爲主。每卦三山。故其位正子正午。凡辨龍立向。必用此而始可辨其陰陽之純淨。天星之貴賤也。天以十二分野。故縫針二十四山以十二支爲主。每支二山。故壬子丙午。凡消砂納水。必用此而始可辨其生旺之宜。來宜高而死絕之宜去宜低也。故不有正針。則龍向之陰陽無以定。不有縫針。則砂水之死生無以分。是二針各有所用。而且相爲用者也。而豈容是非彼此於其間哉。

余讀游註。見形氣一章。舛錯固多。至理氣一章。則舛

錯尤甚。如龍以脉爲主節。忽以玄空五行起長生。來路看四生節。則以四家五行解此節四句。不亦甚可笑乎。余初意止欲改正理氣一章。恐其害世不淺。然形氣章註。亦大失本書之旨。其改削亦不容緩。於是合二章而全註之。一爲先賢之功臣。一爲後世之良劑也。雖然。余註固然矣。倘其中有未盡處。則不能無俟於後之君子云。

地理六經註卷之四

古婺葉泰九升父著

催官此經以正針爲主兼中針用專辨天星貴賤

理氣之用有四。乘氣立向消砂納水是也。消納之法。曾楊已詳明之。而乘氣收放之法。則未之及也。夫援貧救寡。消納誠所當急。然欲發巍峩。拾朱紫。鍾河嶽之靈。產奇傑之品。則非消納所能致。有不能不求夫乘氣之法者也。葢救貧之術。止求水局。而發榮貴。則在于龍。而所以得龍。則在于乘氣也。然乘氣之法。不易言矣。有耳受者。有腧受者。有當放者。有當扶者。有無鱗甲者。有隔山可取者。一失其法。則受氣不清。氣既不清。焉能鍾岳瀆之靈。而產奇傑之品哉。但其理微妙。曾楊既不言。則非公不能言也。此公之所以作催官也。其以催官名篇者。暗對救貧而爲言也。

評龍章

催官第一天皇龍。剝龍換入天市東。陽璇少微左關局。
廉貞起祖峰重重。

此言貴龍左旋之局也。亥龍起祖。入艮轉巽。入兌從

北而東而南而西。爲左旋順行之龍。剝換俱係貴秀。故爲上吉。廉貞。火星也。天星既貴。而地形又火星起祖。尖秀聳拔。則地形天星。俱係上格。而催官必矣。

右關廉貞降樞兌。變換太乙東南雄。

此言貴龍右旋之局也。卯龍起祖。從艮入酉轉巽。從北而西而南。爲右旋逆行之龍。剝換俱係貴秀。故爲上上貴格也。

穴承陽樞乘生氣。或更受穴天皇宮。天皇太微爲正向。
楊樞穴癸爲上龍。四神八將應位起。三火並秀三陽沖。
三陽洋潮入庚震。食邑開府應三公。更出仙翁與佛子。
蓬萊真境超凡風。

此承上二局而言也。左右二龍。或轉艮入首。或轉亥入首。亥則宜扦丙向。艮則宜扦丁向。四神。四維也。八將。八干也。三火。丙午丁也。三陽。巽丙丁也。此諸吉砂。聳秀得位。而吉水又朝穴流入卯庚而去。則龍向砂水莫不清貴純淨。故大貴之外。又出超凡入聖之人也。

天樞起祖降兌巽。變艮作穴官位同。

艮龍起祖而轉兌入巽仍轉艮入首則貴氣亦與上
二關龍等也
少微起祖降樞巽亦主富貴永興隆
酉龍起祖轉艮入首或轉巽入首左右二旋俱吉
六秀變出紫微局砂水應位官無窮
六秀艮丙巽辛兌丁也此言六秀行龍轉亥入首也
六秀行度間震庚三吉受穴文武崇
三吉卯庚亥也六秀行龍之中間以震庚而轉震庚
亥入首此文武間行之龍故文貴武貴並出也

陽衡起祖降三吉震庚受穴應武同
卯龍起祖三吉行龍震庚入首必主出握樞持節之
人蓋震庚耀武今行龍純係庚震亥三龍故主出武
貴若行龍秀[illegible]文臣掌兵柄也
亥山一丈能致富貴一勺能救貧
此言亥巽之妙也
辛山十丈富相親難養過房異姓人
此言辛龍之用也亥山一丈便吉若辛山得十丈入
首則亦發富矣

震庚砂水秀朝位持節邊疆統卒戎
震龍入首庚砂庚水秀朝庚龍入首震砂震水秀朝
主掌兵權也
少微轉巽還少微人財昌熾官職卑太乙少微復太乙
亦主文官持彩筆
此言酉龍轉巽復轉酉入首巽龍轉酉復轉巽入首
之驗也
迢迢西兌入天皇清貴翰苑誇文章天皇迢迢入西兌
亦主淸貴寒冰霜迢迢天皇剝入艮富貴兼美芝蘭芳

兌龍起祖轉亥入首或亥龍起祖轉兌入首或亥龍起
祖轉艮入首此三龍剝換皆係三垣上貴之星故主
出清貴也
天皇天市龍第一巽辛兌丁官可必最喜廉貞作祖宗
廉貞作祖爲官蔟陰樞南極及天漢行龍受穴最榮吉
天屏巽丙同透迤只主優游富衣食鬼牛二氣災害萌
拜禮神佛崇香燈二煞獨行皆爲吉更與丁艮相兼行
丁艮行度龍局吉男女多癌家豐盈
此一節總論陰龍之美惡也已上皆論陰龍

陽權軟伏蜂腰起陰權砂水來相迎切忌亥戌來照穴
鼓盆反覆災相仍
此論午龍也午龍喜壬砂壬水最畏亥戌砂水蓋戌
爲火墓亥爲離煞也
陰權坎癸貴精俊岡勢磊落如流星陽權砂水秀朝穴
龍虎抱衛公侯生
此論壬子癸龍也陽龍以壬子癸午四龍爲上吉故
此三龍皆宜午砂午水秀朝也
陽權陰光砂水秀陰陽砂拱官班榮陽光瑶光陰權位

行龍懶緩生泉泓陽光單行更高聳孕生六指無猜疑
陰玄行龍兼鬼氣少亡孤寡兼尼僧陽璣單來最凶惡
絶嗣無主坟荊榛魁罡行龍不堪穴少亡惡逆常爭競
山奇水秀穴周密幹可致富隨伶仃陰璣天棓若受穴
痼疾瘋跛人生盲寅甲行龍穴奇巧僅可一發人溫飽
陽龍懶緩不須裁形孤穴露生凶災龍行起伏如萬馬
陽局周完要奇雅
此已上論陽龍凶吉也
世人只愛龍透迤不明曲折兼醇醨天皇行龍莫曲折

玖權氣雜非瑰琦天市透迤失正氣天厨天棓爲深疵
陽旋切忌間亢氣兌庚透曲咸利宜陰璇亦忌間婁氣
乘氣愼弗差毫釐
此論行龍曲折純駁之凶吉也理氣之中有三大綱
一曰陰陽二曰天星三曰五行陰陽論純雜天星分
貴賤而五行則用以辨生旺死絶者也龍神行度最
忌陰陽駁雜貴賤雜亂也而世人之看巒頭者最喜
龍之屈曲透迤謂之活動不知屈曲之中有利有害
一屈曲了大多貴賤兼行陰陽錯出故大多害多利

少也天皇亥龍兩邊夾以乾壬一曲折便駁雜天市
艮龍兩邊夾以丑寅寅陽丑賤一曲折便雜亂巽與
辰鄰怕雜辰氣辛與戌鄰怕雜戌氣蓋巽辛陰而貴
辰戌陽而賤也惟庚酉辛龍一氣淨陰俱爲貴秀故
曲折閒行皆吉也龍之行動駁雜固凶至于穴中乘
氣尤怕不淨若有一毫雜亂便爲不吉故乘氣尤宜
詳細也此公之所以諄諄致戒與
余見世之論地理者言巒頭必曰曲屈生動則吉言
理氣必曰節節純淨則吉直至行山則屈曲之龍必

不純淨純淨之龍必不屈曲有巒頭則必不合理氣
合理氣則必不合巒頭兩者決不相得于是巒頭理
氣之凶吉至此而技窮矣不知巒頭之法只要成格
成局有起有伏直行原不與死硬相同其吉亦不僅
在透迤曲折理氣之法只要穴[illegible]氣純淨便爲陰
陽不駁即間行數節亦無妨巒頭理氣其妙用原自
活潑潑者也彼膠柱鼓瑟者焉可與語是道者哉
龍辨中抽左右落吉凶官職定榮削左落乾亥如雙行
乾多亥少邪堪作右落乾亥如同行亥多乾少堪裁度

中抽乾亥如平分可作行龍穴休整壬亥雙行詳左落
亥多壬少官榮爵雙行右落龍不純壬多亥少家消索
中抽壬亥如平分轉換真奇莫差錯單行中抽爵祿縻
左落乾頂真龍虧右抽壬頂爲四輔龍行官旺何須疑
艮頂中抽爲第一最喜直龍嫌透迤左落丑頂爲半吉
右抽寅頂生瘋痍丑艮對頂平分出穎異亦主生光輝
丑艮雙行從左落丑多艮少生災危丑艮雙行從右落
艮多丑少榮孫枝寅艮中抽不宜穴左落艮寅堪扶持
寅艮右落豈爲吉梧星作主生災非震山中落最爲吉
若兼甲乙宜深推震甲雙行犯風疾震乙繼養螟蛉兒
離丙雙行切須忌天降回祿焚翟飛辰巽兼落非精美
左落辰頂堪嗟吁辛戌雙行本非吉左落辛頂多鎡錤
丁山正落始爲吉午未氣雜家陵夷起頂降脈定偏正
他宫倣此須無違

此論龍左右落頭之凶吉也凡一龍有三落左落右
落中落也左落之氣右耳乘之右落之氣左耳乘之
中落則左右二耳俱可受氣乾亥雙行從左落則乾
多亥少而右耳所受者皆乾氣故不吉若從右落則

亥多乾少而左耳所受者皆亥氣故吉若從中落則
二龍不分多少而亥陰乾陽乾賤亥貴法難去取而
二氣夾雜入耳故不可扦穴也壬亥雙行從左落則
亥多壬少而右耳所受者皆亥氣故吉若從右落則
壬多亥少而左耳所受者皆壬氣故不吉若從中落
則二氣不純矣然壬爲天星之四輔非乾氣老亢之
凶作者若能放倒壬氣扶起亥氣貫右耳則亦不爲
凶也故曰轉換真奇莫差錯也落頭有左落右落之
別而龍又有雙行單行之分上二法雙行法也而單

行者。又有吉凶之辨。亥龍單行。不兼乾壬之氣。固吉矣。然左落右落而吉凶亦不同。左落亥龍。則上係乾頂。乾亥之分。勢若氷炭。故凶。右落亥氣。則上係壬頂。壬爲亥之輔佐。故吉。此單行美惡也。理氣之用。細若毫髮。豈可輕語哉。夫以乾爲左。以亥爲右者。從穴中面對來脉而言。故左乾而右亥也。艮卯諸龍倣此。

催官吉凶之說。單指天星貴賤而言。然而不可泥也。貴賤固有凶吉之分矣。亦當看此地結作是陰局陽局。如乾亥雙行入首。若後龍陰多。砂水俱在陰位。此陰局也。則亥吉而乾凶矣。若後龍陽多。砂水俱在陽位。則是陽局也。豈得執乾爲凶而亥爲吉乎。善地者遇陰則用陰。乘陰龍而立陰向。遇陽則用陽。乘陽龍而立陽向。則吉無不利。若遇陽局而反乘陰龍。實陽龍而貪扦陰向。則龍局背馳。陰陽駁雜。禍不旋日矣。亥本貴龍。其殺人如反掌耳。世之讀催官者。不知法本圓通。而拘泥執滯。害世不小。故特爲指出。庶可挽頹風之萬一云。龍行官旺句註見下文註

衰病絕鄉爲福薄。死兼沐浴皆流離。冠官生旺胎養墓。

不須更論陰陽疵。

此節以五行辨行龍之凶吉也。如亥卯未木龍也。若卯方起祖。轉亥入首。此旺趨生也。亥方起祖。轉卯入首。此生趨旺也。或亥方起祖。轉艮寅入首。此生來入臨官也。卯方起祖。轉丁未入首。此旺來入墓也。此皆吉也。若亥方起祖。不入卯而落辰巳。此衰病也。卯方起祖。不入亥而落壬子。此沐浴也。則爲凶也。龍之起祖入首。得合生旺冠官等吉。則是發福之地。其行度之中。即有陰陽夾雜之疵病。亦不必泥之矣。

催官之論陰陽貴賤吉凶。亦甚詳而嚴矣。至此忽云不須更論陰陽疵。豈將前案盡翻乎。不知公之胸中。原具有一大圓通。但其將陰陽兩者對論時。不得不如此說。而其入用。自活潑潑地。原不拘泥者也。學者能從此句參入。而不爲前論所拘。方爲善讀催官。不則陰吉陽凶。而陽龍皆不可葬。何世之大家巨族。受陽龍之福者甚多。而公評穴章中。即乾坤辰戌。亦未嘗廢而置之不談。蓋陰陽之辨。不可不嚴者。在入穴之一線。而不在行龍博換之間者也。

四龍傳換爲上吉。卦變二三皆爲雜。一卦獨行名專一。
正龍落脈無棲遲。棲遲閃側爲僞落。亦須造化無參差。
眞龍僞落爲變局。龍鍾穴的難推移。砂秀水朝爲吉助。
剝龍合向登雲衢。僞行眞落雖速福。但恐換骨有興衰。

四龍指艮兌震巽而言也。龍之行度俱在四龍之中。或二三卦傳換俱爲吉也。若一卦獨行。則忌棲遲閃側閃爲雜氣也。催官以陰爲眞。陽爲僞。重陰故也。眞行僞落者。後龍節節是陰。而到頭一節是陽。就陽扦穴而立陰向。主初年不發。待剝龍合向而始福也。僞

行眞落者。後龍是陽。而到頭一節是陰。就陰立穴。而扦陰向。主初年發福。至行到後龍。則龍向不合矣。故曰但恐換骨有興衰也。眞行僞落。謂之借局穴。僞行眞落。謂之速達穴。其詳在天機葬法內。此一節論龍剝換之凶吉也。

詳觀砂水定品秩。收放乘氣爲眞機。上圭測位勿草草。
心意消息毋昏欺。龍穴砂水至心要。爲君備賦催官詩。

龍既得矣。于是觀砂水以定其品秩之高下。而理氣之眞機。在穴中乘氣之收放。尤不可不精細也。故測位不可草草。恐其認氣不清也。心意消息其氣脈。不得昏亂而錯乘。不得指陽作陰而欺妄也。此公之戒辭也。

評龍一章。首段論陰陽二龍。次論龍之曲折。于是詳左右落之吉凶。生旺墓之禍福。行度博換之雜純。而總結則勉人以精細謹慎。其論有序而不紊。其理由淺而入深。非尋常立言者比也。學者苟能從其言之序而求其理。由其言之虚而得其用之寔。則理氣之學。思過半矣。

評穴章

天皇評穴　亥龍

催官第一天輔穴。天皇氣從右耳接。穴宜挨左微加乾。
天皇氣貫穴無泄。四神八將俱朝迎。紫綬金章在前列。

丙向挨加收放之圖

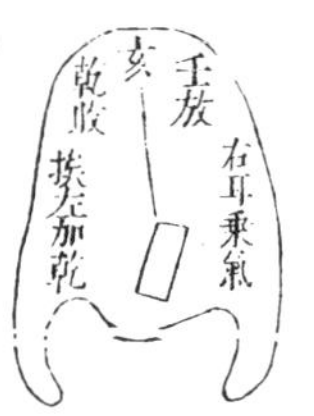

加乾　亥氣　收

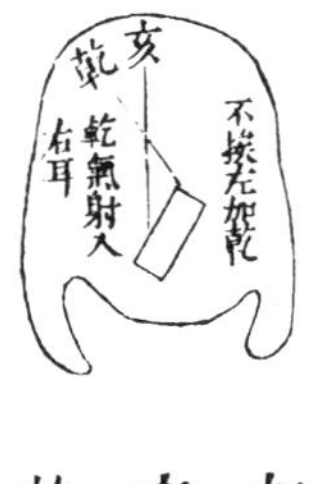

加壬　亥氣　放

此右耳乘氣收放法也。凡右耳乘氣之法倣此。

左右二落當防僞氣射入之病。中落易收。

天皇氣射天廄星微挨西獸加壬行天廄穴空始爲吉

耳受左氣官班榮

巽向挨加收放之圖

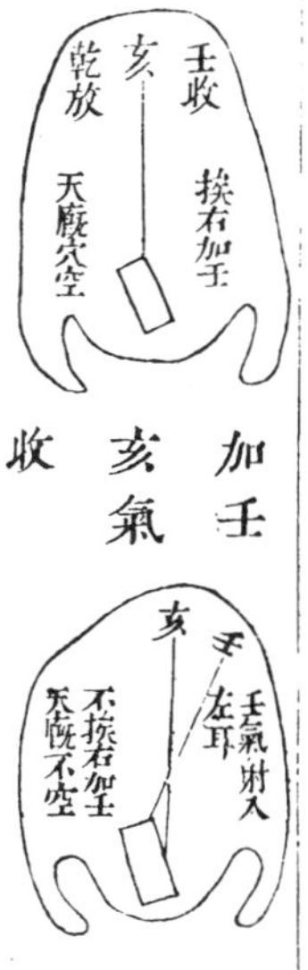

此左耳乘氣收放法也凡左耳乘氣之法倣此

三線之圖

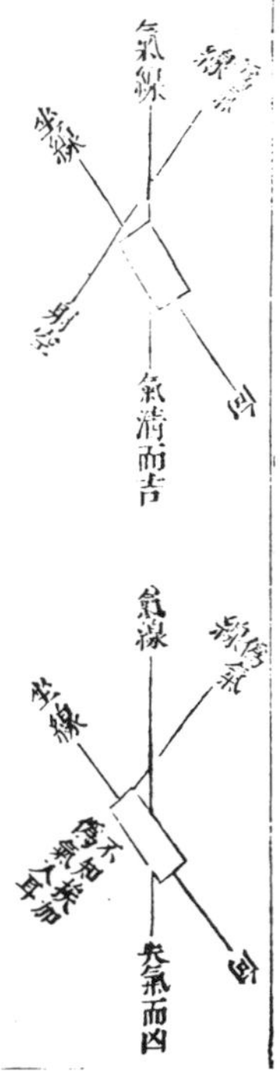

天皇氣冲穴北道挨左立穴爲樞要稍加乾位細推詳

右耳乘氣母冲騰　癸山丁向

天市評穴　艮龍

催官第二穴安癸天市正氣左冲耳穴挨西獸微加寅

晝錦榮華耀閭里　癸山丁向

天市行龍太微向氣冲左腧官資旺陰陽相見福祥來

二樞配合相隨唱　壬山丙向

凡龍與坐山隔五位者曰腰受凡腰受之向必須砂水堂局天然方可扦作

丙向腰受收放之圖

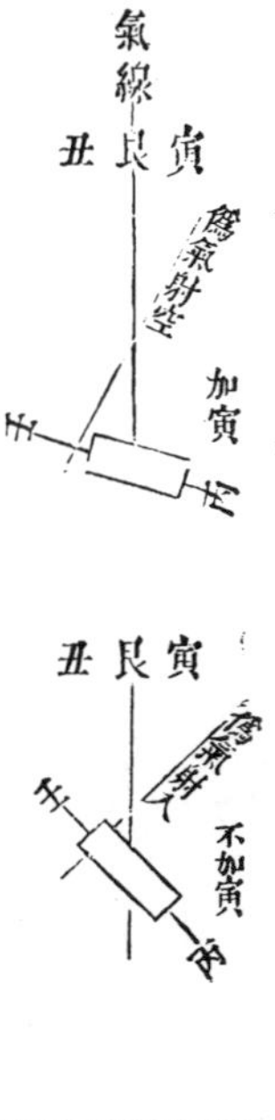

壬癸背一丙九離河洛理數無相違四垣四獸各正位

五氣順逆相憑依

總論上丁丙二向也壬癸在坎丙丁在離坎爲一宮離爲九宮故曰背一面九離也得宮河洛無相違也艮得八宮屬木坎得一宮屬水離得九宮屬金向生坐坐生龍故曰不相違而尅相順而生也四垣者紫微垣在北天市在東太微在南少微在西四獸者東青龍南朱雀西白虎北玄武也各正位者二十四山向之中惟坐坎朝離之地則四垣四獸各得其本位也以是而五行之氣各得其憑依而無相刑相尅之虞矣公蓋贊坐北朝南之妙也蓋朝南坐北背陰向陽爲天地自然之正向地得此局豈不美哉

天市迢迢穴陰璣氣冲右耳無透迤天厨微加穴粘左

富貴文武官崇巍　甲山庚向

陽偏穴坐天官星右腰乘氣多榮名若得陰璇山秀起

合書飫史稱明經。乙山辛向

陽樞爲龍西向兌右耳乘氣最爲貴穴安挨左加厨星。

閥閱榮華定無艾。卯山酉向

天市行龍向陽璇氣冲左腧通微玄屋潤家肥積金帛。

只恐天折虧天年。乾山巽向

陰璇評穴 辛龍

催官第三穴天廐天乙行龍右耳受挨左立穴加少微

中男及第紆紫綬 乾山巽向

陰璇穴西向東震陰璇氣從左耳進微侵妻位勿加多。

巡警小官亦英俊。酉山卯向

陰璇穴向天市垣氣從左腧推其源。玉堂金馬無分到。

儒官俊雅多田園。坤山艮向

陽璇評穴 巽龍

催官第四穴安乙陽璇左耳氣冲入天官借坐加青蛇

禁闕宸官須夜直。乙山辛向

太乙行龍天屏穴右耳乘氣眞奇絕亢金煞位勿加多。

巨富小貴人英傑。巳山亥向

太乙行龍向陽樞右腰乘氣無差殊。砂奇水揖龍精異

詩禮富貴多金珠。坤山艮向

陽衡評穴 卯龍

催官第五穴安甲陽衡氣從左耳發穴挨西獸加天官。

持節邊彊掌生殺。甲山庚向

阿香東來穴天官氣貫右耳屍靈安微加甲位穴粘左。

先文後武榮官權。乙山辛向

天漢評穴 庚龍

催官第六向東震天漢氣從右耳進微加申位多榮名。

富壓鄉邦衆欽信。酉山卯向

天漢正向天市星氣奔左耳眞奇清微加西兌穴粘右。

水朝局備家資盛。坤山艮向

南極評穴 丁龍

催官第七穴宜坤南極氣從右耳奔要使亢陰勿貫穴。

微加天廣榮家門。坤山艮向

收眞避僞之圖

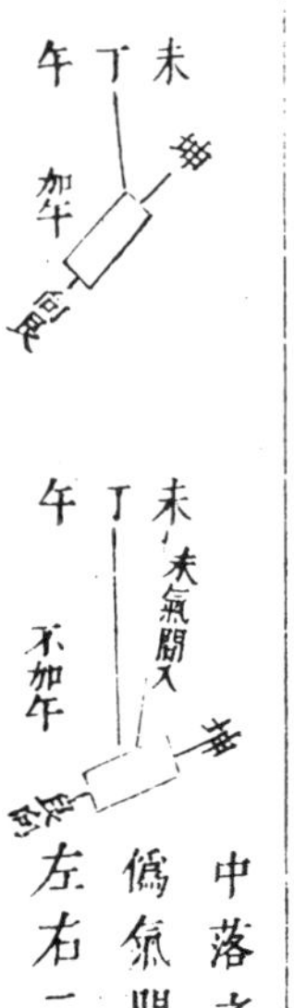

中落之脈當防僞氣間入之病左右二落無此

南極行龍天皇向氣冲左耳乃爲上穴挨西獸微加羊。

陽權愼勿毫釐間。巳山亥向

太微評穴 丙龍

催官第八丙龍乙氣冲左腧英才出。辛向 太微之龍穴

牸巳氣貫左耳富而巳。亥向

太微行龍向陽樞右腰乘氣無差殊穴宜挨左加青蛇

亦主人旺家資富。坤山艮向

少微評穴 酉龍

催官第九兌山艮左耳氣冲無多柔署加天乙貴龍來

亦主文章典州郡。坤山艮向

金雞來向天門啼氣冲右耳天廄虛微加天漢水砂朝

少年一舉登科第。乾山巽向

金雞啼向扶桑東氣冲腦散虧神功庚辛受穴始爲吉。

官職榮覇資財豐。酉山卯向

直龍直向借氣之圖

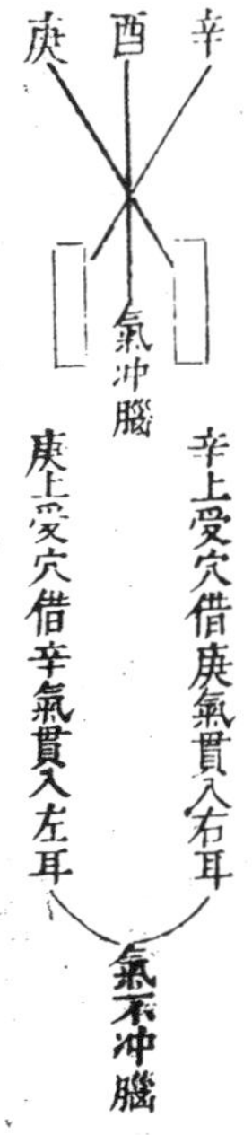

少微正向宜配丁右腰乘氣官職輕若轉天皇脉受穴

右耳受氣公侯生。癸山丁向

陽權評穴 午龍

催官第十穴天貴陽權左氣從耳注微加南極局周廻

砂水合矩公侯至。丙山壬向

離山迢迢應日星丁穴右耳乘炎精微加天貴毫釐位

立見驟富官職榮。丁山癸向

天輔評穴 壬龍

背一面九乘天輔氣從右耳貫合矩穴宜挨左加天皇

富貴榮華振鄕土。子山午向

壬山迢迢穴天市天輔氣奔冲右腧穴左微侵半分亥

富貴聲名響閭里。艮山坤向

天輔穴向天官星氣從左腧通玄靈穴宜挨右加陽光

亦主財賦人英俊。辛山乙向

陽光評穴 子龍

穴坎陽光右耳通龍脉眞俊生英雄切忌陽光氣冲腦。

家資退落應如掃。子山午向

陽光穴坐天市垣氣冲右耳乃爲玄穴宜挨左加天輔

孕産六指多田園。艮山坤向

陰光評穴 癸龍

催官下三向玄戈。陰光俊美右耳過。挨加微加半分兒。

富貴便見風流多。艮山坤向

陰光穴坎向陽精。左耳乘氣不爲輕。穴安挨右微侵牛。

出人英俊貲財盛。子山午向

玄戈評穴 坤龍

丁穴廻環局周鎖。玄戈耳入氣冲左。穴挨西獸微加申。

龍脈精奇發如火。丁山癸向

坎離交極少生氣。老陰不交龍不備。水朝砂秀亦堪誇。

坤癸離壬納干是。

亢陽無生甲從乾。氣從腧入非天然。陽局不奇必凶惡。

陽璣評穴 乾龍

鰥寡絕嗣災害綿。庚山甲向

陽璣來龍安向乙。迢迢左氣從耳入。穴安挨左微侵婁。

水朝局備家豪實。辛山乙向宜挨右加亥。今反挨左加戌。則帶一二分亥氣入穴。此變法也

鼓盆評穴 戌龍

戌山迢迢宜向乙。鼓盆左氣奔耳入。龍行起伏向洋潮。

巨富但恐人殘疾。辛山乙向

鼓盆龍向天苑星。行龍懶緩災非輕。穴挨西獸細消詳。

水朝局備家貲盛。庚山甲向

功曹評穴 寅龍

功曹坐艮向玄戈。左耳乘氣無偏頗。微加甲位局周全。

龍脈精奇發如火。艮山坤向

功曹正向天關星。龍脈頹巽穴堪親。砂水不備總凶惡。

寡母怪疾多生嗔。寅山申向此係直山直向。宜挨艮借甲氣入耳。不則氣冲腦散

陰璣評穴 甲龍

陰璣穴巽向乾峰。氣從右腧家興隆。左右不交龍失度。

鰥寡瘋疾動瘟風。巽山乾向

陰璣起伏龍向坤。左耳乘氣福無窮。穴宜粘左微加寅。

龍奇局鎖方堪用。艮山坤向

水龍艮山坤向。宜挨右加卯。今反挨左加寅。則帶一二分卯氣入穴。論詳辰申二龍下。

亢金評穴 辰龍

亢金穴巽向陽璣。氣從右耳爲合矩。天官微用穴粘左。

巨富但恐無期頤。巽山乾向

亢金行度向玄戈。左腧乘氣力比和。天官微加穴挨左。

龍要精奇局要鎖。

辰龍向坤。法宜挨右。加巽。令天官微加而加乙者。蓋辰龍罡烈。故加乙令帶巽氣而入。避其正煞也。此挨加之變法上乾甲二龍帶入亥卯之氣。想亦此意。

天常評穴 未龍

未山起伏龍向艮。天常氣冲右耳。遶穴挨左位帶丁來。左道榮華人貴顯。坤山艮向

天關評穴 申龍

天關龍坐天漢星。氣從右耳須細尋。微加天鉞輔龍行。水朝局鎖人財盛。庚山甲向

申山局向瑤光宮。左耳乘氣力爲重。玄戈微加穴居左。龍蹲虎踞家資榮。丁山癸向

申龍向癸。法宜加庚。令攻加坤。恐有錯誤。蓋申龍不若辰氣之烈。還宜乘清申氣爲妥。不必避其正煞也。

赤蛇評穴 巳龍

赤蛇頭向天門。北直來直向神功烈。巽丙受穴最爲良富貴榮華人英傑。巳山亥向法全酉龍

天厨評穴 丑龍

金牛走向太微垣。氣奔左耳龍脈旋。陽樞微加穴粘右。水朝局鎖多田園。壬山丙向

天厨龍向南極星。左氣冲耳資財興。穴挨酉獸加陽樞。富貴人欽左道霊。癸山丁向

天官評穴 乙龍

天官坤向穴天市。氣奔左腧乃爲利。亢金微加穴粘右。亦主富貴人招贅。艮山坤向

評穴總訣

氣從耳入官易期。氣從腰腧官應遲。耳腰乘氣有多寡。乘氣慎勿差毫厘。

此言乘氣有遲速之異。因言乘氣之宜精細也。耳受氣從正入。故發福速。腰受氣從橫入。故發福遲。蓋正則急而橫則緩也。然氣固乘矣。而中落之脈恐有僞氣間入。左右落之脈恐有僞氣射入。略有差失。氣便不清。雖千里好龍。俱空費矣。乘氣者其慎之。

評砂章 砂法以四維爲主。故此章大半是論四維峰辯也

賴公之作催官也。其精神全在辨龍乘氣。挨加立向。而砂水則在所次也。其論議則用天星陰陽。以辨貴賤凶吉。而五行之生旺死絕。則在所不講也。此其故

何也。蓋五行砂水。楊曾諸公。于青囊歌。天玉外傳。已詳言之。前人既已透發無餘矣。古人著書。必發前人所未發者。而後可以成一家言。若乘氣挨加之法。天星貴賤之辨。皆楊曾所未論及者。此催官立言之旨也。然砂水凶吉。當以五行生死為主。而天星貴賤僅可以佐斷驗之用。而不可執以定凶吉者也。吾恐世之讀催官者。未曾精明青囊天玉玉尺等書。而執此以言砂水。其害世不淺。故為之特書于前云。

砂水吉凶。當以生旺為主。青囊云。更有諸位高峰起。

尖秀高圓要得位。長生高聳旺人丁。旺位起峰財祿聚。此砂法也。截定生旺莫教流。直射直流家業退。流破生方主少亡。沖破旺方財祿空。此水法也。是說也。乃砂水之真訣也。若生旺之方。更合三吉六秀。其吉益吉。若在死絕之所。雖合吉秀。亦終無用。得生旺。則陽砂陽水亦吉。在死絕。雖三吉六秀亦凶。故砂水二評。止可以佐博識課驗之用。如火局巽峰為臨官。金局巽峰為長生。則斷其出元魁也。砂水之法。當以青囊為主。學水法者。宜熟叅青囊。得其主宰。而後方可讀催官。若不知青囊。徒誦催官。以之評砂論水。而曰此先賢之訣也。其為害將何如也耶。

催官之砂惟四方。雲霄屹立官爵強。四維峰低疊疊起。千箱萬箱耀州里。奇峰列秀有三角。黃金白玉尚奢侈。若還有路破峰巒。官事相連敗地困。四神烏石生黑駁。家業終須見消索。一旋統天秀入雲。龍頭獨步黃金門。若見低圓正而麗。定主科甲在前列。亂峰低小富豪翁。世登要路許幾峰。陽璇雙峙美無度。璣入雲霄生宰輔。龍真局備造化工。定登台省位三公。獨有璇峰孌然起。

經略之士端可擬。參軍司務小峰巒。低圓方平富而已。一峰秀出一登科。雙峰兄弟同科舉。遠峰列筍天涯外。文與韓柳爭齊名。外潮砂水外孫貴。半子廊廟為官清。更主如花女入貌。夫勲子祿承恩榮。陽璇低伏陰璇聳。亦主亞榜稱明經。玄峰卓拔旌旗樣。定出將軍女為將。一峰端拱正如圭。三甲之中應及第。如旗斜欹不端嚴。怨警小官亦英銳。亂山低小都衙職。山名地母無虧失。如或缺陷水來去。定以龍穴明去取。龍神帶得四金行。必主寡夫并尼僧。陽樞如筆列三台。三台齊秀催官魁。

等國爲姻食天祿。一峰獨秀黃甲魁。若然小峰積金[illegible]。破石點破催官頹。陽樞低伏陰樞聳。亦主食祿休疑猜。四神八將應位起。龍眞穴的旂廬𥿄。巳上論乾坤艮巽四維并所納干

太陽正火當星馬。丁柳丙張更無價。赤蛇遶印如圓平。腰印斗大才縱橫。印笏居西最爲貴。樞璇丙丁生公卿。印居寅甲出師巫。里巷厭聽梼蒲聲。陽光癸丑主墮胎。離印中子全家育。魚袋居丙官易期。坎癸四墓爲橫尸。兇獘劍戟庚兌出。將軍威武收邊夷。東南更點旂雲霄。陰陽合翕如友僚。更兼陽關山拱朝。官職崇高近君帝。

陽關山陷因陣亡。陽衡壓塚初年滯。火星宜起應天宿。仍觀造化陰陽宜。離星高秀乾壬明。泄制火星英賢生。樞璣陽璇山若陷。官不食祿名虛稱。龍穴局勢無虧失。吉星列位官可必。吉星或見有高低。便以高下爲消息。山形雖美位凶方。亦恐歲久非忠良。壽筆尖斂列寅甲。賊旗斜側位魁罡。魁罡高聳壓塚宅。出賊乞丐沿街坊。四金砂陷風一入。翻棺覆槨人遭殃。牙刀四金屠劊兒。判筆庚兌辛爲奇。天乙太乙文筆起。耀氣交騰狀元位。得位失位就去取。總把龍神變規矩。火星少起日月明。

亦主其家生貴子。日月不峙太陽高。大陰得水還貴豪。火星不起官不顯。不握重權或閒散。詳龍審穴辨砂水。此是楊曾微骨語。世降風移民不淳。大地相逢莫輕許。

評水章　水以六秀爲主

催官之水惟三陽。水潮砂秀官爵強。陽璇水朝文筆起。少年科甲誇文章。若見雙峰列雲漢。兄弟聯名親御翰。有砂無水亦尊榮。砂水並朝更爲冠。男爲駙馬女爲妃。中男繼子誇門楣。三陽無砂水不貴。只主姻親發財利。穴乘兌亥陽璇朝。玉堂金馬多名譽。只龍璇水爲福輕。

最喜庚辛丙丁注。陰樞南極水洋洋。四神八將砂蒼蒼。射策金門期第一。定主薇垣作良弼。二宮有水名赦文。永無凶禍臨家門。蠶姑纖絲白如雪。老萊戲彩娛晨昏。三陽水朝歸鬼鄉。義門壽考同休光。陰璇水朝進金寶。亦有如花女人好。穴乘太乙東南龍。水朝砂秀登科早。若還水自太微朝。亦主出人長壽考。但嫌砂碎似鷙頭。風流女人多顛倒。兌水切忌陽璇龍。必主徒流投荒草。天漢天命水朝坟。敵國富豪眞無倫。震庚有峰入雲表。英雄將相麾三軍。天潢天關水同入。難免刑戮遭紛紜。

陽衡水朝主驟富，龍輕砂倅遭淫奔。切忌剥龍入坤庚，
定遭刑戮慢災逃。陽樞有水入明堂，粟陳貫朽珠夜光。
天屏天皇水來去，財祿人家有優裕。天屏水忌少薇龍，
離龍亥水刑相同。兜牛來去空爲吉，念經寡夭常逢凶。
兜流來去龍入震，霹靂白晝驚西東。來去家豪定敗絕，
人家定少期頤翁。玄戈洋洋入墳宅，畫堂紅粉悲無窮。
撲碌抱肩砂拱位，婦女不潔招淫風。若有圓山盂鉢樣，
或出尼姑并和尚。陽權陰權互相向，有水特朝乃爲上。
陰陽砂秀入青雲，及第爲官至卿相。若砂無水亦登科。
有水無砂惟富旺。陽權陰權互相向，砂水並朝總宜葬。
離龍坎水近君門，陽局易發亦易傾。兌妻流注非吉地，
少亡悖逆無忠貞。陽闓懶緩兌水入，缺唇露齒含胡聲。
坎龍兌水忌來去，全家誅戮無餘丁。四金朝龍並坐向，
痼疾橫逆家伶仃。四金對射風入局，翻棺覆槨災非輕。
功曹傳送水來去，陽局砂水吉無慮。行龍轉換到正東，
切忌水流傳送宮。離壬來去離鄉邑，陰璣天棓生育風。
天官來去招繼贅，坎癸病腫憂冲冲。雙生子女家漸退，
縊亡落水災危重。水流北極肅殺位，襟懷鄙吝無寬洪。

坎龍離水入西兌，淫奔必主期桑中。乾亥雙行因瘵夭，
戌乾喑啞并盲聾。陽璣來去跛能履，鰥寡繼贅人無蹤。
坎離陽朝破陰局，咸池水映桃花紅。巽巳兼朝破陽局
那更太乙起堆峰，聞有女顏如玉，墮胎玷污春風容。
遊魂陰樞水並入，寅午戌歲燒天紅。楚法若注兌亥氣，
回祿制伏應潛蹤。陰光牽牛入塚宅，隨母改嫁忘姻宗。
黃泉曜氣最凶惡，陰陽混雜家零落。少亡毒藥因女禍，
兄弟屠戮多相攻。龍行關節帶微澹，受穴朝流亦差錯。
龍真局備砂水環，拔龍附鳳良非難。洋潮六秀砂水助，
博龍合矩方爲官。正向特朝固爲美，旁朝合吉梯雲端。
抱城遶穴故爲吉，直流合矩朝天關。真龍迢迢穴奇巧，
到頭僞氣非純完。反如翻弓直如箭，流非吉位家貧寒。
穴高潮流要長遠，富貴易至人安康。潮流高低穴爲等，
富貴驟至量非難。催官秘訣止于此，慎勿泄與時人傳。

催官評砂，專重四維。四維者，天柱殺將尊星之位，乃四馬之鄉，高則所以速貴也。評水專重六秀，六秀者，貪巨三吉尊貴之位，乃清貴之鄉，朝則所以速貴也。

此天地自然之理，催官所以專重之歟。

附天星各山異名

乾 陽璇 亢陽 北極 天廐 亥 天門 天皇 紫薇

壬 陰權 天輔 子 陽光 太陰 月

癸 陰光 瑶光 北道 丑 牛 天厨 金牛

艮 天市 陽樞 天樞 寅 天棓 功曹

甲 陰璣 天苑 卯 陽衡 扶桑 廉貞 天命 阿香

乙 天官 辰 亢金 罡

巽 陽璇 太乙 更點 巳 天屏 青蛇 赤蛇

丙 陰樞 太薇 天貴 午 陽權 遊魂 天廣 日 太陽

丁 南極 未 鬼 天常 亢陰 羊

坤 陰玄 天鉞 玄戈 地母 玄峰 申 天關 傳送

庚 天漢 酉 少薇 陽關 陽閣 金鷄

辛 陰璇 天乙 戌 鼓盆 婁 魁

炎精両九 離 背一 坎 四神四維 乾坤艮巽

三角 四維峰 缺一 三火 丙午丁 三陽 巽丙丁

二宮 丙丁 四金 辰戌丑未 八將 八干

三吉 震庚亥 六秀 艮丙巽辛兌丁 西獸 白虎

地理六經註卷四終

地理六經註卷之五

古婺葉泰九升父著

天玉經 此經專以正針用其法山上格山水中格水與青囊穴中取方位者不同

海昌王君中聲與余友善。後不會者十年。余買舟訪之于丙寅歲。因得交儀操鄭先生。先生好形家言。丹鉛甲乙。于楊賴諸書無不讀也。偶論及天玉青囊異同。余曰。青囊是論四卦三合小玄空。天玉是論三卦四經大玄空。青囊重收生旺。天玉專辨清純。又論形家辨純駁法例。余曰。辨純駁之例有三。一曰凈陽凈陰。凡龍向水以四陽卦四陰卦不相犯為純。否則為駁。二曰三卦。二父母。凡龍向水以東西卦南北卦不相犯為純。否則為駁。三曰大玄空四龍。以龍向水在一龍內者為合連珠。出龍者不合也。天玉經者。專論三卦大玄空純駁之例也。先生因勉予註之。予雖不敏。而先生之命。不得以寡陋辭。此余之所以註天玉也。

天玉經。是諸卦諸五行之例書也。天地自具此理。古之神智。因理而垂爲例。後之學者。因例而悟其理。若

執例而不知理卽使例熟終屬卑陋讀天玉者當知
此。
天玉經得于殘簡遺編闕失不齊秦碑漢碣訛錯不
齊亥豕魯魚卽余所見十數册序次各不相同語句
所出互異則其書可知也幸其法例散見諸書由例
以求義由義以考經則其訛錯猶可較正特其闕失
不可補耳然此乃碩果之存也好古之士珍之。
天玉經是正針法例時未有縫針也消納砂水其宮
位生旺墓絶當以縫針爲妥蓋縫針卽十二支位也。

如甲木生在亥若用正針則以亥壬爲長生然壬字
下半畢竟是子不是亥用縫針乾亥爲長生則全在
亥支之內無兼前跨後之弊矣惟龍向陰陽選日神
煞的當從正針以縫針非正位不得論二十四山之
凶吉也故公論縫針曰二十四山雙雙起雙雙起則
二十四位仍歸于十二位矣蓋正針從八卦出一卦
三山三八而廿四故辨方定位用八卦者的從正針
縫針從地支出一支雙山重十二而廿四故起生旺
墓絶用地支者的從縫針而天玉止有正針法無縫
針例讀天玉者當知此。
消納法例由疏而密由粗而精古以洪範五行論來
龍以大玄空四經占向水雖有五行之別然無陰陽
順逆之分疏而粗也至後以三合五行隨龍之左右
旋分陰陽以起龍家之生旺以四經五行二十四山
之干維地支分陰陽以占向水之生死漸精密矣然
向家四經之陰陽猶屬硬局未盡善也至楊公遵三
合左右關論龍之例依郭氏朱雀源于生氣之法而
向水之陰陽亦隨水之左右倒以分不執硬局其陰

陽生死一位山水之生成無陽向占陰水陰向占陽
水之弊于是盡美而大備矣故法至公而大備猶禮
樂至周而大備也然法例至今猶存古例者猶禮樂
猶存夏商也蓋周之禮樂由夏商而出公之法例從
古例而來不存其舊焉知其新不存其粗焉知其細
故天玉之悉存古例者猶曰夏商之禮樂如是云乎
耳。
地理之學在古昔諸賢皆有道之士也至于今陋獘
極矣今之術者絶無一學道之人惟以欺世誑人射

利爲務不言理道僅言秘訣其所謂秘訣者大都藉口于天玉顧天玉理道之書也有何秘訣不過出句與耳近見有一奸術執天玉僞書鐵脚關一說曰我得天玉秘訣從四墓上起長生舉世皆無一人知者夫墓也而可起長生乎在公著天玉本爲後世好古者之文獻而奸術乃藉之以新奇耳目一反山川之性情顛倒五行之生死反爲後世殺人之鋒刃矣則天玉一書乃千古之讀尤急于術者之讀也天玉之註其容緩乎

內傳上

江東一卦從來吉八神四個一　江西一卦排龍位八神四個二　南北八神共一卦端的應無差　十四龍管三卦莫與時師話忽然知得便通仙代代鼓駢闐

此言父母卦與大玄空卦也父母卦分江東江西江南北爲三卦自寅至丙八位爲江東卦自申至壬八位爲江西卦午丁未坤子癸丑艮八位爲江南北卦東西十六位共一父母南北八位共一父母也大玄空分金木水火四卦以乾丙乙子寅辰爲一龍金巽

辛壬午申戌爲二龍木艮丁庚卯巳未爲三龍水坤癸甲酉亥丑爲四龍火八神四個一者江東八位其中寅辰乙丙爲大玄空之一龍也八神四個二者江西八位其中申戌辛壬爲大玄空之二龍也

三卦大玄空皆所以辨龍向水純駁之用也以金木不犯水火水火不犯金木爲清犯則爲駁三卦之法東西之龍行度只宜東西若折入南北便爲行龍不純東西龍入首只宜立東西向若立南北向便爲龍向不純東西龍向則水步只宜東西卦上走若折入南北便爲水不純純者出官貴大玄空之法一二金木之龍行度只宜一二若折三四便爲行龍不純一二入首只宜立一二向若立三四向便爲龍向不純一二龍向則水步只宜一二龍上走若折入三四便爲水不純純者出官貴或龍向水俱在一龍之內如辰龍乾向水自寅來出丙而去俱在一金之內謂之聯珠格更妙已上乃二家分用之法也又有二家互用之法如東西之龍向水不特不犯南北只行大玄空一二之內并不犯三四之水火此乃清中清爲尤

蔣陵公曰。八神四個一。四個二。于東西卦中。另指出一二金木者此意也。若東西爲主。或犯南北。止犯南北之一二。不犯三四。南北爲主。或犯東西。止犯東西之三四。不犯一二。爲濁中流清。亦出官貴。惟知此而後可以測天地變化之妙也。若執硬局。則南北之寡烏能不犯東西。而南北之行龍皆駁雜不純者矣。豈得謂妙道哉。故父母卦必濟之以四經。而其用始不滯。淨陰陽必濟之以三合。而其用始圓通。此皆至玄至妙之道。非執滯淺見之士可與同語者也。

卦內八卦不出位。代代人尊貴。向水流歸一路。行到處有聲名。龍行出卦無官位。不用勞心力。只把天醫福德裝。未解見榮光。

凡龍向水共一父母。爲不出位。如甲卯行龍。轉亥入首。此行龍不出卦也。立丙向。此向不出卦也。水自寅甲來流入戌乾去。此水不出卦也。蓋東西二卦共一父母也。若不知父母卦例。徒用天定卦翻天醫生氣等卦。寧有驗乎。

倒排父母蔭龍位。山向同流水

水從向卦流歸龍卦曰倒排父母。如右旋亥龍立丙向。水從寅甲上來。朝流入戌乾而去是也。蓋寅甲是丙向之東卦。戌乾是亥龍之西卦也。

三陽水口盡源流。富貴永無休。三陽水口二神當。立見入朝堂。

三陽者。來水源也。水口者。去水口也。盡源流者。來去一卦之內也。二神者。首尾二神也。如東卦寅爲首。丙爲尾。二神當者。來去一卦之內也。如甲向。乙水過堂入巽。

向若同山是父母。水流同向首。水若上山父母同。立見出三公。

向與龍仝一父母曰向同山。水與向仝一父母曰水同向。水與龍仝一父母曰水上山。

天卦江東掌上尋。知了值千金。

天卦者。古亦名東卦。前兼後用寅甲仝宮挨十二位。以地支從天干。故曰天卦。用以挨星者也。星者。九星也。卽生養位曰貪狼。臨官旺位曰武曲是也。諸家五行皆用天卦挨星。如左旋亥龍。三合五行。氣屬甲木

一生亥旺卯墓未以九星挨之則戌乾亥壬四位曰貪狼寅甲卯曰武曲未坤曰破軍也凡陽金木水火土五行挨星則用天卦之位也

地畫八卦誰能會山與水相對

地卦者古西卦後兼前用艮寅仝宮挨十二位以天干從地支故曰地卦用三合五行從龍之左右旋分陰陽起生旺墓以推山水之凶吉也四經五行從向以論水三合五行從龍以論水故曰山與水相對

父母陰陽仔細尋前後相兼定前後相兼兩路看分定兩邊安

此言天地二卦陰陽父母不同途如子癸至亥壬前兼後為天卦壬子至乾亥後兼前為地卦各有其用不得相混故曰分定兩邊安也

十二陰陽一路排摠是卦中來

二十四山天卦以子癸同宮歸于十二地卦以壬子同宮歸于十二各用干支同宮故曰十二陰陽一路排蓋干維為陽地支為陰也其子癸壬子不同者天地二卦不同也故曰總是卦中來

顚天關地定雌雄富貴此中逢翻天倒地對不同秘密在玄空

挨星從天卦曰關天三合從地卦曰關地此天地二卦之用也四經三合五陽之氣從左旋挨生旺九星者固用天卦之位矣若五陰之氣從右旋挨生旺九星者寧得從天卦左旋之位乎故其生旺挨星不用天卦之子癸同宮而用子壬同宮另名曰玄空卦天卦子癸同宮而左旋玄空卦子壬同宮而右旋故曰翻天翻其天卦也地卦壬子同宮而左旋玄空卦子壬同宮而右旋故曰倒地倒其地卦也蓋玄空卦專為五陰起生旺挨九星而設也總之起生旺而挨九星以地支為主故順行則用子癸同宮而挨逆行則用子壬同宮而挨也

共路兩神為夫婦認取真神路仙人秘密定陰陽便是正龍崗

此言三合五行也兩神者如坤中兩神也兩神為夫婦而五行所屬則從地支如坤從申而屬水故曰認[illegible]路也三合五行以天干從地支從者順道陰

道也。反以干爲陰而支爲陽。故曰仙人秘密定陰陽。
蓋地支乃正氣也。

五行若然翻值向。百年子孫旺。陰陽配合亦同論。富貴此中尋。

得龍家三合五行之生旺臨官立向。則主人丁富貴悠久。而向與龍共一父母。陰陽配合。亦與得生旺同也。

先定來山後定向。聯珠不相放。須知細覓五行蹤。富貴結全龍。

從來龍之三合立向曰聯珠。如乾亥龍。作甲卯丁未向是也。又須得龍向二家五行之生旺砂水朝堂歸庫。則爲全龍之結矣。

四經五行。一龍內立向。亦名聯珠。如辰龍作乾向是也。

又四經有聯珠法。以察出煞。亦先定來山。後定朝向。以其五行起于某處金木水火。每行分六位聯珠挨去。若水口對龍爲之出。不得煞去。其法以金龍向加巽木加午水加坤火加酉起聯珠。如壬龍子山午向

龍向俱屬木。木加午。壬龍即以壬加午。辛加丁。逐位挨去。則午申戌巽壬辛六龍加辰巽巳丙午丁六位。則此六位屬木。以木水火金挨去。則自未至辛六位屬水。自戌至癸六位屬火。自丑至乙六位屬金。若水出于丑至乙六位。爲金尅木龍。煞不出也。此其大畧。詳理氣備考。

父母排來到子息。須去認生克。水上排龍照位分。兄弟更子孫。

此言四經五行也。四經五行。以一龍金爲父母長房。二龍木曰子息二房。三龍水曰兄弟三房。四龍火曰孫媳四房。四經水路宜從干維上走。忌地支上行。其生尅則以生龍爲吉。尅龍爲凶。至其禍福所應。則從排龍之公位分。如子寅辰水不吉。則應在長房也。

二十四山分兩路。認取五行主。龍中交戰水中裝。便是正龍傷。前若無凶交破。莫斷爲凶禍。凶星看在何公頭。仔細認蹤由。

四經五行。以干維爲陽。挨九星從天卦順行。以地支爲陰。挨九星從玄空卦逆行。故曰分兩路。認五行也。

若水去地支。則爲交戰。蓋支爲正神主凶也。若不値龍向三合四經破廉文祿之凶星。則地支亦不可便斷爲凶禍。如地支又値凶星。則看公位斷其凶吉。如子寅辰位。則禍應在長子也。

東西父母三般卦。算値千金價。二十四路出高官。緋紫入長安。父母不是未爲好。無官只富豪。

東卦者天卦也。西卦者地卦也。并父母卦三般卦也。二十四路合天地二卦官旺水。朝流歸本龍父母者。主世代尊貴。若只有官旺不合父母則僅富而不貴

矣。

若行宮位看順逆。接得方奇特。宮位若來見逆龍。男女失其蹤。

水不出卦曰行宮位。須得向家之生旺。則速發富貴若不得生旺而得死絕。曰見逆龍。雖合父母卦而亦不吉也。

更看父母下三吉。三般卦第一。

得龍向父母之水。又合龍向五行之貪巨武三吉。則吉無不利矣。

陰陽兩字看零正。坐向須知病。若遇正神零位裝。發水入零堂。零堂正位須知好。認取來山腦。水上排龍點位裝。積粟萬餘倉。正山正向流支上。寡夭遭刑杖。

地支曰正神。干維曰零神。從地卦三合五行分也。若正神之龍。不可立正神之向。須立零神向。必發水入于零神乃吉。若零神之龍。可立正向也。其正向零向之宜不宜。總以來龍爲主。故曰認取來山腦也。水上排龍者。排其生旺死絕也。零神行水。又合生旺。則富貴必矣。如正龍立正向。而水又來去正神。寧不大凶。

正神百步始成龍。水短便遭凶。零神不問長何短。吉凶不同斷。

若水流正神。遠大而合生旺。主大貴顯。若水小。必百步之長始吉。短則帶煞而凶。零神行水。不必問其長短。一合生旺便吉也。

父母排來看左右。向首分休咎。雙山雙向水零神。富貴永無貧。若遇正神須敗絕。五行當分別。隔向一神仲子當。千萬細推詳。

此言四經五行。以向首分陰陽。排九星。定水神休咎。

其立向須雙山雙向。干支兼作。而發水必自干神。主
富貴綿遠。若立正支向。折正支水。主敗絕退落。若係
向冢死絕之宮。其禍尤重。在生旺之位。惟不利于初
年。欲知禍發何房。如見午申戌水。主仲子凶也。其曰
隔向一神者。以一龍爲主。不言一龍而言二龍。故曰
隔向一神也。

水到玉街官便至。神童狀元出。[illegible][illegible]來然居水口。玉街
近台輔。

玉街一名御街。四維是也。水出四維主貴。印綬者。山
家五行墓絕是也。水出大五行墓絕方。定主爵位崇
高。

鼕鼕鼓角隨流水。艷艷紅旗貴。

山家大五行長生前一位曰鼓角。病前一位曰紅旗。
如兌丁乾亥金龍。丙爲鼓角。壬爲紅旗。鼓角有水朝
紅旗有山高主顯貴。

六建分明號六龍。名姓達天聰。

六建者。大五行長生曰天建。沐冠曰地建。官旺曰人
建。衰位曰財建。死墓曰鬼建。絕胎曰祿建。水自天人

水朝流入鬼祿。而去主大富貴。

上按三才并六建。排定陰陽算。下按玉輦捍門流。龍去
要回頭。

三才者。即天地人建。并財鬼祿爲六建也。玉輦捍門
大五行墓絕方也。龍去要回頭者。水流出卦。再流歸
本父母卦也。此言水之來去。同合大五行六建之法。
必合三卦。二父母始吉也。

內傳中

天地父母三般卦。時師未曾話。玄空大卦神位說。本是
古經訣。不識宗枝俱亂傳。開口莫胡言。若還不信此經
文。但覆古人墳。

此言天地卦。父母卦。大玄空卦。俱係古仙眞傳。不得
其傳。不容亂說。偶得聞之。反生驚疑。故公首言之。

分却東西兩個卦。會者傳天下。學取仙人經一宗。切莫
亂談空。五行山下問來由。入首便知蹤。順逆排來各不
同。天卦在玄空。

東西卦。即天地二卦也。五行二句。言地卦三合。于山
頭入首處用之。辨其龍入首屬何五行。推其生旺以

定山水凶吉也。順逆二句言天卦挨星。其順旋挨星則用天卦之位。若逆旋挨星當用玄空卦位。如左旋壬子龍入首氣屬壬水。于申上起長生順行則申庚爲貪狼。酉辛戌乾爲文曲也。此用天卦之位也。右旋壬子龍入首。氣屬癸水。于卯上起長生逆行則卯甲爲貪狼。寅艮丑癸爲文曲也。此用玄空卦之位也。天卦固爲挨星之用。然用天卦者亦須知玄空卦。故曰順逆排來各不同。天卦在玄空也。天卦以地支從天干。故曰天卦玄空卦亦以地支從天干。但順逆不同。

故另立名耳。蓋玄空卦即逆行之天卦也。

惟有挨星爲最貴。泄漏天機秘。天機若然安在内。家活當富貴。天機若然安在外。家活漸退敗。五星配出九星名。天下任橫行

此言龍向二家之挨星也。天機安在内者。水來去于本局。如左旋壬子龍水來自坤申。出于乙辰是也。若來于庚酉辛。出于寅甲卯。則爲天機安在外矣。如午爲陰木向水來自艮寅。出于辛戌。此向家天機安在内也。若來于乙辰巽等位。出于申庚酉等方。不入本局。爲天機安在外矣。五星二句。言所挨之星。雖有貪巨祿文廉武破輔弼之九星。實即五星也。貪輔即木。巨祿即土。文水廉火武破皆金。九星配五行雖九實五。故曰五星配出九星名也。

干維乾坤艮巽壬陽順星辰輪。支神坎離震兌癸陰卦逆行。取分定陰陽歸兩路。順逆推排去。知生知死亦知貧。留取教兒孫。

此言四經挨星之例也。壬者陽水也。癸者陰水也。八干四維十二向則爲陽水宜順挨九星。故曰干維艮

巽壬云云。如丙向屬陽金。從辰巽巳丙起貪狼。午丁未坤爲文曲挨去。地支十二向則爲陰水宜逆挨九星。故曰地支震兌癸云云。如午向屬陰木。從未丁午丙起貪狼巳巽辰乙爲文曲挨去。二十四向之陰陽分。而挨九星之順逆與吉凶于是而判矣。

五行位中出一位。仔細秘中記。假若來龍骨不眞。從此誤千人。

三合四經俱不用土。故曰五行出一位也。蓋水土同途。有水則不必贅土矣。三合四經其用固妙。若龍穴

不眞則誤人不淺勉後學不可不精巒頭而徒執理氣以害人也

甲庚丙壬俱屬陽順推五行詳乙辛丁癸俱屬陰逆推論五行陰陽逆順不同途須向此中求九星雙起雌雄異玄關眞妙處

三合五行左旋屬陽係甲丙庚壬之氣右旋屬陰係乙辛丁癸之氣四經五行干維屬陽係甲丙庚壬之氣地支屬陰係乙辛丁癸之氣四陽則順推九星四陰則逆推九星此陰陽逆順不同途也九星排于二

十四山皆兩宮合起如壬水貪狼在申庚也雙起雌雄異者四陽則用子癸同宮而挨星四陰則用子壬同宮而挨星陰陽之順逆不同故干維雌雄之相配亦異眞玄關之妙也

二十四山起八宮貪巨武輔雄四邊盡是逃亡穴下後令人絕

八宮者子午卯酉寅申巳亥八宮也甲丙庚壬起長生于寅申巳亥乙辛丁癸起長生于子午卯酉故曰二十四山起八宮也二十四山之三合四經其五行俱起長生于八宮既定長生乃挨九星而九星之中則以貪巨武輔爲吉也

排星仔細看五行看自何卦生來山八卦不知踪八卦九星空

排星看何卦者龍家則看地卦之三合五行向家則看大玄空卦之四經五行也來山八卦二句專指地卦三合言蓋向由人立必無錯悞而入首龍脈易于錯悞若不得龍脈之眞踪而妄排九星則吉凶無驗而八卦九星皆空矣

一個排來千百個莫把星辰錯龍要合向向合水水合四吉位合祿合馬合官星本卦宮旺尋合凶合吉合祥瑞何法能趨避但看太歲是何神立地見分明成敗定斷何公位三合年中是

此言排星固以貪巨武輔爲吉而又明其干支吉凶之不同也一個千百個者一龍有一九星四十八龍則得四百三十二個矣一向有一九星二十四向則得二百一十六個矣然一龍又有數向龍向互挨而九星不可窮矣龍要合向六句龍合向者龍之九星

宜與向之九星凶吉合也向合水者向之九星宜與水之來去合也水合四吉者得龍向之貪巨武輔來朝也合祿馬官星者水來去于干維不犯地支也祿馬詳司馬水法本卦官旺者祿馬又宜合龍向家之生旺也合吉者來去于干維也合凶者來去于地支也太歲四句言水來去于地支一遇太歲則必發凶其房分之應則從四經之公位其所應之年月則從三合也如子水凶主長房不利發禍于申子辰年

千里來龍問祖宗支水來去凶分定子孫十二位災禍相連值千災萬禍少人知尅者論宗枝惟有寅申巳亥水生旺福無比

此言地支之水也地支之水來去皆凶所值之位其房不利如子寅辰水則主長房不吉然地支之水亦有分別辰戌丑未爲大凶四墓賠金也子午卯酉亦凶四正也惟寅申巳亥爲四生之地又居于四隅之鄉若合龍向之生旺來去長遠則主發福厚大又不得槩以爲凶也

逐男位上算經由富貴容易收胎沐養生貪長其冠帶

衰旺仲季子排來墓死位病絕亦皆是向定陰陽順水裝三子一齊昌

此節言三合五行公位也三合者生旺墓三方也生方四支屬長旺方四支屬仲墓方四支屬季若水自生旺朝來流入墓方則三房均吉若有反逆則其房見凶其生旺墓則以龍向二家之五行定之也

子寅辰乾共丙乙長男排此位午申戌與巽辛壬二男此位乾卯巳未及艮庚丁三男位相生酉亥丑兼坤甲癸四男此位際

此言大玄空四經公位也其位合生旺干維來朝則主其房發福若見支水及凶星則主其房見凶也又午戌上無山爲二房無山巽辛壬上無水爲二房無水亦爲其房不利他房倣此

東西二卦負奇異須知本向本水四神奇代代著緋衣水流出卦有何全一代作員官一折一代爲官祿二折二代福三折父母共長流馬上錦衣遊馬上斬頭水出卦一代爲官罷直山直水去無翻場務小官班

西卦三合東卦四經以取生旺之水其法固奇矣然

必須合本父母卦之向水方能發貴得本卦之向本卦之水而流出于本卦之四維則主富貴悠久若水卽流出卦不過一代爲官而已得本卦二三四折愈長愈妙也馬上斬頭者水自本卦帶官旺來朝卽流出卦外也若自向卦直流而去不之玄竅歸本龍卦者卽地吉亦不過小職而已

內傳下

要求富貴三般卦出卦家貧乏寅申巳亥水來長生旺禍無疆辰戌丑未叩金龍動得永不窮若還借庫富後

貧自庫樂長春

三般卦者父母卦三合地卦四經大玄空卦也出卦句指父母卦言凡水流出卦則不能富貴寅申巳亥四生之地水來[illegible]合三合四經之生旺則發福厚太辰戌丑未四墓[illegible]鄉水出四墓曰動金龍借庫者水出四經三合之衰方不能入本五行之墓主發富而不久遠以其水去太早也自庫者水歸三合四經之墓方則主後代發福長遠蓋借庫過旺卽出乃速興速敗之象自庫則由旺入衰過病死而入墓乃久遠之兆也

依得卦中爲第一失卦出軍賊不依方卦失眞傳何必亂談天

言能依三般卦倒立向消水爲第一吉福否則凶

識得父母三般卦便是眞神路北斗七星去打刼坎離要相合倒排父母養龍神富貴萬餘春

此言父母卦之用也三般卦者江東江西江南北也龍向水路共一父母則性情相洽眞氣流行而無碍故曰眞神路也北斗坎也天刼午也北斗二句言南

北共爲一卦共一父母也倒排父母者水自向卦來朝流入龍卦而去是也

穴上八卦要知情穴內卦裝清

此言地卦三合大玄空四經也穴上用三合以審龍穴內用四經以立向皆宜詳細審察務得山川之眞性情也

辨得陰陽兩路行五行用姤精依得四神爲第一官職無休歇泥鰍浪裏跳龍門渤海便飛身

此言四經三合俱有陰陽順逆之不同知其不同而

五行之用始精也。四神者，四維也。水自生旺來朝，流入本墓四維而去，謂之水上王街。王貴也。泥鰍二句，言消納得法，則貧賤之人立可富貴，猶之泥鰍之化龍也。

甲庚丙壬四龍神，俱屬陽干行，艮巽乾坤向亦全，富貴足與隆。辰戌丑未一路行，驟富振家聲。

此言四經之用也。四經五行，以八干四維向爲陽，十二地支向爲陰，此八向皆順挨九星者也。舉此則其餘可知。辰戌二句，言水得入向家之庫，主速發也。

識得陰陽兩路行，富貴達帝京。不識陰陽兩路行，萬丈火坑深。

楊公之時，地理秘書未曾流通，天下所用五行，只知順行左旋之生旺，不知陽順陰逆之妙，故公諄諄言之。

前兼龍神前兼向，聯珠莫相放。後兼龍神後兼向，排定陰陽算。明得零神與正神，指日入青雲。不識零神及正神，代代絕除根。

此言正神零神也。地支爲正神，干維爲零神。大抵行龍無一字獨行，必左右兼帶。如亥龍或兼乾，或兼壬也。亥兼壬爲前兼，亥兼乾爲後兼。凡前兼之龍，宜作前兼之向；後兼之龍，宜作後兼之向，其氣始相符也。又正神行龍，不可立正向，宜立零向。零神行龍，可作正向，亦可作零向。又水流零神則吉，行正神則凶。故曰明得零神與正神云云。

子午卯酉四龍岡，作祖人財旺。水長百里佐君王，水短便遭傷。

此言正神固不可行水，若四正之地，流神浩大長遠

又主大貴顯，所謂子午浩大而封侯也。

大都星起何方，是五行長生位。尖旆相對起高岡，職位在學堂。捍門官國華表起，山水亦同例。水秀峰奇出大官，四位一般看。

此明山家洪範大五行例也。山家長生位起峰曰大都星，對宮病方起峰曰紅旆。學堂，冠帶位也。捍門華表，墓絕位也。官國，病死方也。此四位峰巒高大，流神合法，主出大貴。

坎離水火中天過，龍墀移帝座。寶蓋鳳閣四維朝，寶殿

登龍樓。罡刼弔煞休犯著。四墓多銷鑠。金枝玉葉四孟裝。金箱玉印藏。

此言大五行中。二十四位天星砂水法也。

子帝座　午龍墀　卯將星金水　酉華蓋太陰

寅金箱　申天財玉印　巳金枝　亥玉葉紫微

辰天罡　戌天刼　丑天弔　未天煞

乾龍樓太陽　坤寶蓋佐尊　艮鳳閣丕曜　巽寶殿紫炁

甲罡刼　庚刼殺　丙帝釋炎烈　壬玄武八武咸池

乙功曹　辛直符　丁帝輦帝勑　癸鑾駕

凡吉星之位。峰巒聳起。秀水特朝。合龍向之生旺。則大富貴。

帝釋一神定州府。紫微同八武。更有一星佐尊貴。坤是金神位。

丙爲帝釋。多爲州縣衙門之向。紫微。亥也。八武。壬也。凡州縣係亥龍入首者。宜立壬山丙向。故曰紫微同八武。若壬子癸入首者。又當立午向矣。坤爲佐尊。得坤方高大。其衙門多陞遷。坤曰金神者。小玄空五行乾小玄空四金位。係天地之強神。故乾坤卯午四位皆高水朝。皆主貴顯。

乾山乾向水朝乾。乾峰出狀元。卯山卯向迎源水。驟發石崇比。午山午向午來堂。大將鎮邊疆。坤山坤向水坤流。富貴永無休。

此言小玄空例也。乾坤卯午四位屬金。乃天地剛強之氣。故合局主大富貴。乾山乾向水乾者。乃龍從乾方起祖。逆廻結穴。而向乾。得隨龍乾水。遠大朝堂。主發高貴也。餘倣此。

倒排父母是眞龍。子息達天聰。順排父母倒子息。代代人財退。

此言四經五行。穴前折水法也。一龍爲父母。二龍爲子息。三龍爲兄弟。四龍爲孫嗣。凡折水。宜從孫嗣折入父母爲倒排。父母吉。若從父母折入孫嗣。爲順排父母凶。蓋倒排則由火而水土而木而金。節節尅入。水去而情留。順排則節節尅出。而無情矣。然折水總以有情爲主。不得執定四三二一。便局只要節節尅入便爲合法也。如一龍起折。次放四龍。乃火尅金也二龍起折。便放一龍。乃金尅木也。在人活法行之。

一龍宮中水便行，子息受艱辛。四三二一龍逆去，四子均榮貴。龍行位遠主離鄉，四位發經商。

凡折去自一龍而徑去，則主子孫貧乏。四三二一逆行，則四房均發也。其詳見上。龍行二句，言折水若折出本龍向父母，曰龍行位遠，主出外離鄉。若復折歸本父母而去，則主經商發財而歸也。

時師不識挨星學，只把天星摸。東邊財穀引西歸，北到南方推。老龍終日卧山中，何嘗不易逢。此是自家眼不的，亂把山岡覓。

此言時師之陋也。不識龍向活法之九星，而執二十四位硬定之天星，以言凶吉，致生旺之水在東而誤向收西，在北而誤向收南，則理氣之生死背戾矣。且目力不高，龍穴之真僞莫辨，亂覓山岡，焉能得真龍之穴，而為人造福乎？顧龍本易逢，而無如不識者之不能逢也。

世人不知天機秘泄，却有何益。汝今傳得地中仙，玄空妙難言。翻天倒地更玄玄，大卦不易傳。更有收山出煞法，亦兼為汝說。相逢大地能幾人，誰個是知音。若還求地，不種德，穩口深藏舌。

此垂戒之辭也。翻天倒地者，起生旺而順逆挨九星也。收山出煞者，以三合五行與小玄空論生尅也。玄空之向，不尅三合之龍，曰收得山。起玄空之來去水，不尅三合之龍，曰出得煞去也。宇宙間之大地，天所以福有德者也。凡有道之士，不容亂指于人，亂指必遭天譴，故公于篇末垂戒云。

天玉諸卦諸五行圖例

父　母　卦

東西一父母乃金水相成　　南北一父母乃水火既濟

向家四經五行

大　玄　空　卦

向家水路五行

小　玄　空

以乾金爲主，前木左水
在火從父母卦來也

地理大成

地理六經註　卷五

三〇

山家大五行

洪　範

山家三合五行

地　□　卦

挨星定位

天　卦

五陽用此挨星

玄　空　卦

五陰用此挨星

地理大成

地理六經註　卷五

三一

洪範四金龍三合六金
左旋龍

洪範三木龍三合六木
左旋龍

大玄空六金向四經
乾丙乙三向

大玄空六木向四經
巽辛壬三向

洪範水土十三龍三合
六水左旋龍

大玄空六水向四經
艮庚丁三向

洪範四火龍三合六火
左旋龍

大玄空六火向四經
坤癸甲三向

三合六金右旋龍

四經子寅辰三向

三合六木右旋龍

四經午申戌三向

三合六水右旋龍

四經卯巳未三向

三合六火右旋龍

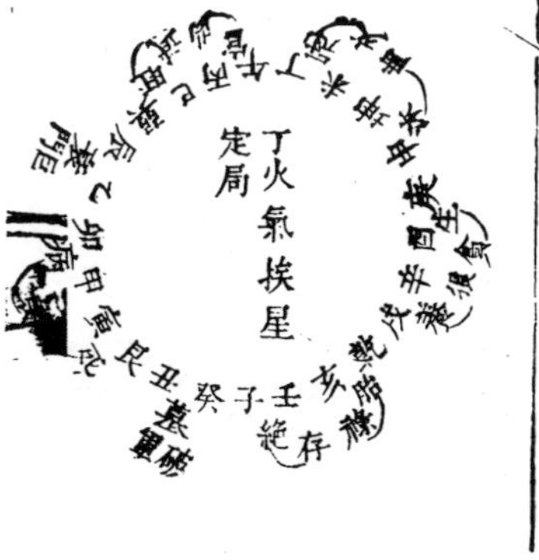

四經酉亥丑三向

天玉諸卦諸五行說

儀操氏曰。父母卦。乃天地之定位。去土。歸中而不用。故只用六卦。不用艮坤。其用論龍向水之出卦不出卦。雖有五行不起長生。山家大五行。即洪範五行。從龍上起長生。不論左右旋。只起四生。有順無逆也。地卦。即雙山三合五行。從龍上分左右旋。定陰陽。以起長生也。此二者。皆從龍上。用大玄空卦。分一二三四龍。從向上起四生。有順無逆。四經五行。即大玄空卦。以干維為陽。地支為陰。從向上分陰陽。起長生。有順有逆。異于大玄空。逆小玄空五行。從向上論水路只取生旺。雖有五行。不起長生也。此三者皆從向上用天卦用以挨諸五行之星。有位而無五行五陽之氣用子癸同宮順挨九星名曰天卦。五陰之氣。用子壬同宮逆挨九星。名曰玄空卦。其實亦天卦也。諸卦諸五行之用盡此矣。

淨陰淨陽三卦大玄空純駁總論

九升氏曰天之生人。不能皆聖人。不皆聖人。則不能純而不雜。地之融穴。不皆為產聖人而設。故亦不能純而不雜。顧天地之道多駁而不純。先賢之言理氣。但言其純而不言其駁者何也。蓋立法也。法必立一至純者于此。而後可以鑑彼為純為不純也。山川之純者。萬不得一。而在在所結皆不純之局。山水必不能盡收。鬼煞必不能盡出。蓋其不[illegible]處。正吉凶禍福之所生。此天道之玄也。天不能有陽而無陰。人不能有君子而無小人。地不能純福而無禍。此一定之數。非人之可強同者。而世之庸人。不明天道。其于理氣也。必求其至純而不雜者。略有駁雜便議其非。則亦不明之甚矣。夫地不同也。有富貴人丁福壽全備者。有富而不貴者。有貴而不富

者。有富貴而少丁者。有富貴而少壽者。有丁財大發而不貴者。有初產即發者。有遲久始發者。有發而敗而復發者。蓋于其純處見福。于其不純處見病也。此天地融結之道也。若必求夫至純不雜之地。而後始謂之合法。如人必求其聖人之人。而後謂之人。勢必至天下富貴福澤之人。盡皆擯黜。而天下富貴福澤之地。盡皆棄置矣。顧先賢之法。乃活潑潑者。而庸人乃認為死法。吁執死法者。可與之言地乎哉。

不[illegible]衍之數也。余有心于是訣者有年矣。幸所見諸

地理六經註卷之六

古婺葉泰九升父著

青囊敘 一名青囊水法歌此經以正針兼縫針用從穴中消砂納水者也與天玉用法不同

此歌乃楊公平日之論議而曾公序次之以成歌者也但流傳既久兼之理深而句奧傳久則不能無訛錯句奧則不能卒得其理解于是妄加改削而青囊之舊面目失矣余見諸書所載是歌冊冊各別盡不相符而欲由刻本以求青囊由青囊以得水法此萬不可得之數也余有心于是歌者有年矣幸所見諸

本之多得以參考深思苦索乃有得焉因去其增改之異復其刪削之眞次其段落註其義理庶使後之學者得以見楊公水法之奧知曾公序次之妙也。

楊公養老看雌雄天下諸書對不同先看金龍動不動次看血脈認來龍。

雌雄者即山水也水屬陽而雌山屬陰而雄又左旋之山水爲陽雄右旋之山水爲陰雌也諸書不同者諸書皆僞傳故與眞訣不同曾公言此一以見諸書之僞一以見此書之眞令人不惑于僞而實其眞也

金龍者四墓也四墓內有亢鬼牛婁故曰金龍以亢金喿三宿也動不動者水出何墓也如水出未方未之金龍動也不出未方未之金龍不動也先看此者先知水出何口便知此內結地當作何山向故當先看也血脈即水也看水從何方來則知龍從何方來故曰次看血脈認來龍也。

龍分兩片陰陽取水對三叉細認宗江南龍來江北去江西龍去望江東二十四山分順逆認取陰陽祖與宗陽從左邊轉陰從右路通有人識得者何愁大地不相

逢是以聖人卜河洛瀍澗交華嵩相其陰陽流水位卜洲卜邑辨雌雄。

兩片者左右旋也左旋爲陽右旋爲陰三叉者三分三合也察其何方分來何方合會觀兩片三叉則知龍來何方止于何所水來何方出于何口也江南二句言龍之來去也南方起祖則龍向北行西方起祖則龍向東行于是認祖宗之所在分順逆而行順行左旋而爲陽逆行右旋而爲陰也然龍左旋則水必右轉龍從右旋則水必左轉山水相抱雌雄相交也

一知山水交結之故則知大地矣。聖人營洛邑者，卜河洛之水交華嵩之山也。然不必觀山，但觀流水左右轉之陰陽，而山水之陰陽俱可知。卜州卜邑，不過辨水之雌雄而已，于以見水法之重也。

晉世景純傳此術，演經立義出玄空，朱雀發源生旺氣，一一講說開愚蒙。

此言水法之原由郭氏得相陰陽流水之術，演先聖之諸經立義，而出玄空之水法也。玄者妙也，空者不從龍而從向也。龍從天成，向由人立，憑空立向，以消水也。又玄爲北方之水色，及象水之玄而來。水從空界而行，向空缺而去，有來源去口之義也。朱雀者向也，水之生旺墓由向而分，故水之發源須得向家生氣乃吉也。一一[illegible]者，葬經云：朱雀源于生氣，派于未盛，朝于大旺，[illegible]將衰，流于囚謝也。蓋以向定水，故曰玄空。其五行卽雙山五行，以之步龍則曰雙山，以之立向則曰玄空，非小玄空也。諸書多以雙山爲玄空是矣，而以小玄空爲非，則又悞也。經言朱雀源于生氣者何也？如水從庚酉方來，流出丑艮，立一巽巳向，酉爲丁火之生氣也；水從巽巳方來，流出丑艮，立一庚酉向，巳爲庚金之生氣也；巳酉之水左右齊來，而出丑艮，立一癸丑向，則壬乙之生氣同來也。故曰源于生氣。

先天經盤十二位，後天再明八干維，八干四維輔支旺，子母公孫同一類。二十四山雙雙起，少有時師知此義，五行分布二十四，時師此義何曾記。

此言雙山玄空五行也。子母公孫，言至親至情也。如申子辰水也，而坤壬乙亦從而屬水，故曰同一類也。雙雙起者，如坤申、壬子、乙辰也。雙山五行乃天地至理，自然相從，不由勉強。不則壬子癸固水矣，而坤辰土、申金、乙木何以皆爲水乎？蓋申子辰乃水之生旺墓，卽水之少壯死也，分則爲三，實則一水也。坤壬乙輔申子辰之位，安得不從水乎？雙山用壬子同宮，不用子癸者，以干維屬陽而宜先也。

若論玄空分五行，知得榮枯死與生，丙丁乙酉原屬火，乾坤卯午金同坐，亥癸艮甲是木神，戌庚丑未土爲真，子寅辰巽辛兼巳，申與壬方俱水神。

此言小玄空五行也。上之雙山玄空則雙雙起，二山同一行也。此則一山各一行，不特干維不從支而地支又大變于雙山矣。故曰玄空分五行。

用此步水與量山，百里江河一餉間。山上龍神不下水，水裏龍神不上山。

此言上兩五行之用也。用小玄空以步水路，用雙山五行以量後龍。量山之法，如十丈亥入首屬木，則忌小玄空之金向，金水克之；火向，火水泄之。雙山之龍，忌玄空之水向克泄也。凡後龍千百丈，逢克泄之處

則斷其世其年見災也。步水之法，如丙午火向，水路得玄空之木曰生入，水曰克入，則吉。若見金土曰生出尅出，凶。步其水路，辨其生尅，而知其世其年之凶吉也。量山從穴後量起，逆上後龍；步水從壙前步起，順步至明堂中。于是逆步來水，順步去水，皆以周尺四尺五寸為一步。一步主一年也。玄空之向不尅雙山之龍，雙山之龍不克玄空之向，曰收得山起。玄空之水不尅雙山之龍，曰出得煞去。雙山玄空收山出煞之法也。不上山者，玄空用以步水；不下水者，雙山用以量山，故云爾也。又雙山收水法，從穴中格水來去之方，以向定其生旺墓而分凶吉。玄空水法，必向水路中細細格來，以向定其生克入而分凶吉。亦不下水不上山也。

更有收山出煞法，前後步尺不須離。坎癸申辰坤乙星，離壬寅戌兼乾甲。此是陽山起頓來，收山出煞正宜裁。艮丙兌丁兼巳丑，巽辛震庚亥未受。此是陰山入穴來，立穴何須拘左右。此是收山出煞書，三節四節不須拘。只要龍身得生旺，陰陽却與穴中殊。

此言淨陰陽也。上雙山玄空步水量山，為收山出煞之法。而淨陰陽亦有收山出煞法，故曰更有也。陽龍陽向曰收山，陽龍陽水曰出煞，不宜駁雜也。陰龍倣此。前後步尺句，言前以步水，後以量山，悉從前雙山玄空之所量所步，而辨其陰陽，故曰不須離也。三四節不拘者，言淨陰陽之法，止論主山入首一節，及主山後落主山之第二節。至三四節之陰陽，則不須拘其駁雜也。此其故蓋以龍身喜得生旺，如午龍起祖轉卯入首，氣屬乙木，乙生于午，為龍得生吉，不必問

午卯之剝雜也。陰陽穴中殊者，言作穴之處，必要淨陰陽，而後龍不拘駁雜，與穴中殊也。古訣云：立向先明兩節山，向山冲克煞相關。陰冲陽駁中先敗，陽射陰兼長不安。維卦孟支同長斷，陽干四仲作中看。幼房與敗尋何處，盡在陰干四季看。觀此則三四節不須拘，益明矣。

天上星辰似織羅，水城三八要來過。水步城門須要會，恰如湖裏雁交鵝。

此言用向家三合玄空水法也。星辰似織羅者，言似

織之多而羅列于四方。如八方而分爲二十四山，再分爲六十龍，百二十分金，三百六十度，各有水路吉凶之論也。星辰之凶吉固多，但水城止要三八來相過耳。水城者，即明堂水路也。三八者，生方八山、旺方八山、墓方八山也。胎養生沐，皆生方也；冠官旺衰，皆旺方也；病死墓絕，皆庫方也。雙山則八方矣，二十四路以三方括之，簡而妙也。水步者，來水之步。城門者，去水之口。須要會者，來水去水須要與向三合會局也。如水從乾亥壬方來，倒右出丁未坤方去，立一甲卯向，則會成木局矣。又水從甲卯乙來，倒左出丁未坤方去，立一乾亥向，亦會成一木局也。三方相會，同氣相求，如雁之交鵝，物以類聚，其情至恰而好也。此向家三合玄空從穴中辨水方位凶吉之法也，針宜用縫。

四木四金并八水，四火四土俱入座。坐向須明生克化，進退水路要知踪，生入克入爲進神，生出克出是退神。

此言小玄空之用法也。坐向須明生克化者，以入首雙山龍爲主，而論坐向水路之生克而制化之也。如

乾亥入首，木龍也。若朝坐四金及四金之水來去，皆爲鬼煞不吉，則宜制化之。如坐乾金，喜巽向之水化之。卯水入堂，得巽向之水化之，或丙向之火制之也。進退水路者，言有進神退神之水路，不可不知其踪也。進神者，生入克入者也；退神者，生出克出者也。其論進退之法，以向之雙山爲主。如丙午火向，寅甲水來，向辛而去，此來去皆生入克入，而爲進神也。若水從卯來，向戌而去，則生出克出，而爲退神矣。此向家小玄空從水路中辨水凶吉之法也，針用正針。

十個退神如晃靈。十四進神家業興。退水宜流千百步。
進水須教近戶庭。進退得位出公卿。大旺人丁家業興。
甲庚丙壬水來朝。其家大富出官僚。乾坤卯午流千步。
其家大富出公侯。進神若退家資退。亥子申宮皆一位。
退神若進主官非。巽艮乾坤同一例。

此言玄空進退神之外。又有一種進退神也。玄空之進神。來去皆吉。退神來去皆凶。而此則進神宜來。退神宜去。十退神宜去。朝來凶。訣曰。巳向水流丁。打馬去朝京。午向水流丙。五馬坐專城。酉向水流辛。富貴足金銀。辛向水流丑。也自足田牛。戌向水流乾。金寶如砂積。乾向水流乾。富貴出雙全。丑向水流艮。富貴聲名遠。卯向水流乙。財穀自然聚。辰向水流巽。富貴庄田進。巽向水流巽。富貴自然定。十四進神。宜朝來吉。去凶。訣曰。丙向午水朝。富貴保千秋。坤向申水至。亦出文章貴。未向坤水朝。大富出官僚。丁向午水入。田地金銀積。申向申水來。富貴有梯媒。庚向申水至。百寶金銀聚。亥向亥水朝。富貴永無休。壬向子水朝。田地遍他州。子向子水至。官職登科第。癸向亥水朝。

也自旺田牛。艮向甲水朝。巨富足錢財。寅向水來丙。百口庄田進。甲向卯水至。富貴應無比。乙向甲水來。財穀積成堆。退神宜流四句。言退神宜去。進神宜來。合法則富貴也。甲庚丙壬八句。言進神退神之外。有以本向自爲進退神之法也。甲庚丙壬向。宜本向水朝來。乾坤午卯向。宜本向水直去。申亥子向。本向水來進神也。而公重言之者。以一位之故也。乾向乾水去。巽向巽水去。退神也。不知與艮二向。亦宜本向水去。故曰同一例。言坤艮與乾巽同一例也。

坎癸騰騰入亥乾。丙向夾蛇抒馬虎。兎山高聳頂庄田。置萬頃著紫著緋并著綠。寅甲水來逐。

此楊公白龍潭地記也。記中于雙山五行。淨陰淨陽。三合玄空小玄空之法。無不備具。故曾公引之。以爲後學扦地斷地之則也。坎癸入乾亥右旋龍。雙山乾亥屬木。右旋則屬乙木。此雙山龍法也。亥龍入首扦丙向。此淨陰向法也。乙木生午宮。卯旺寅。故三山高起吉。此雙山砂法也。丙午向東方水來爲長生方。西方水去爲死絕方。此三合玄空方位水法也。丙午火向寅水爲魁入。甲水爲生入。此小玄空水路水法也。觀此則知砂之吉凶從龍。水之凶吉從向。而後可斷驗也矣。

更有諸位高峰起。尖秀高圓要得位。長生高聳旺入丁。旺位起峰財祿聚。

此承上文言砂法也。

水明消息少知音。盡在玄空裏內尋。乾坤艮巽須發長。寅申巳亥長伶仃。甲庚丙壬中男發。子午卯酉中男煞。乙辛丁癸小男強。辰戌丑未小男殃。

此又明水宜來去于干維也。干維則吉。地支則凶。以三合玄空論生旺墓。則宜來去于干維之方。以小玄空論生魁入。亦宜干維生魁入之水路。若犯地支。則雖合玄空之水法。亦難免吉中有凶矣。蓋地支遇太歲沖填則凶也。

更看明堂來去水。文庫大小須得位。截定生旺莫教流。直射直流家業退。流破生方主少亡。流破旺方財祿空。文若來時男女亂。庫方來去總非祥。

此承上文言水宜來去于干維。又宜來去得位也。文者。文曲冠帶沐浴也。庫者墓庫。四墓也。此二者。水所宜去之方也。大小者。墓爲大庫。文爲小庫也。須得位者。言水或從墓庫去。或從文庫去。須得其位也。如左水倒右。水歸戌方去。立一丙午向。則爲寅午戌之局也。右水倒左。水歸戌方去。立一艮寅向。則爲午寅戌之局也。乙木生午。丙火生寅。所謂乙丙趨戌。此消大庫法也。如左水倒右。出甲卯方。立一艮寅向。右水倒左。出甲卯方。立一丙午向。蓋火局之沐浴在卯。此消小庫法也。順水立朝。使之必從二口而出。則爲得位

也。惟二口可去。生旺之方。必不可去。若流破生旺。必凶也。文不宜來。主邪淫。墓方亦宜來去于干維。總之地支皆主凶也。此生旺文墓。皆以縫針向上三合五行分。若易一向。方則生旺皆易位。非從龍論之死法也。

溝鑿明堂定方隅。更從品折審縈紆。四尺五寸爲一步。折取須教向所宜。小神須要入中神。中神要入大神位。三折祿馬上街去。一舉登科名冠世。

此言折水之法也。折水之法。壙中作帶溝。兩邊放水

會于壙前作一水斗注之于是于天機木星方擇一吉方放出大水倒左則溝水宜倒右小水逆大水又于前吉方上先放小神次中神以大神爲出口只放干維大忌地支地支逆太歲冲塼則發災禍其所折之干維亦如大水之法要生向魁向則吉故曰折取須教向所宜三折者小中大也八干爲祿馬四維爲御街八干入四維爲祿馬上御街

乙辛丁癸神名小辰戌丑未小神表甲庚丙壬號中神子午卯酉中神照惟有乾坤艮巽方寅申巳亥大神當八干四維流皆吉若放枝長起禍殃

此明上文大小中神之分并用干忌支法也

子午卯酉號爲廳神壇寺觀亦能興內有旗鎗酉紅門午水雷公舘位卯使人驚

此承上文若放支長起禍殃而言而四仲尤凶也四仲爲專氣故尤猛

乾坤艮巽城門水其中亦要知來去大神流入小神宮定主人家災禍至中神流入小神宮災禍瘟癀不可聞小中神流大神位管取榮華家富貴

此承上文八干四維流皆吉而言而干維又要順序則吉反逆則凶也

八干大小赦文水六秀並要上街去生入魁入百口成生出魁出退人丁

此承上文而言小中大神順序矣又要得生入魁入始爲吉也甲庚丙壬曰大赦文乙辛丁癸曰小赦文

乾坤艮巽號御街四大尊神在內排是水流歸東大海惟有巽宮可去來

此承上文八干六秀上街言街卽乾坤艮巽也御街只宜去忌來惟巽可去又可來以巽氣輕清故也

生克須憑五行布要識天機玄妙處乾坤艮巽水流長吉神克入家豪富

此承生入克入百口成言天機玄妙者凡言生入克入皆以向爲主而水路生之克之此之生入魁入俱以水路論不論向故曰玄妙也如一折癸二折壬三折乾小玄空乾金生壬水壬水生癸木此生入也一折丁二折丙三折巽巽水克丙丁火此魁入也上言生入魁入百口成此言吉神魁入家豪富凡得生入

者主發人丁。魁入者。主發財祿生。魁又異應也。公言至此詳盡而無遺蘊矣。後人亦孰知之哉。

奇貴貪狠并祿馬。三合連珠貴無價。小神流短大神長。富貴聲名滿天下。

此承三折祿馬上街而言。不特祿馬上街。又有諸般貴格也。奇者。三奇過度格也。貴者。貴人三合連珠格也。貪狠者。四貪狠格也。三奇格。丙向癸水入乾。庚向乙水入艮。壬向丁水入巽。甲向辛水入坤。司馬頭陀詩曰。乾癸坤辛正是奇。艮乙巽丁過度時。若是相逢

依順逆。讀書早折月中枝。貪狠格。庚向癸水入巽。壬向乙水入坤。甲向丁水入乾。丙向辛水入艮。詩曰。巽庚癸與乾甲丁。艮丙辛與坤乙壬。四貪狠格真奇異。定出科名及第人。貴人三合連珠格。甲向乙水入艮。丙向丁水入巽。庚向辛水入坤。壬向癸水入乾。詩曰。甲乙艮兼丁丙巽。辛庚坤與癸壬乾。貴人三合連珠水。三合連珠攔了錢。又辛向庚水入乾。癸向壬水入艮。乙向甲水入巽。丁向丙水入坤。訣曰。辛入乾宮百萬庄。癸歸艮位發文章。乙向巽流清富貴。丁坤終是

萬箱。又四維直流格。訣曰。巽坐水流乾上去。金水相生富且貴。若流辛戍亥壬方。失火流離遭徒配。乾山巽水出朝官。來水去水總一般。若教巳辰來去見。男孤女寡出貧寒。坤山艮水出富豪。為官分外更清高。切忌丑寅支上去。瘟癀虎咬幾番遭。艮山坤水還主富。廣制田園開質庫。只忌申未兩宮流。賣盡田園并絕戶。又祿馬訣曰。乾宮正馬甲方求。借馬原來丙上遊。辛是乾宮之正祿。三方齊至福無休。巽辛正馬甲正祿。艮丙馬兮祿乙搜。坤是乙方為正馬。丙為正祿

更宜求。折水合此吉格。而又小神放短。大神放長。則吉不可勝言矣。

富貴貧賤在水神。水是山家血脈精。山靜水動晝夜定。水主財祿山主人。

此結上文言水之當重也。富貴貧賤。盡係乎水。則水可不合度乎。蓋山為地之神氣。水為山之血脈。非血脈則無以養神氣。故水尤重也。況山靜水動。動者應速。故水尤急也。水主財祿。句中言富貴在水句。以水主財祿之故也。大凡水局明堂吉者。發財。龍穴肥滿

亢足者發丁。水法不合度。明堂傾泄者貧窮。龍穴瘦削者。人丁稀少。覩乎此。則擇地者當于其家之不足而知所先也。

宗廟本是陰陽玄。得四失六難爲全。三才六建雖爲妙。得三失五盡爲偏。盖爲一行受外國。遂把五行顛倒別。以訛傳訛竟不明。所以禍福爲胡說。

此一段闢僞說。宗廟者。洪範五行。三才六建。即宗廟水路名色也。盖宗廟五行。本以龍論砂之法。若以之論水。則顛倒其法矣。此訛傳而不可用也。

尋龍須教認得真。識龍方信術通精。第一識龍要識穴。海裏尋珠爲上訣。第二要識面前砂。斷人禍福定無差。第三要識九宫水。斷人禍福靈如鬼。講驗人家舊宅墳。十墳埋下九墳貧。惟有一墳能發福。去水來山盡合情。略叙此篇傳後代。收拾藏在巾箱內。莫將輕授等閑人。非人得此生災害。留與有德福人看。貧者富了賤者官。曉得神仙真秘訣。家家戶戶透長安。

此段總括巒頭理氣而備言之。不令後世有偏廢之患。又令學者知序而入也。後言此篇爲神仙真真秘訣。不得輕傳非人。欲人知所寶秘也。

水法者。天成者乎。人爲者乎。以爲天成。則不必有水法之訣。以爲人爲。則地又非天造地設之物也。然則烏乎可。余曰。成之者天。而符天與逆天則人。此水法之所以不可不知真訣也。否則符逆二者能不禍與。盖既有生成之龍。必有生成之穴。既有一定之穴。自有一定之向。既有一定之向。自有一定之水城。既有一定之水城。自有一定之凶吉。此所爲天成也。但一定之所在。人難卒曉。于是山有穴法。水有水法。皆所

以求合于天成者。不則失真向而貪假局。禍且不可勝言矣。故與天成者符。始受此地之福。逆其天成。必受此地之凶。其凶也者。非天之過。乃人之誤也。是以當知水城有倒左倒右。同龍之不同。出口有大庫小庫之各別。觀其水城。審其水口。因局立向。以消納之。則無不與天成者合矣。此青囊叙之所以不可不熟讀也。人能精此而熟于穴法。則其于地理之道。何有哉。

青囊奧語

青囊奧語者，楊公合巒頭理氣貫以一而集其大成之書也。猶之乎儒家之有大學聖經，釋家之有般若心經，道家之有太上清淨經也。其言龍穴砂水法也，再三言龍穴砂水法也。其言近，其旨遠，其言約，其理備，其于一法之中，或先舉巒頭，或先舉理氣，當先言而先言之，當後言而後言之，當再三言而再三言之，莫不有至玄至妙之義存焉，非可淺窺者也。言龍法也，則龍法之神髓也；言穴法也，則穴法之命脈也；而

砂法水法莫不皆然也。其中一句之義，有千百言所不能盡者，有讀盡諸書而始解者，有讀盡諸經而尚不能解者。余昔讀之矣，亦讀之云爾。久而疑其妙也，今而知其妙矣。何其妙義之無窮如斯，而畢備之無剩義如斯。是爲序。

坤壬乙文曲從頭出，艮丙辛位位是廉貞，巽庚癸盡是武曲位，乾甲丁貪狼一路行。山與水須與明此理，水與山禍福盡相關。

此明雙山五行法也。申子辰水局也，而坤壬乙從之故皆屬水。申子辰之爲水，人所共知，而坤壬乙之爲水，人所不知也，故首明之。山與水四句，言辨山水之吉凶，須明此雙山之理。蓋水與山之禍福盡關于雙山之五行也。公言此以明雙山之用之大，而勉學者之不可不知。蓋他家五行論山者不可論水，如洪範是也；論水者不可論山，如小玄空是也。玄空則與山無關，洪範則與水無關，孰有如雙山之體用兼該，山水盡相關者哉。

順行子丑向未塲，申酉戌亥左爲陽，逆行午巳辰卯寅

向鼠猴羊右爲陰。如此法，不須尋納甲。顛顛倒，二十四山有珠寶，逆順行二十四山有火坑。

此言雙山龍法也。順行者爲陽龍，逆行者爲陰龍。二十四山分爲四局，順行者以甲丙庚壬四陽干主之，逆行者以乙辛丁癸四陰干主之。如坤壬乙申子辰六龍入首，左旋者爲壬水，右旋者爲癸水。壬則生申旺子而墓辰，癸則生卯旺亥而墓未。生旺之方，山水宜高而來；死墓之方，山水宜低而去。如此法四句，蓋二十四山有干支卦三者之不同，而言者未明雙山

之極則側難歸一。故古人以八卦統干支。如乾甲金
離壬寅戌火之類。用納甲五行以推山水生旺之凶
吉。然而勉強也。既知雙山之理。則六山一氣。干支四
維雖有不同。而理歸一致。以之推山驗水。其陽其陰。
為生為旺。圓通不滯。毫無勉強者也。若納甲之法。則
或多或寡。偏枯不均。故雙山之法既明。則納甲之法
不必尋也。顛顛倒四句。言二十四山。或順或逆。顛顛
倒倒。推其生旺死絶。若得山高于旺相。水敗于鬼方。
則如珠寶之美。山不高于旺相。水不敗于鬼方。則如

火坑之凶。故二十四山皆有珠寶。有火坑也。其詳具
天玉經外傳。

雌與雄。陰陽交度合玄空。認金龍。經緯義不窮。動不動。
直待高人施妙用。

此言向家水法也。山水生旺之凶吉。既以龍法辨之
矣。而何以復有水法之論乎。蓋以砂統乎龍。水歸于
向。若僅以龍言水。則水之凶吉亦不驗。雌雄者。即山
水也。山屬陰而雄。水屬陽而雌也。陰陽交度者。左旋
陽山必有右旋之陰水交之。右旋陰山必有左旋之

陽水交之。雌雄交結而成穴。山水背馳而氣散也。故
經曰。陰陽交度。不得水曰失度。玄空者。縫針雙山向
法也。合玄空者。水欲其合向家之生旺也。夫左旋之
陽山。乃右旋之陰水。豈得以陽山推陰水之凶吉乎。
陰水自當以陰水之生旺推之。而水之五行。以向定
若向未定。則水之凶吉亦未分。故論水必當求玄空
也。玄空之法。左旋之水。以陽干主之。右旋之水。以陰
干主之。如面南之局。水自東來。流歸西去。左旋之水
也。立一午向。午屬丙火。則東為長生。西為死墓。而水

神來去皆吉。若立巳向。巳屬庚金。則東為胎絶。西為
官旺。絶胎上堂。冲旺而去。水神來去皆凶矣。山水雌
雄交度。必合玄空而始吉。故曰陰陽交度合玄空也。金
龍者。四庫也。宜去之方也。去水得位。則來水自吉。故
水先察去口。觀水入何庫。則知宜立何向以消之也。
如水出戌口。左旋之水。則宜立丙火之旺向午。衰向
未以消之。右旋之水。則宜立乙木之旺向寅。衰向丑
以消之。此認金龍也。經緯句。山向直朝曰經。水神横
織曰緯。以水之左右旋求向。以向之生旺墓推水。如

上乂戌之水左旋者宜用乙木向此以水求向也向既立定則知某方爲長生爲官旺喜其來某方爲死絕喜其去此以向推水也以緯求經以經推緯妙義無窮故曰經緯義不窮也動不動二句水歸向家之庫曰金龍動不歸向家之庫曰不動金龍之動與不動由于向家之合與不合也然向由人立不知法者貪對棄官而金龍不動矣得是道者迎神背煞而金龍動矣故曰直待高人施妙用也其詳在青囊水法玉尺諸經

第一義要識龍身行與止

此言形勢龍法也經曰大氣行乎地中其行也因地之勢其聚也因勢之止葬者原其起乘其止故地理家第一要識龍之行止也然而行止難言矣龍有正行有閃去有順走有逆回則不得以一串直去爲行龍有直結有橫結有倫結有閃結則不得以水盡山窮爲止故不知行法焉能得龍不知止法焉能得穴龍穴不得則一切俱廢復有何巒頭理氣之可論哉此第一義之義也然此行止二字非窮極龍經精透穴法者不可以語此而輕曰行止云乎哉其法具撼龍尋龍撼龍玉髓諸經

第二玄來脈明堂不可偏

此言形勢穴法也來脈者入首脈化生腦也明堂者金魚合小明堂也上頂來脈下對明堂不偏不倚不上不下其中爲穴也點穴之法不過如此但微妙難明耳其詳具倒杖天寶至寶家寶神寶金函諸經

第三法傳送功曹不高壓

此言天星砂法也大五行長生曰傳送對宮曰功曹

傳送主丁財功曹主官爵此三十八將之最吉位也不高壓者砂法凶方宜平伏吉方宜高起然總宜朝拱有情不喜凌逼高壓若高壓則吉方亦爲不善矣故曰傳送功曹不高壓蓋穴主也砂奴也空缺不過不足耳高壓則以奴欺主其可乎故砂大忌高壓也然回龍之地不忌高壓者以前山係龍而非砂是以祖宗壓子孫非以奴欺主也三十八將詳鐸長老古羅經

第四奇明堂十字有玄微

此言天星水法也明堂之水出于向家之死墓病絕者歸大庫也出于敗方者歸文庫也故倒左倒右一横如十字者俱可消出如子山午向午爲丙火倒右出酉爲死地倒左出卯爲敗地亥山巳向巳爲丁火倒左出寅爲死地倒右出申爲敗地丑山未向倒左屬辛出辰爲墓地倒右屬丙出戌爲墓地故水出四正十字者皆可去也夫水神之來去豈僅出于十字然而能推十字之義了明于心則水法亦無餘藴矣蓋大小二庫之法俱見于十字中也故曰明堂十字有玄微夫十字妙矣向之死口即坐之敗口也向之敗口即坐之死口也向之墓口即坐之冠帶也死墓之當去人所共知而生旺中間沐浴冠帶之可去人所不知也故古人言水止忌冲生破旺良有以也水法歌曰更看明堂來去水文庫大小俱得位截定生旺莫教流直射直流家業退可悟矣雖然水法不盡此也更有斜出借庫之法回龍遶後之法内外兩堂之法在公亦不過舉其妙者而言之在余亦不過就是言而註之耳後之欲明水法者須于青囊玉尺天

玉諸經極深研究自有豁然之一旦方信余言之不誣也

第五妙前後龍身兩相照

此言天星龍穴坐向法也前向也後坐也兩相照者龍穴欲得配合之向也如亥龍宜丙丁巽向之類最忌陰陽駁雜不配不合也其詳在催官玉尺二經前言龍穴之形氣未言龍穴之理氣故此言之

第六秘八國城門鎖眞氣

此言形勢砂法也八國八方也城門水口也八國廻遶而不缺陷水口交鎖而不空直則眞氣内固矣夫砂不過欲其抱衛耳故所忌在空缺不空不缺而羅城完固復何求于砂哉此公言之所以無剩義也

第七奥要向天心尋十道

此言應穴砂法也天心穴也前曰照山即案山也後曰蓋山即托山也左右曰夾耳山此四者穴之眞應也蓋照不斜不偏夾耳不前不後四正有情美莫加焉楊公曰十道有貢相無缺陷尖破爲吉蓋十道乃緊要之所砂中尤宜加意者故公另言之

第八裁曲屈流神認去來。

此言形局水法也。察水有三法。來源明堂去口也。來宜曲屈去喜之玄。明堂宜澄聚。水城宜環抱是也。來去俱宜屈曲。總忌直射直去。故曰屈曲流神認去來。其詳在諸家明堂水城圖。

第九神任他平地與侵雲。

此言平地高山無二法也。

第十眞若有一缺非眞情。

此言平地高山俱宜用上八法推求。若有一缺失便

非山川之眞性情矣。故曰若有一缺非眞情。然則八法之中。有一法未妙者。烏可輕言下手也耶。

明倒杖卦坐陰陽何必想。

此又申言穴法也。倒杖之法。上梳化生腦。下對金魚合。便是坐向。古云向坐若明三合水。會須此法值千金。卦坐者。古以絕體遊魂二卦。爲坐穴之用。五鬼一卦爲立向之用。既明倒杖之法。則卦例之非不待言矣。故曰卦坐陰陽何必想。公蓋恐人惑于卦例之說而反失坐向之眞也。

上掌模太極分明必有圖。

此言穴中暈輪法也。陽穴如仰掌。陰穴如覆掌。故曰掌模太極者。輪暈也。又名極暈。輪暈之中。乃是正穴藏棺之所也。然而輪暈難言矣。輪暈者如轉之輪。如月之暈。若有若無。不可以形求。又不得舍形而別求。識者自見其有。不識者自見其無。不可言傳。但可心會。能知暈輪之法。點穴自得餘蘊矣。

知化氣生克制化須熟記。

此言作法也。蓋穴有天然之穴。有裁成之穴。天然者。

有輪有暈者是也。裁成者。或頑或罡。相刑相克。其氣不化者是也。生成之氣。須裁成以化之。故曰知化氣也。生尅制化者。如頑金而大開水窩。使金生水。此生也。火孔長尖。于上大開水窩。使水尅火。此尅也。金頭火脚。名曰煞金。大開水窩。用水救金尅火。此制也。金頭木乳。金木相刑。大開水窩。用水泄金生木。此化也其俱開水窩者。經曰諸煞皆消于水也。素書曰。穴法無過動靜生死。作法不過生克制化。太陽若變煞金開水克火。天罡正體騎刑。開金生水。此定穴之作法

也。然宜開宜鑿之山，亦自有宜開宜鑿之所，必求微凹微突，有異于他處者，而後可。不得率意妄作，猜度臆測者也。顧立穴有作法，而全局亦有作法。素書曰：氣立動靜，生死之異；理取生克制化之宜。火炎不制，非同祿即瘟瘴；水盛太多，非疾病即浮蕩。火焰飛揚于寅甲，而鑿浸池；水波浪湧于庚辛，頂安屏石。此舉其大略耳，宜于素書中求之。

曉高低，星峰須辨識玄微。

此言龍家雙山五行砂法也。經曰：更有諸位高峰起，尖秀高圓要得位。長生高聳旺人丁，旺位起峰財祿聚。如右旋亥龍入首，氣屬乙木，乙生于午，高則旺人丁；乙旺于卯寅，高則旺財祿。此吉也。若死絕反高，生旺反低，則凶矣。此高低須辨也。故曰：高低須辨識玄微。

鬼與曜，生死去來眞要妙。

此言形局砂法也。上文砂法，止羅城水口，朝坐龍虎，而官鬼禽曜則未也。然此四者，正砂法之玄也，而此四者之中，鬼曜之法尤緊。何也？大地方有禽，亦有無

禽者，小地反有官星，大地反有無者。至于鬼曜，中貴之地方有，而大地則必有也。生死二字，辨鬼法也。活動秀美曰生，粗頑崩破曰死。生主科名文秀，死多發武功也。來去二字，辨曜法也。從龍虎頭出抱穴者曰明曜，此來也；從龍虎外出向外飄揚者曰暗曜，此去也。來主發貴急速，去主發貴遲久。雖然鬼曜之法不易知也。楊公曰：其鬼也，其曜也，其來也，其去也，其生也，其死也。古云：欲識生死來去訣，須是神仙親口說。張白雲曰：十年尋龍，廿年點穴，四十年不識曜氣，良有以也。夫鬼禽易明，而曜最難識。穴之有曜，人知之；龍之有曜，則人不知也。木火之尖直者，人知之；而金土之方圓，水之委蛇者，則人不知也。穴傍短小者，人知之；至于恍若行龍，長而遠者，則人不知也。曜法乃砂法中登峰造巔之技，豈易易者哉。

龍不發曜者非貴龍，穴不發曜者非貴穴。

說五星，尖圓高秀要分明。

此言龍穴砂之星體也。凡行龍星辰，作穴主星，及諸砂聳起者，俱宜尖圓高秀，皆忌粗惡凶頑、崩破斜側

也故曰要分明。

曾放水生旺有吉休囚否。

此再申明水法也。前水法多言去口，未言來水，故申言之。水言放者何也？蓋得其向，則生旺放上堂；不得其向，則死絕放上堂。水雖天成，實由人放，故向放水也。生旺休囚者，如朝南之局，左水到右，立一午向，則生水上堂而吉；若錯立巳向，則絕水上堂而否矣。故云云。

二十四山分五行，知得榮枯死與生，翻天倒地對不同，

秘密在玄空。

此言小玄空步水法也。二十四山分五行者，如丙丁乙酉火也。翻天倒地者，天，天卦也；地，地卦也。天卦以子癸同宮布五陽之生旺，地卦以子壬同宮布五陰之生旺，以推凶吉。而玄空不論生旺死絕，止論生入克入以推吉凶，故曰翻天倒地對不同，秘密在玄空也。或問：水法既有向家雙山生旺墓之例矣，而何以復有小玄空之紛紛，無乃不歸一乎？余曰：向上雙山生旺，是論左來右去、右來左去大體之凶吉，至于屈

曲細折之中，其吉凶不能測也，須用玄空以步之。其法逆步來水，合生克入者，主其年發財祿；順步去水，合生克入者，主其年發人丁。若無玄空之法，又豈能知何年興、何年廢乎？蓋雙山是體，玄空是用，一體一用，不容偏廢者也。

認龍立向要分明，仔細辨天星，天星既辨穴何難，但把放水向上看。從外生入名曰進，定知財寶積如山；從內生出名爲退，家內錢財化作灰；生入克入名爲旺，子孫富貴出高官。

此明用小玄空法也。認龍四句，言以龍定向，必先以天星貴賤陰陽純駁，辨其宜立何向，而繼此即當論水法也。生克者，以雙山之向爲主，論玄空五行之生克也。如丙午火向，甲木曰生入，寅水曰克入，丑土曰生出，卯金曰克出。入曰進神，主發財祿；出曰退神，主敗財損丁。玉尺曰：予之奪之，彼無心而曷濟；生入克入，情既去而復留。是也。

脈息生旺要知因，龍歇脈寒若莫犯，犯者須教禍患臨，縱有他山來救助，空勞祿馬護龍行。

此言覔地者龍脈旺相眞的方可下穴也。龍歇者行龍之中途似有結聚之處然此乃龍途中之歇宿非眞龍之住足也似有而實假疑龍經曰此是歇龍迎逆隊。脈寒者乃龍之大盡似龍盡之處而實則餘氣也包裹已無孤寒受風故有脈亦寒矣二者皆不結之所也至于脈寒之處縱有客山客水來護似乎可穴然本身無氣亦何益哉此二局乃世人最易錯誤者一則曰歷結一則曰盡龍而皆係假地故公獨舉之以示後人眞假之不可不詳辨而盡龍歷落之不

可亂求錯誤也。

勸君再把星辰辨吉凶禍福如神見識得此理眞妙微。又是郭璞再出世。

星辰者巒頭九星傳變也已上地理之訣俱已言盡所未及者九星龍法耳故于尾後足之于是諸法畢備無漏矣九星之法詳具撼龍經內。

巒頭理氣者猶人之形體神氣也無形體則神氣無所附無神氣則形體無以主故有巒頭必有理氣兩者二而實一一而爲二者也豈容有偏廢乎奈世之泥天星者止求理氣之配合不顧山川向背之眞性情執巒頭者止求形局之美好不問五行順逆之生旺墓甚之以巒頭攻天星而曰天星荒唐以天星攻巒頭而曰形局粗淺此何異形體神氣自相攻擊不亦可笑之甚乎故于二者之中而有所偏在者皆非曾楊之眞種子也然此之流弊有自來矣蓋先賢諸經言形勢者多不及天星言天星者又不及形勢在古人不過言此則不暇及彼在後人觀之一若有此則不必有彼也二者離而不合職此故也此篇者楊

公將堪輿秘旨和盤托出之書也形勢天星莫不悉舉而且輕重次第井井有條令後學循途可入則地理之至妙者莫過此篇也諸書如錢此篇如串得此篇之精義則諸經一以貫之矣余悲世之聾瞶者久欲得一洪鍾巨響以振醒之故詳註此篇以行世倘觀者于此有得焉一則曾楊之正脈可以不泯滅一則孝慈之用心可以不虛廢也其于世或未必無小補云。

地理六經註卷六終

序

堪輿之有羅經該穹壤測運數理極廣大然毫釐之間不啻去而千里辨龍一錯眞僞懸殊立向少偏禍福頓易非天下之至精孰能與此赤松丘仙垂制以來針盤之遞

增者不一五行之各異者亦多原備法以示用初勿彼此乖忤自是畸說遂欲遺棄一切陋已若留心學道之子多聞多識博攬宏收寃不能融徹奧旨徒具滿腹書厨已耳卽如洪範五行小玄空五行誰

不爛熟口頭而用之當然理之所由然茫乎未曉則理氣之不明于天下又未嘗竟在淺見寡聞士也至於牽強傅會坐穴者或用以乘氣消納者或用以格龍不合正五行遷其說而言雙山不合玄空五

行遷其說而言宗廟忽而四經忽而三合離遁支吾全無定法聽者反目爲淹雅兼通其爲害不尤烈乎余讀九升葉先生書慨然者久之是非邪正絕無蒙混而從來疑難未晰者剖釋不留遺蘊約羅經

而爲三針三盤義非星漏廣之而
層次交列諸家互貫又非雜亂無
紀者比猶慮學人無準繩可守著
理氣三訣以與羅經相表裏接引
婆心至矣盡矣是爲序

旹

康熙三十二年歲次癸酉孟冬年
家眷弟張曾祚拜題

羅經解叙

羅經之作。闡理之書。亦垂法之書也。法垂。而天下後世曉然知其所以爲用。則其理益明。而卒不至于晦。世之言理氣者不一家。背謬乖舛。固不足論。若辨駁陰陽五行。剖洩天星卦氣。間亦一入闡奥。而未嘗指點其用。無益。徒亂人意耳。郭子顮川曰。定穴立向奚用乎。先生曰。正針。辨龍純雜奚用乎。先生曰。中針。消砂納水奚用乎。先生曰。縫針。盈縮六十龍者何。先生曰。中針用以考天星也。穿山七十二者何。先生曰。正針用以審坐穴也。分金百二十者何。先生曰。縫針用以避空冲也。三針三盤各相爲用。振綱挈領。其餘層數非從針用。即從盤用耳。顮川又曰。諸家五行各各不同。合于此者。未必合于彼。安于彼者。亦必安于此。果有是有非歟。或得其一。可以置其餘歟。先生曰。昔聖先賢制一法必有一義。有一義必適一用。明其義而用之。並行不悖也。正五行。爲行龍生尅之用。雙山五行。推山水生旺死絕之用。三合五行。爲立向消納之用。玄空五行。水路生尅向家之用。洪範五行。辨地局貴賤之用。四經五行。不問左右。水旋。而以

叙

易傳有曰立天之道曰陰與陽立地之道曰柔與剛柔剛者即陰陽之成質者也故地之氣即天之氣耳堪輿家巒頭從地起擇從天而以人操天地之合者則有理氣之法在其法古略而今詳其道古明而今晦何則古人立法似簡而實該故道易明後人增衍之漸密漸繁而世莫知所適從故道易晦非法之晦也乃用法者之晦也且以非法而妄附于法者之益其晦也盤有三針是爲宏綱他如穿山透地分金之類分疏此三針者不

下五十餘層法例繁多而致用各異世人得一訛百試耳以爲試目以聽甚至手足自相攻擊腹背自相刺詭而終不能以自解是書也有一法即指一用則不相悖而相合矣然亦有墨守師傳諳于法例而莫測其所以然如萬古長夜是書也有一用即指一理使人曉然于法之所由出則其用之者確乎其不可拔矣又有好道之士凡遇一名一象斤斤焉講求其理而學未逢源終是斷港絕潢是書也融貫古今將五十餘層總歸三針而中縫兩針又不出正針道自此而明矣自此而明者

立向收水之用夫朝饔而夕飧夏葛而冬裘各有宜而已食者曰吾守饔而毋事飧衣者曰吾披裘而毋事葛無論用寔不足而其所以用之者吾亦未見其果合于宜也已昔孔子之繫大易曰言天下之至賾而不可惡言天下之至動而不可亂盤制盡列古法于一盤之上約有五十餘層其用于盤而不書于盤者又不下數十種不啻象爲天下之至賾爻爲天下之至動也又有小數畸術以雜乎其間又有臆見僞說以擾乎其內有心斯道者如涉大海茫茫浩蕩不知東西幾何不爲越裳

氏迷失歸途耶今于針而指其用于盤而指其用于各家五行而各指其用千蹊百徑一理條貫是眞至賾而不可惡至動而不可亂也夫先生爲郭子而指點其用郭子[illegible]之用而不秘其書或曰彼一家言及僞妄諸說何常不[illegible]用乎噫理不足矣何言乎用

旹

康熙三十二年歲次癸酉仲春之望海昌黃楷秋嵋氏謹題

羅經解叙

羅經之理易理也古之聖人窺河洛之奥作以爲易而吉凶消長之理進退存亡之道悉備焉蘇子曰童而習之白首而不得其原嗚呼豈特易哉卽羅經何莫不然夫羅經始于太極分爲陰陽列爲八卦加以干支共成二十四山漢赤松子名曰正針唐楊松筠分十二支爲二十四位名曰縫針宋賴太素依天星定二十四位名曰中針此三盤所由分也三盤之下又細分爲七十二地紀盈縮六十天紀百二十分金三百六十度而羅經

已大備矣奈拘墟之士執一不通異端之徒妄撰亂道孰爲撥雲霧而覩青天乎予少嗜地理家言從舅父儀操鄧公遊略曉緒餘然舅父手著理氣備攷數十卷老朞好學猶謂于易圖所得而于羅經苦無其傳晚遇九升先生相與縱横百家窮原遡委余切聽之茫乎不知其畔岸近年來得時玲先生教取羅經之所疑所信爲異爲同深切辨論退輒以筆記之分三帖一爲正集爲辨龍立穴消砂納水之法合是則可背是則非而非人之可以意爲從違者也一爲備集所以別山川之清濁

不復入于晦矣噫不有作者孰洩天地之精蘊不有述者孰闡往古之薪傳觀于正集備集恍睹楊賴諸仙環坐一堂相視而笑莫逆于心而辨僞一集直使後世之好爲臆說障蔽先賢之道者皆入金束矢伏于堦下嗟乎闢邪以衛正循流而遡源古婺葉先生述古之功豈出作者下哉雖然理氣誠善非巒頭無以施其法非尅擇無以收其效夫孔門一貫是傳三才本屬同原曾是形家言獨無宗旨耶予奉教先生矣盈天地間無一非陰陽合散之所爲是以乘其生旺避其死絶自巒頭而

理氣而尅擇總會于一今理氣之道予友郭子穎達已取而公之矣若巒頭一見于六經註再見于平陽書惟山法卷帙既多先生又席不暇煖故編次未竣至于尅擇先生新有扦造的以山烝墓運日精月華爲本而佐以造命法凡催丁催財催貴各有妙用但烝運出三易秘要精華出神寶真經二書流傳者少且神寶中舉示金精法例渾渾噩噩不大顯白故載之他書者多屬訛舛此則先賢諄諄禁秘以待其人乎爾

海昌後學陳鴻賓道榮氏拜題

羅經指南撥霧集序

昔者黃帝涿鹿戰蚩尤蚩尤有妖術能作霧于是黃帝迷其南北不能勝天降玄女授帝針法乃得破而戮之蚩尤遊魂無依甚憤針法之能破彼術常思所以害之而不得其便後周成王時越裳入貢歸而迷其故道越裳南荒之國也周公乃遵針法造指南車以導其歸其制則上作一木人手常指南下作一蚩尤像以載木人自南車之有厥像也蚩尤之遊魂乃得其依附秦漢之間黃石公深明玄女針法以南車之制不便于用更制

爲盤其上布八卦十二支以推五氣之用而蚩尤之神即附于盤然視用盤者其人而神明蚩尤則不敢爲祟若其人而庸衆也者蚩尤即于盤中冉冉起霧迷其雙目使其不知南北彼昏不覺即以霧中所見者爲的爲世人師世人廣羅其害至唐宋楊賴諸公憤蚩尤之害世也乃作爲諸經諸訣使人熟讀而深知其義則不爲彼所惑于是其術益窮而志乃益憤投胎爲人即從楊賴經訣演出僞解僞說以迷世人自其說既行而妖霧不待盤而後起日起于世人之書簏案頭而蔽天塞地厚薄地力之貴賤大小共一一合法者如珠玉爲世所共珍僞學者不知其法則見大地而反棄幾何不爲荆山之刖也二集之外更有辨僞者何夫魚目碔砆流于僞者失其真廖公之言曰地理之有羅經如聖道之有楊墨豈欲廢羅經哉蓋有羅經而僞妄者得附以惑世也今世所行羅經書如張文介楊君庸猶存古法能宗岩巳廣輯雜亂矣至徐試可而妄謬更甚不可不辨也壬申秋彙所記者以質諸先生而先生復爲之删補焉黃子秋嵋陳子道榮見而嘆曰吾儕何幸而得與聞真

傳乎是書成而太陽當空爝火息矣先生之教當不在曾楊廖賴下雖然余恐天下後世不得與聞先生之教而業堪輿者猶詡詡焉自鳴其所得以惑世其貽害伊豈小哉于是付諸剞劂而公之世焉

旹

康熙三十二年歲次癸酉仲春旣望海昌郭廷彦潁川

又從而附和者日衆楊賴之道將日毀日削而不振余
悉學楊賴不忍坐視故不揣蚊力將與蚩尤戰而尤之
用在霧則撥霧之作烏可已也

昔

康熙三十二年歲在癸酉坩提孟陬之吉古婺葉泰題
于東海之萍居

撥霧集引

世常云常人學風水好看山圖儒者學風水好窮理氣
余按之果然郭子頴達天姿高朗文筆奇逸其英發之
氣以爲拾青紫如芥顧亦連走塲屋其技未售乃悟科
名之事非僅僅七藝勝人可恃其關係于風水者不淺
也以伊祖未得佳兆于是兼學堪輿家言久而深嗜然
其于堪輿之學亦不能脫世人所云好窮理氣者余遊
東海舍于鄞儀操先生之詒燕堂鄞郭世姻故郭子于
余日夕郭子不鄙余陋乃以其素所學之理氣或一法

而有疑義未晰者或數法而彼此相碍者或一法而衆
解不一者或數法而貫串不清者質問于余余深喜其
好學于其所問嘗罄余之所知者爲之反復議論辨別
焉郭子歸則筆之久而成帙余不知也辛未歲余梓六
經註將峻郭子以身親歷理氣之中備嘗艱苦推世之
好堪輿而苦理氣者慮無不同乃出所筆者亦將付梓
以津世之苦于是者余取而閱之其所錄以急于用者
爲正集緩于用者爲備集其辨別訛錯者爲辨僞共得
三帙余曰是未可遽付梓也此爾我一時之論也其于

一法之中，或偏舉而不全；或因辨而犯複；或論體而遺用；或語粗而未精，必更一番補刪，乃可適繼。有不暘全書之役，未遑也。壬申桂秋，暑氣始退，凉風西來，余暇無事，取而讀之，補其未備，刪其繁複，其補刪一以簡切顯白，使人易覺爲旨，不務文也。今而後郭子取而授之梓，庶可以滿郭子津世之願云。

東海萍翁又題

凡例

一法者，所以待用也。用之而違其宜，則貽害更甚于無法。近世之用羅盤者，紛紛錯雜，如在霧中。是集也，序原委，權重輕，别眞僞，俾學者不迷于所往云。

一古仙作經，智周天地者也。後賢履其閫奥，洞觀萬有，若者爲經之所先及，若者爲經之所未詳，若者爲經之所顯白，若者爲經之所暗藏，然後取而推衍之，明著之。蓋古仙爲上智示例，而後賢又爲中下說法，故[illegible]小目，犂然畢具也。學者不思表章，而意爲增損，妄矣。又有偶窺一班，私爲秘術，亦豈古人垂法之心哉。

一道本中庸，自世之好奇者，剏爲僞術以惑人，而正道始壅。夫明道者爲福于世，而蔽道者爲禍于世，故亟宜擯斥，非好爲是評論古今得失也。

一大凡作書者，其言簡，使人易守也；註書者，其言詳，使人易曉也。若羅盤以象含意，故解之者，語不厭複，詞不嫌質，務明其意而已。

一先賢經書，其繁重成卷，載在他篇者，不暇詳述，初學者宜參觀諸書方知是集分别黑白不謬于古人耳。

一理氣者得巒頭而後施也每見白木風水单誇巒頭閉門好道專講理氣寧邑諸友皆明體研用于乃諄諄言之郭子穎逵錄爲三集而王子中磐陳子道榮黃子秋嵋鄭子振扆張子以疇沈子治儀咸聳踊付梓非予初志也。

九升氏識

羅經指南撥霧集目

卷之上

卷之中

卷之下

羅經指南撥霧集卷之上

古婺葉　泰九升父著
海昌郭廷彦韻達父定
鄞　宮振宸父參

羅經正盤總說

羅經層數多至五十餘層，卦例五行多至數十餘種，學者望洋而無從，抑知經盤之用不過八卦十二支天星三者而已。其餘層數皆所以佐輔此三者之用也。三者猶正文，餘層如註疏。古今談經盤者咸祖玄女，謂玄女授針法於黄帝，其後赤松、黄石制爲經盤，有青囊正經可據。愚意玄女黄帝世遠無稽，但針法非聖人不能制，青囊非周秦以下書，經盤必剏于三代之聖人，此則其可知也。自周而秦漢六朝，其制隱秘，世不盛行。至唐丘公所傳，有二十四山、净陰陽、九星、天星、盈縮、六十龍等法。二十四山者，合八卦十二支而成者也。六十龍者，上應天星之貴賤者也。以之乘氣立向、消納砂水，法已無所不備，明了之人只此二層，其用已足。後楊公以盤制三八而廿四，于八卦之界限則明了，但十二支之界必

半分干維，愚者卒難通曉，于是將十二支位每位兩分，前干維而後地支，二十四山雙雙起，倍其十二而廿四。地支之界亦了然明白，以之起生旺而挨九星，無兼前跨後之弊矣。其制正當舊制之縫中，故稱縫針，而指舊制曰正針也。又以正針二十四山既應天之二十四氣，然一氣有三候，未有應者，故作七十二山，用之坐穴，避于維之中空、地支之正冲，所謂七十二分金也。又以七十二分金每山三位，未爲精細，乃于每山之下各設五位，共一百二十分金，取其旺相，避其孤虛龜甲，所取者正當二分之加數，不犯五六之空冲、九十之偏薄。分金之法精當無遺矣。若夫中針者，則賴公設之以明盈縮龍者也。盈縮甲子起于正針之亥末，從天盤也。淺者疑之，公作催官，發明天星之秘，故作此盤，蓋天星以天皇大帝一星爲主宰。此星在勾陳口中，紫微帝星正照午位，則天皇在乾亥之間，故此盤以亥居乾亥之間，以壬居壬亥之間，以子居壬子之間，悉前半位，上應天星，正對而不偏倚。青囊曰：北極斜居壬亥之間也。蓋天之子午與浮針之子午差半位而不相對，非此盤無以應之。

浮針之子午曰正針地盤也北極之子午曰中針天盤也其名中針者以此盤之子午正指正針丙午二火之中也中針一設而天星之位各得其正而盈縮甲子之起于正針亥末者定天盤之壬中無可疑矣三針備而八卦地支天星之分界晝然盈縮從天星起甲子于正針之亥末五子正當中針之子位中針之用也七十二從八卦起甲子于正針之壬中五子正當正針之子位正針之用也百二十從地支起甲子于正針之子初十子正當縫針之子位縫針之用也中主天星以辨龍正主八卦陰陽以定龍向縫主地支生旺以消納砂水曰三針盈縮六十爲辨龍之細法穿山七十二爲坐穴之細法百二十分金爲分金之細法曰三盤三針三盤爲扦作之必需缺一而不可者故集爲正盤其餘正針內辨龍水純駁之法細盤先後天卦例之說不背正理者則集爲備用盤云

天池

天池者注水浮針之用也圓若太極下針中分以判陰陽其必指子午者靈物之妙用自然而然者也

後天八卦

文王易先天八卦之位爲後天八卦即易傳帝出乎震之說也其義取陰陽中分五行順序陰陽中分者東北陽方則列之以乾坎艮震之陽卦西南陰方則列之以巽離坤兌之陰卦也五行順序者由震巽之木生離火離火生坤土坤土生乾兌金乾兌金生坎水水不能無土以生木故水潤艮土以生震巽之木也先天有卦象而無五行後天則陰陽五行俱備故經盤諸用俱從後天也

正針二十四山

二十四山者從八卦十二支而出蓋卦有二十四爻支有二十四氣故經盤必二十四而後可用也八卦分四正四隅而正四卦正當地支子午卯酉之位故去卦而存支其支即其卦也其正四位則輔之以八干東加甲乙西加庚辛北加壬癸南加丙丁其四隅位則輔之以地支丑寅夾艮辰巳夾巽未申夾坤戌亥夾乾四維八干十二支共二十四位皆天造地設之局也其用最多各附于後

干支納甲

乾納甲坎納癸申辰艮納丙震納庚亥未巽納辛離納壬寅戌坤納乙兌納丁巳丑納卦之法備干卦相配之理地支三合之用于是八卦八干十二支合而成一串之用矣龍家用之配向如乾龍立甲向也坐山用之納水如乾山得甲水來也選日家用之推神煞如甲年正陰府在艮巽傍陰府在丙辛也二十四位之分坐山九星凈陰凈陽皆從納甲而定者也

凈陰凈陽

凈陰陽者二十四山之第一作用也其原從先天八卦配洛書九宮之數而出乾南得書之九坤北得書之一離東得書之三坎西得書之七其數奇故四卦爲陽而所納之干支亦從之爲陽也艮西北得書之六震東北得書之八兌東南得書之四巽西南得書之二其數偶故四卦爲陰而所納之干支亦從之爲陰也凈陰凈陽乃先天之卦氣而方位則用後天焉蓋先天立體後天入用也先賢貴陰龍者以四陽居四正其氣正而剛剛多凶且上下二爻純陰純陽九

六不冲和也四陰居四隅其氣偏而柔柔多吉且上下二爻一陰一陽九六冲和也且合之坐山之九星下照之天星莫不陰卦得吉此所以貴陰而賤陽也其用之論龍宜陰陽純凈不宜間雜用之立向則宜陰龍陰向陽龍陽向大忌陰陽相乘用之論水則陰龍陰向宜陰水往來陽龍陽向宜陽水往來也然其中用度龍不能不駁水不能不雜惟龍向必不可駁雜乘陰氣宜陰向乘陽氣宜陽向或陰龍多而入首陽舍陽而立陰向以收陰陽龍多而入首陰舍陰而立陽向以收陽或局中止有陰向又宜乘陰氣以配之止有陽向又宜乘陽氣以配之變化多端在人神而明之也

坐山九星

九星從天定卦坤卦對宮起貪狼而出其獨取坤卦者坤爲地也坤對宮爲艮故艮爲貪狼次巽爲巨門次乾爲祿存次離爲文曲次震爲廉貞次兌爲武曲次坎爲破軍至坤本卦爲輔星也其干支之星則從所納之卦焉貪巨武爲三吉臨艮巽兌三卦三卦又

納丙辛丁三干共六位爲六秀其原出玄女海角經
青囊明四卦海角重三吉

天星

天星者從青囊天官篇出而賴公配成二十四星以加于盤者也青囊云天光下臨地德上載精義云地無精氣以星光爲精氣故以天星占龍脉之貴賤也天星以四垣爲最貴紫微垣臨亥四輔臨壬天市垣臨艮少微垣臨兌旁照庚太微垣臨丙巳旁照巽此最貴之星也次則南極臨丁而主壽天乙臨辛而主文司命臨震而主武皆爲貴龍至于四墓乃魁罡牛鬼之鄉爲天星之最下龍脉之最賤焉

正五行

正五行一名老五行亥壬子癸水寅甲卯乙巽木巳丙午丁火未坤丑艮辰戌土申庚酉辛乾金此生成之五行也行龍傳變之節候則以此論其生尅焉

雙山五行其位係天盤故論龍

雙山五行者一名地卦五行坤壬乙申子辰水乾甲丁亥卯未木艮丙辛寅午戌火巽庚癸巳酉丑金以

五氣之生旺墓合爲一行也其中無土者土附四行而行也老五行爲五行之質雙山五行乃五行之氣故推龍氣之生旺用雙山而不用老五行其位以干維從地支者論龍則取天氣天氣先至地氣後至故悉早半位也雙山五行之用專以入首之五行分左右旋以定八干之氣如乾亥入首左旋者爲甲木龍右旋者爲乙木龍也左旋者爲自墓趨生從生逆行入墓其氣易衰其蔭不久右旋者爲自旺趨生從生逆行入旺其氣愈吉其蔭悠遠也又以其干論砂水則生旺之方砂宜高而水宜來死絕之鄉砂宜低而水宜去也吳公有天王外傳四十八局此五行之法倒也

小玄空五行

訣曰丙丁乙酉原屬火乾坤卯午金同坐亥癸艮甲是木神戌庚丑未土爲眞子寅辰巽辛兼巳申與壬方俱水神其義以二十四位之性情變爲二十四位之五行以八干言之四陽性喜受生壬水受西金之生也甲木受北水之生也丙火受東木之生也惟庚

金不能受南火之生。故變土以受生焉。四陰情喜生子。故辛生北水而變水。癸生東木而變木。乙生南火而變火。惟丁不能生西金。故守其火焉。以八支言之。萬物生于天而歸于地。四生爲天道。天以水爲生氣。故寅巳申皆屬水。惟亥本屬水。其情喜生木。故變木也。四墓爲地道。地以土爲體。故丑戌未皆屬土。惟辰爲水中之濕土。其性爲水所移。故從而變水焉。以八卦言之。乾坎爲陽卦。其中爻皆陽爻。故其性剛險。不爲情移。故守其金水。艮震雖陽。而中爻皆陰。故中柔

而逐情。艮土喜生木。故變木。震木喜金斲。故變金也。巽爲弱木。喜水生。故變水。坤爲慈土。喜生金。故從金也。離爲炎火。其性戀金。兌爲精金。情在得火。故變爲金爲火也。此五[illegible]用。以雙山爲體。玄空爲用。雙山之龍。忌玄空之向。生來水去水。剋泄也。然其中妙用。在以雙山之向收玄空之水。如丙午火向喜子寅辰巽之水來去。謂剋入。亥癸艮甲之水來去。曰生入。來水得生入剋入之步。其年發財祿。去水得生入剋入之步。其年發人丁。玉尺云。天關開財祿之源。地軸濟

化生之寶法。顯玄空神功莫測。予之奪之。彼無心而爲濟。生入剋入。情既去而復留。蓋小玄空之五行本從性情之生克而定。故其作用。只當推其性情。非若雙山爲五行之氣。可以論生旺者也。

八曜殺

八曜者。乃八卦之鬼爻也。如乾卦初爻起子。四爻午火爲鬼爻。故乾以午爲八殺。訣曰。坎龍坤兔震山猴。巽雞乾馬兌蛇頭。艮虎離豬爲八殺。墓宅逢之立便休。凡來龍坐山俱忌見之。主犯刑戮。愚意坎山有二

鬼爻。戌亦坎宮曜殺也。

黃泉

黃泉八干之墓殺也。如甲癸山墓于未。故坤爲黃泉也。訣曰。庚丁坤上是黃泉。乙丙須防巽水先。甲癸向中憂見艮。辛壬水路怕當乾。此訣從向作。其殺寔從山出也。凡陽宅見之。安作墻遮閉。陰宅見之。則安改向也。玉尺云。八殺黃泉雖云惡曜。若在生方。倒難同斷。宜細思之。

已上諸法。出青囊經、海角經、青囊敘、奧語、天玉經

天玉外傳催官經玉尺經諸經其外不本經傳之法悉係邪僞屏削不錄。

地紀七十二龍

七十二龍傳自楊公一云亦出于丘公三分二十四山而成者也盖天有二十四氣每氣有上中下三候七十二也每月有一壁卦每卦六爻亦七十二也則既有十二支二十四山烏可無七十二龍哉但六甲止有六十先賢乃以四維八干之正湊成七十二位寶鏡所謂穿山虎也其作用之法與透地相表裡透地應天氣以辨龍穿山應地氣以坐穴凡坐穴則當避其大空小空大差錯等煞又以所坐甲子所得之卦謂之本卦遁其子父才官三奇四吉祿馬貴人收四吉之山發三奇之水其貴祿財官之方得尖圓高聳之峰巒則富貴也如坐穴與山川不合則當易一穿山以收之。

三七

三七者每一山分十分七十二龍一山三龍每龍得三分零再將左右各加三分零湊作十分看其所得分數以定其龍爲某七某三也如甲子在壬本龍得

壬三分在邊加三分仍是壬左邊加三分是子故甲子曰七壬三子丙子在子本龍得子三分左邊加三仍是子右邊加三分是壬故丙子曰七子三壬戊子正當子中故曰正子庚子則七子三癸也凡正處皆不可坐穴在干維則犯大空亡在地支則犯正冲煞故坐穴止宜三七龍古云再加三七者惟三七可坐穴也七十二龍每龍得三分餘七分亦三七之義。

穿山宿

穿山宿一名管山宿甲子起角乙丑亢挨去以坐山之宿入起甲子之宫尋四吉避土殺推木星也在卦中則以持世宿翻七曜以尋四吉也。

起甲子法

陽局　冬至驚蟄一七四　小寒二八五相隨
六儀　大寒春分三九六　芒種六三九是儀
順三　穀雨小滿五二八　立春八五二相宜
奇逆　清明立夏四一七　雨水九六三爲奇
陰局　夏至白露九三六　小暑八二五之間
六儀　大暑秋分七一四　立秋二五八循環

逆三　霜降小雪五八二　大雪四七一相關
奇順　處暑排來一四七　立冬寒露六九三

求卦法

如庚子龍分在坎宮冬至內。庚子係巳亥所管。巳亥係中局。故庚子龍屬冬至中局也。冬至中局七宮起甲子順行。庚子在甲午旬內。以甲午爲符頭。從七宮起甲子。則甲午飛到坎。庚子飛到兌。遂以符頭坎加兌上挨去。則震加坎宮。故庚子得雷水解卦也。陽卦倣此。如丁酉龍分在兌宮白露內。丁酉係甲午所管。

甲午係上局。故丁酉屬白露上局也。白露上局九宮起甲子逆行。丁酉在甲午旬內。以甲午爲符頭。從九宮起甲子。則甲午飛到乾。丁酉飛到震。遂以符頭乾加震上挨去。　兌宮。故丁酉得風澤中孚卦也。

陰局倣此

求子父財官法

癸未龍遁得離卦。小暑上局。八宮起甲子逆行。則巳丑子在一宮。巳未子在七宮。巳卯父在二宮。巳酉財在八宮。巳亥官在九宮也。子山高則發丁。父山旺則多田宅財。山方圓主富。官山尖秀主貴也。

求四吉法

四吉者。金水日月也。丙寅龍遁得小過卦。持世是庚午。庚午穿宿是箕水。水宿起畢。即以畢加本局八宮順飛。則知金水日月。會于八宮矣。捷法第一匝月到處。即是四吉會處。翻禽訣。七曜禽星識者稀。日虛月鬼火從箕。水畢木氐金奎位。土宿還從翌上推。

求祿馬貴人

如癸卯龍春分中局。九宮起甲子順行。則甲子眞祿在九宮。乙卯眞貴人在六宮。丁巳眞馬貴人在八宮也。

求三奇

三奇者。乙丙丁也。如九宮起甲子順行。則知丁奇在六宮。丙奇在七宮。乙奇在八宮矣。

求八門

八門者。開休生傷杜景死驚也。即以本龍所得卦挨去。便是。如丙寅龍得小過卦。是震加艮上也。震即是傷門。挨去則知開加兌。休加乾。生加坎矣。訣曰。乾開

坎休艮是生震傷巽杜景離門坤死兌驚分八卦即從本卦上推輪

空亡差錯

七十二龍內八干四維正中一線曰大空亡戊子巳丑庚寅十二龍中一線曰差錯犯之敗絕七十二龍縫中曰小空亡主貧敗皆不可坐穴

地紀七十二龍出楊公寶鏡專取坐穴與龍氣無涉而用以論龍諸邪說悉屏去其是非辨論詳辨僞卷內其四吉三奇諸細法詳理氣備考茲不贅

正針百二十分金

百二十分金者于正針每山之下各列五位二十四山共得一百二十位也出自楊公一云傳于丘公蓋丘公之書獨楊公與大曾公見之並無三人故法之出丘出楊無從而辨以今度之正針二十四山與盈縮六十穿山七十二幷此百廿分金四層大多傳于丘而發明于楊蓋此四層法例與雙山洪範小玄空三家五行皆係神物若不授于天仙決非凡人所能臆測而定之者也夫分金由地支而出今分金不列于一支之內而間分

兼前一分如子癸二宮共列十子而癸前一半屬丑支之分亦列之以子此其故何也用木日針也木日針者古人立臬木測日影以正南北其最長最短之景較之浮針又畧偏于丁半位以日影之南北分子午則百廿分金之十子俱在子支之內並不犯丑也盤中細盤惟盈縮穿山分金三層係盤針之正宗吉凶之樞紐在所必用猶鼎之三足缺一不可故有素書以明盈縮寶鏡以明穿山瀛海以明分金惟此三層有經其餘無經之層數不過發明此三層者外此則出于淺陋之臆見好

邪之強附不可信從者也夫盈縮從天極之子午穿山從浮針之子午分金從日景之子午楊賴二針未設之前而二針之妙用古人俱已暗具于內無待後人之增加是二公之加二針不過指明盈縮分金二盤之原由使中下易知耳此盤作用取丙丁庚辛之旺相避戊巳之龜甲壬癸甲乙之孤虛又以其納音與盈縮入首之納音較生尅分金之納音不得尅泄盈縮之納音也屬公又以本金納音之生旺定分金之美惡如丙子水分在子宮爲旺地曰吉甲子金分在子宮爲死地曰凶此

亦不背正理。可以叅用。其吉凶定局。詳理氣備攷內。

二八

二八者。每一山分十分。百廿分金。一山五金。每金得二分整。再將左右各加四分。湊成十分。看其分數。以定其金爲某二某八。某四某六也。如甲子在子。本金得子二分。左邊加四分。仍是子。右邊加四分。是壬。故甲子六子四壬。丙子在子。本金得子二分。左邊加四分是子。右邊加四分。得二分子。二分壬。故丙子八子二壬。戊子正子。庚子八子二癸。壬子六子四癸也。四

六金。靠邊而偏薄。正位犯大空差錯。故分金止宜二八。古云再加三七與二八。盍惟二八可分金也。

百廿分金。每金得二分。餘八分。故曰二八分金。

睺卦

睺卦者。甲子起頤。丙子中孚。戊子復是也。六十四卦。內除坎離震兌四卦。計四六二十四爻。以主二十四氣。其六十卦。每卦管六日七分。以應三百六十五日四分之一。蓋六十卦。得三百六十爻。餘七分。積得四百二十分。其法以八十分作一日。四百二十分。是五

日三時也。此係京房占候之卦。楊雄遵之以作太玄其排卦之次序。則以十二辟卦爲主。而左右輔成之者也。此層作用。以本金所得之卦。查其五親。喜其全備。若伏藏而不備者。宜塟時之年月日時補足之。又以塟日天干起六神。青龍喜臨財官子孫。朱雀喜臨官爻。主發貴。勾陳喜臨父爻。多田園也。

赤道三百六十度

此盤整設三百六十度。每金得三度。于宮甲子起危十一度。至危九度。以備分金時挨左挨右之用。有此

盤易挨不偏邪也。

地支十二位

地支十二位。正針內已具。今復設此于縫針之上者。使人一見而即明楊盤壬子之雙山同子也。猶正針之上先設八卦。使人一見而即明正針壬子癸之三山同坎也。故正針曰三山一氣。縫針曰雙山一氣。

順排六十龍先天卦

地支之下。各排五位。用甲丙戊庚壬。乙丁巳辛癸。順排。又名六十分金。其下各帶一卦。甲子起比。丙子剝。戊子

後衛卦正當子中。其序卦之次。即邵子先天六十四卦圓圖。去乾坤坎離四正卦是也。此卦作用。專論九六冲和。冲和者。上下二爻陰陽相配是也。凡坐穴之卦。其外卦得震艮巽兌者曰冲和。乾坤坎離曰不冲和。如坐比卦。比卦外卦是坎。爲不冲和。坐剥。剥卦外卦是艮。曰冲和也。廖公曰得金不得卦。漫自空閑話。得卦不得金。枉自去勞心。金卦兩得。方爲全美。此盤甲子。專爲帶卦而設。無所取用。彼淺陋之夫。見此盤甲子。較之七十二而不鈌。較之盈縮龍而整齊。較之百廿分金而中正。以爲此層乃天地自然之正理。號之曰胎骨。尊之以格龍。不知欠鈌不齊。天地之奇。此盤甲子。板死無奇。大背于造化之妙。故丘楊之傳無此也。夫古人豈不能設此整齊之盤。而好爲此奇零欠鈌偏斜之用哉。蓋不如此則不能與天地之道脗合也。如天度不三百。而三百六十。不三百六十。而三百六十五。不三百六十五。而三百六十五度四分度之一。可知矣。又如大衍之數。不用五十。而用四十九。非奇零則不神也。

楊公縫針二十四山

縫針二十四山者。中分一支而成雙山者也。如子支一位中。設壬子二山。以干從支。二十四山雙雙起子母公孫同一位也。公以五行生旺。起于正針。雖有天卦玄空卦以挨星。必竟有兼前跨後之弊。故設此盤。專爲占生旺而設。其盤之子午。在正針子癸午丁之縫中。故曰縫針。其曰丙午縫針者。以正針之子午。則指縫針丙午之縫中。故云爾也。此盤專爲立向。以占砂水之生旺死絕。與格龍之天星貴賤。立向之陰陽純駁無涉者也。

三合五行

三合五行者。同正針之雙山五行。但差半位。用于正針曰雙山。用于縫針曰三合也。專用之立向以消納。如本針艮寅丙午辛戌六向。曰火向。以丙乙二干占其生死吉凶也。坤申壬子乙辰六向屬水。用壬辛二干。巽巳庚酉癸丑六向屬金。用庚丁二干。乾亥甲卯丁未六向屬木。用甲癸二干。其詳在青囊叙與玉尺二經。

縫針百二十分金

宋何潛齋于縫針之下。亦作百二十分金。專爲趋吉避凶便用之法如正針子山庚子左一分分金下是縫針子山丙子分金二盤俱係旺相自然不犯空亡差錯等煞若用正針庚子右一分分金下是縫針子山甲子分金上旺相而下孤虛則犯七十二山之小空亡矣有此盤則分金簡便此巧法也

賴公中針二十四山

中針二十四山賴公爲明盈縮六十龍而設者也專用之格龍以辨天星之貴賤所謂再把中針來較量也如正針亥龍入首左邊多係中針之亥乃天地二盤俱亥

大吉若右落多則係中針之壬非天皇正氣矣行山小盤不便設盈縮龍當設此盤以代之

天紀盈縮六十龍

盈縮六十傳自丘公上應天星之濶狹故盈縮以就之素書所謂透地龍是也其作用之法專用以格龍乘氣如得辛亥龍係天皇正氣則宜立正針丙丁巽向以配之又以本龍所得之卦謂之內卦查其五親三奇四吉貴祿如局中得五親之砂高三奇之水來四吉會于秀砂秀水之鄉坐穴得貴人祿馬之宮爲天造地設上上

之貴局也如不能合當以坐穴七十二龍之本卦收之其內卦作用悉同本卦例見于上六十龍之貴賤定局詳理氣備攷茲不贅

宿度五行

宿度五行出三元經如甲子龍屬金度丙子龍屬水度是也其用以來水度不可克坐下度坐下度不可尅來龍度又來水度不可克來龍之納音其詳具備攷

三百六十五度

黃道三百六十五度係開禧曆度甲子分室五至室

十共六度丙子分危十六至室四共五度是餘詳備攷

天度吉凶

此賴公將空亡差錯關殺等煞記于度中以便分金坐度之用也于空亡作一亡差錯作一丫于關殺作一乂近今盤中亦有不如此作記而寫明者正針八干四維正中一度曰大空亡七十二龍縫中一度曰小空亡十二地支正中一度曰大差錯二十四山縫中一度曰陰陽差錯宿度五行相尅者曰關殺

二十八宿界限

此開禧二十八宿之分度也。每度作百分。太度是七十五分。少度是二十五分。半度是五十分。共成三百六十五度二十五分。

已上諸法，出金篆玉函、天機素書、寶鏡、瀛海、郭子經世、玄要經、三元經、陰符、陽拚諸書，係造化樞機，吉凶主宰，皆古仙珍秘之法也。

三針三盤總說

天體左旋，五行順序，故背北而南以言氣，則西爲先而

東爲後。天氣先至，地氣後至。地理龍氣爲先，穴向爲後。故用先至之氣辨龍，後至之氣坐穴分金，以符天地之氣。此三針三盤之用也。然此以氣言，無形可見，人亦烏從而信之。抑知仰觀而北極斜居西北，測臬而日景倚于西南。中縫兩針，非憑空無據而設者，蓋有理斯有氣，有氣自有象也。經盤秘妙，丘公得之太乙老人，有正針一針，有天紀地紀分金三盤。地紀從正針，人所共知。分金子偏東北，午偏西南，故楊公加入縫針，所以明分金之位。且兩位歸于一支，並無兼[illegible]跨後之弊，以之消水。

穩妥無疵。況正針明用八卦，暗藏地支，惟加入縫針，而後地支之用始大著也。天紀子偏西北，午偏東南，故賴公加入中針，所以明天紀之位也。三針有理可信，有象可憑，中最先而主龍，正次之而坐向，縫又次之而消納，分金先後次第，天地自然。龍向消納，各有其司，猶人身之五官，各司其用也。今人不知其原，而是中非縫，或左縫攻中，何異一身之形神自相攻擊也，有是理乎。

乘氣立向以人相天

山水之結作，人共知其爲天成，而點穴之緩急正偏，理

氣之收放消納，實由人力以相天功。點穴之法，係巒頭之說，理氣書中，姑置不議，且論理氣之裁成。夫理氣之作用，不過三者：乘氣之收放，龍向之配合，立向之消納是也。氣不能純一而無兼駁，龍向不能一例以求其配合，立向不能一法以得其消納。顧必使氣清而不雜，龍向合而不背，砂水之來去得宜，皆藉人以相之也。今以氣之收放言之，有截僞乘眞之法，有收眞放僞之法，有移龍就向之法，有舍龍取向之法，有移龍換向之法。何爲截僞乘眞，如辛龍入首，後龍節節係西兌陰龍，但辛

脈垂乳至于入手。忽右落變戌。是辛真而戌僞也。宜提高點穴上乘真辛。下截僞戌是也。何爲收真放僞。如辛戌並行入首後龍陰多面前砂水收于陰向則宜右耳乘辛放倒戌氣立陰向以配辛。若後龍陽多面前砂水收于陽向則宜左耳乘戌放倒辛氣立陽向以配戌是也。何爲移龍就向如乙辰陽氣入首。奈明堂水法。只有庚酉辛陰向無向可收。則安舍乙辰之陽。于可乘卯氣處點穴乘卯氣以配陰向是也。何爲舍龍取向如脫龍就局之地。入脈模糊。或要作內外兩向而前砂凶惡敵

用是法。如子龍入首。堂局在巳。右水倒左。欲竟立辰向。則辰又爲龍之殺曜。欲內立午向。則午上凶砂冲來。當于子龍之上。竟扦巽巳向以收右來之旺水。水收得起。自能發福也。何爲移龍換向如辛戌雙行入首。面前左水倒右若乘戌氣立乙向。則僅發丁財。乘辛氣立卯向。則發官貴移換之間可貴可賤是也。以龍向相配言之有內外一向之法。有內外兩向之法。如陰龍入首。明堂水法需合陰向。則竟立陰向以配龍收水是也。若陰龍入首而明堂水法反在陽向上。而陰向不能收則宜內

立陰向以配龍。外作陽向以收水是也。至于立向消納之法更微妙難盡。有正庫消法。有借庫消法。有正沐口消法。有借沐口消法。必須認得真正是出某口。然後立此向以消之。如明堂在午。水出辛戌方。此丙火正庫口也。宜立丙午火向以消之。如水出辛戌。明堂在酉。此庚金借乙之庫口也。宜立庚酉金向以消之。如明堂在酉。水出坤申。此丁火之沐口也。宜立庚酉陰火向以消之。如水出壬子。明堂在卯。此癸水借甲之沐口也。宜立甲卯陰水向以消之。此亦言其大略耳。然水城不同。出口

亦不易識。水法有橫水城。有斜水城。有直水城。有朝來城。有廻水城。有織水城。形局水城不一。故理氣出口。亦因之而不一。須識得其真水口。方可立向以消之。又生旺墓向非可一例亂用。此消納之所以精微也。已上種種等法。有一不當。敗絕隨之。而此種種等法。天地不能自成。必賴人力而始就。故曰人不天不因。天不人不成也。此人之所以與天地參而美龍吉穴之有待夫明師也。

消水之法筆難盡述。余悉圖于無事訣中。嗣刻。

證古總說

羅經之曆數多矣。余集羅經。仍以三針三盤爲正者。此非余一人之私說。先賢之所傳然也。然人未聞先賢之說。或聞之而不得其解。則不能無疑于余之所定。故取古訣二三則。疏而明之。一者使先賢覺世之苦心。彰明于世。二則以證余言之不誣也。

厲伯韶訣曰

先將子午定山崗。却把中針來較量。更加三七與二八。莫與時師說短長。

子午者。正針也。中針者。賴盤二十四山。并盈縮之六十龍也。三七者。七十二穿山虎也。二八者。一百廿分金也。此訣前二句言審龍之用。後二句言坐穴之用。子午定山岡者。以正針格龍脉也。中針較量者。先以正針格係某龍。然後以中針較其純雜也。如正針亥龍。以中針較之。則靠乾一半。中針亦是亥。係盈縮辛亥。龍爲天皇正氣。靠壬一半。中針却是壬。係盈縮癸亥。乃天皇之偏氣矣。龍之淨陰陽。以正針定。龍之天星貴賤。以中針定也。龍既審定。于是推七十二龍之

本卦。以審當用其龍坐穴。坐穴既定。乃取百廿龍中之旺相者。以分金也。此訣于用羅經之說。秩然有序。精當無遺。直將上上妙義。從廿一字泄盡矣。

訣曰

透地龍是魄。穿山虎是魂。若將魂就魄。陰鬼化陽神。魂魄既相就。血脉自相親。水爲山血脉。定要吉星臨。

透地盈縮爲透龍脉之用。穿山七十二爲穿坐穴之用。龍脉定而不動者也。故曰魄。坐穴聽人活動者也。故曰魂。七就魄者。砂水合來龍內卦。而坐穴本卦。符合內卦而不相背戾。固爲魂就。若砂水不合內卦。宜本卦收之。使砂水得所。則不合于龍者。可挽回于穴。亦是魂就魄也。如此相就。則水上必得三奇四吉之神。而血脉自與龍穴相親矣。夫龍穴必以得水爲吉者何也。蓋以水爲山之血脉。必得吉星。而龍穴始能發福。若無吉星。則血脉與形體反逆。焉能不禍哉。此以見二卦之用。皆當以納水爲急。而砂在所後也。夫砂水同爲龍穴之用。而水之急于砂者。蓋水爲龍穴之正配。猶之夫婦。砂爲龍穴之用神。猶之臣僕也。

陳彥饌訣曰

先識穿山虎方行透地龍渾天開寶鏡金水月相逢

此示用卦先後輕重之法也穿山虎者坐穴本卦也金水月者持世宿翻出之所也先識穿山者凡水之來去砂之高低不問合龍不合龍皆當以坐穴本卦納之故當先也方行透地者凡砂水之高低來去與內卦相合則爲大地不合則爲小結以本卦納之之後方行內卦以別其大小也本卦在所必用內卦聽

其自然本卦爲吉凶之樞紐內卦辨大小之結作故用卦以本卦爲急而宜先以內卦爲緩而在後也渾天二句言穿山透地之用其要在卦爻之子父財官飛宮之三奇四吉若得收四吉之山發三奇之水五親不陷貴祿照穴羅經之用盡在是矣夫羅經之妙用不過透地穿山穿山之妙用不過卦爻奇吉陳公此訣直將至簡至精之道以示人也

羅經總詠

賴楊妙法出金函針本三分盤作三天極夜看斜在北日光晝測倚於南雙山直把支辰判三位明將卦象含了得三盤串貫用一針可把大輿堪

其二

圓盤直界恍如輪畫卦分星排六甸氣透真龍魂魄妥山穿活虎骨骸春針求九六陰陽配金喜丁辛庚相親若把三針都悟徹何愁扦作不通神

康熙壬申歲桂月東海萍翁龔森題于詒燕堂

羅經指南撥霧集卷之中

古婺葉　泰九升父著、
海昌郭廷彥頴達父定
鄞　宮振辰父叅

羅經備盤總說

南針之盤，而曰羅經者，蓋取包羅萬象，經緯天地之義。凡天星卦象五行六甲，世所稱淵微浩大之理，莫不畢具其中也。顧古仙之設此，不亦近于繁數，而非繁也。欲以此數寸之盤，測天地之靈秘，符造化之妙用，不若是則不能得其情也。夫羅經之用甚叢雜矣，不易言矣。然而有可言者，其用雖叢雜，而其所以用之例，不過二者而已。二者維何？一曰相天之用，即正集所具乘氣立向消砂納水諸用是也。一曰測天之用，乃測山川生成之純駁，以辨其地之貴賤大小者也。不知相天之法，則不能乘氣消納，以趨吉而避凶。不知測天之法，則不能知地之貴賤大小，乃輕投而亂授。相天之法，吉凶所係，爲任事者之急務，余故彙爲正集。至測天乃辨地之法，稍可緩焉，故彙爲備集也。夫合爲一集，亦未嘗不可，而余必分之者，一則恐學盤者不知有相天測天之分門；一例而觀之，則吉凶互異，多岐而罔適從。一則恐用盤者不知緩急，而必求大至精至純之地，反以微疵而輕棄夫大富大貴之穴也，故將二十四山測天之法，彙爲備集，并將用雖不急，而其理須知者附焉。又諸細盤之中，有妙理而不急于用者，亦次焉。若夫背謬之說、邪妄之製，則余更有辨僞集在。

先天八卦

盤針之用，凈陰凈陽最大。其陰陽之位，雖從後天，而陰陽之原，實從先天。故先天之理，亦學盤者所必知也。其圓盤次序，乾純陽而爲天，故居南上；坤純陰而爲地，故居北下。離內陰外陽，日與火之象也，居東；坎內陽外陰，月與水之象也，居西。兌一陰加二陽之上，陰不能下，故聚而爲澤，東南者大澤也。艮一陽加二陰之上，陽不能下，故峙而爲山，西北者山祖也。震一陽奮于二陰之下，雷象也，雷起于春，故震居東北。巽一陰動于二陽之下，風象也，風急于秋，故巽居西南。雖然此亦後人之解也。若伏羲畫卦之初，從一陽一陰兩畫，壘成八卦之横圖，

曲之即成圓圖焉。自然之天。毫無人爲者也。圖具左

橫圖曲轉便成圓圖

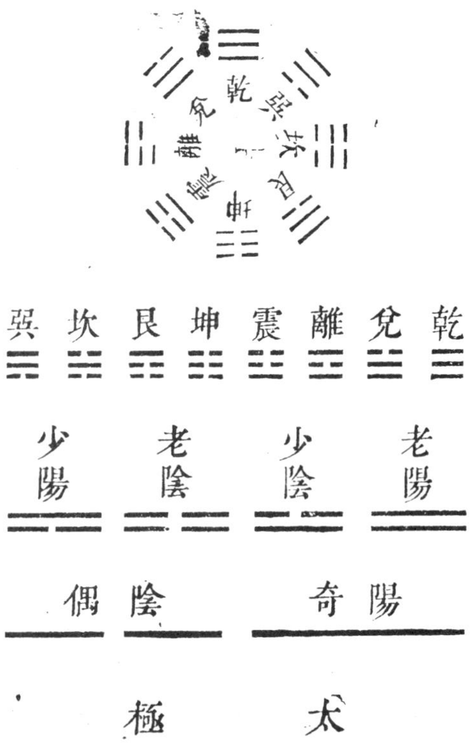

畫卦之始。從未有画起。此太極也。故曰無極而太極。畫畫從右始。先右畫一陽儀。次左畫一陰儀。于是陽儀之上。再加一陽一陰而成老陽少陰。少陰者。陽育陰也。陰儀之上。再加一陰一陽而成老陰少陽。少陽者。陰育陽也。再于老陽之上。加一陽而成乾。加一陰而成兌。少陰之上。加一陽而成離。加一陰而成震。老陰之上。加一陰而成坤。加一陽而成艮。少陽之上。加一陰而成坎。加一陽而成巽。三才立而卦象成矣。其画先右而左。先下而上。先右而左者。法天道之左旋。先下而上者。法地道之

層壘也。

橫圖既成。曲轉便成圓圖。其序乾一兌二離三震四坤五艮六坎七巽八。皆右旋而轉。故曰易逆數也。昔邵子隱秘其法。于陰儀加法。亦先陽後陰。故有巽六坤八之說。一圖之中。半順半逆。朱晦菴答王樞云。自震四至乾一。皆巳生之卦。爲數往者順。自巽五至坤八。皆未生之卦。爲知來者逆。一圖之中。順逆分行。更不可曉。葢邵氏之學。本于陳希夷。陳學出于曾氏。先天之易。堪輿家傳。而儒家不傳。朱子之學。本于二程。故亦爲邵子瞞過也。

諸陰陽

經盤之用。以淨陰淨陽爲重。然各家陰陽。亦學者之所不可不知。如自子至巳爲陽。自午至亥爲陰。此陽升陰降之陰陽也。十二壁卦從此出。十一月爲復。至巳六陽而爲乾。五月爲姤。至亥六陰而爲坤。共七十二爻。爲七十二候。此七十二龍之所從出也。如乾艮甲庚丙壬子寅辰午申戌爲陽。坤巽乙辛丁癸丑卯巳未酉亥爲陰。此八卦干支本體之陰陽也。如子寅辰乾丙乙卯巳未艮庚丁爲陰。午申戌巽辛壬酉亥丑坤甲癸爲陽。此大

亦分四經五行之陰陽也。如艮寅甲。卯乙辰。坤申庚。酉辛戌。爲陽。巽巳丙午丁未。乾亥壬子癸丑爲陰。此陽年陽利。陰年陰利。選日造命之陰陽也。

論九星卦例

經中止說些山九星。如艮丙爲貪。艮之頭所以定二十四山之六秀。此地母卦也。然諸卦之用不止此。以起星凡者。用天父卦。以占砂水。用五鬼卦以占陽宅。用穿宫卦以合山陰與陽。用輔星卦。諸卦皆從天定卦番出。天定卦者。諸卦之祖也。然卦不僅此。有六十四變。諸泄

天定卦例部

天定卦

此係古式。有友人云。此式係天定卦。其位毫不可移易。余笑易二式于左。

今式

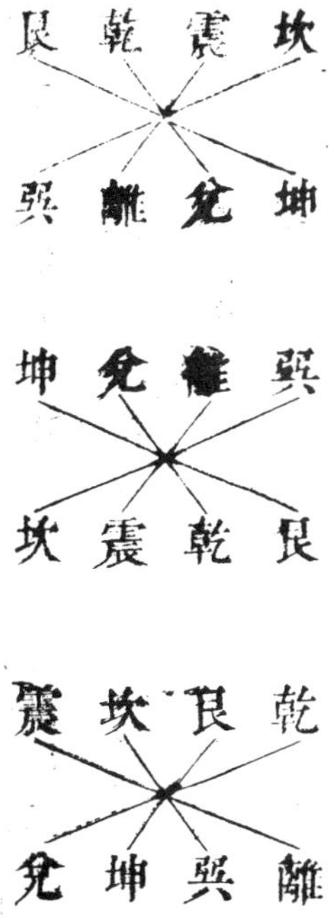

此局從先天卦而定。以乾爲首。乾變其上爻爲兌。匕變其中爻爲震。匕變其下爻爲坤。匕變其中爻爲坎。匕變其上爻爲巽。匕變其中爻爲艮。匕變其下爻爲離。匕變其中爻復爲乾。匕兌從老陽來。震離從少陰來。坤艮從老陰來。坎巽從少陽來。故各相對起生氣貪狼。古式從乾變起。故三男順序。三女錯亂。陽儀之卦居外。余式從坤變起。故三女順序。三男錯亂。陰儀之卦居外。又下二式其用全也。其飛九星法。中起中止。弦起弦止。其星以貪巨祿文廉武破輔爲序。右弼與輔全宫。

地母卦郎中起中止式

天父卦郎弦起弦止式

地母卦。郎天定卦從坤番出之星也。八卦各有生氣。而獨取坤者。坤爲地也。故海角取三吉六秀用此卦。又以來龍所得之卦。其卦所得之星。起一尺。以定金井淺深濶狹之凶吉。如坤乙來龍。一尺輔。二尺貪。三尺巨。九尺

仍是輔也。得貪巨武輔之尺爲吉。寧可不及，斷不可太過。

天父卦，卽天定卦，從乾番出之星也。亦以來龍所得之卦，其卦所得之星，起一尺，以定坟暈墓門闊狹之凶吉。每從坟心量起，如乾來山，一尺爲弼，二尺貪，三尺巨，一丈仍爲弼。得貪巨武輔爲吉，以之折水，則易尺爲步。一步爲一星也。上地毋則用八星，天父則用九星。

五鬼卦者，從各卦五變對宮起貪狼，數至本宮爲廉貞，故捷法從本宮起廉貞。如乾一變爲兌，二爲震，三爲坤，

四爲坎，五爲巽，從巽對宮坎上起貪狼，則巨加坤，祿加震，文加兌，廉加乾本宮，武加離，破加艮，輔加巽也。若乾甲來山，卽上例是得貪巨武山水朝爲吉，破祿文廉爲凶。訣曰：收山出煞有何功，破祿文廉要坐空，貪巨武輔收入穴，何愁大地不相逢。

輔星卦，卽上五鬼卦，但將廉輔二星互易，便是廖公以五鬼卦廉居本宮，不合凈陰凈陽，故易爲此卦。

陽宅卜居卦，從本宮對宮起貪，但星以貪廉武文祿巨破輔爲序。如乾宅從兌起貪，則廉加震，武加坤，文加坎，祿加巽，巨加艮，破加離，故乾宅以坤兌艮門爲吉也。

又五行九星，以大墓位爲破軍，絕胎二位爲祿存，養生二位爲貪狼，沐冠二位爲文曲，官旺二位爲武曲，衰一位爲巨門，病死二位爲廉貞。此雖曰九星，與上卦例無涉，不過巧立之名色也。

三卦

三卦出天玉經，以自寅至丙八位爲東卦，自申至壬八位爲西卦。東爲木，西爲金，二卦爲一父母。自午至坤四位，自子至艮四位，南火北水，爲南北卦，爲一父母。東西

忌見南北，南北忌犯東西。凡龍向水不出卦者主貴，出卦相犯則不貴也。如亥龍爲西卦，立丙向，來龍水路俱不犯南北卦則貴。若亥龍丙向，後龍帶子癸，見午丁之水往來，爲出卦不貴。凡龍穴不合凈陰凈陽三吉六秀而合三卦之法者，大吉。三卦之義，從後天八卦而出。凈陰凈陽，是取先天八卦之陰陽；此三卦二父母，則取後天八卦之五行也。後天八卦，一水，一火，二木，二金，二土。河圖之象，土居中宮，故三卦亦去二土不用，止用六卦。以六卦分二十四山，則每卦得四山也。故寅甲卯乙四

山屬震木辰巽巳丙四山屬巽木午丁未坤四山屬離火申庚酉辛四山屬兌金戌乾亥壬四山屬乾金子癸丑艮四山屬坎水金木各有二卦火止一卦故坤附于離水止一卦故艮附于坎亦含二卦之義東西有四卦南北亦有四卦也金木相成故東西一父母水火既濟故南北一父母以金木與水火不相犯爲純也蓋既有先天之陰陽以辨純駁焉能無後天之五行以別清純故三卦之說不可或忽也

大玄空卦　四經五行

四經大玄空以乾丙乙子寅辰六山爲一龍屬金艮庚丁卯巳未六山爲三龍屬水巽辛壬午申戌六山爲二龍屬木坤甲癸酉亥丑六山爲四龍屬火凡龍向水只在六位中往來者爲清純主大貴如左旋辰龍作乾向水來自寅乙是也其用法有六其一以干爲零神支爲正神正神宜行龍零神宜行水若零神行龍又作零向發財祿而抱養作正向主入舍而奸生其二以正管人丁零管財祿如子寅辰無山主長房無丁乾丙乙無水主長房無財其三山向水路要順序如一龍爲龍二龍爲向可行二龍水若三龍行龍而行二龍水爲逆災禍立至其四龍向水路宜在一龍之內爲不出卦主貴駁雜他龍不貴其五放水要回頭如一龍行龍其放水數折後仍舊要放轉一龍來爲回頭方得丁財悠久也其六忌水破長生方如一龍金忌水流出巽金生在巳也若水破巽去遇乙庚化金之年必損小口四經之義又從三卦而出獨取乾金以定四龍之位也乙丙二干歸氣于乾戌子寅辰三支納氣于乾之內卦故爲一龍而同屬金已位既定則前木左水右火俱定矣如子爲金

則午爲木卯爲水酉爲火也蓋三卦原是西金東木南火北水之正位四經則其變位也三卦之法必通之以四經而其用始不滯其通變之法具余六經註中茲不贅凡龍向水不合淨陰淨陽而合三卦不合三卦而合四經不合四經而合三卦四經之通變俱爲清純發貴之局又古法以四經五行立向收水不問水之右左旋水定以干維向爲陽起長生順行地支向爲陰起長生逆行來宜生旺去宜墓絕如水從庚酉方來出丑艮去立丙陽金向以收之則吉也

鴻門御街水法

洪以艮寅甲爲陽木卯乙辰爲陰木巽巳丙爲陽火午丁未爲陰火坤申庚爲陽金酉辛戌爲陰金乾亥壬爲陽水子癸丑爲陰水凡陽向從本五行長生上起青龍順加六神于地支至玄武前一位是御街陰向從本五行大墓上起青龍逆加六神于地支至玄武前一位是御街放水從此去主貴如陽木向從亥上起青龍子朱雀丑勾陳寅螣蛇卯白虎辰玄武玄武前一位巽是御街也陰木向從未上起青龍午朱雀巳勾陳辰螣蛇卯白虎寅玄武玄武前一位艮是御街也

洪範五行

訣曰甲寅辰巽大江水戌坎申辛水亦同艮震巳上原屬木離壬丙乙火爲宗兌丁乾亥金生處丑癸坤庚未土中

洪範五行者乃先天之氣專用之以辨地之大小貴賤與乘氣立向消納無涉後人不知其用而用之以論氣論向或用之坐山消水故禍福無憑乃共謗之爲滅蠻也抑知古羅經三十八將止用洪範外則王伋仙心經

王希逸五行九星歌并司馬頭陀黃妙應鐸長老諸書俱用洪範彰彰可據烏得言其不可用也或云曾楊廖賴皆不言洪範不知古人著書只言前人之所未言以補前人之不足若前人已言者則不必言矣如曾楊言向水五行賴便不言向水只言乘氣天星賴既言天星廖便不言天星止言卦例豈四者有知此不知彼哉前人言其急于用者留其餘以待後人也洪範之用已大著于四公之前四公又何必言之况四公多論作用之法而洪範是辨地之用于作用邊輕故或不暇及之也

洪範之法只五行只起四長生以長生位爲傳送主丁財對宮病方曰官國主官貴又以冠前之卦爲谷將主倉庫衰前之卦爲天柱主壽命墓前之卦曰勾陳主子孫忠孝其砂高聳則吉低陷則不足以絕胎二宮曰宗廟水出此則貴若水不出此雖形局好看終不貴也吳公云太乙宮中二水并歸元洞此累世公侯之地太乙即絕位是也凡大而建都立國次則抒道府州縣小而鄉鎮坟宅皆宜察其到頭之五行以起三十八將以占其地之富貴其用最大故曰大五行也以上用法不過

大略其三十八將各有所主又有種種細法當于古羅經中求之例中天柱谷將勾陳地戸四大尊神只加四維故催官砂法只重四維曰催官之砂維四方雲霄屹立官爵强玉尺曰天柱發四維之氣而功名唾手皆深得洪範之妙用者也

申明王仙師洪範五行之義

經盤之中世所不知而不能解者有三一曰小玄空五行二曰洪範五行三曰盈縮龍盈縮龍無從强奏故人亦不敢亂解此二家五行如明初張宗道羅經皆不解至明季熊宗若徐試可始肆其謬妄矣熊氏二五行俱悉空謬說徐氏于小玄空不從熊氏竊得小玄空水多乃以水爲主撰出許多亂說無奈洪範同有八水故無門可入只得亦同熊氏亂說一斋憶余嗤其讀書之不多也洪範之義王仙師明言之但言簡句奥不便淺學余今暢言之洪範者即正五行而進推其本初之氣者也子午卯酉五行之正位故無變卯爲木木必藉水故甲變水酉屬金金必藉土故庚變土午爲火火不必木生而生于日之光故丙爲太陽之火子爲水水不必藉

金生而反根于火水不得火則寒凍而水死故壬爲水中之火卯爲木木旺則喜生火故乙爲火酉爲金金旺則喜生水故辛爲水午爲火火旺則喜鎔金故丁爲金子爲水水旺無土則散故癸爲土此十二位皆以八干輔成四正之氣其中水火異于金木者金木以形用其理易直水火以神用其妙奥曲[illegible]四生者四正之始氣水之始本于金故亥是金木之始本于水故寅是水火之始本于木故巳是木金之始本于土而中不變土而變水者燥土不生金土必得水而生金水實金之始氣道家所以水中求金故申是水也四墓者四正之歸氣萬物生則向上歸則向下在下之物水土是也火歸于土而灰水歸于土而涸故丑未爲土金出于土不復能歸于土木出于土亦不能歸于土故同歸于水金入水則沉木入水則朽故辰戌爲水也四維者四方之交也乾本生北水之金坤本生西金之土二老也故不變艮居水木之交受水以生木而土不能生木故從而變木巽居木火之交木固能生火而火實根于水蓋坎中之陽爲火根離中之陰爲水根水火互爲其根故巽變水

以爲火根也洪範之五行以四正之五行爲主于是于四正之前後初末逐位推出其所屬之五行不用後天之正五行而用正五行先天之氣不用後天之八生而用先天之四生無不驗也洪範非有異于正五行正以妙其正五行之用耳選日家用之以推山運亦有准云

紅鸞水法

紅鸞七十二龍其起法宮位與七十二穿山同但穿山用錯排紅鸞用甲丙戊庚壬乙丁巳辛癸順排也此盤論消水以其龍納音爲主二十四山之洪範五行

爲用若干雜正位無龍之處卽以其山之洪範爲主也如坐甲子金山則巽巳乙辰爲養生水丁未坤申庚酉辛戌爲冠帶官旺水宜朝來其餘水朝皆凶又將本音爲主以洪範論五親如坐金穴以艮震巳水爲妻財水吉則妻賢財豐凶則因財起禍妻妾不賢其餘倣此其推吉凶之法以合本音之生旺與龍向陰陽之純凈爲吉否則爲凶也若本音與砂水不合則當易坐一龍以收之挫術亂傳洪範五行以坐山消水不知用紅鸞之七十二龍非用二十四之洪範也其納音之土當分三等砂生方是

三盤外卦

丘公之羅盤止有正針二十四山及盈縮六十龍穿山七十二龍分金百二十龍四盤雖無中縫二針之設而二針之用已其其內如用正針壬子雙山格龍盈縮六十龍卽中針天極之位也用子癸同宮分金卽縫針泉景之位也盤中原其三針故正針外卦亦有三盤三盤帶卦之甲子皆用順排其一起甲子于壬初帶解卦其一起甲子于壬半帶比卦其一起甲子于子初帶頤卦

正針有三盤順排之甲子後世因有正針三種之分金南京盤以起壬初之六十倍爲百廿故分金起壬初注西盤以壬半之六十倍爲百二十故分金起壬半徽州盤起子初之百二十分金則丘楊之原制也

正針	後天卦	先天卦	候卦
壬	甲子解 丙子渙 戊子未濟 庚子師 壬子困		
子		甲子比 丙子剝 戊子復 庚子頤 壬子屯	
癸			甲子頤 丙子中孚 戊子復 庚子屯 壬子謙

甲子解其戊子當賴盤
子中
甲子比其戊子當正針
子中
甲子頤其戊子當楊盤
子中

甲子比乃先天節氣從先天卦出以乾一兌二挨去右旋加于乾兌離震四卦之上成東邊三十二卦又左旋加于巽坎艮坤之上成西邊三十二卦內去乾坤離坎四卦以主四時二十四氣以六十卦三百六十爻應週天之度此圖半順半逆係邵子隱秘其法故然若眞訣則陽儀中四卦起乾一兌二離三震四坤五艮六坎七巽八陰儀中四卦起坤一艮二坎三巽四乾五兌六離七震八如此加去六十四卦皆逆旋而爲逆數也配入盤中以甲子起壬半依邵子圖帶比卦丙子剝卦戊子

復卦其復卦正當正針子今所定圖甲子帶屯丙子頤戊子復復卦正當正針子中各附次序訣于後

邵法訣

先天卦氣甲子比剝復頤屯益震繼噬嗑隨妄與明
夷賁既家人豐革是同人臨損節中孚歸妹睽兌履
泰僃大畜來兮需小畜壯有夬姤南方麗大過鼎恒
巽井深蠱升訟困及未濟解渙蒙師遯咸旅小過漸
蹇艮謙否萃晉以次及豫觀半逆半順成卦氣

今定訣

先天卦氣甲子屯頤復震噬隨相承无妄家人既濟
賁明夷豐革與同人中孚節損臨歸妹睽兌履小畜
需行大畜泰壯大有卦夬恒鼎大過爲隣姤巽井蠱
升解未濟困訟渙蒙師卦成小過旅咸遯漸蹇艮謙
豫晉萃否親觀比剝益只四卦六十卦位最分明

以甲起卦挨去即知某位係某卦也以辨九六冲和法見正集

甲子解乃後天方位以後天八卦爲主以雷風火地澤天水山爲序加之則八方各得八卦共成六十四卦其

以震爲首者帝出乎震也如坎宮以雷加坎成解次風成渙次火成未濟餘倣此坎始于正針壬初故甲子起壬初帶解卦丙子渙卦戊子未濟卦也六十四卦內除坎離震兌四正以主四方餘卦則以次挨去成六十卦圓圖也其作用之法以所[illegible]卦推其子父財官貴人祿馬在于何方得尖圓高聳者[illegible]于一位之下細分六爻看所坐之爻得子父財官貴人祿[illegible]以分凶吉也如庚子得屯卦二爻爲子孫驛馬四爻爲父母祿神利坐穴也此盤幻雲和尚有用之消水法詳理氣倫攷茲

不贅

次序訣

後天甲子解爲頭渙未濟師困訟蒙求小過漸旅謙
咸遯蹇艮益監復隨留无妄屯頤恒巽鼎升大過分
姤井收蠱豐家人明夷革同人既濟賁豫俾觀晉坤
萃否比剝妹孚睽臨履節遊損大壯兮逢小畜大有
泰夬乾未休更有二卦需大畜後天卦位訣中搜。

甲子頤乃京房候卦以坎離震兑主二十四氣冬至起
坎春分震夏至離秋分兑每一爻管一氣十五日也以

復臨泰大壯夬乾姤遯否觀剝坤十二壁卦正月起泰
主十二月每一爻管五日爲七十二候也又以壁卦居
每月之中左右各加二卦共六十卦三百六十爻每一
爻管一日冬至日起中孚初爻立春日起小過四爻逐
日挨去爲值日卦也配入盤中以甲子起子初帶頤卦
丙子帶中孚戊子帶復其中孚冬至正當正針子中戊
子復當楊盤縫針子中也附六十卦次序訣于後。

日卦歌

卦氣初起立春節小過蒙益漸泰發需隨晉解大壯
挨豫訟蠱革夬春欹四月立夏陽位遊旅師比小畜
乾流大有家人井咸姤鼎渙豐履遯相求七月立秋
流火金恒節同人損否行巽萃大畜觀賁妹无妄夷
困剥相親十月立冬艮既濟噬嗑大過坤未濟蹇頤
孚復屯與謙睽升臨卦居乎尾。

以甲子起頤依歌挨去即得其卦也爲坐下擇日之
用法見正集百二十分金内。

又古人用卦氣選日法如選某節氣内日即從某節
氣爻起節氣日挨本日到某卦某爻看其爻辭以辨

吉凶如正月廿七癸酉日前十六日壬戌雨水雨水
在風山漸初爻即以壬戌加初爻癸亥二爻逐爻挨
去癸酉係泰上六也。

三針總圖

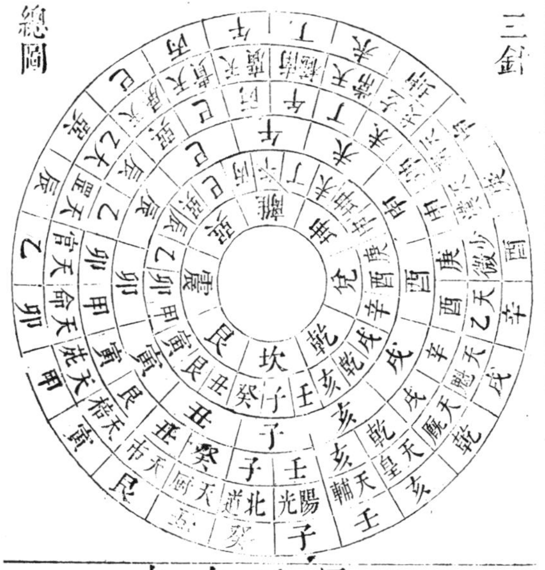

一層天池
二層後天八卦
三層正針
四層十二地支
五層楊公縫針
六層天星
七層賴公中針

正針之圖

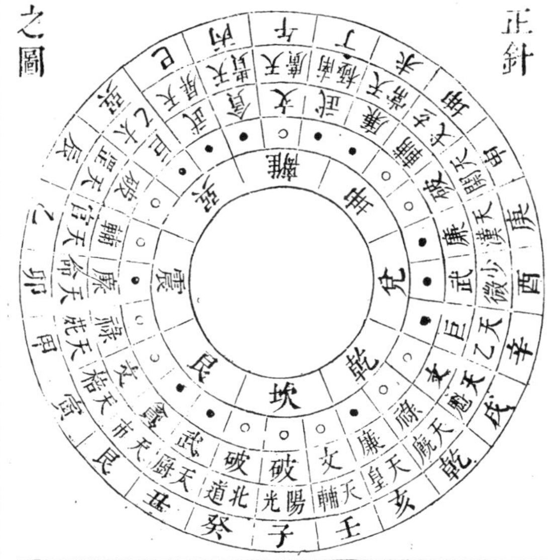

一層天池
二層後天卦
三層陰陽
四層坐山九星
五層天星
六層正針
正針從八卦而出
三其八而廿四爻
正針曰三山

正針五行

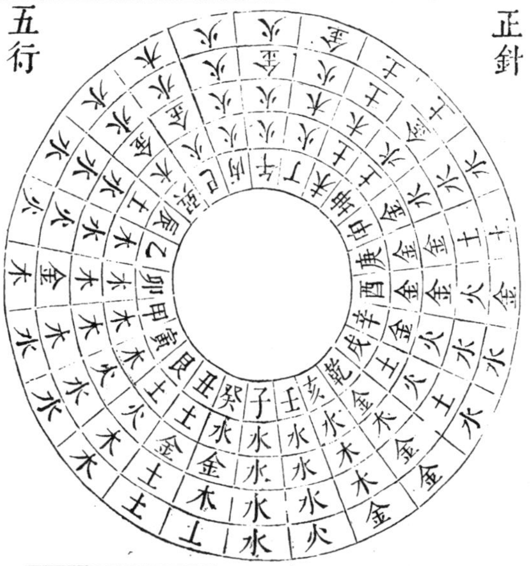

一層天池
二層正針
三層正五行
四層雙山五行
五層小玄空五行
六層洪範五行

穿山七十二龍

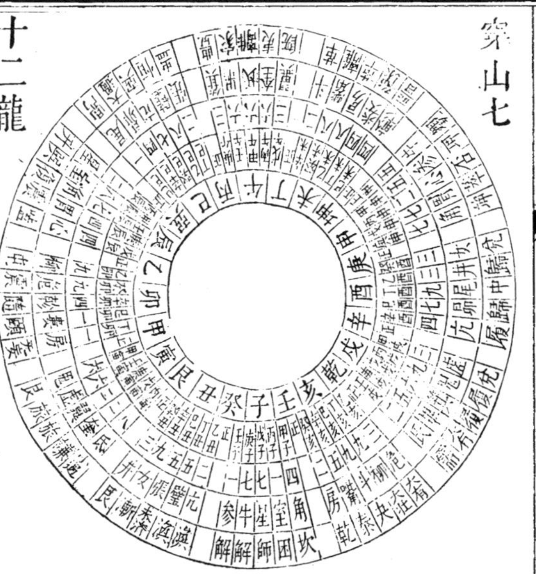

一層天池
二層正針
三層七十二龍
四層起甲子法
五層穿山宿
六層地紀本卦

先天

外卦

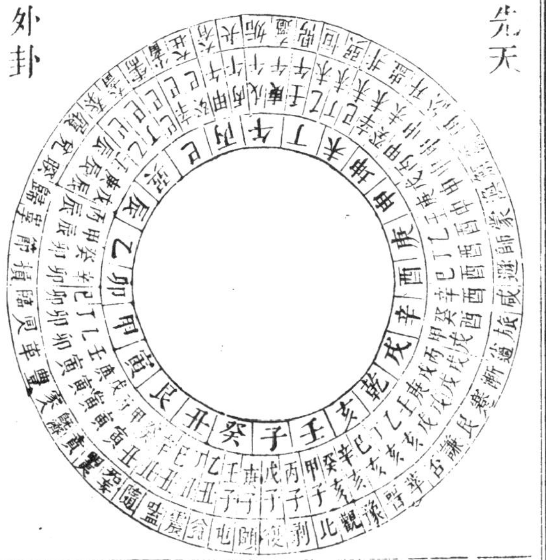

一層天池
二層正針
三層順排六十龍
四層先天六十卦

候卦

外卦

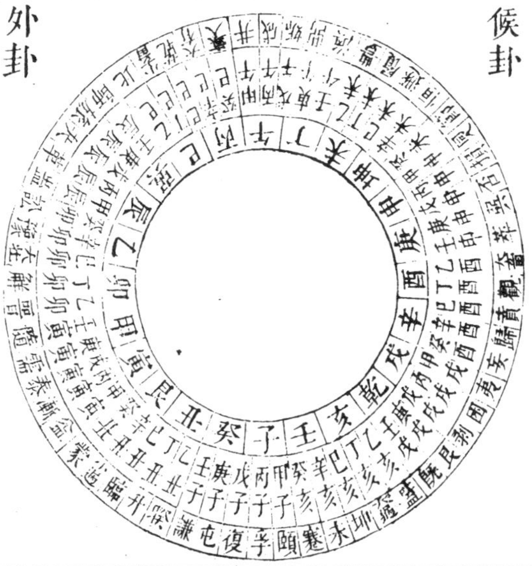

一層天池
二層正針
三層順排六十龍
四層京房候卦

正針

分金

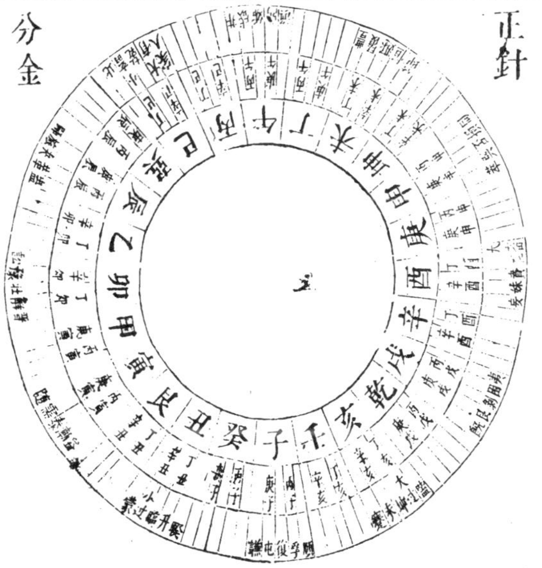

一層天池
二層正針
三層百二十分金
四層京房候卦

後天

外卦

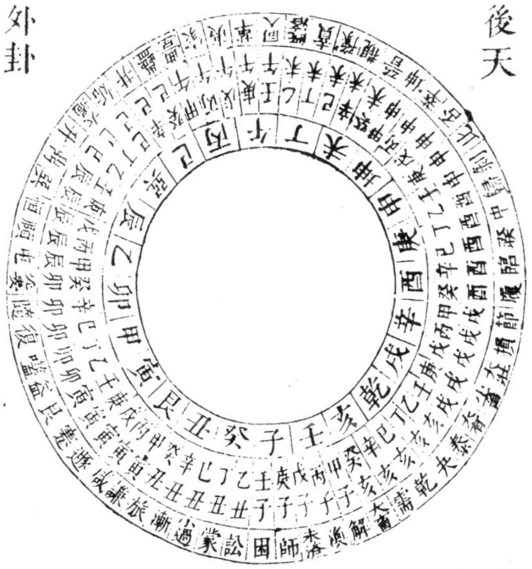

一層天池
二層正針
三層順排六十龍
四層後天六十卦

詳節

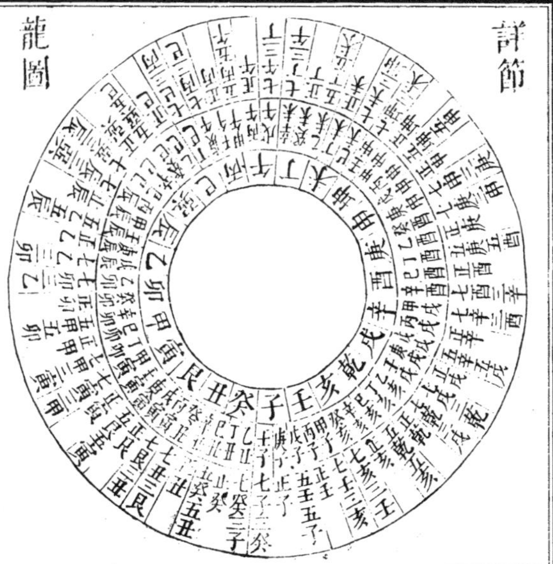

龍圖

蔡氏詳節六十龍原意爲辨龍而設然辨龍當用盈縮此不可用本解已惻而辨之但後學亦須識此蓋以時製俱設此盤也姑存此圖。

地支

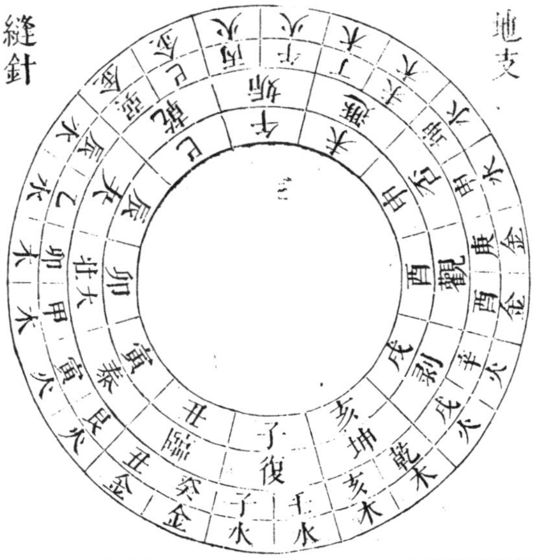

縫針

一層天池
二層十二地支
三層十二壁卦
五層縫針廿四山
六層三合五行

天紀

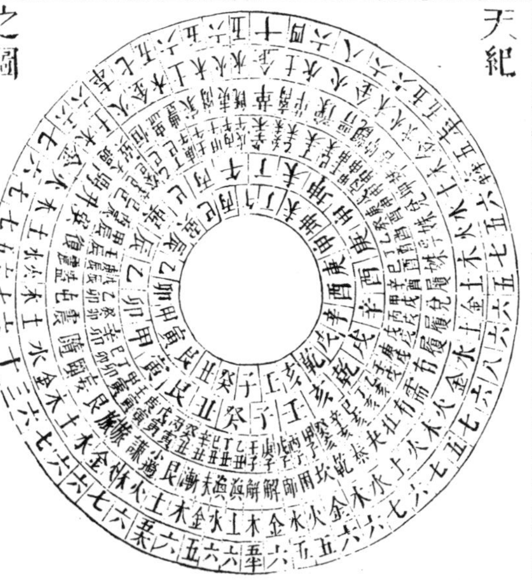

之圖

一層天池
二層正針
三層中針
四層盈縮六十
五層內卦
六層宿度五行
七層盈縮六十度數

卦用

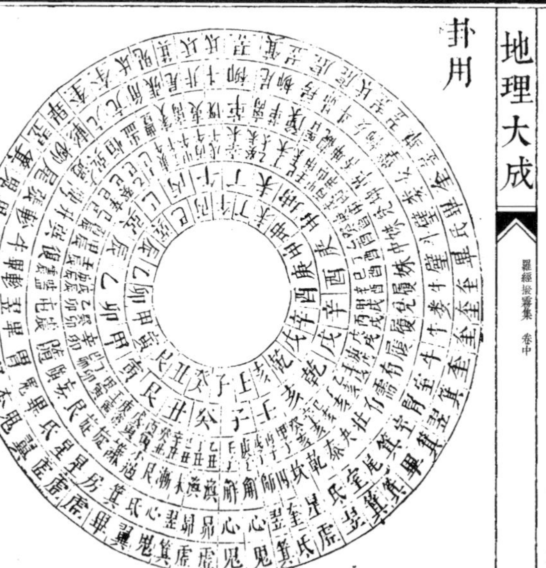

之圖

一層天池
二層正針
三層中針
四層盈縮六十
五層內卦
六層持世宿
七層翻禽宿

三卦 四金

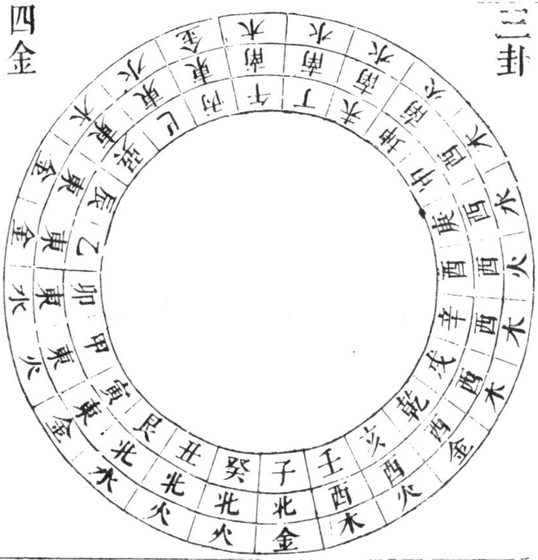

一層天池
二層正針
三層三卦
四層四金

三十 八將

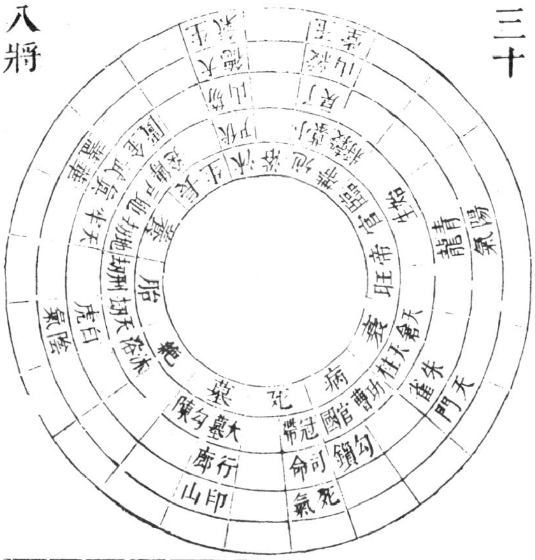

一層天池
二層生旺
三層內從十七將
四五六層俱外從
二十一將

鴻門 水法

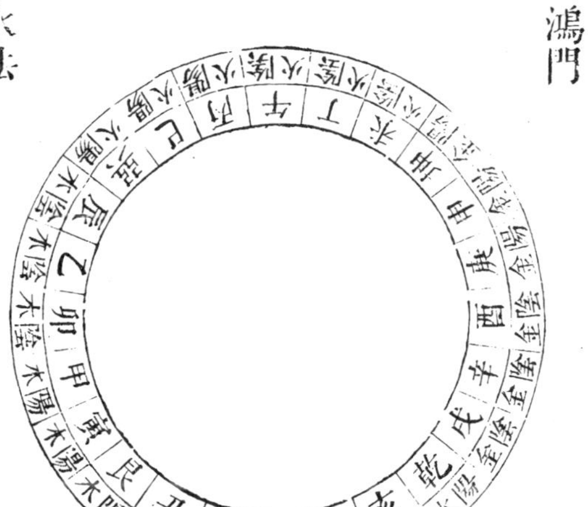

一層天池
二層正針
三層五行

紅鸞 水法

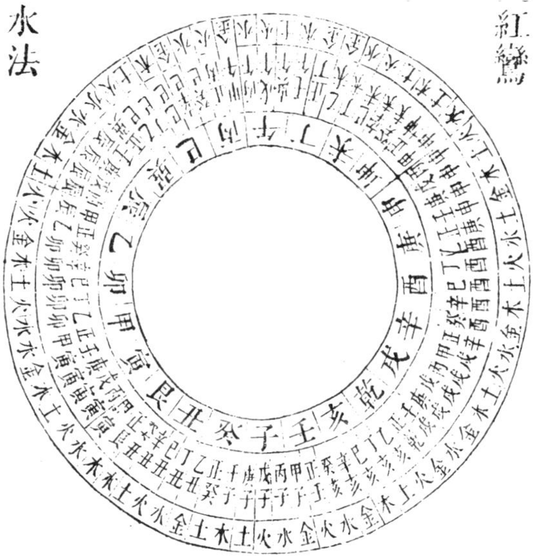

一層天池
二層正針
三層紅鸞七十二
龍
四層五行

羅經指南撥霧集卷之下

古婺葉 泰九升父著

海昌郭廷彦頴達父定

鄞 宮振辰父叅

辨謬總說

羅經一器內具至廣大至精微之理學之者原非易了之事故世之精是者不多人也夫羅經固不易精之理今更加以種種之訛謬則後之學者將行羊腸而多岐余爲得不爲一下楊朱淚也余且以盤中之所具者言

之曰先天卦後天卦十二支十二壁卦壁卦上中下係正針二十四山三家五行地盤節氣淨陰陽坐山九星七十二穿山及納音三七起甲子法穿山宿本卦持世宿翻禽宿壬初順排六十龍帶卦解壬半順排六十龍帶卦比子初順排六十龍帶卦頤起壬半百二十分金起壬初百二十分金起子初百二十分金分金頤卦二八三百六十赤道度二十八宿界限分野蔡西山平分六十龍本龍三七本龍內卦縫針二十四山三合五行縫針分金中針二十四山天盤節氣中針分金盈縮六

十龍納音內卦宿度五行開禧度度中凶吉廿八宿界限并三奇八門四吉五親約有五十餘層外有用于盤面不書于盤者如納甲法父母卦大空并黃泉八煞等不下數十餘種欲學之者必須知太極星度之象易卦五親之法干支變化之理陰陽配合之情諸家五行之說諸用神煞之例奇門遁甲之學翻禽倒將之用入門之初已不勝其煩苦及入門之後只見此云是彼云非左楊者詆賴是賴者攻楊紛紛議論將築室于道傍後學至此而不退無幾矣謬說之興起于前明嘉隆之

際學理氣之徒不得正脉乃相穿鑿附會然猶未離毋也自後而有諸羅經解張文介簡而寡疵然太畧而不備熊宗若廣收衆說而無去取亂而不精楊君庸說髓備矣近精矣猶雜而不純然不敢武斷也獨閩中徐試可者則肆其妄謬以其筆舌簧鼓世人而羅經大壞至於今時術輩則皆憶度想當然之議或有尖處巧處然彌近而愈遠語云蔓草不除嘉穀不秀欲明丘楊吳賴之道于今日爲後學之周行則謬說之當辨尤急于正說之當明也

楊賴二針異同是非辨

亥廣人言有巨魚自北而徙南其鬣出水上如連山複嶺望而不可極其移也三月而始盡余想此魚其修不知幾千里矣然其移而動也必自首至尾無咫尺之不動者也何也其爲一體雖遠而無不屬也羅經亦然羅經之例雖多層數雖繁然皆一理貫串並無是非彼此於其中者也故齊羅經者即持一正針二十四山而其用不見不足即子之多層之盤而其用不見有餘蓋一理之用故也夫經盤之用不過辨龍立向坐穴消納而已此數種法已悉具于正針二十四山中但其用之法不一有辨龍乘氣之用法有立向之用法有坐穴之用法有消納之用法後學不能悉明其理因而不能盡施於用先賢起而[illegible]

疏之二十四山之外諸盤皆註疏此二十四山者也正針立向則用二十四山之正位此人所易曉也正針之坐穴則忌一山之正中與太近邊處而取不正不偏之處蓋正則有煞偏則氣薄亦人所易悟也至格龍而用壬子兩山同宮論五行則大偏於西矣于是賴公作中針以子指正針壬子之縫中以

曉之曰此壬子同宮之法乃天極之子午也地無精氣以星氣爲精氣地無貴賤以星光爲貴賤必用天盤始能辨龍之美惡賴公之中針爲壬子格龍之故而設也兼以明細盤盈縮六十龍之位盈縮格龍之用其甲子起於正針之亥末原從天極而設惟以中針定之則甲子起于正針亥者實起于中針之壬中也人可無疑於盈縮也至立向消水則凡干維之向皆中分而仍歸于兩邊之兩支以向之兼左兼右論五行如丙向加午則屬火加巳則屬金初學不便于是楊公作縫針以明之以壬子兩山中分子支二十四山雙雙起如巽巳二向屬金丙午二向屬火不必論兼加其五行瞭然明白也兼以明細盤百廿分金之位百廿甲子起于子初十子盡於癸末實犯十二支之丑位蓋分金從日景之子午而設縫針之子日景之子也惟以縫針定之則分金之十子始於壬半終於癸半人可無疑於百廿也賴公之中針專用之以辨龍楊公之縫針專用之以消水龍先向後如首尾之相從本一體也有何彼此是非之可誠哉

楊賴格龍立向辨

楊公以正針格龍，以縫針立向，故以正針爲地盤，以縫針爲天盤；賴公以中針格龍，以正針立向，故呼中針爲地盤，正針爲天盤，皆取龍從地上行，向從天上立之義。楊賴之針法不同，徐試可爲之說曰：賴盤之子先于正針之子，正針之子先于楊盤之子，二公皆以先至之氣格龍。又曰：盤從賴制者從賴法，從楊制者用楊法，否則不合氣之先後。審若是，則經盤有二法，二法皆可用矣。試問其何處之山川從楊法而生，何處之山川從賴法而立，抑亦山川可楊可賴，任從用者之經盤，山川或楊或賴，聽于造化之偶奚？嗟嗟，有是理乎？夫賴係曾之的傳，豈有背異于楊法，特不過補楊公之未備耳。蓋楊針是消水之法，賴針是格龍之法也。格龍固以正針爲主，然以之格龍而不較之以賴針，則天星不淸也。如正針亥爲天皇，其近乾一邊者，賴針亦是亥，爲眞天皇也；近壬一邊者，雖係正針之亥，却是賴盤之壬，則非眞天皇之氣矣。所謂先將子午定山岡，却把中針來較量也。亥是正針陰龍，當立正針陰向，故賴以中針格龍，正針定向。格龍者，辨天星之龍；立向者，立凈陰凈陽之向也。立

向固以正針爲主，然以之消水，則干維有左右兼加之不便。如丙向兼午爲火，兼巳爲金，惟用楊盤，則丙午二向屬火，巽巳二向屬金，直捷明白，並不兼加，所謂二十四山雙雙起也。華爲水向而設，而其辨龍之陰陽配向之純凈，仍用正針。故楊以縫針立向，正針格龍。立向者，辨五行生旺之向；格龍者，格凈陰凈陽之龍也。蓋正針耑主陰陽，中針耑辨天星，縫針耑論五行。用正針以辨陰陽，楊賴皆然；用中針以辨天星，楊雖不設盤，然用盈縮以透地，已暗藏中針在內，楊非不識中針也；用縫針以消水，楊既已設盤，賴從而用之，無容蛇足也。賴法俱得之楊，但恐人未晰楊公透地之法，故設中針以疏明之耳，寧有二法哉？

徐試可耑主正針辨

徐試可旣以楊賴二針各有用法，以一盤而有二法，心中必竟不安，乃爲之說曰：用正用縫，楊賴各有偏處，難以從一，不若獨決之于正針。嗚呼！此直論針之遁辭，不學小兒之妄說也。其心欲揭一正針以塵倒縫針，以文其無學也。夫學之各立門戶者，可揭此以壓彼，可以無

學勝有學。如論玄禪而理屈。則揭一孔氏以壓之。曰吾獨宗儒。二氏皆非也。若夫楊賴二針。原以疏明正針之用。非各立門戶之說。而可以正針壓縫針乎。若無賴針。則正針辨龍之法不明。無楊針。則正針滑水之說不便。二針之于正針。猶五官之于心官也。豈容獨取心官。竟廢耳目之用乎。此說也。余前二辨已詳且悉。但此論最易誤初學。故再揭以明之。

穿山格龍透地坐穴辨

穿山者穿坐山。透地者透地脉。穿山甲子。起于壬末。透

地甲子。起于亥末。先至之氣定龍。後至之氣坐穴。不易之理也。古云素書六甲取王龍。寶鏡六甲取坐穴。素書以山水推坐穴之吉凶。故素書耑取龍。寶鏡以坐穴推山水之吉凶。故寶鏡專取穴。不知後人何故反以穿山坐穴者以格龍。透地格龍者以坐穴。以訛傳訛。顛倒亂用。真可嘆也。幸張文介之經解。正之于前。楊君庸之說髓。明之于後。而徐試可又辨之甚詳。故余不多贅也。此係經盤緊大之用。世猶仍訛者多。余雖不贅辭。特揭此條。欲使後學不糢糊過去也。

平分盈縮二龍辨

有背謬之訛錯。有似是之訛錯。背謬之訛錯。人所易知。如穿山格龍透地坐穴之訛是也。似是之訛錯。人難卒曉。如平分盈縮二龍是也。古制只有盈縮。並無平分。後朱蔡不明其故。更定平分。始有平分龍之說。其朱蔡已前之先師。如丘楊曾賴。皆未之見也。夫已前諸仙俱用盈縮。若謂平分是而盈縮非。將諸仙俱訛錯而不知龍法乎。斷斷無是理也。徐試可欲以朱蔡二字。壓倒諸先師。不知論經論史。楊曾自然不及朱蔡。若言地理之學。

則朱蔡不過僅登曾楊之堂。焉能壓倒曾楊也。蓋地理經盤之用。龍取天氣。故作用皆取天盤。盈縮者。天盤之用也。地形方而靜。其數齊整。天形圓而動。其數奇零。故不可以平分測天氣。言龍法也。地無貴賤。以星氣為貴賤。星之占度闊狹不等。格龍之法。不過辨其分星之貴賤耳。星不能從平分之齊整。焉能以平分測星度之貴賤乎。六甲之數六十。以之應度。則每龍應得六度七分。以之應候。則每龍又僅得五度五分八抄。若欲應候而整齊。非七十二不可。欲應度而整齊。非六十一龍不可。

此勢不得不盈以應度縮以應候或縮以應度盈以足候也此曆制作上合天度之濶狹又合氣候之升降與天道默符玄中之玄妙中之妙固非庸俗所得而知也說髓云平分可少盈縮不可少張文介獨用盈縮不用平分俱有過人識力

盈縮甲子太早辨

徐試可以盈縮起甲子于正針亥末失之太早以平分起壬初者爲妥不知盈縮起天氣非方位若論方位應起壬初而氣則不起于壬初也蓋氣之來也未至此方

位而此方位之氣已先萌于彼方位之下非至此方位驟有此氣也故盈縮之甲子但取其氣之動萌不取其方位之所屬古云兆一氣于黃泉未發之初是也盈縮專爲乘氣而設古人于穴中作用不曰乘龍而曰乘氣良有以也蓋龍係後天之形氣乃先天之氣也其起甲子先壬初三度者何也三度者三日也三日有三十六時積三十分而起冬至之義也盈縮之妙于平分正在乎此試問此識平分之整齊拘死不知盈縮之奇零圓活爲可與語天道之妙哉

二盤節氣

起冬至于正針子半者地盤之節氣也以楊盤應之則壬爲大雪子爲冬至七十二龍用之起冬至于正針子初者天盤中針子半之節氣也盈縮六十龍用之故二龍先後之位不同而同以甲子屬大雪同得坎卦者一用天盤一用地盤故也蔡氏六十龍亦用天盤節氣徐試可不識天盤節氣强解邵子冬至子半之句以爲戊子中分大雪冬至各得其半爲冬至子半而不知此固天盤之子半也不識地盤節氣故七十二龍不設本卦

夫試可取平分而去盈縮存七十二龍而去其本卦是丘楊之三盤已去其二矣夫其知識庸下學問粗疎乃敢妄變古法是眞曾楊之罪人白木之堪輿也時人共日其爲白木堪輿

中針

壬　子　癸
大雪　冬至

正針

壬　子　癸
大雪　冬至

縫針

壬　子　癸

楊盤縫針借向辨

熊氏論縫針以爲格龍之用又不敢自信夫熊氏之經解勦襲成書卑卑不足辨若徐試可者不知縫針之用又造出一借向之用法如云亥係陰龍欲扦丙陰向却無堂局而局偏在午向欲立午向却與龍駁雜乃借立縫針丙陰向辛亥辛巳分金顧此縫針之丙向即正針之午向也欺人乎欺天乎夫正針從八卦之位故有陰陽陰陽縫針從十二支而設止有生旺墓之位並無陰陽之分從古無此說乃勞空造出愚妄無知又下熊一等

矣 依徐說例應扦內外兩向

七十二龍不用三七辨

二八者百廿分金之用也三七者七十二龍之用也皆出于二百四十分數三七之用如正針子宮有三子戊子爲正子丙子近壬爲七子三壬庚子近癸爲七子三癸每宮皆然徐試可反以三七爲平分六十龍之數非七十二龍之數不知三七分于七十二龍則正是正而三七寔三七若用于平分則甲子爲七壬三亥可矣若丙子爲正壬亦偏近子而不正至戊子則爲五壬五子矣七十二止有正與三七二項平分則多各五分之數爲三項矣故以三七歸七十二正合符節自然而然若加之于平分必竟牽强不安也七十二每龍得三分餘七分若六十則每龍得四分餘六分矣

論各家五行用法

正五行爲行龍生尅之用雙山五行以入首龍左右旋以取八干之氣而推山水生旺死絶之用三合五行爲立向五行之用玄空五行爲水路生尅向家之用洪範五行推地局貴賤之用各有所主故吉凶美惡辨晰毫

厘也而訛傳邪說以爲龍家正五行不合則變而用雙山或改而用洪範水道遁以正五行而不合則遁之以專一之司而後可以辨吉凶如試金之石必黑色而後可辨金高下也若游移無定可此可彼東湊西湊以求偶合則五行皆不足爲憑而吉凶亦無從而辨有是理與此等論說世頗信之亦愚下之甚也

用正五行不用雙山辨

徐試可欲以正五行壓倒諸家以文其固陋故每以正

五行爲主。其論入首也。以爲正五行不合。然後用雙山
不知論龍身之生尅。當用正五行。推砂水之吉凶。當用
雙山。蓋正五行。是五行之位。雙山五行。是五行之氣也。
如庚酉辛金龍入首。若從丙午火來。爲受尅。從未坤土
來。爲受生。此當用正五行也。蓋以龍從某方某位行過
來也。若以入首推砂水之生旺。的當從雙山。何也。方位
無長生。惟天干有長生。雙山五行。從天干之生氣而定
如壬水生申旺子墓辰。故申子辰屬水也。雙山原從天
干而來。故用雙山之左右旋。始可測此龍係某干之氣

然後可用此干以起長生。以推砂水來去高低之美惡
也。正五行從地支而定。雙山從天干而出。各有其用也。
世之淺學。但知方位。不識方位之氣。如北方是水。而水
之氣。不從北方始也。寔始於西南之申。不向北方終也
實終于東南之辰。不識申辰爲水氣之終始。故執正五
行而不明雙山也。夫南火北水東木西金。十二支爲正
五行也。正五行靜而守位。以待干氣之流行。無地支生
於某宮。旺于某宮之法。則烏得執正五行之方位。而欲
去雙山天干之用哉。

三匝貪狼辨

理氣之謬說有二。有儒家之謬說。有術家之謬說。儒家
之謬說。由于見理不明。其謬彼不自知也。術家之謬說。
乃巧立名色。託名曾楊。以惑世人。彼固自知其謬者也。
然訛傳旣久。世竟不覺其謬矣。儒家之謬近似而難辨
若術家之謬說。一推究而立破矣。夫各家之說其眞者
根原清楚。其例由始至終。一例貫串。若僞者其原由必
不清。其例必變更。不能一脉到底。如三匝貪狼一家傳
世云久。庸術喜其膚淺便捷。共贊其爲秘訣。今列其謬
于左。

訣曰

乾甲離壬寅戌山。艮丙辛上起貪狼。此句是火山從山
上起貪狼。坤乙坎癸申辰山。坤壬乙上起貪狼。此句是
水山從山上起貪狼。已上二局。從坐山起。
巽辛兌丁巳丑山。乾甲丁上起貪狼。此句是金山從向
上起貪狼。艮丙震庚亥未山。巽庚癸上起貪狼。此句是
木山從向上起貪狼。已上二句。從向上起。
從此訣加去得廉貞向四。祿存向一。武曲向六。貪狼向

二破軍向五巨門向六又立名色曰向上九星訣曰辛癸艮甲屬廉貞乙向原來是祿存武曲水火會局是子午寅申戌與辰貪狼水吉丙乾位丁巽坤庚壬破軍丑未卯酉亥巳位六向分明是巨門外文曲爲遊蕩之星輔弼爲股肱之臣皆不入向後熊宗岩楊君庸輩見其半從山起半從向起必竟不妥盡改爲向上起不知盡從向起而十二地支向俱屬巨門矣又有見古訣是言山者盡改爲山上起不知盡從山起而十二地支向俱屬武曲矣夫始之僞創此說者非不欲俱從山俱從向

起也正以從山而地支之向盡屬武曲從向而地支之向盡屬巨門甚爲無味故半向半山巧亂之以迷人眼目也嗟乎如此淺術何以能迷得到今耶非彼巧也人好受其迷也又有[illegible]強解之者以爲乾坤從坎離爲先天從後天[illegible]艮從[illegible]兌爲後天從先天亦可笑之甚也

金玉秘訣四氣元胞辨

葬經有龍首鼻角目脣之說術者乃以建除十二星配之又加以九星之說大抵取除危定開四位爲吉其訣二十四山俱從陽支起建豈陰支無建者乎四氣元胞從本龍地支上起暗金亦取除開四吉星爲吉穴有五吉十九煞之名豈地支竟無一可用之山向乎況二例自相矛盾如一艮龍依上例子上起建取丑艮辰巽未坤戌乾爲吉以子癸午丁酉辛卯乙爲犯雙金煞依下例從丑上起暗金又取甲辰丙壬丁五穴而以丑艮未坤辰巽戌乾爲犯雙金煞夫一龍也而有八雙金煞乎此等謬妄皆由不知雙金煞爲何物乃竊取古人除危定開四大利星之意加以四經大玄空干神作向之說

湊砌成例更加以許多雙金以爲恐嚇庸俗之資耳無有義理存其中者也如此陋說本不必辨但恐初學不知爲其所誤故不得不揭出也

分金排骨辨

金玉秘訣是倣摹三匝貪狼之例以除危定開四吉星爲骨子而傍空僞造之說也分金排骨則倣摹元胞之五吉十九煞支凶干吉之意又加以三匝貪狼也其貪巨武輔四吉止貪狼一星加地支其三星承定加干維立例無義理可笑總之四家僞說後三家俱從三匝貪

狼而出，但後三家尤鈍拙，不如三匣貪狼之巧便也。法例俱見脩考，兹不贅。

三卦以艮坤歸東西辨

時説三卦二父母當以艮歸東，丙歸南，坤歸西，壬歸北，何也？以艮歸東，則艮寅是火，甲卯木，乙辰水，巽巳金，東卦脩金木水火四經也。坤歸西，則坤申水，庚酉金，辛戌火，乾亥木，西卦足金木水火四經也。以丙歸南，則丙午火，丁未木，以壬歸北，則壬子水，癸丑金，南北卦具金木水火四經也。此爲三卦四經五行，其說甚可聽，而寔非

也。蓋若是論五行，仍是雙山三合五行，何四經之有？抑知三卦者，去艮坤之土不用，止用六卦四行，震巽屬木爲東卦，兌乾屬金爲西卦，離火坎水爲南北卦，每卦分得四位，四六二十四山，故東西各八位，不爲多，南北共八位不爲少也。然必附艮坤于坎離者何也？惟附坎離則多寡不均之中，却有至均之妙在內。蓋東西之分雖多，亦僅震巽兌乾四卦，南北雖少，亦有坎離艮坤四卦也。此古人之法之所以妙也。若歸艮坤于東西，則東西有六卦，南卦僅兩卦矣，有是理乎？

四經五行用鴻門法辨

四經五行向上起長生法，以干維向爲陽順行，地支向爲陰逆行，此天玉古法也。今之術者，以艮寅甲爲陽，卯乙辰爲陰，每三位相聯爲陰陽，不從古法。夫三位相聯乃鴻門放水法也，與四經何涉？其意不過欲新奇耳目，以迷世人耳。又天玉天卦有位而無五行，今又指鴻門法爲天卦五行，陋術拐人種種如此，世人不察，矜尚新奇，或稱秘妙，可痛也。

諸家雙金煞辨

雙金煞者，龍氣從此分金透入，忌用此分金作坐向，若用此分金爲坐向，則氣冲腦散，爲犯雙金煞。蓋以龍係此分金，穴又此分金，故曰雙金也。庸術不知雙金之義，妄認作五行之金，乃謂雙山六金龍立小玄空四金向爲犯雙金煞，又謂四墓龍內有暗金，立小玄空四金向爲犯雙金煞，又以金墓于丑，并癸艮二龍近丑者，若立小玄空四金向，爲犯雙金煞，又金玉秘訣以建破平收四位爲四破軍，金爲犯雙金煞，四氣元胞亦以四破軍爲雙金煞，此一例共有八雙金，如此種種雙金皆[illegible]

是五行之金龍向二者爲雙也。更有可笑者。時術又以癸丑艮三龍作小玄空四金向爲雙金之例。乃以辛戌乾火庫龍忌作丙丁乙酉火向。丁未坤木庫龍忌作亥癸艮甲木向。乙辰巽水土庫龍忌作戌庚丑未子寅辰巽辛巳申壬向。皆謂之雙金煞。夫以此爲雙木雙火雙土雙水。猶可。若以此爲雙金。是何說也。憲錯上錯訛上訛以至于此。

救貧黃泉辨

辛入乾宮四句。乃青囊貴人水格。司馬頭陀演爲歌訣之句也。辛入乾句。乃辛向庚水過堂入乾。癸艮句。乃癸向壬水過堂入艮。乙巽句。乃乙向甲水過堂入巽。丁坤句。乃丁向丙水過堂入坤。今有僞書托名楊公秘書。鄙俚寔甚。竊此四[illegible]貧黃泉。夫黃泉者。忌來水者也。僞書以爲[illegible]水。顛倒其法。亂扯此訣以爲據。美其名曰救貧黃泉。不知此係貴人四順格之訣。而貴人四逆訣甲乙艮兼丁丙巽。庚辛坤與癸壬乾。何不亦扯來作救賤黃泉也耶。

正五行雙山五行起生旺推砂水辨

時說謂推砂之宮高宮低。水之宮來宮去。先以入首正五行。分左右旋起長生推之。如不合局。乃用雙山五行分左右旋起長生推之。歷攷青囊玉尺天玉諸經。並無用正五行之法。蓋正五行係五行之方位。行龍博換以此論生克。若夫長生係五行流行之氣。雙山五行原從五行流行之氣而定。故用之起長生。是以氣求氣法也。正五行干維地支各自不同。例不歸一。法不可用。所以古人止有用雙山法也。夫推砂水之美惡。正以有一定之五行而吉凶可驗耳。若云正不合而後用雙山。是此一局在正五行爲凶局。在雙山爲吉局。一吉一凶。可吉可凶。法無定衡。例可更變。是兒戲也。烏可言道哉。

正五行雙山五行又辨

正五行寅甲卯乙巽木。巳丙午丁火。申庚酉辛乾金。亥壬子癸水。辰戌丑未坤艮土。東木西金南火北水。各守其位而已。然五行之氣。皆自本位始本位終哉。如木位雖在東。其生氣則始于亥。非至寅而突如其長也。至未而始歸。非至巽而卒然而滅也。故亥雖位北。實爲木始。未雖位南。實爲木歸。雙山以亥卯未三方爲木方。得木氣初中末之全氣是雙山五行與正五行非係二氣正以妙其正五行之用者也若執正五行爲用則東木西金南火北水呆定一方亦甚板死而不靈活矣烏能上契天道之妙用乎故言正五行者淺學聞之以爲其理甚正抑知其甚正處正其不靈活處也故用正五行之說爲世害者不淺

正五行正針平分能辨

世人談理氣其訛錯不勝辨矣中有最近人情最違于道爲害最大者有三一曰用正五行不用諸五行一曰用正針不用中針一曰用平分不用盈縮夫正五行而可用則古仙又何必立雙山玄空洪範一正針而能了明生旺天星之法則楊又何必設縫賴何必設中平分若可測天氣則古法又何必立盈縮蓋高妙之道大多違于俗情故于俗情不近也抑知正五行方位之體也若測流行之氣必須雙山先天之氣當推洪範水路之生剋當用小玄空非諸家五行則吉凶茫然矣正針八卦地盤之位也若推十二支生旺之氣必須縫針占天星貴賤之分必須中針若無中縫則天星十二支之用

不明矣平分地盤方位之用也地體方而齊整天體圓而奇零龍用天氣非整齊者可測若去盈縮則龍法之天星貴賤無辨矣世人不能推究精妙日趨卑下淺易之途此道之所以日訛也

以理氣定巒頭辨

地之大小八分是巒頭所主龍長勢大爲大地龍短勢小爲小結巒頭既定于是以天星理氣之貴賤參酌焉天星貴則益善天星賤則減分數此正法也今人看地未嘗詳審巒頭便摸出一羅盤格之而開口曰此是六秀龍好此是辰戌龍不好此是六秀峰好此是四金峰不好此是三陽水好此是四墓水不好審若是則不必辨巒頭矣抑知巒頭是體理氣是用體立而用行體若不吉雖係吉秀何用體若果眞雖係老亢何妨吾鄉章陛二氏祖坟皆坤申龍發尚書顯爵科第不絕俱巒頭所發若言理氣是賤龍矣蓋辨地重在形局作用重在理氣理氣者是察巒頭之理之氣而審其當乘何氣當立何向者也夫巒頭專主龍穴理氣專主向方選日專主坐山各有職掌豈得以理氣決地之大小貴賤哉

麗澤追餘說

好道之友，每相聚，大多以理氣相問難，然一時偶談之，談過則忘之矣。癸酉春，刻羅經解將成，余與海昌道友曰：理氣妙義，以相質難而出，此解三卷，係郭子一人編次，余雖取而刪定之，然僅能及郭子之所及，而郭子之所不及者，余亦未之及也。因思諸友問難，其中闡發奥義處甚多，但今十忘八九，不復記憶矣。諸友曰：忘者固多，豈無一二追憶者乎？因追其餘，以附刻于後云。

或問：先後天二卦，先天其本也，羅盤何以不用先天而用後天？余曰：先天是陰陽自然之次序，與河圖五行火南水北東木西金之方位不合，故先天不可用也。河圖之方位即後天方位，故方位必以河圖爲主。河圖一爲水而居北，後天以坎當之；三爲木而居東，後天以震當之。一三爲陽方，後天以乾坎艮震四陽卦當之。二爲火而居南，後天以離當之；四爲金而居西，後天以兌當之。二四爲陰方，後天以巽離坤兌四陰卦當之。河圖乃陰陽五行之正位，後天從河圖而出，羅經專爲辨方定位而設，故用後天八卦也。又問：方位既用後天，而淨陰淨

陽又用先天，何也？余曰：方位雖有二天，而二天同此八卦。後天之卦即先天之卦也。後天從河圖而出，以五行爲主；先天從洛書而出，以陰陽爲主，故言陰陽必當從先天也。又問：卦之陰陽不一矣，乾父三男爲陽，坤母三女爲陰，此奇偶之陰陽也；乾兌離震爲陽，坤艮坎巽爲陰，此兩儀之陰陽也；乾兌爲老陽，坎巽爲少陽，坤艮爲老陰，離震爲少陰，此四像之陰陽也。三者皆卦象自然之陰陽，却俱不用，而以乾坤坎離當洛書之奇數者爲陽，震艮巽兌當洛書之偶數者爲陰，何獨取乎此也？余曰：上三者之分陰陽，陰陽皆對待而不流行，若陽進陰退之妙用，惟洛書之數得之，故淨陰陽用洛書之數也。若用上三者之陰陽，則板死而不靈活，烏能運動天地之樞機乎？又問：洛書得陰退陽進之義若何？余曰：此不可以言說明，當觀其圖而自見也。

	一坤	母		六艮	少男
陰	二巽	長女	陽	七坎	中男
退	三離	中女	進	八震	長男
	四兌	少女		九乾	父

地理大成　羅經撥霧集　卷下　二五

一二三四從坤而退至兌六七八九從艮而進至乾此所謂陰退陽進也卦既從數之序故卦亦從數之奇偶爲陰陽此淨陰陽用洛書之故也

或問天地無二理而圖書之位何以不同余曰河圖者陰陽五行對待之定位也洛書者陰陽五行流行之妙用也河圖一北二南三東四西五中一二者自下而上三四者自左而右五則合是四者之所成而以統御四者持載四者々也此天地之生數也于是一得五而成六二得五而成七三得五而成八四得五而成九五得五而成十此天地之成數也一三奇而陽故東北爲陽方二四偶而陰故西南爲陰方此二儀之對待也然陽無陰則無附陰無陽則無依故生數陽者成數必陰生數陰者成數必陽此陰陽之相含也成數既立于是陰陽又分老少焉七九爲陽々主進故七爲少陽九爲老陽六八爲陰々主退故八爲少陰六爲老陰老少既分陰陽乃交二老相交故一四合爲五一九合爲十四六合爲十六九合爲十五二少相交故二三合爲五二八合爲十三七合爲十七八合爲十五兩々相合而成其

地理大成　羅經撥霧集　卷下　二六

生數若老少則不能相合以成五十之數矣此四象之對待也五十爲土土生四九之金金生一六之水水生三八之木木生二七之火火復生五十之土此五行左旋而順行也火南水北木東金西同拱中土此五行之對待也水木土生陽而成陰內剛方而外柔順君子之道也金火生陰而成陽內深隱而外殘忍小人之道也此五行對待而各以類從也至于八爲卦數七爲蓍數九六爲爻數易道莫不出于圖河圖之妙不可以言盡然其大略不過明陰陽五行對待之定位而已洛書則中五立極戴九履一左三右七二四爲肩六八爲足四正皆奇四隅皆偶四正一氣所拱故用奇四隅二氣所交故用偶也不用十者暗藏于相對之中一九二八三七四六縱橫十五不用十而妙夫十者也河圖一二三四各正其方洛則先定其一三六八于東于北而二四七九各配十以相對以陰配陽之義也圖之定位則水火木金相對而相生其流行則左旋而相生書之定位則一六之水對四九之金二七之火對三八之木相對而相生其流行則中五之土尅一六之水水尅二七之

火。火尅四九之金。金尅三八之木。木尅中五之土。右旋而相尅。非生不生長。非尅不收成也。洛書之位。正皆奇而偶皆偶。不用十而暗用十。先立陽而配以陰。對用生而行用尅。此皆陰陽五行之妙用也。河圖之定位。相對而相尅。其用則左旋而相生。以嚴正而行慈惠。故天有春夏以生萬物。王者有禮制以定民生。洛書之定位。相對而相生。其用則右旋而相尅。以殺伐妙其仁慈。故天有秋冬以成萬物。王者有兵刑以格不順。覩于河洛。可以悟天道識治道矣。又問堪輿家用洛書而不用河圖何也。余曰。圖靜而立體。書動而妙用。八卦配洛書。方合陽進陰退之道。且圖用生而報緩。洛用尅而應速。故淨陰淨陽專用洛書也。又問。洛之四正爲陽。何以陽龍反不吉。余曰。四正是專氣。其性情剛烈。剛烈則多禍。故不取也。然聖賢仙佛。忠義節烈。豪傑英雄。多發于陽龍。皆正氣所鍾也。但世人只圖福澤厚利。故不取陽龍耳。又問孤陽不生。獨陰不成。而淨陰陽之法。却陽龍安陽向。陰龍安陰向。取純淨而不取配合。何也。余曰。此陰陽是書數之陰陽。非卦画之陰陽。卦画之陰陽。取卦画相配

故乾陽當配坤陰。書數之陰陽。不同卦画。以數之奇者爲陽。即坤離之陰卦亦爲陽。以數之偶者爲陰。即震艮之陽卦亦爲陰。惟奇與奇配。其數成偶。如一九爲十。一三爲四。一七爲八也。偶與偶配。其數成偶。如二四爲六。二八爲十。二六爲八也。偶則配合矣。若奇偶相配。反奇零而不偶。故淨陰淨陽。陰陽不配合。正以妙其配合之用耳。況四正爲正氣。四隅爲偏氣。正與正合。偏與偏接。性情始各得也。于中純淨之中。得龍向合成十數者。更妙。如乾九坤一。既合成十之偶數。十數爲洛書之正配又得卦画之陰陽相配。則爲卦中之眞夫婦矣。故乾坤相向。坎離相向。震巽相向。艮兌相向。爲配向第一義

或問經盤之用。但用淨陰淨陽相配。乃陽宅却不用。而用東西分卦者何也。余曰。天造地設之物。謂之先天。先天當用洛書數之淨陰淨陽。故占龍配向。陽宅仍用淨陰淨陽之法。人爲之物。謂之後天。後天當用卦画之陰陽老少。故陽宅之房間門戶。用陰陽老少之法。乾兌二卦從老陽來。坤艮二卦從老陰來。老安配老。故四卦相合。以其在西者多。故曰西卦也。坎巽二卦。從少陽來。離

震二卦從少陰來少交配少故四卦相合以其在東者多故曰東卦東西分卦者老少各交相配之道也又問審如是又何必分九星乎余曰九星者吉凶之名也卦之吉凶既定于是吉卦加之以吉星凶卦加之以凶星以便于番卦運用耳非因是星而凶吉者也先賢好用此名色亦是民可使由不可使知之意余嘗從卦象以推九星于四吉之中當以巨武二門二房爲最善貪輔二星不如何也如乾之貪在兌輔在乾二卦同出于老陽不得陰配武在坤巨在艮坤艮同出于老陰爲老陽之正配故曰貪狼雖吉不如巨武之有氣也

或問九宮論宅之法與八宅不同亦可用否余曰氣運衰旺從九宮而推用九宮之法乘旺局開旺門以迎旺氣乃舍經從權之妙用若夫經常之道必竟以八宅爲正如一宅而數百年皆吉者豈時常移易門向哉不過八宅合法則然耳

或問正針雙山五行所以論龍固矣但壬子同宮而壬上半是亥今俱作水論恐未爲妥當余曰論龍用中針天盤天盤之子正指正針壬子之中故壬子二山俱屬

水也雙山雖係正針之位寔是天盤之用耳蓋天盤之子午與正針差半位以正針應之正是壬子同宮也如地盤子午以楊盤縫針應之亦是壬子同宮也消砂納水用楊盤之壬子雖係縫針之位寔是正針之用耳論龍用中針之氣借用正針之位消納用正針之氣借用縫針之位知雙山爲中針之用則知壬子同宮之不犯夫亥矣

或問盈縮龍起于正針之亥末夫壬前半尚是亥宮則甲子反全起于亥矣甲子是子宮之六甲何以不起于子而起于亥子名而亥寔不亦訛錯之甚也余曰甲子不起于正針之亥末而起于中針之壬中蓋天盤之子分起于天盤之壬半終于天盤之癸半故甲子寔起于天盤子宮之初非起于亥也又問甲子起于天盤之壬半則甲子當起于室七度今起于室十却先三度何也余曰甲子應大雪上瞬大雪之氣不自子宮而驟生宮前三度已漸至矣又問審若是當不僅三度矣何以必三度也余曰天之數三百六十其小數爲三十六三度爲一日三日得三十六時故用三度則合天數多則不

合也。如今星命家推運法。以三日爲一歲。蓋以一時當十日。亦以三百六十之故。而用三日也。又問其有闊有狹何也。余曰此盈以應度。縮以應躔也。蓋以龍分度。當得六度七分。以龍應躔。僅得五度六分。故或當闊以應度。當狹以應躔也。其龍得度之闊狹者。蓋斟酌于度躔二者之中以定之者也。細推筭之自見。又問龍之闊狹。既從推筭而得。何以古人謂上應天星分度之闊狹。似二說不相蒙。余曰理之所在。氣卽應之。推之當如是。則天星分度亦如是。又何疑焉。

或問龍用天盤先至之氣。穴用地盤後至之氣何也。余曰氣行于天。形成于地。龍動而行氣者也。地之氣。卽天之氣。故當用天盤之方位。若穴乃地形之所結。故辨穴之方位。當用地盤也。又問地之氣。卽天之氣。何以有先後至之異。余曰。氣發于天。次及于地。又次而及人。故天氣最先。天氣子月一陽生。至巳月而六陽足。天氣此時巳大熱。而地與人則未甚熱。地至丑月一陽方生。至午月而六陽始足。故地氣充盛。而徽大作。人未酷熱也。人至寅月一陽方生。至未月而六陽始足。人間炎威正熾。

[illegible]云天開于子。地闢于丑。人生于寅。雖是元會運世之說。然一歲之中。而天地人之氣。莫不皆然。是天地固一氣。而漸及有先後。故有先後至之異。

或問空亡差錯何義也。余曰。地支止十二。其十二界縫正當正針八干四維之中。故其中一度曰大空亡。七十二龍。以應七十二躔。其縫中無躔晉抯。曰小空亡。十二地支正中一度。乃正冲之鄉。爲節氣之界。故曰大差錯二十四山縫中。無人晉抯。兼爲八卦之縫。且爲淨陰淨陽交界之所。故曰陰陽差錯。百廿分金。戊巳當每山正

中。爲洛書中五無用之鄉。故曰龜甲空亡。甲乙壬癸納于乾坤坎離四卦。四卦九六不冲和。故曰孤虛。宿度五行相尅之處。尅彼者曰關。受尅者曰煞。擾之皆無氣之鄉。尅戰之地。故坐度須避也。

或問乙丙趨戌。辛壬聚辰。牛納丁庚。羊收癸甲。玉尺之說也。今解者云。一干是龍。一干是向。如右旋亥龍。是乙木也。立丙向而水出戌口。曰乙丙趨戌。不知是否。余曰乙木龍立丙向。曰乙丙趨戌。審若是。則止八干向有水口。而四維地支十六向。皆無消水處矣。有是理乎。不知

龍法以正針二十四山用雙山五行每行分六山而審
龍之左右旋左旋者爲四陽之氣右旋者爲四陰之氣
如乾亥甲卯丁未六龍屬木左旋者爲甲木龍右旋者
爲乙木龍也山雖有二十四而氣摠歸于八也向法以
縫針二十四山用三合五行每行分六山而審水之左
右倒七右者爲四陽之氣倒左者爲四陰之氣如丙午
向倒右者爲丙火氣倒左者爲乙木氣也向雖有二十
四而氣摠歸于八也龍有用八干論水之法向亦有八
干論水之法兩不相蒙不必相配玉尺四句乃是發明

八干氣之流行使人知其所以然如乙丙句言乙木之
氣生午旺寅丙火之氣生寅旺午而同墓于戌故二干
之氣必至戌而始得相交若水不能至戌則乙不能交
丙七不能交乙夫婦不交不能成其生育之功若水至
戌卯爲乙丙相交也此論其理不粘在龍向上說既知
其理于是審龍而觀水口可以知龍水之交不交審水
口爲某氣之交則知當用某氣之向以收水也世人俱
粘在龍向上說故將此四句解壞

或問四大水口之說可以盡水法之妙用否余曰天下
之變化無窮汝見山川之水俱出在辰戌丑未否若水
必出此四口則四口可以盡水法之妙若水不俱出此
四口則四大水口焉能盡水法之用乎抑知水法有先
後天之分後天爲墓庫先天爲文庫而先後天俱有正
借之法四大水口僅後天正墓庫之一門耳正墓庫之
外尚有三門曰借墓庫曰正文庫曰借文庫墓庫兼絕
胎兩支并干維得六位文庫兼冠帶一支并干維得四
位兩墓共十二位兩文共六位每一干有十八位水口
二十四山處七皆可出水二十四山山山皆有水出但

要立向消納如法耳其執四大口以言水法者皆寡陋
之徒不知先後天之法者也又問借正四門十八水口
從何知之余曰亦不過推八干之氣耳如丙火之氣出
戌是正墓庫出未是借墓庫出卯是正文庫出巳是借
文庫正庫有墓絕胎三位并干維共六口借墓庫有衰
病死三位并干維共六口正文庫有沐浴冠帶二位并
干維共四口借文庫有沐浴冠帶二位并干維亦是四
口但冠帶之位與正文庫同故二口共六位爲十八水
口也又問從何處推論八干之氣余曰亦不過從龍向

丑。如正針艮丙辛寅午戌龍。左旋者爲丙火氣。縫針艮寅丙午丁未六向。水倒右者。推丙火氣也。又問。既有十八位水口。則出水之位甚多。而向向可消水矣。余曰。不然。如艮寅向。左水倒右。水出縫針甲卯乙辰巽巳六位爲正借文庫則吉。若流出丙午。爲破旺而大凶矣。向豈可亂立也耶。

或問生旺墓三向。何以復有衰向之說。余曰。墓衰二向。同是辰戌丑未八位。以地支三合言。爲墓向。以八干流行之氣言。爲衰向。如未固爲亥卯未之墓向。但坐丑朝

未。甲之生氣在亥。隔在坐山之右。不能左旋而行至未。癸之生氣在卯。隔在坐山之左。不能右旋而行至未。故左水倒右。取丑左寅位丙火之氣。右水倒左。取丑右子位辛金之氣。故謂未爲丙辛二氣之衰向也。

或問四十八龍。有消不出之水口。奈何。如左旋乾亥龍。甲木之氣也。甲木墓于未。今龍從未坤方起祖來。水焉能出未乎。右旋癸丑龍。辛金之氣也。辛金墓于辰。今龍從辰巽方起祖來。水焉能出辰乎。余曰。水何嘗俱從大墓口出也。水口分先後二天。大墓之口。後天之口也。文

庫之口。先天之口也。俱可出水。左旋乾亥龍。水出壬子癸丑。右旋癸丑龍。水出辛戌乾亥。俱先天文曲四位也。如何有消不出之水歟。又問文曲出水。古有是說否。余曰。第一位文曲詩曰。屯軍山巧要低回。水去堆峰進橫財。二位詩曰。武庫山高遠遠青。明堂水去要無聲。三位詩曰。屯兵山巧號軍機。水去長流不可歸。四位詩曰。寶馬紅纓近碧天。明堂水去旺田園。楊公曰。更看明堂來去水。文庫大小須得位。俱是也。

或問時師云。入山尋水口。但觀水出何口。便知內中是

何龍結作。如水出辰口。便知內是左旋木龍。右旋金龍何也。辛壬會而聚辰也。余曰。此是大邪說。入山尋水口。原是巒頭之說。水口緊裹而寬。此則有地結。若水口反寬。多不結地也。引以爲理氣之說大謬。若云出辰口。便知內中是辛壬之氣。是矣。如水出巳丙。則內中是何龍之氣乎。水出借庫文庫者多。何曾必去四墓耶。

或問黃泉之水。有云忌來。有云忌去。如何。余曰。黃泉者坐山之墓絕也。乙丙向忌巽者。因辛壬山墓辰故也。故大忌來水。但黃泉之方。以靜爲妙。凡有動必凶。故有路

行其方。有水往來其方。但不為吉。然水去尚可。若水來則大凶矣。又問時師云。乙丙防巽者。乙丙是四經金向。金生在巽巳。故忌水流巽方。冲破長生。其說只忌水去。余曰。此偽說也。四經金向有六。子寅辰乾丙乙是也。何以彼四向不忌巽。只乙丙二向忌巽乎。黃泉止八干向有者。蓋八向是八干坐山。干有墓殺。故有黃泉也。四經乃好異之邪說耳。

或問救貧黃泉之說如何。余曰。此四句是司馬頭陀三合連珠之水格。訣曰。辛入乾宮百萬莊。癸歸艮戶發文章。乙向巽流清富貴。丁坤終是萬斯箱。辛入乾者。辛向得庚水朝堂。流出乾而去也。此是水格。與黃泉何涉。偽書說黃泉從四經出。忌水去。今此訣喜水去。四經之說說不通。故硬扯此訣。另立救貧名色。以文其非耳。

或問司馬水法。大異于曾楊之法。水法寧有二理耶。余曰。司馬水法。原是楊公奇貴貪狼二句之註疏。司馬公因人不解此二句。故撰成此訣以明之。豈有異哉。又問。丙午向。水自艮寅來。出辛戌去。此火局生來墓去也。今司馬貪狼格。丙向反要辛水上堂。出艮為貴。此是墓殺

倒冲長生矣。豈不大異于曾楊。余曰非也。正針丙向有二氣。加巳者屬巳。加午者屬午。丙向加午。固宜艮來辛去。司馬是加巳之丙向。巳是丁火之旺向。故取辛酉長生之氣從右來。流入丑艮墓方而去也。又問彼何不言酉巳丑而言辛丙艮何也。余曰。水格是貴局。只取輕清之氣。故止用干維。不用地支。惟辛丙艮則合八干流四維。小神入中神。中神入大神之格。若來酉去丑。則水流地支。非清貴之地矣。故司馬不言酉巳丑也。

或問砂水同為龍穴之用。先賢論水法甚詳。論砂法甚略。然砂必有法。可得聞歟。余曰。水為龍之正配。其驗速而大。砂為龍之奴隸。其效遲而輕。故先賢不大論砂法。砂水二位。水法從向。砂法從龍。以龍之生方高下。占人丁。以官旺方高下占財祿。墓絕高壓為凶。如乾甲丁亥卯木六龍屬木。左旋為甲木。甲生在亥。亥方高則旺丁。甲官旺于卯寅。卯寅方高則旺財。右旋為乙木。乙生在午。午方高則旺丁。乙官旺于卯寅。卯寅方高則旺財。楊公云。坎癸騰匕入亥乾。丙向夾蛇扦馬虎。兎山高聳頂庄田置萬頃。右旋乾亥龍係乙木之氣。故云然也。水動

而變多法亦轉折多端砂則靜而守位法亦直捷也

或問古羅經有三十八將以論砂法不知有驗否余曰此法甚驗凡大地俱要用此法占斷如杭城坤申水土龍酉辛方爲文曲艮寅方爲廉貞傳國師云文曲多山俗尚虛浮廉貞姤王大臣持柄廉貞係半山其方爲官匡王宰相之職半山面向東北反背杭城故云然其後果出秦賈等輩

或問龍從地起有吉有凶水自天來惟清惟濁本楊公羣龍須向地中行萬水盡從天上去也解者云龍宜走于地支水要行于天干後賴敬仙不然其說不知何說是余曰本文言之甚明龍從地起有吉有凶則不得專以地支龍爲吉矣水自天來惟清惟濁則不得專以天干水爲清矣其楊公羣龍須向二句不是龍水干支之說是言正針縫針之用正針爲地盤凡辨龍之陰陽純駁宜用正針地盤故曰羣龍須向地中行縫針是天盤凡辨向水之生旺死絶宜用縫針天盤故曰萬水盡從天上去與此二句無涉玉尺註中硬扯作證甚非

或問賴公以中針爲地盤正針爲天盤楊公以正針爲

地盤縫針爲天盤又中縫二針俱稱天盤何也余曰中針專主龍縫針專主向水而正針則龍向水俱用者也辨龍之天星用中針辨龍之淨陰淨陽用正針辨向之陰陽用正針辨向水之生旺用縫針故正針又主龍又主向也賴公以中針辨龍之天星以正針辨向之陰陽故以中針爲地盤正針爲天盤楊公以正針辨龍之陰陽以縫針辨向水之生旺故以正針爲地盤以縫針爲天盤俱取龍從地上行向從天上立之義若中縫二針俱稱天盤者中從北極之偏于壬而設原係天之方位故稱天盤也地以八方定位天以十二分野縫從十二支而定亦是天盤也二針之所以稱天盤者以此

或問四經水法有以干維爲陽向順起長生地支爲陰向逆起長生有以艮寅甲爲陽向順起長生卯乙辰爲陰向逆起長生有以水之左右倒分陰陽以起長生三說孰是余曰三位爲陽三位爲陰乃鴻門水法非四經之用也隨水之左右倒分陰陽乃三合用法非四經之例也惟以干維爲陽向地支爲陰向者方是正法然四經向法是三合已前之例未爲精當可不必用

或問說者曰龍者主也向者賓也若水法從向悉取向家之生旺是益賓損主矣恐爲未妥余曰龍亦非主向亦非賓夫地道者合水土而成者也地陰爲土地陽爲水陰陽交度水土融結而穴始成穴固在地而此二者之交不交結不結非地之所得自主有天以主持之也龍行于實向朝于空實爲地空爲天不得其穴爲失地不得其向爲失天地無氣以天之氣爲氣天地原是一氣貫通不得分主賓爾我者也況天爲地之主宰不得其向則水土無以爲之主持陰陽且反逆水土且背馳

龍氣亦離散矣寧僅失在水法耶故曰無絕穴有絕向得天不得天之故也水得向之生旺是得天之生旺天之生旺即地之生旺世人眼界小只見得穴之在地不知主之在天故云爾若知此則不特水法當從向龍穴何嘗不從向乎

或問水法從向如子山午向水從酉戌方去謂之合後天水從卯辰方去謂之合先天余細審之向之後天即坐山之先天向之先天即坐山之後天則爲之從坐亦可矣何以見水法從向乎余曰如此看去爲從坐亦可

但水不從卯辰酉戌去倒右之水却從坤申方出倒左之水却從艮寅方出出坤申是冲破坐山之生方却有福無禍出艮寅是冲破向之生方便大凶敗絕山之生方可破向之生方不可破故知水法從向不從山也

理氣三訣序

道之得也。知其所當然。而又明其所以然。其爲作用。活潑通變。皆措咸宜。略無毫髮之結礙者也。若所謂訣者。編定硬局俚詞。爲纂庸鈍子設法。令其依樣胡盧。不致蕩檢踰矩。大誤天下後世已耳。微特不明所以然。而且不知所當然也。余昔年與梓里諸友。議論理氣作用。明白曉暢。

人人識其意而無疑。乃共嘆余言之簡當。欲余作訣以相傳習。卽不必讀書窮理。守約以御博。執要以治繁。沛如也。余曰。余甚不滿昔聖前賢懸以庸下視儕輩。乃作訣添爲授受之。何復蹈其轍也而效之乎。曰。子過矣。集爲簡便捷訣。而并明其所以之故。則訣也而道矣。何訣之必不可爲。余然其說。將乘氣配向納水之法。集而

校。著示禎乘事通氣三訣。又以砂法未備。乃取賴公砂訣。註而釋之。以合龍穴砂水之所用。而法無不全。例無不備。今付剞劂。以公斯世後之學者。借梯于是。以深造夫道。此則余所甚願。苟誦此訣。執而守之。不復求進其所以然。是余之三訣。適足蔽後人什伯之聰明也。余之過也。

旨

康熙三十二年歲次癸酉季春朔日古婺葉泰

九升氏題于海昌之詒燕堂

三訣凡例

一三訣原爲地理家揀閱簡便而作故定例圖局但詳其所當然若所以然之理雖附一二不能詳也

一巒頭主龍理氣主向選擇主坐山故理氣之用莫不在立向而向以配龍爲主正針向法所以爲首

一配向之法徐試可撰出許多僞解立出許多錯向惑世害人今訣以催官爲主外附玉尺夾竹外傳等書之向在向家所必當備者以便隨地揀用

一用正針向配龍謂之收山用縫針向納水謂之收水

有一不收則生災禍而水法之用應驗尤速爲形家第一關頭須先識水城次明水口依之立向方得然水城難識水口難明余故于水城圖局頗爲詳悉雖不足以盡天地之變而舉一反三在高明者神明其用耳

一收山收水總屬一向而兩者之收不能無碍于是向法不一例有正有變有經有權有多少斡旋之妙故另立一訣令人易曉

一龍與水一陰一陽爲夫婦正配最重至砂乃龍水之護衛關闌臣僕之用爲禍爲福較之龍而疎遠較之水而寬緩似在所次然高大星辰站方照穴其力量足以轉移龍穴之凶吉有不容輕視者故消法不可不講也賴公有消砂一訣妙用已備敢爲註釋以全四法之用

一賴公移山換水之法靈變活潑自是形家上乘最足啓人聰明然惟穴場寬大者可用秀巧者難施非必用之正法乃偶用之巧法也倘遇可用之地足以輔佐納水撥砂因附于後

一已上法例淺者不知知者又秘先賢至道所以晦而不明余思形家一事乃人人所必需爲人子者知之則不爲人誤行道者知之則庶不誤人法例焉可秘也余和盤托出或世人以未嘗習見而反生駭怪或奸猾之徒陰遵陽誹余皆不計也但使斯道彰明較著而天下後世廣受其福則願足矣

一正針乘氣配向縫針納水中針消砂此不易之規矩即楊賴復起必不能舍此而另立一法者合此則吉背此則凶好求新異無謂也蓋地理止有一道並無

二法。有志斯道者。切不可聽信巽書秘術之說。自貽伊戚。

一三訣之刻。始猶未决。恐門外漢。多生疑謗也。後至餘杭有兩孀來前。備言其族。常敬禮一江右先生者數十年。族先皆其所葬。不料被害敗絕。十已八九矣。吾兩家亦各存一子。零丁孤苦。遺殖暴露。涕淚求厝。聽之慘然。予往覆數穴。在巒頭則罡煞。在理氣則反逆。彼豈設心害人哉。不明道故也。余三訣之刻乃果。

理氣三訣目

永禎訣序

今之言堪輿者。好言秘書。惟葉先生曰。天下好書必盛行而不秘。其秘而不盛行者。必古人所廢棄。或鄙俚不堪。令人見而私相授受也。妖術則有秘授。若道則昭著于天地間。有何秘書。余初聞而疑之。及細思之。吾儒之書其盛行者。六經四子也。其不盛行之書。有妙于六經四子者乎。釋氏之書其盛行者。楞嚴法華也。其不盛行之書。有妙于楞嚴法華者乎。道家之書其盛行者。道德南華也。其不盛行之書。有妙于道德南華者乎。妙者不

秘。秘者不妙。信不誣也。今讀先生之永禎訣。于龍向之配合。先列取用之例。若淨陰淨陽。卦氣正配。干支納甲。貴人天星。較若列眉。于每例之下。附論其所以取用之故。令人曉然其由。如示諸掌。又立二十四龍之定向于後。而各附註其例于下。論之惟恐不明。言之惟恐不盡。和盤托出。毫無秘惜。吾于此而歎先生之深于道也。夫道者人人所共由。而天下之公器也。堪輿乃俯察之道。爲人子者所當共知。初非妖幻。有何可秘。奈世之業是者。志在鼓惑庸衆。矜奇誇異。一則曰秘書。再則曰秘書。

而堪輿之道。且日下而流于術矣。先生素性不誇張。地之美好。不喜言房分之榮枯。惟與人言山川聚散之情、五行生尅之理。人子當葬之禮。蓋欲力挽趨下之術。而返之道也。吾恐後之觀是書者。徒喜其著論之顯白。而不体其爲公之深心。故不揣俚陋。而弁于首云。

昔

康熙三十二年仲春朔日海昌鄭宮振扆氏題

理氣三訣卷之一

古婺葉　泰九升父著
蘭陰周　敏求般士父參
海昌黃　堦秋嵋父訂
沈同文治侯父校

向法承續訣

配向說一

今之談地理者。誰不曰收山出煞。使彼誠能山收而煞出。則地理已無餘事矣。雖然。談收山出煞者多。精收山出煞者寡。試問其所以收。所以出。彼又夢夢也。夫收山出煞。爲地理第一義。豈容竟作空談。不求其實用乎。所謂收山者。龍得其向是也。龍得夫配合之向。爲山收。出煞者。水得其方是也。水去于死絕之方。爲煞出。山不收。則雖樓殿屏帳之龍。總歸虛設。煞不出。則雖之玄澄聚之水。俱屬無用。出煞之法。余詳無事訣中。其收山之法。則備具于左云。

配向說二

青囊經者。地理家之鼻祖也。三篇咸論陰陽妙理。並無禍福等說惟下篇云陰陽相見福祿永貞陰陽相乘禍咎滅門其言禍福僅此夫地理所以卜禍福青囊所以明堪輿其言禍福而僅此則龍向之純駁爲禍福之主宰無疑陰陽相見者陰龍見陰向陽龍見陽向也陰陽相乘者陰龍遇陽向陽龍遇陰向也相見則福相乘則禍者山之收不收故也雖然龍向之法固以陰陽爲主而盡美之中又有盡善之道焉純淨之中兼得納甲配卦三合貴人之例天星喜忌之宜不犯八曜尅制之煞方與本龍有情爲盡善而無疵與

配向說三

龍向相配之法先賢所取而定者其例有六一曰淨陰淨陽二曰八卦正配三曰納甲一氣四曰三合三方五曰干支貴人六曰天星喜忌其淨陰淨陽之說無庸言矣至八卦正配者如震爲長男與巽長女爲正配震庚亥未龍立巽辛向是也納甲一氣者震庚亥未龍即立震庚亥未向爲干卦自配是也三合三方者如坤申壬子乙辰龍立坤申壬子乙辰向爲三方互相配是也貴人者如亥龍立丙丁向丙丁龍立酉亥向是也天星喜忌者如亥爲天皇貴星立壬山丙向坐四輔而朝太微是也先賢之法止此近世徐試可撰山五合墓合借向等說牽强支離每龍各廣數向正法蒙蔽甚矣余將六例細列于後一覽了然使玉尺催官之理彰著于世不致爲僞說所惑而悞用其廣向也

淨陰淨陽

淨陰震庚亥未兌丁巳丑艮丙巽辛

此一十二龍當立此一十二向爲淨陰不雜

淨陽離壬寅戌坎癸申辰乾甲坤乙

此一十二龍當立此一十二向爲淨陽不雜

一言而可盡立向之用者龍得其配偶而已四陽卦當洛書之四奇四陰卦當洛書之四偶奇與奇配其數得偶偶與偶配其數得偶如一配九而十二配六而八是也若奇與偶配偶與奇配其數反奇而不偶如一配二而三三配七而九是也故青囊之法以陰陽純淨爲主四陽之龍配以四陽之向四陰之龍配以四陰之向爲之純淨反此則爲駁雜其所以論純淨駁雜者不過求龍向之數得合成偶不使之奇零

而不配耳。

八卦配合

震庚亥未龍　正配巽辛向　次配兌丁巳丑向
巽辛龍　正配震庚亥未向　次配艮丙向
兌丁巳丑龍　正配艮丙向　次配震庚亥未向
艮丙龍　正配兌丁巳丑向　次配巽辛向
離壬寅戌龍　正配坎癸申辰向　次配乾甲向
乾甲龍　正配坤乙向　次配離壬寅戌向
坎癸申辰龍　正配離壬寅戌向　次配坤乙向

坤乙龍　正配乾甲向　次配坎癸申辰向

後天八卦。分父母六子。以成配偶。故乾坤二卦。爲父母。正配震巽二卦爲長男長女。正配坎離二卦。爲中男中女。正配艮兌二卦。爲少男少女。正配此經常不易之大道。故龍向得其正配。謂之陰用陽朝。陽用陰應。最美之局也。次配之法。由青囊之例。以乾坤坎離爲陽。震巽艮兌爲陰。陰陽不容駁雜。故于四陽四陰之中。正配之外。各取其男女相見。亦成配合。如艮爲少男。不得少女兌之向。而取長女巽之向。雖非正配。而男女相見。自生慕悅之情。此次配之向。繼于正配而可取也。

納甲

震庚亥未龍　立震庚亥未向　巽辛龍　立巽辛向
兌丁巳丑龍　立兌丁巳丑向　艮丙龍　立艮丙向
離壬寅戌龍　立離壬寅戌向　乾甲龍　立乾甲向
坎癸申辰龍　立坎癸申辰向　坤乙龍　立坤乙向

納甲者。以八卦爲陽爲夫。干支爲陰爲婦。配合而成一家者也。故八卦干支。自可相向。玉尺論向。以此爲

主。時說以納甲之向。爲一氣不配。屬廉貞星凶。抑知納甲雖屬一氣。而卦夫干婦。實係相配而成一氣。非一氣而不相配也。催官玉尺夾竹梅花。吳賴劉三公之所同取焉。得反信時說。而不信先賢耶。

三合

艮丙辛寅午戌龍　立艮丙辛寅午戌向
巽庚癸巳酉丑龍　立巽庚癸巳酉丑向
坤壬乙申子辰龍　立坤壬乙申子辰向
乾甲丁亥卯未龍　立乾甲丁亥卯未向

內遐不駁雜者用。又地支龍。不可作三合地支向。
龍向之取配合者。以不配合。則其情不相聯也。三合雖非配合之法。而三方相合。其情相聯。故其向亦有可取。催官以龍向合成一局。恐太過而爲煞。故地支龍。不作地支三合向。然地支而向地支。固爲有煞。而干支相向。如坤壬乙龍。作申子辰向。申子辰龍。作坤壬乙向。以干配支。止有情之聯。並無煞之會。則三合之向。自不可泯者。不得概從支龍支向之說。而廢之也。

貴人

丙丁龍　立亥酉向　亥酉龍　立丙丁向

庚龍　立丑未向　丑未龍　立庚向

乙龍　立申子向　申子龍　立乙向

其干支貴人陰陽駁雜。如辛之貴人在寅午之類。不可立向。故不錄。

貴人者。從十干化合而出。如甲以巳之所臨爲貴人。巳以甲之所臨爲貴人也。立向之法。以配合爲主。貴人爲十干之配合。故貴人可取向。夫祿馬貴人。同爲吉神。貴神有向。祿馬無向者。祿馬無配合。貴人有配合故也。

天星

亥天皇　艮天市　丙太微　丁南極　巽太乙

辛天乙　兌少微　庚天漢　卯陽衡　巳天屏

巳上十龍。係尊貴之星。吉善之曜。各喜相向。

天星之貴賤不同。其性情亦有善惡剛柔之各異。故吉秀之星。喜與吉秀之星相從。兇惡之宿。喜與兇惡之宿爲伍。易曰。本乎天者親上。本乎地者親下。亦各從其類也。故吉秀之龍。不可立兇惡之向。兇惡之龍。亦不得立吉秀之向。若非類相從。即不能爲福矣。

八曜殺

坎龍坤兎震山猴。巽鷄乾馬兌蛇頭。艮虎離猪爲曜殺。墓宅逢之立便休。

此係卦氣最凶之殺。雖陰陽不駁。亦不可向。若悞犯之。必遭橫禍。

悞犯九惡向

兌龍丙午向　卯龍坤申酉向　艮龍午坤向

亥龍午向　巽龍酉向　離龍乾向

坤龍卯向　兌龍巳向　壬子癸龍巳向

認氣不清，悞犯此惡向，必發大凶。

二十四龍定局

亥龍

催官向　丙（天星宜　貴人）　巽（天星宜　卦氣正配）

諸書向　丁（天星宜　卦氣次配　貴人　三合）　卯（天星宜　納甲　三合）　巳（天星宜　卦氣次配）

壬龍

催官向　午（天星宜　納甲）　坤（天星宜　三合）　乙（天星宜　三合）

諸書向　申（天星宜　卦氣正配　三合）

子龍　忌辰向係八煞

催官向　午（天星宜　卦氣正配）　坤（天星宜　三合　卦氣次配）

諸書向　乙（天星宜　卦氣次配　貴人　三合）

癸龍

催官向　坤（天星宜　卦氣次配　三合）　午（天星宜　卦氣正配）

諸書向　申（天星宜　納甲）　乙（天星宜　卦氣次配）

丑龍

催官向　丙（卦氣正配）　丁（納甲）

諸書向　巽（三合）　庚（卦氣次配　貴人　三合）　未（天星宜　卦氣次配）　酉（納甲　三合）

艮龍

催官向　丁（天星宜　卦氣正配）　丙（天星宜　三合　納甲）　庚（天星宜）　辛（天星宜　卦氣次配　三合）

諸書向　未　酉（天星宜　卦氣正配）　巽（天星宜　卦氣次配）

寅龍

催官向　坤（天星宜）　申（天星宜　卦氣正配）

諸書向　午（天星宜　納甲　三合）

甲龍

催官向　乾（天星宜　納甲　三合）　坤（天星宜　卦氣正配）

卯龍　忌酉向魁制

催官向　庚（天星宜　納甲）　辛（天星宜　卦氣正配）

諸書向　丁（天星宜　卦氣次配　三合）　亥（天星宜　納甲　三合）

乙龍

催官向　坤　天星宜　納甲　三合
諸書向　申　卦氣次配　三合　貴人　乾　卦氣正配
壬　天星宜　三合　子　天星宜　貴人　卦氣次配　三合
辰龍
催官向　乾　天星宜　坤　卦氣次配　三合
諸書向　戊　天星宜　卦氣正配　壬　卦氣正配　三合
巽龍　八殺
催官向　辛　天星宜　納甲　亥　天星宜　卦氣正配
艮　天星宜　卦氣次配
諸書向　庚　天星宜　卦氣正配　三合
巳龍
催官向　亥　天星宜　卦氣次配
諸書向　庚　天星宜　三合　辛　天星宜
艮　卦氣正配　酉　天星宜　三合　納甲
丙龍
催官向　辛　天星宜　卦氣次配　三合　亥　天星宜　貴人
艮　天星宜　三合　納甲
午龍　忌用乾向

催官向　壬　天星宜　納甲　癸　卦氣正配
諸書向　甲　天星宜　卦氣次配
丁龍
催官向　艮　天星宜　卦氣正配　亥　三合　貴人　天星宜　卦氣次配
諸書向　卯　天星宜　卦氣次配　三合　辛　天星宜
酉　天星宜　貴人　納甲
未龍
催官向　艮　天星宜
諸書向　丑　天星宜　卦氣次配　亥　納甲　三合
卯　納甲　三合
坤龍
催官向　癸　卦氣次配　天星宜
諸書向　乾　卦氣正配　甲　卦氣正配　天星宜
壬　天星宜　三合　乙　天星宜　三合　納甲
寅　天星宜　子　天星宜　卦氣次配　三合
申龍
催官向　甲　天星宜　癸　天星宜　納甲
諸書向　子　天星宜　三合　納甲　寅　天星宜　卦氣正配

乙 貴人 三合 天星宜 卦氣次配

庚龍

催官向 卯 天星宜 納甲 艮 天星宜

諸書向 巽 天星宜 卦氣正配 三合 巳 天星宜 三合 卦氣次配

丑 卦氣次配 三合 貴人

酉龍 忌巳向八殺又忌申向

催官向 艮 天星宜 卦氣正配 巽 天星宜 三合

卯 天星宜 卦氣次配 丁 天星宜 貴人 納甲

辛龍

催官向 艮 天星宜 卦氣次配 三合 卯 天星宜 卦氣正配

巽 天星宜 納甲

諸書向 丙 天星宜 卦氣次配 三合 巳 天星宜

戌龍

催官向 甲 天星宜 卦氣次配 乙 天星宜

諸書向 辰 天星宜 卦氣正配

乾龍 忌午向八殺

催官向 甲 納甲 三合 乙 卦氣正配

諸書向 辰 天星宜

立向雜論

十二支龍俱可直龍直向，以其陰陽純淨也。直龍直向穴空偏倚，使龍氣仍從耳入則吉。若當頭立穴，則氣沖腦散，犯雙金煞，大凶。

立向須明腰耳乘氣之法。如艮氣入首，若右落則宜左耳乘氣，立丁向；左落則宜右耳乘氣，立庚向。艮龍立巽向，是左腰乘氣之法。若不知左右乘氣之法，則龍氣拂耳不貫，雖得吉向無用。

一龍數向，係先賢所定。倘堂局不合，亦不得執定此數向，但合淨陰淨陽，不犯八殺，帹向俱可并立。

立向雖以龍為主，然必要消納得砂水方可。時術不明消納之法，執定某龍某向，水煞滿局，害人不淺。

催官地支龍不作三合地支向，恐其一氣太過反凶也。

此理精妙，然亦有可用，宜細審之。

催官喜立干維向者，以干維氣清，地支煞重故也。然地支向力重而可持久，其蔭綿遠，不得概從催官，宜善用之。

平洋多宜作倒騎龍穴，巽丙午丁四龍最宜本龍本向。

庚酉辛卯龍亦宜。

平洋取龍之法。與山不同。到頭濶大者。以八局定卦。八首高起緊細者。以二十四定龍。平坦而有短浜收夾者。則從浜頭爭二十四氣。八局則依八卦立向。定龍爭氣則依二十四龍立向。至于移龍換向。旋乾轉坤。此中妙用。非言語可盡也。

無字訣叙

堪輿家之水法從向。謂是理未明于世。而仙師筆諸簡編。亦昭昭若日月。謂是理已明于世。而諸書不一。珍毒雜陳。其世之具眼而盲。眞僞無辨。視若夢夢者。冒昧行術。每自欺欺人。間有好事者。認毒爲珍。鑿一己之私智顛倒生死。玩弄禍福。害天害地。莫可勝測。其爲害人。嶮同指掌。是向也者。堪輿家之主的。而壞于好事者之狂妄。可爲歎息而流涕也。夫天包乎地。地流峙而爲山川。山川融結而成龍穴。龍穴之在山川。天排地設。自然而然者。人之立向。不過就天之排。因地之設而已矣。猶之乎女願有室。男願有家。至情于是乎在。至理于是乎出。既作之合。安爾哉其相好也。有適從也。而好事與盲者顧爲之仳離之。一錯其向。卽爭其穴。甚且戕賊其龍。廢置其山川。倏忽而地成陷穽。天成網羅。朱雀源流。皆玄黃之血。豈曰禍無門。名之斯應之矣。盲者固不解事。而好事者何害事至此極耶。吾家九升氏。放出慧眼之種種光。覷破先師精蘊。闡明水法大原。一一還諸天地山川自然而然之至情至理。其詞義。其圖局。眞揭日月而行夫九升氏于地理著書立說多矣若俯察賦簡從歌指玄論一點金丹不串珠等篇更前賢各經註疏俱寶而懷之而獨于水法編次予先受而卒業之因爲之序之者何也蓋爲不解事者說法固急爲好事者說法尤急急也但額其名曰無事錄異哉五行之分布二十四也生旺互通而橫直順逆之錯綜變化也文庫大小之紆折縈廻進退生尅之來去出入也條分縷晰事事殊多迺曰無事誰不訝之然而不爾也蓋一歸于自然而然者也假纖毫于或然卽非自然而何有于事也大禹

治水行其所無事濬導疏決豈其無事而寵厥成功總任乎自然九升氏之水法圖說審向消納豈其無事而總任乎自然此卽大禹之行所無事也今而後不解事者可以悟矣好事而害事者可以止矣噫亦必有事于是集之義豁然貫通于天地山川自然而然之原然後可以無事云。　昔

康熙二十二年歲次癸亥仲春葉壽天徒氏謹書于臥義樓

理氣三訣卷之二

古婺葉　泰九升父著

葉　壽天徒父參

海昌陳鴻寶道榮父訂

王　宮中聲父校

水法無事訣上　縫針水法

地理一禍福之說

地理之書一禍福之書也易言之自人之有生死也于是有葬道焉自葬之有禍福也于是有地理之說焉故

曰地理者一禍福之說也然地理爲禍福之說人共知之而地理之所以爲禍福處人則不知之也余請得而詳道之人禀天地之氣以生禍福莫不聽于天地故卽死骨亦不得背逆天地之道焉人之生也氣聚而生氣盡而死故卽死骨亦必得生氣而後獲福焉郭氏曰葬者乘生氣也地理之有尅擇所以乘天之生氣也地理之有水法所以乘地陽之生氣也地理之有穴法所以乘地陰之生氣也而禍福卽出于是焉得生氣則吉逆生氣則凶也天道剛而動故年月之禍福最急卽見于

近年半載之間。地道固靜。而水則動。故水法之禍福。即次于年月。近則六年。遠則一紀。無不驗者。而龍穴爲靜中靜。其驗遲久。未必即見。故水法尤急也。蓋水法之禍福。較之年月。則久而可恃。較之龍穴。則速而有驗。故地理禍福之說。一水法而已矣。

禍福一水法之說

夫人之所求者穴也。則禍福一當聽于穴矣。而古仙云有絶水。無絶穴。則穴似可輕也。非也。蓋必得穴而後可以得水也。雖然。又有說焉。余見今之得穴者鮮矣。而得

水者必發福。間有得穴而不得水者。仍發禍。則禍福之關于龍穴者少。而關于水法者多也。而世之談水法者。莫不以來宜屈曲。去喜之玄。宜澄靜而忌湍泄。愛方圓而惡偏斜。柰得此之美局。又未即福。每見其凶。此其故何也。蓋因死絶反來冲生破旺也。故曰。論形局者。爲論生旺者眞。則水法之說。一生旺死絶而已矣。

水法一生旺之說

今世之言水法者。亦知言生旺矣。或以洪範從坐山而分生旺。或以玄空從向上而起長生。又或以九星。或以

封例。莫不各有生旺之說焉。其說垂于書。傳于世。亦似可聽。然卒不驗者。以不得生旺之眞也。蓋水法止有一理。並無二竅。豈得有數十家之紛紛乎。皆因古今奸術。托古仙之名。造僞妄之說。以神其術而惑世也。故今日而言水法之生旺。但當問其驗與不驗。其不驗者。雖其說離奇玄妙。亦不可從。何也。蓋水法者。求其有驗也。其有驗者則眞也。而水法之驗者。莫過于青囊玉尺。青囊止論一向。而玉尺則龍向皆論。然其說以龍得生旺。而向非生旺者仍凶。龍之死絶。而向家收之爲生旺者反

福。夫龍既無權。而禍福悉聽乎向。則玉尺論龍之說。亦屬多事。不若青囊之簡而明也。則水法生旺之說。一向方而已矣。

生旺一向方之說

夫穴埋于寔。向朝于空。寔者地也。空者天也。故穴乘地氣。向司天氣。水之爲物。避寔而走空。雖行于地。寔統于天。是以水之生旺。屬于向而不涉于龍也。此說也。幸古人有先我而言之矣。妙夫郭氏之言曰。朱雀原于生氣。朱雀者。即向水也。原于生氣者。水咸從生方來也。曷言

其生方來也。如左水倒右。立一甲卯向則甲木之生氣從亥來也。右水倒左。立一乾亥向則癸水之生氣從卯來也。水從當面直去。立一丁未向則丙火辛金之生氣從子寅齊來也。至于朝來之局。倒左者。亦以生向收之。倒右者亦以旺向收之。則旁來者爲生氣。正朝者爲旺氣。故正面有水來朝之局。多主富也。而回龍之局。則另有說焉。蓋龍回則水遶穴後。面前倒左。而穴後終倒于右。面前倒右。而穴後終倒于左。蓋回龍面前是水源。背後是聚水處。與横水竟倒左右去者不同。故見面前左

水倒右。反以生向收之。欲其來于生。會于旺而出于墓也。見右水倒左。反以旺向收之。欲其來于旺。聚于生。而出于墓也。總之生方爲原。過旺而出墓者。甲丙庚壬之生氣也。旺方爲原。過生而出墓者。乙辛丁癸之生氣也。此横水回龍咸無異者也。故得其向則局局收生氣。失其向則局局破生氣。古云無絕水。有絕向。此之謂也。雖然此後天之生旺也。又當知先天之說焉。

生旺有先天之說

水法者。一生旺墓也。何以有先天之說焉。抑知先天者。天地之立也。蓋來于生旺之方。爲八干之生氣。去于墓庫之方。爲八干之死氣。若此者後天也。乃有來于八干之絕方。去于五行之沐浴。大反于生旺墓之位。而顛顛倒。不合于倒右倒左之理。此之謂先天也。其來于絕方而何以吉也。蓋五行之絕地。名曰受氣。曰小長生。萬物不可終絕。故絕處逢生。絕而逢生。即生氣也。故吉也。其去于沐浴而何以吉也。蓋生旺之方。獨一沐浴爲敗地。敗地不妨流破也。夫水法以來水主財祿。去水主人丁。其所以主人丁者[illegible]爲陰陽之正交。如乙丙趨戌。

辛壬聚辰之類。惟交故有生[illegible]人丁。故水必欲其從墓方去也。他方陰陽不交。故水不可去。惟沐浴爲五行敗地。爲陰陽之亂交。交則有生氣。故亦發人丁也。此沐浴之所以吉也。絕方來而沐浴去。取八干受氣之初。故曰先天也。然先後二局。總不出于生旺衰之三向。而向方之吉[illegible]以縫針爲准。故不可不知縫針之說也。

向方一縫針之說

正針出于八卦。八卦者三山也。經曰氣從八方。故行龍

定向的以正針爲主焉。縫針出于十二支。十二支者。雙山也。生旺墓分于十二支。故水法的以縫針爲主也。蓋縫針之雙山同在先天一支之內。故用之以分生旺而不能若正針之干維。則兼兩支之氣。故用之定水則生旺易錯也。如正針丙向。兼午則左水倒右吉。若錯加巳則左水爲死絶上堂而凶矣。蓋水法之凶吉。定于向之生旺墓。而向之生旺墓。定于縫針之雙山。則水法爲地理禍福之樞紐。而縫針又水法之樞紐也。惟知縫針。而後可以知禍福。知縫針之禍福不出于生旺墓之一理。而競ヒ于縫針之向焉。則地理思過半矣。然其所以競競于縫針之向者。以地理一禍福之說也。

山中形局論

夫水之生死氣。從向而分。然向非憑空而立也。寔因形局之所定而定焉。故不明形局。則不能定向也。而形局有七。有横水城斜水城。同水城。織水城。朝來城。直去城後合城。以此七城爲經。而緯之以正庫借庫正文曲借文曲四口。于是辨其寔生寔旺寔衰之三向。此横水有生旺衰三向。斜水亦生旺衰三向。同水止生旺二向。纖

水有生旺衰三向。朝來止生旺二向。直流僅衰一向。合水止生旺二向。七城三向四口。共得五十局。再繫之于金木水火分爲二百局。則山中水城之圖局大備矣。

水城圖 以巳午未三局爲例

倒右横水生來墓去之圖

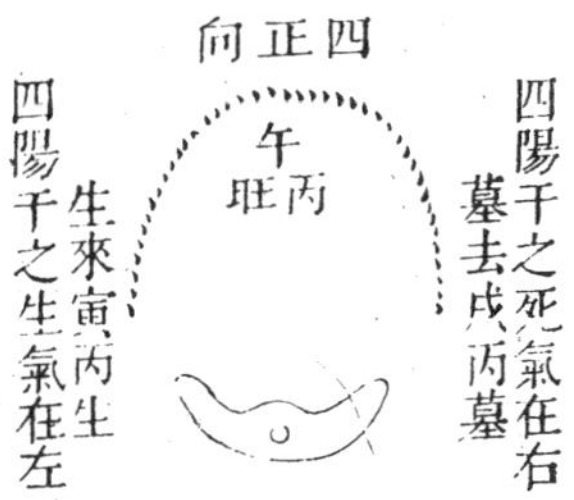

横水城。左水倒右。出大墓口者。宜立四正向。則四陽干之長生從左來上堂往右方大墓而去

四正向

甲庚丙壬子午卯酉

倒右横水生來墓去之圖

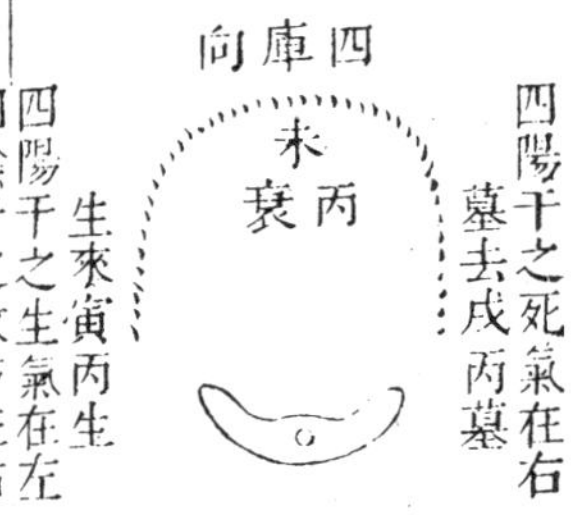

横水城。左水倒右。固宜正向。倘遇堂局砂水偏斜。或正面是四維向不可立正向者。則立衰向收之。蓋衰乃旺之餘氣。四庫雜氣之方。水神可來可去之所也。

四庫向

乙辛丁癸辰戌未丑

倒右横水先天文口之圖

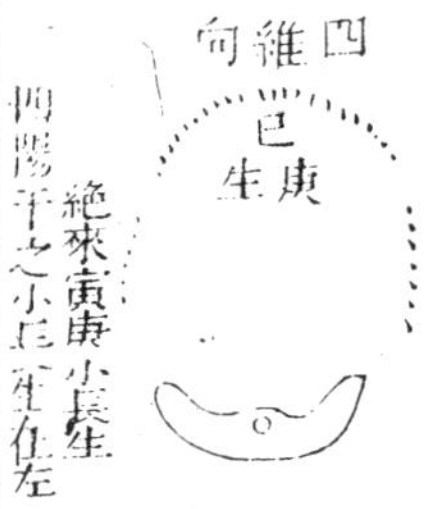

横水城左水倒右出文口者。宜立四維向。要水口眞正。從文出者。則可蓋形局不可立四正四庫向也

四維向

乾坤艮巽寅申巳亥

此四陽借四陰之文口局

倒左橫水生來墓去之圖

橫水城右水倒左出大墓口者。宜立四維向。則四陰之長生從右來上堂往左方大墓而去也。

四維向

乾坤艮巽寅申巳亥

倒左橫水生來墓去之圖

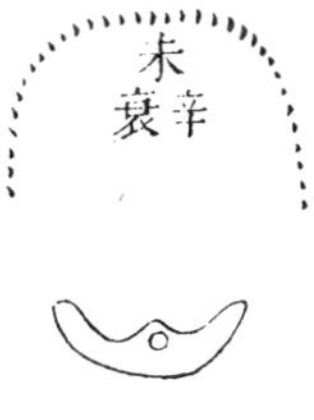

橫水城。右水倒左。難立四維向。者。則立衰向收之。其說見上。

四庫向

乙辛丁癸辰戌丑未

倒左橫水先天文口之圖

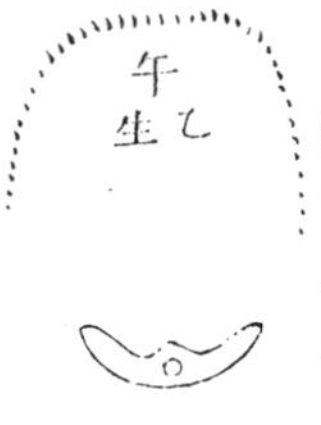

橫水城右水倒左。出文口者。宜立四正向。要水口眞正從文出者則可。蓋形局不可立四維四庫向也。

四正向

甲庚丙壬子午卯酉

此四陰借四陽之文口

倒右正朝生來墓去之圖

正朝水。左水倒右出大墓口者。宜立四正向則四陽之長生從左來而面前旺水大朝主大富朝來城必不可立四庫向

四正向

甲丙庚壬子午卯酉

倒右正朝先天文口之圖

正朝水左水倒右。出四維口者。可立四維向則四陽之小長生從左來而面前生水大朝主速發人丁。

四維向

乾坤艮巽寅申巳亥

此四陽借四陰之文口局

倒左正朝生來墓去之圖

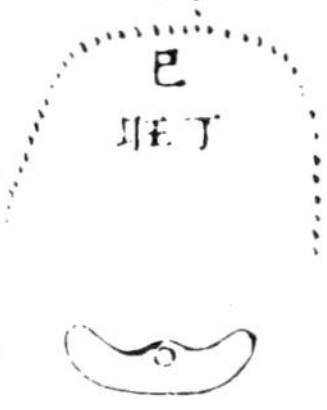

正朝水。右水倒左出大墓口者。宜立四維向則四陰干之長生從右來而面前旺水大朝主大富也。

四維向

乾坤艮巽寅申巳亥

倒左正朝先天文口之圖

正朝水右水倒左。出文口者。可立四正向則四陰之小長生從右來而前頭生水大朝主速發人丁。

四正向

甲庚丙壬子午卯酉

此四陰借四陽之敗口

倒右斜水生來衰去之圖

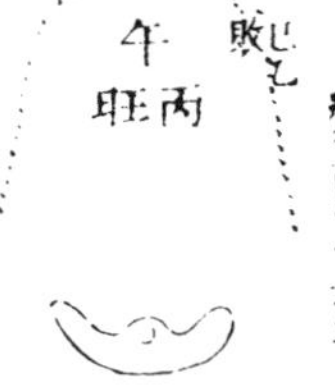

斜水城左水倒右出庫方者。宜立四正向則四陽之長生從左來上堂往右角衰方而去其右來之水係四陰之小長生從文出而合于大水也。

四正向　順騎龍全局

甲丙庚壬子午卯酉

倒左斜水生來病去之圖

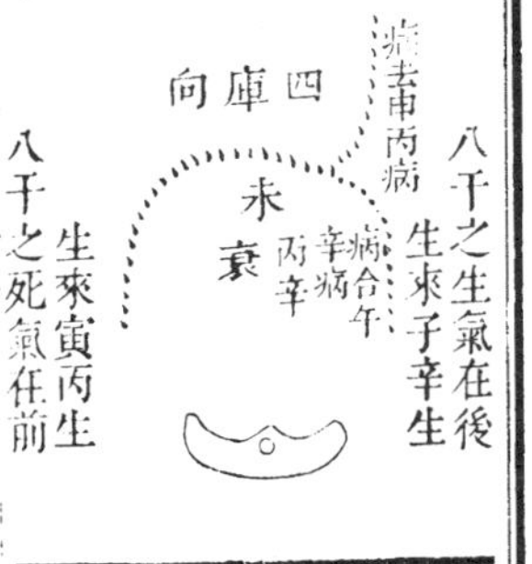

斜水城左水倒右。出四維者。宜立四庫向。則四陽之長生。從左來上堂。往右角病方而去。其右來之水係四陰之長生。從病方出而合于左水也。

四庫向　順騎龍全局

乙辛丁癸辰戌丑未

倒右斜水先天文口之圖

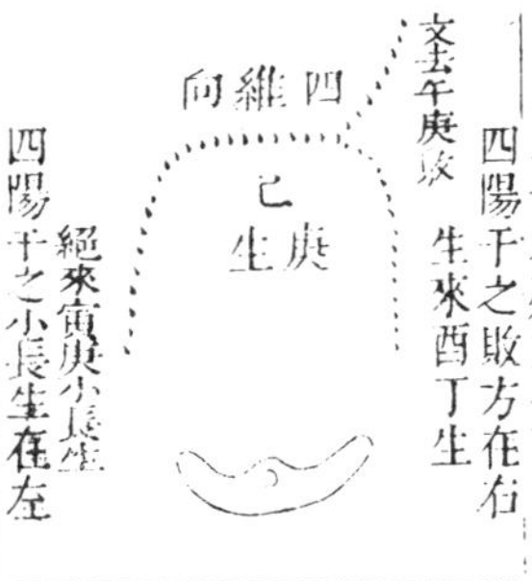

斜水城左水倒右。出四正方者。宜立四維向。四陽之小長生。從左來上堂。往右角文口而去。其右之水係四陰之長生。往衰方出而合于大水也。

四維向　順騎龍全局

乾坤艮巽寅申巳亥

倒左斜水生來衰去之圖

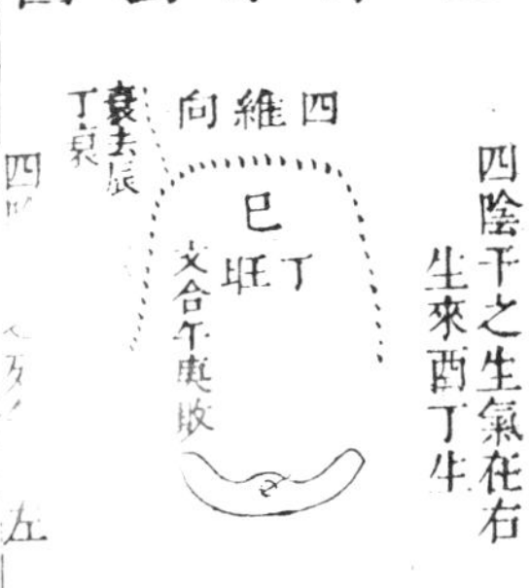

斜水城右水倒左。出四庫者。宜立四維向。則四陰之長生。從右來上堂。往左角衰方而去。其左來之水係四陽之小長生。從文出而合于右水也。

四維向　順騎龍全局

乾坤艮巽寅申巳亥

倒左斜水生來病去之圖

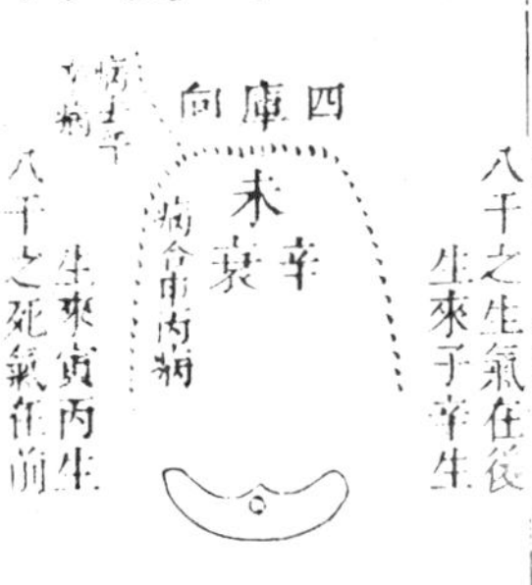

斜水城右水倒左。出四正口者。宜立四庫向。則四陽之長生。從右來上堂。往左角病方而去。其左來之水係四陽之長生。往病方出而合于右水也。

四庫向　順騎龍全局

乙辛丁癸辰戌丑未

倒左斜水先天文口之圖

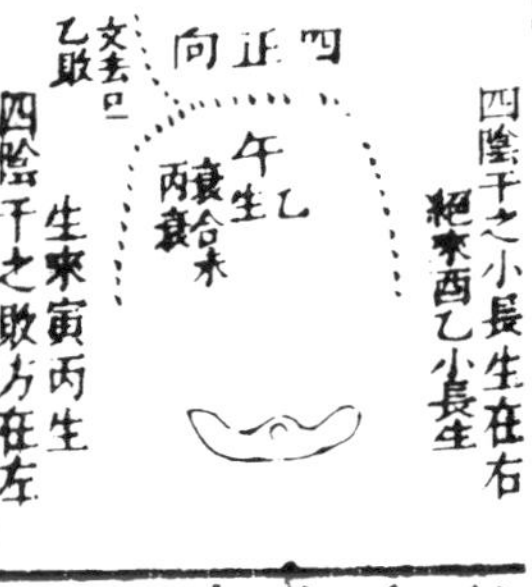

斜水城右水倒左。出四維者。宜立四正向。則四陰小長生。從右來上堂。往左角文口而去。其左來之水係四陽之長生。由衰方而合于右水也。

四正向　順騎龍全局

甲庚丙壬子午卯酉

織水城內堂出墓之圖

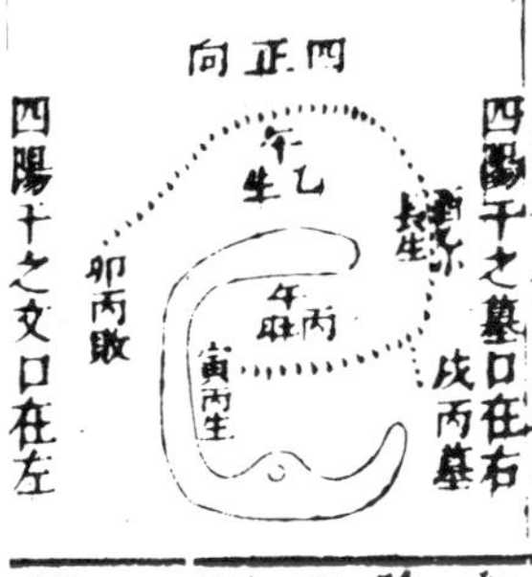

內堂倒右為四陽之氣。外堂倒左為四陰之氣。立四正向則內出四陽之墓。外出四陰借四陽之文口以去也。兩堂之局。理具于橫水斜水圖中。茲不重贅。

四正向

甲庚丙壬子午卯酉

織水城內堂出墓之圖

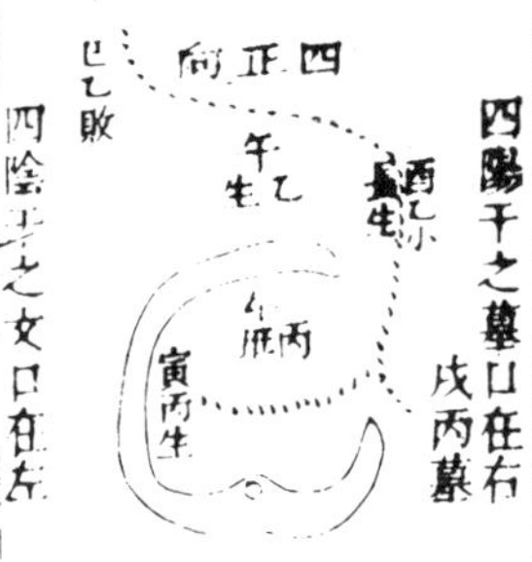

此局與前局仝。但前局外口出四正方。為四陰借四陽之文口。此局外水斜去出于四維為四陰之文口。惟此與上異。

四正向

甲庚丙壬子午卯酉

織水城內堂文口之圖

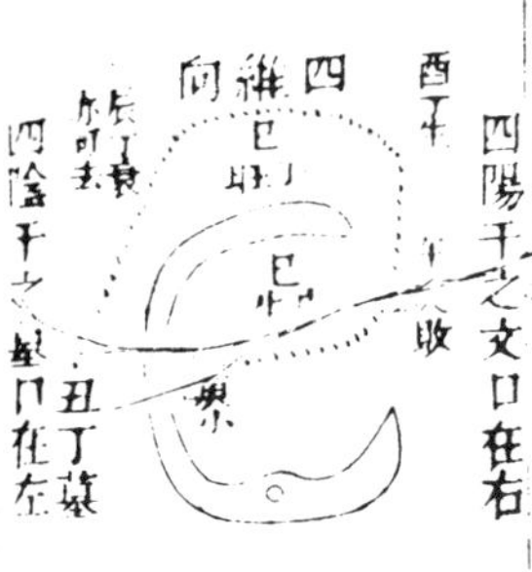

此局內堂出四陽之文口。外堂出四陰之墓口。故立四維向以收之也。

四維向

乾坤艮巽寅申巳亥

織水城內堂出文口之圖

四維向

四陰干之敗方在右　申丁敗

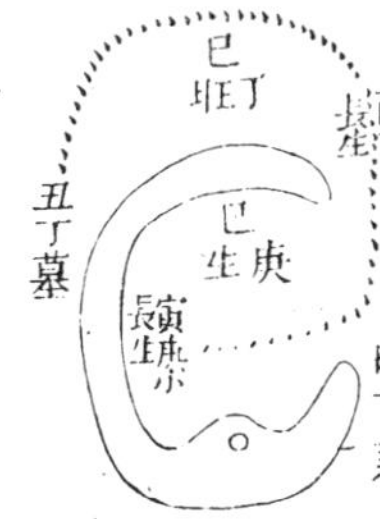

四陰干之墓口在左　四陽干之墓口在右　戌丙墓

織水城左右出墓之圖

四庫向

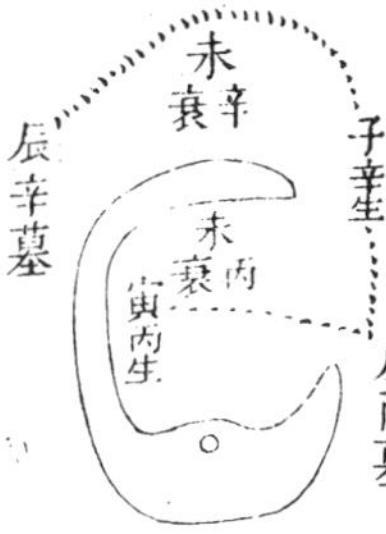

四陰干之墓口在左

此局與前局同，但前局內堂出四陽之文口，此局內堂出四維方，為四陽借四陰之文口，惟此與上異。

四維向

乾坤艮巽寅申巳亥

此局內外二堂俱出墓口，宜立四庫向，係八干之衰向，左右兩倒俱利者也。

四庫向

乙辛丁癸辰戌丑未

織水城內堂文口之圖

四正向

四陽干之墓口在右　戌丙墓

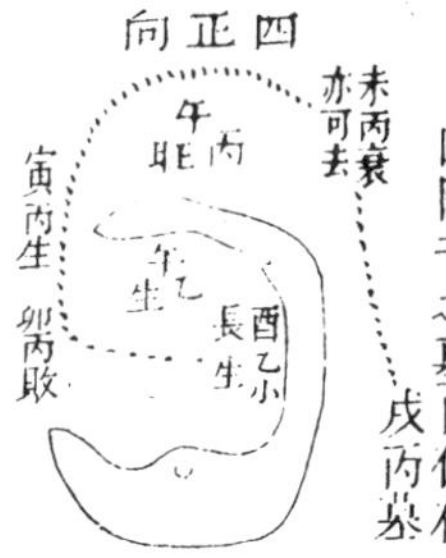

四陰干之文口在左　四陽干之墓口在右

織水城內堂文口之圖

四正向

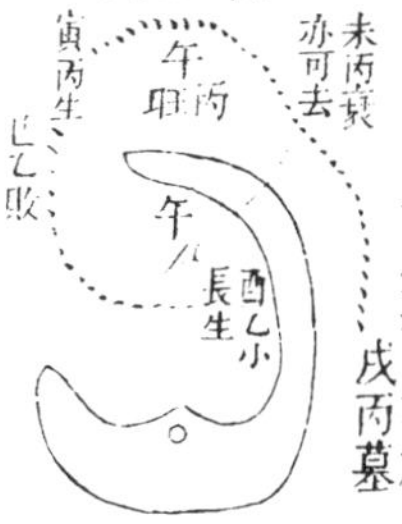

四陽干之墓口在右　戌丙墓　四陰干之文口在左

內堂倒左，為四陰之氣，外堂倒右，為四陽之氣，立四正向，則內出四陰借四陽之文口，外則出四陽之墓以去也。

四正向

甲丙庚壬子午卯酉

此局與前局仝，但前局內口出四正方，為四陰借四陽之文口，此局內水斜出四維方，為四陰之文口，惟此與前異。

四正向

甲丙庚壬子午卯酉

織水城內堂出墓之圖

四維向

四陽干之文口在右

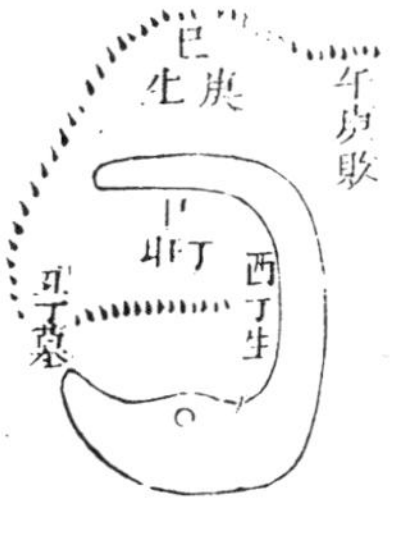

四陰干之墓口在左　四陰干之文口在右

織水城內堂出墓之圖

四維向

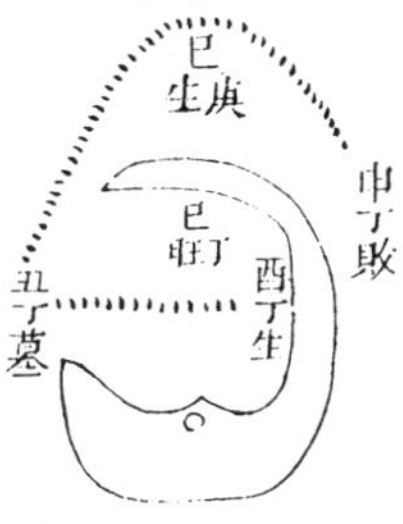

四陰干之墓口在左

此局內堂出四陰之墓，外堂出四陽之文口，故立四維向以收之也。

四維向

乾坤艮巽寅申巳亥

此局與前局同，但前局外堂出四正方，為四陽之文口，此局出四維方，為四陽借四陰之文口，惟此與上異。

四維向

乾坤艮巽寅申巳亥

織水城左右出墓之圖

四庫向

四陽干之墓口在右　戌丙墓

四陰干之墓口在左　四陽干之生氣在前

倒右冊水生來墓去之圖

四維向

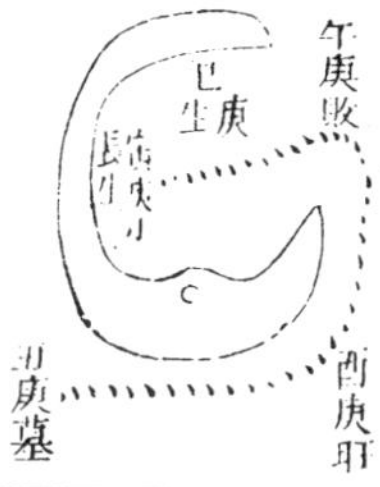

四陽干之死氣在後

此局內外二堂俱出墓口，宜立四庫向，係八干之衰向，左右兩倒俱合也。

四庫向

乙辛丁癸辰戌丑未

冊水局，左水倒右，遶後出大墓者，宜立四維向，則四陽之長生從前來，往後左墓方而去，其內堂之水從小長生而來向文口而出也。

四維向

乾坤艮巽寅申巳亥

倒右囬水生來墓去之圖

四維向

四陽干之生氣在前

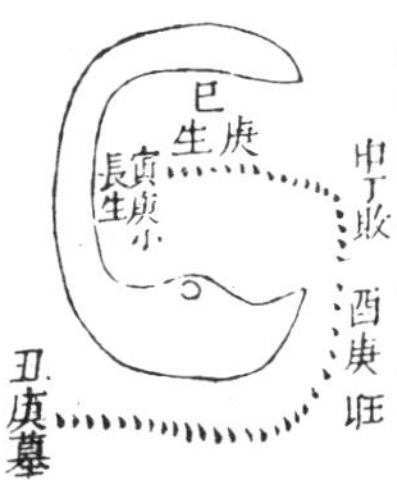

四陽干之死氣在後

此局仝前但前局內堂之水斜出係四陽之本文口此局內堂水橫出係四陽借四陰之文口惟此與上局異

四維向

乾坤艮巽寅申巳亥

倒右囬水生來文去之圖

四正向

四陽干之墓口在右

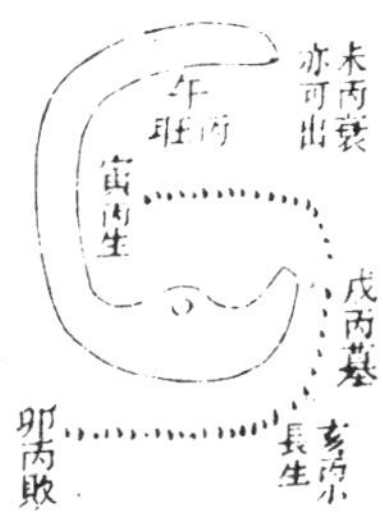

四陽干之文口在左

囘水局左來倒右遶後出文口者㝎立四正向則四陽之長生從左來過內堂丙出墓口四陽之小長生從右遶後而出于文口也

四正向

甲庚丙壬子午卯酉

倒右囬水生來文去之圖

四正向

四陽干之墓口在右

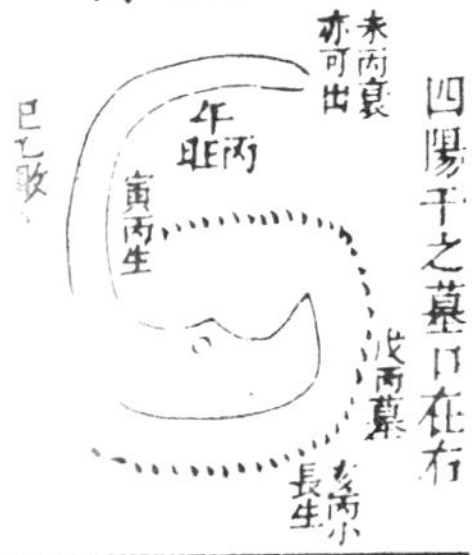

四陰干之生氣在前

此局仝前但前局去水之口橫去係四陽之本文口此再逆上斜出左角乃四陽借四陰之文口也惟此與上異

四正向

甲庚丙壬子午卯酉

外堂四陽借四陰之文口

倒左囘水生來墓去之圖

四正向

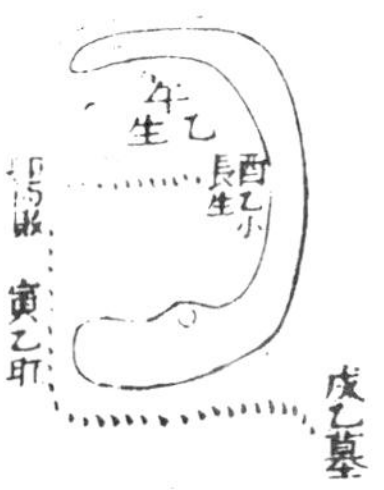

四陰干之死氣在後

囘水局右水倒左遶後出大墓者㝎立四正向則四陰之生氣從前來往後右墓方而去其內堂之水從小長生而來借四陽之文口以出也

四正向

甲庚丙壬子午卯酉

內堂四陰借四陽之文口

倒左囘水生來墓去之圖

四正向

四陰干之生氣在前

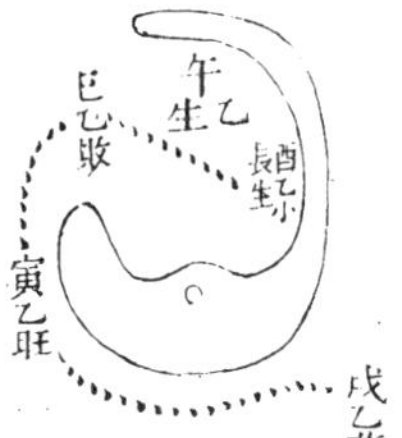

四陰干之死氣在後

四陰干之敗方在右

此局仝前但前局內堂之水橫出係四陰借四陽之文口此局內堂之水斜從左角而出則為四陰之本文口惟此異于前

四正向

甲庚丙壬子午卯酉

倒左囘水生來文去之圖

四維向

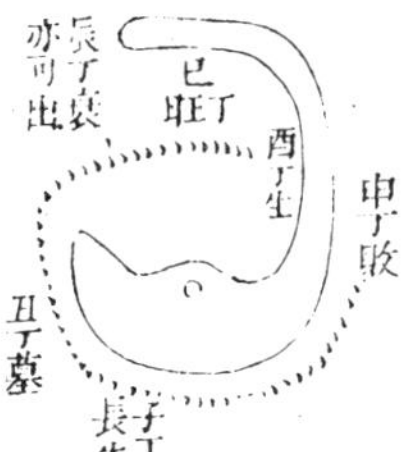

四陰干之墓口在左

囘水局右水倒左遶後出文口者㝎四維向則四陰之長生從右來過內堂而出墓口四陰之小長生從左边遶後而出文口二生接續所謂以返不絕也

四維向

乾坤艮巽寅申巳亥

倒左囘水生來文去之圖

四維向

四陽干之文口在右

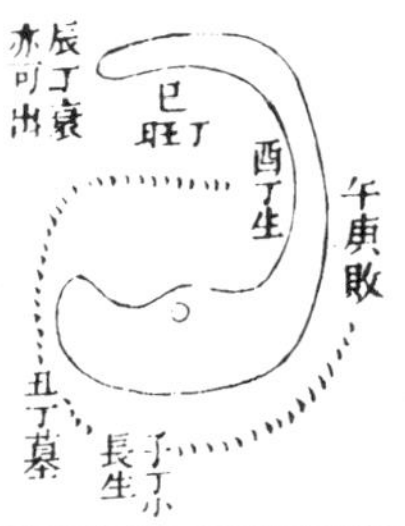

四陰干之墓口在左

四陰干之生氣在前

此局仝前但前局去水之口橫去係四陰之文口此則再逆上斜出右角乃四陰借四陽之文口也惟此異于前

四維向

乾坤艮巽寅申巳亥

後合城生來墓去之圖

四正向

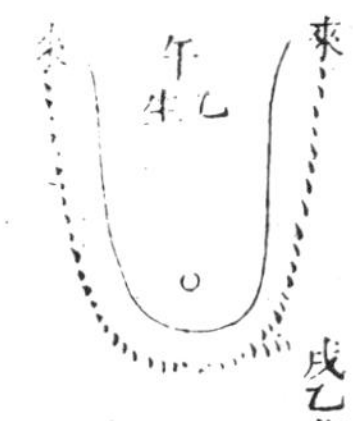

四陰干之死氣在後

後合城兩水合于右後而去者㝎立四正向則四陰干之長生從前來上堂向右後大墓而去也

四正向

甲庚丙壬子午卯酉

此係倒騎龍局

後合城外口出文口之圖

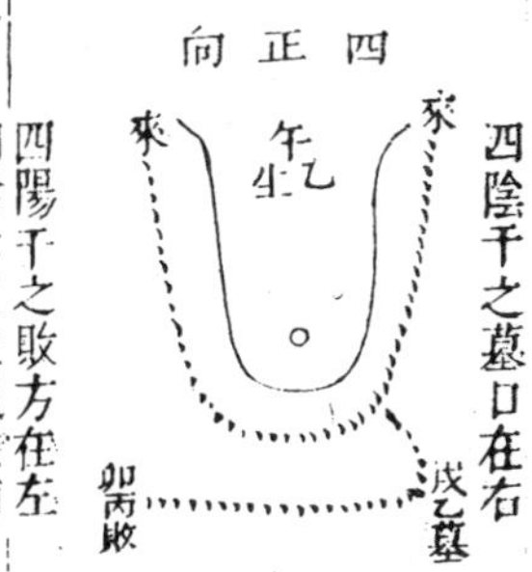

後合城二水合于右後而復出于左者。立四正向收之則四陰之長生從前來上堂內口出墓外口借四陽之文口而去也。此係倒騎龍局

四正向

甲庚丙壬子午卯酉

後合城先天文口之圖

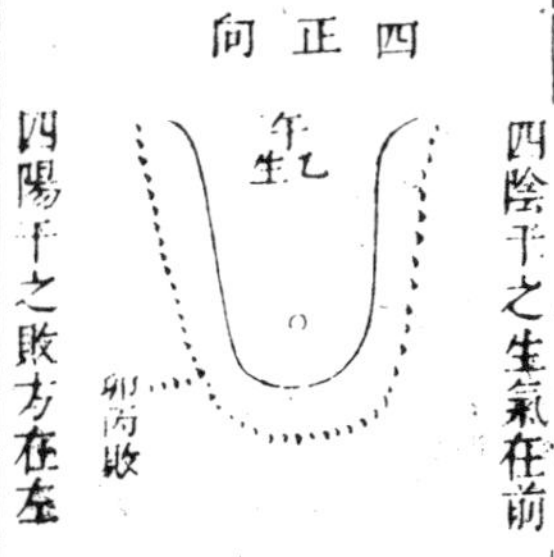

後合城兩水合于左側而去者。宜立四正向則四陰干之長生從前來上堂向左側借四陽之文口而去也。

四正向

甲庚丙壬子午卯酉

此係倒騎龍局

後合城外水出墓口之圖

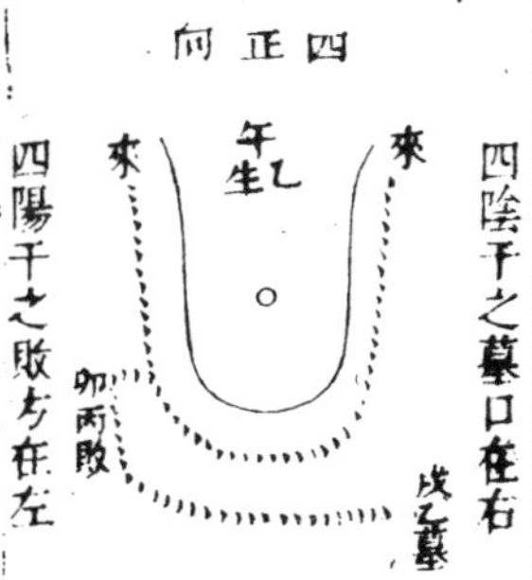

後合城二水合于左側而後出于右者。立四正向收之則四陰之長生從前來上堂內口借四陽之文口外口出墓而去也。此係倒騎龍局

四正向

甲庚丙壬子午卯酉

後合城生來墓去之圖

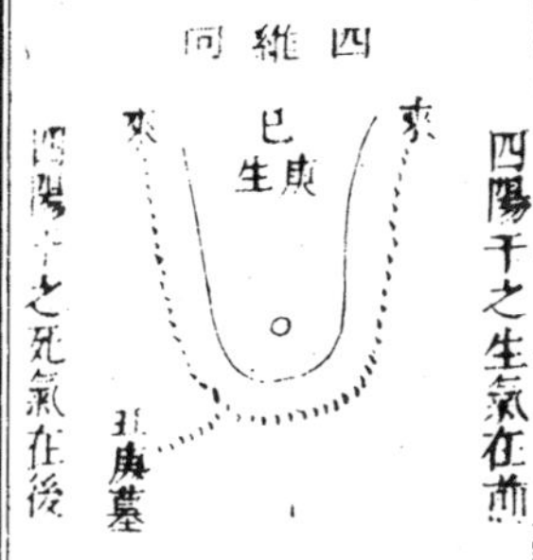

後合城兩水合于左後而去者。宜立四維向則四陽干之長生從前來上堂向左後大墓而去也。

四維向

乾坤艮巽寅申巳亥

此係倒騎龍局

後合城外水出文口之圖

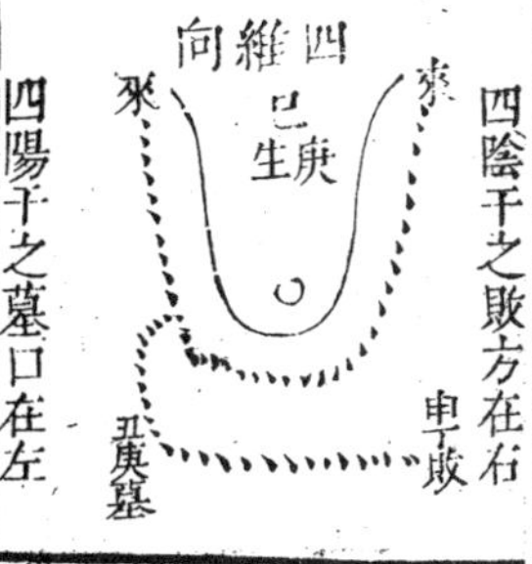

後合城二水合于左後而復出于右者。立四維向收之則四陽之長生從前來上堂內口出墓外口借四陰之文口而去也。此係倒騎龍局

四維向

乾坤艮巽寅申巳亥

後合城先天文口之圖

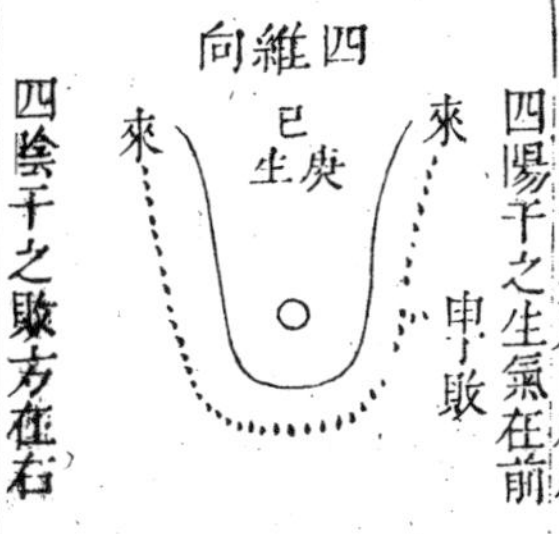

後合城兩水合于右側而去者。宜立四維向則四陽干之長生從前來上堂向右側借四陰之文口而去也。

四維向

乾坤艮巽寅申巳亥

此係倒騎龍局

後合城外水出墓口之圖

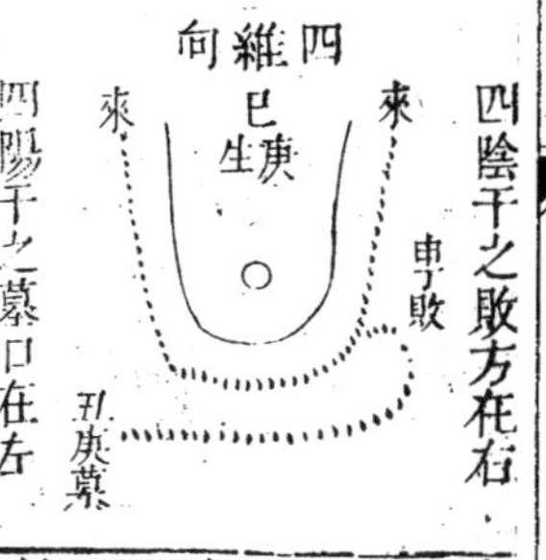

後合城二水合于右側而復出于左者。立四維向收之則四陽之長生從前來上堂內口借四陰之文口外口出墓而去也。此係倒騎龍局

四維向

乾坤艮巽寅申巳亥

直流去水生來衰去之圖

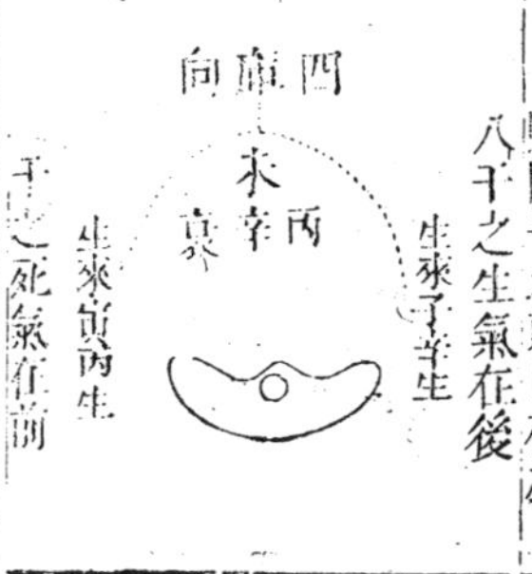

水從面前直去謂之直流。穴宜立四庫向則左右之生氣齊來上堂俱從墓方而去也。順騎龍全局

四庫向

乙辛丁癸辰戌丑未

變法 正針乾坤卯午四向

平洋水城總說

平洋與山有不同之形局，而無不同之理氣。能知山中納水之法，即可知洋中納水之法者也。余圖山中水城，將以付梓，而鄭子振辰以爲精于理氣者，即山可洋，即洋可山，若言初學，未必遽曉。欲余并圖洋法，庶無遺恨。嗟嗟，鄭子盛意如此，余敢辭一日之勞乎。乃將平洋水城分類而悉圖之，使世按圖而可索，然山城有說，而洋城不著說者，以山洋一理，可無多贅也。

平陽水城圖 以巳午未三向爲例

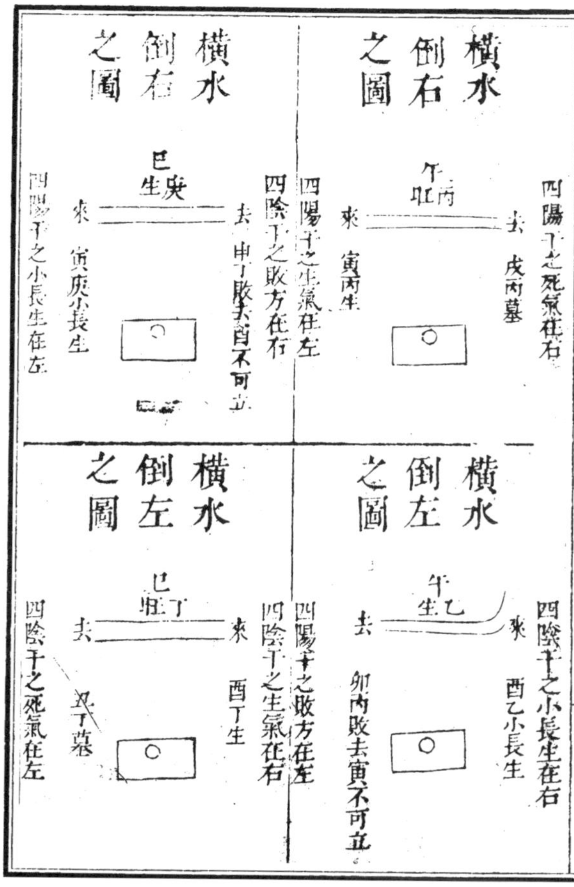

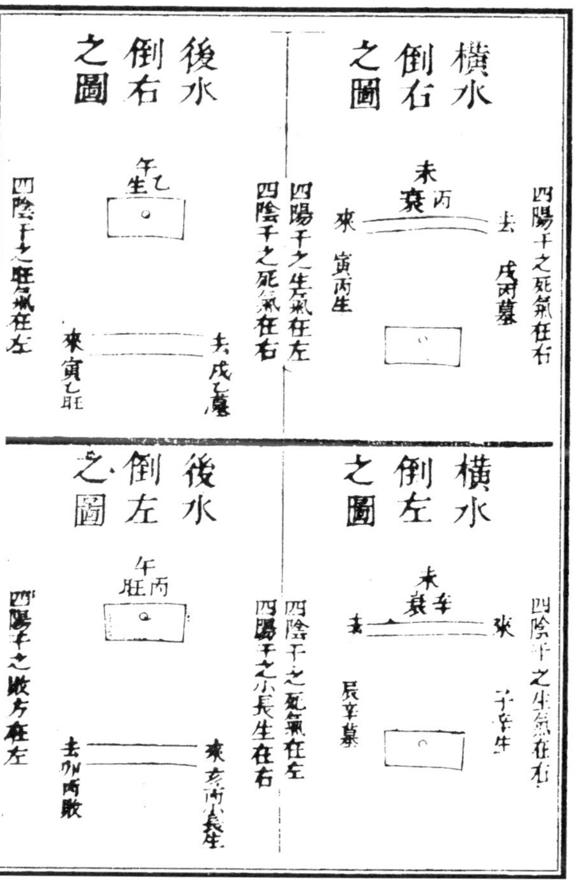

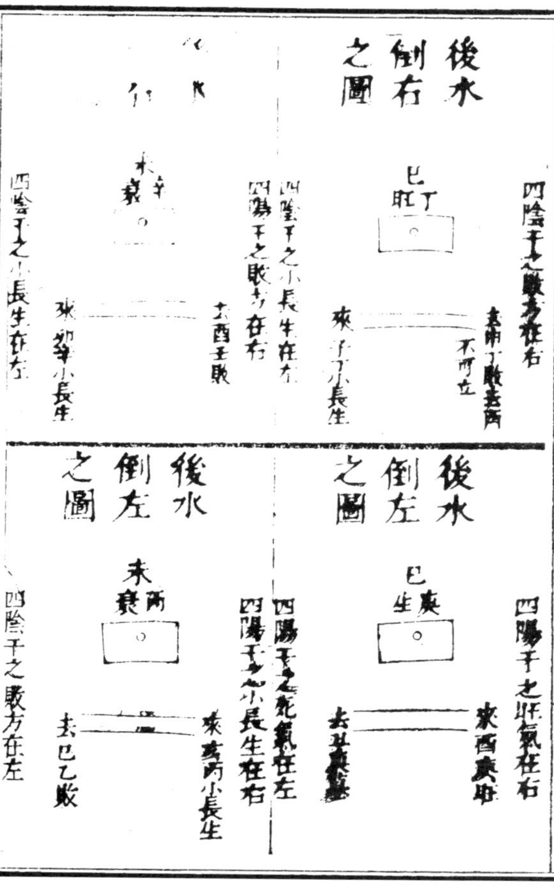

朝水倒右之圖

四陽干之死氣在右

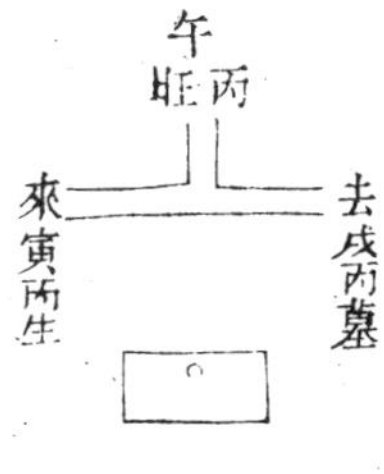

四陽干之生氣在左

朝水倒右之圖

四陰干之敗方在右

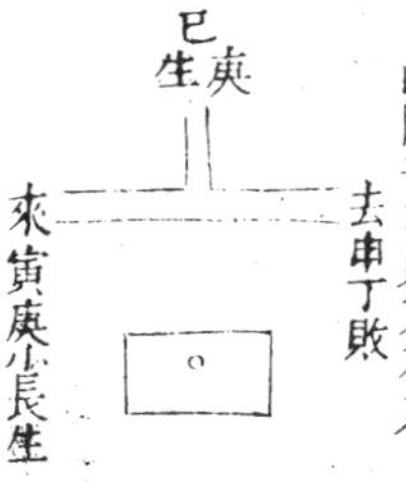

四陽干之小長生在左

朝水倒左之圖

四陰干之小長生在右

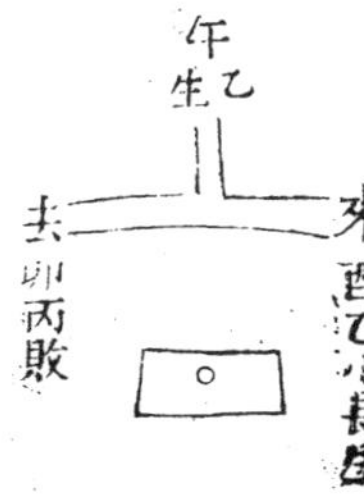

四陽干之敗方在左

朝水倒左之圖

四陰干之生氣在右

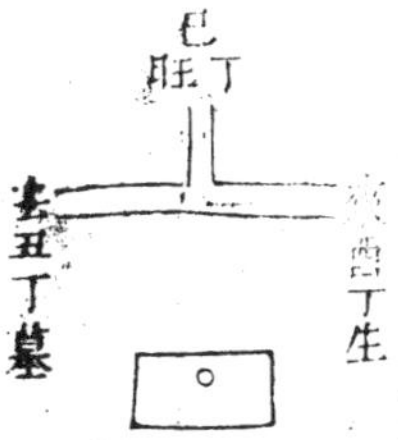

四陰干之死氣在左

織水倒右之圖

四陽干之衰口在右

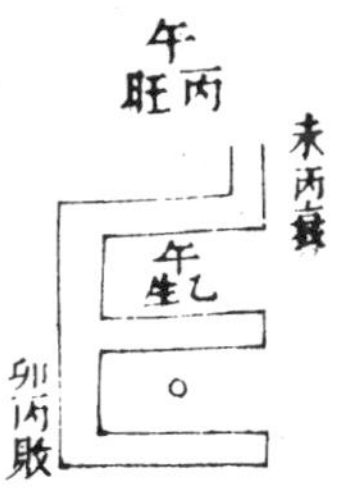

四陽干之敗口在左

織水倒右之圖

四陽干之病方在右

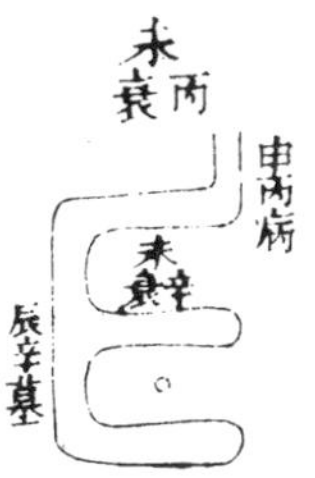

四陰干之死氣在左

織水倒右之圖

四陽干之敗方在右

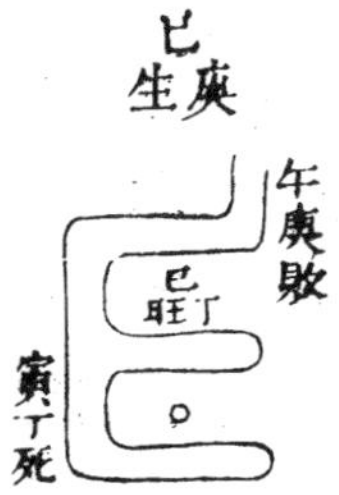

四陰干之死氣在左

織水倒左之圖

四陽干之死氣在右

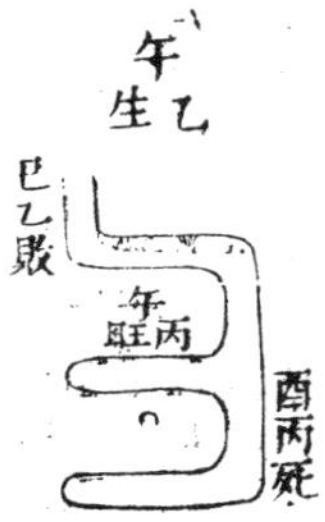

四陰干之敗方在左

織水倒左之圖

四陰干之敗方在右

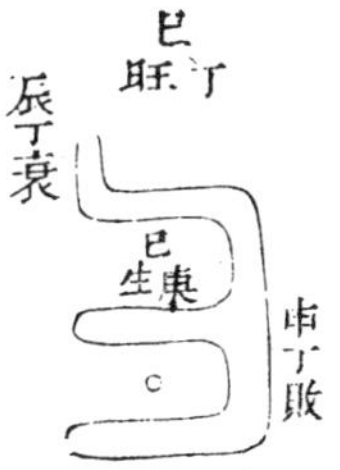

四陰干之衰口在左

分水倒左之圖

四陰干之生氣在右

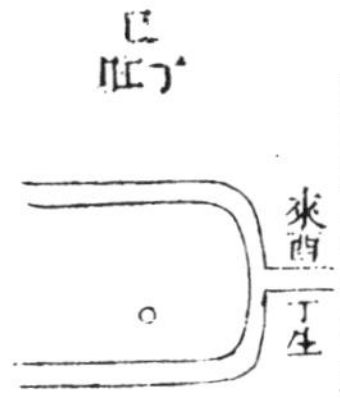

四陰干之死氣在左

織水倒左之圖

四陽干之死氣在右

四陰干之病口在左

分水倒左之圖

四陰干之生氣在右

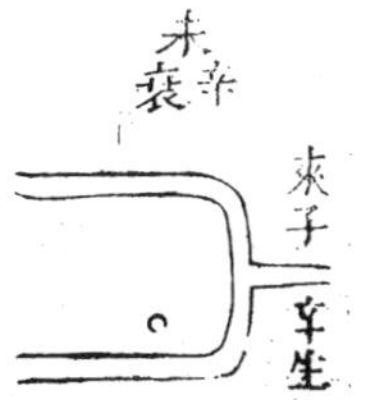

四陰干之死氣在左

分水倒左之圖

四陰干之小長生在右

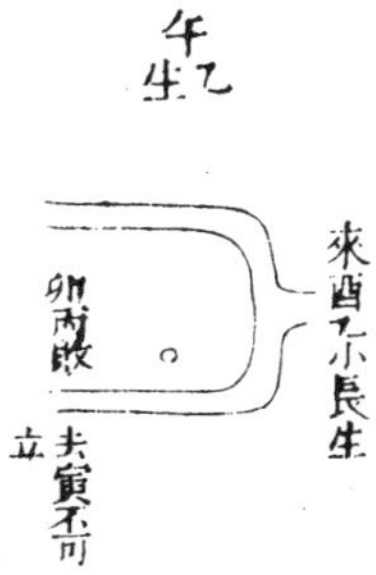

四陽干之敗方在左

分水倒右之圖

四陽干之死氣在右

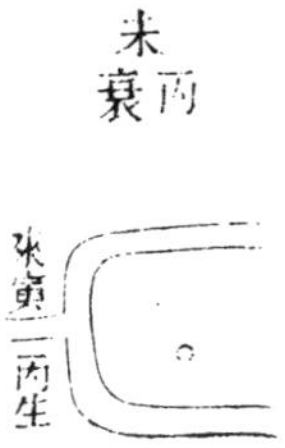

四陽干之生氣在左

分水倒右之圖

四陽干之死氣在右

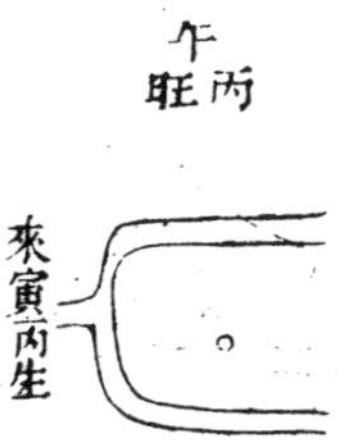

四陽干之生氣在左

分水倒右之圖

四陰干之敗方在右

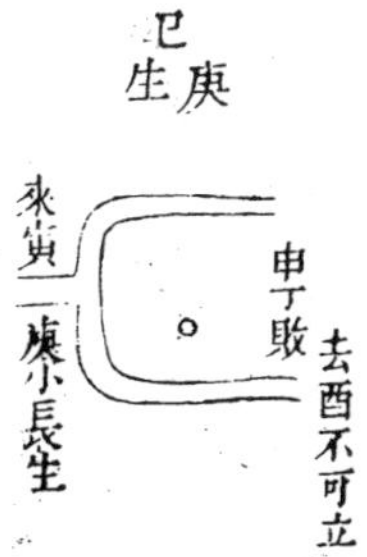

四陽干之小長生在左

合水倒右之圖

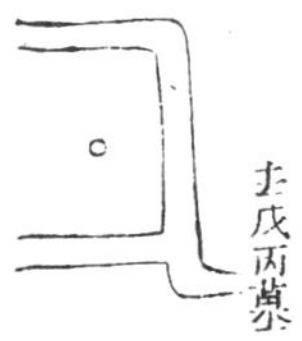

四陽干之死氣在右

四陽干之生氣在左

四陰干之生氣在右

合水倒左之圖

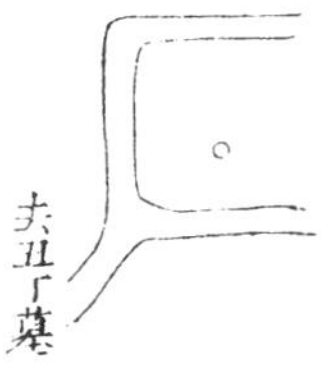

四陰干之死氣在左

合水倒右之圖

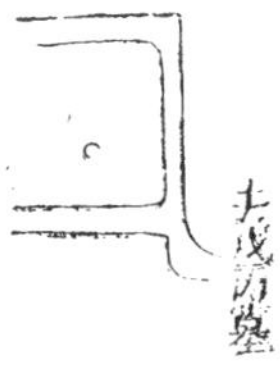

四陽干之死氣在右

四陽干之生氣在左

四陰干之生氣在右

合水倒左之圖

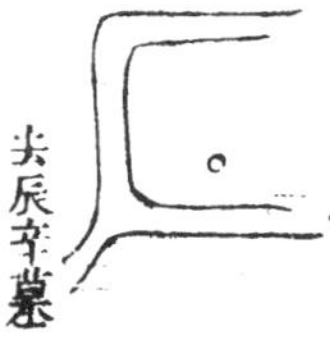

四陰干之死氣在左

合水左去之圖

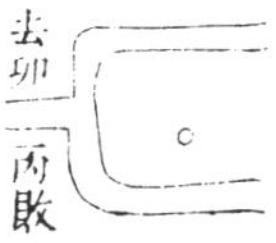

四陰干之小長生在右

四陽干之敗方在左

四陰干之生氣在右

合水左去之圖

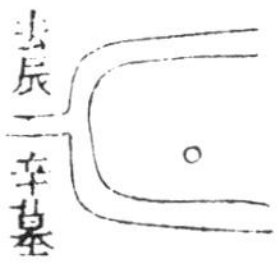

四陰干之死氣在左

合水左去之圖

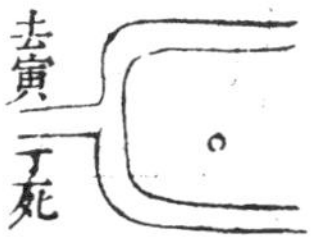

四陰干之生氣在右

四陰干之死氣在左

四陽干之死氣在右

合水右去之圖

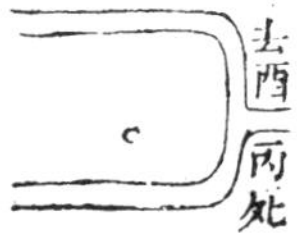

四陽干之生氣在左

合水右去之圖

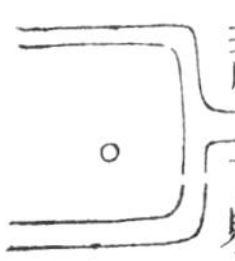

四陰干之敗方在右

四陽干之小長生在左

四陰干之小長生在右

合水左角去圖

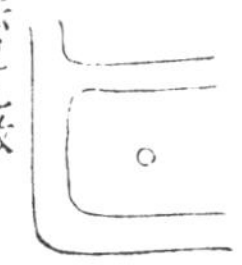

四陰干之敗方在左

合水右去之圖

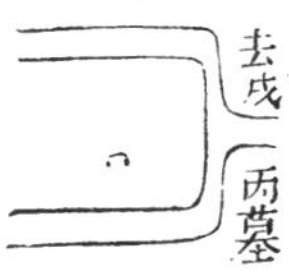

四陽干之死氣在右

四陽干之生氣在左

四陰干之生氣在右

合水左角去圖

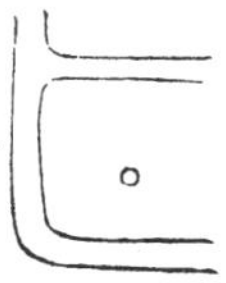

四陰干之衰口在左

合水左角去圖

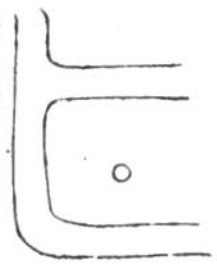

四陰干之生氣在右

四陰干之病口在左

四陽干之敗口在右

合水右角去圖

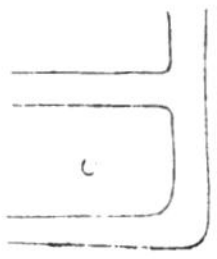

四陽干之生氣在左

合水右角去圖

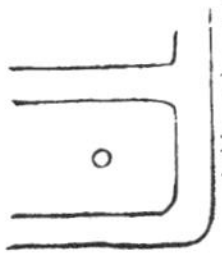

四陽干之衰口在右

四陽干之生氣在左

四陽干之病口在右

合水右角去圖

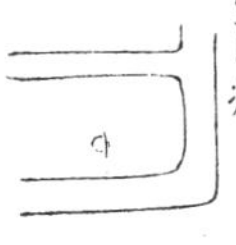

四陽干之生氣在左

後合右出之圖

四陰干之生氣在前

四陰干之死氣在後

後合左出之圖

四陰干之生氣在前

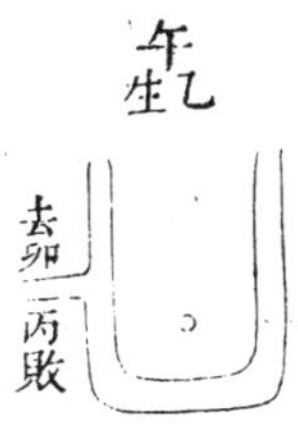

四陽干之敗方在左

後合左出之圖

四陰干之墓口在右

四陽干之敗方在左

後合右出之圖

四陰干之墓口在右

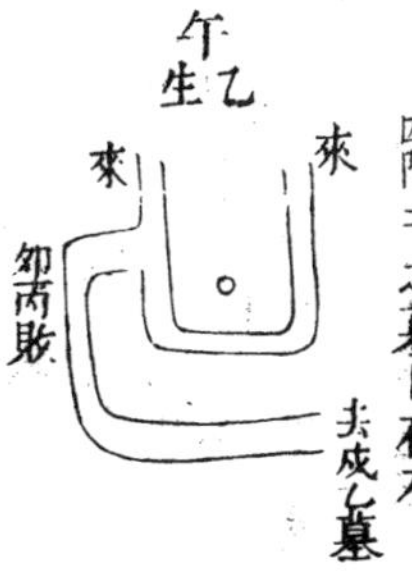

四陽干之敗方在左

後合右去之圖

四陰干之敗方在右

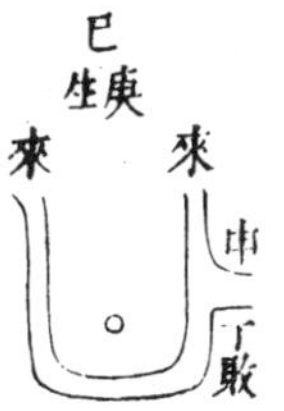

四陽干之生氣在前

後合左去之圖

四陽干之生氣在前

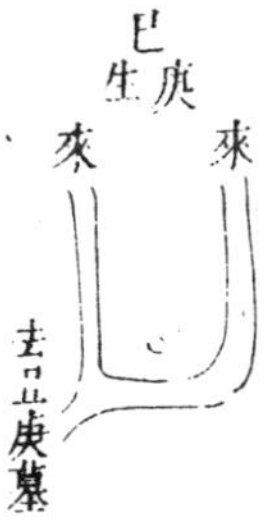

四陽干之死氣在後

後合左去之圖

四陰干之敗方在右

四陽干之墓口在左

後合右去之圖

四陰干之敗口在右

四陽干之墓口在左

後抱水城之圖

四陰干之死氣在右

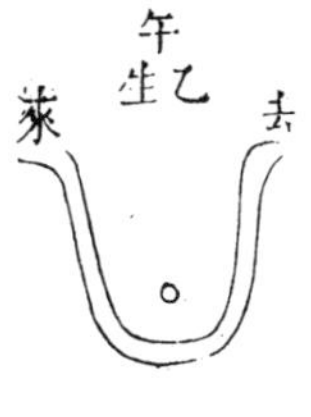

四陰干之旺方在左

後抱水城之圖

四陰干之敗方在右

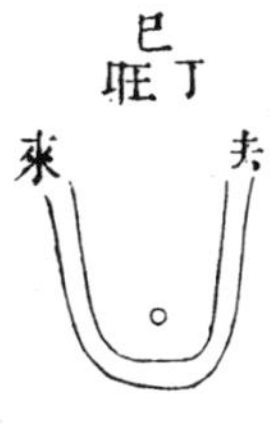

四陰干之小長生在左

後抱水城之圖

四陽干之小長生在右

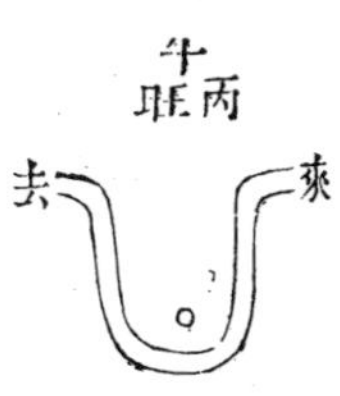

四陽干之敗方在左

後抱水城之圖

四陽干之旺方在右

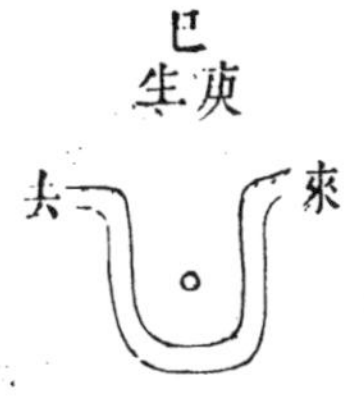

四陽干之死氣在左

田水左來之圖

四陰干之生氣在前

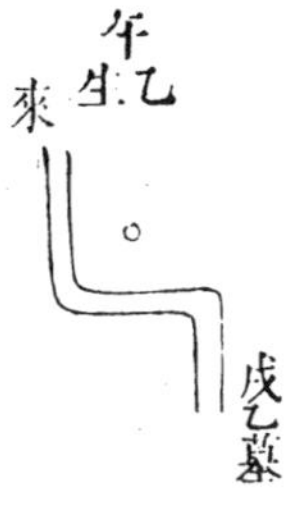

四陰干之死氣在後

田水右去之圖

四陰干之生氣在前

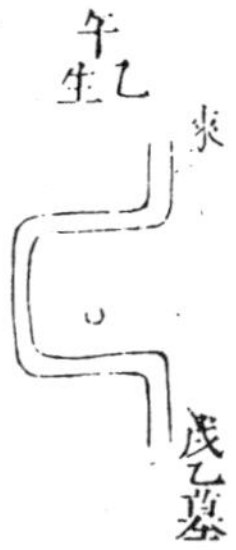

四陰干之死氣在後

回水右來之圖

四陽干之生氣在前

四陽干之死氣在後

回水右去之圖

四陰干之敗方在右

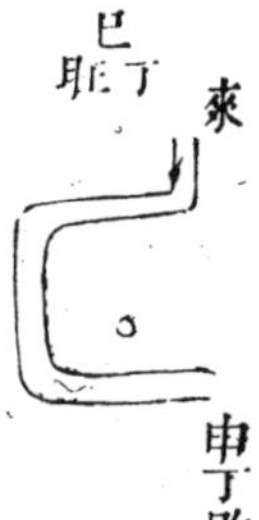

四陰干之墓方在左

回水左去之圖

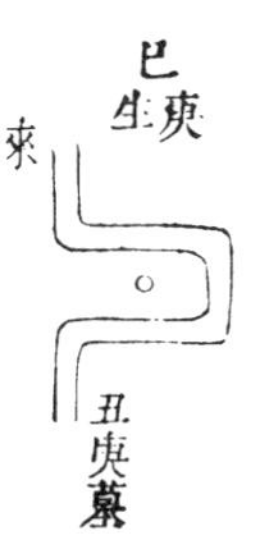

四陽干之生氣在前
四陽干之死氣在後

逆勢倒右之圖

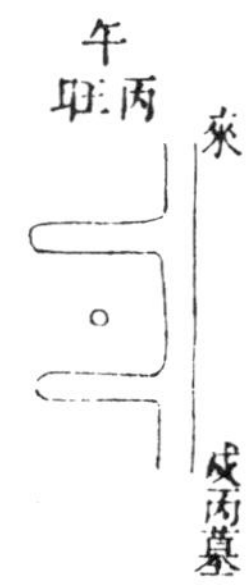

四陽干之死氣在右
四陽干之生氣在左

回水左去之圖

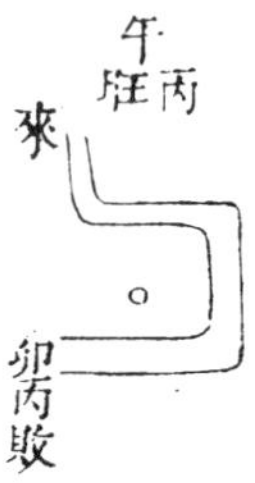

四陽干之墓口在右
四陽干之敗方在左

逆勢倒右之圖

四陽干之死氣在右
四陽干之生氣在左

逆勢倒右之圖

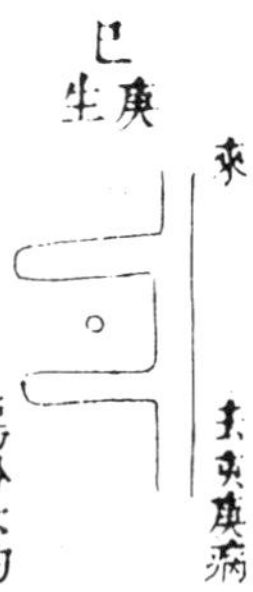

四陽干之病方在右
四陽干之小長生在左

逆勢倒左之圖

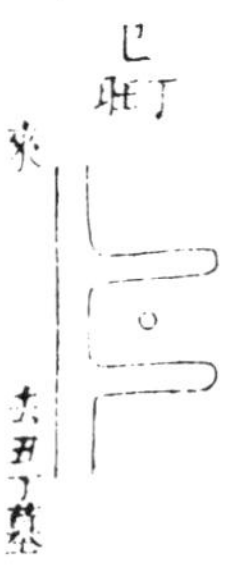

四陰干之生氣在右
四陰干之死氣在左

逆勢倒左之圖

四陰干之小長生在右
四陰干之病口在左

逆勢倒左之圖

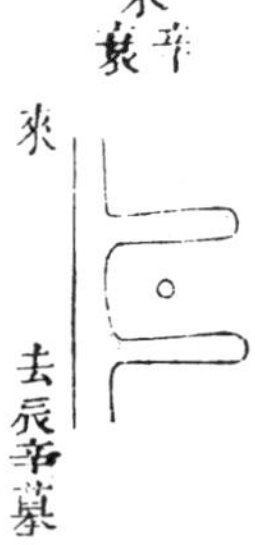

四陰干之生氣在右
四陰干之死氣在左

小逆勢倒右圖

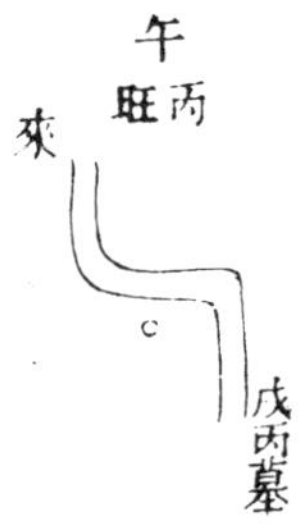

四陽干之死氣在右
四陽干之生氣在左

小逆勢倒左圖

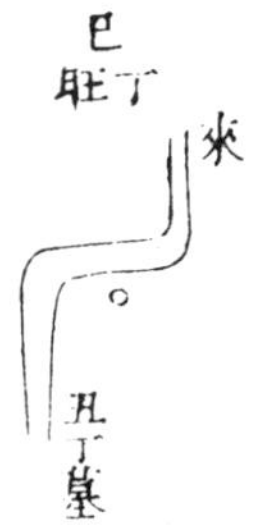

四陰干之生氣在右
四陰干之死氣在左

小逆勢倒右圖

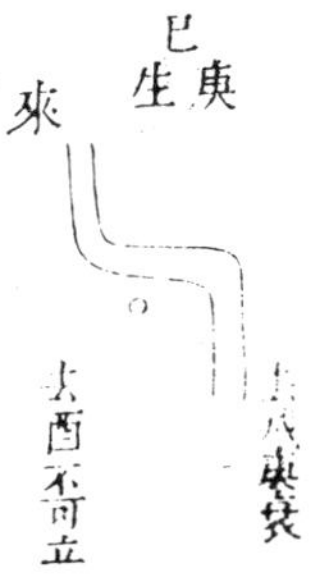

四陽干之衰口在右
四陽干之生氣在前

小逆勢倒左圖

四陰干之生氣在前
四陰干之衰口在左

斜去左角之圖

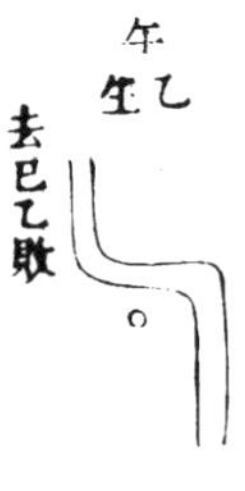

四陰干之小長生在右
四陰干之敗方在左

斜去左角之圖

四陰干之生氣在右
四陰干之衰口在左

斜去左角之圖

四陰干之生氣在右
四陰干之死氣在左

斜去右角之圖

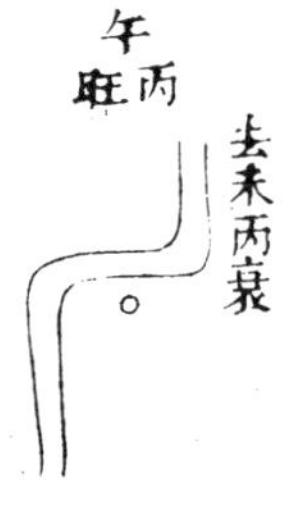

四陽干之衰口在右
四陽干之生氣在左

斜去右角之圖

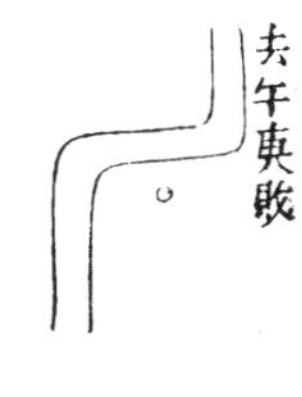

四陽干之敗方在右

合水消納之圖

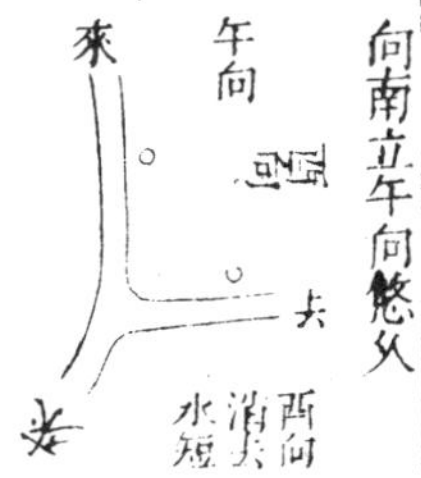

四陽干之小長生在左
向南立午向悠久
向西立酉向易退

斜去右角之圖

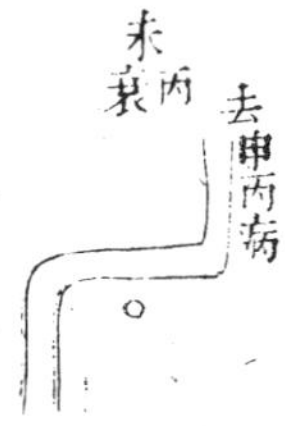

四陽干之病口在右

合水消納之圖

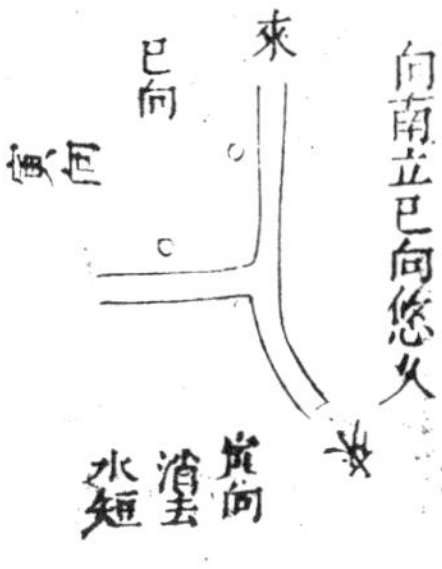

四陽干之生氣在左
向南立巳向悠久
向東立寅向易退

立向說

形局雖由天成而山向則由人立苟天成美地而人一錯其向則召吉迎福者反召凶迎禍矣立向之法可不講歟夫立向之道一觀左右旋二察明堂局三證之以水口而後向可不失也左右旋者如左水倒右則爲左旋陽氣甲丙庚壬之流行也右水倒左則爲右旋陰氣乙辛丁癸之流行也四陽先天之受氣後天之長生皆出于寅申巳亥故來源觀寅申巳亥四陰先天之受氣後天之長生皆出于子午卯酉故來源觀子午卯酉然

其來源則由向方而定也察明堂而證水口者所以定來源而辨向也如明堂在南左水倒右是巳午未三向則以寅爲來源以寅爲來源者蓋旣坐亥子丑三山則亥氣不行而左邊之源必出于寅也出于寅則爲庚之受氣丙之長生爲庚之先天丙之後天故以寅爲源則局非庚必丙也丙氣易收若欲收庚立巳向則當證之于去口若水出于午未則爲庚之敗口出于申則爲庚借丁之敗口去此二口可立庚之生向巳以收之若不出此二口則不可用宜立丙之旺衰向午未以收之坐亥子丑三山則用寅源而收庚丙若一坐寅朝申則寅氣又不行而非庚丙之局又當以巳而取用矣又明堂在南右水倒左是午巳辰三向則以酉爲來源以酉爲來源者蓋旣坐子亥戌三山則子氣不行而右邊之源必出于酉也出于酉則爲乙之受氣丁之長生爲乙之先天丁之後天故以酉爲源則局非乙必丁也丁氣易收若欲收乙立午向則當證之于去口若出于巳辰則爲乙之敗口出于卯則爲乙借丙之敗口去此二口可立乙之生向午以收之若不出此二口則不可用宜立

丁之旺衰向巳辰以收之坐子亥戌三山則用酉源而收乙丁若一坐西朝卯則酉氣又不行而非乙丁之局又當以午而取用矣凡左旋之水巳午未三向則以寅爲源申酉戌三向則以巳爲源亥子丑三向則以申爲源寅卯辰三向則以亥爲源其挨山排向定木源皆以寅申巳亥也右旋之水午巳辰三向則以酉爲源卯寅丑三向則以午爲源子亥戌三向則以卯爲源酉申未三向則以子爲源其挨山排向定水源皆以子午卯酉也夫既同此一源而必分先後天二向者以生旺二向各有本干之氣主之如巳午二向爲庚丙之所主故南面之局左水倒右午用丙爲後天巳用庚爲先天也其衰向可借者以源頭無本干之氣來故隨他干之氣流行而可收他干之氣如丑山未向左水倒右亥在坐山之右則甲氣不行故隨丙而爲丙之衰向也總之來源必用受氣與長生四冲之法也立向必分生旺衰三合之法也四冲列于四方而金木水火之位定体也三合吊于三方而金木水火之氣行用也体爲水源用以收之此不易之妙也若不知此而罔諳來源去路冒昧立

向當用先天反用後天當用後天反用先天則背天成之形局逆五行之運行而欲召吉迎祥也得乎此人事之失非天也此天地人之不可缺一也

地有二局說

凡地之水雖分倒左倒右然畢竟兩邊俱有水成堂止有一邊水者百中之一二也故一地之水必先後二天之法俱備蓋先天主秀慧後天主財祿寧有美地而缺其一乎若止有後天一邊水者出富少秀氣止先天一邊水者出聰俊少財祿且主秀分不均此即不足之地也故凡地多兩局俱全其吉其凶則在立向失與不失耳

向法宜精熟說

夫向與水城乃天造地設之局也既有來源自有去口既有來源去口自有收此來源去口之向一得其向無不悉洽不得其向而來源因來非向家之來源則來非生氣去口因去非向家之去口則去非敗絶滿局皆煞矣此向法之宜精熟也妙于向法者登穴而觀水城一得其向則來源去口不必下盤針而先知之豈有異術

哉蓋其來其去本天造地設此理當然則其氣自然而然此氣自然故形局自無不然並無毫忽之勉强者彼知之而所以先知也倘向法不精或顛倒生死令人滅絕或得一失一房分不均此皆人事之過也

文庫難用說

先天之局水出文庫必能眞富貴若尋常小地及撍屑之局必須用後天[illegible]旺衰口方穩當無失倘水口文庫不眞而輕用先天滑法致令死絕反逆冲破生旺其不敗乃事者鮮矣先天之法世人不易知亦不易

用知先天之法而不敢輕用先天之法方爲善用先天耳

認去口訣說

水口認得眞方可施先後天之向果然文庫方可用生向收之不則概用旺衰二向爲穩然又有說焉一味穩當倘當用先天而不用先天則亦背逆山川之眞性情矣烏能召福乎夫不敢用先天者皆由認水口不眞也今將認水口之法爲訣于後令人易曉而便于用向云水口者堂水流入客水處是也世人不知此故則不知眞水口而所指之水口皆錯余爲之訣曰

來源易知　去口難識　非葫芦腰　非犬牙織

血脉盡處　方爲眞的　知其竅者　不差寸尺

不知竅者　如面墻壁　訣與後人　庶不差忒

論放水

穴中溝水放出穴前要逆堂水若堂水出墓者溝水要出沐堂水出沐者溝水要出墓凡口宜正針乾坤艮巽丙甲庚壬不可放地干也

後天生方爲源旺方立向墓方爲口解

經曰朱雀源于生氣泒于未盛潮于大旺澤于將衰流于囚謝自郭氏言之後人未有精究其義者楊公引而不發劉公發而不明所以此言不彰著于人世抑知水法之妙不過引此生氣上堂耳朱雀者穴前水也原于生氣者水從長生發源也泒于未盛者合諸水而過沐浴冠帶臨官位也朝于大旺澤于將衰者聚于旺衰之鄉故向必朝旺衰二向也流于囚謝者去于病死墓絕也易言其原于生氣也如左水倒右爲左旋陽水立丙午旺向則丙火之生氣自左而上堂從右方囚謝而去

或借立丁未衰向其來去同旺向右水倒左為右旋陰水立艮寅陰木旺向則乙木之生氣自右而上堂從左方囚謝而去或借立癸丑衰向其來去同旺向若左右齊到立辛戌向則左邊為庚金之生氣右邊為癸水之生氣齊來上堂蓋庚金旺酉而衰戌癸水旺亥而同衰于戌也旺衰為向能引生氣上堂流囚謝而去此後天水法止用旺衰二向也余為之訣曰長生只為源旺衰向上守若問墓絕用止去作水口

借庫解

乙丙趨戌辛壬聚辰斗牛納丁庚金羊收癸甲八干納于四墓則水法止有四庫也而何以有借庫之法乎抑知正庫者同冠者同墓如乙冠于辰丙亦冠辰故乙丙陰陽相配而同墓于戌也借庫者衰方也衰何以為借庫也遇同養之陰陽也如丙養于丑辛亦養丑同養者年相若非若一老一少之不可配合故丙左旋辛右旋相遇于未雖不若生旺互用之真夫婦而亦可配可合之路夫妻也乙丙同墓故為墓合丙辛同養故為三合既陰陽之相遇復情好而相合焉得無生育之功哉夫去口主人丁故取陰陽之相交若陰陽不交則水不可去今既交矣水何不可去乎此庫之所以可借也

先天絕方為源長生為向沐浴為口解

正局之生旺墓者猶人之少壯死既出胎之初終末也為後天之局其理易明若夫先天之局以交媾受氣為始成胎為中既生而沐浴為末此受胎之初中末也其理幽而難識蓋一人之身有未生已生二局未生以十月為一局已生以百年為一局未生則生而局完矣已生則死而局完矣二局各有始終故先後天各有其法

也先天之局以絕方為受氣故以絕方為源以長生為向以沐浴為去口絕方何以云受氣也蓋陰陽不交則無生氣陰陽既交則生氣流行四墓之地陰陽交媾之實也墓之左為陽干絕位即陽干受氣之始也墓之右為陰干絕位即陰干受氣之始也故古人以絕為小長生蓋自受氣而成胎自成胎而養胎胎養成而長生既生而沐浴則後天之事起而先天之事完矣故水法亦有先後二天之局也後天以長生為始故必取生水上堂以墓方為終故必以墓方為去口先天以受氣為始

故必取絕水上堂以沐浴爲終。故必以沐浴爲去口。流神合此二局者無不發福背此二局者無不生凶蓋逆二天之序則凶順二天之序則福理所必然也二天各有終始。故始皆宜來。終皆宜去。非有二理也然欲辨其爲何局者當先觀其水口。水出墓口者則知其爲後天局也當用旺衰二向以收長生之來源水出沐口。則知其局爲先天局也當用八干生向以收受氣之來源。如左水倒右。過堂斜去出于甲丙庚壬口者四陽干之沐口也則當用四維四陽干之生向以收之若水不斜去而再曲抱出于乾坤艮巽口者爲四陽借四陰之沐口亦以四陽干之生向收之右水倒左過堂斜去出于乾坤艮巽口者四陰干之沐口也則當用四正四陰干之生向以收之若水不斜去而再曲抱出于甲庚丙壬口者爲四陰借四陽之沐口。亦以四陰干之生向收之後天水法水出正庫借庫共有十二口故向易立而水易消先天水法水出正沐借沐止有六口故立向不可不精細若水口不真則吉凶反掌矣大抵先天之氣清主出聰明賢秀後天之氣盛多主財祿厚福先天止有長

生一向沐浴一口。余爲之訣曰。受氣爲來源。長生向上守。此爲先天法。出水用沐口。

借文庫解

陰干生于四仲而逆行故寅申巳亥爲四陰之沐浴。陽干生于四孟而順行故子午卯酉爲四陽之沐浴。則沐浴止有一口也而何以有二沐口哉蓋沐浴者桃花敗地無耻亂交之所也如乙丙二干相配之男女也丙敗于卯者卯爲乙之家丙至此而遇乙故丙亂交于乙也乙敗于巳者巳爲丙之家乙至此而遇丙故乙爲丙亂交也丙至巳而見乙之沐浴故亂交丙故可借乙之沐口。乙至卯而見丙之沐浴故亂交乙故可借丙之沐口也然可借者亦彼夫婦二干耳至若他干氣不相通豈能借哉。

先後二天循環不絕解

先天之局源于絕位去于沐浴。後天之局源于長生。去于大墓。出于沐者先天之事終後天之事始由先天而入後天也出于墓者後天之事終先天之事始由後天而反先天也葬經所謂以返不絕也二局互續。其義無

端。此天地之道。所以生生不已。而人物無窮者歟。

不取墓向取衰向解

匹庫曰墓者。從八干之墓而得名也。如寅午戌局。以戌爲墓者。以丙火生寅旺午。順旋而墓戌。乙木生午旺寅逆旋而墓戌。故戌曰墓也。若作辰山戌向。左水倒右。似宜爲丙火陽局。然丙火生氣。隔在辰山之右。不得從左而流行。旣無丙火之生氣流行。則戌不得仍爲丙火之墓向也。辰山之左。巽巳之位。乃庚金之生氣。則左旋之水。明係庚氣之流行。庚金旺酉而衰戌。故戌爲庚金之衰向也。戌向右水倒左。似宜爲乙木陰局。然乙木生氣隔在辰山之左。不得從右而流行。旣無乙木之生氣流行。則戌不得仍爲乙木之墓向也。辰山之右。甲卯之位。乃癸水之生氣。則右旋之水。明係癸氣之流行。癸水生卯而旺亥衰戌。故戌爲癸水之衰向也。寅申巳亥。爲左旋之長生。爲右旋之帝旺。子午卯酉。爲左旋之帝旺。爲右旋之長生。此八干爲八干之專氣。故無借向之法。辰戌丑未。爲八干養冠衰墓之鄉。爲八干之雜氣。雜氣故隨左右旋而附于帝旺。而水法亦同旺向之法也。至哉

郭氏之言。原于生氣。朝于大旺。澤于將衰。于十二位中。只指出生旺衰三字。而以未盛囚謝。了其九位。可以知生方爲原。旺衰爲向也。蓋來源朝向。爲水法之主宰。得旺衰之向。自能收來方之生氣。而滿局皆吉神。失旺衰之向。則反撥死氣于來方。而全局皆凶煞矣。然旺向易知。而衰向難知。故爲之一辨。

墓向可借爲衰向說

墓向可借爲衰向者。以其不引動他干之死氣。故可隨左右旋而借向也。如面南之局。左水倒右。宜立午爲丙火旺向。若右水倒左而立午向。則午仍爲丙之旺向。而右來之水。爲死氣上堂。而凶矣。右水倒左。宜立巳爲丁火旺向。若左水倒右而立巳向。則巳仍爲丁之旺向。而左來之水。爲死氣上堂而凶矣。至若未向。無八干之旺氣。故無八干主管。倒右陽局。氣卽從陽而行丙火之事。來生去死。並無反逆之凶。倒左陰局。氣卽從陰而行辛金之事。來生去死。並無反逆之凶。故未本爲亥卯之墓方。而可借爲丙辛二局之衰向也。蓋未爲癸甲墓地。今局中毫無癸甲之氣流行。全是丙辛之氣流行。則未烏

得不從丙辛之氣而爲丙辛之衰向乎。

衰方水可來去衰向水可左右倒說

衰爲旺之餘氣而附于旺。經云冠臨衰旺無殊。故衰方可來也。衰爲囚謝之始。四墓之地爲八干之借庫。故衰又可去也。訣云惟有衰方可去來者以此。經云澤于將衰。澤者蓄也。聚蓄之處理宜朝之。故衰次于旺而可向。然衰向水可左右倒者何也。蓋衰方乃四庫雜氣。不得自主。左旋卽附于陽干四仲之旺。右旋卽附于陰干四孟之旺。旣附于旺。則能收來源之生氣。故水可左右倒也。蓋孟仲八方。各主一干之旺氣。故爲專氣而不變。四庫無旺氣。故隨左右旋而附于八干之旺氣也。如丁未二向爲丙辛之衰地。不得執爲丙之衰。亦不得執爲辛之衰。故左旋丙氣流行。卽從丙而附于午。右旋辛氣流行。卽從辛而附于申。附于申則水可倒左。附于午。則水可倒右。此衰向之所以可倒左倒右。而皆能收來源之生氣。出去水于囚謝者也。

水城立向說

天從氏曰。世人喜談地理。開口便說某祖山。某來龍。某主星。某青龍。某白虎。某朝案。斷吉斷凶。言之鑿鑿。這原是巒頭形局。應該看的。不思地理者。本合山水而言者也。山與水對待而設。緣何只談巒頭形局。不談水之形局。若只看山不看水。此之謂知高不識低。知後不識前。得一半。失一半。何貴乎談地理。與其有形局。旣名巒頭。水亦有形局。則曰水城。巒頭亦有千變萬化。水城形局亦千變萬化。巒頭形局。看局看面背。水城形局。看空界源流。何言乎空界源流。夫山界水而來。界水而去。界處卽空處。於是乎有橫空。有直空。有斜空。有交錯空。空而方。空而圓。空而尖。空而稜角。空而屈曲。空如簾。空如鎖。空如結紐。空如闌帶。空蕩在前。空蕩在後。空蕩在邊。空蕩趨前左角。趨前右角。趨後左角。趨後右角。或開陽。或環抱。或迴遶。或拱朝。狀如反牽凹射者不取也。能于空体形局。凝神定志。看得透熟。自然看出山之高。嵌入水之空裏去。水之空。挿入山之高裏來。配起夫婦。緊湊一團。融結此地。若但看高之一半。焉能會得山川之眞性情耶。旣能察水城形局。又須以理氣定其向方。使之來去得所。如橫水城形局。右水倒左。便知是四陰旺向出墓口。或爲形局所限。不可立旺。便可衰向。倘是沐口。又可生向。左水倒右。便知是四陽旺向出墓口。或爲形局所限。不可立旺。便換衰向借收之。朝水城形局水朝來倒左。則迎四陰旺向出墓口。水朝來倒右。則迎四陽旺向出墓口。水直流去。便是衰向衰口。斜水城形局。從右前角而去。或生向沐口。或旺向衰口。或衰向病口。從左前角而去亦然。纏水城形局。水倒右。遶後而左出。用四陽生向墓口。水倒左。遶後而右出。用四陰生向墓口。蓋因四陽干之生氣在左。死氣在右。四陰干之生氣在右。死氣在左。或陰陽干之生氣俱在後。死氣俱在前。或生氣俱聚在前。死氣亦俱聚在後。總之源于生旺而流于因謝也。兼之進退神。生尅入。四維奇貴貪狼諸格。至矣備矣。莫不就向方上得之。而向方一得。諸水城形局之上巒頭理氣若合符節。彼執理氣以求向方者。其巒頭水城兩形局。不爲風馬牛者鮮矣。且山水形局。譬猶人身。人之一身。小天地也。頭腹手足同山形局。喉脘胃腸同水形局。口是長生來源。胃是旺衰澤處。谷道是病死墓絕去流。而膀胱之瀉則沐地也。假如人身者只有軀

殼。不有臟腑可乎。臟腑不係則氣血精神性情。盡飛越矣。雖存軀殼不亦僵乎。若夫向之干係重且急者。譬猶投時于臟腑以養軀殼也。投以茶飯則生矣。而精糲不同。則貧富有辨。投以珍羞又貴矣。投以參朮以云救也。投以砒。投以鴆毒。橫禍立見。倘欲緩須臾無死。其可得乎。彼向者。水之生死係焉。水者。山之生死係焉。向未曾立。天地自然之山川。乃自然之配合。常在向既曾立。還山川自然之配合于天地。今有人焉以主之。則大吉大應。小吉小應。合三才爲一家矣。得斯道者在于熟識水城之形局。

贊

明堂十字　朱雀流源　生庫絕沐　混亂相傳
先賢密旨　誰透其關　惟九升氏　二天劃然
圖脩論悉　奪命改天　傳于百世　後學賴焉

葉日章景明氏題

十二宮圖一個圈　若來若去自循環
源流任彼行無事　指是先天與後天

葉壽天徒氏題

只宜淺。惟培土爲得。朱文公云。平洋惟嘉湖不可開鑿。以其寸土之下即水也。每見培土者。發福速而蔭久遠。閩之漳泉。粤之廣州。亦然。今人不察南北地利之宜。不宜。一概深掘。不擠于禍者鮮矣。

理氣三訣卷之二下

古婺葉 泰九升父著
白岳黄 恒常吉父參
海昌鄞 宮振晨父訂
張會融以疇父較

水法無事訣下 正針水法

小元空水路說

水法之禍福。既以向家之生旺墓而定矣。而何以復有小元空之說乎。則元空之說不已贅乎。抑知小元空之說自有不可廢者。蓋三合論水神倒左倒右之大局。而小元空則定水路屈曲之細情也。如水從東流西。此大局也。而流神屈曲之中。亦有從南投北。自西轉東之處。則不得概以爲自東投西也。小元空之法。從水路屈曲之中。逐節格定其方位。取其生向尅向者爲吉。生出尅出者爲凶。經所謂五行實無係于龍家。禍福須取明于水路。又云子之奪之。彼無心而昌濟。生入尅入。情既去而復留。蓋三合論生旺之理。而元空論顧復之情也。水路有情于向。則穴得而受之。無情于向。則穴不得而用之矣。然小元空水路。必不能純吉無疵。故從明堂逆步來水。得生入尅入之水。步主其年發財祿。順步去水。得生入尅入之水路。主其年發人丁。經云天關開財祿之源。地軸濬化生之實也。故無三合之法。則無以定大局之禍福。無小元空之法。則無以定逐年丁財之興替。則小元空之水。焉得不繼三合而急講歟。

小元空用法

元空之法。以生入尅入爲吉。主發丁財。生出尅出爲凶。主退丁財。其論生論尅。則以向家之三合五行爲主。以論玄空五行之生尅。此秘妙也。今將三合向方。分玄空之生尅于後。以便攷焉。

乾亥甲卯丁未六木向 向係縫針水路係正針

吉水　生入子寅辰巽辛巳申壬水　克入乾坤卯午水

凶水　生出丙丁乙酉水　克出戌庚丑未水

艮寅丙午辛戌六火向

吉水　生入亥癸艮甲水　克入子寅辰巽辛巳申壬水

凶水　生出戌庚丑未水　克出乾坤卯午水

巽巳庚酉癸丑六金向

吉水　生入戌庚丑未水　克入丙丁乙酉水

凶水　生出子寅辰巽辛巳申壬水　克出亥癸艮甲水

坤申壬子乙辰六水向

吉水　生入乾坤卯午水　克入戌庚丑未水

凶水　生出亥癸艮甲水　克出丙丁乙酉水

右吉水生入尅入之進神也。凶水生出尅出之退神也。

小元空五行水路說

天徒氏曰。余每聞時師云。元空水法。以濟諸水法之窮。諸水法不能用。則用元空。至問其諸水法與元空水法殊。又懵然毫無把鼻。迨與九升氏論水法。則知時師不識水法。并不識元空。無本之學術。自欺以欺人。何哉。蓋元空者。水法之總名也。楊公云。晉世景純傳此術。演經立義出元空。朱雀發源生旺氣。一一講說開愚蒙。意本乎郭氏葬經之朱雀。原于生氣。派于未盛。朝于大旺。澤于將衰。流于囚謝。由此觀之。水何有諸法之云乎。又何有元空另作一種水法乎。若夫元者。北方之水色。空者不從山而從向。合元空云者。即所云水在向上也。是法也有體有用有綱領有節目不可有此而無彼不可倒行而逆施請述其例寅原丙之生氣午原乙之生氣同墓于戌而乙寅丙午互旺焉申原壬之生氣子原辛之生氣同墓于辰而辛申壬子互旺焉巳原庚之生氣酉原丁之生氣同墓于丑而丁巳庚酉互旺焉亥原甲之生氣卯原癸之生氣同墓于未而癸亥甲卯互旺焉于是向生則用動旺墓向旺則用動生墓向墓則用動生旺二十四山俱生旺墓三字括之試觀東向寅卯辰起雙山而爲六艮寅是丙生向乙旺向甲卯是癸生向甲

旺向乙辰是辛壬墓向彼巒頭形局而列六向于前非生則旺非旺則生非生旺則墓非墓則生旺必不能脫之者卽移東南巽巳亦是生旺移東北癸丑亦是墓向盡于生旺墓向之稱謂卽名生向旺向墓向二十四括而爲三不亦簡而當哉假如橫水城形局左水倒右立丙向是個火旺向東方水來原生氣于寅西方去水流囚謝于戌水合局矣法盡此乎未也得此水合局者太歲塡實寅午戌三方占其發福不在寅午戌三太歲竟無斷驗耶欲遂觀之則步水路又據此丙向局水路且

東北上堂邁南往西北其大較也不知于空界屈曲之玄東東西西南南北北轉灣翻注歷境多多而步水之五行不得不起矣靑囊曰若論玄空分五行知得榮枯死與生分五行者將玄空又分爲四火四金四木四上八水小元空也以此五行用周慶四尺五寸爲一步一步管一年到丙向明堂步水逆格其來逐節格之得甲是木爲丙向之生入得寅是水爲丙向之尅入遇卯是金爲丙向之尅出遇丑是土爲丙向之生出生入尅入之步吉生出尅出之步凶來處曰天關以卜財祿榮枯

又到丙向明堂順格其去逐節格之遇坤是金爲丙向之尅出遇庚是土爲丙向之生出得辛是水爲丙向之尅入得亥是木爲丙火向之生入生入尅入之步吉生出尅出之步凶去處曰地軸以卜人丁生死水神流來生入尅入情到向也水神流去生入尅入情復留也故向者原有情于我者也水路有情于向則向邀水路之情而皆情于我如水路無情于向雖來去之水皆我屬下情先叛反不爲我福且爲我災矣故水路之水有去而不去者有來而不去者有去而去來而來者皆在

生旺互用元竅相通中步之以測其情也蓋生旺墓之五行理也生尅出入之五行情也生旺墓爲體爲綱領生尅出入爲用爲節目全舉而情理悉現合情理以言水法有不賛嘆其眞元眞空者哉元空之理爲時術淆訛已久余故因九升氏之論小元空而賛是說于其後云

附進退神水法

十四進神十退神說

小元空水路以生入尅入爲進神生出尅出爲退神故經云生入尅入是進神生出尅出是退神而經中又有十四進神十退神之說則又取宜來忌去宜去忌來之義與元空來去皆喜進神者不同余細詳其理究不外生旺墓之法是法中而更取其相宜之水路者也以其名與元空近故亦附于元空之後焉

十四進神訣并解

丙向午水朝富貴保千秋 倒右係旺向旺水出墓口 倒左係生向生水出沐口

坤向申水至亦出文章貴 倒左係旺向旺水出墓口 倒右係生向生水出沐口

未向坤水朝大富出官僚 倒左係衰向旺水出墓口 倒右則非

丁向午水入田地金銀積 倒右係衰向旺水出墓口 倒左則非

申向申水來富貴有梯媒 倒左係旺向旺水出墓口 倒右係生向生水出沐口

庚向申水至百寶金銀聚 倒右係旺向官水出墓口 倒左加申係旺水出墓口

亥向亥水朝富貴永無休 倒左係旺向旺水出墓口 倒右係生向生水出沐口

壬向子水朝田地遍他州 倒右係旺向旺水出墓口 倒左係生向生水出沐口

子向子水入官職登科甲 倒右係旺向旺水出墓口 倒左係生向生水出沐口

癸向亥水朝也自旺田牛 倒右係衰向官水出墓口 倒左則非

艮向甲水朝巨富足錢財 倒左係旺向官水出墓口 倒右則非

寅向水來丙百口庄田進 倒左係旺向生水出墓口

甲向卯水至富貴應無比 倒右係旺向旺水出墓口 倒左係生向生水出沐口

乙向甲水來財穀成堆積 倒右係衰向旺水出墓口 倒左則非

右十四進神宜來忌去故曰進神經云進水須教近戶庭也然十四之外甲庚丙壬四向本向水來亦是進神忌流去也

十退神訣并解

巳向水流丁打馬去朝京 係倒右斜水生向沐口

午向水流丙五馬坐專城 係倒左斜水生向沐口

酉向水流辛富貴足金銀 係倒右斜水旺向衰口

辛向水流丑也自足田牛　係倒右橫水衰向墓口
戌向水流乾金銀如砂積　直流局衰向衰口
乾向水流乾富貴出雙全　亥向加戌亦衰向衰口
丑向水流艮富貴聲名遠　直流局衰向衰口
卯向水流乙財穀自然聚　係倒右斜水生向衰口
辰向水流巽富貴庄田進　直流局衰向衰口
巽向水流巽富貴自然定　向宜加辰亦衰向衰口

右十退神宜去忌來。故曰退神。經曰退水宜流千百步也。然乾坤卯午四向及四維兼加四庫者，皆以本向水去爲退神，亦忌朝來也。此法甚驗，況乎庫借庫文庫之法畢備，最能長人學識。習水法者宜熟玩而細思之，不得輕輕看過去也。

司馬頭陀水格

水格說

天干輕清，地支重濁而有煞，逢太歲冲動則凶，故水喜流天干。青囊言之詳矣。歌中有貪狼奇貴之格，故司馬氏因之著水法。人皆言公之水法奇，然公之水法悉皆生旺之理，而妙于用干維之輕清者也，何奇之有哉。

四貪狼例

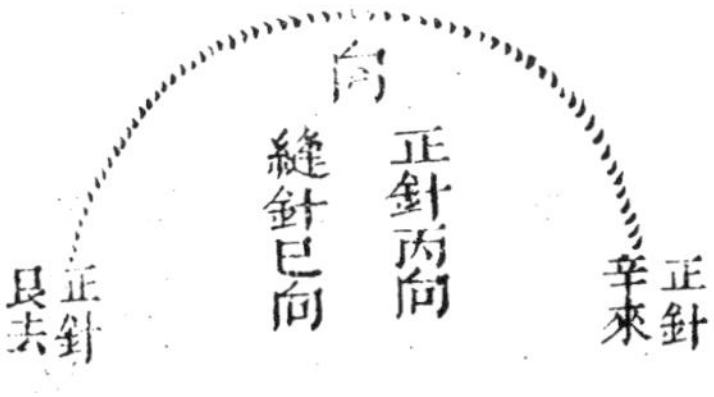

訣曰

巽庚癸與乾甲丁　艮丙辛與坤乙壬
四貪狼格眞奇異　定出科名及第人

巽庚癸者，正針庚向，得癸水上堂，倒左出巽是也。餘倣此。甲丙庚壬是向，乙辛丁癸是來水，乾坤艮巽是去口。小神過中神而入大神也。此係四陰之旺向，生水上堂，出墓方而去。

丑正針甲庚丙壬串縫針寅申巳亥向

三奇格例

訣曰

乾癸坤辛正是奇　艮乙巽丁過度時
若是相逢依順逆　爲官早折桂中枝

乾癸者，正針丙向，得癸水上堂，倒右出乾是也。餘倣此。甲丙庚壬是向，乙辛丁癸是來水，乾坤艮巽是水口。亦小神過中神入大神也。此係四陽之旺向，生水上堂，出墓而去。

丑正針甲丙庚壬串縫針甲丙庚壬向

三合連珠例

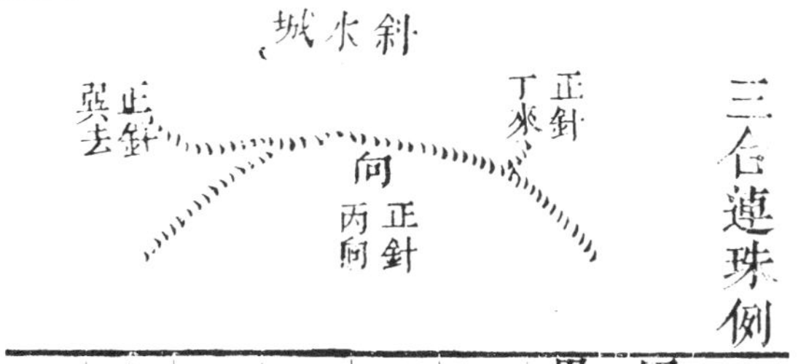

訣曰

甲乙艮兼丁丙巽　辛庚坤與癸壬乾

貫入三合連珠水　三合連珠擱了錢

甲乙艮者。正針甲向。得乙水來朝。倒左出艮是也。餘倣此。甲丙庚壬是向。乙辛丁癸是來水。乾坤艮巽是去口。小神過中神而入大神也。

立正針甲庚丙壬向。左右兼加俱可。

三合連珠例

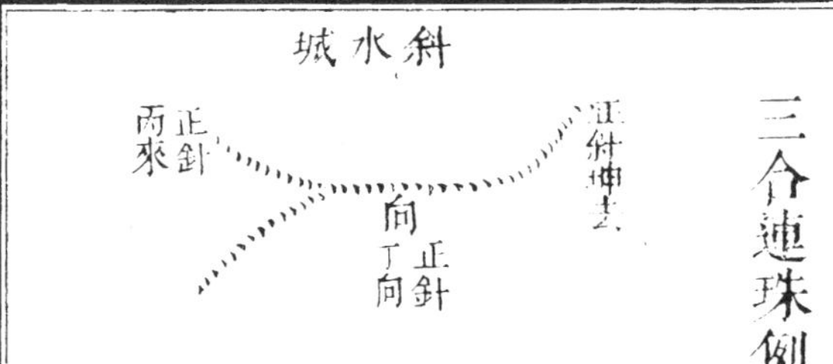

訣曰

辛入乾宮百萬庄　癸歸艮位發文章

乙向巽流淸富貴　丁坤終是萬斯箱

辛乾者。正針辛向。得庚水上堂。倒右出乾是也。餘倣此。乙辛丁癸是向。甲丙庚壬是來水。乾坤艮巽是水口。小神向中神入大神也。

立正針乙辛丁癸向。左右兼加俱可。

直流格例

訣曰

巽坐水流乾上去　金水相生富且貴

若流辛戌亥壬方　失火流離遭[illegible]配

乾山巽水出朝官　來水去水總一般

若教巳辰來去見　男孤女寡受貧寒

坤山艮水出富豪　爲官分外更淸高

切忌寅丑支上去　瘟[illegible][illegible]疲幾番遭

艮山坤水還主富　廣置田園開質庫

只忌申未兩宮流　賣盡田園并絕戶

祿馬上御街法

訣云。乾宮正馬甲方求。借馬原來丙上遊。辛是乾宮之正祿。三方齊到福無休。巽辛正馬甲正祿。艮丙馬兮祿乙搜。坤是乙來爲正馬。丙爲正祿更宜求。

左水倒右局

乙丙坤　丁庚乾　辛壬艮　癸甲巽

乙丙乾　丁庚艮　辛壬巽　癸甲坤

上字是水源。中字是向。下字是水口。餘倣此。此八局要串縫針甲丙庚壬向。忌申寅申巳亥向。

乙丁坤　丁辛乾　辛癸艮　癸乙巽

乙丁乾　丁辛艮　辛癸巽　癸乙坤

以上八局。左右兼加俱可。

甲丙坤　丙庚乾　庚壬艮　壬甲巽

甲丙乾　丙庚艮　庚壬巽　壬甲坤

以上八局。宜串縫針甲丙庚壬向。忌串寅申巳亥向

甲丁坤　丙辛乾　庚癸艮　壬乙巽

甲丁乾　丙辛艮　庚癸巽　壬乙坤

以上八局。左右兼加俱可。

右水倒左局

乙壬乾　癸庚坤　辛丙巽　丁甲艮

乙壬坤　癸庚巽　辛丙艮　丁甲乾

以上八局。宜串縫針寅申巳亥向。忌串甲庚丙壬向。

乙癸乾　癸辛坤　辛丁巽　丁乙艮

乙癸坤　癸辛巽　辛丁艮　丁乙乾

上前四局。左右兼加俱可。後四局宜加辰戌丑未。

甲壬乾　壬庚坤　庚丙巽　丙甲艮

甲壬坤　壬庚巽　庚丙艮　丙甲乾

以上八局。宜串縫針寅申巳亥向。忌串甲庚丙壬向。

甲癸乾　壬辛坤　庚丁巽　丙乙艮

甲癸坤　壬辛巽　庚丁艮　丙乙乾

上前四局。左右兼加俱可。後四局宜加辰戌丑未

直流去局

甲丁乾　丙辛艮　庚癸巽　壬乙坤

下一字是向。上二字是左右來水。宜串縫針辰戌丑未向。忌串乾坤艮巽向。

干維水法祿馬上街說

青囊云。八干四維流皆吉。若放支長起禍殃。又曰。小神須要入中神。中神要入大神位。三折祿馬上街去。一舉登科名冠世。蓋地支重濁有煞。故水喜流干維。其中又要八干入四維則吉。若四維入八干大凶。蓋逆其序則凶也。四維爲御街。八干爲祿馬。若得八干入四維。爲祿馬上御街。凡大水小水溝水。合此格者。必發貴秀也。

通氣訣序

不規而圓不矩而方不準而平不繩而直造化聖人容能之以矩求圓以規求方以準求平以繩求直則無不方無不圓無不平無不直聖人竭目力繼以規矩準繩也規矩準繩有工求方圓平直法也法不脩物不成形家山欲收煞欲出猶物欲方圓平直欲物之方圓平直即竭盡心思無規矩準繩以治之不可得欲山收而煞出無收出之法以治之即竭盡心思亦不得山收或煞不出煞出或山不收或山不收且煞不出釋 先[illegible]山水背逆水山全逆凶禍絕滅害非淺淺也余發明先賢心法為通氣訣爰立五例有正有變有經有權法無不備以符山川性情契天造形局山無不收煞無不出矣欲收山出煞者其[illegible]為規矩準繩乎如以余法例而可則彼不規矩而方圓不準繩而平直者也吾烏乎知之

東海韋毅行書

理氣三訣卷之三

古婺葉泰九升父著

葉樵雲客父叅

海昌郭廷彥顏川父訂

鄭謀用賓父校

作法通氣訣

通氣總說一

地理之道山水兩者而已余之承禎訣立向配龍所以收山也無事訣順水立朝所以收水也山水之道盡于二訣之中矣而余何以復有通氣訣之作乎蓋遵承禎訣以立向而或背于無事訣之水則得山而失水依無事訣以消水而或背于承禎訣之向則得水而失山不幾二訣自相矛盾而山水必不可全收乎不知法立其經道通其變不得刻舟膠柱者也故將通變之道其列于左使二訣之用活潑潑地兼錄楊公之截偽乘真賴公之耳腰乘氣等法而理氣之妙用和盤托出矣

通氣總說二

山為陰氣水為陽氣二氣融結而穴始成雖然一則靜

而不動一則走而不動性情各別誰能使山之氣通于水水之氣戀于山歟曰賴有天以媒之也天者何向是也穴埋于地向朝于空空即天也蓋山艮爲少男澤兌爲少女二物相遇眷戀之情不期而生然不得其媒澤山雖感不能姤也故得其向則婚媾成而一氣相通失其向則讒謗生而兩情睽隔地之成敗關于向之是非非淺淺也但此向也無形可見惟理可推必多方詳審而後可知亦必多方斡旋而後得就非一法之所了也爰有五例具列于左

第一例以向配龍說

夫龍穴既得又在得向而向非懸空以求之也亦即從此山此水中以審之焉經雖云順水立朝然山爲體水爲用故向必以配龍爲主也如左落亥龍入首堂局在南者當立壬山丙向純淨相配天星相宜能收起亥龍之氣謂之收山也次觀明堂之水若左水倒右則當丙向兼午串縫針丙向右水倒左則當丙向兼巳串縫針之巳向依此兼加而水亦無不納山澤之氣相通矣其在平洋或以龍或以局或以浜頭之氣依上法配向

第二例移龍就向

古人于穴中作用不曰乘龍而曰乘氣妙哉其爲言也若言龍則一定而不可易矣蓋龍則一定氣則不定于一龍之上左右挨移氣便不同如西北一乳入首從中格之則乾氣也移步過東格之則變爲戌移步過酉格之又變爲亥活潑潑聽人去乘乘乾便是乾乘戌便是戌乘亥便是亥只要乘得他來即爲貫穴之氣故此中有活法作用之妙所以古人不曰乘龍而曰乘氣也此是地理家千金不傳之秘不肯輕與人說者余生平於人問道並不隱秘但此句亦不輕說何也以淺陋之人聞之反怪駭而訕誹也然余志在闡明先賢之道至著書之際亦不能不說出移龍之法如寅甲龍入首而堂局在正西止有庚酉辛三向可立龍陽向陰必難相配法當舍去寅甲于近北那邊斜乘卯氣入穴使其純陰不駁若左水倒右辛向酉向庚兼酉向俱可立右水倒左者則宜立庚兼申向辛兼戌向移寅甲爲卯氣以配陰局而山水可全收矣

第三例內外兩向

內外兩向者，內向以配龍，外向以收明堂水法也。堂局水向不能配龍，入首龍氣不可移換，山水二者必不能兼收，于是先賢立兩向之法，一以收山，一以收局也。如子龍入首，右水倒左，堂局偏在巳，不可立午陽向，于是欲移龍就向，則壬子癸一片陽氣不可發，欲以午向配龍，則明堂水城偏斜不成局，只得內立午向以配龍氣，外立巳丙以收水局，而山水無不收矣。此先賢最靈活之妙法，處兩難之微權也。

第四倒舍龍就向

夫法至內外兩向，已無不可立之局矣，又何以復有舍龍就向之法哉？抑知脫龍就局之地，落脉散濶模糊，欲移龍則總龍不真，欲兩向而內砂殺曜相逼，只得舍難[illegible]之龍而從有也。如子龍入首，堂局在巳，右水倒左，欲內立午向，則午上尖砂沖來，欲立辰向，而辰又爲坎之八煞，當于本龍之上，竟打巳向以收來水堂局，無得水得向無不發福，亦可享數十年之利也。

第五法換龍換向

夫龍穴者，天造地設之物也，順其天成則吉，逆其天成則凶，此其權在天也，人所共知也。抑知人亦可操其柄，則有移龍換向之法。如一龍入首，可辛可戌，面前左水倒右，若乘戌而立乙辰向，則龍賤而僅發丁財；若乘辛而立卯向，則龍秀而發貴秀；若乘戌而反扦卯向，乘辛而反扦乙辰向，則發凶禍。一地之中，可貴可賤可吉可凶，毋曰天成其柄寔操在人也。兩向配龍者，法之正也；移龍就向者，法之變也；內外兩向者，變中之正也；舍龍就向者，變中之變也。至若移龍換向，則旋乾轉坤，而造化在手矣。

賴公乘氣訣

天皇氣射天廄，星微挨西，獸加壬行，天廄穴容始爲吉，左耳受氣官班崇。此右落亥龍，左耳乘氣法也。微挨加壬者，使亥氣正貫入耳也。天廄穴容者，不令壬氣侵入左耳也。文字難明，爲圖于左。凡耳受之法皆仝此。天皇亥天廄乾

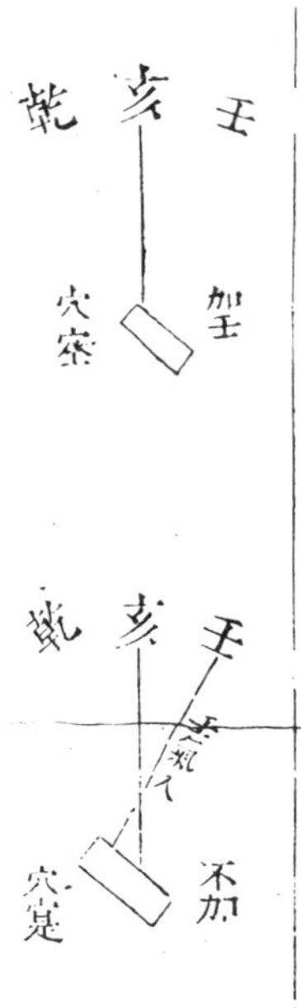

天市行龍太微向。氣冲左腧官貴旺。陰陽相見福祥來。二樞配合相隨唱。此艮龍左腰受氣法也。挨加之法爲圖于左 天市艮太微丙二樞艮爲陽樞丙爲陰樞也

凡龍向相隔五
位者爲腰受

金鷄啼向扶桑東。氣冲腦散虧神功。庚辛受穴始爲吉
官職宏伯資財豐。此直龍直向法也。直來直受。則氣冲腦散庚辛受穴則直氣斜入而不冲矣。

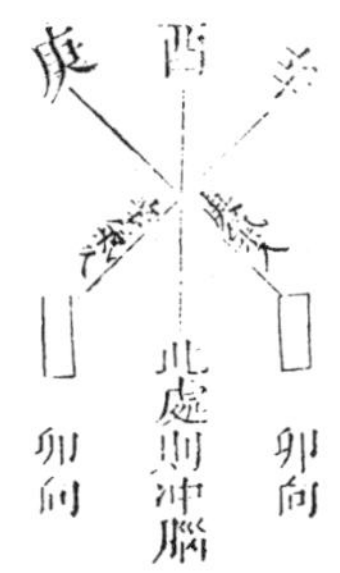

此隔山取氣法也。夾竹云。隔山取氣君須學。亥無鱗甲用心求。

賴公扶龍法

扶龍者扶起眞氣放去雜氣。使之清純也。如辛戌雙行入首後龍節節是陰。則宜放倒戌氣。扶起辛氣。立乾山巽向。乘辛氣入右耳。若後龍節節是陽。則宜放倒辛氣。扶起戌氣。立辛山乙向。乘戌氣入左耳。能扶起眞氣。則發福悠久。

借局法

借局者。如後龍節節是陰。而入首盡是陽。不可用截僞扶龍等法。則當於本龍之上竟立陰向。以配後龍。雖初年未利。而福蔭久遠也。如後龍節節是庚酉辛。而到頭成局變作純坤申氣。無法可發。只是就坤申龍立艮向以配後龍也。陽局倣此。

賴公截僞存眞法

如卯龍入首。而下邊乳頭却擺轉數丈是乙。面前流水是辛歸庚入丁。長流水去。宜就卯立辛向。截去下邊乙氣則吉。若乘乙僞氣。便主絕人丁。

已上諸法。若在平洋。則從龍從局從浜頭之氣。活潑移動。與山法同。

撥砂訣序

乘氣立向消砂納水。理氣四大法也。氣曰乘者。乘之入耳也。向曰立者。立之配龍也。水曰納者。收其生旺也。至砂為龍穴之護衛。而曰消者何。蓋砂為臣僕。若高大帶煞。適足以壓龍穴。反逆生災。非消去之。必受其害也。然砂有五種。所喜者三。而獨曰消者。特專指煞氣而言。煞氣之凶。非生氣所能化。故衆砂之中。須首議煞氣。次及其餘。此砂之獨曰消也。其消法用中針之方位者何。凡山巒在地。上應星辰。故巒頭形象。稱曰星体。天星之中。二十八宿為經。圍繞黃道。為三垣外垣。砂之圍繞龍穴。亦如其象。故砂法用禽星五行。禽星與中針之方位合。故用中針也。夫乘氣配向。當用正針。辨水生死。當用縫針。消砂之法。當用中針。四法非一針所能辨。故三針各司其用。惟三針各司其用。而後四法之用始無不足。此法所以四。而針所以三也。余之三訣。惟砂法未備。今將賴公砂法。註明附後。以全四法。以足三針云。

東海萍翁題

賴公撥砂訣卷之四

古婺葉　泰九升父註
慈谿李士弘人如父參
海昌楊中坦孝直父訂
鄞　榮爾大父校

撥砂總說一

余著理氣三訣。于收山出煞之法。已全備矣。但其中收山之法。僅言收龍。而砂則未及也。夫龍固為主。砂實為從。砂若不收。孤立無輔。不成局矣。可不收乎。況凶砂高峙。必主災禍。無法消之。雖龍向盡美。終非盡善也。故將賴公砂訣疏明于左。以成完書云。

撥砂總說二

或問論砂之法。莫詳于鐸長老三十八將。此大五行法也。次則吳公四十八局。此雙山五行法也。今俱不收。而獨收賴公宿度砂訣者何也。曰。已上二法。皆所以辨天成之凶吉。內中參不得一毫人功。余三訣皆言作法。是以人相天之事。惟賴公砂訣。不論一定之凶吉。而從向上撥凶吉。如巽峰高大屬木。作丙午火向。則木生火而

吉若扦丁土向則爲木克土而凶聽人去撥向得則吉
向失則凶其權操在人此所以爲妙道也故不取彼二
法而獨取賴公撥砂之法云

中針禽星五行例

乾坤艮巽 四木　辰戌丑未 四金　乙辛丁癸 四土
子午卯酉 君相火　甲庚丙壬 四火　寅申巳亥 四水

撥砂訣

砂法別來有五種生旺奴殺洩當明尅我煞見則禍絕
我生洩氣漸飄零我尅奴砂爲財帛居官得祿而和平
比和爲旺丁財足生我之星號食神食神毓秀誕科甲
若作龍身更顯榮生不在向止及旺兩旺高明過一生
如此理氣名宿度用以撥砂尖上輪角奎井斗原屬木
軫壁箕參是水神胃女氐柳土之位亢婁牛鬼四金精
觜尾翼室火最旺四日四月火全情星房虛昴四君火
張心危畢相火論

論生尅以向之所屬爲主而以高砂定其凶吉也如
丙向屬火以乾坤艮巽四木爲食神寅申巳亥四水
爲煞神也食高則吉煞高則凶若不作丙向則吉凶

又不如此斷其向其方俱從賴公中針非正針也龍
身更顯榮者食神行龍更妙于高砂也如艮木龍長
遠立丙火向龍生向是也生不在向止及旺者不得
食神之龍而得旺神之龍如壬子火行龍立午火向
龍同向是也向方五行雖以二十四位分然必竟以
宿度爲的故訣止言星宿之所屬也

理氣既從星曜辨巒頭形體亦須明生見貪狼翰苑客
生見巨門臺閣臣廉貞峰正官宰輔三台玉釜位公卿
太陽金水爲侍御廉兼破祿鎮邊廷才兼文武多剛斷
文曲小貴亦馳名 已上論食神之巒頭 旺見貪狼產科貢粟陳貫
朽是文人若見巨門家富厚端方肥大重鄉隣廉貞破
祿產威武大武三台重祿眞餘星但主丁財旺本主强
旺亦榮身 已上論旺神之巒頭 財作貪狼官祿厚僕從賢能聰俊
人如作巨門人方正用人得力福非輕餘砂總是爲財
從家居吉利最和平 已上論財神之巒頭 洩見貪狼人物秀家徒
四壁不由人龍弱無拯嘗代絕龍强遲絕苦伶仃如見
巨門人愚濁匆砂無救絕家門廉貞畫筆多貧賤破祿
遊徒乞丐民縱是太陽金水体援砂不見亦難親 已上論洩

氣之巒頭殺見人丁主立損貪狠形體亦須嗔縱有三方生旺助定出軍徒強盜人餘星俱立人丁絕三吉峰巒何兇算廉是屠刀兇受戮祿破家亾滅族真已上論殺氣之巒頭

此以形象方位合論也巒頭論砂以尖圓方爲三吉破祿廉文爲四凶此形象之凶吉也若不明方位之生尅則吉未必吉凶未必凶此撥砂之法固以方位生尅爲主然亦須參看形象生旺得吉形更吉洩煞得凶形益凶必形象方位互參始無偏一之弊矣

砂形貴賤雖宜辨龍亦須分枝幹論局有整肅與委靡

總以其中高下分

砂之形象方位固有貴賤美惡之分然砂爲賓客奴從非主宰也故當審龍之枝幹以辨其地之大小審局之強弱以辨其氣之盛衰而後砂法之斷方驗也若不知辨別龍局美惡徒執砂法以斷則不靈矣

星體既分輕重樣尤于向背論其情砂背穴兮穴不結砂向穴兮穴乃真龍結穴兮砂頭去生僮及旺旺減輕龍穴一到砂頭垂旺是旺兮生是生更有一種飛龍地龍去砂回穴亦成砂回顏開情乃注穴裡多情更幽貞身頭俱向情尚一身頭俱背便無情身腳飛走頭顧穴穴中但見頭靜親勢雖不住亦成地定應封蕃産行人若然身向頭不向當于穴內看頭身見身不見頭有地如見頭兮穴不疑脫龍就局的處作龍有定局砂是憑

此論砂之向背有情無情也向穴爲有情背穴爲無情砂向則穴真背則不真若穴果真而砂頭背去節生旺亦減福力矣龍穴真而砂垂曲抱有情則生旺之力全矣飛龍者龍自直去橫垂一脈砂不隨龍而去回頭抱穴亦真結也砂要身頭俱向穴爲情尚一

倘不能如是或身背而頭向則穴宜見頭而不見身或身向而頭背則穴中宜見身而不見頭亦結美地反是便不成地矣

身頭俱向圖

身背頭向圖

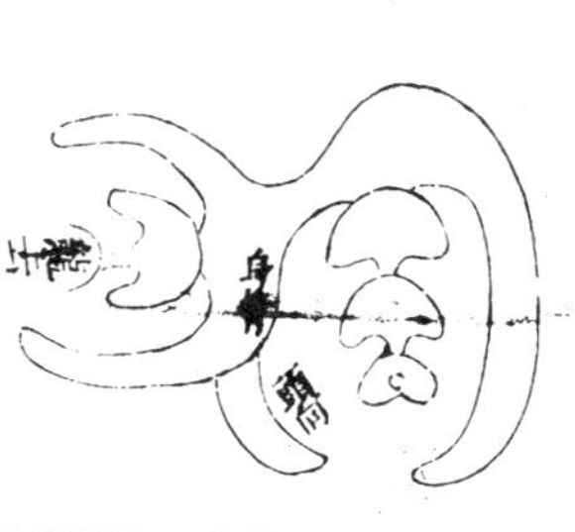

身向頭背圖

砂如重立武聯起，須分內外辨方精。微後先遠近宜細載，大小高低次第詳。殺內生外人殺我，我殺外生內我殺人。生先殺後榮遭禍，殺先生後絕復興。若是洩先生後者，定主白屋出公卿。洩後生先何以斷，朱門莩餓此中因。洩先而小旺後大，始貧終富不關勤。洩後而大旺先小，始富終貧實可嗔。洩小在先或在近，生旺遠大亦後進。出身貧寒後隆盛，其應尙屬本枝人。若也洩先近而大，生旺亦大遠後行，斷是本枝人貧絕，承接房分乃興隆。

此以砂之內外後先遠近大小高低十法論生煞也。

內者近穴一重也。外者再一重也。後者砂之身也。先者砂之頭也。遠者與穴遠也。近者與穴近也。內外以砂之層數言。先後以砂之頭身言。遠近以步數言也。以內外先後遠近定其位，以高低大小定其凶吉也。

近砂內外圖

遠砂內外圖

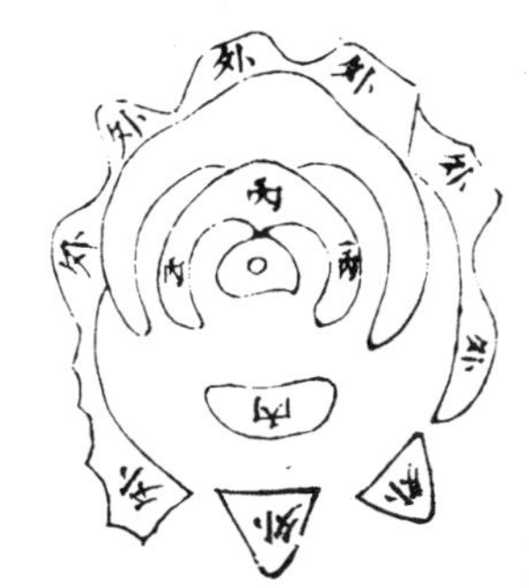

身頭分先後之圖

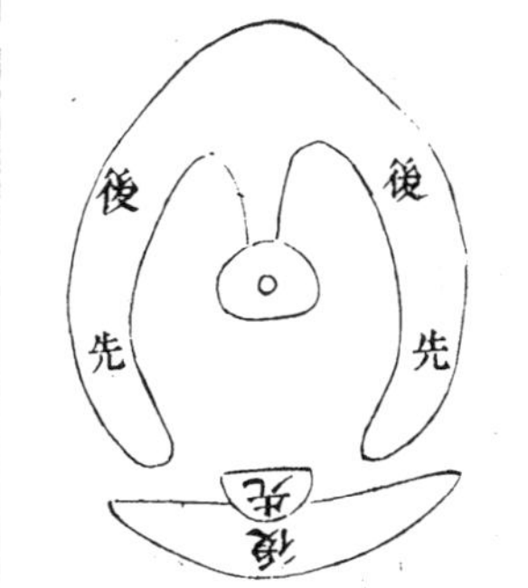

遠近之圖

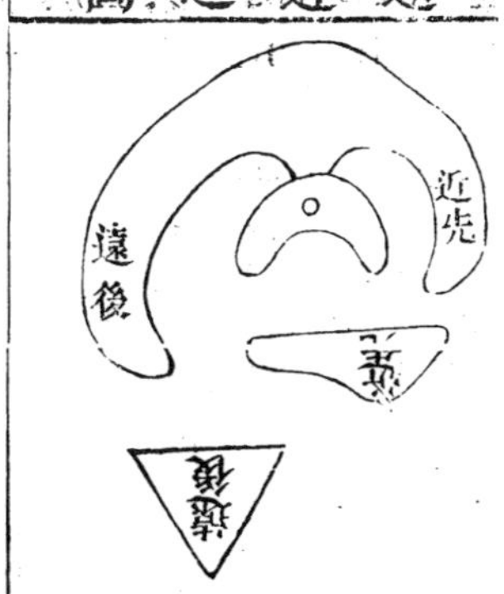

更于界度辨相侵。生殺相兼強弱分。砂低雖貴螟蛉嗣，砂強貴顯不善終。帶洩文各[illegible]君替。兼旺富貴必遐齡。食神單見無財旺，螽斯蟄蟄亦遭屯。發而不享官無祿，生見奴砂得祿明。富而不貴因何說，有旺無生可類評。

此論一砂兼兩方位也。如丙向巳巽方俱有砂，丙屬火，巽木爲食神，巳水爲煞神，此爲生煞相兼也。餘倣此。凡生殺並列，煞高一丈，過生十丈。若生煞齊高，禍尤烈矣。此節止論食神相兼，餘可類推。

凡砂以近爲妙。貼近穴前，高不過仭，大不過夅，緊緊貼焰，須要顏開情切爲美。若畧一移步，大勢無差，而情意卽不甚眷戀矣。故曰立穴無尺寸之移也。

砂形羅列星分布，扶抑巧法在分經。見金火分分經水，見金土分分經金，金木並見金火度，火水雙來水土行。

火大水小木雄強用木洩火水難星大地由來必帶煞

兩間公位總不均

此言消砂之法也經者宿度也二十八宿曰經星故云分經消砂之法以向度爲主如辰金丙火二砂俱高若向木度爲殺爲洩大凶矣宜立巳向軫度水向水度則辰金爲食神丙火爲財神富而且貴最美之局也餘倣此火大水小木雄強四句言三位並見之消法也此局若立土向則嫌木強立金向又忌火大立水向則木之洩氣重立木向則生小洩大惟立火

向則大火爲旺強木爲生雖帶小水之煞反可假煞爲權而出威武之人也蓋天地之理五行之氣有生必有煞必無生而不煞之事故立火向取小水之煞也凡大地必[illegible]煞始有威權若畏煞而避盡反懦弱無用[illegible]失[illegible]然之眞情矣況兩間必無無煞之地故凡地必無公位盡勻之理以地必有煞故也是天地原有此數人焉得而盡避之哉

一子滿盤皆獨管二子左是長房臨前後二邊皆小位

此處偏枯已不均三子朝坐二房位四在孟前五二分

六子排來三六右挨次排來砂上論龍弱砂強洩旺秀

女嫁豪門坦腹英爲生爲育貴在內洩重旺微在外門

公位砂空當主絕左空長絕右小凌到坐俱空二五絕

一主一朝三長停青龍不空砂平直亦歸長子受伶仃

朝山挨左有情意四子發福如雷鳴青龍全沒朝偏左

弔歸長位作龍神朝山空遠龍強案次子亦弔作朝屏

三男與仲相弔法吉凶禍福依此行

此言公位例也一子獨管滿盤凶吉繫在一人二子則左邊屬長右與朝坐俱屬仲三子則左長中二右

三四子在青龍前案上五子在正案上六子在白虎前案上其方生旺砂高主子孫富貴若洩氣高強主女家富貴公位空缺主其房敗絕公位有情主其房旺發又公位雖空而有借弔之法青龍全空而朝山抱左弔作青龍爲長房之砂朝山全無而青龍作案亦弔作朝山爲二房之砂白虎朝山仲季弔法倣此弔來有情即爲吉也

欲識人家何代發詳砂遠近便知情砂若去穴三兩丈

流年到即産豪英亦有數尋就發者龍神強旺氣注眞

此論發福遲速之訣也。吉砂近、又有情。流年塡塞其方。卽應驗。如丙向巽爲食神。巽砂貼穴有情是也。亦有數壽之遠而卽發者。則龍神氣旺結穴眞的。亦速發也。

巽聯重立前言備。尤論冲弔與飛騰。子午申子辰三合冲是巳亥與寅申。弔辰木凶水向吉。巳亥木吉火向焚。弔有用冲冲有弔。太歲月建細推論。假如巽向辰峰銳。申年戌月定傷人。又如丙向亥峰起。亥年應損小房人。亥壁寅箕若貫度。寅月弔長禍相侵。

此言冲弔之法。以決禍福之期也。冲是四正。如子午卯酉。弔是三合。如申子辰。以高砂爲主。挨太歲月建之冲弔而定之也。巽向屬木。辰峰屬金。金剋木爲殺。申年與辰三合。則弔動辰峰。戌月與辰六冲。則冲動辰峰。煞動主傷人也。丙向屬火。亥峰屬水。亥年塡塞亥峰。亥係壁水。寅係箕水。西正一氣。寅月塡塞箕水。動起亥峰。寅在壬山之左。故主長房禍侵也。凡吉凶砂位。皆從三合四正年月弔動而發吉發凶也。餘可類推。

飛騰之訣於何據。假如坐子辰峰起。又如向丙艮砂明。一生一財發美矣。年月挨到辛與申。忽然災禍自相臨。辰子拱申虛拱煞。艮丙虛拱洩是辛。拱煞損丁洩病耗。官宮發人是洩生。假如坐金見巳丑。又如坐土見甲丁。巳丑砂高酉平伏。酉年弔合作煞論。甲丁峰起乾砂隱。四土向中生旺明。戌亥流年塡乾位。甲丁暗拱也傷人。若然龍旺生英傑。爵顯官高威武人。龍弱力輕生豪惡。輕重大小此中分。此是山龍撥砂訣。平原亦以坐向論。

飛騰者。卽三合之法。而用二位拱起一位也。坐子向丙二句。子山午向。辰峰高起爲財。丙向艮峰高起爲食神。俱吉砂也。至年月到申。辰子拱申。申屬水。爲午火向之煞氣。反主損丁。年月到辛。艮丙拱辛。辛屬金。爲丙火向之洩氣。反主病耗也。[illegible]金坐土二句。金山向巳丑兩峰高起。酉砂平伏。太歲至酉。巳丑兩位高砂拱起酉。火爲煞也。土山向甲丁兩山高起。乾砂平伏。太歲至戌亥。塡塞乾砂。甲丁兩位高砂拱起乾木爲煞也。此二者爲暗煞。若龍旺局美。主生威武顯要之人。龍弱力輕。則生豪惡之輩。或損傷丁口之應。

吉凶生死推年月節前節後度中分。假若乾峰高作煞，奎末度起戌年屯，若還親亥奎初度，巳亥年來災禍生。曾見岡巒如圍幕，砂尖波湧亢末行，甚周二紀庚戌歲，三月起病戌人退，惟在度末砂微小，立冬節後七日瞑。若砂陡健在初度，斷在九月節前行。劃度一法如鐵板，不解換星總不應。

此亦决應期法也。乾峰作煞，若近戌則主辰戌年應；若近在亥，主巳亥年應。砂湧亢末爲辰宮分，戌年沖起，辰月填起，至戌月復沖，故主戌年三月起病，至庚月死。又因其砂微小，在亢度末，故應期寬緩，直至立冬後七日始死。若砂高健又在初度，則九月節前即死，未能交九月節矣。此斷遲速法也。

右撥砂法例。所傳但此數訣，辞語鄙俚，恐非賴公的筆，存其所傳例，詳明足以存賴公之法，則此訣之爲真爲贋，不必追問可也。

賴公避凶納吉移山換水圖說

避凶氣

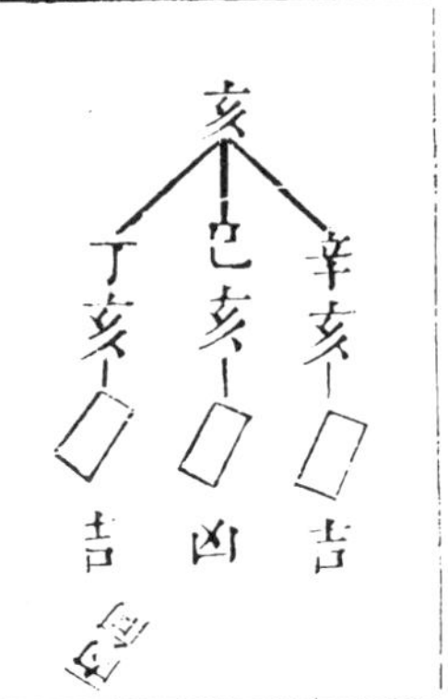

納吉氣

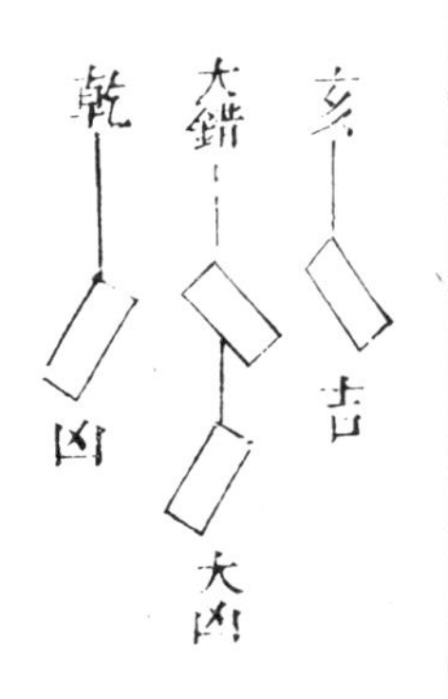

亥龍一也，分金有巳亥、辛亥、丁亥之異。丁辛爲吉，巳亥爲凶。乘氣必乘吉避凶，凡正中一線皆不可乘。

乾亥並行，若亥與乾僞，乘亥則吉，乘乾則凶，若誤乘界縫，則爲大差錯而大凶矣，可不慎歟。

移山圖

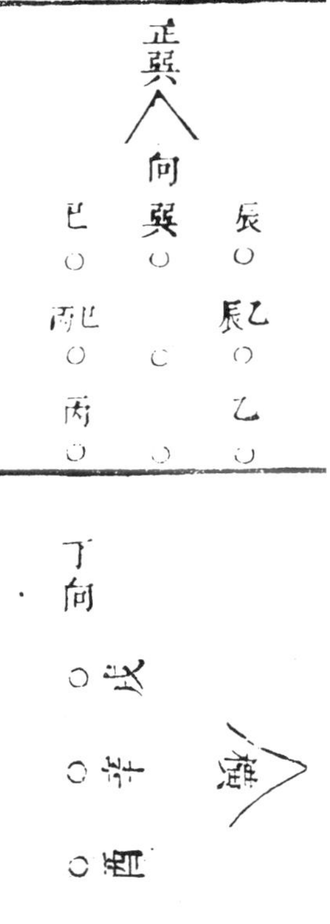

換水圖

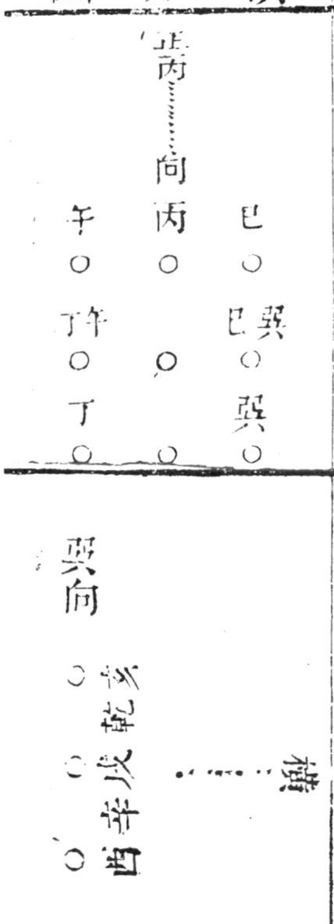

此乃乘八首之氣消納出面砂水之輿也乘氣之説已見前矣以移山言之如第一圖中三穴皆爲巽峰左則變爲巳丙右則變爲乙辰而吉凶不同矣以第二圖言之中則辛前則戌後則酉而頑秀懸判矣以換水言之如第一圖中三穴皆丙水左變午丁右變巳巽而吉凶不同矣以第二圖言之中則戌爲巽向之衰水前則亥爲絶水後則酉而變爲旺水矣夫一穴之中而進前退後換左換右數尺之間陰陽衰旺判殊吉凶禍福霄壤誠神術中之神術有改天易命之功者也蓋山上格山